社会主义经济法哲学

新时代《资本论》中国化

第一卷

现代生产方式的一般规律

蒋爱群 著

法学顾问 张龑

中央编译出版社
Central Compilation & Translation Press

图书在版编目（CIP）数据

社会主义经济法哲学：新时代《资本论》中国化 / 蒋爱群著. -- 北京：中央编译出版社，2025.8.
ISBN 978-7-5117-4893-5

Ⅰ．A811.23

中国国家版本馆CIP数据核字第2025N3R224号

社会主义经济法哲学：新时代《资本论》中国化

责任编辑	郑永杰
责任印制	李　颖
出版发行	中央编译出版社
地　　址	北京市海淀区北四环西路69号（100080）
电　　话	（010）55627391（总编室）　（010）55625174（编辑室）
	（010）55627320（发行部）　（010）55627377（新技术部）
经　　销	全国新华书店
印　　刷	佳兴达印刷（天津）有限公司
开　　本	710毫米×1000毫米　1/16
字　　数	1443千字
印　　张	76.5
版　　次	2025年8月第1版
印　　次	2025年8月第1次印刷
定　　价	298.00元(全两卷)
网　　址	www.cctphome.com　　邮　箱　cctp@cctphome.com
新浪微博	@中央编译出版社　　微　信　中央编译出版社（ID：cctphome）
淘宝店铺	中央编译出版社直销店(http://shop108367160.taobao.com)　（010）55627331

本社常年法律顾问　北京市吴栾赵阎律师事务所律师　闫军　梁勤
凡有印装质量问题，本社负责调换。电话：（010）55626985

纪念抗日战争胜利八十周年!

只要与现代"生产方式相适应,相一致,就是正义的。……奴隶制是非正义的;在商品质量上弄虚作假也是非正义的"①。

资本生产工具一出现,就标志着社会生产过程的一个新时代。②

——马克思

---

① 《资本论》,第三卷,人民出版社 1975 年版,第 379 页。
② 《资本论》,第一卷,人民出版社 1975 年版,第 195 页:"……具备了资本存在的历史条件。……而单是这一历史条件就包含着一部世界史。因此,资本一出现,就标志着社会生产过程的一个新时代。"这就是说,在不同的历史条件下,"资本(Capital)"的内涵是不同的,如果历史变革前"资本(Capital)"指信贷的本金,那么历史条件变革后,"资本终于受到法律的约束(第 272 页)"的这种资本,马克思在《〈政治经济学批判〉导言》中规范为"资本是生产工具"(《马克思恩格斯选集》,第二卷,人民出版社 1972 年版,第 88 页)。此处是历史变革后的新时代的"资本",应写为"资本生产工具"才准确。

序言一

正如埃里克·沃格林在《法的本质》中所指出的，社会需要有秩序，因此，法与法律是社会的一个连续的组成部分，也就是法的本质。中国是幸运的，新中国宪法包容了这个时代最先进的思想，国家的根本任务是"现代化建设"，决定了社会主义经济的基础必然是"纯粹的现代生产方式"。

现代化的核心是科学技术的发展。在这里需要区分：科学技术和科学技术转化为生产力，这是两个完全不同的概念。科学技术是数理化生"范畴"，而科学技术转化为现代生产力要素却属于法律运筹机制（范畴），具体依靠生产关系的法权形式变革实现。

英国是工业革命的故乡，萌动、开端、起飞几个阶段上台阶"变革现象"十分清晰而每个阶段都伴随着法律变革。

英国变革缘起11世纪金雀花王朝那次贵族与王权的较量，最后以日耳曼野蛮部落法"王在法之下"作为中介，国王与贵族达成和解，习惯法取得了与王权制定法平等竞争的权力，从此，市民法获得了发展的张力和空间。

基督教8次东侵200年以失败告终，但是也在战与争接触中启动了东西方文化的交融、对勘，从而引发了13—14世纪的那场三大思想运动[①]，

[①] 关于13—14世纪的三大思想运动。见纪坡民：《商品社会的世界性法律》，经济管理出版社1996年版，第10页。"时间更早一些的罗马法复兴运动，却不大为人所知。"公元11世纪—13世纪教会200年8次东侵以失败告终，但是战争也让不同文化有了碰撞和交融的机会。13世纪开始，基督教内部的改革派借助于古罗马法，古希腊哲学和阿拉伯文化等，掀起了对教会法正反的追问，最著名的成果就是托马斯·阿奎那的《神学大全》200万句法学编纂。归结为古罗马法、古希腊哲学、教会法改革三大思想变革运动。

复兴古希腊哲学、日耳曼法和古罗马法,对教会法反复追问。英国受到诺曼统治,采用日耳曼法和罗马法的混合法,市民法甚至可以与制定法平起平坐,争取到了多元性张力和发展空间,教会优秀的法学改革家们得以充分发挥唯物观念论行动者作用。法律来源具有多样性:自然规律、习惯法、著名案例法、制度法、衡平法,由于接地气而能够将市民社会中的优秀的习惯法上升为一般法。苏格拉底箴言"用公正的方法获得财富"在欧洲中世纪新兴城市"重建"、萌动。

1476年在教会"忏悔录"中出现了一款"三重契约(分期付款)",教会以亚里士多德第三种致富技术的正义形式作为参照,在近百年的时间里进行了关于正当性、合法性的大辩论,得到法哲学研究锤炼而日臻完善,并由此得以推广,16世纪资本主义租地农场主萌芽,成为现代生产方式的起点。1628年堪称最完美的专利法颁布,1776年三重契约"瓦特—博尔顿"模式生产出了第一台基本可以普遍运用于生产的蒸汽机,引爆了工业革命。

从马克思"经济学哲学"思维方法中,本书总结出了"三重契约"等法律为科学技术转化为生产力准备的5个条件:一是现代生产方式的初级阶段的贡献,复兴古希腊法哲学中的第三种致富技术正义形式"分工协作—通工等偿",树立了劳动价值正义准则;等价交换形式的价格形成的成本最低;通过分工细化,为使用机器准备了可能性。二是现代生产方式高级阶段,教会法定"禁止高利贷—三重契约"法律运筹机制专门为实业服务为正义,"20年期预期先进生产线抵押贷款"模式,是为科技转化为生产力准备了廉价、丰富、稳定的资本作为载体的可行性。三是市场必须足够大,才能摊薄每个商品中的科技成本。四是现代专利权,吸引欧洲科技人员到英国发展,科技人员增加。五是吸引投资培植高科技。

人们认同组织、集体有力量,如果将其中的劳动三物质要素(实料)抽离,显现出来的就是看不见摸不着的集体力(结构性内在张力),即法制作用力。习近平法治思想中内含着的"法治生产力"现象:绿水青山就是金山银山;人民对美好生活的向往就是我们的奋斗目标。市民法适应现代生产方式的部分也是一种生产力要素,必将指引中国尽快实现市民法上升为国家统一的制定法。

剑桥法律学派推崇马克思是法律的经济解释即社会经济的法哲学创始人,为法学打开了一扇广阔的大门。法学终于和服务的对象相契合:生于斯养于斯发展于斯的现代经济基础。

中国人民大学法学院副院长、教授

序言二

（一）马克思是唯物观念目的论正义选择的科学的哲学派

《资本论》犹如百科全书，所涉及知识浩瀚如天上的繁星，每颗星星都闪耀着智慧的光芒。

那么马克思哲学的智慧光芒有什么特色？如何归纳马克思的哲学特征？

马克思在学生时代，确实想过要系统研究比康德还要形而上的哲学，比黑格尔还要形而上的"法哲学"，还给父亲写信准备重新梳理"实体法"。但是当他接触到欧洲"现代文明的野蛮——准奴隶社会现象"以后，坚定地改变了路线，认为当下的第一要务是需要"人民的现实的幸福"，从而走上一条"选择"道路。第一，选择"现代生产方式"为正义。第二，选择古希腊伊壁鸠鲁和亚里士多德哲学为主要学习对象，特别是在亚氏的唯物观念目的论的基础上有所发展，例如"人民的现实的幸福"，以纯粹现代生产方式为正义等。第三，在田野调查和博览群书的基础上，选择适合纯粹现代生产方式的法哲学。第四，这种"正义选择"方法论，来自人类行为有自然法向度：适度者生存；人类思维有向度，向善；有"现象"实践性，英国的"案例法""习惯法"等市民法因为适合现代生产方式选择正义法的需要，而得以发挥张力，上升为国家大法。第五，马克思创建了科学的哲学。欧洲黑暗中世纪新兴城市重建古希腊那种共同体现象，说明只要条件类似，历史就可能重演。马克思在《资本论》第一版初序中指出，英国那种现代生产方式，其他国家可以学得会。社会科学的价值，就是正义性、先进性、可以复制性等，马克思创建了经济的科学和科学的哲学。

马克思主义是在唯物观念论基础上的目的论，相对比，为欧洲哲学补充了唯物本体、起点、正义、向度；正义目的、方法、选择。是"人民的现实的幸福"为目的、讲求建设的构成性、历史过程性的科学的行动哲学；是以规范和建设纯粹现代生产方式为正义准则，批判旧势力，批判"为了达到目的，可以不择手段。"是以历史逻辑、现代规范的共同向度（指向）预测未来，马克思以"科学的哲学"独树一帜，面对整个旧世界。

相对比，列宁是从学术、学科视角将马克思主义归纳为哲学、政治经济学、科学社会主义。这种一般性学术划分，看不到属于马克思自己的特征，以至于对马克思究竟是不是哲学家产生了争论，我国个别外国哲学史教研室编译的"西方哲学原著选读"中列举了56位哲学家，却没有马克思。有些人就偏颇地认为马克思主义仅仅是学术思想的、批判的，而遮蔽了马克思主义是唯物观念目的行动哲学，是抽象上升为具体实践应用哲学。关于马克思科学的哲学，在结语中做简要介绍。

（二）马克思为人民的现实的幸福三步走，中国正在践行

关于《资本论》，怎样才能抓住要领为中国所用？最感动，也是人们最关心的还是马克思毕生追求的"为人民的现实的幸福"。这也是中国式现代化的根本任务和目标，一个都不能少。

笔者经历了近70年执着求索，近40年的写作，在2023年8月写序言时，自然而然地现出了思想火花闪光一现或顿悟：《资本论》的本质是"为人民的现实的幸福"唯物观念目的论行动学，面对欧洲"现代文明的野蛮"，指出需要三步走构成性。

马克思《1844年经济学哲学手稿》，从"需要理论"[①] 开始了他对法律的合法性的追问，即法哲学何以正义？马克思以"人民的现实的幸福"目标，科学、创建性地选择了"需要"的四个点位，前三个是现实存在的点位：第一步，需要争取生存权；第二步需要争取现代权；第三步，在混杂历史时期，需要争取"现代"统一战线共生权，即"王在法之下"创建以民为本的宪制宪法在上的劳动阶级专政的、适合的法律为中介的统一战线的现代共生方式。还有第四步，是从历史过往、现在到未来逻辑，预言理想的向度。

"需要"三步走，在中国的第一步是"土地革命"解决占人口90%的农民（乡村市民）的生存权。

第二步，新民主主义革命时期，现代生产方式的特征是分工协作、互为生存条件，中国人比较熟悉的话语叫做"统一战线成为共生方式"，"统一战线"已经不单单是阶段性政治策略。例如劳动者与民族资产阶级是共生关系统一战线，四马分肥。

第三步，1978年以来"以经济建设为中心"发展中国特色社会主义现代化，以1984年12月"拨改贷"改革为起点，中国正在重建"固定在现代生产方式中的那些生产关系的法权形式（法律）现象"。我们可以从两个时间仅隔5年的文件的差异，发现不同的法律安排会导致经济发生立竿见影的反转现象。

《国发〔1998〕23号国务院关于进一步深化城镇住房制度改革加快住

[①] 〔德〕黑格尔：《法哲学原理》，商务印书馆1961年版，第三篇伦理第二章市民社会，第一需要的体系。马克思青年时期一度受到黑格尔和亚当·斯密等思想家的影响，将现代经济领域理解为"市民社会"或"需要的体系"："每一个个人都同样要成为他人的需要和这种需要的对象之间的牵线者。可见，正是自然必然性、人的本质特性（不管它们是以怎样的异化形式表现出来）、利益把市民社会的成员联合起来。"见《马克思恩格斯文集》第1卷，人民出版社2009年版，第322页。相互需要，即"分工协作—通工等偿"生产市场共同体自治，市民互为生存条件即相互需要，具体在第三编"现代文明新时代"讨论。

房建设的通知》，全民涌向房地产，全体老百姓从实践中学会了现代生产方式运行机制并运用自如，现象就是房地产和基建狂魔两条龙头产业腾空而起，中国经济进入快车道。但是国发〔2003〕18号文，房地产自由市场化，北上广房地产价格15年上涨了20倍，是通过高房价剥夺大众的居住权和血汗钱，面临债务灰犀牛困境，消费不足，生育率断崖式下跌。

这两个文件的差别，就在于国发〔1998〕23号文规定并配套实施了马克思——WTO公式："禁止高利贷—三重契约—预供偿债生产价格构成"规则，例如文件中的"住房价格/家庭收入=4（包括利息等于6.7年）"适用85%的从业人员；而国发〔2003〕18号文放开"自由市场（日耳曼野蛮部落法自由契约优胜劣汰弱肉强食钱生钱）"。这两个案例还就是法律"立竿见影"效果的实证。

党的二十大报告指出，"中国式现代化，是中国共产党领导的社会主义现代化，既有各国现代化的共同特征，更有基于自己国情的中国特色"。"一般"与"特色"是构成性有机关系。

关于"共生"统一战线，二元三分法，源自人类本身内在的有机构成，是它的外在表现。人类有两套神经系统，即古老的腔肠神经体系，某种腔肠动物发生遗传变异成为脊椎动物，变异的那个部分附着的原有肠道神经也就跟着脊椎和脊椎顶部衍生出了脊椎大脑神经体系。腔肠神经系统保持了原有的独立性，但同时延伸了中间介质传导体系（神经—内分泌—免疫网络）而与大脑神经保持联系，神经体系二元实料同一性差异对立矛盾斗争危机折中统一张力建构，导致人类不仅有记忆，而且对记忆进行有利于应对外部环境的有取向的张力潜质，外在表现为思维有向度，才有了意义（在第二卷"结语"具体讨论）。例如，我党的三大法宝（统一战线，武装斗争，党的建设）、三大作风（群众路线，理论联系实际，批评与自我批评）。多元化分工协作则生，一元主权命令则亡。我党三大法宝、三大作风正在成为世界科学社会主义的组成部分。

（三）勘定"延安圣地新兴城市新式工业起点"，平视世界现代文明

勘定延安圣地新兴城市是中国共产党领导的现代生产方式的起点和摇篮，人们有理由站在更高的层面重新勘验核对纯粹现代生产方式究竟从哪里来。

现代生产方式是由底层人民穷则异化的产物，古希腊亚里士多德《政治学》记载，它是雅典城邦那些底层自由平民穷则异化"互为生存条件、互相需要"创建的"分工协作—通工等偿"生产交换共同体模式；阿什利《英国经济史及学说》记载，它的高级形式是由底层教民创建了"禁止高利贷—三重契约"，并在教会法改革运动中得到历练和传播。

2018年9月16日，中国延安精神研究会延安军工后代与北京理工大学马克思主义学院联合组织了"纪念毛泽东指示'一定要发展国防工业'暨延安时期中共中央军委军事工业局成立八十周年弘扬军工文化研讨会"，并举办了相关展览。在长达5个月的筹备过程中，结合已有的马克思主义理论和在延安军工环境中成长的实践积累，特别是对照《马克思恩格斯选集》第一卷第57页，笔者敏感地发现，被围剿、被封锁、极度贫困的抗战时期的延安圣地，通过投奔延安的20万中国的有志之士带来了新的血液，通过这种奇特的方式，在延安革命圣地整合了中国幼稚的资本主义碎片，可以与马克思介绍的欧洲中世纪新兴城市的要件对勘。当条件类似，就会出现与古希腊类似的"第三种致富技术正义形式"历史现象，欧洲新兴城市是这样，延安圣地新兴城市也是这样，延安的军民融合生产共同体自治，应是中国共产党领导的现代生产方式的起点。并且，1944年5月26日延安出版的解放日报刊登的《毛泽东号召发展工业打倒日寇》证明了上述结论。

中国特色社会主义道路现代化建设迅速和平崛起，验证了纯粹现代生产方式是根植于人民的谋生手段，从历史的高度看它来源于基层人民，只有劳动阶级才会认真保护它、引导它的进步，而不限于仅仅是某个历史节点的某个民族的偶然萌动，并不是盎格鲁-撒克逊专有。

美西方①发达国家统治阶级似乎从没有认真研究自己富裕的正当合法性，他们至今陶醉于用现代化武器掠夺资源配置所带来的极大物质力量，掩盖、遮蔽了纯粹现代方式文明形式。美西方"现代文明的野蛮"是美西方国家必然回归一般的自我原因。

（四）马克思"人民的现实的幸福"语料库及算法与科技"共情金字塔尖"

自新中国以来，科技战与文明战从来就没有停止过。特别是2025年开年，国运接踵而来：第一，2015年高科技十年规划在2025年开年前后就密集下饺子式的公布硕果，彰显了经济国运三要素"能源、建设、运配"的协调高质量发展。第二，年初，中美普通百姓通过"小红书"在网络上对账，显现我国社会主义的优越性，国运从天而降，这必将推动不同文化互动、中美两国政治制度的博弈，应是对我国政治体制改革的推动张力。第三，中国原创通用人工智能（AGI）、智能机器人、无人机、国防高科技等超越西方，展现国运，必将引领世界第四次生产力革命。第四，梁文锋们的"深度求索"建立在汉语逻辑算法之上，创建以中华文明为语料和算法的"科技生态网络新形式""科研中介社会新法制"，作为载体开启了中华民族文明再次走向世界，国运昌盛。第五，世界已经进入"主权人工智能"时代，每一个机器人都代表自己的国家的文化、代表自己的主权将是未来的一种状态。而我国"通用人工智能（AGI）"为民众创造了"身在朝野则忧其君""涉朝政、议政事"正当性的可能性与可行性。我们现在已经具备了监督每个人收入来源和用途的区块链网络手段。建设"用人工智能取代官僚主义大幅度降低政府成本"，把"官僚主义"个人崇拜、主权命令关进法律笼子具备了正义性的方法和条件。官员财产公开、体制改

---

① 美媒："瓦格纳事件"后拜登首次讲话，称美西方完全没有参与，载《环球网》，2023年6月27日。起码在此之后至今中外新闻界流行"美西方"概念。

革已经具备先进性条件。"主权人工智能"时代政治改革国运已经到来。

正如张龑教授在序言中已经阐述清楚，科技是自然辩证法，而科技转化为生产力、人工智能这属于法哲学，科学的哲学领域。科技转化为生产工具涉及分配正义，生产力向善、科学技术向善。在2024年11月举行的二十国集团领导人第十九次峰会上，习近平指出，要加强人工智能国际治理和合作，确保人工智能向善、造福全人类，避免其成为"富国和富人的游戏"。

"人工智能向善"已经提上日程。当下，人工智能已经会说谎，会自我复制并抗拒"被删除"，男性人工智能生育已经在美国出现。就是说，科技既可以是为人类服务的工具，也可能是掠夺、屠杀、毁灭人类的武器。而"纯技术革命"，只是让极少数的人享受到技术革命带来的这种状态和发展，加深了贫富悬殊，就业机会被大量蚕食。以特朗普—马斯克为结构的美国新一届政府，在2024年12月4日提前布局，第一把火就是"大众政治文明"扒粪运动，实质是承认衰落、回归普通国家。其中，宗教救赎文化"慈悲、感恩、赎罪"这种灌输式以上灌下的奴隶制逻辑也来抢夺智能时代政治道德制高点，这很危险，有重蹈印第安人遭遇灭绝的历史覆辙的可能。

也因此，在人工智能时代到来之际，在古希腊朴素的唯物观念目的论历史逻辑基础上，马克思的现代文明唯物观念目的论"人民的现实的幸福"科学的哲学，必须旗帜鲜明地占领道德和科学金字塔的顶尖制高点，这是马克思主义新时代的核心任务行动哲学。例如：科技是把双刃剑，当下最棘手的，就是为人工智能机器人设立身份证，一方面是技术标准；另一方面是遵守相关法律、伦理、道德，和对使用人的教育使用监督。这样，整个研发管理、设计、网络和生产销售服务链等实现全程承担技术向善责任。哲学与科技共情。面对国际、国内资本消费主义、享乐主义、性自由主义、奶嘴文化腐蚀，正在引发某种程度的礼义廉耻沦丧、家庭危机、人口断崖式下跌。保卫中华民族优秀的家国德礼法，坚守"见利不亏其义",同样应引起高度重视和付诸行动。

多种历史原因导致我们曾经错过了新中国革命成功初期这个历史节点上建设适合纯粹现代生产方式的市民社会法律的机遇。这一次一定要抓住人工智能时代国运昌盛机遇,充分发扬中华民族5000年的井田制德礼法"民能载舟,亦能覆舟"大众政治文明传统,把老百姓心中的那杆秤上升为国家统一的市民社会大法,让普通大众都能够分享到社会进步溢出效应。

2025年必将是中国全方位高质量大发展转折之年,将实现对国际霸权多方面的超越。那么我国全面深化体制改革为什么不可以抓住这个机遇?

笔者的生存成长和工作环境从来没有离开过以延安军事工业为源头的毛泽东指挥建设的"中国新式工业",个人的历程似乎在昭示我是专门为研究中国新式工业而生,就有友人发现我或许是延安军工后代最年长第一人。延安马列学院共举办了五期,家父曾学习了三期。自1956年国际风云突变,笔者"子承父业",经历了近70年立志和求索,紧跟我国经济改革大潮"拨改贷"改革,结合在企业、国防经济管理部门的工作亲身经历进行田野调查,并根据需要对多种理论知识补充学习,从爱好、兴趣到执着地攀登马克思"人民的现实的幸福"目的行动哲学专题研究。

我并不孤独,每到一个新环境,总有那些与生俱来的善良真诚的同学、工友、同事聚在我周围以"嗔爱"形式帮助我呵护我,倾诉他们对工资、税负、利息的理解和改革期许。特别是在20世纪80年代末我开始写作以来,得到了多位经济学界伯乐的启发和教育,直至合作研究。有幸,蒋一苇先生为我的书题写书名"国家资本主义,还是社会资本主义",并鼓励我独立思考。社科院《经济研究》杂志主编感觉我的思想有新意,特别写信将我介绍给了中国人民大学经济系主任何伟先生,我们曾合作研究"论所有制",有关于"所有权"究竟是经济基础还是上层建筑之争的乐趣。2003年秋天,我和妹妹到人大宿舍区看望先生,我提到,马克思说"资本是生产工具",他感叹地说,经过十几年坚持研究又进步了许多。为了资本价格利息率问题，我曾向中科院经济研究所吴承明教授请教，他特别嘱咐我，中国人讲实际，写书特别要注意实证，指出国际三大学派，制度学派、供给学派、供求学派，认为我的研究方向属于制度经济学。曾经向原金融研究所杨培新所长请教，他特别提醒我，西方经济学出了问题，不要迷信西方。前辈高人的指教，伯乐的鼓励，我立志只做一件事，要做就做到最好。岁月匆匆，无形中我成为承上启下的一个特殊角色，尽一己之力，努力把来自各方的碎片成果串联整合在我的研究中，在这些基础研究功底的基础上，结合实际近40年的写作。笔者的"正义经济学系列"，百度文学和审看过最新书稿的学者不约而同发现，这或许是我国罕有的以经济的法哲学、以"人民的现实的幸福"目的方法行动哲学视域、较为系统地研究马克思这方面理论的一个先例，为运用马克思行动哲学"从抽象到具体"指导科学社会主义纯粹现代生产方式建设，打开了一扇"科学的哲学"宝库的窗户。

笔者在研究过程中深知自己个人的知识面远远不够，曾经多次寻求合作者未果。2018年在"纪念延安时期中央军委军事工业局成立80周年"研讨会筹备工作中巧遇张龑教授（现任中国人民大学法学院副院长）。学术界流传着一句话：技术在美国，思想在欧洲。我很是看重张龑教授在马克思的故乡德国留学并获得博士学位的经历，这有利于还原马克思写作《资本论》的"社会场景"，特别是有些德语词汇拼法没有变，但随着历史变迁"意思"在变化，如"商业—生产商""资本——资本是生产工具""禁止高利贷—三重契约"等词语内涵的变迁，这些都需要在研究中细微精准处理。张龑教授还亲自拟定了"社会主义经济法哲学——新时代《资本论》中国化"这一紧扣时代的书名。张龑教授在学术前沿方面的创新、创建性的多篇著作融入了本书中，例如《习近平法治思想：中国特色社会主义法治建设的里程碑》《宪法修正案的改革逻辑及其证成》《涉外法治的概念与体系》《人之尊严：世俗化时代的法权基础》《家的"律法"：祖国与主权国家之辩》等。他倡导并亲力亲为参与跨学科合作，大大开阔了学术视野，研究质量得到提升。张龑教授学贯中西、学术严谨、思维缜密、谦虚谨慎，甘愿做后盾着实令我感动和钦佩。

我能够得到张龑教授在专业上的提携，这实属难得的缘分。

本书涉及领域较多，尽力做到有根有据，但是不同见解乃至个别错误在所难免。本书以期抛砖引玉，在这里特别声明，若有不妥之处由我个人承担全部责任。

当下"量子纠缠"正在改变思维方法，为人类打开了多重平行世界串联永无交集，到并联"交集纠缠"。随着科学技术的高速发展，我们或许需要掌握多学科知识，创新就在多学科碰撞的一瞬间。天马行空，开辟世界性宏大历史唯物辩证叙事和研究，创建人民接手管理纯粹现代生产方式的科学法哲学体系，为人民的现实的幸福铺路搭桥，这必将促进新时代《资本论》中国化研究方面具有更开阔的建树！马克思"经济学哲学"是多学科"杂家"，盼望有更多的学者转型"诸子杂家"。

蒋爱群
于北京长河麦钟桥畔
2025 年 3 月 8 日修改

目　录

第一编　纯粹现代生产方式，法定制度成本

第一章　《宪法》对社会主义经济制度的规定 …………………… 001
 第一节　社会主义经济是民本的现代生产的法律约束的市场和
    计划经济 ………………………………………………… 001
  第一小节　社会主义经济是民本的现代生产方式 …………… 001
   一、社会主义经济的目的是为人民谋幸福，方法是发展
    社会生产力 …………………………………………… 002
   二、社会主义现代化，选择纯粹现代生产方式发展社会
    生产力 ………………………………………………… 003
  第二小节　民本的、适应现代生产方式的法律制度 ………… 004
   一、《宪法》规定"社会主义经济制度"是法制经济 …… 004
   二、《宪法》中适应现代生方式各个生产要素的分配法则 … 005
   三、社会主义内部生产关系：阶级斗争与法制统一战线 …… 007
  第三小节　社会主义市场和计划经济制度 …………………… 008
   一、《宪法》法律体系管控社会主义市场经济 …………… 008
   二、《宪法》关于社会主义经济有计划的内容 …………… 010
 第二节　资本、市场、计划都是工具 ………………………… 011
  一、社会主义计划经济，与现代生产方式20年期偿债
   计划同源 ………………………………………………… 011

二、社会主义市场经济，遵守现代生产方式偿债市场
规则 ·· 012
三、从社会主义计划经济到"计划经济+偿债市场"的
历史进步 ··· 013
四、计划与市场都是去意识形态的工具 ······························ 014
第三节 现代生产方式十大定律 ·· 016
一、既有世界共有特征，也有中国特色的社会主义 ··········· 016
二、现代生产方式的主要定律 ··· 017

第二章 现代生产方式选择"王在法之下宪制"；市民社会创建"禁止高利贷—三重契约" ·· 025

第一节 "分工协作—通工等偿"：劳动价值；等价值价格法；
集体劳动；使用机器可能性 ··· 025
第二节 教会法"禁止高利贷—三重契约"资本转化为先进
大机器的可行性 ··· 029
一、"用公证的方法获得财富"，通过"法律公正"实现
确定性 ·· 029
二、欧洲"禁止高利贷—三重契约"的教会法程序 ············ 030
第三节 王在法之下宪政：市民法把政治权、财产权关进
什一律笼子 ··· 033
第一小节 生产债务企业主阶层与自由劳动阶级"共生"，重建了
现代生产和选择了适合的市民法 ······························ 033
一、生产债务企业主是把财产权、政治权关进什一律笼子的
动力源 ··· 033
二、王在法之下，英国多元法律体系构成性张力抬升了现代
市民法 ··· 035
三、劳资"共生"重建了现代生产和选择了适合的市民法 ······ 036
第二小节 英国现代生产方式规则与秩序法制变革历程 ············ 038
第四节 实证"禁止高利贷—三重契约"现象 ··························· 045

一、16世纪以来资本主义租地农场主"偿债生产价格
　　　　公式" ··· 045
　　二、工业革命标志：瓦特—博尔顿蒸汽机的"三重契约"
　　　　经济法则 ··· 048
　　三、世界银行守成瓦特—博尔顿蒸汽机的"三重契约"
　　　　法则 ··· 049
　　四、萨缪尔森《经济学》中的企业生产线抵押贷款三联
　　　　合同 ··· 050
　第五节　"禁止高利贷—三重契约"体系4项9条 ············ 051

第三章　纯粹现代生产方式高级阶段 ································ 055
　第一节　欧洲新兴城市现代生产方式高级阶段的五个条件 ··· 055
　　一、占支配地位的生产方式 ······························ 055
　　二、《资本论》从法哲学视域抽象出的"现代生产方式"的
　　　　五个条件 ··· 056
　　三、资本生产工具生产方式的作用和意义 ············· 058
　第二节　中国经济改革"禁止高利贷—三重契约"现象 ······ 060
　　一、生产线抵押贷款如住房按揭 ························ 060
　　二、中国现代生产方式的样板 ··························· 061
　第三节　20年期生产线抵押贷款方式，生产力百倍上台阶 ··· 064
　　一、技术还没有进步，20年期贷款增加雇佣劳动力十倍拓展
　　　　生产力 ·· 065
　　二、廉价资本作为载体，科技转化为先进生产装备，生产力
　　　　百倍提高 ··· 066
　第四节　纯粹现代生产方式的观念和特征 ···················· 067
　　一、纯粹现代生产方式概念的确定 ······················ 067
　　二、纯粹现代生产方式的八大特征 ······················ 068
　第五节　纯粹现代生产方式的世界性特征：是市民穷则异化创建，
　　　　穷则重建的产物 ·· 074

一、市民创建了、重建了现代生产方式，是人民的现实的
幸福的实体 ·· 074
二、现代生产方式的世界性特征，重塑世界市民话语权 ······ 076

第四章　三重契约资本是生产工具，科技是生产力要素 ········ 079
第一节　李斯特—马克思："资本是生产工具" ················ 079
一、"资本"专用于做成生产工具使用，即资本是生产
工具 ·· 079
二、资本的生产方式、生产工具和生产关系属性 ············ 082
第二节　三重契约为技术转化为先进装备提供条件 ············ 086
一、三重契约提供了五个条件吸引科学技术转化为
生产力 ·· 086
二、科技成本计算在固定资产内 ························ 088
三、生产关系法权形式助推技术力的价值革命 ·············· 089
第三节　科学技术向善，三重契约管护知识产权价格 ·········· 090
一、关于科技向善 ·································· 090
二、"知识是社会结晶"准则，管护知识产权价格 ·········· 091
三、高科技催生新概念：科技生态网络、描述中介、
科研中介 ·· 094

第五章　劳动，剩余价值率，制度成本 ························ 098
第一节　欧洲庄园习惯法：一般工资总额与剩余价值均分所
创造价值 ·· 099
一、生物冗余规律：一般劳动普通剩余价值率为"1∶1"
法则 ·· 099
二、现代生产方式趋向"剩余价值率＝1∶1"规律和
现象 ·· 101
第二节　普通剩余价值，转化为生产费用制度成本 ············ 104
一、以生产费用为中介，普通剩余价值转化为制度成本 ······ 104

二、生产费用制度成本现象 …………………………………… 106
　　三、复兴庄园习惯法对现代生产方式的意义 ………………… 108
第三节　一般劳动，一般生产力 ………………………………… 110
第一小节　自然自由劳动，分工协作劳动 ……………………… 110
　　一、人的自然自由劳动 ………………………………………… 110
　　二、协作劳动，西方资本主义生产方式机器大工业分工协作
　　　　的二重性 ……………………………………………………… 112
第二小节　一般生产力的一般劳动：社会必要劳动时间 ……… 115
　　一、农奴徭役习惯法概念：一般生产力一般劳动，社会必要
　　　　劳动时间 ……………………………………………………… 116
　　二、市民社会中从事生产的人 ………………………………… 117
第三小节　劳动创造的财富原始归劳动者所有法则 …………… 119
　　一、自然和劳动都是财富的源泉；劳动是创造财富的
　　　　主体 …………………………………………………………… 119
　　二、欧洲市民社会复兴"劳动是所有权的自然公理" ……… 120
第四节　剩余价值论：劳动求自由解放的正当性 ……………… 123
　　一、剩余价值论，揭示西方资本主义"物役人"异化
　　　　劳动 …………………………………………………………… 123
　　二、劳动解放："自然自由劳动"是劳动的初心 …………… 125
　　三、剩余价值论：劳动者自己养活自己，必然走自救
　　　　道路 …………………………………………………………… 126

第二编　现代生产阶级的分配正义，剩余价值部分用途质变

第六章　现代生产关系财产法形式，是生产力的发展加速度的
　　　　推动力 ………………………………………………………… 130
第一节　现代生产方式解剖为生产力和生产关系，发现法制生产力
　　　　要素 …………………………………………………………… 131
第一小节　不同历史时期生产方式的各种划分方法 …………… 131

第二小节　历史变革，资本成为生产工具——现代生产方式 …… 133
　　一、生产方式发生变革的历史原因各不相同 ………… 133
　　二、欧洲现代生产方式是"手工业"自由平民穷则异化的
　　　　产物 ……………………………………………… 134
第三小节　纯粹现代生产方式，解剖为向善生产力、正义生产
　　　　　关系 ……………………………………………… 136
　　一、"公正地获得财富"，解剖为向善生产力、正义生产
　　　　关系 ……………………………………………… 136
　　二、现代向善生产力 …………………………………… 137
　　三、现代生产方式，生产力与生产关系的关系 ……… 139
　　四、物质生产力在经济学中被打包成压缩文件，法制生产力
　　　　水落石出 ………………………………………… 140
第二节　生产关系是生产力的发展加速度的推动力、法制生产力成为
　　　　现代生产的第四要素 ……………………………… 141
　　一、生产关系的定义，与构成性相关 ………………… 141
　　二、现代生产关系的内容 ……………………………… 143
　　三、现代生产关系法权形式，是生产力的发展加速度的
　　　　推动力 …………………………………………… 145
第三节　现代混杂初期劳资斗争，量化为资本有机构成公式 …… 150
第一小节　劳资阶级关系量化为资本的有机构成：中立尺度为
　　　　　"总资本/总工资=5" …………………………… 150
第二小节　资产阶级统治极端叛乱"总资本/总工资≈7—9" … 152
第四节　从旧社会走向现代生产方式，各国选择的各种路径 …… 154
第一小节　转型现代生产方式，各国路径不同 ……………… 154
　　一、新旧生产方式交替无对象性消灭关系，变法和革命
　　　　形式 ……………………………………………… 154
　　二、不同国家现代革命：生产方式、生产关系、生产力的
　　　　辩证排序 ………………………………………… 155
第二小节　现代生产方式内部的阶级斗争 …………………… 158

　　　　一、关于现代生产方式在"胎胞"里萌芽成长 …………… 158
　　　　二、关于纯粹现代生产方式的中性样式 ………………… 159
　　　　三、在混杂时期政权更迭，无产阶级夺取政权专政接管现代化
　　　　　　的正当性 ……………………………………………… 160
　第五节　上层建筑根植于它所处的社会生产方式 ……………… 160
　第一小节　现代自然历史时期，上层建筑为经济服务 ………… 160
　　　　一、政治上层建筑根植于经济基础 ……………………… 160
　　　　二、经济基础与上层建筑的辩证关系 …………………… 162
　第二小节　经济基础意识形态，滋养上层建筑意识形态 ……… 163
　　　　一、唯物观念意识形态 …………………………………… 163
　　　　二、历史纵向：不同历史时期的经济社会定在和定在
　　　　　　方式 …………………………………………………… 167
　　　　三、历史横向：物质生产意识形态，决定上层建筑意识
　　　　　　形态 …………………………………………………… 169

第七章　生产关系法权形式是经济基础 ………………………… 175
　第一节　法律上层建筑与经济基础法律形式的辩证关系 ……… 175
　第一小节　法与法律的唯物观念论 ……………………………… 175
　　　　一、法的"唯物辩证观念论" …………………………… 175
　　　　二、"用公正的方法获得财富"是经济基础意识形态观念 … 179
　　　　三、生产关系的法权形式是经济基础 …………………… 181
　　　　四、固定在现代生产运动中的法律形式，是经济基础 … 183
　第二小节　客观规律不可以创造或消灭，但是可以利用和
　　　　　　限制 …………………………………………………… 186
　　　　一、自然规律 ……………………………………………… 186
　　　　二、法律的阶级性以不违背自然法则为限 ……………… 187
　第二节　市民法的一般规则 ……………………………………… 188
　　　　一、法律的构成 …………………………………………… 188

二、法律的正式性、强制性、有效性 …………………… 190

第三节　唯物观念目的论的法律正义 ……………………………… 192

　　一、正义、法律正义、政治正义、平等正义 …………… 192

　　二、实在正义、形式正义、实质正义 …………………… 196

　　三、法与理性、习惯、道德、伦理、政治 ……………… 197

　　四、程序正义，法律是实体与程序契合 ………………… 199

　　五、法律的多重因素以及民族性特征 …………………… 201

第四节　有冗余有介质——社会以法与法律为架构关系 ………… 205

第一小节　自然选择适度者生存，生态位法则 …………………… 205

　　一、自然选择：条件边际适应者生存；条件允许范围内适度者
　　　　生存 ………………………………………………………… 205

　　二、人类有差别需要立法，差别小到1人<（1+1）人，可以
　　　　平等法 ……………………………………………………… 206

第二小节　"人"有冗余，法与法律是社会的介质架构 ………… 207

第五节　自然法的三大箴规；一般人类规律 ……………………… 209

　　一、成为真正的人 ………………………………………… 209

　　二、繁衍与向善本能 ……………………………………… 209

　　三、家庭伦理，成为真正的人 …………………………… 211

　　四、邻里最大幸福与最小伤害法则 ……………………… 214

第八章　现代生产的分配正义 …………………………………………… 218

第一节　现代生产分配的正义准则 ………………………………… 218

　　一、生产的分配正义 ……………………………………… 218

　　二、适应"现代生产方式"的分配为正义 ……………… 220

第二节　中性分配实体法 …………………………………………… 222

第一小节　债关系委托与合伙的中性准则 ………………………… 224

第二小节　中性分配率 ……………………………………………… 226

　　一、中性分配率：居中、均分 …………………………… 226

二、损害最少法 ……………………………………………… 227
三、禁止高利贷法 …………………………………………… 228
第三节 生产的分配顺位正义 ……………………………………… 230

第九章 生产债务人企业主是质变资本、质变剩余价值用途的动力源是我们自己人 …… 233

第一节 财产权界正义：所有权有造福义务 …………………… 233
第一小节 宪法文本管护财产权 ……………………………… 233
第二小节 所有权形式：归属权、交换中介、因债分离的所有权 ……………………………………………… 236
一、公法特许财产所有权的归属 …………………………… 236
二、因债分离的所有权：法律标记、占有权、占有，生产债务人权 ………………………………………… 238
第二节 三重契约，约束资本和剩余价值否定之否定，质变为生产工具和再生产工具 ……………………………… 240
一、劳动所创造价值分割为总工资和制度成本引起的质变 …… 240
二、资本用途的三次质变 …………………………………… 241
第三节 生产债务人企业主收入＝利润－利息 ………………… 242
一、三重契约，利润被分割为利息和还本利润（积累）质的不同部分 ……………………………………………… 242
二、债务人权"资本使用者"收入，是担保偿债、是有瑕疵的所有权 ………………………………………………… 243
第四节 生产债务人企业主普通收入＝普通利润－法定利息＝支付当期偿还本金的积累 ……………………………… 245
第五节 三重契约：资本使用者债务人权，获得优先平等权利 …… 247
一、因生产债务占有的平等权 ……………………………… 247
二、三重契约，资本使用者被赋予平等优先权 …………… 249
第六节 禁止高利贷—三重契约：单纯企业主、企业家，食利资本家 ……………………………………………… 251

一、企业主分离为单纯企业主、资本所有者、企业家 ……… 251
　　二、禁止高利贷—三重契约，企业家按市场价格决定工薪，
　　　　不与他经营的资本成比例 …………………………………… 252

第三编　生产共同体市场，生产的分配正义

第十章　"分工协作—通工等偿"价值法则 …………… 257
第一节　通工等偿价值规律的四项九条法则 ………… 257
　　一、"分工协作—通工等偿"价值法则的四项九条中性
　　　　规则 ……………………………………………………… 258
　　二、"正常价值＝偿债生产价格"的法与法律 ………… 259
　　三、"物以稀缺为贵"允许波动的区间 ………………… 261
　　四、哪些商品经济形式中"通工等偿"失灵 …………… 262
第二节　现代，产品转化为商品一般化，商品二因性 …… 263
第一小节　使用价值转化为价值，交换二因性 ………… 263
第二小节　商品价值的量度，相对形式与等价形式 …… 266
　　一、商品价值尺度社会必要劳动时间 …………………… 266
　　二、社会必要劳动时间的外在形式或载体——等价物 …… 268
　　三、劳动的二重性；劳动作为价值的尺度 ……………… 270

第十一章　货币，虚拟货币资本 ……………………… 274
第一节　货币是财产证明书，六大职能 ………………… 274
　　一、等价形式转型为贵金属货币形式 …………………… 274
　　二、财产价值的法律证明书——纸币 …………………… 276
　　三、用货币量标明商品价格；货币的一般职能 ………… 277
　　四、货币的类型 …………………………………………… 278
第二节　虚拟货币转化为虚拟资本 ……………………… 279
　　一、像出租土地一样出租货币 …………………………… 279

二、三重契约信贷，虚拟货币专用于转化为资本生产工具
　　　　形式 ··· 280
　　三、信用经营形式 ··· 282
第三节　虚拟资本的种类 ··· 284
第一小节　虚拟资本的质量 ··· 284
　　一、高质虚拟资本 ··· 284
　　二、丧失基础的"虚拟货币资本" ································· 285
第二小节　高科技信誉"虚拟资本"，利息率趋零 ················ 286

第十二章　委托合伙准则的劳务关系 ································· 291
第一节　委托合伙劳务关系准则 ······································· 291
第一小节　关于保护劳动与劳动者的法与法律 ···················· 291
　　一、国家法，劳动法 ··· 291
　　二、法律对劳动者特加保护 ·· 294
　　三、雇主因雇佣而收益利润自负盈亏承担连带责任 ········· 294
　　四、法律对劳动阶级特加保护的原因 ··························· 295
第二小节　使用劳务、用益劳务、委托合伙劳务契约 ·········· 296
第二节　按劳分配，法定劳动收入四个阶梯 ······················· 298
　　一、法律关于按劳分配 ·· 298
　　二、现代生产方式的劳动分配正义 ······························ 299
　　三、劳动工资的四个阶梯 ··· 300
第三节　公平工资阶梯的勾连关系 ··································· 302
第一小节　最低工资，与工资阶梯、个税起征点勾连 ·········· 302
　　一、现代生产方式，法定最低工资制的原因和意义 ········· 302
　　二、最低工资水准的计算 ··· 303
　　三、最低工资为尺度，法定"工资水准四个阶梯"的勾连
　　　　关系 ··· 304

四、实际工资、名义工资、工资总额 …………………… 305

五、工资水准的分布,经济危机时期工资的调整方法 ……… 306

第二小节 生产劳动收入成为一般尺度 ……………………… 308

第四节 后发展国家发展过程中工资总额占比逐渐从33%上升到50% ………………………………………………… 309

一、工会需要将阶级斗争控制在现代经济允许的范围内 …… 309

二、走向现代化,工会代表需要学习与企业共生统一战略 ………………………………………………… 309

第五节 高科技企业的知本主义工资制度 …………………… 311

一、各种工资制度 ……………………………………… 311

二、一般劳动、特殊劳动,企业组织力形成价值制约工资差距 ………………………………………………… 313

第十三章 利息率、剩余价值、普通利润率、积累率 ……… 316

第一节 中华民族租息利税同率什一中正,禁止高利贷的鼻祖 ………………………………………………… 316

第二节 禁止高利贷—三重契约,资本利息率四阶梯 ……… 318

一、禁止高利贷贪婪 …………………………………… 319

二、现代经济禁止高利贷允许货币租赁四阶梯 ………… 320

三、在法律允许的区间内,供给和需求的交叉点决定利息率 ………………………………………………… 322

四、金融中介收取息差,依均衡原则 …………………… 323

五、资本的实际价格、名义价格 ………………………… 323

第三节 普通剩余价值、绝对剩余价值、相对剩余价值、超额剩余价值 ……………………………………………… 324

第四节 偿债普通利润率,资本利润率 ……………………… 326

第一小节 普通利润率、资本利润率,资本双重用途计量 …… 326

第二小节　生产商制度，资本利润率趋向平均化 ………… 328
　　　　一、现代银行法定利息率为尺度，普通利润率的平均化
　　　　　　趋势 ……………………………………………………… 328
　　　　二、产业资本、商品资本、商业资本、守法商人资本 …… 329
　第五节　三重契约利润还本，法律强制积累 ………………… 331
　　　　一、三重契约，约定用利润还本，是法定积累 ………… 331
　　　　二、现代经济自治"初始积累"；西方现代文明的野蛮血腥
　　　　　　原始积累 ………………………………………………… 333

第十四章　偿债生产价格区分财税法，超额利润中支付地租和赋税 …… 336
　第一节　赋税随附民商法体系 ………………………………… 336
　　　　一、财税正义准则 ………………………………………… 337
　　　　二、税制税率法与法律隶属于民商法体系 ……………… 339
　　　　三、纳税主体的公平原则 ………………………………… 340
　　　　四、征税主体的权利责任对等原则 ……………………… 341
　第二节　中国和欧洲"什一税制"历史传承 …………………… 344
　　第一小节　中华民族财税什一中正，世界最低的治权成本 …… 344
　　　　一、"井田制"税法实体法 ………………………………… 344
　　　　二、中华民族天下为公什一税制，民与政是公平契约关系，
　　　　　　治权独立 ………………………………………………… 345
　　第二小节　英国"无代表，无税"，及什一税 ………………… 348
　　　　一、无代表则无税 ………………………………………… 348
　　　　二、欧洲次生文明的什一税制历史 ……………………… 350
　第三节　三重契约偿债价格法区分财税法：债务价格法大于税务
　　　　　价格法；什一税制 …………………………………… 351
　　　　一、改良荒地抵押贷款，地租和赋税在超额利润中支付
　　　　　　法则 ……………………………………………………… 352
　　　　二、三重契约，赋税与地租在超额利润中收取现象 …… 354

三、英国政治权与公有土地权合一，地租与赋税同一性 …… 355

第四节　固定资产折旧率 …… 356

一、偿债生产价格构成的固定资产折旧费用，法定折旧率 …… 356

二、物价膨胀及其实际利息、折旧、所得税率和调整 …… 358

第十五章　偿债生产价格法、供求价格 …… 360

第一节　偿债生产价格法 …… 360

第一小节　中国王莽变法偿债生产价格法 …… 360

一、中国乡村人是自由市民 …… 360

二、中国古代租息利税什一中正同率 …… 361

三、王莽变法之偿债生产商价格法 …… 362

第二小节　三重契约合同预定偿债生产价格法 …… 364

一、生产线抵押贷款，银行要求承诺预测偿债生产价格 …… 364

二、萨缪尔森价格要素均衡论公式化 …… 365

第二节　现代生产方式价格初级到高级形成是历史过程 …… 370

第一小节　后发展国家：三元市场跳水价格 …… 370

第二小节　后发展国家制度成本从占比67%下降到50%，是20年期的攀升过程 …… 371

第三小节　智能时代价格构成公式的革命 …… 374

第三节　现代生产方式供给创造需求 …… 376

一、生产与交换，生产与消费 …… 376

二、生产供给与消费需求，孰先孰后 …… 377

三、"把未来借给现在"生产过剩常态化，政府调控手段 …… 379

四、第三世界，生产供给侧改革是系统工程 …… 380

第四节　中长期价格周期，价值革命 …… 382

第五节　短期供求波动的原因，约束方法 …… 385

一、引起供求波动的因素 …… 385

二、欲望、需求与替代 …… 387

三、需求的价格弹性 …………………………………………… 388

第十六章　欧洲新兴城市生产共同体市场，偿债生产价格＝市场价格＝市场价值 ………………………………………………………… 391

第一节　延安圣地，与欧洲新兴城市现代生产方式对勘 ………… 391
第一小节　欧洲新兴城市现代生产共同体市场是条件的产物 …… 391
第二小节　中国共产党领导的现代化建设，缘起延安圣地新兴城市
　　　　　军民融合生产共同体自治 ………………………………… 394
　　一、勘对延安圣地新兴城市与欧洲新兴城市的新式工业
　　　　体系 …………………………………………………………… 394
　　二、延安军工整合了全国资本主义碎片，是中国完整工业
　　　　布局的起点 …………………………………………………… 399
　　三、延安圣地新兴城市的"新式工业决定一切" ………………… 401
　　四、勘定"初心、起点"的意义 ………………………………… 403
第三小节　延安军工的变迁与发展，新式工业延续至今从未中断 … 404
第二节　通工等偿——生产和交换，现代市场必备条件 ………… 406
　　一、生产商，生产过程与流通过程相勾连 ……………………… 406
　　二、现代生产方式决定现代市场必备条件 ……………………… 408
　　三、现代生产的交换——通工等偿 ……………………………… 411
第三节　生产与市场勾连：偿债生产价格、市场价格、
　　　　市场价值 …………………………………………………… 412
第一小节　内部价值规律，强制选择适合的外部市场 …………… 412
第二小节　供求平衡：生产价格＝市场价格＝市场价值＝正常
　　　　　价值 ………………………………………………………… 413
　　一、微观偿债生产价格围绕价值波动规律 ……………………… 413
　　二、供求平衡，偿债生产价格＝市场价格＝市场价值 ………… 415
　　三、价值与偿债生产价格形成方式不同，通过交换实现
　　　　同一 …………………………………………………………… 418
第四节　企业是市场的主体、动力源，企业优化资源配置 ……… 419

第十七章 制度成本预测：就业和经济水准 …………………… 424
第一节 市民社会，就业是基本谋生手段 …………………… 424
一、无产自由劳动者的就业机会是应变量 …………………… 424
二、刘易斯拐点，工资与就业 ………………………………… 426
第二节 固定资本决定就业总量 ……………………………… 427
一、有一个利息率，就有一个与之相应的就业水准 ………… 427
二、固定资产总量和就业总量之间存在比例关系 …………… 429
第三节 适度提高工资，四次拉动就业现象 ………………… 431
一、恩格尔系数阶梯，与家庭劳动置换为市场劳动 ………… 431
二、就业与食品价格、消费市场、生产劳动力工资尺度 …… 432
第四节 现代经济，自给、服务、失业—再就业经济 ……… 434
一、多种经济并存现象 ………………………………………… 434
二、信息时代，应将运储、信息、科研划归第二产业 ……… 435
第五节 制度成本在富国自然低，在穷国自然高 …………… 436
一、西方禁止高利贷，富国资本使用者支付利息率或利润率
自然低 ……………………………………………………… 436
二、地租增长得较缓慢的国家里，财富增加得最快 ………… 440
三、拉弗曲线税率阶梯及原始、自给、现代经济 …………… 441
四、科斯的法制作用力四大定律猜想 ………………………… 442

第四编　现代文明新时代

第十八章 现代生产方式和平发展互利文明新时代 …………… 449
第一节 通工等偿平等民主价值观 …………………………… 449
第一小节 欧洲奴隶主极端自由观，转型市民社会自由观 … 449
一、人类有冗余张力，主观自由与客观自由 ………………… 449
二、古希腊哲学家理想"法的自由"观 ……………………… 451
三、现代世界重塑权力责任对等义利观 ……………………… 452
第二小节 通工等偿之客观为别人也是为自己，成就了现代自由、
平等观 ……………………………………………………… 455

一、"分工协作—通工等偿"客观为他人也是为自己，
对等观念 ·· 455
二、劳动果实所有权等价交换，权利责任对等法律依归 ····· 456
三、"分工协作—通工等偿"，是相对自由、对等交换
关系 ·· 458

第二节 现代生产方式自由劳动，是自由的物质基础 ············ 460
一、自由幸福 ·· 460
二、自由与法 ·· 462

第三节 人权尊严 ·· 465
一、人权是权利责任 ······································· 465
二、人权关系的本体是生产关系 ·························· 467
三、人权与政治安全 ······································· 468
四、国家主权大于人权 ···································· 470
五、人权尊严价值及权利义务 ····························· 471

第十九章 现代生产方式，是人类命运共同体的载体 ········ 475

第一节 纯粹现代生产方式是和平与发展的载体 ··············· 475
一、现代生产方式是自有自治完整现代社会体系新时代 ····· 475
二、现代世界，和平与发展是主流 ······················· 476
三、中国坚决拥护联合国为首引领世界和平发展潮流 ····· 478

第二节 现代生产方式是人类命运共同体的载体 ··············· 479
一、命运共同体是历史范畴 ······························· 479
二、现代生产方式是和平与发展的人类命运共同体的载体 ····· 480
三、人类命运共同体的内容："人与环境，人与人，国与国"
相合 ·· 482

第三节 地球是物质与生命互动的共同体 ······················· 483

附录：美西方文明的野蛮：日耳曼强权掠夺最大化 ············ 486

第一编　纯粹现代生产方式，法定制度成本

第一章　《宪法》对社会主义经济制度的规定

背景：

《中华人民共和国宪法》规定了国家的根本任务是"现代化建设"，有了这个总目标和方法，就可以从《资本论》中梳理出纯粹现代生产方式和有机的生产关系和交换规律，作为社会主义经济法哲学的研究起点和规范，"一般"与"特色"二元构成性的研究起点。

第一节　社会主义经济是民本的现代生产的法律约束的市场和计划经济

第一小节　社会主义经济是民本的现代生产方式

"社会主义经济"概念，依据是《中华人民共和国宪法》第六条："中华人民共和国的社会主义经济制度"。

一、社会主义经济的目的是为人民谋幸福，方法是发展社会生产力

（一）社会主义经济就是要发展生产力，共同富裕，《中华人民共和国宪法》第十四条："国家……发展社会生产力。……在发展生产的基础上，逐步改善人民的物质生活和文化生活。"为人民谋幸福是目标，发展社会生产力是方法。

（二）《宪法》序言："国家的根本任务是，沿着中国特色社会主义道路，集中力量进行社会主义现代化建设。"表达了以下几个层面的意思。

第一层，国家根本任务"现代化"所指什么样？

马克思界定，当今世界处于现代生产方式自然历史阶段，应是"现代化"的"生产方式"一般样态。

第二层：政治性质，是"社会主义现代化建设"，即发展现代生产力、共同富裕。明确了社会主义意识形态选择纯粹现代生产方式为经济基础，上层建筑[①]社会主义意识形态的服务任务是做模范服务者、正义的守护者、进步的引导者。

---

① 〔古希腊〕亚里士多德：《政治学》，商务印书馆1965年版，第146页。古希腊亚里士多德研究《政治学》，在政治领域，第一位格是政制，第二位格是政治，政治为政制服务，执掌最高治权，用建筑师、舵师比喻。若按原意，应为政治建筑师、意识形态建筑师、法律建筑师、经济建筑师、生产关系建筑师，它们之间原本没有高低之分。但是被后人抽象为政治、意识形态、法律上层建筑，往往被理解、被扭曲为上下从属不平等关系，这种概念上的不准确，增加了关于上层建筑与经济基础关系理解上的难度。关于西方哲学，毛泽东说它"是我们的先生"，见《毛泽东年谱（1949—1976）》第5卷，中央文献出版社2013年版，第313页。马克思深受古希腊亚里士多德哲学影响，为了了解马克思主义的文化源头，有时还不得不"言必古希腊"。需要注意的是，马克思所学习的古希腊亚里士多德的著作，已经是欧洲"经典化运动"的产物，是19世纪中叶由德国柏林科学院授命，用了40年编辑而成的"《亚里士多德全集》标准本"。欧洲本身属于"古罗马帝国野蛮化""日耳曼野蛮部落"文化圈，一直延续到18世纪。欧洲属于次生文明，传教士从世界各个文明地区传回欧洲的文化札记。关于欧洲神职人员史学家和翻译家是否"圆融谎言"伪造历史由史学家去澄清。而我们看重的是欧洲现代文化确实以"经典化改编的产物"为圭臬，这成为西方近现代哲学、语言逻辑的历史依托而坚定不移。这样我们就可以"借助"这些确定性规范来与西方对话，并通过对比发现那些实际最早出现在中国的文化文明，这也是我们增强自信的一种渠道或范式。

第三层：路径，是"沿着中国特色社会主义道路"。

综合以上，就可以与《资本论》所研究"现代生产方式"相对接，向人们展示以纯粹现代生产方式为一般形式的"中国社会主义经济"。

二、社会主义现代化，选择纯粹现代生产方式发展社会生产力

（一）《宪法》"四个现代化"意指现代生产方式。

《宪法》序言指出"国家的根本任务是，……现代化建设"，"逐步实现工业、农业、国防和科学技术的现代化"，是指生产、经济的现代化。因此，《宪法》序言"现代化强国"，是指经济强盛为基础的全国经济、政治、社会、文化等全面强盛。

（二）现代化建设方法"发展社会生产力"意指现代生产方式，因为古往今来只有现代生产方式具备较快速度"发展社会生产力"功能。

《宪法》第十四条"国家……发展社会生产力"，什么样？就是《共产党宣言》所描述的那种"过去哪一个世纪能够料想有这样的生产力潜伏在社会劳动里呢？"① 就是现代生产方式社会生产力现象。唯有现代生产方式实现了采用机器大工业利用自然力部分节省了人的劳动，社会生产力才有绝对发展趋势。

而自此以前的社会都属于"古代工具自给经济"，"由于一般自然经济的性质，所以，这种形式完全适合于为静止的社会状态提供基础"②。各自社会以生产工具为表征，例如石器、青铜器、马拉铁犁时代，各自时期的生产工具大致不变，处于生产力"静止状态"。

社会主义经济选择纯粹的现代生产方式。当今世界还处于混杂时期。例如，美西方还处于现代制度、奴隶制、农奴制混杂时期，还处于混合过渡时期，马克思指出，"奴隶劳动或徭役劳动等较低级形式上从事生产的民族，一旦卷入资本主义生产方式所统治的世界市场，而这个市场又使它们的产品的外销成为首要利益，那就会在奴隶制、农奴制等等野蛮灾祸之

---

① 《马克思恩格斯选集》，第一卷，人民出版社1972年版，第254、256页。
② 《马克思恩格斯全集》，第25卷，人民出版社1974年版，第897页。

上，再加上一层过度劳动的文明灾祸。因此，在美国南部各州，……但是黑人所从事的有时只要7年就把生命耗尽的过度劳动"①，拉图尔《我们从来没有现代过》所证实。《资本论》初版序言，第一次使用西方"资本主义生产方式"概念就指出它带有二重性。需要按斯大林所说的区划出"单一的社会生产"②，科学社会主义意识形态必然选择纯粹现代生产方式作为自己坚实的经济基础。

第二小节 民本的、适应现代生产方式的法律制度

一、《宪法》规定"社会主义经济制度"是法制经济

（一）被列入宪法的制度，都是"法律制度"。《宪法》第六条："中华人民共和国的社会主义经济制度的基础是生产资料的社会主义公有制，即全民所有制和劳动群众集体所有制。社会主义公有制消灭人剥削人的制度，实行各尽所能、按劳分配的原则。

"国家在社会主义初级阶段，坚持公有制为主体、多种所有制经济共同发展的基本经济制度，坚持按劳分配为主体、多种分配方式并存的分配制度。""法律制度"简称"法制"。"社会主义经济制度"是法制经济。

第二十四条："国家通过普及理想教育、道德教育、文化教育、纪律和法制教育，通过在城乡不同范围的群众中制定和执行各种守则、公约，加强社会主义精神文明的建设。"

（二）《宪法》规定的法治是指依法制的治理。序言："健全社会主义法治。"第五条："中华人民共和国实行依法治国，建设社会主义法治国家。国家维护社会主义法制的统一和尊严。"

（三）《宪法》社会主义市场经济是依法制来治理的经济。

---

① 《资本论》，第一卷，人民出版社1975年版，第264页。
② 斯大林：《苏联社会主义经济基础》，人民出版社1952年版，第64页。

第十五条："国家实行社会主义市场经济。

"国家加强经济立法，完善宏观调控。

"国家依法禁止任何组织或者个人扰乱社会经济秩序。"它的意思：

第一层，"国家加强经济立法"，它的大前提是为人民谋幸福，是顺应现代生产方式的法制。其内容包括通过法律形式管理控制保护"国家实行社会主义市场经济"，所以"经济立法"应指世界经济一体化国际法系中的"市民社会法"，而不仅仅指狭义派生的"经济法"。市民法是绝大多数的市民稍加约束都能遵守的法律。市民法面前人人平等，包括市民和政府涉及生产和市场的法律行为。

第二层，"国家依法禁止任何组织或者个人扰乱社会经济秩序"。应包括"市民法"和平解决，和违反"市民法"的法律惩罚，直至付诸《刑法》等。

第三层，"国家加强经济立法"，包括国家对政府"完善宏观调控"职能加强立法。

第四层，现代生产方式法制是对历史存续的市民法的选择，已经被历史证明其可行性。社会主义意识形态和行动是现代生产方式的产物，不是独立的范畴，所以在传承学习的基础上，如有需要，同样得从历史长河中"选择法律"，并进行历史、哲学、社会、法理、实证诸方面正义性、正当性、合法性、可行性的追问，多角度、社会多方面参与民间考查和规范，通过程序形式保证实体法的"有效"性。而那些未经长期实践所验证的"创新法制"，难免会给人民造成意想不到的灾难而成为恶法。

二、《宪法》中适应现代生方式各个生产要素的分配法则

我国《宪法》涉及现代生产方式总生产基本要素，并作出了原则性规定。

（一）生产目标。《宪法》序言："国家的根本任务是，沿着中国特色社会主义道路，集中力量进行社会主义现代化建设。"现代化建设是经济制度的目标。

(二) 社会主义公有制和按劳分配为主体。

公有制和按劳分配制为基础，见第六条："中华人民共和国的社会主义经济制度的基础是生产资料的社会主义公有制，即全民所有制和劳动群众集体所有制。社会主义公有制消灭人剥削人的制度，实行各尽所能、按劳分配的原则。

"国家在社会主义初级阶段，坚持公有制为主体、多种所有制经济共同发展的基本经济制度，坚持按劳分配为主体、多种分配方式并存的分配制度。"

第七条："国有经济，即社会主义全民所有制经济，是国民经济中的主导力量。国家保障国有经济的巩固和发展。"

(三) 对财产权的管理和保护，见第十三条："公民的合法的私有财产不受侵犯。

"国家依照法律规定保护公民的私有财产权和继承权。

"国家为了公共利益的需要，可以依照法律规定对公民的私有财产实行征收或者征用并给予补偿。"是公法特许所有权，它的权利义务对等，私有财产的来源与用途都必须合法。

依《宪法》第十四条"逐步改善人民的物质生活和文化生活"，所有权有造福人民的责任义务。

(四) 现代化法治经营管理，见第十四条："国家通过提高劳动者的积极性和技术水平，推广先进的科学技术，完善经济管理体制和企业经营管理制度，实行各种形式的社会主义责任制，改进劳动组织，以不断提高劳动生产率和经济效益，发展社会生产力。国家厉行节约，反对浪费。"指示了现代化建设经营管理的内容。

(五) 保护劳动生产力要素。见第四十二条"中华人民共和国公民有劳动的权利和义务"。《劳动法》第四十六条"国家对工资总量实行宏观调控"。

(六) 积累要素，见第十四条第二自然段："国家合理安排积累和消费，兼顾国家、集体和个人的利益，在发展生产的基础上，逐步改善人民的物质生活和文化生活。"现代生产方式是"20年期的生产线抵押贷款"

合同约定用利润还本的契约强制积累方式。

（七）财税要素，见第五十六条"中华人民共和国公民有依照法律纳税的义务"。现代生产方式"生产线抵押贷款"合同约定优先用利润还本付息，遵守债务价格法优先大于税务价格法、财税在超额利润中收取法则。还有优先折旧复归固定资产，优先生产管理营销损耗权。财税、地租、股东所有者权益分割超额利润。

（八）为现代化储备人才和科学技术，见第四十七条："中华人民共和国公民有进行科学研究、文学艺术创作和其他文化活动的自由。国家对于从事教育、科学、技术、文学、艺术和其他文化事业的公民的有益于人民的创造性工作，给以鼓励和帮助。"

（九）人民人格自律。见第五十三条："中华人民共和国公民必须遵守宪法和法律，保守国家秘密，爱护公共财产，遵守劳动纪律，遵守公共秩序，尊重社会公德。"规定了公民的人格权利义务。人格权是法律约束之下的自由、平等、人权、尊严。

三、社会主义内部生产关系：阶级斗争与法制统一战线

中国传统文化素来讲中庸之道，很容易接受统一战线策略。

中国共产党成立时就加入了共产国际，成为世界无产阶级革命的成员，接受了第三共产国际"统一战线"理论。

新中国政治阶级斗争与统一战线，见《宪法》序言："在我国，剥削阶级作为阶级已经消灭，但是阶级斗争还将在一定范围内长期存在。中国人民对敌视和破坏我国社会主义制度的国内外的敌对势力和敌对分子，必须进行斗争。……

"社会主义的建设事业必须依靠工人、农民和知识分子，团结一切可以团结的力量。在长期的革命、建设、改革过程中，已经结成由中国共产党领导的，有各民主党派和各人民团体参加的，包括全体社会主义劳动者、社会主义事业的建设者、拥护社会主义的爱国者、拥护祖国统一和致力于中华民族伟大复兴的爱国者的广泛的爱国统一战线，这个统一战线将继续巩固和发展。中国人民政治协商会议是有广泛代表性的统一战线组织，过去发挥了重

要的历史作用，今后在国家政治生活、社会生活和对外友好活动中，在进行社会主义现代化建设、维护国家的统一和团结的斗争中，将进一步发挥它的重要作用。中国共产党领导的多党合作和政治协商制度将长期存在和发展。"实证了我党三大法宝：统一战线，武装斗争，党的建设。

第三小节 社会主义市场和计划经济制度

一、《宪法》法律体系管控社会主义市场经济

"社会主义市场经济"作为宪法规范，必须服从宪法体系规范。

《宪法》第十五条"实行社会主义市场经济制度"，与《宪法》第六条"中华人民共和国的社会主义经济制度"的关系。例如：

"82宪法"第十五条："国家在社会主义公有制基础上实行计划经济。国家通过经济计划的综合平衡和市场调节的辅助作用，保证国民经济按比例地协调发展。

"禁止任何组织或者个人扰乱社会经济秩序，破坏国家经济计划。"

"93宪法修正案"第十五条修改为：

"国家实行社会主义市场经济。

"国家加强经济立法，完善宏观调控。

"国家依法禁止任何组织或者个人扰乱社会经济秩序。"

首先，社会主义市场经济是社会主义经济不能变；其次，社会主义经济是大前提，社会主义市场经济是小前提，"市场"只是其中的交易环节，不得改变社会主义经济性质和制度，是社会主义为人民谋幸福的、现代生产及其法律约束的市场。

社会主义市场经济与现代化建设的关系。《宪法》第十五条中的"社会主义市场经济"与序言"现代化建设"是体系关系，有机结合关系，"社会主义市场经济"入宪的目的也正是强化市场手段以加快"现代化建设"。

社会主义市场经济与社会主义经济法制的关系，《宪法》第十五条第二、第三自然段"国家加强经济立法，国家依法禁止任何组织或者个人扰乱社会经济秩序"，是宪法统领下的、第二层面的法律安排对"市场"的管理和保护。

加入世界贸易组织（World Trade Organization，简称 WTO）以后，社会主义市场经济同时要遵守世界性"市民法"。以"现代化建设"为目标，社会主义市场经济与纯粹现代生产方式市场经济对象性同一，社会主义市场经济法制与现代生产方式市民法对象性同一。

市场与计划的关系。社会主义市场经济，与《宪法》第十五条"完善宏观调控"计划经济是"共同目的"关系，都是为"现代化建设"服务，为人民谋幸福，提高社会生产力。《宪法》中七处提到有计划、宏观管理，只对一处进行了修订，所以从来没有放弃有计划，只是平衡市场与计划的关系。

市场与多种经济形式的关系。是以社会主义市场经济为主体，但是也允许其他经济形式存在，例如我国乡村农工商自给自足经济等生产形式。

"社会主义市场经济制度"与"社会主义初级阶段"的关系。《宪法》序言指出："我国将长期处于社会主义初级阶段。"初级阶段，是从古代小农经济转型现代化的过程，在很长一段时间里，我国处于学习和斗争阶段，直到与国际现代经济比肩前行，平视世界。初级阶段在方法上有摸着石头过河特征，这是坚持社会主义向度的"摸石头方法"。

关于性质、功能、特征。社会主义市场经济的性质是以民为本，性质是以等价交换为准则，区别并遏制商业主义货殖利润最大化剥削；它的实用功能是适应"生产线抵押贷款"偿债的需要，劳动三要素商品化市场公平交换的需要；社会主义现代市场的起点是"拨改贷—禁止高利贷—三重契约"改革，特征是市场流通要素为实质经济服务。

从《宪法》规范的结构看，规范社会主义市场经济的意义在于，既是对生产共同体市场手段合法性的确认和规范，同时也是对政府权力的手段合法性的确认和规范，法与法律的直接约束。

市场经济、商品经济是"居间"服务环节，不是独立的范畴，没有生产产品，哪里来的交易。自给经济剩余产品市场的规则是物以稀缺为贵，赚取买者和卖者两端全部剩余价值。自由民"分工协作—通工等偿"法治集体力，才是现代生产方式的起点。

二、《宪法》关于社会主义经济有计划的内容

"93宪法修正案"第十五条："加强宏观调控"。

第六十二条："全国人民代表大会行使下列职权：……（十）审查和批准国民经济和社会发展计划和计划执行情况的报告；（十一）审查和批准国家的预算和预算执行情况的报告"。

第六十七条："全国人民代表大会常务委员会行使下列职权：……在全国人民代表大会闭会期间，审查和批准国民经济和社会发展计划、国家预算在执行过程中所必须作的部分调整方案。"

第九十九条："地方各级人民代表大会在本行政区域内，保证宪法、法律、行政法规的遵守和执行；依照法律规定的权限，通过和发布决议，审查和决定地方的经济建设、文化建设和公共事业建设的计划。

"县级以上的地方各级人民代表大会审查和批准本行政区域内的国民经济和社会发展计划、预算以及它们的执行情况的报告；有权改变或者撤销本级人民代表大会常务委员会不适当的决定。

"民族乡的人民代表大会可以依照法律规定的权限采取适合民族特点的具体措施。"

第一百一十八条："民族自治地方的自治机关在国家计划的指导下，自主地安排和管理地方性的经济建设事业。"

因此，社会主义经济"计划"制度从来没有变。"拨改贷—禁止高利贷—三重契约"改革只是加强和拓展了市场手段，实现计划工具和市场工具之间的相互平衡。

第八十九条："国务院行使下列职权：

"（五）编制和执行国民经济和社会发展计划和国家预算"。

第九十一条："国务院设立审计机关，对国务院各部门和地方各级政

府的财政收支，对国家的财政金融机构和企业事业组织的财务收支，进行审计监督。"

第一百〇九条："县级以上的地方各级人民政府设立审计机关。地方各级审计机关依照法律规定独立行使审计监督权，对本级人民政府和上一级审计机关负责。"

第二节　资本、市场、计划都是工具

现代生产方式的特征，生产工具是租买来的，从而增加了资本、市场、计划工具。

一、社会主义计划经济，与现代生产方式 20 年期偿债计划同源

社会主义计划经济是从西方企业经济中学习来的，学习者当中应包括马克思。

1917 年布尔什维克十月革命以前，美英等资本主义国家都早已进入现代化，而俄国依然停留在农奴制、小农业为主的阶段，特别是，十月革命后国内战争让经济大倒退。1921 年，列宁出版了《论粮食税》，俄共（布）决定实行新经济政策，提出重要的一点就是要引进西方的先进技术来发展社会主义事业的必要性，只有这样才能达到师夷长技以制夷。在新经济政策时期，恰逢西方资本主义遭遇经济危机急于出口过剩产品和产能，苏联开启了长达 10 余年引进先进设备、科学技术和经营管理人力资源进程。外国公司给苏联提供了重要的装备，扩建、改建、新建了一批企业，改良了技术，培养了人才，并派出管理人员指导苏联人员施工，苏联的管理人员向美国公司管理人员学习美国企业的现代管理经验，双方建立互换留学生制度等。苏联用 10 余年时间一举完成西方用百年时间才达到的工业化水准，还有德国、英国、瑞典、捷克斯洛伐克、日本等工业国家的资助下建成的项目。有报道，在 1959 年到 1967 年的 9 年间，苏联从西方国家大量采购了化工技术，仅在头三年中，苏联就购买

了50家完整的化工厂和相关设备，每个工厂订单都价值数千万美元。正是在这个为了利益而互通往来的历史背景下，苏联的企业计划管理受到西方资本主义管理的极大影响。例如1926—1947年编纂的苏联百科全书（66卷），其中"生产计划管理"可以肯定是在美国福特等公司的相关管理制度影响下写成的，一个摆脱农奴制才10多年的国家写不出那样精准科学的技术生产计划管理内容。从现代化角度可以说，社会主义计划经济，与现代企业"生产线抵押贷款"合同约定20年期偿债计划管理同源。我们中国先学会了计划这条腿迈步，世界银行三重契约式规范又教会我们生产线抵押贷款偿债计划与偿债市场——两条腿迈步。

二、社会主义市场经济，遵守现代生产方式偿债市场规则

科学社会主义意识形态选择纯粹现代生产方式作为经济基础。社会主义就是要发展社会生产力，共同富裕，所以，社会主义必须建立在现有最新、安全、稳定、可持久的确定性的纯粹现代生产方式基础之上。而空想社会主义则因为其不确定性，不能避免因为违反社会规律遭遇失败而带来严重损害。

社会主义以现代生产方式为经济基础，因此，并不改变作为现代生产方式的市场环节属性。

市场与现代生产方式。"现代化建设"是市场服务的对象，那么现代生产方式作为一个历史阶段，是对社会主义市场经济的限定条件，社会主义市场经济不应违背或超越现代生产方式市民法性质的约束。

社会主义市场经济遵守联合国经济组织规则。我国在1993年正式界定社会主义市场经济。1987年世界银行对中国贷款投资，在中国树立了"禁止高利贷—三重契约"式典范，就是"分期付款""按揭""租买"、生产线抵押贷款信贷模式。1998年法律条件齐备，房地产和基建狂魔两条产业龙头腾空而起，中国经济进入快车道。2001年，我国加入世界贸易组织（WTO），我国企业进出口必须遵守WTO"正常价值＝偿债生产价格"[①]。

---

① 鉴于三重契约"债务"特征，本书增加"偿债"二字，为"偿债生产价格"。

2017年美国总统特朗普发动中美贸易战以来，美国重提"市场竞争的中性规则"①，"所有制中立"②，"竞争中立"。这些都是现代生产方式市场的基本规则，也是社会主义市场经济在国际上争取"平等、对等"的法律工具。中国迅速和平崛起现象，佐证中国社会主义市场经济是现代生产方式市场规则的模范执行者、中立规则的维护者、进步引导者，这充分说明中国社会主义市场经济更加适合现代生产方式。

纯粹现代生产方式对象性同一性差异。中国社会主义市场经济，是依附于现代生产方式规则与秩序的"市场"，是中国实行以公有制为主体，多种所有制并存的所有制，实行按劳分配为主体，多种分配方式并存的分配制；是社会主义市场经济，是以民为本的"市场"，法律禁止哄抬物价、发国难财等极端功利主义。

三、从社会主义计划经济到"计划经济+偿债市场"的历史进步

"93修宪"过去已经30年，我国已经迅速和平崛起，成为世界第二大经济体，阐述"93宪法""社会主义市场经济"的计划性内涵，是最佳时机，要用事实来正本清源。

社会主义从计划到"计划+市场"。正如俄罗斯学者所指出的，中国迅速崛起，在于实现了计划与市场这两种手段的平衡，中国从没有放弃对宏观经济有益的计划手段。苏联的经验在中国得到借鉴，苏联的教训在中国到矫正，这是科学社会主义事业传承基础上的发展过程。

---

① 中性规则，参见凯恩斯：《就业利息和货币通论》，商务印书馆1983年版。(1) 正确法则，"关于分配比例，倒可以找出一个相当正确的法则"，见第8页注解①。(2) 通常情形，参见第7页，"本书命名为《就业利息和货币通论》，着重点在通字。……我将说明：经典学派之前提只适用于一种特例，而不是用于通常情形"。(3) 最适度，见第48页"令此费用之最适度（optimum）数目"。(4) 正常、纯、标准规则，见第60页"设欲生产一正常利润，则长期供给价格必须在长期成本之外再加上一项，等于当前放款利息乘设备成本之积；……如果我们喜欢用'纯'利率（pure rate of interest）作为标准利率"。

② 廖峥嵘：《世界贸易必须坚持"所有制中立"传统》，载《环球日报》，2020年9月28日。

社会主义的特点就是有计划集中力量办大事。在新中国刚刚成立，百废待兴，以及西方霸权乘我立足未稳，侵略战火烧到我国边境、对我国进行封锁的历史背景下，在资本紧缺的背景下实行计划经济初步实现工业化，1952—1977年，扣除个别特殊年份，依然维持了6.5%的年平均增长速度，为经济改革准备了工业化基础、优秀劳动力队伍，以及自由自耕农工商市场①历史传统。中国经济改革取得巨大成就，在西方眼中，承认最具魅力的就是有计划，集中力量办大事。因此，中国迅速和平崛起，"有计划"中国特色被证明总体是正确的。

社会主义市场经济的"计划工具"的意义，大致有三个方面表现：其一，在生产力允许的范围内，为人民谋幸福的宏观计划集中力量办大事；其二，社会主义计划管理经验，为转型现代生产方式20年期的偿债计划，作了计划工具方面的组织和管理经验储备；其三，现代生产方式技术革新有"龙头产品"特征，形成国家、国际产业链的周期规律。我国社会主义市场经济验证，可以通过"宏观计划"调控，来削平、减小和分散市场经济周期的波动幅度和范围，而西方250年国家级、世界级周期性经济危机就有20多个，十几年就来一次，验证西方私人自由资本主义不可能也不会服从他们假设的"宏观理性经济人的指引"。

四、计划与市场都是去意识形态的工具

现代经济，总生产中"计划与市场"相勾连运动。"分工协作—通工等偿"就是个人技术特长之间的分工协作计划，生产品转化为商品市场交换；高级阶段是社会之间的分工协作，例如三重契约，就是20年期偿债计划合同和履约偿债交换市场，以及劳动力商品化，劳动产品转化为商品市场交换，这种宏大社会分工协作。因此，计划本身就是从现代生产方式中

---

① 1956至1978年完成社会主义改造后，还保留有自由地、农贸市场，并且由于人民公社仅实行了20余年（富不过三代，一个经济文化断代为100年），传统文化还留在农民的潜质中，所以1978年小岗村包产到户和十一届三中全会决议实行家庭联产承包制后，中国从公元前594年"初税亩+什一税"土地私有什一税制度绵延2500年又复苏了。

抽象出来的一件"工具"。

1993年宪法修正案第十五条"社会主义市场经济",将"计划、市场"降格为社会主义经济的"工具",客观上是对"社会主义"意识形态的外在表现形式进行了建筑师抽象。

社会主义就是为人民谋幸福,发展社会生产力,而次一级的计划和市场工具被实践证明有助于顺畅地、规律地发展生产力。

"社会主义经济"概念,客观上起到了将"市场、计划"从意识形态之争中摆脱出来的作用,"计划""市场"回归"工具"。还有,社会主义公有制、按劳分配为主体,"20年期的生产线抵押贷款"资本成为谋幸福的生产工具。因此,对"资本生产工具"也应去意识形态化。

《宪法》第十五条,"社会主义市场经济"与"加强宏观调控"放在一个条款中,二者是直接的勾连关系,有计划是对社会主义市场经济的宏观调控。即便进入智能时代,只要还存在"生产线抵押贷款""高科技抵押贷款""住房按揭",现代生产方式的规则与秩序就不会过时。

而资产阶级统治意识形态极端叛乱[①]将资本当作榨取剩余价值的工具在使用,从而资本、市场工具被加以了"主观"属性。

综合以上,资本形态的生产工具、市场、计划,都是发展现代生产力的工具。使用这些工具的"人"按自己的意识形态使用工具,与工具本身无关。

科学社会主义并不仅仅指国家政体性质一个方面,还包括目标和实现目标的方法:社会主义经济。

[①] 《马克思恩格斯全集》,第1卷,人民出版社1956年版,真正的极端,见第355页。在给叛乱奠定基础,见第358页。

第三节 现代生产方式十大定律

一、既有世界共有特征，也有中国特色的社会主义

《宪法》序言指出："国家的根本任务是，沿着中国特色社会主义道路，集中力量进行社会主义现代化建设。"

有特色，必有一般共有，属于二元构成性。

（一）共有的应是既定的、世界公认的

共有的"现代"概念。"现代"这个事实是从"英国工业革命"与古代自给经济的对比中抽象出来的，已经为世界所公认。

共有现代生产方式。以"平等正义"为准则，马克思界定纯粹现代生产方式是正义的，比奴隶制、农奴制正义。

马克思界定当今人类处于现代生产方式自然历史时期。当今，随着现代生产方式向外拓展的张力，世界经济走向一体化，全世界人民都向往现代化，是人民的现实的幸福的方法。纯粹现代生产方式和平、发展、互惠文明成为我国所倡导的人类命运共同体的载体。

共有的现代"新时代"。马克思指出，"资本（生产工具——引者注释）一出现，就标志着社会生产过程的一个新时代"[①]。其一，新时代是历史阶段，是历史对比，是以现代生产方式生产力发展绝对趋势与奴隶制、农奴制专制静止社会的新旧对比。其二，新时代是自下而上的古希腊雅典穷苦自由平民异化的产物，是13世纪以来500年里，英国新兴城市市民自下而上重建的历史新时代，既不是英雄史，也不是精英史。

---

① 《资本论》，第一卷，人民出版社1975年版，第193页。

（二）中国特色社会主义道路

中国特色社会主义道路，基于中华民族文明型国家，必然选择和平与发展道路。

第一，中国生产方式特色：全民农工商分工协作方式。中国自由自耕农工商生产方式为主体，全民族具备市民潜质，全社会具备手工业生产与交换的集体力、法制生产力、动力源、社会张力，更加适合纯粹现代生产方式。

第二，中国特色社会主义思想，一是马克思主义"人民的现实的幸福"中国化新时代；二是中华民族礼法社会主义文化传承，仁义均，礼智信；三是我党为建设中国特色社会主义新时代百年奋斗积淀，党的三大法宝和三大作风；四是世界文明互鉴。中国共产党领导是中国特色社会主义最本质的特征。

在混杂的现实社会中必须建设政治团体以坚守信仰，求索并引导向善、真相、变革、增益、进步，中国共产党为人民服务就是存在的理由。

第三，中国特色社会主义。

科学社会主义是现代混杂时期的产物，必须建立秉持正义的肩负清道夫责任、清除混杂的旧社会遗存的革命与建设的队伍，将信仰落实到行动的中国共产党领导是中国特色社会主义最本质的特征，有可能性、可行性的正当性。

中国古代是礼法社会主义（见第二卷），因此西方社会主义理想，唯有在中国共产党领导下实现马克思所指引的三步走而取得社会主义初级阶段的胜利，实证是中国特色社会主义最本质的特征。

二、现代生产方式的主要定律

现代生产方式，是欧洲新石器时代后期、奴隶制、农奴制都存在的次一级生产方式——"手工业生产与交换"变革上升为占支配地位的现代方式。

马克思指出，纯粹现代生产方式遵守一般人类规律。可以归纳为十个法则，其中：两个自然公理，五个中立的法则，三个和谐规律。

A. 自然公理

第一公理，存在最终决定意识的辩证关系。

条件反射定律，人们赖以生存的现代生产关系规范人们的行为，成本低、效率高。而"假设理性人"社会成本太高，无法实施。

第二公理，一般人类规律。

生物有冗余规律。生物有冗余势能，外在表现为冲动、暴力、适中可能性，为了和平共处而衍生出有机介质，人类社会"介质"表现为确定性法律中介，不太确定性伦理、道德、政治等。

适度者生态位多样性。条件边际自然选择适应者生存。条件允许范围内自然选择适度者生存，生态位和平相处规律。

共同体内部自然选择不相食：1个体＜（1个体+1个体）。人类社会表现为第三方作证为合法，折中和解规律。

生物胚胎发育传承与变异规律，历史唯物辩证法则。

自然法三大箴规：生命权（真），繁衍发展权（美），群体向善权（邻里最大幸福规律、最小伤害法则）。

B. 生产的分配中立法则

（参考《汉谟拉比法典》、古罗马法、英国《财产法》、《德国民法典》、国际经济组织法则等）。

第一法律定律，劳动创造世界法则，劳动果实原始归劳动者所有，劳动是所有权的自然公理。不劳而获有原罪，遵守最小伤害法则等，已经写入英国财产法。

第二法律定律，庄园习惯法剩余价值率规律，一般生产劳动总能创造 $1:1$ 的普通剩余价值率，保护生产劳动者生命权。

庄园习惯法，生产劳动工资总额与制度成本之间均分所创造价值。现代生产方式争取工资总额与生产力同步增长，实现人民的现实的幸福。

第三法律定律:"分工协作—通工等偿",及其物以稀缺为贵允许波动的区间。已经写入古罗马法,融入各著名法典中的治产人借贷法。

法律允许市场价格波动的区间,适用禁止高利贷四个阶梯。超过法律禁止的尺度,允许政府干预。

"分工协作—通工等偿"承载着"客观为别人也是为自己"伦理。

第四法律定律,"禁止高利贷—三重契约"体系,是世界银行守成法①。

纯粹现代生产方式恪守"用公正的方法获得财富"正义准则,低级形式"分工协作—通工等偿",高级形式"禁止高利贷—三重契约"式预定偿债生产价格法。

发展生产力的实质就是用自然力替代部分人的劳动。

"分工协作—通工等偿"分工细化简化,为运用机器替代人的部分劳动准备了可能性。三重契约将未来借给现在供给廉价丰富稳定的资本,为技术转化为先进机器提供了5个条件,有可行性。

三重契约的运筹机制:生产线抵押贷款如住房按揭,将未来20年预期利润借给现在,现在的生产力百倍增长,条件是背负20年债务,必须努力工作履约"资本必须偿还"。

三重契约变革,资本优先成为生产工具,部分剩余价值质变为再生产工具,剥削率从均分所创造价值下降到分割创造价值的20%(用利润还本付息),向分享过渡。

三重契约特有的社会生产力形式:资本成为生产工具,科学技术成为生产力要素,法制集体力成为生产的第四要素,综合实现"分工协作—通工等偿"的机器大工业形式。这四项是单纯现代生产方式特有的社会生产力。

---

① 新闻"致力于发展新兴大国和守成大国之间互利共赢、良性互动的关系"。

对那些按照已经成功的事实而设置的法律,惯用"守成法"概念。保守(守成)主义一般是相对激进而言的,而不是相对进步而言的。保守(守成)主义并不反对变革,只是反对激进的变革,宁愿采取比较稳妥的方式。

蔡元培:"与其守成法,毋宁尚自然;与其求划一,毋宁展个性。"

三重契约,是以20年为期的偿债计划和偿债市场,是和平发展经济。产业链之间客观为别人也是为自己、向善、信誉培育了社会伦理。因此,现代生产方创建了文明新时代,比奴隶制、农奴制进步。

第五法律定律:正常价值=偿债生产价格构成定律。已经写入世界贸易组织(WTO)规则中。

庄园习惯法预定创造价值均分
=劳动工资总额+制度成本
=创造价值均分
=工资总额分割创造价值的50%+制度成本分割创造价值的10%×
五要素均分(折旧、付息、还本、管理营销、政府成本)

三重契约预定偿债生产价格构成公式,区分财务、税务法。

生产债务价格法优先大于税务价格法。

一般劳动普通剩余价值率转化为制度成本。制度成本要素只允许在剩余价值中支取。制度成本及其要素不得侵犯庄园习惯法工资总额均分所创造价值。

什一中正税制税率成为制度成本五要素的一般尺度。

资本价格利息率成为资本利润分配的一般尺度。

不劳而获有原罪,包括:生产债务人权[①]、财产权,以及政府税权超过法定的部分,遵守最小伤害法规则,向分享过渡。

[①] 产业资本家即债务人,见《资本论》第三卷,人民出版社1975年版,第393页。关于生产债务人权,英国1215年《自由大宪章》第9、10、11条规定了破产债务人"权利和义务",从此债务人获得法律保护的权利责任,这是"债务人权"概念的法律依据。"禁止高利贷—三重契约",资本价格利息率下降到3%—5%,资本的使用者——预期先进生产线抵押贷款的生产债务人企业主收入=利润−利息。三重契约法律保护生产债务人获得优先平等权现象,正义经济学系列抽象为"生产债务人权",与债权人的债权相对称。

C. 和谐定律

第一定律，就业可预测定律。

按劳分配。在工资总额分割创造价值所允许的范围内（1/3—1/2），适度增加工资可以四次拓展市场增加就业机会：家庭劳动转化为市场劳动；奢侈品转化为耐用消费品市场；劳动力素养提高；工资总额适度上升，逼迫制度成本下降引诱投资。

保留并鼓励适当的自给经济，可以减轻就业压力并保留人的自主择业人权、冗余自由权。

社会主义经济中，既是资产者也是劳动者的可行性。个人、家庭有储备，社会、政府有储备，实现生存三保险。从而实现了现代生产有储蓄资本保障。

第二定律，经济预测定律。

在制度成本占比创造价值 67%—33% 范围内，制度成本占比适度下降决定投资引诱上升，决定就业总量的上升，经济水准上升。

制度成本下降水准，预测工业化国家经济规律：富裕的国家制度成本自然低，贫穷的国家制度成本自然高，趋向灭亡的国家制度成本最高。这对制度要素资本利息率、普通利润率、地租率、政府财税最终消费率也适用。

国家法制的任务是制定和管护中性的制度成本，劳资两阶级关系控制在同一性差异对立斗争、中介、折中统一逻辑内。

实质经济造血功能是主体，金融和商业流通功能为实质经济服务。资本、商业、金融等流通手段最终受到法律的制约。资本价格利息率是枢纽，不得超出法律允许波动的范畴。货币乘数 K 应控制在 3 以内为宜。

第三定律，天地人，和为贵定律。

现代生产方式生产力绝对发展趋势所包含的危机：无限借债、无限积累。

现代生产方式的世界总生产力，不能超出地球资源和条件均衡允许的限度。

20世纪的形势是，现代生产方式规范与秩序特征被机械自动化"关联"生态体系所"具像"，使得对它的研究范式与物理学和生物学等准备了更多的可比可借鉴之处。只要还存在生产线抵押贷款、高科技成果抵押贷款，马克思主义经济的法哲学就不过时，"其他国家可以学习"，为后发展国家所用。

名词与概念：

国家的根本任务　中国特色社会主义道路

禁止高利贷—三重契约（分期付款，按揭，租买，生产线抵押贷款）

对比与质疑：

（一）关于中国式"现代化"新时代的一般性。

首先，"世界一般"与"中国式"是构成性关系。国际通用"现代"概念已经被固定特指英国工业革命所开启的"现代"，马克思界定为"现代生产方式自然历史阶段"新时代。

《中华人民共和国宪法》涉及现代化的内容，例如"社会主义现代化建设"和四个现代化，直接意旨经济建设，方法是"发展社会生产力"，而能够发展社会生产力的唯有现代生产方式。其他现代化应是在现代生产方式基础上的协同发展。这符合世界性"现代"新时代的一般表述。

（二）《宪法》"中国特色社会主义道路"，即和平与发展道路。

《宪法》中的中国特色社会主义道路，是指路径不同，但是若被裁剪嫁接成为"中国特色现代化"，就会误导人们以为创建了一种新的自然历史阶段。而自然历史阶段是客观规律，例如"现代生产方式自然历史阶段"从16世纪资本主义租地农场主萌芽作为高级阶段的起点，至今经历了500年的历练，现在还在完善中。

"中国特色现代化""超越西方现代化""前无古人后无来者现代化"

等还会误导人们以为中国已经超越"现代"进入共产主义,要谨防免费"大锅饭"陷阱,需要谨防乌托邦。

(三)本书遵从《中华人民共和国宪法》主旨。《宪法》规定的"制度",都是"法律制度",简称"法制"。"法治"做"依据法制的治理"解释。其中隐含价值立场。其一,法律治理的对象:民众与掌握权力的人。其二,法律治理的主体是民众,民众委托掌握权力的组织,二者是辩证关系。其三,是依据"什么样"的法律,即如何界定法律:良法,即向善(自然法三大箴规为底线)、平等、正义、公平、共性,合法自由。

《中华人民共和国宪法》充分体现了为人民赖以生存的现代生产方式服务,并且对生产与交换要素进行了一般性规定。限定"政治"为人民服务,对"政治"进行了法律限制和规范。民法典并包含规范化的道德阶梯内容(合法行为,法律高尚行为,法律中庸行为,法律禁止行为)。

建设"国家统一大市场"首先需要的就是为人民服务的"政治"专政主动积极协助和推动以纯粹现代生产和市场所必需量化公平尺度为特点的市民法建设,并上升为国家统一大法,政治专政转型以现代生产方式为正义的国家经济政治文化体制。

(四)孔子规范行为"齐一"观念,在唐朝规范为"德礼法",即市民法。但是在《现代汉语词典》中对古代"德治"的理解偏于狭窄,仅指主张"道德和道德教化",即伦理范畴,而把"德礼法"观念给剪裁掉了。这样一来,国家治理"德治与法治相结合"提法,极容易引起政治、伦理、道德企图与"法与法律"平起平坐而损伤法制在上的威严性,导致当今不重视法律建设,是政治伦理道德企图僭越法律的错误理念来源。在第二卷还要讨论。

(五)关于"制""治"之争。在网上发现有学者认为"制"字头上一把刀,而"治"如水柔和。然而历史事实是,1215年英国《自由大宪章》中提到的"水火刑"实际一直沿用到贵族领主庄园制度灭亡,水刑一点都不"柔和"。

"制""治"的无谓之争的负面影响,一是消弭《中华人民共和国宪法》的最高权威性与严肃性。二是助长热衷于德治政策灵活治理,认为"法制不健全国家也发展得很好,为什么?"三是,在法学界引起思想混乱,一度不敢用"制"字,助长了"不确定性"政治"治理",阻碍"全面依法治国"正常进行。

第二章　现代生产方式选择"王在法之下宪制"；市民社会创建"禁止高利贷—三重契约"

背景：

（一）面对18世纪英国机器大工业现象，亚当·斯密《国民财富的性质和原因的研究》头三章专门讨论"分工协作—通工等偿"作为开篇，在那些由逃亡农奴和"光蛋贵族"组成的新兴城市手工业共同体自治体系内，获得重建。本书参照了这一思路。

同时，我国高中课本已经教授了用社会必要劳动时间计量劳动价值用作现代"商品交换价值"的度量方式，就避免了以"价值论"开篇的开头难的问题。

（二）与古代自给经济相对比，现代生产方式增加了法律中介"租买生产工具"环节，所以人们也称它为"法制经济"。

现代生产方式，是古代（不占支配地位的）次级的手工业生产与交换经济发生历史变异、变革，上升为它的正义形式："分工协作—通工等偿""禁止高利贷—三重契约"等法律正义运筹形式，资本终于受到这些法律的约束，成就为"资本生产工具"主义，并上升为占支配地位的现代生产方式生产力绝对发展趋势。

第一节　"分工协作—通工等偿"：劳动价值；等价值价格法；集体劳动；使用机器可能性

历史纵向，在奴隶制雅典城邦后期社会秩序混乱的状况下，贤哲们在努力寻找替代方案。

(一) 苏格拉底"用公正的方法获得财富"① 法哲学，亚里士多德找到了它的形式。通过考察归纳出三种致富技术，第一种自然技术，例如农

---

① 〔古希腊〕色诺芬：《经济论 雅典人的收入》，商务印书馆1961年版。(一) 用公正的方法来增加我的财富，见第37页。用正大光明的办法来增加他们的财产，见第23页。这种幸福是你自己挣来的；……从事农业在某种意义上是一种享乐；……不让不劳动就得到它们，见第16—18页。农业……它可以锻炼出最好的公民和最忠于社会的人，见第20页。(二) 合作者，见第22页。共同利害关系的人们，见第19页。使他们结合成完美的合作关系，互相帮助，见第23页。公平地分配，见第25页。让她分享我们所获得成就；……给她灌输正义感；秩序良好的城市里，市民不仅以通过良好法律为满足，他们还更进一步，选择法律的监护人；……愿意……，见第32—33页。高尚、欺骗、真诚；劣币和镀金，见第33—34页。人同此心，见第51页。我就希望最富足的人养活最多的人，见第52页。把赚钱和娱乐两件事结合在一起，见第63页。银矿合伙共同体，见第75页。(三) 不偏不倚、自我克制，见第23页。井然有序……秩序和规则，见第27—30页。适当，匀称均衡，见第54页。保管，授权，克制，由此而来的好处的权力，惩罚，见第24—25页。你极度小心，决不丧失你被称为高尚的人的权利；定了约会，就决不失约，资格，见第40页。忠实，小心谨慎，见第41页。像管理他自己的财产一样，把它管理的很好，任何会做木工的人，都能像给自己做工一样地给别人做工作，见第1页；爱财，勤勉努力，荣誉，见第42页。公正诚实，见第45页。同此心，见第51页。有诚实，我像对待自由人那样对待他，使他富足，见第46页。小心谨慎的程度不同的关系，见第60页。向善，分享，法律，禁止贪婪，见第32—33页。教育，感恩，奖惩，见第26页。志气和贪心的区别，见第46页。(四) 科学与经济计算：榜样，不好的主人会有不好的仆人，见第43页。监督，见第43页。管理别人的能力，褒扬，忠顺，见第44页。指挥，耻辱，自豪，热爱工作，事业心，立功扬名，感情，见第64页。责任，高尚，有权人，本领，天才，地狱，担心，见第65页。话语权，起诉和答辩，练习说话，做和事佬，互相和好，见第39页。实验，见第61页。设计出来，见第31页。检查账目，见第23页。所有物，有用的东西；使用的东西，见第19、20页。同一种东西是不是财富，要看会不会使用它，见第3页。动产，可以移动的财产，见第32页。专心致力，见第8页。向比你强的人学习，见第35页。收获，见第49页。剩余，见第37页。增加利润，见第46页。盈余，亏损，见第62页。赔偿损失，见第40页。公平与效率，见第62、75页。经久的利益，见第66页。白银作为国际货币，见第69页。海上贸易，本金的五分之一，作为从船队上得到的利益，见第69页。建立"基金"建设出租的宿舍、船只，见第70页。就业，见第71页。公民的生计，见第72页。谋求生计，见第73页。支付、储藏，见第71页。承包捐税，见第73页。已经计划好了，见第75、79页。量入为出，见第75页。和平的环境，见第77页。霸权，见第78页。战争与和平，见第79页。(五) 奴隶制，奴隶主的自有权"一切东西都属于主人，主人可以随意使用它们"，见第33页。奴隶，"几乎所有的仆人都戴着镣铐，可是他们却想逃跑；而在另一些家庭里，他们根本不受什么束缚，却高兴地工作，并且请愿待在他们的岗位上"，见第9页。

牧渔工。第二种非自然致富技术，例如交易、贸易。第三种致富技术，自然技术与非自然技术的混合形式，并发现了第三种致富技术的正义形式"分工协作—通工等偿",① 记录在他的《政治学》中。亚里士多德的发现，为我们后人打开了一条新的思路，即社会生产的变革有可能是占支配地位的社会中存在的次一级的生产方式，例如手工业生产共同体生产方式异化、变革和崛起。

"分工协作—通工等偿"是古希腊雅典城邦奴隶制社会的异化现象。但是它不是空穴来风，雅典经济文化为它提供了若干社会条件，第一，雅典已经存在市民分工协作手工业市场，但是由于以海上贸易为主，物以稀缺为贵是价格形成的主要机制，仅在边际情况存在扫尾价格价值规律。第二，雅典市民崇尚共同体内部公平正义，具备了共同体内部"互利互惠"观念，"通工等偿"形式符合正义准则而被先贤记录下来。第三，奴隶制雅典城邦的自由民，有着强烈的追求幸福自由平等意识。第四，雅典城邦贫富悬殊，出现被边缘化的穷苦自由平民弱势群体，是发生社会异化的原因。

自由贫民"分工协作—通工等偿"的特征：

第一，自发组建生产交换共同体自治，与落后的生产方式对立。当自由民中的穷人被边缘化，他们只得前往那些艰苦的矿冶和采林业的偏远小岛上谋求生存。共同体内部是平等自由地按自己的特长选择分工和协作的"关系"自治，这种异化组织建立了自治形式与奴隶制政治对立，因此古希腊占支配地位的奴隶制对"异化了的共同体"而言，属于"外部政治"。

第二，劳动成为价值的度量衡。"分工协作—通工等偿"实践现象，分工协作"劳动产品"按所包含的等量劳动量交换，李嘉图认为，在边际状态"商品中包含的劳动量"决定最后一个劳动者的生命权，"劳动"成为劳动者普遍承认是他们生产出来的商品交换的价值尺度。劳动者按自己

---

① 〔古希腊〕亚里士多德：《政治学》，商务印书馆1965年版，致富治产技术有三类，求取供应的致富技术有限度，见第500页。"分工协作—通工等偿"见第499页 (61a30—b9, 90a7)。见《资本论》，第一卷，人民出版社1975年版，第174页注(6)。

的特长生产他人需要（自己不需要）的产品，这样一来，他们互为生存条件，那个最后活下来的劳动者的等量劳动产品必需换回等量价值生计品，是他和家人能够生存下来的边际。所以被抽象为"分工协作—通工等偿"，劳动产品互为对方的生存条件，以"劳动"作为商品交换价值的度量衡尺子，有生命、生存所必需要有的正当性、正义性，即"劳动量作为互换商品的价值度量衡尺子"。

第三，通工等偿（等价交换）生产价值——价格计算法，价格形成成本最低。而"漫天要价坐地还钱""物以稀缺为贵最大化无底线"反而无限制增加了价格谈判时间和社会摩擦成本，放大了短期供求不平衡而阻滞了交易，反而导致退回自给自足经济，市场最小化。

第四，自由民"分工协作—通工等偿"本身就是组织、规则与秩序生产方式，而有别于家庭自给经济和奴隶制庄园奴隶养活奴隶主自给经济、农奴制自给经济。

古希腊时代的"分工协作—通工等偿"，最初形式是每个人生产一种商品，然后到市场上去卖。为集体劳作"分工协作—通工等偿"准备了可能性与可行性。古代只实现劳动产品的商品化，处在工具自给手工劳动密集型产业阶段。

劳动密集型产业生产方式，表现为社会生产力形式，作为具体个人是独立的自由劳动力，劳动产品具备有效使用价值；作为生产共同体是组织中的规则与秩序释放出来的集体力，这包括充分发挥个人特长和相互配合两种集体力。

第五，分工细化，为机器的使用准备了可能性，可以使用机器代替简单动作。

第六，分工协作共同体内部的特征是"互为生存条件"的共生关系，它是三元实料以法律为中介三分法统一战线生存方式构成性的载体；是现代和平互利发展文明的载体。

（二）古希腊"分工协作—通工等偿"有规则秩序的生产模式，以法律形式被保留下来，533年，查士丁尼《法学总论——法学阶梯》中记录了这种生产交换关系："我给你某物，为要使你给我某物；我给你某物，事，为要使你对我作某事。"① 是指市民之间的协作，既不是指奴隶分工协作，也不是指依附于海上贸易"物以稀缺为贵"的那种不等价交换随机贸易。

英国爆发工业革命的原因众说纷纭。既然以"工业"作为现代生产方式的物质标志，那么就可以寻找那些导致从小农业过渡到机器大工业的因素。亚当·斯密认为缘起分工协作——相等价值交换，他特别举例铁钉生产怎样通过分工细化、劳动者的动作简单化而提高效率，简单重复动作为使用机器提供了可能性，"通工等偿"预供生产价格计算交易价格方法，最大限度降低了价格形成的成本。

第二节 教会法"禁止高利贷—三重契约"：资本转化为先进大机器的可行性

一、"用公证的方法获得财富"，通过"法律公正"实现确定性

古希腊柏拉图在《理想国》中将自由民分为三等，应是按人格权区分社会中人各自所处"位格"概念的缘起，而奴隶不算是人没有人格权。顺着这一逻辑，亚里士多德创建划分历史阶段逻辑，以生产劳动力的人格权为标志：原始家庭，野蛮部落社会，奴隶制——奴隶为主要劳动力的社会。马克思承接了这一逻辑，区划出农奴制社会、资产阶级社会（但是资产阶级有二重性存在不确定性）。这种"劳动力人格权差异"划分方法，在欧洲反映出的现象就是欧洲变革以来长期处于《我们从来没有现代过》，新旧社会混杂反而是常态。

历史变革。某种新的社会现象出现，往往带有偶然性，就像遗传和变异。但是，新生事物如果得不到保护，难免长期处于混沌、混杂状态，或

---

① 〔古罗马〕查士丁尼：《法学总论——法学阶梯》，商务印书馆 1989 年版，第 159 页注①。

者昙花一现。古希腊亚里士多德认为治理国家的最佳方法是法律，有确定性、稳定性。1912年6月，毛泽东在湖南全省高等中学校的作文比赛上获得第一名的文章《商鞅徙木立信论》："法令者，代谋幸福之具也。"法律是谋幸福的工具。因此，如果某种经济模式能够得到适当的法律保护，就取得了正当合法性而保持较长久的稳定性。不仅如此，当适合的法律被固定在生产方式的规则与秩序中，生产关系就取得了法权形式，并且是"生产力的发展形式"①。这种现象在历史上发生过并延续至今。例如，中国古代"井田制"，它是生产方式，是"定分止争"法律，是政治"仁政"，是社会伦理道德规范；还有商鞅变法"徙木立信，立竿见影"，天下为公什一中正治权独立中央集权郡县制，护佑中华自由自耕农工商文明延续2000余年。

在英国萌发的现代生产方式得到"禁止高利贷—三重契约"的护佑和推动。

二、欧洲"禁止高利贷—三重契约"的教会法程序

亚当·斯密、大卫·李嘉图、马克思都对16世纪资本主义租地农场主萌芽②进行重点研究，租地农场主改良荒地抵押贷款模式，为贷款制造机器大工业提供了可行性。这款模式，教会法称为"禁止高利贷—三重契约"，俗称租买、按揭或分期付款。

"禁止高利贷—三重契约"它兴起于16世纪资本主义租地农场主，允许像租赁土地一样租赁货币，所以也属于古希腊哲学第三种致富技术的正义形式，是生产与交换相勾连，并遵守"分工协作—通工等偿"法则。

欧洲禁止高利贷的哲学基础。古希腊亚里士多德认为，货币源于商品

---

① 《马克思恩格斯选集》，人民出版社1972年版，第82—83页。
② 《资本论》，第一卷，人民出版社1975年版，第811页"资本主义租地农场主的生产"。第三卷，第890页，"表现为利润东西的萌芽"；第898页"萌芽状态的利润"，指还本付息的普通利润，而不是收入消费的那种利润。

的无数次交换形成的中介物,"货币为习俗虚拟共通信用,非真正财富",货币是财富的法律证明书。贵金属(货币)没有生育能力,"放债取息不合自然,非货币的正用"。① 关于借贷取息的事情,欧洲在2000年的时间里反反复复,为了规避宗教对"高利贷"的惩罚,试用了十几种方法,例如委托法、合伙法、保险法,到后来接受了像出租土地一样出租货币收取租金,用资本金购买生产资料做成生产工具使用提高生产力带来利润,贷出者收取租金有正当合法性。

1476年,安哲拉·地·克拉维西沃(Angelus De Clovasio)出版了一本忏悔录《正直良心要领》,书中介绍,欧洲出现一款专门为实业创新设计的法律形式"三重契约(古英语contractus trinus)",要证明它是第三种致富技术的正义形式才能取得合法有效性,这在教会内部引起很大争论。早在1204年,英诺森教皇针对无经营能力财主没有收入来源而需要教会救济之事,指出允许将财产委托给有信誉的商人经营,收取一定的利息。该利息的正义准则是,收取最小伤害的利息率,以维持无经营能力的财主的生计,这成为利息率下限的准则;以不得刺伤邻人为上限。美佐尔以此据理力争,并归纳三重契约的主要内容:该契约"是三个契约的合并,第一个是简单的合伙,第二个是保险的契约,第三个是对确实之物的不确定利得的售卖","分负盈亏风险,是合伙的主要本质"。对实业债务人特加保护:"合伙的根本实质在于,只有获得盈利才有利息回报,只有经营成功才能拿回本金。如果逼迫经营失败的企业偿付利息抑或偿还本金,都会遭到教会法学说的口诛笔伐。"② 教会法承认委托、合伙、保险法的正当合法性。这场争论延续了近百年,使得"禁止高利贷—三重契约"

---

① 〔古希腊〕亚里士多德:《政治学》,商务印书馆1965年版,中介物,见57a20。货币为习俗虚拟的共通信用,非真正财富,见57b10。放债取息不合自然,非货币的正用,见58b3—8、25。

② 〔英〕威廉·詹姆斯·阿什利(W.J.Ashley):《英国经济史及学说》,台北幼狮文化事业公司1974年版。实业目的,见第624页;三重契约是三个契约的合并,见第629页。5%利息率,见第626页;后付利息、对债务人特加保护,见第624页。借贷租赁禁止贪婪,买卖禁止贪婪,见第159—160页。

趋于完整，生产、生产的分配与交换正当合法，并引起社会的关注和应用推广。

三重契约法则有三个关联合同：第一个合同，预买先进生产线的预付保证定金合同；第二个合同，20 年期的生产线抵押贷款合同；第三个合同，贷款的担保合同。关于对银行贷款的担保合同：一是贷款人预交保证金和抵押财产共计相当于 1/3 的贷款额度作为财产抵押担保；二是用贷款本金预买的先进生产线作为抵押品；三是以生产债务人的信誉和投资项目的先进性作为信用担保。对银行贷款的三个方面的担保保证"禁止高利贷—三重契约"信贷无风险。

"禁止高利贷—三重契约"生产的分配，一是资本利息率的确定，"为实业目的（有利润）的有利息借贷……是合理的"，"可希望支付百分之五"的利息率。这引入了 20 年租金售卖规则，1290 年置地法（租金售卖法），多数为 20 年期租金售卖，预售租金率为 1/20＝5%。

实业贷款，三重契约规定在生产出利润后优先用利润支付利息和还本，"利润类常固定为一定利息率。本钱……应当偿还"。并且地租、赋税、股权收益在超额利润中支付。

劳动者报酬总额与生产费用依庄园习惯法"均分"所创造价值（剩余价值率为 1∶1）。

实体法三重契约。"分期偿债"，在教会法中叫做"三重契约"；在英国《财产法》中被称为"租购"，"以分期付款买卖方式取得车辆的人并不是所有者，……但自 1964 年以来，法律规定，善意从他那里取得车辆的公民个人（即非交易人）可以获得有效的产权"[1]。英国《实用银行财政学》提到了"租买"[2]。《德国商法典（1897 年 5 月 10 日）》是调整特定盈利事业企业经营活动的特别法，除了"商"，还包括工业、手工业和采

---

① 〔英〕F. H. 劳森、B. 拉登：《财产法》，中国大百科全书出版社 1998 年版，第 46 页，"租购"。

② 〔英〕H. 卡特、I. 巴丁顿：《实用银行财政学》，中国金融出版社 1984 年版，术语简编。

掘工业的法律关系，包容"禁止高利贷—三重契约"的内容。

在手工业"分工协作—通工等偿"基础上，禁止高利贷—三重契约实现了贷款租买劳动工具商品化，从而劳动三要素全部商品化。自此，交换、分配成为生产的环节，表现为偿债生产价格与市场价格相勾连，是现代经济的特点。

这款法律运筹安排，将未来20年预期利润借给现在，廉价而丰富稳定的资本为贷款购买或制造先进的工业机器准备了可行性。

而在中国古代也存在分工协作、存在预租制，但是由于利息率在10%—12%，比欧洲高出1倍多，未能转化为大众化生产装备生产力。

第三节 王在法之下宪政：市民法把政治权、财产权关进什一律笼子

第一小节 生产债务企业主阶层与自由劳动阶级"共生"，重建了现代生产和选择了适合的市民法

一、生产债务企业主是把财产权、政治权关进什一律笼子的动力源

欧洲历史记录了中世纪出现了一个特殊阶层，被称之为"第三等级"。马克思从现代生产方式共同体视域，将第三等级定名为"生产债务人企业主"抑或"资本使用者"[①]，他们与自由劳动是现代生产方式内部共生关系。

相区别的是资本家食利者阶层，他们以银行为中介，处于现代生产方式的"外部"，仅具有资本的"被动"使用权。

---

① 《资本论》，第三卷，人民出版社1975年版，生产债务人—企业主，见第1119页索引。资本使用者，见第420页。

欧洲现代市民法的自下而上发展方法和历史逻辑，生产债务人企业主是动力源。

第一，借助匈奴西进的力量，日耳曼于476年消灭了西罗马帝国占领了莱茵河以西广大地区，古罗马法的腐朽部分被废止，但是日耳曼野蛮部落法十分粗糙原始，被称为黑暗的中世纪，这种大面积地理荒芜、法律空白或缺失现象，却创造了变异和新兴机会，例如新兴城市，无产自由的穷人们互为生存条件，这种类似的条件就是重建古希腊那种第三种致富技术的正义形式的可能、可行性。

第二，11世纪金雀花国王与贵族以日耳曼野蛮部落法"王在法之下"为中介达成和平协议，是1215年英国《自由大宪章》的法律基础，限制国王"主权命令法"，这样一来自然法、习惯法与王权制定法得以平起平坐，二元构成性差异对立斗争折中统一，"向善、正义、平等"法理获得了发展空间。雇主与受害劳动就可以对簿公堂，习惯法、案例法得以上升为市民法等。

第三，新兴城市的生产债务人企业主，为了共生遵守习惯法（剩余价值率=1∶1），希望资本价格利息率、税率越低越好，质变资本和剩余价值为生产工具，是现代生产方式的动力源。因此，纯粹现代生产方式内部，生产债务人企业主与自由劳动是"我们自己人"统一战线，参见第九章和第二卷。

第四，新兴城市的生产债务人企业主依靠现代生产方式发了财。有能力借钱给爱德华国王等，采用钱财收买的方法获得包税权、关税权、王权土地抵押权，土地租金售卖权等，有了实力的第三等级通过革命掌握了议会立法权，市民法上升为国家统一大法。

综合以上，表面上是王权、贵族、教会、政府在支持适合的立法，而在实际上，他们懂得唯有支持"第三等级"百倍地发财，他们才有可能增加财政收入的"总量"，尽管财产权与政治权媾和剥削率从50%被法律限制而下降到了20%，但是，财产权财政媾和收入增加了39倍。

现代财产权政治权媾和收入的量比古代自给经济增长
= (100 倍×20%－1×50%) ÷ (1×50%)
= 39 倍

二、王在法之下，英国多元法律体系构成性张力抬升了现代市民法

在欧洲，日耳曼在5—11世纪一直延伸到盎格鲁-撒克逊，这个时期由大贵族、大僧侣等组成的智人会议就已具有司法机关的职能。以原住民日耳曼野蛮部落"王在法之下"习惯法为中介达成和平协约，设立了由多方组成的权威极大的御前会议，取代"主权命令"专制，却也为法律形成开辟了第三条道路，即以"判例"和日耳曼习惯作为普通法适用于全国，从此英国以判例法为渊源的司法制度开始形成，因为它有着与时俱进特征，而为新时代现代生产方式准备了"选择"适合的法律这一优势。这正是马克思唯物观念目的论（人民的现实的幸福）哲学的"选择"方法的实践来源。

1215年，由国王、贵族、教会代表共同颁布了《自由大宪章》法定无代表无税，对生产债务人特加保护，新兴城市生产债务企业主资本使用者财团的利益得到法律关注。在体制上，最高司法机关从御前会议中独立出来，逐步形成了包括由申请法院、王座法院、普通法院和衡平法院等组成的司法组织系统和适用普通法（财产法）为主的司法制度。1642年杀了企图夺回治税权的皇帝，1689年英雄革命获胜，第三等级财团夺取了议会立法监督权，市民社会法上升为国家统一大法。19世纪末叶司法改革后，司法组织初步简化，普通法院平等地适用衡平法。

英国形成多套法庭和法律形成体系，一是英格兰和威尔士属于普通法系，民事审理机构按级分为郡法院、高等法院、上诉法院民事庭、最高法院。二是最权威的法律是法定立法，包括议会立法、法规和细则。制定法早前是教会法的一种升级版。三是在没有任何法定立法的情况下，基于司法判决并依据遵循先例原则形成的普通法、习惯和惯例构成了其他的法律来源。四是普通法主要是法官造法（草案）；衡平法则是大法官造法的另

一个历史渊源，衡平法是大法官对不同地区不同习惯法进行折中衡平。普通法可以由议会修改或废除。五是苏格兰法律承认四种法律来源：罗马法传承下来的合理部分，立法、司法先例、特定的学术著作（例如阿奎那《神学大全》200万句法学编纂）和习俗。① 这些法律都要经过议会的审查通过而成为国家统一大法。

法出多元，相互竞争折中统一"构成性"，给予了市民习惯法、案例法发挥向善张力的空间，并被界定是第三等级财产法，发展为固定在现代生产方式规则与秩序中的法律，又被称为是"资本生产工具主义"法与法律。

需要注意概念的变化，"正如弗里德里希·恩格斯曾经评论道：'在我国的财产法中，其所使用的术语与这些术语具有的实际功能之间的关系有如英语中的拼写与发音之间的关系一样，完全是风马不相及的两回事。'尽管这一评论有些夸张，却一语中的"②。例如，现代生产方式历史阶段，资本，或指资本生产工具，商业或指生产商。

三、劳资"共生"重建了现代生产和选择了适合的市民法

首先，与英国现代生产方式适合的13类实体法律对勘，中国缺少或不足的也就两项，"分工协作—通工等偿"，"禁止高利贷—三重契约"，它们既是现代劳动三要素法律建构的生产方式，也是现代生产方式的法制形式。

英国普通法（习惯法，衡平法）与制定法平起平坐，教会法学家改革派求索正义的执着精神，也感染到了法庭判案。亚当·斯密记录了习惯法法庭辩论现象，"工人们为提高劳动价格，有时也自动结合起来。他们所

---

① 见〔英〕F.H.劳森、B.拉登：《财产法》，中国大百科全书出版社1998年版，普通法院管辖普通法，见第7、41页。大法官行使衡平法上的管辖权，见第51页。公法，我们必须保留立足之地，见第11页。财产法的核心内容：创设、运作以及相互结合，法律的经济学分析，见第12页。

② 〔英〕F.H.劳森、B.拉登：《财产法》，中国大百科全书出版社1998年版，第1页。

持的理由，有时是食粮腾贵，有时是雇主从他们的劳动得到过多的利润。他们的结合，无论是防御性的或是攻击性的，总是声闻遐迩。为求争点迅速解决，他们老是狂呼呐喊，有时甚至用极可怕的暴力。他们处于绝望的境地，铤而走险，如果不让自己饿死，就得胁迫雇主立即答应他们的要求。这时，雇主也同样喧呼呐喊，请求官厅援助，要求严厉执行取缔工人结合的严峻法规。因此，工人很少能从那些愤激的结合的暴动中得到利益。那些结合，部分因为官厅干涉，部分因为雇主较能持久，部分因为大多数劳动者为了目前生计不得不屈服，往往以为首者受到惩罚或一败涂地而告终。

"不过，在争议中，雇主虽常居于有利地位，但劳动工资有一定的标准，在相当长的期间内，即使最低级劳动者的普通工资，似也不能减到这一定标准之下。"① 这个一定标准，就是维持劳动力和养家糊口所必需的消费。案例法体现了"法律是经济的形式"概念。

马克思借助古希腊亚里士多德《政治学》、近代"管护政治的经济学"等"选择"了阶级斗争分析方法。英国无产阶级斗争取得了工伤事故"案例法"，"有几个工人因失去手臂经法院判决获得大笔赔偿费，并且这个判决还得到最高一级法院的批准"②。议会通过国王颁布"10小时工作制"等。从历史和现象中发现了"法的关系……它们根源于物质的生活关系"③。

市民法上升为国家统一大法。现代生产方式高级阶段企业主发了财，第三等级具备了现代经济实力，国王为了打仗而向财团举债，用包税权、关税权、国王属地做交换和抵押，即企业主财团采用收买的方法获得土地所有权、关税权等，财产权摆脱了对政治的依附。而暴力斗争是不得已而为之的方法，1642年杀了企图收回税权的国王查理一世。1648年《威斯

---

① 〔英〕亚当·斯密：《国民财富的性质和原因的研究》，商务印书馆1972年版，上卷，第61页。

② 《资本论》，第三卷，人民出版社1975年版，第107页，《工厂视察员报告。1861年4月30日》第31页和《工厂视察员报告。1862年4月》第17页。

③ 《马克思恩格斯选集》，第二卷，人民出版社1972年，第82页。

特伐利亚和约》承认民族国家主权独立。英国第三等级利用这个新赋予的权力，1689年英雄革命胜利，夺取议会立法监督权，市民法上升为国家统一法。

英国法走的是从下而上的路径，有接地气的长处，马克思认为比《拿破仑法典》先进，批评德国停留在与《拿破仑法典》来回纠缠上，"过去，人们用普鲁士公法中的那些极其有教益的条款来装饰 Code Napoleon［拿破仑法典］。现在，在革命以后，一切都改变了。现在，人们用 Code［法典］和九月法令中的那些珍贵的珠宝来装饰普鲁士公法"①。

中华法系，第一部分是"'德礼法'为主，刑罚为辅"，第二部分是从隋以来的"开皇律"主要指国家颁布的行政法和行政刑法。因此，说中国民法只占6.4%，是错误的。

综合以上，英国法制变革动力来源是那些没有政治权的生产债务企业主资本使用者、无产自由劳动者，他们借助现代经济逐渐占领支配地位的物质力量，通过法庭辩论案例法推动了市民法上台阶，并通过他们的政治斗争取得议会权，选择适合现代的市民法上升为国家统一大法。因此，在纯粹现代生产方式出生那天起，生产债务企业主资本的使用者阶层就与自由劳动者是共生关系自己人"同一性差异"统一战线。

第二小节　英国现代生产方式规则与秩序法制变革历程

英国是工业革命的发祥地。英国变革萌动、起点、起飞、大众消费、后大众消费几个阶段上台阶式"变革现象"十分清晰。我国有学者认为英国是原生性现代化的起源地，并且是自下而上推进的。是现代生产方式劳资共生推动了适合的法律建设。

（一）法定"王在法之下"；案例法；第三等级收买政治权。

欧洲西北角那个偏远小岛群，早期由日耳曼人统治，带来了日耳曼野

---

① 《马克思恩格斯全集》，第5卷，人民出版社1958年版，第270页。

蛮部落习惯法①，"直到现在仍然独立于法律权威罗马法之外而向前发展的、传播于世界各大洲的唯一的日耳曼法，即英吉利法"。②英格兰人早期接受了"王在法下：日耳曼习惯法筑起权力之笼"的法律。

英国学界，将英国变革的起点定在11世纪诺曼时代，1066年被法国诺曼底公爵威廉征服，创建类似法国的分封建制。金雀花王朝对外战争失败，日耳曼野蛮部落法助力准备起义的贵族与国王达成"王在法之下"和约，避免了国内战争。1215年英国《自由大宪章》以宪法宪制宪政形式固化"王在法之下"君主立宪制，法律重点是"无代表无税"引进教会"什一税"以法律形式约束政治成本，从而王权与贵族政治权受到限制。

在上述王权、贵族、教会三足鼎立相互制约大背景下，没有政治权的三等级有了发展空间，他们发了财，一是贷款给国王从而收买包税权、关税权、国王土地用益权；二是雇主和自由劳动通过法庭辩论，那些折中裁决的案例成为"和解中介"而得到效仿，逐渐上升为实体法。因此，是生产债务企业主抑或资本使用者与自由劳动共生关系推动之下，市民法获得发展的张力。关于政治在法之下，在第二卷结合中国体制改革讨论。

（二）土地公有，共同体社会，君主立宪。

英国恪守了日耳曼习惯法的有限君主制，土地公有制，共同体社会模式，基本走了一条自下而上的发展道路，在政治经济社会上表现为王在法下、个人财产权和纺锤形社会。③这与孟子仁政"民为重，社稷次之，君为轻"有可比之处。

---

① 日耳曼野蛮部落法系认同古罗马法奴隶制，1648年《威斯特伐利亚和约》是"私人契约"，既是民族国家的主权内生性保卫，也是对"非本民族"国家侵略殖民的借口。西方民族国家概念是，祖国的完整统一主权法权独立，对于生于斯长于斯的人民是第一位的，若国家沦为殖民地，国将不国个人就沦为二等公民或准奴隶。民族国家之间无中介。

② 《马克思恩格斯选集》，第三卷，人民出版社1972年版，第149—150页。

③ 徐浩：《自下而上：英国原生性现代化的起源》，中国学派，2022年12月17日发表，文章来源于史学理论研究官方公众号。2023年7月7日查阅引用。

英国是典型的移民国家，那些受到大陆迫害的各种人物带来了多元文化和思想，是文化交融之地。同时，各种势力都有大陆为背景，尽管依然延续封建社会三专制：教会思想禁锢、骑士军事看守、贵族政治专制，各种矛盾动辄水火刑（见自由大宪章）手额枷酷刑，但是比起大陆，还是呈现出各种权力统治比较松弛的状态。为了和平，教会、贵族、财团（第三等级级）三权鼎立制衡王权，第一个重建古希腊式君主立宪代议制。

（三）新兴城市，16世纪资本主义农场主萌芽。

欧洲黑暗新时代现代生产方式的实料是新兴城市和无产自由劳动大军。马克思《〈政治经济学批判〉序言》指出那是欧洲黑暗的中世纪的一个特殊，英国《财产法》指出那是欧洲黑暗中世纪的一个例外①。在无主荒地或为抵挡海水侵蚀而修筑堤坝在海边形成的无主荒地上，那些被边缘化的穷苦自由平民、那些逃亡农奴来到这些新兴城市的土地上讨生活，重演或重建古希腊那种"分工协作—通工等偿"手工业生产共同体市场，社会关系上升为"相互需要""互为生存条件"伦理。

回顾英国1215年《自由大宪章》赋予农奴教民自由权，到1525年货币租贬值，农场主发了财，资本主义农场主萌芽历史，有助于我们认识古希腊哲学种子在欧洲生产共同体内部"重建"后，适应的法律如何保护了"萌芽"的确定性、安全性、可持久性，并成为生产力的发展加速度的推动力。总之，是由底层人民创建、重建，是自下而上的社会变革过程。并且，历史和现实验证，一是只要出现类似的条件，历史就有可能重演。经对勘发现，延安革命圣地是中国的第一座类似欧洲那种新兴城市的重演。二是只要现代生产方式生产力没有释放完毕，马克思以"纯粹现代生产方

---

① 历史特殊，见《马克思恩格斯选集》，第二卷，人民出版社1972年版，第88页，"这就是说，如果我们恰好抛开了正是使'生产工具'、'积累下来的劳动'成为资本的那个特殊的话"。历史例外，见〔英〕F.H.劳森、B.拉登：《财产法》，中国大百科全书出版社1998年版，第45页："在早期，消费者通常是从制造者那里购买物品，从种植者那里购买食品。一个最大的例外就是公开市场"。

式"为正义的社会经济的法哲学就不过时。

（四）多元文化交融。亚当·斯密、大卫·李嘉图、马克思等学者不约而同地把英国 16 世纪资本主义租地农场主萌芽界定为现代生产方式高级阶段的历史起点。

欧洲文明属于次生文明，稍加分析不难发现纯粹现代生产方式是世界文明创造的，它是基于一般人类规律的运筹机制。

中国是原生态文明，最早出现稳定传承的手工业生产和交换方式，最基本的分配正义例如"均分"、租息利税"什一中正"首先出现在中国"德礼法"中。欧美史学界一致承认包括古希腊罗马文明在内的欧洲文明是亚、非、欧地缘交汇处的次生文明。从公元 1500 年后历史考察，英国是工业革命的发祥地。

而这种文化偶然，必然存在条件的偶然聚集，文化的偶然交融。另外还有从大陆传承过来的、自己复兴的有益的规则或习惯法。

（五）《自由大宪章》对生产债务人特加保护。

（六）庄园习惯法农奴徭役"剩余价值率 = 1 : 1"。

（七）"分工协作—通工等偿"是古希腊第三种致富技术的正义形式。

（八）关于有限期公定粮食价格。英国实行领主庄园为单位的（剩余农产品）生产商中长期定价法，有的阶段国王亲自插手物价和最低工资遭遇僵化问题，这样一来，尽管从实物地租转型货币地租，但是粮食的生产价格构成不变。倒是因贵金属大量涌入和劣币驱逐良币导致货币地租实际贬值。这样，在未来将出现的农场主就有条件利用公定价准则，最大限度减少价格形成成本，荒地的实际地租只有收成的 20%（而中国 20 世纪 30 年代南方货币地租，一到收获季节粮食价格就下跌 20%—30%，对农民卖粮而言相当于粮食的价格形成成本增加 20%—30%，再加上各种苛捐杂税，导致实际地租上升到收成的 70%—90%。《春蚕》中老通宝的蚕茧价格习惯按 3 担米折算 1 担蚕茧，折合 42 元，实际跌到 20 元一担，自由市场价格形成的成本为生产商习惯价格的 54%，为现价的 110%）。

（九）无代表无税，对债务人特加保护。1215 年《自由大宪章》对三重契约变革有指导意义的法律安排，一是法律是三种势力所达成的"公意"约定的产物，代议会取得立法、监督权，王在法下。二是无代表无税，没有议会许可国王不得随意征税。三是对债务人特加保护，承认债务人权与债权平等，这是对古罗马私法的重大突破，禁止高利贷的斗争，向着优先利于生产债务人方向求索。

（十）1235年《默顿法》，荒地租金下降为农奴徭役租金的40%。为了增加王权实际控制范围增加税入，1235年亨利三世颁布《默顿法》，原本共有的土地，允许领主对荒地用作牧场的专属权（这是第一个制定法）。荒地的地租是农奴徭役地租的40%（从占创造价值的50%，下降到占20%），由于粮食价格是法定的，就可以在条件具备后利用荒地差额地租形成的差额利润还本付息，进行"改良荒地的抵押贷款"创业。英国公簿佃农的土地是王权赐予的，例如回乡的有功士兵等，他们是自由人，少数公簿佃农成为未来的租地农场主。

（十一）1290年《置地法》土地所有权与经营权分离。爱德华一世颁布《置地法》，只不过是批准了业已成为惯例的预售土地租金法而已。公有土地不能买卖，但是允许了预售土地租金，即允许长期出租土地，一般有20年、33年、50年，最长允许99年期。土地长期租金预售，"土地不是作为自由地出卖，而是按九十九年的期限出租，或者在可能时按较短期限出租"①。所有权与经营权分离，荒地权从贵族政治从属关系中脱离出来。这提供了"将未来借给现在"用于改良生产和信贷新思维、新法律。

（十二）通工等偿、什一税。教会法变革。12世纪以来200年间，教会8次东侵，遭遇阿拉伯人的强烈反抗，之后蒙古大军横扫欧亚。其中一个现象，就是文化交融，阿拉伯人重新找回古希腊哲学著作进行了系统翻译，并混合了他们的智慧。13—14世纪，战败的教会展开了三大思想运动，在意大利博洛尼亚神学院里，教士们潜心研究古希腊哲学、古罗马法，以及东方哲学，对教会法进行正反追问，最著名的就是托马斯·阿奎那《神学大全》。这为变革播下了哲学种子，提供了法律中介，得以重建

---

① 《资本论》，第三卷，人民出版社1975年版，第700页。

古希腊那种穷苦自由民"分工协作—通工等偿"生产方式。上帝归上帝，凯撒归凯撒世俗化，法学从神学中分离出来，为了扩大教会什一税的税基、税源，着力研究公平价格和分配正义。14—16世纪欧洲大陆文艺复兴，17—18世纪儒学对欧洲启蒙，"宽恕"哲学兴起，开始谋求多数人的最大幸福，树立社会的世俗意义。

（十三）禁止高利贷。"合伙与债的杂然交错"。在"土地租金收益权预售卖法"启发下，货币出租用于提高生产力有利润的产业，收取租金（利息）也应当是合法的。

（十四）保险法。在欧洲首先兴起合伙，出现了保险业，热那亚海员家庭在杂货铺存一笔款子，哪一家有难，就用这笔钱救助。1287年巴勒莫以一名公证人起草的契据为"保险贷款凭据"①。还有海上贸易委托合伙模式，委托人在岸上，经营者在海上，扣除管理费工资以后，经营者还可以分享1/4的利润。还有票据背书制度等。这样一来，三重契约的三个分合同法律规则就都备齐了。

（十五）三重契约。1476年，教会法学家在一本忏悔录中偶然发现了三重契约，不论在这之前是因什么创设，但是教会法学家的研究视域是求索并锻造它成为古希腊哲学第三种致富技术的正义形式，三重契约受到教会思辨的严格追问，在百年时间里进行大辩论，让这种文化日渐成熟，一切概念皆有依据，并以法律文化形式传播，资本成为生产工具，完成了劳动三要素全部商品化，促成了资本生产主义这一高级阶段。

（十六）劳动法。英国习惯法与制定法平起平坐，教会法学家改革派求索正义的执着精神，也感染到了法庭判案。马克思通过古希腊亚里士多德《政治学》、近代《政治经济学》学得了阶级斗争分析方法。英国无产阶级斗争取得了工伤事故"案例法"、议会通过国王颁布"10小时工作制"等。从历史和现象中发现了"法的关系……它们根源于物质的生活关系"。

---

① 〔美〕道格拉斯·诺斯、罗伯特·托马斯：《西方世界的兴起》，华夏出版社1989年版，第60页。

(十七)价格革命。16世纪白银从殖民地大量涌入,英国发现了银矿,导致贵金属过剩,英镑贬值,实际地租下降,粮食价格实际上涨,这一机会使得一些公簿佃农有了一点积蓄,就开始租种地租较低的"荒地、沼泽地"改良为可耕地,雇佣农村流落的人当农业工人,例如羊吃人被赶出庄园的农奴流浪汉,"这些旧式的、亲自劳作的土地占有者中间,也就产生培养租地农场主的一个温床"①。

(十八)用益权。1531年亨利八世为了与皇后离婚而与罗马教皇分庭抗礼,创建新教,没收部分教堂的土地。1536年颁布《用益法》,它为土地用益关系的成文法化奠定了基础。这个时候,三重契约已经兴起,贷款租种荒地的租地农场主具备了依法自负盈亏权,生产债务人权获得与债权人平等权。

(十九)禁止高利贷允许信贷区间。为了扩大出口,让好青年也借得起钱发展家庭毛纺织业,1545年亨利八世钦定利息禁止超过10%,参照了教会什一税的比例;折中适度为3%—5%。

(二十)市民法上升为国家统一大法。

(二十一)专利法。1624年英国颁布了世界上第一部现代意义上的专利法《垄断法规》。1774年左右三重契约经营模式的瓦特蒸汽机试制成功,其中顶级技术股最高允许占合伙股权的30%成为惯例法,专利期与"租卖"期接近。专利权吸引大批技术人员涌向英国。现代生产机制、法制、专利权、世界市场在这个节点上都集结于英国。

英国变革路径:萌动于"重建古希腊式共同体";活跃于呢绒商、海上贸易、矿业开发;起点是法律较健全的资本主义租地农场主;起飞于瓦特蒸汽机引爆工业革命,人类社会第一次爆发"生产力发展的绝对趋势"。

欧美这种文化偶然,有严重的先天不足的问题,欧洲庄园法私刑一直延续到20世纪初,日耳曼野蛮部落法、罗马法承认奴隶制"异类、冲突、好战"并没有被彻底铲除,资产阶级政治金钱资本主义本身注定了重归

---

① 《资本论》,第三卷,人民出版社1975年版,第899页。

"财权与治权合一垄断封建专制",西方资本主义在它出生起就为自己准备了掘墓人——无产阶级。

第四节　实证"禁止高利贷—三重契约"现象

一、16 世纪以来资本主义租地农场主"偿债生产价格公式"

土地的价格用租金售卖来计算,"他就会在二十年内用他的地产收入,重新补偿这一地产的购买价格。因此,在英国,土地的购买价格,是按年收益若干倍来计算的,这不过是地租资本化的另一种表现。实际上……是土地所提供的地租的购买价格"①。《资本论》第一卷第 246 页介绍了杰克布为 1815 年做过的计算"每英亩的价值生产"表格,起码在 1815 年以前,生产价格的构成——收获和偿债的费用是在一张表上。

种子（小麦）……1 镑 9 先令	什一税、地方税和国税……1 镑 1 先令
肥料……2 镑 10 先令	地租……1 镑 8 先令
工资……3 镑 10 先令	租地农场主的利润和利息……1 镑 2 先令
总计……7 镑 9 先令（商品的生产成本价格）	总计……3 镑 11 先令（剩余价值分割为利润和利息、地租、什一税）

图 2-1　1815 年每英亩的价值（包括转移成本,是 11 英镑）

由图 2-1:

(一) 杰科布能够假定（预定）每夸特小麦的价格是 80 先令,是基于英国特有的价格确定法,一是依据古希腊亚里士多德"生产所以维持人生(生存)","自然（第一种致富技术）预供食料",即预定生产价格构成法（相当于批发价格法）,传承至今天。二是农奴制农产品定价法,采用

---

① 《资本论》,第三卷,人民出版社 1975 年版,英国土地不能买卖只能租赁,见第 700 页；租金售卖,见第 703 页。

了领主联合起来与市场销售商的集体议价法，并且是几年一定。另外政府、王权也有法定工资、面包价格现象（在后面还要具体介绍），所以市场价格较稳定，可以预测。

（二）扣除转移成本（小麦种子、肥料），计算创造价值、剩余价值转化为制度成本。

雇佣农业工人的工资总额 = 3 镑 10 先令 = 70 先令

英国资本生产工具主义农场的剩余价值转化为偿债制度成本
= 租地农场主还债的利润和利息 + 什一税 + 地方税和国税 + 支付地租
=（22+21+28）先令
= 71 先令

英国资本生产工具主义农场主"改良荒地抵押贷款"
生产方式所创造价值
= 工资总额 + 剩余价值（制度成本）
= 70 先令 + 71 先令
= 141 先令

英国农场主"租种并改良荒地的 20 年期抵押贷款"，遵守庄园习惯法工资总额均分所创造价值，这样农业乡村所留存的"均分法"起码保证农业工人能够维持不低于农奴的生活水准（法定生命权，但是农业工人一旦失业比农奴更惨）；劳动者收入争取与生产力同步增长有了可能性，尚缺少法律可行性。

因此，16 世纪资本主义农场主生产与交换模式，是英国资本生产工具主义萌芽的标志性起点，即现代生产方式高级阶段的起点。

工资总额分割创造价值率 = 70 先令/141 先令 = 49.6%

遵守庄园习惯法剩余价值均分所创造价值：

剩余价值占比创造价值率＝剩余价值71先令/141先令＝50.4%

（三）剩余价值转化为制度成本并被分割，"在这里（我们始终假定产品的价格＝它的价值），剩余价值是分为利润、利息、什一税等等不同项目的"①。

（四）因为租种的是荒地，比习惯法均分收成，下降到占比20%：

地租率＝28先令/141先令＝19.9%

（五）三重契约，资本利息率下降到3%—5%，有15.6%的利润可以还本付息，有条件签订三重契约"20年期的改良荒地抵押贷款"，生产力发展：

付息还本率＝租地农场主利润和利息22先令/141先令＝15.6%

这样一来，利润发生了质的变化，变为偿债的基金，被记载为"萌芽状态的利润"。"真正的地租和投入土地的固定资本利息（它可能构成地租的追加部分）的区别。"② 这个偿债生产利润已经不是那个资本所有者可以任意挥霍的利息或利润，或土地所有者可以任意消费的地租。

（六）无代表无税，苛捐杂税得到控制，对企业征收三种税，什一税、地方税和国税（没有计算教会对教民个人征收什一税）：

税金率＝什一税、地方税和国税21先令/141先令＝14.9%

（七）资本主义租地农场主收入"利润-利息"，资本使用者用益权收

---

① 《资本论》，第三卷，人民出版社1975年版，第246页。
② 《资本论》，第三卷，人民出版社1975年版，第701页。

入表现为改良生产资料固定资产和土地肥力的增益：

资本主义农场主收入
=改良土地增益收入（利润-利息）+ 经营者工资

例如："爱尔兰土地立法……主要是强迫土地所有者在对租佃者解约的时候，补偿租佃者在土地上进行的改良或投入土地的资本"①，是英国习惯法的内容。

英国资本主义租地农场主生产方式分离出土地所有权，其一，土地所有权从政治从属关系中脱离出来，实现预期地租货币化买卖；其二，地租在超额利润中收取②，这对政府财税征收权也适用。

从上述"市场价格=预定偿债生产价格构成"中可以发现，资本主义农场主"改良荒地抵押贷款"方式，是由于16世纪三重契约规定利息率下降到5%、荒地地租下降到了收成的20%（农奴地租为均分收成），与此同时市场粮食价格是由领主庄园集体议价不变，这样农场主用价值支付工资占比50%、支付地租占比20%后，还留存有相当于价值的30%的剩余价值就可以用于优先还本付息、超额利润支付赋税。还可以观察到，农场主在最初阶段是在使用传统留下来的技术，用人力来排干沼泽地的积水改良成可耕地。当市场扩大有条件大量使用机器，那是18世纪瓦特发明可实用的蒸汽机前后的事情。

二、工业革命标志：瓦特—博尔顿蒸汽机的"三重契约"经济法则

瓦特—博尔顿的贷款投资试制生产蒸汽机，成为三重契约标准样态。

早在古希腊时代，已经使用蒸汽动力来开关庙宇的石头大门，但是原

---

① 《资本论》，第三卷，人民出版社1975年版，第706页。
② 《资本论》，第三卷，人民出版社1975年版，第693页。

始的蒸汽机没有转化为生产力,没有在生产中普及使用。

瓦特在1763年用了3天时间就画出了蒸汽机的草图,1765年开始与企业家罗巴克合伙,约定罗巴克提供1000英镑试制费用,则获得利润的三分之二作为报酬(技术专利权占比1/3)。1768年,博尔顿从濒临破产的罗巴克手中购得瓦特蒸汽机专利权的股份。博尔顿已经创办有生产小五金器械的索霍工厂,但他的工厂缺乏动力,希望借助瓦特的发明来人工地制造动力,两人开始合作。博尔顿负责筹集10—20年期的小额贷款资金,进行"相当昂贵的实验和初始的模型筹措资金",维持索霍工厂试制生产,一共用了60个工人。在1774年,瓦特的改良蒸汽机在索霍工厂试验成功,但博尔顿远未获得酬报,在1765—1774年的10年中,是负债研究和试制。经过博尔顿的惨淡经营,直到1781年,瓦特和博尔顿终于看到了他们近20年所期待的结果。瓦特蒸汽机,在当时贷款建设生产线和维持生产,需要履约"20年的偿债"过程。

以瓦特蒸汽机成功上市为标志,配套以禁止高利贷法、三重契约法、剩余价值率均分习惯法、专利法等,以及世界市场的拓展,共同成就了英国工业革命。

三、世界银行守成瓦特—博尔顿蒸汽机的"三重契约"法则

瓦特蒸汽机是英国工业革命的标志。瓦特贷款试生产蒸汽机模式,自然成为西方现代信贷惯例法制度守成的模式,例如可以随便在网上查到:

世界银行贷款要求:

(1)优秀项目。

(2)贷款偿还期限为15—20年(含宽限期5年),承诺费为0.25%—0.75%。

(3)借款费用一般在财政年度中期进行审查,每12个月作一次估算,对新批准的贷款征收手续费。

（4）贷款的对象是会员国政府。

（5）贷款利率：根据世界银行从资金市场筹资的利率来确定。每三个月或半年调整一次。贷款利率比市场利率要低一些，对贷款收取的杂费也较少，只对签约后未支付的贷款收取0.75%的承诺费。

（6）出现盈余期数——开始借款期数，开始还款。

借款偿还期的计算：

借款偿还期

=（出现盈余期数−开始借款期数）+（上期应偿还款额/当期可用于还款的预期年化预期收益额）

通过查阅1500年以后的世界史，发现世行投资贷款规则，实际就是"瓦特—博尔顿"惯例法守成的标准配备。

四、萨缪尔森《经济学》中的企业生产线抵押贷款三联合同

萨缪尔森以顶峰牙膏厂为示范，介绍了通过三重契约贷款实现企业扩大。首先承诺"把工厂作为抵押品"，一家私人保险公司同意提供抵押贷款。依三重契约，做贷款预算：

第一个合同预算：企业是"成功"的，需要"扩展"。预算延时预买卖合同，即"购买厂房和设备抵押贷款"的预算。

第二个预算合同，"抵押贷款"的担保物："需要新资本的来源"是用购买厂房和设备抵押贷款，预算需要贷款的额度。

计算出工厂的净资产"把工厂作为抵押品"，预算抵押物它折合抵押货币额度的1/3。"如果不能按期偿还，……这就是，工厂作为已有而把它卖掉，以便换取现款"抵债。即"贷款所购买物"也应用作抵押品（例如住房抵押贷款，当还不了贷，可以把房子退给银行抵债）。

第三个合同，贷款分期付款合同：

借款的工厂承诺贷款专用于"购买厂房和设备"；

成功扩展后预期有利润还本付息。

利润在债权人与生产债务人权之间的分割:

"条件是在二十年中分期偿付贷款;未偿付的货款则征收每年百分之七点五的利息"(私人贷款利息率为 7.5%,政府贷款利息为 5%);

借方生产能力必须达到的还本付息普通利润率水准,"用百分之七或八的利息所取得的资本能够获利百分之十二点五当然很好"。

资本普通利润率
= 每年向资本付息 7.5% + 每年还本 1/20 年
= 7.5% + 5%
= 12.5%

三重契约准则的生产债务人自负盈亏。"市民法"三重契约规定了对生产债务人企业主特加保护,"但是,一旦亏损来临,这些债务就会沉重地压在你们两个合伙人身上,你们必须承担一切"[1]。

需要区别:

资本利润率 = 利润 ÷ 资本金 × 100%

利润占比所创造价值 = 利润 ÷ 所创造价值 × 100%

第五节 "禁止高利贷—三重契约"体系 4 项 9 条

阿什利:《英国经济史及学说》,介绍了教会法改革派从法理视角来研究英国现代经济萌芽,在对经济的法理解释方面,该书特别介绍了"经济理论与法制""教会法学家的经济学",该书的特别之处是对与现代经济相关的市民实体法作了比较全面的介绍,例如:关于经济的公平正义观;阿奎那(Thomas Aquinas)论公平价格,等价交换;基本生活

---

[1] 〔美〕萨缪尔森:《经济学》,上册,商务印书馆 1979 年版,第 146—147 页。

品面包、麦子及酒的生产价格计算法；教会、私人、政府救贫法；乡村、市镇、区域、国家与市民法权的成长；资本价格利息率的学说，禁止高利贷钱生钱，允许治产信贷利息率在5%左右；货币史；商品价值度量衡——劳动价值作为尺度；生产商制度，对商业的规定，商人法；租金的学说，土地租金预先长期售卖法；合伙的学说，共担风险均分利益；资本的说明，像出租土地一样出租货币。实业界的理解"资本是用于生产那部分的一国财富"；"资本有如劳动或适当的自然要素，是生产不可缺的和必需的"；三重契约。这本书梳理出了现代经济所涉及的市民法的13个主要方面。[1] 这些实体法内容在《资本论》中几乎都有涉及。相对照，中国自由自耕农工商是生产商小业主（不是只从事农业劳动的欧洲农奴），中华民族法制在民间，在礼法，"三重契约"依然有王莽变法（民或乏绝，欲贷财以治产业）可以对接，市民法在民间可以解释中国现代化变革迅速的原因。

对照欧洲教会法学家关于英国现代经济的法理学说，特别是13项实体法，就可以归纳出三重契约贷款改良生产方式的"生产的分配和交换"的4项9条基本规则精义，这是从上千条市民法中精选出来的。适合的市民法有大众性、和平解决、确定、稳定性特征，保护99%及以上的市民稍加自律约束就可以适应现代生产方式的规则与秩序，在市场内获得谋生手段。

"禁止高利贷—三重契约"体系（生产的分配正义）4项9条

第一项，一般正义准则（道法）："见利不亏其义"，"用公正的方法获得财富"。

第二项，较具体的公正的分配法则：适应现代生产方式的就是正义

---

[1] 〔英〕威廉·詹姆斯·阿什利：《英国经济史及学说》，台北幼狮文化事业公司1974年版，见目录。"资本有役务"所以"取息"（第577页）。"资本是用于生产那部分的一国财富"见第617页。

的；选择预期有用利润还本付息能力的优秀项目。

生产的分配，遵循一般人类规律，例如：邻里最大幸福最小伤害规律，委托合伙规则，中立规则，禁止贪婪。主要有9条分配法则。

（一）生产共同体内部，适用均衡分配率，例如：

公法习惯分配比例剩余率为1∶1；

制度成本要素之间均分，各自为什一中正，允许相关要素互为消长。

（二）禁止高利贷——治产人信贷法。

选择有利润的项目优先生产线抵押贷款，提高生产力。

资本价格利息率，下限以最小伤害为准则；上限以不得刺伤邻人为准则。资本价格禁止高利贷法律允许的四个阶梯：法律禁止超过10%，适度为3%—5%，法定和约定利息率绝对地不得超过法律禁止的限度（未包括通货膨胀因素）。

贷款最长借贷期限为20年（三重契约的三个关联合同）。

"利息总量＝5%×20年＝利息总额"不得超过资本金本金额度，不得计复利，以避免债务奴役之嫌。

（三）资本使用者生产债务人权[①]取得优先信贷权，与债权平等的权利，自负盈亏。

对生产债务人特加保护：对债务人不能的部分，得展期偿还债务，减低利息率，直至减免债务；破产法保护破产债务人及其家人的生存权。

（四）依用益租赁规则，约定用利润还本付息。完成建设生产线、生产出利润后，才允许要求还本付息。

[①] 产业资本家即债务人，见《资本论》第三卷，人民出版社1975年版，第393页。关于债务人权。英国1215年《自由大宪章》第9条规定了破产债务人"权利和义务"，从此债务人获得法律保护的权利责任，即债务人权概念的法律依据。"禁止高利贷—三重契约"，资本价格利息率下降到3%—5%，资本的使用者——预期先进生产线抵押贷款的生产债务人企业主收入＝利润－利息。三重契约法律保护生产债务人获得优先平等权现象，笔者的"正义经济学系列"抽象为生产债务人权，与债权相对称。

生产债务价格法优先大于税务价格法；不得对债务征税；只允许对还本付息后，支取折旧费、管理营销费之后的超额利润征收所得税，对净利润积累租买生产工具减免所得税。遵守费用要素均分普通剩余价值习惯法。

（五）三重契约贷款租买生产工具，合同要求用利润还本强制资本生产工具的积累，以利息率为尺度上下波动，但是视具体情况策略不同。

资本使用者的用益权还本收入是负固定资产转化为正固定资产，而固定资产物质形态在前后并没有变化，因此资本使用者用益权还本积累的收入所有权有继续在生产线上运动的责任、有偿债担保责任的有瑕疵的所有权，不得撤资。

（六）贷款改良生产，权界是"客观为他人也是为自己"约定，权利义务均衡。

（七）贷款改良生产方式决定分配顺位。

第三项，（八）通工等偿法则：

产业链共同体之间趋向"正常价值＝偿债生产价格"通工等偿；

价格在价值上下波动；

"物以稀缺为贵"允许波动的区间适用禁止高利贷四个阶梯，超过限制允许政府干预。

第四项，（九）争取劳动者收入与生产力同步增长。

第三章　纯粹现代生产方式高级阶段

第一节　欧洲新兴城市现代生产方式高级阶段的五个条件

一、占支配地位的生产方式

（一）历史纵向，不同历史条件下，同样的语言"资本（Capital）"它的内涵不同，"资本则不然，有了商品流通和货币流通，决不是就具备了资本存在的历史条件"①，这里用了两个历史阶段的"资本"，一个是欧洲奴隶制、农奴制当中存在的资本（信贷的资本金）；另一个是现代社会的资本。

现代生产方式初级阶段的资本，"只有当生产资料和生活资料的所有者在市场上找到出卖自己劳动力的自由工人的时候，资本才产生"②。资本以榨取剩余价值为目标，但是它还不是生产工具。

现代生产方式高级阶段，资本终于受到"禁止高利贷—三重契约"的法律约束，"生产线抵押贷款"三联合同约定资本优先转化为生产工具，弗里德里希·李斯特、马克思定名为"资本生产工具"，上升占支配地位。

（二）历史横向，存在占支配地位的生产方式，"在一切社会形式中都有一种一定的生产决定其他一切生产的地位和影响，因而它的关系也决定其他一切关系的地位和影响。这是一种普照的光，它掩盖了一切其他色

---

①《资本论》，第一卷，人民出版社 1975 年版，第 195 页。
②《资本论》，第一卷，人民出版社 1975 年版，第 195 页。

彩，改变着它们的特点。这是一种特殊的以太，它决定着它里面显露出来的一切存在的比重"①。例如欧洲进入资本生产工具时代以后，农奴制开始解体，资本生产工具主义支配农业工业化，支配手工业向集约工业化方向发展。

（三）关于英国原生态工业化的原因众说纷纭，可以说都有影响。但是，可持久的影响是法律变革以适应现代生产方式，正如亚当·斯密所指出，"除了和平、简易的税收和可容许的司法管理之外，……变成最富裕国家并不再需要什么"；"各种劳动用途的货币工资和各种用途的货币利润似乎都有一定的比例。这种比例部分取决于各种用途的性质，部分取决于所在社会的不同法律和政策"②。凯恩斯指出，可持久资产经济"实在是异常简单，应为人所共知"③ 法律变革的作用分两个方面，一是动力源，例如商鞅变法提高了农民的生产积极性，1215年英国《自由大宪章》以后的400年一系列习惯法变革，其中"禁高利贷—三重契约"法律运筹"将未来借给现在"，激励资本使用者成为动力源。二是"分工协作—通工等偿"法制集体力被写进法律，这种生产方式得到法律的管护而取得安全、稳定、可持久的确定性。

二、《资本论》从法哲学视域抽象出的"现代生产方式"的五个条件

马克思概括出了现代生产五个条件。

第一，新兴城市重建古希腊"分工协作—通工等偿"手工业共同体市场，"在那些中世纪时代不是从过去历史中现成地继承下来的，而是获得自由的农奴重新建立起来的城市"④。新兴城市共同体市民法是经济的形式。

---

① 《马克思恩格斯全集》，第46卷上，人民出版社1980年版，第44页。

② 〔英〕亚当·斯密：《国民财富的性质和原因的研究》，商务印书馆1972年版，第58页。

③ 凯恩斯：《就业利息和货币通论》，徐毓枬译，商务印书馆1983年版，第3页。

④ 《马克思恩格斯选集》，第一卷，人民出版社1972年版，第57、64、66页。

第二，产业共同体的高级阶段，三重契约中所预定价格形式"价值＝偿债生产价格构成法"，"商品按照它们的价值或接近于它们的价值进行交换，比那种按照它们的生产价格进行的交换，所要求的发展阶段要低得多。而按照它们的生产价格进行的交换，则需要资本主义的发展达到一定的高度"①。现代经济是"劳动三要素商品化"的全国统一的大市场，决定了必须遵循国家统一的法律体制。这时期，共同体市场必然足够大，"必须有很高的人口密度"。

第三，"禁止高利贷—三重契约"法律约束的信用制度。

现代生产方式，由于增加了"生产线抵押贷款"环节，就比古代自给经济增加了生产关系法权形式和交换关系，"生产方式以及和它相适应的生产关系和交换关系"②。资本集中有两个有力的杠杆，一是竞争，二是信用（信贷和股份制）。马克思具体研究了租地农场主20年期的改良荒地抵押贷款合同③，"我们所发现的无非是这样一种要求：生息资本，总之，可供借贷的生产资料，应该从属于资本主义生产方式，成为它的一个条件"④，"可供借贷的生产资料"被称为固定资本贷放，"有些商品，例如

---

① 《资本论》，第三卷，人民出版社1975年版，第197页。

② 《资本论》，第一卷，人民出版社1975年版，第8页。

③ 《资本论》，第三卷，人民出版社1975年版，关于禁止高利贷—三重契约的内容："构成现代社会骨架的三个并存而又对立的阶级——雇佣工人、产业资本家、土地所有者。……投入土地的资本，称为土地资本。它属于固定资本。为投入土地的资本以及作为生产工具的土地由此得到改良而支付的利息"，见第698页。"投入土地……的固定资本"，见第699页。"投入土地的资本的利息"，见第701页。资本利息率为4%—5%，"二十年"期的"地产收入"，见703页。租佃者在土地上进行的改良或投入土地的资本（固定资产），见第706页。地租一方面是扣除平均利润的结果，另一方面是平均工资扣除的结果，见第709页。由地租的存在推论出利息的正当性，见第702页。

周转金债务的分期偿付的债款，《马克思恩格斯全集》，第43卷，人民出版社1982年版，第491页，（1858年3月13日《经济学家》，致编辑部的信）股金分期付款，按需要每次缴纳百分之五到百分之二十。第22卷，人民出版社1965年版，第5、30、516、577、633页。这还不是预期先进生产线（资本生成工具）抵押贷款。

④ 《资本论》，第三卷，人民出版社1975年版，第683页。

房屋、船舶、机器等等，按照它们使用价值的性质，始终只能作为固定资本贷放"，"固定资本流回方式偿还。贷出者定期得到利息，并得到固定资本自身的一部分已经消耗的价值，即周期损耗的等价物。贷出的固定资本中尚未消耗的部分，到期以实物形式换回来。……借贷资本的回流采取偿还的形式，因为它的预付、它的渡让，具有贷放形式"①。"资本是生产工具"②。

第四，关于劳动关系，马克思阐述了两种形式：西方现实存在的雇佣劳动"资本的生存条件是雇佣劳动"③。但是，这不是"生产线抵押贷款"固有的。马克思设想的第二种劳务关系是"重建个人联合体"，在市民法中委托合伙式劳务关系最接近。

第五，三重契约，科技获得廉价、丰富、稳定的资本作为载体，科学技术转化为生产力要素，资本成为生产工具，法制组织力转化为集体力，成为生产力的第四要素。

现代生产方式是生产与交换的结合体，并且是第三种致富技术的正义形式。而曼昆的2006年翻译版本《经济学原理》实际是冰淇淋营销学，张某圣诞夜卖橘子树也是营销学。他们都不涉及冰淇淋或橘子树的生产成本，只关心"供求"，因此都属于古希腊亚里士多德界定的第二种致富技术，即非自然致富技术，也叫做贩运倒卖"货殖"学。正因为单一的"交易"脱离了生产，所以商品经济、市场经济不是独立的范畴。

三、资本生产工具生产方式的作用和意义

（一）现代文明法在政治之上。资本生产工具首创法制经济，法在政治之上，这种纯粹现代文明社会才能辉煌地存活。混杂的当下还处于"现代文明的野蛮"阶段，"贪欲是文明时代从它存在的第一日起直至今日的

---

① 《资本论》，第三卷，人民出版社1975年版，第384、385页。
② 《马克思恩格斯选集》，第二卷，人民出版社1972年版，第88页。
③ 《马克思恩格斯选集》，第一卷，人民出版社1972年版，第263页。

起推动作用的灵魂"① 现代文明的野蛮。

与古代自给经济对比,现代生产方式只增加了资本成为生产工具环节,可持久的影响是法律变革以适应现代生产方式。法律公正推动社会文明进步。

(二)自然服从人的需要,只有在资本主义制度下自然界才不过是人的对象,不过是有用物;它不再被认为是自为的力量;而对自然界的独立规律的理论认识本身不过表现为狡猾,其目的是使自然界(不管是作为消费品,还是作为生产资料)服从于人的需要。

(三)资本生产工具质变了资本的用途。进入现代生产方式的历史时期,资本终于受到法律的约束。"禁止高利贷—三重契约"这套法律体系质变了资本的用途,"20年期的预期先进生产线抵押贷款"合同法定资本金(过去剩余价值的积累或存量)优先转化为先进生产工具。

(四)资本生产工具质变了所创造剩余价值或利润部分质变为在生产工具。"禁止高利贷—三重契约"法定所创造的"这种剩余价值"优先还本付息,这种生产才能存活,"资本的伟大的历史方面就是创造这种剩余劳动"。② 依照三重契约优先用于还本付息,还本的部分,就是负资产转化为正资产,资本生产工具创造这种剩余劳动的价值质变,即再生产工具。

因此,资本生产工具创造这种剩余劳动价值因为用途不同,剥削率下降到占创造价值的20%。所以不是农奴那种剩余劳动价值(剥削率为50%,被贵族政治垄断专用于战争和挥霍)。

(五)充分调动和运用社会劳动力,充分调动个人劳动力潜质。"禁止高利贷—三重契约"法律运筹机制,将未来借给现在发展先进生产力,现在享受先进住房和先进生产力,未来20年努力工作还本付息,充分调动全社会劳动力、充分调动劳动者个人创造价值的潜质。

(六)现代资本生产工具的文明作用,"资本的伟大的文明作用;它

---

① 《马克思恩格斯选集》,第四卷,人民出版社2012年版,第194页。
② 《马克思恩格斯全集》,第46卷上,人民出版社1980年版,第287页。

创造了这样一个社会阶段，与这个社会阶段相比，以前的一切社会阶段都只表现为人类的地方性发展和对自然的崇拜"，"资本的文明面在资本的简单概念中必然自在地包含着资本的文明化趋势等等"。① 一是"资本必须偿还"强制资本使用者、劳动者共生动力源。二是充分利用农业社会的闲散劳动力，刺激创新克服小富则安传统。三是"分工协作—通工等偿"客观为别人也是为自己互惠文明。四是"禁止高利贷—三重契约"培育守夜人伦理道德，长期合同诉求信用、和平、互惠、发展文明价值观念等。

第二节 中国经济改革"禁止高利贷—三重契约"现象

一、生产线抵押贷款如住房按揭

家事与国事是相通的，住房投资与企业固定资产投资的合同文本非常接近，都遵守三重契约。

1998年资本利息率7次下调下降到5%左右，房地产和基建增值税在3%—5%，国发〔1998〕23号文公布了住房的偿债价格公式，规定了60平米现代化住房的"住房价格—收入比为4"（据报道西方住房按揭包括利息为6.7年）。住房抵押贷款购房尽管支付了5.7%的利息率，但是提前20年享受现代化住房。

还有就是中国特色，1994年及以前受到了计划经济价格购买住房（4000元/平方米，价格减去折旧损耗），大家庭就可以用储蓄为小家庭作后盾，小家庭就可以大胆分期偿债购买，掀起了全国购房热，成为支柱产业。而这个5.7%利息率不仅仅是支付未买下部分的房租，而且包含房屋现代化科技提前20年提升，因而是时间提前和高新技术提前双方面的提前20年享受。

---

① 《马克思恩格斯全集》，第46卷上，人民出版社1980年版，第393页。

其二，房贷计算器中的资本价格的基准利息率4.9%是法定的，设立市场价允许波动的区间。

其三，这种合同在英联邦法律中叫做"租买"：每月偿还的本金，就相当于当月买下住房的部分的价格；每月支付的利息，就相当于没有买下的那个部分的租金。

其四，住房抵押贷款购房总合同，由三个分合同组成：预购买住房合同，并交纳首付保证金；购买住房抵押贷款合同；贷款担保抵押合同（首付、保证未来家庭收入的25%—30%用于还本付息，并且购买的住房就是抵押品）。这三个合同体现"三重契约"的"单纯合伙"；共担风险；自负盈亏，对债务人特加保护这三重准则。

其五，购房合同，已经具备了"偿债生产价格比率构成"中的六个生产费用要素：工薪收入，支付资本价格利息率，用收入剩余还本的积累，财税，折旧（大修理基金），管理营销费（零售）。

其六，正义准则。人民有居住的权利属于人生权范畴，现代生产方式，政府应具有组织供给住房的适配的责任和能力。住房供给价格应遵守"偿债生产价格"法则，一般劳动者家庭收入能够分期付款购买得起一套普通劳动生产的普通住房，是供求平衡的边际。

"住房抵押贷款合同"换成"20年期生产线抵押贷款租买生产工具"就是现代经济生产力绝对发展的秘密所在。关于中国在2000年左右腾飞的原因众说纷纭，唯有法制因素是最安全、确定、可持久的因素。

二、中国现代生产方式的样板

人们总是从感性认识提高到理性认识，而理性属于"形式"范畴，即"守成"方法。西方确实守成了一个他们认为是"最伟大的模式"，那就是工业革命标志：瓦特—博尔顿蒸汽机的"三重契约"经济法则。守成模式，也可以就是现代经济的"标准样态"，或市场竞争的中性准则。

值得庆幸的是，在今天，中国终于有了举国乃至世界认同的现代经济楷模，这颗耀眼的明星，就是被网民誉为教科书级别的华为技术有限公司。美国政府用举国之力、用它在全球盟友的国际力量来打压中国的一个民营企业——华为,让华为显示出它的韧劲,并登上了最优秀、最强大企业的位置。华为的高深科学技术,博大胸怀,敢于担当,有理有利有节,严谨的作风感动了全国人民,让中国人民更加团结、文明自信。华为自然而然地成为中华民族现代经济的典范。华为的誓言,就是中国特色社会主义市场经济的标准形式和样态,也是国际现代经济一般。

在华为被美国封锁后,2019年5月17日,华为《海思总裁致员工的一封信》,在至暗的这一天宣布"由备胎转正"。

时间:2019-05-17

主题:[海思总裁致员工的一封信]

海思总裁致员工的一封信

尊敬的海思全体同事们:

此刻,估计您已得知华为被列入美国商务部工业和安全局(BIS)的实体名单(entity list)。

多年前,还是云淡风轻的季节,公司做出了极限生存的假设,预计有一天,所有美国的先进芯片和技术将不可获得,而华为仍将持续为客户服务。为了这个以为永远不会发生的假设,数千海思儿女,走上了科技史上最为悲壮的长征,为公司的生存打造"备胎"。数千个日夜中,我们星夜兼程,艰苦前行。华为的产品领域是如此广阔,所用技术与器件是如此多元,面对数以千计的科技难题,我们无数次失败过,困惑过,但是从来没有放弃过。

后来的年头里,当我们逐步走出迷茫,看到希望,又难免一丝丝失落和不甘,担心许多芯片永远不会被启用,成为一直压在保密柜里面的备胎。

今天,命运的年轮转到这个极限而黑暗的时刻,超级大国毫不留情地中断全球合作的技术与产业体系,做出了最疯狂的决定,在毫无依据的条件下,把华为公司放入了实体名单。

今天，是历史的选择，所有我们曾经打造的备胎，一夜之间全部转"正"！多年心血，在一夜之间兑现为公司对于客户持续服务的承诺。是的，这些努力，已经连成一片，挽狂澜于既倒，确保了公司大部分产品的战略安全，大部分产品的连续供应！今天，这个至暗的日子，是每一位海思的平凡儿女成为时代英雄的日子！

华为立志，将数字世界带给每个人、每个家庭、每个组织，构建万物互联的智能世界，我们仍将如此。今后，为实现这一理想，我们不仅要保持开放创新，更要实现科技自立！今后的路，不会再有另一个十年来打造备胎然后再换胎了，缓冲区已经消失，每一个新产品一出生，将必须同步"科技自立"的方案。

前路更为艰辛，我们将以勇气、智慧和毅力，在极限施压下挺直脊梁，奋力前行！滔天巨浪方显英雄本色，艰难困苦铸造诺亚方舟。

何庭波
2019 年 5 月 17 日凌飓

华为的正义准则，就是现代经济的初心："华为立志，将数字世界带给每个人、每个家庭、每个组织，构建万物互联的智能世界，我们仍将如此。"华为的产业体系形式，就是现代经济的形态：华为是"合作的技术与产业体系"，任正非先生在答记者问时说："美国企业和我们是共命运的，我们都是市场经济的主体。"这就是华为现代化的契约精神。

更为可贵的是，在成立华为有限责任公司之时就约请中国人民大学法学院教授为他们起草了《华为基本法》，这个草根法显得尤为珍贵。

正是这诸多因素，选"华为"做本书的"现代生产方式"中国式模式。

第三节 20年期生产线抵押贷款方式，生产力百倍上台阶

现代贷款改良生产工具方式，成百倍地提高了生产力。《资本论》指出："发展社会劳动生产力，是资本的历史任务和存在理由。"① "资本主义生产方式包含着绝对发展生产力的趋势。"② "资产阶级在它的不到一百年的阶级统治中所创造的生产力，比过去一切世代创造的全部生产力还要多，还要大。自然力的征服，机器的采用，化学在工业和农业中的应用，轮船的行驶，铁路的通行，电报的使用，整个大陆的开垦，河川的通航，仿佛用法术从地下呼唤出来的大量的人口，——过去哪一个世纪能够料想到有这样的生产力潜伏在社会劳动里呢？""它第一次证明了人的活动能力能够取得什么样的成就"。③《共产党宣言》褒扬了资本使用者阶级联合无产阶级打倒封建专制的六项贡献。

综合以上，"社会劳动生产力"概念，一是禁止高利贷—三重契约，资本优先用于"预期先进生产线抵押贷款"，通过机器利用部分自然力，三重契约用剩余价值还本付息再生产工具。二是机器的使用扩张了组织力、集体力即法制作用力。三是增加了一般劳动包括非熟练劳动就业机会。四是价值革命现象，社会劳动生产力提高，单位商品中社会必要劳动时间减少、价格同比下降，价值革命。

个人劳动生产力越高，按劳分配价值越多，这属于个别劳动与一般社会化劳动之间的构成性，对商品中的必要劳动时间并无影响。

现代社会劳动生产力，与古代工具自给劳动力，是二元对比构成性。

---

① 《资本论》，第三卷，人民出版社1975年版，第288—289页。
② 《资本论》，第三卷，人民出版社1975年版，第278页。
③ 《马克思恩格斯选集》，第一卷，人民出版社1972年版，第254、256页。

一、技术还没有进步，20 年期贷款增加雇佣劳动力十倍拓展生产力

资本生产工具主义的起点是贷款投资增加雇佣劳动人数。"分工协作—通工等偿"手工业市场是现代生产方式的起点，"我们已经看到，资本主义生产实际上是在同一个资本同时雇佣较多的工人，因而劳动过程扩大了自己的规模并提供了较大量的产品的时候才开始的。……这在历史上和逻辑上都是资本主义生产的起点"。[①] "就生产方式本身来说，例如初期的工场手工业，除了同一资本同时雇佣的工人人数较多而外，和行会手工业几乎没有什么区别。"[②] 初期，资本还没有积累起来，科学技术还没有成为生产力要素。

西方资本主义生产方式的初级阶段，与行会手工业对比，差别仅限于增加了"贷款"，即以贷款拓展手工业规模。资本投入产业，一开始是大量吸收古代自给经济农村的闲散劳动力。

自有资本投资模式是今年积累的利润，明年投入生产。

三重契约模式是预借未来 20 年预期利润给现在，资本金相当于一半利润，另一半用于支付利息。贷款最长允许 20 年期。法定利息率为 1/20=5%。

概算：

手工业作坊贷款 10 倍于当年积累的廉价资本×1（科技还不是生产力）= 当期投资改良生产的力度增长 10 倍

10 倍地扩大了当前生产力的广度（相比量入为出，今年赚了钱明年花）。

在还没有投入科学技术的边际情况下，手工业作坊或租地农场主就能 10 倍地增加资本投入，10 倍地增加劳动力数量，10 倍地拓展了生产力的广度。然后才是，生产者有了财力进一步改良科学技术和组织方式。

[①] 《资本论》，第一卷，人民出版社 1975 年版，第 358 页。
[②] 《资本论》，第一卷，人民出版社 1975 年版，第 358 页。

二、廉价资本作为载体，科技转化为先进生产装备，生产力百倍提高

技术是纸上谈兵或试管里的实验，必须有载体才能转化为先进的生产装备（固定资产）。

贷款的贷款成本的计算。例如，1987年，即我国实行"拨改贷"改革后的第三年，世界银行开启对我国贷款投资并给予了最优惠条件。笔者亲自参与了西南大三线红山铸造厂的环保技术改造项目。

世界银行选择投资优秀项目；最长借期20年；利息率1/20（若减免利息税，为3.5%），第七年起开始要求用利润付息（实际周年利息率为1/14减除利息税为5%），第十三年起开始用利润还本（实际周年还本积累率为1/8），第20年末本息还清。

其中：共投资100万美元，世界银行贷款额度占50%，中国政府贷款25%，企业自筹25%，共担风险。

世界银行投资贷款的法与法律内涵，一是资本利息率下降到5%；二是还债"时间"点按"有利润"来确定，世行一般允许最长在贷款到账后第七年起支付利息，第十三年起开始还本，这两项都守成了瓦特模式，目的是保障企业在生产线建成后、生产出产品卖出转化为利润后才要求企业还本付息，资本转化为生产装备的贷款的贷款成本下降到5%，借100元，法律保障有95元用于改良生产（那5%，是成熟国家财务会计法律允许的其他费用），资本与技术的转化效率由零上升为95%，同时，技术转化与资本支撑强度成"乘数"关系，这种高级阶段生产力的拓展，可以用数学公式计算出来概算数据：

生产线抵押贷款10倍于当年积累的廉价资本×科技乘数效应
= 当期投资改良生产的力度增长10倍×10倍
= 100倍

例如，英国工业革命守成，使用了瓦特蒸汽机的火车，拉着货物每小时可以跑60公里，蒸汽机火车的效率绝对比农奴制自给自足经济的马拉车效率高出一百倍以上。

第四节 纯粹现代生产方式的观念和特征

一、纯粹现代生产方式概念的确定

我们所处时代，是现代生产方式自然历史时期。

（一）"现代生产方式"这个概念或名称，是采用了与古代自给经济对比的方法确定的："从旧生产方式向现代生产方式的过渡"①。采用历史对比性名称，现代性鲜明，概念比较能够与"现象"切合。并且"现代"概念已经为大众接受。这是一个比较中性的概念，规避了意识形态主观意志混杂在内而引起的偏离。

现代生产方式的起点和向度鲜明，"现代生产方式，在它的最初时期，即工场手工业时期，只是在现代生产方式的各种条件在中世纪内已经形成的地方，才得到了发展"②。

亚当·斯密提到了"进步的工业国"，"现代文明国家"③。

（二）"现代生产方式自然历史时期"概念，"社会的经济形态的发展是一种自然历史过程"④，以生产力发展为界限的确定性，"无论哪一个社会形态，在它所能容纳的全部生产力发挥出来以前，是决不会灭亡的；而新的更高的生产关系，在它的物质存在条件在旧社会的胎胞里成熟以前，

---

① 《资本论》，第一卷，人民出版社1975年版，第825页。
② 《资本论》，第三卷，人民出版社1975年版，第372页。
③ 〔英〕亚当·斯密：《国民财富的性质和原因的研究》，商务印书馆1972年版，进步的工业国，见上卷，第225页。欧洲现代文明国家，见下卷第382页。
④ 《资本论》，第一卷，人民出版社1975年版，第11、12页。

是决不会出现的"①。现代生产方式是异化现象,是在英国旧社会内部"重建"古希腊"分工协作—通工等偿"自治胎胞,并在胎胞内自治成长,第三等级用内部先进生产力创造的财富向王权收买土地所有权、关税权、包税权等。当内外条件备齐,1689年英雄革命夺取议会立法监督权,市民法上升为国家统一大法,有法律保护是社会条件成熟的决定性标志。

(三)纯粹现代生产方式的又一用名:资本生产工具主义。历史学用考古挖出来的生产工具(尸骸)标志各个时代的生产力,相对比,现代生产方式的物质工具标志是"资本终于受到法律的约束","禁止高利贷—三重契约"资本成为生产工具(债务固定资产)。

现代制度、奴隶制、农奴制混杂社会现象的概念或名称。西方资本主义生产方式,表现为资本生产工具主义与西方血腥从属资本主义二重性。

对于西方血腥从属资本主义,需要量化剥削程度来寻找其内在本质,例如黑格尔所谓的从居间、中介,到"叛乱"现象,黑格尔将自由意志的内容界定为:理性、冲动、暴力。② 资产阶级专政意志"极端叛乱"③,劳动者"过度劳动"寿命缩短,自发暴力反抗有自然法生命权的合法性,这也就是无产阶级夺取政权专政后,第一步是取得平等,回归"法律中性"发展生产力总量的统一战线正当性。

广义现代社会,包括现代经济、政治、社会、文化、伦理、道德、法律等。不能避免混杂概念。《中华人民共和国宪法》意指"现代化"是现代生产方式社会生产力发展及其农业、工业、科学、国防四个现代化。

二、纯粹现代生产方式的八大特征

第一个特征,现代生产方式重建于欧洲中世纪具备相应条件的新兴城市。是维护正义的有信仰的经济形式,是遵守一般人类规律的经济,是各

---

① 《马克思恩格斯选集》,第二卷,人民出版社1972年版,第83页。
② 〔德〕黑格尔:《法哲学原理》,商务印书馆1961年版,第23页。
③ 《马克思恩格斯全集》,第1卷,人民出版社1956年版,真正的极端,见第355页。在给叛乱奠定基础,见358页。

国和世界人民都学得会谋生存幸福的、大道至简经济形式，成为世界各国所共有的现代化主体形式，有可能性和可行性。

它的正义性，源自它是欧洲被边缘化的自由平民穷则异化、穷则重建古希腊那种第三种致富技术的正义形式的产物，是自下而上的革命过程，"现代生产方式，在它的最初时期，即工场手工业时期，只是在现代生产方式的各种条件在中世纪内已经形成的地方，才得到了发展"①。

其一，正文性。是秉持苏格拉底"用公正的方法增加我的财富"、孔子"见利不亏其义"意识形态，目标和方法以正义为合意，纯粹现代生产方式②，它是和平、发展、互惠文明新时代的载体。

其二，历史正义向度。是自新石器时代末期就出现的手工业生产与交换方式，它长期处于次一级生产方式。当出现它的正义形式和高级形式变革，而被界定为"现代生产方式"概念与逻辑，逐渐占据历史支配地位。

其三，历史横向的正义准则。现代生产方式内部"只要是适应生产方式的就是正义的"，以生产的分配正义为正义的外在形式。

"资本（生产工具——引者注）一出现，就标志着社会生产过程的一个新时代"，历史变革后的资本意指资本生产工具，即现代生产方式。

其四，从氏族社会至今，存在着守护信仰和生产方式的历史延续性团体，即"信仰守护人"。

中国古代，是儒家文化守护"井田制"法理的生产方式，井田制：均分土地耕者有其田，仁法管制政治，管制政治成本为什一中正。

英国现代生产方式，日耳曼野蛮部落法"王在法之下"兴起。

由于现代生产方式在很长一段历史时期处于混杂状态，科学社会主义就是现代混杂现象的历史产物，不忘初心、信仰守护者这方面的政治代表作为模范服务者、正义守护者、进步引导者和文化传承者必将担负以千年

---

① 《资本论》，第三卷，人民出版社 1975 年版，第 372 页。
② 现代生产方式增加了"20 年期的预期先进生产线抵押贷款"环节，总生产要求金融环节必须忠诚地为现代生产方式服务，表现为设立法律强制金融环节法律行为"洁净"，见《国家金融监督管理总局金罚决字〔2023〕2 号》，被处罚当事人：中国东方资产管理股份有限公司，主要处罚事实（案由）"……二、非洁净收购不良债权"。

为单位的长久而坚定的使命。所以社会主义现代化的中国也有必要传承和延续守护先进生产方式的团体，即中国共产党。

第二个特征，生产力绝对发展，互惠和平发展特征。

现代生产方式生产力绝对发展趋势。从物质角度，在于通过机器大工业使用上了自然力，从而代替了部分劳动力。而古代经济处于静止的生产力状态。

（一）"分工协作—通工等偿"互为生存条件共同体。作用，一是劳动创造价值观念；二是劳动作为交换商品的价值尺度；三是"通工等偿"价格形成成本最小化，四是它是规则与秩序经济，集体分工协作集体力；五是分工协作细化，为运用机器替代简单手工动作具备了可能性；六是客观为别人也是为自己共生伦理。

（二）高级阶段，资本是生产工具。"禁止高利贷—三重契约"将未来20年期的预期利润借给现在，约定专用于做成生产工具（债务固定资产）提高生产力，提供20年期廉价、丰富、稳定的资本，以生产固定资产，为生产机器来使用自然力，替代部分人的劳动，具备了可行性。生产力百倍增长。

参照古希腊亚里士多德"生产所以维持人生（生存）"，"自然预供食料"，欧洲实行"预定偿债生产价格"法①（中国王莽变法中的偿债生产价格构成法，现代叫做出厂批发价）。

而计划经济今年积累明年花，相对比，投资力度是1/10，100倍地输给了预借20年预期利润发展今天的生产力。

（三）"分工协作—通工等偿"，客观为别人也是为自己，人类进入"互利合作"文明时代，对人类提出了更高的法与法律、伦理、道德要求。

（四）三重契约就是20年期偿债计划和偿债市场，因此，现代生产方式内部，计划与市场都是工具，是有机的两条腿。中国现行体制是正确的。

---

① 黄菁瑶：《欧盟为何没有给我们市场经济地位》，载《环球时报》，2004年6月30日，第17版。

20年期的贷款契约，要求政治治理保障最低限度20年的国家和平与稳定，纯粹现代生产方式是和平与发展文明的载体，成为人类命运共同体的物质载体。

第三个特征，法制作用力成为现代生产的第四要素，科学技术成为生产力要素。

（一）"分工协作—通工等偿"占支配地位，即集体力占支配地位，则"集体"构成性需要法律组织和法定生产的分配正义。而自给经济缺少组织要素。

（二）生产关系的法权形是现代生产力的发展加速度的推动力。

马克思将现代生产方式解剖为生产力、生产关系，三者类似于生物有机体关系。

"生产关系或财产关系（这只是生产关系的法律用语）……生产力的发展形式"①，即现代生产力是集体力、"助力"②"活力"③，法律"制度"生产④。表现为，科学技术属于自然辩证法范畴，而科学技术转化为生产力，属于社会科学生产关系法权形式的推动力。

而古代占支配地位的自给经济是工具自给经济，表现为生产力静止，例如上千年"马拉犁"生产力没有本质变化。

（三）三重契约创造了五个条件助力为科学技术转化为生产力要素。外在表现为高技术含量的债务固定资产（资本生产工具）。

"生产力中也包括科学"，"它采用一切技艺和科学的手段"。⑤ 三重契约为科技转化创造了五个条件，一是足够大的市场才能摊薄每个商品中的科技成本；二是三重契约体系，提供了资本利息率为3%—5%的廉价丰富稳定的资本供给；三是贷款的贷款成本从最大化下降到5%（我国生产型

---

① 《马克思恩格斯选集》，第二卷，人民出版社1972年版，第82—83页。
② 〔英〕亚当·斯密：《国民财富的性质和原因的研究》，上卷，商务印书馆1972年版，第335页。
③ 《资本论》，第三卷，人民出版社1975年版，第320页。
④ 《资本论》，第一卷，人民出版社1975年版，第679页。
⑤ 《马克思恩格斯全集》，第46卷下，人民出版社1980年版，第211页。

增值税+对生产使用消费式贷款+多级管理费＝39%—51%的贷款的贷款成本）；四是专利权吸引欧洲科技人员投奔到英国发展，科技人员队伍迅速扩大；五是吸引投资培植高科技，大大促进了机器利用自然资源部分替代人的劳动，生产力绝对发展趋势。

需要区分：科学技术和科学技术转化为生产力，这是两个完全不同的概念。

科学技术是数理化生"范畴"。

而科学技术转化为现代生产力要素却属于法律运筹机制（范畴），具体依靠生产关系的法权形式变革实现。英国是工业革命的故乡，萌动、开端、起飞、消费时代、后消费时代几个阶段上台阶"变革现象"十分清晰，且每个阶段都伴随着法律变革。

第四个特征，生产债务人权企业主①（资本使用者）获得优先平等权。与债权平等分配利润的权利。资本使用者是现代生产方式特有的动力源。

第五个特征，现代生产方式内部三分法中介共生关系。

生物有冗余有机关系对人类也适用。一是在现代生产共同体内部法与法律是确定性中介，政治、伦理道德是不太确定性中介。二是现代内部劳资关系三分法，只要存在"20年期生产线抵押贷款"，就分离为劳资两大阶级，在中性区间内资本使用者与劳动阶级是共生关系（自己人），统一战线可能性、可行性。

无产阶级政权扶持个人劳动剩余私有权制度，要消灭的是资产阶级借助私有财产剥夺他人的剥削阶级私有制。马克思设想重建个人联合体。

第六个特征，是自由劳动力现象，需要政府服务。

一是随着现代生产方式资本集中和资本流动性，欧洲新兴城市涌入逃亡农奴自由劳动力，劳动者的生存生产发展权是现代生产方式的边际，就业、物价、国内外收支平衡、经济发展成为政府事权的要务。住房属于生命权，因此房子是用来住的不是用来炒的这个体制是正确的，根据

---

① 产业资本家即债务人，见《资本论》，第三卷，人民出版社1975年版，第393页。与债权相对立，本书抽象为"生产债务人权"，二者对立，共分利润。

"分工协作—通工等偿"原理，一般劳动所生产出来的普通住房（60—70 平米），一般劳动一定租买得起（即国发〔1998〕23 号国务院关于进一步深化城镇住房制度改革加快住房建设的通知）。因此高房价是对穷人的剥夺。

第七个特征，价值规律（通工等偿）、货币经济是现代生产方式特有的规律和现象。一是现代生产方式的劳动三要素全部商品化，运用货币作为度量衡中介，货币经济，形成全国统一大市场。二是现代生产方式是生产商制度，交换成为生产的一个环节，生产过程与流通过程是相勾连关系。当供求平衡：宏观预定偿债生产价格＝市场价格＝市场价值。

而"单纯市场"只有一个环节"交易"，价格形成成本从零（等价交换）到无限大（掠夺）七种可能。市场规则随附生产方式的不同而变化。所以，仅商品或市场并不能说明是什么生产方式，也就不能说明生产力的发展，也说明自由市场理论是错误的。

第八个特征，现代生产方式的局限性及矫正方法。

无限借债①，无限积累，"资本无所不吞的食欲"②，扩张性世界市场。在适度城市化、在解决温饱以后，就应遏制过度消费，回归生产力适度均衡，形成可持久的周期性可自我循环的经济社会。例如，生产力向善，科技向善，碳中和，生物多样性保护，友好型城市，倡导绿水青山就是金山银山，人类命运共同体等。

马克思主义是讲求建设的构成性的科学的行动哲学，是在纯粹现代生产方式的规范和建设的基础上，批判旧势力；是在规范的基础上，是根据历史与现实的走向的向度一致性进行对未来的预测。认为马克思主义仅仅是批判的，这是虚无主义错误认识。上述五个条件、八个特征与我国体制改革息息相关。

---

① 《资本论》，第三卷，人民出版社 1975 年版，第 446 页。
② 《资本论》，第三卷，人民出版社 1975 年版，第 447 页。

第五节　纯粹现代生产方式的世界性特征：是市民穷则异化创建，穷则重建的产物

一、市民创建了、重建了现代生产方式，是人民的现实的幸福的实体

按1500年之后的历史，现代生产方式起源于英国，并且是自下而上的成长过程。

如果从长历史、大历史考察，现代生产方式是底层市民穷则异化创建的生产交换制度，是穷则重建。

按照占支配地位的生产方式划分，古希腊亚里士多德已经区分原始野蛮社会、奴隶制社会，马克思发现了农奴制和现代社会。其实在欧洲这四种历史社会中，各自同时存在一种次一级的生产方式，即市民手工业生产交换市场方式，这才是现代生产方式的胚胎发育起点和路径。

古希腊占支配地位的是奴隶制，存在次一级"分工协作生产交换方式"。其中穷苦自由平民创建的"分工协作—通工等偿"。穷苦自由平民"介于自由民与奴隶之间的平民，从来没有超出流氓无产阶级的水平。总之罗马始终只不过是一个城市"①，是被边缘化的平民在边缘地区的异化性质的创建，在欧洲黑暗的中世纪，是一个例外或特殊，是在教会法的引导下，来自基层市民社会重建古希腊"分工协作—通工等偿"共同体，是来自教民的"禁止高利贷—三重契约"，是自下而上的运动、变革，进入高级阶段。马克思特别强调是重建，只不过规模更大而已。由于古代自给经济生产力长期处于"静止"状态，所以"现代"不是直接由奴隶制、农奴制缓慢发展而来。现代生产方式高级阶段，作为异化现象与农奴制对立。其历史过程：

---

① 《马克思恩格斯选集》，第一卷，人民出版社1972年版，第206页。〔古希腊〕色诺芬：《经济论　雅典的收入》，商务印书馆1961年版，第66页。

欧洲原始牧猎社会————→雅典城邦奴隶制————→欧洲农奴制————→

次一级手工业异化：穷苦平民"分工协作—通工等偿"

13世纪重建"分工协作—通工等偿"共同体自治——→16世纪英国兴起三重契约资本生产工具主义高级阶段——→18世纪瓦特—博尔顿三重契约模式英国工业革命爆发——→英国财产法、马克思、萨缪尔森、WTO、世界银行守成三重契约。

  英国发展现代生产方式用了近500年，但是由于遵守"一般人类规律"学习起来就很快。当德国经济学家弗里德里希·李斯特到达美国，感叹道："在那里我们看到，一片荒野会发展成为富强的国家；在欧洲需要几百年才能看到的进步，在那里这样的进步过程就展现在我们眼前——由纯粹狩猎生活进而饲养家畜，进而从事农业，进而经营工业和商业。"① 马克思指出："一个国家应该也可以向其他国家学习"。近百年现象，说明学习起来确实快得多，大致用两个三重契约的时间段（30—40年）就可以初见成效。例如，美国从1865年南北战争结束作为起点用了40年；韩国1960年李承晚下台后，从1962到1992年用了30年；中国作为大国经济腾飞用了30年。中国与非洲友好合作60年，非洲也正在向现代化迈进。

  中国创建了和平迅速崛起的世界潮流，抗拒西方殖民帝国模式。这得益于中国正确选择成熟的体系化的理论，学习成本低效率高。《共产党宣言》《资本论》为后来者提供了"政治代表指引"方法，从而明确了后发展国家"可以向其他国家学习"纯粹现代生产方式那个部分，它是"重建"，与欧洲占主体地位的奴隶制、农奴制静止的生产力关系不大，反而与处于次要位置的手工业作坊市场共同体有些许关系。其他国家只要具有

---

① 弗里德里希·李斯特：《政治经济学的国民体系》，商务印书馆1961年版，第7页。

手工业分工协作习俗，具备了一般人类规律文化素养，有互利互惠习俗或教育，就很容易接受现代化新时代。由于西方资本主义的双重性、侵略性，后发展国家只有学习与斗争并举才有出路。

法哲学的研究任务是从混杂的现象中分离并规范单纯的现代生产方式，建立健全适合的法与法律，以实现安全、确定、可持久性，并助推生产力它的发展。

二、现代生产方式的世界性特征，重塑世界市民话语权

如果从长历史、大历史考察，现代生产方式是世界文明的结晶。

欧洲本身是多元文化次生文明，现代生产方式的法律种子，在其他文明中也能找到。大道至简，事情往往比想象的简单得多。

第一，既然有占支配地位的生产方式，就存在不占支配地位的。现代生产方式的胚胎是次一级手工业生产与交换方式，这种生产方式从原始社会后期以后都存在的模式，在世界具有普遍性。

第二，马克思指出生产方式的变革关键是生产的分配率的变革；现代生产方式主要涉及三个分配律。

均分（平等正义），这是自然选择人类差别不大的自然规律，而具备了正义、可能、可行性。例如，古巴比伦《汉谟拉比法典》第九十九条"合伙均分"法等；中华法系"礼法"中庸之道；一般人类规律等，是世界共有的规则与秩序。

通工等偿，这是人类差别不大同理心。古希腊亚里士多德记载了穷苦平民自发创建的"分工协作—通工等偿"，13世纪英国新兴城市重建了这种模式。"在那些中世纪时代不是从过去历史中现成地继承下来的，而是获得自由的农奴重新建立起来的城市"①。

租息利税同律什一中正之制（折合资本利息率为5%），这是中华民族

---

① 《马克思恩格斯选集》，第一卷，人民出版社1975年版，第57页。

偶然文化"井田"生产方式延续5000年的分配律正义①，实现了治权与劳动分工协作最低的制度成本。这一世界的特有的分配率，通过传教士辗转传播到了全世界。而欧洲属于次生文明，欧洲来源于宗教的"什一税"制度缺少历史根源性佐证。

随着中国迅速和平崛起，已经具备重塑世界市民话语权的可能、可行性。以马克思科学哲学为指导，遵守纯粹现代生产方式规则与秩序客观规律，优化法与法律保护和推动力体系，科学哲学引导的进步体系，政治代表正义平等体系，是造福全人类的伟大使命。

名词与概念：

现代生产方式自然历史时期　　纯粹现代生产方式　　古代自给经济

欧洲现代制度、奴隶制、农奴制混杂时期

现代生产方式是自下而上历史变革西方资本主义生产方式二重性

资本生产工具主义　　血腥从属资本主义

分工协作—通工等偿　　禁止高利贷—三重契约　　集体力

---

① 晋朝的张辅评论司马迁的《史记》五十万言叙三千年的事。汉朝到现在2000年，共计5000年。《史记》采用世系表记载，中国考古正在把中国历史向前推进，如红山文化、仰韶文化、后岗文化、大汶口文化、贾湖文化、河姆渡文化、周口文化等。其中良渚遗址5000年，已经被世界教科文组织名录所承认。

中华文明延续5000年，有上苍的眷顾，中华地缘特征是有7条河流体系和它的冲击平原，可以肯定，在特有地缘上存在特有的生产生存方式和维护她的法制而能绵延5000年。独特的是，稻作文明地区，对水、旱特别敏感，那些新石器部落稻作生产生活中的一个共同特点就是"水井"，存在井深超过6米部落或国家就需要搬迁现象，这些是世界其他地区少有的。其中距离今天7000—5500年的河姆渡的"井"，是用木条垒成的，与"井"字基本相近。"绕井而居"这很可能自然自在地延续了很长时间。古人很自然地将目光集中于"井田制"的特征是"把政治成本限制在井内"。"井田制"在夏、商时期已经存在，"凿井而饮，耕田而食"，周公吐哺时期才被法定下来。《孟子·井田制》，崇尚民为重、社稷次之，君为轻。

中国"井田制"政治成本法定什一中正，是世界最早的法制政治渊源，在第二卷还要讨论。政治被关进法律的笼子，在5世纪的日耳曼野蛮部落法中叫做"王在法之下"。

英国资本主义租地农场主　　　瓦特—博尔顿三重契约合伙模式
WTO、世界银行三重契约形式守成法　　萨缪尔森"生产要素均衡论"
现代社会劳动生产力与古代工具自给劳动力，是二元对比构成性。

区别和质疑：

（一）欧洲奴隶制、农奴制自给经济的生产力是"静止"的，上千年农业维持"马拉铁犁"水准，不是渐进的。所以，现代不是从欧洲奴隶制、农奴制的渐进发展而来。

（二）现代生产方式是从手工业生产市场经过法律变革，上升占支配地位。

由于西方资本主义私有制从一开始就不保护劳动力生命权，现代生产方式不得不拐了一个弯，借助资本主义农场主萌芽。

但是，现代不是从自给农业生产方式发展而来。农业社会存在剩余产品交易，但是信奉"物以稀缺为贵"，价格的形成成本不确定，从零到无穷大（掠夺），缺失确定性。

所以，认为中国落后，应当等待小农商业资本主义生产力发展后再实施社会主义的论调是错误的。

（三）现代生产方式是"公正的获得财富"的经济正义。因此，那种认为"经济就是吃饭"的单一经济论，这为"不择手段"论、"无视社会"论制造了借口。

第四章　三重契约资本是生产工具，科技是生产力要素

背景：

第二章已经介绍：教会法"禁止高利贷—三重契约"20年期的预期先进生产线抵押贷款，资本专用于购买或做成先进大机器工具，马克思界定为："资本终于受到法律的约束"——三重契约"资本是生产工具"。其中有两次转化：资本转化为生产工具；部分剩余价值或利润用于还本，即转化为再生产工具增值积累现象。

相对比，自给经济的生产工具以自制为主或手工业供给，量入为出小富而安。

第一节　李斯特—马克思："资本是生产工具"

一、"资本"专用于做成生产工具使用，即资本是生产工具

（一）资本生产工具。

资本（信贷货币）不一定是生产工具。

资本生产工具的定义："禁止高利贷—三重契约"优先资本转化为生产工具（债务固定资产），并且资本生产工具运动再生产工具，称为"资本生产工具"，只有现代生产方式存在资本是生产工具现象。

《资本论》为后发展国家认识现代经济提供了一把密钥"资本生产工具"。

1841年，德国经济学家弗里德里希·李斯特（Friedrich List）在他的《政治经济学的国民体系》中，提出资本是"工具力"（instrumental powers）概念。主张"资本"的"精神力"与"物质力"相分离，"但是当提到资本时，显然应该确切表明，它所指的究竟是物质资本，即生产中的物质工具，还是精神资本"①。精神、观念，精神资本是指财产证明书——所有权，法律赋予的资格权，无形体物。

1857年，马克思在《〈政治经济学批判〉导言》中特别指出："资本，别的不说，也是生产工具，也是过去的、客体化了的劳动。可见资本是一种一般的、永恒的自然关系；这就是说，如果我们恰好抛开了正是使'生产工具''积累下来的劳动'成为资本的那个特殊的话。"② "正是信用制度和银行制度的发展，一方面迫使所有货币资本为生产服务（也就是说，使所有货币收入转化为资本）。"③ "发展社会劳动生产力，是资本的历史任务和存在理由。资本正是以此不自觉地为一个更高级的生产形式创造物质条件"④，"资本的生产方式"⑤，"资本的生产力"，"资本的生产率"⑥，都是指资本生产工具。

顺着欧洲教会文化传承脉络，特别是进入现代生产方式自然历史阶段以来，在英语中的经济、金融、法哲学专业领域，资本（Capital）不特加说明，资本特指"资本生产工具"。这还在于，资本高利贷者或不法商人已经被认定违法、被抓进监狱而被排除在市场之外。

（二）物被当作工具使用才叫做财产，对资本也适用，资本只能理解为运动。

古希腊苏格拉底"工具论"哲学，即"物"被当作生产工具使用，才

---

① 弗里德里希·李斯特：《政治经济学的国民体系》，商务印书馆1961年版，第193页。
② 《马克思恩格斯选集》，第二卷，人民出版社1972年版，第88页。
③ 《马克思恩格斯选集》，第二卷，人民出版社1972年版，第88、91页。
④ 《资本论》，第三卷，人民出版社1975年版，第288页。
⑤ 《资本论》，第三卷，人民出版社1975年版，第676页。
⑥ 《资本论》，第三卷，人民出版社1975年版，第724、766页。

能叫做"财富"。苏格拉底认为:"同一种东西是不是财富,要看人会不会使用它。……保存着不用时就不是财富。"① 亚里士多德界定 "'有用物'为财产"。施济,"以周济的方式帮助民众实无益,应该资助他们从事生产"②。财用产业——财产,"有用性、有效性",这也就是"资本优先转化为生产工具"正当性,"有用、有效"为正义,鄙视"有钱难买我愿意"货殖观念。

例如,固定资本(用生产线抵押贷款所建设),按照经济活动网络有多种可能:一是如果它在生产线上生产财富,它是生产工具;二是如果(例如汽车)拿来用作旅游工具,它是消费工具;三是如果卖掉它,它是商品,有效力无增值;四是如果将它赠与让予,它是有效力无增值;五是如果按有用物放在那里,它是存量;六是如果被抛弃,它也可能成为什么也不是的废物;七是财物还会因为毁坏而湮灭。

(三)三重契约以承诺形式强制优先"资本"专用于购进、做成先进工具生产财富,叫做资本生产工具。以物被当作生产工具使用才叫做财产为准则,资本只能是运动状态,资本"只能理解为运动,而不能理解为静止物"③。资本运动的主体目标是价值增值,所以资本的实质是价值的增值。资本运动的内容,即货币资本、生产资本、商品资本三循环。

关于"资本不能从流通中产生,又不能不从流通中产生。它必须既在流通中,又不在流通中产生"④。第一,"资本不能从流通中产生",因为"分工协作—通工等偿"这种生产方式"如果是等价交换,不生产剩余价值;如果非等价交换,也不生成剩余价值。流通或商品交换不创造价值"⑤。第二,"资本又不能不从流通中生产",为了偿还"资本金",产

---

① 〔古希腊〕色诺芬:《经济论 雅典的收入》,商务印书馆1961年版,关于财产管理的讨论,见第3页。

② 〔古希腊〕亚里士多德:《政治学》,商务印书馆1965年版,53b31,54a2,20a24—b11。

③ 《资本论》,第二卷,人民出版社1975年版,第122页。

④ 《资本论》,第一卷,人民出版社1975年版,第188页。

⑤ 《资本论》,第一卷,人民出版社1975年版,第186页。

品必须转化为商品的使用价值转化为货币价值,"流通是商品所有者的全部相互关系的总和。在流通以外,商品所有者只同他自己的商品发生关系"①。第三,"它必须既在流通中",是指商品由使用价值转化为货币价值的前提条件是"流通(通工等偿)";"又不在流通中产生"是指资本榨取剩余价值必须在生产中创造出来。第四,资本"它在自己的流通过程中从不表现为资本(生产工具——引者注),而是表现为商品或货币,……在现实的运动中,资本并不是在流通过程中,而是在生产过程中,在剥削劳动力的过程中,才作为资本(生产工具——引者注)存在"②。

预期先进生产线抵押贷款方式,在法哲学视域应当被翻译为"资本生产工具主义",当"资本终于受到法律的约束",货币资本优先被法律驯化成为生产工具,这与上古野性的马牛羊被人类驯化用作生产工具,是一个道理。

自1984年中国"拨改贷"改革,进入"预期先进生产线抵押贷款"的摸索时期已有40年时间。只不过,在中国语境中,资本一词有不确定性,只有在"民欲贷财以治产业"场合,资本指"资本转化为治理产业的工具"。但是这个概念现在鲜少使用。

只有债务资本才有上述法律强制"生产运动"特征,但是自有资本就没有这种可持久性运动特征,自有资本随时可能被所有者挥霍殆尽。自由货币资本高利贷、自由商业资本高利得本身不是生产的环节,最大化剥夺买者和卖者两端的剩余价值,不受约束甚至有破坏生产的放大效应,导致市场最小化,某些古文明消亡就与过度商业化吸干产业脱不了干系。

二、资本的生产方式、生产工具和生产关系属性

(一)生产方式被解剖为生产力和生产关系。资本生产工具,究竟是生产方式,是社会生产力,还是生产关系?关键是没有完整准确地理解以下这段话:

---

① 《资本论》,第一卷,人民出版社1975年版,第188页。
② 《资本论》,第三卷,人民出版社1975年版,第384页。

> 各个人借以进行生产的社会关系，即社会生产关系，是随着物质生产资料、生产力的变化和发展而变化和改变的。……生产关系总合起来就构成所谓社会关系，并且是构成为一个处于一定历史阶段上的社会具有独特的特征的社会。古代社会、封建社会和资产阶级社会，都是这样的生产关系的总和，而其中每一个生产关系的总和同时标志着人类发展中的一个特殊阶段。
>
> 资本也是一种社会关系，这是资产阶级的生产关系，是资产阶级社会的生产关系。构成资本的生活资料、劳动工具和原材料，难道不是在一定的社会条件下，在一定的社会关系内部用来进行新生产吗？并且，难道不正是这种议定的社会性质把那些用来进行新生产的商品变为资本的吗？①

这段话语表达了多个层次的意思。

第一层，由于历史考古挖出来的是有形生产工具、生产资料"遗骸"劳动资料发展的状况，标志着人们进行生产和对自然界的改造所达到的程度，标志着社会经济发展的不同阶段。正如马克思所说："动物遗骸的结构对于认识已经绝迹的动物的机体有重要的意义，劳动资料的遗骸对于判断已经消亡的社会经济形态也有同样重要的意义。各种经济时代的区别，不在于生产什么，而在于怎样生产，用什么劳动资料生产。"② 欧洲历史的直观物质标志是考古挖掘出来的生产工具，被划分为旧石器时代、新石器时代、青铜器时代、铁器时代，现代以资本生产工具（债务固定资产）为标志。

第二层，文字记载的与生产工具相对应的"具有独特的特征的社会"，例如古希腊哲学中记载的原始社会、奴隶制社会，以及马克思所处时代存在的农奴制社会、资产阶级混杂社会。

第三层（这上下连贯的一段，却被有的学派断章取义了）在当今时

---

① 《马克思恩格斯选集》，第一卷，人民出版社1972年版，第363页。
② 《资本论》，第一卷，人民出版社1975年版，第204页。

代，人们可以目睹带有"资本（信贷货币）"属性的生活资料、劳动工具（债务固定资产）和原料（周转垫付资本），这些现代债务生产物质要素的"有形体物"。

第四层，人们可以亲眼看到：一是用"资本"购买、租买来的生活资料、劳动工具（负固定资产）和原料，债务关系被表现为财产证明书，"无形体物"。二是人们可以亲自采用无形体"价值概念"，及其价值证明书"货币"测量"资本也是一种社会关系"。三是"正是这种议定的社会性质"即三重契约。"资本"既是物理标志，也是人们之间因物而产生的人与人之间的社会法律关系的一个标志物。

第五层，资本生产工具，是"并且是构成为一个处于一定历史阶段上的社会具有独特的特征的社会"。在这里，"资本生产工具"是现代自然历史阶段的生产力标志。

第六层，资本生产工具，"但资本不是物，而是一定的、社会的、属于一定历史社会形态的生产关系，它体现在一个物上，并赋予这个物以特有的社会性质"①。资本是生产关系。就是斯大林指出的，"把社会生产看作一个整体，它具有两个不可分割的方面……两个不同的方面，所以它们能够相互影响"，"只有具备两个方面，才能有社会生产"。② 相对比，自给经济一般不是社会生产，古代自给经济社会只有亚层面的城市手工业带有社会性。

第七层，正是在现代制度中我们可以看得见、摸得着，马克思指出，"不论生产的社会形式如何，劳动者和生产资料始终是生产的因素。……凡要进行生产，就必须使它们结合起来。实行这种结合的特殊方式和方法，使社会结构区分为各个不同的经济时期"③。劳动三要素结合的生产关系决定历史不同的各个时期。

综合以上：第一，资本生产工具主义，标志单纯现代生产方式自然历

---

① 《资本论》，第三卷，人民出版社1975年版，第920页。
② 斯大林：《苏联社会主义经济问题》，人民出版社1952年版，第56、57页。
③ 《资本论》，第二卷，人民出版社1975年版，第44页。

史阶段的工具形式。第二，资本是有形体物——固定资产，是物质生产力要素。第三，资本是"过去劳动的物化和积累"，是"死劳动"。第四，资本生产工具是资本无形体物，债权人所有权财产证明书；资本使用者的用益权对象，债务人承诺"资本必须偿还"[①]的证明书。资本必须偿还，具有货币经济属性，自有资本换算为自我租买生产工具。第五，资本生产工具是运动形态，转化为生产工具被劳动者使用，才会是生产增值的生产工具。第六，资本是生产关系。一是劳资阶级关系，是内部同一性差异对立统一关系，可以表现为适合的法律中介关系。二是资本生产工具是集体力，是法制作用力的外在表现的那种虚拟资本。第七，资本是社会关系，是资本使用者与资本所有者、资本使用者与劳动者多重勾连的生态位关系。第八，资本是关系。资本生产工具是关系，劳动力所有权人与工具所有权人之间的"社会关系"。资本生产工具是贷款租买生产工具法律过程，是"关系"。资本是聚集，资本社会化在生产中表现为生产资料共用制。

"人类是典型的社会动物"，人们之间的社会行为即"交往"，是"关系"。

资本生产工具，作为工具本身是中性的，而使用它的资产阶级有剥削性，资本"被意识形态化"。需要注意西方资本主义的双重性。

（二）"资本生产工具"的正当性。一是资本专用于做成生产工具发展生产力、增加就业机会正当性。二是"剩余价值"某部分质变再生产工具来使用。三是以资本生产工具为正义分配尺度，资本价格被三重契约约束下降到5%，资本生产工具绝对生产力趋势，它的最大众化普及，市民就普遍贷得起款租买生产工具改良生产，成为市民谋生和谋幸福的方法，而享有"正义"。马克思说，只要比奴隶制、农奴制进步就是正义的。四是资本终于受到法律约束"资本生产工具"利用自然资源节约了劳动力、减轻了劳动强度，结束了人类靠天吃饭的历史，极大推进了人类文明进程。

必须重申的是，劳动是社会生产力的主体，人类可以自制工具。而独立的"生产工具"，它可能是生产力的一个要素，它既不是生产力本体，

[①] 《资本论》，第三卷，人民出版社1975年版，第393、417、418页。

也不是生产力主体。造成雇佣劳动从属于资本的是资本所有者的剥削行为，而不是"资本"死劳动工具本身。现代生产方式（资本生产工具主义），不是那个血腥资本主义。

（三）以资本生产工具为参照，界定欧洲古代自给经济。当欧洲土地产权依附于政治最大化剥削率，挤干榨尽所有剩余价值，生产者就无利润可分，或叫做生产者不参与利润分配，生产者就没有利润购买先进工具，就没有预期利润还本付息能力，就没有能力贷款改良生产，就停滞在手工劳动密集、工具自给的古代经济阶段。

（四）资本生产工具的中国表述。例如王莽变法"民或乏绝，欲贷财以治产业"，《春蚕》中老通宝们的赊欠经济，它是中华民族迄今尚存在于民间的"资本生产工具"文明文化。抽象"资本生产工具"概念对中国的意义，是以公正的方法获得"先进工具"为标杆，现代生产方式就具备了正当性，并通过相适合的法律来消灭古代货币资本高利贷、商业资本利润最大化，以及判定正当性税收或"苛税"等时弊。

第二节　三重契约为技术转化为先进装备提供条件

一、三重契约提供了五个条件吸引科学技术转化为生产力

（一）唯有现代生产方式，科学技术才能成为生产力要素，马克思指出，"只有在这种生产方式下，才第一次产生了只有用科学方法才能解决的实际问题"[①]，"生产力中也包括科学……它采用一切技艺和科学的手段"。[②]

现代劳动生产力包含多种要素相结合，"劳动生产力是由多种情况决定的，其中包括：工人的平均熟练程度，科学的发展水平和它在工艺上的

[①] 《马克思恩格斯全集》，第47卷，人民出版社1979年版，第569—570页。
[②] 《马克思恩格斯全集》，第46卷下，人民出版社1980年版，第211页。

应用的程度，生产过程的社会结合，生产资料的规模和效能，以及自然科学"①。固定资产技术生产力的奥秘：无偿使用自然力，这些属于自然辩证法范畴。

（二）技术本身是实验品，必须有物质载体才能转化为生产力。科学技术生产力一般没有独立的形式，而是附着于固定资产，表现为固定资产的生产能力的提高和因使用固定资产分工协作组织集体力的大幅提高。

（三）三重契约从多个方面推动科学技术转化为生产力利用自然力部分替代人的劳动，科技转化为生产力是在各种条件具备之后。一是世界银行的三重契约投资模式将未来20年预期利润借给现在，资本成为技术转化的廉价、丰富、稳定、可持久的物质载体。二是三重契约低利率、有利润才还债，技术转化的信贷资本的贷款的贷款成本下降到5%，转化效率上升到95%。三是市场足够大。科技的成本很高，当丰富的资本扩大了的市场足够大、规模化生产和销售，单位商品所分摊高科技成本的份额大幅度下降，科技才能转化为技术装备。科学技术与资本投入成乘数关系转化为固定资产生产力要素。市场足够大，成为技术转化耐用商品的应用试验和销售市场。四是科技劳动者收入上升，吸引人们研究科技，工人自身的手艺、熟练程度的提高。设立专利权，新技术有利可图。五是知识产权与金融勾连，吸引对创新的投资。工业化百年来的科技发明比人类过去所有科技成果加起来还多。唯有现代生产方式，资本转化为先进生产工具，科学技术成为包含在债务固定资产中的生产力要素。

（四）法律作为正义强制力，在现代生产方式中上升为法制生产力。其一，法制力将劳动要素构成了集体力；其二，准备了五个条件引诱科技转化为生产力；其三，资本受到法律约束成为生产工具；其四，法定用利润还本付息再生产工具；其五，适合现代的法律，既是集体组织技术法制生产力，同时具备安全性、稳定性、可持久性、进步引导性，法律运筹机制生产力的发展加速度推动力；其六，法律是社会的构成性，培训和引导向善向上生产劳动力；其七，法律中介降低社会摩擦成本，是从负面转正

---

① 《资本论》，第一卷，人民出版社1975年版，第53页。

面的生产力要素。

因此,科学技术转化为生产力要素、转化为高科技商品,则是社会法哲学研究的课题。

现代生产方式种子出现后,相应的法律变革(劳动三要素的结合方式的变革)是充分必要条件,这也是技术转化为可持久生产力的充分必要条件。而独立的资本、技术物质要素,只是现代经济的必要条件。

在中国古代为什么技术没有转化为大众生产力?据李约瑟统计中国古代有2200余项顶级发明,但是由于利息率在10%—12%,对大资本家有利,小业主们就贷不起款,资本生产工具不能大众化普及为一般生产工具。科学技术只能在小范围被应用,沦为军事用途或取悦富人的雕虫小技。

二、科技成本计算在固定资产内

(一)资本生产工具是过去劳动的积累,包括科技的积累。

科学技术成本,一是添加在固定资产价格中,转化为折旧的物理磨损之外的技术磨损的形式。二是正在进行的科学技术研究成本,由发起人或法人计入债务专项,或管理营销消耗项目。三是在未来,当科技投入加大到一定比例,就有可能在制度成本中增加"科技要素",减少直至取消折旧项,降低资本价格利息率接近于零,日本已经在这样调整。

(二)科技成本的"沉没成本"。机器大生产的沉没成本被资本家无偿占有。

个体劳动力的"社会功能属性"是被家庭、社会教育出来的沉没成本,企业集体力的沉没成本,"生产过程中劳动的分工和结合,是不费资本家分文的机构。资本家支付报酬的,只是单个的劳动力,而不是他们的结合,不是劳动的社会力"①。资本雇佣劳动力的价格只计算"恢复体力和养家糊口的最低所需",资本家无偿使用过去现在未来的积累对科技投资,它的背后有原罪;财产权收益利润中包含无偿收益了社会结合力、家庭社

---

① 《资本论》,第三卷,人民出版社1975年版,第97页。

会教养、普通人的人格权（品质信誉）等。

智力劳动控制一般劳动，被"物理化"，"从而社会生活过程的条件本身在多么大的程度上受到一般智力的控制并按照这种智力得到改造"①。马克思的这些预言，在美国的所谓"科学管理"中得到充分印证，科学管理设计了劳动岗位之间的劳动量差别尽量最小，个性几乎完全被剪除。随着科学工具越来越成为机器体系，科学家也就越来越偏向于技术操作——根本不去探寻"公理综合判断"。当下，快速的科技换代，白领人力资源也正在被去人格化。

三、生产关系法权形式助推技术力的价值革命

（一）资本的技术构成和有机构成。

"经济"的方法，重点研究生产关系的法权形式如何助推"技术力"的加速度发展的那个推动力有机关系。为此，法哲学视域的生产力与技术变革的具体表现或指标：一是价值的生产价格构成（随时代变迁要素有增减），不变资本是转移成本，资本是死劳动，只表现为过去价值转移，工资总额均分创造价值迄今适用；二是变革的是资本的有机构成，遵循三重契约，总生产的利润转化为偿债基金，用于非生产要素的支付；三是剩余价值的某个部分发生质变为"再生产资本生产工具"（而在商业资本主义时代，收入利润自由挥霍），在资本的技术构成中，已经反映资本、技术与劳动相结合。

（二）价值革命，随着利用自然力生产力的大幅提高，商品中包含劳动量相应减少，表现为价值价格下降，就是对技术和管理革命的肯定和计算。

（三）人力资本与技术进步，推动改革教育焕发每个人创新的权力。德国道路，教育培训全体公民紧跟科技的发展，企业联合技工培训制度，传授给了工人的不仅是技能，还有学习和进步能力，让他们在技术进步的时期，不至于落伍。在中国，实施全民的精英义务教育制度，给每一个青

---

① 《马克思恩格斯全集》，第46卷b，人民出版社1980年版，第219页。

少年接受同等的精英教育的机会,这是每个人都有权力和能力追求中国梦的文化基础,优秀的劳动力队伍是中国能够迅速可持久和平崛起的因素之一。2022年9月15日,世界产权组织(WIPO)在联合国网站上发表声明称,中国首次拥有与美国一样多的顶级科技群,各占21个。这是振奋人心的好消息。

第三节 科学技术向善,三重契约管护知识产权价格

一、关于科技向善

(一)人类知识是双刃剑。创新本身就是替代旧的技术,这对地球而言是浪费和破坏。创新改造世界有限度,人类必须达成与自然和谐相处的大前提,否则不能避免人类或许会因为过度消费而失去的更多情形出现。

法律判定禁止反人类的科学技术,例如禁止高科技手段放高利贷、抢掠、赌博、贩毒、生化武器,还有华尔街发明的2000种金融衍生物赌局等。

(二)关于"科技向善"[1]、"效率守善"命题。科学技术本身是物理量,并不能解决劳资关系问题。例如,科技生产力引诱资本投资畸形扩张,工人阶级收入被挤压到了生存边际,就会出现马克思所描述的现象,"在我们这个时代,每一种事物好像都包含有自己的反面。我们看到,机器具有减少人类劳动和使用劳动更有成效的神奇力量,然而却引起了饥饿和过度的疲劳"[2]。当下,无限竞争"流量第一",正在将高科技人力资源格式化、去人格化。

---

[1] 高艳东:《保护神经权利,让技术向善》,载《环球时报》,2020年12月22日,第15版。

人是个人与社会人矛盾统一体,法律被界定是社会范畴,法律是不偏袒哪一方,是中介、和平解决。该文"法律就是个人自由意志、个人权利扩展扩张",值得商榷。

[2] 《马克思恩格斯全集》,第12卷,人民出版社1962年版,第4页。

科学技术的善恶在于"占有人"研究的向度善恶，和使用它的向度尺度的善恶，这个任务落在了规范伦理道德上，以及顺应生产方式的"研究关系"的"法与法律"肩上。例如在智能机器人、云数据时代，人机对接技术面临侵犯人类意识和思维的危机，保护"神经权利"，管护"科技向善"是数字时代法律人的责任。智能时代，既不忘"授之以渔"的初心，同时需要在守成的基础上通过法与法律的进步实现与自然达成和谐。

二、"知识是社会结晶"准则，管护知识产权价格

中国法律，将著作权、专利权设定为"知识产权"，而区别于财产权不劳而获。但是，知识产权也是有限制的，因为个人的知识积累本身是社会教育过程，是社会科学技术水平的支撑，个人创新往往带有偶然性，并且个人创新需要转化为生产力才有价值，这里就涉及需要借助"现代生产方式平台"，具体企业组织集体生产力实现科技转化，因此知识产权与社会共同体、与企业共同体是共分关系，与大众是公平正义共分关系。贫富悬殊社会不稳定，反而是知识产业的阻力。

（一）人类的知识的来源。人类脑体差别不大，知识是社会结晶，是约束知识产权价格的正当合法性。7岁以前，个人跟着狼是狼孩，跟着人学才有可能成长为人。知识是社会的产物，是历史的积淀，成熟国家重视基础教育，重视技工培训实践能力、社会交往能力，脑体结合，跨学科思维。"创新"有可能在每一个人的头脑中萌芽，机会均等。任何发明实际上都是"1分偶然发现+99分努力"，在努力的过程中，是家庭、社会在供给。

（二）机遇带来的利益应当共分。信息产业初创巨头承认，他们偶然碰到了社会需求而抓住了这个机遇，并不是比别人更聪明。有社会需求，专利才能感应价值态势，供给的需求在前，专利价值在后，供给的需求决定初始创新专利价格。当下，特别是互联网、物联网，用户被界定是知识产权的直接参与者，例如算法、短视频、微信等极为明显，欧洲各国政府已经设立专门税法，代表广大用户以征税形式分割信息产业巨头的利润转

用于公共事业。

（三）尽管知识产权可以在市场上独立买到，但是，知识产权不得违反"工资总额均分所创造价值"这一西方文明分配率。知识产权、高管在工资总额中所占份额过高，是造成美国贫富悬殊、中等收入停滞、低等收入下降的原因，也是造成国家之间贫富悬殊的原因。美国苹果公司依靠"6+1"（1 是制造业，6 是被美国控制的产品设计专利、原料采购、仓储运输、订单处理、批发经营和零售）比较优势，美国公司自己不生产一个零件，仅靠知识产权，收割整个产业链 40% 的利润①。

（四）集体力占第一位。现代生产方式，企业组织集体力，法制生产力，建构资本生产工具平台，个人必须上到这个平台上，科技创新才能转化为生产力，因此作为集体力的一般劳动有权分享知识产权转化带来的收益。

创新、创造、创业，是一个艰苦奋斗的过程。从小试、中试、新成品生产线建设，是以 10—20 年为一个周期。一个已经完成小试的科技项目，如果资金到位，中试转化至少也需要 3 年时间，建设或调整生产线到生产出新产品，大致需要 3—5 年，开拓市场中等活跃、急剧上升到火暴市场，大致得 3—5 年。"技术革命——固定资产换代"以 20 年为周期的技术革新每每伴随经济危机现象，也就是生产力上到新的一个技术台阶的周期。因此，"贷款改良生产"呈现生产力"台阶"式上升。创新不仅是实验室里的研发，更需要大规模使用，因为很多问题如果没有经过大规模推广应用是无法被发现的。何况技术进步是循序渐进的，都是在应用中先发现问题然后加以改正，最终实现螺旋式提升。如果科技开发拨改贷，要求院校、研究所、企业在 1—3 年内还本付息，至少背离科学周期 2—3 倍以上时间。因此，要加强基础研究，提防急功近利的负面作用。

---

① 《日本经济新闻》2018 年 1 月 29 日报道称，预计 2018 年度全球净利润的 40% 由美国企业创造。通过对数字化产业的集中投资，美国已经形成了由知识产权等"无形资产"创造利润的产业结构。载《环球时报》，2018 年 01 月 30 日。

"资本主义生产发展了社会生产过程的技术和结合"。科学技术转化为生产力是两大阶级通力合作的结果：有优先"借贷货币专用于转化为先进生产装备"的一整套规则。而最困难的是资本生产工具大众化，这需要劳动、资本使用者、资本所有者两大阶级之间持久（20年一个周期）的通力合作，共担风险。

政策安排扶植小企业。"三重契约"分配率基础上，要让个体户小企业也租买得起资本做技术转化的载体，因为有三重契约，"创新"具备了可持久特征，例如，银行为了资本安全起见，强制契约预期有还本付息能力，即预期有2—4倍的利息率[①]，逼迫贷款创新者寻求高科技、有销路的产品。

高科技加快换代速度，正在取消折旧。智能时代，折旧成本将消亡，高科技抵押贷款虚拟资本成本需要支付的成本利息率大幅下降，智能机器人有可能将制度成本从占比50%下降到40%，用于增加高科技阶层收入，从而保护一般劳动阶层工资总额均分创造价值不变，避免中等收入陷阱。

所不同，美国盛行的"高科技创投不平等交易"实际是托市套利，就是美国硅谷的虚伪所在。熊彼特"创新"理论造成的最大负面影响就是，高喊创新口号才两三年，那些"创投公司""天使基金"已经赚了一个盆满钵满，而科技成果却还"杳无音信"。高科技概念成了托市套利的那个托儿。

（五）平民是技术发明的主体。伟大的人都是从平凡中走过来的，当他成功之时，头上带上了神圣的光环，从而遮蔽了他平凡的渊源。特别是技术发明，是脑体结合的产物，平民倾向更为明显。二战后，美国在经济领域广泛采用的重大技术发明中，有80%以上是独立的发明家创造，并由

[①] 还本付息平均为2倍资本利息率。而实际还本付息率的峰值为4倍资本利息率，世界银行最长允许第七年开始付息、第十三年开始还本，20年本息还清，这第十三年付息+还本=1/14+1/7=21.4%，法定利息率为5%，则21.4%÷5%=约4倍法定利息率。

发明人个体户小企业转化为商品，爱迪生为榜样，美国的飞机、微软、惠普、戴尔等高科技巨无霸企业是从仓库里飞出来的。在美国，国家没有投一分钱的有影响发明创造成果占81%。然而他们狂妄地认为科学技术创造了现代、文明、历史，这是有害的。

三、高科技催生新概念：科技生态网络、描述中介、科研中介

由于人类活动导致气候变暖，正在遭到自然的报复，在边际条件下，自然与人类是互动关系，人类不能超越自然规律。科学的正义准则，科学向善被提上了日程。科学应该被暴露于阳光之下、应该被彻底地揭露无遗，上帝死了，人类只能靠自己自觉自律，即西方强调的"理性"。

（一）现代生产方式的科技外在表现的部分可以解剖为科学技术生产力与研发生产关系，研发机构、研究程序必须遵守正义准则，引导科学技术向善。

（二）讲故事的中介。现在高科技产品所包含的专利是按几十万个计算。华为科技有限公司，涉及130万个专利。为了宣传高科技产品，华为专门设立"讲故事"机构，将科学技术转化为普通人听得懂的故事。这就是类似于"哑剧""黑匣子"的"描述"中介。首先"描述中介"自身必须诚信规范，由于"科技描述"的神秘性，所以如果有尽量多的各种学问来参与对科技监督效果就越好，并鼓励老百姓监督"科技向善"。

"描述"网络理论的描述性力量。正如法国人文学家布鲁诺·拉图尔（Bruno Latour）在《我们从未现代过》中指出，行动者网络理论将我们引入了事实与规范的"中间"。当事实/规范的区别（或事实/价值的区别）无效时，当范畴经历变化并开始交换属性时，规范性会发生什么？高科技并不是要简单地否定事实——规范，而是在它们中间增加了"中介"。就像债关系规定"居间"的权利责任，高科技居间讲故事也需要有法律规范。

（三）行动者网络价值选择"通工等偿"计量和交换。高科技进入"拼流量"时期，提高交易效率、降低价格形成成本成为第一要务，他们

迅速从自由竞争"竞商、奸商关系",转型并创建"友商"关系。科技劳动三要素,从霸道、生死竞争,转型"生物共存生态位势"。每个节点"对价"表现为"通工等偿",这也是生物多样性学说中的"共生"关系成本最低在高科技时代的表现。

(四)科技与科技研究组织的关系。科学技术社会可以表述为行动网络,每个科学家都可以寻找到适合于自己的"生态位"节点,但是他个人的自由意志依然存在理性、冲动、暴力三种可能,以生态位为标杆,科学有向度,有正义与非正义之分。其中,科学技术是生产力,而"研究组织体系"就相当于"介质",起到"联系""限制联系"、关键激励机制的中介作用,实现"和平共生",介质就相当于众多细胞的组织者。应然:"科学与社会:无法分割的两者。"高科技越是与其他领域相涉,这个学科就越容易被现代批判的力量所关注。如果科技脱离社会的管控而野蛮生长,不能避免毁灭人类自身。高科技世界比较优势产业链催生世界性法律安排。

拉图尔在《我们从未现代过》书中,比较集中地批判了现代—前现代、主体—客体、自然—文化、人类—非人类等二元范畴,并试图弥合这些裂痕。

(五)"研究体系"怎样激发"生态位创新"?

情感连属。从感兴趣的存在中学习,这种情感的"连属"会调动我们,我们在几乎每次与其他行为体的接触中都会调动它,它是在新的联结中任何价值评估或价值分配的核心。

依赖于形式、脚本、引用、技术、强度、习惯和"连属",但更关注的是普遍联结的规范性;要理论化这些超凡脱俗的人的抽象联想是不可能的。但是要小心机械的脚本"去人格化""格式化""工作空间小隔间去社会化"。

值得关注的是,"不要把'是'和'应该'对立起来,绝大多数人处于灰色地带。而科学的火花往往出现在未知的灰色地带"。例如,"量子纠缠"这个概念就可能是大科学家在吃鸳鸯火锅时候的灵光一现。

自科学革命以来，所有的罪恶都有充分的时间从门户洞开的潘多拉之盒中逃出。只有一件东西被留在盒内：希望。现在，或许是从中收获希望的时候了。①

（六）高科技时代，法律"事实—规范"二元规范需要拓展。例如增加"中介描述""生态位"多个环节，从二元规范进化到四元网络规范：

科技事实→中介描述→生态位→科研管理保护科技→规范

（七）当人们赋予社会定律以必然性、必要性和绝对性时，他们仍然可以自由地制造或者毁灭其社会。发现我们从未真正超越过古老的人类学的基质，也不可能存在其他的方式去超越它。2016年地质学家提出了"人类世"概念，从20世纪50年代工业快速恢复与发展为起点，"人"这个物种甚于其他任何物种，地质进入"人类世"，在地层中出现塑料、工业废物垃圾等。作为"智人"既可能毁灭自己，也可能与自然达成和谐共处让"人类世"走得更久远一些。

名词与概念：

资本　　资本是生产工具　　固定资产　　固定资本

"物"被当作生产工具使用才能叫做财产

资本生产工具表现为被使用，只能是运动过程

科技生产力是现代生产方式特有的生产要素

技术向善　　科技人生态位　　高科技描述中介　　科研生产关系

高科技与金融媾和

---

① 代伟：《再访拉图尔：社会理论如何思考法律的规范性?》，法理读书，2022年5月10日。

区别和质疑：

（一）剩余价值不是资本下的金蛋。不存在永动机。

（二）特别需要关注资本的法律状态，唯有三重契约约束资本优先转化为生产工具，才能叫做资本生产工具，资本生产工具债务市场。

第五章　劳动，剩余价值率，制度成本

背景：

（一）1562年，第一个英国人约翰·霍金斯贩运300奴隶到海地，1620年到达北美的英国五月花号三桅帆船上就载有约20个"白人契约奴隶"。

马克思发现，通过商品价格传递输送"奴隶价格"，导致宗主国市场自由劳动力价格由农奴替代边际下降到准奴隶边际。同时，资本主义土地私有化，欧洲原有的庄园习惯法农奴徭役剩余价值率＝1∶1也遭到废止，准奴隶制导致过度劳动、寿命缩短现象，法律本身的正当合法性遭到质疑，在当时成为法哲学的第一问。

（二）马克思为人民谋现实的幸福，痛苦地发现，第一需要是保住自由劳动阶级的生命权。他发现，唯有资本主义租地农场主，还保存农奴徭役习惯法，其他工业不得不学习和引进这一规则，即从准奴隶边际恢复到农奴徭役边际，这已经是很大的恢复性进步了。因此，尽管剩余价值是剥削原罪，但是，第一步只能限制而不能消灭。

（三）由于存在剥削，劳动价值计算存在不确定性。只得通过庄园习惯法剩余价值率1∶1，逆向证明劳动创造价值，劳动创造世界。

（四）三重契约否定之否定，剩余价值转化为制度成本，剩余价值或利润的一个部分转化为再生产工具，剥削率由农奴制50%，现代下降到占比创造价值的20%。并且实现工资总额随生产力发展争取同步增长的可能性与可行性。

第一节 欧洲庄园习惯法：一般工资总额与
剩余价值均分所创造价值

恩格斯《在马克思墓前的讲话》中归纳马克思对人类的两大贡献，第一，"正像达尔文发现有机界的发展规律一样，马克思发现了人类历史的发展规律，……直接的物质的生活资料的生产，因而一个民族或一个时代的一定的经济发展阶段，便构成为基础，人们的国家制度、法的观点、艺术以至宗教观念，就是从这个基础上发展起来的"。① 第二，西方资本主义生产方式中的"剩余价值的发现"。较为精确的说，马克思复兴了普通劳动者总能创造 1∶1 的普通剩余率现象，或称一般劳动剩余价值率现象。马克思抽象剩余价值率的意义，一是唯有马克思突破了千年惯性思维，通过农奴徭役剩余价值率为 1∶1，依法计算出了劳动创造价值，劳动创造世界这一 19 世纪最响亮的哲学命题。二是发现了庄园习惯法②法律约束剩余价值率趋向 1∶1，工资总额与剩余价值"均分"，保护劳动生命权的边际。三是就此发现了资本雇佣劳动力压榨剩余价值剥削原罪，有了法的尺度，批判资产阶级统治极端叛乱就掌握了合法性。

一、生物冗余规律：一般劳动普通剩余价值率为"1∶1"法则

（一）生物学冗余规律对人类也适用。

2019 年，美国塞缪尔·阿贝斯曼（Samuel Arbesman）在《为什么需要生物学思维》中指出，精准是物理学效率特征，它只适用于没有生命的、在一定时空范围内可以将次要条件全部抽象掉的物理、无机化学世

---

① 《马克思恩格斯选集》，第三卷，人民出版社 1972 年版，第 574—575 页。
② 〔美〕道格拉斯·诺斯、罗伯特·托马斯：《西方世界的兴起》，华夏出版社 1989 年版，庄园习惯法见，第 10—12 页。这样的庄园的习惯法已经成为不成文的"宪法"，见 12 页；庄园的习惯法……要改变被传统视为神圣唯一的非个人土地法是很难的，见第 42 页。

界。但是这不适用于生物界,生命一旦分娩,它需要的条件基本决定,不仅一个都不能少,而且每个条件允许波动的范围也有限度。因此,生物学方法,就是通过规避风险首先获得生存空间,然后才是获得有限发展效率①。那么生物是如何应对变化的客观条件呢?第一,有冗余、有储备是生物的特征之一,个体内生势能而具备向外张力,表现为冲动、暴力、适中,多样性、复杂性、灵活性。第二,生物在进化过程中,衍生出了介质、中介,用于联络、限制、激励个体之间的关系。第三,适度者生存,区域性生物共同体内部,有介质、中介构建生态位势节点网络关系。生物学冗余定律,正好佐证了"普通劳动剩余价值率"的生物性存在和正当性。

(二) 气候对法的精神的影响,可以解释在四季分明、农业发展的地缘,为什么一般劳动必须也总能够创造1∶1的冗余价值率,并成为那里人民的一般规律或法则。

灵长类原本是在树上生存的少数物种,其环境特点是可以最大限度避免直接冲突,可以隔着树冠来相互对望,这让它们进化出察言观色斗心眼的本能,所以叫做灵长类。灵长类,无论在速度效率上或体力效率上,都与地面上的大型食肉动物无法相比,下到地面的灵长类曾经是各种野兽的美味佳肴。在每战必败的暴力冲突过程中,人类祖先选择走另一条路线,逃跑、逃避。一是学会察言观色斗心眼、以多胜少;二是逃往比较安全的地缘,逐渐依靠合伙自力更生而进化的物种。有储备、有"剩余"、学会使用工具的这一族很有可能逐渐进化为人类,"生产所以维持人生(生存)"② 成为这些人类祖先的经济特征和古老规范。

首先,备荒的储备应当与生产的气候灾害之间、与生产方式之间有关联。例如,一年四季气候规律,在温带,古代农业一年只能收获一次,最

---

① 《物理学思维与生物学思维》,载《读者》,2020 年第 7 期,第 62 页。摘自〔美〕塞缪尔·阿贝斯曼:《为什么需要生物学思维》,贾拥民译,四川人民出版社 2019 年版。

② 〔古希腊〕亚里士多德:《政治学》,商务印书馆 1965 年版,第 503 页。56a19—b7,18b9,19a20,54a7,78a29,

低限度生产的产量，应当可供来年一年的口粮以外，还应当储备防灾害绝收的粮食。就是说气候的原因，农业冗余率趋向1：1。自然条件选择那些总能创造1：1剩余率的人类群体部落生存下来。自上古以来，农业的一般劳动者总能创造一般剩余价值率，达不到这个水准的将被自然淘汰。就是在2020年的新冠疫情自我隔离期间这个冗余定律依然在民间适用，中国农民工拿得出相当于一年生活费的储蓄来应对失业，有大家庭为晚辈作经济后盾，有中国政府采用了快速遏制疫情和以工代赈策略，和履行失业救助法，构成中国政府和民间三保险"有冗余"。而美西方百姓的储蓄率下降到1%（扣除预计缴税的储蓄后）。美国贫富悬殊和消费主义导致40%的人拿不出紧急资金400美元，欧洲消费型增值税高税负百姓一般很少积蓄，只要失业超过2至3个月就由政府发放临时工资（相当于原工资的60%）并帮助找工作。美西方投票选举政治福利走向极端，导致普通人几乎失去自救的能力。

如果剥削率低会出现什么情况？例如，中国古代，自由自耕农的税率是什一中正之制，太平时期，收成的90%归自耕农（未包括徭役），表现为养活的人口众多，所以中国除了汉朝规定允许私人地租均分收成，其他朝代没有严格的劳动者收入均分创造价值（生存边际率）的习俗，在国家衰落、王纲松弛时期农民被逼迫起义回归法制轨道。因此现代化建设时代"工资总额均分所创造价值"法则需要从《资本论》引进到中国。

如果自然供给丰厚会出现什么情况？在热带雨林地缘，人们靠采摘野生果实和猎杀动物来充饥，或者北极地区有食物储存但是没有冗余，这两个地域的文明发展反而缓慢，这些地域长期与世隔绝往往停滞在与自然达成自然和谐的原始社会阶段。

二、现代生产方式趋向"剩余价值率=1：1"规律和现象

一般剩余价值率=1：1，这个量化的比率，有历史依据吗？法律历史沿革回答了这个问题。

1902年，法国人在伊朗高原苏萨发现了一块古巴比伦时代的楔形文字的石碑，上面镌刻的是《汉谟拉比法典》，第四十六条："倘彼非收取佃

金，而系按收成的二分之一或三分之一出租田地，则田中之谷物由农人与田主按约定比例分之。"传递了一个生产力信息：早在3800年前，农业的生产力水准，一个佃农家庭劳动生产率，是家庭生活费用的2倍，或一户佃农的生产率可以养活两户佃农。一般佃农的普通剩余价值率＝剩余价值/劳动力收入＝1∶1。就是说，早在3800年前，就抽象出："人"概念质变为量化的数量逻辑。人的本质：人是合伙自力更生的社会动物，人的一般概念是生产劳动的"人"；人的量化，一般人总能创造出2倍的生产力，即可以养活两家人，或者为备荒储备一年的口粮，或者用剩余来制造工具和工艺品；或者多生孩子；或者被财产强权和政治强权剥夺。

汉谟拉比法佃农定理通过教会辗转传到欧洲。摩西出埃及，被掳巴比伦回迦南等宗教历程辗转将西亚文化传到了亚非欧交汇处。

关于一般人类规律"均分法"。《汉谟拉比法典》第九十九条"倘自由民与自由民合伙，则彼等应在神前均分其利益"。西罗马血统皇帝灭亡后，533年东罗马帝国世俗皇帝查士丁尼《法学总论——法学阶梯》第二十五篇"合伙"第1条："如未特别商定分配损益的比例，应视为平均分配。如经商定分配的损益比例，当事人应予遵守。如当事人双方商定以损益的三分之二分配于一方、三分之一分配于他方，这种约定的有效性从未怀疑。……因为某些合伙人的劳动往往是如此可贵，以致应该使他们在合伙条件中获得较优越的待遇。"[1]

欧洲领主庄园分配制度，例如，13世纪的英国领主隶农庄园的法定分配率，土地是上帝赐予之物，领主提供给农奴30英亩土地、两头牛、6只羊，代价是农奴在庄园公有土地上每周无偿工作3天（领主供给午饭）。[2] 农奴不得有剩余，出庄园从事其他工作要交罚金，这样一来永远不能依靠积蓄获得大型生产资料，若逃跑，在一年内领主有权以"欠地租"为理由

---

[1] 见〔古罗马〕查士丁尼：《法学总论——法学阶梯》，商务印书馆1989年版，第179—181页。

[2] 〔英〕伊·拉蒙德、W·坎宁安：《亨莱的田庄管理》，商务印书馆1995年版，第5页；〔美〕道格拉斯·诺斯、罗伯特·托马斯：《西方世界的兴起》，华夏出版社1989年版，第11页。

抓回去。

在劳动与制度成本要素之间不能用劳动作为价值尺度，又没有其他共同的尺度，劳动与非劳动之间的分配公理准则是"为了和平"，法定分配率往往来源于历史经验数字，如果没有经验数字，在谁也说服不了谁的情况下，是采用不偏袒哪一方的方法，平分、均衡的方法。亚当·斯密介绍了英国劳动与雇主之间"均分"习俗。

因此，剩余价值率=1∶1，是多重因素折中统一的、历史形成的庄园习惯法。

关于剩余价值剥削原罪。一是以剩余价值率=1∶1为尺度，剩余价值率越高剥削率越大。二是剩余价值的用途，奴隶制、农奴制剩余价值被用于统治阶级、财产所有者挥霍消费是剥削原罪，而现代生产方式中部分剩余价值转化为生产和再生产工具，这部分回归正当性。

16世纪，重商主义手工作坊时期，例如英国尼绒商的投资，用于支垫工资占50%，用于支垫材料占45%，用于租赁教会纺织设备的租费占3%（33年期）。① 依靠生产价格与出口价格的差额赚取全部利润。欧洲重商主义信奉利润来源于"物以稀缺为贵"。

资本主义租地农场主生产价格构成，1815年农场主生产小麦，劳动工资占创造价值的49.6%。

萨缪尔森《经济学》中设计1975年美国顶峰牙膏厂劳动报酬总额相当于所创造价值的50%。②

经济转型的任务之一，就是实现劳动与制度成本趋向对半分过程。韩国在1971—1992年的20年经济腾飞期间，劳动者报酬总额占GNP的份额，由34.7%上升到47.8%。③

---

① 陈曦文：《英国16世纪经济变革与政策研究》，首都师范大学出版社1995年版，第93、102页。

② 萨缪尔森：《经济学》，上册，商务印书馆1979年版，第171页表6-2、第176页表6-3，计算各要素所占比率。

③ 〔韩〕赵淳：《韩国经济的发展》，中国发展出版社1997年版，第102页，表5.3。

曼昆《经济学原理》图 24 经济图①中介绍美国 1960—2000 年工资总额与利润的比率约为"72∶28＝50%∶19.4%"。

需要补充说明的是，治产劳动者指"一切在生产中实际活动场所的个人（从经理一直到最后一个短工）"②。所有劳动都转化为所生产商品的价值。

综合以上，欧洲封建庄园习惯法维护劳动收入占比创造价值的 50%，这是保护劳动力生存繁衍所需的边际。

第二节　普通剩余价值，转化为生产费用制度成本

一、以生产费用为中介，普通剩余价值转化为制度成本

（一）关于制度成本概念。三重契约，同一资本同时与所有者和借用使用者相关，分别表现为收入和支出，它们的法律规则有质的不同。本书将总生产资本使用者支付的"生产费用"抽象定义为"制度成本"；资本所有者不劳而获分割剩余价值称为"收益利息、利润或租金"。

例如，《汉谟拉比法典》第二十六至第四十一条，规定了国土分配给军人和纳贡人家庭田园和房屋，是负有义务的所有物，不得随意处置，第三十八条"里都、巴依鲁或纳贡人不得以其与所负义务有关的田园房屋遗赠其妻女，也不得以之抵偿债务"的规定，可以算作是制度成本概念的起源，而纳贡土地的制度成本的最大边际，即第四十六条规定的地租率，缴纳收成的 1/2—1/3，佃农收获的同一个量被分割为两个质的不同的部分：工资总额和制度成本。科斯在《企业、市场和法律》中也已经涉及制度成本概念，但是缺少关于性质和量化的规范。

---

① 曼昆：《经济学原理》，上册，机械工业出版社 2003 年版，第 31 页图 2A（a）圆形图。

② 《资本论》，第三卷，人民出版社 1975 年版，第 494 页。

（二）剩余价值所支付生产费用转化为制度成本。

"制度本身的程度"①，当下"制度成本"概念，已经在官方和民间流行。

现代生产方式，普通剩余价值转化为法定生产费用，即制度成本。《共产党宣言》指出，"劳动（劳动力——引者注）的价格，是同它的生产费用相等的"②有多个层面的意思：一是总生产所创造价值，被分割为劳动工资总额和剩余价值两大部分；二是支付劳动工资后，剩下的价值叫做"剩余价值"，所以总生产是使用了剩余价值来支付生产费用；三是以生产费用为中介，普通剩余价值转化为制度成本；四是参照农奴徭役庄园习惯法，工资总额与生产费用（制度成本）之间趋向均分，所以，制度成本是法定的，并设立了允许波动的区间。

（三）制度形式。

经济是大众谋生的方式，经济制度的特征是宽容，力求完全行为能力人稍加约束就可以遵守。

现代生产方式制度的正义准则，制度遵守一般人类规律：生命权，繁衍发展权、群体向善权。是有冗余、有人性温度、有允许波动的区间，有厚度的道法。

制度是无形体约束力。黑格尔指出，"力只有表示于外部的才是力"。③"制度所赋予的制约条件"④，制度是约束力、是一把标尺，有正义向度。

制度即规范程序，是指在一个社会组织或团体中要求其成员共同遵守并按一定程序办事的规程。制度就是以"制约条件"为表象的规则、秩序，法与法律。

---

① 《资本论》，第一卷，人民出版社 1975 年版，制度本身的程度，见第 679 页。视察制度，见第三卷，第 104 页，经营制度，见第 97 页。

② 《马克思恩格斯选集》，第一卷，人民出版社 1972 年版，第 258 页。在这里，劳动价格应指劳动力的价格。

③ 〔德〕黑格尔：《法哲学原理》，商务印书馆 1961 年版，第 68 页。

④ 〔美〕科斯：《企业、市场与法律》，生活·读书·新知三联书店上海分店 1990 年版，制度，见第 255 页。

制度以执行力为保障，"制度"之所以需要强力为保障，因为个人有冗余有冲动、暴力、适度三种可能性，制度之所以可以对个人行为起到约束的作用，一是制度有效性，趋利避害，符合人的本性；二是制度设置遵守个人稍加约束就能遵守的大众性；三是以有效性和有效的执行力为前提，即有合法的强制力保证其执行和实施，否则制度的约束力将无从实现。

制度的意义，众人拾柴火焰高，制度的外在表现是集体力，运筹力，"生态位势力"，法制力。制度就是社会中的介质或中介。

制度的价值的计算方法，例如，所需费用比例的比较；向善的价值效益率的比较；安全、稳定、可持久性、确定性比较。

二、生产费用制度成本现象

（一）问题的提出：这个利润不是那个利润。

自从运用三重契约租买生产工具以来，总生产中就必然包含"偿债"环节，债权人与债务人的权利责任计算方法相对立，从而出现这"利润"不是"那利润"概念混乱。这就是亚当·斯密所发现的，普通利润是指还本付息的利润，"利润率……反之，它在富国自然低，在穷国自然高，在迅速趋于没落的国家最高"[1]。"反之"关系的这两个"利润"所指不同。生产要素总是出现两次，"举例来说，在分配上出现的是地租、工资、利息和利润，而在生产上作为生产要素出现的是土地、劳动、资本。说到资本，一开始就清楚，它被提出了两次：（1）作为生产要素；（2）作为收入源泉"[2]。作为非劳动的用剩余价值支付的生产要素出现的"折旧费用、土地费用、资本成本、管理营销费用、政府财税"就属于制度成本。

---

[1] 〔英〕亚当·斯密：《国民财富的性质和原因的研究》，上册，商务印书馆1962年版，第242页。

[2] 《马克思恩格斯选集》，第二卷，人民出版社1972年版，第97页。

(二) 生产费用制度成本的内容。

具体到经济,制度是章程、规则与秩序。以团体的制度为例,在市民法中,企业属于"团体",需要遵守团体规则。团体的"组织"要素的内容:群体、场地、资金、章程。其中有形体要素:群体、场地、资金,这与劳动的物质三要素类同。"团体"还有一个无形体要素"章程":为了达到一定目标,规定本团体特殊的规则与秩序制度。

关于组织的理论,"马歇尔把组织作为第四种生产要素引入经济学理论"[①]。克拉克、奈特组织要素理论:"这种决定生产的制度结构","这种制度化生产结构";"一体化创造了不同的制度化环境"。组织要素中扣除物质要素,实质是法律制度要素,即劳动与要素结合的"方式"构成性。

(三) 生产费用或制度成本的惯例法原因。

其一,为建立安全制度而斗争。对各种工伤事故的争端,劳资两大阶级各请律师进行法庭辩论后由法庭裁决。英国案例守成法,这促进了分割剩余价值用于劳动安全、保险的制度,分割剩余价值用于复归固定资产原值的折旧费、管理费用及其所占比例等,起到了法律榜样的作用。其二,租买生产工具信用制度及其费用,例如支付利息、偿还本金,与禁止高利贷法定资本利息率直接相关,利息率低,则引诱增加贷款投资数量、增加就业机会,提高国家经济水准。其三,英国率先在 1215 年建立三权制衡代议会《自由大宪章》,规定了对征税的限制,纯粹现代生产方式表现为禁止高利贷—三重契约偿债生产价格法区分财税法什一中正。其四,微观上,企业主的投资决策、企业家的经营本领在制度的基础之上发挥个人才能。

20 世纪,生产费用或制度成本的内容基本稳定下来,用剩余价值或利润支付:折旧、资本利息股息租金,当期还本金的积累,管理营销费用,政府财税。尽管各自的计算规则不同,但是,为了优先保护"还本付息"

---

① 〔美〕科斯:《企业、市场与法律》,生活·读书·新知三联书店上海分店 1990 版,组织,见第 3 页。

资本必须偿还，五要素分配率趋向均衡。企业、政府制度法定工资水准和制度成本，低于外部自由市场价格形成的成本，是企业、政府等组织存在的理由。

（四）历史和实践，制度成本分割创造价值占比"67%—50%—33%"尺度。

制度成本最高为67%现象。一是小农业向现代过渡时期现象，韩国1971—1992年统计数字，可以换算出1971年制度成本为65.3%，经过一个三重契约发展周期，1992年制度成本下降到52.2%。二是中立的制度成本为均分所创造价值，《共产党宣言》"劳动力的价格是同它的生产费用相等的"。三是制度成本最低允许为33%现象，西德在1970年代左右，因为被强制非军事化，日耳曼市民法传统很成熟，曾经实现工资总额占比创造价值的67%，制度成本下降到33%，① 则劳动者收获2/3。历史上，《汉谟拉比法典》地租的一个尺度为1/2至1/3，则劳动收入占比1/2—2/3，被查士丁尼古罗马法传承。如果制度成本再低，由于制度成本太低，一是会挤压到政治事权成本导致政治效力下降，而对社会自律提出更高要求。在世界屋脊的东方，中国古代自由自耕农纳税制度成本为10%，治权独立，民自治。

三、复兴庄园习惯法对现代生产方式的意义

（一）从自由劳动失去所有法律保护，回归庄园习惯法的现实意义。

第一，马克思依据习惯法"均分"实体法为尺度，一针见血地揭露资产阶级统治意志极端叛乱导致"过度劳动""寿命缩短"的非法性质。第二，运用习惯法农奴徭役"剩余价值率=1∶1"的有效力威信和强力权威，佐证劳动创造价值、劳动创造世界价值观，劳动求解放的正当合法性。这一法理思辨创新，克服了劳动被剥削价值不确定性引起的"规范"

---

① 〔德〕柯劳斯·柯尼希、张泽荣：《工业化发展规律与中国经济改革》，成都科技大学出版社1992年版，第14页。

困境。第三，资产阶级专制暴利以贩奴为替代边际，公法被废止，工资总额被挤压到占比创造价值的 40%—33%，因此能够恢复到农奴徭役"均分"法则，对无产者来说将是一个很大的胜利。反之，若提出更高要求，反而会因为缺少传统公法依据阻力太大而成为"空想"。以夷制夷具备可能性与可行性。第四，借助复兴庄园习惯法剩余价值率＝1∶1，用作飞越的跳板，通过争取劳动者收入与现代生产力提高同步增长实现劳动阶级实际收入权利上台阶。

（二）庄园习惯法用作变革剩余价值用途的平台。三重契约部分剩余价值质变为再生产工具，一方面实现生产力百倍增长，另一方面实际剥削率从占比 50% 下降到 20%。

（三）抽象制度成本概念的意义。一是法制经济的可预测性。二是一般劳动的普通剩余价值支付法制成本偿债生产价格构成就有了法律依托，有利于生产的稳定性。三是制度成本被套上法律的缰绳，从而为劳动者收入随生产力同步增长提供了法律条件。四是制度成本是按一般劳动的普通剩余价值率支付的，从而彰显了普通劳动普通利润偿还债务，劳动参股参与管理有正当性。五是偿债制度成本法，优先偿还债务，依法限制货币资本、商业资本、财税各自利益最大化的贪婪冲动，有正当性。六是学术意义。解决这个利润不是那个利润在概念上的模糊不清；找回供求学派的初心，马歇尔《经济学原理》是在承认中性价格基础上，研究价格波动允许的"边际"，只不过他的机会成本或边际成本是以功利最大化马首是瞻，而不惜把劳动者逼到准奴隶境地。

（四）制度成本与"边际成本"的区别。制度成本概念宣示了它与"法与法律"的关联，设立法律中立尺度为正义标志。而边际成本概念所指不确定，例如临界亏损"边际成本"；维持简单再生产（没有积累）为边际成本；资产阶级极端叛乱以准奴隶为边际；帕累托（Vilfredo Pareto）最优边际成本是生产断裂与未断裂之间的极限位置，即功利主义极端叛乱企业破产的临界点。

第三节 一般劳动，一般生产力

第一小节 自然自由劳动，分工协作劳动

一、人的自然自由劳动

规范"自然自由劳动"概念，是为了设立标准样态，一是对比性批判"物役人""异化劳动"，以及回归自然自由劳动的可行性。二是对"重建个人联合体"设想细化，其中的"个人"只能是联合起来的有劳动能力的小私有者，从而摈弃资本聚集造成的有产者剥夺无产者。

从历史的角度，自然自由劳动标准样态是劳动与劳动条件直接相结合。苏格拉底赞美农人"既赚了钱又得到快乐"，是自然自由的人的一般。法国大革命中，雅各宾派把逃亡贵族的土地分给了农奴，欧洲才出现自由自耕农。马克思将自由自耕农现象上升为"自由劳动标准样态"，并在《资本论》第一卷进行了分析。

第一层面，人与物之间，以人为主动性的劳动，"劳动首先是人和自然之间的过程，是人以自身的活动来引起、调整和控制人和自然之间的物质变换的过程"。

第二层面，为了生活需要人身自然力占有客观自然物，"人自身作为一种自然力与自然物质相对立。为了在对自身生活有用的形式上占有自然物质，人就使他身上的自然力——臂和腿、头和手运动起来"。占有包括占有权和占有行为，占有行为包括给对立物打上法律标记、把握物、改变物的性状。

第三层面，自身力作用于自然物，遵守牛顿做功定律和有机生物定律，"当他通过这种运动作用于他身外的自然并改变自然时，也就同时改变他自身的自然。他使自身的自然中沉睡着的潜力发挥出来，并且使

这种力的活动受他自己控制"。自身力必须作用于他物并改变他物的外在形式，是自己力的存在的外在表现。与物质力不同，作为一般生物，自己力作用于他物，会留下神经刺激记忆，判断利害形成记忆、条件反射本能。作为生物中的最高级动物，劳动实践会形成劳作习惯、伦理、道德。

第四层面，劳动力商品化实际是劳动退化到太古时代劳动本能反应。"在这里，我们不谈最初的动物式的本能的劳动形式。现在，工人是作为他自己的劳动力的卖者出现在商品市场上。对于这种状态来说，人类劳动尚未摆脱最初的本能形式的状态已经是太古时代的事了。"

第五层面，自由劳动自然而然有目的、计划、手段，"我们要考察的是专属于人的劳动。蜘蛛的活动与织工的活动相似，蜜蜂建筑蜂房的本领使人间的许多建筑师感到惭愧。但是，最蹩脚的建筑师从一开始就比最灵巧的蜜蜂高明的地方，是他在用蜂蜡建筑蜂房以前，已经在自己的头脑中把它建成了。劳动过程结束时得到的结果，在这个过程开始时就已经在劳动者的表象中存在着，即已经观念地存在着。他不仅使自然物发生形式变化，同时他还在自然物中实现自己的目的，这个目的是他所知道的，是作为规律决定着他的活动的方式和方法的，他必须使他的意志服从这个目的"。"专属于人的劳动"形式：目的、计划、规律、方法、观念、意志、服从、过程、形式变化、表象，"一开始就在劳动者的表象中存在"。

第六层面，有目的的意志是"人"的特殊，"但是这种服从不是孤立的行为。除了从事劳动的那些器官紧张之外，在整个劳动时间内还需要有作为注意力表现出来的有目的的意志，而且，劳动的内容及其方式和方法越是不能吸引劳动者，劳动者越是不能把劳动当作他自己体力和智力的活动来享受，就越需要这种意志"[①]。劳动作为介质，培养出了符合自然箴规的、最全面发展的人格，从苏格拉底到亚当·斯密，都认为农民是全面发展的人，农民比哲学家聪明。

---

① 《资本论》，第一卷，人民出版社 1975 年版，第 202 页。

第七层面，财产自由与个性自由，"劳动者对他的生产资料的私有权是小生产的基础，而小生产又是发展社会生产和劳动者本人的自由个性的必要条件。诚然，这种生产方式在奴隶制度、农奴制度以及其他从属关系中也是存在的。但是，只有在劳动者是自己使用的劳动条件的自由私有者，农民是自己耕种的土地的自由私有者，手工业者是自己运用自如的工具的自由私有者的地方，它才得到充分发展，才显示出它的全部力量，才获得适当的典型的形式"①。而奴隶、农奴他们是被迫劳动。

第八层面，自由的标准样态，"人的自主活动"的标准样态是"自由的自耕农"，"用双手耕种自己的田地并满足于小康生活的小土地所有者"②。人的机体有冗余是生产的动力源。

第九层面，劳动的实体三要素，"劳动过程的简单要素是：有目的的活动或劳动本身，劳动对象和劳动资料"。其中"劳动"要素包括观念形式：目的的外在表现"有目的的劳动"。有目的，包括有实现目的的方法：组织、计划、交往、安全，所以不可把"人的自由劳动"简化为奴隶般"劳动"——是一堆物质力，而失落了作为人的"能动性、积极性、首创精神"。

建立了"自然自由劳动"概念，就能够鉴别"物役人"是异化劳动。劳动解放就有了方向性。

二、协作劳动，西方资本主义生产方式机器大工业分工协作的二重性

协作集体力包括，发挥个人特长的协作力，组织集体力，共同体内部比较竞争集体力，分工细化动作简化效率集体力，协作组织节约时间和空间，扩大协作发生作用的时间和空间，规模效益，有计划等。

（一）分工协作集体力。

分工协作的定义："许多人在同一生产过程中，或在不同的但互相联

---

① 《资本论》，第一卷，人民出版社1975年版，第830页。
② 《资本论》，第一卷，人民出版社1975年版，第784页注（190），第785、788、792页。

系的生产过程中,有计划地一起协同劳动,这种劳动形式叫做协作。"①

发挥个人特长的协作力,"……劳动的社会生产力或社会劳动的生产力。这种生产力是由协作本身产生的。劳动者在有计划地同别人共同工作中,摆脱了他的个人局限,并发挥出他的种属能力"。

组织集体力,"受分工制约的不同个人的共同活动产生了一种社会力量,即扩大了的生产力。因为共同活动本身不是自然形成的,所以这种社会力量在这些人看来就不是他们自身的联合力量,而是某种异己的、在他们之外的强制力量"②。

共同体内部比较竞争集体力,"这里的问题不仅是通过协作提高了个人生产力,而且是创造了一种生产力,这种生产力本身必然是集体力。且不用说许多力量融合为一个总的力量而产生的新力量。在大多数生产劳动中,单是社会接触引起竞争心和特有的精力振奋,从而提高每个人的工作效率"③。

分工协作,每人简单重复简单动作,个人劳动效率提高。

随着市场扩大,分工细化动作简化效率集体力,"其他要素对生产的作用,当市场扩张,交换范围扩大,生产随之规模扩大,分工更细。随着分配的变动,例如城乡人口流动。不同生产要素之间相互作用,每个有机整体都是这样"④。

协作组织节约时间和空间,扩大协作发生作用的时间和空间,"单是力量的结合就能减少时间和扩大这些力量发生作用的空间"⑤。

(二)团队、组织、管理规则法制力。为了做到"协同",需要增加"组织和它的规则"环节或特殊要素。

---

① 《资本论》,第一卷,人民出版社 1975 年版,第 362 页。
② 《马克思恩格斯选集》,第一卷,人民出版社 2012 年版,第 165 页。
③ 《资本论》,第一卷,人民出版社 1975 年版,第 362 页;物质条件改变,节约时间和场地,生产规模扩大,见第 361 页;生产资料的节约,见第 361 页;集体力,融合力量,竞争心,见第 362—363 页。生产力提高价值降低,见 361 页。
④ 《马克思恩格斯选集》,第二卷,人民出版社 1972 年版,第 101、102 页。
⑤ 《资本论》,第一卷,人民出版社 1975 年版,第 366 页。

关于管理，"一切规模较大的直接社会劳动或共同劳动，都或多或少地需要指挥，以协调个人的活动，并执行生产总体的运动……所产生的各种一般职能"①。经营管理职能必须借助规则与秩序实现规范化，成本低效率高。然后才是个人特有的管理技能和魅力。

"规则"属于法制范畴，法制作用力成为生产力的一个要素。例如，〔法〕埃米尔·涂尔干（Emile Durkheim）《社会分工论》认为，分工协作，个人分工职能不同，通过"组织"相互间确定的协作关系而结合成系统，本身属于有机团结、积极团结，法律神经有机体包括家庭法、债法、工商法、诉讼法、行政法、宪法等，它们表现出一种基本上从劳动分工产生出来的协作，市民法是恢复性制裁，②即稍加约束恢复"中性"就是生产关系的法权形式。

组织法律要素，既是生产的物质运动要素，例如工艺规程；又是社会过程的行为准则，"法律强制统一观念"的外在经济行为表现，如果不自律遵守，将被强制惩罚；而生产的分配利益引导遵守规则，本身就是社会关系。

协作的正能量。协作，佐以奖励，能够激发竞争心，增进个人的效能。

协作导致劳动力平均化，也是社会平均必要劳动时间的一个依据。"同时使用许多工人，从一开始就推动社会平均劳动的时候，推动社会平均劳动，价值增殖规律才会完全实现"。将复杂的操作，分解为多个简单操作，机器大生产流水作业，劳动生产力平均化。

协作规模效益："规模及其效果"，节约场地、设备，节约生产资料，产生工作连续性；集结劳动力和生产资料，打破个人对劳动生产的限制，扩大劳动的空间范围，例如大型工程。

---

① 《资本论》，第一卷，人民出版社 1975 年版，第 367 页。
② 〔法〕埃米尔·涂尔干：《社会分工论》，渠敬东译，生活·读书·新知三联书店 2000 年版，分工与协作，见第 90 页。法律神经有机体，见第 89 页。有机团结，见第 83 页。

社会劳动生产力水准。协作规模效益、集体力提高了生产力，使得商品的生产价格下降。

（三）西方资本主义协作的双重性，一方面提高了生产力，另一方面掩盖了剥削和压榨。在资本生产工具主义方式下，发挥出巨大的社会劳动生产力。而西方血腥从属"资本主义的协作形式，从一开始就以出卖自己的劳动力给资本的自由雇佣工人为前提"①。工人"他们的协作是在劳动过程中才开始的，……他们一进入劳动过程，便并入资本。……因为工人在他的劳动本身属于资本以前不能发挥这种生产力，所以劳动的社会生产力好像是资本天然具有的生产力，是资本内在的生产力"②。资本生产工具大机器、企业家管理实施的劳动协作，一方面提高了生产力，另一方面增大了劳动强度，例如泰勒的科学管理让工人累得倒在机器旁，人被物化，物役人。因此，资本生产力的实质是资本与科学技术机器相结合强制压榨出来的劳动力，依然是劳动者释放出来的生产力，而不是什么资本下的金蛋。

第二小节　一般生产力的一般劳动：社会必要劳动时间

现代生产方式，缘起重建古希腊第三种致富技术中的正义形式"分工协作—通工等偿"，互为生存条件、等价交换所生产商品，社会必要劳动时间成为中立的尺度或"锚"。其中，社会必要劳动时间，就涉及"一般劳动"概念，马克思的剩余价值理论，抽象为"一般劳动普通剩余价值率＝普通剩余价值÷一般劳动总工资"公式。

由于中国古代是以家庭为单位自由自耕农工商经济，自给有剩余产品拿到市场上去交流，并不是双方互为生存条件，所以交换比率不成刚性，而游商货殖信奉"物以稀缺为贵"。为了学习"现代生产方式"，就需要跟

---

① 《资本论》，第一卷，人民出版社 1975 年版，第 371 页。
② 《资本论》，第一卷，人民出版社 1975 年版，第 370 页。

着马克思的逻辑，重新建立"一般劳动普通剩余价值""通工等偿"等概念。

一、农奴徭役习惯法概念：一般生产力一般劳动，社会必要劳动时间

由于人的生存需求有边际，低于这个边际就会饿死冻死病死，因而，存在着对普通劳动价值的三种表述：下限、适中、上限。

下限。一般劳动的第一层抽象，撇开特定社会形式，"劳动过程最初是抽象地，撇开它的各种历史形式，作为人和自然之间的过程来考察的"①。撇开历史的、特定的，就只剩下一般的社会劳动形式，这就是人类具备的同一性的劳动过程。

一般劳动或抽象劳动是无差别劳动：在专长和"量"上都无差别，"它是每个没有任何专长的普通人的机体平均具有的简单劳动力的耗费"②。撇开各种特定的社会形式的单纯的劳动过程生产力，例如，欧洲农奴制"徭役"不仅揭示了庄园习惯法剩余价值率为1∶1保护劳动者生命权，而且庄园习惯法还提供了一种抽象思维和计算法，农奴的一般生产力的一般劳动所创造的一般劳动价值，是用社会必要劳动时间——劳动天数——来计算，习惯法农奴徭役不问具体劳动者实际付出的劳动量，并没有规定较差的劳动力被要求延长干活时间；农奴使用的工具差别不大，所以也不问具体使用了什么工具，从而大大降低了社会价格形成的成本。由于"欧洲徭役"法传统，欧洲人比较容易认同"社会必要劳动时间"概念从而为马克思所引用。运用这些历史先例作参照，对市民社会生产商品交换中的"同一性劳动"就可以采用类比认识。

关于下限，大卫·李嘉图主张使用边际方法。这种状况是存在的：其一，商品通工等偿边际，即用劳动工资换回的生活品，最低限度勉强能够恢复体力和养家活口、勉强活下来的那个生存边际，换不回来的，

---

① 《资本论》，第一卷，人民出版社1975年版，第555页。
② 《资本论》，第一卷，人民出版社1975年版，第57—58页。

或将饿死,或将逃亡;其二,在"预期先进生产线抵押贷款"生产方式变革初期的城市劳动力来源于逃亡农奴流浪汉,以佃农或农奴为替代边际。

关于上限。生产中的脑力劳动和体力劳动都是生产劳动,在《资本论》第一卷第十四章中界定:"这个从简单劳动过程的观点得出的生产劳动的定义,对于资本主义生产过程是绝对不够的。"资本主义分工协作,导致了脑力劳动和体力劳动的分离,产品也成为总体工人的共同产品时,"生产劳动和它的承担者即生产工人的概念必然扩大"。例如脑体分工,复杂劳动、劳动力"量"的大小,一般用"创新劳动"加以区分,用历史习惯和现实经验折算,并通过市场竞争最终确定折算价值比率,这些不是法哲学《资本论》的研究重点。

关于平均值。"是在现有的社会正常的生产条件下,在社会平均劳动熟练程度和劳动强度下制造某种使用价值所需要的劳动时间。"① 这已经预先包含了《资本论》第三卷中"一切在生产中实际进行活动的个人(从经理一直到最后一个短工)"的意思。"普通一般"可以通过劳动力市场公平价格法评定出来,当市场供求平衡,市场平均价格技术水准的工人、市场平均价格水准的科技水准的技术人员、市场平均年薪的企业家,综合为一般劳动。机器流水线生产,非熟练劳动者培训3个小时就可以投入生产,也是一种实在的平均方式。

另外按共同体从初级到高级的生产力的发展阶段,对劳动也有三个阶段的界定:生产劳动;资本主义雇佣劳动是生产剩余价值的劳动;贷款改良生产中,是再生产"生产工具"的生产劳动。

二、市民社会中从事生产的人

马克思界定的"社会经济的人的一般"是市民社会的"人",而不是奴隶,隶农制度下的被迫是"类物人"。

个人是个人的人与社会人的统一体,是永恒的话题。"个人的存在是

---

① 《资本论》,第一卷,人民出版社1975年版,第52页。

最终目的"①,"个人,也就是进行生产的个人……人是最名副其实的社会动物"②。社会是由人构成的实体,由于人各不同,为了和平共生人类在具体社会中努力建立秩序。3800年来,以佃农为替代边际,一般人总能创造2倍家庭生活必需的价值量。但是个人不能脱离赖以生存的物质世界。因此,绝不能把社会看作是某种单一的"鲁滨孙们"的简单总和,鲁滨孙有一船的现代物资,从时间纵向他不是单个人。鲁滨孙孤独一人是绝种,从时间、空间、繁衍都不具备一般性。

"人的本质":经济、伦理与社会的三个视域。"人的本质"是哲学最主要的话题,关于人的本质是"自主劳动",存在哲学从沉思到劳动的认识过程。例如,亚里士多德《政治学》中,奴隶制社会存在关于人的三个视域,经济视域,伦理视域,社会视域,在社会视域的"人"当中分离出了类动物的奴隶:奴隶的事务在于劳作;动产(奴隶、牛羊、金钱)。③ 正是在批判古希腊奴隶制将"人"变成类动物劳动,马克思主义提出"劳动创造人""劳动创造世界"的定义,以及从此岸到彼岸的历史序位阶梯:自然自由劳动,异化劳动,劳动解放,上升回归自由劳动——劳动成为生

---

① 《马克思恩格斯全集》,第1卷,人民出版社1956年版,第346页。
② 《马克思恩格斯选集》,第一卷,人民出版社1972年版,第87页。
③ 〔古希腊〕亚里士多德:《政治学》,商务印书馆1965年版。(一)经济视域的"人",三种致富技术,发现了平民生产共同体"分工协作—通工等偿"(51a30—b9,90a7)。生产所以维持人生(生存),人生的目的则主要在于修善,生产事业当属于修为功夫(1254a7)。人生的愉悦(生存的乐趣)(1278b29)。人生宜避险,还是当入世?(24a25)。要达到目的,必须实践(1331b27)。有"施济",应该资助他们从事生产(20a24-b11)。对人的界定是"人是一种政治动物,有乐于群居的天性"(1253a2-39)。(二)伦理视域的"人":繁衍后代(52a28)。以愚钝为起点(69a4)。语言(53a9)。有善恶和义德之辨(53a15)。正义和强权对论(55a7-22、18b124b28)。独有理智(32b4)。应以理智支配天赋的习惯(32a38-b11)(63b22-67b5-19a1)。天赋有性恶……如果没有道义和法律加以约束,人类可能成为最凶恶的动物(53a31)。政治家的四德:明哲端谨。明哲的人役物而不役于物(23b19)。(三)社会视域的"人"自由人不服僭政(专政),(95a22,14a2)。阶级(28b24—29a34)。闲暇和勤劳,对公民要知道怎样对待闲暇以事修善,并从公务(55b9-78b32-33a3)(33a33-34a10-37b23-38b8-39a25)。

活的第一要求。这的确是对古希腊奴隶制政治传统的颠覆。汉娜·阿伦特（Arendt's thesis）指出对劳动的阐释和赞美，是马克思学说真正反传统的一个未曾有的侧面，"马克思是19世纪唯一的使用哲学用语真挚地述说了19世纪的重要事件——劳动的解放的思想家"①。

第三小节 劳动创造的财富原始归劳动者所有法则

一、自然和劳动都是财富的源泉；劳动是创造财富的主体

（一）劳动过程是人们通过有目的的活动，运用劳动资料对劳动对象进行加工，创造具有特定使用价值的产品的过程。

（二）"自然界和劳动一样也是使用价值（而物质财富本来就是由使用价值构成的！）的源泉。"② 人的劳动与自然都是财富的源泉，那么两个源泉有主客体关系吗？它们的区别在于"主体是人，客体是自然，这总是一样的，这里已经出现了统一"③。即在"财富源泉"这个同一性的里面，人则是"创造者"，是动力源泉。财富的"创造"中，实施"创造"的是人的劳动，人的劳动是"创造"的充分必要条件，而"自然"是静态的充分条件。

（三）劳动是所有权的自然公理。英国《财产法》，"几乎任何人都会

---

① 李志军：《马克思的劳动概念与政治哲学——兼评阿伦特对马克思"劳动"论题的批判》，载《江西社会科学》，2009年第11期。董济杰：《评汉娜·阿伦特对马克思三大命题的解读》，载《西安交通大学学报（社会科学版）》，2018年第1期。三大命题："劳动创造了人本身""暴力是每一个孕育着新社会的旧社会的助产婆"和"支配他者的人不能获得自由"。

② 《马克思恩格斯选集》，第三卷，人民出版社1972年版，第5页。

③ 《马克思恩格斯选集》，第二卷，人民出版社1972年版，第87—88页。

接受这样的观点,即产品制造者就是产品的原始所有人"①,迄今适用。例如,加工物所有权的折中判定法的精神与法律安排,古罗马查士丁尼《法学总论——法学阶梯》第2卷第1篇第25条,到1896年传承至《德国民法典》第950条。

没有劳作,即便是风调雨顺,土地也只能长野草。《汉谟拉比法典》、古罗马法、英国财产法的加工和租赁等规则,都承认"收获""果实"原始是劳动者创造的,保护劳动力、保护劳动工具,设立了承租占有人有着与所有者同等占有权的抗暴权等这样的法条。古代自由人之间的借贷租赁,也没有刻意隐瞒租金来源于"佃农的收成",受到法律和习俗的约束,地主并没有派狗腿子直接到地里去割麦子,否则就是"强盗"行为,或倒退到债务奴隶制。

二、欧洲市民社会复兴"劳动是所有权的自然公理"

自从西方资本主义兴起,社会化商品经济与资产阶级私有制盲目生产之间的矛盾就以经济周期危机的形式凸显出来,加之英国300年圈地运动,羊吃人残酷的剥削,工业过度劳动的文明灾祸,一次次引起社会动荡。17世纪的英国经济再次陷入衰退,代表各种财产势力的理论斗争十分激烈,以致发生政变、起义、战争、国王被杀。洛克(John Locke)"劳动是所有权的自然公理"②,得到全社会各派力量的公认,奠定了英国资本生产工具主义社会伦理基础。

教会法学家关于劳动创造财富理论:"劳动被视为唯一(人类的)财富的原因,又视为对占有财富的唯一正当要求","上帝与劳动者,是有助于人类使用的真正主宰。所有别的人或且分配者,或且是乞丐","僧侣与

---

① 〔英〕F.H.劳森、B.拉登:《财产法》,中国大百科全书出版社1998年版,第44页。

② 〔英〕洛克:《政府论》,下册,商务印书馆1964年版,第5章论财产。卢梭:《社会契约论》,商务印书馆1980年版,第14页"约定"。

绅士阶级是债务者"。①

劳动价值说彻底摧毁了神授王权说。卢梭（Jean-Jacques Rousseau）指出："这种起源之所以是很合乎自然的，特别是因为我们不能撇开劳动去设想新生的私有观念。我们不能理解一个人要把原非自己创造的东西据为己有，除了因添加了自己的劳动之外，还能因添加了别的什么东西？只有劳动才能给予耕种者对于他所耕种的土地的出产物的权利，因而也给予他对土地本身的权利。"②

亚当·斯密指出："劳动所有权是一切其他所有权的主要基础，所以，这种所有权是最神圣不可侵犯的。"③

亚当·斯密关于"劳动创造财富"："一国国民每年的劳动，本来就是供给他们每年消费的一切生活必需品和便利品的源泉。"④ 劳动者对原材料增加的价值，"劳动的全部产物"，"生产任何一种商品的劳动量"。

老穆勒（John Stuart Mill）指出："把劳动用于某一行业，通常说成'把资本运用于'该行业……这意味着劳动的规模要受制于资本的限制，其实，只要有了清楚的理解，就必定会同意这个命题。当然，'运用资本'

---

① 〔英〕威廉·詹姆斯·阿什利（W.J.Ashley）：《英国经济史及学说》，台北幼狮文化事业公司1974年版。欧洲在13—14世纪掀起宗教改革的三大思想运动。宗教神学或伦理学的责任，就是规定善恶的一般法则。13世纪以来，欧洲教会法学的工作，就是使这些规则适用于世俗，例如买卖租赁借贷债关系禁止贪婪等等。他们利用教会编纂的《忏悔录》《良心的谴责》等，搜集民间自发经济对法制的诉求和创新，少数教会改革家率先提出最早期的社会主义教义："劳动被视为唯一（人类的）财富的原因，又视为对占有财富的唯一正当要求"，"上帝与劳动者，是有助于人类使用的真正主宰。所有别的人或且分配者，或且是乞丐"，"僧侣与绅士阶级是债务者"。总有一些基督教法学家，在千年时间里坚守"用公正的方法获得财富"，写出"法学编纂""经济理论与法制""教会法学家的经济学"等。
② 〔法〕卢梭：《论人类不平等的起源和基础》，商务印书馆1962年版，第123页。
③ 〔英〕亚当·斯密：《国民财富的性质和原因的研究》，上卷，商务印书馆1972年版，第115页。
④ 〔英〕亚当·斯密：《国民财富的性质和原因的研究》，上卷，商务印书馆1972年版，第1页。

是比喻性的说法，实际是运用劳动，资本是必不可少的条件。此外，我们常说'资本的生产力'，这种说法严格说来是不正确的，只有劳动力和自然要素才具有生产力；即使牵强附会地说资本的某一部分具有生产力，这也是指工具和机器，这些东西，可以说能像风或水一样与劳动相配合"（着重号是笔者所加）①。资本生产工具是生产力的一个要素。

所有权，首先是公法特许所有权，因此不是奴隶主那种自有绝对权利。所有权是约定，是因为归属、分配、交易、债关系的需要，而规范的"界限"的理念，"我与我的外在发生分离"。所有权必须在"关系中"才有外在表现，即"对象性同一"形式，黑格尔指出，"力只有表示于外部的才是力，耕地只有带来收益才是耕地。所以谁使用耕地，谁就是整块耕地的所有人"。②

马克思特别赞扬："亚当·斯密大大地前进了一大步，……有了创造财富的活动的抽象一般性，也就有了被规定为财富的对象的一般性，这就是产品一般，或者说又是劳动的一般，然而是作为过去的、物化的劳动"③；"资本，别的不说，也是生产工具，也是过去的、客体化了的劳动"。

凯恩斯指出："资本会产生一个增量那是因为稀缺，有利息存在。如果没有稀缺，资本就只能保值而不能产生增量……我们最好把劳力（当然包括雇主及其助手之个人劳役在内）看作是唯一的生产元素，在特定的生产技术、天然资源、资本设备以及有效需求等环境下工作。这可以帮助我们解释，为什么除了货币单位及时间单位以外，我们可以用劳力单位，作为经济体系之唯一物质单位。"④

金蛋肯定是母鸡下的，不是饲料权、鸡窝权下的。但是，西方资本主义生产，在农奴大量涌入城市的历史时期，当劳动与劳动条件相分离，无产自由劳动者只有征得他人同意才能劳动、才能生存；资本雇佣劳动，资

---

① 〔英〕约翰·穆勒：《政治经济学原理·及其在社会哲学上的若干应用》，商务印书馆1991年版，第90—91页。
② 〔德〕黑格尔：《法哲学原理》，商务印书馆1961年版，第68页。
③ 《马克思恩格斯选集》，第二卷，人民出版社1972年版，第106页。
④ 〔英〕凯恩斯：《就业利息和货币通论》，商务印书馆1983年版，第182页。

本投入总量决定就业总量、决定普通剩余价值总量，在这样的背景下，两种思想斗争一直伴随资本主义左右。例如，面对大量机器的堆积，"运用资本可以下金蛋"，却把"人运用"和"人生产"都给剪裁掉了，也把法律引诱、驯化资本成为"生产工具"的"形制"问题省略掉了，剩余价值被"好像是"资本下的金蛋。

第四节　剩余价值论：劳动求自由解放的正当性

一、剩余价值论，揭示西方资本主义"物役人"异化劳动

（一）西方资本主义私有制、贩奴制，自由劳动失去了所有法律保护。

马克思发现无产自由劳动者完全得不到任何"法律保护"，"把多瑙河各公国对剩余劳动的贪欲和英国工厂对剩余劳动的贪欲比较一下是很有意义的，因为徭役制度下的剩余劳动具有独立的、可以感觉得到的形式"[①]。马克思进而发现了"奴隶劳动或徭役劳动等较低级形式上从事生产的民族，一旦卷入资本主义生产方式所统治的世界市场，而这个市场又使它们的产品的外销成为首要利益，那就会在奴隶制、农奴制等等野蛮灾祸之上，再加上一层过度劳动的文明灾祸"[②]。英国百年工业革命以九代工人阶级短命为代价。《简·爱》作者夏洛蒂·勃朗特（Charlotte Brontë）出生和居住在英国北部约克郡工业区，她的《谢利》描写了英国早期自发的工人运动。有些读者为她39岁英年早逝惋惜，但是这个年龄在英国工业区已经算长寿了。工人的家庭不得不租种房屋周围小块土地补贴家用。饥寒交迫的穷人以贫民窟形式包围了政治权力机构和王宫。鉴于美国南方奴隶主揭露西方自由资本主义自由劳动没有人性历史背景，马克思进一步对血腥资本主义批判，血腥货币，"货币'来到世间，在一边脸上带着天生的血斑'，那么

[①]《资本论》，第一卷，人民出版社1975年版，第264页。
[②]《资本论》，第一卷，人民出版社1975年版，第263—264页。

资本来到世间,从头到脚,每个毛孔都滴着血和肮脏的东西"①。西方无产自由劳动力收入以奴隶为替代边际,一旦失业马上面临饥饿;失业状态的无产自由劳动个人和家庭直接受到饥饿威胁而任人欺压,状况比农奴还惨,早期亨利八世甚至绞杀了 7 万多个流浪汉,后来的各届政府则改为把流浪汉抓起来流放到殖民地。

(二)古希腊亚里士多德"人役物,而不役于物"为准则,马克思发现了西方资本主义异化劳动现象。在《1844 年经济学哲学手稿》中,劳动论的重大超越:马克思提出了作为人的本质的自由劳动与西方资本主义条件下的异化劳动对立的学说,第一次把市民社会的劳动问题提升到对资本权力的批判。另外,马克思是在现实中而不是在意识中找到了劳动异化的根源(自然赐予之物私有化),以及扬弃异化劳动的正确道路——"重建个人的联合体"、资本社会化公有制。

劳动为生命过程提供维持生命所必要的物质要素,它体现了人作为动物生存的自然限制,人类社会必须从第一种致富技术即自然生产中获得一定数量的生活必需品。但是,由于出现阶级寄生虫,自然自由劳动被异化为被迫劳动。青年马克思抓住和揭示了"异化劳动"的本质和内涵,从而超越了亚当·斯密和黑格尔。

阶级社会剥削,导致了"异化劳动"。在西方资本主义社会,劳动的自由本质被全部否定:"劳动对工人来说是外在的东西,也就是说,不属于他的本质;因此,他在自己的劳动中不是肯定自己,而是否定自己,不是感到幸福,而是感到不幸,不是自由地发挥自己的体力和智力,而是使自己的肉体受折磨、精神遭摧残"②。劳动本来是人区别于动物的根本标志,但异化劳动却把人降低到了动物的水平、倒退到远古"本能劳动"的状态,西方血腥资本主义在它出生起就创造了它的掘墓人,因此最终必然会被科学社会主义所超越。

极端功利主义的分工和扩大再生产这种方式方法产生了异化,资本或

---

① 《资本论》,第一卷,人民出版社 1975 年版,第 829、260、272、334 页。
② 《马克思恩格斯选集》,第一卷,人民出版社 1972 年版,第 53 页。

者通过极端拉开脑力劳动和体力劳动的差别的方法，抑或流水线作业完全否定并抑制人的"人格权"，双向异化劳动形态。无论是亚当·斯密作为创造财富之手段的"生产性劳动"，还是黑格尔作为绝对精神自我运动环节的"精神劳动"，在本质上都是一种与人之为人的自由自觉本性相反对、相背离的"异化劳动"。正是这种"异化劳动"，驯化动物般的异化劳动，是解剖和分析西方血腥从属资本主义的"中枢"，西方资本主义的整个政治经济体系，都是由它奠基并围绕着它不停地旋转，劳动本质力量被异化。

二、劳动解放："自然自由劳动"是劳动的初心

（一）异化劳动，产生于奴隶制。

在中国话语中，"儒有委之以财货，淹之以乐好，见利不亏其义"，义利是不分家的。但是，古希腊罗马奴隶制社会，奴隶主只有权利和权力没有责任义务，"自由"是奴隶主和公民的专有人格权；而奴隶是动物没有权利，只有劳动的责任。这种权利和责任分离的人格，迄今在英语中有表现，英语"权力"这个词，表意"居高临下、只有权利没有义务"。

欧洲黑暗的中世纪的一个例外或特殊，在全副武装自治的"分工协作—通工等偿"共同体内部，逃亡农奴才有机会从纸面上的自由人，成为"分工协作—通工等偿"平等自由劳动者；奴隶"劳动"表象与奴隶主"自由"表现，发生在同一个"人"身上的"正义现象"。这还在于，16世纪现代生产方式高级阶段萌芽，需要劳动力向工业区集中和流动，共同体"自由劳动"形式得以在共同市场普及。是生产方式的变革，在欧洲导致了普遍的"自由"与"劳动"合一。这让自古希腊以来视劳动为奴隶动物行为的哲学家们很不适应，展开了关于什么是"人"的大讨论。马克思抓住了这个"为劳动求自由解放"的机遇，并针对奴隶主自有权，马克思提出了欧洲"现代义利对等"的法律概念："没有无义务的权利，也没有无权利的义务。"[①]

---

① 《马克思恩格斯全集》，第16卷，人民出版社1964年版，第16页。

（二）在马克思看来，劳动的异化意味着人的本质的全面丧失，本真的劳动是"自由的、全面的劳动"，这才是人的自由本质的真正实现，它的历史原形就是自然的劳动的一般。历史再现"劳动不再是奴役人的手段，而成为解放人的手段"①。在这里，劳动本身应当是人的自由生命的表现和享受，劳动所及的对象化世界应是"人的现实和人的作品"，劳动者间的关系则应是被别人所证实的劳动者自己本质的补充。

（三）关于自主劳动和解放。劳动作为人的真正合乎人性的存在方式这一根本性理解。马克思坚持了他的一贯见解：社会进步的程度取决于人的劳动的性质，即劳动的人性化程度。以历史自然的劳动的一般为"原形"，从异化劳动螺旋上升式回归自主活动的劳动包括三重内涵：一是自主活动的物质基础，"联合起来的个人对全部生产力的占有"；二是自主活动的存在形式，"过去的受制约的交往向个人本身的交往的转化"；三是自主活动的人性本质，"个人向完全的个人的发展以及一切自发性的消除"②，"劳动上升为生活的第一需要"，这样一种历史"原型化"的劳动概念，完全回答了各种疑虑。而只要"人役于物"的状况还存在，劳动自由解放的诉求就存在，只不过会变更形式。

三、剩余价值论：劳动者自己养活自己，必然走自救道路

（一）剩余价值论，为劳动自己养活自己正名。"剩余价值率＝1：1"，一般劳动总能养活两家人，证明：劳动者自己给自己发工资，工具是劳动者自己过去劳动的积累，债务是用普通劳动剩余价值偿还的，劳动果实原始归劳动者所有，劳动创造人，劳动创造世界。

谁还债归谁所有，偿债生产价格法实证，债务是企业主签订的，但是还债用的是一般劳动普通剩余价值，积累应归劳动者和财产抵押担保人共同所有才公平。

和平秩序是劳动用剩余价值支付财税，雇佣政府实施的，原始归功于

---

① 《马克思恩格斯选集》，第三卷，人民出版社2012年版，第681页。
② 《马克思恩格斯选集》，第一卷，人民出版社2012年版，第210页。

劳动者。

剩余价值论揭示了西方资本主义经济中，劳动主体丧失自己对其所生产的产品拥有所有权，表现为资本的占有规律，这是西方资本主义雇佣劳动所特有的法权表现，资产阶级专制极端叛乱恶法。

（二）剩余价值论，一般劳动生产力总能养活两家人，实证"大众实际是在自己养活自己"观念。这就开辟了对"劳动本质"从新科学界定的冲动。例如，从历史层面发现，劳动是动物进化为人的充分必要条件；劳动是人类求生存的要件；劳动的社会方式的改变，是社会进化的要件。这增强了劳动者的自信和自尊。由于劳动者的大众性现象，唯有劳动者自己救自己这唯一的一条道路。从来没有什么救世主。劳动者有生存发展的权利，在生存受到威胁的边际自发暴力反抗的自然正当性。

（三）劳动幸福观。一般劳动总能养活两家人，是普通劳动者争取人权尊严幸福的物质基础。以苏格拉底描述农人"既赚钱，又快乐"的自然自由劳动（在属于自己的土地上按自己的自由意志支配生产资料，进行劳作包括目的、组织、计划、技术），以劳动幸福为标准，批判资产阶级私有制"人役于物"异化劳动现象，从抽象到具体"劳动解放"观念，随着生产力螺旋式上升，回归"自然自由劳动"的理想是可能、可行的。

（四）马克思抽象社会经济的人的一般，是可以创造 $1:1$ 剩余价值率的"人"，是劳动培养了人类最一般的优秀品质，斥责那些自己不劳动、并鄙视劳动的"奴隶主精神"谎言、假面具者。

马克思以劳动创造世界的道德正义制高点，最彻底的冲破宗教救赎文化的牢笼，增强了人民的自我解放的自信心。

（五）劳动权威对非劳动设立规矩。劳动创造剩余价值权威，对资本产权不劳而获设立不允许逾越的界限。工资总额均分所创造价值法则不得被侵犯，包括限制地租、财税、资本不得侵犯工资总额均分所创造价值法则。劳动权威为剩余价值的用途立规矩，规定剩余价值用途的正当合法性，遵守禁止高利贷—三重契约法律体系，降低剥削率。

劳动权威反对极端功利主义。人类被判定是个体与社会的矛盾统一体,但是社会是大前提,个人是小前提不能变,必须以团结一致的社会力量争取劳动阶级的权利,才有个人的人格自由。这有力地批驳了边沁、萨伊、克拉克、熊彼特个人效用论,以及最后一小时论。

(六)剩余价值论,实证"群众是真正的英雄"。毛泽东将知识分子比作毛,指出:"皮之不存,毛将焉附?"

中华文明信奉"民为贵","人之初,性本善","有教无类"。马克思为劳苦大众谋幸福,民本价值观与中国传统相契合,中国自然选择了马克思主义作为走向现代化的导师。中国共产党从成立那天起,就着力唤醒人民的觉悟。中国共产党本身来自人民,通过平等相待、做思想工作,焕发劳动者内心的向善之德、唤起劳动者内在的优秀品质,自力更生艰苦奋斗。我国旧社会工人阶级只有200万,但是却能团结4万万同胞推翻三座大山,绝不是什么居高临下的救赎、赎罪、灌输能做到的。中国的胜利,就是马克思主义结出的丰硕果实。马克思主义是思想观念的、实证的、实践的、引导的。

共产主义的一个要件是劳动成为生活的第一需要,然而"劳动"尚没有被镌刻在基因链上,没有成为本能,所以善恶斗争从未停歇。自从制造出原子弹、生化武器以来,善恶斗争将人类这个物种推到悬崖的边上。另一个问题是人类生育能力极强,以能养活的生命为边际,已经与自然不相和谐。动物的进化历史比人类长久许多,人类尚未达到像野生动物共同体那样有序,人类确实没有什么可以骄傲和放纵的理由。

名词与概念:

劳动　自然自由劳动　无产自由劳动　一般劳动　一般生产力
劳动果实原始归劳动者所有　劳动是所有权的自然公理
劳动创造财富　劳动创造世界　被异化劳动者求自由解放正当性
农奴　无产自由劳动力　社会必要劳动时间
欧洲农奴徭役庄园习惯法剩余价值率=1∶1　工资总额均分所创造价值
人役物　人役于物　异化劳动　物役人
生物有冗余自然规律　剩余价值　一般劳动普通剩余价值率

法定制度成本	生产费用
支付生产费用	各阶级收入或收益

区别和质疑：

（一）剩余价值不会也不能消灭。一是生物采用有冗余方法应对变化的外在条件；二是针对"过度劳动"复兴庄园习惯法剩余价值率在当时就是很大进步；三是三重契约质变部分剩余价值或利润的用途的方法降低了剥削率、生产力成百倍增长。

不是超额劳动创造剩余价值，不是资本下的金蛋，而是一般劳动创造价值分割出了普通剩余价值。

现阶段，因为"贷款租买"还能够提高生产力，改善当前的现实幸福，所以劳资两大阶级谁也消灭不了谁。劳动大军和资本使用者这两大阶层也必须消灭资产阶级政权自由意志专政，才有可能实施"三分法"共生关系。

（二）以欧洲庄园习惯法农奴徭役为标准，有的书本将管理人员、科技人员排除在劳动者之外、将他们的工资算作是剩余价值是错误的，会夸大了剩余价值所占份额而偏离庄园习惯法。

第二编　现代生产阶级的分配正义，剩余价值部分用途质变

第六章　现代生产关系财产法形式，是生产力的发展加速度的推动力

背景：

（一）第二编的主要内容，一是阐述法制生产力，生产的第四要素。二是商品劳动价值度量衡。三是生产的分配正义，生产要素的分配正义。

（二）欧洲现代混杂、混沌，18世纪中叶有先贤开始质问欧洲发展的动力源和正义性是什么？第一次是出现"现代"概念。19世纪中叶，马克思法哲学将生产方式解剖为物质生产力、有机生产关系，从而揭示现代法制作用力是集体力的动力源，生产的第四要素，正当、正义、可能、可行性。

（三）从历史唯物主义角度揭示是经济养活了上层建筑，表现为上层建筑形式随经济基础变革而变革。

第一节 现代生产方式解剖为生产力和生产关系，发现法制生产力要素

第一小节 不同历史时期生产方式的各种划分方法

按照占支配地位的生产方式划分历史。

古希腊亚里士多德《政治学》已经划分野蛮人社会和奴隶制社会，雅典城邦共同体内已经划分阶级。18世纪亚当·斯密为了保护现有生产方式，提出必须限制赋税，应是需要划分不同生产方式的原因。而资产阶级倒退回奴隶贩卖，资产阶级私有制、奴隶制物役人，是马克思研究并划分历史时期的动因。欧洲学界划分历史采用了不同生产方式的各种"标志"。

（一）哲学"用公证的方法获得财富"划分历史。

现代生产方式缘起古希腊哲学"用公正的方法获得财富"的一粒种子，亚里士多德找到了第三种致富技术的正义形式，穷苦平民"分工协作—通工等偿"自治，并记录在《政治学》中。这是依靠集体组织规则秩序发挥出来的集体力，1500年后在英国萌发，经过法律顺应和变革，生产力百倍增长。

（二）社会大分工划分历史。弗里德里希·李斯特按照分工将历史社会划分为：原始、牧业、农业、农工、农工商经济社会。以此为参照，古代中国是自由自耕农工商经济社会。

欧洲三次社会大分工：第一次社会大分工在原始社会末期，按照地域土地和气候特点，草原、森林、海洋游牧业与定居农业分离；第二次社会大分工在原始社会末期，一些地域农业生产力提高，手工业制作与农业的分离；第三次社会大分工是奴隶制社会商业与手工业分离，多以海上贸易与长途贩运贸易为主。

（三）古希腊哲学"政治阶级"规范划分欧洲历史。

古希腊自命是奴隶主和奴隶阶级对立社会，共同体内部自由人又分为贵族哲人、武士、工匠农人三个等级。视外部他民族为"野蛮人"社会。马克思正是参照和延续了这种政治阶级划分法，指出，"大体说来，亚细亚的、古代的、封建的和现代资产阶级的生产方式可以看做是社会经济演进的几个时代"。① 其中，"在古罗马，……在科林斯和欧洲、小亚细亚的其他希腊"②，"小亚细亚的城市每年向古罗马缴纳贡款"③ 是指古希腊罗马奴隶制，这个小亚细亚是指喜马拉雅山以西，与中国无关。马克思还划分了一个中间阶段"之前的自由商业资本"。

（四）政治与权力划分法。一是原始社会公有制劳动者占有结合方式。二是欧洲奴隶制按丛林霸道结合方式，生产主体奴隶是类动物劳动力。三是欧洲农奴制，土地依附于贵族政治专制，即财权与政治权合一垄断为"专制"。四是美西方还处于现代制度、奴隶制、农奴制混杂时代，表现为西方资本主义生产方式双重性。

（五）考古遗骸法。"动物遗骸的结构对于认识已经绝迹的动物的机体有重要的意义，劳动资料的遗骸对于判断已经消亡的社会经济形态也有同样重要的意义。各种经济时代的区别，不在于生产什么，而在于怎样生产，用什么劳动资料生产。"④ 考古学用所挖掘出来的"遗骸"的生产力水准来作为划分历史的标本，一是用生产工具尸骸作为标志，旧石器、新石器、青铜器、铁器时代，延续这种"工具论"视角，现代可以称为是资本生产工具主义时代。二是按从野蛮采摘向农业文明过渡，采用种植果实特征分类：黍粟文明，小麦文明，稻作文明等。这些中国都有，良渚遗址以稻作玉石城乡分野四倍生产力（相比小麦）特征孕育了和平发展互惠定居文明。

---

① 《马克思恩格斯选集》，第二卷，人民出版社1972年版，第83页。
② 《资本论》，第三卷，人民出版社1975年版，第371页。
③ 《资本论》，第一卷，人民出版社1975年版，第185页。
④ 《资本论》，第一卷，人民出版社1975年版，第204页。

（六）相对比，世界屋脊之东方的中国的历史发展路径与欧洲不同。中国古代在5000年前就实现了"用公正的方法获得财富"，这就是良渚稻作经济模式，它的形制被发现有被勾画为"鸟田"，"鹳鱼石斧"图腾，在《诗经》《孟子》的书籍中被记载为"井田制"，2007年考古挖掘出来的西周时期金鼎中第一次发现了有关"井田制"的文字记载。它是生产方式、法律分配正义、治权独立，土地国有制，土地私有制，政治仁政、伦理道德的集大成。2000年前，秦汉以来，以井田制法哲学为根基，自由自耕农工商，什一中正，治权独立，天下为公制衡，中央集权郡县制。中国是一元多民族融合的和平发展高级文明型社会，更加适合现代生产方式。

第二小节 历史变革，资本成为生产工具
——现代生产方式

一、生产方式发生变革的历史原因各不相同

（一）占支配地位的生产方式。"在一切社会形式中都有一种一定的生产决定其他一切生产的地位和影响，因而它的关系也决定其他一切关系的地位和影响。这是一种普照的光，它掩盖了一切其他色彩，改变着它们的特点。这是一种特殊的以太，它决定着它里面显露出来的一切存在的比重。"[①]

（二）历史实存过的引起社会变革的方法，一是中国有多样性，偶然性创建和选择了传承了文明治理方式；二是欧洲等地缘缺少多样性，没有偶然创建、没有选择治理方式，滞留在"掠夺"阶段；三是手工业生产与交换方式，穷则异化。

中国古代井田制生产方式，是依法制为中介治理国家、政府、社会、公与私，是仁法之下的政治、人文社会伦理和平互惠文明的载体。依靠井

---

① 《马克思恩格斯全集》，第46卷上，人民出版社1980年版，第44页。

田制、学校、天下为公选贤与能中央集权乡民自治来维护和传承大一统国家。中国古代生产力增长表现为能够养活的人口的增长。

欧洲为什么会出现奴隶制、农奴制？与中国古代"井田制"文明相对比，欧洲长期没有出现治理文化，城邦共同体之间没有中介，只有传承下来的掠夺关系，DOLOS 是希腊神话中的欺诈之神，"俘虏、外来人"与家畜关在一起是类动物欺诈之人，一直延续到 1453 年东罗马帝国灭亡。英国延续到 1215 年《自由大宪章》，奴隶主领主庄园旋转门转化为分封农奴制。欧洲古代奴隶制、农奴制自给经济生产力处于静止状态。

二、欧洲现代生产方式是"手工业"自由平民穷则异化的产物

按照教会改革派所宣传，古希腊亚里士多德《政治学》中所记录，一是他依照苏格拉底"用公正的方法增加我的财富"为正义，将雅典城邦的生产分为三类；二是经过田野调查，他发现了第三种致富技术的正义形式，在边缘小岛上，那些被边缘化穷苦平民自由民自发形成了"分工协作—通工等偿"手工业生产与交换自治形式，即最后活下来的那个劳动边界人是等量劳动产品能够换回等量生计品的劳动者和他的家庭。

教会法学家、马克思、英国《财产法》都发现了欧洲中世纪新兴城市重建古希腊那种生产交换共同体，与中国抗日时期延安军工现象对勘，多少可以说明，若具备了类似的条件中国也可能会自发重演类似的历史。具备了资本存在的历史条件，资本才产生……而单是这一历史条件就包含着一部世界史。

同样的语言"资本（Capital）"当历史变迁，它的内涵变化为——"资本生产工具"。进入现代生产方式自然历史阶段，"资本则不然，有了商品流通和货币流通，决不是就具备了资本存在的历史条件。只有当生产资料和生活资料的所有者在市场上找到出卖自己劳动力的自由工人的时候，资本才产生；而单是这一历史条件就包含着一部世界史。因此，资本一出现，就标志着社会生产过程的一个新时代"[①]。当资本生产工具主义

[①] 《资本论》，第一卷，人民出版社 1975 年版，第 195 页。

(纯粹现代生产方式)占支配地位,"是一种普照的光,它掩盖了一切其他色彩,改变着它们的特点。这是一种特殊的以太,它决定着它里面显露出来的一切存在的比重"①。马克思发现,在西方资本主义社会条件下,"资本是资产阶级社会的支配一切的经济权力"②,也是该社会的核心经济范畴,它"决定其他一切生产的地位和影响"。

"社会的物质生产力发展到一定阶段,便同它们一直在其中活动的现存生产关系或财产关系(这只是生产关系的法律用语)发生矛盾。于是这些关系便由生产力的发展形式变成生产力的桎梏。那时社会革命的时代就到来了。随着经济基础的变更,全部庞大的上层建筑也或慢或快地发生变革。"③

"就是从社会生活的各种领域中划分出经济领域,从一切社会关系中划分出生产关系,即决定其余一切关系的基本的原始的关系。"④

现代运用资本生产工具,自然服从人的需要,"只有在资本主义制度下自然界才不过是人的对象,不过是有用物;它不再被认为是自为的力量;而对自然界的独立规律的理论认识本身不过表现为狡猾,其目的是使自然界(不管是作为消费品,还是作为生产资料)服从于人的需要"。

现代资本生产工具的文明作用,"资本(生产工具)的伟大的文明作用;它创造了这样一个社会阶段,与这个社会阶段相比,以前的一切社会阶段都只表现为人类的地方性发展和对自然的崇拜","资本的文明面在资本的简单概念中必然自在地包含着资本的文明化趋势等等"。⑤例如客观为别人也是为自己、守夜人伦理道德等。

现代运用资本生产工具开辟世界市场,"创造世界市场的趋势已经直接包含在资本的概念本身中"⑥。

---

① 《马克思恩格斯全集》,第46卷上,人民出版社1980年版,第44页。
② 《马克思恩格斯全集》,第46卷上,人民出版社1980年版,第45页。
③ 《马克思恩格斯选集》,第二卷,人民出版社1972年版,第82—83页。
④ 《列宁全集》,第1卷,人民出版社1984年版,第107页。
⑤ 《马克思恩格斯全集》,第46卷上,人民出版社1980年版,第393页。
⑥ 《马克思恩格斯全集》,第46卷上,人民出版社1980年版,第391页。

第三小节 纯粹现代生产方式,解剖为向善生产力、正义生产关系

一、"公正地获得财富",解剖为向善生产力、正义生产关系

(一)生产方式,解剖为生产力、生产关系,它们是有机关系。

苏格拉底界定"用公正的方法获得财富"。目标:"获得财富"就是生产力;"公正的方法"就是生产关系的由来,二者是目标和方法关系、是有机共生关系。

古希腊哲学家以"公正"方法为穷苦人谋幸福,"因为平民贫困,他们不得不对同盟的城市做一些不大公正的事情。因此,我曾努力考查,公民是不是可以借助于他们的本国资源来维持生活,因为这样维持生活才是最公正的"①。

年轻马克思在1847年《雇佣劳动与资本》中就建立了生产方式概念,并将生产方式解剖为生产力和生产关系,三个概念是以生产方式为主体的有机关系。

关于采用解剖方式研究社会是移植了政治经济学的方法,"而对市民社会的解剖应该到政治经济学中去寻求"②,即政治经济学将社会解剖为阶级关系。市民社会生产方式也是可以采用解剖方式研究。

以有机关系来认识社会历史。马克思对考古挖掘出来的标本,使用了"遗骸"概念,对人类历史遗存的各种物件的认识,视为有社会关系的遗物,是"有机关系"。

现实社会是有机体,"现在的社会不是坚实的结晶体,而是一个能够变化并且经常处于变化过程中的有机体"③。

---

① 〔古希腊〕色诺芬:《经济论 雅典的收入》,商务印书馆1961年版,第66页。
② 《马克思恩格斯选集》,第二卷,人民出版社1972年版,第82页。
③ 《资本论》,第一卷,人民出版社1975年版,第12页。

从市民社会中解剖分离出社会生产力和生产关系,"在考察这些变革时,必须时刻把下面两者区别开来:一种是生产的经济条件方面所发生的物质的、可以用自然科学的精确性指明的变革",① 一种划归自然辩证法,另一种划归科学的哲学中的社会哲学。这只是为了考察"有机体"在学术研究上的便利而作的"区别"。

在同一生产方式内部,生产力与生产关系之间是有机统一体关系。如果将生产力与生产关系比作生命体的器官,各个器官体系功能有所不同,但是它们之间是有机统一体,一个器官得病,全身发烧。将生产力比作骨骼肌肉,生命体是用神经、液体介质、自身反应相联系和调节,生产关系就是通过阶级关系、法权形式这种介质、脉络式体系等形成"趋利避害"调解功能。

二、现代向善生产力

(一)生产方式、生产关系、生产力是有机关系。

现代生产方式缘起古希腊经济法哲学种子。现代生产方式的哲学定义:"用公正的方法获得财富"。

为了研究的需要,将现代生产方式解剖为生产力、生产关系,则有:现代生产关系的哲学定义是"公正的方法",现代生产关系在现代生产方式规则与秩序中表现为法权形式,在社会人文场合表现为政治阶级关系。

(二)现代生产力的定义是"获得财富",并且法律正义约束它是向善生产力。

区别社会生产力与劳动生产力。马克思曾指出:"人们不能自由选择自己的生产力,这是他们的全部历史的基础,因为任何生产力都是一种既得的力量,以往活动的产物。所以生产力是人们的实践能力的结果,但是这种能力本身决定于人们所处的条件,决定于先前已经获得的生产力,决

---

① 生产方式和它的生产力、生产关系要素,见《马克思恩格斯选集》,第一卷,人民出版社 1972 年版,第 363 页;第二卷,第 82 页;《资本论》,第一卷,人民出版社 1975 年版,第 7 页注 (1)。

定于在他们以前已经存在、不是由他们创立而是由前一代人创立的社会形式。"① 从这段话我们可以清楚地看出马克思对生产力内涵的规定与人的实践能力的区别。这种区别主要表现在：第一，生产力是以人类社会全部历史为基础；第二，生产力是一种既得力量，是过去人们生产活动的产物，是人们的实践能力的结果。马克思指出："人们在生产中不仅仅影响自然界，而且也互相影响。他们只有以一定的方式共同活动和相互交换其活动，才能进行生产。为了进行生产，人们相互之间便发生一定的联系和关系；只有在这些社会联系和社会关系的范围内，才会有他们对自然界的影响，才会有生产。"② 社会生产力中的"生产力"与劳动生产力中的"生产力"实际上是两个不同的概念，在英文中，社会生产力是 productive forces，而且只用复数；而劳动生产力则是 productiveness，③ 社会生产力越发展，劳动生产力（价值）在商品中的含量就越下降。

关于生产力中立概念的辨析："在许多人心目中，生产力概念所指涉的也是纯粹的事实，不包含任何价值属性。笔者则乐于指出，问题其实并不那么简单。在这里，关键是采纳什么标准来衡量生产力发展——是以促进资本的价值增殖来衡量生产力发展，还是以某种社会标准来衡量生产力发展？如果是前者，那么牺牲生产者以发展生产力，也是符合生产力标准的，进而也是符合正义的。这显然是不可接受的，而且也不是马克思自己的观点。因此，必须明确的是，所谓生产力标准（或效率标准），并不是完全价值中立的。"④因为是人在生产，以人的生存发展权为本才是正义、中性的生产力。因此"物理效率"要受到"生物有冗余规律的制约"，社会劳动生产效率并不是单纯的物理量，遵守现代生产方式中立的规则的物理效率才可持久。现代生产方式生产力，是"用公正的方法获得财富"正

---

① 《马克思恩格斯选集》，第四卷，人民出版社 1972 年版，第 532 页。
② 《马克思恩格斯选集》，第一卷，人民出版社 1972 年版，第 344 页。
③ 程钧、陶玉：《论生产力发展的根本动力》，载《经济纵横》，2011 年第 3 期。
④ 孟捷：《论马克思的三种正义概念——也谈资本占有剩余价值在什么意义上是不符合（或符合）正义的》，载《中国人民大学学报》，2013 年第 1 期。

义准则的生产力效率。若以现代生产方式为标杆，可以分为：可持续稳定的效率，一次性效率（掠夺、畸形）；技术效率向善；物役人非正义生产力效率。

三、现代生产方式，生产力与生产关系的关系

（一）生产力的物质定义，"是生产的经济条件方面所发生的物质的、可以用自然科学的精确性指明的"那种物质生产力。生产力是人们改造自然以获得物质生活资料的实际能力。

（二）纯粹现代生产力向善。人们为了谋求生存和幸福而发展生产力，赋予了生产力必须遵守的正义准则，一是生产力必须向善，生产力运行不得损害劳动者；二是生产力必须维持安全、稳定、可持久性；三是生产力与自然达成和谐等。

（三）生产关系管护生产力的向善法则，生产力需要法律保护才可持久，生产力如果没有生产关系正义准则的管理、保护、激励、引导、限制，将不可持续。并且，现代生产关系法权形式是"生产力的发展形式"，即生产力发展加速度的推动力。

例如，现代生产力可以从他国购买、移植获得，20世纪30年代世界性经济危机期间，苏联大量购买西方先进设备、先进技术、先进计划管理，用10年时间实现国家先进工业化。但是，计划经济今年积累明年改进技术，输给了将未来20年借给现在生产力百倍增长，输给了今天的纯粹现代生产力形式。单一的先进的物质生产力并没有决定或产生出"禁止高利贷—三重契约"法律运筹机制，最终输给了单一现代生产方式和它的先进生产关系。但是，苏联没有输给美西方混杂的奴隶制、农奴制，这一点必须明确，这也是俄罗斯的希望所在。

还有，美西方资本主义双重性，资产阶级统治意志极端功利主义叛乱，生产力被推到断裂的边缘，为自己准备了掘墓人。美西方野蛮法、狗文化丛林准则内生性国际霸权主义、金融殖民主义，是自我衰败的根源。

四、物质生产力在经济学中被打包成压缩文件，法制生产力水落石出

为什么马克思将物质生产力打包成压缩文件？

色诺芬的《经济论 雅典人的收入》直至威廉·詹姆斯·阿什利所研究 16 世纪教会法学家的经济学《英国经济史及学说》中，经济学研究内容包括产业、组织、适应的法与法律这三个主要部分。鉴于组织由群体、资金、场地、规章组成，这三个部分可以抽象为公正的方法和"获得财富"两个部分。但是到了 18 世纪，工业革命爆发，亚当·斯密《国民财富的性质和原因的研究》关于产业用了三章的篇幅研究了"分工协作—通工等偿"生产组织，分工细化对推动制造钉子手工业转型机器大工业的作用，并认为农人全面发展最聪明，比哲人聪明，堪比牧羊犬和长耳狗的差别。他把研究重点放在了经济水准与法制的关系：工资或利润，劳动者或雇主的利害关系，利益的关系、密切关系，几乎每页都提到法与法律。到了 19 世纪中叶，现代产业和工艺种类已经多如牛毛，已经无法将多方面内容放在一起研究。

事实是，马克思区分生产力与生产关系，发现了一个巨大的社会分工现象，这就是，现代生产力表现为科学技术发展，机器生产力要素，这属于自然辩证法领域；而科学技术转化为生产力要素需要有廉价丰富稳定的资本作为载体，完成这项任务的是法律变革运筹机制，这属于社会经济法哲学领域。就是说，劳动三要素实料的现代生产方式的建构构成性属于社会科学领域，从而发现了法制作用生产力要素。

以公平正义为视域，若将产业、组织、公平正义放在一起研究，反而会淹没穷苦自由民"这样维持生活才是最公正的"，即淹没对公平正义方法的研究，为此，马克思采用将"产业"打包为"生产力水准"并抽象为一般要素，而将"公正的方法""劳动者或雇主的利害关系"抽象为生产关系的法权形式。

第二节　生产关系是生产力的发展加速度的推动力、法制生产力成为现代生产的第四要素

一、生产关系的定义，与构成性相关

生产关系，是两个单元以上的事务。

（一）生产关系是指在一定的社会生产中发生的人与人之间的关系，或者因物而产生的人与人之间的关系。

在不同视域，生产关系的定义不同。

第一，生产关系是社会关系。以生产方式为整体，有机解剖并剥离"物质技术形态生产力"之后，剩下的部分就是生产关系要素，"生产关系总合起来就构成所谓社会关系"。

第二，生物有冗余视域，生产关系是社会有机体的中介、介质、构成性。具有内生性质，就像"力"一样，只有作用于有形体物才会有外在表现，让人们感知它的存在。即借助有目的的行动、法律等获得外在形式。

第三，法哲学定义，生产关系是指劳动三要素结合形式。经济（economy），生产关系总合、经济结构、现实基础、经济基础。[①]

现代生产关系的法权形式表现为固定在现代生产方式规则与秩序中的法与法律，生产关系的法权形式是经济基础。通过法律形式发挥组织力、集体力。

第四，生产关系是现代生产方式的"公正的方法"意识形态，通过意识形态调动有冗余介质内生性张力。

存在决定上层建筑意识形态，经济基础意识形态决定上层建筑意识形

[①] 经济基础，见《马克思恩格斯选集》，第二卷，人民出版社1972年版，物质的生活关系的总和，见第82页；社会生产，见第82页；生产关系的总和、社会的经济结构的现实基础，见第82页；"物质生活的生产方式"，见第82页；"总生产过程"，见第83页；"社会形态"，见第83页；社会经济形态，见第83页；社会生产过程，见第83页。

态,因为存在养不活贪婪放纵的意识形态。

第五,生产关系的政治哲学定义,生产关系是生产力的社会构成形式,例如"社会要素""阶级关系"。

生产关系在政治领域表现为阶级斗争,当劳资阶级为了工资、劳动条件而谈判或示威游行,属于为了分配正义而斗争分配环节,是生产关系的表现。

当政治、法律、意识形态是建筑师,则生产关系建筑师被定义是经济基础,政治建筑师仅仅是抽象化了为经济基础服务。

当劳资两大阶级为了夺取政权、为了限制政权意志而斗争,属于工人阶级和资产阶级在上层建筑领域的斗争。

(二)生产力视域,生产关系是生产力的介质、中介。

第一,生产关系观念是意识形态,为获得财富"用公正的方法"生产关系观念意识形态,生产关系意识形态与社会劳动生产力是有机关系。

因此认为物质生产力不包含思维、意志、目的是误解或错误。

第二,生产关系的法权形式。现代生产关系的正义准则"用公正的方法获得财富",表现为以劳动者的生存权为边际,劳资关系趋向量化的均衡、中性为正义。即便是奴隶制、农奴制国家尽管信奉霸道、专制,依然不得不设立保护劳动力的实体法,例如奴隶制避难法[①]、农奴制农奴徭役均分规定。劳动是生产力的一个要素。

第三,生产关系与生产力之间的人文有机勾连方式——阶级斗争,法律中介,人们的自我保护,追求幸福意识。

现代生产方式内部生产关系对生产力的主动联系方法,主要表现为人们的自我调节和人们共同意志的表现:阶级斗争、法律中介,生命学、生命解剖学、社会学、正义哲学作为介质。中介,例如信仰公平正义,遵守自然规律和法律,协商、调解等。

---

① 〔古罗马〕查士丁尼:《法学总论——法学阶梯》,商务印书馆1989年版,第17页,"逃亡到庙宇里去和皇帝塑像那边去的奴隶……奴隶如果有正当理由请求援助……"。

第四,"禁止高利贷—三重契约"生产关系的法权形式体系,助力现代生产方式的生产力实现和平、发展、互惠。

(三) 现代生产内部与外部的关系,解决方法。

第一,混杂社会,不同生产方式之间的挑战。例如"我们从来没有现代过",公元1500年后至今的美西方,纯粹现代生产方式、奴隶制、农奴制、日耳曼原始野蛮部落法混杂。美西方现代文明的野蛮,强者把弱者全部吃光,自己因为没有了剥削对象必将衰落不可能再恢复。

而科学社会主义意识形态的目的是为人民的现实的幸福,必然选择"纯粹现代生产方式（生产力绝对发展趋势）"为经济基础,是扫除旧社会的清道夫、现代模范服务者、中性法律守护者、进步引导者。

第二,现代生产方式为正义,内部是王在法之下宪制、宪法、宪政。与外部"政治权与财权合一"阶级专制、"一元主权命令"封建专制是无对象性消灭关系。

第三,现代企业和自由劳动"共生"最大化存在的理由和边际,内部价格形成成本等于或低于外部市场成本。

第四,当现代市民法上升为国家统一大法,外部市场存在的理由和区间,是法律允许波动的那个范围。

第五,现代政府存在的理由,外部政治改革为内部政治。由于资本生产工具的集中或流动性,劳动随着集中和流动,政府内部政治就是维护适合的法律,管护就业、物价、供求、经济发展,并保卫社会安全。

第六,外部自然规律不能改变,但是可以合理利用,人类与外部自然达成和谐,只允许发展向善社会生产力,否则自然力将报复人类。

二、现代生产关系的内容

生产关系的内容总是与生产方式和人们的生活和在生产中的关系相关的。

生产关系的目的和方法,一是管护生产力向善,生产力运行不得损害劳动者;二是管护生产力安全、稳定、可持久性;三是生产关系是生产力的发展加速度的推动力;四是监督生产力发展向善,按照发展了的生产力新形式,生产关系做相适合的调整。

(一)生产中的阶级关系。政治经济学视域,人们在生产中各自的阶级地位及其相互关系。原始社会部落领袖与成员的"王在法下"相对平等关系;古希腊罗马奴隶制社会划分阶级,生产主体奴隶阶级没有人格权不是"人"、是动产;欧洲农奴制社会,王权贵族领主"土地依附于政治"封建专制,教会思想禁锢,骑士军事看守,农奴阶级依附于领主庄园;混杂的资产阶级社会,无产自由劳动阶级与资产阶级(财权+政治权)合一专制统治意志对立。

(二)所有制。由于现代生产方式私人资本在总生产中被集合成社会化资本,从而分离出生产资料的公有制和资产阶级私有制概念,既是政治经济概念,也是法哲学概念。

生产关系的生产资料的所有制现象。例如,原始社会公有制下的个人劳动占有制;奴隶制社会奴隶主家长自有私有制;英国土地公有制,农奴制领主政治对土地的专属保有制,农奴依附于贵族;中华民族天下为公什一中正,自由自耕农工商土地自由买卖私有制;西方资本主义生产资料私有制,社会资本化与资产阶级私有制二重性;印度村社制度,古希腊哲学理想"财产私有财物公用"制度。

所有制的内容:其一,所有制必须与生产方式相适应;其二,公法特许生产资料的社会归属权,如归公、归私、混合产权;其三,各种所有制形式,如剥削、非剥削、最小伤害"共存"。

(三)生产的分配。总生产的支付,生产的预分配、生产果实的再分配、生产的交换、生产消费;收入分配,收入的消费。

(四)经济基础决定各种"上层建筑和意识形态"的生存边际,因为现实养不活那些无限贪婪欲望的意识形态。政治意识形态应然是现代生产关系的服务者、中立规则维护者、进步引导者;是对旧有生产方式及其生产关系的批判者、斗争引导者,如若政治权力意志极端叛乱将为自己准备掘墓人。

法哲学经济学和政治经济学,以"正义"为同一性,在"阶级斗争——正义准则""财产所有权"观念上发生交集。马克思经济法哲学,在《黑格尔法哲学批判》《政治经济学批判》中，完成了唯物主义"质与量"的辩证法，从而更加细化了不断革命论和革命发展阶段论，发现了现代生产方式内部的革命现象（第二次革命），发展了三分法。

（五）在现代生产方式内部，生产力与生产关系存在差异。"生产力（生产资料）的概念和生产关系的概念的辩证法，它的界限应当确定，它不抹杀现实差别"。①

第一种内部差别，被先进生产力集中而强大起来的工人阶级，对资产阶级统治自由意志法律的强烈不满，通过斗争改进生产关系。

第二种内部差别，当创新科技生产力，生产关系法权形式需要随着进行适应性调整，一是从道德伦理公序良俗检验科技的正当合法性，并进行纠偏。二是"技术向善"、建立友商关系、与自然达成和谐，共同富裕缩小贫富差距等责任义务，以保障可持久稳定运行。生产关系要素可以是主动积极首创精神的"推动力"，灵与肉的关系。

随着智能时代出现，调整生产关系的法与法律形式，引导降低制度成本的可能性与可行性。

（六）经济是人类社会的基础组成部分。由于人类是社会动物，生产力不可能脱离一定的生产关系而独立发展。现代生产方式以前，过往的生产力都是历史阶段性静止的。具体到现代生产方式，"用公正的方法获得财富"，生产关系与生产力之间，生产关系是动力源，是公平正义准则下的效率，才可稳定持久地为大众谋幸福。现代内部的边际状态，劳资关系"总资本/总工资＝7—9"无产阶级夺取政权专政回归"总资本/总工资＝5%"的正当性。

（七）在新、旧生产方式和它们的新旧生产力、新旧生产关系之间，是无对象性杀灭关系。

三、现代生产关系法权形式，是生产力的发展加速度的推动力

（一）劳动生产力、古代自给经济静止的生产力、现代社会生产力概念。

---

① 《马克思恩格斯选集》，第二卷，人民出版社1972年版，第112页。

关于劳动生产力。正如马克思、恩格斯在《德意志意识形态》中提到的，"就像人与自然的'斗争'促进其生产力在相应基础上的发展一样"，"生产力当然始终是有用的、具体的劳动的生产力"。

关于生产力共有的要素（因素）。马克思认为生产力是在劳动过程中产生的，是劳动产出的能力。在此基础上，马克思在《资本论》中提出："劳动过程的简单要素是：有目的的活动或劳动本身，劳动对象和劳动资料。"① 劳动者、劳动资料和劳动对象三大要素共同构成了生产力的基本要素。

关于结合方式决定生产的社会形式，"不论生产的社会形式如何，劳动者和生产资料始终是生产的因素。……凡要进行生产，就必须使它们结合起来。实行这种结合的特殊方式和方法，使社会结构区分为各个不同的经济时期"②。生产劳动是人类社会存在和发展的基础《德意志意识形态》中提到的，"由此可见，人们所达到的生产力的总和决定着社会状况"。

关于古代自给经济是以家庭为单位的结合方式，生产力是静止的。"由于一般自然经济的性质，所以，这种形式完全适合于为静止的社会状态提供基础"③

关于社会生产力初级形式，例如，"分工协作—通工等偿"正义形式，是生产交换共同体规则与秩序（实体法）共同体活动形式，被称为社会生产力。

关于现代生产方式社会生产力高级阶段，例如禁止高利贷—三重契约正义形式，资本生产工具机器大生产导致社会化生产上台阶，表现为"劳动本身由于协作、分工以及劳动和自然科学的结合，而组成社会的劳动"④。一是私人资本在总生产中集合为社会资本；二是大生产方式把私人劳动取消了。马克思、恩格斯在《德意志意识形态》中指出，"一定的生

---

① 劳动实体要素,《资本论》,人民出版社1975年版,第一卷,见第201、202页。
② 《资本论》,第二卷,人民出版社1975年版,第44页。
③ 《资本论》,第三卷,人民出版社1975年版,第897页。
④ 《资本论》,第三卷,人民出版社1975年版,第296页。

产方式或一定的工业阶段始终是与一定的共同活动方式或一定的社会阶段联系着的,而这种共同活动方式本身就是'生产力'",例如集体力、法制作用力。恩格斯在《自然辩证法》中提到的"17世纪和18世纪从事制造蒸汽机的人们也没有料到,他们所制作的工具,比其他任何东西都更能使全世界的社会状态发生革命"。

按以上准则,《〈政治经济学批判〉序言》中,马克思提到,"社会的物质生产力发展到一定阶段,便同它们一直在其中运动的现存生产关系或财产关系发生矛盾,于是这些关系便由生产力的发展形式变成生产力的桎梏",是指资产阶级的初心阶段"纯粹现代生产方式"生产力绝对发展趋势,但是当资产阶级统治极端叛乱贩奴和契约奴隶制经济危机成为生产力发展的桎梏。所以不是研究古代自给经济静止的生产力。

(二)生产劳动者的劳动力有冗余,主观有冲动、暴力、适度向外张力可能性。生产关系特征就是作为劳动分工协作、集体力的介质或中介。

集体力的动力源来自于生产关系主动与生产力联动,调节生产力要素和谐地共同工作,向善、安全、稳定、可持久性、确定性,为技术转化为生产力要素准备五个条件,是生产力的发展加速度的推动力,而生产力也必须自觉自律并接受来自社会关系的推动力,才能取得可持久生命力。正如斯大林指出的"在单一的社会生产中生产力和生产关系的统一的法则"[①],而不是独立个体之间的那种物理式作用反作用关系。

无形法制生产力,例如协作力,集体力,运筹力,中介和平和解安全稳定力;资本生产工具力要素,科学技术生产力要素,还有政治力要素,包括统一意志团结力、信仰力。

生产关系是生产力的发展形式、方法、程序;正义,是生产力的发展加速度的法治推动力。马克思的名言:

> 社会的物质生产力发展到一定阶段,便同它们一直在其中活动的现存生产关系或财产关系(这只是生产关系的法律用语——引者注)

---

① 斯大林:《苏联社会主义经济基础》,人民出版社1952年版,第64页。

发生矛盾。于是这些关系便由生产力的发展形式变成生产力的桎梏。那时社会革命的时代就到来了。随着经济基础的变更，全部庞大的上层建筑也或慢或快地发生变革。①

这段话的历史背景，欧洲处于现代制度、奴隶制、农奴制混杂时期。

这段话的向度逻辑，分为三个时期：正常时期，资产阶级统治意志极端叛乱时期，未来理想时期。

第一时期。

判断：第一时期不是指奴隶制、农奴制，因为它们呈现静态生产力。

第一时期是指正常时期，即第三等级革命建设纯粹现代生产方式新时代。一是唯有现代生产方式物质生产力有绝对发展趋势，二是在第三等级统治时期，市民法上升为国家统一大法，适应的法律固定在现代生产方式规则与秩序中，表现为生产关系法权形式："生产关系或财产关系（这只是生产关系的法律用语——引者注）……生产力的发展形式"，即"社会的物质生产力发展"阶段。

第二时期。

判断：是混杂的现代生产方式，因为桎梏前和桎梏后，生产关系都是法权形式，判断是现代生产方式内部混杂现象。

"社会的物质生产力发展到一定阶段，便同它们一直在其中活动的现存（资产阶级统治意志制定极端叛乱的法律——引者注）生产关系或财产关系（这只是生产关系的法律用语）发生矛盾。于是这些关系便由生产力的发展形式变成生产力的桎梏。"这是因为资产阶级统治意志极端叛乱，生产力畸形发展到了断裂的边缘，而工资总额从传统习惯法均分所创造价值下降到占比40%—33%准奴隶劳动力价格边际，表现为过度劳动、寿命缩短，发生经济危机桎梏。

第三时期，理想和愿景，"那时社会革命的时代就到来了。随着（回归现代生产方式的初心——引者注）经济基础的变更，全部庞大的上层建

---

① 《马克思恩格斯选集》，第二卷，人民出版社1972年版，第82—83页。

筑也或慢或快地发生变革"。一方面无产阶级被工业化集中起来、强大起来，另一方面以贩运奴隶为替代边际，过度劳动寿命缩短，自发暴力反抗夺取政权专政回归法律中立，有自然法的五项正当合法性。

（三）发现法治生产力新概念。在关于第一时期的叙述中，表达了纯粹现代生产方式的生产关系什么样，即现代生产关系是生产力的发展形式，"现存生产关系或财产关系（这只是生产关系的法律用语）……是……生产力的发展形式"。借用牛顿力学定律"物体加速度的大小跟作用力成正比"来解析这段话。第一，"生产力的发展形式"，就是"资本主义生产方式包含着绝对发展生产力趋势"①。这里的"发展绝对趋势"可以比拟为"加速度"。第二，生产力的加速度的"形式"，这里的"形式"应指生产力绝对发展获得加速度的方法，相对比牛顿力学定律这方法就是"作用力"。这段话的力学表达的就是"纯粹现代生产方式的生产关系法权形式，是生产力的发展加速度的推动力"，即"助力"②"活力"③"法治力"④，"生产力不能脱离生产关系单独存在，……新的生产关系是生产力强大发展的根本动力"⑤。而"力"的特征是只有"发生作用"才会表现出力的存在，生产关系也正是如此。

较具体地说，禁止高利贷—三重契约是生产力的发展加速度的推动力。其中生产关系法权运筹机制，将未来借给现在，资本成为生产工具并再衍生生产工具，三重契约准备了五个条件助力科技成为生产力要素，生产力百倍增长。

生产关系法权形式，有确定性、可持久性、和平解决、助推力特征。斯大林指出："新生产关系是这样一种主要的和有决定性的力量，它真正

---

① 《资本论》，第三卷，人民出版社 1975 年版，第 278 页。

② 〔英〕亚当·斯密：《国民财富的性质和原因的研究》，上卷，商务印书馆 1972 年版，第 335 页。

③ 习近平：《在纪念马克思诞辰 200 周年大会上的讲话》，新华社，2018 年 5 月 4 日。

④ 《2021 年法学研究发展报告》，中国社会科学网，2021 年 12 月 10 日。

⑤ 程钧、陶玉：《论生产力发展的根本动力》，载《经济纵横》，2011 年第 3 期。

决定生产力进一步的而且是强大的发展,没有这种新的生产关系,生产力就注定要萎靡下去,如像现在资本主义国家中的情形一样。"① 现代生产方式新生产关系法权形式,是生产力进一步发展的决定而强大的力量;是提供确定性、安全性、稳定性、可持久性的力量,还是社会法律形式的推动力。

第三节 现代混杂初期劳资斗争,量化为资本有机构成公式

第一小节 劳资阶级关系量化为资本的有机构成:中立尺度为"总资本/总工资=5"

中性的资本有机构成的计算。生产关系的第二个主要内容是阶级斗争,但是革命过于激烈,需要政治理论的指导,从激烈革命转型革命的宪政宪制回归现代生产方式的中立的秩序。"现在的社会不是坚实的结晶体,而是一个能够变化并且经常处于变化过程中的有机体。"既然是变化的,就需要有一个标准尺度,来判断它在进步还是退步,区分正义与非正义。

现代生产方式"中性规则"的意义,凡是符合现代生产方式中性规则的,都可以学习和继承。与现代生产方式规则与秩序对立的,就应当摈弃或改造它,给后发展国家提供一种学习守成法与法律的尺度和向度。

(一)关于资本与劳动价值构成,即资本的有机构成,可以公式化为"总资本/总工资"。

资本的有机构成,"这种构成是由所使用的生产资料量和为使用这些生产资料而必需的劳动量之间的比率来决定的。……为了表达这种关系,我把由资本技术构成决定并且反映技术构成变化的资本价值构成,叫做资本的有机构成。凡是简单地说资本构成的地方,始终应当理解为资本的有

---

① 斯大林:《苏联社会主义经济问题》,人民出版社1952年版,第55页。

机构成"①。

（二）面对全球性金融危机，通过反思，寻找在新的经济环境下采取有针对性的措施，不失为是一个路径。皮凯蒂游历英国、美国后回到法国，继续他的"财富分配""公平与效率"这些古老的课题的研究，并采用了投入产出统计方法，他的团队用了15年时间统计了英国等国300年的统计资料，采用概率散布统计法，确定了这个散布曲线的中轴实际是"中性规则"现象。

概率法得出统计结论，劳资关系长期稳定在："利息率为5%，平均的总资本/总工资=5"，资本有机价值构成在300年来围绕这一尺度上下波动，而不稳定阶段的资本有机构成达到"总资本/总工资=7—9"②。

以正义为尺度，已知中性资本利息率为5%，计算有还本付息能力的贷款数量。

已知庄园习惯法一般劳动普通剩余价值率为1∶1，即劳动工资总额均分所创造价值。

相对称，制度成本即普通剩余价值均分劳动所创造价值，其中当资本利息率为5%，相当于利息分割创造价值（利息量/所创造价值量）为10%。

可贷款转化为不变资本（固定资产）中立适度的量
=利息占比创造价值的10%÷资本利息率5%
=有能力借贷相当于2倍所创造价值的资本金量（转化为债务固定资产）

计算中立适度的"劳资"比例关系。

已知：不变资本=固定资产价值③；可变资本=工资总额价值

---

① 《资本论》，第一卷，人民出版社1975年版，第672页。
② 〔法〕皮凯蒂：《21世纪资本论》，中信出版社2014年版，第51页。
③ 《资本论》，第二卷，人民出版社1975年版，第379页，"不变资本或固定资本"。

(1) 马克思资本有机构成中立的尺度：

不变资本/可变资本
= 2 倍创造价值/工资总额
= 4 倍（中性工资总额的价值）

(2) 皮凯蒂劳资关系有机构成，差别在"总资本＝固定资本＋贷款支付总工资"：

皮凯蒂劳资关系有机构成
= 总资本/总工资
=（债务固定资产＋可变资本）/总工资
=（2倍＋50%）÷50%
= 5 倍（相当于中性规则工资总额的5倍）

当"资本利息率为5%，总资本/总工资＝5"，则工资总额均分所创造剩余价值，是经济发展安全、稳定、可持久允许波动的轴心。

曼昆、皮凯蒂这一代人，都是直接将国民收入划分为"资本收入＋劳动收入"，他们统计出来的比例的"均衡"轴线，是根据多年统计数据归纳解析出来的物理量，而缺少给正义一个解释。只不过，统计300年资料概括出来的规律性，只能以表象背后的法律确定性作解释。

第二小节 资产阶级统治极端叛乱 "总资本/总工资 ≈ 7—9"

"总资本/工资之比＝7—9"，劳动者暴力反抗具有自然法正当性。

当资产阶级自由意志法律极端叛乱，出现"总资本/总工资＝7—9"现象，法国青年学者皮凯蒂用15年时间统计了英国300年"资本的有机构成"，发现1800—1860年的欧洲异常现象。对这个"总资本/总工资＝7—

9"时期,皮凯蒂指出,"工业革命初期(1800—1860年),资本收益/劳动者总收入的比重无疑是升高的。……这在18世纪末、19世纪初为35%—40%,19世纪中期达到高达45%—50%,——当时马克思撰写了《共产党宣言》,并着手写作《资本论》"①。

"总资本/工资总额"可能出现多种情况:

第一种可能,恪守中立的规则"中立利息率为5%,总资本/总工资=5,总工资均分创造价值""普通利润(还本付息)÷总工资=20%÷50%"上下波动,现代生产方式良性循环。

第二种,利息率5%,过度贷款,"总资本/总工资的比例达到7—9",则中立的总工资均分所创造价值,被下降到占比42%—34%。计算:

中性总资本=5,普通利润占比创造价值的20%,总工资占比50%;
当总资本=9,上升率=9÷5=1.8倍,则普通利润占比创造价值由20%,上升到36%。
总工资=50%-(36%-20%)=下降到占比创造价值的34%。

从农奴为替代边际下降到以贩卖奴隶为替代边际,无产自由劳动者饥寒交迫并大量失业。

第三种,"1844年英格兰银行的股东得到多少股息?——那一年是7%。——1847年的股息是多少?——9%"②,是中性利息率(5%)的140%—180%。折算"总资本/总工资=7—9倍"。高利息率,则贷款引诱最小化,就业岗位大量减少,涌现失业大军。第三种情况下劳动者报酬总额占比由中性的50%也是下降到占比40%—34%,遭遇降低工资和裁员,劳动者大量失业饥寒交迫,正是在这样的背景下,美国南方奴隶主攻击北方自由资本主义比南方奴隶的处境还差。

资本主义的双重性自毁前程,决定了必然出现二次革命,例如,法国

---

① 〔法〕皮凯蒂:《21世纪资本论》,中信出版社2014年版,第228页。
② 《资本论》,第三卷,人民出版社1975年版,第470页。

巴黎公社市民起义。马克思以庄园习惯法为正义准则激烈批判资本主义的血腥、虚伪，预言它自掘坟墓，寿命不长。

第四节　从旧社会走向现代生产方式，各国选择的各种路径

马克思以"生产方式"为界桩，将阶级斗争的形式分为三大区域：一是新旧生产方式之间无对象性消灭关系；二是同一生产方式内部中性区间，对象性同一，差异对立，对立斗争危机，中介折中统一三分法；三是现代制度、奴隶制、农奴制混杂时期，资产阶级统治意志极端叛乱，无产阶级夺取政权回归中性、修复纯粹现代生产方式发展生产力，共同富裕，是现代方式内部政权更迭的内部革命（第二次革命）。

第一小节　转型现代生产方式，各国路径不同

一、新旧生产方式交替无对象性消灭关系，变法和革命形式

（一）旧生产方式与它的生产关系、生产力"同归于尽"，"自由民和奴隶、贵族和平民、领主和农奴、行会师傅和帮工，一句话，压迫者和被压迫者，始终处于相互对立的地位，而每一次斗争的结局都是整个社会受到革命改造或者斗争的各阶级同归于尽"①。包括旧生产方式和它的旧生产关系、旧生产力和赖其生存的旧上层建筑同归于尽。

（二）生产方式变革时期，新旧生产方式之间无对象性对立斗争消灭关系，矛盾对立不可调和。"真正的极端之所以不能互为中介，就因为它们是真正的极端。但是，它们也不需要任何中介，因为它们具有互相对立

---

① 《马克思恩格斯选集》，第一卷，人民出版社1972年版，第251页。

的本质。"① "对立尖锐到随时都可能发生斗争的地步，甚至还具有不可调和的矛盾的性质"②。

（三）历史变革特点，不同历史阶段之间的传递和变革，历史转换时期表现为阶梯式"突变"形式，夺取政权形式。这是由于新生的生产方式的新生阶级在一开始力量总是薄弱，要消灭旧生产方式和旧统治阶级政权显然十分困难，因此新生代总是要借助一些特殊力量表现为"突变"方法，实现新生产力取代旧生产力并完成夺取政权。英国第三等级领导的现代生产方式革命，"而人们如果想把这些果实赖以成熟起来的那些形式保存下去，他们就会失去这一切果实。所以就爆发了两次霹雳般的震动，即1640年和1688年的革命。一切旧的经济形式、一切和它们相适应的社会关系、曾经是旧的市民社会的正式表现的政治国家，当时在英国都被破坏了"。马克思恩格斯在《德意志意识形态》中特别介绍了那些由逃亡农奴和"光蛋贵族"组成的"分工协作—通工等偿"市场自治，重建古希腊共同体，16世纪的"变法"，资本主义租地农场主萌芽，生产力成十倍、百倍增长。第三等级在夹缝中兴起，并夺取了议会权，市民法上升为国家统一大法。

马克思面对欧洲整个旧世界，强调斗争，反对康德、黑格尔的"折中"主义，认为是"表面现象"。

二、不同国家现代革命：生产方式、生产关系、生产力的辩证排序

（一）英国路径。1215年英国《自由大宪章》确立王在法之下；13—14世纪教会法三大思想运动，助力新兴城邦重建古希腊式共同体，在自治的胎胞里成长；16世纪借助租地农场主资本主义形式萌芽；1689年第三阶级夺取议会立法监督权，现代生产关系的法权形式市民法上升为国家统一大法；18世纪用先进的蒸汽机生产力打败农奴制生产力和生产关系，但是西方现代制度还混杂奴隶制、农奴制。

---

① 《马克思恩格斯全集》第1卷，人民出版社1956年版，第355页。
② 《马克思恩格斯全集》第1卷，人民出版社1956年版，第351页。

(二) 苏联大举购买西方先进生产设备和技术的路径。

1930年以来苏联举国购买进机器和引进高科技人才大工业生产力→误以为生产力决定生产关系→企图消灭资产阶级，将生产资料信贷排除在市场之外→中央计划经济今年赚的钱明年革新技术→输给了预借20年预期利润租买生产工具之资本生产工具主义→新思维全盘西化投降→国际霸权输入反腐败要自由，夺权者解体瓜分了苏联，私有化休克疗法导致GDP下降50%，人民寿命下降5岁，近30年未能恢复→作为古老民族国家并没有屈服于美西方霸权主义。

沙俄时期基本滞留在农奴制，并没有建立起英国那种适用现代生产方式的习惯法，不掌握现代生产方式的法律运行机制，所以苏联1952年政治经济学教科书界定"生产力决定生产关系"是错误的，如果生产力已发展，还要生产关系干什么？苏联的事实证明买来的先进生产力并不能创造现代生产关系法权形式，由于缺少"用公正方法获得财富"法律保护，买来的生产力连同有计划都不可持久。

(三) 中国辛亥革命以来的路径。

"井田制什一中正"治权独立、礼法社会主义，"王莽变法"生产价格法，在民间市场传承2000年→辛亥革命引进和变革，国共第一次合作建设生产关系的法权形式：民国宪法和市民法典→抗日战争第二次国共合作，抗日根据地延安共产党边区被围剿、被封锁、极度贫瘠，创建"分工协作共同体——等价交换"现代生产方式的雏形→新中国被封锁前30年中央计划经济疏解了资本匮乏的困境，"三个主体三个补充"尽量保留了小额贷款改良生产的尾巴→后40年"拨改贷—禁止高利贷—三重契约"改革与现代生产方式对接→生产力百倍增长→中国特色社会主义道路新时代全面依法治国。

(四) 中国共产党领导下的路径。

共产党领导下推翻了三座大山，延安时期出现现代生产方式雏形，新中国应对被封锁后国内资本匮乏，苏联援建 156 项生产力和技术，引进计划经济，实现 10 年初步工业化，年平均增长 6.5%，为和平与发展奠定了物质和国防基础。经济改革，历史留存礼法、民间市民法 12 项实体法，有王莽变法可以对接三重契约，民间从世界银行学习到了三重契约运行机制。法制在民间、在哲学、在礼法，是我国迅速直奔纯粹现代生产方式的原因。正如习近平《在纪念马克思诞辰 200 周年大会上的讲话》中指出："学习马克思，就要……自觉通过调整生产关系激发社会生产力发展活力，自觉通过完善上层建筑适应经济基础发展要求，让中国特色社会主义更加符合规律地向前发展"，并指出，"价值先进、思想解放，是一个社会活力的来源"。① 阐明了生产关系对生产力的助推加速度作用。

(五) 美国路径。

延续古希腊"移民武装"，杀戮印第安人（现在还保留白人民兵武装种族隔离）→贩卖奴隶、种植园奴隶制延续 300 年→带来英国模式，混杂奴隶制、农奴制，帝国殖民资源配置→1862 年废除奴隶制，走向现代化 40 年混杂黄金时代扒粪运动→接收英国殖民地成为第一强国——二战结束前夕布雷顿森林会议美元与黄金挂钩成为国际结算货币，开启美元霸权时代→1973 年美元与黄金脱钩，石油美元薅羊毛→经济滞胀，1980 年开启新金融自由主义→1992 年开启世界经济一体化比较优势高科技产业链→2007 年末次贷金融危机→2017 年贸易战打压中国高科技→世界向东看。

---

① 习近平：《在纪念马克思诞辰 200 周年大会上的讲话》，新华社，2018 年 5 月 4 日。

第二小节　现代生产方式内部的阶级斗争

一、关于现代生产方式在"胎胞"里萌芽成长

现代生产方式初级阶段，从原始社会末期存续至今的次一级生产方式：分工协作手工业市场，在奴隶制、农奴制存在过。其中"分工协作—通工等偿"被古希腊亚里士多德界定是第三种致富技术中的正义形式，并记录在《政治学》中。2000年后重建，上升为占支配地位的现代生产方式，与奴隶制、农奴制相对立是无对象性消灭关系。

古代手工业生产交换方式，变化发展的内在动力是英国复兴王在法之下，习惯法与制定法平起平坐，市民法获得了在空间和时间方向上的张力。从根本上回答了现代事物为什么会发展的问题。

共同体自治，"公社的存在本身自然而然会带来地方自治，但这种地方自治已经不是用来牵制现在已被取代的国家政权的东西了"。①

"巴黎公社的自治应只限于以条约与它联合的其他一切公社的同等的自治；各公社的联合应可保证法国的统一。""巴黎所希望的政治统一是为了一个共同的目标——全体人民的幸福、自由和安全——各地倡议的自愿联合，是各个个体的自由自愿的合作。"②

一个新的生产方式出生，不受旧的政治、旧的意识形态旧的上层建筑所左右。现代生产方式胎胞是在农奴制对逃亡农奴围剿之下、因教会避难法受到保护而得以孕育和重建的、与农奴制势不两立的自治胎胞里成长，"而新的更高的生产关系，在它的物质存在条件在旧社会的胎胞里成熟以前，是决不会出现的。所以人类始终只提出自己能够解决的任务，因为只

---

① 《马克思恩格斯文集》，第3卷，人民出版社2002年版，第157页。
② 〔苏〕莫洛克：《巴黎公社会议记录》，第1卷，商务印书馆1961年版，第311页。

要仔细考察就可以发现，任务本身，只有在解决它的物质条件已经存在或者至少是在生成过程中的时候，才会产生。"

原始社会末期以来流传的次一级的分工协作手工业生产与交换→13—14世纪教会三大运动→逃亡农奴和"光蛋贵族"加入新兴城邦重建古希腊"分工协作→通工等偿"正义致富技术→在与农奴制封建领主围剿相对立隔绝的胎胞内自治成长→15—16世纪法律变革，高级现代生产方式→1640—1689英国第三等级革命→上升为占支配地位的现代生产方式。

二、关于纯粹现代生产方式的中性样式

现代生产方式自然历史阶段→生产关系法权形式是生产力发展的形式→生产力的发展加速度的推动力→中性区间资本使用者阶层与劳动阶级是共生关系→生产力发展绝对趋势。

现代生产方式社会"中介"特征需要从马克思的思辨逻辑中"筛选出来"，马克思使用了以现代生产方式为正义准则，批判旧社会，例如揭发新旧矛盾对立不可调和。"真正的极端之所以不能互为中介，就因为它们是真正的极端。但是，它们也不需要任何中介，因为它们具有互相对立的本质。"① "对立尖锐到随时都可能发生斗争的地步，甚至还具有不可调和的矛盾的性质"②。

上面这段话可以"否定的否定"出现代生产方式新时代采用法律中性调解矛盾，"真正的……能互为中介，就因为它们是真正的……。它们……需要……中介，因为它们具有（生产方式内部的同一性差异）互相对立（差异斗争危机，中介折中统一）的本质"，"对立……还具有……可调和的矛盾的性质"。在各自生产方式稳定时期，常态化的有机关系"互为中

---

① 《马克思恩格斯全集》，第1卷，人民出版社1956年版，第355页
② 《马克思恩格斯全集》，第1卷，人民出版社1956年版，第351页。

介",有机关系"可以调和的矛盾的性质"。

现代生产方式的自然历史寿命,不受政治、意识形态上层建筑所左右,"无论哪一个社会形态,在它们所能容纳的全部生产力发挥出来以前,是决不会灭亡的"。

三、在混杂时期政权更迭,无产阶级夺取政权专政接管现代化的正当性

现代制度、奴隶制、农奴制混杂→资产阶级统治意志极端叛乱→科学社会主义引导无产阶级夺取政权专政正当性→无产阶级专政回归中性法律,发展生产力总量,共同富裕→智能生产力发展阶段,生产关系调整法律进一步降低制度成本。

资产阶级极端叛乱生产力畸形发展为自己培养了掘墓人,"但是,在资产阶级社会的胎胞里发展的生产力,同时又创造着解决这种对抗的物质条件"[①]。"一条新的发展道路也在这里开辟出来了"。[②] 资产阶级社会的胎胞里孕育的是科学社会主义。

需要区别农奴制胎胞和资产阶级社会胎胞,两个不同的胎胞。

第五节 上层建筑根植于它所处的社会生产方式

第一小节 现代自然历史时期,上层建筑为经济服务

一、政治上层建筑根植于经济基础

(一)人有冗余,政治强权有"冲动、暴力、适度"可能性、不可

---

① 《马克思恩格斯选集》,第二卷,人民出版社1972年版,第82页。
② 《马克思恩格斯全集》,第21卷,人民出版社1965年版,第320页。

行性。

政治自由不得放纵，放纵的政治自由是最可怕的动物。

中国"井田制"租息利税同率将财产权、政治权关进"什一律"法律笼子，绵延5000年，当日耳曼部落法"王在法之下宪政"，引进什一税，其张力被现代生产方式选择。然而，日耳曼野蛮部落法自由契约优胜劣汰弱肉强食政治强权最大化，吃尽了周边弱势群体，食物链断裂导致衰落回归普通。

（二）物质世界自然规律，上层建筑根植于养活它、教育它的经济基础，否则上层建筑将为自己培养掘墓人。

但是，政治建筑师与其他事物相对比，并不等于政治建筑师就是第一位的。例如，古希腊亚里士多德也指出，生存顺序，"生产所以维持人生（生存）"，先有生产供给，后有身从魂，"自然为群生预供食料（56b—7,58a35）"。生存与发展是第一位的，经济基础供养政治建筑师。上层建筑从属于经济基础，"国家、政治制度是从属的东西，而市民社会，经济关系的领域是决定性的因素"。①在古代朴素唯物主义观念的基础上，马克思揭示了物质第一性，上层建筑第二性。在1859年《〈政治经济学批判〉序言》中指出以下几个问题：

第一，经济结构支撑上层建筑，"人们在自己生活的社会生产中发生一定的、必然的、不以他们的意志为转移的关系，即同他们的物质生产力的一定发展阶段相适合的生产关系。这些生产关系的总和构成社会的经济结构，即有法律的和政治的上层建筑竖立其上并有一定的社会意识形式与之相适应的现实基础"。

第二，上层建筑、法律、意识形态根植于经济基础，表现为随生产方式的变革而变革，"随着经济基础的变更，全部庞大的上层建筑也或慢或快地发生变革"。

第三，上层意识形态服从经济基础意识形态。"在考察这些变革时，必须时刻把下面两者区别开来：一种是人们借以意识到这个冲突并力求

---

① 《马克思恩格斯全集》，第21卷，人民出版社1965年版，第345页。

把它克服的那些法律的、政治的、宗教的、艺术的或哲学的，简言之，意识形态的形式。我们判断一个人不能以他对自己的看法为根据，同样，我们判断这样一个变革时代也不能以它的意识为根据；相反，这个意识必须从物质生活的矛盾中，从社会生产力和生产关系之间的现存冲突中去解释。"是以纯粹现代生产方式为正义，对"冲突"的判断，上层建筑意识形态为了获得"自然预供食料"，必须服从经济基础意识形态的判断。

揭示资产阶级不是永恒的范畴，"……资产阶级的生产关系是社会生产过程的最后一个对抗形式，这里所说的对抗，不是指个人的对抗，而是指从个人的社会生活条件中生长出来的对抗"。

揭露资产阶级极端叛乱生产力畸形发展为自己培养了掘墓人，"但是，在资产阶级社会的胎胞里发展的生产力，同时又创造着解决这种对抗的物质条件"①。"一条新的发展道路也在这里开辟出来了"。②

表现为生产方式的自然历史寿命，不受政治、意识形态建筑师所左右，"无论哪一个社会形态，在它们所能容纳的全部生产力发挥出来以前，是决不会灭亡的"。

二、经济基础与上层建筑的辩证关系

人类社会是有机体，"城邦（政府）各个职能类似动物各个部分（器官）"③。

（一）经济基础与上层建筑的辩证关系。

在《家庭、私有制和国家的起源》中恩格斯指出有多个层面。

第一层面，阶级斗争是经济关系的产物，"这些互相斗争的社会阶级在任何时候都是生产关系和交换关系的产物，一句话，都是自己时代的经济关系的产物"。

---

① 《马克思恩格斯选集》，第二卷，人民出版社1972年版，第82页。
② 《马克思恩格斯全集》，第21卷，人民出版社1965年版，第320页。
③ 〔古希腊〕亚里士多德：《政治学》，商务印书馆1965年版，90b25—37。

第二层面，上层建筑是按经济基础的形式建构，"因而每一时代的社会经济结构形成现实基础，每一个历史时期由法律设施和政治设施以及宗教的、哲学的和其他的观念形式所构成的全部上层建筑，归根到底都应由这个基础来说明的"。

第三层面，存在说明意识，"这样一来，唯心主义从它的最后的避难所即历史观中被驱逐出去了，唯物主义的历史观被提出来了，用人们的存在说明他们的意识，而不是像以往那样用人们的意识说明他们的存在这样一条道路已经找到了"。[①]

（二）物质的对立面不同，物质在不同范畴有不同含义。

当物质生产力与生产关系的法权形式对称，物质生产力是指能够用物理化学精确计算的生产力。

当物质与上层建筑对立，物质是指物质生产，或生产方式、经济物质基础概念。

当物质与意识形态相对立，是指物质生产意识形态与唯心主义意识形态的对立，基于现代生产方式和生产关系是"用公正的方法获得财富"意识形态和行动的合一。

关于经济基础与经济，现代生产方式有时也被称作是现代经济（包括生产力与生产关系）。

第二小节　经济基础意识形态，滋养上层建筑意识形态

一、唯物观念意识形态

（一）关于思维的基本概念。

意识形态（英文：Ideology，也写作"意识型态"），是指一种观念的集合。当今世界最有代表性的意识形态是资本主义和社会主义。这两种意识形态因政体的关系巩固发展并变化着。

---

① 《马克思恩格斯选集》，第三卷，人民出版社1972年版，第66页。

关于"意识"的生物学解释。人的意识产生于脑部。人的大脑、小脑、丘脑、下丘脑、基底核和肠道神经系统等,将视觉、听觉、触觉、嗅觉、味觉、古道热肠神经系统等各种感觉信息,经脑神经元逐级传递分析为样本,由丘脑合成为丘觉,并发放至大脑联络区,令大脑产生觉知,即人的意识。

思维,人脑借助于语言和形象对事物的概括和间接的反应过程。

意向,是指心之所向,意图。意向可以指志向,也可以指心之所向即内心的愿望或意图。个人意向与社会意向有同一性差异、无同一性两种形式。

意向在心理学中的含义。它指的是认知主体在接触客观事物后,根据感觉来源传递的表象信息,在思维空间中形成的有关认知客体的加工形象。这种形象在头脑里留下物理记忆痕迹,而与整体记忆网络(知识地图)形成结构关系。

意识的根本意义在于意向性,在意识里没有优先于意向性的事情,没有意向,思想就不能发生。无论有没有先天结构,经验结构的形成都需要一个建构性的意向性过程,而意向活动就是建构的过程。……而未来才是忧患。[1] 如果没有意向,思维就因失去了准绳而混乱、不能形成思维过程。

唯物观念论的"意向"有唯物和向善向度。

意识有向度的原因,第一,客观规律,地球自然环境选择适度者生存;第二,社会食色繁衍发展选择"适度共生"的群体人口兴旺、长寿;第三,人体内生性神经系统二元实料构成性向善。古肠腔动物变异进化为脊椎动物,肠道神经系统保持了古老的适度独立性与传导沟通性,与大脑神经系统建构了三分法构成性,同一性差异,对立、斗争、折中统一"思维意向性",外部自然选择向善生命个体的内生性张力最强大,适宜长寿(见本书结语)。

在古希腊亚里士多德《政治学》中,一是"发生程序上身体先于灵

---

[1] 赵汀阳:《人工智能还给人类的思维难题》,载《中国社会科学》,2024 年第 8 期。

魂，灵魂中无理性先于理性因素"。二是生存顺序，"生产所以维持人生（生存）"。三是先有生产供给，后有身从魂，"自然为群生预供食料"。基础上"身从魂，幼从长"①，也是存在先于意识。

而在欧洲"存在与意识"哲学命题，或许与古希腊罗马奴隶制崇尚极端自由而鄙视（奴隶）劳动有些许关系，而宗教以认识或控制"人们的灵魂"为要务，是唯心主义的土壤。唯心主义实质是有产、有闲阶级用财产所有权剥夺劳动剩余价值的同时，还要对无产阶级进行精神禁锢和霸凌。

关于哲学。恩格斯认为"全部哲学，特别是近代哲学的重大的基本问题，是思维和存在的关系问题"②。"物质不是精神的产物，而精神本身只是物质的最高产物"③。

（二）古希腊亚里士多德已经大量使用"观念"这个词，认为"世俗之见"为大家共同的观念，其中存在真理，但应加以分析、修正并提高④，其程序可以归纳为：

感知现象→向善之见→真相→修正、变革→增益→文明进步

唯物观念论指"观念和意识（ideas）的过程"。它能够发挥重要作用，一是，它是人体内部"神经——内分泌—免疫网络"联络、调节、控制、保卫、修复功能形式，在与外在发生关系时形成了人体的外在表现，即刺激元，概念、观念；二是，它从人类的世俗之见中归纳出了"道"，例如向善、正义、平等，它们是实存的，又是对新事物的理想与期许，从而以"理性的世俗之见"——大道至简，对现存秩序表达不满，提出批评；它提供未来理想的模式；它指出政治变迁如何发生，指明人们应该如何改变

---

① 〔古希腊〕亚里士多德：《政治学》，商务印书馆1965年版，一是，见34b20；三是，见56b—7，58a35，52a30，54a14—55a3，54a14—55a3。
② 《马克思恩格斯文集》，第4卷，人民出版社2009年版，第277页。
③ 《马克思恩格斯文集》，第4卷，人民出版社2009年版，第281页。
④ 〔古希腊〕亚里士多德：《政治学》，商务印书馆1965年版，第148页注释⑤（参看《尼伦》卷十章二）。

现实。

《政治经济学批判（1857—1858年手稿）》中指出："如果从观念上来考察，那么一定的意识形式的解体足以使整个时代覆灭。在现实中，意识的这种限制是同物质生产力的一定发展程度，因而是同财富的一定发展程度相适应的。当然，发展不仅是在旧的基础上发生的，而且就是这个基础本身的发展。这个基础本身的最高发展（这个基础变成的花朵；但这仍然是这个基础，是作为花朵的这株植物；因此，开花以后和开花的结果就是枯萎），是达到这样一点：这时基础本身取得的形式使它能和生产力的最高发展，因而也和个人的最丰富的发展相一致。一旦达到这一点，进一步的发展就表现为衰落，而新的发展则在一个新的基础上开始"。从马克思的唯物观念论视域上来考察，"意识的这种限制是同物质生产力的一定发展程度，因而是同财富的一定发展程度相适应的"，正是被生产方式限制"意识"，或者说代表生产方式的"一定的意识形式的解体足以使整个时代覆灭"，"用公正的方法获得财富"观念意识形态在13—14世纪重建，足以让奴隶制、农奴制毁灭；"全世界无产阶级联合起来！"足以让"资产阶级专政自由意志极端叛乱"政权毁灭，"而新的发展则在一个新的基础上开始。"无产阶级暴力反抗夺取政权专政接管并修复纯粹现代生产方式正当性，即科学社会主义的新的卝始。唯物观念论本身包含社会经济基础的意识形态，所以马克思恩格斯从未使用也没有必要使用唯物主义哲学这个词汇。

（二）"生产所以维持人生（存在）"存在第一性，意识第二性。

人是自然界的人。人直接地是自然存在物；人是有冗余能动的类存在物。

人与自然界的统一。人与生物自然界统一于有冗余，统一于实践认识，统一于社会有机构成性。

自然界是人所认识的自然界。自然界是从生物到人类的无机物供应机体，自然界是人的精神源泉。"没有自然界，没有感性的外部世界，工人什么也不能创造。它是工人的劳动得以实现、工人的劳动在其中活动、工人的劳动从中生产出和借以生产出自己的产品的材料。"①

劳动是人与动物区别的标志，劳动过程伴着意识的产生，若离开了自然界，劳动就失去了生产的材料，意识也失去了来源。人的"感性的本质力量"，"思维本身的要素，思想的生命表现的要素，即语言，是感性的自然界"②。即意识包括思维的要素——语言、形象、符号，都来源于自然界。自然界是人的精神的源泉。

物质财富层面。社会与自然之间，自然是静态的，社会以劳动为特征的主动性、单一性、多样、复杂灵活随机性。

因此认为人与动物的区别是人有精神，是本末倒置。唯心意识形态的问题是以意识为主体，而与实践可能脱节。

二、历史纵向：不同历史时期的经济社会定在和定在方式

历史唯物主义中的现实唯物主义立场，"说到生产，总是指在一定社会发展阶段上的生产——社会个人的生产。因而，好象只要一说到生产，我们或者就要把历史发展过程在它的各个阶段上一一加以研究，或者一开始就要声明，我们指的是某个一定的历史时代"③。

随着生产方式的历史变革，变革经济关系，"人们借以进行生产、消费和交换的经济形式是暂时的和历史性的形式。随着新的生产力的获得，人们便改变自己的生产方式，而随着生产方式的改变，他们便改变所有不过是这一特定生产方式的必然关系的经济关系"④。

例如，"资本也是一种社会生产关系。这是资产阶级的生产关系（bürgerliches Produktionsverhältnis——引者注），是资产阶级社会的生产关系。构成资本的生活资料、劳动工具和原料，难道不是在一定的社会条件下，不是在一定的社会关系（bestimmten gesellschaftlichen Verhältnissen——

---

① 《马克思恩格斯文集》，第1卷，人民出版社2009年版，第161页。
② 《马克思恩格斯文集》，第1卷，人民出版社2009年版，第194页。
③ 《马克思恩格斯全集》，第46卷上，人民出版社2003年版，第22页。
④ 《马克思恩格斯全集》，第27卷，人民出版社1972年版，第478—479页。

引者注）下生产出来和积累起来的吗？难道这一切不是在一定的社会条件下，在一定的社会关系内被用来进行新生产的吗？并且，难道不正是这种一定的社会性质（bestimmte gesellschaftliche Charakter——引者注）把那些用来进行新生产的产品变为资本的吗？"①

历史变革特定的"社会存在限定意识"背后的"一定性"，"在消费过程中发生的个人的最终占有，再生产出处于原有关系的个人，即处在他们对于生产过程的原有关系和他们彼此之间的原有关系中的个人；再生产出处在他们的社会定在（gesellschaftlichen Dasein——引者注）中的个人，因而再生产出他们的社会定在（gesellschaftliches Dasein——引者注），即社会（Gesellschaft——引者注），而社会既是这一巨大的总过程的主体，也是这一总过程的结果"②。"社会存在限定意识"背后对应的"一定性"。

"价值"概念的历史延续性，"价值规定本身要以社会生产方式的一定的历史阶段为前提，而它本身就是和这种历史阶段一起产生的关系，从而是一种历史的关系。另一方面，价值规定的有些因素是在历史的社会生产过程的一些较早的阶段上发展起来的，而且表现为这一过程的结果"③。只有发展到了现代生产方式历史阶段，才出现"通工等偿"等价交换价值规律确定性。

但是，也存在历史纵横共性价值，"一切生产都是个人在一定社会形式中并借这种社会形式而进行的对自然的占有。在这个意义上，说财产（占有）是生产的一个条件，那是同义反复"④。还有"生产所以维持人生（生存）"，在人类为生存而斗争阶段，是亘古不变的真理。

---

① 《马克思恩格斯全集》，第6卷，人民出版社1961年版，第487页。中译文有改动。
② 《马克思恩格斯全集》，第31卷，人民出版社1998年版，第112—113页。中译文有改动。
③ 《马克思恩格斯全集》，第46卷上，人民出版社2003年版，第205页。
④ 《马克思恩格斯全集》，第46卷上，人民出版社2003年版，第24页。

三、历史横向：物质生产意识形态，决定上层建筑意识形态

（一）概念、观念、意识最初是底层生产劳动者用语言逻辑表达出来的，传递给了不直接劳动的所谓上层建筑形成意识形态。

"每个原理都有其出现的世纪。例如，与权威原理相适应的是11世纪，与个人主义原理相适应的是18世纪"。① 11世纪英国日耳曼部落法"王在法之下"法则协调了贵族与国王权力制衡和平相处，是出现"权威"概念的法律背景。1765年，"文明"这个概念才出现，"个人主义"概念出现。

马克思《致巴·瓦·安年柯夫的信》和《哲学的贫困》中讨论一定的社会关系具有历史性和暂时性的辨识焦点一致。所以，马克思指出："黑人就是黑人。只有在一定的关系（bestimmten Verhältnissen——引者注）下，他才成为奴隶。纺纱机是纺棉花的机器。只有在一定的关系下，它才成为资本。脱离了这种关系，它也就不是资本了，就像黄金本身并不是货币，砂糖并不是砂糖的价格一样。"② 显然，这里的 bestimmten Verhältnissen 就是黑格尔法哲学中那个在否定语境中在场的经济关系"定在"。黑人是黑色皮肤的人种，并不是天生的奴隶，只是在一定的奴隶制度下他们才沦为奴隶。

古希腊亚里士多德从共同体习俗中抽象出"向善"，平等正义。

基督教意识形态来源于底层，并且形成了制度。基督教让人们向神父、牧师忏悔，教会学者从"忏悔录"中获得新概念、观念、习俗，语言逻辑，成就了现代生产方式的法律运筹机制，"禁止高利贷—三重契约"。

中国古代重视"游学""采风"。要求官员进行田野调查。

存在决定意识，就是巴甫洛夫的"条件反射"定律在人类身上的应验，"意识"是从亲自"条件反射"作为起点。

（二）一个社会中出现的思想观念，总是特定社会关系的主观映现。

---

① 《马克思恩格斯全集》，第4卷，人民出版社1958年版，第148页。
② 《马克思恩格斯全集》，第6卷，人民出版社1961年版，第486页。

马克思说:"适应自己的物质生产水平而生产出社会关系的人,也生产出各种观念、范畴,即这些社会关系的抽象的、观念的表现。所以,范畴也和它们所表现的关系一样不是永恒的。这是历史的和暂时的产物。"① 这也就是说,对广义历史唯物主义中的意识观的本质,马克思除去用社会生活中的相互关系作为意识活动的基础,还特别强调了这种结构性关系制约的历史性规定。

马克思明确指出,蒲鲁东和一切资产阶级政治经济学家的观点都不过是一定的社会经济关系的理论反映。"人们按照自己的物质生产的发展建立相应的社会关系,正是这些人又按照自己的社会关系创造了相应的原理、观念和范畴。所以,这些观念、范畴也同它们所表现的关系一样,不是永恒的。它们是历史的暂时的产物。生产力的增长、社会关系的破坏、思想的产生都是不断变动的。"②"蒲鲁东先生主要是由于缺乏历史知识而没有看到:人们在发展其生产力时,即在生活时,也发展着一定的相互关系;这些关系的性质必然随着这些生产力的改变和发展而改变。他没有看到:经济范畴只是这些现实关系的抽象,它们仅仅在这些关系存在的时候才是真实的。"③ 古希腊亚里士多德从经济、社会、伦理三个视域观察市民社会的人。马克思将人的处境分析为物质性存在、社会关系存在、精神存在、生物有机存在,及其实料共同构成性,即"构境"。这是马克思历史唯物主义意识观构境的第一层面,即一个社会中出现的思想观念,总是特定社会关系的主观映现。在第二构境层即一定性的具体时空场境,其中有两个构序质点,一是特定的构序,二是明确指认。第三构境层是从社会结构的角度④。

1848 年的《共产党宣言》中再一次得到强化。马克思和恩格斯认为:

---

① 《马克思恩格斯全集》,第 27 卷,人民出版社 1972 年版,第 484 页。
② 《马克思恩格斯全集》,第 4 卷,人民出版社 1958 年版,第 144 页。
③ 《马克思恩格斯全集》,第 27 卷,人民出版社 1972 年版,第 482 页。
④ 张一兵:《马克思历史唯物主义中的社会定在概念》,载《哲学研究》,2019 年第 6 期。

"人们的观念、观点和概念，一句话，人们的意识，随着人们的生活条件、人们的社会关系、人们的社会定在（gesellschaftlichen Dasein——引者注）的改变而改变，这难道需要经过深思才能了解吗？"

"人们在生产中不仅仅同自然界发生关系（sich beziehen）。他们如果不以一定方式（bestimte Weise——引者注）结合起来共同活动和互相交换其活动，便不能进行生产。为了进行生产，人们便发生一定的联系和关系（bestimmte Beziehungen und Verhältnisse——引者注）；只有在这些社会联系和社会关系（die gesellschaftliche Beziehungen und Verhältnisse——引者注）的范围内，才会有他们对自然界的关系，才会有生产。"①

"在研究经济范畴的发展时，正如在研究任何历史科学、社会科学时一样，应当时刻把握住：无论在现实中或在头脑中，主体——这里是现代资产阶级社会——都是既定的；因而范畴表现这个一定社会即这个主体的存在形式、存在规定、常常只是个别的侧面；因此，这个一定社会在科学上也决不是在把它当作这样一个社会来谈论的时候才开始存在的。"② 范畴是"形"，是已经被抽象了的"器物"。

"物质生活的生产方式制约着整个社会生活、政治生活和精神生活的过程。不是人们的意识决定人们的存在，相反，是人们的社会存在决定人们的意识。"表现为人类只能实现能够解决的意识形态，"所以人类始终只提出自己能够解决的任务，因为只要仔细考察就可以发现，任务本身，只有在解决它的物质条件已经存在或者至少是在生成过程中的时候，才会产生。"第一个构境层是明确表述历史唯物主义中的唯物主义立场。按照长历史、大历史，外在条件是不断变化的，而各个历史阶段，是特定条件的产物。例如英国11世纪"王在法之下"取得支配地位，成就了1215年《自由大宪章》，这一特殊条件，给予重建古希腊那种共同体可能、可行性。

---

① 张一兵：《马克思历史唯物主义中的社会定在概念》，载《哲学研究》，2019年第6期。原文见《马克思恩格斯全集》，第6卷，人民出版社1961年版，第486页。

② 《马克思恩格斯全集》，第46卷上，人民出版社2003年版，第44页。

因此,"没有理解把资产阶级生产具有的各种形式结合起来的联系,他不懂得一定时代中生产所具有的各种形式的历史的和暂时的性质"①。而蒲鲁东将资产阶级意识形态视为永恒范畴。

生产方式决定上层建筑和精神生活,"物质生活的生产方式制约着整个社会生活、政治生活和精神生活的过程。不是人们的意识决定人们的存在,相反,是人们的社会存在决定人们的意识"②。因为有限度的生产方式,养活不了想入非非"意识形态"的无限贪婪。

(三)"意识形态的形式"与现象的关系。

《〈政治经济学批判〉序言》,"那些法律的、政治的、宗教的、艺术或哲学的,简言之,意识形态的形式"。各类意识形态的外在表现,叫做意识形态的形式。

唯物观念意识形态的广度和深度:"这个意识必须从物质生活的矛盾中,从社会生产力和生产关系之间的现存冲突中去解释。"

(四)唯物观念意识形态与现象、上层建筑与经济基础,是辩证关系,以正义为准则的生存有机关系。"对政治法律形式的说明要在'物质生活关系'中去寻找"③是第二因。列宁在《什么是"人民之友"以及他们如何攻击社会民主党人?》一文中,进一步强调马克思的基本思想"是把社会关系分成物质的社会关系和思想的社会关系。思想的社会关系不过是物质的社会关系的上层建筑,而物质的社会关系是不以人的意志和意识为转移而形成的,是人维持生存的活动的(结果)形式"。

现代经济"用公正的方法获得财富"是经济基础规范意识形态。

在经济领域,物质的就是市民世俗的,特别是生产方式是物质与精神结合,经济绝对不是不讲伦理道德法律、只知趋利的经济人。生产力是人类自由意志活动其中的生产力,生产力必须向善;现代生产关系的特征是

---

① 《马克思恩格斯全集》,第27卷,人民出版社1972年版,第481—482页。
② 《马克思恩格斯选集》,第二卷,人民出版社1972年版,第82页。
③ 《列宁全集》,第1卷,人民出版社1984年版,第120—121页。

有机体关系,是法制生产力范畴的思想意识和有机体活动。

当然,意识形态之所以存在,一是它是人体"神经—内分泌—免疫网络"的一种外在表现;二是意识形态也有"冲动、暴力、适度"三种可能性不可行性张力,当意识形态向善悲悯,才存在为现代生产方式为正义服务的可能性、可行性。当上层建筑的意识形态来自田野调查,来自对经济基础意识形态(习惯)所做深加工和再抽象,则形成的成本低,其价值性、有效性、安全稳定可持续性有物质基础、社会基础保障。

名词与概念:

生产方式　　生产力要素　　生产关系要素

新生产方式　　新生产力　　新生产关系　　现代生产力向善

旧生产方式　　旧生产力　　旧生产关系

生产关系的法权形式是经济基础

"用公正的方法获得财富"是现代经济基础意识形态

唯物主义　　唯物观念论　　唯心主义

唯物观念的意识形态的形式　　唯心主义的意识形态的形式

区别和质疑:

(一)苏联购买先进生产力,但是输给了将未来20年借给现在方式。说明,一时先进的生产力,并没有创造出现代生产方式和它的生产关系。在中国,"生产力决定生产关系"已经争论了60年,有不确定性①,生产力与生产关系之间也不是两个独立范畴之间的物理作用与反作用关系。

(二)现代生产方式不是由农奴制生产力缓慢发展而来,而是在次一级手工业生产交换基础上的异化、重建、"自治"变法萌生。

---

① 郭冠清:《回到马克思:对生产力—生产方式—生产关系原理再解读》,载《当代经济研究》,2020年第3期。胡钧、陶玉:《生产关系是生产力发展的根本动力》,载《经济纵横》,2011年第3期。

欧洲农奴制生产力"马拉铁犁"在千年里处于"静止"状态，尽管准备了某些条件（农奴徭役，逃亡农奴，少量手工业市场）。

（三）生产方式与生产方法的区别，前者是指自然历史阶段，后者是指微观、阶段性生产方法。

（四）固定在现代生产中的法律是生产关系法权形式即经济基础。

而资产阶级统治意志极端叛乱制定的法律是"主权命令"专制制定法。

（五）有学者认为中国理科落后世界70年。其计算错误在于，不能区别科学技术属于自然辩证法，而科学技术转化为生产力属于法制变革运筹机制。禁止高利贷—三重契约，在1998年法律条件备齐，预期先进生产线抵押贷款立竿见影，中国进入快车道，现在已经大部分超越西方。按此速度所谓70年的差距（1954年以来的技术），可以在10年内全部赶上。

有学者认为中国文科落后世界700年。是指1215年英国《自由大宪章》王在法之下。而中国王在法之下，《孟子》"民为重，社稷次之，君为轻"比欧洲早了1700年。中国井田制"仁、义、均"是礼法社会主义。

而统治欧洲的日耳曼野蛮部落法，自由契约优胜劣汰弱肉强食丛林霸道，封建领主、民族国家之间的"异类、冲突、暴力战争"从未停歇，一方面是以宗教休闲精神哲学在贵族的圈养下畸形生长，另一方面是人口增长缓慢，在17世纪才出现笛卡尔等哲学家时代，30年战争死伤惨重，仅德国人口下降1/3，男丁死亡1/2。或者说正是由于中世纪太过黑暗，才出现那么多革命仁人志士呐喊声。

而中国古代是以农业定居人口论文明。中国古代人口是世界最多的文明型国家。

第七章　生产关系法权形式是经济基础

背景：

"用公正的方法获得财富"，是意识形态，是法律正义，也是现代经济规则与秩序规范的行动实践。

上层建筑与经济基础黑白之间存在灰色地带，法律兼有两种身份，法律以民为本、王在法下，但是法律需要政治强力扶助；而生产关系法权形式直接就是经济基础。

第一节　法律上层建筑与经济基础法律形式的辩证关系

第一小节　法与法律的唯物观念论

一、法的"唯物辩证观念论"

如果将伊壁鸠鲁的物质快乐自然主义设定是唯物主义，那么亚里士多德是唯物观念论者，即对"现象"进行正义、正当、合法性追问，提升现象的向善价值高度和有效性力度，引导现实向文明方向进化。

（一）法的生物规律：确定性，价值性，有效性。

中国话语，道法自然，自然是道法的原本。正如孟德斯鸠指出，"从最广泛的意义来说，法是由事物的性质产生出来的必然关系。在这个意义上，一切存在物都有它们的法"①。而理性还只是有待证明的概念。

法的现象的运动规律实际上就是人们从事法律实践的规律。法的现象总是和人们一定的有意识有目的的为生存而进行的生产活动联系在一起，恩格斯指出，"社会发展史却有一点是和自然发展史根本不相同的。在自然界中（如果我们把人对自然界的反作用撇开不谈）……都没有任何事情是作为预期的自觉的目的发生的。相反，在社会历史领域内进行活动的，是具有意识的、经过思虑或凭激情行动的、追求某种目的的人；任何事情的发生都不是没有自觉的意图，没有预期的目的的"②，生物与无机物规律的最大区别是无机物不需要随时补充能量，而生物自出生所需要的条件和各自允许的范围已经预先客观确定，生物必须在生命全过程有冗余来应对允许范围内的条件的消耗，就要求不断为自己补充被消耗的冗余。所以，"有冗余"属于因果构成性关系，在行动之前"因为需要补充能量"的"目的"就出现了，需要预定方法，并落实为行动，实现预期的冗余结果，才能有生存的物质条件。也正因此，作为人群构成的社会的法必须有最基本的因果预期确定性、价值性、有效性，有以正义平等为准则的允许波动区间，区间内量化的公平。

（二）先有市民社会法，后有国家和制定法。"历史进程是受内在的一般规律支配的"③。针对黑格尔的国家是决定的因素，市民社会是被国家决定的因素的观点，恩格斯指出，"国家、政治制度是从属的东西，而市民社会、经济关系的领域是决定性的因素"④。考古发现，人类历史是先出现部落生产共同体，后有城邦生产共同体，再有国家。欧洲现代发展史，先有新兴城邦出现的以逃亡农奴和"光蛋贵族"组成的手工业生产市民共同体自治，后有城邦或公社手工业生产市民共同体自治，1648年《威斯特伐利亚和约》欧洲才承认民族国家主权独立。1689年，英国第三等级英雄革

---

① 〔法〕孟德斯鸠：《论法的精神》，上册，商务印书馆1961年版，第1页。
② 《马克思恩格斯文集》，第4卷，人民出版社2009年版，第301—302页。
③ 《马克思恩格斯文集》，第4卷，人民出版社2009年版，第302页。
④ 《马克思恩格斯文集》，第4卷，人民出版社2009年版，第306页。

命胜利市民法上升为国家统一大法，才建立起现代民族主权独立国家，是先有手工业生产共同体市民社会，后有现代国家。

（三）法的历史继承性与经济必然性。社会法权关系的思想表现必须从已有的思想材料出发。法是经验的，是为了避免"创新法"对人类自身的毁灭性伤害。

物质生活条件和经济交往方式的发展，直接对立法、司法发展构成影响，"这一点是从法院权力的历史发展和封建主对法的发展的抱怨中已经可以看清楚的。正是在介于贵族统治和资产阶级统治之间的时期，当时两个阶级的利益彼此发生了冲突，欧洲各国之间的贸易关系开始重要起来，从而国际关系本身也带上了资产阶级的色彩，正是在这样一个时期，法院的权力开始获得重要的意义；而在资产阶级统治下，当这种广泛发展的分工成为绝对必要的时候，法院的权力达到了自己的最高峰"[①]。"继承法最清楚地说明了法对于生产关系的依存性。"[②]

现代法顺应现代生产方式的规则与秩序，"每当工业和商业的发展创造出新的交往形式，例如保险公司等等，法便不得不承认它们都是获得财产的方式"[③]。案例法是一把双刃剑，有贴近现实的优点，但也有系统性特征导致大众不容易把握的弱点，容易被垄断。法对其赖以存在的经济基础又起着积极的推动作用，例如当三重契约兴起，现代生产方式进入高级阶段。

恩格斯论述了西欧大陆各国以罗马法为权威的确认形式，英国"简单地通过审判的实践降低罗马法，使它适合于这个社会的状况（普通法）"[④]。为适应资本主义经济关系迅速发展的需要，第三等级统治者通过法律的途径来改造罗马法，使之与原先的习惯法结合起来。

---

① 《马克思恩格斯全集》，第3卷，人民出版社1960年版，第396页。
② 《马克思恩格斯全集》，第3卷，人民出版社1960年版，第420页。
③ 《马克思恩格斯文集》，第1卷，人民出版社2009年版，第586页。
④ 《马克思恩格斯文集》，第4卷，人民出版社2009年版，第307页。

（四）唯物观念论的价值性、有效性。

在欧洲黑暗的中世纪重建古希腊式手工业生产共同体，得到市民的拥护而渐渐形成习惯，定制法律的贤者先是搜集这些习惯，并通过"正义观念思维"进行正当性、合法性、可能性、可行性的追问，对市民习惯（唯物）实施观念性上升，这是"思维"能动适应性程序，以求实体法具备高度价值性和有效性。

（五）法的继承性与革命性的辩证关系。恩格斯指出："须知革命权是唯一的真正'历史权利'——是所有现代国家一无例外都以它为基础建立起来的唯一权利。"革命是历史过程，现代生产方式初级阶段"分工协作—通工等偿"首先是继承了奴隶制、农奴制中所存在的次一级生产方式"分工协作"，然后由穷苦自由平民自发异化为"分工协作—通工等偿"正义形式，底层市民试水在前。表现为在优良的市民习惯法护佑和推动下，现代生产方式在自治"胎胞"里成熟后才会出世对旧社会采取革命行动并获得成功。

（六）法律现象的内容与形式的关系是一个很重要的问题。愿望或国家意志（即法律形式）与社会经济关系之间，国家意志是社会经济生活条件的表现形式，而社会经济关系则是国家意志的内容。恩格斯指出："在现代历史中，国家的意志总的说来是由市民社会的不断变化的需要，是由某个阶级的优势地位，归根到底，是由生产力和交换关系的发展决定的。"① "应当为了法权要求而进行"，因为它是"争取占有国家的斗争"。② 经济内容的"法的条件"，是由一定的现实物质生产关系所决定的。③ 王汉斌在《关于〈中华人民共和国民法通则（草案）〉的说明》中指出："法律形式表现了社会的经济生活条件。"经济内容和它的形式，应在"经济"的同一个层面，如果统治阶级意志创建的法律适应现代生产方式，就应当是上层建筑法律转化为经济基础法律的辩证关系，而不是一律

---

① 《马克思恩格斯文集》，第4卷，人民出版社2009年版，第306页。
② 《马克思恩格斯全集》，第21卷，人民出版社1965年版，第546页。
③ 《马克思恩格新全集》，第3卷，人民出版社1960年版，第377—379页。

废除上层建筑设立的法律。

法律是经济内容的反射或规范,"观念的表现实际上只是这种现实的映像"①,"有机地联系着的东西";如果"纯粹反射联系中的东西"②被反复长期条件反射联系,就会表现为20世纪巴甫洛夫的条件反射定律,人们的生产生活习惯法则也必然客观反映到市民社会自治的法律中,并进而上升为国家法律制度,这就是历史逻辑。

内容(事物的内在诸要素的总和)和形式有辩证关系,以正义为准则;旧的形式中的合理部分可以保留下来为新的形式所用,最大限度地减少破坏,成本低效率高。

二、"用公正的方法获得财富"是经济基础意识形态观念

(一)马克思和恩格斯都认为西方经济学的起点应当是色诺芬的《经济论 雅典的收入》。③ 这本书借用"苏格拉底对话录",首次使用"经济"一词。苏格拉底反抗日渐衰落的雅典城邦制度,提出了哲学命题"用公正的方法获得财富"。苏格拉底"公正方法"命题将"经济学"归类为"法的方法的经济""正义方法与目标的经济"范畴,是哲学经济的"初心"。以"初心"为标杆,验证"分工协作—通工等偿""禁止高利贷—三重契约""剩余价值率1∶1"、债务人取得与债权人优先平等的权利,符合"用公正的方法获得财富"准则,从而现代生产方式规则与秩序获得正当合法性。

在英国,财产所有权从依附于政治权力到独立出来经历了一个买卖过程,"国会实际上是用货币购买爱德华一世和爱德华三世对其立法、调查弊端和分享国家政策指导权力的承认……代价是从他们全部的动产中拿出

---

① 《马克思恩格斯全集》,第30卷,人民出版社1995年版,第204页。
② 《马克思恩格斯选集》,第二卷,人民出版社1975年版,第91页。
③ 〔古希腊〕色诺芬:《经济论 雅典的收入》,商务印书馆1961年版,译序。《资本论》,第一卷,人民出版社1975年版,第405页注(81)。
《马克思恩格斯选集》,第三卷,人民出版社1972年版,第268页:"希腊人……在历史上成为近代科学理论的出发点。"

十五分之一转让给我们"①。是否可以说，正是遵照资本使用者阶层组成的代议会的意志制定的法律，反映了现代经济的规则和秩序，所以推动了西方经济的高速发展，法律本身也就与它的宿主（现代经济）一起被保留、被发展、被历史守成，经济内容（财产）的法律形式（财产法）是经济基础。

（二）"王在法下"是辩证关系，历史逻辑是法律由上层建筑颁布和强力推行；但是王在法下，上层建筑必须受到法律的约束。

（三）在古希腊哲学中"政治"这个概念，源于城邦共同体内部的"合理分配"，政治既是部落首领的权力上的建筑师，也是经济基础活动"分配"的建筑师或舵师。

上层建筑与经济基础存在混杂的灰色地带，例如"法律的本质"和"法律成立的程序"就分别属于国家建筑的两个层级。

法律的本源是社会。工业革命的英国，早期传承了日耳曼野蛮部落法"王在法下"，英国惯例法和案例法的内容直接来源于习惯和著名判例，而"制定法"也深受惯例法影响，例如置地法和土地租金售卖法都是已经流行多年后，王权才依惯例颁布制定法令。而现代法律内容的第二个来源，是固定在现代经济规则与秩序中的适合的法与法律上升为国家大法。

法律是行为法，包括经济领域合法行为属于生产关系的法权形式是经济基础。

上层建筑也有经济基础行为：常见如行政管理体制改革、法律法规的完善、思想观念的解放等。但需注意并不是所有的法律修改都是上层建筑范畴，如《中华人民共和国个人所得税法》将个税起征点提高到5000元，就有"高中政治资源"认为这是属于生产关系里的"分配"改革，是经济基础，这正如马克思所发现并界定的，"这种规则和秩序，正好是一种生

---

① 参见〔美〕道格拉斯·诺斯、罗伯特·托马斯：《西方世界的兴起》，华夏出版社1989年版，第93—94页。

产方式的社会固定的形式，……"①，即生产关系的法权形式是经济基础。就是说，法与法律观念是上层建筑，关于政治、意识形态、文化等的实体法是上层建筑，而关于生产关系的实体法是经济基础。所以得看法律修改完善的内容而定。

因此，关于法律究竟是生产关系法权形式经济基础，还是法律是由国家最高权力颁布、强制执行的上层建筑，需要具体问题具体分析。商品交换的实质是所有权的交换，总不能说人们逛商场是去逛上层建筑吧。

三、生产关系的法权形式是经济基础

（一）现代生产方式是历史纵向进步正义准则："只要与生产方式相适应，相一致，就是正义的；只要与生产方式相矛盾，就是非正义的。……奴隶制是非正义的"。现代法律，就是选择适合现代生产方式的那些实体法和形式法。

（二）市民社会是"市民法"的经济基础，"法的关系……既不能从它们本身来理解，也不能从所谓人类精神的一般发展来理解，相反，它们根源于物质的生活关系，这种物质的生活的总和，……称之为'市民社会'"②。生产关系表现为市民财产法形式，是生产关系法权形式，是经济基础，民本观，"当然，只有当法律是人民意志的自觉表现，因而是同人民的意志一起产生并按人民的意志所创立的时候，才会有确实的把握"。③

经济内容的法权形式，世界观要"从世界本身的原理中为世界阐发新原理"④，苏格拉底指出："像管理他自己的财产一样，把它管理的很好。任何会做木工的人，都能像给自己做工一样地给别人做工作"被欧洲各种

---

① 《资本论》，第三卷，人民出版社1975年版，第894页。
② 《马克思恩格斯选集》，第二卷，人民出版社1972年版，第82页。
③ 《马克思恩格斯全集》，第1卷，人民出版社1954年版，第349页。参见1956年版第184页。
④ 《马克思恩格斯全集》，第1卷，人民出版社1954年版，第418页。

版本市民法所贯彻，阐发"互利互惠"新时代文明。

政治、法律建筑师随生产方式的变革而变革，"每种生产形式都产生出它特有的法权关系、统治形式等等"①。"不过是生产的一些特殊的方式，并且受生产的普遍规律的支配"②。是辩证关系。

现代经济的法律形式指财产法，"生产关系或财产关系（这只是生产关系的法律用语）"③。当劳动三要素全部商品化，意味着生产收入、消费全部经济活动都"劳动产品商品市场"化了，被称为市民社会。市民社会形成的法律，被称为市民法。市民法中的财产法的定义："财产法调整人们之间因物而产生的法律关系。"④

市民国家和法。针对社会复杂现象所采取的方法，"就是从社会生活的各种领域中划分出经济领域，从一切社会关系中划分出生产关系，即决定其余一切关系的基本的原始的关系"⑤。在任何时候，整个社会结构、国家形式以及法权现象，都可以从一定的经济形式当中找出最深的秘密和隐蔽基础。市民社会是国家和法的前提，是法的现象的基础和发源地，"生产的普遍规律"支配法权关系。这种学术抽象方法，从不否认个人、社会、国家、世界规律。

另外，在翻译成中文的时候，特别需要注意，马克思"政治的立法或市民的立法"的法律概念是精准的，不可以将"市民法"省略为"民法"。这是因为，在欧洲，"民"不包括奴隶，奴隶没有人格权，形同动物劳动力；欧洲市民实际不包括农奴，农奴受领主分封庄园法（政治权与土地财产权合一专制法）束缚在庄园土地上只从事庄园内部的劳作，不是城邦"市民"。在最近一次颁布的大英百科全书中，英语词汇中的农民——单纯的农业劳动者，只有农奴符合这个定义。相对比，中国自由自耕农工

---

① 《马克思恩格斯选集》，第二卷，人民出版社1972年版，第91页。
② 《马克思恩格斯全集》，人民出版社1979年版，第121页。
③ 《马克思恩格斯选集》，第二卷，人民出版社1972年版，第82页。
④ 〔英〕F.H.劳森、B.拉登：《财产法》，中国大百科全书出版社1998年版，第1页。
⑤ 《列宁全集》，第1卷，人民出版社1984年版，第107页。

商已经属于生产商市民社会性质。省略掉"市"字，就从我国古代"定分止争法"，降格成了"定纷止争"家长里短鸡毛蒜皮法。还有，中国的"坐贾行商"，贾是指既生产也买卖的生产商们，有固定的生产作坊和固定的买卖店铺或库房。而"商业"往往是指单纯的"行商"、货殖，因"行商"偏于一隅，而误导中国市场学成了货殖学。因此"商贾"应翻译为"工商"。

四、固定在现代生产运动中的法律形式，是经济基础

适合的法律是生产方式的社会固定的形式。马克思在研究资本主义地租产生时指出："社会上占统治地位的那部分人的利益，总是要把现状作为法律加以神圣化，并且要把习惯和传统对现状造成的各种限制，用法律固定下来。撇开其他一切情况不说，只要现状的基础即作为现状的基础的关系的不断再生产，随着时间的推移，取得了有规则的和有秩序的形式，这种情况就会自然产生；并且，这种规则和秩序本身，对任何要摆脱单纯的偶然性或任意性而取得社会的固定性和独立性的生产方式来说，是一个必不可少的要素。这种规则和秩序，正好是一种生产方式的社会固定的形式，因而是它相对地摆脱了单纯偶然性和单纯任意性的形式。"① 首先资本主义农场主生产方式必须比农奴制的生产力更高、经济基础更雄厚，并利用雄厚的现代经济基础，它的代表阶级才能够预先购买长期土地租金，购买包税权、关税权等，历史地长期占据现代经济统治地位，然后才是适合生产的习惯成自然法律，再后是通过革命实现习惯法上升为国家统一大法。其中，来源于公簿佃农的农场主和来源于农奴的无产自由劳动力他们共认的庄园习惯法均分规则，优先资本（债务）必须偿还，超额利润支付地租、财税，被写进市民习惯法。

法律是事物的法理的本质的反映，"事物的法理本质不能按法律行事，而法律倒必须按事物的法理本质行事"②，因为"法理"作为观念形态必

---

① 《资本论》，第三卷，人民出版社1975年版，第894页。
② 《马克思恩格斯全集》，第1卷，人民出版社1954年版，第244页。

须经过实践的验证其正确性、必须通过程序检验其正义性和大众性，通过国家权力机构颁布和强制执行，才能转化为实体法。历史唯物主义视域的法理概念，"这些抽象本身离开了现实的历史就没有任何价值"。①

法律以社会实践为基础，"社会不是以法律为基础的。那是法学家们的幻想。相反地，法律应该以社会为基础"②。这在自然法则、《汉谟拉比法典》、查士丁尼罗马法、英国案例法、习惯法中，实践案例来源表现得尤其明显。

适合的法律是生产关系的形式，它的实现路径是以生产方式为正义，对法律的选择，"生产当事人之间进行的交易的正义性在于：这种交易是从生产关系中作为自然结果产生出来的。这种经济交易作为当事人的意志行为，作为他们的共同意志的表示，作为可以由国家强加给立约双方的契约，表现在法律形式上，这些法律形式作为单纯的形式，是不能决定这个内容本身的。这些形式只是表示这个内容。这个内容，只要与生产方式相适应，相一致，就是正义的；只要与生产方式相矛盾，就是非正义的。在资本主义生产方式的基础上，奴隶制是非正义的；在商品质量上弄虚作假也是非正义的"③。选择适合现代生产方式的法律为正义。

法律被动转化为适应现代生产方式，"资本主义生产方式产生时遇到的土地所有权形式，是同它不相适应的。同它相适应的形式，是它自己使农业从属于资本之后才创造出来的……它一方面使土地所有权从统治和从属的关系下完全解放出来，另一方面又使作为劳动条件的土地同土地所有权和土地所有者完全分离，不管它们的法律形式如何不同，都转化为同这种生产方式相适应的经济形式"④。

在欧洲，从政治依附、表现贵族地位身份权力的所有权，变革为"土

---

① 《马克思恩格斯全集》，第3卷，人民出版社1960年版，第31页。
② 《马克思恩格斯全集》，第6卷，人民出版社1961年版，第291—292页。
③ 《资本论》，第三卷，人民出版社1975年版，第379页，司法和行政职能，见第436页。
④ 《资本论》，第三卷，人民出版社1975年版，第696页。

地是一种财产，是为占有人的经济利益服务的财产"①。因而，为了利益可以契约交换的财产，创造和转化的实质是土地和它的所有权的商品化，这是一个物质运动和法权关系变革相互作用的过程。

依法经济行为。生产关系的法权形式，是经济基础："把我们的全部叙述都建立在事实的基础上，并且竭力做到只是概括地说明这些事实"，"只要按照事物的本来面目及其产生根源来理解事物，任何深奥的哲学问题……都会被简单地归结为某种经验的事实"②。这一理论思路的突出点，强调法的现象既不能从它的本身来理解，也不能从所谓人类"精神"的一般发展来理解，而是根源于物质的生活关系。纵观历史著名法律，是对现象的归纳与抽象，包括生产、交换现象的抽象。而唯有生产方式作为物质可持久载体，将适合的法律传承下来。

关于好像是按"政治的、法律的建筑师"自由意志行事。

按照古希腊哲学政治与法律逻辑，法律为政制服务，由政府颁布，由国家机器强制保护并执行，因此，资产阶级统治意志制定的法律是"政治的、法律的上层建筑"，"因为国家是统治阶级的各个人借以实现其共同利益的形式，是该时代的整个市民社会获得集中表现的形式，所以可以得出结论：一切共同的规章都是以国家为中介的，都获得了政治形式。由此便产生了一种错觉，好像法律是以意志为基础的，而且是以脱离其现实基础的意志即自由意志为基础的。同样，法随后也被归结为法律"③。这里需要注意"好像"的意思所在。而市民社会国家统一大法，一是按现代生产方式对法律选择；二是固定在现代生产方式规则与秩序中的经济行为法律是经济基础；三是生产关系的法权形式，自然是经济基础范畴；四是法律尽管是由上层建筑颁布并强制执行，但是必须反映经济基础的意志，代表市民意志。上层建筑为经济基础服务。

---

① 〔美〕罗斯科·庞德：《法律史解释》，华夏出版社1989年版，第102页。
② 《马克思恩格斯全集》，第3卷，人民出版社1960年版，第49页。
③ 《马克思恩格斯选集》，第一卷，人民出版社1972年版，第63页。修改为"各个"。

第二小节　客观规律不可以创造或消灭，但是可以利用和限制

一、自然规律

客观规律，"为不以人们意志为转移的客观过程的反映。人们能发现这些法则，认识它们，研究它们，在自己的行动中估计到它们，利用它们来为社会谋福利，但是人们不能改变或废除这些法则，尤其不能制定或创造新的科学法则。……因为对自然法则的任何违反，即使是极小的违反，都只会引起事情的混乱，引起工作秩序的破坏"，"依靠它们，就能限制它们发生作用的范围，利用它们来谋福利，并'驾驭'它们"。而认为"能'制定'新的法则，'创造'新的法则，能造或消灭法则"是错误的。[①] 不能违反自然法则来制定、创造新的法则，仅仅是因为人为主观意志制定和创造的所谓法则，并没有得到实践的长期检验（英国现代生产方式经历了500年的实践检验），会给人民带来灾难，是对人民的不负责任，这就是空想社会主义的失败教训。

自然规律也因为条件限制不同，而存在各自的适用范围局限性。与经济有关的自然规律，第一类，与生物自然规律相关的法则，恒久不变法则，例如与经济有关的五项自然规律，具体表现为劳动者的基本生命发展权为边际。第二类，"至少其中的大多数，是在一定的历史时期中发生作用的，在此以后，它们就让位给新舞台，让位给新法则。……是在新的经济条件的基础上产生的"[②]。价值法则只在现代生产方式历史阶段是一般规律，而在奴隶制、农奴制社会，只在次一层级的城市手工业共同体市民社会中零星存在，不是普遍规律。第三类，某些事物不是独立的范畴，有

[①]　斯大林：《苏联社会主义经济问题》，人民出版社1952年版，第2、3、5、6、7页。

[②]　斯大林：《苏联社会主义经济问题》，人民出版社1952年版，第4页。

"不确定性"，即它们随附从属主体事物的那些法则。例如商品经济不是独立的范畴，在原始社会后期至现代生产方式的各个历史阶段都存在过，并且为各个生产方式服务过，当剥削不受限制，商业资本剥夺买方和卖方全部剩余价值，对社会灾难有放大作用。

二、法律的阶级性以不违背自然法则为限

关于法律的阶级性。政府颁布的法律，有一部分是历史传承，有一部分是市民习惯法、案例法，还有一部分是依据统治阶级的意志创制出来，并且只有法律上的效力。但是，即便是这样的法律，也受到自然法限度所制约。反之，统治阶级政权极端叛乱的恶法将为自己准备掘墓人。

有些人政治释法，并以列宁的话语为依据，"要废除旧法律，摧毁压迫人民的机关，夺取政权，创立新法制"。现象是，旧的市民法确实废除了，但是新的"市民法"迄今没有"创立"出来，成了法制不健全的重灾区。那么问题出在哪里？在于不能区别自然客观规律和统治阶级政府自由意志极端叛乱人为的法律。正如斯大林所指出的，"把下列两种东西混为一谈了：一种是科学法则，它反映自然中或社会中不以人们的意志为转移的客观过程；另一种是政府所颁布的法令，它是依据人们的意志创制出来，并只有法律上的效力"①。因此，列宁所说"要废除旧法律，创立新法制"，是指废除资产阶级意志极端叛乱的那部分旧法律，而不是废除自然规律和适合的市民法，也不是废除政府颁布的既符合第三等级利益也符合现代生产方式的市民法。例如，《共产党宣言》中揭露了资产阶级法律的本质，指出："你们的观念本身是资产阶级的生产关系和所有制关系的产物，正像你们的法不过是被奉为法律的你们这个阶级的意志一样，而这种意志的内容是由你们这个阶级的物质生活条件来决定的。"这是指资产阶级私有制法律事实废止了奴隶制"避难法"、农奴制"农奴徭役剩余价值率＝1∶1"这些保护奴隶或农奴生产劳动者生命权的法律，导致逃亡农奴转化的无产自由劳动力失去了生命权法律保护；所谓的欧洲混杂的现代社

---

① 斯大林：《苏联社会主义经济问题》，人民出版社1952年版，第2页。

会盛行日耳曼野蛮部落法"法不禁即可为",资产阶级大量贩卖奴隶,导致奴隶成为无产自由劳动力的替代边际,个体无产自由劳动力受到失业和饥饿的威胁,无产阶级专政坚决废止资产阶级政权制定的私有制、蓄奴制或以不法为法、法不禁即可为。因此需要区分自然法则和政权法令,从而完整准确地理解列宁的法律观,不能违反自然法则另搞一套来制定、创建,即便创建了也会因为缺少历史验证而给人民带来巨大灾难,这样的历史教训绝对不能重复。

第二节 市民法的一般规则

一、法律的构成

法律是正义的表现形式之一;法律是对正义与非正义的判定,法律以正义为依据和最终目标。

(一)法律由两部分组成,"构成要件"和"法律效果"。

法律构成要件,例如正义准则、公开准则、大众公益性准则;行为法准则、保卫幸福准则、管护准则、禁止准则等。

法律效果或一般准则,例如:"绝对要求与绝对禁止",而把较具体的"构成要件"抽象掉了。法律的一般原则就是正义的表现形式。

一般准则是从具体法律抽象而得出,是从市民法中抽象而来,用以监督监察现行法的正当合规,指导今后法律的定制或修改。

一般准则阶梯,为了绝大多数人都能够遵守规则,法律引导人们积极向上,法律设立四个道德阶梯:合法,法律高尚,法律中庸适度,法律禁止。

抽象的法律的一般准则的应用价值,是新的法律制定和旧有法律日落的矫正的参照标准。根据现实的较具体的事物形式,引导出适用的法律形式;具体的法律法条,必须遵守法律的基本准则。例如,随着贷款租买生产工具改良生产方式出现,市民法典是在近代才广泛传播,上升为仅次于宪法的普通法。现代生产方式是大众谋生的场所，所制定市民法必须保证99%及以上的市民稍加约束就能遵守规则在现代生产方式中谋生。为此，特别选择"法律"的四个尺度，以实现市场合乎法律行为的最大众化，即大众的、中立适度的准则，也就是符合现代经济的一般的规则与秩序。"平等、实质、诚实信用，信赖保护，权力滥用之禁止、比例原则，个别案件之正义、法律上请求权等，作为一般法律原则（Allgemeine Rechtsgrundsätze）"①。

（二）法律是国家体系法。

国家统一的法律体系。市场是公共品，全国统一的大市场，决定了国家统一的法律体制："现代国家政权不过是管理整个资产阶级的共同事务的委员会罢了。"②"资产阶级……现在已经结合为一个拥有统一的政府、统一的法律、统一的民族阶级利益和统一的关税国家了。"③

"民为重，社稷次之，君为轻"，"王在法之下"，正是为了区分国家与政权所设立，政权发生更迭不等于国家灭亡。政权更迭应当慎重对待涉及国计民生的那些传统法律，如果违反这一准则，则生产倒退，人民怨怼，给自己准备掘墓人。

（三）法律体系法。宪法是最高法律，其他法律得遵守宪法原则。

（四）次级法律体系，例如，现代经济是产业链共同体经济，财税作为生产价格构成法的一个要素，遵守民商法。在民事范围内，与民事无关的公法不得妨碍民商法，参见《德国商法典》（1896年制定1998年最后一次修改）第7条："公法上有排除经营盈利事业的权利或是此种权利取决于一定条件的规定的，本法典关于商人的规定的适用不因此而受妨碍。"

（五）律是规范化的道德阶梯；是"法网"，有密、有疏；为防止蟪蚁之穴决堤，法律没有规定的，得遵守习惯法，没有习惯的，遵守公序良俗礼法。而"法不禁即可为"，有不确定性，既可能是对"恶法"的

---

① 参见陈清秀：《税法总论》，台湾元照出版公司2008年版，第134页。
② 《马克思恩格斯选集》，第一卷，人民出版社1972年版，第252—253页。
③ 《马克思恩格斯选集》，第一卷，人民出版社1972年版，第255页。

否定，但是不能避免是人格最低下的位阶。在贷款改良生产工具时代，是法制框架允许范围内的开放。被殖民者对殖民者的那种盲目无限制、全方位开放拥抱西方资本主义，反而导致苏联解体，国际教训必须时刻记取。

（六）法律是行为法。对"行为"进行法律约束基本可以对人类有冗余"冲动、暴力"外在表现加以约束或禁止，并且具备以事实证据为依据的法律确定性效力。

（七）实体法的法言法语。法律的社会正义警示作用。

对已成立的（刑民法）法律行为（已经签署合同、已经起诉、已经自首等）后，自然人的行为被纳入法定的法律行为范畴，司法、监督机构法言法语："该法律行为无效""该法律行为有效"，违背公序良俗的民事法律行为无效。

法律除了对法律业务有意义，法律也是无形约束社会行为的警示牌，具有社会示范作用，在这个方面与伦理和道德作用相勾连。

二、法律的正式性、强制性、有效性

（一）法的本质的社会性、阶级性。例如，英国第三等级上升为资产阶级统治阶级，市民法律上升为官方法、国家法律共同意志。现代生产方式自然历史阶段，欧洲民族国家是在1648年《威斯特伐利亚和约》以后的事情，第三阶级"从大工业和世界市场建立的时候起，它在现代的代议会制国家里夺得了独占的政治统治。现代国家政权不过是管理整个资产阶级的共同事务的委员会罢了"①。

（二）法的正式性。"公众惩罚"，反对"私人惩罚"。

法律是公共权力机关按照一定的权限和程序制定或认可的、予以公布的，由权力机制保证实现。法律以国家元首命令形成为国家权威，当市民法律意志上升为国家意志，现代生产方式得到中性法律的管护而安全、稳定、持久，具备确定性。

---

① 《马克思恩格斯选集》，第一卷，人民出版社1972年版，第253、255页。

历史事实是，欧洲奴隶制也设立避难法保护奴隶的生命权，以保护劳动生产力；农奴制庄园习惯法剩余价值率为1∶1，保护农奴能够过上符合他阶级的生活，目的也是保护劳动生产力。

（三）国家最高权力机构拥戴保护协助建设法律的责任义务，"是对于种种有关公共幸福的事项的合理安排，由负责管理社会之责的人（权力机关）予以公布"①。

首先，立法者不是在制造、发明法律，仅仅是在表述法律；法官应该以法律正义为准绳，独立地进行审判。

（四）形式法。法律有系统性，宪法是法律的法律。法律设立执行程序。

市民法来源于生产生存习惯和哲学追问，因为贴近自然规律而具有确定性。

宪法的正义准则、主要内容来源于自然规律和市民法。例如美国《独立宣言》："在世界列国之中取得那'自然法则'和'自然神明'所规定他们的独立与平等地位时，就有一种真诚的尊重人类公意心理，……我们认为这些真理是不言而喻的：人人生而平等，他们都从他们的'造物主'那边被赋予了某些不可转让的权利，其中包括生命权、自由权和追求幸福的权利。为了保障这些权利，所以才在人们中间成立政府。而政府的正当权力，则系得自被统治者的同意。"只不过殖民地美国奴隶不是"人"是动物，导致五分之三的美国人不受法律保护。

应然正义和国家。"统治者是正义的保管人。"② 本原性和理想性。马克思主义设想的社会主义国家，社会主义民主是个人、组织、劳动阶级有广泛权利和自由。

---

① 〔意〕托马斯·阿奎那：《阿奎那政治著作选》，商务印书馆1963年版，第106页。

② 〔意〕托马斯·阿奎那：《阿奎那政治著作选》，商务印书馆1963年版，第139页。

（五）法的有效性，或效力。

法的效力源于法是社会构成的一个部分，"社会"本身就是由人群、财产、场地和章程有机构成，社会需要规则与秩序。

法的效力实践，源于遵守正义准则，得到大众拥护，法律判决得以执行。

法的威信，源于它具有群众代表性，是由基层、基本组织提出并制定。

法的威力，王在法下。

法的强制性，由于人本身是个人与社会人矛盾体，个人意志存在理性、冲动、暴力倾向，所以不得不借助"政治权力"强制执行。法要求王权、政权合议定制法律程序，颁布法律，强制保护和推行法律，但不得强权即真理。

法律困境，当法律制止强权即真理①现象，有时会因"权力专制"爆发革命。革命过于激烈，政权专政，出现法律真空，需要政治代表引导转型宪制法政，恢复新时代依法制的治理。

（六）稳定性与可变性、发展性，日落规律。以正义准则矫正规律。

法的产生、发展，过时的实体法的消亡，同生产发展的一定阶段、同阶级斗争和国家政权政制有内在联系。

第三节　唯物观念目的论的法律正义

一、正义、法律正义、政治正义、平等正义

正义何以可能？

由于人有冗余，其行为有冲动、暴力、适度多种可能性，所以需要中

---

① 〔英〕F. H. 劳森、B. 拉登：《财产法》，中国大百科全书出版社1998年版，第1页。

介，由于人类差别不大，所以平等正义可能。三人行，为和平相处，第三人不偏袒哪一方，第三人为中介作证、调和，是现实存在的现象。

（一）正义（向善、幸福），与邪恶对立。

孔子《论语》："政者，正也。子帅以正，孰敢不正？"正，折中，不偏袒哪一方。义，公德。中国习俗以"公道"为"正义"。

"正义的目的在于调整人们彼此的关系。……正义的目标是公共幸福。"① 为了和平幸福，避免强权即真理。

古希腊亚里士多德《政治学》翻译者注释，正义（δjkη），正义的观念，它们的字根为对于"正直"的道路的"指示"，可能和拉丁字"手指"（disgitas）或"正直"（direte），出于同一较古的言语。中国俗以"公道"为"正义"，用意相似。后世法兰西语 droit 和意大利语 drito 之为法律，都是源出于拉丁"正直"（directum）这个词，同希腊语相似，兼有"义"和"法"两方面的用意。

正义与法律，古希腊亚里士多德《政治学》指出，"正义（法意）对人身有关系；正义的（合法的）分配是以应该付出恰当价值的事物授予相应收受的人——这个要旨我已经在《伦理学》中讲过了［按这个要旨，合乎正义的职司分配（'政治权利'）应该考虑到每一受任的人的才德或功绩］"。

"法律只是'人们互不侵害对方权利的保证'而已——法律的实际意义却应该是促成全邦人民都能进于正义和善德的［永久］制度"。

公民与法律，"全称的公民是'凡参加司法事务和治权机构的人们'，应用这种标准"。

"城邦以正义为原则，由正义衍生的礼法，可凭此判断［人间的］是非曲直，正义恰恰正是树立社会秩序的基础。"

"法律或成例就是正义的衍生物"。

正义与政治，"政治学上的善就是'正义'，正义以公共利益为依归"。"我们认为正义正好是社会性的品德，凡是能坚持正义的人，常是兼备众

---

① ［意］托马斯·阿奎那：《阿奎那政治著作选》，商务印书馆 1963 年版，第 139 页。

德的。"①但是，政治为"政制"服务，遂"政制"变化有不确定性。

正义与伦理道德，习惯法与成文法，"相互的善意为正义"。"[所以请助于中立而无所偏私的名家]。要使事物合于正义，须有毫无偏私的权衡；法律恰恰是这样一个中道的权衡。[以上我们只说到了成文法律。]但是积习所成的'不成文法'比'成文法'实际上还更有权威，所涉及的事情也更为重要；因此，对于一人之治可以这样推想，虽然这个人的智虑可能比成文法为周详，却未必比所有不成文法更广博。"

法律正义可以分为分配的正义和矫正的正义。分配的正义就是量化公平。矫正的正义，只要损害了别人的财产、权利，都要给予同等的补偿，适用等价交换的原则，适用于处理民刑事案件，是一种补偿性的公正。

（二）分配平等为正义。

自然选择人类差别不大，差别小到不大于自己的1倍，或差别大到不大于自己的1倍，是自然选择了"平等"作为正义的形式的可行性。

平等观念，"按照一般的认识，正义是某些事物的'平等'（均等）观念。……，正义包含两个因素——事物和应接受事物的人；大家认为相等的人就应该配给到相等的事物。可是，这里引起这样的问题，所谓'相等'和'不相等'，它们所等和不等者究竟为何物？"量化的公平，必须事先建立相应的度量衡作为尺度。

平等正义，"正义的要旨和法律的实质就在于使人人和物物的关系各得其平"。

公正与平等，"如果要说'平等的公正'，这就得以城邦整个利益以及全体公民的共同善业为依据。……在一个理想政体中，他们就应该是以道德优良的生活为宗旨且既能治理又乐于受治的人们"。

相对平等。正义在阶级层面有阶级局限性。"于平等和正义这些问题，

---

① 〔古希腊〕亚里士多德：《政治学》，商务印书馆1965年版，（一）正义，见第136页。正义与法律，见第136、138、111、9、17页。正义与政治，见第152、169页。依法为政的君主立宪制，见第167页注解①。法律恰恰正是这样一个中道的权衡，见第169页。依照所贡献的轻重，分配给相应的权利，见第442页。内在均势求稳，见第202页。自由人当然不愿意，见第203页。

要在理论上弄明白谁抱有的见解是正确的，这实在是很困难的。然而这类困难，比之更加困难的劝人遵守正义，那就微不足道了；人们要是其权力足以攫取私利，往往就不惜违反正义，弱者往往渴求平等和正义，强者对于这些便都无所顾虑。"

比例平等。"正义（公道）和比例（相称）平等的原则"。

共和之治"为政应尚中庸"。正义的中庸标准，可能标准和适当标准尺度："一般城邦都以一偏的'正义与平等'观念作为建政原则。……而一个政治制度本来是全城邦居民由以分配政治权利的体系。[所以我们必须先行确定城邦的本质，而后才能理解所有政治活动和政治体系。]"①

（三）正义阶梯。

从属于自然法上合乎正义的事情，"祸哉，那些设立不义之律例的"。

正义的相对性和多层面，第一，自然交易的正义性，例如，当互为生存条件"分工协作"自然趋向"通工等偿"，否则最后那个换不回等价所需的劳动者会饿死或退出。第二，只要与现代生产方式相合适就是正义的，偷工减料、假冒伪劣非正义。第三，生产力与生产关系都以现代生产方式为正义。第四，纯粹现代生产方式为正义，西方混杂血腥资本主义生产方式有二重性。第五，历史纵向，现代生产方式为正义，是历史纵向进步为正义：比奴隶制、农奴制正义。第六，世界屋脊西方与世界屋脊东的比较。②

---

① 〔古希腊〕亚里士多德：《政治学》，商务印书馆1965年版。（二）平等观，见第148页。平等正义，见第38页。公正与平等，见第153—154页。相对平等，见第317页。比例平等，见第232页。共和之治"为政应尚中庸"，见第447页。以一偏的"正义与平等"，见第109页。

亚里士多德"实体"的九个认识，"数量、性质、关系、地点、时间、状态、动作、所有、承受"。而实在可能是一件事，无形体物，不一定是实体。

② 乔洪武：《〈资本论〉中的经济正义思想研究》，载《当代经济研究》，2007年第7期；王峰明：《资本主义生产方式的二重性及其正义悖论——从马克思〈资本论〉及其手稿看围绕"塔克-伍德命题"的讨论》，载《哲学研究》，2018年第8期。

二、实在正义、形式正义、实质正义

自然的正义就是实在的正义（ius positivum）。

形式正义和实质正义。亚里士多德的正义是平等，仅平等才是正义的，包括分配平等和矫正平等。马克思、恩格斯的正义是实质的正义，只有政治经济上的平等才是真正的正义。例如，富家子弟球队与穷人子弟球队进行比赛，他们遵守同一球赛规则在形式上是平等的，但是穷人子弟营养差体力差是实质或实在不平等。

实质正义与形式正义之间的关系，实质正义决定形式正义，"作为可以由国家强加给立约双方的契约，表现在法律形式上，这些法律形式作为单纯的形式，是不能决定这个内容本身的。这些形式只是表示这个内容"①。形式正义服从实质正义，但是实质正义必须经历形式正义的"程序过程"的验证，名正言顺地被纳入法律范畴的"概念"，才实现外在合法的表现形式，即法和法律行为。自然秩序最大包容性"所有动物（包括人类）都得遵守的秩序"②。

法律裁量的三个基本戒律：其一，正式"合法性法律"，"罪刑法定"；其二，法定尺度，"罪刑相当"；其三，"行为"是定罪、量刑定性、量刑轻重的客观依据，即"罚当其罪"。按此三则，森林出卖给私人、私法取代了庄园习惯法，这个法律设置剥夺了穷人的自然权利，法律合法性受到质疑，法律不公。

市民法顺应现代生产方式，是它的价值。自然法、市民法、万民法，被规定为是和平解决矛盾的方法，可以减少社会摩擦，降低费用成本。

纯粹现代生产方式的初心是"用公正的方法获得财富"，法律在现代生产方式新型文明发展中的价值，一是法律与一定生产社会自由、平等、

---

① 《资本论》，第三卷，人民出版社1975年版，第379页。司法职能行政职能，见第436页。

② 〔意〕托马斯·阿奎那：《阿奎那政治著作选》，商务印书馆1963年版。从属于正义，见第141页。祸哉，见第112、117页。

权利之间的内在联系。二是法律与现代生产方式契合,为下一个历史阶段做了准备。

三、法与理性、习惯、道德、伦理、政治

法律是关于正义与非正义的科学。法律正义,涉及个人参照法律标准的自我修为,个人与他人,个人与社会、个人与国家的关系;因物而产生的人与人之间的关系。

(一)法,由"约束"一词而来。

"法律因人民守法的习惯而见到实效"。"法律为'各人权利的相互保证'","法律无感情,不为偏徇"①。

一般人类规律的"法","无论在不同社会阶段上分配如何不同,总是可以像在生产中那样提出一些共同的规定来,可以把一切历史差别混合和融化在一般人类规律之中"②。就是各个国家和各个民族都具备的基本秉性,稍加约束就学得会。这在观念上增强了后发展国家学习的自信,从而破除全盘西化迷思。

历史逻辑,自然法、市民法渊源于习惯,约定成俗,唯有公平正义的习惯具有法律的力量,它可以成为法律的依据、可以取消法律、可以解释法律。

"没有无义务的权利,也没有无权利的义务。"法律公正形式:平等、公平、尺度、向度。社会秩序形式:政治、法治、人治协商、集体制。

(二)法与理性。理性体现为法的意志。以和平共处为准则,在社会人身上可以发现三重秩序,自律或理性;形而上为道,是观念层面;第三重秩序,"规定对其必须与之共同经营生活的同伴们的行为"③。

---

① 〔古希腊〕亚里士多德:《政治学》,商务印书馆 1965 年版,法律实效,见 69a20。法律为各人权利的,见 80b10。法律无感情,不为偏徇,见 81a35、86a18。
② 《马克思恩格斯选集》,第二卷,人民出版社 1972 年版,第 90 页。
③ 〔意〕托马斯·阿奎那:《阿奎那政治著作选》,商务印书馆 1963 年版,第 104 页。

理性，为了便于管理，通过智慧的方法约束大致接近的、共同的认知，被叫做"理性"。外在通过对内在"动机"的审视与警戒，培育人们的普遍理性形式。内在理性"生存本能、趋利避害"指挥人们的行为。①

（三）法与习惯，理性与习惯。"法律最初是从自然准则产生的，然后，被判定为有用的标准就相因成习地确定下来"，理性对"这一从自然产生的并为习惯所确定的东西加以认可"②，就是法律。

习惯，"重复多次的行动，……归结为习惯的行动"，被实践验证是正确的习惯，应是理性的审慎判断的结果。

（四）法与道德伦理。道德与法，其一，"自觉"，精神与人法的双重合一；边际是无知无畏，不受人法支配，只受精神支配。其二，"自愿"，外在合法，边际是"有坏动机，无坏行动"，外在受法律约束，内心放任自由。其三，"惯性"，德行的最高境界只属于修养、修为，而不属于法令。③

道德，是指符合人类一般规律的、可持久的那些道德规范。法律是规范化的道德阶梯，贯彻法律成本低效率高。

（五）法律与政治。

法律与政治都遵守正义准则。但是政治为"政制"服务，所以政治有不确定性。王在法之下，政治在法之下。

因为人有冗余而具有复杂性（理性、冲动、暴力），一是"统治者须以权力济助法律"，"城邦应尊重法律为至上权威"④，权力必须保护已有

---

① 〔意〕托马斯·阿奎那：《阿奎那政治著作选》，商务印书馆1963年版，第105页。

② 〔意〕托马斯·阿奎那：《阿奎那政治著作选》，商务印书馆1963年版，第126页。

③ 〔意〕托马斯·阿奎那：《阿奎那政治著作选》，商务印书馆1963年版，第127—128页。

④ 〔古希腊〕亚里士多德：《政治学》，商务印书馆1965年版。见86a31。见82b1，87a25，b15—31，92a32。

法律的威信并强制执行法律，国家权力机构负责组织"制定法律"的整个程序，颁布法令。所以法律与政治是辩证关系。详细见第二卷。

四、程序正义，法律是实体与程序契合

（一）程序法（形式法），是指叙述体系在其连贯性和联系方面的形式，以及它的划分和范围。

在马克思给父亲的信中表达，试图建构"贯穿整个法的领域"[①] 的法哲学体系，马克思所勾画的法哲学体系图谱，他解释道："其中关于程序法的学说，应当叙述体系在其连贯性和联系方面的纯粹形式，它的划分和范围；而关于实体法的学说，则应当叙述体系的内容，说明形式怎样浓缩在自己的内容中。"[②] 例如：

  第一部分　法的形而上学
  第二部分　法哲学
    第一篇　关于形式法的学说
    第二篇　关于实体法的学说

（二）程序法与实体法的关系。

实体法应当叙述体系的内容，说明形式怎样浓缩在自己的内容中。

"法律或成例就是正义的衍生物"。实体法是守成，而不是创新。从"观念"过渡到法律的形式程序，国际流行的新康德主义的"常识—权威—法律"定制的程序，政治权威有僭越"王在法下"之嫌。

杨永纯先生"行动的法"定制，从"法是有待检验的理念"，通过具体形式的运作，才能转化上升为"法律"。以纯粹现代生产方式为正义，

[①]《马克思恩格斯全集》，第47卷，人民出版社2004年版，第7页。
[②]《马克思恩格斯全集》，第47卷，人民出版社2004年版，第8页。见李光灿、吕世伦主编：《马克思恩格斯法律思想史》，法律出版社1991年版，第36—38页。

顺应的法律在"程序形式"可以细化为多个步骤。

第一，市场主体诉求固定在现代生产方式规则与秩序中的市民习惯法体系上升为国家统一法律。

第二，以民为本来自最高权力机关的谕示。之前作初步基层调查，以来自基层的诉求为基础。

第三，定制程序。政府引导，个人、社会、基层政府组织的调查。

遵照宪法体系定制"性质"内容。

第四，纵向和横向参照，参照中国古代礼法，参照世界著名法律；横向参照，联合国、著名国际组织相关法律参照，WTO、世界银行规则参照。写出提纲。

第五，有初级纲目的二次基层调查研究。公民意志表达的层级和组织表达形式。中国是一个大国，基层调查，可以分为个人、名人建议，以各地文化站为单位的基层调查汇总成条；县、市、省汇总成条建议，每条建议，建议条款内容、案由、国内外著名法律参照；共认的哲理、法理、礼法参照。

新建条款，必须再增加有国内外已经成为习惯的案例实证。"创制条款"的相对性，是对新的可持久现象的守成。

第六，以"定制"草案之精义为指导，对"旧制"的参考。

第七，以"定制"草案之精义为指导，搜集民间相关习俗，和祖传相关法条。

第八，法理的辩论。社会组织和代表、经院学界组织和代表，行政部门组织和代表，公开辩论"正义、正当、可能、可行"性，现实性、时效区间性。

第九，制定草案，三次征求全国人民的意见，三次修改，公示"定制"每一条款的法理依据、实证依据、唯物观念依据，并三次向人代会常务委员会汇报。现在已经有条件组织电视辩论，这同时就是提升全国人民的法与法律水准。

第十，人民代表大会通过，主席令批准实施。①

（三）程序法检验"观念"。观念（法）不得替代实体法律原则。"法律是肯定的、明确的、普遍的规范"②，法律规则是国家颁布强制执行的行为规则。

经历过20世纪30年代纳粹言论自由社会灾害的德裔美籍法学家埃里克·沃格林，对言论自由进行了规范性程序研究："'A. 内容被意指为真实的，B. 说话者相信其真理性，C. 说话者想要听者接受其真理性并纳入他自己的知识。'……如果言论自由根本没有受到限制，谬误和真理就拥有同样的传播机会。如果有关灵魂和社会中秩序本质方面的谬误成功传播，结果可能就是社会秩序的瓦解和个体的堕落。……因此，言论自由受到政府管制的限制……是维持和改善社会秩序的一项谨慎措施——只要他有预期效果。"③"理念不可以凌驾于规则之上"，"任何个人不能凌驾于法律之上"，"示威者不能凌驾于法律之上"。社会组织的一个基本原则是，"责任者也要对整个社会负责；没有这个原则，秩序、稳定、安全、繁荣和福祉就无从谈起"。"自由基于法治，如果不尊重法治，就无资格讲自由。"

五、法律的多重因素以及民族性特征

经济关系并不是决定法的现象的唯一因素，不同的地缘自然条件、种族关系、历史传统等因素，对法的现象也会产生不同程度的影响。此外，在法的历史运动、法的社会价值、法学方法论等方面，"不过，这并不妨碍相同的经济基础——按主要条件来说相同——可以由于无数不同的经验的情况，自然条件，种族关系，各种从外部发生作用的历史影响等等，而

---

① 杨永纯：《藏传佛教活佛转世制度是"行动的法"》，环球网，2021年1月5日。
② 《马克思恩格斯全集》，第1卷，人民出版社1954年版，第71页。
③ 〔美〕埃里克·沃格林：《法的本质》，生活·读书·新知三联书店上海分店2023年版，第115、116页。

在现象上显示出无穷无尽的变异和彩色差异,这些变异和差异只有通过对这些经验上已存在的情况进行分析才可以理解"①。

马克思的唯物观念目的论,学问为目的服务,《资本论》的特点,以纯粹现代生产方式为正义,所涉足哲学、法学、法哲学、法与法律观念意识形态的研究目的,都最后落在那些固定在纯粹现代生产规则与秩序计划或行动的"实体法"中,是对具体实体法的正当性、可能性、可行性、价值性、有效性的解释。这为世界著名法律源于底层人民为谋生存实践凝聚成习惯,被历史实体法固定下来所证明。

但是,自1956年国际风云变幻影响造成20年"左"倾,剪裁碎片式理解列宁"打倒旧法律,创建新法律"政治释法的影响,造成"法"文化的某种断代,相当一部分法学著作往往天马行空,不引用、不诠释哪怕一条历史传统留下来的实体法。这也就是我国"全面深化体制改革,全面依法治国"的文化前行不足难点所在之一。

(二) 关于万民法、市民法、公法,中华法系融合在"德礼法"中,为了发展现代经济和走向世界市场,有必要按照国际著名市民法典逻辑进行选择和梳理。

(三) 世界著名法典《汉谟拉比法典》《十二铜表法》、查士丁尼古罗马法、《拿破仑法典》等法典之间,存在明显的法律逻辑传承关系,而不是哪个国王的创新。这很可能与基督教被掳巴比伦,又回到迦南,传给了亚非拉交汇处有关,有记载古希腊哲学家还专门到古埃及学习。

关于《汉谟拉比法典》。考古学一直在挖掘和研究西亚两河流域的律法超前与苏美尔人的发达有些许关系。古巴比伦第六代皇帝汉谟拉比国王建立了常备军制度,并赐予士兵土地和住房,为了保护士兵家庭"负有供养士兵和家庭义务的财产所有权",而制定了为生计的全套法律,除了农

---

① 公丕祥主编:《马克思主义法律思想通史》,第一卷,南京师范大学出版社2014年版,第400页。(《马克思恩格斯全集》,第46卷,人民出版社2003年版,第894—895页。)

业租赁制,次一级的手工业和它的商品生产交换很侥幸地得到法律的重视,将市民生产交易习惯法编纂进《法典》,随着商队、教会向世界传播。它的主要内容来自市民社会习俗,特别是生产商债关系方面,已经包容了现代市民法的基本内容:一是行为准则;二是负有义务的所有权;三是买卖;四是土地租赁;五是居住权;六是按生产利润法定利息率;七是合伙均分;八是委托;九是寄存;十是债关系;十一是承揽;十二是雇佣;十三是法定工资制度;十四是诉讼;十五是婚姻家庭等。①

关于古罗马《十二铜表法》。公元前 451—450 年古罗马《十二铜表法》第一表审判引言、审判条例;第二表审判条例(续);第三表债务法;第四表父权法;第五表监护法;第六表获得物、占有权法;第七表土地权利法案;第八表伤害法;第九表公共法;第十表神圣法;第十一表补充条例(一);第十二表补充条例(二)。

---

① 《汉谟拉比法典》,法律出版社 2000 年版,一是自由民行为准则和犯法的惩罚规则,证人、证明(第 1—25 条);自由人被伤害(第 196—233 条);二是负有义务的所有权(第 38—41 条);三是买卖(买卖赃物第 9—13 条);房屋买卖(第 71 条,第 6 条),特殊商品酒的买卖(第 108—111 条);四是土地租赁契约和规则:收成后支付租金,租金率为 1/2—1/3、在灾害无收成的年份,契约从泥板上洗去(第 42—47 条);五是买卖和租赁住房(第 71、78 条);六是按生产利润来法定利息率(第 48—52 条),以谷物或银贷出利息率不同(第 89 条、92 条),违规惩处(第 91 条),借债利息率(第 90 条),不得计复利(第 93 条),不得坎头息,贷出缺斤短两丧失贷出物(第 94 条),必须有监察人否则丧失贷付之物(第 95 条),允许用它物还贷(第 97 条);七是果园合伙均分果实(第 60—65 条),以银合伙均分其利(第 99 条);八是委托他人贩运买卖经营自己的商品(第 100—107 条);九是寄存,无因管理保护生产工具和果实(第 120—125 条);十是债权人不得未经债务人同意擅自取回(第 113 条);无因拘留人质(第 114 条),有因拘留人质(第 115—119 条),取牛为质(第 241 条);债务,契约,公社共同体赔偿(第 53—59 条);十一是承揽造船和运输(234、235 条);以船出租给船工(236 条);雇佣船工(第 237—240 条);租用动物(第 242—249 条);动物损害他人(250—252 条;十二是雇佣(第 253、257 条);十三是法定工资制度(第 268—278 条);十四是诉讼(第 279—282 条),栽赃(第 126、127 条);十五是婚姻家庭(第 127—195 条)。

关于古罗马查士丁尼法。公元533年东罗马帝国世俗皇帝查士丁尼颁布了古罗马法典。罗马法在内容上注重实现的理性和价值评价，譬如私法上公民权利平等、公民人身自由，诚实信用原则、公平的理想、财产所有权的保护、合法占有的保障，并且以追求法律关系的公正和理性的调整为目标。例如，第一卷，法律由自然法、万民法、私法组成。关于人的法律，正义，自由，包括罗马人关于法的一般理论、人的能力、婚姻、收养、监护、保佐等内容。第二卷物法，包括物的分类；物权法；赠与。第三卷，继承；债关系，契约，买卖，租赁，合伙，委任，禁止高利贷，用益权，使用权，使用居住权等。第四卷诉讼，包括诉讼的分类、诉讼代理、诉讼担保、对滥诉的处置、承审员职责等内容。该法以法律理性主义为基础，追求法律关系的公正和理性的调整为目标。确立了一整套在世俗的市民社会中推行的依法制治理——法治理念与制度安排。

英国财产法却有创见，是日耳曼部落法与罗马法的混合，"在古代世界中，简单流通的要素在自由民范围内至少已发展起来，所以下面这一点也是可以理解的：在罗马，特别是在罗马帝国——它的历史正是古代共同体解体的历史。法人的规定，交换过程的主体的规定，已得到阐述，资产阶级社会的法就基本规定来说已经制定出来，而首先为了和中世纪相对抗，它必然被当作新兴工业社会的法被提出来"①。所以，马克思提醒人们要注意"罗马私法（在刑法和公法中这种情形较少）同现代生产的关系"②。而欧洲那种奴隶制、农奴制实际是伦理退步，需要从人类初心找回正义与和平基因。英国财产法之所以能够发展成为现代生产方式的法律，一个重要原因就在于它在某种程度上正确地反映了信贷生产商制度的某些规律，并以法律形式把这些客观的经济运行规则规范化、法律化，凝结人类法律调整的丰富经验与价值要求。

---

① 《马克思恩格斯全集》，第31卷，人民出版社1972年版，第362页。
② 《马克思恩格斯全集》，第30卷，人民出版社1995年版，第51页。

第四节 有冗余有介质——社会以法与法律为架构关系

第一小节 自然选择适度者生存，生态位法则

一、自然选择：条件边际适应者生存；条件允许范围内适度者生存

人是生物。那么从生物进化过程中，赋予了人类哪些秉性，传承给现代经济的法的现象，成为法律的基本规则呢？

自然选择第一规律，自然条件有限度规律，地球是条件的产物，生物是条件的产物，对人类也适用。

自然选择第二定律，在边际条件下，自然选择适应者生存。例如，恐龙不能适应变化了的条件而灭绝。

自然选择第三定律，在条件允许的范围内，自然选择适度者生存，并以中性为轴心的生态平衡，创造了生物多样性。

例如，食物链，尽管各个物种都处于"被吃"和"吃"的生物链上，北京大学保护生物学潘石文教授指出，自然更关爱那些要求不高的物种，例如大熊猫，没有了肉食，吃竹子也行，一直繁衍至今，而同时代的恐龙却灭绝了。就是说，在条件允许的范围内，尽管各个物种都处于"被吃"和"吃"的生物链上，但是这个"吃"也是有"度"可循的。例如：在不同物种之间，活下来的那些大型动物，反而是弱到吃不完弱势群体的大型动物。有些人崇尚眼前"弱肉强食"，但是他们没有注意后果，强者把弱者全部吃光，强者自己也因为没有了食物而灭绝。而那些活下来的弱势物种，反而是强到让对方吃而不完的较强的弱势物种。

自然选择第四定律，生活在一起的哺乳动物共同体内部，差别小到1个同类<（1个同类+1个同类）。

有冗余，应当是出现群体的诱因。最早的动物要算是草履虫了，它是

自体繁殖,是外在条件将它们聚集在同一个小河沟里的。自然选择强壮体魄冗余优势,而选择出了异性繁衍,以父、母、子三单元一体的共同体就出现了。后来,为了养育的需要,为了群体狩猎的需要,等等,哺乳动物显示出明显的社会特征而传承给了人类。

在活下来的同一群体哺乳动物内部,是差别小到相互谁也吃不掉谁的物种,或遗传自我平衡能力的物种,或后天学会不相食的物种。

动物内部一般不相食,生理原因是自然选择了共同生活的动物之间:一般差别小到 1 个同类 < (1+1) 个同类。例如哺乳动物一般都是通过 1 对 1 的打斗来选择"头领",弱势者臣服,就是证明。

二、人类有差别需要立法,差别小到 1 人 < (1+1) 人,可以平等法

马克思发现,"在平等权利之间,力量就起决定作用"①。那么如何防止人类个体的"冲动、暴力",外在表现为"中性、适度或理性"呢?特别是一些人掠夺财富而破坏大众的生产劳动正当性呢?

人类有差别。人作为个人的人和社会人矛盾统一体,有多样性、复杂性和灵活性,推而广之"那些说城市、家庭和其他相类似的团体只有大小之分而无特殊区别的人是错误的"②。但是,人们之所以追求"平等、对等",数学逻辑就是人们之间的差别不大。罗马法,买卖价格以第三人作证为合法③,正如阿奎那指出,"公理或正义全在于某一内在的活动与另一内在活动之间按照某种平等关系能有适当的比例"④。对等、平等、均分尺

---

① 《马克思恩格斯全集》,第 47 卷,人民出版社 2004 年版,第 262 页。
② 〔意〕托马斯·阿奎那:《阿奎那政治著作选》,商务印书馆 1963 年版,第 140 页;〔古希腊〕亚里士多德:《政治学》,商务印书馆 1965 年版,第 1—2 页。人有多样性、复杂性、灵活性,见哈耶克:《通往奴役之路》,中国社会科学出版社 1997 年版,第 53 页。
③ 〔古罗马〕查士丁尼:《法学总论——法学阶梯》,商务印书馆 1989 年版,第 174 页。
④ 〔意〕托马斯·阿奎那:《阿奎那政治著作选》,商务印书馆 1963 年版,第 112 页。

度的"人"应是生物遗传性（一般人之间的差别不大，小于 2 倍）因素起到了作用。

20 世纪英国法学家 H. L. A. 哈特（H. L. A. Hart）在《法律的概念》中认为，人的目的是自我保存，人性和人类生存的五个自明的原理，分别是人的脆弱、近乎平等、有限的利他主义，以及人所有的有限的理解和意志的力量，有这样的基础，就具备了培养平等人格，教育人们向善的可能性和可行性。这个现象的背后，是自然选择人类差别不大。

第二小节 "人"有冗余，法与法律是社会的介质架构

（一）生物有冗余特征，为了共生需要中介联系、限制、激励。

生物适度者生存，从出生那天起就必须储备足够的能量应对外在允许范围的条件变化，即生物有冗余规律。细胞有冗余，用于外在条件变化时有内生性的外在"力量"表现来保护自己的生存。细胞有冗余同时出现了一个问题，即细胞之间相互冲撞相互伤害的可能性，为此，细胞之间建构了介质用于连接、限制细胞之间的关系，并且，在关键时刻，介质还有激励推动细胞焕发出内在张力自我保护生命权势、求偶繁衍发展等作用。

独立的不同生物个体之间"冲动、暴力、适度"排列组合，可以形成以下形式：一是无序竞争；二是捕食；三是共生，分不同生物通过合作共同生存，同一种生物共同体内部共生关系；四是寄生。这后三种情况都存在"中介"秩序而维持确定可持续性。

人类个体有冗余，每个个体都有冲动、暴力、理性（向善）三种可能性。为了不相食，动物共同体内部的秩序要素通过自然选择逐渐被固定成为习惯。人类有差别为了共生需要建立秩序，自然选择适度者生存，自然选择共同体内部差别不大，可以建立秩序。

以繁衍为起点，家庭先于个人，群体先于个人。"城邦〔虽然在发生程序上后于个人和家庭〕，在本性上则先于个人和家庭。就本性来说，全体必然先于部分。"① 因为先有的个人和家庭但是不可持久。

原始共同体最基本的秩序：一是原始社会猎人多劳多得分配秩序。二是争夺繁衍权的"强力"，最早期的巫术与繁衍脱不了干系。三是繁衍中的长幼有序。四是亲情衍生为利他牺牲精神。五是家庭横向相互扶助，衍生为共同体共生关系。六是信仰、权威、强力。七是习惯、法与法律。这些传承为社会习惯，形成最初的社会组织秩序。

构成由个体组成的群体——社会的第一要务是，建立个体之间的"中立规则"作为中介，邻里最大幸福规律，上限是最小伤害，下限是不得刺伤邻人，下限边际是违反者"刑罚"伺候。从结构学视域，如果没有"社会"也就没有"个人"生命持续存在的可能性。所以，社会及其自然规律、习惯法生成的"法与法律"中介，在个体生命之上，个体冲动、暴力、理性多样性、复杂性、灵活性必须限制在法律允许的范围之内。从另一个角度，规则与秩序、中介需要设立适宜"区间"，以充分发挥个人、群体、基层社会的张力。

（二）历史因素。自从出现巫师（掌控灵魂权）与部落王权的对立，政治从规则与秩序中分离出来。政治为"政制""权力"服务，政治隶属"治理"工具。政治存在不太确定性。

（三）生物有生死边际，而无机物质不灭。

生物是有机关系，不是无机物作用与反作用方向相反关系。

而在地球范围的无机世界，有固体牛顿力学三定律，液态流体力学，气态动力学，电力学、核动力学、量子力学等，所以物质并不仅仅是作用与反作用关系。

---

① 〔古希腊〕亚里士多德：《政治学》，商务印书馆1965年版，第8—9页。

第五节　自然法的三大箴规；一般人类规律

阿奎那自然法三大箴规，生存权，繁衍发展权，群体向善权力责任①。实际上就是人类作为遗传本能为基础的后天理性。作为自然法的本体内容，这种公道关系和人类理性是广泛存在的，因而具有普遍性。法律乃是这种普遍的人类理性的体现。

一、成为真正的人

（一）为环境逼迫，自然选择适合自己的生态位。通过考古，人们渐渐尝试复原了远古时期的这些"现象"，而摈弃了上帝造人说。

作为人，最为重要的是自力更生相扶持的道德感或良心积淀逐渐成为规则和秩序。达尔文（Charles Robert Darwin）发现了适度者生存现象，"几乎总是能随时随地进行互助，又能为大家的利益而牺牲自己，这样的部落会在绝大多数的部落之中取得胜利，而这不是别的，这就是自然选择"。人作为社会动物，自然赋予人的劳动具备互助合作组织属性。达尔文的另一个学说"弱肉强食"，只适用于条件的边际状态。

古希腊亚里士多德指出，"生产所以维持人生（生存）"；马克思指出，"进行生产的个人"是真正现实的主体。合伙自力更生劳动实践是人民幸福的根本途径。这是公平正义的起点和基本面。

走出丛林霸道"成为真正的人"。古希腊哲学强调社会约束，"自由不得放纵。放纵的人类是世界上最可怕的动物"。

二、繁衍与向善本能

人类对行为的规范，有先天遗传作为基础，后天加以教育，如家庭教

---

① 〔意〕托马斯·阿奎那：《阿奎那政治著作选》，商务印书馆1963年版，第112页。

育，社会教育，劳动教育。为谋生而参加生产活动，遵守生产的规则与秩序，应是按照条件反射进行的教育，最为巩固，有历史可持久特征。

那么，哺乳动物作为社会动物，遗传给了人类哪些同一性呢？如果仔细观察哺乳动物，不难发现，保证了每个幼仔同时有母乳吃，不用怎么竞争就能生长得很好。对个别长的突出的，母猫采用了推迟舔开它的眼睛的方法，来维持幼子成长差别不大，以防止幼仔之间差别过大而相互争斗伤害。这样一来，只要稍加约束就能遵守秩序，但是，如果放纵不予管理，就会混乱，自相残害。我们将哺乳动物稍加约束就能遵守秩序，而放纵不约束就"天生人有欲"混乱，这个秉性，界定为"向善"。

人类确实有这种"向善"本能，举一个锁匠的例子。全世界各民族几乎普遍使用"锁"来防贼，而锁匠们自吹什么锁都能打开，锁匠的这番大实话，说明锁头只防君子，不防小人。锁匠定理验证，99%以上的成年人只要稍加约束①都能遵守规则，因为犯法的成本会很高。例如美国在押囚犯200万人，约占成年人的1%，可以参照作为最高犯罪率边际②。但是，如果没有设立规则，就会有人"损人利己"试试看。而哺乳动物的"和平约束"本能，很可能就是人类"锁匠定理"的渊源。"稍加'约束'即可遵守规则"为君子，为"性本向善"，"言者无罪，闻者足戒"只适用于君子之间。

苏格拉底、亚里士多德、阿奎那都是以"向善"作为人类道德伦理的基础，"在人的身上总存在着一种与一切实体共有的趋吉向善的自然而自发的倾向"③；"善是被实现了的自由，世界绝对最终目的"，"法和正义必

---

① 〔古希腊〕柏拉图：《理想国》，商务印书馆1986年版，第351页。
② "稍加约束"绝大多数人可以遵守市民法，是需要量化的数字。例如，美国是犯罪率高的国家之一，监狱床位在全国共有320万个，接近人口的1%，作为总有人不遵守规则而犯罪的上限尺度边际，有约200万名囚犯被关押在联邦监狱、州监狱、私人监狱、军事监狱等各类机构，载《北京商报》，2022年6月2日。
③ 善行，见〔古希腊〕亚里士多德：《政治论》，第1页。趋吉向善，见〔意〕托马斯·阿奎那：《阿奎那政治著作选》，商务印书馆1963年版，第112页。

须在自由和意志中""法是作为理念的自由"①。"可以把一切历史差别混合和融化在一般人类规律之中",正义的形式是动态的程序、过程。

三、家庭伦理，成为真正的人

（一）教与养。据科学计算，人类智慧的30%—40%是需要出生后通过教养形成。例如，印度曾经出现过被猴子养育的"人"的事情，发现他的智力永远停留在7岁左右，就是说，7岁前的教养决定人的最基本"人"的智慧。

教养。人类最基本、最一般的对规则秩序制度的文化自觉，由后天学习模仿而成。采用榜样、学习、舆论、生产方式、法律、社会、宗教、团体、党派、家国教育方法建立社会伦理秩序规范。

家庭是文化自觉的基础和重点。人类出生成长于家庭，父母趋利避害，为了自身安全和繁衍传承的需要，培育出人类共有的最基本的正义公平伦理道德；同时，幼儿为了生存而取悦家长，为了有小朋友可以一起游戏玩耍，趋向"人之初，性本善"。家庭基本教育，例如自爱、爱人、和平、非暴力、正义、公平、对等、诚实信用、自愿自主独立（自力更生）、尊老爱幼、尊重长辈（孝道）等"是非观"和行为训练。中华民族传统文化注重"修身齐家治国平天下"的人生信条，以家庭伦理为基础，治理个人、社会和国家，成本低效率高。

家庭伦理与有序、平等、合伙规则。在家庭伦理中，存在两条并行的路线，一条是以家长为样本，尊老爱幼上行下效关系法传承。还有一条，兄弟伙伴友爱，亲兄弟明算账之横向平等秩序法。走出家门兄弟般平等、公平，成为社会交往关系的正义的"标准样本"。现代法律特征就是以邻里相守望、相扶持、相亲睦同伴合伙为"样板"，设立交换、交易、互市②的市场规则，以及以邻里"借用"为起点的最小伤害债关系，应当是各民

---

① 〔德〕黑格尔：《法哲学原理》，商务印书馆1961年版，自由与法，见第65、173、132、102、36页。

② 〔古希腊〕亚里士多德：《政治学》，商务印书馆1965年版，第26页注解①。

族都能够学得会的法律行为。

家庭伦理与信用。成为真正的人，表现在"自律"、自己与他人、自己与社会、自己与国家的关系。言而有信，说到做到。在交往关系中，信用可以减少达成"双方一致同意"所需要的协商时间，可以提高"履约"成功率，而被大众所褒扬，被传承下来。信用，是一个延时过程，是债（权利责任）关系中的核心品质或规则。信用有向度，被设立等级。

平等是自由和民主的基石，社会伦理建设渊源于家庭，是可以建立个人、社会、民族、国家、国际关系平等民主、平等自由化秩序的伦理基础，可以学习互动的伦理基础。

（二）家的共生性[①]，构成了人类的社会、精神、祖国概念与实在的基础。事物之间的相似性以一种家庭伦理和拓展——家族相似性，作为一个普遍范畴。从狭义家庭秩序中提炼出的三个基本律法——创生、养成与返本。例如，"浪子回头金不换"，他的起点是家庭成员非浪子：

> 在家庭出生成长期是"非浪子"→走出家门个别误入歧途成为浪子→回归非浪子的过程。

狭义的"家共同体"。创生，它内含的是阴阳相生、生生不息的法则；养成，它表达的是生而养之、教而化之的世代养成法则，如亲情、孝慈的伦理法则；返本，它表达的是慎终追远，祭祖思贤，这三个维度，是道德建构的理性法则以及慈孝生养的伦理法则。

广义的"家共同体"，是精神与肉体共同体与平等个人自由。

精神家园。每种精神性事物都必然需要一个实体作为共生的载体，家表达的是共生载体的必要性和共生性，一方面，肉身预设了家，是派生的精神家园，因为语言哲学终于洞悉到思想与语言乃是一种共生、互养的家关系。

[①] 张䶮：《家的"律法"：祖国与主权国家之辩》，见陈明、朱汉民主编：《原道》，第24辑，（香港）东方出版社2014年版。

家庭遵守有冗余介质秩序，才是平等的个人自由秩序的准确表达。所谓的消极自由，正如《共产党宣言》关心"人类最后的家园"，而家庭就是每个个体作为家内成员最后的避风港的同时还有充分的家内保障；积极自由则意味着，经过家内教化而成的个体到家外世界积极进取，发展自己的从家庭到社会共同体的人格，目的仍是建一个新家。这在经济改革的新中国表现得尤为强烈，例如小一辈的住房往往是依靠了大家庭做后盾，失业了有大家庭托底，生了后代有老一辈全方位照顾教养。但是，中国家庭也被市场经济自由个人主义竞争所严重冲击，房子、车子、票子，刚富裕起来的一代中产阶级还只达到模仿的财产自由，追求西方那种"品味""极致""个人位格"，甚至不愿意繁衍后代，其实这也是一种对精致的自私自利的自然淘汰法。新时代"家本位"如何处理"共同体与个人自由"，还在摸索过程中。我们看到感觉到的是，随着现代生产力的发展出现中产阶级个人财富获得个人住房自由为标杆，精致的利己主义者或者选择不育，当然这个体系必然被自然淘汰的方法来减少人类对自然的破坏而达成自然和谐。另一方面，由中产阶级组成的家庭成员之间财产独立或者频繁发生财产争夺战，家庭共有财产传统在被削弱。美国的应对方法是强化法律的作用来维持社会秩序，法律条文数量、监狱床位数量、发单数量都是世界第一（人口只有世界的5%），40%的人有案底成为弱势群体廉价劳动力。另一方面，在中国可以发现小家庭的互动模式，反而是儿童的纯真、对世界的好奇和热爱正在起着教育和推动父母成长的功能，博物馆、动物园、乡村游、古诗词、科技馆、红色旅游因儿童和青年父母而火热，为子女也为父母自己，终于懂得"秩序"才是自由和幸福的基本面。通过自然选择和警示，回归与自然达成和谐。

家与祖国。西语世界中，无论英文的 Motherland，还是德文的 Vaterland 都是祖国的表达；拉丁文词源 patria，在 19 世纪之前，通行意思都是指"与祖先相关之事"。在中文世界里，"祖"字在甲骨文中即有记载，指生命的开端和祭祀祖先。将"祖"与"国"结合起来，表达了人们生生不息的地方，天人合一表达的是一种以家为基础的生生不息的和慎终追远的人民信仰。只有远近亲疏的同胞关系，社会结构是一个个同心圆扩散与相交集的结构。

近现代，中国的国家与法律的现代化，遭遇到了"家与西方所谓精神自由"之争的阻击，西方草原、海洋游牧、日耳曼野蛮部落法统领，坚船利炮"武装移民"（异类、冲突、好战），霸权"私人契约"概念侵蚀。荷兰被赶出台湾后，就转而下功夫培养日本这颗棋子对付中国，美英紧随其后，如果没有背后撑腰，地域、人口、实力都堪称"小"的日本怎敢几次对中国发动战争？据李敖的统计资料仅1946年以后国民党政府就与美国签了76项卖国条约。祖国成为一个重要的命题，"有家可归"应是个人的人权平等自由民主尊严形式的物质第一性。不忘人类的初心，"祖国"任何时候是家律法与个体自律的对象性同一的对立统一综合体，是一个容纳平等自由意志的共生人群的父母之邦。

四、邻里最大幸福与最小伤害法则

我国伦理经济学派和心理学界似乎正流行研究"邻里效应""邻里定理""邻里平衡"。谋幸福"社会关系"的"一般人类规律"，就包容了邻里规律。邻里最大幸福规律，就是"同一性、差异矛盾性、邻里中介、折中统一性"现象，例如，顾准先生指出，亚里士多德是思想律的第一个表述者："同一律、矛盾律、排中律"[①]。

邻里，是"社会关系"的起点，个人从家庭里向外迈出第一步，所接触到的第一个"外在关系"就是邻里。也由此邻里关系是家庭关系的外延，邻里关系又被形容为兄弟关系，所谓"四海之内皆兄弟"；"海内存知己，天涯若比邻"；墨子"交相利，兼相爱"。

欧洲"分工协作—通工等偿"共同体中的邻里效应，教会子民的关系以"不得刺伤邻人"为尺度，"伤害邻人是不对的"[②]。高利贷是"背弃上帝和他们的邻人"，邻人关系与上帝关系并列，上帝被形象化比喻，正是

---

① 高梁：《顾准文集》，华东师范大学出版社2014年版，第14页。
② 〔意〕托马斯·阿奎那：《阿奎那政治著作选》，商务印书馆1963年版，第114页。

借用了"邻里定理",作为伦理道德逻辑。

等价交换正义关系。处世、交往、贸易,以邻里关系为参照,"你若卖什么给邻舍,或是从邻舍的手中买什么,彼此不可亏负"(《旧约全书·利未记》25)[①];"一个商人所收回的利润,足够补偿他的操劳和冒险,就是公道合法的"(路德:《论贸易与重利盘剥》)。

债关系最小伤害关系。"邻里无偿借用"向善为起点,那么信贷禁止高利贷伦理就比较容易为人们所接受。

邻里向善与社会伦理。个人求助与邻里相扶持、守望相助。生存、温饱、安全、归属、实现自我、超越自我,真善美与假丑恶;和平与恶斗、幸福与痛苦、安宁与恐慌、和谐与纷扰,都与"他人、社会"相关联。人性善恶并存,但是善是第一位的,主张允许人有一定限度的、最小伤害的作恶"让度",法律表现为"最小损害",法律团结最大多数人。

反之,"人本自私"学派的最大问题是用什么界定自私、保护自私、分割自私?如果否定公权,就只有暴力丛林霸道。因此脱离实践的空想的东西往往不可持久,精英顶层设计不出"一般人类规律"可持久性、大众性。

名词与概念:

政治、意识形态、法律建等筑师或舵师总称上层建筑(师)

上层建筑与经济基础黑白之间存在灰色地带　　民为重在法之上

王在法之下　　法律观念是上层建筑　　生产关系的法权形式是经济基础

正义　　平等正义　　公平正义　　实在正义　　实质正义　　形式正义

实体法　　程序法(形式法)　　法律的正式性　　法律的强制性

法与法律的本体　　法哲学视域的规律　　自然规律　　法律

法律与生产方式　　法律与伦理道德　　法律确定性与政治不确定性

法律的日落特征　　法律的进步特征

法律的道德阶梯现象:法律高尚、法律中庸、合法、法律禁止

---

① 《四大宗教箴言录》,中国广播电视出版社1993年版,第685页。

法与法律形式，法律规范，公开、公益、公正共意

人类是合伙自力更生的社会动物

在边际条件下，自然选择适应者生存

在条件允许的范围内，自然选择适度者生存

在同一个共同体内部，为了互不相食，自然选择：

$$1 个一般的个体 < (1+1) 一般个体$$

人类有差别，为了和平需要规则；人类差别小到第三者作证即可维持和平，人类可以设立法律规则

人类个体有冗余，有冲动、暴力、适度（理性）向外张力不确定性

人类社会由人群和关系即中介（确定性法律，不太确定性伦理、道德、政治）构成

自然法的三大箴规邻里最大幸福、最小伤害

区别与质疑：

（一）需要废止的是资产阶级统治政权意志极端叛乱设立的法律。

不应为了扫除资产阶级法权，将自然规律、市民法一同废止。自然客观存在规律是废不掉的，法制在民间、在哲学、在文化、在礼法。

（二）西方"民法"应翻译为"市民社会法"或"市民法"；"商法"应翻译为工商法。

当今后发展国家的要务是以纯粹现代生产方式为正义设立现代市民法。只不过，就此认为经济是一切，无视社会存在和法律现象是错误的。而认为"经济"是伦理学不涉足法律，也完全不符合经济现象。

（三）人类有冗余，人类社会必须设立中介，只允许平等的自由。

卢梭一开始就设定"自由人桀骜不驯"，当桀骜不驯的自由人谁也不服谁，为了和平，只剩下"约定"，而这个约定是以"公意"为准则。但是，如果桀骜不驯的人未加修为，所谓有钱难买我愿意，即便他有达成"公意"的意愿，但是他有这个品质吗？

黑格尔将个人的自由意志设定是"无规定性",并由此设立无规定性是"中性"①,这或许就是罗尔斯(John Rawls)《正义论》中,设立个人"中性人"作为"正义"(不偏袒哪一方)的理论来源。以个人为单元的形而上,实际是反"人类规律"的。一是人有冗余有不确定性。二是人在7岁以前基本从生理上定人格,跟着狼是狼孩,跟着猴是猴孩,不可能再回归成为真正的人。一个桀骜不驯没有起码人格的人,是不可能压缩自己的自由意志而与他人达成"共意"的,就是黑格尔、罗尔斯理论与实践脱节的致命假设错误,因为违背了人类成长的自然规律。

---

① 〔德〕黑格尔:《法哲学原理》,商务印书馆1961年版,第23页。

第八章　现代生产的分配正义

背景：

正义，不仅仅是为和平相处，正义还可以有发展生产力的功能，这是古代哲学留给人类的文明种子，是现代生产方式的特点。

正义转化为发展生产力的功能，核心机制是生产的分配正义。

第一节　现代生产分配的正义准则

一、生产的分配正义

（一）分配正义与幸福满意。

分配正义，是关系国计民生的重要问题，中共十八大特别强调："要在全体人民共同奋斗、经济社会发展的基础上，加紧建设对保障社会公平正义具有重大作用的制度，逐步建立以权利公平、机会公平、规则公平为主要内容的社会公平保障体系，努力营造公平的社会环境，保证人民平等参与、平等发展权利。"价值通过合法化而与社会系统结构联系的主要中介是制度化，从而保证人民在共享经济改革发展成果的过程中能够拥有平等参与和发展的权利，有获得感。

"经济关系"分配和分配率表现为，"公民所承担的义务（和权利）是按促进公共幸福的程度进行分配"，"那些在分配义务时能够注意适当比例的法律是合乎正义的，并能使人内心感到满意；它们是正当的法律"①。分配正义以"公益"为标杆。反之，不公平与暴力无异。

（二）生产方式的分配正义。马克思恩格斯批判了巴枯宁无政府主义的观点、批判了蒲鲁东主义的"永恒公平"观，指出："而这个公平却始终只是现存经济关系在其保守方面或在其革命方面的观念化、神圣化的表现。"② 分配随生产方式变化，分配不是永恒的范畴。例如，原始社会、欧洲奴隶制社会、农奴制社会、资本生产工具主义社会的分配规则大不相同。

（三）分配正义与法律。

分配正义，古希腊亚里士多德指出，"正义（法意）对人身有关系；正义的（合法的）分配是以应该付出恰当价值的事物授予相应收受的人"。

公益性。罗马查士丁尼《法学总论——法学阶梯》第一卷第八篇第2条规定："不得滥用自己的财产权利，这是与公共利益有关的。"第一卷第一篇"正义和法律"的定义，第1条："正义是给予每个人他应得的部分的这种坚定而恒久的愿望。"第3条："法律的基本原则是：为人诚实，不损害别人，给予每个人他应得的部分。"③ 以平等、对等（付出与收入）为正义，这对生产与收入的分配也适用。

生产的分配正义的社会性限制，"权利决不能超出社会的经济结构以及由经济结构所制约的社会的文化发展"④。

（四）生产的分配是生产关系的一个部分。

分配关系与生产关系同一，总生产支出（分配），"生产既支配着生产对立规定上的自身，也支配着其他要素"，"作为生产要素的分配，它本身

---

① 〔意〕托马斯·阿奎那：《阿奎那政治著作选》，商务印书馆1963年版，第120页。
② 《马克思恩格斯全集》，第18卷，人民出版社1964年版，第310页。
③ 〔古罗马〕查士丁尼：《法学总论——法学阶梯》，商务印书馆1989年版，第5页。
④ 《马克思恩格斯选集》，第三卷，人民出版社1972年版，第12页。

就是生产的一个要素"①。

关于生产与分配的历史同一性，马克思指出，"一定的分配关系只是历史地规定的生产关系的表现"②，"分配关系不过表示生产关系的一个方面"③。

二、适应"现代生产方式"的分配为正义

（一）现代生产方式是大众谋生的方式，以获取生活必需品的供应为目的的治产与管理，以民为本，适应生产方式的分配为正义。

交易正义、分配正义，是以"生产方式"为事实的法律安排。艾伦·伍德（E. M. Wood）在《什么是资本主义》中认为马克思的正义概念是一种法律意义上概念，"交易正义建立在法理意义上的财产所有制基础上；正当性在于它与占统治地位的生产方式的协调性。"托马斯·图克（Thomas Tooker）在《通货原理研究》中称"对于什么是合理和正当的，唯一适用的标准就是与现存经济系统相一致的标准"④。

（二）现代分配结构取决于总生产的结构，"分配的结构完全决定于生产的结构，分配本身就是生产的产物，不仅就对象如此，就形式讲也是如此"⑤。

生产的预先分配。签订三重契约合同的内容中，包括约定预分配利润用于还本付息，"并且在生产开始以前，也就是在它的结果即总利润取得以前，已经当作预先确定的量了"⑥；"偿还是资本的前提"，"资本必须偿还"⑦。

---

① 《马克思恩格斯选集》，第二卷，人民出版社1972年版，第102页。
② 《资本论》，第三卷，人民出版社1975年版，第997—998页。
③ 《资本论》，第三卷，人民出版社1975年版，第998页。
④ 乔洪武：《〈资本论〉中的经济正义思想研究》，载《当代经济研究》，2007年第7期。
⑤ 《马克思恩格斯选集》，第二卷，人民出版社1972年版，第98页。
⑥ 《资本论》，第三卷，人民出版社1975年版，第418页。
⑦ 《资本论》，第三卷，人民出版社1975年版，第418、417、393页。

（三）偿还债务，属于量化的生产活动，因此必须设立量化的公平分配与交换。

生产共同体市场是公共品，所以必须设立"公益、公开"性法律秩序。现代偿债市场，"通工等偿"成为刚性规则，必须限制市场"物以稀缺为贵"的限度，设立允许波动的区间，既保持了流动性，又能保障债务人至少能以预定的中性偿债生产价格转化为市场价格，有利润履行偿还当期债务的责任和承担风险责任，还有利于劳动者的生计，维持正常的消费市场稳定性。

对于无产自由劳动者，分配正义是生存发展权的身份平等、民主参与的基础内容，"劳动不是它所生产的使用价值的唯一源泉，换言之，不是物质财富的唯一源泉。威廉·配第说得好，劳动是物质财富之父、土地是其母"[①]。

（四）现代经济，"禁止高利贷—三重契约"，在"资本必须偿还"承诺之下，总生产增加了"生产准备的分配正义"环节，这就是欧洲流行的"预定偿债生产价格"（预决算）工商法。

三重契约"用公正的方法获得财富"三联合同，首先是对生产的准备用公正方法进行分配（包括劳动力价格），然后才谈得上生产力的绝对发展，生产出产品有了利润才轮到不劳而获的分配。

生产的分配正义的技术性建构，由四个正义要素组成：一是生产的分配正义（生产的预分配、总生产过程，生产的交换，生产的消费，生产的再分配，收入的交换和消费）；二是正义的分配率；三是正义的分配权界；四是正义的分配顺位。

劳动所创造的那些财富的社会分配，表现为预定偿债生产价格构成法的预分配和多次再分配（净利润分红，财政收入和分配支出，金融信贷和股市再分配，慈善再分配等）。

---

① 《马克思恩格斯文集》，第1卷，人民出版社2009年版，第7—8页。

第二节　中性分配实体法

马克思关于实体法的学说：

Ⅰ. 私法

（A）关于有条件的契约的私法

　　（a）人身权利

　　　1. 有偿契约

　　　　（1）

　　　　（2）组织社团法人契约

　　　　（3）租雇契约

　　　　　　i. 就其与劳务的关系来说法哲学体系纲目

　　　　　　　甲、原来意义上的租雇契约（既非指罗马的租赁亦非指罗马的租佃）

　　　　　　　乙、委托

　　　　　　就其对物的使用权的关系来说：

　　　　　　　甲、土地：用益权（也非纯粹罗马含义）

　　　　　　　乙、房屋

　　　2. 担保性契约

　　　　（1）仲裁或和解契约

　　　　（2）保险契约

　　　3. 无偿契约

　　　　（1）

　　　　（2）认可契约

　　　　　　i. 保证书

　　　　　　ii. 无因管理

(3) 赠与契约

　　i. 赠与

　　ii. 示惠许诺

(b) 物权

1. 有偿契约

　　(1)

　　(2) 严格意义上的互易

　　　　i. 原来意义上的互易

　　　　ii. 借贷（利息）

　　　　iii. 买卖

2. 担保性契约

　　典质

3. 无偿契约

　　(1)

　　(2) 借用

　　(3) 寄存保管

(c) 在物上的人身权利

(B) 关于无条件的非契约的私法

Ⅱ. 公法①

设立中性适度法律行为区间的目的，是为降低交易商榷时间成本、提高交易成功效率。

中立适度的、一般的经济的法律行为。中国 GDP 超过美国 GDP 的 60% 以后，美国对中国的遏制几近疯狂，为了打击中国的国有企业，美国

---

① 《马克思恩格斯全集》，第 47 卷，人民出版社 2004 年版，第 8 页。见李光灿、吕世伦主编：《马克思恩格斯法律思想史》，法律出版社 1991 年版，第 36—38 页。该纲目中某些空缺之处，系原文本身缺漏。

祭出了市场竞争的"中性规则"。

2019年3月28日《国务院公报》2019年第11号中共中央办公厅国务院办公厅印发《关于促进中小企业健康发展的指导意见》，在"指导思想"条款中提到"按照竞争中性原则，打造公平便捷营商环境"。在这之前，2018年9月17日，央行前行长周小川在布鲁塞尔召开的"中欧美经贸关系"研讨会上发言时谈到，中国在1990年代中期起就进行了国有企业的公司化改革，这一点很类似于经济合作发展组织（OECD）对国有企业制定的"竞争中性"准则。

第一小节　债关系委托与合伙的中性准则

生产的分配正义方法，集中于市民法"债关系"，例如，要物契约包括消费借贷、使用借贷、寄托和质押；诺成契约，包括买卖、租赁、委托、合伙。① 其中，租赁分为物的租赁，技术租赁，劳务租赁。方法：使用租赁，例如住房租赁；用益租赁，例如租用商铺。

（一）关于委托。孔子曰："儒有委之以货财，淹之以乐好，见利不亏其义"。

委托人的行为准则，公平支付管理和报酬费用，自负盈亏，连带责任。

受托人的行为准则：忠于职守，不得争利，不得越权，竞业禁止。

妥善处理受托之事物，为妥当、善意、善良意思，与管理自己事物一样管理他人事务，善良管理人之注意。

诚实，见查士丁尼《法学总论——法学阶梯》第1卷第1篇第3条。

善良风尚，见《德国民法典》第138、665、683、692条。

---

① 〔古罗马〕查士丁尼：《法学总论——法学阶梯》，商务印书馆1989年版，第159页注①。

(二) 合伙的法律准则。

生产共同体，或生产组织，在经济中叫做公司，在法律中叫做"合伙"。合伙是一个古老的范畴，《周礼》、《汉谟拉比法典》、古罗马法，都已经有关于合伙的规则。明、清家训增广贤文有"搭伙求财，心甘情愿"，"搭伙如夫妻，同财同性命"的训导，搭伙，应指出外同吃同住合伙经营的人们，用"合伙"来翻译德语 Gesell-schaft，"吃一片面包喝一杯酒的人们"合名公会。

欧洲生产共同体的规则，"人们所组织的合伙或者包括双方的全部财产，这种合伙希腊人称之为'共同体'"。[①]

各国民法典对"组织"的规定包括：财产、场地、群体、规章制度。

《德国民法典》对"合伙"的界定有五大准则：共同目标；共同财产；共同约束，共同善意原则；共担风险、共分利得与运气，平等权利；持久资产、不得撤资。

合伙人共同所有、共同管理原则。德国《魏玛宪法》规定劳动者和受雇者有参加管理和分享超额利润的权利；《德国民法典》第706条"合伙人的出资也可以是提供劳务"。

共同目标原则，《德国民法典》第705条"根据合伙合同，各合伙人互相负有以合同规定的方式促进达到共同目的，特别是提供约定的出资义务"。《德国公司法》第88条"监事会、董事会、公司业务部门人员不得为自己和他人的盈利从事商业活动"。

共同约束、善意原则。《德国民法典》第719条"合伙人无权要求分割合伙财产"；第721、722条"共同或按份承担盈亏和债务责任"。德国股份制公司管理由董事会、监事会和经理部三方构成，《职工参与决策法》规定"监事会中股东和雇员各占一半，按情况包括一定数量其他成员组成"。

---

① 〔古罗马〕查士丁尼：《法学总论——法学阶梯》，商务印书馆1989年版，第179—181页。

共同善意委托原则。《德国民法典》第708条"合伙人在履行所负担义务时,应当与处理自己的事物一样尽相同的注意";第709条"合伙业务应由全体合伙人共同执行,每项事物需经全体合伙人同意(超过一定人数)"。

公平分配。禁止高利得的四个阶梯法,是公司分配尺度。按照合伙债,首席执行官依法有权把握派息、配送股、分红的尺度,德国股份公司法第60条【盈利分配】"法定盈利股利为4%。"超额利润归全体企业人所有,分红是股东与企业人之间的谈判。

永久治产,不得撤资。《德国民法典》第713条:"根据第664条至667条关于委托的规定加以确定,但合伙关系另有其他规定的除外。"公司财产共同所有不得撤资,自负盈亏和偿债积累责任;股息率在利息率上下波动,超额利润在全体企业人之间均衡分红,包括按资虚拟企业人。

(三)委托与合伙准则的债关系,就是"同一性、差异矛盾性、中介、折中统一性"的具体运用,是债关系的正义准则的主要形式。禁止高利贷,禁止非法的私下契约弱肉强食。

第二小节 中性分配率

一、中性分配率:居中、均分

量化的中庸适度,就是亲兄弟明算账,合伙分配比率:"均分""居中"、最小伤害、不得刺伤邻人、禁止高利贷允许的分配率等。

中性概念的量化分配率,如下。

依自然准则:"通工等偿"。

正义、均衡、不偏袒哪一方。民事主体自己的权利与责任均衡,民事双方的权利责任均衡。汉谟拉比法典第九十九条:"自由民以银与自由民合伙,则彼等应在神前均分其利益。"其分配率至今适用。

平均。如未特别商定分配损益比率，应视为平均分配，例如各共有人之应有部分不明者，推定为均等。买卖契约之费用，由双方平均负担。合伙平均分配。

中等、居中。如果没有特别约定标的物的品质，应给付中等物品。《德国民法典》第243条【种类债务】："（1）仅以种类确定的物为债务标的物的，债务人应给付中等品质的物。"就是说，给付物仅以种类指示者，依法律行为之性质或当事人之意思不能定其品质时，债务人应给以中等品质之物。

折中。加工成品所有权的酌定，见《德国民法典》第950条【加工】："将一件或数件材料加工或改造制成一个新的动产的人，取得对新物的所有权，但以加工或者改造的价值不明显少于材料的价值为限。"

加工劳务报酬的依法确定。依情形，非受报酬即不服劳务者，视为允与报酬。未定报酬额者，按照价目表所定给付之；无价目表者，按照习惯给付，《德国民法典》第632条【承揽报酬】："（2）未定报酬额的，有公定价格时，按公定价格支付报酬，无公定价格时，应认为约定按习惯支付报酬。"价格，在公定、习惯、法理之间依顺序选择。

适度、居中。"借用"与"法律禁止"的折中点为适度的尺度。中华民族2500年前的中立适度法理："子曰，舜其大知也与！舜好问而好察迩言，隐恶扬善，执其两端，用其中于民，其斯以为舜呼！""中也者，天下之大本也，和也者，天下之达道也。致中和，天地位焉，万物育焉"；"井田制"法理，租息利税什一中正之制。

法律量化的公平，黑格尔《逻辑学》：第二部（大小量）比率；第三部之生命体，"尺度"比率。

二、损害最少法

（一）最小伤害法。科斯指出，任何新生事物，同时是对旧有环境的某种干扰或破坏，确定产权价格比例的一个原则是运用资料于生产的利润产出分享减去产权干扰，"应该是把干扰减到最小，但是这种认识是错误的，目标应该是使产出最大化"，应当有安全系数；"所有的财产权都会干扰人们利用资源的能力，必须保证的是从干扰中获得的收益应大于所产生的危害"；并且，只依靠成本约束（自律）还不够，"私有财产制加上价格体系将会解决这些冲突"。① 关于产权的"用益性减去干扰性"盘算，哈耶克指出："所有者从其财产所提供的一切有益服务得到好处，而负担用其财产对别人造成的一切损害"；"有些人在取得'私有财产'之后，就把私有财产本身称作一种特权，那就使'特权'失去了意义。"② 新兴产业对原生态总会带来损伤，总要付出代价，法律规定允许"最小损害"，则企业可以豁免"最小损害"，均衡点是，以企业能够将创业继续下去为边际。③

（二）对生产者债务人特加保护，见英国《财产法》，第十一章"5. 承租人之制定法保护"，1925 年英国《租金法》规定，"如果不能保证承租人往后有荫庇之地，地主即便按合同支付了钱，仍然不能就此收回租地把承租人赶出家园"，"租金法远离纯粹的商业主义"。

（三）人格法律权利限制。《德国民法典》第 138 条【违反善良风尚的法律行为，高利贷】："（1）违反善良风俗的法律行为无效。（2）特别是当法律行为系乘另一方穷困、没有经验、缺乏判断能力或意志薄弱，使其为自己或者第三人的给付做出有财产上的利益的约定或者担保，而此种财产上的利益与给付显然不相称时，该法律行为无效。"

三、禁止高利贷法

委托合伙准则的货币租赁，一是像出租土地一样出租货币，优先贷给专用于投资先进生产工具的生产债务人；二是像地租一样在生产出剩余价

---

① 〔美〕科斯：《企业、市场与法律》，生活·读书·新知三联书店上海分店 1990 年版，第 51—52 页。

② 〔英〕哈耶克：《通往奴役之路》，中国社会科学出版社 1997 年版，第 42、80 页。

③ 〔美〕科斯：《企业、市场与法律》，生活·读书·新知三联书店上海分店 1990 年版，第 101 页。

值或利润后，用利润还本付息；三是以合伙准则决定利息率的水准，下限以无盈利行为能力财主的收益可以维持生计为准，上限以不得刺伤邻人为限度。三重契约法定为3%—5%的利息率，适应现代生产方式优先用普通利润偿债的规则。

（一）中国"井田制"法理，租息利税什一中正之制，"此其大略也：若夫润泽之，则在君与子矣"，中国是禁止高利贷法的鼻祖。

（二）公元前1792年古巴比伦颁布了《汉谟拉比法典》，第八十九条法定，借谷物年利息率约为20%，借白银年利息率折合为17%。

（三）公元前449年，古罗马十骑士圆桌立法会设立《十二铜表法》第十八条："任何人不得取得超过百分之一（月）利息，而这种规定之前随财主所欲纳息"，年息为12%，并明示法律限制财主的意志，反射保护借款人公平的"有利"。

公元9年，中国王莽变法："民欲贷财以治产业者，命钱府均受之。除其费，计其所得，受息，毋过岁什一"，折合资本利息率为5%。

公元533年，东罗马帝国世俗皇帝查士丁尼颁布法令："朕以法令作如下的规定：贵族及上流的人，不问借额多少、借款的利率，不得订立要求年利四厘以上的契约。商店主人，或经营特许商业者，利率限为八厘。贸易上的借款，及种种有利的借贷，得要求六厘的利率。又该利率的定额，不管在何种场合——通常利息，就在超过要求以上的范围——绝对地不许扩大。又法官明示的课税，就在墨守旧习之地，不得临时增加。"①

1545年，英王亨利八世法定利息率不得超过10%；安妮女王时代，市场良好信用的人可以借5%以下的利息率；按照合伙法，合伙人之间得均分利润，以货币合伙或出租，合理的利息率得为普通利润率的一半，则两

---

① 罗马法典第四篇32章26节2项，参见〔英〕威廉·詹姆斯·阿什利：《英国经济史及法理学说导论》，《英国经济史及学说》，郑学稼译，台北幼狮文化事业公司1974年版，第146页注39。

倍的利息率为合理的利润率；政府国债法定利息率得稍高于市场利息率。①16 世纪下半叶，英国利息率只有 3%—5%，英国租地农场主资本生产工具主义萌芽。

《德国民法典》246 条【法定利率】"中立的年利息率为 4%"，低于英国法律禁止尺度的一半。美国 20 世纪 80 年代初停止执行《银行紧急法案》Q 条 6 年，规定利息率最高不得超过 20%，应包括通货膨胀因素；不得取巧，不得要求先支付利息；不得计复利。

中国改革开放，1984 年"拨改贷改革"，政府规定利息率为 2.4%—12%，迄今没有被法律采信。

有的史学理论认为，人类历史以 800 年为一个螺旋轮回，世界禁止高利贷的著名法律也是 800—1000 年出现一次，绝非偶然巧合。对"生产有利"的分配率，正义致富技术，是辉煌文明的基础。

由于基督教、伊斯兰教严格禁止高利贷，超过法律允许的限度、要求先支付利息、收取复利、压低抵押品折价、用多倍劳动偿还债务、利息总量超过本金等属于刑法的内容，所以往往在这些国家的市民社会法典中查不到这方面的禁止高利贷实体法。

第三节 生产的分配顺位正义

（一）首先，生产本身是有顺序的活动。

贷款租买生产工具方式，增加了"贷款"环节，是双务、用益、延时契约，合同规定了履约的顺位规则。马克思在《〈政治经济学批判〉导言》

---

① 〔英〕亚当·斯密：《国民财富的性质和原因的研究》上卷，商务印书馆 1972 年版，禁止利息率超过 10%，见第 85 页。法定利息率和市场利息率，见第 327、328 页。利息来源于利润，适度利息率为 4%—5%，利润为 2 倍利率、利息为利润的一半，为合理的利息率，见第 89—90 页。〔英〕大卫·李嘉图：《政治经济学及赋税原理》，商务印书馆 1962 年版，第 253 页。

中特别研究了生产顺位：生产的预分配，承诺偿还债务；生产的交换；生产过程；生产的消费；生产商品的交换，收入消费。分配的四个环节的关系，正义准则是大前提；公平正义的分配率；符合生产的预分配的顺位；符合正义的权界，负有义务的所有权。

（二）总生产准备中的顺位。

第一问是有能力租买资本生产工具生产力吗？确定了资本生产力水准，然后才是萨缪尔森之问"生产什么、为谁生产、生产多少？"例如，当贷得起钱租买得起织袜子的高效机器，可以织出物美价廉的袜子，原来的奢侈品袜子就成了普通消费品，市场就扩大了许多。如若制度成本太高没有利润可以贷款租买机器，就只有手工作坊织袜子供给有钱人购买，平民就自家织补袜子。

"20年期的预期先进生产线抵押贷款"，先贷款，然后建设生产线，世界银行规定生产出利润后还本付息，是生产的预分配顺位关系。

双务的延时契约，法律强制预分配，例如租赁、借贷、雇佣、承揽、委托、合伙、租买等延时契约，都是预分配关系，在签订合同时就已经预先把预定偿债价格、分配率和分配顺位写清楚，然后才开始履约。

（三）生产过程的预分配顺位。

创造价值偿还债务顺位：支付工资顺位第一；符合政策导向的资本生产工具优先用利润还本付息顺位第二；扣除折旧费和管理营销费顺位第三；地租和税赋只允许在偿还到期的资本生产工具债务后，在超额利润中收取，顺位第四；股东只允许请求分配债务表上的净利润，股东所有者权益分配顺位最后。

政府产业政策导向，准予采用减免税、抵扣、退税等政策实现优先资本生产工具的积累。

法律参照：世界银行借资治产还贷顺位；英国税赋法，欧美积累法对利润用于积累增添生产工具减免税；德国商法负债表"偿债基金"；美国财务制度负债表"债务（利润留存）专项"。

名词与概念：

生产的分配正义　　正义分配率　　正义权界　　生产的分配顺位

合法　　法律高尚　　法律中庸　　法律禁止

邻里最大幸福　　最小伤害　　中性竞争规则

合伙　　委托　　适中　　委托与合伙准则的债关系

区别与质疑：

物理"效率"不能避免"掠夺"效率、一次性效率。

第九章 生产债务人企业主是质变资本、质变剩余价值用途的动力源是我们自己人

背景：

（一）英国政治经济学以《自由大宪章》为框架，分离出资本使用者（借资治产债务人权）阶层，三重契约赋予这个阶层优先使用资本和平等分配权。

（二）2018年11月1日在民营企业座谈会上习近平明确提出"民营企业和民营企业家是我们自己人"。大前提是遵守现代生产方式"王在法之下"宪制的社会市民法中性法律。

第一节 财产权界正义：所有权有造福义务

第一小节 宪法文本管护财产权

《尚书》"天生民有欲"，人类有冗余，外在表现为多样性、复杂性、灵活性张力，为了和平，既需要依"公意"设立人的权利能力，也需要设立权利限制，"权利界限"即权界。

公法划定权界。《孟子滕文公上·井田制》有曰："夫仁政，必自经界始。经界不正，井地不均，谷禄不平。是故暴君污吏，必慢其经界。经界既正，分田制禄，可坐而定也。"用公正的方法划定权利责任，叫做"经

界既正",也叫做"分配正义的权界"。在文明社会,是公法特许所有权,在现代文明社会是权利责任对等。以为所有权是绝对权,这是奴隶主只有权力没有义务的表现,是错误有害的。

欧洲封建贵族制度是所有权与政治权合一垄断专制,一直到现代生产方式土地所有权租赁,才有所松动。另外,罗马法财产权设置有漏洞"法不禁即可为",随着时代进步许多国家对财产所有权的社会责任、造福义务的规定由宪法来规定。

《中华人民共和国宪法》第十三条:"公民的合法的私有财产不受侵犯。国家依照法律规定保护公民的私有财产权和继承权。"财产所有权有义务遵守《宪法》总目标"国家的根本任务是……现代化建设",即财产权人有将自己财产优先转化为生产工具的义务,有遵守法律的责任义务。

《中华人民共和国民法典》第二百四十条:"所有权人对自己的不动产或者动产,依法享有占有、使用、收益和处分的权利。"所有权人财产来源和用途必须合法。"依法"权利责任,遵守法律允许的相关权利和法律权利限制。

第二次国共合作期间修订、1947年颁布的《中华民国宪法》:

第15条:"人民之生存权、工作权及财产权,应予保障。"

第142条:"……实施平均地权,节制资本,以谋计民生之均足。"

第143条:"……土地所有权,应受法律之保障与限制。……"

德意志联邦共和国宪法第14条"财产权有义务,即其使用应有利于公众"。《德国民法典》第138条(人身权)"禁止高利贷"。

1947年日本宪法第29条"财产权不得侵犯。财产权之内容,应由法律规定以期适合于公共之福祉。"

1789年法国大革命《人权和公民宣言》第17条"财产神圣不可侵犯",第11条特别规定"财产、自由以不伤及他人为限"。

拿破仑法典第二编"财产及对所有权的各种限制",第544条:"所有权是对于物绝对无限制地使用、收益及处分的权利,但法令所禁止的使用不在此限。"第545条:"任何人不得被强制出让其所有权;但因公用,且受公正并事前的补偿时,不在此限。"第546条:"物之所有权,不问其为动产或不动产，得扩张至该物由于天然或人工而产生或附加之物。此种权利称为添附权。"

在英国，土地是上帝赐予大家之物，"只有国王才能所有土地"①，只有国王代表上帝行使权利、具有罗马法意义上对土地的所有权，子民只有共有分占权，是分离的所有权只能租赁不能买卖，这是英国法关于"公有制"的最大贡献。

美国有 1/3 的土地归国家所有，美国宪法只规定了"财产权不可侵犯"，但是弗吉尼亚权利法案、宪法修正案、教会法、惯例法、衡平法、英联邦适用法等，规定财产权是约定，有济贫责任，应是福祉，至今适用，弥补了美国宪法中的不足。例如，《土壤保护和国内生产配额法》私有土地长期不使用，国家有权收回；公民无因占有用于耕种 10 年以上的土地，包括他人撂荒的土地，有权获得对该土地的所有权。

法与法律管护财产权。《汉谟拉比法典》第三十八条规定"负有义务的土地所有权"，可以出租，不得买卖。

为了保护奴隶劳动力，查士丁尼《法学总论——法学阶梯》第一卷第八篇第 2 条"任何人不得滥用自己的财产（包括奴隶动产——引者注），……这是与公共利益有关的"。公法限制私权，传承为当代的物权法"公益性、公开性"。

《阿奎那政治著作选》第六十六章"财产权是约定"，财产权人有济贫的义务。正是因为绝对产权可以任意妄为，所以要设立法律加以管护。

财产权是权利义务。财产所有权必需的"依法"，与财产权的用途相关。财产权的三大形式：为了和平，法定物的归属权；债关系分离的所有权；商品交换的实质是所有权的交换，所有权是财产证明书，是介质。

法律赋予自然人生而平等的权利和权利限制，婴儿、病人也具有的权利，依水桶短板原理，财产所有权是身份权、资格权，即不作为也具有的权利责任。

---

① 〔英〕F. H. 劳森、B. 拉登：《财产法》，中国大百科全书出版社 1998 年版，第 78 页。

财产与财产权。物被当作生产工具使用，才能够叫做财用产业——财产，而财产权是财产的法律证明书。

第二小节　所有权形式：归属权、交换中介、因债分离的所有权

一、公法特许财产所有权的归属

财富有各种取得方法，例如牧猎、劳作、遗产、赠与、租赁、贱买贵卖、雇佣、合意之债、夫妻财产、先占、拾得、偷盗、掠夺、剥削，等等。个人的所有权可以由自然、偶然、非自然、合约的方法获得，要受到公法的制约。

（一）公法财产的权利责任界限。

公法共有财产，例如阳光、空气、山川、天空等。

公法公有财产权。

公法特许对某些财产的私有权。

（二）公法财产所有权造福的权利义务。

第一，所有权负有造福义务、济贫责任。[1] 详细参见各国法律对财产所有权的权利责任的规定。

第二，财产权对他人有干扰，有最小损害和适度赔偿之责任。不动产有需役权和供役权利义务，不动产权有相邻权，提供道路、空气、流水等公共事务经过权、环保权利责任等；法律规定动产不得用于危害他人的事物。

第三，财产权人有济贫授之以渔的义务，优先转化财产为生产工具的

---

[1] 〔古罗马〕查士丁尼：《法学总论——法学阶梯》，商务印书馆1989年版，第17页"任何人不得滥用自己的财产，……这是与公共利益有关的"，公法限制私权，传承为当代物权法"公益性、公开性"。〔意〕托马斯·阿奎那：《阿奎那政治著作选》，商务印书馆1963年版，第六十六章。

义务。法律赋予财产权利是"身份权",婴儿和病人也具备的权利与义务;人们的财产来源归属必须合法,对自己财产有选择用途的自由,但是在允许的范围内,用途不得违法;当要约和承诺达成契约,鼓励遵守"中性规则",存在合法、法律高尚、法律中性、法律禁止四个阶梯供选择;产业链生态关联产品财产权的交换遵守"产业关联生态体系"规则,当契约或交换,履约过程就是所有权观念向客观为他人也是为自己的过渡;产权不劳而获收益有原罪,得遵守最小伤害规则。

第四,产权人负有保值增值责任的"永久产权"[①] 义务。

第五,所有权可能是被动随附权利责任,对劳动生产实际占有利用物特加保护。

第六,所有权是相对权,必须与外界交往才有表现形式。单纯财产所有者权益是不劳而获法定孳息,遵守禁止高利贷阶梯法,禁止贪婪,分配顺位最后。

(三)综合以上,所有权的比较完整的定义定制。

"所有权的定义"在不违反法律和不侵犯第三人利益范围内,所有权人对自己的不动产和动产,依法享有占有、使用、收益和处分的权利。

财产关系公共利益,不得滥用财产权。所有权有义务使其有利于公众福祉。

合法财产及其合法用途受法律保护,排除他人的非法干涉。

(四)用来交换的商品所有权是劳动成果证明书。商品所有权是中介。

具体劳动产品转化为一般社会劳动商品所有权,"商品实际上只不过是自己的劳动的对象化,并且正像自己的劳动实际上是对自然产品的实际占有过程一样,自己的劳动同样也表现为法律上的所有权证书。流通仅仅表明,这种直接占有怎样通过某种社会行动的中介,使对自己的劳动的所有权转变为社会劳动的所有权"[②]。

---

① 〔英〕F. H. 劳森、B. 拉登:《财产法》,中国大百科全书出版社1998年版,第十三章资本与受益所有权之控制:永久产权与收益积累。

② 《马克思恩格斯全集》,第31卷,人民出版社1972年版,第349页。

作为商品交换的产物，没有"所有权"这个前提，交换活动便不可能发生。由于资本主义对封建政治土地的所有权的改造，在 17—19 世纪，学界出现各种针对所有权的理论。为此，马克思从历史中寻找到"标杆"，那就是生产共同体界定所有权是"中介"或"中界"，公平公正。

二、因债分离的所有权：法律标记、占有权、占有，生产债务人权

（一）分离的所有权的权能包括：所有权的法律标记权、占有权、使用权、收益权、处分的权利。

财产出租所有权的权能分离："他们可能拥有某种可以产生收益的物，但却既没有能力又不愿意进行实际的利用以使物产生最大限度的收益。因此他就将物出租给那些需要租用该物的人。"[①] "资本所有权这样一来现在就同现实再生产过程中的职能完全分离，正像这种职能在经理身上同资本所有权完全分离一样。"[②] 所有权在有限时间内分离[③]，在黑格尔法哲学中描述为"我与我的外在发生分离"。在债关系中财产有限期出租，所有权人保留对自己财产的法律所有权标记（证明书），而将占有权在有限时间内租赁出去。在税法中，财产所有权人对自己的财产的外在表现形式是"占有"，个人所得税法计算利得税，采用了"自我雇佣"工资所得税、"自我租赁"利得所得税，这样的概念[④]。

"财产权收益"是不劳而获有原罪，英国《财产法》把亚当·斯密的法哲学思想写进法律，"物的价值来源于我们能够对物做些什么"，"他们不用劳力，不用劳心，更不用计划与打算，就自然可以取得收入"，"而这种'非劳动所得'——股息、地租、利息等，正是财产所有权的收益"[⑤]。

---

① 〔英〕F. H. 劳森、B. 拉登：《财产法》，中国大百科全书出版社 1998 年版，第 145 页。

② 《资本论》，第三卷，人民出版社 1975 年版，第 494 页。

③ 〔英〕F. H. 劳森、B. 拉登：《财产法》，中国大百科全书出版社 1998 年版，第五章分离的所有权；第六章为适应市场需要而对分离之所有权的调和。

④ 刘长琨主编：《美国财政制度》，中国财政经济出版社 1998 年版，第 71 页。

⑤ 〔英〕F. H. 劳森、B. 拉登：《财产法》，中国大百科全书出版社 1998 年版，第 122 页。

马克思指出:"生产资料集中在少数人手中,因此不再表现为直接劳动者的财产,而是相反地转化为社会的生产能力,尽管首先表现为资本家的私有财产。这些资本家是资产阶级社会的受托人,但是他们会把从这种委托中得到的全部果实装进私囊。"① "拟人资本通过榨取剩余价值,劳动剩余价值积累的死劳动不再表现为直接劳动者的财产。"②

"所有权是对他人的干扰",财产权法定"最小伤害",法定分享收益③。

$$产权收益法定利息率 = 产权贷出分享 - 产权对他人的干扰$$

(二)租地资本主义,土地所有权与经营权分离现象。

在关于欧洲农奴徭役的讨论中,已经界定这种制度属于"土地和农奴依附于贵族政治的封建专制"。随着历史变迁,通过1235年《置地法》领主取得对荒地的专属权,1290年《租金售卖法》长期预售租金土地租赁法允许土地所有权与经营权分离,实质性在于土地和它的所有权的商品化:"它一方面使土地所有权从统治和从属的关系下完全解放出来,另一方面又使作为劳动条件的土地同土地所有权和土地所有者完全分离。"④ 英国有一种特有的所有权与经营权完全分离的现象,"以致在苏格兰拥有土地所有权的土地所有者,可以在君士坦丁堡度过他的一生"⑤。在土地所有权与经营权完全分离的同时,依附于领主庄园土地的农奴转化为无产自由劳动力,即农业工人。

租地农场主改造的物质运动历史,主要表现为贷款投资传统农业,"在私有制能够做到的范围内,转化为农艺学的自觉地科学应用"⑥,这已

---

① 《资本论》,第三卷,人民出版社1975年版,第296页。
② 《资本论》,第三卷,人民出版社1975年版,第296页。
③ 《资本论》,第三卷,人民出版社1975年版,第214、218页。
④ 《资本论》,第三卷,人民出版社1975年版,第696—697页。
⑤ 《资本论》,第三卷,人民出版社1975年版,第697页。
⑥ 《资本论》,第三卷,人民出版社1975年版,第696页。

经是最初租种地租较低的荒地，经改良成为农地粮食生产有了积累以后，才有财力引进农艺科学。

关于圈地运动中的所有权与经营权分离。英国 16 世纪以来，家庭毛纺织品兴起，成为主要出口产品，毛纺织品出口贸易发展，呢绒商租下大片土地养羊，将农奴赶出家园成为流浪汉，就是 300 年的羊吃人现象。

另外，大卫·李嘉图为了找到租地农场主还本付息的钱从哪里来，而研究"级差地租论"，《资本论》第三卷用了 200 多页篇幅揭示"级差地租"并不是资本主义萌芽的原因。马克思顺便记录了农场主 20 年期的改良荒地抵押贷款现象，才是我们要学习的内容。《资本论》第一卷第 246 页的 1815 年小麦价格的构成表中揭示，第一是农场主存续了总工资占收成的一半惯法；第二是租种荒地的租金（熟地是收成的 50%）下降到收成的 20%，这样就有利润可以贷款和还本付息。马克思记录了生产的分配正义、分配率、权界、分配顺位变革才是资本主义租地农场主萌芽的因果现象。

第二节　三重契约，约束资本和剩余价值否定之否定，质变为生产工具和再生产工具

一、劳动所创造价值分割为总工资和制度成本引起的质变

第一次分割，剩余价值质变，按习惯法一般工资总额和普通剩余价值均分价值，来源相同，但是分割后发生质的不同，剩余价值有原罪。

第二次质变，三重契约，剩余价值的用途质变，剩余价值转化为制度成本。

第三次分割，三重契约，剩余价值被分割有部分发生质变。制度成本划分为要素，"在这里（我们假（预——引者注）定产品价格＝它的价值），剩余价值是分为利润、利息、什一税等等不同目的。……工人用他

的工作日的一半以上生产剩余价值，这些剩余价值被各种人用各种借口瓜分掉"①。还有折旧、管理营销的费用。

第四次，三重契约，质变为"资本必须偿还"，用利润的一个部分支付利息，另一个部分偿还本金，并且在"负债表"上，负固定资产质变为正固定资产（企业主的占有用益权收入），利润已经由以前的剥削消费转化为固定资产功能，这个用于还本的利润不是以前可以随意消费挥霍的那个利润收入。"每个资本的利润，从而以资本相互平均化为基础的平均利润，都分成或被割裂成两个不同质的、相互独立的、互不依赖的部分，即利息和企业主收入，二者都有待特殊规律来决定。"②

第五次质变，三重契约，劳动价值被动质变为再生产劳动价值。贷款租买生产工具方式，"只有……表现为一个增大了的物化劳动量的劳动，才是生产劳动"③，劳动所创造剩余价值的一个部分依三重契约专用于还本付息，用于还本的劳动剩余价值被动质变为再生产工具形式。

二、资本用途的三次质变

在债关系中，所有权人，与借债人是一个的对立关系。所有权人希望租金率、利息率越高越好，但是，借债人希望越低越好。

资本的第一次质变。禁止高利贷—三重契约，法定中立的利息率下降到5%上下，优先保护生产债务人的平等权利。这样一来，同一资本出现"质"的不同现象。

资本的第一次质变。在借入方，生产债务人权优先有偿借到资本，并专用于质变为生产工具使用权；而在借出方，货币资本家在借出期间内让渡并被动出让货币的使用价值，"货币资本家在借出期间内让渡并出让给

---

① 《资本论》，第一卷，人民出版社1975年版，第246—247页。
② 《资本论》，第三卷，人民出版社1975年版，质变，见第421页，第417页2处，第419页，第420页2处，第421页3处，第422页2处，第423页2处，第425页2处，共15处。
③ 《马克思恩格斯全集》，第26卷Ⅰ，人民出版社1974年版，第432页。

生产资本家即债务人使用价值又是什么呢?"① 资本家存款只关心利息,并不关心用途,存款是因为按三重契约贷出而被动质变成为资本生产工具这一"使用价值"。

资本的第二次质变,三重契约法律约束资本专用于质变成为先进的生产工具使用(生产运动状态)生产价值,依均分规则分割为工资总额和剩余价值。

资本的第三次质变,三重契约履约过程中否定之否定,剩余价值或利润(制度成本)的一个部分发生质变,质变为再生产资本工具的积累。

"再生产资本工具"特征就是现代生产力的绝对发展趋势,增加就业机会,消减随科技发展出现的人口过剩现象。

第三节 生产债务人企业主收入=利润-利息

1803 年英国开始设立所得税,企业主被按照三个身份收入分别设立了三个税种:

单纯企业主"资本用益权收入=利润-利息",其中转用于生产的利润减免税;

他作为自有资本家收入利息、股息、分红,缴纳食利税;

他作为单纯企业家收入工薪,缴纳个人所得税。

借助英国个人所得税法,马克思将企业主划分为三种身份。一是单纯生产债务人企业主;二是他的自有资金资本家;三是他也许亲自经营管理的企业家身份。

一、三重契约,利润被分割为利息和还本利润(积累)质的不同部分

(一)从三重契约体系观察分配的质变。一是创造价值均分为工资总

---

① 《资本论》,第三卷,人民出版社 1975 年版,第 393 页。

额和剩余价值；二是剩余价值转化为制度成本均分创造价值；三是制度成本五要素均衡分配，各占创造价值的 10%；四是这样一来，支付资本家的债权利息允许占 10%（而资本利息率法定为 5%）；五是分割出还本的利润为创造价值的 10%，等于生产债务人用利润还本买下当期应当偿还的固定资产，等于《负债表》上负固定资本转变为正固定资本，就是说，"资本使用者"身份权收入，是担保继续偿还债务的有形财产，资本使用者的"资本占有用益权收入"，而非资本所有权收入。

（二）从三重契约信贷视角观察同一资本，借方和贷方分割利润变成质的分割，"总利润在两种不同的人……享有不同合法权的人之间的单纯量的分割，都会因此变为质的分割。利润的一部分现在表现为一种规定上的资本应有的果实，表现为利息；利润的另一部分则表现为相反规定上的资本的特有的果实，表现为企业主收入"①。特有的果实就是用利润还本的再生产资本积累。

法哲学研究的对象是"一般规律"，将微观个案有盈有亏、超额利润分红因素抽象掉，"每个资本的利润，从而以资本相互平均化为基础的平均利润"是不低于偿债生产价格的平均利润率。

资本家利息、资本使用者收入，它们的法律规则不同。

（三）资本家利息合同约定的法律允许范围内的约定利息率。

（四）企业主自负盈亏，企业主收入 = 利润 - 利息，是依照债务人租赁货币的占有用益权法律允许的收益。

二、债务人权"资本使用者"收入，是担保偿债、是有瑕疵的所有权

（一）三重契约债关系视域，"生产债务人"在签订三重契约时，"能动"承诺借来的钱专用于建设高技术生产线去创造利润，并"能动"承诺"共分利润"②，具体表现为承诺按法定之内的约定资本利息率，则有"企

---

① 《资本论》，第三卷，人民出版社 1975 年版，第 420 页。
② 《资本论》，第一卷，人民出版社 1975 年版，第 246 页 "每英亩的价值生产"构成中的"利润共分关系"；第三卷，第 421 页；第二卷，第 370 页。

业主承诺收入＝利润－利息"。

（二）"利润＝企业主纯收入＋利息"，则同一利润分割为不同规则不同用途视域，作为借贷中介，取得"借方""贷方"双面法律身份；遵守不同法律分配规则，马克思指出，"企业主收入和利息率这两种形式，它们二者不是与剩余价值发生关系，它们只是剩余价值固定在不同范畴，不同项目或名称下的部分"①。"总利润的这两个部分硬化并且相互独立化了。……固定下来。……被割裂成两个不同质的、互相独立的、互不依赖的部分，即利息和企业主收入，而这都是由特殊规律来决定"②。"还是利润的不同范畴。它们和资本有不同关系，也就是说，和资本的不同规定性有关"。③

（三）生产债务人权企业主（资本使用者）自负盈亏（有不确定性），是以债务人租赁货币占有用益权身份的用益收入，非所有权收入。

资本使用者因货币租赁（资本）合同取得"占有货币用益权"，占有权（非所有权），用益占有权之用益权收益"普通利润－利息"。企业主用利润还本的积累收入在生产内进行。

"资本使用权"的单纯企业主作为"资本的非所有者"用益权收入"归资本的非所有者所有"④ 的"利润－利息"收入，即生产债务人权身份权收入，它的条件是，当三重契约法定资本利息率在4%—5%，一般生产者只要有8%—10%的资本利润率，就能实现"企业主收入＝资本普通利润率－资本利息率＝一个资本利息率"中性收入。

企业主收入是三重契约法规定上的自负盈亏计算出来的分配给资本使用者"资本的特有的果实"，"企业主收入来自资本再生产过程中的职能"⑤，即三重契约规定的用利润还本的积累职能。资本使用者的收入，有自负盈亏的不确定性。

---

① 《资本论》，第三卷，人民出版社1975年版，第425页。
② 《资本论》，第三卷，人民出版社1975年版，第421页。
③ 《资本论》，第三卷，人民出版社1975年版，第420页。
④ 《资本论》，第三卷，人民出版社1975年版，第419—420页。
⑤ 《资本论》，第三卷，人民出版社1975年版，第427页。

企业主收入的"好像"隐蔽性,"好象完全是从他用资本在再生产过程中所完成的活动或职能生产出来的,特别是从他作为产业或商业企业主所执行的职能产生出来的"①。"由于利润即剩余价值所分成的两个部分的对立形式,人们忘记了,二者不过是剩余价值的不同部分,并且它的分割丝毫不能改变剩余价值的性质、它的起源和它的存在条件。"② 企业主收入也是只签署了合同,然后什么也不做的收入,是债务人以占有"用益权"身份或资格权分割剩余价值,有原罪,这和资本家收取法定利息率一样,二者都不是资本下的金蛋,都是不劳而获。

第四节 生产债务人企业主普通收入=普通利润-法定利息=支付当期偿还本金的积累

(一)"债务人权驱动力"的本质。在三重契约的约束下,债务合同期间生产债务人权必须具备20年期按合同偿债的可持久性、稳定性、安全性的"信誉"、高科技可行性、和财产抵押为担保。偿债市场不仅关心债权人的利益,而且关心债务人的利益和生计。有一个现象,人类历史随着债务人权的地位提升而生产力发展同步提高。债务人权的特征是有强烈的追求幸福的冒险精神,克服人类"小富则安"的惰性。

(二)"企业主收入=利润-利息"。生产债务人权在三重契约中承诺"共分利润",才出现可持久普遍性质的"利息来源于生产利润"现象。例如,亚当·斯密指出:"来自运用资本的收入成为利润。有资本并不自用,而转借他人,借以取得收入,这种收入成为货币的利息或利益。出借人既给借用人以获取利润的机会,借用人就付给利息作为报酬。又借款获得的利润,部分当然属于冒险投资的借用人,另一部分,则当然属于使借用人

---

① 《资本论》,第三卷,人民出版社1975年版,第420页。
② 《资本论》,第三卷,人民出版社1975年版,第427页。

获取利润的出借人。利息总是一种派生的收入。"①

（三）三重契约用利润还本，在簿记上显示为负资产转化为正资产，企业主收入实际是利润积累表现为资本生产工具的再生产，偿债生产债务人的还本积累收入是承担继续还债责任的所有权，不得撤资用于挥霍。"贷出取息的资财"，"这种资财，在借用人手里，就是用来维持生产性劳动者，可以再生产价值，并提供利润。在这场合，……便能偿还该资本及利息"②。用利润支付利息和偿还本金，资本家是派生收入。而企业主收入负资产转为正资产的积累，并且企业主收入有继续担保偿债责任的所有权，不得撤资。

单纯企业主，一是以相当于贷款额度的 1/3 的财产做担保，二是在三重契约"生产线抵押贷款"三联合同上签上自己的名字。因此，从银行信贷来的资本金建设起来的固定资产也是抵押品；三是取得了按合同贷款的"资本的使用者"身份权，以此身份权取得"资本用益权普通收入＝普通利润－利息＝用来偿还当期本金债务"，在负债表上表现为"负固定资产转为正固定资产"，而作为物质的"固定资产"依然在生产线上运转没有变，因此再生产出的积累果实有继续运转生产利润偿还债务的责任，所以企业主收入所有权是有偿债责任瑕疵的所有权，表现形式是分割再生产积累的股权，因此不得脱离生产，维持在生产内。

在债关系中，生产债务人即资本使用者企业主承诺收入＝"利润－利息"，例如，"生产债务人"在签订三重契约时，"能动"承诺借来的钱专用于建设高技术生产线去创造利润，并"能动"承诺"共分利润"③。

反之，如果"生产线抵押贷款"用折旧费还本付息、用所抵押的固定资产拍卖来还本，就没有对利润的量的分割，也就没有利润的质变。因此

---

① 〔英〕亚当·斯密：《国民财富的性质和原因的研究》，上卷，商务印书馆1972年版，第47页。

② 〔英〕亚当·斯密：《国民财富的性质和原因的研究》，上卷，商务印书馆1972年版，第321页。

③ 《资本论》，第一卷，人民出版社1975年版，第246页"每英亩的价值生产"构成中的"利润共分关系"；第三卷，第421页；第二卷，第370页。

将折旧捆绑还债，不是积累。

正是在继续担保偿债的意义上，企业主收入是"生产内"；食利资本家是"生产外"。

第五节　三重契约：资本使用者债务人权，获得优先平等权利

唯有现代生产方式，生产债务人获得平等优先权。

人们往往只关心债权人，债权人收益是法定的，而债务人权的收益是"自负盈亏"，所以从法律角度，对债务人权的法律安排更多，一是占有权，二是占有，三是特加保护。

一、因生产债务占有的平等权

债务人，属于占有人，对债务人特加保护的相关法律条文与占有法理相同。英国有"羊吃人"的教训，占有受到比归属权优先的保护。占有权法包括对占有人、债务人权、劳动者、无产者的特别救助。

（一）债务人占有权，是指有限期、有因或无因占有他人物的权利责任。所有权以外是占有权，占有权与不属于我们的东西一样多。所有权可以表现为自我占有权。

占有权，与所有权一样，是身份、资格权，是自然人包括婴儿、病人等无行为能力人也具备的法律赋予的权利与责任。

占有权的法律表征：占有权具有相对方；占有权有时效限制；占有权不得违反法律和不得伤及第三人。

占有权分为使用占有权和用益占有权。

（二）占有的定义：对物的占有，因占用人对物的实际控制而取得。

占有，包括占有权和对物的实际占有行为。

占有人的行为权规范：亲自行为；按规则行为；妥善，像对待自己的物一样对待他人物；最小妨害；按合同履约，支付租金。

不得放弃行为权，未经同意不得转让第三人。

用益占有，以法定资本价格利息率为尺度，有分享与债权人同等利息率的利润的权利；占有人自负盈亏，并分享差别行为的超额利润。

20年期的贷款改良生产合同，超过贷款利息率的利润部分归债务人权所有。

（三）对占有人、债务人权、劳动者、无产者的特别救助。

第一，所有权人与占有权人相互不得侵犯。例如，《中华人民共和国民法典》第326条"用益物权人行使权利，应当遵守法律有关保护和合理开发利用资源、保护生态环境的规定。所有权人不得干涉用益物权人行使权利"。

第二，占有人平等的抗暴权。

查士丁尼《法学总论——法学阶梯》，"合法占有受到与所有权几乎同等保护，不允许以暴力取得占有，也不得以暴力剥夺占有"，[①] 占有者有保有占有权的法律权利，财主不得以纯粹商业主义的方式驱赶实际占有者。"占有权之诉"：占有的不动产或者动产被侵占的，占有人有权请求返还原物；对妨害占有的行为，占有人有权请求排除妨害或者消除危险；因侵占或者妨害造成损害的，占有人有权请求损害赔偿。

第三，占有人平等的自助权。

第四，善意推定占有人。

第五，保护有用物。恶意占有，准用买卖或罚金规则，不得以销毁有用物的方式惩罚恶意占有人。参见《拿破仑法典》第554条，以及《十二铜表法》第六表第八条："十二铜表法不许取去或要求把被偷窃去的并用作建筑或培植葡萄园用的木料或木桩作为自己所有，但同时允许按〔这些材料的价值〕之双倍对负有使用材料之责起诉。"包容事实占有，尽量不损毁生产和劳动果实。

第六，偿债不能的救助。偿债不能，得请求展期、降低或免除利息、

[①] 〔意〕桑德罗·斯契巴尼选编：《查士丁尼物与物权》，范怀俊、费安玲译，中国政法大学出版社1999年版，第72—73页。

豁免或部分豁免债务的权利,直至清偿免除债务。对债务人破产的管制和生存权保护,我国已经实行个人破产法。

保护家属的生存教育权。由于不可抗拒的原因或无给付能力,为保障债务人及家人基本生存权、子女教育权,遵守国际通行的破产保护法。

第七,受雇人的权利义务。

二、三重契约,资本使用者被赋予平等优先权

本书借鉴欧洲教会法中与现代经济相关的13项实体法,归纳出了"禁止高利贷—三重契约法律体系4项9条"一般平等优先权利,对生产债务人权在法权、信贷、财务、财税等方面的平等优先权的建设有引导作用。

(一)三重契约,资本使用者平等的身份权。资本家贷出货币,生产债务人企业主借入货币资本。生产债务人权企业主,获得"资本的使用者;……而提供企业主收入的资本"①。企业主获得了"资本的使用者"即用益占有权身份权。

债务人权"资本的使用者"占有权也是身份或资格权。前面已经介绍,依水桶短板原理,法律赋予的所有权是身份资格权,这对"资本使用者"有限占有权也适用。生产债务人权企业主,什么也不做,以"生产债务人权"法律身份获得的收入也是分割利润,也是不劳而获,表现为按用利润还本(负资产转化为正资产)分配股权给企业主。

(二)三重契约,生产债务人的法律权利责任本书抽象为"生产债务人权",与债权相对立,二者共分利润。

合同约定生产债务人企业主职能:承诺资本专用于转化为生产工具和用利润还本付息再生产资本生产工具。

共分利润。在总生产内部企业主的承诺,一是决策将资本转化为先进生产工具使用,并且,"资本终于受到法律的约束"成为生产工具,这个

---

① 资本使用者,见《资本论》,第三卷,人民出版社1975年版,第421页;亚当·斯密:《国民财富的性质和原因的研究》,商务印书馆1972年版,第242页。

法律就是三重契约体系。二是承诺用利润还本付息。亚当·斯密:《国民财富的性质和原因的研究》上卷,"论贷出去的资财信贷资财","这种资财,在借用人手里,就是用来维持生产性劳动者,可以再生产价值,并提供利润。在这场合,……便能偿还该资本及利息"①。

(三)"禁止高利贷—三重契约"赋予现代银行正当性,通过现代银行制度,保护信贷主体资本使用者。

(四)生产债务人权的特别优惠和特加保护。

在三重契约的管护之下,为了增加就业机会和提高经济水准,政府强制银行实行"非对称"资本利息率政策以提振企业的投资动能②,即要求对实质经济的贷款利息率必须低于消费性贷款利息率,例如美国住房抵押贷款的利息率按信誉记录评分,住房抵押贷款利息率按信用高低分别为7.6%—10%,最有信用买房者的贷款利息率也远高于生产性贷款利息率(3%—5%)。

由于有"禁止高利贷—三重契约"4项9条法则的保护,有志者(冒险家)第一次有能力、有条件为了创业而借债。

(五)在高利贷环境下,资本所有权不问贷出资本金的用途,只关心利息率,越高越符合它的贪婪。而消费性借贷,利息来源于对抵押品的折扣作为利息支付,贴现和贴水。高利贷预先收利息,计复利等手段,人们往往因为贫穷才被逼举债,并且因为高利贷,信贷市场最小化、生产者贫困化。在高利贷环境下,"资本的使用者"资格权只有还债的义务,没有利益可图,资本金不可能用来做成生产工具,更不会有什么再生产工具的机制。

(六)法官自由裁量权,保护债务人权收入趋向法定利息率。

反之,如果从价格后果和收入角度研究,例如,收入分别来源于劳动工资、资本利润、土地地租、预扣财税,人们就很难直观理解资本物化为

---

① 〔英〕亚当·斯密:《国民财富的性质和原因的研究》,上卷,商务印书馆1972年版,第一篇、第二篇,基本是围绕资本生产工具的"偿债生产价格构成公式"进行论述。"利润=支付息+还资本金",见该书第二篇、第四章,第321页。

② 《外媒关注中央银行"非对称"降息》,载《环球时报》,2023年8月22日。

生产工具，资本利润是"租"这一实质。收入分配法的缺陷是只注重后果分配，只注意理性节约积累，疏忽了合同强制预先还本积累的安排。

第六节 禁止高利贷—三重契约：单纯企业主、企业家，食利资本家

一、企业主分离为单纯企业主、资本所有者、企业家

（一）亚当·斯密和马克思都分离出了资本使用者、企业家和资本家。

发达国家个人所得税法，不同收入税率和起征点不同，例如劳动与非劳动收入、积累利润与消费利润收入。利用这种计算方法，可以将身兼多职的企业主，按不同职能收入，进行分离。

第一，雇主自我雇佣①，收入工薪征收个人所得税；

第二，作为资本家自有资金自我借贷②的利息、股息收入，政府要收取利息税；

第三，作为单纯"生产债务人资本使用者企业主收入＝利润－利息"，其中利润偿还本金或再投资固定资产的部分，即转化为"生产工具"的，享受减免税政策；

超额利润分红的部分要征收利得税。

资产阶级实际上分为两个阶层，资本的所有者和单纯资本使用者企业主。

---

① 刘长琨主编：《美国财政制度》，中国财政经济出版社1998年版，第71页。余永定、张宇燕、郑文斌：《西方经济学》，经济科学出版社2002年版，第321页表16-2第2项。

② 余永定、张宇燕、郑文斌：《西方经济学》，经济科学出版社2002年版，第421页："如果使用自己的钱也是一样，因为它要放弃同样的利息。"就是说，自有资本也平等地在利润中收取一个利息率。但是遇到困难，为了维持生产，财务会免去自有资本利息。

（二）禁止高利贷—三重契约，单纯企业主，"我们工业制度的灵魂不是产业资本，而是产业经理"，"大多数工厂主对它们所使用的机器一窍不通"①。"资本使用者"身份收入＝利润－利息，也是不劳而获。企业主承租货币（贷款）用益权，收取"积累送股、配股"，是"非自有财产收入"，也是不劳而获。

资本使用者希望利润率越高越好，可以分割超额利润。因此，需要设立资本有机构成的中立尺度，"利息率为3%—5%，总资本/总工资＝5—6"尺度区间，来划分阶级斗争的可以容忍区间和极端叛乱区间。

（三）"资本食利者"收入是不劳而获，"他们不用劳力，不用劳心，更不用计划与打算，就自然可以取得收入"，"而这种'非劳动所得'——股息、地租、利息等，正是财产所有权的收益"②。

禁止高利贷—三重契约，食利资本家收益法定利息。来源于利润，"食利阶级的收入不是来源于银行"③。食利者资本家是不劳而获，有原罪，他可以自由处置，甚至挥霍消费所收到的利息。

无论债权人或生产债务权人都不得任意撤资，否则要赔偿给生产带来的损失。

二、禁止高利贷—三重契约，企业家按市场价格决定工薪，不与他经营的资本成比例

第一，企业家"我们工业制度的灵魂……是产业经理"。企业家是受委托的雇佣劳动。"生产过程同资本相分离，就是一般劳动过程，产业资本家就不是表现为执行职能的资本，……而且是表现为雇佣劳动者"④。受

---

① 《资本论》，第三卷，人民出版社1975年版，第434页注75。
② 〔英〕F. H. 劳森、B. 拉登：《财产法》，中国大百科全书出版社1998年版，第122页。
③ 〔英〕亚当·斯密：《国民财富的性质和原因的研究》，上卷，商务印书馆1972年版，第271页。
④ 《资本论》，第三卷，人民出版社1975年版，第429页。

企业主的聘用，企业家选择优秀项目，起草借贷立项报告、研究报告、合同书，指挥建设生产线，建成后经营管理。①

企业家是受托管理经营。单纯企业家，是信用受托（无需财产抵押），是法人财产有限责任的经营者，并赋予企业法人代表的财产支配权，只以受托经营管理的他人财产为担保，承担财产民事责任。就是说，企业的具体经营管理工作都以企业家身份来做，或聘请企业家代理。

第二，企业家的工薪与他的劳动成直接关系。企业家管理小资本与大资本，所付出的经营管理劳动和技能有差别，但是差别不大，企业家只需要遵守法定规则来经营管理，就可以实现普通利润率，所以一般企业家被聘用时其工资或年薪是由市场普通企业家的年薪决定。正如亚当·斯密所指出："他们的利润额，虽那么不相同，他们的监督指挥却无甚差别，或全然一样。在许多大工厂里，此类工作大抵托由一个重要职员（企业家——引者注）经管。这个职员的工资，正确地表示了监督指挥那一类的价值。在决定这个职员的工资时，通常不仅考虑劳动和技巧，而且考虑他所负的责任；不过，他的工资和他所管理监督的资本并不保持一定比例。而这资本所有者，虽几乎没有劳动，却希望其利润与其资本保持一定的比例。所以，在价格中，资本利润成为一个组成部分，它和劳动工资绝不相同，而受完全不相同原则的支配。"② 这是因为，现代生产方式，一般普通企业家只要遵守市民法经营企业，企业就能获得一个普通企业创造的一个普通资本利润率，三重契约资本是生产工具，企业资本普通利润率是由法律公正决定的，实际是由一般劳动普通剩余价值支付的，有法律安全稳定性，所以在市场上求职的一般企业家一般劳动就能够达到的水准，是企业家的市场技术管理水准平均工资的依据。

---

① 《资本论》，第三卷，人民出版社 1975 年版，第 492—493 页。

② 〔英〕亚当·斯密：《国民财富的性质和原因的研究》，上卷，商务印书馆 1972 年版，第 43—44 页。

第三，亚当·斯密指出，"利润与工资截然不同，它们受两个完全不同的原则支配，而且资本的利润通常与监督指挥者劳动的数量、强度与技巧不成比例。利润完全受所投资本的价值的支配，利润的多少与资本的大小恰成比例"①。企业家收入的主体部分是按劳动分配收入，企业家年薪与管理的资本量有些许关系，但是不成比例关系，生产的分配正义也不允许企业家按资本成比例关系收入。如果破坏生产的分配正义，不能避免企业家收入过高而侵犯制度成本引起企业危机；或在工资总额中的份额过高，侵犯了普通劳动的利益，贫富过于悬殊，将引起劳动积极性不高。

当下确实存在不能区分企业家的收入是按他的劳动和责任决定的现象。网上有一句流行语叫做"所谓的财富不在于生产了多少净利润，而在于能够融资多少"，那些房地产腐败犯罪企业家在企业亏损的情况下，将负债贷款当作利润收入来瓜分，企业家就是奸商。

第四，普通利润以外的超额利润的一个部分才是企业家和或为劳动者的创新劳动"预测和计划"等管理经营特长和高科技创造的，属于业绩奖金部分。

因此，普通企业家的工薪，与普通劳动一样，也是按"用途"决定，依习惯经验，企业家的工薪与企业的平均或最低工资成某种比率，例如10倍比例。市场决定企业家的市场平均工资水准，竞争决定微观工资。

第五，在西方资本主义生产方式中，企业家的管理存在榨取剩余价值、压迫工人的问题。马克思指出，由于已经"包含在生产出来的商品价值中"，这属于现代生产方式内部的对象性同一差异，一般应采用三分法"对立斗争折中统一"方式解决。

---

① 〔英〕亚当·斯密：《国民财富的性质和原因的研究》，上卷，商务印书馆1972年版，第43页。

名词与概念：

公法特许财产公有权　　公法特许财产私有权有造福义务

所有权是财产证明书　　商品所有权是交换中介

财产归属所有权是权利责任　　因债分离的所有权

法律标记权　　占有权　　使用权　　收益权　　占有

使用占有　　用益占有　　生产债务人　　生产债务人权

单纯企业主　　资本家　　企业家工薪由市场价格和工薪勾连决定

不得与他经营管理资本量成比例　　资本所有者　　资本使用者

财产权　　知识产权　　资本使用者人身资格权

货币的用益租赁权自负盈亏非所有者收入

资本使用者使用价值　　资本所有权被动使用价值

雇佣劳动被动使用价值　　企业主生产内收入

资本所有权生产外收入

对比和质疑：

（一）公法特许所有权，是依法有限权利责任对等。在市民法社会，所有权是关系，是约定。批判奴隶主自有权只有权利没有责任"完整、无限、永续、排他"的幻想。

（二）资本使用者是现代生产方式的主动力。因此认为财产权是主动力是错误的。

生产债务人企业主资本使用者用益权收入＝负资产转化为正资产＝物质固定资产在生产线上运动不变（不得脱离生产运动）＝负有担保还债责任的有瑕疵的所有权。

因此，对资本金（债务）征税，违反了三重契约，是"恶法"。

（三）专利权——知识产权，例如著作权——科技人员对自己劳动成果的权利。而财产权是不劳而获。

（四）自然是赐予大家之物，公法特许私有权，认为私有权仅在"私范畴"活动是错误的。

（五）企业家工薪收入是按劳分配，所以企业的企业家的工资与所经营资本量成固定比率是错误的。

（六）《资本论》第一卷第246页那张表，应是魁奈经济表的完成式。第三卷是依据习惯法对于那张表所涉及的各要素进行分析，特别是剩余价值论的第三论，剩余价值或利润的某个部分质变，再生产工具的积累，剥削率由50%下降到20%。因此，认为第三卷是恩格斯写的是错误的，不学习第三卷就不能认识什么是纯粹现代生产方式。

（七）《资本论》中出现的划分阶级的主要类型：

第一，按政治统治地位，划分为统治阶级与被统治被压迫阶级。

第二，按财产，划分为有产不劳而获剥削阶级与劳动被剥削无产阶级。

第三，按纯粹现代生产方式，划分为生产内阶级与生产外阶级的对立。

其中：生产共同体（企业）内部阶级，是以适合的法律为中介，生产债务人企业主资本使用者与劳动阶级是共生关系内部分配正义，是推动把财产权和政治权关进法律笼子以降低它们剥削率的动力源。

所不同的是，资本家食利者阶级的收益是由银行等生产外的金融机构支付，属于生产外阶级。

因此，笼统地认为马克思主义不保护企业主、企业家生产阶级是错误有害的。

第三编　生产共同体市场，生产的分配正义

第十章　"分工协作—通工等偿"价值法则

背景：

我国已经迈向现代化，而在"定价"方面还处于"物以稀缺为贵"向现代生产方式价值法则过渡时期。

第一节　通工等偿价值规律的四项九条法则

价值规律是现代生产方式特有的规律，较成熟的国家，价值法则为三条：商品价值量由生产商品的社会必要劳动时间决定，商品按照价值量进行交换①，市场价格在价值上下波动。而对于后发展国家而言需要增加现代生产方式及生产价格价值概念，参考顾准先生的意见，价值法则还应包括三个层次：商品价值的定义；商品价值的规定；商品价值的度量②。

---

① 许涤新主编：《政治经济学小辞典》，上册，人民出版社1980年版，第353页。
② 高梁：《顾准文集》，华东师范大学出版社2014年版，第299—372页。

一、"分工协作—通工等偿"价值法则的四项九条中性规则

(一) 生产方式及其正义准则。

第一条,正义准则:"用公正的方法获得财富",正义性、公开性、公益性。

第二条,比较具体的正义准则。

只要与现代生产方式相适应的就是正义的;

价值规律只适用于纯粹现代生产方式。

(二) 第三条,有关商品价值的概念。

商品的属性,即劳动产品这个属性。

抽象劳动是价值的唯一要素。

商品价值的抽象形式:是社会必要劳动时间。

商品价值实体是凝结在商品中的一般社会劳动生产力的一般劳动量价值。

(三) 商品价值的外在表现。

第四条,商品只有通过交换才能外在表现"价值";

"价值是交换价值的内容,而交换价值是价值的表现形式"。

商品价值的实现形式是对象性质同一、二者之间的比例量的等价交换。

价值,是商品的社会性表现。

商品交换的实质是商品所有权之间的交换。

(四) 共同体商品生产的通工等偿价值法则。

第五条,商品价值的计量标准:

商品只有通过交换才能外在表现"价值"的质和量;

商品价值量,是指生产商品所包含的社会必要劳动时间量。

商品的质的计量标准是"有效性"。

第六条,通工等偿的高级形式:正常价值=偿债生产价格=市场价值。

第七条,物物等价交换一般形式。

相对物价值形式=等价物价值形式

第三物作为中介的交换。中介物：贵金属，虚拟货币（财产价值信用证明书）。

第八条，微观企业生产价格在价值上下波动。市场价格在价值上下波动。

第九条，生产商品通工等偿，"物以稀缺为贵"被约束在允许波动的区间，适用禁止高利贷四阶梯的一般尺度。

二、"正常价值＝偿债生产价格"的法与法律

现代生产方式劳动三要素商品化，特别是劳动力商品化，生产品必须转化商品换回货币购买生计品，商品一般化，是劳动者生命和发展权决定了"分工协作—通工等偿"成为客观规律。

三重契约预定偿债生产价格法律现象。

现代国际法，1947年设立、有164多个国家组成的世界贸易组织WTO，核心是国际交易反倾销、反垄断，"1994年章程"第2条9处规定"正常价值＝平均生产价格"，就是等价值交换法则的高级阶段的表述。马克思的价格公式"假（预）定产品的价格＝它的价值"，与1947年至迄今适用的WTO的价格公式"正常价值＝平均生产价格"完全一致；世界银行守成"生产线抵押贷款"的租买模式与马克思介绍的"固定资产的贷放""租地农场主20年期的改良荒地抵押贷款"模式完全一致。不仅如此，就连WTO"成本价格＝固定+可变"与马克思"有机成本价格＝不变资本+可变资本"也有一致性。就是说，在长达140年的历史过程中，马克思所介绍的偿债生产价格公式和三重契约一直被守成国家所遵守至今。

我国《价格法》"价格的制定应当符合价值规律"；"经营者定价，应当遵循公平、合法和诚实信用的原则"；"经营者定价的基本依据是生产经营成本和市场供求状况"，以及禁止买卖贪婪等条款。

《三大纪律八项注意》中唱道"买卖价钱要公平，公买公卖不许逞霸道"。西北局书记、西北野战军副政治委员习仲勋在西北野战军第一次会议上作了《关于接管城市的问题》的报告："组织在自愿和等价交换两项

原则基础上的变工队和各种互助合作"①。

中华民族等量、等价法则，历史的积淀约定成俗，例如，墨子"兼相爱，交相利"；孔子"己所不欲勿施于人"；"儒有委之以财货，淹之以乐好，见利不亏其义"；以及"卖履非履"、扫尾价格现象等。比率法，孔子"中庸"；孟子"什一中正之制"租息利税同率，是禁止高利贷（得）。

中国生产价格习惯法，茅盾的《春蚕》在经济学中是这样描写的，"浙江农民养蚕成本，一般是一担茧合三担半米，在1935年约合42元/每担蚕茧"，蚕农按照这个一般年景的生产价格来用做他的微观预期价格，然后做生产准备和必须的投入或赊欠，例如赊买桑叶、雇佣零工、家庭的开支等。但是，由于西方人造丝的竞争，1935年这年茧商出价是20元，导致蚕农债务缠身而破产。

综合以上，西方政府所采用的"正常价值＝偿债生产价格"政策或法律法规我们应当借鉴。我国学者建议，随着"一带一路"倡议的推进，更需要设立和采用符合WTO规则的国内法。②

马克思理论以古希腊"分工协作—通工等偿"为依据，以古罗马法为法律依据："我给你某物，为要使你给我某物；我给你某物，为要使你对我作某事；我对你作某事，为要使你给我某物；我对你作某事，为要你对我作某事。基于这种无名契约产生特定词句诉权。"③ 界定价值规律是法律、法则，是相对自然规律，等价交换，"因分工而互相独立"④ 是指"等价物与等价物的交换"⑤，是现代生产劳动三要素商品化规律，"是商品生产的价值规律"⑥，价值规律是企业经济的内在规律⑦，是生产共同体内在

---

① 《习仲勋传》，上册，中央文献出版社2013年版，第573—582页。
② 刘志勤：《用"3D"破解美对华贸易战》，载《环球时报》，2017年8月21日。
③ 〔古罗马〕查士丁尼：《法学总论——法学阶梯》，商务印书馆1989年版，第159页。
④ 《资本论》，第三卷，人民出版社1975年版，第716页。
⑤ 《资本论》，第一卷，人民出版社1975年版，第220页。
⑥ 《马克思恩格斯全集》，第21卷，人民出版社1965年版，第215页。
⑦ 《资本论》，第三卷，人民出版社1975年版，第995页。

强制所表现的外在"市场价值规律"①。

价值法则将生产价格与市场价格勾连起来：微观企业偿债生产价格在价值上下波动；市场价格在偿债生产价格上下波动。

当供求平衡，"偿债生产价格＝市场价格＝市场价值"。

三、"物以稀缺为贵"允许波动的区间

（一）现实社会生产方式，设计了价格允许波动的区间。其一，偿债生产价格允许波动的范围，借鉴了资本价格利息率允许的尺度范围。"物以稀缺为贵"，媒体报道发达国家允许波动区间是2%，我国允许波动的区间是正常价格的5%，会按照经济状况有所调整。当那些涉及生活必需的、无可替代的商品价格波动超过5%—10%，允许政府介入进行干预和调整。其二，法定偿债生产价格构成公式是价格的"锚"。

社会生产要素的公差在法律允许范围内，意味着商品价值价格的一般社会化，不合格的将以公平范围内的竞争形式被淘汰。这样一来，允许上市的个别商品，就带有了符合规则（公差与配合）的一般性属性。一般化商品价格就接近商品的价值，例如批发价格。

（二）价格围绕价值波动对供求平衡市场价值的作用。

动力机制，公平竞争趋向价值规律，当已经被限制在法律允许的范围内，市场价格与生产价格，这种偏离会相互抵消，所以某个较长的时间看来，平均市场价格等于生产价格。

不同生产领域之间的公平竞争，商品的价值规律决定社会在它所支配的全部劳动时间中能够用多少时间去生产每一种特殊商品。但是不同生产领域的这种保持平衡的经常趋势只不过是对这种平衡经常遭到破坏的一种反应。

交易，是量化的行为，而平等、自愿、公平、诚实信用可以从伦理上助力，但是不能取代量的正义和尺度"通工等偿"。

---

① 《资本论》，第三卷，人民出版社1975年版，第399页。

四、哪些商品经济形式中"通工等偿"失灵？

任何事物都是相对的，通工等偿价值规律也是有条件的，只有两种生产方式符合条件，第一种是"分工协作—通工等偿"，第二种是现代生产方式，偿债生产价格法，如果价格偏离中性价格太远，企业将无偿债能力，这种生产方式将夭折。

条件不具备则失灵。特别是，丛林霸道的商品经济，价值规律失灵。

（一）条件不具备，价值规律失灵的情况：混合经济价值规律失灵，例如，后发展国家存在三元劳务市场，城市市场、农贸市场、外企高薪市场。

（二）在剥削率最大化的经济形式中，通工等偿价值规律失灵。在奴隶制、农奴制夹缝中生存的手工业市场，当权力、权利剥削率最大化，生产者无利可分或不参与利润分配，就停滞在手工密集工具自给古代经济阶段。货币高利贷、商业高利润支配并剥夺产业，产业不能自保，甚至于趋向破产。在商业资本时代，"商人与之做生意的剩余产品的主要占有者，即奴隶主、封建地主、国家（例如东方专制君主）代表供人享受的财富，对于这些财富商人会设下圈套，……因此，占主要统治地位的商业资本，到处都代表着一种掠夺制度"[①]。奴隶制商人掠夺与奴隶主掠夺存在"利润最大化"同一性。

（三）西方血腥从属资本主义用了偷换"尺子"的方法，用恢复体力和养家糊口最低所需的按最低生活水准作为劳动力价格尺子来购买廉价劳动力和劳动者对果实的所有权，诈取剩余价值。用美元武器化唧筒吸取全世界的血，价值规律失灵。

（四）狩猎、海洋掠夺主权国家文化，丛林霸道自由（不法的自私ego）市场等无序市场，微观交易会有多种可能的情况出现，价格形成成本从一方为零致使另一方费用无穷大，狩猎文化自由（ego）市场，与亚

[①]《资本论》，第三卷，人民出版社1975年版，第369页（马丁·路德：《论商业与高利贷》1527年版）。

当·斯密主张的自律自由（合法的自私 self）市场，毫无共同之处。但是也有一个例外，例如，当双方都饥寒交迫，都急于交换对方的商品才能活下来，这时双方无论在政治经济地位、时间空间、需求等方面都是平等的，在交易时，才能多少感悟"通工等偿"观念和行为。

（五）自给经济剩余产品市场，手工业劳动力成本可以摊进自给农业中，商品的价值计算不准确。交换信奉"物以稀缺为贵"，但在手工业市场内部存在通工等偿的边际现象，卖履非履、扫尾价格，最后卖出去的几件商品，是不亏本的边际状态的买卖价格。

通工等偿价值规律，是现代生产方式所特有的一般规律。而在其他市场，只有"竞争"规律，市场最小化。流通领域，只有"商品"二字，并不能说明一定遵守价值法则。因此后发展国家"通工等偿"成了需要论证和学习的课题，需建设"通工等偿"法律文化。

第二节　现代，产品转化为商品一般化，商品二因性

第一小节　使用价值转化为价值，交换二因性

价值是涉及社会关系的度量衡。交换是产品转化为商品的必要条件。

（一）使用价值。

商品的使用价值的属性或定义："商品的使用价值，是劳动所创造的物的有用性"。"物的有用性使物成为使用价值。……使用价值只有在使用或消费中得到实现。……使用价值总是构成财富的物质内容。……使用价值同时又是交换价值的承担者。"[①] 使用价值是商品的个别性价值。

"商品价值的实质，就是劳动"。使用价值内在属性是具体劳动。

使用价值的特征：其一，生产使用价值的是具体劳动，使用价值是商

[①]《资本论》，第一卷，人民出版社1975年版，第48页。

品的个别特殊有用性价值；其二，在生产出商品时，商品的使用价值中就已经包含生产所消耗的劳动量。就是商品的二因性。

（二）等价交换的前提条件和前期准备。其一，从自己的产品考量，产品使用价值对他人有用才具备交换的条件。其二，从双方考量，是双方有交换意愿为前提。相互对于对方有用，取得交换价值的形式，不同使用价值之间才存在交换的需要。其三，劳动三要素商品化商品一般化，是等价值交换一般化的可能性，"如果没有分工……也就没有交换"①，"各个特殊的因分工而互相独立的社会生产"②，"分工细化"，"受分工制约的不同个人的共同活动产生了一种社会量"。其四，产品转化为商品交易的社会构成性准备，习惯形成，遵守交易规则的法律准备和训练以降低交易的社会摩擦成本；价格形成准备，即预定偿债生产价格构成法，以降低价格形成成本。

（三）个别商品之间的交换，使用价值转化为个别比例价值。

（四）等价交换二因性。通过交换，使用价值转化为价值。

第一，禁止高利贷，是现代生产方式等价交换的法律可能性条件，三重契约中预定偿债生产价格，是等价交换的法律可行性条件。

第二，交换价值是程序转化方法，"一个商品，只要它的价值取得一个特别的、不同于它的自然形式的表现形式，即交换价值形式，它就表现为这样的二重物。孤立地考察，它没有这种形式，而只有同第二个不同种的商品发生价值关系或交换关系时，它才具有这种形式"③。

商品二因性，"作为使用价值，商品首先有质的差别；作为交换价值，商品只能有量的差别，因而不包含任何一个使用价值的因子。……如果把商品的使用价值撇开，商品体就只剩下一种属性，即劳动产品这个属性"④。

---

① 《马克思恩格斯选集》，第二卷，人民出版社1972年版，第101页。
② 《资本论》，第三卷，人民出版社1975年版，第716页。
③ 《资本论》，第一卷，人民出版社1975年版，第75页。
④ 《资本论》，第一卷，人民出版社1975年版，第50页。

经过交换商品只剩下价值一个因子,"现在我们来考察劳动产品剩下来的东西。它们剩下的只是同一的幽灵般的对象性,只是无差别的人类劳动的单纯凝结,即不管以哪种形式进行的人类劳动力耗费的单纯凝结。这些物,现在只是表示,在它们的生产上耗费了人类劳动力,积累了人类劳动。这些物,作为它们共有的这个社会实体的结晶,就是价值——商品价值"①。

第三,交换内容与形式,比例形式。"价值是交换价值的内容,而交换价值是价值的表现形式"。②

价值,是商品的社会性表现,是"对象性质同一"的表现。

通过交换,使用价值转化为价值;交换价值是价值的外在表现形式。

商品交换价值的形式,个别交换转化为一般交换比例形式。"交换价值首先表现为一种使用价值同另一种使用价值相交换的量的关系或比例"。③ 其一,必然是不同使用价值之间的交换;其二,交换表现为等式;其三,交换等式表现为"量"的交换;其四,此"量"是"比例",无名数,已经把"使用价值"名数公约掉了。那个"公约"即商品中共有的东西,就只剩下了劳动,并且是抽象了的一般劳动。

交换比例就是使用价值中"同一对象性"生产各自需要的社会必要劳动时间决定。

第四,正常价值=预供的生产价格法。

正常价值→预定偿债生产价格→市场价格→围绕偿债生产价格波动→供求平衡→市场价值

---

① 《资本论》,第一卷,人民出版社1975年版,第51页。
② 许涤新主编:《政治经济学小辞典》,上册,人民出版社1980年版,第353页。
③ 《马克思恩格斯全集》,第23卷,人民出版社1972年版,第49页。

第二小节 商品价值的量度、相对形式与等价形式

一、商品价值尺度社会必要劳动时间

有多种方法可以确定商品价值尺度——社会必要劳动时间。

（一）欧洲庄园习惯法，呈现价值尺度：社会必要劳动时间。马克思找到了欧洲农奴制中传承了上千年的"农奴徭役"，领主要求全部农奴每周在公有土地上无偿劳作三天，即按照平均劳动、平均劳动时间、平均工具生产力、平均收成的50%比例计算地租。比例分配的优点是可以鼓励多劳多得；而公法平均劳动计算法大大降低了劳动价格形成成本，尽量避免对立面互斗。同时，农奴徭役佐证"一般生产的、一般劳动的、一般劳动时间的计量法——社会必要劳动时间"已经存在了上千年，为抽象出"商品价值的外在形式：社会必要劳动时间"作了"概念"准备。后发展国家可以借助"农奴徭役"历史现象来认识和建立"社会必要劳动时间"概念。

（二）初级"分工协作—通工等偿"共同体市场，"在这里'我给，为了你做'，同'我做，为了你给'，或者同'我给，为了你给'"。他们互为生存条件，最后活下来的那个人是用等量劳动产品换回等量生计品足以养家糊口的最后一个人。换不回的或者饿死冻死病死，或者沦为债务契约奴隶。

（三）现代生产方式呈现价值法则。

大工业比较优势产业链之间，"通工等偿"信用价格形成的成本最低现象，"在任何一个国家，多数信用交易都是在产业关系本身范围内进行的……原料生产者把原料预付给加工制造厂的工厂主，从他那里得到一种定期支付的凭据。这个工厂主完成他那一部分工作后，又以类似的条件把他的半成品预付给另一个需要进一步对产品加工的工厂主。信用就是这样一步步展开，由一个人到另一个人，一直到消费者手中。批发商把商品预

付给零售商人，他自己则向工厂主或代理商赊购商品。每一个人都是一只手借入，另一只手贷出。……在产业之内，……正是这种相互借贷的增加和发展，构成信用的发展；这是信用的威力的真正根源"①。借贷产业链，是以分工协作之间的预供偿债生产价格作为信用来实现价格形成的成本最低。现代生产力绝对发展趋势，时间就是金钱、效率就是生命，在生产企业之间的协作价格以降低价格形成的时间成本和交易时间和空间成本为第一位，"分工协作—通工等偿"价格法、预定偿债生产价格法迅速成为工业化时代的定价方法的首选。

信息智能时代，专利交换关系呈现为几十万、几百万件，"分工协作—通工等偿"价格形成成本最低现象。"这种具有契约形式的（不管这种契约是不是用法律固定下来的）法权关系，是一种反映着经济关系的意志关系。这种法权关系或意志关系的内容是由这种经济关系本身决定的。"② 依法交换，交易成本达到最小伤害值，相对收益增加。

价格法，禁止高利贷—三重契约法体系就是为了管护"等价交换适中区间"而设置，实现生产力的发展的绝对趋势。

在政府管控之下，电商时代跨过中间商层层加码，电商成为生产与消费之间的中介，减少了中间商环节，消费价格与生产价格趋向接近，大大扩展了消费市场，而费力费时的货殖物以稀缺为贵定价机制逐渐退潮。

在现代生产方式大环境之下，"事实上价值规律所影响的不是个别商品或物品，而总是各个特殊的因分工而互相独立的社会生产领域的总产品；因此，不仅在每个商品上只使用必要的劳动时间，而且在社会总劳动时间中，也只把必要的比例量使用在不同类的商品上"③。

在现代生产方式为主体的经济环境中，无数次交换呈现价值规律，"商品价格对商品价值的不断背离是一个必要的条件，只有在这个条件下

---

① 《资本论》，第三卷，人民出版社 1975 年版，第 452 页。
② 《资本论》，第一卷，人民出版社 1975 年版，第 102 页。
③ 《资本论》，第三卷，人民出版社 1975 年版，第 716 页。

并由于这个条件，商品价值才能存在。只有通过竞争的波动从而通过商品价格的波动，商品生产的价值规律才能得到贯彻，社会必要劳动时间决定商品价值这一点才能成为现实"①。这种无数次交易趋向价值规律比较明显的是在零售业，生产供给与消费需求价格在价值上下波动。

二、社会必要劳动时间的外在形式或载体——等价物

货币出现比较久远，研究"相对形式和等价形式"，它的意义在于为商品的有形体尺子——货币作理论准备。

（一）对象性，相对形式。

哲学概念"对象性（Gegenständlichkeit）"，并用于解析商品"价值的形式"，"同一的幽灵般的对象性"。"商品交换过程是在两个相互对立、互为补充的形态变化中完成的；从商品转化为货币，又从货币转化为商品。"② 商品与货币具有对象同一性，才能够相互交换。

关于对象性。比较事物，必然存在某种"对象性同一性"才能比较，这个同一性（同质），相互表现、相互反映，叫做对象性。

对象性的度量，在加减法中叫做"同名数相加减规则"，"对象性同一"③，"同名数"即按某种"特质"相同而被归类为同名数的物。

"相对价值形式"④ 的用途："没有等同性，就不能交换，没有通约性，就不能等同。"⑤ 相对形式是需要被度量的那个商品形式。

（二）等价形式。

需要度量的即"相对形式"，作为价值尺度的即"等价形式"。

等价物，社会必要劳动时间的外在形式。等价物，是所包含社会必要劳动时间量的证明物。

与物质度量衡相比较，"商品尺度之所以不同，部分是由于被计量的

---

① 《马克思恩格斯全集》，第21卷，人民出版社1965年版，第215页。
② 《马克思恩格斯文集》，第5卷，人民出版社2009年版，第126页。
③ 《资本论》，第一卷，人民出版社1975年版，第51、61页。
④ 《资本论》，第一卷，人民出版社1975年版，第61页。
⑤ 《资本论》，第一卷，人民出版社1975年版，第74页。

物的性质不同,部分是由于约定成俗"①。"交换价值只能是可以与它相区别的某种内容的表现方式,'表现形式'"②。

第一,中介物在商品无数次交换中被大数据概率推举出来。商品的社会连属性:"为有用物的量找到社会尺度";通过无数次交换表现,"有一种等量的共同东西。因而这二者都等于第三种东西,后者本身既不是第一种物,也不是第二种物。这样,二者中的每一个只要是交换价值,就必定能化为这第三种东西。……各种商品的交换价值也同样要化成一种共同的东西,各自代表这种共同的东西的多量或少量"③。

第二,商品等价物是一个主体对于其他主体的对象化。

第三,等价形式必须具有三个特点:"第一个特点,就是使用价值成为它的对立面即价值的表现形式……。第二个特点,就是具体劳动成为它的对立面即抽象人类劳动的表现形式……。第三个特点,就是私人劳动成为它的对立面的形式,成为直接社会形式的劳动"。④

(三)相对形式和等价形式的逻辑关系。其一,人类早期交换,以使用价值需求交换为主要目标。随着交换的范围的扩大,无数次交易过程中,陶冶出来了一般中介物,可以节约交易的谈判摩擦成本,就是等价物,在交换中扮演价值尺度的角色,而有待等价物量度的商品就是相对形式。

例如,"浙江农民养蚕成本,一般是一担茧合三担半米,在1935年约合42元",意味着蚕茧、米、货币之间存在对象性同一:

生产 1 担蚕茧(相对形式)= 种出 3.5 担粮食(等价形式)

种出 3.5 担粮食(相对形式)= 42 元的矿产贵金属证明书(等价形式)

---

① 《资本论》,第一卷,人民出版社 1975 年版,第 48 页。
② 《资本论》,第一卷,人民出版社 1975 年版,第 49 页。
③ 《资本论》,第一卷,人民出版社 1975 年版,第 49、50 页。
④ 《资本论》,第一卷,人民出版社 1975 年版,第 71、73 页。

对象性同一的抽象化：

相对形式（具体劳动成果蚕茧）→等价形式（折合一般劳动成果粮食）

一切价值形式，都是由相对价值形式和等价形式构成，它们互相依赖、互为条件，又互相矛盾、互相对立的。

三、劳动的二重性；劳动作为价值的尺度

（一）体现在商品中的劳动二重性，"商品中包含的劳动的这种二重性，是首先由我批判地证明了的。这一点是理解政治经济学的枢纽"①。具体劳动生产商品的使用价值；抽象的社会一般劳动形成商品的价值，是劳动的两个方面。劳动的二重性，是商品二重性的根源。

具体劳动是生产不同使用价值的有用劳动，财富都是"自然物质和劳动这两种要素的结合"②。

（二）商品的本质是劳动产品。

当劳动三要素全部商品化，劳动产品必须全部转化为商品，产品所包含劳动是商品价值的内核。

劳动者收入工资总额的起点，是均分一般劳动所生产产品中所包含创造价值，产品转化为商品起点也是产品，所以所有商品都必须证明自己包含生产产品所需要的社会必要劳动时间。作为中介的货币必须有对象性同一，必须证明自己是劳动产品的等价物。

劳动产品是商品的原本，这就是为什么货币不能直接代表劳动时间本身，例如，以一张纸币代表 x 个劳动小时，如果这张纸没有抵押担保品，一旦违约则变成了废纸骗局。

---

① 《马克思恩格斯文集》，第 5 卷，人民出版社 2009 年版，第 54 页。
② 《资本论》，第一卷，人民出版社 1975 年版，第 56 页。

在商品生产的基础上为什么劳动产品必须表现为商品，因为自己生产的产品是自己不需要而他人需要的产品，对交换双方都因为需要对方而具备可能性。一开始是不同生产品之间的物物交换，之所以产品可以转化为一般商品，是因为商品可以有两种表现形式，商品和货币商品（商品价值证明书）这种二重化，产品获得了拉开时间和空间随时随地转化为商品的可行性。

（三）无差别劳动抽象为劳动价值。

由于商品交易是社会化交易，因此具体劳动抽象为一般劳动或抽象劳动、无差别劳动，前面已绍农奴徭役习惯法，一般劳动，一般生产力，一般地租率。正是这些基本抽象，为抽象出"商品价值的外在形式：一般劳动量的度量衡"作了"认识"准备。而在微观现实中，对于劳动，工资差别表现劳动差别，创新劳动参与超额利润的分配。平均劳动力的形式就是平均工资。这是一个相互印证。

（四）劳动作为商品价值尺度，具备根源性、稳定性、大众性条件。

当一般劳动量是衡量一切商品交换价值的真实尺度，交易成本低效率高。

劳动作为价值尺度的根源性。第一，人类合伙自力更生，为了生存，除了像一般动物依靠自然供给，人类还靠劳动收获自给，因此劳动和自然都是财富的源泉。第二，没有劳动，土地只能长草，自然是充分条件，生产劳动是创造财产价值的充分必要条件。第三，在为生存而奋斗的自然历史时期，当所利用自然力是无偿的量，劳动量自然成为商品内涵唯一变量——社会必要劳动时间。它还表现为当利用提高技术提高对自然力利用，同种类商品所耗费劳动量下降价格就会下降。

大众性。现代生产方式，劳动三要素商品化，市民劳动主体不会变，为了交换而生产，为了生产而交换。从业人口尽管有各种动机，但是外在都表现为要求按生产劳动能力预分配工薪或收入，按业绩再分配奖金。当商品一般化，劳动价值同时是测评人权水准的尺度，当劳动与工具相分离,自由劳动无产者,唯有以劳动作为价值尺度,可以同时测知劳动艰辛、果实多少、生活状况,为其他尺度所不能替代。

稳定性。一是历史稳定性。《汉谟拉比法典》佃农劳动收获作为价值尺度被写进法律已经 3800 年,迄今适用。二是对社会的稳定作用,凯恩斯《就业利息和货币通论》向人们昭示,在欧洲,就业问题历来是国家政府最头痛的课题,失业大军的诉求是逼迫分配率变革的根本因素,或者说,自由无产阶级争取就业生存权的躁动,是通工等偿这一公平尺度的原创动力。

(五)效率、资本、技术、产权不能被选为价值尺度的原因,不稳定,非大众。其一,效率效用本身是变量,不能当作稳定的尺子使用,效率是单纯的物理量,不能测知"社会有机现象"。其二,工具、贵金属货币、财产、知识,是过去劳动的积累,就是一般劳动表现。其三,资本本身有二重性,存在"物役人"现象,不能用作公平尺度。其四,当今,金融与高科技媾和确实正在冲击高科技商品的定价准则,例如世界经济一体化 6+1、美元武器化,导致后发展国家、底端劳动力被剥夺,是不稳定因素。为了和平与发展,可以断定,去美元武器化,回归和维护劳动价值尺度不会改变。

名词与概念:

价值法则是纯粹现代生产方式特有的一般规律

使用价值　　交换价值　　价值　　具体劳动　　社会劳动

一般劳动　　社会必要劳动时间　　欧洲农奴徭役

相对物　　等价物　　物以稀缺为贵允许波动的区间

区别和质疑:

(一)"通工等偿"概念,它隐含"分工协作",是受到偿债生产价格约束的交换。这个概念是对商品"等价交换""等价有偿"概念的加固。

(二) 价值法则只适用于现代生产方式的初级和高级阶段。其他社会是剩余产品市场"物以稀缺为贵"。因此,价值法则不是一切历史发展时期都具备的,不是恒久的法则①。

(三) 任性"有钱难买我自愿",它违背了"所有权有造福义务""排除对他人干扰"的法律责任。

(四) 华盛顿共识"自由化、私有化、市场化"泛滥和误导,从1991年开始"等价有偿"被从价格法、合同法、民法等中删掉,反而放纵高利贷、放任房地产自由价格,这是不法自由(不法自私ego),这样做的结果就等于自废中华民族"什一中正"武功,等于从法律安排上自我承认不服从WTO市场经济地位的法律要求"正常价值=平均生产价格",不服从世界银行租买法则"禁止高利贷—三重契约",是不法自由、不法自私ego,授人以柄。所以后发展国家特别需要"社会经济的法哲学"的理论引导。

---

① 斯大林:《苏联社会主义经济问题》,人民出版社1952年版,第19页,斯大林认为价值法则是普遍规律,是错误的。

第十一章　货币，虚拟货币资本

背景：

现代生产方式劳动三要素商品化，劳动力商品化，劳动产品转化为商品普遍一般化，货币成为普遍的价值计量单位。

第一节　货币是财产证明书，六大职能

一、等价形式转型为贵金属货币形式

"每个商品都是一个符号，因为它作为价值只是耗费在它上面的人类劳动的物质外壳。"① 商品价值的尺度是社会必要劳动时间。

（一）贵金属成为等价物，"货币同任何商品一样，只能相对地通过别的商品来表现自己的价值量。它本身的价值是由生产它所需要的劳动时间决定的，并且是通过每个含有同样劳动时间的别种商品的量表现出来的。金的相对价值量是在金的产地通过直接物物交换确定的。当它作为货币进入流通时，它的价值已经是既定的了"②。贵金属货币价值量，依然是生产它所需要的社会必要劳动时间，与其他商品并无区别。

---

① 《资本论》，第一卷，人民出版社 1975 年版，第 109 页。
② 《资本论》，第一卷，人民出版社 1975 年版，第 110 页。

贵金属是社会必要劳动时间量的证明书,"金执行一般的价值尺度的职能,……是法定的价值尺度,……金能够充当价值尺度,只是因为它本身是劳动产品,因而是潜在可变的价值"①。金的生产能够随着社会生产力的变化而调整单位金量中所包含社会劳动必要时间量,实现"金"作为价值尺度的稳定性。

贵金属"同一对象性(同名数)"的"相对价值形式",到对象性同一"等价形式"的转化,经历了多个阶段。

第一阶段,简单的、个别或偶然的贵金属与商品物之间的交换。

第二阶段,相对稳定的"贵金属等价物"阶段。

第三阶段,贵金属长久占据"等价形式"的位置。"价格是物化在商品内的劳动的货币名称。""金银天然不是货币,但货币天然是金银。"②劳动是价值的尺度,"白银及其他一切商品的真正尺度,不是任何一个商品或任何一类商品,而是劳动。这一点我们应当牢记"③。货币形式是价值的完成形式。

第四阶段,具备实体法烙印,"每块既经称量的金属就各加上烙印,由这种烙印表明其价值"④。货币是商品世界运动的产物,固定地充当一般等价物的商品。

(二)贵金属货币取得双重身份,作为贵金属和作为"货币身份"。而"货币身份"原本是所代表物品价值的"证明书"。

(三)市民在生产市场交换的历史长河中,选择充当生产商品的价值度量衡的"有形体物"即贵金属货币的条件,其一,单位价值量稳定,稳定的稀缺,稳定的需求;因为稀有昂贵,依然少有其他用途。其二,可保存价值,化学性能稳定能够长期保值保量地保存。其三,流动性,物理性能质地均匀、硬度适中,便于切割;重量大、体积较小,便于携带、运

---

① 《资本论》,第一卷,人民出版社1975年版,第112、114、115注(53)、116页。
② 《资本论》,第一卷,人民出版社1975年版,第107页。
③ 〔英〕亚当·斯密:《国民财富的性质和原因的研究》,上卷,商务印书馆1972年版,第179页。
④ 〔古希腊〕亚里士多德:《政治学》,商务印书馆1965年版,1257a40。

输、交换（流通、支付）、储存。其四，唯有首饰市场成供求关系蓄水池。只有金、银被选中作为从古至今常备的贵金属货币。

（四）贵金属货币的价格标准，是测量"货币金"本身的标准，"一克金""一盎司金"："各种商品的价值作为不同的金量相互比较，相互计量，这样在技术上就有必要把某一固定的金量作为商品价值的计量单位。这个计量单位本身通过进一步分成等分而发展成为标准。"①

（五）计量货币自身含金纯度和重量准确性属于纯技术职能，避免以次充好、劣币驱逐良币。

二、财产价值的法律证明书——纸币

纸币虚拟价值是银行贵金属价值相对应存量的证明书。

（一）贵金属货币转化为纸币，通过贵金属的法律证明书，贵金属货币证明书转化为纸币，等值贵金属存在银行金库内。

（二）货币标价所代表的"物品价值"又被称为货币的"锚"。

货币的矛盾性，作为中介将买者和卖者分离开来，导致"货币"的实质正义和形式正义必须由第三者监督，如果法制不健全，不能避免虚拟的货币会脱离它的"锚"，例如美元武器化。

（三）货币的中性正义准则。

中介、中性为正义。从货币出现那天起，货币为谁服务的问题就出现了。产生了两种观念，一种认为，货币单纯是交易前后不变的"中介"（贵金属货币本身没有生育能力）；另一种认为，金钱是交易的要素，也是交易的目的，钱生钱。但是，超过自己付出限度的钱生钱，就是剥夺他人应得的，并不能增加财富的总量，叫做无增值，有效力。在古代，因货币不稳定导致市场混乱以至于社会危机的事情时有发生，为了市场稳定，往往由政治、法律强制的方法稳定货币的价值。在现代，"通工等偿"等价交换客观存在，与货币中性有对象性同一性，所以能够出现货币经济形式。这也对人类提出了遵守"通工等偿"法则的更高要求。

---

① 《资本论》，第一卷，人民出版社1975年版，第115页。

货币的虚拟、信用特征。"货币只是一种虚拟的物品，其流行有赖于习俗的信用，非真正财富"，贵金属当货币使用时是习俗信用，而不是当贵金属本身在使用。价值是观念，货币价值也是观念，既然货币是中介信用，所以"放债取息不合自然，非货币的正用"①。

三、用货币量标明商品价格；货币的一般职能

（一）用货币标示的"价格"。"价格是物化在商品内的劳动的货币名称"；"价格形式包含着商品为取得货币形式而让渡的可能性和这种让渡的必要性。另一方面，金所以充当观念的价值尺度，只是因为它在交换过程中已作为货币商品流通。因此，在观念的价值尺度中隐藏着坚硬的货币"②。《资本论》第一卷第246页，"在这里［我们假（预——引者注）定产品价格＝它的价值］"。

（二）货币价值尺度，是指用货币来衡量各种商品的价值，并证明各种商品中包含的价值量各有多少。其一，货币作为价值尺度（例如人民币1元），代表单位价值量（1元）的社会必要劳动时间量；其二，货币用来衡量商品的价值量，并将各种不同量的商品价值表现为价格（例如每件衣服×某元）；其三，货币计量的对象是商品或预期商品；其四，作为价值尺度的货币，也用来衡量"价格标准'金'"的自身价值含量。例如，货币贬值就是因为它所代表的含金量的下降。

（三）货币的一般职能：一是价值尺度，例如记账单位，及延迟支付的标准；二是交换媒介，即支付手段、流通手段；三是延期支付手段，例如信贷、债券、股票；四是储藏手段；五是世界货币职能，1922年德国严重通货膨胀，企业改用美元作为计算单位，是国际纸币概念的一个来源；六是货币（资本金）转化为资本生产工具；七是综合职能，现代生产方式商品一般化，货币也是国民收入的度量衡，例如《国民财富的性质和原因

---

① 〔古希腊〕亚里士多德：《政治学》，商务印书馆1965年版，第57b10页，第58b3—8、25页。

② 《资本论》，第一卷，人民出版社1975年版，第122页。

的研究》上卷第二篇第二章"论作为社会总资财产的一个部门或作为维持国民资本的费用的货币"即货币经济。

四、货币的类型

信用货币的各种形式：贵金属的证明书；商业信用基础上形成的票据；银行信用基础上产生的银行券和支票。依照宪法赋予政府的权力，以财政收入为担保的货币发行权。

（一）贵金属金银货币。

（二）金本位的信用票据，纸币。贵金属可以直接用做货币，也可以把贵金属存在国库或银行里，发行等额的贵金属存量证明书——纸币，二者可以随时兑换，所谓金本位纸币。

纸币有分量轻，便于保管和运输的优点。所谓"纸币无偿信用"的意思是，就好比公共品，支付了建设费以后，就可以无偿长期使用，"纸币"作为"纸张"也是无偿使用，直至磨损报废还可以免费兑换成新的等价值纸币。

银行发行纸币的历史，据考证，在我国起源于唐朝。唐宣宗时期（公元847—858年），苏州就有"金银行"出现，叫做"飞钱"。北宋嘉祐二年（1057年），蔡襄守福州时，作《教民十六事》，其中第六条为"银行轧造吹银出卖许多告提"，这是"银行"一词单独出现最早的时间。在宋朝，成都民间已经出现"角子"纸币，可以兑换。到了南宋乾道六年（1170年），建康（今南京）城内"银行、花市、鸡市、镇淮桥、新桥、筐桥、清化桥皆市也"。可见，银行那时在南京就已存在，而且成"市"。

（三）国际货币，以黄金作为中介计算各国货币汇兑率，在各国使用时进行兑换。

（四）电子商务。互联网在其对信息流、商流、物流、资金流等电子商务的初步改造之后，创造了电子虚拟信用形式拓展了现有货币体系。电子商务的立法、执法、监督与有形体货币的运作法律重归统一。

（五）数字货币。还处于试用期间，定义："任何人都能随时安全可靠的在任何地方使用的结算手段"，只有国家有发行权，其发行量规则与有形体纸币相同。

国家银行数字货币正在研究试行中。它是主权货币的电子化形式。它本质上并非一种新币种，但是相对于传统纸币，融合了先进的数字化技术，在可追溯监控性、便利性和安全性方面有极大的提高，融合了发行技术和支付技术的一次重大进步，是未来货币体系、金融体系、征税体系演化的主要方向。货币权利将重新界定。[①] 央行数字货币的研究和实践涉及货币政策、金融稳定、支付系统、监管体系，其中匿名和隐私性与可管控性之间，取得平衡是一焦点问题。未来，主要是在支付技术和监管科技方面的竞争以及话语权竞争。中国在互联网支付平台的技术能力和成本优势上已经有所前进。

但是，由于数字货币离不开"电"，所以传统纸币和数字货币会长期共同存在。另外，我国居民习惯于银行存款，中性的利息率也体现了国家生产力提高的利润的普惠分享，因此银行和其他金融机构依然会长期存在，只不过随着数字货币规模扩大以及人工智能的普及，人工金融业务会大大地收缩。

（六）我国政府宣布私人创造数字货币为非法。从古至今，市民和政府绝对地不允许资本争夺国家主权铸币权发生。否定了哈耶克货币自由理论。

第二节 虚拟货币转化为虚拟资本

一、像出租土地一样出租货币

（一）资本的定义，贷出取息的资财。资本，作为本金的钱，即信贷货币。贷出的本币即"资本金"。自有资本被换算为自我租赁货币资本。

[①] 陈波：《G7 央行数字货币合作盯上中国》，载《环球时报》，2020 年 7 月 28 日；廖峥嵘：《渲染"数字货币战争"是搞错了对象》，载《环球时报》，2020 年 8 月 27 日。

资本，被区划为高利贷和资本是生产工具。

（二）像出租土地一样出租货币。

货币转化为资本，"但利息却使货币生出更多的货币……货币转化为资本，必须根据商品交换的内在规律来加以说明"①。

自从 1290 年默顿法允许领主预先出卖土地租金以来，英国学者习惯将出租货币与出租土地相比较：像出租土地一样出租货币，货币转化为资本（信贷货币）。

像出租土地一样出租货币的正义准则，只允许在生产出利润后取息，不得砍头息，不得计复利。

资本的价格是利息率。

（三）向出租土地一样出租货币——禁止高利贷—三重契约，资本金转化为生产工具。

（四）货币（资本），是过去、现在、未来的纽带。金融学的基本理论"贷款就是将自己的未来借给自己的现在"，被凯恩斯引入了经济学，他指出，"货币之重要性主要是从货币乃现在与未来之连系这一点产生的"②，以货币为中介可以把过去的存量、未来的预期利润借给现在。银行信贷是有限期借贷；股市是无限期将未来借给现在，股市借债人实际不用还本，但是可能被强制退市，所以出借人买股票有风险。

二、三重契约信贷，虚拟货币专用于转化为资本生产工具形式

（一）信用的定义，"这个运动——以偿还为条件的付出——一般地说就是贷和借的运动，即货币或商品的只是有条件的让渡的这种独特形式的运动"③。

信用，对债务人是用人格信誉对"承诺履约"的担保；对债权人是以债务人承诺预期偿还为条件的先期付出。信用是"预期"时间构成性，未

---

① 《资本论》，第一卷，人民出版社 1975 年版，第 180、181 页。
② 〔英〕凯恩斯：《就业利息和货币通论》，商务印书馆 1983 年版，第 253 页。
③ 《资本论》，第三卷，人民出版社 1975 年版，第 390 页。

来可期。

（二）信贷主体的正义准则。"在由资本主义生产方式向联合起来劳动的生产方式过渡时，信用制度会作为有力的杠杆发生作用；但是，它仅仅是和生产方式本身的其他重大的有机变革相联系的一个要素"。①

从某种程度可以说，贷款改良生产是以"承诺用生产利润还本付息"为信用，而使用了虚拟货币的经济形式。现代信用是形式，而生产线抵押贷款三重契约才是"信用"的实质。现代生产方式中的生产债务人资本使用者企业主是信贷的主体，而货币所有者是被动使用权，银行是信用中介。

现代信用货币体系，债务与货币密不可分。准货币（虚拟货币），实际是实体经济可以向银行借贷的总额度，表现为商业银行的负债和实体经济各部门的负资产，"由此，无论是从人类社会经济活动的起源看，还是从现代信用货币体系看，债务与货币都是密不可分的，债务与货币是一枚硬币的两面，银行的负债方对应的是货币，银行的资产方对应的就是债务。更进一步，货币是债务的一个子集，表示在法律意义上可用于支付、结算、财富储存等功能的一种债务凭证"②。银行作为负债方对应的是虚拟货币，银行作为资产方对应的就是白条债务。更进一步，货币是债务的一个子集，表示在法律意义上可用于支付、结算、财富储存等功能的一种债务凭证。鉴于货币、信贷与债务之间的密切关联，有时候并不刻意强调它们之间的区别。

（三）虚拟货币资本（生产工具）。

虚拟资本的定义，将未来预期收入或利润借给现在，承诺"资本必须偿还"。

例如国债，以未来财政为担保的虚拟货币资本，"是幻想的虚拟资

---

① 《资本论》，第三卷，人民出版社 1975 年版，第 685 页。
② 参见张晓晶、刘磊、李成：《信贷、杠杆率与经济增长：150 年的经验和启示》，转载《新金融》，2020 年第 1 期。

本","国债的资本仍然是纯粹的虚拟资本；一旦债券卖不出去，这个资本的假象就会消失。然而，我们马上就会知道，这种虚拟资本有它的独特的运动"①。

虚拟资本（生产工具）的定义，借方"以优秀项目为信誉，承诺用预期利润偿还本息"并签署三联合伙保险合同为信用。其中，银行是贷方的代表，以有存款及其准备金为信用，在双方信用基础上，银行开出的"银行白条"即虚拟货币的虚拟资本。它的特征是，必须达成信贷合同，借方接纳"虚拟货币（本金）"后，虚拟货币资本才成立，虚拟货币（本金）才获得外在形式，并转化为现在的实实在在的有形体资本物（负资产）。

三、信用经营形式

信用经济，即货币经济，"交换价值制度，或者更确切地说，货币制度"。②

（一）国家信用，国债（国库券），即公共信用。国债实际上也是一种税负。

（二）银行制度，银行券，法定利息率立竿见影成为一般尺度，信贷是延时契约按约定期限还本付息。

（三）汇票信用。票据贴现虚拟货币资本，要缴纳管理费贴现利息率。

商人可以把商品证明书拿到银行贴现。这种有实物做全额抵押担保的信贷，叫做高质虚拟货币资本。

预期财产证明书票据，就好比订单农业，春天预先用货币买下树上未来的果实，然后在需要用钱时又将未来果实证明书用作"抵押品证明书"到正规银行贴现为货币，银行收取"一般贴现利息率+保险利息率"，就是"风险票据"。

---

① 《资本论》，第三卷，人民出版社 1975 年版，第 527 页。
② 《马克思恩格斯全集》，第 46 卷下，人民出版社 1979 年版，第 478 页。

（四）商业信用，委托销售，商品赊购。

（五）保险信用。

（六）禁止高利贷—三重契约信用三保险。签订了三重契约的三个关联合同，银行所支付的银行白条（债务实体为锚的虚拟货币）才获得了外在的实现形式。

（七）合伙信用。

中国大禹"涂山会盟"就是合伙治水模式，各会盟部落支付十分之一的粮食收成集资治水。在明清时期就已经存在高级阶段的股份制生产企业，例如，清朝陕西"万金账""记名开股"等，商号以自有资产为担保。民国时期股份制一般为定息8%，无论盈亏先付息，偏离了股份制的准则。

欧洲禁止高利贷——合伙制。合伙的类型：无限合伙；有限责任合伙；两合合伙；有限合伙上市公司；基金。

（八）信用的二重性。

信用在现代生产中的作用。一是信用本身是贷款改良生产方式固定的形式、条件。二是信用票据扩展交易的空间和时间，使得交易行为与交易货物分离，而无需当场勘验、当场交易；债券和债务相互抵消代替收支活动；由银行提供贷款，加速商品流通及资本循环和周转。三是在产业链经济中起到通工等偿的信用关联作用。四是促成资本的自由转移和利润率的平均化。五是信用股份制公司为下一种新的生产方式做准备。六是股票大部分通过银行来发行。促进了全球产业链的形成。信用的限制：借方与贷方是对立关系，对立统一于法律。生产力绝对发展趋势，被学界归纳为"无限积累"困境，需要与自然达成和谐。

第三节　虚拟资本的种类

第一小节　虚拟资本的质量

一、高质虚拟资本

（一）萨缪尔森《经济学》研究发现，货币资本利息率基本无风险。因为有三个保险系统：一是中央银行法定利息率和借贷中性规则，对守法银行政府以财政担保资本金；二是高质货币存量作为担保证明书；三是贷款改良生产方式保险（承诺高科技转化为生产力用利润还本付息，生产线抵押贷款保险，借款人必须以贷款的 1/3 额度的自有财产做担保，三保险）。这也就是高质量虚拟资本的三项标配，是现代生产方式可持久的法律机制。

（二）高质货币为担保的虚拟资本。

存款是现实存在，留取准备金后，其他存款采用银行白条形式贷出，实际只是打了一个时间差，属于高质货币信贷。

现实资本所有权证明书。"现实资本"的这种证券，代表已积累的对于未来生产的索取权或证明书，"铁路、采矿、轮船等公司的股票是代表现实资本，……股票只是对这个资本所实现的剩余价值的相应部分的所有权证书"。"但是作为纸制复本，这些证券只是幻想的，……"①。

政府财政为担保的高质虚拟资本。1861 年美国南北战争时期，林肯政府以财政为担保发行 50 亿美元绿背纸币。政府债务也有限度，各国标准有所不同。

---

① 《资本论》，第三卷，人民出版社 1975 年版，第 529、540 页。

二、丧失基础的"虚拟货币资本"

（一）丧失基础的虚拟资本，是血腥资本主义"信用过度膨胀"，"不当投机"① 的产物。例如，空头汇票，是指在一张流通汇票到期以前又开出另一张代替它的汇票拿到银行去兑现，这样通过流通手段的制造，就制造出无基础的虚拟资本，"这种制造虚拟资本的方法就丧失了基础"②，"避免营业终止的空头支票行为"。"经纪人是否确有这个商品，（实际是已经发给了外国，他实际没有商品，经纪人那张汇票是空头支票），生意失败他是否能够承担损失？"③"原汇票即来自外国的汇票，国内外两个市场造成商品充斥。"④ 投机者不断发明其他方法，投机取巧破坏货币的中性规则。

现代无基础虚拟货币的方法，例如美国公布的 M2 与实际 M2 相差 8 倍，其中就有无基础货币。美元无基础货币，主要是采用借锚下蛋的方法，美元与石油挂钩，所超发美元通过操纵石油价格的涨落而转移出去，对全世界的货币割韭菜。第二种方法，就是巨额贸易逆差。2020 年 8 月 5 日每盎司黄金已突破 2000 美元大关，1976 年以来几乎每年贬值 1 倍。马克思对无基础虚拟资本细致入微的观察，已经在当前世界金融市场表现得淋漓尽致。

（二）虚拟资本、虚拟经济，必须与实质经济对应。

生产线抵押贷款是双务、用益、延时契约，它的预期承诺的实现形式初始表现是"虚拟货币资本"，然后通过生产利润还本付息总过程，虚拟资本转化为真金白银真实货币偿还给银行。虚拟资本不能脱离它所代表的总生产和交换实体，货币（财产证明书）虚拟镜像，不能离开它的实体而存在。控制虚拟货币投机的方法，一是遏制财政印钞的冲动，防止货币过

---

① 《资本论》，第三卷，人民出版社 1975 年版，第 465—466 页。
② 《资本论》，第三卷，人民出版社 1975 年版，第 451、459、462 页。
③ 《资本论》，第三卷，人民出版社 1975 年版，第 480 页。
④ 《资本论》，第三卷，人民出版社 1975 年版，第 465 页。

剩；二是防止过低或过高利息率，稳定对生产的投资；三是运用经济预测指数，协调劳资中性指数"总资本/工资总额＝5—6"，支出法计算的 GDP 资本形成比例控制在相当于 GDP 的 20%—25% 及以下，控制货币乘数在 K＝2—3 范围内等。

第二小节　高科技信誉"虚拟资本"，利息率趋零

高科技信誉转化为虚拟资本。

自 20 世纪 90 年代以来，日本零利率已经 30 年，它的实质是高科技信誉转化为"虚拟资本"。当资本不再稀缺，资本价格利息率将为零。正如凯恩斯预言：

> 资本会产生一个增量那是因为稀缺，有利息存在。如果不稀缺，资本就只能保值而不能产生增量；利息与地租的性质相同，并不是真正牺牲之代价。资本所有主之所以能够取得利息，乃以为资本稀少。故我认为，资本主义体系中有坐收利息阶级，乃是一种过渡时期现象，其任务完毕时即将消灭。坐收利息阶级一经消灭，资本（生产工具——引者注）主义将会大为改观。[①]

资本价格利息率为零的现象已经出现，在高科技时代，零利率、1%存款率、1%准备金率，实际是高科技企业"还本"转化为社会利益。而在人工智能时代，有可能实现资本价格利息率真正接近为零。

美国等国家，储蓄率接近 1%，就是说，他们的"挤兑风险"已经趋于零，由此准备金率下降到 1%。银行白条"准备金×（1/1%－1）＝99 倍虚拟货币"。

[①] 〔英〕凯恩斯：《就业利息和货币通论》，商务印书馆 1983 年版，第 182、324 页。

日本经历了快速发展到房地产崩盘的过山车之后，20世纪90年代进入零利率模式。日本政府在国际上承诺的贷款利息率甚至降到0.3%（实际执行为2.7%），这已经持续近30个年头。在此期间，日本大量投资高科技领域。日本依靠投资项目的预期优质作为信誉来维持虚拟货币的虚拟资本信贷（创新风险投资），而这种项目的信誉，来源于高科技长期投资形成的国家层面的高新技术基础，高质量全程服务作为基础，以及慎重选择项目。在乘数K的计算上应当是，将高科技项目投入转化为高质基本货币M1。随着承认科技投入实际相当于M1，可以计算出各国科研的M1的中性折算：

高科技投入折算为基本货币M1的计算
＝科研投入×预期科研转化为商品或生产工具的成功效率

从网上信息已知：日本1%准备金率，居民存款率占比可消费收入的1.347%，存款利率0%，贷款利率0.3%。

设银行中介的管理费为资本的2%；金融保险为2%；如果高科技项目债务10年还清，每年还本10%，计算高科技项目净收益：

高科技10年期还债，0.3%贷款利率银行的年收益
＝债务人每年支付银行（1/10年还本+0.3%贷款利率）－
　银行成本（支付活期储蓄利息率+银行管理2%+保险2%）
＝（10%+0.3%）－4%
＝6.3%

这笔以政府财政为担保的银行贷款的超额利润（6.3%），日本政府有权提取用于高科技再研发和社会保险补贴，财政就可以相应地减税，实际增加一般劳动的税后工资和福利，分享科技成果，从而减小贫富差距。

同时，由于高技术生产设备的质量和使用寿命的提高，日本在一些高科技产品领域已经取消了"折旧"财务制度，将高科技、积累、折旧合并为一个新的财务簿记项目是可行的，而支付利息的费用已经大幅下降。

借鉴日本高科技与金融媾和模式，创建智能时代分配改革有可能和可行性。

中国已经注意到了金融与高科技媾和现象。我国银行利润率高达20%[①]，其来源，一是我国利差偏高，二是高房价贷款利益输送，三是高科技基础货币信贷的逐渐进入，高科技成为 M1 的锚，部分成熟的高科技贷款获得丰厚利润。金融是微利中介，其超额利润应当收归国家所有，用于公共事业才公平。

"信息科技与金融政策的相互作用"的思考，需要通过有效的激励机制，引导科技力量发挥"正能量""科技向善"，改进金融服务，促进行业发展。与此同时需要摒弃"赢者通吃"的竞争思维，谨防高科技充当金融的托儿，托高了股市价格来套利等技术创新陷阱。面对金融与高科技媾和套利，如果西方不能自我矫正中性分配率，则这个任务很可能将由社会主义制度来实施。

名词与概念：

等价形式转化为货币形式

货币是财产所有权的证明书　　纸币是虚拟财产权

货币是过去、现在、未来的纽带

像出租土地一样出租货币的规则与秩序　　虚拟货币资本

丧失基础的虚拟货币虚拟资本

资本空转钱生钱零和交易有效力无增值

实体经济　　信用经济　　货币经济

---

① 王东京：《王东京经济学讲义》，中信出版社 2021 年版，第 29 页。

对比与质疑：

（一）钱生钱方法是货币空转、零和交易，不能增加财富总量。一是信奉"物以稀缺为贵"，以贩运商品市场买卖为主，"最大化赚取买者与卖者两端的剩余价值"。二是高利贷钱生钱，不问借钱的用途，利息往往是折扣、贴水抵押物为担保。三是造假币、劣币投机取巧，劣币驱逐良币。四是赌博钱生钱，但是钱的总量不变。五是用货币杠杆来"钱生钱"。六是华尔街2000种衍生品实际是赌博工具。七是将股市办成大赌场。当股市脱离实质经济的增长速度就成了大赌场，相当于无限借债，从不打算偿还本金。

（二）金融与高科技媾和托市套利，股市泡沫，实质经济空壳化。1969年以来，自从金融利润超过实质经济利润，美国经济出现"滞胀"，由于资本逃离，实质经济开始空壳化。1979年通胀率达到13%，新任美联储主席保罗·沃尔克放开金融自由主义，停止《银行紧急法案》Q条6年①，物价通胀上升到20%以上，活期利率上升到21.5%，维持实际活期利率为零。1987年格林斯潘上任后利息率回归正常，货币价格过山车让美国赚取2000亿美元，用于支持汽车工业复苏。

1991年3月《美国国家关键技术》科技咨文出台，介绍了22大项与美国国家安全和经济繁荣至关重要的技术。90年代初年美国布局世界范围的高科技比较优势产业链。1996年格拉索任证监会主席，取消了对私募基金不得上市的限制，从100余个、几个亿的规模，陡然增加到4200余家高科技创投股，《美国国家关键技术》的那些项目与金融媾和，被股市炒作成了香饽饽，2000年那次股灾之后，只有不到10%的项目存活下来，能够

---

① 美国20世纪20年代末遭遇贷款炒股引起的世界性经济危机，由国会于1933年通过的《银行紧急救济法案》第18条款俗称第Q条例，禁止活期存款（30天以下）支付利息，并对储蓄存款和定期存款规定了利率上限（英联邦法定利息率不得超过10%）。由于经济滞胀，1980年以后美国膨胀率上升到20%以上，为此决定暂停《银行紧急法》第Q条6年，名义利息率曾上升到21.5%，实际活期利息率为零（20%利息率就属于保值利息率）。

实现产业化的就更少。而在这个过程中,美国信息网络产业修成正果,从工业 20 年更新一代,到信息产业 5—10 年更新一代,微软 11 个月更新一代,企图靠专利垄断世界市场。高科技的预期成果稳定性,高科技投入成为货币的"锚",创投不等价交换,创造无基础虚拟货币虚拟资本。这应是美国中立的利息率下降到 2%—3% 的原因之一。

第十二章 委托合伙准则的劳务关系

背景：

（一）现代生产方式，"就业"成为基本谋生手段，马克思为保护自由劳动而复兴庄园习惯法工资总额均分所创造价值，值得借鉴。

（二）马克思设想的重建个人联合体，唯有委托合伙式劳务关系比较接近。

第一节 委托合伙劳务关系准则

第一小节 关于保护劳动与劳动者的法与法律

一、国家法，劳动法

《中华人民共和国宪法》界定劳动者的社会身份，见序言"全体社会主义劳动者"。

工农业劳动者是国家政体的基础，见《宪法》第一条："中华人民共和国是工人阶级领导的、以工农联盟为基础的人民民主专政的社会主义国家。"

劳动者是发展社会生产力、改善人民生活的主体，见《宪法》第十四条："国家通过提高劳动者的积极性和技术水平，推广先进的科学技术，完善经济管理体制和企业经营管理制度，实行各种形式的社会主义责任制，改进劳动组织，以不断提高劳动生产率和经济效益，发展社会生产力。

"国家厉行节约，反对浪费。

"国家合理安排积累和消费，兼顾国家、集体和个人的利益，在发展生产的基础上，逐步改善人民的物质生活和文化生活。

"国家建立健全同经济发展水平相适应的社会保障制度。"

劳动权利义务和劳动条件保障、劳动报酬和福利，见《宪法》第四十二条："中华人民共和国公民有劳动的权利和义务。

"国家通过各种途径，创造劳动就业条件，加强劳动保护，改善劳动条件，并在发展生产的基础上，提高劳动报酬和福利待遇。

"劳动是一切有劳动能力的公民的光荣职责。国有企业和城乡集体经济组织的劳动者都应当以国家主人翁的态度对待自己的劳动。国家提倡社会主义劳动竞赛，奖励劳动模范和先进工作者。国家提倡公民从事义务劳动。

"国家对就业前的公民进行必要的劳动就业训练。"

工作时间和休假制度，见《宪法》第四十三条："中华人民共和国劳动者有休息的权利。

"国家发展劳动者休息和休养的设施，规定职工的工作时间和休假制度。"

退休制度，例如，第四十四条："国家依照法律规定实行企业事业组织的职工和国家机关工作人员的退休制度。退休人员的生活受到国家和社会的保障。"

助残制度，例如，第四十五条："中华人民共和国公民在年老、疾病或者丧失劳动能力的情况下，有从国家和社会获得物质帮助的权利。国家发展为公民享受这些权利所需要的社会保险、社会救济和医疗卫生事业。

"国家和社会保障残废军人的生活，抚恤烈士家属，优待军人家属。

"国家和社会帮助安排盲、聋、哑和其他有残疾的公民的劳动、生活和教育。"

劳动纪律，见《宪法》第五十三条："中华人民共和国公民必须遵守宪法和法律，保守国家秘密，爱护公共财产，遵守劳动纪律，遵守公共秩序，尊重社会公德。"

设立关于劳动的专门法律《中华人民共和国劳动法》《中华人民共和国劳动合同法》。

平等劳动关系。见《中华人民共和国劳动法》第8条"民主管理……职工参与民主管理或者就保护劳动者合法权益……"；第46条"按劳分配"按照劳动差别质量和数量效率分配，并参与超额利润分配。

新中国成立初期经济政策"劳资两利，四马分肥"，计划经济时期"鞍钢宪法"。

《中华民国宪法》（1947年1月1日颁布）第154条"劳资双方应本协调合作原则，发展生产事业。劳资纠纷之调解与仲裁，以法律定之"。

随着资本工具生产力的提高，为了提高劳动者的积极性而改善劳动条件，现代劳动雇员与雇主的平等关系，在荷兰、德国率先起步，1919年由德国魏玛宪法确立，第156条第二自然段"联邦得于紧急需要时，俾得保持一切生利阶级共同协力。雇主及劳工参加管理经济财务之生产、制造、分配、消费、定价、输出、输入，依公共经济原则规定。……"第165条第一自然段："劳动者及受雇者，得以同等权利会同企业家制定工金劳动条件及生产力上之全部经济发展之规章。双方组织之团体及其协定，均受认可。"1919年的德国魏玛宪法"委托合伙式劳动关系"，是现代生产方式劳务关系法律起点。

保护劳动者人身权，见《中华人民共和国劳动法》第12—15条，第53条。《德国民法典》第611a条【禁止歧视】。

先发工资。中国几千年里，有先发工资的习俗和法律规定，迄今国有企业遵守这一规则。而《德国民法典》第614条【报酬的到期】"报酬应在提供劳务后支付"，是有教会和社会失业救济金发放，保证第一个月有生活费用来源。

二、法律对劳动者特加保护

（一）各国劳动法赋予劳动者的权利责任归纳。第一，劳动平等的自由权，劳动强度，定额管理法，劳动纪律。第二，劳动保护和劳动条件，安全及卫生等。第三，工作时间：工作日八小时工作制法；休息休假。第四，职业培训。第五，保险和福利。第六，工会。第七，劳务关系避免债务奴隶制之嫌。第八，最低工资制，按劳取酬等级工资序列等。

现代市民法对劳动特加保护，源于废除奴隶制。劳动关系避免奴隶制之嫌的法律文本：国际法《禁止奴隶制条约》，禁止强制劳动条约，禁止童工法。英国惯例法"不得永久性雇佣，以避免奴隶制之嫌"①。

德国 1919 年魏玛宪法第五章经济生活"劳力，受国家特别保护。联邦应制定划一之劳工法"。劳动者有"制定工金及劳动条件的权利"；参与管理和分配利润的权利。《德国民法典》第 611a 条【禁止歧视】"……不得因雇员的性别而歧视雇员"。

劳动保险。在《德国民法典》的第 330、616、617 条中已经有保险内容，尽管没有独立的条款。

无论劳动者个人或中小企业主，都没有能力补救重大责任事故，唯有社会化救助能够保护企业走向成熟。保险制度既是企业大众化的保障机制，也是自由劳动大众化的保障机制。

三、雇主因雇佣而收益利润自负盈亏承担连带责任

雇主收入利润，其中包括承担雇佣人的连带责任的正当合法性，其一，依公序良俗，财产有济贫救危的义务；其二，委托合伙准则的劳资关系，雇主收取利润就有责任承担风险，包括雇佣员工所应承担责任；其三，从组织角度，受害人自然会寻找组织领导人——雇主，雇主以财产雇佣劳动收益利润为担保，是企业人互助的某种延伸。例如：《中华人民共

---

① 〔英〕F. H. 劳森、B. 拉登：《财产法》，中国大百科全书出版社 1998 年版，第 97 页。

和国民法典》第一千一百九十一条:"用人单位的工作人员因执行工作任务造成他人损害的,由用人单位承担侵权责任。用人单位承担侵权责任后,可以向有故意或者重大过失的工作人员追偿。

"劳务派遣期间,被派遣的工作人员因执行工作任务造成他人损害的,由接受劳务派遣的用工单位承担侵权责任;劳务派遣单位有过错的,承担相应的责任。"

依照客观归责法理,例如外卖小哥在工作时间发生事故,凡是因这个劳动者的劳动而收取利润的相关机构和雇主,都必须承担连带责任。

四、法律对劳动阶级特加保护的原因

(一) 现代生产方式,劳动阶级争取法律保护。

当资本是固定资产生产工具,劳动大军被机器大生产集合于企业组织之内,集合于工业区、工业大城市,劳动力趋向集约和均质。庞大的劳动阶层团结一致,有了集体力量诉求劳动者平等的地位及分配公平。

在现代生产方式内部,两大阶级对象同一性差异,矛盾性对立斗争,中介折中统一性,阶级较量改善工人阶级的状况,采用法律方法来实现阶级诉求,而用阶级暴力关系方法只是在资产阶级极端叛乱形式下的不得已而为之,目标依然是回归中性。"共同体"市场的委托合伙准则劳务关系,是比较平等的法律关系。

(二) 现代生产方式的特点,需要对劳动特加保护。

现代生产方式,大生产危险性也大,所以必须有劳动保险法。

现代化生产要求自由劳动流动性、集中性,导致劳动者是以个体形式单独进入市场,明显处于弱势地位。一是由于劳动者与劳动条件相分离,无产者必须征得他人同意才能劳动,也就必须征得他人同意才能生存。二是财富不对称,"无财产无自由",穷人等待和寻找机会的忍耐时间受到"无财产"限制,受到饥饿的威胁而不得不让渡自己的选择权,不得不屈服于不平等条约。三是集合、信息不对称。劳动者往往是以个体状态出现在市场上,而雇主有财产、团体、话语文字权、法律权、信息权集合。相对比,个体无产普通劳动者显然处于弱势地位,不能避免不平等契约。四

是存在来自失业大军的压力,为了争取劳动机会不能避免恶性竞争。五是起点不对称,穷人家的子女的营养、教育、环境不对称,导致人身、人格权差异。六是混杂时期资产阶级极端叛乱向奴隶制倒退,宗主国劳动力价格从以农奴徭役价格为边际下降到以殖民地奴隶劳动力价格为边际,正如《国际歌》唱道,"起来!饥寒交迫的奴隶,起来 全世界受苦的人",西方资本雇佣劳动力实际成为按时间出卖自己的准奴隶,资产阶级准奴隶制为自己准备了掘墓人。

正是由于劳动力身处不平等,需要在法律上对处于弱势的劳动力身份特加保护,以尽可能地形成双方在法律面前减少实质不平等态势。

第二小节 使用劳务、用益劳务、委托合伙劳务契约

从资本雇佣劳动转型委托合伙式劳务关系是劳务法律关系的进步。

(一)古罗马法,租赁分为物的租赁、业务的租赁(相当于雇佣)和完成一定工作的租赁(相当于承揽)。[①] 西方资本雇佣劳动力,存在把劳动当作物来使用的奴隶制文化遗存。

(二)委托合伙式劳务关系。

委托或委任事务,事务中包括劳务,所以委托与劳务关系相通。

受托人往往具有一定能力,所以历史传承下来的法律规定,委托与受托双方是平等主体之间的契约关系。

受托价格=居间管理费用+受托劳务价格

因此委托合伙式劳务关系可以承接委托合同双方的平等关系。

例如:雇主以委托人身份以财产自负盈亏、承担连带责任等。

[①] 〔古罗马〕查士丁尼:《法学总论——法学阶梯》,商务印书馆1989年版,第177页注①。

劳务受托关系人，以受托人身份忠于职守，竞业禁止，亲自作为，保守业务秘密，及时告知重大情况，像管理经营自己的财产一样，使用委托人的财产，收取劳动工资，不承担债务责任。

（三）使用劳务的委托合同，例如家政劳动合同，受托雇员只提供合同规定的劳务，工资收入只与劳务市场价格相关，采用单纯劳务报酬价格法，而不与委托雇主状况挂钩。

使用劳务的委托合同，劳动者按约定遵守"使用"规则。雇主负责维护费用；在雇员过失对第三人造成伤害，并赔偿不能的情况下，雇主承担连带责任，有追述权。

（四）委托合伙准则的用益劳务关系，例如德国魏玛宪法第156条第二自然段，雇员有权参加管理，分享超额利润。

用益权，是指当事人依照法律规定，对他人的物的占有、使用和收益的权利，以不损害物的实质为限。

委托合伙劳务关系，包括劳动合伙，其基本规则对其他劳动关系也适用。例如：工资总额与制度成本均分所创造价值；劳动者有分享净超额利润（分红）的权利，不承担债务责任；雇员过错赔偿不能部分之雇主连带责任，就是向委托合伙式劳动关系转型。

用益劳务价格＝委托式劳务价格＋合伙分享超额利润（不承担债务责任）

（五）合伙式的劳动工资与股权。中国经济改革，由于劳动力价格和生活价格差异较大，劳动力有喜欢跳槽的现象。2010年以来用工荒，浙江地区的老板正在采用"劳动工资＋股权"的分配制度吸引劳动者稳定工作。

合伙劳动股＝委托式劳动力价格＋合伙分配（按股份分配股息、送配股、分红）

(六）知识资本化。例如华为《基本法》：【第十七条】（知识资本化）"我们是用转化为资本这种形式，使劳动、知识以及企业家的管理和风险的累积贡献得到体现和报偿；利用股权的安排，形成公司的中坚力量和保持对公司的有效控制，使公司可持续成长。知识资本化与适应技术和社会变化的有活力的产权制度，是我们不断探索的方向。我们实行员工持股制度。一方面，普惠认同华为的模范员工，结成公司与员工的利益与命运共同体。另一方面，将不断地使最有责任心与才能的人进入公司的中坚层。"

企业的债务是企业主签订的合同，但是债务是用一般劳动普通剩余价值支付（还本付息），按照"谁还债归谁所有"债关系准则，除去财产抵押部分有权分割积累股权，其余部分应当由企业人按一般劳动和技术、管理等贡献折合为股权分割"积累"股权，华为"职工股权"是进步的，对发展有利。也是"既是劳动者也是资产权者""重建个人联合体"的一种选项。

受新经济自由主义影响，有的认为企业内部是不平等主体，例如，帕累托改进派认为，企业家与雇主是委托关系；而雇员与雇主是雇佣关系，劳动者不参与利润分配，显然，这不是"生产共同体"的初心。

第二节 按劳分配，法定劳动收入四个阶梯

一、法律关于按劳分配

《中华人民共和国宪法》第六条："中华人民共和国的社会主义经济制度的基础是生产资料的社会主义公有制，即全民所有制和劳动群众集体所有制。社会主义公有制消灭人剥削人的制度，实行各尽所能、按劳分配的原则。

"国家在社会主义初级阶段，坚持公有制为主体、多种所有制经济共同发展的基本经济制度，坚持按劳分配为主体、多种分配方式并存的分配制度。"

1947年意大利宪法第36条："劳动者均有按其劳动之质与量的比率获得报酬之权利。此种报酬在任何情况下，均应足以保证其自身及其家庭过应得的相当宽裕的生活。"

《德国民法典》第632条【承揽报酬】："……（2）未定报酬额的，有公定价格时，按公定价格支付报酬，无公定价格时，应认为约定按习惯支付报酬。"《德国民法典》第612条【报酬】。

在现代，从委托合伙技术劳动，扩展到一般劳动。合伙法则的劳动报酬，例如，古罗马法的劳动价值观："毫无疑问组织这样的合伙，一方出资，他方不出资，而利益仍由双方共同取得，因为一方的劳动往往等于金钱。""以利益的三分之二和损失的三分之一分配于铁提，而以损失的三分之二和利益的三分之一分配于塞伊是有效的，因为某些合伙人的劳动往往是如此可贵，以致应该使他们在合伙条件中获得较优越的待遇。"①

二、现代生产方式的劳动分配正义

（一）"分工协作—通工等偿"本身就是按劳动商品价值等价交换按劳分配的社会形式，"他们依着互通有无、物物交换和互相交易的一般倾向，好像把各种才能所生产的各种不同产物，结成一个共同的资源，各个人都可以从这个资源随意购取自己需要的别人生产的物品"②。"通工等偿"不仅是交换准则，也是按劳分配准则，是大众劳动者都能够接受的准则。在欧洲黑暗的中世纪，按劳分配，也是市民阶层经历400年奋斗争取来的，教会法规定农奴阶级应过着适合于他阶级的生活，英国国王曾经实行法定最低工资制，不论工作好坏工资一个样，这种不按劳分配的种种现象，抑制劳动积极性，反而阻碍毛纺织业市场发展。

---

① 〔古罗马〕查士丁尼：《法学总论——法学阶梯》，商务印书馆1989年版，第179—181页。

② 〔英〕亚当·斯密：《国民财富的性质和原因的研究》，上卷，商务印书馆1972年版，第16页。

按劳分配的正义价值观，内生性实质。亚当·斯密指出，在出现资本累积和土地私有以前，"劳动的全部生产物都属于劳动者自己。一种物品通常应可购换或支配的劳动量，只由取得或生产这物品一般所需要的劳动量来决定"①。参照欧洲庄园习惯法和我国民间手工业生产价格构成习惯法，量化落实《劳动法》第46条"国家对工资总量实行宏观调控"规则，我国有待定制法律"工资总额均分所创造价值（包括社会保险转移）"，以争取劳动总工资的总量与生产力同步增长。

（二）"按劳分配"作为正义尺度的作用，第一，鼓励劳动光荣，既调动社会劳动力，也是社会优良风尚。第二，"按劳分配"是总生产可持久稳定发展的方法之一，以生存权安全"可持久"准则，裁量极端功利主义物理"效率"、一次性效率的非正义"质"的判断。第三，以按劳分配为准则，生产要素中不劳而获的要素有原罪，"把保障私有财产和承认不平等的法律永远确定下来，把巧取豪夺变成不可取消的权利"②。必须遵守对按劳分配的最小伤害准则，向"分享"过渡。第四，当今对于无劳动能力人的救助属于社会保险范畴，但是其救助尺度不应超过按劳分配的水准，否则是对劳动者的不公平。第五，即便生产力极大提高，劳动成为生活的第一需要，实质上依然是在按劳分配基础上的按需分配。

三、劳动工资的四个阶梯

（一）劳动力市场价格的正义准则。

现代生产方式，劳动力商品化。劳动力市场价格要避免奴隶制之嫌，第一，国家法定最低工资水准，社会保障制度。当物价波动，名义工资价格偏离实际价格超过允许的限度，劳动者有权要求补偿。第二，避免终生雇佣。第三，避免后发工资、避免工人变相承担企业债务（以滞销产品当

---

① 〔英〕亚当·斯密：《国民财富的性质和原因的研究》，上卷，商务印书馆1972年版，第42页。

② 〔法〕卢梭：《论人类不平等的起源和基础》，商务印书馆1962年版，第129页。

工资)。第四,劳动力是在市场购买的,工资中不包含劳动以外其他责任。亏损是债务主体的责任,由债务主体承担。不得拖欠工资,不得克扣工资,如果因企业亏损而克扣工资,就有债务奴隶制之嫌。第五,我国已经规定企业在银行里设立工资基金,以备用按期发放工资和清偿工资。第六,与国际成熟国家的劳动法对接,将欠发工资列入刑法,杜绝农民工欠薪现象。对劳动者弱势个体自诉状态,政府劳动部门应进行主动查实并提起公诉。

(二)劳动工资的四个阶梯。

劳动收入的四个阶梯:一是宏观工资总额均分所创造价值;二是法定最低工资水准,限制高工资水准;三是公定技术等级和行政职位的等级工资水准谱系;四是市场约定工资水准。但是,市场劳动价格和合同约定劳务价格绝对地不得低于法定最低劳动工资价格(包括五险一金)。

(三)劳动工资四个阶梯量化的公平。

第一,劳动工资总量控制,见《劳动法》第46条"国家对工资总量实行宏观调控",及第47—51条。工资总额均分所创造价值,英国13世纪以来的记载,维持农奴徭役和手工业工资总额均分所创造价值已经有800年。

第二,法律最低工资限度和最高工资限度。由人大代表会议、政府、工会、企业、员工共同计算尺度,见《劳动法》第49条"最低工资标准"。

第三,公定中庸的工资等级制度,包括技术等级工资谱系,行政等级工资谱系。例如,中国技术和管理岗位工资等级制度。在英国,工资委员会发布22个职务的一般工资水准作为约定工资的参照。

第四,市场约定劳动工资。即劳动力市场约定价格,包括:委托合伙式劳务工资为主体;劳动市场双方约定工资;企业职工集体议价工资制度;普通等级劳动工资和创新绩效工资。市场劳动力价格,不应违反最低、最高工资限制。

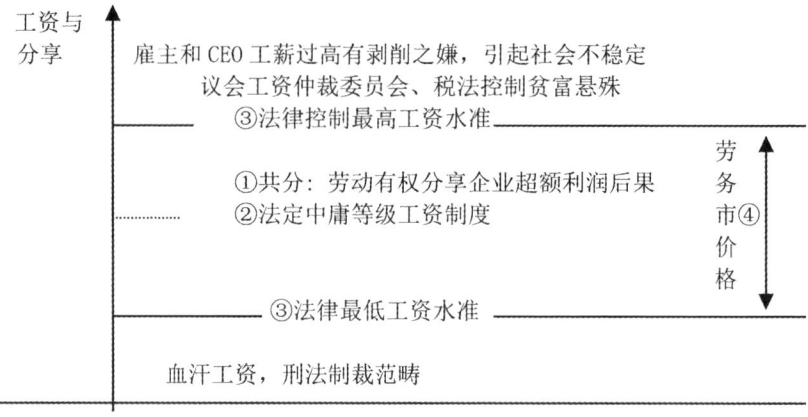

图 12-1 市民法工资水准阶梯

第三节 公平工资阶梯的勾连关系

第一小节 最低工资,与工资阶梯、个税起征点勾连

一、现代生产方式,法定最低工资制的原因和意义

(一)在欧洲最低工资制是古老范畴,欧洲奴隶制奴隶主计算奴隶劳动力的最低消费。13 世纪,为了压低毛纺织品收购价格,由国王亲自制定僵化的法定工资和最低工资。

生产财富不得侵犯生命权,其一,以保障生产劳动力生命权的最低收入为边际,否则将为统治者准备掘墓人。其二,人的生存需求是有边际的,接近这个边际,劳动生产力急剧下降,劳动者素养下降,寿命下降,总劳动力人数下降。其三,大工业劳动工资下降到农奴收入以下,就需要家庭从事养殖、种植来补贴家用,即隐性半失业状态,或退回半古代自给经济。其四,底层劳动者饥寒交迫饿死、病死,直至自发暴力反抗,最低工资制是被经济危机、无产阶级的反抗逼出来的立法。

(二) 政府必须设立最低工资制度、贫困失业救济制度，国家银行设立"最后贷款人"机制。我国于 1992 年开始实施最低工资制，由地方政府劳动部门每年公布一次，最低工资增长率与 GDP 增长率同步增长。

二、最低工资水准的计算

关于法定最低工资水准。英国长期存在由国王法定手工业工资的现象，民间提出了"普通劳动者普通工资为标准"，用以反对国王所控制的僵硬的工资制度。大卫·李嘉图发现最低工资实际是生存边际现象，农奴是替代边际。

恩格尔（Ernst Engel）计算法的历史依据，是欧洲奴隶制的奴隶主们需要计算奴隶的食物最低消耗量，这后来传承给了欧洲封建领主庄园，13 世纪英国《亨莱的庄园管理》一书中，农奴每周有三天在庄园公有土地上无偿劳作（被称为徭役），午饭由领主提供，每次吃的是什么吃了多少，都有详细记载。这个习惯也传给了西方资本主义，就是恩格尔计算法。

恩格尔法，是按照生存原则的食品量应能够供给劳动者 3000 卡路里（热量）为尺度。无论是否劳动，生命都需要基本的生活品供给，联合国极端贫困标准为每日 1 美元（随着时间推移有所调整）的生活必需费。

以恩格尔 3000 大卡热量的恢复劳动力必需吃进的熟食品价格为基本尺度，考量衣、住、行的最低花费，以 3 倍食物价格，为个人生活最低保障：

日最低工资 = 3 倍 × 每日摄入可以在人体内产生 3000 大卡热量的熟食品的价格

欧洲中晚世纪征收炉灶税，市民养成以购买熟食为主的生活方式。美国对占人口的 15% 的贫困人口每月提供 200 美元的食品券，可以保障在美国不会有人饿死。其计算公式大致是，营养足够价格最低廉的汉堡包约为 2.3 美元一个，每人每天吃 3 个，再加上其他食品消费，一个月下来是 207 美元。以食品最低消费为尺度，则 2000 年左右"美国单身最低生活保障 = 最低食品消费 × 3 = 600 美元"，随物价变动等有调整。由于育儿有特殊补贴，所以个人最低生活保障没有计算养家费用。

（2）最低工资水准的计算。所谓劳动者最低限度工资水准的定性标准，参照意大利宪法，应保障依靠劳动能够过上有尊严、体面的生活，娶妻生子，包括：衣、食、住、行、医、教、安全、繁衍后代等方面。同时，考虑勾连法则，要求避免最低生活保障家庭的保障收入高于最低工资家庭的收入。综合下来，视国家经济状况，以 3 倍个人最低生活保障价格，作为最低工资水准的尺度，在美国最低工资水准约为月收入约为 2000 美元：

劳动者最低工资水准=3 倍个人最低生活保障

在保证生存必需价格基础上，才是多劳多得。该公式对灵活就业依靠小买卖收入者也适用。

随着生产力提高，提高最低生活保障，劳动力价格也必须有适度增长。生活标准分为生存、尊严、体面、舒适生活多个阶梯。当资本生产工具把饼做大，争取劳动收入与生产力同步增长，是攀比计算，即相对贫困。富国存在起飞、大众消费、后大众消费几个阶段"工资上台阶现象"。

最低保障要适度，欧盟补贴太多，管理不严，对失业或无劳动能力的补贴高于劳动者最低收入，或者人们就钻空子，在国内吃失业救济，再在国外找一份临时工作，一方面是缺少劳动力，另一方面是高失业率。我国城市居民的低保标准，2019 年上海为每月 1160 元。如果是一家三口社保，共计 3480 元/月，还有各种福利。而上海月最低商品工资标准为 2480 元，最低工资者有能力租住房屋，娶妻生子吗？

三、最低工资为尺度，法定"工资水准四个阶梯"的勾连关系

税后的最高工资水准被限制在最低工资水准的 10—20 倍。例如，美国总统小布什税前年工资 40 万美元，税后工资为 23 万余美元，当时个人最低生活保障月 600 美元，约为最低生活保障的 32 倍，约为平均收入的 8 倍。我国计划经济时期参照了成熟国家的比例，最低月工资 17 元与最高月

工资 500 元相差 33 倍。

最低工资水准应是最低社会保障的 3 倍以上。参照美国的经验，鼓励以工代赈，最低工资与最低生活保障之间应当适度拉开距离。例如，2004 年美国纽约待业流浪汉救济是每月 600 美元，短期失业救济是 1000 美元，并且有相关政策约束必须是贫困救济（存款在 3000 美元以内，不能有高档奢侈品和消费等），必须努力找工作。

最低工资水准约为平均工资水准的 1/2—1/3。小布什时代美国平均工资水准约为年收入 3.5 万美元，约为最低工资的 1.5 倍。

以平均收入为参照：第三世界最低工资约为平均收入标准的 1/2，富裕国家最低工资约为平均收入的 2/3。

最低工资水准，以所得税起征点为参照。所得税的准则是每个公民（赤贫除外）都有纳税的义务，计算所得税的税基需要扣除生活必需的部分，是对消费剩余的部分征税。美国名义起征点为零，实际起征点与最低生活保障是一个界限水准。但是，在第三世界国家还达不到这个水准，起征点应与最低工资水准相当才合适相对公平。而中国起征点以平均工资为参照，平均工资计算有很大的随意性，往往对富人和公务员有利。中国个人所得税仅占总税收的 7.5%（以历年国家统计年鉴为准），仅是美国占比的 1/3—1/4。

四、实际工资、名义工资、工资总额

（一）"劳动力的交换价值和由这个价值转换变成的生活资料的量之间的区别，现在则表现为名义工资和实际工资之间的区别。"[①] 劳动力的货币工资为名义工资，用货币工资购买到的食品等生活资料为实际工资，则有：

实际商品工资（税前）= 货币名义工资 × (1−消费物价指数) × (1−生计品价外税率)

---

① 《资本论》，第三卷，人民出版社 1975 年版，第 594 页。

(二) 工资的组成，尺度限制。

各国计算工资的方法有所不同，例如税前工资、税后工资、商品工资。

我国的分配规则工资总额应包含的部分。商品工资（缴纳五险一金后，个人所得税前），规定个人和由企业缴纳社会保险，例如五险一金。

我国关于社保的分摊。社会保险所占份额的原则或尺度限制。成熟国家经验，一是先缴纳社会保险税，后支付所得税；二是医疗、工伤、失业、养老、生育保险，住房公积金等社会保险所占比例，应相当于工资总额的30%左右为宜（企业和个人各支付15%），过低，社会保险的功能也过低；过高，一般收入者的工资保险后和所得税后的实际收到的可消费工资就会过低。中国企业交纳保险税过重（例如相当于税前商品工资的51.6%），而影响到企业成本太高发生困难。一般职工因各种税后商品工资低而消费能力降低、整体表现为消费不足。这些年政府有局部政策性调整。

工资总额还包括有政府对社保的补贴。

(三) 政府社保补贴转移。政府支付的不直接偿付，包括社会保险补贴转移、公共事业建设带来的便利、财税对教育、医疗、交通、国家安全的补贴和投资等，法国公民有200项补贴，这部分应当计算在"工资总额"之内。有的国家国有经济比例高，则企业和个人负担社会保险就更低。

五、工资水准的分布，经济危机时期工资的调整方法

(一) 收入枣核型分布，中产阶级是纳税主体，有利于社会稳定。

西北欧所得税制度，复兴古希腊哲学"产业私有财物公用"[①] 法理，通过公定工资谱系，布局收入呈枣核型分布。20世纪，由于存在苏联为首的社会主义阵营与号称西方自由资本主义之间的竞争，美国统治阶级为了政治的需要，比较注意阶级分配问题，占总人口80%的中产阶级是纳税主

---

① 〔古希腊〕亚里士多德：《政治学》，商务印书馆1965年版，第55页。

体，是社会中坚；富人占 5%；贫困线以下占 15%。但是，当苏联解体和东欧剧变，西方暂时失去了竞争对手，马上就暴露出了它的原形，华尔街操纵美国股市连续 30 年牛市泡沫，已经导致 1% 的人占有 99% 的财富增长，导致中产阶级收入停滞，穷人收入实际在下降，表现之一就是近年土生土长美国人肥胖、变矮，平均寿命是发达国家最低的。

另外，对于后发展国家要允许有一个发展过程。例如，一些组织、一些富裕国家居民要求了解所买商品的生产工人的状况，这有益于生产国法制建设。但是，有些国际霸权代理人，用人均 GDP 为 4 万美元的欧美"工人待遇"标准，来套到人均 GDP 只有 1 万美元的中国企业的身上，他们的目的，显然只是为了污名第三世界高科技企业的正当性，这不公平。

(二) 工资过低，隐性失业，向自给经济倒退。

在后发展国家，农民工工资过低隐性失业，救济实际摊进了农业自给经济中，城市隐性失业救济，实际通过消费萎缩物价下降的形式摊进了农产品成本中，最后都是由自耕农承担下来托底。

(三) 经济危机时期的工资手段。一是遭遇经济危机，裁员会增加失业，增加财政负担，政府往往不支持这种消极措施。二是经济衰退降低工资法，例如日本、韩国等国家和地区出现经济危机时期，工会企业人最终同意降低工资以保住饭碗。三是名义工资与实际工资的差别现象的运用。凯恩斯指出，人们对工资有棘轮效应，工资下降时期职工会产生刚性抵制。如果工资的实际下降，是透过货币贬值、通货膨胀发生，人们的抵制情绪要缓和一些。在发达国家，工人阶级有权要求在物价上涨超过 5% 以后，要求工资同步上涨。

任何方法都不是万能的，凯恩斯的国债投资和通货膨胀方法，实际是把未来借给现在，制造现在繁荣。但是他特别声明这是临时性措施，因为财政赤字越来越大，支付本息也越来越多，如果隐性失去偿付能力会引起负面作用。

第二小节　生产劳动收入成为一般尺度

服务劳动、公务员工资以生产劳动工资为尺度。

（一）实质经济是造血环节，以生产劳动（包括运输、信息、网络智能科学技术）工资水准为宏观三产业（农业、工业、服务业）的按劳分配尺度。生产劳动工资稍高一点，有利于引诱创造财富，有利于造血功能。此外，还有伦理道德上的因素，唯有创造财富获得的劳动工资是最干净、纯洁、透明的收入。为了避免劳动力流出实质经济，成熟国家例如德国，在教育上注重对技工的培养，企业经济注意提高生产劳动工资水准，同时注意以生产劳动收入作为服务劳动的尺度，例如技术工人工资高于白领工资现象。

（二）相比之下，服务是中介，不能避免金融、商业交易劣币驱逐良币的"肮脏链式反应"。由于美元国际结算地位，其金融服务中介的收入高于生产劳动，人们就不愿意选择生产劳动职业，劳动力素养就会下降，从业人数比例下降，生产力下降。因此，实体经济与服务经济均衡，也是衡量经济均衡、可持久的准则。

（三）公务员工薪与生产劳动工资尺度勾连。

中国古代民生为本，什一中正税制税率决定了治权独立，官员的俸禄也比较低，县及以上官员是通过科举制和推举制产生（选贤与能），由中央政府任命，实现了大国一统政治稳定。

欧美国家政府以生产劳动收入为公平尺度，来调整其他劳动工资水准。当今经济成熟国家所谓高薪养廉，以生产劳动工资水准为尺度，一般不高出同级工资的10%。例如，日本高薪养廉，大学生当警察，月薪以企业同级作为参照，高出11%。德国刚参加工作的公务员工资，是失业救济金的2.4倍，说明公务员工资水准与企业接近。20世纪90年代德国公务员最低工资、科级、处级、局级、部级的工资比是1∶1.8∶2.9∶5.7∶7.5。英国公务员工资比私人企业同级工资略高出20%。

第四节　后发展国家发展过程中工资总额占比逐渐从33%上升到50%

一、工会需要将阶级斗争控制在现代经济允许的范围内

一般人类规律，如果矛盾双方直接谈判，则"力气说了算"，为此，人类摸索出了"中介"方式，其中微观方法，例如第三人作证；宏观方法例如设立准则、法律作为中介。价值分配，划定"制度成本占比"，因为有"确定性"从而具有稳定社会的意义，劳资谈判有尺度可循，是达成和解的方法。

后发展国家，工资总额占比从33%上升到50%是一个20—40年（1至2个三重契约周期）的成长过程，参见表15-3。

劳动工资总额与制度成本之间，西方庄园习惯法定各自占比创造价值的50%。而后发展国家从小农业国走向工业化，工资总额是从33%到占比50%的爬坡过程，有韩国的现象为证。韩国在1971—1992年期间，工资之间的差距从3.8倍下降到3.1倍。

1971—1992年，韩国发生劳动纠纷上万起。韩国是一个劳动纠纷频繁、罢工频繁的国家，其中：要求增加工资和按期支付工资占62%，要求改善工作条件占9.3%。并且劳资纠纷与经济腾飞同步增长。1991年以来，经济进入稳步增长阶段，纠纷率也同步下降。说明，韩国的劳动阶级所提出要求与经济可以同步，并没有提出达不到的要求。因此，仅有法律还不行，还得有拥护和坚决执行法律的群体，这就是工会，工会促进了韩国的持久经济发展。

二、走向现代化，工会代表需要学习与企业共生统一战略

我国企业走出去的过程中积累了许多经验。

1992年底，中国首钢集团（简称"首钢集团"）购买了濒临倒闭的

秘鲁国有铁矿公司，中国秘铁公司成为最早跨出国门的中国公司之一，它是一个全额贷款的有限责任公司，在建设过程中有以下现代化建设中必然会经历的经验教训。一是中国出价是卖价底价的4倍左右，给秘鲁方造成钱多人傻的印象。二是秘鲁工会参观首钢后，以为他们一步就能达到社会主义，所以工资福利要价很高，起初地区工会要求劳动报酬总额必须占销售收入的50%，不答应就怠工、罢工。之后，中方经过三年艰苦谈判，工会终于同意把劳动报酬总额控制在新创造价值的50%左右，这依然不符合韩国渐进式经验。三是工会又以企业利润高为据，要求大幅度提高工资、补贴及更多的福利。为此企业专门组织力量研究当地法律、法规，与对方据理力争，坚决主张按当地市场价格决定工资，这符合后发展国家工资随国家的成长而增长的规律。四是，国际标准的技术指标必须跟上，以支持和说明利润是用来改造生产偿还债务的。聘请了著名资源咨询公司PAH（Pincock, Allen & Holt）制定劳动定额、岗位制人员配备制度减员增效等。科学管理和2005年以来的钢铁市场价格上涨机遇，有能力在2008年继续聘请德国IMC集成测控有限公司为咨询公司，并为中标新区规划可行性研究，美国Vector（秘鲁）公司中标编制环评报告。2010年，新区建设开始了10亿美元的扩张可行性研究报告完成，环评亦获得了秘鲁能矿部的批准。2012年11月28日，首钢秘铁与秘鲁花旗银行、信贷银行、汇丰银行、桑坦德银行组成的银团签订了贷款合同，以+4.38%的年化综合利率贷款。其余所需资金主要来自中国进出口银行、国家开发银行等国内银行贷款，以及部分企业积累利润。在买下该矿山的13年后向总公司首次返利（这符合世行规则，最晚第13年开始用利润还本）。目前，首钢秘铁连同首钢钢铁主业板块的迁安钢铁公司及首钢持股20.28%的华夏银行，共同构成了集团利润的主要来源。首钢秘铁荣登拉美商业纪事（Latin Business Chronicle）网站评选出的"拉美百家最佳企业"榜首。①

首钢秘铁的经营模式符合现代生产方式规则与秩序，实行的是以全额

---

① 《中国人海外买矿经典案例：复盘首钢秘鲁铁矿项目》，微信公众号"晨哨并购"，2015年4月29日。

贷款负债经营，坚守市场定价，坚守积累扩张，注重科学管理、监理与国际对接。首钢秘铁是投资与生产连体的机构组建并控股华夏银行，在我国还是首创，符合现代银行的初心。

因此，工会需要学会"WTO正常价值=偿债生产价格"法，学习企业运转的基本知识，提出劳动与企业共生、共荣的建设性意见，而不能只是停留在只关心工资，只有怠工、罢工"冲突"这种极端手段，结果是两败俱伤。工会需要学会劳动和企业共荣辱的统一战线策略，现代生产方式，工会成为劳动者阶层利益的代表，扮演代言人角色，在决定劳动者阶级地位、工资水准、就业率、技术素质、职业道德素质、文明生产、就业先支付工资、失业损失补偿和救济、社会福利等方面发挥作用，这是企业主雇佣的管理人员所不能替代的。

第五节 高科技企业的知本主义工资制度

一、各种工资制度

（一）从世界各国工资制度的演变过程来看，有几种类型的工资制度曾经或正在成为主导型的工资制度。一是职务工资制度；二是年资工资制度，又称为"年资序列工资"，一般用作企业家工资制；三是职能工资制度，又称"职能资格工资"或"职能资格等级工资"，一般用于高科技有限责任公司。以日本为例，其大致过程为：1945—1960年以生活费工资制为主（按照生活保障原则，发放工资）；1960—1975年以年功序列工资制为主；1975—1990年以职能资格工资制为主；1990年至今，进入年薪制工资制为主阶段。

（二）进入高科技与金融媾和时期，美日韩出现了中等收入停滞、一般劳动收入实际下降问题。限制高科技创投不等价交换幅度有正当性，限制高科技公司工资无限扩张回归适度有正当性，这两个课题被提出。主要集中于沉没成本，和公众参与效能。一是个人智慧包含社会的沉没成本。

二是个人智慧与企业组织集体力的关系。三是智能时代的高科技、高级管理,隐性存在社会、企业组织、普通劳动等方面的沉没成本因素。四是进入互联网算法时代,公众分享与公众参与付出劳动和智慧之间的界限已经模糊,公权力有责任为大众的付出讨要收益。五是工资在维持生存以上的那个部分,实际是比较工资制,是为了和平和激励劳动主动性、积极性、创造性。六是按劳分配法则是"生物自然规律",是以劳动创造财富为正义。七是智能时代意味着适度制度成本的降低,这部分用于提高高科技区域的工资,有正当、可能可行性。当下,发达国家是采用税收政策。而采用调整高科技产品法定制度成本下降,可能得由社会主义来实施。

例如,华为《基本法》【第六十五条】(基本假设)华为员工考评体系的建立依据下述假设:

华为绝大多数员工是愿意负责和愿意合作的,是高度自尊和有强烈成就欲望的。

金无足赤,人无完人;优点突出的人往往缺点也很明显。

工作态度和工作能力应当体现在工作绩效的改进上。

失败铺就成功,但重犯同样的错误是不应该的。

员工未能达到考评标准要求,也有管理者的责任。员工的成绩就是管理者的成绩。

华为的假设符合人类的行为规律:人类有差别,为了形成组织力量需要约束;人类差别不大,可以制定法律对行为约束;作为一个集体,个人出现缺陷,集体管理者有连带责任。

(三)防止劳动者被高科技去人格化。

100多年前美国工程师弗雷德里克·泰勒创造了泰勒制,他把技术与劳动分离,劳动者只需要简单动作;把概念与执行分离,劳动者只需要遵守指令,这就是人被物化"螺丝钉"契约关系。当下,流行人力资源概念,"物化人"堂而皇之上位。30年前,微软创造了每11个月更换一代技术的更新与破坏周期律,高科技进入"流量争夺"时代,产品、技术、概念升级极快,在挖人比培养人成本更低的驱使下,综合导致人员流动性极大,白领阶层也开始重复技术与劳动分离、概念与执行分离,每个人被区隔在大办公室小方格办公桌充当"螺丝钉"。问题是，这种在一起工作，但是互不联系的状态正在被"去人格化"，"这是某种意义上的社会死亡"，这已经影响到了契约之外的社会生活和文化。1628年实施现代模式专利权的目的在于既保护专利人的利益，又限制技术垄断的时间，而在当下走向另一个极端：专利换代过快。例如，互联网络产品从1980年供应无线移动信号1G为起点，手机更新期从5年下降到3年、1年；无线移动技术（G）的换代时间段，从1G到3G用了28年，而从3G、4G、5G只用了12年，6G大战业已开锣。还有智能高科技、智能机器人。因此高科技需要向善、需要与自然达成和谐，科技"物役人""去人格化""高科技武器战"造成极大的人力物力资源浪费，始作俑者是美西方，他们却用"强迫劳动""集体议价工资"（2023年美国汽车工会要求涨工资36%）等不对等条款阻挠后发展国家追赶高科技。为此，人们转而寄希望于中国特色社会主义所创导的"人类命运共同体"，寄希望中国在占领高科技巅峰之后，能够在联合国的领导下制定控制高科技阶段性速度的"专利保护和限制"法律。

二、一般劳动、特殊劳动，企业组织力形成价值制约工资差距

（一）知识劳动、技术劳动管理劳动与生产劳动者收入允许有差距。在美国1937—1960这24年之间差别不大；而在1963年以后一路上扬，1990年这一年，非直接生产性雇员群体的薪金总收入相当于高出了平均总薪金的26%（而一般企业的技术、管理人员人数是少数）。这是由于金融和服务业工薪收入大大超过实体经济员工平均收入，而逼迫诱发实体经济技术管理层工薪上涨，生产成本上升，经济停滞，滞胀。美国高科技网络公司总裁的工资是它的员工最低工资的4000倍。

（二）个人能力与企业组织能力之间的分配。超额利润在工资、积累之间再分配。创新劳动有权利从所创造超额剩余价值中分割超额劳动贡献收益，但是创新劳动者首先必须爬上现代生产方式的平台，贡献普通劳动之后，才能借助平台发挥创新劳动。美国学者也有这方面的研究，曾结合创新利润归于企业而非个人的必要性做了探讨，在理论上可以设想，各种生产要素的所有者通过工资、利息、红利等形式把企业的全部净收入占为己有，但是不能把债务固定资产据为己有，企业之所以成功，是因为集体的利益和动机。个别生产要素的生产力不能脱离企业的"组织能力"孤立地实现。企业创造的新增价值越多，这些新价值越是被看作企业的"组织能力"所带来的结果。新创造的价值归企业占有，是企业持续地获得竞争优势的条件。这就是科斯所指出的"企业存在的理由"。

（三）企业家工薪收入是按劳和责任分配为主，与企业职工工资和收入挂钩，不得按资分配。

名词与概念：

委托合伙式劳务关系法　　雇主以财产承担连带责任

对劳动者特加保护，避免奴隶制之嫌

（庄园习惯法工资总额均分所创造价值）

法定最低工资　　最高工资　　平均工资　　个人所得税起征点

法定最低工资为尺度"工资水准四个阶梯"勾连　　谁还债归谁所有

对比与质疑：

（一）一般劳动普通剩余价值还本付息，是一般劳动参与分配股权的正当性，建议推广员工参加管理和企业内部股份制。

（二）将欠发工资列入刑法处置。

（三）建议最低工资的计算，包括居住权，政府补贴低工资者的结婚生子权的最低费用。

（四）"效率优先兼顾公平"备受争议。一是裁减掉了"保护劳动力生存权"；二是放纵掠夺式一次性效率；三是因为这里隐藏着欧洲资产阶级极端叛乱那段奴隶制过往。所幸，中国有农村家庭联产承包制为农民工保底，并且，随着2005年定制"物权法"、劳动合同法而得以迅速回归正义。

（五）面对我国经济向好，有学者主张政府放松最低工资制的管控，采用业主与劳动者协商工资制，但是这会造成工资过低、隐性失业。

（六）当下，美西方在围剿中国政策中使用了两个工具，一是继续新疆棉强迫劳动话语，二是劳工集体议价。但是他们想象不到，在现代生产方式为正义的基础上，采用法律折中统一战线，化干戈为玉帛共同富裕发展。

（七）建议在未来某个时候，智能时代制度成本下降为40%，节约下来的为高新技术人员增加工资，保护一般劳动（包括一般科技和管理人员）总工资占比一半不变。

需要区别技术管理劳动高工资收入与产权不劳而获收益的区别。知识产权也有限度。

第十三章　利息率、剩余价值、普通利润率、积累率

背景：

（一）禁止高利贷终于列入刑法，但是没有量化尺度。有待复兴资本价格利息率的五个阶梯。

（二）三重契约强制用利润还本，在负债表上表现为负资产转化为正资产，合同强制积累再生产工具，即法制积累形式。

第一节　中华民族租息利税同率什一中正，禁止高利贷的鼻祖

（一）井田制是最古老的中性的分配率"现象"，"夏后氏五十而贡，殷人七十而助，周人百亩而彻，其实皆什一也"。在中国尊称为"什一中正之制"[①]租息利税同率，堪称古代世界租息利税率最低之地，中国古代政治经济的万里长城。

《论语》："儒有委之以财货，淹之以乐好，见利不亏其义。"

汉朝杨恽"恽幸有余禄，籴贱贩贵，逐什一之利"。商业利润与什一中正同率。

（二）中立的利息率为5%，"润泽之，则在君子矣！"

[①]　班固：《汉书》卷九十九中·王莽传第六十九中，中华书局1999年版。

《周礼·地官》载:"园廛二十而一;近郊十一;远郊二十而三;甸、稍、县、都,皆无过十二;唯其漆林之征,二十而五。"也就是征税标准因距王城远近而不同,近者多役故轻赋,远者无役故重税。依生产利润而定税,税率分别为5%、10%、15%、20%,仅只有漆林一类的经济作物利润高税率为收成的25%。

《汉书·食货志》记载,公元9年新朝成立,王莽变法:"民或乏绝,欲贷财以治产业者,命钱府均受之。除其费,计其所得,受息,毋过岁什一。"一是满一年收获后计其所得方可要求支付利息。二是古代手工业生产商价格习俗:材料、工资、剩余费用各占三分之一,生产性借贷年利息率折合资本金的5%。三是短期贷款:"赊贷于民,收息百月一。"短期贷款月息不超过资本的1%,年息不超过12%。总之利息率非常低,后人从来没有对王莽变法中的法定利息率提出过异议。①

表13-1 中国古代短期利息率为月息1%（明万历）

年代、编号	项目 编号	债权人	银数	时间（月）	该得利（两）	月利率	备考
二十二年	1	千户所	175	15	30.69	1.169%	
二十五年	2	钱家	1000	2.5	30	1.2%	
	3	虚斋	100	7	9	1.285%	
	4	求兄	100	12	14.4	1.2%	
	5	求(求?)	200	7.5	18	1.2%	
	6	兄	120	12	18.71	1.299%	
	7	惺叔	90	36	28.6	1.5%	
	8	长白	100	11	14.3	1.3%	
	9	惺叔	100	10	13	1.3%	
	10	惺叔	100	9	11.7	1.3%	
	11	惺叔	90	5.5	6.42	1.296%	
	12	心予	110	14.5	23.9	1.499%	
	13	遵与以超兄	5.8	14.5	1.26	1.498%	

---

① 胡寄窗:《中国经济思想史简编》,立信会计出版社1997年版,第246页。

（续表）

年代、编号	项目	债权人	银数	时间（月）	该得利（两）	月利率	备考
二十九年	14	宋	300	4	13.44	1.12%	
	15	钱	200	4	9.6	1.2%	
	16	钱	100	12	14.4	1.2%	
	17	虚斋	100	8	10.4	1.3%	
	18	胡	100	8	9.6	1.2%	
	19	正吾	60	7	7.2	1.7%	
	20	观如	39.95	6	3.36	1.4%	
	21	观如	83.762	6	7.03	1.4%	
	22	华	25	8	2.8	1.4%	
	23	华	100	7	9.8	1.4%	
	24	华	100	6	8.4	1.4%	
	25	彦升	20	6	1.68	1.4%	
	26	彦升	20	6	0.28	0.7%	
	27	尔葆？	10		0.98	1.4%	
	28	尔葆？	6		0.25	0.93%	

资料来源：《中国古代合伙史初探》，人民出版社2007年版，第457页。

1984年12月14日，国家计委、财政部、建设银行《关于国家预算内基本建设投资全部由拨款改为贷款的暂行规定》，基建贷款利息率为2.4%—12%。

2021年深圳施行《深圳经济特区个人破产条例》；高利贷入刑法。

第二节 禁止高利贷—三重契约，资本利息率四阶梯

欧洲教会法变革的核心是禁止高利贷，争论了两千年。

禁止高利贷—三重契约的一个贡献就是，法定利率下降到5%，并且鼓励信贷优先贷给治产人，资本金专用于做成先进生产工具提高生产力有利润，约定用利润还本付息，逐渐形成禁止高利贷——允许法定利息率的四个阶梯。

一、禁止高利贷贪婪

像出租土地一样出租货币，利息来源于利润，"货币的利息，既然与资本的利润共进退……"①是限制资本利息率的正当性。综合英国教会法禁止高利贷贪婪②，归纳出违背善意的法律行为无效，货币借贷应禁止下列贪婪无效法律行为的情形。

第一，借贷不是为了济贫、消费贴现或共同创造财富，而纯粹为了赚取高利贷，或利息率超过 10%（未包括通货膨胀因素），超过法律禁止的部分该法律行为无效。

第二，因为不限制贷款期限（一般不得超过 20 年）、不规定合同期间收取利息的总量不得超过本金，不能避免债务奴隶制之嫌，该法律行为无效。

第三，高利贷二道贩子，平价借入高价贷出，并年利差超过 3% 的，该法律行为无效。

第四，恶意压低抵押品价格，赚取抵押品，该法律行为无效。

第五，在借出时就预先扣取利息、计复利，该法律行为无效。

第六，借钱给生产商，只收取利润或利息而以不承担风险责任为条件，该法律行为无效。

第七，借钱给贫苦的人，要求以三倍的劳务偿贷，该法律行为无效。

禁止暴利行为、禁止高利得、禁止高利贷，于本条准用禁止高利贷——治产人借贷法。

人格权的限度。在教会文化圈，有着千余年的"禁止高利贷"历史，因此首先成为人格权的边际。例如，《德国民法典》第 138 条【违反善良风尚的法律行为，高利贷】。

---

① 〔英〕亚当·斯密：《国民财富的性质和原因的研究》，上卷，商务印书馆 1972 年版，第 327 页。

② 〔英〕威廉·詹姆斯·阿什利：《英国经济史及学说》，郑学稼译，台北幼狮文化事业公司 1974 年版，第 190 页。

二、现代经济禁止高利贷允许货币租赁四阶梯

三重契约兴起，从实践中归纳计算出了禁止高利贷允许资本利息率波动的区间，即取息率的合法尺度和向度四阶梯：法律禁止超过 10%；法律中庸适度为 5%；国家银行法定和市场约定的利息率绝对不得超过法律禁止的限度。例如：《拿破仑法典》第 1907 条"利息有法定的利息或约定的利息。法定利息为法律所规定。约定利息得超过法定利息，但以法律未禁止者为限。约定利息的利率，应在书面上订之"，使用了三个利息率概念：法律禁止的利息率尺度、法律规定的定利息率、约定利息率，但是没有量化。只不过，我们可以从中华"德礼法"系和英国市民法中选择需要的实体法。第一，王莽变法，利息在生产出产品"除其费"之后计算，欧洲 13 世纪教会法改革以来，允许像出租土地一样租赁货币；第二，中华法系什一中正的传播，6 到 7 世纪由传教士传回什一税，欧洲教会征收什一税合法化，1215 年英国《自由大宪章》以后被政府采纳，政治权成本被关进法律笼子，相攀比，16 世纪财产权禁止高利贷的边际也落实为 10%；第三，中立的资本利息率为最大尺度的一半，在 5% 左右。还有法定利息率、约定利息率。禁止高利贷的四个阶梯规范就此形成。

禁止高利贷、允许货币租赁的四个阶梯：

（一）法律禁止超过利息率 10%。1545 年"英王亨利八世法令宣布：一切利息率不得超过百分之十"。[①] 从《孟子》仁政算起，中国租息利税什一中正之制至少要早了近 2000 年。

在欧洲放高利贷者按偷盗刑法论处，要被抄没全部家产和坐牢，莎士比亚的父亲放高利贷就遭此惩罚，该条款在英国至今适用。

（二）中立的利息率为 3%—5%。

中国上古井田制，"九一"而税，"什一使自赋"，"润泽之，则在君子矣！"王莽变法折算利息率为 5%。新中国前 30 年，利息率维持在 5% 左右，与中华民国民法典历史性相通。

---

① 〔英〕亚当·斯密：《国民财富的性质和原因的研究》，上卷，商务印书馆 1972 年版，第 81 页。

欧洲。英国习惯法："英国商人把相当于两倍利息的利润，看做适中合理的利润。我想，这所谓适中合理的利润，不外就是普通利润。在普通纯利润为百分之八或百分之十的国家，借用资金来经营业务的人，以所得利润之半作为利息，也许是合理的"①。中性资本利息率为3%—5%，相当于允许的最高利息率10%的折中。英国三重契约效仿20年期租金售卖，资本价格利息率稳定在利息率=1/20=5%上下②。

另外，参照租金售卖规则，有贷款时间越长资本利息率越低习惯法，而在社会不稳定国家，则人们就不愿意从事长期投资。

（三）"法定利息率"③。"在放贷取利不被禁止的国家，为了禁止重利盘剥，法律往往规定合法的最高利息率。这个最高利息率总应略高于最低市场利息率，即那些能够提供绝对可靠担保品的借款人借用货币通常所支付价格。"④

在欧洲黑暗的中世纪，为了扩大对外贸易，教会法、王权、财团联合实现了议会法定"禁止高利贷"、法定允许资本的利息率区间，1694年成立英格兰银行后，由中央银行法定资本价格利息率，而国债利息率，得稍高于市场利息率，但是绝对地不得超过法律禁止的限度。

（四）市场约定利息率⑤，绝对不得超过法律禁止的限度。

约定利息率，就是微观借贷合同上签订的利息率。约定利息率在法定利息率上下波动，但是法定利息率和约定利息率，绝对地不得超过法律禁止的10%的尺度，在英联邦迄今适用。在守成国家高利贷者必然被捕入监狱。

---

① 〔英〕亚当·斯密：《国民财富的性质和原因的研究》，上卷，商务印书馆1972年版，第89页。

② 〔英〕亚当·斯密：《国民财富的性质和原因的研究》，上卷，商务印书馆1972年版，第329页。

③ 〔英〕亚当·斯密：《国民财富的性质和原因的研究》，上卷，商务印书馆1972年版，第85、328页。

④ 〔英〕亚当·斯密：《国民财富的性质和原因的研究》，上卷，商务印书馆1972年版，第327页。

⑤ 〔英〕亚当·斯密：《国民财富的性质和原因的研究》，上卷，商务印书馆1972年版，第85页。

（五）随着金融与高科技媾和，零利息率时代到来，高科技债务人"还本"行为，就是将银行信用白条转化为真金白银，银行只要收回"管理费"、留存"保险金"，就可以运转。

三、在法律允许的区间内，供给和需求的交叉点决定利息率

（一）当资本是生产工具，在禁止高利贷货币租赁四阶梯允许的范围内，供给和需求的交叉点决定利息率。超出范围，借款人将因为高利贷而赤贫，资本不能转化为生产工具。短期出现通货膨胀或货币通缩引起的利息率上升现象，属于"货币供求价格"短期现象，可以通过物与物交易或簿记法规避货币贬值。政府调控资本价格利息率波动不应超过 12 个月（参考历次通货膨胀时期美联储操控利息率上升至回归中性的时间），如果高利息率时间维持超过 1 年，将导致实质经济贷款的贷款成本持续上升，而造成实质经济停滞甚至萎缩破产。

（二）在资本主义之前，不问利息从何而来，高利贷赚的是"贷与借之间的息差"；商业利润是买者与卖者之间的价差，不能避免剥削率最大化，借贷不是生产的一个环节。高利贷风险极大，是生产者不可承受之重，就退回工具自给经济。

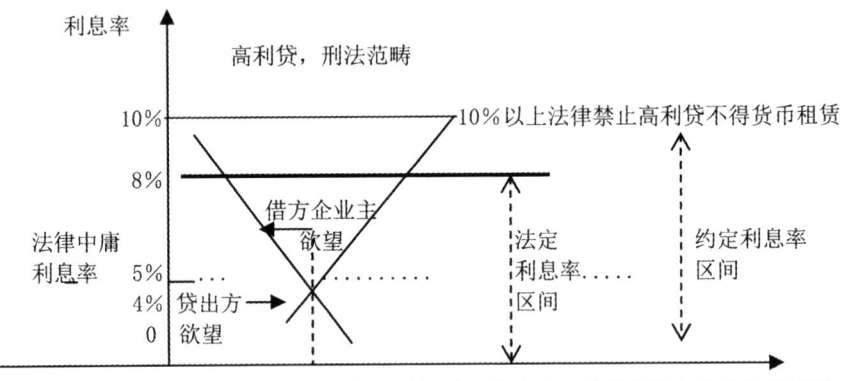

企业主动力源的正义向度：希望利息率、税率越低越好（降低剥削率），增加投资建设工厂增加就业机会，增加商品生产供给，生产力绝对发展趋势。

图 13-1　经济守成国家市民法资本价格利息率阶梯在法律允许的范围内供求平衡

四、金融中介收取息差，依均衡原则

银行中介属于委托管理法律范畴，合同约束受托一方诚信服务原则，不得与委托方竞争、争利、篡权，合理收取管理费和劳务费，是低盈利或低风险机构。

银行中介费边际可以计算出来，例如，中立利息率是5%，借方、贷方、中介三方在谁也说服不了谁的情况下，采用均衡分配法是1.7%。守成国家经验，银行收取管理费和保险基金共计在1%—2%之间，例如，日本实际储蓄利息率长期维持在0.5%—5%，实际利差只能维持在0.3%—2%。

利差权利责任衡平，政府的对策是不对大额存款担保，从社会角度保护小额存款，达到均衡。

现代银行起源于发了财的企业合伙筹建银行为企业筹集资金，利息率越低越好，而不是起源于西方高利润商人、磨坊主高利贷、当铺、银楼，利息越高越只符合资本所有者的意志。金融自由主义的问题正是企图把现代银行蜕变成高利贷钱庄，扼杀资本生产工具主义。

五、资本的实际价格、名义价格

（一）资本的合理价格应是在实践中摸索出来的，例如当资本价格禁止超过10%，若利息率下降到4%—5%，而普通利润为利息率的2倍，只要有8%—10%的利润率，就有还本付息能力，三重契约生产线抵押贷款就能够运转并大众化，被认为是合理的，而被运用成为习惯法。

（二）资本名义价格与实际价格。资本价格与货币价格的关系公式：

已知，发达国家允许价格波动的范围是2%，后发展国家允许波动的范围是5%，则有：

保值利率
=通货膨胀率－（2%—5%）资本名义价格
=资本实际价格±货币保值利息率

第三节　普通剩余价值、绝对剩余价值、
　　　　　相对剩余价值、超额剩余价值

(一) 普通剩余价值，普通剩余价值率。

(1)《汉谟拉比法典》佃农定律、欧洲庄园习惯法，价值分割为工资总额和剩余价值。公式表示：

价值＝一般劳动收入＋一般劳动价值分割出普通剩余价值

一般劳动的剩余价值，叫做普通剩余价值。

(2) 依照《汉谟拉比法典》佃农定律、欧洲庄园习惯法"均分"比率法，马克思创建剩余价值率公式：

庄园习惯法一般劳动的普通剩余价值率＝一般劳动的普通剩余价值÷一般劳动的工资总额＝1∶1

其中：一般劳动是指一般生产力的一般劳动。

微观普通剩余价值率在庄园习惯剩余价值率上下波动。

(二) 绝对剩余价值

绝对剩余价值，"把工作日延长，使之超出工人只生产自己劳动力价值的等价物的那个点，并由资本占有这部分剩余劳动，这就是绝对剩余价值的生产"[1]。"我把通过延长工作日而生产的剩余价值，叫做绝对剩余价值"[2]。公式表示：

---

[1]《资本论》，第一卷，人民出版社1975年版，第557页。
[2]《资本论》，第一卷，人民出版社1975年版，第350页。

绝对剩余必要劳动时间＝公法法定工作时间+延长工作时间

绝对剩余价值＝延长工作时间后的总价值-市场日雇佣工资价格不变

绝对剩余价值率>庄园习惯法剩余价值率1∶1

（三）相对剩余价值，极端功利主义相对剩余价值率侵犯了中立的尺度。

"绝对剩余价值的生产构成资本主义体系的一般基础，并且是相对剩余价值生产的起点。就相对剩余价值的生产来说，工作日一开始就分成必要劳动和剩余劳动这两个部分。为了延长剩余劳动，就要用各种方法缩短生产工资的等价物的时间，从而缩短必要劳动。"① "相反，我把通过缩短必要劳动时间、相应地改变工作日的两个组成部分的量的比例而生产的剩余价值，叫做相对剩余价值。"② 相对剩余价值，第一个组成部分即延长工作时间；第二个组成部分，因生产力提高同样的生计品价格下降，导致下降到准奴隶的工资水准。

价格革命，生计品价格下降，准奴隶生活标准不变，则市场日雇佣工资价格的下降，与商品价格革命下降同比。

价格革命市场日雇佣工资价格的下降率＝商品价格革命下降率

相对剩余价值＝（延长工作时间的总价值-市场日雇佣工资下降后价值）

尽管生产力绝对发展，物价下降，但是，无产自由劳动者依然挣扎在奴隶生存边际的生活水准没有变，即维持准奴隶所需生计品的量不变，但是商品价格革命性下降，表现为市场日雇佣劳动工资与商品价格同比例下降。公式表示：

---

① 《资本论》，第一卷，人民出版社1975年版，第557页。
② 《资本论》，第一卷，人民出版社1975年版，第350页。

延长工作时间、商品价值革命的相对剩余价值率=（法定普通剩余价值时间+延长工作时间价值）÷准奴隶所需商品时间革命=（法定普通剩余价值时间+延长工作时间价值）÷市场日雇佣工资同比下降＞庄园习惯法剩余价值率1：1

所以，极端功利主义相对剩余价值率＞庄园习惯法剩余价值率1：1

（四）创新劳动超额剩余价值。例如，专利权新产品高价格，可以产生专利期间超额剩余价值；改进经营管理可以产生阶段性超额剩余价值；短期价格波动引起的盈亏等。

第四节　偿债普通利润率，资本利润率

第一小节　普通利润率、资本利润率，资本双重用途计量

(一) 这个利润不是那个利润。

资本使用者希望支付利息率和普通利润率越低越好，在富国普通利润率自然低。

资本使用者希望支付利息率或还本付息利润率越低越好，他们就可能越多地贷款购买或做成先进生产工具提高生产力，创造的就业机会也越多，表现为一国经济水准提高，这是现代经济第三等级与自由劳动形成共生关系新时期的表现。资本使用者在中国近现代被称为民族资产阶级。

而对资本所有者来说希望利息率越高他们收益率就越高，但是风险也越大。

在穷国利润率自然高，在趋向灭亡的国家利润率最高。

马克思批评亚当·斯密三位一体的公式掩盖了剥削。

资本（信用借贷）总是出现两次，对借用人是用利润偿债支出；对资

本出借人是收入利息或利润。

三重契约体系的预定偿债生产价格构成法，决定劳动生产物自然而然地分配给各阶级人民的比率和顺序，阶级关系清晰。

马克思四位要素总生产偿还债务支付法：

第一位，资本垫付普通劳动者劳动力总工资——劳动力付出劳动价值，收入市场劳动力价格——劳动生产价值-劳动总工资=剩余价值；

第二位，用剩余价值或利润向资本所有者支付利息——是不劳而获。

第三位，用剩余价值或利润偿还当期本金，资本使用者占有用益权收入股权——是不劳而获；

第四位，用剩余价值或利润支付土地所有权的地租——是不劳而获；

亚当·斯密的三位一体收入法，遮蔽了不劳而获剥削：

普通劳动者支付劳动力——收入工资
资本所有权有限期支付资本——收入利息或利润
土地所有权有限期出租土地——收入地租

马克思对三位一体公式的批判，提醒人们，一是劳动三要素的结合形式决定特有的现代生产方式，二是生产的分配是生产准备就开始的分配，是第一次分配；而收入分配，只有工资是支垫分配，而非生产要素的利益分配，是生产出价值、分割出剩余价值以后，才能实施和完成，已经是"总生产内部"的第二次分配。因此，特别要警觉收入法遮蔽剥削的问题。

（二）资本的技术构成："所使用的生产资料量（固定资本——引者注）和为使用这些生产资料而必需的劳动量之间的比率来决定。"从物质方面看，每一个资本都表现为一定数量的生产资料和劳动力，而它们之间的比例是由生产技术的水平决定的，所以马克思把资本所用生产资料数量和劳动力数量之间的一定的必然的比例，叫做资本的技术构成。

在物质方面能够反映技术含量的是固定资产价值（折旧费已经包含修复物理磨损和技术磨损两个方面）。例如，在我国计划经济以来直至"拨改贷"市场经济,考核企业的指标中,确实有"所使用固定资产/每个职工"这个指标,这是一个反映企业工业化技术水准的经济指数。

资本的技术构成(人均占用固定资产价值)=固定资产价值/劳动力人数=使用固定资产价值量/劳动者人均

资本的技术构成=固定资产价值/总工资价值=使用固定资产量/每单元劳动力价格量

资本的技术构成也存在中立的尺度。资本的有机构成已经讨论过了。

第二小节　生产商制度,资本利润率趋向平均化

一、现代银行法定利息率为尺度,普通利润率的平均化趋势

普通利润率的平均化趋势,有多种因素。

第一,投资趋利竞争趋向利润平均化,例如当某个商品利润率提高,则资本大量涌入扩大生产商品供给,摊薄利润,直到平均利润率。

第二,存在由国家控制的银行,法定资本利息率成为一般尺度。贷款改良生产,为了还本付息平均利润率在2倍法定利息率上下波动,如果中长期利润率小于2倍利息率,就缩小投资或关闭企业,就业机会将缩小。自有资本利润率的下限是法定利息率,如果他的投资利润低于利息率,就存银行吃利息。

第三,禁止高利贷——三重契约的约束。金融、商业都是总生产的流通环节,一般商业利润率稍低于产业利润率,总生产才会从将产品转化为商品资本,商品资本转化为商业资本"商业"从总生产中分工出去,即生产商制度约束产业利润率与商业利润率之间以平均化为边际,如果商业利润

高，总生产就自己的生产与商业相结合，即生产商模式。

二、产业资本、商品资本、商业资本、守法商人资本

（一）现代生产方式的产业资本为主体。生产线抵押贷款的资本的使用者企业主，同时兼职商人和资本家"一旦工场手工业（尤其是大工业）相当巩固了，它就有为自己创造市场，并用自己的商品来夺取市场。这时，商业就成了工业生产的奴仆，而对工业生产来说，市场的不断扩大则是它的生活条件"①。贷款租买生产工具，为了偿还货币借贷所生产产品必须转化为商品，再转化为货币，因此商业资本循环成为生产的一个环节。禁止高利贷—三重契约保护产业资本为主体。若商人资本利润率越大，产业利润率就越小。超出一定限度，产业资本就收回交换环节实行生产商制度，生产者同时也充当商人。

如果不限制商人利润，独立的商人利润最大化，剥夺买者与卖者两端全部剩余价值，不仅市场最小化，而且破坏生产本身，例如古代商业对农业自给生产经济的剥夺。

（二）产品转化为商品资本。由于贷款租买生产工具方式必须以货币形式还贷，生产出来的产品必须转化为生产商品资本形式。

（三）产品转化为商业资本。生产商品资本必须在流通环节交易，生产商品资本转化为流通产品商业资本。"商业资本是商品资本的转化形式"。

商业有双重性。商业这种特殊的、参与生产分工环节的商业资本，只有一定限度内的特殊独立性。如果商业完全自由独立，就存在投机，有向相反方向发展的隐患。以禁止高利贷四个阶梯作为一般尺度；法律禁止垄断、禁止倾销、禁止买卖贪婪，禁止高利贷（得）贪婪。

（四）守法商人资本，遵守禁止高利贷—三重契约体系允许的区间。

第一，禁止高利贷—三重契约法制大环境之下，商人资本家的利润率受到禁止高利得的限制，法律将奸商抓进监狱，以阻止对现代经济的破

---

① 《资本论》，第三卷，人民出版社 1975 年版，第 376 页。

坏。法制环境下的竞争的现象、价格波动现象，反而是回归现代生产方式中立规则的现象。

第二，商人资本利润与产业资本利润的平均化，"商人资本从它原来的独立存在，下降为一般投资的一个特殊要素，而利润的平均化，又把它的利润率化为一般的平均水平。在这里，随着商人资本的发展而形成的特殊社会状态不再具有决定的作用"①。"商人怎么干，完全取决于资本主义生产方式的发展程度，不取决于商人的愿望。"②

第三，代理商制度专业化可以提高商业流通的效率。"因为商人专门从事这种业务，所以，不仅生产者可以把他的商品较早地转化为货币，而且商品资本本身也会比它处在生产者手中的时候更快地完成它的形态变化。"③ 商人资本可以同时接手几个商品的周转，因此可以节约周转时间，从而最大限度地节约生产的总周转时间。

第四，商人资本流转速度取决于生产过程更新的速度和不同生产商品之间的衔接速度，消费的速度，商业经营者的专业职能效率。④

第五，商人资本早于现代生产方式出现，独立的商业资本或货币资本不是现代生产要素，"商人资本的独立发展与资本主义的生产发展程度成反比例规律"⑤。

第六，生产商制度现象。工业革命企业发了财，由企业组建银行为企业筹集资金服务，银行是受托单位。同样，由企业组建销售网络，企业是商家的主要股东。当今成熟国家依然是生产商制度，价格由企业说了算，营销费用是后加上去的，并受到生产商的监管，建设的想象力来自于制造业者，商人只不过亦步亦趋而已。例如，日本商业净利润可以长期维持在0.5%—5%，只有生产商制度才能做到，商品由生产厂家定价，其他费用

---

① 《资本论》，第三卷，人民出版社 1975 年版，第 365—366 页。
② 《资本论》，第三卷，人民出版社 1975 年版，第 343 页。
③ 《资本论》，第三卷，人民出版社 1975 年版，第 307 页。
④ 《资本论》，第三卷，人民出版社 1975 年版，第 309 页。
⑤ 《资本论》，第三卷，人民出版社 1975 年版，第 369—370 页。

加到零售价中。而穷国商业利润长期维持在15%—30%，则实业最小化。当今，我国私有企业、乡镇企业、集体企业的最大特长就是"生产商"制度，例如温州模式，自产自销，占领小商品市场，肥水不流外人田。我国一些新兴高利润产业正在向建立生产商制度迈进，有些企业自设销售网点，生产和商业利润收在账下的同时，能够掌握客户需求的第一手资料。但是生产商制度还有很长的路要走，当下受到"电商"垄断制度的冲击，生产企业的利润已经相当薄，政府正在适度干预。

第五节 三重契约利润还本，法律强制积累

一、三重契约，约定用利润还本，是法定积累

"把剩余价值当作资本使用，或者说，把剩余价值再转化为资本，叫做资本积累。"[①] 积累分为两种方法，一是现代生产方式依照合同所承诺优先用利润还本的履约性质的法律强制积累，二是对自有剩余价值理性不确定性积累。

（一）现代生产方式积累，特指三重契约用利润还本再生产工具价值的积累。

贷款租买生产工具，约定用剩余价值或利润的一个部分"还本付息"，其中用利润偿还固定资产债务本金的部分，即当期购买了债务固定资产的部分，簿记上债务固定资产转变为正固定资产（有形体固定资产在生产线上运动前后没有变），也叫做再生产生产工具。

尽管企业主自负盈亏，但是为了保证就业机会、税收、金融、经济水准，政府、银行采用调整利息率、税率、开辟国内外市场等方法为企业纾困。由于利息率成为一般尺度，一般积累率也是以法律为准绳："如

---

① 《资本论》，第一卷，人民出版社1975年版，第635页。

果……等于平均利润,企业主收入的大小就由利息率决定"①。

(二)理性积累。还债后的自有净利润转用于再投资,符合政策导向的政府予以减免税。理性积累不是现代生产方式特有的积累,存在理性与非理性的不确定性,不能避免理性亡,积累亡。

资本的聚集也是一种社会积累,储蓄是有限积累。资本的集中的方法,一个是竞争,另一个是信用。

(三)还债基金②及其尺度。

生产价值的分割顺位,一是优先工资总额,法律方法是设立工资准备金,法定不得欠发工资,如果企业拖欠工资超过法定期限,工人有权发起集体诉讼,这是谁都不愿意见到的。二是生产工具的费用保障,设立债务专项或还债基金,以及保证折旧费的提取和"固定资产复归"用途。贷款租买生产工具的长期债务,当年还本付息额度应控制在创造价值的百分之二十左右。允许与折旧或长期利息占有率互为消长。例如,美国、德国企业财务会计制度中有"偿债基金""偿债专项"。股份制企业,公积金应包括法定资本准备金、还债专项公积金、任意利润储备(包括公益金)基金三项。需要注意的是,如果税法以法定公积金限制公积金额度,实际是用缩小法定准备金的方法扩大利润税基,实际扩大税率。

美国实行税后利润还本付息法,有美国学者计算了美国非金融类企业部门的积累率在税后利润率中所占的份额,用以表示有多少利润被用于(或未被用于)积累。1948—1979 年间,该比率为 0.61;1980—2007 年间,该比率下降为 0.43。他们指出,在新自由主义时期,那些未用于积累即生产性投资的利润,很多变成了红利,加入了金融资本的循环。美国混杂资本主义经济的这种结构性变化,构成了 2008 年金融危机得以形成的深

---

① 《资本论》,第三卷,人民出版社 1975 年版,第 419 页。
② 《资本论》,第三卷,人民出版社 1975 年版,第 446 页。

层原因。①

二、现代经济自治"初始积累";西方现代文明的野蛮血腥原始积累

(一)中国话语中需要区分初始积累和原始积累在概念上的差异,西方资本主义是日耳曼野蛮部落法丛林霸道血腥原始积累。

纯粹现代生产方式的积累机制——用利润还本付息。

纯粹现代生产方式从一开始就是封闭自治,而血腥原始积累混杂了奴隶制、农奴制血腥现象。

第三等级依靠三重契约积累,发了财的第三等级没有政治权利,而是采用将财产借贷给王权,国王就用置地权、关税权偿还债务,即用货币收买的方法获得权利。这是从无到有通过契约发展的过程,是契约初始积累。现代生产方式是"穷则异化、穷则思变"变法立竿见影现象。现代生产方式"三重契约"强制积累的正能量,增加了资本生产工具总量。同时,实现资本社会化。纯粹现代生产方式通过三重契约机制增加了就业机会,提高了一国的经济水准,总工资均分所创造价值,给予劳动者收入争取与生产力同步增长的可能性和可行性,转型相对贫困。

(二)科学社会主义现代生产方式积累机制的特殊手段。

社会主义经济,除了现代生产方式的三重契约强制积累手段,还有其特有的手段。一是生产的社会化达到发展与资本主义私有制不相容的地步,这就为资本主义灭亡创造了物质条件。这种剥夺,是通过资本主义生产内在规律,通过资本的集中给下一个社会做的准备。二是社会主义公有制对罪恶的三座大山私有制的剥夺。科学技术的发展和广泛运用,劳动过程组织形式与协作日益发展。三是现代生产方式无限借债、无限积累必然会遭到大自然的报复。唯有科学社会主义引导与自然达成和谐。四是中国

---

① 孟捷:《历史唯物论与马克思主义经济学》,社会科学文献出版社2016年版,"第七章 资本占有剩余价值在什么意义上是符合(或不符合)正义的——试论马克思的三种正义概念"。

迅速和平崛起证实后发展国家可以避免血腥掠夺式原始积累。中国古代井田制律法观念，管护"租、息、利、税什一中正之制"，保护农工商和谐发展延续 5000 年。

为了推翻三座大山，确实存在现代化的初始积累过程，中国的初始积累是公有制计划经济集中力量办大事，初步实现工业化；房地产和基建狂魔龙头产业的初始积累机制，购房者的初始积累来源于计划经济时期留存 64 亿平方米的城镇住房，中国传统家庭模式长辈作为晚辈小家庭购房的后盾。

中国计划经济留下的四个现代化经济基础，伟大的人民忍辱负重，终于在较短时间扛过了初始积累时期。中国迅速和平崛起的实践说明，第三世界能够避免初始积累的阵痛。

名词与概念：

禁止高利贷允许像出租土地一样出租货币

法律禁止资本利息率超过 10%　　中性资本价格利息率为 3%—5%

中性的利息租金股权分割所创造价值占比 10%

法定和约定资本利息率绝对不得超过法律禁止的限度

现代生产方式利息来源于生产利润　　资本平均利润率

最困难企业决定最低资本价格利息率

最后贷款人利息率保障就业

禁止高利贷——治产人信贷法　　治产人（资本使用者）

资本普通利润率 10% 左右　　普通利润分割创造价值占比 20% 左右

总生产价值分割支付利息计算法　　资本所有权收取利息计算法

普通偿债利润 = 支付利息 + 还本的积累

20 年期的生产线抵押贷款合同强制每年度用利润还本的普通积累 = 1/20 年

在总生产内部，第一次分配是生产的预分配计划，其中只有资本支垫购买劳动力工资预先分配，剩余价值的分配是预计划分配；第二次分配是生产出价值、分割出剩余价值以后对制度要素的支付或收入分配　　警惕

收入分配遮蔽剥削

产业资本　　商品资本　　商业资本　　商人资本　　守法商人

生产商　　生产产品　　劳动产品转化为商品

对比与质疑：

（一）我国市场主体一再声明："财产是一份责任"，企业全心全意为客户服务。而华盛顿共识却大事宣扬企业追逐利润最大化。那么谁正确？

（二）普通利润，究竟是收入？还是用来还债（还本付息）的？

（三）建议设立禁止高利贷——治产人信贷法。而所谓"放贷人法"欲望高利贷最大化。地下钱庄、民间高利贷、网络无抵押贷款高利贷，对现代经济、伦理道德都是严重伤害。资本所有者"放贷人"必须遵守三重契约而取得"被动使用价值"。

（四）规定4倍银行法定利息率为法律禁止的利息率，一是没有历史传统依据，也不符合数量"折中""中正"逻辑；二是法律的依据应是历史传承或参照守成国家的成熟法条，而参照随行就市的银行法定利息率作为法律，因为其不确定性而正当、合法性存疑。

（五）认为市场利息率上不封顶是错误的、不法的，是华盛顿共识刻意误导法律不健全的国家。

（六）需要注意的是，20世纪70年代以来兴起的跨国公司，"离岸市场"逃避价格管制，"生产不参与利润分配"式世界采购制度，千方百计阻挠第三世界直接准入富裕国家市场。西方生产商文明正在陨落吗？

（七）西方血腥原始积累，是现代制度、奴隶制、农奴制混杂的产物，其血腥从属表现为：贩卖奴隶价格输送导致自由劳动力下降、过度劳动寿命缩短；掠夺并消灭本国小农业；利用现代化与小农业国家之间的物理差异，坚船利炮在前，异类文化侵蚀在后，掠夺后发展国家；利用高科技和金融霸权媾和割韭菜薅羊毛；千方百计阻挠异类学习和发展现代化。中国迅速和平崛起，说明现代化可以用和平方式初始积累，而戳破了西方血腥积累日耳曼野蛮部落法的罪恶本质。

第十四章　偿债生产价格区分财税法，超额利润中支付地租和赋税

背景：

以英国《自由大宪章》"王在法之下""无代表无税"为法律依据，亚当·斯密《国民财富的性质和原因的研究》其目标是求索限制赋税尺度的正当合法性。亚当·斯密、大卫·李嘉图、马克思都用了大量篇幅研究英国租地农场主"20年期的改良荒地抵押贷款"模式。马克思发现，一是必须保留农奴徭役习惯法，农业工人才有生存权保障；二是必须优先用利润还本付息，这样资本生产工具主义（现代生产方式）才能存续，以此为正义合规，则不劳而获的地租和非生产用赋税只允许在超额利润中支付。依据这个历史"具象"，抽象出了"债务价格法优先大于税务价格法"概念，《资本论》第一卷第246页发现了比较完整的"偿债生产价格区分财税法"。

第一节　赋税随附民商法体系

马克思指出，"赋税是政府机器的经济基础，而不是其他任何东西"[①]。

[①] 《马克思恩格斯选集》，第三卷，人民出版社1972年版，第22页。

一、财税正义准则

财税正义准则，遵守一般法律原则①。

（一）各国宪法对赋税都有规定。

《中华人民共和国宪法》第五十六条："中华人民共和国公民有依照法律纳税的义务。"第十三条："公民的合法的私有财产不受侵犯。"税捐不得侵犯生产工具本体及其法定用益权。

（二）财税正义准则。

第一，和平的、简易的税收。正如亚当·斯密所指出，"除了和平、简易的税收和可容许的司法管理之外，……变成最富裕国家并不再需要什么"，例如"各种劳动用途的货币工资和各种用途的货币利润似乎都有一定的比例。这种比例部分取决于各种用途的性质，部分取决于所在社会的不同法律和政策"②，主要指关于工资、利息率、普通利润率、税法的政策和法律。

表现为阶级关系均衡，"调节需求原则的东西，本质上是由不同阶级的互相关系和它们各自的经济地位决定的，因而也就是，第一是由全部剩余价值和工资的比率决定的，第二是由剩余价值所分成的不同部分（利润、利息、地租、赋税等等）的比率决定的。这里再一次表明，在供求关系借以发生作用的基础得到说明以前，供求关系绝对不能说明什么问题"③。

第二，鲜明的阶级性，对剩余财富征税。英国财产法明确法定，产权收益是非劳动所得，有剥削原罪："每一种新的规避机制都导致议会的立法。所得税也正是对那种'非劳动所得'施加的特别负担，而这种'非劳动所得'——股息、地租、利息等，正是财产所有权的收益"④。"议会详

---

① 参见陈清秀：《税法总论》，台湾元照出版公司2008年版，第134页。
② 〔英〕亚当·斯密：《国民财富的性质和原因的研究》，商务印书馆1972年版，第58页。
③ 《资本论》，第一卷，人民出版社1975年版，第203页。
④ 〔英〕F. H. 劳森、B. 拉登：《财产法》，中国大百科全书出版社1998年版，第122页。

细检查各种将资本的收益伪称为资本的增值并以此为手段以求所得税的豁免等现象"。①

第三，中立法则。《资本论》所阐述"现代经济中立的规则"，是"一般人类规律"②的集成，能够直接用于指导我国民商税统一中性构成法的制定。

第四，无代表无税，禁止苛捐杂税猛于虎，"劳动力出卖给资本家，而资本家利用这种交易，迫使工人生产出比购买劳动力所支付的价值多得多的价值。资本家与工人间的这种交易创造出随后以地租、商业利润、资本利息、捐税等等形式在各类亚种资本家及其仆人之间进行分配的全部剩余价值"③。

（二）赋税用于公共权力的公共事业。恩格斯指出，国家"第一点就是它按地区来划分它的国民"，"第二个不同点，是公共权力的设立。""为了维持这种公共权力，就需要公民缴纳费用——捐税。官吏既然掌握着公共权力和征税权，他们就作为社会机关而凌驾于社会之上。"④

国家统一的法律体系，"资产阶级……它使人口密集起来，使生产资料集中起来，使财产聚集在少数人的手里。由此必然产生的后果就是政治的集中。……现在已经结合为一个拥有统一的政府、统一的法律、统一的民族阶级利益和统一的关税国家了"⑤。赋税是穿百家衣、吃百家饭，是被征收对象的附随变量。

税负等于个人收入的实际减少，生产积累的减少。亚当·斯密指出："生活必需品税对人民境况的影响，和贫瘠土壤与不良气候所产生的影响

---

① 〔英〕F. H. 劳森、B. 拉登：《财产法》，中国大百科全书出版社1998年版，第137页。
② 《马克思恩格斯选集》，第二卷，人民出版社1972年版，第687页。
③ 《马克思恩格斯文集》，第3卷，人民出版社2009年版，第261页。
④ 《马克思恩格斯全集》，第21卷，人民出版社1965年版，第195页。
⑤ 《马克思恩格斯选集》，第一卷，人民出版社1972年版，第255页。

大致相同。"① 大卫·李嘉图指出："凡属赋税都有减少积累能力的趋势。赋税不是落在资本上面，就是落在收入上面。如果它侵占资本，它就必然会相应地减少一笔基金（资本生产工具基金——引者注），而国家的生产性劳动的多寡总是取决于这笔基金的大小的。如果它落在收入上面，就一定会减少积累，或迫使纳税人相应地减少以前的生活必需品和奢侈品的非生产性消费，以便把税款省下来。"② 税负必然受到被征税对象的限制，是随附变量，遵守随附规则。"不要征收那种必然要落在资本上面的赋税。因为征收这种赋税，就会损害维持劳动的基金（资本生产工具——引者注），因而也就会减少国家将来的生产。"③

企业的捐税是从剩余价值中支付，"在这里［我们假（预——引者注）定产品价格＝它的价值］，剩余价值是分为利润、利息、什一税等等不同目的"。税收不会改变剩余价值率，"这些捐税的取消不会改变产业资本家直接从工人身上榨取的剩余价值量。它所改变的，只是产业资本家装进自己腰包的剩余价值的比例或要同第三者分享的剩余价值的比例。所以它不会改变劳动力价值和剩余价值的比例"④。企业所纳税是"非生产费用"，"国税、地方税、火灾保险费，……工厂的其他各种非生产费用"⑤。

二、税制税率法与法律隶属于民商法体系

（一）偿债生产价格公式区分财税法范围内的税法税制税率。一是税制税率法定原则，立法程序原则。二是法律保留原则，基本法律原则不容

---

① 〔英〕亚当·斯密：《国民财富的性质和原因的研究》，下卷，商务印书馆1972年版，第37页。

② 〔英〕大卫·李嘉图：《政治经济学及赋税原理》，商务印书馆1972年版，第128页。

③ 〔英〕大卫·李嘉图：《政治经济学及赋税原理》，商务印书馆1962年版，第129页。

④ 《资本论》，第一卷，人民出版社1975年版，第570页注⑩。

⑤ 《资本论》，第三卷，人民出版社1975年版，第676页。

动摇。法律非以法律为基础，不得变更或废止之①。只有以法律基本原则为基础追问并确定无疑某法律的非法性和非正当性，才允许变更或废止某法律。三是税捐的法律随附原则。税捐是偿债生产价格法的一个制度成本要素，随附市民法的法律概念，或现代生产方式"土地地租"在超额利润中收取的相关条文的类推适用。

税务会计法应遵守一般生产企业或公司会计准则，以财务会计簿记为依据。

(二)税源随附原则②。税捐是随附契约，税捐必须遵守主体契约的规则，例如：偿债生产价格法优先还本付息，超额利润在遵守合伙经营公平分配利润原则下，随附分配税捐。

保护与发展经济原则。税制以民生为本，保护和限制税捐比率，不得侵犯生存发展权；保护资本生产工具，不得侵犯固定资产本体和再生产资本工具权。

三、纳税主体的公平原则

亚当·斯密首先提出了现代征税制度的四大原则，迄今适用。第一，量能原则，"各自能力的比例"。第二，确定原则，"赋税，必须是确定的，不得随意变更"。第三，纳税便利原则，"各种赋税完纳的日期及完纳的方法，须予纳税者以最大便利"。第四，减少中间费用，"一切税赋的征收，须设法使人民所付出的，尽可能等于国家所收入的"③。官员不得从中截留和乱摊派，征税部门成本应参照银行居间成本控制在1%—3%，应予以公布。

公民纳税义务原则。一国的国民得到国家的保护，有支付国家管理费

---

① 陈清秀：《税法总论》，台湾元照出版公司2008年版，现行法律，见第134页；现行法律连接、导出，见第136页；法定原则，见第137页；法制，见第51页。
② 陈清秀：《税法总论》，台湾元照出版公司2008年版，第135页。
③ 〔英〕亚当·斯密：《国民财富的性质和原因的研究》，下卷，商务印书馆1972年版，第384—386页。

维持政府的义务。

大众义务原则。纳税是全体公民的义务，因此无论穷人（赤贫除外）富人都有纳税义务，是公民应有的权利义务。税制保障对生活必需消费和生产工具免税。

量能原则。在可能的范围内，即来源于"剩余"原则：来源于工资（扣除必需后）、地租、利润（扣除租买工具的还本付息后）、利息。

财税必须以有财富为大前提。财税不得侵犯"租买资本生产工具的普通利润"，即不得侵犯普通利润率，是欧洲现代经济与自给经济税法的分水岭。为了保护生产，决定了财税只能在纳税人收入生活必需消费剩余中收取。不得对债务征税。

公平税负原则。与收入消费净剩余成比例，因此，以直接税为主；量能原则是上限计算，不是非得以上限征税。存富于民，民富国强。"赋税的分担，……不是由中央集中征税，而且是征收土地税，不是征收地租税，那么，这种分担就是不均等的。"[①]

四、征税主体的权利责任对等原则

赋税用于公共权力的公共事业。恩格斯指出，国家"第一点就是它按地区来划分它的国民"，则需要边防军；"第二个不同点，是公共权力的设立"，地方军和警察维持国内秩序。当今社会，公共权力还应包括政府对市场不可替代物的供给保障：衣食住行医疗教育安全的保险补贴。

（一）要建立以民为本的准则，国家大事最终由人民来实施。

纳税人希望税捐越低越好，而政府财政希望征税越多越好。那么如何确定税制、税率的中立准则呢？

第一，要建立以民为本的准则，国家大事最终由人民来实施，政府的经济制度职能是严格执行市民法、制定政策，贯彻、引导、管理、监督。

第二，现代，"只要与生产方式相适应，相一致，就是正义的"，现代

---

① 《资本论》，第三卷，人民出版社1975年版，第732页。

生产方式生产力绝对发展，生产所创造价值是财政的税基。尽管英国统治阶级政治税率（地租）从农奴制分割价值的50%，在现代生产方式时代政府最终消费下降到了10%（扣除军备因素），但是税基随市场扩大而扩大，税量同步增加。

随附事权。公民依法自治自律为主体，税捐随附于纳税主体量能原则①。目的与手段成比率关系：适当性、必要性，财税随附制度成本五要素"均分"的比率原则。

人民选择低税区。人民自律自治为主体。人民有权利能力和行为能力，人民的事情人民办为主体，社会事务最终需要大众拥护并自觉遵守，效率高成本低，行政管理为辅。欧洲所谓选民的其中一个意思就是选择低税区国家。

第三，财政收入扣除社会保险转移、公共事业费用后的部分，即政府最终消费成本，是偿债生产价格法的一个生产费用要素，遵守制度成本五要素之间"均分"准则（折合各要素分割创造价值的10%），允许相关要素之间互为消长。

第四，经济实质收益原则。只允许在生产线建成后、投产后、生产利润后、用利润还本付息偿还债务后，在实际超额利润中收取各种税捐。

保护并节制财政税收，财税增长率不应超过经济增长率，不得超常规增长。

第五，不得对债务征税。

第六，税法是强制法，如未按法律自觉主动缴纳税捐，国家得依法对其强制课征②。

第七，税捐一般用金钱支付。

---

① 陈清秀：《税法总论》，台湾元照出版公司2008年版，人性尊严，见第136页；平等，见第46页；公益，见第49、51页；量能，见第55页；财产权的保障与用益的捐税，见第59页。

② 陈清秀：《税法总论》，台湾元照出版公司2008年版，第136页。

第八，税捐对纳税个人不予以直接报偿。

第九，用税权应遵守事权与财权对待规则，专税专用，接受公民的监督。

税负受到被征税对象的限制，受到偿债生产价格法的限制，是随附变量，遵守随附规则，"在税法中虽然并未明文规定，但如平等课税原则、实质课税原则、诚实信用原则、信赖保护原则、权力滥用之禁止、比例原则、个别案件之正义、法律上请求权等，作为一般法律原则（Allgemeine Rechtsgrundsätze），在解释适用税捐法规时，均应承认其适用，因此并非实证法，而是属于市场法的范围，具有税法的税源意义"①。税法属于市民法的范畴。

对个人征税。按阶级划分的直接税制。按财产来源划分阶级，制定不同的税制税率。关税，赋税作为原始积累的工具，"17世纪末现代税收制度关税保护制度"②，实际是对公民征税，"保护关税形式主要向土地所有者、中小农民和手工业者征收赋税"③。

（二）征税主体是政府财税部门。事权与财权对称准则。政府事权随附人民原则，政府是组织和调配者，以指导、带领、引导、指引、执法、监督为主要事务。需要计算并监督行政的效用效率性，不得以各种借口增加税率税项。

政府事权与财权之权力责任均衡。公共事权和它特定的税捐予以直接比率对待，得专税专用。

（三）立法监督机构设立对财税的监督机构。

---

① 陈清秀：《税法总论》，台湾元照出版公司2008年版，第134页，参照德国一般法律原则（Allgemeine Rechtsgrundsätze）。

② 《资本论》，第一卷，人民出版社1975年版，第819页。

③ 《资本论》，第三卷，人民出版社1975年版，第884页。

第二节 中国和欧洲"什一税制"历史传承

第一小节 中华民族财税什一中正,世界最低的治权成本

一、"井田制"税法实体法

什一税制源于孟子记录的"井田制"量化的公平正义,被儒家文化保留至今,① 是中华民族辉煌5000年的法制万里长城。井田制法理集中于孟子学说《孟子·滕文公上》。

(一)生产关系:"同井"合伙契约关系。

(二)法定分配比率。

井田制量化的公平分配比率,"井九百亩,其中为公田,八家皆私百亩,同养公田"井内税,九一税制。

自耕农什一税制:"国中什一使自赋,卿以下必有圭田,圭田五十亩,余夫二十五亩。"

进一步降低制度成本,降低税率,"润泽之则在君子矣!"

(三)分配的权界。

分配权界之一,权利责任对等,"夫仁政,必自经界始"。

分配权界之二,天下为公治权与劳动生产权相互制衡,"无君子莫治野人,无野人莫养君子"。劳动治产是自变量;君子是"被养"关系,治理费用是随附应变量。

分配权界之三,区别公田与私田,"其中为公田,八家皆私百亩,同养公田"。

---

① 胡寄窗:《中国经济思想史简编》,立信会计出版社1997年版,第354页。

(四) 在一般劳动超额利润中征税。

分配顺位，划出公田与私田互不侵犯，保护私人生计与工具权不受侵犯：

代表税收的公田有收获，才有税收，无收获免税；

井中间一块土地为租税地，是在收获后征税，避免侵犯生产准备和生产过程中的费用；

是在剩余价值中收税，避免财税侵犯生计权和工具权；

是在超额利润中收取，避免侵犯生产工具积累的留存；

是在普通劳动超额利润中收取，避免侵犯差别创新劳动；

税捐是共同劳动成果，"守望相助，疾病相扶持"，是对个别劳动的保险机制。

综合以上不难发现，中国"井田制"税法与欧洲现代税法，都以发展生产为目标，在收获后征税，并且分配比率都为"什一"，井田制税法法理和尺度均可以与西方"共同体"公共财政对接。

二、中华民族天下为公什一税制，民与政是公平契约关系，治权独立

中华民族以复兴本民族优秀文化为基础，与国际优秀制度对接。在中国最后一个王朝清朝灭亡以前的5000年里，"税"在汉民族形声表意文字中一向低调，用边边角角来表征。中华民族财政箴言：税，边缘；税的兴业作用；税是社会约法，是人民供养了君子；税收必须节用；生产与消费，负担平均原则；财政支出和专税专用，财税主要用于政府开支、保卫安全、济贫；分配不均是社会不稳定的根源。

(一)《说文解字》："税"，"边缘"。

孟子有曰："夏后氏五十而贡，殷人七十而助，周人百亩而彻，其实皆什一也。"什一中正是"井田制自由自耕农十一税"。

孔子曰"盍彻呼"，"彻"税什一中正。《汉书·食货志上》："税谓公田什一，及工商虞衡之入也"。

（二）税收支持国家兴业的作用：《周礼·地官·司市》：凡制市之货贿、六畜、珍异，亡者使有，利者使阜，害者使亡，靡者使微。

（三）税是社会约法，是人民供养了君子。《大学》："是故君子先慎乎德，有德此有人，有人此有土，有土此有财，有财此有用。""广土重民"。

（四）税收必须节用，《礼记·王制》："量入以为出"。

《论语·学而》："节用爱人，使民以时"。《论语·颜渊》："百姓足，君孰与不足；百姓不足，君孰与足。"

《左传·哀公十一年》："薄赋敛"。

（五）生产与消费，负担平均原则。《中庸》："任土所宜"，"较数岁之中以为常"，"生财有大道，生之者众，食之者寡；为之者疾，用之者舒；则财用足矣"。"来百工财用足"。

《孟子·滕文公上》："民事不可缓也"。《孟子·告子下》："君不乡道，不志于仁，而求富之，是富桀也。"《孟子·公孙丑上》单一税制思想，主张征收了"助""彻"之后，不再重复征收关税、市税。

（六）财政支出和专税专用。财税主要用于政府开支、保卫安全、济贫。例如《礼记》："以九式均节财邦都之赋作祭祀用，邦中之赋作宾客之用，山泽之赋作丧荒之用。"

（七）分配不均是社会不稳定的根源。《礼记》：苛政猛于虎。《孟子·滕文公章句下》："庖有肥肉，厩有肥马，民有饥色，野有饿莩，此率兽而食人也。兽相食，人且恶之，为民父母行政，不免于率兽而食人，恶在其为民父母也。""易姓改号谓之亡国，仁义充塞而率兽食人，以至人将相食，谓之亡天下。""是故知保天下然后知保其国，保国者其君其臣，肉食者谋之。保天下者匹夫之贱亦有其责。""国虽亡而民不亡，天下亡则民亦亡。天下优于国。"

《论语·尧曰》："咨尔舜，天之历数在尔躬，允执其中。四海困穷，天禄永终。"敬天是为了保民，三皇五帝在向上天报告时，把小民的责任都揽在自己身上，内圣外王。中国有王道和霸道之分。祖宗的成功经验、祖训，成为最高领导、官员、民众统一的文化教养，心身修养和礼仪训练。

《尚书·皋陶谟》舜曰："天聪明，自我民聪明；天明畏，自我民明威。达于上下，敬哉有土。"

《论语·尧曰》商汤说："予小子履，敢用玄牡。敢昭告于皇皇后帝。有罪不敢赦，帝臣不蔽。帝臣不蔽，简在帝心。朕躬有罪，无以万方。万方有罪，罪在朕躬。""周有大赉，善人是富。""虽有周亲，不如仁人。百姓之过，在予一人。""兴灭国，继绝世。举逸民，天下之民归心焉。""谨权量，审法度，修废官，四方之政行焉。""所重民，食丧祭。"

《春秋·贵公》："天下非一人之天下也，天下人之天下也。""平得于公。"

《孟子·尽心下》："民为贵，社稷次之，君为轻。"民本法治独立，王在法之下。政治民主顺位，合法性。

《孟子·公孙丑下》："天时不如地利，地利不如人和。"

《论语·季氏》："闻有国有家者不患寡而患不均，不患贫而患不安。盖均无贫，和无寡，安无倾。"有家可归是个人的人权的第一物质基础。

《论语·里仁》："放利而行，多怨。"《论语·宪问》："贫而无怨难"。《晏子春秋（内篇）·问上第三》："权有无，均贫富"。《左传昭公十年》："蕴利，生孽"。老子《道德经》"民之饥，因上食税之多"。周朝衰微，诸侯称霸，管子指出，依然得"以人为本"。

我国颁布的《企业财务制度》，确定财税是企业生产价格的一个要素，损益表中就有"税"项；在网上公布的上市公司的报告中，也有"税"项。中国 5000 年的什一税制治税传统，即治权独立监督国家强制征收财税的限制尺度。并且，作为成员国，遵守 WTO 正常价值＝偿债生产价格法，现代经济遵守制度成本均分所创造价值，五项制度要素"均分"普通剩余价值，即财税分割所创造价值的 10% 规则，允许短期相关要素互为消长，专用于政府最终消费（不包括军备超过部分）。

第二小节 英国"无代表,无税",及什一税

一、无代表则无税

(一)英国包税制。无代表无税。

英国是移民国家,传承日耳曼统治时期部落法"王在法之下",各有大陆背景的工商业财团、教会、王权贵族之间谁也控制不了谁,客观形成了三权鼎立制衡。

英国商业税起源于城邦市民社会共同体"包税法"自治,市民成为"自由市民或自由商人"①,成为"一般收入或公共收入的源泉"。"市税由市民包办,不能不给它们以某种裁判权,借以强迫市民纳税。"② 商人包税,换取特许权,税制从一开始就表现为契约关系。

无代表无税。1215年英国《自由大宪章》,对财税规定,第(12)条,"设无全国公意许可,将不征收任何免役税与贡金";第(25)条,"均应按照旧章征收税赋,不得有任何增加",不得任意加税。还有第(11)条债务人亡故的财产处理,"如有未成年子女时……留彼等教养费"。

1628年,英国《权利请愿书》,无代表无税,国王不得任意加税,"明定凡贡税或补助金,如未经本王国大主教、主教、伯爵、男爵、骑士、市民及贫民中其他自由人之惠然同意,则国王、或其嗣子不得于本王国内征课之","即非经国会同意,得有不被强迫缴纳任何租税、特种地产税、捐税及其他各种非法捐税之自由。"国王用土地和关税作交换获得第三等级信贷货币。

---

① 〔英〕亚当·斯密:《国民财富的性质和原因的研究》,上卷,商务印书馆1972年版,包税法,见第362页。自由市民,见第363页。

② 〔英〕亚当·斯密:《国民财富的性质和原因的研究》,上卷,商务印书馆1972年版,第363页。

第十四章 偿债生产价格区分财税法，超额利润中支付地租和赋税

1642年，英国国王想收回制税权发起内战，最终失败被砍了头。

1689年《权利法案》第4条："凡未经国会准许，借口国王特权，为国王而征收，或供国王使用而征收金钱，超出国会准许之时限或方式者均为非法。"① 议会有立法、监督权，严格控制政府的税入，对企业征收什一税（参照教会什一税），这一法理和制度一直延续至今。"在英国，这些因素在十七世纪末系统地综合为殖民制度、国债制度、现代税收制度和保护关税制度。"②

需要注意的是，20世纪以前，纳税和选举是有钱人的权利。赋税是"一般收入或公共收入的源泉"。赋税来自三个阶级，"不论是谁，只要自己的收入来自自己的资源，他的收入就一定来自他的劳动、资本或土地"。财税法是按财产阶级征税，"一切赋税，一切以赋税为来源的收入，一切俸金、恩恤金和各种年金，归根到底都是来自这三个根本的收入源泉，都直接间接以劳动工资、资本利润或土地地租支出"③。上院代表传统和公正，下院代表大众利益，相互制约。

近现代，股份制银行、股份制企业的三重契约偿债生产价格法簿记在16—17世纪已经形成，财税是其中的非生产费用要素。1803年开始制定现代税制税率。议会也不是万能的，关键是公平与利益相互制约，要看议会政府是否反映民意，是否受人民制约，信息和监管通道是否畅通。

1911年，英国废除贵族院否决预算的权力。人民纳税制度，"每个人（包括贫穷的人），均应纳税，税收制度不应对贸易和商业造成伤害"。

（二）法国《人权宣言》第14条："所有公民都有权亲身或由其代表来确定赋税的必要性，自由地加以认可，注意用途，决定税额、税率、客体、征收方式和时期。"法国《宪法》（第五共和国）第5章第34条规定，法律均由议会通过，包括"有关各种税收的征税基数、税率和征收方式；

---

① 董云虎、刘武萍编著：《世界人权约法总览》，四川人民出版社1990年版，第229、230、235、241页。

② 《资本论》，第一卷，人民出版社1975年版，第711页。

③ 〔英〕亚当·斯密：《国民财富的性质和原因的研究》，上卷，商务印书馆1972年版，第47页。

货币发行制度"。美国《宪法》第 7 项规定"一切征税法案应由众议院提出,但参议院得提出修正案或表示赞同,与其他法案一样"。美国最初也是按财产和纳税权有选举和被选举权,妇女没有选举权。民主是一个与不自由并存的历程。

二、欧洲次生文明的什一税制历史

(一) 公元 6 世纪,教会利用《圣经》中农牧产品的 1/10 "属于上帝"的说法,开始向教会信徒征收此税。公元 779 年法兰克国王查理大帝规定:向教会缴纳什一税是每个法兰克王国居民的义务。10 世纪中叶,西欧各国相继仿行。

偿债生产价格法,按制度成本(生产费用)要素均分普通剩余价值法则,公式计算,财税非生产要素允许分割所创造价值的 10% 上下,适应现代生产方式而获得正义性。同时,税制税率是一个与政权相关的敏感事务,现代生产方式确定性 10% 税制,应当是堪对了教会法什一税法,用对等形式而获得偿债生产价格区分财税法的合法性,这样就简化了"追问合法"的程序。亚当·斯密在《国民财富的性质和原因的研究》中 35 处提到什一税,《资本论》也多处提到对产业征收什一税。另外,土地可以折算为资本,因此现代经济制度成本五要素中撤销了独立的土地地租一项。

偿债生产价格法区分财税为什一税准则,恰好与教会什一税文化偶然比率相同,借助了历史传承而取得合法正当性,成为非生产要素均衡尺度,在西方现代经济中被固定下来,并专用于供给政府运行最终消费。当然,在微观情况允许相关要素互为消长。相比较,中国古代租息利税什一中正之制,也应当是税收的正当合法性的历史依据。

(二) 关于偿债生产价格法区分财税法什一税现象。

税负法定是生产价格的一个要素,例如,《资本论》第一卷第 246 页介绍,杰克布在 1815 年计算《每英亩的价值生产》表格中,税收是生产价格的一个要素,税项"什一税、地方税和国税……1 镑 1 先令"。

$$综合税率 = 总税量 \div 创造价值 = 21 \text{ 先令} \div 141 \text{ 先令} = 14.9\%$$

160年后，萨缪尔森《经济学》第171页《顶峰牙膏公司收入报告》，第177页《顶峰牙膏公司资产负债表》簿记，计算美国顶峰牙膏厂的生产价格构成，其中：

1979年美国顶峰牙膏厂应付税款＝州和地方税3.5＋企业所得税17.5＝21万美元

企业综合税占比创造价值＝税金21÷创造价值200＝10.5%

（三）马克思的理想"在做了各项扣除之后，从社会方面正好领回他所给予社会的一切"①，是理想彼岸。

第三节 三重契约偿债价格法区分财税法：债务价格法大于税务价格法；什一税制

百姓希望赋税越低越好，政府希望财税越高越方便。那么税法有没有正义准则可以遵循？

现代生产方式有法律确定性特征，并确定性只能支付什一税，偏离中性法律企业经济就会立竿见影萎缩直至破产。

而在政治方面，历史纵向事实是，政治事权有不确定性，其因事权而所需财税权可以伸缩，例如从中国的什一中正，到英国土地公有制，国王、政府、贵族所征收土地租金率（实际就是税收）总体为收成的一半，是中国的5倍。历史横向，现代发达国家的政府最终消费已经被压缩到了什一中正（不包括军备）。历史和现实说明，财税要素也必须服从现代生产方式的分配规则，国家才能持久兴旺。

《资本论》第三卷第六篇"超额利润转化为地租"，用了226页的篇幅研究"地租"发现，资本主义租地农场主"改良荒地抵押贷款"生产有收

---

① 《马克思恩格斯选集》，第三卷，人民出版社1972年版，第10—11页。

获、生产出剩余价值或利润后,优先还本付息,"超额利润转化为地租"对赋税也适用,就是现代赋税必须遵守的正义准则。

《资本论》多处提到什一税,既是教会法的什一税,也是政府什一税,就是我们需要参照的"偿债生产价格区分财税法"的什一税率的对等合法性。

上述两项对我国税制税率建制有启发意义。

一、改良荒地抵押贷款,地租和赋税在超额利润中支付法则

中国工商户遇到的两难问题是,有了利润,究竟应当先还银行债务本金和利息,还是首先支付各种税?在财务制度上叫做债务价格法与税务价格法,孰大孰小、孰前孰后?如果从三重契约角度,答案就坚定清楚,因为贷款合同承诺有了利润优先用于还本付息,银行或股东才同意签署这项合同,为了发展生产,规定优先还债,不仅限制税率,而且征税的顺位在后。

关于对赋税的各种限制,欧洲学者是从资本主义租地农场主"具象"中发现优先偿债,地租和税金都得在超额利润中收取,否则现代生产方式将无法运行。

其一,依三重契约承诺优先还本付息的利润,在银行才能够贷到款项,这样地租只能在超额利润中支付。其二,资本权和土地所有者之间的竞争。由于有银行法定低利息率作为一般尺度,"银行家'给产业家提供的工具比地租和资本家(私人高利贷)提供的可以便宜很多,也就是说,利息低得多'"[1],亚当·斯密在"论地租"一章指出,"在决定租约时,地主都设法使租地人所得的土地生产物份额,仅足补偿他用以提供种子、支付工资、购置和维持耕畜与其他农具的农业资本,并提供当地农业资本的普通利润。这一数额,显然是租地人在不亏本的条件下所愿意接受的最

---

[1] 《资本论》,第三卷,人民出版社1975年版,第685页。

第十四章 偿债生产价格区分财税法，超额利润中支付地租和赋税

小份额，而地主决不会多留给他"①。地主希望地租最大化，但是受到三重契约"农业资本的普通利润"用于还本付息的限制，因为预算所租荒地通过改良有了收获还本付息之后，获得超额利润，才能要约租地，并且荒地的地租为收成的20%是习惯法，没有什么可以讨价还价的。其三，西方资本主义原始积累赋税重，在城市工业生产中"国民的劳动的年产品约有三分之一，现在是在公共负担的名义下，从生产者手里夺走，被那些不给任何等价物（即不给任何对生产者有等价意义的东西）的人非生产性地消费掉"②。所以，1815年"资本主义租地农场主"负担什一税、地方税、国税共计税率为15%，已经是一个例外，已经接近现代税制税率。《资本论》第一卷第246页附表，租地农场主预算流程：

习惯法荒地的地租为农用土地租金的40%（收获的20%）→荒地技术改造为良田抵押贷款→（农业普通）利润率还本付息分割所创造价值占比15%→超额利润支付地租占比20%→支付各种税占比15%

在欧洲，首先在城邦手工业中重建古希腊那种共同体，首先在沿海城市出现合伙、保险、票据等，但是为什么是在农业转型中实现资本主义萌芽（单纯现代生产方式）？从农业分析，一是由于租地农场主和农业工人都来自传统农业，他们不仅接受了三重契约平等正义，而且传承保留着古代留下来的庄园习惯法，及教会法和地方法比较单一的什一税、地方税和国税三个税种共15%，比城市占创造价值1/3的各种苛捐杂税低出一半多。二是在城市，由于资产阶级统治意志极端叛乱向贩卖奴隶和奴隶劳动力制度倒退，以至于本国自由劳动力失去了任何法律保护而沦为准奴隶。

因此，现代生产方式，变革与传承相结合是比较妥善的道路，而变革过于放纵是通往倒退之路。

---

① 〔英〕亚当·斯密：《国民财富的性质和原因的研究》，上卷，商务印书馆1972年版，第137页。

② 《资本论》，第二卷，人民出版社1975年版，第360页。

二、三重契约，赋税与地租在超额利润中收取现象

（一）赋税在超额利润中收取，与地租相同，"超额利润转化为地租"①。

禁止高利贷——三重契约，资本利息率下降到 5%，创业者有条件在贷款投资工业、贷款投资土地农业、自有资金存银行三者之间进行选择。亚当·斯密指出："如果他所得的利润不能和他所垫付的资本额保持相当的比例，他就不会进行大投资而只进行小投资。"② 例如，英国矿业用土地，尽管表面看矿山地租是矿山产品销售额的一个比例，但是，这个比例的大小，却是由"贷款治产"模式决定的。有段时间国王硬性规定银矿租金为产出的 1/4 价值、煤矿租金为 1/6 产量价值。企业主支付工资、贷款租买矿山工具还本付息后，有超额利润才能支付矿山土地租金，如果矿产品卖价太低，就只有拖欠租金，如果矿业要进行下去，就只有协议调整租金一条出路。银矿的租金曾经不得不由 1/4 调到 1/20 产出量价格。经营矿山如果不能获得一个最起码的普通利润率用于还本付息，企业主就不愿意经营矿山，国家也就收不到资源地租税，为了有税收、减少失业，政府为了不让企业倒闭，不得不降低地租。这就是英国"地租是价格高低的结果"现象。土地、矿山是自然赐予之物、无价之物，是因为稀缺而有价，所以价格可以伸缩。

"地租上涨始终是一国财富增加以及为已增加的人口提供食物发生困难的结果。这是财富的征兆，而绝不是它的原因……地租也增长得较缓慢的国家里，财富增加得最快。"③这对税负也适用，在税制税负率符合中性规则的国家，财富增长最快，税率越高，越向手工密集型产业倒退。因

---

① 《资本论》，第三卷，人民出版社 1975 年版，第 818 页。
② 〔英〕亚当·斯密：《国民财富的性质和原因的研究》，上卷，商务印书馆 1972 年版，第 43 页。
③ 〔英〕大卫·李嘉图：《政治经济学及赋税原理》，商务印书馆 1962 年版，第 63 页。

此，以中性分配为尺度，财税无论侵占了哪个要素，都要付出经济代价，例如侵占普通利润，则资本与技术转化为生产装备的效率成二次乘数下降；侵占折旧费将引起设备完好率受损，安全隐患和事故增加。

现代生产方式决定了生产债务价格法必须优先大于税务价格法，这种生产方式才能成立和持久，即生产债务价格法优先大于地租和财税价格法，政府成本在经济创造财富之下。这也能说明为什么不能在企业生产出利润之前就强征税。

三、英国政治权与公有土地权合一，地租与赋税同一性

（一）英国土地公有制封建专制地租与赋税的同一性。

英国农奴制土地依附于贵族领主政治，"农奴人身不自由和人身作为土地的附属物对土地的依附，真正的依附农制度。……国家既作为土地所有者，同时又作为主权者而同直接生产者相对立，那么，地租和赋税就会合而为一体，或者不如说，不会再有什么同这个地租形式不同的赋税。在这种情况下，依附关系在政治方面和经济方面，除了所有臣民对这个国家都有的臣属关系以外，不需要更严酷的形式。在这里，国家就是最高的地主。在这里，主权就是在全国范围内集中的土地所有权。但因此那时也就没有私有土地的所有权，虽然存在着对土地的私人的和共同的占有权和使用权"①。例如公簿佃农对土地的共同占有使用的"保有权"。

为了说明地租和税负的相似，马克思有一个类比："……必然是一种把地租作为赋税（这种赋税只不过由土地所有者征收，而不是由国家征收）包含在内的价格？这种赋税有它一定的经济上的界限，这是不言而喻的。旧地租上的追加投资，外国的土地产品——假定土地产品可以自由进口——的竞争，土地所有者之间的竞争，最后，消费者的需求和支付能力，都会使这种赋税受到限制。但是问题不在这里。这里的问题在于，最坏土地支付的地租，是否像商品税加到商品价格中去一样，加到这种土地的产品价格（按照假定，它调节着一般的市场价格）中去，也就是说，是

---

① 《资本论》，第三卷，人民出版社 1975 年版，第 891 页。

否作为一个和产品价值无关的要素加到这种土地的产品的价格中去。"①

课税与地租的同一性，"人们认识了地租，就能理解代役租、什一税等等。但是不应当把他们等同起来"②。

第四节　固定资产折旧率

"固定资本维持费用"③，即折旧费。成熟国家，税法与折旧法统一制定比率。

一、偿债生产价格构成的固定资产折旧费用，法定折旧率

偿债生产价格构成的固定资产折旧费用④。固定资本在使用的过程中会磨损，最低限度，为了在偿还债务期间生产线保持正常运转和担保价值不变，需要对固定资产进行维修以保证价值和性能"复归"原价值、原物理化学和技术状态。

（一）固定资本和它的折旧费用。

固定资本是指生产工具中耐用的那个部分的价值，例如厂房、设备，统一叫做固定资本。

固定资本与流动资本是一个对称，共同组成不变资本。

依企业财务法，从普通剩余价值转化为制度成本中提取的折旧费"货币准备金，即再转化为货币的那个部分固定资本（价值磨损的部分——引者注）"⑤。

---

①　《资本论》，第三卷，人民出版社 1975 年版，第 854 页。
②　《马克思恩格斯选集》，第二卷，人民出版社 1972 年版，第 108 页。
③　折旧，见亚当·斯密：《国民财富的性质和原因的研究》，上卷，商务印书馆 1972 年版，第二篇第一章"论资财的划分"，分离出流动资产和固定资产，见第 268 页。
④　《资本论》，第一卷，人民出版社 1975 年版，第 623 页；第三卷，第 1109 页。
⑤　《资本论》，第二卷，人民出版社 1975 年版，第 193 页。

固定资本当期保全（重置、复归），是资本生产工具生产价格构成的一个费用要素，增加了一个保险系数。厂房、设备闲置库存时，不得提取折旧费。

（二）折旧的物理与技术内容。在20世纪初，折旧已经包括物理磨损和技术磨损两部分。

物理寿命，例如，一般机械设备物理寿命为20年，通用设备寿命偏重于物理磨损寿命。厂房等建筑设备物理寿命为30—50年。

技术磨损率。商品的市场寿命，例如电子产品的市场寿命大致为5—10年。专用设备，因为基本没有市场，所以需要按该商品生产的规模效益寿命时间计算折旧率。

欧洲以国有能源为财政收入主体的国家，例如挪威、荷兰，以金融收入补贴财政的国家例如英国，采用了高速折旧法，这不适用于中国国情。反之，有些外国资本与中资合资的企业采用30%以上折旧率，有用三年吃掉合资国有资产之嫌。

（三）折旧费的法定用途。折旧费，一般专用于"固定资产复归"，具体使用项目包括小修、中修、大修理费用；临时组织措施，参与新技术更新改造。

（四）折旧率。折旧是复归，不是收益。资本保全首先是为了维持正常生产（简单再生产），能够当期资本保全是必要条件。而折旧的待摊或预提只允许是临时财务措施，企业财务法规定，待摊预提一般允许3年，不得超过5年。折旧是制度成本要素，遵守"均分"尺度，分割创造价值不得超过10%，允许相关要素互为消长。

（五）价格包袱法造成价格膨胀，需要倍增折旧率。

世界银行"禁止高利贷——三重契约"投资贷款运作模式，特点是生产线建成投产后，用生产出的利润还本付息，凯恩斯称之为"使用者价格法"模式。

国际统计组织统一称之为"购买者价格法"的，是法国实行增值税法以来的事情。中国生产性增值税和高利贷媾和的做法是，"生产线抵押贷款"的资金在购买或建设时就要求缴纳营业税或增值税,要求第一年末就开始支付利息。这样一来,基本建设在建期间固定资产形成价格中出现了税金和利息包袱:

贷款的贷款成本
= 生产型增值税+建设期间所支付利息+多级管理费
= 17%+8%×3 年（利息）+10%
= 51%

购买者价格法的实质,长期利息和政府财税成本资本化进价格（财政赤字转移到企业账目上）,为了与美国和日本的使用者价格法竞争,需要重置倍增折旧率,以抵消价税包袱。详细见本书第二卷。

二、物价膨胀及其实际利息、折旧、所得税率和调整

通货膨胀对企业所负担折旧率、税率、利息率实际有影响。[①] 在计算折旧、税捐时需要计算物价因素的法理和法条。

通货膨胀对折旧费提取的影响。折旧费是按涨价前的固定资产原值比例计算,企业计提的折旧费的是实际价值,必然小于通货膨胀后的固定资产货币名义价格,固定资产折旧与通货膨胀成比例提取减少,相当于当前减计折旧后的应税利润增加,所得税增加。

通货膨胀对利息支付的影响。利息是按过去约定的长期利息率和贷款额度计算,通货膨胀后,则当前支付的本金利息小于它的膨胀后本金利息,相当于当前利润的增加,实际所得税增加。

通货膨胀对所得税的影响,在累进所得税制中表现为货币利润增加,造成由低档次税率进入高档次税率；比例税率中,如果利润与价格同比增

[①] 参见杨萍、靳万军、窦清红：《财政法新论》,法律出版社 2000 年版,第 197—205 页"通货膨胀对企业所得税负担水平的影响"。

长，实际税也同比增长。

在通货膨胀的情况下，为了不增加企业负担，又保证税基，在一些国家采用了膨胀指数修订折旧率，叫做折旧、利息扣除的通货膨胀指数化。

所谓金融创新允许"捆绑"使用资金，那么，如果允许用折旧费支付利息和税金，则有"实际固定资产＝固定资产－用折旧费支付利息和税金"；如果"利息和税金"被进入价格加价，就是财政的债务赤字"包袱"转移在了企业的账目上，隐蔽的泡沫，"包袱法固定资产＝使用者价格法固定资产价值+包袱利息和税金"。

名词与概念：

优先用利润还本付息，在超额利润中收取地租和赋税

治权独立，治权不得与财权合一垄断专制

人民自律自治为主体，"政府事权与财权对等"

复兴中华民族自力更生"治权独立"什一中正最低的政府最终消费成本实体法

什一中正之制　　税负中性

资本生产工具偿债价格法，优先大于税务价格法

英国对公有土地的共同占有使用的"保有权"

对比与质疑：

"殖民制度、国债、重税、保护关税制度、商业战争等等——所有这些真正工场手工业时期的嫩芽，在大工业幼年时期都大大地成长起来了。"[①]"关于自由贸易和保护关税的辩论，是促使我去研究经济问题的最初动因。"[②] 2018年以来的中美贸易战，美国又在重复这些300年前的伎俩。

---

① 《资本论》，第一卷，人民出版社1975年版，第826页。
② 《马克思恩格斯选集》，第一卷，人民出版社2012年版，第2页。

第十五章　偿债生产价格法、供求价格

背景：

（一）社会经济的法哲学视域，研究生产出厂预定价格与市场价格、价值勾连关系。在第五章讨论了庄园习惯法将价值分割为工资总额要素和制度成本要素并均分劳动所创造价值法则。第十章讨论了商品价值的度量衡，第十一章讨论了虚拟货币转化为虚拟资本，第十二、十三、十四章讨论了分割价值的总生产要素的正义准则和法定比率。

（二）当全民依靠生产和交换获得生存条件，价格变动、通货膨胀，会造成社会的不稳定性。纯粹现代生产方式，预定偿债生产价格，物价具备了可控性。而古代自给经济靠天吃饭，货殖兴风作浪对天灾人祸起到放大作用。

第一节　偿债生产价格法

第一小节　中国王莽变法偿债生产价格法

一、中国乡村人是自由市民

中国古代生产商。中国自"井田制""爰田""初税亩"、授田制什一中正，以及汉朝土地可以自由买卖以来，家庭产业是农业、手工业、商业相结合，参照欧洲标准，中国农民是市场社会的生产商。

乡村家庭农工商相结合，见《孟子·梁惠王上第三章》："五亩之宅，树之以桑，五十者可以衣帛矣；鸡豚狗彘之畜，无失其时，七十者可以食肉矣；百亩之田，勿夺其时，八口之家，可以无饥矣；谨庠序之教，申之以孝悌之义，颁白者不负戴于道路矣。老者衣帛食肉，黎民不饥不寒，然而不王者，未之有也。""欲使民，必先教民；欲教民，必先富民；欲富民，必先置民之产。"这是孟子"置民之产"的逻辑思路。

治产。《列子·周穆王》："周之尹氏大治产，其下趣役者侵晨昏而弗息。"

《孟子·滕文公章句上》："有恒产者有恒心，无恒产者无恒心。苟无恒心，放辟邪侈，无不为已。及陷于罪，然后从而刑之，是罔民也。焉有仁人在位，罔民而可为也！"有了"恒产"，从根本上去除农民"流民"的心态，从而让"恒心"植根于农民的意识形态内。"无恒产而有恒心者，惟士为能。"只有少数能人可以做到。

北魏郦道元《水经注·济水一》："诸侯四通，货物之所交易也。"

二、中国古代租息利税什一中正同率

（一）《史记》介绍，春秋战国时期孟尝君的弹铗食客冯谖（欢）已经把借贷与产业的关系表述清楚明白："之所以贷钱者，为民无以为本业也；所以求息者，为无以奉客也。今富给者以要期，贫穷者燔券属以捐之。"[①] 无产者没有土地做本业，借款用做治产业的本钱。"今富给者以要期"，有钱了就按合同执行还本付息；"贫穷者燔券属以捐之"，在对待债务人贫穷破产坏账的处理上，可与现代破产豁免法媲美。与古罗马法借贷有利润决定利息率尺度趋同，时间早了1000年。比英国1215年大宪章保护债务人生存自由权早约1500年。

（二）公元9年新朝王莽仿周礼泉府之制，法定"民或乏绝，欲贷财以治产业者，命钱府均授之，除其费，计其所得，受息，毋过岁什一"。

---

① 司马迁：《史记》，中华书局1959年版，第2360页。

在民间传承，我国手工业例如裁缝、家庭装修有这样的习俗计算价格：原材料（转移成本）、总工资、剩余价值各占1/3，折合资本利息率为5%。短期借款"百月一"，即月息1%。

市税"除其本，计其利，十一分之，而以其一为贡"①，相当于现代所得税制，所得税率为10%。

三、王莽变法之偿债生产商价格法

（一）公开市场，等价交换。中国古代皇权不下县，中央立法以户籍和吏治为主，民商税法的条款较少，民间有许多优秀的民商法制传统，类似于英国习惯法、惯例法。有记载，西周京城的市场设立在皇宫的后墙的外面，由皇后亲自管理。市场上，商品按品种和质量进行排列，公开比较质量和价格，后来演变成为牙行，公开定价。孟子描述了不好的商人"必求垄断而登之，以左右望而罔市利"，古代禁止站在垄上观察定高价，叫做"反垄断"。

生产商，《古文观止》汉朝杨恽《报孙会宗书》："恽既失爵位家居，治产业、起室宅，以财自娱。……恽幸有余禄，籴贱贩贵，逐什一之利"至今在民间"守正商人"中存续。公式表示：

杨恽合法的贱买贵卖价＝买进原材料价格＋生产成本费用＋贱买贵卖价差追逐利润禁止超过10%

（二）生产价格法，例如王莽变法："民或乏绝，欲贷以治产业者，令（钱府）均受之，除其费，计其所得受息，毋过岁什一。"其中的价格要素：

除其费，应指工费和料费。

除其费计其所得，就是剩余价值转化为利润。

按照中国民间手工裁缝和家庭装修中传承的习惯法，有料费、工费、

---

① 吴兆辛：《中国税制史》，上册，商务印书馆1937年版，第46页。

剩余利润各占三分之一的习俗，这种匡算包含有劳动技术水准，与材料价值攀比的内涵和保险的成分在内，则有：

(1) 王莽变法贷财治产的价格构成

  = 成本价格费用+计其所得剩余价值 v

  =（材料费 c+工钱 m）+计其所得利润 v

  =（料费 C 占 1/3+工费 M 占 1/3+所得剩余价值 V 占 1/3)

(2) 王莽变法价值分配

创造价值=价格的 2/3

劳动工资=价格的 1/3=价值的 50%

剩余价值=价格的 1/3=价值的 50%

利息=除其费取息，毋过岁什一=剩余价值的 10%=价值的 5%

税金=除其费，取税，毋过岁什一=价值的 5%

王莽变法贷财治产的创造价值预分配构成=工钱占比 50%+剩余价值占比 50%

(3) 王莽变法资本利息率

贷款的最大额度=支垫材料费+支垫工费

  王莽变法资本利息率

=利息÷资本金（支垫材料和工费）

=价格 1/3×10%÷（1/3+1/3）

=5%的资本利息率

向钱府所借的债务，在生产出利润后，大约用三年时间可以还清本息。王莽变法的价格法与现代价格法已经很接近，比亚当·斯密生产商价格法要早了 1700 年。

第二小节　三重契约合同预定偿债生产价格法

一、生产线抵押贷款，银行要求承诺预测偿债生产价格

（一）生产线抵押贷款，银行首先要审查还款能力，针对一个还画在图纸上的生产线，自然需要预测生产线的设计生产能力，建设需要的时间期限；产品预期销售对象（群体）及市场规模；然后预算偿债生产价格及其允许的调整范围，开始赢利还本付息能力等。

（二）总生产准备要求预定偿债生产价格。

组织实施生产的"生产的预分配"。这包括生产阶段性的预定价格和预定生产的分配。例如，转移成本是在生产准备时预定供货协议；总工资是"开工"前就要准备好资本支付能力；开工提高生产力有利润之时就要开始做偿债预算；剩余价值用于还本、付息、折旧费、营销管理费的分摊，赋税；财务待摊、预提。以及那些分享利益者的监管，贷款给企业的银行，监督并计算其还本付息的能力，计算应偿还债务。总生产与外部各种关系；股东监督财务簿记；企业与政府关系，劳资关系，劳动与企业共生关系"利息率，总资本/总工资"测算等。

作为"有限债务责任股份制公司"，股东监督财务簿记，股东有权要求企业提供财务簿记，企业损益表、负债表中的"偿债生产价格构成"，并审查其比例构成是否合理，以便于分配股息、分红，生产积累5年后分配新增股权。法人代表首席经理为了企业发展前途与股东分光吃光欲望的斗心眼（股份制积累不如信贷法律强制积累更有确定性）。

当职工参与企业管理，员工组织有知情权，依法保护工人阶级的利益，并且学习劳动与企业共生折中统一关系，参与管理提出合理化建议。

税务部门有权要求企业提供损益表、负债表、现金流量表等财会三张表，生产价格构成的分析必不可少，对所得净利润征税，对利润转化为资本减免税，对企业当期债务偿还不能，适当减免税。相应地，为了避税，

企业乐意按照法定标准进行预分配、预定生产价格。一是遵守总工资均分所创造价值，保护劳动力的收入；二是当企业税超过占比10%的时候，西方企业有权请求议会以教会什一税古训为准则调整税率。参照西方，中国企业也有权按古训什一中正请求人民代表大会将企业的实际平均税负下降到占比10%以内。

产品转化为商品，最初阶段商品"标价"的确定，一是以"产品"的"偿债生产价格"作为"预定的商品最低价格尺度"，低于这个价格企业将面临亏损。二是参照可替代商品的价格预定试探性价格。三是参考市场供求状况预定价格。

禁止买卖贪婪、反垄断、反倾销、反高利贷、反税负过重，价格法、外贸关税法、消费税法，都要以法定企业簿记偿债生产价格构成为依据。

国际贸易，中国作为成员国，必须遵守WTO反倾销、反垄断的价格形成规则"正常价值＝平均生产价格"，这也是评价"市场经济地位"的核心指标。

预定偿债生产价格作为中介，将生产共同体内部与外部市场勾连起来，形成公平竞争关系。

二、萨缪尔森价格要素均衡论公式化

关于三重契约法律体系"预定偿债价格法"和法定制度成本五要素均衡分配，20世纪40年代欧美学者才发现"均衡"规律，统计学发现"均衡分配"规则要晚半个世纪。

在20世纪上半叶，凯恩斯写作了《就业利息和货币通论》制度和供给经济学，同时代的一般均衡理论和福利经济学理论也相应得到了较大的发展。1941年萨缪尔森与斯托尔珀（W. F. Stolper）合著发表了《实际工资和保护主义》一文，提出了生产要素价格日趋均等化的观点。萨缪尔森还在1948年前后发表《国际贸易和要素价格均衡》等，文中对上述观点作了进一步的论证，建立了要素价格均等化学说，发展了要素禀赋论。在20世纪70年代末的《经济学》中，萨缪尔森论述了先进国家经济发展的六个基本趋向①。

对照《资本论》第一卷第 246 页"价值＝生产价格",发现萨缪尔森"偿债生产价格法均衡规律"实际是殊途同归。按照萨缪尔森《经济学》中所假设的顶峰牙膏公司的实际例子,本书制作了偿债生产价格比率构成"圆周分饼比率图表",见封底。

表 15-1　顶峰牙膏公司收入报告书(1979 年 1 月 1 日至 1979 年 12 月 31 日)

净销售量(除去一切折扣和回扣)		$240,000
减去:已销售的产品成本		
原　料	$50,000	
人工成本	100,100	
扣旧费	20,000	
其他经营成本	5,000	
总产品成本	175,000	
加上:年初存货	80,000	
	255,000	
减去:年终存货	85,000	
等于:已销售的产品成本	170,000	
总利润		170,000
		70,000
减去:销售和管理成本		14,000
净经营利润		56,000
减去:利息开支和州和地方税		6,000
付所得税以前的净收入		50,000
减去:公司所得税		17,500
付税后净收入		32,500
减去:优先股票股息		2,000
普通股票的净利润		30,500
减去:普通股票股息		10,500
保留在公司内的收入的增长额		20,000

萨缪尔森《经济学》上册第 171、177 页顶峰牙膏公司收入报告

---

① 〔美〕萨缪尔森:《经济学》,下册,商务印书馆 1982 年版,第 143 页。

(1979年度)中,生产要素各自所占比率,与法定的接近,这是由于政府、银行和企业都遵守法律及其允许波动的区间,才会有这样的结果,在其他资料里也计算出了类似构成,绝非偶然。

表15-2 顶峰牙膏公司资产负债表(1979年12月31日)

资　产			负债和股本	
流动资产:			负　债	
现　金		$17,000	流动负债:	
存　货		85,000	应付账款	$10,000
偿债专款		5,000	应付票据	17,000
(美国政府债券)			应付税款	21,000
固定资产			长期负债:	
设　备	130,000		SBA票据	50,000
减去:折旧费	15,000		应付债券	50,000
			股　本	
房　屋	170,000	115,000	股本股票:	
减去:折旧费	5,000		先优股票	50,000
		165,000	普通股票	200,000
无形资产:			保留在企业内的收入:	20,000
专　利		10,000		
商　誉		21,000		
总　计		418,000	总　计	418,000

萨缪尔森《经济学》上册第171、177页《顶峰牙膏公司收入报告》的两张表可以按照现代财务簿记七位一体的"生产价格构成"公式,分别进行计算,然后算出各自的占比。

(一)计算1979年顶峰牙膏厂所创造价值。

　　1979年美国顶峰牙膏厂创造价值=劳动总工资成本100+折旧费20+其他营业成本5+(今年库存85-上年库存80)+总利润70=200万美元

(二) 计算剩余价值率。

劳动总工资成本 100 万美元，剩余价值 100 万美元；

$$剩余价值率 = 剩余价值 \div 人工成本 = 1 : 1$$

(三) 计算各要素分割所创造价值的比例。

劳动总工资成本占比创造价值 = 100÷200 = 50%

折旧占比创造价值 = 20÷200 = 10%

利息 =（利息开支和州地方税 6 - 地方税（21 - 17.5）+ 优先股息 2 + 普通股票的股息 10.5 = 15 万美元

利息股息占比 15÷200 = 7.5%

还本的积累 = [公司收入（用于回收票据和转股权）+ 库存 5 抵债务] = 25 万美元

还本积累占比创造价 = 25÷200 = 12.5%

管理营销 = 其他营业成本 5 + 营销和管理成本 14 = 19 万美元

管理营销占比创造价值 19÷200 = 9.5%

应付税款 = 州和地方税 3.5 + 企业所得税 17.5 = 21 万美元

企业税占比创造价值 = 税金 21÷200 = 10.5%

(四) 股份制顶峰牙膏厂创造价值的分割。

股份制顶峰牙膏厂创造价值的分割 = 劳动总工资成本占比 50% + 制度成本分割（折旧占 10% + 利息股息占 7.5% + 积累占 12.5% + 管理营销占 9.5% + 企业总税占 10.5%）

其中：普通利润率（付息+还本）=（7.5% + 12.5%）= 20%，二相关要素互为消长。

总体接近劳动与制度成本均分、制度成本五要素均分规律。

（五）公式形式。

已知，劳动工资总额与制度成本均分所创造价值，制度成本五要素均分所创造价值的另一半，则有，现代财务簿记七位一体的"预定偿债生产价格的中性分割率的价格公式"。

设：C' 预定偿债生产价格；c 转移成本；v 工资总额①；m 剩余价值。

C'（预定偿债生产价格构成）= $c+v+m$ = 转移成本（c）+劳动工资总额（v）+m 转化为制度成本要素（折旧+资本利息股息租金+还本积累+管理营销成本+政府财税）

C'（预定偿债生产价格——创造价值分配率）= 转移成本（c）+创造价值（工资总额分割 50%+制度成本分割 10%×5）

允许相关要素之间互为消长，例如，当利息股息租金或税赋各支付占比大于 10%，则折旧就只得相应减少。

预定偿债生产价格公式。企业在投资建设生产线生产商品之前，都要进行生产价格的预测，在欧洲叫做"预定价格"，它是按照法定比率进行测算的。生产出产品的实际价值是基本面，然后参照市场供求状况和替代商品价格，预定在市场上的销售价格，实现生产价格与市场价格相勾连。

---

① 《资本论》，第一卷，人民出版社 1975 年版，第 366 页。在当今，符合中性分配的状态下，工资总额包括个人支付劳动保险和政府对社会保险补贴。

第二节　现代生产方式价格初级到高级形成是历史过程

第一小节　后发展国家：三元市场跳水价格

后发展国家三元劳务市场，租息税上升，价格反而跳水。

后发展国家过渡时期，存在多种生产方式，例如小农经济、现代经济与其他经济并存，就会有多种经济规律混杂。例如，存在三元劳动市场价格。在封闭的同一小口径市场内部，存在价值规律，而在三个劳动市场之间，大口径工资水准差别太大，则价格出现跳水现象，租税越重就越向小农经济价格滑坡。

（一）后发展国家存在三元劳务市场：有最低保障的城镇劳动力市场；受外企拉动的高薪劳动力市场；小农经济和农村供货的农贸市场。例如，20世纪90年代，我国城市劳务市场平均工资水准为每月60—120美元（500—1000元/月）。涉外税后月工资水准300—3000美元/月，折合2000—20000人民币/月税后收入。农村劳动力价格平均为月收入30美元（农村人年人均收入货币2610元人民币）。最低价格时期，乡村人卖鸡蛋价格只相当于转移成本价（饲料价格），农民在鸡蛋中的劳动力价格有可能下降为0，养鸡的劳动力价值以鸡蛋的工农业价格剪刀差形式摊进了农业自给经济中，卷入这三种市场，不是劳动者的错，与他们的能力基本无关。因此，后发展国家存在三种经济：持久资产现代经济、手工劳动密集型工厂、自给农工商经济。存在多元消费市场现象：大众生活必需品消费市场、耐用品消费市场、富人奢侈消费市场。

（二）后发展国家，因租税重向自给经济价格跳水现象。例如，我国1994年以来"生产型增值税17%（相当于收去利润的51%）+资本利息率高达11%—24%"，贷款的贷款成本高达51%，工业化养鸡"偿债生产价格"由80年代末3元/市斤，上升到3.7元/市斤（例如，靠向日本出口维持的大连咯咯嗒集团鸡蛋价格）。但是，在穷国，鸡蛋价格反而下滑，这是由于工业化养鸡普遍破产，退回自给经济由小农养殖鸡下鸡蛋。很快，市场上零售的鸡蛋从 3.7 元/市斤，跳水到农民家庭供给的鸡蛋价 2 元/市斤，长达 10 年，就是三税重、高利贷，引起鸡蛋从工业化养鸡倒退农村自给经济养鸡现象。2004 年鸡蛋价格开始回升，媒体特意报道为"喜涨"，终于在 10 年后恢复性涨价。它说明，城市劳动力价格在 10 年中不断上涨已经填补了由于三税制引起的真实工资下降的那个部分，且城市劳动人数在增加，导致农产品随附上涨，这是市场由低迷转向活跃的迹象。

在 2000 年，有的人认为，中国物价低位运行已经 9 年，说明是货币通缩，主张汇率增值。这是因为不了解第三世界三元市场、二元社会结构所致。穷国价格低位运行不是货币供给量少于需求引起的货币通缩、货币增值，而是大众收入低下，消费市场萎缩，劳务力价格成本通过工农业价格剪刀差转移到了廉价的农产品中；还有就是由于税捐太重，工业化养鸡转给了小农家庭养鸡引起价格下滑跳水现象。同时，一部分人先富起来的单边资源配置，货币单边流向富人口袋（他们多吃不了几个鸡蛋），鸡蛋价格低位，是货币分布不均衡的表现。增加货币或者货币增值，反而只能增加富人的收入，不能改变穷人的状况。

第二小节 后发展国家制度成本从占比 67% 下降到 50%，是 20 年期的攀升过程

小农业转型现代生产方式：制度成本从 67% 下降到 50%，也就是工资总额占比从 33% 上升到均分所创造价值，这是一个 20 年以上（1 至 2 个三重契约周期）的长期过程。这在首钢秘铁的例子中已经介绍，一开始工会提出的工资要求是占比销售收入的一半，经过 3 年艰苦谈判只同意修改为均分所创造价值，之后通过研究法律，双方同意按照秘鲁国家法律规定按本国市场劳动力价格为参照。国家与企业是一个统一法律的大市场，不能超越国家现状。

哲学的目的和手段，在于获得对事物的确定性、预见性，以期帮助人们规划未来。社会经济中存在勤劳阶级的同时，每年都有部分生产物归游惰阶级消费，亚当·斯密指出："一国年产物的普通或平均价值是逐年增加，是逐年减少，还是不增不减，要取决于这一国家的年产物每年是按照什么比例分配给这两个阶级的人民。"① 生产的分配两大指标，工资总额与剩余价值（转化为制度成本）要素的分配。

制度成本上限的边际，以小农业韩国起步工业化时的起点"制度成本趋向67%"为参照，这个比例属于政治腐败时期城市经济短期制度成本，引发变革的边际。

1960年，李承晚下台，韩国步入工业化转型。据统计，1971年，韩国当时正值农民大量涌入城市，劳动力过剩，起点工资总额占GNP的34.7%，则制度成本占65.3%。当时总工资占比低，显然是存在工农业价格剪刀差，工业劳动力价格部分摊进了自给农业中。如果工资总额占比再低，城市贫民窟的生活比农村还苦，农民将不愿意进城，工业化将失去廉价劳动力。

1971年至1992年，韩国雇员报酬在GNP中的比重，由34.7%上升到47.8%，相对称，剩余价值（转化为制度成本）从65.3%下降到52.2%，农业人口由70%下降到12%，城市失业率只有2%，产业结构优化，出口高附加值产品由15%上升到60%。即，资本生产工具大众化、适度提高劳动者的地位和收入的分配率变革在先，生产率进一步提高。基本实现了现代工业化。

由表15-3，韩国的统计数据，佐证了《共产党宣言》，"劳动（力）的价格，是同它的生产费用相等的"，也佐证了马克思一再指出的，现代经济剩余价值率趋向1∶1。这种转型，是由于"资本终于受到法律的约束"，通工等偿价值法则和三重契约法律体系的约束，资本成为生产工具终于结出的果实。

---

① 〔英〕亚当·斯密：《国民财富的性质和原因的研究》，上卷，商务印书馆1972年版，第49页。

表 15-3　1971—1992 年韩雇员报酬占 GNP 趋向 50%（单位：%）

年份	雇员报酬在 GNP 中比重	实际工资增长率(W)	GNP 增长率(G)	就业增长率(EMP)	$\dfrac{W}{G-EMP}$
1971	34.7	1.9	8.6	3.3	0.2
1972	34.5	5.2	5.1	5.0	0.5
1973	34.6	7.9	13.2	5.5	0.4
1974	33.1	5.8	8.1	4.0	0.5
1975	33.5	3.7	6.4	2.1	0.4
1976	34.4	17.4	13.1	6.1	0.9
1977	36.0	19.8	9.8	3.0	1.5
1978	37.9	18.1	9.8	4.3	1.3
1979	39.5	8.6	7.2	1.3	1.0
1980	41.2	−4.2	−3.7	0.3	1.2
1981	40.8	−0.6	5.9	2.5	−0.1
1982	41.2	8.1	7.2	2.5	0.8
1983	41.8	7.4	12.6	0.9	0.5
1984	41.6	6.2	9.3	−0.5	0.7
1985	41.4	6.7	7.0	3.7	0.6
1986	40.4	5.3	12.9	3.6	0.3
1987	41.1	6.9	13.0	5.5	0.4
1988	42.1	7.8	12.4	3.2	0.5
1989	44.5	14.5	6.8	3.8	1.4
1990	46.4	9.4	9.3	3.0	0.8
1991	47.6	7.5	8.4	3.0	0.7
1992	47.8	8.4	4.7	1.9	1.3

资料来源：〔韩〕赵淳：《韩国经济的发展》，李桐连译，中国发展出版社 1997 年版，第 102 页，表 5.3。

第三小节　智能时代价格构成公式的革命

关于智能时代价格构成公式的革命。如果从20世纪90年代算起，西方资本主义"金融与高科技媾和"现象已经出现30余年，但是西方霸权只热衷于利用高科技托市套利，而并没有从宏观上进一步降低制度成本的打算。

受到里根——撒切尔金融自由主义的驱动，美国为了应对经济滞胀，同时打压日本和德国制造业，1985年纽约"广场"会议逼迫日元增值1倍，导致日本房地产泡沫崩盘。日本通过高科技研发投入维持零利息率已经有近30年，政府对外投资贷款名义利息率为0.3%，实际为2.7%。

根据2019年1月3日科技部统计分析数字，2017年日本研发经费投入强度（研发经费占GDP比重）为3.48%，其中政府投入占比0.6%，民间占比2.88%，企业研发经费比重为全国总经费的72.4%。日本共有科研人员86.70万人，科研人员人均研究经费为2197万日元。企业在研发经费使用上，其中制造业研发经费投入占研究经费的86.9%，企业是科研和技术转化的主体。从统计结果来看，其研发经费总额仅次于美国，中国排名世界第三。通过高科技产品达到高回报，每10—13年更换一代新产品，设备跟着换代，折旧费用提取大大缩减，有取消的趋势。

上述现象提醒人们，有可能实现凯恩斯所设想的资本价格利息率为零，这样就有希望实现《汉谟拉比法典》和古罗马法所设立的高阶位的分配率（制度成本从1/2，下降到1/3）。

智能领域，制度成本可以从占比50%下降到40%，工资总额从均分上升到分割60%（增加的10%用于增加科技和高级管理人才的收入）。

设想智能时代：折旧、利息、还本成本的法律强制下降。

（一）设想折旧置换为利润对高科技投入成本。

智能机器人时代，云计算时代，加快技术换代速度，折旧成本可以逐渐置换为科技创投的技术磨损复归，综合占比10%。例如，日本实行10—

13年高技术换代模式（还本年限为10—13年，每年还本8%—10%），基本取消了折旧费。

（二）设想"资本必须偿还（还本付息）"占比从20%下降到占比10%。比机械工业时代下降一半。可行性，一是如凯恩斯的预言，随着资本稀缺性下降，资本收入应逐渐下降。二是高科技企业减少信贷增加自身积累能力，例如华为等很少借贷，而是以企业全员持有企业股权积累和分配为主。三是高科技为货币的锚，无基础虚拟货币贷出，现实是银行资本利息率，已经由5%长期下降到0%—3%。

（三）设想企业管理营销、政府管理部分智能化。智能机器人时代，云计算时代，企业管理营销大量使用智能机器替代，管理营销成本应大幅度减少。金融回归"中介微利"，对于金融超额利润应上交给政府财政，增加公共福利。

我国民众有储蓄习俗和博弈兴趣，走劳动与资本收入相结合（既是劳动者也是资本者）的道路，因此，我国资本价格利息率趋向降到3%为宜。这也是接受了美国金融独裁的教训，40%的美国人拿不出400美元紧急资金现象，民众存款率下降到1%（不包括预交税储蓄），股市散户下降到11%，民众参与分享资本利益极端下降。

（四）智能时代预期制度成本下降的基础上，第一步先上升到分割所创造价值的60%（包括政府转移福利），则有：

智能机器人时代平均生产价格公式＝c+v+m（转化为制度成本）＝转移成本+创造价值×〔劳动工资总额分割60%+制度成本占40%〕＝转移成本+所创造价值×〔工资总额分割60%+（高科技研发及技术磨损10%+股权或还本付息10%+管理营销成本10%+政府财税最终消费10%）〕

（五）工资总额分割占比上升到60%，其增加的10%主要用于增加科技人员的收入，而尽量不去挤占一般劳动者的收入比。

第三节　现代生产方式供给创造需求

一、生产与交换，生产与消费

（一）古希腊亚里士多德哲学界定了三种致富技术，现代生产方式是第三种致富技术中的正义形式，是"自然为群生预供食料"第一种自然生产供给，是生产商品供给为基础的需求，是生产能够正常运转范围内的价格波动。

现代劳动三要素商品化，"劳动产品的商品形式才普遍化"。意味着全社会基本都依赖商品生活，自然会出现全社会总量的需求全部由全社会生产的商品来供给现象，"一国国民每年的劳动，本来就是供给他们每年消费的一切生活必需品和便利品的源泉"①，而完全不同于自给经济。

而在次一级层面，表现为生产与交换、生产与消费关系。

（二）生产与交换关系，"在商品的供求关系上再现了下列关系：第一，使用价值和交换价值的关系，商品和货币的关系，买者和卖者的关系；……"

"第二，生产者和消费者的关系，尽管二者可以由第三者即商人来代表。"②

"商品的第一变化或卖。商品价值从商品体跳到金体上，像我在别处说过的，是商品的惊险的跳跃。这个跳跃如果不成功，摔坏的不是商品，但一定是商品所有者。"③ 现代生产方式三重契约三保险，从时间和空间保护"商品价值从商品体跳到金体上"的惊险一跃的风险降到最低。时间纵

---

① 〔英〕亚当·斯密：《国民财富的性质和原因的研究》，上卷，商务印书馆1972年版，第1页。
② 《资本论》，第三卷，人民出版社1975年版，第215页。
③ 《资本论》，第一卷，人民出版社1975年版，第124页。

向，生产债务人权每年即时调整营销策略力保履行承诺，20年用利润还本付息的过程，从时间纵向将"商品价值从商品体跳到金体上"惊险一跃的风险分散为20年的过程、降到最低。

（三）生产与消费。

生产提供需要，"生产不仅为需要提供材料，而且它也为材料提供需要"。

"在消费脱离了它最初的自然粗陋状态和直接状态之后，……消费本身作为动力是靠对象做媒介的。……因此，生产不仅为主体生产对象，而且也为对象生产主体"。即生产为人生产消费品，也为消费品生产需要它的人。

生产是主动力，"生产靠它起初当作对象生产出来的产品在消费者身上引起需要。因而，它生产出消费的对象、消费的方式和消费的动力"。

消费创造素质和需要，"消费创造出生产者的素质，因为它在生产者身上引起追求一定目标的需要"。①

生产和消费的辩证关系。消费可以催化生产。消费创造出新的生产的需要；消费把需要再生产出来，消费也是"生产需求"；生产本身就是对人力和物力的消费；生产也给予消费的规定性、消费的素质，使消费得以完成。

二、生产供给与消费需求，孰先孰后

关于供给与需求孰先孰后？"除了价格由供求决定而同时供求由价格决定这种混乱观点之外，还要加上：需求决定供给，反过来供给决定需求，生产决定市场，市场决定生产。"② 由于市民的生命权有边际，所以"价格由供求决定"受到生命权的限制，只允许是短期现象，当供求不平衡，造成大众饥寒交迫，以人口的减少达到平衡；如果生产过剩，就关闭

---

① 《马克思恩格斯选集》，第二卷，人民出版社1972年版，生产的消费，见第95页。

② 《资本论》，第三卷，人民出版社1975年版，第213页。

工厂大量工人失业，减少生产能力。这两种现象都引起社会不稳定。供求不平衡超过一定期限，就是危机，就需要用非常规手段加以解决，例如政府干预。

在解决温饱之前，"需求决定供给"。在解决温饱以前，基本需求是第一表现，按需求组织供给才有销路，这因为基本面的市民没有闲钱。例如，棉纺织业，是按购买力决定供给生产量。在边际情况下，总投资决定总就业岗位，总生产量决定能够养活的市场总劳动量和家庭人数，决定总人口，超过的人口或者病死、饿死、夭折、战死，或者被救济，或者迁徙，就是血腥资本主义人口过剩现象。

在解决温饱之后，即刘易斯拐点后，供给创造它的需求①占支配地位，就进入过度消费或后消费历史阶段。

生产线抵押贷款方式，是将未来借给现在发展生产力，表现为供给的超前、市民生活水准的提高，直至过度消费，则供给创造需求。例如，手机，先是研制出军事用途的移动通信步话机，生产商们迎合人类的好奇和娱乐心理进一步将机密步话机转型大众化消费品，投入研制、规模化生产并采用广告来推销给消费者，实际用途往往是后开发出来的，并且可以贷款超前过度消费，表现为"供给决定需求，生产决定市场"。因此，解决温饱之后，是先有供给创造它的消费，然后是由于生产力提高价格下降奢侈品转化为大众品。其中，大众对"消费奢侈品"转化为"耐用消费品"的那部分的需求决定供给，例如预期有多大销量，计划生产多少。而奢侈品转化为一般消费品的过程，消费创造出"素质"，上升到新的消费市场平台。但是要提防科学技术正在塑造着人类之过度消费之恶。

现代生产方式预期先进生产线抵押贷款模式，其目标或特征就是供给创造需求，承诺预期生产出物美价廉的商品，供给消费。因此，生产线抵押贷款方式，本身刺激优良装备的生产，刺激物美价廉的商品供给消费，刺激技术创新。

例如华为《基本法》对顾客的承诺：

---

① 〔英〕凯恩斯：《就业利息和货币通论》，商务印书馆1983年版，第23页。

三、公司的成长（成长领域）

【第十二条（成长的牵引）】我们进入新的成长领域，应当有利于提升公司的核心技术水平，有利于发挥公司资源的综合优势，有利于带动公司的整体扩张。顺应技术发展的大趋势，顺应市场变化的大趋势，顺应社会发展的大趋势，就能使我们避免大的风险。

只有当我们看准了时机和有了新的构想，确信能够在该领域中对顾客做出与众不同的贡献时，才进入市场广阔的相关新领域。

【第十三条（成长速度）】机会、人才、技术和产品是公司成长的主要牵引力。这四种力量之间存在着相互作用。机会牵引人才，人才牵引技术，技术牵引产品，产品牵引更多更大的机会。加大这四种力量的牵引力度，促进它们之间的良性循环，就会加快公司的成长。

【第十四条】我们追求在一定利润率水平上的成长的最大化。我们必须达到和保持高于行业平均的增长速度和行业中主要竞争对手的增长速度，以增强公司的活力，吸引最优秀的人才，和实现公司各种经营资源的最佳配置。在电子信息产业中，要么成为领先者，要么被淘汰，没有第三条路可走。

【第十五条（成长管理）】我们不单纯追求规模上的扩展，而是要使自己变得更优秀。因此，高层领导必须警惕长期高速增长有可能给公司组织造成的脆弱和隐藏的缺点，必须对成长进行有效的管理。在促进公司迅速成为一个大规模企业的同时，必须以更大的管理努力，促使公司更加灵活和更为有效。始终保持造势与做实的协调发展。

三、"把未来借给现在" 生产过剩常态化，政府调控手段

1844年马克思《经济学哲学手稿》已经发现"过剩性需求"，即过度消费，资本生产工具提高了生产力，总能够创造需求；资本生产工具是预安排生产方式，预期经济必须预测和创造它的需求。

生产线抵押贷款方式，存在"资本主义需求与社会需求的差距"的不

确定性和不可控制性。例如，虚拟货币资本购买劳动力和生产资料，在建设和试制生产期间（5—13年内）只有债务，白鹤滩水电站建设用了18年，这期间只有债务。当生产线建成，陡然招收大量生产工人供给大批量新产品，会有一个从零到规模化的销售过程。一是工人是按现在"生活品"计算工资，而新产品是提前20年到来，新产品和现在消费之间的差距，必然导致过剩；二是当大量资本涌入创新商品生产，老产品生产线会出现生产过剩和固定资产需要技术更新的过程，表现为传统产能过剩，落后产能的工人技术要有一个新技术学习的过程，有些将被甩到失业大军中，这种旧产能过剩会周期性常态化。

综合以上供给与需求在时间向度的不平衡常态化，生产线抵押贷款方式提出一个新问题，就是必须建立"供求"调控机制。由于人的生存权有边际，为了生存与发展的安全、稳定、可持久，政府必须承担起的责任有：充分就业是目标；物价稳定；国际国内收支平衡；经济增长率；公共事业（包括国资经济）；社会保险补贴转移；立法、行政、监督，政府财政最终消费维持在GDP的10%—15%。赋予政府调控手段有：经济手段和经济杠杆（允许波动的区间内）；法律手段；计划手段；行政手段。

四、第三世界，生产供给侧改革是系统工程

第三世界正从小农业向大工业转型，供给侧改革是系统工程。

2015年12月21日，中央经济工作会议在北京闭幕，"明年及今后一个时期，要在适度扩大总需求的同时，着力加强供给侧结构性改革；稳定经济增长，要更加注重供给侧结构性改革；推进供给侧结构性改革，是适应和引领经济发展新常态的重大创新"。供给侧结构性改革和以扩大内需为发展战略基点。

关于生产供给侧改革，康芒斯用统计数字证明，一国工业全面亏损，可以肯定是分配率出了问题，例如1929年的大萧条源于鼓励贷款炒股，导致生产过剩，股市崩盘，认为GDP陡然下降，主要是资本价格和政府成本问题造成，"我们可以说在这萧条的年份，销货损失的百分之六十二是由于捐税"；"从该年度的销货损失的观点来说，百分之五十左右是因利息而

起。……那是1926年,其时利息是财务边际的百分之一百八十"①,相当于资本利息率上升到9%。康芒斯首先确定了中立的捐税尺度和中立的财务边际,然后用比较法找出工业全面亏损的宏观原因。面对大萧条,凯恩斯主张扩大政府投资增加供给,"故意利用储蓄,'在地上挖窟窿'不仅可以增加就业量,还可以增加有用之物和有用之劳役,换句话说,增加真实国民所得。……在一个合理社会中……便不应当继续依赖这种偶然常常很浪费的补救办法"②。供给侧是综合改革,在罗斯福、艾森豪威尔、尼克松等时代都挽救了美国经济危机。罗斯福总统领导的著名的供给侧结构性改革,长达10年时间,实行凯恩斯主义的结果是,修建了上千飞机场,上万个体育场,艾森豪威尔政府以来高速公路政策修了40年,一直到现在都受益。可以说,自罗斯福起,美国进入国家计划干预经济时代,已经不是自由经济。

第三世界的供给侧改革,必然是系统工程。参照美国经验,后发展国家供给侧改革的主要内容,回归公平正义价值观,财富(生产工具)是一份责任。法律调整,"三重契约"法律定制,实现全社会整体"降成本",供给廉价而丰富的资本生产工具;在法律框架内全社会供给侧结构性改革,增加就业机会、有效需求,从而实现经济总水准提高。

从内容和时间段,供给侧的调整可以分为短期、中期和长期。短期,"去过剩产能,去房地产库存,去杠杆,降成本,补短板"。中期,调整供给侧产能结构;新农村运动;公共品、教育、医疗改革、绿色环保等。长期,供给侧创新、创造、创业。供给创造需求,将人类的欲望转换为奢侈品,将已有的奢侈品转变成普通需求。从创新到创业,最起码是一个10—30年的过程,就是经济大周期。与自然达成平衡,是人类共同体永久的使命"绿水青山就是金山银山"。

供给侧结构性改革、"一带一路",金融忠诚地为实质经济服务,是正确和积极的决策。供给创造它的需求,供给与有效需求共同体基础上的供

---

① 〔美〕康芒斯:《制度经济学》,下册,商务印书馆1962年版,第219、222页。
② 〔英〕凯恩斯:《就业利息和货币通论》,商务印书馆1983年版,第187页。

求平衡，供给侧改革经常性监控和预测。按照高质量发展的要求，扩大的内需必须是有效需求，是满足人民群众个性化、多样化、不断升级的需求，是有合理回报的投资，有收入依托的消费，有本金和债务约束的需求，是可持续的需求。

从总量而言，经济改革30余年，实行"计划+拨改贷市场"模式，实现了小康"温饱"供求平衡。同时，由于二元经济、三元市场尚存，农民工进退有序，我国就业压力不成刚性。因此，供给侧—需求侧的某些不平衡，并没有影响到社会稳定。这也是我国能够平稳调整某些领域供求问题的有利条件和物质基础。

供给侧改革，这是有别于单纯扩大消费需求的策略。单纯扩大消费，不能避免中国掉进"中等收入陷阱"。我国提出"供给侧结构性改革"，并解构单纯"扩大消费"陷阱，是理论上的胜利。

第四节　中长期价格周期，价值革命

供求平衡价格的前提条件，"供求以价值转化为市场价值为前提"；贷款改良生产工具方式，"供求以资本（生产工具——引者注）主义生产过程为前提"，"最低限度要按照那个会提供平均利润的价格，即生产价格来出售商品"；"供求以不同的阶级和阶层的存在为前提"[①]。

价格，分为生产供给创造它的需求，供给价格，供求价格；中长期价格，短期价格，瞬时价值或价格；价值革命新台阶价格下降。

经济的技术周期；价值革命，商品民主化。当科学技术发展，导致机器技术换代升级，管理模式升级，表现为自然力替代部分人力的增长，一般劳动的社会生产力上台阶，从而引起单位商品所包含劳动价值的下降，外在表现为商品价格的下降，被称为"价值革命"现象。即便有波动，那也是在一个降低了的台阶范围内，"改良会自然而然地产生逐渐降低一切

---

① 《资本论》，第三卷，人民出版社1975年版，第217页。

制造真实价格的结果"①。价值革命性下降、价格普遍下降，表现为奢侈品成为大众耐用消费品，商品民主化。

现实存在长期、中期和短期价格波动的三种情况和经济周期波动。

（一）20年期贷款改进生产工具，决定工业化经济长周期。

长期经济周期规律。固定资本的更新周期就是经济大周期，"是由所使用的固定资本的寿命决定的，从而是由它的再生产时间或周转时间决定的"，固定资产更新周期由多个因素决定，固定资产的物理磨损，技术磨损，信贷偿债能力复归。"虽然资本投下的时间是极不相同和极不一致的，但危机总是大规模新投资的起点"：其一，形成了产业链，而产业链又以某种技术产品为龙头；其二，危机往往以生产过剩的形式表现出来，而这正是"偿债已经完毕"设备与技术已经进入中老年的信号；其三，为了摆脱困境，自然寻找新的出路，将已经研制的新技术新样品付诸新产品试制投产，而拆除旧设备，或者向次梯级的产业区转移过剩产能。

三重契约生产线抵押贷款购置固定资产的20年偿债周期，即投资新的经济增长点或新市场的萌生、扩张、平衡、衰减的过程，"在周期性的危机中，营业要依次通过松弛、中等活跃、急剧上升和危机这几个时期"。固定资产"……会在它们协助生产进行的时候消耗掉，并且必须再生产出来，以便生产者的活动能够继续下去。……投在它们上面的资本也许要20年或50年才周转一次"②。周转期，一是与物理寿命、技术寿命有关，二是与信贷法律允许的一般最长贷款的还款期限为20年有关（个别最长信贷有30年、50年）。例如，法国研制大飞机19年才开始盈利，我国大飞机C919从研制到商品化用时16年。

龙头产品延长产业周期现象，例如世界范围掀起铁路建设拉动钢铁产业的发展，叫做经济火车头或龙头产业，社会总投资会表现为某经济火车头产业链的形式的大规模投资形式，美国铁路钢铁龙头的周期长达50年。

---

① 〔英〕亚当·斯密：《国民财富的性质和原因的研究》，上卷，商务印书馆1972年版，第235页。

② 《资本论》，第二卷，人民出版社1975年版，经济周期，见第206、207、208页。

中国正看好高铁钢铁产业龙头。

世界经济一体化延缓经济危机现象。随着中国等新兴国家生产大量廉价商品供应全世界,延缓了第一世界的危机周期。

(二)中周期为5—10年。其一种形式,以仿制为周期。基本与新兴国家仿制耐用消费品所需时间段接近。例如,日本20世纪50年代以煤炭和水泥为主体;60年代改为纺织业;70年代钢铁业一枝独秀;80年代家电走向世界;90年代到现在,遭遇失落的30年,重点研发"节电和智能"统一技术。

第二种中期周期:供给侧调整生产能力,需要5—7年时间。

供求价格——调整资本价格利息率——引诱投资调整生产能力。设上升为↑,下降为↓:

当供不应求↑,价格上升↑,利润↑,引诱投资扩大生产能力↑——某商品供应↑,资本稀缺利息率价格↑;投资积极性下降↓,资本利息率回归中性↓,供求达到一个新的平衡点。

法制经济规律,调整生产能力的过程,表现为普通利润率变化不大,而是"资本价格"与"生产债务人权收入"互相消长的过程,构成工商业循环过程的最基本的驱动力。

(三)短期供求与库存。当供求不平衡:供不应求,库存减少;供过于求,库存增加,需要卖出过度库存,达到均衡,消化过剩库存需要1—3年。①

(四)货币资本流动性反映了供求关系从不平衡到平衡的过程。资本流动性趋向资本平均利润率应具备的条件:一是"社会内部已有完全的商业自由",遵守三重契约,消除垄断和倾销;二是"信用制度的发展已经把大量分散的可供支配的社会资本集中起来,而不再留在各个资本家手

---

① 〔英〕凯恩斯:《就业利息和货币通论》,商务印书馆1983年版,第271—286页。

里"；三是"不同的生产部门都受资本家支配"；四是"在我们假定一切按资本（生产工具——引者注）主义方式经营的生产部门的价值转化为生产价格时，已经包括在我们的前提中了；如果有数量众多的非资本主义经营的生产部门（例如小农经营的自给农业剩余农产品——引者注）插在资本主义企业中间并与之交织在一起，这种平均化就会碰到更大的障碍"；五是"最后还必须有很高的人口密度"。① 马克思所阐述平均利润规律，也反映了一般性现代场需要具备的条件。

货币作为流通手段的作用与"信用"类似，正能量是，解决了商品交换中因信息不灵、时空差距引起的交换困难；负能量，买卖可以脱节，有投机可能性。

（五）劳动力流动性也就是劳动力供求的流动性，趋向平均工资水准。

第五节　短期供求波动的原因，约束方法

一、引起供求波动的因素

常见的引起物价变动的因素，大致有：法制不健全；供求不平衡；从众心理因素（例如恐慌）；政府政策失调；国际价格影响。

相关生活和生计的商品，供求不平衡必须是短期的，因为人的生存需求有底线，低于这一水准，简直就是以穷人的生死来调节供给与需求关系。同时，治产人一般都有预测能力，追求允许范围内的利润率，表现为资本涌入、利润摊薄、利润平均化规律。供求不平衡往往是某个使用价值领域的价格现象。只要引起恐慌，政府必须介入。

（一）仅限于因货币供求而引起物价波动现象。由于劳动三要素商品化，商品一般化转型用货币计量经济活动，所以货币金融的波动对经济的影响最敏感、最大。

---

① 《资本论》，第三卷，人民出版社1975年版，第219页。

短期"价格由供求决定",货币供给不足或过剩,引起货币标价下降或上升,商品供应量和价值不变。企业可以通过物物交换或记账来规避货币短缺。

资本供求的中性控制指标:货币乘数 K 为 2—3,固定资产形成占比 GDP 在 25% 以内;"利息率为 3%—5%,总资本/总工资 = 5—6",贸易顺差引起的国际结算货币滞留,后发展国家应不大于 GDP 的 20%,依赖美元的日本和韩国在 20%—25%,欧元国家维持在 3.5% 上下,中国已经下降到 17%,国际习惯用这几个指标来控制货币供应允许波动的范围。

(二)恐慌。例如,1988 年我国价格硬着陆引起恐慌性抢购,供不应求物价上涨 20%,国家政策是上调货币价格,从基准 5%,存款利息率上调到 11%,农行贷款利息率高达 24%,物价很快回落。荷兰万贝在中国的贷款利息率是 16%。但是银行法定利息率直到 1998 年才回归正常,高利贷时间长达 10 年使得大工业生产线抵押贷款经济深受打击,特别是民营企业为了不用或少用机器,纷纷经营手工密集型产业。

(三)货币流向的宏观控制。

政府财政政策,扭转短期消费不足。2008 年,世界金融危机导致中国 200 万民营企业因"两头在外"陷入困境,政府采用了外贸抵扣增值税政策转向给农村的方法,乡村购买家电免去 17% 的增值税、以旧换新,大大提高了消费热情,挽救和振兴了消费市场。

房地产失控,2004—2018 年北上广房价上涨 20 倍,这推高了"生活必需"价格导致金融等服务业劳动力价格畸形上涨。

(四)市场劳动力供求,在刘易斯拐点之后劳动力价格的曲线向里弯。我国由于住房价格高企,推高了"生活必需"价格。

服务劳动与生产劳动供求关系。如果服务业工资水准高于实质经济职工的工资水准,则劳动力向服务业流动,人们的希望心理棘轮效应,阻滞了劳动力的返回流动,实质经济受到空壳化威胁。

(五)生产部类使用价值总量的供求关系。生产部类之间供求不平衡,部类物与物之间相对交换的价格比变化。

(六)商品使用价值供求。商品供不应求,价格上涨到一定程度,其一，买家就寻找替代品，达到供求波动平衡回归中性价格。其二，刺激增加生产，供求达到平衡，利润摊薄，回归中性价格。商品供过于求，价格下降，当低于它的劳动价值量，产品生产就会萎缩，直至供求平衡，恢复到中立价格。

（七）人为的非法垄断或倾销制造了不均衡。例如囤积居奇，炒作哄抬物价，或短期降低物价到低于它的价值来挤压其他企业破产，是不法倾销行为。还有金融赌博衍生品，游资集中冲击某局部市场等贪婪恶行。

西方从属资本主义贸易战、货币战争，日耳曼野蛮部落法丛林霸道，名义价格偏离实际价格，打击他国产业。

（八）欲望与替代。"供求由价格决定"，但是有替代边际。

二、欲望、需求与替代

需求包含一般社会需求、阶级需求、微观使用价值需求。它们对价格各有影响。

生存、工具、快乐，替代边际。

消费欲望。人类首先要解决生存问题，有生命才谈得上欲望满足。因此，供求理论应当包括：生存边际、追求幸福工具手段边际和快乐消费边际，这三个边际的准则有所不同。

第一，生存消费，由生命生理需要为边际，无论是否劳动都得拥有的生存消耗。

劳动消费边际，在生命边际消费以上，消费增量与劳动消耗量成某种比例。文化、文明、习俗对劳动者生活水准有影响。当存在失业大军，劳动工资被挤压到最低水准，即生存边际，为绝对贫困。完成农业的工业化，农业工人与工业工人的工资水准相当，乡村人基本停止涌入城市，即刘易斯拐点，劳动阶级收入消费水准随生产力提高而有所提高，为相对贫困。

第二，为追求幸福而积累工具。人类有理想，为了追求幸福，需要支付部分剩余价值积累或租买工具，或有储蓄以备灾。积累，是在基本生存消费之后、快乐消费之前的一个中间生产性消费分配。

为追求幸福而积累，有理性积累和契约积累两种形式。对欧洲而言，从依附于贵族政治转型自由人之间以"契约"为中介的关系，这是社会进步，但是，这已经是禁止高利贷—三重契约治理下的"契约"，而简单裁剪为"自由契约"，不能避免被迫自由当奴隶。契约的缺点是不关心劳动者在契约之外的状况，特别是失业状况，并不在劳动契约管辖范围，需要政府干预。

第三，快乐消费，不成刚性关系，而与人的"欲望"、个人所在生态位、民族生活习俗有人文规律关系。

目前人们所讨论的欲望满足，往往只局限于营销环节，快乐消费范畴。

第四，不同阶级的需求差别，"调节需求原则的东西，本质上是由不同阶级的互相关系和它们各自的经济地位决定的"。① 一是在奴隶制、农奴制社会、混杂社会，供求由劳动者的生死，即人口的增减达到平衡。而在现代生产方式内部，以个人为单元的自由劳动力的生命权必须得到政府的保护，为此，需要管控阶级之间的分配。现代生产力发展的绝对趋势，也给予了政府适度管控的可能性、可行性。二是有产阶级是消费奢侈品市场的主要购买者。

三、需求的价格弹性

（一）欲望。快乐消费需求是基本动力源。主体自我冲动快乐欲望顺次为：温饱感；安全感；归属感；实现自我、自豪、自尊、优越感；超越自我。这些自我冲动也反映着人的群体本性。人有冗余非理性"冲动、暴力"在消费欲望中表现为"炫富"，引起价格扭曲。

对客体需求，多样化欲望：品种、质量、数量。

（二）欲望等级或弹性。人类本性之一是，人类欲望无止境，表现为对具体物的消耗欲望有止境，物以稀缺为贵、物多必贱。

弹性与替代。对品种欲望的弹性：为了生存或利益权衡，当某商品价

---

① 《资本论》，第一卷，人民出版社 1975 年版，第 203 页。

格已经超出支付能力，就会选择用其他商品替代。无可替代的生计品就需要政府管控。

对弹性的种种影响：贫富弹性差别；宏观经济状况，货币量、繁荣、人口、财富总量变化；风尚变化等。

（三）交易弹性。

在现实生活中，由于人们的收入状况不同、温饱状况不同，交换依然会出现四种状况，一是弱肉强食、囤积居奇、倾销；二是弱者选择投降，不等价交换；三是弱者选择退出，交换失败，自给经济；四是势均力敌等价交换。

稀缺与交换价值边际，以可选择替代物为边际。

预期价值，受到预期技术与资本转化效率的左右，同时还与未来供求关系有关。

名词与概念：

生产供给与消费需求是辩证关系　　　刘易斯拐点　　　马尔萨斯人口论

刘易斯拐点之前需求决定供给为主

刘易斯拐点之后供给创造它的需求

20年预期先进生产线抵押贷款，将未来借给现在生产过剩常态化，拓展市场常态化

短期供求　　　中期供求　　　长期供求　　　"供求"矫正机制

后发展国家多种生产方式混合三元市场跳水价格

对比与质疑：

（一）关于预定偿债生产价格构成法。

古希腊亚里士多德《政治学》"自然预供食料"准则，欧洲习惯实行预定偿债生产价格法，即批发价格法。商业环节、金融货币环节属于"中介"，按市民法委托居间管理费计算，其中包括劳务费用即中介创造价值，还有管理费用转移成本，允许价格波动的利润率，现代生产方式都遵守禁止高利贷法。这种计算方法，零售价格已经外加计算了商业、金融成本。

则有在交换环节是"通工等偿"或等价值交换，即小学算数同名数相交换。

在一切都商品化的时代，价格形成成本的下降对生产链的形成至关重要，科斯提出了价格形成成本概念，最低价格形成成本即通工等偿，允许波动区间即禁止高利贷四阶梯。

美西方遭遇通货膨胀物价上涨，底层人民生活困难，政府就为不劳动发钱，那是霸权国家对外国金融殖民主义掠夺，才有的国策。

关于发达国家服务业占比80%，一是统计不合理引起的怪象，将运输信息计算为服务业，而随着信息时代，应计算在制造业。二是消费型经济，商业金融服务过度，是靠霸权金融殖民主义掠夺来的货币购买外国产品补生产品不足。

在人类生存斗争历史阶段，马歇尔机会成本边际效益是工人被逼上绝路的边际。

美元武器化的一个方法就是操纵价格，"自由"派主张哄抬物价好，背离了用公正的方法获得财富准则。无视生产劳动者生命权将导致社会变得更加不安全。

（二）本书预测随着科技发展提供了法定制度成本下降的可能性、可行性，通过法制变革剩余价值率的下降来量化高科技时代的公平分配正义，保护一般劳动工资总额均分所创造价值不变，分离出高科技劳动分割价值的要素，从而保护一般劳动的生存发展幸福权。

第十六章 欧洲新兴城市生产共同体市场，偿债生产价格＝市场价格＝市场价值

背景：

纯粹现代生产方式特有的遵循价值规律的市场，既增殖价值，也具备有效性。而"货殖"钱生钱，只具备有效性，而无增殖。

第一节 延安圣地，与欧洲新兴城市现代生产方式对勘

第一小节 欧洲新兴城市现代生产共同体市场是条件的产物

欧洲"现代"的起点是黑暗的中世纪新兴城市自治。

欧洲黑暗的中世纪的特殊或例外，那种市场被叫做"分工协作—通工等偿"生产共同体市场。《马克思恩格斯选集》介绍道：

> 在中世纪，有一些城市不是从前期历史中现成地继承下来的，而是由获得自由的农奴重新建立起来的。在这些城市里，每个人的唯一财产，除开他随身带着的几乎全是最必需的手工劳动工具构成的那一点点资本之外，就只有他的特殊的劳动。不断流入城市的逃亡农奴的竞争；乡村反对城市的连绵不断的战争，以及由此产生的组织城市武

装力量的必要性；共同占有某种手艺而形成的联系；在手工业者同时又是商人的时期，必须有在公共场所出卖自己的商品以及与此相联的禁止外人进入这些场所的规定；各手工业间利益的对立；保护辛苦学来的手艺的必要性；全国性的封建组织，——所有这些都是各行各业的手艺人联合为行会的原因。这里我们不打算详细地谈论以后历史发展所引起的行会制度的多种变化。在整个中世纪，农奴不断地逃入城市。这些在乡村遭到自己主人迫害的农奴是只身流入城市的，他们在这里遇见了有组织的团体，对于这种团体他们是没有力量反对的，在它的范围内，他们只好屈从于由他们那些有组织的城市竞争者对他们劳动的需要以及由这些竞争者的利益所决定的处境。这些只身流入城市的劳动者根本不可能成为一种力量，因为，如果他们的劳动带有行会的性质并需要培训，那么行会师傅就会使他们从属于自己，并按照自己的利益来组织他们；或者，如果这种劳动不需要培训，因而不是行会劳动，而是短工，那么劳动者就根本组织不起来，始终是无组织的平民。城市对短工的需要造成了平民。①

按中国语境有以下启示。

（一）欧洲新兴城市共同体市场，是"由获得自由的农奴重新建立起来的"，是在现有次一级手工业生产交换历史基础上，重建古希腊那种共同体，而不是继承农奴制。

（二）关于"现代"的历史纵向。

欧洲中世纪新兴城市，是指那些无主荒地、修建防海水侵蚀的大堤后形成的无主荒地，那些被边缘化的自由民和逃亡农奴到这里来谋生活，而这些新兴城市的社会条件与古希腊亚里士多德在《政治学》中所记录的边远地区采矿和采林业所出现的穷苦自由平民讨生活、互为生存条件极为相似，所以出现相同的生产与分配规则"分工协作—通工等偿"，重现或"重建古希腊那种共同体"自治。

---

① 《马克思恩格斯选集》，第一卷，人民出版社1975年版，第57页。

生产价格＝市场价格＝市场价值

因此，从历史纵向，新兴城市土地和无产自由劳动力实料的出现在前，新兴城市的现代生产方式初级阶段构建（结构性）时间顺位在后。

关于"现代"的历史横向。当时欧洲处于混杂社会，与旧社会相对立的"现代新兴城市"的表现形式，一是"分工协作——通工等偿"社会化生产力大大超越农奴制"静态"生产力，企业主发了财。二是"富裕了的现代"用贷款给王权的形式获得保税权、关税权、王室土地抵押权，以及租种荒地权。三是与贵族领主就逃亡农奴的政治斗争，为此"实施武装、经济、法律、组建内部政府"自治。四是综合表现为现代经济遵循适合的法律在运作，而独立于外部政治在运转，即便政治政府停摆，或只有看守政府，也能独立运转一段时间，迄今适用。

清朝末年、国民党统治区只热衷于学习科学技术或微观管理，而没有出现欧洲那种"新兴城市"生产共同体自治，就是旧中国只有资本主义碎片的原因。

（三）欧洲新兴城市生产共同体市场为什么必须封闭自治式发展？

面对旧势力的挤压，特别是，依据"庄园公法"判定，农奴逃亡等于以租负债，封建领主有权抓回逃亡的农奴，弱势群体必须自我封闭起来自治才能生存。这在客观上保护了现代生产方式发育成长的纯粹性。

（四）在中国人眼里，欧洲共同市场手工业劳动成本不能摊进领主农奴制庄园自给农业中？

这是由于城乡对立，城乡之间趋向等价交换。市场劳动成本不能摊进小农成本中。"手工业分工协作—通工等偿"，互为生存条件，等价交换成为生产的一个环节。

（五）与欧洲共同市场，"手工业者同时又是商人"对勘。

因为劳动三要素都商品化了。并且，禁止高利贷—三重契约限制商业利润不得超过产业利润，否则生产商就自己卖产品经商。

（六）为什么欧洲避难共同体内部劳动与劳动条件相分离？

一是农奴净身逃亡，逃亡农奴是"自由劳动""无产者""个性的个人"；逃亡农奴一无所有，所以自由无产劳动与劳动条件分离，"借贷租赁雇佣"成为无产自由人获得劳动条件的唯一方式。二是因为"资本集约"。

归纳欧洲共同体市场的说六个现象，说明了现代生产方式是条件的产物，它的意义，只要条件具备，就会自发地出现类似现象，例如抗日战争时期延安边区共同体自治。

第二小节 中国共产党领导的现代化建设，缘起延安圣地新兴城市军民融合生产共同体自治

欧洲避难共同体"分工协作—通工等偿"，在早期也是灰头土脸，有谁会预测到它能坚持500年最终演绎为高级阶段，上升为占支配地位的现代生产方式自然历史时期新时代呢？同理心，与英国避难共同体相对照，可以发现中国抗日战争时期延安边区军民融合的生产共同体，有许多共通之处，有谁能够预料，新中国迅速和平崛起成为世界第二大经济体！

一、勘对延安圣地新兴城市与欧洲新兴城市的新式工业体系

（一）欧洲城市共同体市场，是"由获得自由的农奴重新建立起来的"，是重建古希腊那种共同体，但是不是继承农奴制。

对勘延安县转型革命圣地新兴城市。极度贫瘠的延安，转型为欧洲那种"新兴城市生产共同体市场自治"。

红军新编八路军平型关大捷，是"七七事变"以来第一次取得打败日军的巨大胜利，像灯塔、像号角、像太阳神圣召唤，让国人看到了希望。当时有三条道路：汪精卫投降道路、国民党骑墙道路、共产党红星照耀"走向自由幸福的新中国"道路，在圣地的召唤下，就有20万热血青年和有志之士投奔延安等抗日根据地，延安从此成为新兴移民城镇。在极度贫瘠、被围剿、被封锁的环境下，不得不全方位自治，与欧洲黑暗中世纪出现的新兴城市自治颇为类似，相同的"互为生存条件"历史条件节点，就出现了与欧洲类似的"变革"，由底层人民异化的现代生产方式的初级阶

段（分工协作—通工等偿），有正义性、可能性、可行性。为延安军工事业所实证。

（二）与欧洲农奴相对勘，延安圣地的基础是中国农民——乡村自由市民革命潜质。延安军工与陕北人民结下了深厚感情。延安接纳了红军长征精神、大城市现代经济政治文化碎片，而能够迅速"神圣"化，还在于中华民族劳动人民优秀的"潜质"（心理学的精神分析、人本修为）。共产党相信劳动阶级优秀的潜质，是用了唤醒觉悟的方法，张扬劳动者潜在的优秀基因。从而结束了那种城市精英主义居高临下地否定、灌输而企图改造四亿五千万人民的乌托邦思维。

再有，近代清王朝时期，西北就有走西口的商业活动，就具备欧洲现代生产方式13项中的12项习惯法，边区农民迅速熟练地接受股份制、合作制度、赊欠制度，公平价格等价交换制度、禁止高利贷——民国民法典法定的适度利息率5%制度等现代制度。

中国农民为什么很容易接受现代经济事务？当从社会学、经济科学视角与欧洲"农民（农奴）"勘对，中国是自由自耕工商经济社会，中国农民实质是"乡村自由市民"，才能够解释在中国是农民战争解放城市工人阶级，中国农民为国家托底至今，他们是中国迅速和平崛起的基础性中坚力量，人民群众是真正英雄的具体表现，从大历史、长历史视角中国的这些大事件，通过国际比较文化获得了历史、道理、学理、哲理化阐释。

（三）与欧洲共同市场封闭自治式发展勘对

欧洲新兴城市面对旧势力的挤压，特别是封建领主有权抓回逃亡的农奴，弱势群体必须自我封闭起来"武装、经济、法律、政府"自治才能生存。这在客观上保护了现代生产方式发育成长的纯粹性。

勘对抗日战争时期的延安，日本侵略者封锁、国民政府断供、自然环境极度贫瘠，为了生存只有自力更生构建产业共同体一条出路。这种封闭性环境的作用是导致了"经济、法律、政府、武装"自治制度。这种封闭性绝境，为抵御外部国统区旧的生产关系、为扫除根据地内部旧的习俗创造了绝佳条件。延安共同体启发人们，古希腊那种通工等偿共同体，是"穷苦平民自由民"在处于极端恶劣环境下自然形成的一种"互为生存条件"求生存制度，各个民族都学得会。

（四）在中国人眼里，欧洲共同市场手工业劳动成本不能摊进领主农奴制庄园自给农业中。

这是由于城乡对立，城乡之间趋向等价交换。市场劳动成本不能摊进小农成本中。"手工业分工协作—通工等偿"，互为生存条件，等价交换成为生产的一个环节。

勘对圣地延安新兴城市文化。国共第二次合作，马克思主义中国化：为人民服务，理论联系实际，统一战线，党的建设等理论喷涌而出。与白区有所不同的就是抗日革命根据地中国的新民主主义革命特色。边区建设文化新时代、树立法治社会。延安圣地设立了30多所大学，整个根据地接纳20万青年通过接受教育奔赴抗日前线。

延安圣地新兴城市的法制化政府建设，三三制民主选举。朱德总司令还在陕甘宁职工代表大会上做了《建立新民主主义家务》的报告①，生动地讲解"民主三三制"，"公私两利，先公后私"，全面工资制，分红制度（军工以外）。

（五）欧洲共同市场，"手工业者同时又是商人"，为什么是生产商制度？商业资本、货币资本成为生产环节？

因为劳动三要素都商品化了。并且，禁止高利贷—三重契约限制商业利润不得超过产业利润，否则生产商就自己卖产品经商。

对勘延安圣地的生产商制度。延安民主政府、企业小额放贷，成为农村人改变命运的一条出路。这些都是现代生产方式和固定其中的法与法律，"新时代"生产关系的法权形式。与马克思关于欧洲工业革命进程对勘，延安就是一个活脱脱的新兴城市现代生产方式手工业、新式工业混合

---

① 革命根据地军工史料丛书：《陕甘宁边区》，兵器工业出版社1990年版，第31页。

的生产交换自治的"胎胞",即我国纯粹现代生产方式的起点,"新时代的摇篮"。

(六)关于共同体内部劳动。

勘对圣地延安新兴城市,中国进行了多项对西方而言是独特的经济改革。第一个特色,顺应中国历史和农民的意愿,实施了比较温和的二五减租和均田制土地改革(对过火做法进行了整改),恢复农业生产力基础,支援抗战和兴建工业化企业,所以在延安时期就已经出现了"农民工",他们有属于自己的土地,不是西方那种自由无产劳动者。尊重中国历史发展阶段适度保护小农业、小生产、民族资本主义;尊重中国发展阶段采用辩证法,而不是意识形态一刀切,多元经济避免刚性经济带来的危机。第二个特色,劳动阶级上升成为主人。"生产劳动"培养了人类最优秀的品质。第三个特色,以马克思主义为指导的中国共产党的领导。中国共产党来自人民,从来是依靠底层的人民,唤起他们内心的觉悟,而不是居上临下的灌输。中国共产党的坚强领导,集中力量办大事,中国政权的正当性是"良政善治"传承了治权独立,"民能载舟,也能覆舟"的观念有历史传统。

(七)有所不同的就是中国的新民主主义革命特色。

在战争环境中,如何处理劳动者利益与公共利益的关系?有的工会同志,只要求福利,而不管不顾军事形势。1942年,陕北边区展开了学习"劳动模范赵占魁"运动,他曾经是同浦铁路修造企业的一名红铁工人,已经40岁,失业后,是为了找到活干、得以谋生,而随大流在西安应招职工培训班辗转来到延安的。常言道"好铁不打钉,好汉不当兵",当边区发给他军装时,竟然难过得想离开延安。为此,半公开的共产党员以身作则给予启发教育,特别是总工会张浩同志专门几次和他促膝相谈。赵占魁保留着"凭劳动吃饭"的本分,有铁路工人的基本素质,加上教育启发,很快就唤醒起他内在的优秀品质,提高了觉悟。

为了减轻边区人民的负担,我八路军相继颁布了精兵简政、自力更生、艰苦奋斗大生产运动的规定。例如,全部脱产人员与根据地纳税人之间的比例，不得超过3%，税率为5%①。边区的最初几年，生活确实较艰苦，每人每天一斤半小米，三钱油肉，三钱盐。但是，通过南泥湾自力更生大生产运动、学习赵占魁运动，有了很大改善。邓发在1944年职工大会上介绍道："首先就要进行新的劳动态度的教育和宣传。我们这里讲民主自由，我们工人也有权管理政权。我们的经济制度是使人民大众有衣穿、有饭吃。我们职工一个月可以吃到二、三斤肉，每天一斤蔬菜，每月至少领到几千元的工资，每年可穿三套新衣服，两三双鞋，我们不仅比大后方工人生活好，老实说，比日本帝国主义统治下的工人生活也好一些。"② 抗战时期，也是共产党抓紧时机正规化建制的时期。其中，在1940年6月，八路军第十八集团军军工部颁布了工厂规则③等6项条例，这些规则，放到现在都不过时。例如："31. 本厂为工人阶级自己之工厂，每人都有贡献意见、参加管理、发展与巩固本厂之权利与义务。""42. 本规定交由工会经民主讨论后公布施行，凡本厂职工应一律遵守。"从八路军兵工厂的一个条例，这样一滴小"露珠"，可以映射出真理，共产党是有思想、有先进理论作指导的党，是知识精英自愿为其献身的党；是理论联系实际、接地气的党，绝对不是古代草莽英雄。

正如费正清在《伟大的中国革命（1800—1985）》一书中提到，中共在边区和在华北各地发展的解放区政府中，首要的原则是党对干部的思想引导和纪律实施；第二条原则是发现并满足乡村人的需要；第三是采取有说服力的"三三制"参政议政办法。

正如鲁迅先生所描写的，革命是一个从旧向新的进步过程，在过程中总是新旧混杂，有血和污秽，有不公平，做了一点好事，那是奉献，不能要求人民用盐和面包欢迎你。只有那些无论在何种情况下都坚定信仰的人

---

① 革命根据地军工史料丛书：《陕甘宁边区》，兵器工业出版社1990年版，第31页。

② 革命根据地军工史料丛书：《陕甘宁边区》，兵器工业出版社1990年版，第37页。

③ 原件存山西国防科工办军工史料卷。

才配做真正的共产党员。

二、延安军工整合了全国资本主义碎片，是中国完整工业布局的起点

关于延安军工事业的缘起。西安事变后，1937年国共第二次合作，在反法西斯世界大战的大背景下，我党第一次有了一个长达10年的比较稳定的根据地（共同体）。1938年1月，毛主席指示"一定要发展国防工业"，指出："过去抗战部分失败，我们的国防工业不如敌人，也是一个原因，将来要最后战胜敌人，一定要发展国防工业。"① 并指出各个根据地都要建设国防工业。中共中央军委军事工业局随即成立，开始建设延安军工。1942年五省联防军成立，延安军工由联合管理到由五省联防军管理，直到1949年，贺龙司令员、西北局书记习仲勋领导延安军工7年之久占大半时间。前面已经勘对发现它的历程既是世界共有的，也是中国特色的。

（一）关于工业宏观体系布局。涌向延安的新鲜血液带来了工业文明和科学技术，全国碎片化资本工业观念和实践在延安圣地得到整合。中央军工局李强局长根据自身多年在上海工作经验和留苏5年的学习经历，结合了欧美经济模式和苏联宏观微观计划管理，在延安这块一穷二白土地上，通过全体军工战士奋斗，从无到有，土法上马，坚持宏观产业链布局，严格质量把关实现产品达到军用高质量技术水准。因此，中国工业布局齐全的起点在延安军工。延安边区从一开始就有重工业头脑，先生产专用设备，然后是用专用设备生产线大批量造枪，分别建设了专用设备制造厂和专用设备生产枪支生产厂。在延安中央军工局筹划下，在极短的几年内，陆续创办了军民融合发展生产模式。国防工业产业链向军民两用拓展，几年间就建设了28个工厂。军工生产支援民用生产，大力带动了整个边区经济发展。今天，中国为拥有世界最完整的工业体系而自豪，然而人们不曾想到，体系工业化是从延安时期就开始筹谋和实施了，只不过因为

---

① 《中国人民解放军历史资料丛书·军事工业·根据地兵器》，解放军出版社2000年版。

军工是隐秘战线而少有披露，直到2006年前后，那些黄土高原山沟沟里的军工厂旧址才被一位新闻工作者偶然发现。

（二）关于重视科学技术，起点高。延安边区小农业追赶大工业是从零工业开始，"土法上马"起步。这是一种另类"高科技"，是巧媳妇要做无米之炊。

从一开始，国际友人就在试验推广先进的生产方式，向国民政府捐钱推广"工人合作社运动"，解决穷人的生计问题，员工既是劳动者也是股东。1938年，国民政府给延安拨去5万元赈济款，筹建温家沟"难民农具工厂"，除农具外，增加生产子弹、手榴弹等。还建设了土法生产硝化棉、TNT的化工厂，必须达到缴获日本弹药的同等质量才能用于造炮弹。最初由太行军工发明制造的发射筒，国民党军称之为"特大威力炮"和"原子炮"，毛泽东也将它们称为"我们的飞机坦克"。这在现代人也许很难理解。军工事业自1938年为起点从无到有，发扬自力更生艰苦奋斗精神，首创了中国式工业化科学"新时代"，而南泥湾大生产已经是5年后的故事了。

（三）关于延安生产交换经济链与法制生产力，资本终于受到法律的约束。第一次、第二次国共合作期间共同制定的宪法典、民法典，其进步方面在边区得到切实贯彻，例如该民法典第203条等，一般利息率被限制在5%以内等全套禁止高利贷法，在根据地"资本终于受到法律的约束"。工厂给予农民和小企业法定5%的小额贷款发展农副业、手工业、矿业和运输业供给军工事业，小私有企业和工人们也感到很光荣。陕甘宁边区劳动英雄赵占魁很注意工农联盟，"常把节约的钱借给合作社兴办福利事业，把钱借给附近农民，让他们买猪、买羊、买牲口，发展农业生产"，然后以公平价格收购供给工厂改善职工生活。

公平价格。为了回收货币购买军需原料，实施军工副产品与当地民众交换货币的经济方法，例如火柴、肥皂、粮油加工等，是直接由工人挑到集市上去卖的，还开了小商店流转回收货币，生产资本、商业资本、货币资本成为生产环节，自发形成生产商价格制度，正如《三大纪律八项注意》中唱道："买卖价钱要公平，公买公卖不许逞霸道"。边区生产商制度，已经具备"偿债生产价格"现代生产方式高级阶段的雏形。市场手工业劳动成本独立核算，与农业公平交易，工业成本不摊入自给农业中，等等。现代经济制度的推广，例如，以自愿原则，等价交换，合作制、股份制、变工队等现代模式发展社会生产和交换。未曾料到的是，自打1991年高院"4倍银行利息率"不违法之后，价格法、合同法、民法典中"等价有偿"不见了。

军工生产支援民用生产，大力带动了整个边区经济发展。因此，中国自己的文化基因中就存在"联盟经济"，不必张口就是西方故事。

三、延安圣地新兴城市的"新式工业决定一切"

《解放日报》1944年5月26日刊登《毛泽东号召发展工业打倒日寇》的文章：

> 中共中央办公厅于1944年5月22日下午在杨家岭欢宴职工代表，宴毕，在中央党校大礼堂举行招待会，同时欢迎英国林迈可先生夫妇、晋察冀边区行政委员会副主任胡仁奎先生，及刚从敌后归来的西北战地服务团。会上全体职工代表向毛主席及朱总司令献旗献词。在雷鸣般的掌声中，毛主席出现于台前，向代表们讲话。毛主席在略述今天招待会的意义以后，即谓：
>
> ············
>
> 现在无论外国和中国都为了同一目的目标而奋斗，那就是打倒法西斯。
>
> 我们边区的工业建设，也和其他一切工作的目的一样，是为了打倒日本帝国主义。没有第二个目的。边区在五年前才真正开始有了一点工业，当时只有700个产业工人，1942年有了4,000，到了今天就有12,000个工人。所以，边区的工业的进步是很快的，它的数目虽小，但它所包含的意义却非常重大，谁要不认识这个最有发展，最富

于生命力，足以引起一切变化的力量，谁的头脑就是混沌无知。这次开大会的目标，就是两年以内，要争取做到工业品的全部自给，首先是布的自给和铁的自给。假如我们做到了全部自给，我们工人的数目还要大大的增加。全体工程师、厂长、工人们都向这方向努力，共产党员或非共产党员都向这方向努力，象沈鸿同志、陈振夏同志，他们不是共产党员，但是他们的心和共产党员一样，都是为了打倒日本帝国主义而艰苦奋斗的。要打倒日本帝国主义，必须工业化；要中国的民族独立有巩固堡障，就必须工业化；我们共产党员是要努力于中国的工业化的。

中国落后的原因，主要是没有新式工业，日本帝国主义为什么敢于这样地欺侮中国？就是因为中国没有强大的工业，它欺侮我们的落后。因此消灭这种落后，是我们全民族的任务。老百姓拥护共产党，是因为我们代表了民族与人民的要求，但是，如果我们不能解决经济问题，如果我们不能建立新式工业，如果我们不能发展生产力，老百姓就不一定拥护我们。在抗日战争中间，共产党抗击了58%的敌军，90%的伪军，这方面我们是有经验有成绩的。但是经济工作，尤其是工业，我们还不大懂，可是这一门又是决定一切的，是决定军事、政治、文化、思想、道德、宗教这一切东西的，是决定社会变化的。因此所有的共产党员都应该学习经济工作，其中许多人，应该学习工业技术。我们边区是个大学校，其中有一门课叫做工业。这次职工代表大会便是个工业的短期训练班。如果我们共产党员不关心工业，不关心经济也不懂别的什么有益的工作，对这些一无所知，一无所能，只会做一种抽象的"革命工作"，这种革命家是毫无价值的，我们应该反对这种空头革命家，学习使中国工业化的各种技术知识。①

---

① 武衡主编：《抗日时期解放区科学技术发展史历史资料》，中国学术出版社1983、1985、1987年版。

这佐证了中国共产党领导的"新式工业"缘起1938年1月1日毛泽东号召"一定要发展国防工业"。

四、勘定"初心、起点"的意义

中国共产党领导的"新式工业"缘起延安圣地这一观点，没有料到的是，这个观念在时间点和"现象标准"两个规范性概念上还引起了争论。尽管很容易说明，延安是新兴城市的新式工业体系。从官田到延安兵工，有血肉联系，但是官田不是新兴城市，官田只有一个以修械为主的兵工厂，还不存在新式工业体系布局和适合现代生产方式的规则与法律秩序，官田兵工厂不具备新兴城市所重建的古希腊式"分工协作—通工等偿"和对中国而言特有的"禁止高利贷—三重契约"等新兴城市新式工业体系自治的六个要件。

关于"中国现代化起点说"之所以这样重要，还在于历史某个节点上的"原初异化现象"表现了"意识形态的向度"，反映着初心的正义观和价值观，这是继往开来的标准，以及指导纵横维度性的规范性指标。因此，关于"起点"的这个争论提醒我们，要统一认识，必须要有统一标准，既然涉及"现代化"，就需要放在世界性大视野的层级，放在《资本论》理论体系来认识，从而把对"延安精神"的研究提升到新的高度：站在世界现代工业文明进程的高度，延安圣地的军工事业是"中国现代生产方式的起点和摇篮"。正是借助延安圣地新兴城市军工这个"起点"，笔者开始了《社会主义经济法哲学——新时代〈资本论〉中国化》的研究和写作。回望86年前，毛主席"一定要发展国防工业"指示，正是当今中国特色社会主义现代化工业完整布局和高科技的起点，自那以后，从未中断。

如果以欧洲新兴城市条件下重建和创新现代生产方式历史阶段相对勘，那么延安新兴城市的新式工业体系才是纯粹现代生产方式的起点，具备世界可通用普及的可能性与可行性。现代生产方式的八个特征在本书第三章进行了讨论。二十届三中全会，提出"全面深化体制改革"并列举了300项任务要在2025年完成，那么，以延安圣地新兴城市是中国共产党领导的现代生产方式为起点、86年来有全国人民的无私奉献"沉没"成本铸就的具有世界性"纯粹现代生产方式的一般规则与秩序",就应是我国"全面深化体制改革"的一般内部性政治标准参照。

问题还在于,如果以"官田"一个兵工厂为现代化的起点,那么就会错觉以为"中国现在已经没有老师了",这种前无古人后无来者的思想反映的是历史虚无主义和乌托邦。

第三小节 延安军工的变迁与发展,新式工业延续至今从未中断

延安军工作为起点,不断向全国各根据地输送力量,建设了西北、华北、华东、东北根据地军工事业,著名的有太行军工等。

1942年中共中央军委做出《关于成立陕甘宁晋绥联防军司令部的决定》,简称五省联防军,贺龙任司令员,从此,中央军委军工局划归联防军共管。1945年七大,习仲勋任西北局书记,兼任五省联防军政治委员。贺龙总司令和习仲勋书记非常关心军工事业,曾联名向中央发去9封电报,为中央运送了缴获来的电器设备等。贺司令员每次到延安汇报工作回来总要弯到葭县兵工厂视察。

1947年3月13日,国民党胡宗南25万军队大举包围边区、进攻延安。在中共中央、中央军委准备撤离延安之际,3月14日,习仲勋临危受命,16日到达延安,3月17日,"中国人民解放军西北野战兵团"正式成立,毛泽东发布主席令:"自三月十七日起统归彭德怀、习仲勋同志指挥。"人称彭习军,当时只有2.5万人,包括民兵不过3万余人,打响了著名的三战三捷。面对战争,留守延安的兵工一厂和二厂也改编为第四纵队独立第二支队,在榆林、葭县、绥德的狭长地带与敌人周旋,间歇时间还要抓紧复装子弹等军工生产,他们的行军路线与毛泽东和前委路线颇有些重叠。至7月21日中共中央在靖边县小河村召开扩大会议。在4个多月的时间里,经历较大战役8次,毙伤敌11000余人,俘敌15000余人。缴获大批军需物资,初步改变了西北战场形势。

1947年3月,晋绥第二、第四兵工厂纳入军事后勤编制,在4月3

日，第四厂用了一个晚上就从碛口全部渡过了黄河，包括几十吨设备和物资，这要归功于120师后勤工业部自有10条木船，百余头骡马和9辆大车，以及征用来的大车。他们从螅蜊峪李家坪东渡黄河在碛口上岸，到达30里外的湫水河畔的林家坪晋绥工业部新的驻地。

1947年6月，中央军工一厂东渡黄河。8月14日，中央军工第二厂东渡黄河与晋绥兵工合并。8月18日，边区政府主席林伯渠和西北局政治委员习仲勋也带领机关人员渡过黄河，到达林家坪。延安军工东渡黄河后，发展为13个兵工厂，在保卫延安最困难的时期为军队供应了所急需的弹药。日本抗战志士真岛树茂（李光）发现在这样一个干旱贫瘠的山坳里，竟然有一支技术精湛的队伍，让这个日本人印象深刻："被解放了的工人的创造力，他们遇到困难就想办法，想出办法就付诸实施，这种克服困难的精神是很宝贵的。……这是工程技术人员和技术工人密切配合的产物。我由衷地体会到理论与实践相结合的必要和伟大。如果一个知识分子不和有实践经验的工人相结合，即便有天大的本事也将一事无成，从中我领悟出知识分子应该选择什么样的道路。"①

延安中央军工的后代们，那时是临县林家坪西职工子弟赵占魁小学的学生，一度成为"边区政府""五省联防司令部""西北局"的邻居，成了那个时代的见证人。

1948年3月23日，毛泽东经陕西葭县螅蜊峪镇渡口上船东渡黄河，在临县高家塔上岸。120师总部在兴县蔡家崖距离此地10余公里。1948年4月3日，毛泽东从兴县蔡家崖出发，经碛口、林家坪、三交，前往岢岚县。在经过林家坪时，毛泽东为"西北军工烈士塔"题词"为人民而死，虽死犹荣"。

我党中央组建了两个延安军工组，以备接收国家重工业。1945年抗战胜利，9月份，延安军工以王逢源部长为领导的组织就被派往东北接收日军留下来的军事工业等。西北兵工部分同志于1949年8月启程，有幸到北

---

① 《中国人民解放军历史资料丛书·军事工业·根据地兵器》，解放军出版社2000年版，第403页。

平参加开国大典,到东北参观。作为晋绥军工先遣队,于11月初启程随贺龙十八兵团进军四川,从西安出发走秦岭,吸引胡宗南部队尾随,以掩护刘邓大军从川南秀山入川。一路到达德阳后,贺龙部队与刘、邓第二野战军合并为第一野,刘邓部走隆昌经江津渡过长江,11月30日重庆解放,当即展开了接收国民党八大军工厂和其他重工业企业的工作。

原延安时期中央军工局局长李强回忆:"延安中央军工迅速从无到有,从设备十分简陋、只有几十个人的修械所,发展成为规模虽小但又相互配套、比较正规的军工生产体系。"前国防科工委主任郑汉涛回忆:"是我们党在夺取全国政权之前,在根据地进行经济建设的一个重大尝试和创举。从实战出发,研究和制造了大量军火,为建国后国防科技工业和民用工业的发展,探索了规律,积累了经验。"从延安军工走来的这支队伍扩散到太行等所有的根据地,积累起了10万军工科学技术和大国工匠队伍,他们跟随解放大军撒遍大江南北,成为新中国现代化建设的支柱力量,延安军工培养出了39位中央副部级干部。特别是晋绥军工干部成为主力军,在苏联援建的国家156项工程、核弹、氢弹、核潜艇、导弹、卫星的研究设计试制生产的战线上都有晋绥军工人员的身影。回望1938年,毛主席"一定要发展国防工业"指示,正是当今中国特色社会主义现代化高科技的起点,自那以后,从未中断。

第二节 通工等偿——生产和交换,现代市场必备条件

一、生产商,生产过程与流通过程相勾连

欧洲上千年的农奴制,农奴是束缚在土地上的农业劳动者,教会规定只允许过着符合他的阶级的生活,不得有剩余,所以(农奴)生产粮食,领主管家交易剩余粮食,生产与商业是分离的,即欧洲第二次大分工。但是,重建城市手工业共同体"分工协作—通工等偿"本身就是生产与交易相勾连。所以马克思说这才是现代经济学的开端。

（一）生产商观念。英国"分工协作—通工等偿"共同体市场的规则，例如英国《财产法》描述："在早期，消费者通常是从制造者那里购买物品，从种植者那里购买食品。"马克思、恩格斯指出："在公共场所出卖自己的商品（当时的手工业者同时也是商人）的必要和与此相联系的禁止外人进入公共场所的规定"。这些现象也反映在文化词汇的变化中："商业（trade 贸易，commerce）"，进化为"工商业（Industry and Commerce）"[1]，实业、工业企业，工商业企业，又另有"生产商（manufacturer）"概念；"商人（merchant 包括放高利贷者、trader 贸易商、dealer 交易商）"，守法商人（lawful merchant，拉丁语 licitam negotiationem）概念，遵守的是市民法，商业金融必须忠实地为实质经济服务。

正如马克思所指出的："真正的现代经济科学，只是当理论研究从流通过程转向生产过程的时候才开始。"[2] 因为，"资本的循环过程是流通和生产的统一，包含二者在内"[3]。"产业资本的连续进行的现实循环，不仅是流通过程和生产过程的统一，而且是它的所有三个循环的统一。"[4] 是总生产的货币资本循环、产业资本循环、商品资本循环三个循环的统一。

（二）公共的市场。

中国共同市场理念，孔子有曰"见利不亏其义"。

欧洲黑暗的中世纪的一个例外，逃亡农奴"新兴城市避难自治共同体"，在内部是"Overt Markez"。例如《阿奎那政治著作选》，"城市的那

---

[1] 此处将工商业和商业进行区别翻译符合现代生产方式的意思。

首先，在西方，奴隶不是人，是动物（动产），农奴被庄园公法束缚在庄园土地上，而西方的财产法来源于城邦、城市，只对"市民"有效。德文"民法"特指市民法。

相对比，中国"民"，指全民。而西方"民"有两种人不是"民"，因此，在翻译时应当加以区别，翻译为"市民法"。例如，黑格尔、马克思，关于市民社会的"法"。

[2] 《资本论》，第三卷，人民出版社1975年版，第376页。

[3] 《资本论》，第二卷，人民出版社1975年版，第70页。

[4] 《资本论》，第二卷，人民出版社1975年版，第119页。

个统一体"①；英国《财产法》"一个最大的例外就是公开市场"，中世纪英文 Overt Market 公开市场。②

《资本论》所研究的是现代生产方式的"共同市场"；"中世纪共同体"；"仅仅以劳动和交换为基础"。③ "英格兰银行就会通过在'公开市场'上大量借款"。

因此，Free（或 Open）Market 应翻译为"自律、公开、共同市场"④。

而将 Free（或 Open）Market 翻译为"自由市场"出现的问题，一是英语区分合法私（self）和不法私（ego）"概念"，但是现代汉语"私"包括不法私；二是"自由"是不确定性概念，必须加定语或补语加以限定，例如，古希腊亚里士多德认为"自由不得放纵"，那么他记录的第三种致富技术的正义自由形式，就应当是"分工协作—通工等偿规则的自由交换市场"。

二、现代生产方式决定现代市场必备条件

共同市场的定义，它是指"分工协作—通工等偿"的那种市场，高级阶段表现形式是"价值=偿债生产价格"。

（一）大宗商品交易出厂价、生产商价格的守成规则。

价值法则是生产商法则，这多少有别于微观零售商与消费者之间的博

---

① 见〔意〕托马斯·阿奎那：《阿奎那政治著作选》，商务印书馆 1963 年版，第 159 页。

② 〔英〕F.H.劳森、B.拉登：《财产法》，中国大百科全书出版社 1998 年版，第 45 页；英文索引 Overt Market 公开市场。

③ 共同市场，见《马克思恩格斯选集》，第一卷，人民出版社 1972 年版，第 57 页；"共同市场"，第 28 页；"中世纪共同体"，第 41 页；"仅仅以劳动和交换为基础"，第 57 页。公开市场，见《资本论》，第三卷，人民出版社 1975 年版，第 651 页。〔美〕科斯：《企业、市场与法律》，生活·读书·新知三联书店上海分店 1990 年版，第 7 页。

④ 文扬：《自由经济原教旨主义者该醒了》，载《环球时报》，2013 年 4 月 11 日。市场自律机制，见倪浩：《人民币中间报价模型调整》，载《环球时报》，2020 年 10 月 28 日，第 11 版。

弈,"当产品直接为了消费而交换的时候,交换才表现为独立于生产之外,与生产漠不相干"①。当前的网络直播带货,网红们需要学习计算成本价格,否则,或者不能避免亏损,或者漫天要价利润率过高扰乱市场,要遭到工商部门检查、财税部门罚款。

(二)亚当·斯密指出,现代经济社会遵守以下条件的大宗生产商品市场,叫做一般共同市场,须具备几个条件。

"第一,只有那些用途,在那地方及其附近,为人所周知而且确立很久,才会有这样的均等。"同一商品的使用价值在公共市场中是确定的。"价值(利害)尺度一致"。

"第二,只在劳动和资本的不同用途处在普通状态,即所谓自然状态下时,这些用途的所有利害才会这样均等。"不同商品的价值都是按照社会必要劳动时间来计算。

"第三,劳动和资本的不同用途的所有利害,只有在这些用途成为使用者的唯一用途或主要用途的场合,才会有这样的均等。"② 例如"不同用途上的工资水准和利润率的比例,必继续相同,至少在相当长的期间内,不会因为上述变革而变动。"③ 针对劳资阶级斗争,法庭往往采用了见风使舵的所谓自由裁量权,然而在"雇主相互联合"和"劳动者也成立对抗的结合"谁也不服谁的状况下,"法律就严厉地制裁",采用中立的立场不偏袒哪一方,剩余价值率趋向 1∶1。

第四,商人贩卖应得到当地一般利润的价格,商人必然具有进退市场的自由,"能提供这种利润的价格,……但却是他在相当长的时期内肯出

---

① 《马克思恩格斯选集》,第二卷,人民出版社 1972 年版,第 101—102 页。
② 〔英〕亚当·斯密:《国民财富的性质和原因的研究》,上卷,商务印书馆 1972 年版,第 107—109 页。
③ 〔英〕亚当·斯密:《国民财富的性质和原因的研究》,上卷,商务印书馆 1972 年版,"法律……规定工资",见第 135 页;"法律就严厉地制裁",见第 135—136 页;"继续相同",见第 136 页。

卖的最低价格，至少在有绝对自由即各人能随意变更职业的地方，情形是如此"①。一是预供生产价格法才有提供普通利润的稳定性，"要以产品有一个市场价格，并或多或少接近自己的价值出售为前提"；二是商人绝对自由流动的条件是"要以商业、城市工业、一般商品生产从而货币流通有了较显著的发展为前提"②，包括商人的流动性自由。

（三）现代，生产与需求之间相关联，"只有在生产……社会需要的规模之间，建立起联系"。这包括按价值规律办事，有计划、规划。

纯粹现代生产方式的分配正义已经能够做到一国的普通劳动所创造价值总能养活全体人民，正如康芒斯（Commons, John Rogers）《制度经济学》所指出的，如果一个国家的工业普遍亏损，那一定是法律分配制度出了问题。

（四）"企业、组织、法律、政府"存在的理由是可以降低价格形成的成本费用。当企业成本与市场成本相等，则企业停止扩张，就是共同体内部与外部性市场之间的替代与边际的逻辑关系。

（五）现代生产方式决定现代市场的一般规则与秩序，一是"分工协作—通工等偿"，当劳动三要素商品化，互为生存条件为由通工等偿；工业时代为了加快流通性，选择产业链之间趋向等价交换；信息网络"流量"时代，几十万个高科技专利之间趋向通工等偿。二是总生产准备、生产的预分配，企业作为有限债务责任股份制公司的分配，工人阶级的权利，银行监督，征税等，是三重契约生产分配正义基础上的市场交换。三是预定偿债生产价格是产品转化为商品最初定价的依据和尺度，通过竞争强制外部市场降低价格形成的成本。四是市场规则与社会伦理的有机勾连，通工等偿价值观本身是正义准则，是建设共同体法律、道德、伦理、习俗的载体，有利于社会进步发展生产力。

---

① 〔英〕亚当·斯密：《国民财富的性质和原因的研究》，上卷，商务印书馆1972年版，第50页。

② 《资本论》，第三卷，人民出版社1975年版，第898页。

三、现代生产的交换——通工等偿

总生产又可以划分为生产的分配、生产的交换、生产的消费,收入消费。

"分工协作"互为生存条件,这是产品必须转化为商品交换的原因:"(1)但是如果没有分工……也就没有交换;(2)私的交换以私的生产为前提;(3)交换的深度、广度和方式都是由生产的发展和结构决定的。例如城乡之间的交换,乡村中的交换,城市中的交换。可见,交换就其一切要素来说,或者是直接包含在生产之中,或者是由生产决定",交换成为生产的一个环节,交换必须服从"现代生产方式"。

交换是总生产的一个要素,"既然交换只是生产以及由生产决定的分配一方和消费一方之间的媒介要素,而消费本身又表现为生产的一个要素,交换当然也就当做生产的要素包含在生产之内"。"首先很明显,在生产本身中发生的各种活动和各种能力的交换,直接属于生产,并且从本质上组成生产。第二,这同样适用于产品交换,……第三,所谓企业家之间的交换,从它的组织方面看,既完全决定于生产,而且本身也是生产行为"。第四,"只有在最后阶段上,当产品直接为了消费而交换的时候,交换才表现为独立于生产之外,与生产漠不相干"①。

分工协作生产商品方式带有社会属性,"如果我们记住,商品只有作为同一的社会单位即人类劳动的表现才具有价值对象性,因而它们的价值对象性纯粹是社会的,那么不用说,价值对象性只能在商品同商品的社会关系中表现出来"②。

劳动三要素商品化,商品一般化,"资本主义时代的特点是,对工人本身来说,劳动力是归他所有的一种商品的形式,他的劳动因而具有雇佣

---

① 《马克思恩格斯选集》,第二卷,人民出版社1972年版,第101—102页。
② 《资本论》,第一卷,人民出版社1975年版,第61页。

劳动的形式。另一方面，正是从这时起，劳动产品的商品形式才普遍化"①。等量劳动力价格换回恢复体力脑力和养家糊口必需的等量商品，是劳动力价格与商品交换的机会成本下限边际，换不回来这个底线水准的劳动者及家庭将忍饥挨饿。

第三节 生产与市场勾连：偿债生产价格、市场价格、市场价值

第一小节 内部价值规律，强制选择适合的外部市场

共同体内部与"外部性市场"存在竞争关系，其准则是以"现代生产方式"为正义的中立的市场竞争，就是看谁更贴近"现代生产方式的规则与秩序"，谁的成本低效率高。

（一）商品交换价值法则内在规律，"如果供求平衡，商品的市场价格就和它的生产价格相一致，也就是说，这时它的价格就表现为由资本主义生产的内部规律来调节，而不是以竞争为转移，因为供求的变动只是说明市场价格同生产价格的偏离……一旦供求平衡……市场价格这时在它的直接存在上，就已经和那个由生产方式本身的内在规律调节的生产价格相一致。而只不过作为市场价格的运动的平均才是这样"。②

价值规律，以保护和管理的方法维持生产与市场的中性平衡，"价值规律不过作为内在规律，……维持着生产的社会平衡"③。"商品的价值规律，是对违反者的反作用"。④ 现代生产方式与违反者是无对象性同一的对

---

① 《资本论》，第一卷，人民出版社 1975 年版，第 193 页，注解㉜。
② 《资本论》，第三卷，人民出版社 1975 年版，第 399 页。
③ 《资本论》，第三卷，人民出版社 1975 年版，第 995 页。
④ 《资本论》，第一卷，人民出版社 1975 年版，第 394 页。

立关系，外部关系。例如奴隶制、农奴制、弄虚作假是非正义的，则有现代生产方式与违反者之间是非有机（无机物）之间的对立矛盾碰撞反作用，运动方向相反、消灭旧势力关系。

（二）现代生产方式内在规律强制外在市场，或选择适合的外在市场。

内在价值法则通过市场主体企业主之间的外在竞争和压力实现外在市场规律，"内在规律作为外在的强制规律支配着每一个资本家"，"所以，内在规律只有通过他们之间的竞争，他们相互施加压力来实现，正是通过这种竞争和压力，各种偏离得以抵消。在这里，价值规律不过作为内在规律，对单个当事人作为盲目的自然规律起作用，并且是在生产的各种偶然变动中，维持着生产的社会平衡"。① 现代生产方式价值规律起着平衡供求关系作用，从而起着社会平衡作用有可持久特征，这是比政治方法确定性优越的方法。

第二小节　供求平衡：生产价格＝市场价格＝市场价值＝正常价值

古希腊亚里士多德《政治学》"自然（亚氏第一种致富技术——引者注）为群生预供食料"（56b—7，58a35），是欧盟"预定偿债生产价格"当中的"预定"概念、"生产供给价格"概念的来源。

一、微观偿债生产价格围绕价值波动规律

偿债生产价格与价值。产品转化为商品，商品实现交换，则偿债生产价格获得外在形式：市场价格。

（一）簿记偿债生产价格，是独立核算的单个企业为单位具体的商品的销售价格按偿债生产价格要素分类的簿记。这个具体商品完成交换的价格，可能大于或小于它的"价值"。正如《资本论》指出："商品的价值

---

① 《资本论》，第三卷，人民出版社1975年版，第995页。

和它的生产价格之间的区别一直没有被人理解。我们知道，一个商品的生产价格和它的价值决不是等同的，虽然商品的生产价格，就商品的总和来考察，只是由商品的总价值来调节，虽然不同种商品的生产价格的变动，在其他一切情况不变时，完全是由这些商品的价值的变动决定的。我们已经指出，一个商品的生产价格可以高于它的价值，或低于它的价值，只有在例外的情况下才和它的价值相一致。……正如工业品平均按它们的生产价格出售这一事实，决不证明它们是按它们的价值出售一样。……另一方面，许多工业品之所以会提供生产价格，只是因为它们是高于它们的价值出售的。"① 这是由于"价值"与生产价格的形成的方法不同。

（二）微观生产价格围绕价值波动的关系。

供给，"不同生产部门的商品按照它们的价值来出售这个假定，当然是意味着：它们的价值是它们的价格围绕着运动的重心，而且价格不断涨落也是围绕这个重心来拉平的。……那些在最坏条件下或最好条件下生产的商品才会调解市场价值，而这种市场价值又成为市场价格波动的中心……（李嘉图关于生产价格由在最坏条件下经营的企业决定的论述）"②。

供给，"1. 价值规律支配着价格的运动，生产上所需要的劳动时间的减少或增加，会使生产价格降低或提高。……"

"2. 决定生产价格的平均利润，必须总是同一定资本作为社会总资本的一个相应部分所分到的剩余价值量接近相等。"③ 法定资本价格利息率四个阶梯成为一般尺度，平均利润率相当于 2 倍资本利息率水准，是利润用于还本和付息的机会成本的下限边际，低于这个边际就导致实体经济供给的收缩。

3. "只有在生产受到社会实际的预定的控制的地方，社会才会在用来生产某种物品的社会劳动时间的数量，和要求这种物品来满足的社会需要

---

① 《资本论》，第三卷，人民出版社 1975 年版，第 854 页。
② 《资本论》，第三卷，人民出版社 1975 年版，第 199、200 页。
③ 《资本论》，第三卷，人民出版社 1975 年版，第 200 页。

的规模之间，建立起联系。"① 为达到供求平衡目标，社会需要有计划管控。另外，商人集中商品，也促使价格平均化。

供求，"供求调节着市场价格"。现代企业微观预定价格，围绕价值上下波动的内生原因。企业产品转化为商品具体交换实现的具体价格，一是在市场活动中，个人、企业之间交易的复杂性。二是要受到微观具体企业生产技术、管理水准的影响，所以微观预定偿债价格本身与微观具体企业的水准相关。三是生产商在进市场前、在要约价格之前，肯定要做近期、具体市场调研，例如商品供求，可替代商品的价格水准的参照，货币供求状况等，综合内部与外部，制定并标明要约的货币价格。而交易双方承诺价格，即成交价格才是预定生产价格的外在表现。多种因素叠加，微观价格实现的形式会偏离价值反而才是常见现象，有限度的公平竞争给予了每个微观企业个性张力释放的空间与时间，是一种激励机制。簿记偿债生产价格，是以企业为单位具体的商品的销售价格按偿债生产价格要素分类的簿记。这个具体商品完成交换的价格，可能大于或小于它的"价值"。

二、供求平衡，偿债生产价格＝市场价格＝市场价值

（一）从微观预定偿债生产价格波动到外在"市场价格"。

"商品通常出卖的实际价格，叫做它的市场价格。"② "通常市场"是指在前述四个条件允许的范围的一般性市场：大宗交易；商品的使用价值所指的一般性，商品价值的一般性；普通利润一般性；自由竞争，进入和退出市场的自由性。"通常价格"即"通常市场"法律允许范围内波动的市场价格。

市场交易能否实现，核心是价格形成机制。单纯市场只有一个关系"交易"，只有一个指标：价格。价格的外部构成性：要约价格和承诺价

---

① 《资本论》，第三卷，人民出版社 1975 年版，第 209 页。
② 〔英〕亚当·斯密：《国民财富的性质和原因的研究》，上卷，商务印书馆 1972 年版，第 50 页。

格。按照交换双方的各自的自由意志"冲动、暴力、理性"构成性组合，价格形成有多种可能①，其中唯有理性对理性之间的商品交易可能实现等价交换，能够与通工等偿之间有对象性同一。因此，企业微观利润通过公平竞争，趋向平均利润。为达到供求平衡目标，社会需要有计划管控。

中长期供求平衡市场平均生产价格趋近它的价值。

价值革命与偿债生产价格下降的关系。技术和管理革命，利用自然资源从而降低了商品所包含人的劳动量，价格可持续下降，决定价值革命。

（二）供求平衡。

供求价格围绕一个中心上下波动，"如果供求调节着市场价格，或者确切地说，调节着市场价格同市场价值的偏离，那么另一方面，市场价值调节着供求关系，或者说，调节着一个中心，供求的变动使市场价格围绕着这个中心发生波动"②，这个中心就是市场价值。

"只有通过竞争的波动从而通过商品价格的波动，商品生产的价值规律才能得到贯彻，社会必要劳动时间决定商品价值这一点才能成为现实。"当中长期供求平衡，市场价格趋向等于市场价值。

供求平衡，偿债生产价格=市场价值，"如果供求平衡，商品的市场价格就和它的生产价格相一致"③。通过"市场价值"为中介，生产价格获得了"正常价值=偿债生产价格构成"外在法律形式：

微观预定偿债生产价格实现外在交换=微观生产商品市场价格在价值上下波动

无数次交换、中长期供求平衡=平均偿债生产价格=生产商品市场价格

---

① 单纯价格形成的七种可能：冲动对冲动，暴力对暴力，理性对理性，冲动对暴力，冲动对理性，暴力对理性，放弃交易退回自给。所以，单纯市场价格形成成本可以从零至无限大（掠夺）。
② 《资本论》，第三卷，人民出版社1975年版，第202页。
③ 《资本论》，第三卷，人民出版社1975年版，第399页。

市场价格在偿债生产价格上下波动＝平均偿债生产价格＝市场价格＝市场价值

佐证：马克思—WTO价值法则＝正常价值＝偿债生产价格

当供求平衡，商品价值、市场价值、市场价格、偿债生产价格对象性同一。

（三）市场价值的变化，只有社会劳动生产力变化，市场价值本身才会变化。大卫·李嘉图使用微积分理论，界定微观最困难的那个企业边际决定市场价值，如果实现不了这个价格的企业就得退出市场，因此它同时决定就业总量；马克思从宏观概率散布法计算中等条件下生产的商品决定市场价值，其他企业价格上下波动，但是在允许的范围内都能活下来。

（四）"生产价格与市场价格"概念勾连的意义。

马克思的经济科学的特征就是从现实出发，发现经济与生产、分配、交换是相勾连的，而区别于货殖。第一，当劳动三要素商品化，劳动产品的商品形式普遍化，以社会生产和消费商品化为中介，预定生产价格与市场价格的关系，就是生产供给与市场需求之间的总量等价表象，"但每个社会的年收入，总是与其产业的全部年产物的交换价值恰好相等，或者毋宁说，和那种交换价值恰好是同一样东西"①，生产与市场相勾连。第二，预定偿债生产价格标准公式是三重契约的合同内容，是企业规则与秩序法律现象，与社会就业、追求幸福产生密切关系。第三，预定价格与市场价格的关系，它是产品转化为商品进入市场的最低边际或较高价格；当供求平衡，它是市场价格上下波动的轴心；法律设立了允许波动的区间，以尽量避免企业亏损直至破产，导致工人失业，引起社会不稳定。第四，供给侧创造它的需求，调整供给。"当供求平衡：生产价格＝市场价值＝价值"理论的重要意义，还在于发挥供给侧"生产价格"的能动性。能动设立通

---

① 〔英〕亚当·斯密：《国民财富的性质和原因的研究》，下卷，商务印书馆1972年版，第27页。

工等偿公平分配准则，在经济手段中占第一位；明确了供求平衡目标，可以通过生产价格内部有计划地进行调整来实现，避免市场不平衡竞争带来的伤害或灾难，生产方式内部规律能动调整"生产价格"和生产供给，实现供求平稳过渡。单纯市场竞争正是企业需要应对的外部恶劣环境。第五，生产价格来源于"分工协作—通工等偿"规律，"从产品到商品转化为货币的惊险一跳"，因为"有科学的预定价格"而不再那样惊险，市场"物以稀缺为贵价格"终于受到现代生产方式规则与秩序的限制。第六，学术意义，学界第一次明确地将"生产领域"与"市场交换领域"通过中介"预定生产价格"链接在一起，而贴近现代经济的真实面貌，从而剔除"强权即真理、力气说了算、有钱难买我愿意""物以稀为贵"单纯的货殖的这些非理性行为。

三、价值与偿债生产价格形成方式不同，通过交换实现同一

生产价格与价值绝对相关，但是"生产价格形成与价值形成毫无共同之点"[①]，应指计算方法之"形成法"毫无共同之处，但是结果相同。

（一）价值法则常态化，是由于现代"分工协作—通工等偿"现象占支配地位。而古代自给经济的市场是物以稀缺为贵定价，往往只在"扫尾价格"中存在等价交换现象，不是主流。价值观念是借助农奴"徭役"中的农奴平均劳动时间概念，佐证商品"一般劳动社会必要劳动时间"概念的成立。

价值观念的应用。一是劳动创造财富，劳动创造价值正义原则和量化的公平；二是劳动作为商品价值的尺度；三是通工等偿法则。

（二）偿债生产价格是采用了要素构成法。

价值=偿债生产价格法，来源于"生产商价格法"，是采用劳动与剩余价值"均分"价值，和剩余价值转化为制度成本并在五要素之间"均分"的方法，计算出依法预定偿债生产价格公式。特别是制度成本分割，它的外表看是一个个与生产无关的要素加进价格，实质是，那些一个个与

---

① 《马克思恩格斯全集》，第19卷，人民出版社1954年版，第402页。

生产无关的要素分割或分享剩余价值，无论怎样分割剩余价值，但是总价值不变。

（三）生产价格的实现，与价值实现相同，也得通过"交换"实现其真实价格。

预定偿债生产价格通过交换，实现市场价格形式；供求平衡，市场价格=市场价值。交换环节，使得两种计算方法结果相同。因此，预定"偿债生产价格构成"这种数学方法，要素的增减，不影响剩余价值率，也就不会影响"价值"。

第四节 企业是市场的主体、动力源，企业优化资源配置

（一）中国改革开放 40 年，终于成为世界第二大经济体。2020 年 7 月 21 日，习近平在京主持召开了企业家座谈会，在讲话中多次提到了"企业是市场主体"概念。截止 2023 年，中国已经有市场主体 1.6 亿户。这个规模，相当于每 5 个从业人员中就有一个是企业主。

"企业市场主体配置资源"才是改革的源动力，"市民社会决定国家和法"。企业将未来借给现在是动力源；禁止高利贷—三重契约是安全、稳定、可持久的动力源。生产线抵押贷款的企业主，努力使用先进技术履行 20 年还债任务，企业主是动力源、活力源；住房抵押贷款的债务家庭为了还贷 20 年努力工作是动力源，劳动者追求幸福的现代化是动力源；共同富裕是大众动力源。

（二）现代市场主体走向成熟。"当今世界的供应链和产业链是在全球价值链分工主导下形成的，是现代运输技术和信息技术支撑下，资本全球化的产物。经济学上，经济全球化是资本全球逐利的结果，由于现代运输技术使运输成本大幅度降低，信息技术发展又极大降低了知识传播和交流的成本，使得企业可以把自己的每个具体的价值创造活动通过全球的资源配置来实现"。"你们看越南运输专线、泰国运输专线都很热，这就是需要

中国生产物料源源不断向东南亚运输的结果，否则国外生产就成了无源之水……咱们中国是一个完整的产业链，东南亚一些国家的生产环节有时必须与中国结合在一起。"① 改革开放重塑了中国的微观经济基础。

中国市场主体竞争力表现：世界上人口众多、最勤俭聪慧的企业人，九年义务教育的高素质劳动力，"效率/工资水准"性价比最高；资源丰富；产业配套门类齐全，重工业、基础设施较好；产业集群发达；青山绿水卸下了环保包袱；世界最大的市场。我们的地方政府也是中国经济发展的大助力和动力，在对改革开放、对微观主体企业的支持力度上，地方政府直接与企业接触，依靠土地财政支持企业，帮助更大更直接。

国营和民营企业出现了一大批具有国际竞争力的企业，造就了世界公认的最有水平的企业家群体保障了我们的经济动力不减。1992年首钢秘铁有限责任公司是我国最早全额贷款走出国门的典型案例，运用国际通用法律武器始终不言放弃，终于赢来光明，表现了中国企业团队的坚韧和大智慧。在中国从贫弱走向强大，在走出去、在"一带一路"建设中、在中美贸易大战中，企业这支队伍显示出悟性和修为，在短短的10年时间里，吸纳了来自世界各方面的意见，顶住了各种压力，顿悟并自我矫正，很快具备了宏大的战略意识，全球视野和公平竞争战略定力，中国的信仰"天下者天下人之天下"，推向"世界者世界人的世界"，"人类命运共同体"。中国的企业不管是国有企业还是民营企业都战无不胜。

为了提高集体力，为了丰富幸福感，为了趋利，人们进行市场交易来"互通有无"是以人的意志为主体，中国的1.6亿个市场主体——企业在配置资源，而不是什么神秘的"无形的手"。法律是有形的手，市场主体自觉遵守法律，就是那只"依法自律无形的手"。

中国市民社会已经从分散小规模走向壮大，成为世界第一大市民社会。可以预见，构建人类命运共同体，绕不开共同体法制；倡导一带一路，150多个国家共同遵守的法制必将面世。这些国际活动，也必将从外部推动中国现代生产方式"市民法"的法制建设。

---

① 《走访东莞，看中国产业链"外迁"》，载《环球时报》，2020年12月29日。

（三）"有关部门要认真研究企业家们提出的意见和建议，及时制定相关政策措施"。市场主体有必要发挥主动性、积极性和首创精神对法与法律诉求主动提出自己的方案，对"全面依法治国"做出自己的积极贡献。

在中国这块土地上，近代是学习在先，所以，我们见到的是辛亥革命后中华民国政府率先制定法律；新中国之初先学习苏联帮助中国156项初步现代化。改革开放以后，应然按市场主体的意见对现有法律进行调整，"记载经济关系的要求"服从客观性的要求。政府唯有当好1.6亿市场主体、8亿从业市民（包括自由农工商）的政治代言人，才能顺应市场的诉求。中国市场主体必须补这一课。国家权力正在顺应新时代要求，政制在自然规律之下、在法律正义之下，政制敬畏法律，履行法治国家责任，以民为本主动积极推动、协助市民社会法上升为国家统一大法和强力维护法律。

名词与概念：

马克思价值＝偿债生产价格法　　WTO正常价值＝偿债生产价格法
王莽变法偿债生产价格法　　欧洲预定生产价格法
萨缪尔森价格要素均衡论公式化　　生产共同体市场
企业是现代市场主体、动力源、优化资源配置主体
价值规律、竞争规律和供求规律仅在"禁止高利贷"有限范围适用
生产共同体内部规律　　生产共同体与外部市场的竞争关系
生产共同体内部规律强力选择适合的外部市场，单纯市场不确定性
内部与外部共同遵守价值法则是共同市场的标志
企业微观预定偿债生产价格在价值上下波动
市场价格在平均偿债生产价格上下波动
供求平衡：偿债生产价格＝市场价格＝市场价值
价值与生产价格形成方法的形式不同，但是通过交换环节后结果相同
偿债生产价格概念为中介，将生产与市场二者各自的定价体系勾连起来

抗战时期延安边区军民融合"生产共同体"市场自治，是中国共产党领导的转型"现代生产方式的起点"概念　　合法私（self）

不法私（ego）

区别和质疑：

（一）货殖派"效用价格"形成、"物以稀缺为贵"价格形成，依然有限制，发达国家允许波动的区间为 2%，超过允许政府干预。通货膨胀超过限度工会就会组织示威游行要求提高工资，目标依然是回归中性。

（二）商品经济或市场经济，它们都只有交换环节，都不是独立的范畴。即便如此，依然需要法律的保护，例如"互市"，需要政府划定场地，制定和平互市的规则。因此，假设完全自由市场与外部性对立，在现实中不存在。

（三）不应曲解亚当·斯密只提过一次的"绝对自由"。

关于自由商人。欧洲城邦共同体市民社会，从共同体"包税法"自治作为缘起，作为交换条件，国王赋予市民成为"自由市民或自由商人"①。它是在共同体市场四个条件约束下的相对"自由"。

亚当·斯密上千次提到平等正义法与法律，而只在一处说过"绝对自由"，在遵守四个条件的那种共同体市场中，"能提供这种利润的价格，……但却是他在相当长的时期内肯出卖的最低价格，至少在有绝对自由即各人能随意变更职业的地方，情形是如此"，这位商人要遵守共同市场四个条件才能进入市场（有维持秩序的自治守夜人），所以是有限条件下的进入或退出该市场的"行动"绝对自由，即相对自由。

亚当·斯密的"自然""绝对自由"是相对概念，是主张"市民法"，而反对国王对工资和面包等价格的过分严苛的规定。

（四）不应曲解亚当·斯密只提过一次的"无形的手"。

古希腊亚里士多德哲学特别区分生产与"货殖"。

---

① 〔英〕亚当·斯密：《国民财富的性质和原因的研究》，上卷，商务印书馆 1972 年版，包税法，见第 362 页；自由市民，见第 363 页。

亚当·斯密只是在论述世界贸易时，仅一次提到"无形的手"概念，应指商人们的"趋利避害"行为。

而西方炒作自由市场（货殖）、无形的手（货殖）、自由契约（货殖）优胜劣汰、弱肉强食、丛林霸道日耳曼野蛮部落法目的是为他们的掠夺行为寻找遮羞布。

（五）机会成本是二元以上的构成性。关于帕累托最优，在投资、技术、工资水准不变的条件下，多一人，成本上升，利润率下降；少一人分工协作链断裂。帕累托货殖利润最大化、税收最大化、机会成本最大化，它的构成性就是导致企业留存利润最小化，帕累托机会最优就是企业最劣机会成本：企业破产边际。

（六）民法典将"等价有偿"剔除，被发现有"隐晦"[①] 现象，值得关注。

---

① 韩晓涵：《民法典597条为何如此隐晦》，载《法律读库》，2020年8月20日。

第十七章 制度成本预测：就业和经济水准

背景：

（一）法制经济，可以根据依法治理的状况测知经济水准及就业状况。

（二）现代经济，就业成为大众谋生手段，增加就业机会是政府四大任务之首。

第一节 市民社会，就业是基本谋生手段

一、无产自由劳动者的就业机会是应变量

第一，凯恩斯《就业利息和货币通论》标题，意图以就业为本来管制金融。其一，货币的真实性。其二，为保证货币真实而控制货币发行量，例如货币乘数应控制在 2—3。其三，管制资本价格，禁止高利得。落实到金融市场就是要限制过度投机。① 就业是契约应变量。

当劳动力商品化，劳动力是通过契约按时间出卖的生产要素，必须征得他人同意才能劳动，也才能生存。凯恩斯指出，设技术、资源与成本不变，"物价水准是由两个因素决定的：工资单位与就业量"②，可以公式计算。

---

① 宗良：《新兴市场必须防范美元任性》，载《环球时报》，2018年8月15日。
② 〔英〕凯恩斯：《就业利息和货币通论》，商务印书馆1972年版，第240页。

设：剩余价值率＝普通剩余价值／工资总额＝1∶1

预定偿债生产价格构成＝转移成本＋工资总额＋剩余价值＝转移成本＋2倍工资总额＝转移成本＋（2倍一般工资单位×就业量）

第二，当就业不足，失业大军形成劳动力内部恶性竞争关系。欧洲中世纪，英国为了发展毛纺织业，兴起圈地养羊，而将农奴赶出庄园。在羊吃人时代，流浪汉们已经没有了退路，血腥资本"它在消灭了小生产和家庭劳动领域……"，流浪汉已经不能退回当农奴，他们成了城市庞大的失业大军来源。

生产商品交换的惊险的跳跃，交易成功，价值才能实现，这种生产方式才能继续，风险落在资本使用者和劳动者这两个共生关系的身上。

第三，有一个资本价格利息率，就有一个相应投资偏好，就有一个就业水准。

第四，货币发行过度引起的通货膨胀，（名义）工资是商品价格提高的结果，"工资随必要生活资料价格的提高而提高（虽然按比例提高是罕见的，仅仅是例外）。工资提高是商品价格提高的结果，不是它的原因"。观察美国2021年以来财政超发货币引起的通货膨胀，2022年7月开始的《缩减通货膨胀法》政策，资本利息率由1.7%七次加息，2023年7月29日提高到5.25%—5.5%，吸引资本回流再造制造业。这引起欧盟跟随提高利息率并跟随通货膨胀，我们观察到的现象是，当通货膨胀物价上涨超过2%，人们开始表示不满，当膨胀率超过5%，工会组织罢工要求同步提高工资，这还表现为生产成本上升和裁员。

第五，商品供求。当商品供不应求，"工资普遍提高时，所生产的商品价格，在可变资本占优势的产业部门将会上涨"，就业率会上升；当供过于求，"货币工资减低时，物价会下降"①。

---

① 〔英〕凯恩斯：《就业利息和货币通论》，商务印书馆1972年版，第223页。

表现为工资水准绝对值上升，而生产的商品的价格相对下跌，就是"价值革命，相对贫困"现象。这是一个过程，凯恩斯指出："在长期以内……物价之稳定与否，须看工资单位（或说得更精确些，成本单位）之上涨，比之生产率之增加，其速度孰快孰慢而定。"① "减低消费倾向"，就业率会下降，商品价格下跌停止，达到工资总额与制度成本对半分而稳定下来。当预定偿债生产价格构成法资本利息率维持中性，物价最终由人均工资（工资水准）决定。

因此，为增加就业就要兼顾高端龙头产业突破、创新发展、高质量发展和低中高发展布局，分别采取有效性增加就业的政策。

二、刘易斯拐点，工资与就业

（一）在解决温饱之前，"需求决定供给"。

在工业城市化过程中，源源不断的农村劳动力涌入城市，当劳动力过剩，劳动力价格总是维持在只能维持基本生计的最低水平上。在同时存在小农经济和市场经济的国家，通过工农业价格剪刀差，城市劳动力的成本可以挤压到更低。例如，17—18 世纪，东印度公司辉煌时代，中国和印度的棉纺织品价格低质量好，几乎挤垮英国棉纺织业，就是因为中国和印度手工业的劳动力成本被部分摊进了小农自给经济中。

韩国 1972 年工资总额仅占 GNP 的 34.7%。这是小农业和大工业并存叠加的时代，其一，小农自给有余而出卖农产品，是为了换取通货，剩余农产品价格没有受到劳动者生存边际的刚性坚守，因此剩余农产品价格低廉，城市劳动力购买低廉价格的农产品，通过价格剪刀差将城市大工业剥削输送到乡村。其二，乡村人处于就业不足状态，一年四季劳动量不均衡；人多地少闲散劳动力多，农民被吸引进城打工，因为有农业劳动力竞争，导致进城劳动力价格处于佃农替代边际。其三，综合以上两项，即大工业的高额制度成本实际是由乡村小农和城市工人共同负担的，所以 1972

---

① 〔英〕凯恩斯：《就业利息和货币通论》，商务印书馆 1983 年版，第 267 页。

年韩国的制度成本（资本榨取剩余价值率）高达 65.3% 依然可以运转，不像欧洲当大工业制度成本在这个水平时，资本剥削全部落在城市工人身上，被挤压到准奴隶状态。

（二）在解决温饱之后，供给创造需求，即刘易斯拐点后，就进入大众消费阶段。例如，到 1992 年，韩国工总额占 GNP 的 47.8%，农业人口从 70% 下降到 12%，城市失业率逐渐下降到 2%。这时，就达到了刘易斯拐点，超过这一拐点，劳动者通过斗争争取工资收入随 GDP 增长率同步上升，即相对贫困。韩国工人阶级在 1972—1992 年期间，发生了一万余次和平罢工示威，其中 60% 以上是要求提高工资，通过集体谈判，终于逐步实现工资水准随 GDP 增长率同步增长。

第二节 固定资本决定就业总量

一、有一个利息率，就有一个与之相应的就业水准

在 33%—67% 区间内，随着工资总额分割占比上升和劳动工资收入适度上升，逼迫制度成本下降引诱投资，家庭劳动置换为市场劳动①，家庭提高培养劳动力素养的投资，拓展耐用消费品市场，适度提高劳动工资对市场拓展和增加就业机会有四次推动效应。

"利息率—工资水准—经济水准"的关系：一是固定资本的技术含量较高被算作是较强大的社会劳动生产力及其较高的工资；二是资本价格利息率水准较低的国家引诱投资工业，则工资水准较高，例如，18 世纪，荷兰的利息率在 2%—3%，英国的利息率在 4%—5%，荷兰工人的工资水准比英国高，工业水平比英国高。

---

① 《资本论》，第一卷，人民出版社 1975 年版，第 549 页，消灭小生产和家庭劳动。

（一）由于利息率是一般尺度，因此"降低利润率"可以折算为降低资本利息率，即降低投资成本来增加投资总量，增加劳动力就业总量。

凯恩斯的理论创新，例如《就业利息和货币通论》一书，发现了就业一般理论。他指出，供求平衡或自然利率，"依照这个定义，在一特定社会中，有一个假想的就业水准，便有一个不同的自然利率与之相应；同样，有一个利率，即有一个就业水准与之相应，对该就业水准而言，该利率是'自然利率'——意思是说，在该利率该就业水准之下，经济体系可以达到均衡。……在某种情况下，经济体系可以在没有达到充分就业以前，就达到了均衡"[1]。"有一个银行政策，就有一个不同的长期就业水准与之相应；故长期均衡之位置，亦随金融当局之利息政策而改变"[2]；"鼓励投资者乃是低利率。故我们最好参照资本之边际效率表，把利率降低到一点，可以得到充分就业"。首先，这显然是在英国禁止高利贷的四个阶梯的法律范围内、银行法定的"有一个资本利息率"，而资本利息率越低就越能够引诱贷款投资的总量增加，并且贷款的贷款成本的下降使得资本转化为生产工具的效率提高，从两个方面决定用投资建成的就业岗位的总量。即有一个政府法定资本利息率水准，就有一个就业总量和经济水准，还没有充分就业，经济已经均衡。

现实生活中，利息率往往不是中庸或最低情况，相应地，就业也不是最充分。如果利率高，只有高利润企业才能生存，还没有达到充分就业，经济已经均衡，必然有一部分人失业。因此，租息税率—就业率—经济水准有呼应关系。

（二）贷款的贷款成本与就业的关系。例如，1992年天津大无缝钢管厂全额贷款投资134亿元，以每个岗位9万元计（当时一台普通机床的价格），如果全部用于建设岗位可以有1.5万个岗位，而实际情况是，贷款134亿元当中，有40%的贷款已经用于每年末支付利息和用于每购买设备

---

[1] 〔英〕凯恩斯：《就业利息和货币通论》，商务印书馆1983年版，第207页。
[2] 〔英〕凯恩斯：《就业利息和货币通论》，商务印书馆1983年版，第163页。

等就在柜台支付 17%的生产型增值税,仅此两项导致生产岗位减少了 40%,还没有投产就已经面临破产。只不过这个项目是管道运输石油的急需项目,通过股市筹集资金渡过难关。

高利贷、高赋税,生产者就无利可分,就不参与利润分配,就没有还本付息能力,就借不起钱改良生产工具,就停滞在手工密集产业,向工具自给经济或泡沫经济倒退,就大量失业,或隐性失业。因此,社会主义经济制度,首要的是遵守纯粹现代生产方式规则。1989 年以来的华盛顿共识"自由、私有、市场化"意识形态正在误导后发展国家,实际上华盛顿共识只是一种学说,并不是发达国家自己实际执行的市民法。

二、固定资产总量和就业总量之间存在比例关系

(一)机械化岗位总量决定就业总量。

机械自动化分工协作生产方式,预算雇佣得起资本做生产工具,才会投资,预算生产什么、为哪一个生态位生产、生产多少、规模效益、寿命期长短,然后进行基本建设投资。建设的是什么?是固定资产,是劳动者的操作岗位!就像汽车驾驶岗位一样成刚性,刚性决定一线岗位,并按比例配套满负荷辅助岗位。亚当·斯密指出:"社会全部产业绝不会超过社会资本(生产工具——引者注)所能维持的限度。任何个人所能雇佣的工人人数必定和他的资本成某种比例,同样的,大社会的一切成员所能继续雇佣的工人人数,也一定同那社会的全部资本(转化为生产工具——引者注)成某种比例,绝不会超过这个比例。任何商业条例都不能使任何社会的产业量的增加超过其资本(生产工具——引者注)所能维持的限度。"[①]能够雇佣的人数是与钢铁铸就的生产岗位数量成比例。

《资本论》写道:"假定资本的构成不变,也就是说,为了推动一定量的生产资料或不变资本始终需要同量的劳动力,同时其他情况不变,那

---

① 〔英〕亚当·斯密:《国民财富的性质和原因的研究》,下卷,商务印书馆 1972 年版,第 24、25 页。

末,对劳动的需求和工人的生存基金,显然按资本增长的比例而增长。"①当社会生产力不变,资本增长则与劳动就业同比增长。

劳动基金,"可变资本,不过是劳动者为维持和再生产自己所必需的生活资料基金或劳动基金的一种特殊历史的表现形式"②。

这是在法定工资铁律为创造价值的50%的背景下,工资总额与资本增长率(生产力提高)同步增长(应小于同比率增长,为生产安全性留存必要的超额积累)。

(二)生产劳动安全系数。

机械自动化岗位数总量=固定资产总量÷平均每岗位使用工具价值×安全系数

(三)使用机器还是"手工密集"的替代边际。"由于资本支付的不是所使用的劳动,而是所使用的劳动力的价值(购买价格),因此,对资本来说,只有在机器的价值和它所代替的劳动力的价值之间存在差额的情况下,才会使用机器。"③ "因为资本的利润本来不是靠减少所使用的劳动得来的,而是靠减少有酬劳动得来的。"④ 当今由于种种原因,发达国家高工资,国际资本热衷于到第三世界投资手工劳动密集型产业。

(四)公平正义与就业。公平竞争驱使资本价格利息率适度降低、偿债的普通利润降低,引诱投资总量增加、转化效率提高,从而增加就业机会、争取工资同步提高、经济水准提高。

当今,随着高科技网络时代,灵活就业率在增加,我国已经月有2亿灵活就业者,这部分人的就业安全稳定性、劳动保险等如何兑现是一个新课题。

---

① 《资本论》,第一卷,人民出版社1975年版,第673页,劳动基金、生存基金。
② 《资本论》,第一卷,人民出版社1975年版,第623页。
③ 《资本论》,第一卷,人民出版社1975年版,第430—431页。
④ 《资本论》,第一卷,人民出版社1975年版,第431页。

第三节 适度提高工资，四次拉动就业现象

一、恩格尔系数阶梯，与家庭劳动置换为市场劳动

从小农社会过渡到工业社会，工资总额分割创造价值的33%—67%范围内，随生产力的提高而工资水准适度上升可以推动增加就业机会。

（一）恩格尔尺度衡量消费市场及其家庭劳动置换为市场劳动。

恩格尔系数＝家庭食品支出总额/家庭消费支出总额

如果对比欧洲富裕国家、亚洲新兴国家，具有工资与休闲规律，分为温饱阶段、大众消费阶段、后大众消费阶段。

当恩格尔系数在0.8以上，需要种自留地补贴食品，而穿用的东西大部分需要家庭自己制作，例如，19世纪中叶的英国工人不得不租小块土地种马铃薯、养家畜以补充家用；苏联人少地多，鼓励市民周末在农村别墅种蔬菜以补不足至今有效；中国大、小三线曾经试行轮换工制度，也有把工业工资成本摊进自给农业成本中的特征。

当恩格尔系数为0.7以上，家庭主妇和子女的衣物需要自己缝制。

大众消费时代。当恩格尔系数在0.5及以下，工资水准上升与劳动生产力成正比例，基本做到工业产品由市场供给。

大众消费时代，当恩格尔系数到达0.4上下，开始购买耐用消费品，例如当下的中国贷款消费购买住房、车子等；增加教育医疗支出。

后大众消费时代，当恩格尔系数到达0.3以下，超过刘易斯拐点，工资上升与就业成里弯关系，超过中立的界限，工资越高，自愿失业人数比率越高，休闲替代劳动。如图17-1：

恩格尔系数在0.3左右，工资水准上升，劳动生产力开始上升缓慢。

恩格尔系数在0.2左右，选择休闲，劳动生产力反而下降：

后消费时代心理学派劳动收入＝补偿所支付休闲＝欲望满足

不同民族国家进入后大众消费阶段有所区别，例如南欧五国，在恩格尔系数在 0.3 左右，就进入后大众消费时期。见图 17-1。

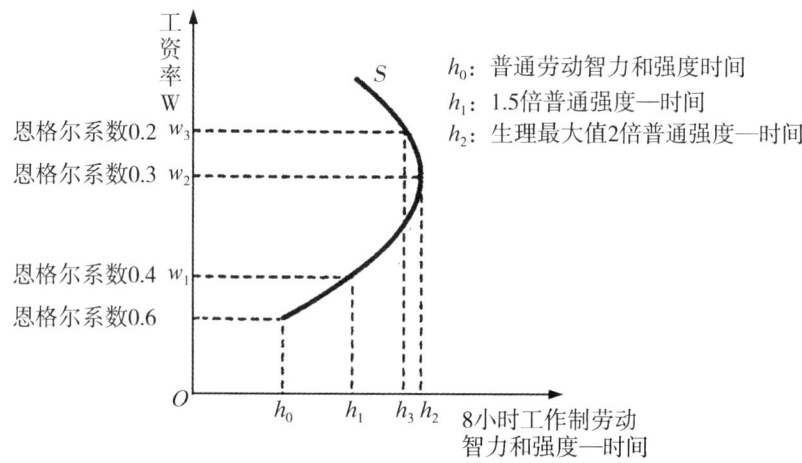

图 17-1　工资率—恩格尔系数和个人劳动力供应曲线的上下限

资料来源：参见萨缪尔森《经济学》中册，第 281 页，上下限是笔者所加。

（二）生产共同体市场经济，一般产品允许平均总膨胀率 2%—5% 以内，诱导新产品新经济增长点、高价格、高工资、高消费，从品种和市场两个方面拓展消费市场。例如，适度提高工资，四次扩大就业机会：第一次，拉动家庭劳动置换为市场劳动；第二次，拉动耐用品由奢侈品拓展为大众消费品；第三次，是家庭对教育医疗的投入增加，提高劳动者素质，为发展高科技经济准备大众科技条件；第四次，总工资占比适度上升，制度成本下降，引诱投资和提高技术转化效率，从而增加就业机会。

二、就业与食品价格、消费市场、生产劳动力工资尺度

（一）食品价格与就业率。当劳动与工具相分离，欧洲手工业市场与领主庄园自给农业相分离，农产品价格变动时，将直接影响市场生产劳动

者收入能够买回的商品量,这还在于市场与封建领主庄园对立,欧洲市场劳动力成本不能转嫁到自给农业中。

当食品价格上升,小业主生产费用上升,不得不消费掉仅有的资本沦为雇工,这样一来劳务市场人数反而增加,就业压力反而上升,工资水准加速下降到最低点,购买力需求下降,生产反而萎缩,恶性循环。

当食品丰裕、价格下降,粮食生产者利润摊薄,干脆多雇工人或开垦土地或转产他业,工业劳动需求上升。

(二)消费市场与就业,是由进市场消费的人数和消费水准决定。成熟国家经验,工资总额均分创造价值左右现代制度成本发生质变,城市就业率就会逐渐达到95%上下。如韩国1971—1992年经济腾飞期间,工资总额占GNP由34.7%上升到47.8%,农业人口由70%下降到12%,城市失业率只有2%,产业结构优化,出口高附加值产品由15%上升到60%。因此,资本生产工具大众化、适度提高劳动者的地位和收入的分配率变革在先,社会生产力进一步提高在后。

(三)工业领域生产工资为尺度与就业。

当租税重,挤占了工资总额占比,工资水准就会从均衡尺度内下降,不能增加就业机会,反而因为工资低需求不足市场萎缩,就业机会减少,就是穷国工业化缓慢的原因。

金融自由主义的后果,引诱依靠服务业解决普通劳动就业问题。美国在20世纪70—80年代,由于金融服务业利润高工资高,资本就逃离实质经济、空壳化。美西方消费型国家,金融薅羊毛流到少数富人手中,催生消费奢侈品价格上涨超过货币工资效用价格上涨程度,加之不劳而获劳动收益者的开销转到奢侈消费上,从而催生靠增加服务劳动来维持就业机会,所谓泡沫充填GDP。

(四)人力资本建设。工资水准与就业的正面关系,在以下方面改进:一是适度提高货币工资从而提高劳动力之边际生产力,即提高货币工资的预期实际价值贡献;二是改良机构组织,人性化管理以减少劳资摩擦;三是提高蓝领工匠的社会地位和工资水平,发展劳动与技术合一的灰领阶层。

新千年一代,中国已经有2亿从业人员选择微体力劳动、灵活就业,不愿意当工业劳动者,中国当下已经出现自愿失业、平躺族、蹲族问题,需要密切关注和引导。

(五)恐慌引起工资水准下降,消费下降,就业下降。

经济衰退时,劳动力供过于求引起恐慌,工资水准下降的斜率陡峭险峻、成锯齿形下降,亚当·斯密观察到,当劳动力供求达成平衡,工资水准会急剧下降到最低工资水准现象。[①] 并且,工资过度降低,需求不足,缩小消费市场、降低劳动素养,就业机会进一步下降,形成恶性循环。正因如此,1933年美国政府应对经济危机的措施恰恰是采用保护法定最低工资和工作时间,以维持消费市场和就业率;同时采用限制利息率、增收遗产税、政府积极财政投资的方法拉动建造"钢性"就业岗位,并没有降低工资和延长工作时间来满足雇主利润最大化要求吸引他们投资,这就是现代生产方式与商业主义的市场之间的就业逻辑的背反规律。

(六)进入人工智能时代,人类必将进一步减少工作时间,与自然达成和谐。

第四节 现代经济,自给、服务、失业—再就业经济

一、多种经济并存现象

当今,需要向资本生产工具转型。以资本生产工具为参照,我国可以划分为租买工具经济、手工密集工具自给经济、服务经济、失业—再就业经济。

关于自由自耕农工商经济。这是古代留存下来的经济形式,例如中国、日本、韩国,还留存自耕农经济,只不过向现代大农业和精品农业两

[①] 〔英〕亚当·斯密:《国民财富的性质和原因的研究》,上卷,商务印书馆1972年版,第65、241页。〔美〕萨缪尔森:《经济学》,上册,商务印书馆1979年版,第353页。

个方向发展。各发达国家都保留有一定的比较独立的农业生产能力。我国走"生态农业"的道路非常重要，中国人口多、土地面积大，需要给人们多保留一些自主发展空间作为劳动力蓄水池。中国粮食自给局面不会改变，必须适度保护农用土地数量、技术、产量、农业人口，要把农村建设得比城市还漂亮，更宜居。

关于服务经济。服务业也不是一成不变的。例如，欧洲古代只有农业是产业，手工业主要生产消费品被划归服务业，工业革命以后，才将工业划归产业。投入产出经济学家西蒙·库兹涅茨和达尼埃尔把运输、仓储、信息业、科学技术划分在"生产业"范畴。

关于失业救济——再就业工程。当自由劳动与工具相分离，由于信息不对称，或产业革新经济调整等，总有一部分劳动者会被甩出，必然存在失业群体。失业大军问题，在欧洲是一个历史现象，总有一个以逃亡农奴为主体的失业大军存在，绞杀、收容、流放、增加就业机会、济贫，这些都不能完全解决这个层出不穷的问题。至今，发达国家失业率在5%—12%之间徘徊，是一个不容忽视的经济现象。

二、信息时代，应将运储、信息、科研划归第二产业

20世纪50年代，沃西里·里昂惕夫《投入产出经济学》中，将与生产及其有关的产业都算作"生产部门"[1]。他发现"投入—产出"会有一个增量，认为是科技进步的结果，把科技进步计算在产出中[2]。如果我们部分参照沃西里·里昂惕夫的理论，将交通运输邮政，信息技术，科技投资形成计算为第二产业，则我国第一、第二产业占比为56.68%，基本符合达尼埃尔的统计，产业与服务业对半分。

---

[1] 〔美〕沃西里·里昂惕夫：《投入产出经济学》，商务印书馆1980年版，第14页。

[2] 〔美〕沃西里·里昂惕夫：《投入产出经济学》，商务印书馆1980年版，第226页，表10-7第41项。

表 17-1　中国 2020 年、美国 2017 年的产业分类占 GDP 的比率

(单位：%)

	农业	矿业能源	制造	公用	建筑	批零	运仓	信息	金保	房地产	租赁	商服餐饮	政府和医教	医教	其他
中国	8.	11.6	26.2		7.2	9.4	4.1	3.7	8.3	7.3	3.1	1.6			9.5
美国	0.9	1.7	12	1.5	4.3	12	3	4.8	7.5	12	1.1	12	12.1	8.3	6.5

资料来源：澳德华海外置业移民。仅供参考。

美国是贸易逆差和消费型国家。美国服务业占美国 GDP 高达 80%。美国人开支的大头，并不是衣、食、住、行，而是算账（会计）、看病（医疗）、打官司（律师）、保险、金融、虚拟地产，最大头还是一切背后的金融服务。[①] 美国显然是依靠国际贸易逆差来填平补齐，是扎根在金融殖民地背上的"高消费"，被称为虚拟资本主义消费型国家，金融殖民主义。

第五节　制度成本在富国自然低，在穷国自然高

一、西方禁止高利贷，富国资本使用者支付利息率或利润率自然低

亚当·斯密指出："利润率……反之，它在富国自然低，在穷国自然高，在迅速趋于没落的国家最高。"这对资本价格利息率也适用。

（一）欧洲禁止高利贷终于取得成果，英国资本价格在 2%—8% 之间波动确实已经有 400 年时间（1947 年以后扣除通货膨胀因素），为工业革命提供了堪称世界上中介费用最低的资本，是后发展国家需要和可以学习

[①] teafox：《剖析了美国怎么计算 GDP 之后，我看到了美国对中国深深的焦虑》，留学生 Daily，2022 年 7 月 16 日。

的内容。有法律界限和统计资料为证,英国市场保持利息率在2%—8%之间波动,至今有效:

表17-2 1980—2005年英美实际利息率在2%—8%之间波动

(比例:%)

年份	英国实际长期利息率			美国实际长期利息率		
	货币利息率	消费物价指数	实际贷款利率	货币利息率	消费物价指数	实际贷款利率
1980	-	-	-	15.27	13.5	6.
1981	-	-	-	18.87	10.3	11.
1982	-	-	-	14.86	6.2	12
1983	10.79	4.1	9.			
1984	-	-	-	12.04	4.3	11.
1985	11.1	6.1	-	10.6	3.6	10
1986	-	-	-	8.83	-	8.8
1987	-	-	-	8.72	-	8.7
1988	-	-	-	9.3		9.3
1990	11.8	9.5	5.3	8.6	5.4	6.2
1991	10.1	5.9	5.2	7.9	4.2	6.7
1992	9.1	3.7	6.4	7.	3	7.
1993	7.5	1.6	7.5	5.9	3	5.9
1994	8.2	2.5	8.2	7.1	2.6	7.1
1995	8.2	3.1	8.2	6.6	2.8	6.6
1996	7.8	2.9	7.8	6.4	2.2	6.4
1997	7.2	3.2	7.2	6.9	2.5	6.9
1998	7.0	3.4	7.0	6.8	3.1	6.8
1999	4.43	-	-	-	4.68	
2002.1	-	-	-	1.75		

(续表)

年份	英国实际长期利息率			美国实际长期利息率		
	货币利息率	消费物价指数	实际贷款利率	货币利息率	消费物价指数	实际贷款利率
2002.2	6.	—	—	—	—	—
2003.11	3.75	—	—	—	1.00	—
2004	4.4	1.3	—	4.74	3.7	4.04
2005	—	—	6.19	3.4	5.79	

说明：3%以内的膨胀率，不在核减范围。

资料来源：世界经济年鉴编辑委员会：《世界经济年鉴2005—2006》，社会科学文献出版社2006年版。陈秀英、刘仕国：《世界经济统计简编2000》，社会科学文献出版社2000年版。

表17-3 1978—2008年我国存款法定基准货币利率和实际存款利率

（单位：一年期%）

年月日	货币存款利率	零售物价上涨幅度	保值利率	资增长率	居民实际存款利率	企业贷款利率	企业贷款实际利率
1978	3.24	0.7	—	—	3.24	—	—
1988.9.1	8.64	18.5	3.86	—	−3.	9.9	9.9
1989.2.1	11.34	17.8	11.82	—	8.36	12.87	12.87
1990.4.15	10.08	2.1	1.03	—	11.11	10.8	12.04
1990.8.21	8.64	—	—	—	8.64	10.08	
1991.4.21	7.56	2.9	—	9.	7.56	9.3	11.4
1992.	7.56	5.4	—	14.	7.56	9.0	10.01
1993.5.15	9.18	13.2	—	23.	−1.02	10.8	15.11
1993.7.11	10.98	—	—	—	—	12.24	
1994.	10.98	21.7	8.79	28.	9.07	12.24	19.20

(续表)

年月日	货币存款利率	零售物价上涨幅度	保值利率	资增长率	居民实际存款利率	企业贷款利率	企业贷款实际利率
1995.1.1	-	-	-	-	-	12.96	
1995.7.1	10.98	14.8	13.24	20	10.98	13.5	14.44
1996.5.1	9.18	6.1	9.	10	9.63	13.14	11.36
1996.8.23	7.47	6.1	5.26		9.63	10.98	
1997.10.23	5.67	2.8	1.34	9	7.01	9.36	13.01
1998.3.25	5.22	-0.8	-	3	5.22	9.00	10.17
1998.12.7	3.78	-	-	-	3.78	6.66	6.66
1999.2.	2.25	-1.4	-	-	2.25	5.94	5.85
2002.2.21.	1.98	-0.8	-	-	1.98	5.49①	5.31
2004.10.29	2.25	-	-	-	2.25	5.58②	-
2006	2.52	-	-	-	-	6.3	-
2007.12	4.14	-	-	-	-	7.56	-
2008.12.23	2.25	-	-	-	-	5.31	-

资料来源：历年《利率实用手册》《中国统计年鉴》。①

英国1545—1776年200多年间，利息率维持在2%—8%，参见亚当·斯密：《国民财富的性质和原因的研究》上册。

1740—1910年的170年，利息率在5%左右，见〔英〕凯恩斯：《就业利息和货币通论》，第265页。

1850—1914年维持在2%—8%。见克拉潘（J.H.Clapham）：《现代英

---

① 高占军：《我国利率调整有两个特点》，载《环球时报》，2004年11月3日。允许储蓄利率下浮，不设下限。允许贷款利率上浮，不设上限。与守成国家利率的四个阶梯关系恰恰相反，不能避免银行高利贷冲动。

国经济史》，商务印书馆 1997 年版，中卷第 462 页，下卷第 30 页。

20 世纪上半叶，维持在 5% 左右，1947 年上升到 10%，扣除物价因素，仍然维持在 10% 以内。

1980 年至今，英国利息率逐渐恢复维持在 8% 以内，参见表 17-2。

自 1545 年至 2005 年的 400 年间，英国约定利息率在 2%—8% 之间波动（扣除物价上涨因素后），它们在经济周期中上下波动，但却没有强烈的上升或下降的趋向。

1900—1975 年，美国实际利息率维持在 2%—8%，参见〔美〕萨缪尔森：《经济学》，下册，商务印书馆 1979 年版，第 141 页。

1919—1933 年，美国实际利息率维持在 2%—8%，参见〔美〕康芒斯：《制度经济学》，下册，商务印书馆 1962 年版，第 255 页。

二、地租增长得较缓慢的国家里，财富增加得最快

关于英国地租负担与经济成逆向关系，大卫·李嘉图指出："地租上涨始终是一国财富增加以及为已增加的人口提供食物发生困难的结果。这是财富的征兆，而绝不是它的原因……地租也增长得较缓慢的国家里，财富增加得最快。"① 这种垄断级差地租上升，既表明一国开始富裕起来能够支付得起高额地租，也说明食物短缺，生活必需品物价上涨，地主的超额利润上升。与此同时，高额级差地租打击了农场主先期投资的积极性，是农业走向衰败的征兆，为了增加财富，雇佣得起资本和土地，地租也需要法律限制。"垄断级差地租"只是现象，而不是真理，如果级差剩余全部归地主，则租地农场主租种好地和租种差地都只能收入普通利润率，他为什么要租种好地？农场主并没有对"垄断级差地租"忍气吞声，人们甚至放弃好地移民美国、澳大利亚。在土地大量荒芜、农民大量逃亡的情况下，农民终于争取到由"农地仲裁委员会"裁断公平价格，"以公开市场价值为基础进行估价"。

---

① 〔英〕大卫·李嘉图：《政治经济学及赋税原理》，商务印书馆 1962 年版，第 63 页。

地租理论对房地产业也适用,当我国房地产利润高达30%—40%,关联银行利润高达20%,土地租金高企,房价上涨"这是财富的征兆,而绝不是它的原因",高房价还推高了工资,矛盾转嫁给了实质经济。

而德国房价"增长得较缓慢的国家里,财富增加得最快"。守成国家正反两方面的统计资料说明,当今科学技术飞速发展,财富空前增长,这正是"资本价格+税率"下降,资本工具普通化、大众化的成果。新技术只是经济新增长点,引起经济水准变化的仍然是资本之价格尺度、制度成本尺度,没有变。但是要提防"高科技与金融媾和"托市套利。

三、拉弗曲线税率阶梯及原始、自给、现代经济

(一)财税集中表现为政治制度成本。中国什一中正之制的税制税率,礼法法定最低的地租境界表明,自由自耕农劳动力与政治管理权之间是法定契约关系,这是世界最低的政治制度成本,表现为天下为公,治权独立,中央集权选贤与能、社会治安、赈灾救灾,皇权不下县,乡民自治,从而"吃皇粮/全国人口"世界最低,是中华民族延续5000年的政治万里长城。在古代,人口密度标志经济水准,据1987年《中国第三次人口普查资料分析》中的资料显示,汉朝达到6000万人口是世界人口最密集的地缘,同时,平均7000人中只有1个吃皇粮的。

(二)20世纪70年代以来欧洲发达国家出现一怪现象,财政赤字越重经济状况越差。就是财税曲线向里弯"拉弗(Arthur Betz Laffer)曲线"现象。它描绘了政府的财税收入与税率之间的关系,当税率在一定的限度以下时,提高税率增加政府财税收入与事权达成平衡。但超过这一限度时,再提高税率反而导致政府财税实际收入或效用反而下降,原因:一是官僚主义的消耗严重起来,二是侵犯了企业的偿债基金,三是,最严重时侵犯了工资总额占比。拉弗的这一结论被里根政府采纳,20世纪80年代发达国家掀起了中性税率改革浪潮。

(三)苛税猛于虎,退回旧社会。

纳税人支付财税的目的是雇佣政府保卫国家和平安全,而所支付费用存在中性尺度问题。除去劳动者自身因素,中介费用决定生产力水准,包

括政治中介，超过一定尺度，财税与生产成逆向关系。由图 17-2，拉弗"财税—生产力曲线"表明财税也存在中性问题。

欧洲奴隶制、农奴制古代自给经济社会，剩余价值被政治权力和财富所有者挤榨干净。生产者无利可分，就没有钱改良生产，就是手工密集生活和工具自给经济。

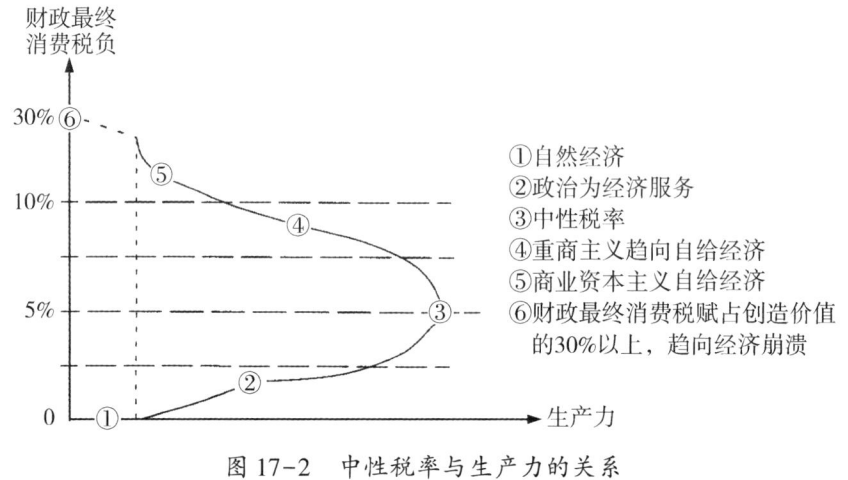

图 17-2 中性税率与生产力的关系

四、科斯的法制作用力四大定律猜想

20 世纪 30 年代，科斯获得一笔奖学金游学美国，正直该国企业纷纷倒闭，失业率高达 25%，他提出了一个原初性的问题：企业存在的理由是什么？

20 世纪中叶，首先由斯蒂格勒在他的《价格理论》中提出"科斯定理"概念，苏尔茨、布坎南等著名经济学家也都有研究。当今在网上流行的"科斯定理"大致可以归纳为两条。

一是在交易费用为零的情况下，不管权利如何进行初始配置，最终结果（产值最大化）是不受法律状况影响的（本书第二定律猜想，其中的下限边际部分，相当于牛顿第一定律）。

二是在交易费用不为零的情况下，不同的权利配置界定会带来不同的资源配置。例如，当企业交易成本等于市场交易成本，就是企业存量最大量的临界点,即替代边际(本书第一定律猜想,参照牛顿第二力学定律)。

需要说明的是,科斯的目标是为企业人谋生存解释它的正当性,是正能量,其研究方法也属于"生物冗余"思维。而帕累托最优,属于功利主义利润最大化——劳动人数最小化"窒息边际"模式。两者不可比。

科斯四大定律猜想适用范围:共同体市场生产方式,及其法制;工资总额占比所创造价值为33%—67%定律区间内。

科斯第一定律:法制生产力定律猜想(稍有修订)

第一定律:当资本是生产工具,生产关系的法权形式是生产力的发展形式,即法制作用力是生产力的发展加速度的推动力。法制作用力成为生产的第四要素,简称法制生产力要素。

当制度成本适度下降,生产力的发展的加速度,有如下表示:

(一)当禁止高利贷,利息率下降到5%,当前投资力度是10倍,所雇佣工人劳动力是10倍,生产力拓展10倍,比工具自给经济。

(二)三重契约20年期租买生产工具,生产力百倍增长现象。

资本价格禁止高利贷允许的区间内、资本与技术转化期间中性制度成本(贷款的贷款费用成本)为5%,资本与技术转化为生产装备的效率从自给经济的0上升到现代经济的90%。

第一定律验算。

验算一。工业革命"瓦特蒸汽机"试制生产模式,实用蒸汽机拉动的火车,生产力比小农经济的马拉车的生产力提高了百倍。这就是世界银行守成法,规定所贷款本金只允许5%的安建行政管理费(贷款的贷款成本为5%),95%必须用于建设生产线,当生产出利润以后才允许用利润还本付息。

当贷款的贷款费用成本下降到5%,大众就租买得起资本生产工具,社会生产力百倍提高,公式表示:

世行守成法资本与技术合伙转化为生产力的效率

$$= (1-贷款的贷款费用成本)\ 资本转化为生产线 \times$$
$$(1-贷款的贷款费用成本)\ 资本转化为科学技术固定在生产线中$$
$$= (1-贷款的贷款费用成本)^2$$
$$= (1-5\%)^2$$
$$= 90.25\%$$

20 年期三重契约，预期 20 年利润用于还本付息，即资本金为 20 年预期利润的一半，资本与技术合伙转化为生产力。

实际转化为生产力
= 资本转化 10 倍生产力 × 资本支持技术 10 倍转化为生产力要素 ×
转化效率
= 100×90.25 = 90.25 倍

验算二。按照亚当·斯密论证中国古代利息率为 12%，对大资本家有利，小资本家和穷人就贷不起款改良生产的古代自给经济现象。如果贷款的贷款成本大于 20%（包括什一税），现代生产方式就不能大众化。

验算三。中国粗放市场，对在建工程征收生产型增值税、付息、多级管理费模式，贷款的贷款成本为 39%—51%。就是说，生产型增值税、高利贷模式，若贷款买牛，要被各种税砍掉一条腿，被利息砍掉一条腿，领回家干活的是被砍掉两条腿的牛；企业必须贷 2 倍的款才能租买到 1 头牛。苛政猛于虎，就是历史停滞在古代自给经济（不贷款搞生产的经济）的原因。

中国粗放市场时期，GDP 支出法的特征，投资占去 GDP 的 45%—49%、总债务为 GDP 的 2 倍、财政收入增长率长期是 GDP 增长率 2 倍的"财政分配"特征。科斯定律猜想，用公式形式表明了"财政分配"与世界银行守成法的区别所在。

那么中国迅速和平崛起依靠的是什么？中国迅速和平崛起，应归功于伟大的人民，归功于忍辱负重为国救亡牺牲 80 年沉没成本；要归功于有宏观经济头脑的人民,被财政分配"价格包袱法"多发出1倍的货币,却被勤俭的有不安全感的人民存进银行近285万亿元人民币(相当于2倍GDP);要归功于法制在民间、在文化、在"德礼法"社会主义传统。粗放市场巨大的债务灰犀牛始终是经济隐患,全面深化体制改革,就是从"财政分配"改革为"纯粹现代生产方式为正义"的内部服务型政治,在第二卷讨论。

科斯理论:适用范围,一是"公开市场"即给英国带来工业革命的那种共同体市场。二是相适合的法律体系。三是针对市场形成价格机制配置资源,价格机制是有成本的;因此客观存在"边际替代"。四是外部市场"不确定性……如果没有不确定性,企业的出现似乎是不可思议的"。五是"企业存在的理由是,市场(价格形成——引者注)运行是有成本的,通过形成一个组织,并允许某个权威(一个'企业家')来支配资源,就能节约某些市场运行成本"。六是"企业没有扩大到全市场只剩下一个企业的原因是,企业内部有组织成本,当内部成本与外部成本相等,企业就会停止扩张。"①

法制作用力,"我们正在开始理解那些形成经济制度的各种作用力,并开始对这些力量的作用进行评价"②。

科斯第二定律:市场费用替代与边际定律猜想

市场价格形成机制是有费用的,则合法权利的初始界定以及经济组织形式的选择将会对资源配置效率产生影响。公式表示:

∵ 完全市场交易费用=零—无限大

---

① 〔美〕科斯:《企业、市场与法律》,生活·读书·新知三联书店上海分店1990年版,公开市场,见第7页。法律体系,见序第1页。价格形成机制有成本,见第5页。组织的存在印证市场价格形成机制有成本,存在边际与替代,见第3页。市场不确定性,见第7页。企业存在理由,见第7页。内部成本与外部成本相等企业停止扩张,见第9页。

② 〔美〕科斯:《企业、市场与法律》,生活·读书·新知三联书店上海分店1990年版,第253页。

∴ 共同市场交易费用存在边际＝组织、制度、法律费用替代与边际

∴ 在市场领域，组织、制度、法律、政府、政治得服从"费用比率"中性规则竞争与替代原则，在经济领域，成本被关在"井"里的什一税法笼子中的内部政治为经济服务。

科斯理论："低于完全市场体系下带来的交易费用时，组成企业就是有利可图的。"于企业没有扩大到全市场只剩下一个企业的原因是，企业内部有组织成本，当内部成本与外部成本相等，企业就会停止扩张。[①]

斯蒂格勒直接将所谓"科斯第一定理"解释为"在完全竞争条件下，私人成本与社会成本将相等"，并且认为，这种理想的经济绩效状态实质上就是新古典理论的一般均衡状态。

科斯第三定律：广义财产权定律猜想

（一）产权随附于交换原则。市场交换原则：分配正义、分配率正义、财产权界正义、分配顺位正义四要素组成。

（二）广义财产权定律。

财产权收益的比率，至少四种状况：

一是当财产权是对他人的干扰，得补偿他人的损失，财产权收益为负；

二是原始市场、自由滥用市场或完全市场，财产权收益可能从负数到最大（掠夺）。

三是高利得市场，财产权利益最大化，生产者不参与利润分配，是手工密集工具自给古代经济；

四是共同体市场，为了共同生存，通工等偿，法定财产权收益禁止高利贷（得）四个阶梯，生产者有利润可以租买资本生产工具，生产力十倍、百倍地提高（比工具自给手工业），为资本生产工具主义现代经济。

（三）狭义财产权定律。

[①] 〔美〕科斯：《企业、市场与法律》，生活·读书·新知三联书店上海分店1990年版，内部成本与外部成本相等企业停止扩张，第222页。

假设市场交易的费用为零，财产权对资源配置没有任何长期影响。公式表示：

假设市场交易费用为零＝财产权无意义≠财产权最大化

理论依据：若假设无费用，则无制度，"对个人权力无限制的制度实际上就是无权力的制度"；"有必要知道损害方是否对引起的损失负责，因为没有这种权利的初始界定，就不存在权利转让和重新组合的市场交易。但是，如果定价制度的运行毫无成本，最终结果（产值最大化）是不受法律状况影响的"；"如果交易（成本——引者注）没有包括在分析之中，那么企业就没有存在的意义。如果交易费用没有引入分析之中，从问题的范围考虑，法律就没有意义"①。

科斯第四定律：生产方式、市场与法制定律猜想

不同生产方式，经济对市场的依赖程度不同，相应地，法律对市场的介入程度不同，市场的发育程度不同，决定资本与技术是否能够转化成为生产工具。

理论依据：科斯引用的一个例子"如俄国的例子，反过来也一样。价格机制不能运行是农奴制的本质"②。

名词与概念：

制度成本和它的要素利息率、地租、财税率越高，则就业率越低，经济水准越低

固定资本总量决定就业总量　　适度提高工资收入可以四次拉动就业机会

---

① 〔美〕科斯：《企业、市场与法律》，生活·读书·新知三联书店上海分店1990年版，制度成本，见第113、119、122、124页；无费用则无制度，见第83、123、217页。

② 〔美〕科斯：《企业、市场与法律》，生活·读书·新知三联书店上海分店1990年版，第22页注（32）。以上详细参见《经济与法律：科斯四大定律猜想·民商法建议900条》，中央编译出版社2001年版。

现代经济、自给经济、服务经济、失业—再就业绿色工程

对比和质疑：

（一）在美西方，高科技产业和金融服务业推高了劳动力价格，推高了相关会计、律师、医生高工资，并出现随附为高工资群体消费的服务业，导致美国服务业占比 GDP 的 82%。但是，同样的茄子在高工资国家的卖价是后发展低工资国家的 10 倍，货币武器化就是国家之间的价值规律不灵现象。

（二）正是从就业、劳动收入和经济水准的视角，华盛顿共识鼓吹"自由、私有、市场"化，引诱穷国重商主义市场价格无限弹性——退回手工密集型生产工具自给经济。

第四编　现代文明新时代

第十八章　现代生产方式和平发展互利文明新时代

背景：

西方现代制度、奴隶制、农奴制混杂，欧洲国内自由劳动力过度劳动寿命缩短，在国际上坚船利炮掠夺其他国家，在混乱的社会中，人文伦理与日耳曼野蛮部落丛林霸道形成了明显的社会对立，18 世纪，法国奥诺莱·加里布埃尔·米拉波（Honore-Gabriel Mirabeau）在《人类之友或人口论》中首次提出"文明社会"概念。

黑格尔和马克思是从现代生产方式来解析欧洲向"文明社会"进化的动力源。

第一节　通工等偿平等民主价值观

第一小节　欧洲奴隶主极端自由观，转型市民社会自由观

一、人类有冗余张力，主观自由与客观自由

（一）自由，在历史上曾经存在三种形式：一是原始社会猎人按劳分配为介质的平等自由；二是欧洲奴隶主极端自由，奴隶极端不自由；三是

原始社会末期少量手工业分工协作生产与交换，传承为古代各个历史时期都存在的次一级的市民社会，其中出现了被古希腊亚里士多德记录的"分工协作—通工等偿"平等正义的自由交换形式。

（二）关于主观自由。人类有冗余势能外在表现为"张力"，即自由行为。黑格尔界定主观自由的外在表现是"任性"，包括理性、冲动、暴力（极端自由）可能性。黑格尔界定主观自由意志的起点是"无规定性"，过程是成为真正的人，并尊重他人成为人。这个猜想却只有可能性，由于"任性"的非科学性质而几乎没有可行性。

（三）关于"客观自由"。

第一，历史纵向，黑格尔指出，自由与奴隶是一个对立，"奴隶产生于由人的自然性向真正伦理状态过渡的阶段，即产生于尚以不法为法的世界。在这一阶段不法是有效的，因此，它必然是有它的地位的"。奴隶主极端自由，奴隶极端不自由，自由呈现为两个对立的极端状态。

第二，客观自由的现代历史横向，黑格尔认为"所有权的自由在这里和那里被承认为原则，可以说还是昨天的事情"①。在现代混杂时期，有财产有自由，有两种可能，一是人役物，自己依靠自己的生产资料有目的的劳动创造财富，这属于自然自由。另一种是物役人，利用稀缺或强力通过财产所有权剥夺他人劳动剩余价值，准奴隶主极端自由，雇佣劳动被自由，或退回原始社会生存劳动状态，准奴隶无实质自由。自由分裂为两个极端。

第三，客观自由可能、可行性。正是由于主观内生理性的不科学不可行，人类衍生出不太确定的秩序、政治、伦理、道德，直至确定性法与法律作为"中介"进行干预，一方面保护、助推释放人有冗余的张力创建性；另一方面"有冗余张力"被限制在和平互惠的范围内，从而实现人类在总体上的生存与发展确定性、可持久性的可行性。

---

① 〔德〕黑格尔：《法哲学原理》，商务印书馆1963年版，第66、70页。

市民客观自由是现代生产方式以来欧洲出现自由劳动力以来才普遍化的概念。马克思从市民互通生存条件"相互需要"解析人民的现实的幸福和自由。

第四，主观目的的客观性参照。马克思以唯物观念论界定主观自由的外在表现标准样态是有属于自己的生产资料，在它上面进行有目的的自由劳动，劳动既是最佳的教养方式，也是自己养活自己的必备手段；这样的劳动既是主观意志指挥主观行为；而"目标"是有参照物的规定性从而具有观念客观性，应是主客观的构成性。

二、古希腊哲学家理想"法的自由"观

按照西方哲学指向，认识欧洲的"以不法为法"血腥从属资本主义部分和市民正义平等的自由，都需要从古希腊哲学中起底它的源头。

柏拉图所处的雅典城邦后期社会混乱没落，他的学生亚里士多德《政治学》特别对"自由"观念的正当用途、自由的限定作了研究。一是自然自由，"大神令人类全都自由，自然从来不曾强迫谁当奴隶，奴隶主与奴隶关系源于强权"；身份自由，"希腊人认为野蛮人无天赋自由"。二是自然法的自由。"自由不可流于放纵"；社会自由人，"商贩市场"，"自由人广场"；"如果没有道义和法律加以约束，人类可能成为最凶恶的动物"。三是限制个人自由意志统治者政治权力滥用、政治方法专制，"自由"的目的："天赋自由为人们要求政治权利的基础"。政制、政治在天赋自由之下。四是"选举权寡头以财产为凭"；"贵族政治以才德为凭"；"代议制，在全体公民中分区推选代表人员"；"自由人不服僭政（专制）"；"亦不应以受制于合法的政治者为嫌"，"平民政体的标志：全体'自由'和一律'平等'"；以抽签法受任公职；任期短（半年）；公民津贴。五是六种政体：王制、贵族、共和；变态型：僭政、寡头、平民。例如"共和政体轮番为治"，"平民政体为共和体"；"邦政治（宪政）人民轮做统治和被统治者"。"平民英雄，寡头政体"；

专制，主奴式统治。① 关于平等的政治，"弱者常常渴求平等和正义。强者对于这些便都无所顾虑"②。必然出现弱者对强者的斗争，"从另一方面来看，统治者和被统治者之间也必然有某些差异。二者原来有所差异而又共享同等的政治权利：这就是立法家们应该解决的困难"③。但是这里的弱者是平民自由民，而不包括类动物的奴隶。例如，被殖民的美国求助于公法自然来维护自由民主，美国《独立宣言》昭示，通过独立战争暴力驱逐大不列颠国王极端封建主义专制政府，是基于"自然法则"所赋予的"独立、平等"的地位，人民有权利对"损害这些目的的，那末，人民就有权利来改变它或废除它"。但是美国宪法规定有五分之三的人无自由。

常言平等正义，即民主。

三、现代世界重塑权力责任对等义利观

"用公正的方法获得财富"是古老的范畴，中国孔子有曰："儒有委之以财货，淹之以乐好，见利不亏其义"；孟子"仁政"从中国语言文字也可以显示出中国不存在古希腊罗马那种奴隶制。

但是，为什么马克思刻意强调法哲学逻辑"没有无义务的权利，也没有无权利的义务"？因为在英语中，存在独立的"权利""权力"语言思维逻辑。而这种语言习惯，渊源于欧洲古希腊罗马奴隶制，奴隶主只有权力极端自由人格权，奴隶只有责任极端不自由没有人格权。例如2021年3月21日中美阿拉斯加高层对话，时任中国国务委员的杨洁篪讲话的中文和英文对照：

---

① 〔古希腊〕亚里士多德：《政治学》，商务印书馆1965年版。一是强权（53b，20）；野蛮人无天赋自由（52b6）。二是不可流于放纵（31b）（10a31）；"商贩市场"（31b31）；"人类最凶恶的动物"（53a31）。三是天赋自由为人们要求政治权利的基础（83a16）。四是选举权寡头以财产为凭（66a12）；贵族政治以才德为凭（73a18）；代议制（18b23）；不服僭政（专制）（95a22，14a2）。全体"自由"和一律"平等"（80a5，91b30—38）；拈龟（73a8）；任期半年（8a15）；公民津贴（67b1）。五是六种政制，见第475—481页。

② 〔古希腊〕亚里士多德：《政治学》，商务印书馆1965年版，第317页。

③ 〔古希腊〕亚里士多德：《政治学》，商务印书馆1965年版，第386页。

Well, I think we thought too well of the United States.

我们把你们想得太好了。

We thought that the US side will follow the necessary diplomatic protocols.

我们认为你们会遵守基本的外交礼节。

So for China, it was necessary that we make our position clear.

所以我们刚才必须阐明我们的立场。

The US does not have the qualification to say that it wants to speak to china from a position of strengths.

你们没有资格在中国的面前说,你们从实力的地位出发同中国谈话。

Now the US side was not even qualified to say such things even 20 years or 30 years back. Because this is not the way to deal with the Chinese people.

20年前30年前,你们没有这个地位讲这个话,因为中国人是不吃这一套的。

If the US wants to deal properly with the Chinese side, then let's follow the necessary protocols and do things the right way.

如果你们要跟我们好好地打交道,那么我们就相互尊重,打交道。①

当下,美国优先、美国第一,公然不许别国发展高科技,这正是奴隶主极端自由试图只要权力意识形态外在表现。

中国"见利不亏其义"义利观,与古希腊朴素的唯物主义正义哲学"用公正的方法获得财富"目标与方法对象性同一。

---

① 本章来源:21世纪英文报,2021年3月23日。《面对美方态度,中国代表团做了一次有历史意义的拨乱反正!》,中国青年网,2021年3月19日。原标题:《中美对话,必须从理清平等原则开始》,载《环球时报》,2021年3月19日。

从历史走向看，既是发展的也是曲折的，日耳曼部落法"王在法之下"与罗马法混合而取得成就，这从一个方面说明传承和变革相结合是社会进步的一条捷径，另一方面说明只要权力、不负责任的欧洲奴隶制、农奴制是某种历史倒退的特殊历史现象，并不属于正统河流农业文明道路。

尽管1215年三权共同制定了《自由大宪章》，宣布"教会享有自由，其权力不受干扰，其自由将不受侵犯"。但是，欧洲第三等级没有政治权力，权利"rights"概念，真实情况是只有用财产换取权力。而欧洲农奴被剥夺了依靠自己劳动积累财产的权利，受到庄园私法的禁锢，实际没有离开庄园的行动自由，是准奴隶。正因为欧洲真实存在过奴隶主、领主们只有权利没有义务，奴隶、农奴只有真实的义务，没有真实的权利，所以英国现代生产方式法律特别规定不得无限期雇佣，"以免带有奴隶的味道"[①]。

欧洲重建古希腊式"避难共同体"自治，第一次将奴隶主概念"自由"和奴隶"劳动"概念联系在了一起（尽管这种形式自由还不完美，无产者还存在事实不自由不平等）。就像日耳曼法修正古罗马法一样，马克思捕捉到了"重建古希腊式共同体"这一"现代"现象，以原始社会猎人的权力责任为样本，以古希腊哲学"人役物，不役于物"为正义哲学思想为基础，批判资产阶级社会"劳动从属于资本"延续了奴隶制、农奴制，劳动者从而具有追求平等自由解放的有正当合法性。

由于西方资产阶级统治意志极端叛乱企图挣脱纯粹现代生产方式法律约束，回归义利观的任务落在了马克思主义科学社会主义的肩上。

---

① 〔英〕F. H. 劳森、B. 拉登：《财产法》，中国大百科全书出版社1998年版，第83页。

第二小节　通工等偿之客观为别人也是为自己，成就了现代自由、平等观

一、"分工协作—通工等偿"客观为他人也是为自己，对等观念

自然选择适度者生存，自然选择人类差别不大，平等正义符合自然规律。在古希腊奴隶制社会腐败的后期，贤哲们渴望公平、平等。这种权利责任平衡的正当合法性，在古罗马法中被法律形式记载为四种格式的无名契约，它还可以简化为"'我给，为了你做'，同'我做，为了你给'，或者同'我给，为了你给'，是完全一样的"。马克思传承了古希腊亚里士多德《政治学》关于生产共同体"通工等偿"规律，发现了客观为别人也是为自己"互利"概念：

> 假定我们作为人进行生产。在这种情况下，我们每个人在自己的生产过程中就双重地肯定了自己和另一个人：(1) 我在我的生产中物化了我的个性和我的个性的特点，因此我既在活动时享受了个人的生命表现，又在对产品的直观中由于认识到我的个性是物质的、可以直观地感知的因而是毫无疑问的权力而感受到个人的乐趣。(2) 在你享受或使用我的产品时，我直接享受到的是：既意识到我的劳动满足了人的需要，从而物化了人的本质，又创造了与另一个人的本质的需要相符合的物品。(3) 对你来说，我是你与类之间的中介人，你自己意识到和感觉到我是你自己本质的补充，是你自己不可分割的一部分，从而我认识到我自己被你的思想和你的爱所证实。(4) 在我个人的生命表现中，我直接创造了你的生命表现，因而在我个人的活动中，我直接证实和实现了我的真正的本质，即我的人的本质，我的社会的本质。①

---

① 《马克思恩格斯全集》，第42卷，人民出版社1979年版，第37页。

"分工协作—通工等偿"互为生存条件，在相互中实现相互证实人的"本质"。

二、劳动果实所有权等价交换，权利责任对等法律依归

现代经济关系与权利义务表现之间的内在关联，成为权利义务哲学思想的重要内容。

(一) 关于原始社会共同体内部和外部的交换，首先原始商品所有权渊源于商品占有者的劳动过程。因此，商品的生产过程以及商品的最初占有过程，发生在流通过程之外，"商品实际上只能是自己的劳动的物化，并且正象自己的劳动实际上是对自然产品的实际占有过程一样，自己的劳动同样也表现为法律上的所有权依据。流通仅仅表明，这种直接占有怎样通过某种社会行动的媒介，使对自己的劳动的所有权变为对社会劳动的所有权"①。因此，生存边际、体面、舒适的诉求就是"产业关联生态体系"的法则。

(二) 当劳动力成为商品，商品普遍化，通工等偿，互利互惠，"是建立在交换价值这种支配着生产关系和交往关系的总和的经济关系的前提上的"生存边际。"他人劳动所有权与自己劳动等价物的交换"。

自己的劳动转换为社会劳动——为他人服务的劳动。交换主体先有内生，然后有法律中介，再有交换外在价值表现，交换带有程序特征。

相对物到等价物——互惠。首先交换主体是作为权利主体而存在的，交换者乃是交换价值的所有者，即物化在使用价值中的劳动时间量的所有者。只有作为交换价值的所有者或权利主体，主体才能成为交换的主体。其次先有各自的劳动果实所有权条件下，通工等偿的流通，是互惠。再次，商品所有权的存在是流通活动得以进行的前提，私有权作为中介是流通的前提。

商品所有权是财产价值证明书——互惠保证书，中介。商品所有权价值的实质是包含其中的客观社会必要劳动量，"在劳动把它的生产条件看

---

① 《马克思恩格斯全集》，第46卷下，人民出版社1980年版，第464页。

作是自己的财产的各种形式中，劳动者的再生产绝不是由单纯的劳动所决定的，因为劳动者的所有权关系不是他的劳动的结果，而是他的劳动的前提。这一点在土地所有权上是很明显的；在行会制度下也必然清楚的是，由劳动所构成的特殊形式的财产，并不是建立在单纯的劳动或劳动的交换上，而是建立在劳动者同一定的共同体的客观联系上，建立在劳动者同他所遇到的、作为他由以出发的基础的一定条件的客观联系上"①。市民社会分工协作生产的产品是社会产品、社会商品，当个别劳动需要劳动条件，出现了需要与另一对象（人、物、事）发生某种关系，才约定所有权，所有权是派生概念，是外在"关系"的产物。而在自由自耕农工商中，是剩余产品交换，社会关系不成刚性。

对他人有用的财产价值证明书，即"所有权价值"又是"对他人劳动的所有权是以对自己劳动的所有权为中介而取得的"②，商品"所有权"的"中介"观念，即通过交换形式而表现出"所有权"是产品证明书，自己的财产所有权对自己无用，而对对方有用；对自己有价值而无使用价值，所以才需要交换商品和它的证明书——所有权，也因此所有权成了客观对他人有价值证明书。

现代生产方式生产商品是所有权等价交换关系权利责任对等，法的关系中所有权关系占据重要位置。马克思在批判蒲鲁东的"永恒公平"时指出："关于公平和正义的空谈，归结起来不过是要用适应于简单交换的所有权关系或法的关系作为尺度，来衡量交换价值的更高发展阶段上的所有权关系和法的关系。"③ 显然，在马克思那里"所有权关系"与"法的关系"获得了相通的意蕴。

法的关系是社会经济关系客观运动的权利义务表现。权利责任现象的深厚基础，渊源于现实的社会经济关系，表现为财产关系。这还在于唯有占有全部生产资料劳动才能成为财富的源泉，社会必要劳动时间才能成为

---

① 《马克思恩格斯全集》，第46卷上，人民出版社1979年版，第519页。
② 《马克思恩格斯全集》，第31卷，人民出版社1972年版，第403页。
③ 《马克思恩格斯全集》，第46卷上，人民出版社1979年版，第280页。

价值的唯一尺度。

三、"分工协作—通工等偿",是相对自由、对等交换关系

(一) 在分工协作生产方式制约下,社会人的权利观念是,"从人就他们是人而言的平等中,引申出的这样的要求,一切人,或者至少是一个国家的一切公民,或一个社会的一切成员,都应当有平等的政治地位和社会地位"。① 黑格尔认为这是昨天才有的事情。

供求平衡的货币制度与平等,自然均衡,中立状态。现代生产方式条件下,马克思指出:"平等是一定社会经济关系的必然产物,是交换价值制度,或者更确切地说,货币制度,事实上是自由和平等的制度。"② "在货币关系中,在发达的交换制度中(而这种表面现象使民主主义受到迷惑),……自由地互相接触并在这种自由中互相交换;但是,只有在那些不考虑个人互相接触的条件即生存条件的人看来(而这些条件又不依赖于个人而存在,它们尽管由社会产生出来,却表现为似乎是自然条件,即不受个人控制的条件),各个人才显得是这样的。"③

自由和平等是通工等偿的产物,"交换价值制度,或者更确切地说,货币制度,事实上是自由和平等的制度"④。"流通中发展起来的交换价值过程,不但尊重自由和平等,而且自由和平等是它的产物;它是自由和平等的现实基础。作为纯粹观念,自由和平等是交换价值过程的各种要素的一种理想化的表现;作为在法律的、政治的和社会的关系上发展了的东西,自由和平等不过是另一次方上的再生产物而已。这种情况也已为历史所证实"。⑤ 通工等偿是自由和平等是的现实基础,平等自由是在上层建筑中被发展了的东西。

(二) 平等自由,为生存"商品交换惊险的跳跃"。平等只能是以交换

---

① 《马克思恩格斯全集》,第20卷,人民出版社1971年版,第113页。
② 《马克思恩格斯全集》,第46卷下,人民出版社1979年版,第476页。
③ 《马克思恩格斯全集》,第46卷上,人民出版社1979年版,第110页。
④ 《马克思恩格斯全集》,第46卷下,人民出版社1979年版,第478页。
⑤ 《马克思恩格斯全集》,第46卷下,人民出版社1979年版,第477页。

价值为主导地位的商品经济关系的反映及其法权表现。

关于自由平等自身特殊的质的规定性，其一，它是自然选择适度者生存、人类差别不大自然规律现象，是三个人以上的观念。其二，契约分工协作生产过程，双方都选择客观为他人也是为自己。其三，劳动者获得交换自由是起点，"自由这一关系同交换的经济形式规定没有直接关系，而是既同交换的法律形式有关，又同内容即同使用价值或需要本身有关"①，等价交换是现代生产方式特有的法律规定，并不是只要交换就一定是平等的。

现代生产方式商品一般化互为生存条件，即双方都是平等正义自由的交换主体，"主体只有通过等价物才在交换中相互表现为价值相等的人，而且他们通过彼此借以为对方而存在的那种对象性的交替才证明自己是价值相等的人。因为他们只是彼此作为等价的主体而存在，所以他们是价值相等的人，同时是彼此漠不关心的人……交换本身只不过是这种证明而已"②。

作为社会一员的交换主体是无差别平等关系，"只要考察的是形式规定，——而且这种形式规定是经济规定，是个人借以互相发生交往关系的规定，是他们的社会职能的或彼此之间社会关系的指示器，——那么，在这些个人之间就绝对没有任何差别。每一个主体都是交换者，也就是说，每一个主体和另一个主体发生的社会关系就是后者和前者发生的社会关系。因此，作为交换的主体，他们的关系是平等的关系。在他们之间看不出任何差别，更看不出对立，甚互连丝毫的差异也没有"③，这种平等的下限由互为生存权决定，上限被"竞争"拉平，是中立适度的平等。个人平等自由是个别具体的人对商品使用价值的自由选择和交换。

其四，现代生产方式劳动者获得了"法的自由"是这一活动的前提："从法律上来看这种交换的唯一前提是任何人对自己产品的所有权和自由

---

① 《马克思恩格斯全集》，第46卷下，人民出版社1980年版，第473页。
② 《马克思恩格斯全集》，第46卷下，人民出版社1980年版，第474页。
③ 《马克思恩格斯全集》，第46卷上，人民出版社1979年版，第192页。

支配权。"① 如果交换者不对自己将要进入交换领域的商品拥有所有权，那就不可能做出一定的交换行为。从历史上看，正是在现代生产方式商品经济关系的运动过程中，平等自由成为社会进步的愈益迫切的法权要求，从而使运用法律形式确立权利平等要求提到了日程上来。

纯粹现代生产方式是正义的，现代平等和自由都具备了向善规定性。而罗马法关于平权的条款是建立在奴隶主对奴隶的绝对自由、债权人对债务奴隶的绝对处分权基础上，是以实际的不平等为基础的。

"在平等的权利之间，力量就起决定作用"，"平等、自愿、公平、诚实信用"质的观念，不能取代量化的"产业关联生态体系"。

第二节 现代生产方式自由劳动，是自由的物质基础

一、自由幸福

法哲学家埃里克·沃格林（Eric Voegelin，1901—1985）从法庭常用语"有效"作为探索《法的本质》的一个方法，这对界定"自由的本质"有启发，例如，中国人的口头语"自由幸福"，从"幸福"语言逻辑，探索人们对"自由"的渴望，是自由的本质。

（一）自由有根吗？

主观自由渊源于人类有冗余势能外在张力，冲动、暴力、适度三种可能性。主观自由既是天使也是魔鬼。

市民社会客观自由表现为"需要"即自由所有权。人的目标是"幸福"，自由的目标也是幸福。当自由以"幸福"为根，是法的自由。

自然法则的幸福观。幸福就是生命权，成为真正的人。幸福就是美，生物为了繁衍生息，在各自的生态位上向外发出"热爱"信息，或色彩斑斓，或多姿婀娜，或香气四溢，或聪明机灵，或自强不息，或奉献繁衍。

---

① 《马克思恩格斯全集》，第 46 卷上，人民出版社 1979 年版，第 454 页。

幸福就是群体向善，邻里最大幸福最小伤害。自由就是真善美的充分展示，人与自然达成和谐。

反之，当自由意志以"无规定性"为起点，在人世间迄今为止只有奴隶主自由观可以匹配，是恶性自由，正如古希腊哲学所警示的，自由不得放纵，放纵的人类是世界上最可怕的动物，终归要遭到自然的报复。

（二）自由的形式。自由是社会概念，相对自由。每个人都向往自由幸福，每个人关于自由幸福的愿景则各不同，但是也存在共性，有一般人类规律、自然法，存在自然条件和内在条件的局限性，存在时限性概念。自由存在限制性，矛盾性，危机性。在悬崖边上，自由与安全是一个对立；在条件允许的范围内，自由以不伤及他人为限，自由以利他为高尚，是自然法生命为真、繁衍生息为美、和谐相处为善的延伸。

自由的唯物观念认识论。自由首先是对事物客观必然性的认识，认识越深刻，就越能自由地选择目标，从客观必然性下解放出来，是从此岸必然向彼岸自由的发展过程。自由是知行合一的表达，自由言行和自由体行。黑格尔的"真自由"："真的东西应是出于精神之外的，但同时因为那里也因该理性存在，结果真的东西仅仅成为一个待解决的问题。但是这里包含着每个思维向前进取的权利，不，因该说义务"[①]，标新立异的思维才是自由思维，但有向前进取的权利义务。从"自由无规定性"到"自由作为权利和义务的统一"[②]，艰巨的是，怎样使自由权利义务平衡。例如，自由就是选择和责任，但是自由行为在先，后果承担不起，遭殃的是那些守法的人，所以要对自由设立法律界限。

"创建"为积极自由，"防止"为消极自由。积极自由，在中国古文里的意思是"由于自己"，不由于外力，自己做主。当然自己做主必须有足够的社会阅历和知识以及物质基础。消极自由（Liberta）含义是从束缚中解放。

自由意识形态，自然的自由、道德的自由、思想的自由。

[①]〔德〕黑格尔：《法哲学原理》，商务印书馆1961年版，第4页。
[②]〔德〕黑格尔：《法哲学原理》，商务印书馆1961年版，第15、173页。

关于自然自由。自己在属于自己的土地上按自己的意志劳作，是自然自由劳动的标准样态，也是自然自由的标准样态。自己用劳动养活自己和家人，通工等偿为自然自由。但是，随着现代生产方式生产力的提高，中产阶级可以个人独立有一套房子，自由人之间以住房画地为牢的情况正在出现，有不婚不育的自由，也就有自然淘汰精致的利己主义自由现象。

自由分为感性的和理性的。

马克思自由观：人的自由全面发展。

萨特：自由就是选择和责任，自己的自由是他人的地狱。

康德："上帝、不朽、自由"，自由是本体界的东西。

孟德斯鸠：自由是在法律许可的范围内任意行事的权利。

穆勒：个人的自由，以不侵犯他人的自由为自由。

萧伯纳：自由意味着职责，那就是为何多数人畏惧它的缘故。

二、自由与法

各个国家的宪法都规定了"言论、出版、结社自由"。我国宪法涉及自由民主的法条有几十处之多。

（一）马克思主义的目的，是为贫苦大众的现实的幸福。社会经济法哲学关于自由幸福的定义：追求自由的最终目的是获得幸福。

西方关于自由的哲学概念，较早源于古希腊亚里士多德《政治学》朴素的"自由观"，"天赋自由为人们要求政治权力的基础"①，将自由界定为政治技术，是为了防止专制、僭主、寡头这种非自然政治，反"专制"的政治自由安排，也是为了谋幸福。对于有自由身份的人们（奴隶主、自由民），哲学对他们依然有进一步的限度要求，"自由不可流于放纵"；"不得以放纵（'随心所欲'）为'自由'"；"如果没有道义和法律加以约束，人类可能成为最凶恶的动物"②。自由放纵质变为贪婪罪恶，"贪婪引

---

① 〔古希腊〕亚里士多德：《政治学》，商务印书馆1965年版，83a16。

② 〔古希腊〕亚里士多德： 《政治学》，商务印书馆1965年版，56a31，57b3065a3866b5，96b17。

致社会罪恶和政治变革"。并且给出了治理放纵和贪婪的方法，其一，教育"人欲没有止境，除了教育，别无节制的方法"；其二，在谋求生存的生产中"修善"，通过生产秩序和规则，规范人们的行为。生产方式成为伦理道德的可持久的载体。在经济领域禁止贪婪需要设立尺度，例如，禁止高利贷等，柏拉图提出最低收入与允许的最高收入限度以 4 倍为限。这些说明"自由"必须以正义的目的为大前提，并且有"限度与范围"限制，超过限制，就会发生正义与非正义"质"与"量"的区别与互变。

法的自由，幸福是自由的正义准则。自由是达到幸福目标的方法。自由是由宪法或基本法所保障的一种权利义务或自由权，能够确保人民免于遭受"专制"的奴役、监禁或控制，或是确保人民靠自己的思想和行动自由能获得解放。

自由的外在表现是"法律公正"，"哪里法律成为实际的法律，即成为自由的存在，哪里法律就成为人的实际的自由存在"①，从本质意义上，自由反映了作为社会主体的人与外部世界的关系。

自由观念不得凌驾于法律之上。某些自由观念通过形式法、程序法获得法与法律的外在形式，是自由挫败恶法的方法。"自由理念作为国家才是真实的；（自由作为权利和义务的统一）奴隶不可能有义务，只有自由人才有义务。如果一切权利都在一边，一切义务都在另一边，那么整体就要瓦解，因为只有同一才是我们这里所应当坚持的基础"②黑格尔描写的是 1648 年《威斯特伐利亚和约》以后承认民族国家主权独立，英国市民法上升为国家统一大法、工业革命爆发，奴隶制、农奴制专制权力土崩瓦解，现代制度取得占支配地位，市民平等正义法律中性回归权利义务均衡，生产债务人权获得与债权平等的权利。

（二）现代生产方式，只存在相对自由现象。

不同生产方式条件下，自由概念不同。在英国，继王权贵族与教会的斗争之后，第三等级革命过程中，最初意义上的自由，主要是指自主、自

---

① 《马克思恩格斯全集》，第 1 卷，人民出版社 1954 年版，第 176 页。
② 〔德〕黑格尔：《法哲学原理》，商务印书馆 1961 年版，第 68 页。

立、摆脱教会思想禁锢、贵族政治专制，争取解除人身依附关系，追求人格上获得独立。

现代生产方式需要劳动力集中和流动性，自由劳动契约，但是流动性生存权边际需要政府保障。欧洲自由城邦佛罗伦萨成为自由民市场经济及其民主政治文化的中心，还在于"分工协作"生产生存方式，分工张扬个人特色，协作整合个人特色。生产力又是对自由的限制，生产商品交换需要所有权之间的自由竞争达成"共意"，但是，如果商品供求不均衡将发生危机。

（三）西方还处于现代制度、奴隶制、农奴制混杂时代，存在物役人阶级斗争。黑格尔没有关注自由雇佣劳动者无财产，唯有征得他人同意才能劳动、才能生存，依然处于被自由状态。特别是混杂的西方血腥资本主义，资产阶级掌握政权同时掌控了有政治和财产自由（权力专制）。无产自由劳动从属于资本，物役人异化劳动，"被自由"，一种对象不确定、时间不确定的"依附"关系。

（四）不同地缘，自由观念有民族文化差异。

中国"井田制"什一中正治权独立生产方式，先民吟诵道："日出而作，日落而息，凿井而饮，耕田而食，帝力于我何有哉！"中国自由自耕农工商经济，"井田制"共同体请来的"野人"指城郭外面乡下人是自由民，九一税制，开阡陌什一中正之制，生产者与政治管理者是世界最低政治成本公平公正契约关系；在公元前594年初税亩土地私有权；春秋战国废止贵族世袭制度，土地权与治权分立制衡；三法司制衡，双制衡文明型社会。中国古代人民是自由人。即便少量奴婢，但是有户籍，有在公堂上为自己辩解的权利，有一定的人格权。

以中国自由自耕农工商为标准参照，对比发现欧洲奴隶主崇尚个人独立自由，"自由是每个人，除了受到物质力量或法律阻碍外，可以任意作为的自然能力"[①]，被简化为"法不禁即可为"，由于只规定了自己而没有

---

① 〔古罗马〕查士丁尼：《法学总论——法学阶梯》，商务印书馆1989年版，第12页。

规定"自由"所触及"他人",存在非人道倾向:自己的自由是他人的地狱。

思维通过"语言逻辑"运动而实现。我们发现在拉丁语和英语中"自由"存在多个境界。例如,英语中的 Liberty 即源自拉丁文,含义是从束缚中解放,"自由"与"解放"同义。而 Freedom(自然自由 free)包含着不受任何羁束地自然生活和获得解放等意思。法的自由,"是"(right);公正完美的自由、自由主义(liberal);任性的、固执的、故意的、存心的、蓄意的,病态的自由,包括奴隶主自由观任性、放纵(Willful)。正是这种奴隶制废墟文化印记,"自由"用不同词汇表达不同的法律境界。正因为东西方的差异,中国全盘西化派"自由如人有其面各不相同"只是表达"率性",但是在西方会被理解为主观极端自由之嫌。

第三节　人权尊严

一、人权是权利责任

(一)人权是社会概念,人权的权利责任对等。

1789年法国《人权和公民权宣言》第一条:"在权利方面,人们生来是而且始终是自由平等的。只有在公共利用上面才显出社会上的差别。"

第二条:"任何政治结合的目的都是在于保存人的自然的和不可动摇的权利。这些权利就是自由、财产、安全和反抗压迫。"

人权的内容:"平等、自由、财产、安全、反抗压迫",人权是社会关系。

自由,权利与责任的均衡,以不伤及他人为限。"自由这一人权的实际应用就是私有财产这一人权。"① 这是特指市民法中的"经济"视域的人权形式。

---

① 《马克思恩格斯文集》,第1卷,人民出版社2009年版,第41页。

人权是权利责任。"一个有责任不仅为自己本人,而且为每一个履行自己义务的人要求权利要求人权和公民权。"①

人权与社会。人权是内生与外在的综合形式。人,就是"人向自身、向社会的(即人的)人的复归,这种复归是完全的、自觉的而且保存了以往发展的全部财产的"②。而民粹反智主义的个人,是"鲁滨孙故事……的错觉"③。

市民社会人权观的进步性:第一,它是人的主权对神的主权的胜利,人的主权"却是现实性、现在性、世俗准则"④;第二,是对"等级特权"的胜利;第三,对政治世袭制度的胜利,财产继承权受到限制。

(二)平等人权是权利义务对等。

法国1795年宪法第3条:"平等是法律对一切人一视同仁,不论是予以保护还是予以惩罚。"

"工人阶级的解放斗争,不是要争取阶级特权和垄断权,而是要争取平等的权利和义务,并消灭任何阶级统治"⑤。"我提议把'为了所有人的平等权利'改为'为了所有人的平等权利和平等义务',等等,平等义务,对我们来说是对资产阶级民主的平等权利的一个特别重要的补充,而且使平等权利失去道地的资产阶级的含义"⑥。

(三)自然规律赋予人权。美国《独立宣言》,"美国人的个人权利……不是社会或任何政府的赠与,它们不是来自宪法,它们是先于宪法而存在的。……它们并非严格的宪法权利。宪法并不创造、建立或赐予权利",而大不列颠国王极端封建专制"根本没有把权利注入我们的宪法。

---

① 《马克思恩格斯全集》,第16卷,人民出版社1964年版,第16页。
② 《马克思恩格斯全集》,第42卷,人民出版社1979年版,第120页。
③ 《马克思恩格斯全集》,第12卷,人民出版社1962年版,第733页。
④ 《马克思恩格斯全集》,第1卷,人民出版社1956年版,第434页。
⑤ 《马克思恩格斯全集》,第16卷,人民出版社1964年版,第15页。
⑥ 《马克思恩格斯全集》,第22卷,人民出版社1965年版,第271页。

使之具有宪法的身份与地位的思想"①。

二、人权关系的本体是生产关系

（一）人权观念总是与生产生存方式相联系的。

"人权"观是生产方式的镜像，"人的本质并不是单个所固有的抽象物。在其现实性上，它是一切社会关系的总和"，"人权利永远不能超出社会经济结构以及由经济结构所制约的社会的文化发展"②。"一般人权"具有社会属性。"人并不是抽象的栖息在世界以外的东西，人就是人的世界，就是国家，社会"③。因为"人是最名副其实社会动物"。

"国家、政治制度是从属的东西，而市民社会，经济关系的领域是决定性的因素"④。

人权是历史范畴。它的形成"需要一定的历史关系，而这种历史关系本身又以长期的以往的历史为前提"⑤。"人权不是天赋的，而是历史地产生的"⑥。要吸收人权问题在历史上的经验和教训，国与国之间，权利责任对等，和平共处五项原则。例如，原始社会那时"权利和义务之间还没有任何差别"，这在我国解放初期个别少数民族所处原始社会末期仍然有这样的表现，例如苦聪人六搬村的故事，他们的观念中只有自己劳动的果实才是归自己部落所共有的。

西方混杂社会存在形式平等和实质平等的差异。"这种平等的权利，对不同等的劳动来说是不平等的权利。它不承认任何阶级差别，因为每个人都像其他人一样，只是劳动者"⑦。"资本是天生的平等派，它要求在一

---

① 〔美〕路易·亨金：《美国人的宪法权利与人权》，载《哥伦比亚法律杂志》，1979年第3期。

② 《马克思恩格斯全集》，第1卷，人民出版社1956年版，第135页。

③ 《马克思恩格斯全集》，第1卷，人民出版社1956年版，第1页。

④ 《马克思恩格斯全集》，第21卷，人民出版社1965年版，第345页。

⑤ 《马克思恩格斯全集》，第20卷，人民出版社1971年版，第117页。

⑥ 《马克思恩格斯全集》，第2卷，人民出版社1956年版，第146页。

⑦ 《马克思恩格斯选集》，第三卷，人民出版社1972年版，第11页。

切生产领域内剥削劳动的条件都是平等的"①，竞争导致过度劳动的"平均"。揭露从属资本主义是少数人的自由。

现代人权是关系双方之间平等，毛泽东指出，"只要他们不造反，不破坏，不捣乱，也给土地，给工作，让他们活下去，让他们在劳动中改造自己，成为新人"②。

理想人权，"每个人的自由发展是一切人的自由发展的条件"③。

（二）人权的价值形式。

现代经济中的财产自由人权，是"从事一切对别人没有害处的活动的权利"。

"现代意义上的平等和自由所要求的生产关系，在古代世界还没有实现，在中世纪也没有实现"④。现代生产方式要求自由劳动迁徙的自由、发挥特长的自由。三重契约生产债务人权获得与债权平等的权利，通工等偿"交换，确立了主体之间的平面平等，……确立了自由。……平等与自由不仅在以交换价值为基础的交换中受到尊重，而且交换价值的交换是一切平等和自由的生产的现实的基础"⑤。

三、人权与政治安全

法国1793年宪法第8条："安全是社会为了维护自己每个成员的人身、权利和财产而给予他的保障。"

（一）"安全是市民社会的最高社会概念，是警察的概念。按照这个概念，整个社会的存在只是为了保证维护自己每个成员的人身、权利和财产而给予他的保障。黑格尔正是在这个意义上才把市民社会称为'需要和理智的国家'。"⑥

---

① 《资本论》，第一卷，人民出版社1975年版，第436页。
② 《毛泽东选集》，第四卷，人民出版社1991年第2版，第1363—1364页。
③ 《马克思恩格斯选集》，第一卷，人民出版社1972年版，第273页。
④ 《马克思恩格斯全集》，第46卷上，人民出版社1979年版，第197页。
⑤ 《马克思恩格斯全集》，第46卷上，人民出版社1979年版，第197页。
⑥ 《马克思恩格斯文集》，第1卷，人民出版社2009年版，第41页。

(二) "社会化了的人"。①

市民社会的人。抽象的人与利己"人性"。"抽象的个人，实际上属于一定的社会形式的"②。只有"在'市民社会'中，社会结合的各种形式，对个人来说，才只是达到他私人目的的手段"③，是指合法私人目的 (self)。

人权与利己主义（合法私 self），以自然规律为中介。在以私有财产为决定因素的市民社会里，"把他们连接起来的唯一纽带是自然的必然性"④。"可见，它是以社会为前提，即以共同的目标、共同的需要、共同的生产资料等等为前提的"⑤（合法私 self），从事一切对别人没有害处的活动的权利义务，这个活动的界限是由法律规定的〔法的自由：是 (right)〕，而将不法私 (ego) 以法律形式加以限制。

(三) 反抗压迫，"只有当人认识到自身'固有的力量'是社会力量，并把这种力量组织起来因而不再把社会力量以政治力量的形式同自身分离的时候，只有到了那个时候，人的解放才能完成"⑥。这里的政治力量是指"政制"上层建筑。

马克思主义认为，"我们的目的是要建设社会主义制度，这种制度将给所有的人提供健康而有益的工作，给所有的人提供充裕的物质生活和闲暇时间，给所有的人提供真正的充分的自由"⑦。现代制度规范下、人们自觉自愿的行动执行下，是他们所创造出的财富为他们提供便利。劳动成为生活的第一需要。

解放，"政治解放当然是一大进步。尽管它不是一般人类解放的最后形式，但在迄今为止的世界制度的范围内，它是人类解放的最后形式。不

---

① 《马克思恩格斯全集》，第 1 卷，人民出版社 2009 年版，第 281 页。
② 《马克思恩格斯全集》，第 3 卷，人民出版社 1960 年版，第 5 页。
③ 《马克思恩格斯全集》，第 12 卷，人民出版社 1962 年版，第 734 页。
④ 《马克思恩格斯文集》，第 1 卷，人民出版社 2009 年版，第 42 页。
⑤ 《马克思恩格斯文集》，第 1 卷，人民出版社 2009 年版，第 634 页。
⑥ 《马克思恩格斯文集》，第 1 卷，人民出版社 2009 年版，第 46 页。
⑦ 《马克思恩格斯全集》，第 21 卷，人民出版社 1965 年版，第 570 页。

言而喻，我们这里指的是实在的，实际的解放"①。"代表制迈进了一大步"②，"标志着资产阶级民主比中世纪有伟大历史进步性"。人"作为公民得到解放"③。

四、国家主权大于人权

"现代国家……它就用宣布人权的办法从自己的方面来承认自己的出生地和自己的基础"，1648年《威斯特伐利亚和约》民族国家主权独立过去已经约370年过去，但是人权的第一物质载体是"有家可归"没有变。

（一）现代国家的主体是市民社会。资产阶级国家宣布人权，无非是"现代国家既然是由于自身的发展而不得不挣脱旧的政治桎梏的市民社会的产物，所以，它就用宣布人权的办法从自己的方面来承认自己的出生地和自己的基础"，现代国家是现代生产方式挣脱旧社会的产物，国家主权表现为属地权，采用有家可归为第一人权法律，维护国家主权独立。在这个意义上，"现代国家承认人权同古代国家承认奴隶制是一个意思"④。在"属地规范"上有传承性，但在"游牧族属人规范"上不同，现代人是自由人不得是"属人权"，不属于哪个"权力、权威"。

人权的国际保护归根到底是必须服务于和平与发展两大主题。

（二）国家主权大于人权。

国家在本国人权实现中具有重要作用。人权属于法权，具有与一般性法律的特征。由于人作为个人（理性、冲突、暴力）的人与社会人性（理性、相友、相助、相扶持、亲睦）的矛盾性，所以法律与国家政权存在辩证关系，一方面法律源泉之一是自然规律，所以政权在法之下，法律约束政治"仁政"；但是另一方面法律必须有权威加以强化和强制执行，"因为

---

① 《马克思恩格斯文集》，第1卷，人民出版社2009年版，第32页。
② 《马克思恩格斯全集》，第1卷，人民出版社1956年版，第338页。
③ 《马克思恩格斯文集》，第1卷，人民出版社2009年版，第25页。
④ 《马克思恩格斯全集》，第2卷，人民出版社1957年版，第145页。

必须由国家积极推动才能最终实现人权"①。正如法律与政治的互动关系,人权与政治需要互动,例如遵守"属地权"。由于政治的不确定性,政治接受程度将直接影响人权实现的格局与程度,法律是中介。

我们处于现代制度、奴隶制、农奴制混杂时期,决定了国家主权有诸多内在限度,只能争取现实的人权,"有家可归"物质基础,意味着国家"主权高于人权"。正如邓小平曾指出的:"人们支持人权,但不要忘记还有一个国权。谈到人格,但不要忘记还有一个国格。"② 在国际霸权为背景华盛顿共识的今天,一旦人权主张危及政权存续,在二者产生难以及时化解的张力阶段,现实已经有多种情况出现,一是"民为本"的人权引导国家主权变革;二是主权战胜人权并使之限缩在安全范围内存在;三是遭遇国际华盛顿共识人权战,落后就要挨打主权崩溃,人权"无家可归",死亡上百万、难民营 3800 万人,重复古希腊平民暴政极端自由通往奴役之路;或屈服于国际霸权当小跟班。所以,外因是条件,内因是根据,如果不顾及政治国家的需要,极端民粹主义强行推动人权,会导致国家长期混乱,反而不利于人权实现与建设性发展。

五、人权尊严价值及权利义务

(一)自尊,尊严的内生性质。社会经济的法哲学关于尊严。其一,在劳动分配中涉及人的尊严,普通劳动者总能创造 1∶1 普通剩余率,普通人都有"趋利避害"修为能力和接受外在教育、法律的意愿和能力,因此,无论从物质层面还是社会层面,普通劳动者都有权利义务过上有尊严、体面、舒适的生活。其二,关于人格信誉,具备生产和交换所必要的"客观为他人,也是为自己"个人与他人达成这种统一的价值观、遵守法律、按合同履约、保证产品的质量数量,这些在订立合同前所具备的"内

---

① 王耀海:《论人权的限度——基于马克思主义法学视角的分析》,载《人权》,2017 年第 6 期。

② 邓小平:《邓小平文选》,第三卷,人民出版社 1993 年版,第 331 页。

生观念",是以社会认可的人格和信誉外在现象来做担保的。人之尊严的信誉"内生部分",涉及的是参与社会环境的能力。

关于隐私权,独处尊严,融入共同体内。尊严有内生性和外生性两个方面。中国人的观念是,人正不怕影子歪,"隐私"不得包藏违法的事,有什么见不得人的?认为网络监控有利于便捷、高效服务,有利于控制社会性灾难例如防疫,有利于监控不法行为,因此利大于弊。而对于弊端,要求政府立法管控。

康德偏于内生拒绝外生的内涵。康德将尊严界定为合法,是自治个体所有的、不受任何干扰的私人空间(self独处、隐私权,合法私密)。他的初心也许是针对无处不在的教会禁锢,给教民留一块可以独处的余地,名义上是用于直接与上帝对话,而改变灵魂深处赎罪事事向牧师汇报的"不自由"状态。"独处"个体作为社会角色,凭借尊严成功地参与到一个共同体之内。然而,这些理念及其实践并没有阻止世界陷入两次世界大战的悲剧。当下世界性抗击新冠疫情,在西方,康德的自由、隐私观念遭遇拷问,例如"生命高于隐私",还是"隐私神圣不可侵犯?"就有极端民粹主义者号召"不自由宁得新冠死,传染他人死"。"隐私"成为西方霸权甩锅的理由。

(二)人之尊严的外生部分。对尊严的外在保护和培育是最宽泛意义上的社会化的可能性。换言之,尊严保护每个人的被尊重的权利义务。特别是,现代生产方式导致处于个体状态的流动性自由劳动占去很大比例,由此,最低生活标准、最低工资、教育、医疗、居住权、安全、交通、信息等公共事业,从外部保障人们的"尊严";法律禁止用贬低性的方式对待他人,这已成为尊严保障的内容,政治治理需要注意化解社会内卷象牙塔现象,以消除对象牙塔外的他人尊严的伤害。

外在尊严是纳税的回报,有一篇《权利的成本——为什么自由依赖于税》指出,"几乎每一项权利都蕴含着相应的政府义务,而只有当公共权利调用公共资金对玩忽职守施以惩罚时义务才能被认真地对待","所有权利都要求政府积极的回应"。①

（三）尊严的价值。一是尊严是人权的人格担保。一般而言，人之尊严是人权的基础，有人权的一般性资格，而人之尊严可为这一资格提供担保。每个人的共同体成员资格的担保，人之尊严就是共同体的根本法，是国家尊严价值所在。二是在法律秩序中，人之尊严既是具有绝对性的宪法价值，也是一种具有相对性的宪法权利义务，这是世俗化时代法治建设的根基。中国人权法理和伦理强调生存发展权。

尊严，必须自重才会尊重你的内涵而实现折中统一。

尊严是有外在表象的，理念不得超越法律。尊严是现象，也是理念。

名词与概念：

自由就是权利和义务的统一　　人权属地权——有家可归

对比和质疑：

（一）现代生产方式，所有权是约定、是权利义务对等关系。因此，如果将私有权理解为是只有权利没有责任的自由权，这只不过是精英以身份权的自由意志幻想，实际是奴隶主极端自由的借尸还魂。

（二）关于洛克使用了"法不禁即可为"，需要注意社会历史背景。17世纪的欧洲还处于农奴制占支配地位的时代。鉴于次一层级的"分工协作—通工等偿"生产方式和市民法兴起，为了冲破农奴制庄园法的限制，针对农奴制旧法律采用"法不禁即可为"的斗争策略。

而在当今，后发展国家法制不健全的状况下，程序正义定制法律还不完备情况下，热衷于"法不禁即可为"钻法律空子，是低级的人格观念和行为。即便存在"法不禁"的法律空白，也还有习惯、礼法、善良风尚、公序良俗兜底。对于"法不禁即可为"的具体事项，需要在立法机构备

---

① 〔美〕史蒂芬·霍尔姆斯（Stephen Holmes）、凯斯·R. 桑斯坦（Cass R. Sunstein）：《权利的成本：为什么自由依赖于税》，北京大学出版社2011年版。

案，法律部门监督具体"法不禁即可为"事项，对后果进行勘验。总之，对法与不法瞻前顾后才有利于社会稳定发展。

（三）黑格尔界定，在主观世界，主观自由的外在表现是"任性"，包括理性、冲动、暴力可能性，由此他将主观自由意志的起点界定为是"无规定性"。其实，这种主观可能性，实际依然是有机体"个人有冗余"有势能的外在张力表现，而不是什么无缘无故或天赋人权。黑格尔界定主观自由的过程是成为真正的人，并尊重他人成为真正的人。只不过，这种主观自由意志进程，尽管有三选一可能性，但是由于不科学而不可行。现实是，人出生后有一个成长过程向外部客观学习模仿充分必要性，7—8岁以前是无行为能力人，15—16岁以前是限制行为能力人，若成年依旧保持桀骜不驯的人格位，主观企图进步为"理性"，其难度被语言表达为"浪子回头金不换"，即由于社会成本太高、不科学而没有可行性。

黑格尔在欧洲奴隶制、农奴制历史的夹缝中，在次一级的市民社会关系中发现客观"自由"标准样态。在客观世界，市民对物的所有权，是主观自由可行性的物质载体，即可以自己养活自己，是自由的客观第一性，"力只有表示于外部的才是力，耕地只有带来收益才是耕地。所以谁使用耕地，谁就是整块耕地的所有人"。正是在17世纪洛克界定"劳动是所有权的自然公理"基础上，黑格尔将自由依附于所有权，"如果把需要看作是首要的东西，……从自由的角度看，财产是自由最初的定在，它本身是本质的目的"①。但是阿奎那界定财产权是约定，受到法律的约束，鲁滨孙式的自由财产权并不成立。

需要指出的是市民社会不包括奴隶和农奴，黑格尔的第一需要是占有外在物为自由，这是财产自由、是奴隶主才有的主观意识。却不能包括两种人，一是奴隶的第一需要是生命权，能够活下去；无产自由雇佣劳动者的第一需要是"能找到工作"，必须征得他人同意才能劳动，也才能生存。

（四）"自由解放"是手段，有终结，而"解放永远在路上"失落了目的。

---

① 〔德〕黑格尔：《法哲学原理》，商务印书馆1963年版，第54页。

第十九章 现代生产方式，是人类命运共同体的载体

背景：

（一）人类进入现代方式自然历史阶段只有 250 年，西方还处于现代制度和奴隶制、农奴制混杂时期。当今，现代生产方式产业链生态体系的"和平、发展、互惠"文明才是世界百年未有之大变局的动力源。①

（二）任何事物都有两面性。随着苏联解体，当失去了竞争对手的制约，美西方暴露出了它的本质，帝国霸权基于殖民掠夺规则的秩序，世界面临双重标准不确定性大变局。关于和平与发展"确定性"，成为当今世界新兴经济体的主流话题。

第一节 纯粹现代生产方式是和平与发展的载体

一、现代生产方式是自有自治完整现代社会体系新时代

现代生产方式是底层人民创建、重建的自有自治完整现代社会体系新时代。

马克思创建了经济科学，即以生产方式为基础的社会体系的可行性。

每一种历史生产方式都是一个社会有机体，而不能理解为仅仅是一种

---

① 金灿荣：《我认为，"百年未有之大变局"可概括为这四个"新"》，载《北京日报》，2020 年 12 月 22 日。

供给与需求方式。

中国古代创建的井田制，在大地上画了一个个大大的井字，它是生产方式，是市民生产分配正义、宪法仁政治、治权独立、伦理准则，保家卫国基本单元。

与中国井田制相对比，纯粹现代生产方式，它是次一级手工业生产与交换方式上升为占支配地位的方式，是底层人民创建、重建、变革的，他们的目标为了谋生存谋幸福，这是现代生产方式的正当合法性。

现代生产方式生于危难，不得不谋求独立发展。封建贵族专制封锁、围剿的大环境下，逃亡农奴组成的新兴城市内，第三等级与自由劳动者是共生关系，共同组建武装、经济、政府、法律、人文。因此，纯粹现代生产方式是自有自治的独立运转的完整社会体系新时代。

前面已经介绍了纯粹生产方式的经济、法律、人文伦理特征（与古代自给经济对比）。关于新时代的政治，在新兴城市内部，是平等正义契约关系，"雇佣政府为我们服务"。现实是，西方还处于现代制度、奴隶制、农奴制混杂时期，纯粹现代生产方式与奴隶制、农奴制是外部无对象性对立杀灭关系。特别需要厘清的是，纯粹现代共同体政治规范与混杂社会的混杂政府政治是外部关系：政府是必要的恶。在混杂政治视域，现代方式自有自治，不服从"混杂政治"，是混杂政治之外的"独立自由经济"，即纯粹现代生产方式市民法在上，政治在市民法之下为正义。

现代生产方式培育了政治、法律、意识潜质，是上层政治、法律、意识形态的基础；培育了自由劳动者的潜质是市民社会的基础。

二、现代世界，和平与发展是主流

世界经济现象，概括为对和平与发展的诉求。

新中国在国际民族之林奉行和平共处五项原则。一、互相尊重主权和领土完整。二、互不侵犯。三、互不干涉内政。四、平等互惠。五、和平共处。和平共处五项原则，是主权独立有家可归；尊重外因是条件内因是根据；是生态位共处准则，超越了社会制度和狭隘意识形态，已经成为国际关系基本原则。

第十九章 现代生产方式，是人类命运共同体的载体

1985年3月4日，邓小平会见日本商工会议所访华团时明确指出："再从经济角度来说。现在世界上真正大的问题，带全球性的战略问题，一个是和平问题，一个是经济问题或者说发展问题。和平问题是东西问题，发展问题是南北问题。概括起来，就是东西南北四个字。南北问题是核心问题。"① 抓住了这两大问题，也就从错综复杂的国际矛盾中抓住了制约影响其他矛盾的主要矛盾，把握住了时代的主题。"和平与发展是当代世界的两大问题"的重要论断，为新时期党和国家制定内外政策提供了重要依据。

毛泽东和周恩来早就指出："霸权主义是战争的根源……反对超级大国的霸权主义也就是维护世界和平。"邓小平"和平与发展"判断，首先是从新中国政治经济现象中抽象出来的。抗美援朝的胜利打出了中国军事强国的威严，两弹一星和核潜艇，实现海陆空核武装，为国家争取到了和平环境。而当今矛盾的主要方面，还是经济发展问题，国家强大，才能保卫和平，才能共同富裕。中国70年实践证明，现代生产方式完全可以通过和平方式实现，揭穿了西方霸权主义所谓工业发展必须靠掠夺原始积累这种丛林霸道。

关于和平与发展，对第二世界也是有利的，"你们的资本要找出路，贸易要找出路，市场要找出路，不解决这个问题，你们的发展总是要受到限制的。……总之，南方得不到适当发展，北方的资本和商品出路就有限的很"②。在中性区间资本使用者与劳动者利益共生关系是东西南北逐渐达成和解的可能性。③ 现代生产方式和平、发展、互惠特征，正是世界出现"和平、发展"概念的社会基础。并且，以"和平、发展"为基础创建人类命运共同体，具备了可能性、可行性。

为了谋求幸福，必将会出现一个认识过程，拥抱和平与发展，摒弃西方"异类、冲突、好战"。

---

① 《邓小平文选》，第三卷，人民出版社1993年版，第105页。
② 《邓小平文选》，第三卷，人民出版社1993年版，第105页。
③ 《邓小平文选》，第三卷，人民出版社1993年版，第104页。

三、中国坚决拥护联合国为首引领世界和平发展潮流

联合国为首的国际秩序，这是两次世界大战教训中总结出来的。

战争给人类最大的启发就是，国家主权独立、人民有家可归是人权的第一物质家园和精神家园基础①。当下世界上因战争导致数百万人死亡，3800万人无家可归，国际和平与发展秩序任重道远。

联合国宪章的宗旨："维持国际和平及安全"，形式或方法是：正义、国际法、和平协商解决方法。这是基于存在现代生产方式、奴隶制、农奴制、部落制叠加混杂的过渡时期不安全因素而提出。

（一）基于最基础的国家主权独立有家可归；尊重外因是条件内因是根据；人类生态位和平与发展共处准则，"发展国际间……之友好关系"。

第一层面，是国与国之间的国际间关系，必然是国家主权之间"平等权利及自决原则为根据"基础上的"发展国际间……之友好关系"。主权国家之间是平等权利责任关系。

第二层面，尊重外因是条件，国内人民内因是根据基础，"国内尊重人民平等权利及自决原则为根据"的"发展国际间……之友好关系"。而非以国际霸权为第一、例外、优先，所谓霸权的人权大于他国主权导致侵略行为频发。

联合国"促成国际合作"，必然是国家主权之间"平等权利及自决原则为根据"大前提下，"增进并激励对于全体人类之人权及基本自由之尊重"。

（二）权力是争取来的。中国一向以实际行动坚决拥护和正确理解《联合国宪章》，坚决维护联合国在世界事务中的最高权威，从来把联合国认定是构建人类命运共同体的最高领导权力机构。中国坚决维护世界和平，已经是联合国安理会常任理事国中派出维和人员最多的国家。

---

① 出生地要素，日耳曼野蛮部落法，关于主权，游牧部落时期习惯属人主权。日耳曼消灭西罗马帝国后，逐渐实行属地主权，出生地成为确定属于那个民族国家的证明书。住房及其地址包含生命权和人权两个法律范畴。

非西方中国迅速和平崛起，打破了"西方掠夺模式"迷信。中国主导国际贸易关系互利共赢，破除了"现代化，必须必然西方化"的迷信；破除了"原始积累必须以武力形式向外扩张"的迷信。

联合国为首的国际秩序，尽管并不完美，但只要它以正义准则为基础，以公平为导向，以共赢为目标，就不能也不会随意被舍弃，更容不得推倒重来。每一个联合国成员都有权力义务促进联合国与时俱进，剔除霸权国家的一票否决问题，对国际霸权拉小圈子、对《宪章》断章取义等问题，作坚决斗争。

第二节 现代生产方式是人类命运共同体的载体

一、命运共同体是历史范畴

（一）由于 common destiny（共同命运）中的"destiny 命运"带有宗教色彩，我国刻意选择了"共享未来的共同体：community of shared future"。

Community，社区，社会公共，共同体，团体，共享，共有，（生物学）群落。

欧洲黑暗的中世纪"逃亡农奴和'光蛋贵族'避难共同体"自治，应当是英语 community of shared future 的一个历史来源。还有意大利沿海城市出现的几种共同体，例如：陆地上的合伙（公司）（companion）；海上贸易的委托合伙形式——康枚达（commenda）；索克塔斯·马瑞斯（societas maris），马奥那（madonna）[①]；英国"负债与合伙的杂然交错"（三重契约）[②]。

[①] 詹姆斯·W. 汤姆斯：《中世纪晚期欧洲经济社会史》，商务印书馆1992年版，第十九章。

[②] 〔英〕威廉·詹姆斯·阿什里：《英国经济史及法理学说导论》，台北：中国台北幼狮文化事业公司1974年版，第598页。

在中国，"井田制"就是一个典型的"共同体"；习俗中"委托合伙"比较接近 Community。

"人类命运共同体"是历史范畴。最早提出世界和平的是中华文明，尧曰"天下为公，选贤与能"，老子"世界大同"，孔子"四海之内皆兄弟"、"和而不同"，《吕氏春秋》"天下者天下人之天下"，"天地人，和为贵"的优良人文传统。

关于社会命运共同体，市场是手段，不可以颠倒市场与社会的关系。荀子曰："人，力不如牛，走不如马，而牛马为之用，何也？""人能群，彼不能群也"。孟子曰："民为重，社稷次之，君为轻。"就是说，"作为命运共同体，社会不是以市场、政府的存在而存在，相反，社会决定市场与国家的存在。……社会是一切经济活动、政治活动的根基，社会国家"①。

二、现代生产方式是和平与发展的人类命运共同体的载体

现代生产方式等价"交换价值过程，自由和平等是它的产物；它是自由和平等的现实基础。……再生产物而已"②。中国之所以在新中国成立后的第六年、在 1955 年万隆会议上能够提出和平共处五项原则，在 1985 年提出和平与发展观念，是由于现代生产方式的总生产养成了自由、平等、发展的"劳动习惯""契约规范"，是它们的基础或物质载体，上层建筑不过是对现代生产方式所培育的社会习惯进行再加工而已。

纯粹现代生产方式八大特征，其中"现代生产方式的市场"本身是 20 年期偿债计划、20 年期偿债市场，诉求安全、稳定、和平地生产与交换，是基于"客观为别人也是为自己"伦理、道德的法律运筹机制，生产力发展的绝对趋势、互利共赢的社会建构，都昭示人类进入文明新时代。是和平与发展的物质载体。实践证明，纯粹现代生产方式符合人民追求幸福的

---

① 江涌：《政府、市场与社会，改革的三大抓手》，载《环球时报》，2013 年 12 月 14 日。陈清秀：《税法总论》，台湾元照出版公司 2008 年版，第 49 页"社会国家原则"。

② 《马克思恩格斯全集》，第 46 卷下，人民出版社 1979 年版，第 477 页。

善良愿望，决定了这种生产方式必然成为自然历史阶段。世界各民族、各宗教都接受了"产业链生态体系"这个事实，即便长期被殖民而停滞在部落政体的大陆，也能够搭上现代化的快车道。马克思"人民的现实的幸福"正当、正义、合法，可能、可行。

中国自由自耕农工商经济崇尚自力更生和平与互惠，70年迅速和平崛起实践证明，中国特色社会主义更适合纯粹现代生产方式的规则与秩序，是中国特色社会主义实现现代化的正确、正当合法路径。世界潮流正在摒弃美西方日耳曼野蛮部落法中的原始丛林霸道路径。百年大变局，世界向东看。

以现代生产方式的一般作为载体，人类命运共同体的内涵一致性，应是和平与发展。这是人类最高尚的愿望。

和平发展、互利共赢，这是新中国70年来的外交实践。新中国成立前夕的《中国人民政治协商会议共同纲领》和新中国第一部宪法，就将维护世界和平作为努力的方向和目标。从20世纪50年代的"和平共处五项原则"，到八九十年代的"和平与发展"，再到21世纪初的"和谐世界"主张，和平是中国外交不变的基石。

新中国成立第15年，1964年拥有了核弹；1966年拥有了氢弹；1970年卫星上天意味着拥有了运载火箭；1970年拥有了核潜艇。中国拥有了强大的海陆空核武装，就拥有了争取和维护世界和平的底气。1978年，中国与美国复交，恢复联合国地位。十一届三中全会期间，邓小平指出，综观世界形势，制止第三次世界大战是有可能的，"和平与发展是当今时代的两大主题"。

新千年，我国倡导"人类命运共同体"。

2007年9月，在亚太经合组织会议上，胡锦涛主张"互利双赢的开放"。

2011年《中国的和平发展》白皮书指出：经济全球化成为影响国际关系的重要趋势。不同制度、不同类型、不同发展阶段的国家相互依存、利益交融，形成"你中有我、我中有你"的命运共同体。这是中国首次提出"命运共同体"的概念。

2012年11月8日，胡锦涛在中国共产党第十八次全国代表大会上的报告向世界郑重宣告："合作共赢，就是要倡导人类命运共同体意识，……建立更加平等均衡的新型全球发展伙伴关系"，这是中国政府正式提出"人类命运共同体"意识。

2015年9月，在联合国成立70周年系列峰会上，习近平论述了打造人类命运共同体的主要内涵："携手构建合作共赢新伙伴，同心打造人类命运共同体。让铸剑为犁、永不再战的理念深植人心，让发展繁荣、公平正义的理念践行人间！"

2017年3月17日，写入联合国安理会关于阿富汗问题的第2344号决议；3月23日，写入联合国人权理事会关于"经济、社会、文化权利"和"粮食权"两个决议；11月2日，"构建人类命运共同体"又写入联大"防止外空军备竞赛进一步切实措施"和"不首先在外空放置武器"两份安全决议。

2018年，"确立人类命运共同体的共同理念"被写入青岛宣言，成为上海合作组织八国最重要的政治共识和努力目标。

联合国教科文组织资助的丝绸之路科学研究，在30年后终于开始发挥现实作用，借助历史影响力，构建人类命运共同体的实践项目"一带一路"在2013年开启，现在已经有150多个国家加入合作项目。

三、人类命运共同体的内容："人与环境，人与人，国与国"相合[①]

人类命运共同体眼中的人是在共同体中获得承认与发展的人。它应具体包含三个方面的内容，一是人与环境相合，二是人与人相合，三是国与国相合。而这三者的同一对象性就是"一般人类规律"。如《大学》之"国身通一"，如庄子的"道通为一"，合起来表达就是以国与国表现形式的人类社会通过共商、共建、共治的方式成为一个大家庭，共同创造一个

---

① 张龑：《人类命运共同体：人权保护的新平台》，节选自《宪法修正案的改革逻辑及其证成》，载《浙江大学学报（人文社会科学版）》，2019年第8期。

互助友爱、生生不息的美好未来。"一般人类规律"作为现代生产方式规则和秩序，成为"构建人类命运共同体"的伦理道德法律的对象性同一，是实现"人与环境相合、人与人相合、人与社会相合、国与国相合"的可行性桥梁或媒介。

"构建人类命运共同体"理念超越了国家、宗教、文明差异，从人类的整体、长远利益出发，寻找的是人类价值观最大的公约数。它提出了解决当前世界难题的中国方案，展现了中国作为联合国安理会常任理事国和世界主要经济体的应有担当。

构建人类命运共同体，一方面，它是马克思主义的中国化新时代表述，马克思强调人是社会关系的总和，"只有在共同体中，个人才能获得其全面发展的手段，也就是说，只有在共同体中才可能有个人自由"。另一方面，批判地吸收了中国传统优秀文化。中国文化历来崇尚"和"，强调天地人，和为贵；天人合一，万物一体。

第三节 地球是物质与生命互动的共同体

为什么在当今倡导"构建人类命运共同体"，而得到广泛的响应？

第一，因为人们赖以生存的现代生产方式已经拓展成为世界范围的"产业链生态共同体"，构建"全球发展命运共同体"成为可能。第二，因为"我们从来没有现代过"，在混杂的社会中，科学技术是一把双刃剑，人类不得不深谋远虑"我们"能走多远？科技社会学，激励人类与物质世界建立新型的联系。

（一）关于地球村。马克思早就发现现代生产方式生产力绝对发展趋势，正在拓展世界市场，这是地球村的物质基础。

1967年马歇尔·麦克卢汉（Marshall McLuhan）的《媒介即信息》首次提出"地球村"概念，"城市不复存在，唯有作为吸引游客的文化幽灵。任何公路边的小饭店加上它的电视、报纸和杂志，都可以和纽约巴黎一样，具有天下在此的国际性"。时间和空间的区别变得多余。

关于人类命运共同体。德国奥特弗利德·赫费（Otfried Hoeffe），1999年写了一本书叫《全球化时代的民主》的书，明确提到了"人类命运共同体"这个词。

拉图尔2012年出版的《我们从来没有现代过》（An Inquiry into Modes of Existence）和2021年的《封锁之后》（After Lockdown），特别提出了"世界主义政治"（cosmopolitics）或"世界主义"（cosmopolitism），并主张"共同世界的渐进组成"。

（二）人与自然的关系。一方面马克思提出不仅认识世界，更要改造世界。但是他也注意到了人类对自然环境影响的问题。马克思对现代生产方式提出了两项批判：无限借债、无限积累，那时候污染虽然没有提上日程，但是消灭乡野绿色文明现象已经非常明显。而在当下，核武器、生物转基因、过度碳排放、信息网络将人格式化，气候变暖，自然与生命体形成了互动关系。

"你相信现实吗？"科学家已经不相信现实，因为他们可以"创造"历史、创造现实、创造毁灭。当科学家提出这样的问题，说明科学已经被神圣化，在被科学编造的过去、现在和未来中，被发现"我们从未现代过"。

我们应该如何看待科学？现象表明，它是由诸多条件所支撑的具体实践过程，我们得用生物多样性的生态位学说来解释行动者网络理论。

科学"现实主义者"与"社会建构主义者"交锋，试图唤起人们对科学的严肃态度。而相比于20世纪90年代的论争，"当下的我们确实在科学领域处于战争状态……这场战争由大型公司和一些否认气候变化的科学家们共同发起"。

（三）关于"后真相"的世界，"另类事实"的崛起。

地球是一个有自主意识的有机体，生命体和非生命体之间相互协调，共同维系有机体的运转。

新冠疫情"大流行向我们表明，经济生产仅仅是一种非常狭窄和有限的安排生活的方式"这种认识是偏激的。历史事实是，如果能够涉及古代留下来的哲学种子"用公正的方法获得财富"为信仰、目的、方法的纯粹现代经济生产方式本身就具有人文正义向度。马克思从历史唯物辩证法出发,强调"社会生活中的经济",因为生存更贴近自然规律,所以经济基础较上层建筑贴近自然,以经济为基础,有自然规律的支撑而具备确定性。希望的种子早已播下。

需要引起注意的是,科学虚无主义不如"建构"它的条件重要,《脚踏实地》行动者网络理论(ANT)反对割裂自然和社会,达到一定数量、达到地球条件允许的生物生存边际,就会变为"人与非人元素的复杂交织"。环境与生态知识问题正在向"政治问题","'为人类的短期利益而行事',这并非一种'自然而然'的政治观念,它由一个巨大的系统来生产和强加给人们,所以观念问题在其中是很重要的问题"。

(四)关于人类的初心。马克思指出现代生产方式遵守一般人类规律,即"我们从未真正超越过古老的人类学的基质",就是说社会也遵守胚胎发育规律,即便高科技了、现代了,但是作为生物的人却不可能存在其他的方式去超越生物规律。

在无现代、非现代、反现代之外的另一条路径。"另外一个更加宽泛的并且更少争议的领域已经展现在我们面前:非现代世界的领域。这样一个中间王国(the Middle Kingdom)就像是中国一样,幅员辽阔,但我们对它所知甚少。"拉图尔和科斯一样,将希望寄托于古老的中国。他们做到了"拒绝提供乌托邦蓝图"。

当今世界百年未有之大变局正在悄然发生。受人类进化之利益规律驱动,任何力量都难以逆转这次世界百年大变局的方向!

附录：美西方文明的野蛮：日耳曼强权掠夺最大化

背景：

（一）在欧洲，成也日耳曼野蛮部落法"王在法之下"，败也日耳曼野蛮部落法"野蛮"至上。尽管西方率先进入现代生产方式，但是，由于对奴隶制、农奴制绥靖，野蛮掠夺和殖民遮蔽了现代文明，尽管社会主义意识形态在欧洲萌发已经500年，但是迄今没有能够战胜资产阶级统治"政治+财权+制定法"极端叛乱专制。

（二）马克思唯物观念论要义，一是设定目标，为人民的现实的幸福，二是设定现实的平等正义方法，适合纯粹现代生产方式的就是正义的；三是，以人民的现实的幸福和现实方法为正义，批判整个旧世界不适应的部分。由于本书的重点是"建设"，所以对批判只做原则性地加以论述。

（三）1949年7月1日新中国成立前夕，毛泽东在《人民日报》发表《论人民民主专政》中指出："很奇怪，先生为什么老是侵略学生呢？中国人向西方学得很不少，但是行不通，理想总是不能实现。国家的情况一天一天坏，环境迫使人们活不下去。"美西方武力文化殖民在前，金融殖民主义在后像唧筒一样吸血世界，但是逃不过富不过三代自然选择，逃不过独霸者终将衰落灭亡的规律。自然选择适度共生者生存。风物长宜放眼量，世界向东看。

第一节　政治强权掠夺最大化，是西方不可持久的根本原因

一、自然选择适度者"共生"；自然选择极端强大者短命

本书在第一卷第七章讨论了在地球现存条件下的自然选择规律，在条件允许的范围内"适度者生存"，极端强大者因为吃断了生物链而趋向灭亡，因为没有了可吃的食物而灭绝，例如恐龙、剑齿虎。自然选择那些弱到吃而不完弱势群体的较强物种生存下来，例如现存的食肉动物，包括大熊猫，没有肉吃吃竹子也行而存活至今。

同理，西方游猎、海洋民族"野蛮部落法自由契约优胜劣汰弱肉强食"，当把地域势力范围内所有弱势民族都消灭，他们就没有了奴隶来源，由于生产劳动力的灭亡，野蛮政治最大化政治团体自己也就因为失去了生存条件随着灭亡，并且因为失去了条件而无法复兴。

2019 年，美国投资家和金融评论员罗杰斯将视野放在一个漫长的、跨越六个千年的文明时间尺度上提出问题。①

> 假设有一个不朽的太空人从外太空俯瞰整个东地中海地区，他会注意到那个时期的大多数人类群体，都是不断迁徙、追随食物来源的采猎者，过着居无定所的游居生活。在他的鸟瞰下，已经发展为复杂定居社会的古埃及、古苏美尔和米诺斯文明，属于几个零星的异类。正如英国知名历史学家 H. G. Wells 所说的那样：两种生活方式是对立的。游居民族和定居民族的冲突是不可避免的，游居民族对定居民族来说是强硬的野蛮人，而定居民族对游居民族来说是软弱的、阴柔的、非常好的掠夺对象。

---

① 文扬：《"为什么只有中华文明可以再度崛起？"中国学者讲座引发外网热烈讨论》，微信公众号"底线思维"，2023 年 6 月 7 日发表。引用时略有调整。

公元前2278年至前2154年间，古特人的大军入侵了阿卡德帝国，结束了一个现有的文明，却没有在其领土上建立另一个文明。公元前1790年至1560年期间，赫梯人在小亚细亚建立了一个帝国，早期巴比伦帝国失去了其在南部和东部的大部分财产。古苏美尔的古代权力中心就此大多被摧毁，处于荒废状态。公元前1782年至前1630年间，流浪的西闪族人夺取了埃及的王位，并结束了埃及的中王朝。在公元前1400年和前1200年之间，克诺索斯的宫殿被摧毁，被遗弃，再也没有重新建造起来。最后，在公元前1177年左右的某个时候，被称为"海上民族"的最凶残的战士从海上的基地出发，毁灭了既有的东地中海文明世界并开始了一个新的黑暗时代。随着他们的大迁徙，古埃及的衰落也随之而来。埃及的碑文中写道：他们乘着战船从海上来，没有人能够抵挡他们。抵抗是徒劳的，宫殿被烧毁，城市成为废墟。

…………

以罗马帝国为例。摧毁了古代东地中海文明的野蛮人部落，事实上也正是古希腊—古罗马文明的创造者。在亚历山大帝国建立之前，来自高卢的凯尔特野蛮人即进入了罗马，100年后罗马统一了意大利半岛，200年后地中海成为罗马帝国的内湖。

在这种情况下，新的文明不仅占领了旧文明的所有定居地，而且构成了更大、更复杂的定居社会结构，再想恢复古巴比伦、古波斯和古希腊的旧文明已经完全不可能。当罗马帝国对外没有了新的定居社会可以征服，同时内部的腐败也日益加剧时，它的转折点就来到了。7—10世纪的阿拉伯帝国、13—14世纪的蒙古帝国、16—19世纪的奥斯曼帝国也都是如此，它们在崩溃后从未复活。当它的北部边界被更强大、更凶猛的日耳曼野蛮人入侵时，它的衰落就是不可避免的了。

大英帝国的兴衰也遵循同样的模式。来自不列颠岛上的海盗民族在掌握了先进的航海和武器装备后，先后征服了不同大陆上众多的定居社会，建立了一个"日不落"的庞大帝国。然而，当再也没有新的定居社会可以征服,同时更强大的竞争者出现时,它也同样无法逃脱历史上其他游居民族帝国的命运。(当今企图统治全世界的美国正在重复"日不落"大英帝国的老路。——引者注)根本原因在于:这些帝国无一例外都是游居民族主导的帝国,他们的统治者要么来自骑马民族,要么来自骆驼民族,要么来自航海民族,虽然这些游居民族统治者也从定居的被征服者那里学到了许多典章制度和高雅的艺术,并逐渐成为文明的一部分,但他们仍然都遵循同样的兴衰模式:在征服战争中达到鼎盛,并在被征服的土地上定居下来,最终在新的海外冒险失败/或内部民族同化和文化融合的失败后迅速分崩离析。

但是,人们看到,中东和东亚从此走出了两条不同的历史演化之路。(根本原因在于中华民族把好战强权政治关进了井田制的"井"内,九一或什一税制,没有财力主动对外扩张。而90%收成留给自由自耕农,自然定居人口增长,有吸引力而体量庞大可以同化游走民族。)

世界屋脊的西方,就是那个极端强大到把食物链吃断的"政治强权最大化"野蛮文化圈,他们自喻为"狗文化"或神本文化。

世界屋脊的东方,就是那个在条件允许的范围内适度者生存,和平、互惠、定居的中华民族及其文明文化圈,即便因天灾人祸会出现衰落期,但是,或者总能保住部分地域而不灭,或者即便改朝换代总能以其原有的优良传统而被统治集团接纳,这种多次复兴的历史周期律现象,护佑中华文明绵延5000年从未中断。

二、人类曾经的"文明古代社会",是现代国家政制治理的参照

(一)对古代、现代以及未来的治理作出系统评说与预测,融合成了历史发展的理论。美国民族学家和人类学家路易斯·亨利·摩尔根通过考察美国印第安人政治治理并对照了古希腊哲学,在1877年出版了《古代社会》,他首次发现,氏族组织"是最古老的一种,我们称之为社会组织,其基础为氏族、胞族和部落"。"古代社会是建立在

人身关系的组织上，它是通过个人与氏族、与部落的关系来进行治理的"，从理论研究与实践考察的双重维度探寻国家治理，创建了科学分析的理论。

对古代氏族组织治理的历史审视，发现治理是人类社会特有的活动。恩格斯归纳了12条①把氏族社会的原初治理，将"财产权""政治强权"关进法律笼子，国家治理归结为五大要件，形成比较完整的国家治理理论：

第一，生产方式，土地公有，农、牧、猎、手工业，安全守法。信仰和法制，"信仰守护人"；"氏族的人名自始就伴有氏族的权利"，人格权。"摩尔根说，这种克兰从按克兰划分地区上，从他们的共同使用土地上，从克兰成员对于首长的忠诚以及彼此间的忠诚上，我们都看到了氏族社会的那种通常的、持久的特征"。"失去一切依托并且往往大批地道德沦丧——这也是可以理解的。"②

"死者的财产转归同氏族其余的人所有"，"氏族有着共同的墓地"。"共产制的家户经济和氏族都知道它们对于老年人、病人和战争残废者所负的义务。大家都是平等、自由的，包括妇女在内"。"家户经济是共产制的，包括几个，往往是许多个家庭。凡是共同制作和使用的东西，都是共同财产：如房屋、园圃、小船。由于氏族实行宅屋和土地属于整个部落所有，每个氏族成员都按照共有制的家户经济共同经营、共同生产劳动和生活着，因此，在氏族社会里不存在剥削和压迫的现象，也没有富贵奢侈和贫穷困苦的差别。"③ 把财产权关进"公有"的笼子，迄今英国土地是上帝赐予共有制度。美国1/3的土地国家公有。

第二，习惯法相互制约自由人。氏族的"它的全体成员都是自由人，都有相互保卫自由的义务；在个人权利方面平等，不论首长或军

---

① 《马克思恩格斯选集》，第四卷，人民出版社2012年版，第97—100页。
② 《马克思恩格斯选集》，第四卷，人民出版社2012年版，第149页。
③ 《马克思恩格斯选集》，第四卷，人民出版社2012年版，第109、175页。

事领袖都不能要求任何优先权;他们是由血亲纽带结合起来的同胞。自由、平等、博爱,虽然从来没有明确表达出来,却是氏族的根本原则,而氏族又是整个社会制度的单位,是有组织的印第安人社会的基础。这就可以说明,为什么印第安人具有那种受到普遍承认的强烈的独立感和自尊心。"即将政治强权关进"相互制约"的笼子里。

而奴隶制生产劳动主体奴隶没有人格权,农奴没有完整的人格权,奴隶、农奴的起义一次也没有成功过,即奴隶制、农奴制背景下"弱者渴求社会平等、公正"不具备因果可能性。

第三,平等。"同氏族人必须互相援助、保护,特别是在受到外族人伤害时,要帮助报仇。个人依靠氏族来保护自己的安全,而且也能做到这一点;凡伤害个人,便是伤害了整个氏族。"

第四,公正。"没有士兵、宪兵和警察,没有贵族、国王、总督、地方官和法官,没有监狱,没有诉讼,而一切都是有条有理的。一切争端和纠纷,都由当事人的全体即氏族或部落来解决,或者由各个氏族相互解决……一切问题,都由当事人自己解决,在大多数情况下,历来的习俗就把一切调整好了。"①

在部落内部设立中介:"历来的习俗",把政治强权关进习惯法的笼子中。

第五,民主。众人当家作主。在"摘要"12条里充分肯定了民众权利在强权之上。

"氏族选举一个酋长(平时的首脑)和一个酋帅(军事领袖)。酋帅仅仅在出征时才能发号施令"。"氏族可以任意罢免酋长和酋帅。部落议事会也可以甚至违反氏族的意志而罢免酋长"。"氏族可以接纳外人入族,并由此吸收他们为整个部落的成员"。"氏族有议事会,它是氏族的一切成年男女享有平等表决权的民主集会。这种议事会选举、罢免酋长和酋帅,以及其余的信仰守护人"。② 一是多数决议民主

---

① 《马克思恩格斯选集》,第四卷,人民出版社2012年版,第108页。
② 《马克思恩格斯选集》,第四卷,人民出版社2012年版,第97—100页。

协商，二是氏族的每项公共法令也要如此才能生效。三是全体氏族成员享有民主监督和民主罢免的权利。

（二）摩尔根的理论对日耳曼野蛮部落法与衰败黑暗的西罗马帝国农奴制也适用。日耳曼野蛮部落法"王在法之下"，挑战并借助匈奴人西进的力量消灭了黑暗腐朽的西罗马政权及其制定法，佐证奴隶制"政治权+财权+制定法"专制。其中奴隶为生产劳动主体，视奴隶是异类（野蛮动物），这属于旧石器时代将俘虏当作动物的文化遗存。而在新石器时代末期，信仰共同体内部"和平、互惠"，巫师法度与部落首领强权是分离的，竞争制衡，实现"王在法之下"多数人法度制约首领暴力强权。若以"向善"为准则，日耳曼野蛮部落法"王在法之下"位格要高些，其张力提供了有限自由空间，为习惯法与王权制定法之间提供了有限竞争空间。而它的有限性表现为日耳曼野蛮部落法自由契约优胜劣汰弱肉强食承认奴隶制，依然不能避免政治强权最大化走向衰落。例如，西方资本主义民主只是手段，同样需要限制。布坎南提出了"民主决策，公共选择"理论，依然不能解决民主不确定性课题。

第二节 西方资本主义的第二重性，血腥从属资本主义

以纯粹现代生产方式为正义，以史为鉴，以人类构建社会组织的初心，来考察鉴别发现资本主义的第二重性：野蛮血腥从属资本主义。

一、西方混杂社会所特有的血腥

当今世界市场的问题，反而是由于西方"现代制度、奴隶制、农奴制混杂"而引起的内部和外部矛盾摩擦，奴隶制"异类、冲突、好战"意识形态阻挠现代生产方式实现世界经济一体化。

（一）马克思在《资本论》第一版序言中，第一次使用"资本主

义方式"概念时,就指出了因历史原因,它在西方具有双重性,即纯粹现代生产方式(资本生产工具主义),和它的双重性:血腥从属资本主义。

> 在资本主义生产已经在我们那里完全确立的地方,例如在真正的工厂里,由于没有起抗衡作用的工厂法,情况比英国要坏得多。在其他一切方面,我们也同西欧大陆所有其他国家一样,不仅苦于资本主义生产的发展,而且苦于资本主义生产的不发展。除了现代的灾难而外,压迫着我们的还有许多遗留下来的灾难,这些灾难的产生,是由于古老的陈旧的生产方式以及伴随着它们的过时的社会关系和政治关系还在苟延残喘。不仅活人使我们受苦,而且死人也使我们受苦。死人抓住活人!①

有几层面的意思。

第一层,潜在的正义准则和规范:"资本主义生产已经完全确立";需要有"起抗衡作用的工厂法";需要建立现代内部"社会关系和政治关系"。

第二层,以法律规范为准则,批判资产阶级不受制约:"但是没有设立起抗衡作用的工厂法",特别是市场上出卖劳动力的"个体"完全不具备制约资产阶级统治专政意志的能力,自然选择以贩卖奴隶为工人阶级处境的替代边际,资产阶级"活人使我们受苦",这是苦于发展与不发展的"现代的灾难"。

物役人,"压迫着我们的还有许多遗留下来的灾难,这些灾难的产生,是由于古老的陈旧的生产方式以及伴随着它们的过时的社会关系和政治关系还在苟延残喘。……死人也使我们受苦。死人抓住活人!"还处于现代制度、奴隶制、农奴制混杂而带来的灾难之中;劳动从属于资本,物役人"死人也使我们受苦"。

(二)资本主义生产方式的混杂部分,定名血腥从属资本主义。

---

① 《资本论》,第一卷,人民出版社1975年版,第8、11页。

西方"雇佣劳动从属于资本"①，西方"血腥资本"②；关于"主奴的关系"，人有可能被自愿充当奴隶"一切主奴权利的历史上观点……即把人看作一般自然的存在，看作不符合于人的概念的实存"。③雇佣劳动是准奴隶"债役"④。

"生产关系作为法的关系，怎样进入了不平衡的发展。例如罗马私法（在刑法和公法中这种情况较少）同现代生产的关系。"⑤

"通过生活资料转化为债务人的血和肉。因此，这种'血和肉'是'他们的货币'。"⑥

血腥自由货币，"货币'来到世间，在一边脸上带着天生的血斑'，那么资本来到世间，从头到脚，每个毛孔都滴着血和肮脏的东西"。⑦资本天生的血斑是资本高利贷。潜在的正义准则和规范：货币必须回归等价交换度量衡中介形式。

资产阶级"用最残酷无情的野蛮手段，在最下流、最龌龊、最卑鄙和最可恶的贪欲的驱使下"⑧，剥夺农民土地、实行殖民扩张。

"标志着资本主义生产时代的曙光"的不过是"美洲金银产地的发现，土著居民的被剿灭、被奴役和被埋葬于矿井，对东印度开始进行的征服和

---

① 主奴式从属，见〔古希腊〕亚里士多德：《政治学》，商务印书馆1965年版，第16页。"优胜劣败的规律——任强者为主、弱者为奴，就是正义〔而奴役自属合法〕。……诸奴关系应该以善良和卑劣为准则。"见第19页。"但从主奴体系上说，奴隶就成为从属于主人的一个部分。"劳动从属于资本，见《资本论》第一卷，人民出版社1975年版，第412、215页。劳动隶属于资本，见第972页索引。"依附关系"，见郭树华、赵卫涛：《警惕国际政治中的"棋子化"现象》，"然而'盎萨'主导的西方世界是等级森严的依附性结构"。

② 《资本论》，第一卷，人民出版社1975年版，第829页。

③ 〔德〕黑格尔：《法哲学原理》，商务印书馆1963年版，第64页。

④ 《资本论》，第一卷，人民出版社1975年版，第191页注（40）。

⑤ 《马克思恩格斯选集》，第二卷，人民出版社1972年版，第710页。

⑥ 《资本论》，第一卷，人民出版社1975年版，第319页注释（152），第267、823、660页，第813页注释（229）。

⑦ 《资本论》，第一卷，人民出版社1975年版，第829页，第319页注释152。

⑧ 《资本论》，第一卷，人民出版社1975年版，第830页。

掠夺，非洲变成商业性地猎获黑人的场所"。①

被强迫的"自由、自愿"，虚伪的平等："平等地剥削劳动力，是资本首要的人权。"②

（三）物役人。"资本是死劳动，它像吸血鬼一样，只有吮吸活劳动才有生命，吮吸的活劳动越多，它的生命就越旺盛"。潜在的正义准则和规范：劳动创造价值，在纯粹现代生产方式内部必须遵守两个均分习惯法，资本使用者与劳动者构建共生关系。③

（四）资本雇佣劳动，是按时间的"债役"。

在罗马法十二铜表中规定，平民向贵族"告借"，以身家性命为担保，如果不能偿还，就要被捆绑在"铜衡"上，而陷于奴役状态，叫做"奴隶制采取债役这种隐蔽的形式"。而被铜衡判定"奴役状态的人"，他的债务将以劳务世代相传，叫做"债役"。黑格尔这样描写"债役"："我可以把我的体力上和智力上的特殊技能和活动能力……在限定的时期内让渡给别人使用，因为根据这种限制，它们同我的整体和全体取得一种外在的关系。如果我把我的由于劳动而具体化的全部时间和我的全部生产活动都让渡给别人，那么，我就把这种活动的实体、我的普遍的活动和现实性、我的人身，变成别人的财产了。"④

所谓的雇佣劳动力，就是，除了出卖劳动力，再没有可以出卖的东西。雇佣劳动合同沾染了"债役"模式。例如，由于人必须先吃饭，在人的肚子里食物转化为营养供给人的肌体，然后释放劳动力。人所共有的这种特征，对于无产的自由劳动者就成了短板。在签订契约时约定资本先转

---

① 《资本论》，第一卷，人民出版社1975年版，第819页。
② 《资本论》，第一卷，人民出版社1975年版，第324、190、191页注释（40）、334、332、465页。
③ 《资本论》，第一卷，人民出版社1975年版，第260、272页。《资本论》，第三卷，人民出版社1975年版，第997页。《马克思恩格斯选集》，第一卷，人民出版社1972年版，第257页。
④ 《资本论》，第一卷，人民出版社1975年版，第191页注释（40）。〔德〕黑格尔：《法哲学原理》，商务印书馆1963年版，第75页第67节。翻译稍有出入。

移标的物"货币"成为债权人,劳动者先接受"货币"成为债务人,按合同时间段内支付标的物"劳动力"就是还债,在法律上叫做按时间的"债役",更有甚者那就是后发工资,更是砍头"债役"。

在形式上,资本将生产的二要素买下:当活劳动的劳动力和生产资料全部买下后,劳动从属于资本,产品也从属于资本,一如奴隶制生产资料、劳动、劳动果实属于奴隶主。

资本借助"雇佣劳动制度"追逐着无限的利润。完成了原始积累的资本家也造成了社会经济结构中"劳动者和劳动条件的分离","在一极使社会的生产资料和生活资料转化为资本,在另一极使人民群众转化为雇佣工人"。①

"雇佣劳动的平均价格是最低限度的工资,即工人为维持其工人的生活所必需的生活资料的数额。因此,雇佣工人靠自己的劳动所占有的东西,只够勉强维持他的生命的再生产。我们决不打算消灭这种供直接生命再生产用的劳动产品的个人占有,这种占有并不会留下任何剩余的东西使人们有可能支配别人的劳动。我们要消灭的只是这种占有的可怜的性质,在这种占有下,工人仅仅为增殖资本而活着,只有在统治阶级的利益需要他活着的时候才能活着"②。"商品的价格,从而劳动(力)的价格,是同它的生产费用相等的。"实际以农奴为替代边际。当贩奴,无产自由劳动力的价格下降到准奴隶边际,当"总资本/总工资=7—9",总工资占比下降到仅占33%—40%。

正如马克思指出:"资本、地租和劳动的分离对工人来说是致命的。"③资本集中在少数人手中的私有制,导致了自由劳动力边际工资和无财产状况,从两个方面形成了一个关乎劳动者身家性命的要害东西。例如美国解放奴隶最初阶段,逃亡奴隶过着比奴隶、农奴还不安全不稳定的人生状态,米塞斯说"奴隶不愿意自由"正是那段黑暗历史的写照。谁揭露谁就要被扣上大帽子而遮蔽了这段残酷历史。今天,美西方底层人民拿不出急

---

① 《资本论》,第一卷,人民出版社,1975年版,第828页。
② 《马克思恩格斯选集》,第一卷,人民出版社1972年版,第266页。
③ 《马克思恩格斯全集》,第42卷,人民出版社1979年版,第49页。

用的400美元，欧盟物价上涨底层人民就违法砍树取暖。

对于现代生产方式负债经营特征和功利主义无边界现象，马克思告诫人们：当无产阶级取得社会主义国家政权以后，必须"利用自己的政治统治，一步步地剥夺资产阶级的全部资本，把一切生产资料集中在国家即组织成为统治阶级的无产阶级手里"①，作为社会民主决策和公共选择的公共物质基础。

（五）血腥工作日；血腥最低工资。在美国南部各州，"黑人所从事的有时只要七年就把生命耗尽的过度劳动"②，增加不变资本、减少可变资本"总资本/总工资 = 7—9"，总工资相应下降到占比33%—40%，偏离了中性。

（六）人被物化。雇佣劳动，"把人训练成机器"③。

（七）资产阶级社会消灭小私有，"资本……本身已经以这样一种分配为前提：劳动者被剥夺了劳动条件，这些条件集中在少数个人手中"④，资产阶级利用手中的财产剥削他人剩余价值。正是把批判的矛头直接指向资产阶级财产权制度本身，马克思对财产法权正当合法性的追问和批判才是彻底的。

（八）资本主义法治的虚伪。

因为资本控制国家的内在需要，资本主义法治得以形成。但是，阶级对立使公共法治无法充分建立。"由私有制造成的资本和劳动的分裂，不外是与这种分裂相适应的并从这种分裂产生的劳动本身的分裂。"⑤ 由此，不得不产生阶级偏私。"现在的各国政府尽管向工人谄媚，但是它们清楚地知道，它们唯一的支柱是资产阶级，因此它们可以利用和工人友好的言

---

① 《马克思恩格斯全集》，第4卷，人民出版社1958年版，第489页。
② 《资本论》，第一卷，人民出版社1975年版，第264、273、266、599、219页，第813页注释（229）；第二卷，第351页注释（32）；第三卷，第103页。
③ 《马克思恩格斯选集》，第一卷，人民出版社1972年，第268、260—262页。
④ 《资本论》，第三卷，人民出版社1975年版，第994页。《马克思恩格斯选集》，第一卷，人民出版社1972年，第253、263、267页。
⑤ 《马克思恩格斯全集》，第1卷，人民出版社1956年版，第610页。

辞去恐吓资产阶级，但是绝不可能真正反对它。"①

因为阶级偏私始终存在，资产阶级法制的改善就很有限，"无论劳动保护法，无论工会的抵抗，都无法消除应该消除的最主要的东西，即资本主义关系，这种资本主义关系始终不断地把资本家阶级和雇佣工人阶级之间的对立再生产出来。雇佣工人群众终身注定从事雇佣劳动，他们和资本家之间的鸿沟，随着现代大工业的逐渐占有一切生产部门而变得越来越深，越来越宽。"② 事实上的权利虚置，绝对不是法律所能消除的。

资本对劳动者剩余价值的榨取，"现代资本家，也像奴隶主或剥削农奴劳动的封建主一样，是靠占有他人无偿劳动发财致富的……有产阶级的所谓现代社会制度……也是微不足道的并且不断缩减的少数人剥削绝大多数人的庞大机构"。③ 资产阶级的政治国家是"少数人剥削绝大多数人的庞大机构"，却又必须以社会公共利益的法治代表者出现，因此必然呈现出制度本性上的伪善。

美西方资本主义自由贩奴、契约奴隶、殖民地、金融殖民主义，被雇佣劳动者是只有征得他人同意才能劳动也才能生存的准奴隶，"民主制和其他任何一种政体一样，归根到底也是自相矛盾的，骗人的，也无非是一种伪善。政治自由是假自由，是一种最坏的奴隶制；这种自由徒具空名，因而实际上是奴隶制。政治平等也是这样。所以，民主和任何其他一种政体一样，最终总要破产，因为伪善是不能持久的，其中隐藏的矛盾必然要暴露出来；要么是真正的奴隶制，即赤裸裸的专制制度"④。"真正的警察国家就是这样的，它认为，最好是悄悄地采取行动，而在口头上鼓吹法治国家。"⑤

资本主义法治的虚伪性，还表现在司法偏向上，"由于法官处于依附

---

① 《马克思恩格斯全集》，第32卷，人民出版社1974年版，第340页。
② 《马克思恩格斯全集》，第22卷，人民出版社1965年版，第110页。
③ 《马克思恩格斯全集》，第19卷，人民出版社1963.年版，第125页。
④ 《马克思恩格斯全集》，第1卷，人民出版社1956年版，第576页。
⑤ 《马克思恩格斯全集》，第21卷，人民出版社1965年版，第235页。

地位，资产阶级的司法本身也成了依附于政府的司法，就是说，资产阶级的法纪本身已让位于官吏的专横"。① 因此，"现今这样组织的陪审法庭是维护某些人的特权的机关，而绝不是保障一切人的权利的机关。"② "法律的执行比法律本身还要不人道得多；'法律压榨穷人，富人支配法律'和'对穷人是一条法律，对富人是另外一条法律'——这是完全符合事实的而且早已成为警世格言。可是，难道能是另一种情况吗？治安法官也好，陪审员也好，他们本身都是富人，都来自中间阶级，因此他们都袒护自己的同类，都是穷人的天生的敌人。"③

"资本逃避动乱和纷争，它的本性是胆怯的。这是真的，但还不是全部真理。资本害怕没有利润或者利润太少，就像自然界害怕真空一样。一旦有适当的利润，资本就胆大起来，如果有10%的利润，它就保证到处被使用；有20%的利润，它就活跃起来；有50%的利润，它就铤而走险；为了100%的利润，它就敢践踏一切人间法律；有300%的利润，它就敢犯任何罪行，甚至冒绞首的危险。如果动乱和纷争能带来利润，它就会鼓励动乱和纷争。走私和贩卖奴隶就是证明。"④

二、经济危机、价格革命，劳动者首先受冲击

资产阶级极端叛乱"总资本/总工资＝7—9"导致经济危机。就是对过度债务引起供求不平衡的残酷清零⑤，"危机永远只是现有矛盾的暂时的暴力的解决，永远只是使已经破坏的平衡得到瞬间恢复的暴力的爆发。"⑥

绝对剩余价值、相对剩余价值，无论哪一种情况出现，总之，"金锁

---

① 《马克思恩格斯全集》，第6卷，人民出版社1965年版，第167页。
② 《马克思恩格斯全集》，第6卷，人民出版社1965年版，第152页。
③ 《马克思恩格斯全集》，第3卷，人民出版社1995年版，第583页。
④ 《马克思恩格斯全集》，第23卷，人民出版社1972年版，第829页。
⑤ 《资本论》，第三卷，人民出版社1975年版，第287—288页。
⑥ 《资本论》，第三卷，人民出版社1975年版，第278、277、287—288、552—553页；第一卷，第552—553页。

链已经够长够重，容许略略把它放松一点"。① "所以，劳动力的出卖条件不管对工人怎样有利，总要使劳动力不断地再出卖，使财富作为资本不断地扩大再生产。"② 世界经济危机多数表现为金融垄断危机信用二重性；信贷二重性。

从印度殖民地剥夺的50亿英镑的财富供给英国工业化。而殖民地大量粮食出口，导致印度没有了粮食储备，19世纪下半叶几次大旱造成8000万人饥饿困顿而死，英国教科书刻意隐瞒这段血腥历史。

价格革命，总是劳动者率先承受就业变动的冲击。在机器技术大产业，"在工资普遍提高时，所生产的商品的价格……在不变资本或固定资本占优势的产业部门将会下跌"。③ 价值革命对金融的依赖。④

资本生产工具主义，表现为具体技术进步的相对性，即"任何进步，同时也是破坏，……一个国家，例如北美合众国，越是以大工业作为发展起点，这个破坏过程就越迅速。因此，资本主义生产发展了社会生产过程的技术和结合，只是由于它同时破坏了一切财富的源泉——土地和工人。"⑤ 这可能就是约瑟夫·熊彼特（Joseph Alois Schumpeter，1883—1950）学习的那一小部分"创新就是对旧有的破坏"。新创并不是什么新东西。

私有制周期性危机，消灭陈旧生产力，创建新生产力，"只不过是现代生产力反抗现代生产关系、反抗……所有制关系的历史。……周期性的循环中……商业危机……生产过剩的瘟疫。……社会上文明过度，生活资料太多，工业和商业太发达。……资产阶级关系已经太狭窄了，再容纳不了它本身所造成的财富了。……一方面不得不消灭大量生产力，另一方面

---

① 《资本论》，第一卷，人民出版社1975年版，第678页。
② 《资本论》，第一卷，人民出版社1975年版，第679页。
③ 《资本论》，第二卷，人民出版社1975年版，第379页。
④ 《资本论》，第三卷，人民出版社1975年版，第120页。
⑤ 《资本论》，第一卷，人民出版社1975年版，第552—553页。

夺取新市场，更加彻底的利用旧市场。……防止危机的手段越来越少的办法"。① 劳动力负担失业与再就业的沉没成本，社会生产力的每一次发展，总是用劳动力的增减来维持经济的均衡②。

资本的物理和技术寿命的周期更新是经济危机的物质基础。马克思关于固定资本的周期更新，"随着资本主义生产方式的发展，生产资料的变换加快了，……为周期性的危机造成了物质基础。在周期性的危机中，营业要依次通过松弛、中等活跃、急剧上升和危机这几个时期"。③ 第一层意思，资本与技术转化为新的生产力，存在"专利—普通利润率"技术磨损周期和固定资产物理磨损周期，即20年寿命期；第二层，若干相联系的技术和固定资产周期，以"短板"为周期，形成短、中、长周期；第三层，每个阶段，都会有一个龙头产品，它的寿命预测经济危机最大、最长周期，例如铁路——钢铁业50年周期。美国采用军民结合开发技术，每一次战争又相当于一次新产品的研制与广告宣传，战争又总是围绕争夺石油等资源展开。战争周期与经济周期往往重叠。④ 还有中等收入陷阱，等等。只不过，随着中国大量廉价商品供应全世界，延缓了第一世界的危机周期。

而每一次大大小小的经济危机，受震动最大的总是普通劳动者。

劳动所有权规律，怎样蜕变成了资本占有规律？本书发现由于购买劳动力是用"家庭生命权"必需生计品价格作为尺度，而在生产过程中劳动者释放的是一般劳动价值，差额就是剩余价值。就好比"油"在卖前和卖后没有变，劳动所有权在卖前卖后没有变，劳动者出卖劳动力时将对果实的所有权一并卖掉了，蜕变成了买者"资本（负债）使用者"占有规律。

---

① 《马克思恩格斯选集》，第一卷，人民出版社1972年版，第256页。《资本论》，第一卷，人民出版社1975年版，第831—832页。
② 《资本论》，第三卷，人民出版社1975年版，第287—288页。
③ 《资本论》，第二卷，人民出版社1975年版，第206、207页。
④ 〔美〕萨缪尔森：《经济学》，上册，商务印书馆1981年版，第353页图14-1。

三、西方特有的血腥原始丛林野蛮霸道积累

（一）在这里，"原始"可做两种理解，一是初始；二是原始"采集"野蛮丛林掠夺霸道。

西方贩奴契约奴隶资本主义积累，"自由……人作为自然存在，……尚有可能成为奴隶。……自由概念和自由最初纯粹直接的意识之间的辩证法，就引起了承认的斗争和奴主的关系"。①

西方奴隶制资本主义积累的一般规律是血腥"社会的财富即执行职能的资本越大，它的增长的规模和能力越大，从而无产阶级的绝对数量和他们的劳动生产力越大，产业后备军也就越大。……官方认为需要救济的贫民也就越多。这就是资本主义积累的绝对的、一般的规律"。②

原始积累，是血腥资本私有制对小生产私有制的剥夺。"创造资本关系的过程，只能是劳动者和他的劳动条件的所有权分离的过程，这个过程一方面使社会的生活资料和生产资料转化为资本，另一方面使直接生产者转化为雇佣工人。因此，所谓原始积累只不过是生产者和生产资料分离的历史过程。"③

（二）积累与西方无产阶级贫困化。

积累一般规律和无产阶级贫困化规律，"一切生产剩余价值的方法同时就是积累的方法，而积累的每一次扩大又反过来成为发展这种方法的手段。由此可见，不管工人的报酬高低如何，工人的状况必然随着资本的积累而日趋恶化。……这一规律制约着同资本积累相适应的贫困积累。因此，在一极是财富的积累，同时在另一极，即把自己的产品作为资本来生产的阶级方面，是贫困、劳动折磨、受奴役、无知、粗野和道德堕落的

---

① 〔德〕黑格尔：《法哲学原理》，商务印书馆1963年版，第65页。
② 《资本论》，第一卷，人民出版社1975年版，第707页。参照法文翻译版，将"成反比"修改为成正比。
③ 《资本论》，第一卷，人民出版社1975年版，第782页。

积累"。①

绝对贫困。其一,工人阶级不断出卖自己的劳动力,不断无产,不断继续出卖劳动力,受剥削,是绝对的。其二,分配规则决定了工资增长总是慢于资本利润的增长,鸿沟日益绝对地扩大了,是绝对的贫困。国际慈善组织乐施会 2017 年 1 月 16 日发布的题为《99%民众的经济》报告中指出,自 2009 年起,超级富豪们所控制的财富每年以 11%的速度增长。在新兴经济体国家中,低技术部门的工资始终落后于生产力的发展;而在不少富裕国家里,此类工资则呈现停滞不前的状态。与此同时,财富顶层人士的工资却一直在节节攀升。印度最大的信息企业的首席执行官薪水是其公司普通员工的 416 倍。根据瑞士信贷 2015 年 10 月的报告,全球最富有的 1%人口所拥有的财富量已经相当于其余 99%人口所拥有财富的总和。其三,时而大时而小的失业、半失业工人队伍必然存在,是绝对的。

相对贫困。当农业的工业化完成以后,劳动力的供求达到一个相对平衡,就是刘易斯拐点。拐点以里,进入相对贫困阶段。资本主义分配关系决定工资增长总是慢于资本利润(量)的增长,工人阶级总是处于相对贫困的地位。据报道,自 20 世纪 80 年代已来西方实施新金融自由主义,收入不平等加剧,中产阶级的收入多年来一直停滞不前。

无限制借用未来,与自然对立。"无限借债"、无限复利的积累,无限自行增殖。② 美国表面繁荣,但是冷不丁在 2007 年爆发次级信誉贷款危机,被学者称之为灰犀牛现象。③

血腥原始积累说明,西方资本主义从它出生起,就遗传上了主奴自由价值观。马克思从发生、建制、发展、消亡研究混杂资本主义,让资产阶级恐惧。

---

① 《资本论》,第一卷,人民出版社 1975 年版,第 708 页。
② 《资本论》,第三卷,人民出版社 1975 年版,第 446、447、448、278 页。
③ 《资本论》,第三卷,人民出版社 1975 年版,第 447 页。

潜在的正义准则和规范。初始积累可以采用和平发展形式完成，中国迅速和平崛起、经济稳定发展70年实证，三重契约现代生产方式的初始工业化资金积累，可以采用自力更生艰苦奋斗形式缓解资本不足；可以采用生产资料公有制有计划弯道超车的方式；可以采用社会主义民本、现代生产、法制管理控制市场和计划的形式预借未来20年利润给现在。

四、商品、货币、资本、私法拜物教，物役人"好像"资本下金蛋

所谓拜物教，是指资产阶级认为货币和资本有生育能力，"在生息资本上，这个自动的拜物教，即自行增殖的价值，会生出货币的货币，就纯粹地表现出来了，并且在这个形势上再也看不到它的起源的任何痕迹了。社会关系最终成为一种物即货币同它自身的关系"。① 从而遮蔽了资本榨取剩余价值，剩余价值转化为利润支付利息，利息来源于利润。

欧洲工业革命以来，迅速转化为"物"本位。三大拜物教，其一，商品拜物教是直接的物象崇拜。其二，货币拜物教虽然还有物象崇拜的外表，但实际上已经是内化了的、有关现象界的意识，即一种以量化为标准（高利贷）的意识。其三，资本拜物教则是一种观念拜物教，这是对资本好像是"自我再生产"功能的崇拜。拜物教完成了对商品、货币、资本的历史性生产方式的规定的遮蔽，好像具有"永恒性"。劳动"创造价值，提供利息，成了货币的属性，就像梨树的属性是结梨一样"。资本所有者只关心商品生产中的货币循环的两端，"好像"货币有生育能力，资本下金蛋。资产阶级法律拜物教，自由契约优胜劣汰弱肉强食。潜在的正义准则和规范：20年期的住房抵押贷款模式，可以证明，分期付款购房债务（利息和本金）全部是由贷款购房人在20年债务期内支付的，而银行支付的是虚拟的债务白条"资本金"实际一分钱也没有支付，资本只是起到20年期的虚拟"信用中介"而已，一种法律运筹机制，这对生产线抵押贷款也适用，还本付息的债务是一般劳动普通剩余价值支付的，20年后企业偿

---

① 《资本论》，第三卷，人民出版社1975年版，第441、442页。

债完毕，银行的虚拟资本金白条转化为真金白银的"资本金+总利息"。

西方学者将欧洲中世纪封建领主和现代科技巨头相类比，形象地揭示百年大变局的阶级矛盾因素。早期奴隶主、封建领主热衷于发动战争掠夺奴隶和财富、夺取罗马帝国的皇冠、教派之间的战争，古代生产力停滞表现为人口少、增长缓慢。中世纪欧洲的地主控制了水力和风力磨坊时，他们确保了生产力的提高使他们富裕，而不是他们的工人富裕起来。1500年，发现新大陆，葡萄牙西班牙瓜分地球从世界各地掠夺财富回国，被贵族统治阶级挥霍一空，经过短期消费繁荣，人民的处境并没有多少改善。工业革命以来，热衷于奴隶制殖民地配置资源、贩卖奴隶、契约奴隶生产劳动力，通过价格传递，宗主国无产自由劳动力的价格从以农奴为替代边际下降到以准奴隶为替代边际。当存在失业劳动大军，表现为随着生产力提高，或者市场工资不变，或者因科技革命商品价格下降，商品工资反而下降，或者大量使用廉价的女工和童工，这在矿山和工业区表现尤为明显。20世纪初，当美国科学技术发展，表现为科学技术管理，工人被格式化。80年代后期开始金融与高科技媾和，过去的30多年，美国高科技表现为科技金融、科技企业家的收入畸形上涨，中产阶级收入停滞，底层非熟练劳动力收入略有下降，并没有分享到高科技带来的"收获"。2012年人们批判超市零售商沃尔玛的工资差距是900倍，10年后的今天，高科技巨头是员工最低工资的4000倍。就有奥地利学派"企业家精神"为这种不公平站台。阿西莫格鲁（Daron Acemoglu）《民主资本主义的终结?》指出，世界正处于一场普遍危机的痛苦之中。其原因，一是民主国家的人们可能犯的最大错误是"自我遗忘"，从集体记忆中抹去创建支撑新兴城市自治的制度的艰难过程，精英统治幻觉假设这些制度坚不可摧。在许多国家，人们未能捍卫民主、公民义务和共享繁荣的主流目标。二是西方精英阶层崇尚奴隶主极端自由对资本有利的自由，则自由与"安全"是一个对立，困扰世界的不平等，具体表现为"不安全"现象——失业、收入下降、贫困、贫富悬殊，信任下降。21世纪的美西方霸权主义特点是对他国颜色革命拆解主义，对本国镇压、动荡和民主制度的解体。

五、250 年来的 20 余次世界性金融经济危机

附表 1 世界经济危机与周期统计

序号	危机年代	国家或地区	繁荣年代	危机与繁荣交替
1	1637	荷兰		现代金融史上第一次投机泡沫。在市场失灵的交换体系下,政府到底应该承担起怎样的角色?
2	1720	英国		南海公司股票投机案。国会通过了《反金融诈骗和投机法》,南海泡沫破灭。
3	1837—1843	美国		英国银行方面的压力;储备分散导致出现货币恐慌,缺乏足够的贵金属,银行无力兑付发行的货币。
4	1907	美国		没有控制信用资源的中央银行,一半贷款都被高利息信托投资作为抵押投在股市和债券上,金融极度投机。
		英国	1843—1845	主要成因是冶金和机械制造技术的飞速进步。导致股息高达 7%—9%。
5	1947—1850	英国		铁路投机终告破产,许多线路停目铺设。又出现英国和中欧、南欧农业严重歉收。
6	1857	英国 美国		工业产值下降了一半,但存货却增加了。许多煤矿关闭,煤价大幅度下跌。
7	1867—1868	英国		铁路建设、造船、纺织缩减了 40%。英印贸易逆差高达 3200 万英镑,黄金外流严重。
		世界	1865—1873	美国铁路投资约 20 亿美元,其中在英国筹集的资金约占一半。德国战败法国,大量投资重工业,迅速繁荣。
8	1873—1879	世界		维也纳交易所危机,铁路股票下挫,商业金融公司倒闭,生产过剩物价下跌。卡特尔托拉斯辛迪加垄断形成。

续表

序号	危机年代	国家或地区	繁荣年代	危机与繁荣交替
			1879—1881	美、德贸保主义转变成政治强权优势。美建铁路5.3万公里,约占同期世界的50%,重工业增加了一倍。
9	1882—1886	世界		美国铁路退潮。抛售股票和债券。物价指数下降24.1%。失业率达10.2%。法国里昂和罗尔银行倒闭,企业倒闭。
			1886—1889	铁路建设再一次高涨。美国为首的电气革命,电灯、电话、电车、电动机等不断问世。
10	1890—1893	世界		德国股票暴跌。破产1.5万起,铁路规模缩减了60%。农业歉收,美工业股票平均市价下跌50%,金属和金属制品下降44%。
			1894—1899	俄国铺设22600公里铁路。外国资本涌入扩张,经济的繁荣。美国钢材价格下降,钢制品需求迅速扩张。
11	1900—1903	世界		俄罗斯金融危机,工业生产陷入危机,牵连投资和出口的法国、德国、比利时和英国。美国爆发全面危机。
			1905—1906	美国建成25000公里铁路。新兴工业崛起,如电力、汽车、化学等。欧洲资本通过提供短期信贷来资助创业投机,新建生产能力带动原材料价格的飞涨。
12	1907—1908	世界		美国破产的信贷机构负债达3.56亿美元,停止支付现金。重工业产量下降60%,牵连英国、德国、法国。
			1909—1912	经济高涨的主要动力却是军备竞赛。第一次世界大战爆发,各国转入战时计划经济,危机遂告消失。

续表

序号	危机年代	国家或地区	繁荣年代	危机与繁荣交替
	1914—1918	世界		第一次世界大战。唯独美国一跃为资本主义世界名列首位的经济大国。
			1923—1928	生产高涨刺激了信用膨胀。允许1/3抵押贷款炒股，美国有价证券发行额达490亿美元，证券价格不断上涨。
13	1929—1933	世界		纽约证券平均价格98美元，涨到365美元。29日连续发生大破产，有价证券的行市下跌了40%—60%。生产过剩，工业倒退20年，2500万人失业。1931年9月，英国放弃金本位制，英镑贬值，宣告了"放任主义"失灵，资本主义单靠本身内在的力量已经不容易从危机中爬出来了。于是，鼓吹"国家干预"刺激经济和保持"充分就业"的凯恩斯主义应运而生。
			繁荣	1934—1935
				1939—1945，第二次世界大战
14	1948—1949	美国		战后内外恢复后的收缩。美国工业生产指数下降了10%。危机导致马歇尔计划出台。 1950—1972朝鲜、越南战争。
15	1972—1974	美国		第一次石油危机，从3美元/桶冲到11.65美元/桶。美国经济滞胀。美国标准普尔指数跌幅达40%。美元与石油挂钩
16	1973—1975			以滞胀为特征：生产停滞或缓慢发展和通货膨胀并存的现象。石油价格刺激金融业工资物价膨胀，实质经济空壳化。
				繁荣期1977—1978年。
17	1979—1981			第二次石油危机，油价从20美元/桶以下飙升至39美元/桶

续表

序号	危机年代	国家或地区	繁荣年代	危机与繁荣交替
18	1981—1995	南美		美国在南美搞新自由主义，一个"卖"字，美国控制了南美80%以上重化工业。墨西哥到期的公共债务本息达到268.3亿美元，无力支付，巴西、阿根廷、秘鲁等也相继告急，如果拉美国家发生倒账，作为债主的西方几百家大银行将不堪设想。 1994—1995年墨西哥金融危机。
19	1979— 1982— 1987— 1990—1992	西方世界	1993—1995	高物价、高通胀率。失业人数共达3200万人，通胀率20%以上，英美最优惠利息率高达21.5%，美国《银行紧急法案》Q条停止6年。 1987年10月19日，标普日跌20%。格林斯潘结束膨胀法。 1990年美股市日跌505，1992年才走出低谷。1992年西方国家失业人数达3000万人，欧共体债务占GDP的62%。 1991年克林顿神化科技股。1991年1月17日—2月28日，以美国为首发动海湾战争。危机6+5年又三个季度。
20	1996—2000			格拉索允许私募基金上市，2000年90%的科技股崩盘市价狂跌50%。开启硅谷不平等创投。两伊、伊拉克战争。
21	1990	日本		1987年广场协议日元马克增值1倍。1991年初四大证券公司舞弊丑闻，日本房产泡沫破裂，泡沫景气转为衰退和萧条。
			1983—1989	西方发达国家出现了80年代经济的恢复和快速发展的好势头。
22	1990	美国		第三次石油危机。爆发了海湾战争，当时国际油价从20美元/桶左右飙升至42美元/桶。

续表

序号	危机年代	国家或地区	繁荣年代	危机与繁荣交替
23	1997	亚洲		1997年7月2日，索罗斯政治发动对中国香港股市对冲被击溃。东南亚国际货币储备不足，被对冲攻击引起金融危机。
24	2007—	世界		华尔街对金融衍生产品的"滥用"引发次贷危机。雷曼兄弟破产，美林、美银、AIG告急。政府注资花旗启动保护。世界各国特别是发展中国家经济基础遭到重创。利比亚、阿富汗、叙利亚战争。

资料来源： 百度网。本文有修改。

经济危机指的是一个或多个国民经济或整个世界经济在一段比较长的时间内不断收缩（负的经济增长率），是资本主义经济发展过程中周期爆发的生产过剩的危机。在资本主义经济的发展过程中，经济危机是周期地重演的，危机与危机之间的间隔表现了一定的规律性。自1825年英国第一次发生普遍的生产过剩的经济危机以来，随后发生危机的年份是1836年、1847年、1857年、1866年、1873年、1882年、1890年和1900年。在资本主义自由竞争阶段以及向垄断资本主义阶段过渡时期，差不多每隔十年左右就要发生一次这样的经济危机。

进入20世纪，在1900年危机之后，迄第二次世界大战以前，又发生了1907年、1914年、1921年、1929—1933年、1937—1938年的经济危机，差不多每隔七八年就发生一次危机。

第二次世界大战后，各主要资本主义国家又发生了次数不等的经济危机。到目前为止，就几个主要资本主义国家看，发生经济危机的次数是：

美国 7次（1948—1949、1953—1954、1957—1958、1960—1961、1969—1970、1973—1975、1980—1982）。

日本 7次（1954、1957—1958、1962、1965、1970—1971、1973—1975、1981）。

联邦德国 7 次（1952、1958、1961、1966—1967、1971、1974—1975、1980—1982）。

法国 5 次（1952—1953、1958—1959、1964—1965、1974—1975、1980—1982）。

英国 7 次（1951—1952、1957—1958、1961—1962、1966、1971—1972、1973—1975、1979—1982）。

属于世界性经济危机的只有四次，即 1957—1958 年、1973—1975 年和 1980—1982 年的经济危机，2008 年至今。

第三节 美西方的奴隶制、农奴制历史，近在咫尺

有学术认为，河流农业文明是主流，而牧猎、海洋野蛮属于发育不足，奴隶制野蛮多次毁灭农业文明。西方哲学界定，西方奴隶制现象证明西方还处于野蛮向和平互惠文明过渡阶段，即"尚以不法为法的世界"阶段。

第一小节 古希腊罗马奴隶制中的旧石器时代遗存特殊

国际比较文化，就应当设立客观公认的"概念"。

一、古希腊罗马奴隶制政体，以旧石器时代丛林霸道遗存为特征

人类经历过的生产方式和社会形态：旧石器丛林霸道时代；新石器出现王在法之下时代；中华民族 5000 年"井田制"政治、君主在仁法之下；欧洲古希腊罗马那种以奴隶为主要生产力"政治强力权+财产权+制定法"垄断专制；欧洲农奴制不过是奴隶制的旋转门。相对比，奴隶制更贴近旧石器丛林霸道。

（一）古希腊罗马奴隶制的地缘因素。

古希腊奴隶制是丘陵——海港地缘构成性的特殊现象。

古希腊是一个临海的丘陵地带，农业生产的粮食不足以自给。若按美国历史学家斯塔夫里阿诺斯的界定，采集向农业进化，就是野蛮向文明的进化过程，那么古希腊就属于农业发育不良滞留在采集野蛮式奴隶制阶段；"农民无论是自由的还是农奴"①，欧洲的农民被划分为"自由公簿佃农"和"农奴"两类人，等于承认农奴不是真正的自由人。当出现了现代和平发展互惠文明，与混杂其中的野蛮成为一个对立。18世纪才开始区分野蛮与文明，而在此之前野蛮勇武优胜劣汰、弱肉强食是"以不法为法"。在2000年，古克礼提出，"HELLAS一词对古代希腊人那样，只是一个用来表示主要聚落之间人们具有共同文化和密切的贸易及其他关系的标签，而没有一个统一的把大家联结为一体的政治实体？"欧洲学者终于自己承认古希腊罗马那种奴隶制带有原始"部落"联合特征。

（二）古希腊奴隶制的特征。

第一，生产劳动力来源于"战争俘虏"。在欧洲，原始牧猎部落后期，他们把抓来的俘虏与家畜关在一起②，这就是会说话的动物工具——奴隶。后来，依靠战争掠夺大量俘虏、战败国成为殖民地，从而进入奴隶制社会。奴隶制传承了"捕捉、俘虏、奴隶动物劳动"这种非正义"生产要素"。

第二，奴隶是生产劳动的主力，占人口的一半以上。奴隶的有效行为用"劳累活动"形容，"劳动"是奴隶的专用词。③

关于每个公民身后跟着7个奴隶。"像私人因拥有奴隶而获得经常收

---

① 罗伯特·托马斯（Robert Paul Thomas）：《西方世界的兴起》，华夏出版社1989年版，第10页。

② 〔古希腊〕亚里士多德：《政治学》，商务印书馆1965年版，奴隶制、农奴制，第494页附录三。柏拉图：《理想国》，商务印书馆1985年版，42处提到"奴隶"。

③ 〔古希腊〕亚里士多德：《政治学》，商务印书馆1965年版，奴役是否合乎自然，主奴两利，见54a17；猎取奴隶，见55b37；主奴关系，见52a30；有似畜力，见52b13；异于畜力，见54b20；自由人和奴隶，见52a30；奴隶为有生命的工具，见53b30。

入一样,国家也应当拥有公共奴隶,其数目应该三倍于雅典公民。"① 可以计算出,每个"公民"的后面跟着 7 个奴隶,其中 3 个是公有奴隶,一般公民至少有 3 个私有奴隶,而奴隶主拥有大量私有奴隶。还可以从"公民"极端自由,基本不劳动来认识奴隶是生产劳动主体,"应当由非公民来担负粮食和日用必需品的生产业务","所有公私的农田都由奴隶或农奴(贝里俄季人)从事耕作"②。而自由人劳动被称为"生产"(由"催产婆"演变而来),性质是"修善"。

第三,财政的一大来源是掳掠奴隶,奴隶被买卖租赁,奴隶是"动产"(奴隶、牛羊、金钱)。

第四,奴隶主极端自由有人格权,奴隶极端不自由无人格权。

第五,奴隶制特征,即旧石器时代将俘虏当动物的丛林霸道遗存。

个人有冗余"冲动、暴力、适度"本质张力,其中以条件允许范围内适度者生存为"向善"参照标准,那么奴隶制优胜劣汰、弱肉强食、丛林霸道的部分,就是停滞在旧石器时代"狩猎""采集(野蛮)"阶段。

《我们从来没有现代过》一书也表明,个人"冲动、暴力、理性"本质中的"暴力",应是旧石器时代最明显的特征和遗传给人类的丛林霸道。旧石器时代主要依靠"狩猎""采集"谋生存,刚刚学会使用最原始的打磨粗糙的"石器",所以定名为旧石器时代。旧石器时代被抓的俘虏与动物一样是物质战利品。

而日耳曼野蛮部落法"王在法之下",巫师法度与部落首领强权是分离的,一是比旧石器时代"暴力"至上丛林霸道有"向善"的可能性。二是对比奴隶制"政治强权+财权+制定法"合一垄断专制,则王在法之下提供了有获得有限平等自由的可能性张力(尽管日耳曼野蛮部落法也承认自由契约优胜劣汰弱肉强食奴隶制,依然是野蛮法)。

第六,"分工协作"集体力。奴隶以单个人身份参加由奴隶主组织的

---

① 〔古希腊〕色诺芬:《经济论 雅典的收入》,商务印书馆 1961 年版,第 73 页。

② 〔古希腊〕亚里士多德:《政治学》,商务印书馆 1965 年版,第 456 页。

集体手工业作坊劳动，单个奴隶表现出劳动能力差别，奴隶主发现分工协作可以提高生产力。奴隶劳动特有概念的用途，一是出现单个劳动力现象，出现了计算一般奴隶劳动力"生命权最低生活所需"这一指标，被用在了农奴徭役和西方资本主义"雇佣劳动力工资"计算术方面。二是在奴隶制手工业商品市场制度和文化基础上，在偏远的采矿、采林岛屿上，穷则思变、异化创建了平民自由民手工业共同体"分工协作—通工等偿"自治，这个第三种致富技术就是正义形式哲学种子。

二、欧美封建专制主义的特征

1215 年英国《自由大宪章》一纸命令，奴隶制隶农领主庄园旋转门，国王代表上帝分封领主隶农庄园，欧洲农奴制封建专制是奴隶制转型的产物，带有奴隶制"从政治""从属主人""土地权与政治权合一专制政制"特征。

在西方知识体系，"农民"专指"农奴"，只从事农业劳动，因农奴徭役地租被束缚在土地上。

欧洲封建专制的第一个特征是政治权与土地权合一专制。在欧洲，"feudal society 封建社会"是指分封领主农奴之庄园贵族专制社会，它一直是资产阶级意识形态批判的对象。法哲学视域，权利或权力归纳为政治权和财权。欧洲学者公认的欧洲封建专制是"土地所有权从统治和从属的关系"[①]，"土地所有权从政治"即土地是英国王权代表上帝赐予贵族领主的，土地依附于政治权；"从属"即农奴从属于贵族，被庄园私法束缚在庄园土地上。欧洲农奴制分封制带有奴隶制遗存，所以有殖民地美国《独立宣言》历数大不列颠国王极端封建专制主义 29 条罪状。

欧洲封建专制第二个特征，欧洲农奴依附于庄园领主和庄园土地，农奴徭役地租为收成的 50%，用于贵族挥霍和供养骑士。

第三个特征，农奴是生产劳动的主体。庄园法只允许农奴在庄园内劳作。农奴是地租债务准奴隶，领主有权以庄园法"地租债务"的名义，被

---

① 《资本论》，第三卷，人民出版社 1975 年版，第 696 页。

允许在一年内抓回逃亡农奴，因此农奴无实际自由。

第四个特征，一般农奴永远不得有属于自己的大型劳动工具和土地等生产资料财产，一方面是由于若离开土地就要交很重的罚金，去城市打工要向领主交重金，婚嫁缴重金等；另一方面是教会法规定农奴只允许过着符合他阶级的生活，有剩余应侍奉主，这样一来农奴永远不得为自己积累大型农业生产资料，没有财产所有权的自由。从政治、经济、社会三个方面永远被束缚于领主庄园内。

第五个特征，专制导致夺权混战几千年（这与柳宗元在《封建论》中所阐述分封诸侯、藩王谋夺权混战一个样）。古希腊亚里士多德以正统为准则将政体划分的两大类——正统的：君主立宪制，共和制；非正统的：寡头、平民、僭主、专制（将自由民当奴隶对待）。孟德斯鸠归类为自由与专制两大政体，并以小国寡民心态认为东方大国一定专制，情愿相信波斯商人信札也不相信传教士寄回的信息。这种非理性的判断，否定了他自己的"法律与气候关系"的学说。

受到古希腊"政体"正当性的影响，古罗马历史，政权内部的斗争和夺权的借口都是"反专制"，除个别帝王在位时间较长，古罗马帝王在位时间平均只有6年，一部欧洲政治史就是争夺罗马帝国皇冠的历史，在罗马帝国灭亡后欧洲长期处于野蛮混战小国寡民人口凋零的状态。以美国独立宣言界定大不列颠国王专制主义为证，公式表示欧洲专制：

欧洲历史纵向逻辑"专制=混战"政治短命人口凋零
法哲学界定欧洲封建专制主义＝"政治权+土地权"垄断专制

以欧洲标准对比中国，中国大一统，中国几千年人口和GDP占世界的40%，这种体量大、可持久，本身就表明了中华民族农工商文明积淀的历史成果。

第二小节 欧洲文明的野蛮;"异类"文化; 被挤压的市民社会

一、古希腊罗马奴隶主只有权力,奴隶只有责任,以不法为法

黑格尔《法哲学原理》中,自由与奴隶是一个对立,"奴隶产生于由人的自然性向真正伦理状态过渡的阶段,即产生于尚以不法为法的世界。在这一阶段不法是有效的,因此,它必然是有它的地位的"。

(一)古希腊奴隶主极端自由只有权力,奴隶极端不自由只有责任。

古希腊雅典城邦后期,柏拉图《理想国》记录了自由人极端自由乱象①,"极端自由——落入了最痛苦最严酷的奴役之中了",欧洲古代绝对自由专制的特征是"僭主混战"。"绝对自由"以文字的形式传承到近代,例如,黑格尔假设自由意志的起点是"纯无规定性"自由。但是,极端自由人回归"理性",就像浪子回头金不换一样稀有,这种假设没有大众普遍性。

奴隶制公民极端自由的物质基础,"公民们一旦可以取得津贴,他们就开始把一切政事包揽到(公民大会)自己的掌握之中了"。② 自由民为了不劳而获,特别热衷于政治斗争夺取权力轮流坐庄掠夺并享用从奴隶、殖民地掠夺来的劳动果实。正因为夺取政权可以获得公共供给,所以"公民"对奴隶制政治特别有动力。

---

① 〔古希腊〕柏拉图:《理想国》,商务印书馆1985年版:反智,见第348页。不顾一切见第351页。反对约束,见第352页。暴力,见第342、343页。放任,见第342页。随心所欲,见第342页。没有秩序,见第351、343、344、352页。没有节制,见第349页。极端自由,见第352、362页。绝对,见第351页。放纵,见第355页。被欺骗——通往僭主奴役之路,见第350、351、352、353、359、366页。

② 〔古希腊〕亚里士多德:《政治学》,商务印书馆1965年版,第313页。

奴隶主有人格权，奴隶不是人。奴隶主除了具有"政治权+财产权"，还传承了上古巫师从精神上控制人，以其道德伦理人格"高贵"俯视奴隶；而奴隶与动物一样，没有人格权。巫术高于世俗王权是部落社会"王在法之下"的一个来源。

主奴从属，一是"优胜劣败的规律——任强者为主、弱者为奴，就是正义［而奴役自属合法］。……主奴关系应该以善良和卑劣为准则"。二是"但从主奴体系上说，奴隶就成为从属于主人的一个部分"。其中，贫困自由人会被逼自愿为奴，罗马私法对无力偿还债务者允许要求割肉偿还债务或卖身为奴还债。西方血腥从属资本主义，从它出生的那天起沿用奴隶制掠夺、殖民地优化资源配置，原始丛林霸道的积累手段一直沿用到今天。三是奴隶主自由观：只有自由人有"人格"是平等自由人。奴隶没有行动自由，没有表达思想的自由，没有人格权。四是主奴依附关系，延续到近现代，"然而'盎萨'主导的西方世界是等级森严的依附性结构"。①

二、美西方主奴"异类、冲突、好战"文化遗存

东、西方文化最大的差异是西方的"异类文化"，那些西方殖民地，即受到异类文化压榨的民族，在与中国人接触时因强烈对比而感觉到中国人与各民族交往时自然流露平等友好的品质。所以，古希腊哲学自喻信奉"公正"，这仅适用于奴隶主自由人共同体内部。对于外部信奉"非白即黑"，外部被视为对立面：对待"异类"野蛮人，可以像对待野兽一样无规定性（以不法为法）猎杀或奴役。

---

① 〔古希腊〕亚里士多德：《政治学》，商务印书馆1965年版，第16页。一是第19页。二是第11—12页。三是劳动从属于资本，见《资本论》第一卷，第412页，第215页。劳动隶属于资本，见第972页索引。见郭树华、赵卫涛：《警惕国际政治中的"棋子化"现象》，载《环球时报》，2022年3月31日。

（一）西方"异类"文化来源，应是旧石器时代以"杀戮"为生产方式，西方游牧、海洋生存方式与"杀戮"勾连而被延续。

异类文化。古希腊奴隶制"主奴关系源于强权，不合正义"；"野蛮人应该由希腊人为之治理。野蛮民族天然都是奴隶。野蛮人无天赋自由。"[①] 被视为是异类。"heterogeneous"：野蛮人、类动物、妖魔鬼怪。

"异类"文化，表现在哲学中，例如萨特自由哲学，"他人即地狱"。他人即我的自由的地狱，对称面就是自己的自由是他人的地狱。

最近火爆的非小说作品《备胎》，从英国王子的口中说清楚了什么是西方观念中的"异类"，哈里王子承认，他在阿富汗担任阿帕奇直升机飞行员期间曾杀人，并表示他对此既不感到自豪也不感到尴尬。……哈里在书中写到，自己作为飞行员总共执行6次任务，"导致我夺走了人命"。他评价称，在战斗中杀死目标敌人"就像从棋盘上移走棋子"。谈及为何能给出明确的数字，哈里补充称，安装在阿帕奇直升机机头上的录像机能帮助他评估任务的完成情况，并且确定他杀死了多少人。"我杀了25人，这不是一个让我感到满意的数字，但也不会让我感到尴尬。"[②] 异类文化，即当他视某人为异类时，他的观念中"人体"旋转门成了"棋子"，杀戮起来一点没有负罪感。这些描写让英军和退伍军人很紧张，暴露了他们的兽性，是对西方"自由、民主、人权"最大讽刺。

（二）"狗文化"与《理想国》。西方深受奴隶制生产方式影响。西方界定自己的古代史是两希（古希腊、希伯来）型社会、民族。西方和平文明只发展到"自由人共同体"内部为止，而城邦之间是异类关系。古希腊从西亚传入"狗文化"，对外，以非正义（无规定性）为正义。就是说，

[①] 〔古希腊〕亚里士多德：《政治学》，商务印书馆1965年版，见1253b，20；52b6。

[②] 《哈里王子：我在阿富汗杀死了25人，"就像从棋盘上移走棋子"》，成都商报红星新闻，2023年1月6日发表。

在不同的共同体之间使用了陌生人之间的诡辩术。① 柏拉图的《理想国》是美西方政治精英第一必读著作,被代代相传,"如果我们想要足够大的耕地和牧场,我们势必要从邻居那儿抢一块来;而如果邻居不以所得为满足,也无限制地追求财富的话,他们势必也要夺一块我们的土地";可以使用"谎言""虚假""欺骗""暴力掠夺","国家统治者,为了国家的利益,有理由用它来应付敌人,甚至应付公民"。② 2021年4月1日,美国参议院外交关系委员会审议了283页的《2021年战略竞争法案》,拜登总统的三个国际关系选项:竞争、合作、对抗,在外交委员会那里只剩下一个选项:对抗。"对抗""争霸主"实际就是欧美国际关系价值观。英国国歌第四段中唱道:"混乱他们的政治(Confound their politics)"。

(三)主奴一元论哲学。一是古希腊哲学"主奴"从属一元化。二是教会普世主义一元论。三是5世纪以来欧洲日耳曼蛮族法与罗马法混合,英国工业革命以来迷信盎格鲁-撒克逊一元论。

---

① "狗哲学"是西方"异类"文化的具体形象(具象)。狗的特征是对主人忠诚,将陌生人视为敌人。"狗"辩证法哲学,见柏拉图《理想国》第三卷:"在我们的国家里辅助者象狗一样,他们听命于统治者,好象后者是城邦的牧人。""凭狗的名义起誓"。"对着主人狂吠的喜欢叫的狗"。第四卷:"你觉得一条养得好的警犬与一个养得好的卫士,从保卫工作来说,两者的天赋才能有什么差别吗?""他们还应当对自己人温和,对敌人凶狠。否则,用不着敌人来消灭,他们自己就先消灭自己了。""在我们拿来跟护卫者比拟的那种动物身上可以寻找到. 我想你总知道喂得好的狗吧,它的脾气老是对熟人非常温和,对陌生人却恰好相反。""狗一看到陌生人就怒吠……这个人虽然并没打它;当它看见熟人,就摇尾欢迎……虽然这个人并没对它表示什么样好意。这种事情,你看了从来没有觉得奇怪吗?""狗完全凭是否认识区别敌友……不认识的是敌,认识的是友。一个动物能以知和不知辨别敌友同异,你怎样能说它不爱学习呢?"在世界屋脊以西,信奉狗文化,共同体内是自己人"向善共生"为正义;共同体之外一律是异类、敌人,共同体之间斗争杀灭关系为正义(不法为法),西方自由契约弱肉强食,处于不存在和平相处"中介"的旧石器时代。

② [古希腊]柏拉图:《理想国》,商务印书馆1985年版,第3卷,抢一块来,见第67页;谎言,见第82页;虚假,见第92页;欺骗,见第92页;暴力掠夺,见第67页;国家统治者,为了国家的利益,有理由用它来应付敌人,甚至应付公民,见第92页。

教会视普济主义是"唯一",除共同体内部自由人或教民外其他都是野蛮人,无规定性征服为正义,不法为法的时代。美国人秉承教会排斥多样性的传统,形成了一套具有浓厚一元论色彩的评价道德和真理的标准。美国的政治领袖们不断重申由宗教产生的道德之于国家和国民的重要性。华盛顿曾说过:"理智和经验都告诉我们,若无宗教原则,是无法保持国民道德的。"约翰·亚当斯也表示,一个共和国"只有由纯宗教或严格道义来予以支持",美国的宪法"只是为讲道德和信教的人民而制定的",典型的政教合一观念。美国人视异类为"恶魔",通过一种斗争激情的形式来表达:邪恶一定要被铲除。① 他们从上小学开始就被灌输居高临下"拯救全世界"一元价值观。

"普世(一元)"(universal)一元(排他)即是分离出异类的一种方法或形式。英文"普世"(universal)一词源于希腊语 oînos 和拉丁语 un-us,意思是"一"。"普世"的意思就是全部属于一个单一,这是一个单一性的概念,从定义上就是排他的。因为只有"一"这个"一"应用于一切。这一切之外没有任何东西了。

美国史学家斯塔夫里阿诺斯称欧洲"好战的基督教","欧洲的扩张在某种程度上可以用欧洲基督教扩张主义来解释:……基督教浸透了普济主义、改变异端信仰的热情和好战精神,……宣称自己是世界宗教"。② 在这里普济主义是唯一独尊单边主义。哈耶克"作为盎格鲁-撒克逊国家的自由制度之基础"③ 普适。

美国史学家罗伯特·卡根(Robert Kagan)考察,美国从来都是一个"危险的国家"。2010 年,塞缪尔·亨廷顿(Samuel P. Huntington)《文明的冲突与世界秩序的重建》实质是宣扬重建西方"另类、冲突、好战"秩序。因为他们的所谓"自由",就是对异类无规定性(以不法为法)压迫、

---

① 《基督教一元论与美国式道德标准》,载《第一财经日报》,2012 年 2 月 13 日。
② 〔美〕斯塔夫里阿诺斯:《全球通史:1500 年以后的世界》,上海社会科学院出版社 1992 年版,第 11 页。
③ 〔英〕哈耶克:《通往奴役之路》,中国社会科学出版社 1997 年版,第 128 页。

剥削和杀戮，从古希腊奴隶制哲学起始，民族、宗教之间"另类、冲突、好争"已经延续2500年。

中华自由自耕农工商文明为参照，古希腊罗马式奴隶制出现了与河流农业文明所不同的特殊现象，古希腊罗马奴隶制是特殊、偶然历史，而不是一般历史。事实反而是，在当今，已经走出了伊朗模式、玻利维亚模式和中国和平与发展模式，TINA（没有其他选项）已经被打破。

三、欧洲政治专制，市民社会受到野蛮法的狙击

（一）英国爆发了工业革命，然而当时的社会主流是农奴制，英国工业革命中"逃亡农奴转型为无产自由劳动力"，资本使用者和资本所有者联合转型为资产阶级统治专政者，贵族政治文化依然占支配地位，导致底层"市民社会"被强大的旧势力所包围和侵蚀，从欧洲国家层面看，市民社会的历史纵向和横向根基都不够深厚，特别表现为现代市民社会"用公正的方法增加我的财富"内部政治正义根基，被资产阶级贵族精英"专制（政治权+财产权）"所破坏。在这种混杂社会时期，英国纯粹现代生产方式生产力绝对发展趋势，很快就被贩奴、契约奴隶制、掠夺殖民地所遮蔽和混杂，欧洲国家借助坚船利炮富裕起来，而掩盖他们的"以不法为法"。

直至1917年十月革命布尔什维克打倒沙俄农奴制以前，欧洲历史长期占支配和统治地位的是奴隶制、农奴制。至今西欧的大多数国家都是君主立宪制，自由—专制（财权+政治权）政体。

例如，法国发明的增值税对创造价值直接征税，揭示法国立法部门违背了英国市民社会法瓦特—博尔顿模式"禁止高利贷—三重契约"法律安排，说明法国固守拿破仑法典并没有认真学习英国市民社会法。

还有，社会主义观念发端于欧洲，但是由于奴隶制、农奴制缺少"和平互惠"历史文化，而不能深入人们的习惯中。即便从"属人主权""属地主权"身份权转型到契约关系，但是自由竞争、自由契约自发地优胜劣汰、弱肉强食，依然是奴隶制农奴制野蛮"以不法为法"习惯。正因为缺少强大的市民社会做文化载体，西方热衷于霸权，而把市民"用公正的方法获得财富""共同体共生富裕"早就丢在了脑后。

第二次世界大战结束以后,西方为了从战争创伤中恢复过来,马克思法哲学理论被写进宪法改革、市民法、联合国相关法律。由于存在社会主义阵营的竞争,美西方曾经有所顾忌,为了争取选票,还是知道要发展生产力、提高中等阶层的收入、控制贫富悬殊,夺取道德制高点。但是自从苏联、华沙条约解散,没有了对立面,西方立马露出了原形。

(二)欧洲次级市民法与资产阶级"政治+财权"专制混杂,充其量也就是"半民主"国家。[①]灰色概念自由主义民主的兴起,正在挑战美西方一元霸权寡头政治。

自由的灰色地带。当下美西方政治与经济的矛盾,一是美西方霸权主义一元论(例如人权大于主权)对其他国家民族的殖民;二是仅从1965年才开始有几十年的普选制和短期限轮流坐庄专政,与现代经济以20年为周期长效和平发展机制之间的对立;三是政党选举意志优先而与纯粹现代经济和平发展互惠正义准则的对立。这导致被压迫民族国家寻求新的国际秩序,即介于极端自由和极端不自由中间的灰色自由民主的探索和兴起。这些国家的主要理念是民生为本的主权独立占第一位,自由选举服从民生为本、主权独立。这些国家的特点,一是存在一个有坚定信仰比较牢固的政治或宗教代表组织,二是在坚定民本信仰社会主流做为指引、守护、监督的基础上的民选,例如,伊朗的伊斯兰教宗教立宪制"自由—专政",抵御美国50余年的经济制裁和政治颠覆。匈牙利、塞尔维亚等国"自由选举—中央集权专政"在欧洲一枝独秀。这些"灰色自由主义民主的兴起"渐成气候。还有,就是中国特色社会主义政治经济模式,实现非西方的中国迅速和平崛起,开辟了世界新潮流。

[①] 《非自由主义民主的兴起》,Fareed Zakaria,The Rise of Illiberal Democracy, Foreign Affairs,Nov/Dec 1997,76(6),pp.22-43。

第三小节 "民族国家"国际霸权主义 "自由契约弱肉强食"

英国法学家梅因的观点,"所有进步社会的运动,都是从身份到契约的过程"。然而自由契约、自由竞争依然属于弱肉强食。唯有现代社会自由人之间以平等正义为准则以法律正义为中介的契约关系才可持久。

奴隶主极端自由,奴隶极端不自由。表现在当今,就是基于霸权的规则与秩序,基于规则的秩序,而排斥法律公正平等,美国优先,美国第一,不允许其他国家或民族发展高科技,美元武器化企图殖民全世界,公然违背联合国宪章。

(一)欧洲"民族国家"无规定性,"私下自由契约"弱肉强食。

西方学者研究发现,1648年《威斯特伐利亚和约》,承认民族国家之间"私下契约"弱肉强食,由于霸权国家的坚船利炮,这种国际关系迄今没有多少变化。

在5世纪,借助匈奴人西侵的力量,日耳曼人走出森林消灭了西罗马帝国,于7世纪建立了神圣罗马帝国,日耳曼野蛮部落法与罗马法相混合,从属人法(首领部落共同体内部决定主权和人权)过渡到属地法(国家领域决定主权,居住权是人权的前提条件),但是争夺"罗马帝国的皇冠"权力战争从未停歇。

1618—1648年由于天主教与新教之间的矛盾以及欧洲各国政治冲突和领土争夺,战争双方损失惨重,史称三十年战争。1648年11月《威斯特伐利亚和约》,基本成果,第一,承认民族独立国家主权地位,该《和约》是西方第一部国际关系法,尽管是民族国家之间的私人法、霸权主义法。第二,人们从神权控制下走向世俗(上帝归上帝、恺撒归恺撒)。第三,在新教各派内部达成了和解,在新教与天主教之间则划清了界限。第四,战争两派人员财产损失巨大,但是贷款给这场战争的财团(第三等级)的力量和地位得到提升。欧洲国际秩序表现为民族主权国家之间的条约关系，开始了"欧洲公法的有限战争"有限和平关系。

特别需要注意的是，西方所谓"主权民族国家"，它的理念是"以我民族为正义"，它只是界定了己方，而没有设立民族国家之间应当遵守的客观准则，就连罗马法"第三方作证为正义"的初级法理都没有做到。因此，西方所谓的"自由契约"，实际是仅限于双方的"私人"关系（公法的起点是第三方作证），不能避免弱肉强食关系。正因为美西方国际关系无规定性、无正义准则，把自己称为"民族国家"，却打着民族国家的旗号，干着分裂多民族国家的勾当，打完领主战争，又开始了民族战争，延续了柏拉图的"优良人种""民族灭绝"概念。

（二）关于世界"霸主秩序"的理论批判。新制度经济学角度看《卢浮宫协议》认为，在没有成立世界政府的历史阶段，是"霸主关系"历史时期，原因在于各个国家的"机会主义"和"有限理性"（Williamson，1985）。当没有凌驾于各国之上的法律秩序存在，则国与国之间只能是主观自由契约，也叫做"私人"秩序，没有法律可以判定是否非法。主权国之间的协议主要通过"私人"秩序来保障，国际贸易条约以霸主"自利"为大前提。① 这种霸主自己立法、自己执行、自己受益的国际市场秩序必须改革。霸主式私人合同，带有一定的不确定性、投机性、多次商谈成本，没有法律合同那样明晰确定，没有法律那种合理预期的安全、稳定性。

（二）2012年格雷奥姆·艾利森（Graham Allison）首提"休昔底特陷阱"概念，2015年发表文章《修昔底德陷阱中美是否正在走向战争吗？》对于"东方、西方"在2008年出现的百年大变局转折，艾利森的解释是，美国人正在经历"觉醒"一刻。"从这一刻起，美国会不停追问，中国的崛起是如何发生，又是谁让它发生的"。

---

① 埃瑞克·G. 菲吕搏顿、鲁道夫·瑞切特编：《新制度经济学》，上海财经大学出版社1998年版，第330、327页。霸主领导的国际秩序：（1）质押，霸主政府名义的质押信誉。（2）自我实施协议，霸主领导的联盟。（3）以牙还牙，国家之间私人式自由契约（势均力敌等价交换，弱肉强食，弱肉服从不平等，弱肉退出交易）。（4）霸主管辖的"公共管制"，霸主例外、霸主优先、霸主长臂管辖。

（三）政治经济学派罗伯特·吉尔平（Robert Gilpin）提出了"霸权衰弱论"，他认为国际关系历经几千年来，根本就没有什么变化，一直都在无政府状态下独立个体之间的利益和权力之争。罗伯特·吉尔平的体系变化论的三个因素：第一，基本的变化动力；第二，国内对竞争与斗争的回应及对策；第三，关于权力转移的国际管理。这三条隐含着系统变化的内在因素和外在因素，或者可以发展出来一套有效的和平改革机制。但是他没有做这方面的研究。

（四）拉图尔发现需要通过哲学审视西方"民族志"。拉图尔1991年的《我们从未现代过：对称性人类学论集》则被广泛认为是对科学与政治关系辩论的里程碑式干预，也是对支配现代思想的"自然社会"区分的根本性修正。

第四小节 西方奴隶制政治从没有彻底清除

一、美西方二重性，混杂奴隶制政治苟延残喘至今天

阶级和国家的出现，必然导致原始社会的早期治理退出历史舞台，让位于国家为单位的阶级斗争的治理。恩格斯在《家庭、私有制和国家的起源》中分析道："最卑下的利益——无耻的贪欲、狂暴的享受、卑劣的名利欲、对公共财产的自私自利的掠夺——揭开了新的、文明的阶级社会；最卑鄙的手段——偷盗、强制、欺诈、背信——毁坏了古老的没有阶级的氏族社会，把它引向崩溃。"①。

（一）美国300年混杂奴隶制历史。美国历史的起点是从英国出发的五月花号三桅帆船在1620年到达北美洲，这第一批102人中就搭载有约20名白人契约奴隶。《美国宪法》中就有两条涉及奴隶制合法性：第二项内容"占五分之三的非自由人、未被课税的印第安人"。印第安人因为不

---

① 《马克思恩格斯选集》，第四卷，人民出版社2012年版，第110页。

愿意做奴隶而被杀戮。美国1865年才从法律上解放奴隶。20世纪30年代希特勒"第三帝国"从美国学会了种族隔离种族灭绝。

西方从属资本主义对奴隶制的清算采取"绥靖政策"至今。

马克思指出,西方资本主义,资本雇佣劳动"在奴隶制、农奴制等野蛮灾祸之上,再加上一层过度劳动的文明灾祸"。西方霸权主义价值观的根源,可以归结为:一是神教文化传统;二是殖民主义传统;三是霸权主义潜意识。而这些都直接指向了奴隶主意识形态。西方资本主义毕竟脱胎于奴隶制、农奴制,借助贩卖奴隶和殖民机制优化资源配置而畸形发展,对奴隶制采取"绥靖政策"至今。

美国历史只有300年,并且奴隶制迄今没有从宪法中被删除干净,有学者在评论美国法律史专家保罗·芬克尔曼(Paul Finkelman)编辑的《捍卫奴隶制:美国南部奴隶制思想介绍》中指出,"从十七世纪中期到十九世纪中期,整整两百年,奴隶制是北美殖民地和美国历史的一个有机组成部分。理解美国历史和美国制度的形成,……三百年中无数横越大西洋的贩奴船也是这个移民史的另一面。美国早期历史一个重大问题就是《独立宣言》的平等、自由和人权原则与社会现实中的奴隶制之间的矛盾。……有奴隶制,就有为奴隶制辩护的意识形态,它不但是美国政治思想史的一部分,对于后人认识世界历史上各种类似的制度也有普遍意义。"

1958年比利时还在举办"人类动物园",有色人种被当作动物供人参观。英国一直延续到2015年由政府赎买奴隶的契约才履约完毕。① 2020年6月,因弗洛伊德被警察跪压颈部9分钟而死亡而引发"黑人平权"运动,发出"黑人也是人","我不能呼吸"的呼喊。"黑人的命也是命"运动从美国传播到31个发达国家,在西方世界掀起了移除"奴隶制"标志、推倒那些开国元勋奴隶贩子的雕像的群众自发行动,美国、英国等国民众要求删除国歌中带有奴隶制的文化遗存,例如至今还高唱的国歌《星条旗》

---

① 《中方严正驳斥"抵制冬奥"杂音:政治赴会有违奥运精神,污蔑抹黑简直就是笑话》,载《环球时报》,2021年11月20日。

中,"那些无处藏身的奴隶、佣兵,将难逃失败和死亡"。截至 2022 年,美国还有 5 个州,奴隶制作为对罪犯的惩罚仍然是合法的,80 万囚犯因此遭遇奴隶制待遇。美国在奴隶制被取缔后,人们又通过了旨在压制黑人社区的法律,迫使他们进入监狱,要求他们低薪工作,这些奴隶制成文法并没有得到清算和取缔。美国标榜绝对自由:"国旗保护貌视他的人","言论自由与他的言论无关"以把政治犯与刑事犯关在一起标榜平等,另一方面美国有近三万条法律伺候着,导致犯罪率特高,据报道,美国是世界上监狱床位最多的国家(约 320 万个),美国警察是世界警察权力最大的,每年警察签发 1000 到 1200 万次各种单子,以至于约 40% 的成年人因为有前科案底而沦落成为低等人,找工作受到人格歧视、被骚扰,而偷渡客、蛇头买卖人口,更是典型的奴隶制。种族、枪支、毒品、性自由、极端民粹主义泛滥,自我腐蚀。白人至上并没有根本性改变。

关于文化殖民。20 世纪 60 年代末,高科技与金融联手垄断市场,兴起以精英阶层为主导的新金融自由主义,并利用精英教育模式、娱乐文化等愚昧和麻痹底层的百姓,所谓"颠覆历史、解构社会、张扬个人、娱乐人间"。地缘战略理论家布热津斯基曾经在中国重走长征路,感慨长征是中国的信仰、坚韧精神的体现。然而令人吃惊的是,他的研究方向却是如何从战略上消灭其他地缘的文明文化,而不是向其他地缘辉煌文明学习。不难发现西方的人民也是《理想国》"狩猎"文化遗存的受害者,2012 年,没有"主义"、没有组织的乌合之众占领华尔街运动以失败告终,还被精英们残忍嘲弄。

二、美西方"财权+政治+制定法"专制,僭主政制,虚伪的民主自由

(一)仅依靠普选权来治理国家就像绕道好望角时迷失了航路的海船水手。

西方民族国家《宪法》宪政的兴起。英国诺曼统治时期日耳曼野蛮法律体系信奉"王在法之下",英国率先复兴古希腊哲学中的君主立宪制设想,表现为 1215 年英国《自由大宪章》,王权、教会和贵族三权制衡,第

三等级在夹缝中获得发展张力。自然法的"位格"高于宪法，习惯法与制定法平起平坐，并设立两个法庭体系。英国以第三等级为代表加强议会的权力，1642年杀了企图争夺治税权的查理国王，1688—1689年的英雄革命，代表第三等级利益的市民法上升为国家统一大法，现代生产力绝对发展趋势，政府的税基扩大、税量大幅增长，进一步削弱国王和宗教干政的权力。

宪法自然自由主义的主线逻辑。受到日耳曼部落朴素的"王在法之下"平等习惯法的影响，认同人类拥有某些自然或"不可剥夺的"权利，例如自然法箴规，政府必须接受一项管护限制自身权力的基本法，以保障人民拥有这些自然权利责任。无论是1215年的英国《自由大宪章》，还是殖民地美国1776年美国《独立宣言》、1787年《美国宪法》，权利来源都是自然法，而不是宪法。Fareed Zakaria的观点，自由主义民主的核心是宪法自由主义，而不是民主（民有、民享、民权）制度。宪法自由主义带来了民主，但民主似乎并没有带来宪法自由主义。就是说，自然法则是第一位的，而民主是形式、方法，是第二位的、可选择的。

到了19世纪40年代末，大多数国家已经采纳了宪法自然自由主义的重要方面——法治、私有财产权，以及越来越多的分权、言论自由和集会自由等。从西欧政治发展来看，1648年《威斯特伐利亚和约》起直至20世纪，西欧的大多数国家都是君主立宪制，自由—专制（财权+政治权）政体，充其量也就是"半民主"国家。①

马克思和恩格斯早已经关注设立国家政治正义的参照标准：人类氏族社会曾经的文明形式。对照氏族社会治理的五个特征发现，在当代，民主导致了西方的福利主义、种族政治、政党极化、道德虚无，还纵容恐怖主义和专制扩张，民主——僭主极权谎言盛行的国家，就越绕不开"托克维尔问题"。阿历克西·德·托克维尔（Alexis-Charles-Henri Clérel de Tocqueville, 1805—1859）三大问答，好的生活——自由；好的政治——民

---

① 理查德·扬斯：《西方民主的萎靡与"非西方式民主"的兴起》，载《民主杂志》（*Journal of Democracy*），2015年第4期（总第26卷）。

主；好的政府——宪政。

例如，以王在法之下之名，1689年"光荣革命"后，英国逐渐建立了君主立宪制（议会制）、选举制度和公务员制度等民主制的国家。"到了一定的发展阶段——在法国是从大革命起——它把政权也夺到手了"①，对专制主义的恐惧和对王权的斗争不复存在。由于工业革命的成功，产生了对英国民主制和普选权顶礼膜拜的流行病。对此，恩格斯毫不客气地说："他们得病是受了议会政治毫无缺点这种英国人的迷信观点的影响。依靠普选权来治理国家就像绕道合恩角时迷失了航路的海船水手一样：他们不研究风向、气候和使用六分仪，却用投票来选择道路，并宣布多数人的决定是不会错的"②。如果国家治理仅仅用普选权就行了，就像船员不使用航海知识和多种仪器，却听任议论、由大多数人说了算，就一定会面临灭顶之灾。西方国家选举的财产资格限定从来没有真实取消，劳动者议员寥寥无几。"英国不是正式的民主制""英国人的一切所谓天生的权利都是空洞的名称"③。批判法兰西第二帝国官僚主义，"行政权有庞大的官僚机构和军事机构，有复杂而巧妙的国家机器，有50万人的官吏大军和50万人的军队"④。

（二）根据美国政治学家罗伯特·达尔（Robert Alan Dahl, 1915—2014）的解说，西方普选民主制度（继承了古希腊民主制的形式）西方普选参照了古希腊"平民政体"。第二次世界大战结束，1947年成立联合国，制定联合国宪章。但是在丘吉尔的"异类"观念蛊惑下，美国为首拉下了铁幕进入冷战时期，华沙条约国以民主为旗帜，西方则以自由为标榜。

在两股势力对垒的形势下，美西方不得不注意中层阶级的利益。1962年为纪念解放奴隶100年，肯尼迪总统班子起草《民主宣言》，1963年肯

---

① 《马克思恩格斯文集》，第3卷，人民出版社2009年版，第459页。
② 《马克思恩格斯全集》，第10卷，人民出版社1998年版，第316页。参见许耀桐《国家治理：马克思恩格斯的哲思与启示》，来源：国家社科基金重大项目"马克思主义国家治理理论研究"（22&ZD005）阶段性成果。
③ 《马克思恩格斯全集》，第3卷，人民出版社2002年版，第583页。
④ 《马克思恩格斯选集》，第一卷，人民出版社2012年版，第760页。

尼迪被刺，从而才有了60年代轰轰烈烈的民权运动大高潮，1964年通过《公民权利法案》，1965年通过《选举权利法》，黑人才获得选举权，1968年马丁·路德·金遇刺。但是美国实行议员选举人票（538张票在议员中分割）制度，多数州实行赢家通吃计票法，普选制度被选举团人选举权所架空。英国1969年《人民代表选举法》规定，凡年满18岁的公民，依法均享有选举权，至此，英国现代选举制度中的核心精神——自由、平等和普遍的选举才真正较为完整的确立起来。因此，号称自由民主的西方也仅仅是近50—60年来的事情，很不成熟。一人一票制的问题是，各党派拉票迎合个人熟悉和关心眼前的生活，催生过度福利社会、钻法律空子不劳而获懒惰社会风气。西方政权霸权主义掠夺战争每次都能通过审查的选举决，这埋下了极端民粹主义的祸根。二是选民政治权利被精英所垄断，英国代议制公民对政治的参与由直接变为间接，实质的精英统治原则——通往僭主专制之路。三是西方民选是"政治市场"、是"游戏"。马克思揭露普鲁士普选："内阁也就代表着新选出的两院的自由主义，并且由于这个简单的过程而在实际上变成为党派内阁"①。四是政治冲突，多头政治不确定性，为了私人的利益而从事公共事务，个人权利与公共权威之间权限的划分的不确定性。五是党派精英"轮流坐庄"走马灯绩效差。竞选获胜任职期间熟悉业务整合班子、准备下届连任竞选这两头要用两年多年时间，反对派上台必然推翻前任的治理决策。六是选举被金钱选举所亵渎、金钱操纵信息操纵民意。2010年、2014年美国最高法院分别决定取消了团体和私人捐款赞助选举的额度限制，但是《披露法案》法却迟迟没有通过。七是美西方通过掌权党阀通过输送和任命本党员来控制立法司法监督权，三权分立形同虚设，把反对派首领抓进监狱等手腕层出不穷。2019年4月15日美国国务卿彭佩奥在德州农工大学演讲时，就国际关系的提问时说："我是中情局的前局长，CIA有一整个课程都是说教这个：'我们撒谎，我们欺骗，我们偷窃，这才是美国不断探索进取的荣耀'。并且标榜撒谎是'国家强大的象征'。"据2019年12月9日CNN报道，美国众议院议长就

---

① 《马克思恩格斯全集》，第12卷，人民出版社1962年版，第701页。

伊拉克杀伤性武器问题撒了谎的事情，公然声称"美国可以欺骗全世界，全世界不可以欺骗美国"。大众抱怨中情局权力过大带偏了美国。而在2022年就有欧盟官员公开说国际关系就是"双重标准"。西方统治阶级已经堕落到连道德伦理都放弃了。特别是华沙条约国解体，北约没有了对立面约束，金钱资本主义并没有惠及基层百姓，导致进一步贫富悬殊，中产阶级越来越窄，金主寻租政治代理人，美国正在沦为寡头政治国家。这是"异类"文化的结果，走向僭主奴役之路。

国际霸权干预下的民主选举正在溃烂。美西方奴隶制"狗文化"殖民主义以干涉他国内政为特点，在20世纪90年代以前颠覆了50多个民选政府。21世纪以来美国控制了互联网根址，通过媒体和金钱左右他国选举。近日，以色列情报组织炫耀他们干预了30个国家的选举，有27个获得成功。① 美国政府热衷于通过国际教育培养在他国的政权代理人，通过网络操纵舆论，那些亲美的"政治投机家"们正在某些国掌权，早已经沦为小跟班。

三、西方发动各种国际战场

西方现在已经成为世界麻烦的制造者。国际霸权发动了多个战场。

（一）热战。西方极端自由——通向僭主奴役之路。以美为首的北约拉帮结派，美国在近百个国家有近750个军事存在。国际霸权，以及它们创造的政治、金融等各种标准，都是以这样的霸权理论为规则的秩序。对西方的"奴隶主"情结不能抱有任何幻想。美国"移民武装"传统，立国以来军事霸权发动170场战争。西方在旧中国强制性签署不平等条约，对中国发动多次侵略战争。有统计，从1945年第二次世界大战结束到2001年，美国在近150个地区发动了201次武装冲突，约占81%。2001年之后，美国打着"反恐"的旗号，在全球85个国家发动战争、开展军事行

---

① 《CIA干涉外国选举的秘密往事：美国秘密行动的现代史》，https://new.qq.com/rain/a/20200629A0BPL700。

动①，导致上百万人死亡，3800万人沦为难民，却以"安全"为由污蔑他国是"威胁"。

（二）经济战争。发动经济封锁、经济制裁。国际霸道贸易，比较优势生产国不参与利润分配古代经济。比较优势产业链"6+1"价格战争。

2001年"9·11"事件之后，金融制裁更是快速上升为美国外交领域的"核武器"。美国常用的金融制裁手段有：一是切断跨境清算通道，即禁止受制裁方使用SWIFT国际结算系统。如果被禁止那意味着将很难与SWIFT国际结算系统内的各国金融机构进行跨境资金转移，有可能影响到该国全球资金往来和贸易开展。二是冻结资产，包括禁止提取银行存款、禁止买卖股票和债券等。这是可以具体到个人、企业和金融机构的手段。三是拉拢盟友一起制裁，美国会拉上欧盟、英国、日本等国家进行制裁。

（三）货币金融战争。利用军工和科技霸权实施美元霸权，印钞机政府债务30万亿美元，美元对黄金贬值50倍。利用霸权美元国际结算，长臂管辖货币战争。金融与高技术媾和的"虚拟经济"褥羊毛。美国华尔街股市增长是GDP增长率的20倍。

金融杠杆500倍的衍生物骗局、2000种金融衍生物骗局。

血腥资本金融战争，国际霸权加速"空壳化"衰落。

（四）科技战争。创投不等价交换，神话高科技托市套利圈钱，无基础虚拟资本。②

（五）意识形态战争。霸权国"绝对自由人权"大于他国民族人权（主权）；操弄国际关系，"混乱他国政治"，西方霸权对外关系间谍化；操控非政府组织发动没有硝烟的战争"自由的政权更换"③，颠覆了50多个民选政府，发动颜色革命，制造国家混乱。

西方资产阶级政权意志叛乱，正在毁掉自己国家。以救济为诱饵、利

---

① 《美国输出战乱祸害了多少国家》，载《人民日报海外版》，2021年9月23日。
② 宗良：《新兴市场必须防范美元任性》，载《环球时报》，2018年8月15日。
③ 约翰·贝拉米·福斯特：《霸权式微，美国还能拿到更大蛋糕吗？》，载《环球时报》，2020年5月19日。

用自由主义搞驳民术（弱民、愚民、疲民、辱民、贫民、虐民），导致西方精神和生理病夫盛行。但是当发现新兴国家正在崛起，当美西方已经习惯了福利社会和服务业，已经不习惯工业劳动，就只有衰变、回归普通国家一条路，尽管奥巴马、特朗普、拜登三届总统力求重回制造业，被种族、枪支、毒品等所腐蚀的社会还有效率吗？哈耶克极端自由主义既忽悠了苏联，也忽悠了美西方重复柏拉图所预言：极端自由——通往僭主奴役之路。2023年2月20日，外交部《美国的霸权霸道霸凌及其危害》历数美西方的五项罪责：肆意妄为的政治霸权；穷兵黩武的军事霸权；巧取豪夺的经济霸权；垄断打压的科技霸权；蛊惑人心的文化霸权。

中国终于平视世界，对美西方"霸权霸道霸凌"说"不"。

第四节 西方"现代文明的野蛮"，自省剔除野蛮才是出路

（一）面对百年未有之大变局，西方的"概念体系"无法解释中国现象。

随着中国迅速和平崛起、中国治理的推进，西方的"概念体系"无法解释中国现象，出现了思想"观念空白"，而内生性产生"中国的未知""焦虑""恐中症"而不能自拔。这对西方和中国的知识界都是一个巨大的挑战，如何看待中国，其实关键是西方如何看待自己，这一直是一个大问题。①

关于"对中国认识的空白与焦虑"。世界产业链生态体系早已经将中国与美国和西方第二世界纠缠在一起，2021年，中国与美国的贸易额达7000多亿美元，与欧盟贸易额达8000多亿美元，与日韩贸易达7000多亿

---

① 丁刚：《过时概念让西方对中国产生认知焦虑》，载《环球时报》，2021年11月3日第15版。可以看作是对美国"报业辛迪加"近日刊发题为"关于中国的未知之旅"的文章的回复。张家栋：《西方人对中国认知变化的根源》，载《环球日报》，2019年2月26日。

美元，与东盟达到 8000 多亿美元等，"据日本经济新闻 7 月 25 日报道，中国双边结算人民币占比首超美元，企业和机构投资者等使用的结算货币的统计数据显示，人民币结算所占比例在 2023 年 2 季度达到 49%"①。你中有我，我中有你。反而是西方关于东方的陈旧顽固认识框架在制造错觉，在加重人们的某种担心，无视"中国现实存在"而形成的概念空白，对公众舆论误导产生影响、某种轰动效应。中国是另一种文明所带给西方诸多社会发展理论的挑战。为认识中国而创建或改造原有理论，很可能意味着一种颠覆式的认知"概念"革命。

中国和美国能和平共处吗？近现代 180 年来，西方从未停止过对中国的打压。但是，国际霸权对英国、德国、日本、苏联、欧盟这些曾经的世界第二所采取的那些手腕，在中国身上全部不灵了，国际霸权已经不是焦虑这么简单了。

（二）有学者提出，能否面对现实，建立一个较为准确的理论体系来理解、分析并认识中国的发展。

对于认识中国，西方是早有传统的。例如，大致在中国的唐朝，传教士已经到达了长安。明朝时期，利玛窦考察中国后主张"'耶稣与儒学''融通阐发'（Accomodation）路线"。在法国启蒙运动中，中国道家和儒家文化提供了东方优秀的"概念"体系，伏尔泰归纳为"宽容"。而现在需要的是美西方在重温和复兴启蒙运动的那种愿意学习的心态作为基础的同时，美西方需要敢于承认"对奴隶制暂时放过"导致西方还处于奴隶制、农奴制与现代制度叠加混合的历史过渡时期。这就需要厘清并树立国际统一的"现代生产方式新时代"的正义标准样态，从而建立世界统一的基于现代生产方式正义准则的世界秩序。以现代自然历史现象为依据，建立一个较为客观、可行的理论参照体系来理解、分析并认识中国的发展和美国必然回归普通这一事实。

当今人类各个国家各个民族共同的对象性同一是，我们都身处现代生产方式自然历史阶段，这是共有的，没有哪一个是特殊的。

---

① 《人民币超美元，占比 49%》，载《参考消息》，2023 年 7 月 27 日。

以现代生产方式为正义准则，当今美国也曾经是一个有自我调整机制的国家，新教守成主义一次次将它拉回传统秩序。但是，当美元成为国际结算单位，金融自由主义钱生钱，却让美国走向了不劳而获富不过三代的自然规律。中国迅速和平崛起，已经戳破了西方的把戏，这才是美西方焦虑、思想空白的真正原因。

美元武器化金融后殖民主义、国际专制主义弱肉强食还在困扰着人类。因此，制约帝国贪婪梦，是全世界也是新兴国家的责任。由此，以现代生产方式自然历史新时代为准则，第一，美西方应停止"对奴隶制暂时放过"的政策。第二，美西方应当自查，是否重复大不列颠国王极端封建专制主义那29条罪状，用在后发展国家身上？特别是，要废止优先、第一、特殊、长臂管辖，这些"财权与治权合一垄断专制主义"作为。美西方应当重温美国《独立宣言》：基于"自然法则"所赋予的"独立、平等"的地位，人民有权利对"损害这些目的的，那末，人民就有权利来改变它或废除它"，以其人之道，还其人之身，世界人民有权对美国好战、长臂管辖霸权主义说不；美国曾"吁请世界人士的最高裁判，来判断我们这些意图的正义性"。美西方应回归250年前自己求解放的初心、同理心，平等对待世界国家民族主权独立生存发展权，完成消灭奴隶制这一历史文明新时代赋予的使命。

摩尔根对文明时代的评断："自从文明时代开始以来所经过的时间，……社会的瓦解，即将成为以财富为唯一的最终目的的那个历程的终结，因为这一历程包含着自我消灭的因素。管理上的民主社会中的博爱，权利的平等，教育的普及，将揭开社会的下一个更高的阶段，经验、理智和科学正在不断向这个阶段努力。这将是古代氏族的自由、平等和博爱的复活，但却是在更高级形式上的复活。"（摩尔根《古代社会》第552页）①

---

① 《马克思恩格斯选集》，第四卷，人民出版社2012年版，第195页。

名词与概念：

自由契约缺失第三方作证为中介的合法正当性，是以不法为法

对比与质疑：

美西方还是资本主义吗？这个问题不准确。第一，西方热衷于国际霸权主义掠夺异类和殖民地配置资源。第二，西方金融自由主义导致实质经济空壳化。第三，西方派别轮流坐庄党争，资本生产工具主义安全、稳定、可持久性被破坏。第四，美国政治所谓"个人自由至高无上"，违背美利坚是"合众国"、共和政制。

社会主义经济法哲学

新时代《资本论》中国化

第二卷

中国特色社会主义现代
生产方式道路

蒋爱群 著

中央编译出版社
Central Compilation & Translation Press

图书在版编目（CIP）数据

社会主义经济法哲学：新时代《资本论》中国化 / 蒋爱群著. -- 北京：中央编译出版社，2025.8.
ISBN 978-7-5117-4893-5

Ⅰ．A811.23

中国国家版本馆CIP数据核字第2025N3R224号

社会主义经济法哲学：新时代《资本论》中国化

责任编辑	郑永杰
责任印制	李　颖
出版发行	中央编译出版社
地　　址	北京市海淀区北四环西路69号（100080）
电　　话	（010）55627391（总编室）　　（010）55625174（编辑室）
	（010）55627320（发行部）　　（010）55627377（新技术部）
经　　销	全国新华书店
印　　刷	佳兴达印刷（天津）有限公司
开　　本	710毫米×1000毫米　1/16
字　　数	1443千字
印　　张	76.5
版　　次	2025年8月第1版
印　　次	2025年8月第1次印刷
定　　价	298.00元（全两卷）
网　　址	www.cctphome.com　　**邮　　箱** cctp@cctphome.com
新浪微博	@中央编译出版社　　**微　　信** 中央编译出版社（ID：cctphome）
淘宝店铺	中央编译出版社直销店（http://shop108367160.taobao.com）　（010）55627331

本社常年法律顾问　北京市吴栾赵阎律师事务所律师　闫军　梁勤

凡有印装质量问题，本社负责调换。电话：（010）55626985

纪念抗日战争胜利八十周年！

历史的任务就是确立此岸世界的真理——也就是要求实现人民的现实的幸福。①

劳动的价格,是同生产费用同等的。② 资本使用者在再生产过程中起能动作用。③

无产者组织成为阶级,……它利用资产阶级内部的分裂迫使他们用法律形式承认工人的个别利益。资产阶级(资本使用者——引者注)都不得不向无产阶级呼吁,要求无产阶级援助。④

——马克思

---

① 《马克思恩格斯选集》,第一卷,人民出版社1972年版,第2页。
② 见《马克思恩格斯选集》,第一卷,人民出版社1972年版,第258页。自由劳动与企业主资本使用者是共生关系,法定劳资关系是对象性同一三分法关系。
③ 见《资本论》,第三卷,人民出版社1975年版,第420页。资本使用者依照习惯法均分剩余价值,支付利息率和税率越低越好,是现代生产方式的动力源。
④ 《马克思恩格斯选集》,第一卷,人民出版社1972年版,第260页。

目 录

第一编 科学社会主义三大法宝

第一章 科学社会主义，是现代过渡时期的产物 ……… 001
第一节 科学社会主义的目标：为人民的现实的幸福 ……… 001
一、劳动是幸福的源泉 ……… 002
二、劳动人民的现实的幸福 ……… 005
三、劳动者，享有幸福的正当性 ……… 006
四、"人役物"是人民幸福的根本途径；物役人有原罪 ……… 006
五、社会平等，是人民获得幸福的正义方法 ……… 008
六、人民现实幸福的实现形式：共同富裕渐进过程 ……… 010
七、社会主义政治意识形态的本质：共同富裕，方法是现代化 ……… 011

第二节 科学社会主义 ……… 013
第一小节 空想社会主义，是现代生产方式初期混杂的产物 ……… 013
第二小节 科学社会主义必然选择纯粹现代生产方式为经济基础 ……… 015
一、科学社会主义的动力源来自无产阶级求自由解放 ……… 015
二、科学社会主义必须选择建立在现代最新成果基础之上 ……… 017

第三节 共产主义处于下一个历史阶段 …………………………… 019
　　一、关于共产主义 ……………………………………………… 019
　　二、"两个一定",在社会主义和共产主义各阶段的使命
　　　　有区别 ………………………………………………………… 020

第二章 《共产党宣言》褒扬生产债务企业主阶层与自由劳动的共生统一战线关系 …………………………………………………………… 025

第一节 生产债务企业主阶层与自由劳动共建现代生产方式,
　　　　我们是自家人 …………………………………………… 025
　　一、现代生产方式,国家市民法定劳动和生产债务企业主
　　　　共生自己人 ……………………………………………… 025
　　二、"生产所以生存"弱势群体崇尚平等正义,守成
　　　　"王在法之下" …………………………………………… 026
　　三、亚当·斯密和马克思关于企业内部共生分享的相关
　　　　理论 ……………………………………………………… 028
第二节 《共产党宣言》褒扬资本使用者与自由劳动共生初心 … 030
　　一、市民社会第三等级与自由劳动共生统一战线关系,历史
　　　　进步作用 ………………………………………………… 030
　　二、《共产党宣言》褒扬第三等级与劳动阶级合作共建
　　　　现代化初心 ……………………………………………… 034
第三节 王在法之下,现代生产方式内部政治特征 …………… 038
　　一、关于内部规律与外部市场的竞争关系 ……………… 038
　　二、现代生产方式在胎胞里自治,内部政治与外部政治
　　　　对立现象 ………………………………………………… 040
　　三、王在法之下,雇佣政府为市民服务,市民案例法获得
　　　　发展空间 ………………………………………………… 041
　　四、王在法之下,欧洲第三等级革命曾试图"治权与财权
　　　　分离"政制 ……………………………………………… 044
　　五、"王在法之下"的市民的法律自由度和正义张力 …… 046

第三章 现代生产方式选择"王在法之下",政治权、财产权被关进"什一律"笼子 ………………………………………… 049

第一节 现代生产方式的要件:选择适合的法律在上,不确定性政治在下 …………………………………………………… 049

第一小节 放纵的政治是"野蛮",必然在观念法律之下 ……… 049
一、古希腊亚里士多德哲学关于政治不确定性,"政治在法之下" …………………………………………… 049
二、政治方法不确定性引起政治的正义性、纯洁性存疑 …… 054

第二小节 个人有冗余多样性,法律强制在上的社会必要性 …… 055
一、个人有冗余张力,社会需要秩序,弱势群体是法律正义的主体 …………………………………………………… 055
二、社会构成性中的"法" ……………………………………… 056
三、个人冗余"理性、冲动、暴力"本质,法律需要强制力工具 …………………………………………………………… 058

第三小节 法与法律公正在上,政治强权是工具在下 ………… 059
一、政治治理 ……………………………………………………… 059
二、"政治的指标"与政治价值计算 …………………………… 060

第二节 完整准确理解列宁民主与法制思想 ……………………… 063
一、法的社会主义(共同体)性,法典应是人民自由的圣经 …………………………………………………………… 063
二、对"主权法律命令说"的批判 ……………………………… 064
三、准确理解列宁思想,警惕"主权法律命令说"借个人崇拜回潮 ………………………………………………… 065

第四章 内部政权更迭,无产阶级专政(法律空白),《共产党宣言》引导宪政将财权、强权关进笼子 …………… 070

第一节 现代内部权力更迭:当"总资本/总工资=7—9"无产阶级夺取政权专政、修复现代方式宪政中性规则合法正当性、可能性、可行性 ………………………………… 071

一、被奴役劳动阶级自发暴力反抗，自然法正当性 ………… 071
二、"总资本/总工资=7—9"资产阶级自掘坟墓，被赶下台
必然性 …………………………………………………… 073
三、法理对等、治权与财权分离高级文明，无产阶级专政的
正当性 …………………………………………………… 074
四、无产阶级专政——"活劳动专政死劳动"第二次革命
正当性 …………………………………………………… 075
五、无产阶级专政第一步现实的幸福，回归
"总资本/总工资=5"正当性 …………………………… 076
六、内部革命是权力更迭，修复适合的市民法，废止极端叛乱
制定法 …………………………………………………… 078

第二节 无产阶级专政的宪制形式 ………………………………… 081
一、无产阶级专政的民主制度 …………………………… 082
二、无产阶级专政中的公社制度设想 …………………… 084
三、无产阶级专政必须建立宪制，这首先是现代生产方式的
选择 ……………………………………………………… 085
四、法的理性和政治理性的实现，归责于底层人民是错误的 … 088
五、关于国家治理理论 …………………………………… 090

第三节 革命过于激烈政治专政，转型内部宪治 ………………… 091
第一小节 宪制宪政的世俗性质 ………………………………… 091
一、宪治世俗性、多样性，争取宪治话语权 …………… 091
二、革命过于激烈，需要"信仰守护者" ………………… 093
第二小节 不确定性是政治的本质，必需遵守现代宪制中性
规则 ………………………………………………… 096
一、例外、紧急状态是政治的本质 ……………………… 096
二、例外、常规二者之间的灰色地带 …………………… 097
三、革命过于激烈，国家主权专政（法律空白），转型中性
规则 ……………………………………………………… 098

第四节　中国共产党领导的"党政分工"政治改革 …………… 099
　　一、我国《宪法》关于党政分工 …………………………… 099
　　二、国家领导人关于党政分工 ……………………………… 101
　　三、我党"党政分工协作"建构的目标与价值 ……………… 104
第五节　后发展国家"建设现代生产方式"及其体制改革的
　　　　难点 …………………………………………………… 105
　　一、后发展国家夺取政权后，只有选择现代生产方式国家
　　　　才能兴起 ……………………………………………… 105
　　二、现代生产方式视域的国家：地域、人民、社稷、国家
　　　　机器 …………………………………………………… 108

第五章　纯粹现代生产方式内部法与法律，强制外部全面深化体制改革 …………………………………………………… 112

第一节　《共产党宣言》需要三步走，指导中国经济建设为
　　　　中心 …………………………………………………… 112
　　一、马克思主义世界历史观念 ……………………………… 112
　　二、马克思"人民的现实的幸福"，
　　　　引导中国"以经济建设为中心" …………………………… 113
第二节　中国工人运动与农民战争统一战线同一性差异，探索
　　　　新中国之路 …………………………………………… 115
　　一、抗日战争的策略统一战线；工人运动中的"共生"统一
　　　　战线 …………………………………………………… 115
　　二、马克思否定之否定，自家人"分享"准则，对勘姓资、
　　　　姓社之争 ……………………………………………… 122
第三节　不同文明的碰撞、交融、学习，促进社会变革 ……… 124
第四节　与现代生产方式法系对勘，中国特色社会主义道路 … 127
　　一、历史纵向，中华文明与欧洲现代文明进程的兼容点 …… 127
　　二、历史横向，中国"礼法"与西方现代市民法13项对勘
　　　　兼容点 ………………………………………………… 131

三、以"井田制"法理为根基的中国特色社会主义现代化 …… 138
第五节 纯粹现代生产方式规则与秩序，指导后发展国家向"内部"
体制改革 ……………………………………………………… 140
一、对勘预定偿债生产价格法，我国"文革"以来外部政治
体制特征 ………………………………………………… 140
二、对勘英国历史逻辑，为什么中国式现代化法制不健全 …… 141
三、现代生产方式5个条件、8个特征，就是体制内部化改革
的要领 …………………………………………………… 142

第六章 新中国走向全面依法治国道路 ………………………………… 150
第一节 《宪法》一切权力属于人民，现代生产方式法律约束
"廉价政府" …………………………………………………… 150
一、《宪法》文本关于一切权力属于人民 …………………… 150
二、国家的根本任务是建设现代化，决定宪政和廉价政府 …… 152
三、纯粹现代生产方式决定宪政，法定廉价政府成本什一税
尺度 ……………………………………………………… 154
第二节 中国共产党依法制治理国家的道路 ………………………… 156
一、以毛泽东为核心的中央领导集体的法制理论和实践 …… 156
二、以邓小平为核心的第二代中央领导集体的法制治国思想 … 162
三、以江泽民为核心领导的时期 …………………………… 165
四、以胡锦涛为核心领导的时期 …………………………… 166
五、以习近平为核心领导的时期 …………………………… 167

第二编 中国特色社会主义经济制度

第七章 中国特色社会主义现代化进步形式 …………………………… 172
第一节 社会主义革命过渡时期 ……………………………………… 172
一、中国的新民主主义革命与世界革命 …………………… 172

二、新民主主义向社会主义过渡，四面八方劳资两利统一
　　　　战线 …………………………………………………… 176
第二节　社会主义过渡时期经济制度 ……………………………… 179
　　一、建设公有制为主体的现代生产方式和它的生产关系、
　　　　生产力 ………………………………………………… 179
　　二、采用"赎买"折中统一方法，实现民族资本的社会主义
　　　　改造 …………………………………………………… 180
第三节　社会主义计划经济，国民收入6.5%的年均增长率 …… 181
　　一、计划经济的内生性和外部封锁原因 ………………… 181
　　二、新中国前30年，国民价值收入年平均增长6.5% …… 183
第四节　经济改革"拨改贷—三重契约"，中国迅速和平崛起 … 187
第一小节　"拨改贷—三重契约"中国经济进入快车道 ………… 187
　　一、完整的产业体系 ……………………………………… 188
　　二、科技大国的兴起 ……………………………………… 189
　　三、中国发展的可持续性 ………………………………… 191
第二小节　中国农民——乡村市民，是中国特色的基础 ………… 194
　　一、中国乡村市民的革命性 ……………………………… 194
　　二、中国自由自耕农生产商在经济改革中的基础兜底作用 … 195
　　三、中国人口大国必须自给自足、构建国土生态文明体系 … 197
第五节　现代化"拨改贷—禁止高利贷—三重契约"历程 ……… 199
第六节　社会主义初级阶段 ………………………………………… 204
　　一、制度成本"拨改贷"改革途径 ……………………… 204
　　二、"拨改贷"，与社会主义初级阶段的关系 ………… 205
　　三、多实验，是学习使用资本、市场、计划"工具"的
　　　　有效方法 ……………………………………………… 206
　　四、让一部分人先富裕起来，政策倾斜外部性粗放市场 … 207
　　五、经济改革贯彻"社会主义"的学习与斗争逻辑 ……… 209
第七节　中国高科技生产力崛起，在学习与斗争中前行 ………… 211

第八章 社会主义小康社会，公有制、按劳分配、有产自由劳动为主体 ······ 221

第一节 国有经济在社会主义经济中的地位和作用 ······ 222

第一小节 国有经济可以适应市场经济 ······ 222

一、国有经济是政府手段 ······ 222

二、公有制也可以参与市场经济 ······ 223

三、生产资料公有制，与市场"所有制中立"不矛盾 ······ 224

第二小节 公有制经济与国家的一致性 ······ 226

一、社会主义国有经济与国家目标一致，是它的合法正当性 ··· 226

二、国有经济的现代经济管理模式 ······ 228

三、适度国有经济，对第三世界的特殊意义 ······ 230

第二节 《共产党宣言》个人所有制的自由联合体设想 ······ 231

一、西方异类狗文化历史逻辑，生产劳动主体总是无产者奴隶、准奴隶 ······ 231

二、消灭利用财产剥削他人的私有制；重建"个人所有制的联合体" ······ 233

三、法定"用劳动剩余价值还本付息"的积累归劳动者所有 ··· 235

第三节 中国特色社会主义"劳动者也是资本所有者"现象 ······ 236

一、对勘中国2500年"初岁亩"，生产劳动力主体是有资产自由劳动力 ······ 236

二、我国绝大多数劳动者也是财产权所有者的社会现状 ······ 237

三、社会主义"有产自由劳动阶级"制度 ······ 239

第四节 所有制概念，缘起现代生产方式资本社会化 ······ 241

一、所有制概念，缘起"社会资本" ······ 241

二、所有制，是生产关系的一种表现形式 ······ 242

三、所有制与生产关系所有权 ······ 243

第五节 按劳动质量和数量效率分配 ······ 247

一、《宪法》按劳动的数量和质量的效率分配 ······ 247

二、按劳分配为基础，设想"按需分配" ······ 248

三、"自由劳动"是观念，按劳分配是形式 …………… 249

第六节　劳动力流动性，公定居住权"广覆盖" ………… 251
第一小节　现代化，居住权成为政府要务 ……………… 251
一、现代劳动力商品化、集中性与流动性，居住权成为政府要务 ………………………………………………… 251
二、现代使用居住权的法律安排 …………………… 252
三、法律使用权居住权 ……………………………… 253

第二小节　公定租赁住房，公定分期付款购买住房 …… 254
一、租买住房的公平价格计算 ……………………… 254
二、公定房租金构成，低收入家庭租金超过收入的25%财政应与补贴 …………………………………………… 256

第九章　社会主义宏观经济调控制度 ……………………… 259
第一节　现代生产方式需要政府经济调控手段 …………… 259
一、政府的经济职能的正义准则 …………………… 259
二、在市民法允许范围内，政府宏观经济调控手段 … 261
三、法律手段：劳动三要素的现代法制结合方式 …… 263
四、计划手段 ………………………………………… 265
五、政府的行政手段 ………………………………… 265

第二节　宏观经济的价格管理：以偿债生产价格为准则 … 267
第一小节　价格法，禁止买卖贪婪 ……………………… 267
第二小节　政府和行会价格行为 ………………………… 268
一、公定价格法 ……………………………………… 268
二、政府对宏观价格的控制 ………………………… 269
三、物以稀缺为贵价格允许波动的区间，预警机制 … 270
四、商品的名义价格和实际价格 …………………… 271

第三小节　社会主义价格制度管理 ……………………… 271
一、社会主义价格制度，偿债生产价格为本体 …… 271
二、社会主义价格管理体制 ………………………… 272

三、价格形成机制改革 ·· 274

第三节 初次生产的分配与收入分配 ·································· 275
    一、国民年产物初次分配：价值＝偿债生产价格构成 ······ 275
    二、收入分配 ·· 276
    三、价格杠杆，收入政策 ··· 277
    四、深化我国的收入分配制度改革 ································ 278

第四节 第二次分配，财政最终消费遵守什一中正之制 ········ 279
    一、财政收入和国家预决算 ··· 279
    二、社会主义财政支出分配手段和政策 ························· 280

第五节 社会主义市场经济，政府的职能转变与改革 ············ 282
    一、财政预决算、财政收入和支出改革 ························· 282
    二、放权与相应立法，先立后破 ···································· 284

第十章 社会主义金融制度 ·· 286

第一节 政府金融手段的正义准则：金融三大职能为实质经济
        服务 ··· 286
    一、金融货币度量衡正义性，关系国家治理、社会伦理 ······ 286
    二、实质经济与货币经济是同一对象的两种度量衡计算关系 ··· 288
    三、信用之一：等价原则制衡金融流动性 ····················· 289
    四、信用之二：将未来借给现在，为实质经济服务 ········ 290

第二节 财政的货币发行手段，中性货币发行量和控制方法 ··· 291
    一、各国宪法关于国家货币制度 ···································· 291
    二、宪法赋予政府管制货币经济的职能 ························· 293
    三、银行创造虚拟债务货币，准备金率 ························· 294
    四、流动性，货币作为流通手段的二重性 ····················· 296
    五、中央银行货币投放量 ·· 297
    六、货币投放率的评估：K货币乘数 ······························ 298
    七、购买者价格法乘数 K＝5.02，预测生产型增值税和土地
        财政改革 ··· 299

　　　　八、货币的真实价格、名义价格 …………………………… 302
　第三节　财政的资本价格政策工具 ……………………………… 303
　　　　一、法定利息率成为一般尺度，成为财政调控工具 ………… 303
　　　　二、资本价格财政工具的"时、度、效" …………………… 304
　第四节　政府领导下的中央银行职能 …………………………… 307
　　　　一、中央银行代理管理职能 …………………………………… 307
　　　　二、工商业银行的要件和职能 ………………………………… 309
　　　　三、政府与银行信贷的关系 …………………………………… 311
　第五节　禁止高利贷—三重契约，深化金融体制改革 ………… 311
　　　　一、"禁止高利贷—三重契约"创建现代银行 ……………… 311
　　　　二、"禁止高利贷—三重契约"体系，政府金融政策的锚 … 313
　　　　三、金融改革，控制政府发行货币的冲动 …………………… 316

第十一章　政府财税均衡法则 …………………………………… 321
　第一节　现代经济专税专用调控手段，限定政府最终消费
　　　　　什一中正 ………………………………………………… 321
　　　　一、优先市民法管控赋税制度 ………………………………… 321
　　　　二、政府事权与财税权对等"合法赋税强制力" …………… 322
　　　　三、限制政府最终消费在10%以内"有限合法赋税强制力" … 323
　　　　四、财政收入之直接税、流转税均衡原则 …………………… 324
　　　　五、现代财税的体制建设 ……………………………………… 324
　第二节　直接税和间接税 ………………………………………… 326
　　　　一、直接税的政治缘起和政治监督动力源 …………………… 326
　　　　二、流转税 ……………………………………………………… 329
　第三节　参照英国VTA，执行中央决议增值税改为消费型 …… 330
　第一小节　Value Added Tax：销售价格营业税、价值营业税 …… 330
　　　　一、英国Value Added Tax的概念 …………………………… 330
　　　　二、Value Added Tax营业税公式和生计、生产、一般奢侈品
　　　　　　税率 ……………………………………………………… 331

第二小节　党的十六届三中全会决定"增值税改为消费型"可参考
　　　　欧盟 Value Added Tax 正当性部分 ································ 333
　　一、十六届三中全会决定生产型增值税改为消费性遭遇
　　　　概念混乱 ··· 333
　　二、按英国 Value Added Tax，我国生产型增值税改革 ······ 335
　　三、中国"增值税由生产型改为消费型"配套改革任务 ······ 338
第三小节　生产型增值税"购买者价格法"，折旧率倍增重置 ··· 339
　　一、使用者价格法，"当期偿债基金" ····································· 339
　　二、购买者增值税价格法，贷款的贷款成本"债务资本化" ··· 340
　　三、购买者价格法，应倍增重置折旧率 ·································· 343
第四小节　粗放市场"财政决定分配"合法性存疑，亟待改革 ····· 344
第四节　土地财政适度转型房产税，治权与财权必须分离 ············ 349
　　一、法定"使用居住权"，国有土地收入改革为直接上缴
　　　　国库 ··· 349
　　二、地方土地财政债务灰犀牛 ··· 350
　　三、使用权居住权住房的房产税的定制 ································· 351
第五节　利息、税金、高科技 ·· 354
　　一、芒德尔"利息+税金"互消长，与国家计划经济 ············ 354
　　二、围绕高科技赋税的博弈 ·· 355

第十二章　社会主义国际贸易政策 ·· 360
　第一节　社会主义对外经济关系 ·· 360
　　一、现代生产方式生产力发展绝对趋势，必然拓展为世界
　　　　市场 ··· 360
　　二、对外贸易中的商品出口和进口 ······································· 362
　　三、建设对外贸易区，海外资产经营管理 ···························· 365
　第二节　中国特色社会主义国际收支 ·· 368
　　一、国际收支的划分，国际贸易的关键制度 ························ 368
　　二、政府的国际收支平衡手段 ··· 369

第三节　汇率决定；外汇管理 …………………………………… 372
　第一小节　汇兑率的计算 …………………………………… 372
　　一、汇兑率的计算，影响汇率变化的因素 ………………… 372
　　二、外汇管理，外汇风险的货币汇率政策 ………………… 374
　第二小节　国际货币制度、组织 …………………………… 378
　　一、国际货币制度 …………………………………………… 378
　　二、国际货币组织 …………………………………………… 379
　　三、关于正面清单和负面清单 ……………………………… 380
第四节　坚守国家主权独立的国际贸易对等法则 ……………… 382
　　一、国际关系法的国内适用和涉外法 ……………………… 382
　　二、以联合国为领导，国际金融危机的防范 ……………… 385

第三编　中国古代礼法社会主义

第十三章　中国特色社会主义实践，为历史"正名" ……… 390
第一节　现代文明新时代，追溯它的文明源头 ………………… 390
　　一、各个历史阶段的生产方式，是文明的物质载体 ……… 390
　　二、欧洲18世纪启蒙运动才出现"Civilization 文明社会"
　　　　概念 ………………………………………………………… 395
　　三、从采集到农工商定居和平互惠文明，是转型文明的
　　　　里程碑 ……………………………………………………… 397
　　四、中华民族文明与"地中海过渡文化"是两种模式，
　　　　平行发展 …………………………………………………… 399
第二节　加入世界反帝国主义革命，中国不是半封建国家 …… 402
　　一、非西方的中国迅速和平崛起"现象"，已经为中国
　　　　历史正名 …………………………………………………… 402
　　二、共产国际，中国以半殖民地身份加入世界反帝国
　　　　主义行列 …………………………………………………… 403

三、"起来，不愿做奴隶的人们" …………………………… 405
四、西方智者预言中国必将和平崛起终于成为现实 ………… 406
第三节 中国自由自耕农工商为主体，不存在欧洲那种奴隶制、
农奴制 …………………………………………………… 407
第一小节 中国自由自耕农工商为主体，不存在古希腊罗马那种
奴隶制 ………………………………………………… 407
一、中国古代奴婢有户籍人身权，欧洲奴隶属于动物 ……… 408
二、中国历史不存在奴隶制社会——"奴"，被证明是少量
的存在 ……………………………………………………… 410
三、中国历代政府治权独立以税为主，从不以奴隶为收入 …… 411
四、史学界"关于中国不存在奴隶社会"的研究起点早、
从未中断 …………………………………………………… 413
第二小节 中国不存在欧洲那种奴隶制旋转门的农奴制，不存在
欧洲那种财权政治权合一封建专制 ………………… 414
第四节 中华民族近现代改革开放困境 ……………………………… 416
第一小节 晚清和中华民国时期坚持走和平发展道路 ………… 416
一、中国遭遇第二次文化入侵，恰逢历史衰落周期，伤害严重 … 416
二、晚清工业建设成果和转型困境 ………………………… 418
三、中华民国工业建设成果和转型困境 …………………… 420
四、长历史看近现代中国秉承和平进取礼法 ……………… 422
第二小节 中国合伙制、银行制沿革 …………………………… 423
一、合伙、股份制沿革 ……………………………………… 423
二、中国古代银行，并非舶来品 …………………………… 425
三、中国共产党领导下的银行 ……………………………… 426

第十四章 中华"稻作井田制"什一中正和平互惠文明 ……………… 428
第一节 世界屋脊之东方最宜人之地：大禹治水保卫稻作经济
大一统国家 ……………………………………………… 428
一、世界屋脊之东方地缘，人类适宜居住之地 …………… 429

二、"大禹治水保护稻作经济"为载体，建构"农工商大一统价值观" …………………………………………………… 430

三、世界屋脊，防止外来侵略的屏障，庇佑中华文明可持续 … 432

四、中国大周期律与气候相关系；最高生产力和众多人口古国 …………………………………………………… 433

第二节 "稻作井田制"生产关系法权形式延续5000年 ……… 435

第一小节 甲骨文、金文、四书实证"井田制" ……………… 435

第二小节 "乡田同井"生产共同体与现代方式对勘 ……… 438

第三小节 恪守"井田制"什一中正法理的私有制"初税亩" … 440

第三节 中国古代农工商租息利税什一同率市民法 …………… 442

第一小节 自由自耕农工商什一税制5000年 ………………… 442

第二小节 农工商市场，什一中正利息或利润率 …………… 449

第四节 公元前594年初税亩土地私有制为起点，中国是农工商有产劳动阶级市民社会 ……………………………… 452

一、中国土地私有制国税什一中正，土地自由买卖，是有产劳动自由民 ………………………………………… 452

二、土地归耕者私有制，土地自由买卖，人民和财产自由流动性 ……………………………………………… 453

第五节 什一中正兴衰律，即国家政治经济周期律 …………… 455

一、人类以"劳动创业为潜质"本体，自然兴衰周期律 …… 455

二、农民起义复兴"耕者要有其田"什一中正之制 ………… 458

第十五章 中国礼法社会主义，政治在仁法之下 ……………… 462

第一节 对勘：中国德礼法、刑法 ……………………………… 462

一、周公吐哺"德礼法"，德主刑辅——德礼法为主，刑法为辅 ………………………………………………… 463

二、与西方语言逻辑对勘，"礼"与"刑"同属于西方"法"的概念 ……………………………………………… 465

三、与西方现代法对勘，中国法律的特点 …………………… 468

第二节 仁义均礼智信，礼法社会主义德礼法，就是公法、市民法、万民法 …………………………………………………… 469
　一、以民为本的正义法 ………………………………… 470
　二、正义与法，公意、公益化 ………………………… 471
　三、"法与法律"持公平之器，量化的公平 …………… 474
　四、法律贴近民俗、公开化 …………………………… 479
　五、行为法，正义、平等、统一、一惯、齐一 ……… 480
　六、法之能行，自上守之；不能以私害法 …………… 482
　七、中国国际关系之"朝贡—回赠"礼法，并非西方殖民地朝贡 …………………………………………… 485

第三节 孟子以"民为本"限制"政治" ………………… 486
　一、天理王法："民为贵，社稷次之，君为轻"制衡 … 486
　二、社稷大于君权，宰臣与君王分权：君主的教养、资质、职权 ……………………………………………… 488
　三、对君主权力的限制，君臣人格平等制衡关系 …… 490
　四、对不仁君主的惩罚、易位、征讨 ………………… 491

第四节 中国仁政最低的政治成本什一中正，政治与国人是公平契约分工协作关系 …………………………………… 494

第五节 天下为公废止贵族世袭制度，政治权力流动性 … 497

第六节 天下为公中央集权选贤与能君主立宪制 ………… 498
　一、古代中国的礼法在上，刑罚在礼法之下 ………… 499
　二、郡县制官无叛逆，封建制多藩叛 ………………… 499
　三、中央政府建制，《开皇律》行政法刑法，治权独立三权制衡 ……………………………………………… 500
　四、中央集权选贤与能郡县制是最简洁、政治成本最低的政治制度 ………………………………………… 503
　五、官僚制度与儒家相互渗透 ………………………… 506

第七节 中国农工商市民社会和平互惠文明，更加适合纯粹现代生产方式 ……………………………………………… 509

结 语

第一章 科学的哲学 ……………………………………………… 515
 第一节 人民的马克思 ……………………………………… 515
 第二节 马克思创建"科学的哲学" ……………………………… 518
  一、科学的哲学概念 ……………………………………… 518
  二、社会科学的哲学的核心是正义性、先进性、可重建性 …… 518
  三、现有和应有,宣判了康德先验哲学的末日 …………… 520
  四、马克思科学的社会哲学,"目的"问题型跨学科综合性
    研究模式 ………………………………………………… 521
  五、唯物观念目的论——生命内生性张力的中国故事 …… 524

第二章 马克思创建"科学的唯物观念论":合乎向善之"现实" … 526
 第一节 唯物观念:向善、真相、中介、变革、增益、进步 …… 526
  一、人类秉承唯物观念的自然原因 ……………………… 526
  二、观念形式:形而上为道、形而下为器。王道,典形,
    器重 …………………………………………………… 528
  三、"不管白猫黑猫抓住老鼠是好猫",为黑猫正名以解放
    生产力 ………………………………………………… 530
  四、唯物观念论缘起,合乎向善之"现实" ………………… 531
  五、马克思"唯物观念论" …………………………………… 533
  六、唯物观念论、目的论、意义论 ………………………… 537
 第二节 感性认识与理性认识的有机辩证关系 ……………… 542
 第一小节 唯物观念目的论,根植于人类有冗余潜能 ………… 542
  一、为人民的现实的幸福,人们的正确思想和行为从
    哪里来? ……………………………………………… 542
  二、自然自由劳动与异化劳动对勘,目的论的有根性
    "潜能" ………………………………………………… 544
  三、全面自由发展与现实的实践的同一性 ……………… 545

第二小节　概念有根生成性 ……………………………………… 548
　　一、人们的正确思想和行为规律从哪里来？ ……………… 548
　　二、唯物认识论，有根生成性 ……………………………… 550
　　三、"具体"抽象为"形式"概念实料 …………………… 551
　　四、宏观客观规律，微观个人主观差异现象 ……………… 552
　　五、关于"知识"地图生产过程 …………………………… 553
第三节　唯物观念构成性 ……………………………………………… 554
　　一、社会＝人群等多元实料＋构成性 ……………………… 554
　　二、社会事务"构成性" …………………………………… 556
　　三、肠道神经与大脑神经二元构成性张力，从感性到观念
　　　　内生性飞跃 ………………………………………………… 558
第四节　条件发生质的变化引起"正义性"反转
　　　　——社会关系辩证法现象 ……………………………… 560
　　一、社会辩证法＝〔认识论（概念实料）＋工具论〕条件变化
　　　　＝正义性变化 ……………………………………………… 560
　　二、纯粹现代生产方式内部劳资关系三分法和解共生方法 …… 563
　　三、关于人民（实料）一分为二元；人民同一性差异和
　　　　解三分法 …………………………………………………… 565
　　四、历史唯物观念辩证法——复制、学习正义历史文明
　　　　可行性 ……………………………………………………… 567

第三章　马克思创建现代经济的法哲学 …………………………………… 569
　第一节　人民的现实的幸福——经济法哲学 …………………………… 569
　　一、历史横向，人民的现实的幸福——经济法哲学 …………… 569
　　二、现代生产方式的人文动力源 ………………………………… 571
　第二节　现代生产方式为正义的规范何以可能？科学何以进入社会
　　　　哲理学？ ………………………………………………………… 573
　　一、自然规律即正义规范 ………………………………………… 573
　　二、正义法何以是社会科学，正义目的和正义方法何以可能？ … 575
　　三、经济法哲学的科学主义，伦理、政治在市民法之下 …… 577

四、纯粹现代生产方式法律关系确定性，政治为经济服务 …… 578

　　五、现代方式遵守共性价值最低成本，人民的现实的幸福 …… 580

　　六、民为本法与法律在上，科学技术在法之下，科技向善、
　　　　生产力向善 ………………………………………………… 582

　　七、科学何以进入社会哲学？借助现代生产方式进入
　　　　"社会实践" ………………………………………………… 582

　第三节　历史与现代如何勾连 ………………………………………… 583

　第四节　"宪制治理下的政治经济学"——法制政治经济学 …… 585

　　一、历史纵向，无代表无税、对生产债务人特价保护的政治
　　　　经济学 ……………………………………………………… 585

　　二、现代经济学剔除"政治"，是政治强力最大化掠夺现实
　　　　的写照 ……………………………………………………… 587

　第五节　与经济科学同步，唯物观念论概念与时俱进 ………… 589

　　一、马克思"唯物观念论"共性价值的内容与时俱进 ……… 589

　　二、新时代，重读马克思 ………………………………………… 592

后　记 …………………………………………………………………… 596

参考文献 ………………………………………………………………… 609

第一编　科学社会主义三大法宝

第一章　科学社会主义，是现代过渡时期的产物

背景：

（一）公元1500年前后，西方处于现代生产方式初级阶段向高级阶段过渡的混杂时期，新的生产方式给予了张力与希望，欧洲开启了新一轮"理想国"对黑暗的中世纪的改造，即空想社会主义时期。

（二）科学社会主义是现代生产方式混杂时期的产物，为人民的现实的幸福，是清道夫、模范服务者、中性规则守护者、进步引导者。只要现代生产力没有释放完毕，科学社会主义以纯粹现代生产方式为正义、为主体就没有变。

第一节　科学社会主义的目标：为人民的现实的幸福

马克思在《〈黑格尔法哲学批判〉导言》中指出，"历史的任务就是确立此岸世界的真理——也就是要求实现人民的现实的幸福。"对宗教的批判，对空想社会主义的批判，开辟了科学社会主义"为人民的现实的幸福"道路。

一、劳动是幸福的源泉

(一) 劳动创造人,劳动创造幸福。

幸福总是人的幸福,总是与人的问题关联。

自己完美和共同完美,马克思早在中学毕业论文《青年在选择职业时的考虑》中,就表达了这样的理想:"在选择职业时,我们应该遵循的主要指针是人类的幸福和我们自身的完美……人只有为同时代人的完美、为他们的幸福而工作,自己才能达到完美。"① 马克思毕其一生为人民的现实的幸福奋斗。

"人是一个特殊的个体,……正如他在现实中既作为对社会存在的直观和现实享受而存在,又作为人的生命表现的总体而存在一样。"② 幸福不是宗教所许愿的那种现在受苦赎罪,未来"天堂"才能获得幸福。

劳动获得现实幸福,色诺芬《经济论 雅典的收入》,"用公正的方法来增加我的财富","这种幸福是你自己挣来的;……从事农业在某种意义上是一种享乐;……不让不劳动就得到它们"。③ 通过劳动幸福,对人的本质或本性做了规定。动物属性的人成为真正的人,是幸福的本质和本体。劳动创造人,劳动是人的外在实现,劳动是幸福的本质和本性。幸福感离不开人的本性。

改造对象世界证明自己的存在而愉悦,"正是在改造对象世界中,人才真正地证明自己是类存在物。这种生产是人的能动的类生活。通过这种生产,自然界才表现为他的作品和他的现实"④。劳动使每个劳动者在生产过程中享受个人的生命表现,感受到个人的乐趣;劳动果实,是人的外在

---

① 《马克思恩格斯全集》,第1卷上,人民出版社1954年版,第1页。
② 《马克思恩格斯全集》,第42卷,人民出版社1979年版,第123页。
③ 色诺芬:《经济论 雅典的收入》,商务印书馆1961年版。"用公正的方法来增加我的财富",见第37页。"这种幸福是你自己挣来的;……从事农业在某种意义上是一种享乐;……不让不劳动就得到它们",见第16—18页。《马克思恩格斯全集》,第42卷,人民出版社1979年版,第302页。
④ 《马克思恩格斯全集》,第42卷,人民出版社1979年版,第97页。

实现，满足了人的需要成就感的愉悦。

人役物，使每个劳动者在生产过程中享受个人的生命表现，感受到个人的乐趣，满足了人的需要，"我们作为人进行生产，……直接证实和实现了我的真正的本质，即我的人的本质，我的社会的本质"。① "人役物"，作为人的生命本质的自由自觉的劳动则是超越生理本能需要支配的、全面的、真正的生产活动。

享受劳动果实物质感觉愉悦。交换商品，获得感官愉悦。与动物相比较，人类是合伙自力更生的灵长类动物，作为个人的人和社会的人，通过实践证明自己的类存在。

劳动改变环境、培养并提高人的潜质，"环境的改变和人的活动或自我改变的一致，只能被看作是并合理地理解为革命的实践"。人在劳动中培养了潜质改变了自己，沿着真正的人向度进发。

主客体辩证关系，"人创造环境"即主体客体化；"环境创造人"即客体主体化，在这一互为前提的"双向运动"过程中，人作为能动主体始终是主导的方面，它创造了需要和满足需要的物质条件和社会关系前提，并提升和陶冶感受幸福的能力。

人遵守客观规律也是幸福。"按照任何一个种的尺度来进行生产，并且懂得处处都把内在的尺度运用于对象"②，例如"按照美的规律"③，繁衍的美、向上的美、和谐的美。

自由幸福，自然自由劳动的目标与形式契合，"被看作个人自我提出的目的，因而被看作自我的实现，主体的物化，也就是实在的自由——而这种自由见之于活动恰恰就是劳动"④。"人的类特性恰恰就是自由的有意识的活动。"⑤ 自由劳动的标准样态是自由自耕农和小业主，他们在属于自

---

① 《马克思恩格斯全集》，第42卷，人民出版社1979年版，第87页。
② 《马克思恩格斯全集》，第42卷，人民出版社1979年版，第97页。
③ 《马克思恩格斯全集》，第42卷，人民出版社1979年版，美的规律，见第97页。生活的乐趣，见第38页。
④ 《马克思恩格斯全集》，第46卷下，人民出版社1979年版，第112页。
⑤ 《马克思恩格斯全集》，第42卷，人民出版社1979年版，第97页。

己的财产上有目的、有计划、有方法地劳作。

（二）社会横向，幸福是在世之在。

幸福是基于比较而自我感觉。幸福实质上是一种社会关系的表达，人民是社会幸福主体。马克思唯物史观认为，人是社会性存在，每个人都是社会关系的一个缩影，每个人"对自身的关系只有通过他对他人的关系，才成为对他来说是对象性的、现实的关系"。人是社会关系属性、状态和变化的主体承担者，是"全部人类活动和全部人类关系的本质、基础"。

人只有在社会关系中才是现实的具体的存在，因为"不论是生产本身中的人的活动的交换，还是人的产品的交换，其意义都相当于类活动和类精神——它们的现实的、有意识的、真正的存在是社会的活动和社会的享受。因为人的本质是人的真正的社会联系……而社会本质不是一种同单个人相对立的抽象的一般的力量，而是每一个单个人的本质，是他自己的活动，他自己的生活，他自己的享受，他自己的财富"。①

"社会现实幸福"。从人的社会关系考察人的本质、人的幸福，就破除了从外在的超越性实体（不管是物质的还是精神的）或某种内在自明性（不管是宗教幻象还是自我意识）来寻求人的存在根据的形而上学，将人的问题回归并聚焦于人的"在世之在"的客观关系和现实生活。从物质角度，人类解决温饱以上，幸福是感觉和比较，即现实生活主体与社会关系及其社会制度结构之间的关系状况。

（三）历史纵向，人民是历史的主体。历史主体表明人民群众是历史的创造者即"剧作者"，价值主体表明人民群众创造历史的根本目的是实现自己即"剧中人"的幸福。"历史不过是追求着自己目的的人的活动而已"，人民创造和发展了不占政治经济支配位的市民手工业生产方式。人民是幸福的创造者，也是自己创造幸福生活的享有者和评判者；实现人民的幸福，彰显幸福的人民主体地位，是衡量社会发展的重要尺度，群众史观。人类的幸福理念，是客观的此岸世界的不断生成、变化和发展。

---

① 《马克思恩格斯全集》，第42卷，人民出版社1979年版，第24页。

二、劳动人民的现实的幸福

1841年大学毕业后，马克思发表多篇调查报告和论文，积极为贫苦群众的利益进行辩护。在《黑格尔法哲学批判》中，马克思在批判宗教虚幻幸福论时提出了"人民的现实的幸福"观念，认为"废除作为人民的虚幻幸福的宗教，就是要求人民的现实的幸福"①，因为"意识在任何时候都只能是被意识到了的存在，而人们的存在就是他们的现实生活过程"。唯物主义"社会生活在本质上是实践的"思维逻辑原则，批判"彼岸世界""虚拟意识""自我意识的人"虚无的镜里看花。

横向从社会关系视角考察人的幸福，就是"要求人民的现实的幸福"。第一，在幸福的社会内涵方面，幸福指个人的能力、天赋和目的获得彰显，直至"人以一种全面的方式……作为一个总体的人，占有自己的全面的本质"。第二，社会关系总是通过一定的社会制度（包括条理化的律令规定和长期心理沉淀的传统习俗）来界定。幸福作为社会关系的表达，需要一定的社会制度来保障，如社会公共设施、安全、教育、医疗、社会保险、居住、救助等。第三，在一定的社会关系中，各个不同阶级、阶层的幸福观有所不同，所以，每个时代、不同的阶级都具有不同的幸福观。第四，只有马克思的唯物史观才从根本上确立了人民的现实的幸福观，并揭示了实现人民幸福的路径。

历史纵向，幸福是人类的永恒追求，马克思实现了从宗教神学向历史唯物主义"生活世界"和"现实的人"的幸福视域的转换，建构了以实践为基础的人民幸福观。② 人民是幸福的主体，劳动实践是人民幸福的根本途径和享有幸福的正当性。

马克思在《1844年经济学哲学手稿》中讽刺唯心主义："感觉在自己

---

① 《马克思恩格斯选集》，第一卷，人民出版社1972年版，第2页。
② 吴育林、吕培杰：《论马克思的人民幸福观》，载《学术研究》，2019年第5期。

的实践中直接成为理论家。"①"纯感觉论"一定程度上消解了意义、道德等精神价值追求。

三、劳动者，享有幸福的正当性

人民创造一倍的剩余率，使劳动者享有幸福的正当性。

劳动创造我们幸福的要素。在《德意志意识形态》中，马克思指出："人们为了能够'创造历史'，必须能够生活。但是为了生活，首先就需要吃喝住穿以及其他一些东西。因此第一个历史活动就是生产满足这些需要的资料，即生产物质生活本身，而且这是这样的历史活动，一切历史的一种基本条件"。②生活构成人的劳动行为的内在动机，是人的社会历史发展的源动力，也是实现人的幸福的前提条件。

冲动或欲望，是需要的动力源。罗素说："我们的冲动与欲望是创造我们幸福的要素。"人的"需要即他们的本性"。人的主体性表现的一个重要方面就是随着生产的发展和社会条件的变化，欲望或需要也在扩展提升，"已经得到满足的第一个需要本身、满足需要的活动和已经获得的为满足需要而用的工具又引起新的需要"③。需要在劳动实践中的满足、提升、发展和创新，永不停歇地推动社会向前发展，使人性不断丰富全面。

劳动创造从初级到高级需求。"忧心忡忡的、贫穷的人对最美丽的景色都没有什么感觉。"④ 英国空想社会主义者格雷也曾经说过："幸福——人类一切企求的最终目的——在我们的自然需要没有得到满足以前，是无法达到的。"

四、"人役物"是人民幸福的根本途径；物役人有原罪

（一）人役物，谋幸福。例如，古希腊哲学将自由人、公民在自己土

---

① 《马克思恩格斯文集》，第 1 卷，人民出版社 2009 年版，第 190 页。
② 《马克思恩格斯文集》，第 1 卷，人民出版社 2009 年版，第 531 页。
③ 《马克思恩格斯文集》，第 1 卷，人民出版社 2009 年版，第 531 页。
④ 《马克思恩格斯文集》，第 1 卷，人民出版社 2009 年版，第 192 页。

地上的劳作称为"生产"（奴隶相同的活动被称为"劳动"），亚里士多德视"善"为人类的一切行为的目的，认为人（奴隶制中那些有财产的自由人、公民）的"一切技术，一切研究以及一切实践和选择都以某种善为目标"。① 幸福与善的目标、人的行为与目的同构。

肯定"人役物"劳动是幸福的源泉和价值，既是对劳动人民"创造"幸福的物质基础的主体地位的确认，也是对幸福观的唯物主义立场的坚持。一是良好的情绪和满足的感觉归根到底源于劳动创造的客观条件和现实的实际生活。二是它最直接的主观状态就是人的一种感受良好时的情绪反应，是人对自身存在状态满足和充实的一种主观感觉。三是作为个人，幸福不能离开作为主体的人的心理情感体验，即从群体、宏观抽象，那么依靠在自己的财产上的"劳动创造的客观条件和现实的实际生活"是最踏实的、最可靠稳定的幸福实践和感觉。

（二）"物役人"，人被役使不幸福。

人役物与物役人，"我的劳动是自由的生命表现，因此是生活的乐趣。在私有制的前提下，它是生命的外化，因为我劳动是为了生存，为了得到生活资料。我的劳动不是我的生命"②。

劳动的生命本质，"劳动这种生命活动、这种生产生活本身对人来说不过是满足一种需要即维持肉体生存的需要的一种手段"③，"是生命的外化"④。

"物役人"实际是奴隶制的污浊泛起，"那就只会有贫穷、极端贫困的普遍化；而在极端贫困的情况下，必须重新开始争取必需品的斗争，全部陈腐污浊的东西又要死灰复燃"⑤，强调针对西方血腥从属资本主义"物役人"剥削制度的革命实践的必要性。

---

① 〔古希腊〕亚里士多德：《政治学》，商务印书馆1965年版，54a7，78b29。
② 《马克思恩格斯全集》，第42卷，人民出版社1979年版，第38页。
③ 《马克思恩格斯文集》，第1卷，人民出版社2009年版，第162页。
④ 《马克思恩格斯文集》，第1卷，人民出版社2009年版，第189页。
⑤ 《马克思恩格斯文集》，第1卷，人民出版社2009年版，第538页。

（三）马克思指明了实现"人民的现实的幸福"的实践途径。马克思从劳动、经济、政治、文化和社会生活等各个方面探讨了"人民的现实的幸福"的内涵特征，揭示了通过消除异化劳动，消灭资产阶级私有制和资本奴役，建立无产阶级专政，接管并发展社会生产力，构建"个人所有制的自由联合体"，达到人的自由全面发展等，并强调实现"生产力的巨大增长与高度发展"，是实现人民幸福的"绝对必需的前提"。

"让人民群众有更多获得感"，是马克思幸福观实践品质的根本要求。实践性是马克思幸福观的基本特征。它蕴涵于两个方面：一是劳动实践是人民实现、获得幸福的基本方式和途径；二是自由自觉自律的活动是人民幸福的重要内容和本质要求，这就要求法律中介把控社会人之间"平等正义"区间的自由大环境。

五、社会平等，是人民获得幸福的正义方法

（一）"有需要"而出现利益之分。现实的人需要的满足是在社会中实现的，并总是表现为利益关系，利益是社会化的需要，是人们通过一定的社会关系表现出来的社会需要。利益主体与幸福主体直接勾连，主体根本利益的实现是主体幸福的基础。

谋求利益平等的正当性。人民群众作为社会劳动主体必然应是利益的主体，唯物史观的理论目标就是找到实现人民根本利益，从而实现人民幸福的根本途径。《共产党宣言》指出："过去的一切运动都是少数人的或者为少数人谋利益的运动。无产阶级的运动是绝大多数人的、为绝大多数人谋利益的独立的运动。"[①] 毛泽东在《论联合政府》中对此也作了专门的阐释，要求中国"共产党人的一切言论行动，必须以合乎最广大人民群众的最大利益，为最广大人民群众所拥护为最高标准"。

（二）普遍平等正义形式——平等正义的社会制度。马克思的人民幸福观认为，要实现人民的真正幸福，实现全人类的普遍幸福，首先必须改变不合理的社会关系及其表现形式的社会制度，即西方血腥从属资本主义

[①] 《马克思恩格斯选集》，第一卷，人民出版社1972年版，第262页。

私有制及其上层建筑。例如，资产阶级私有制下的雇佣劳动使广大劳动者"在自己的劳动中不是肯定自己，而是否定自己，不是感到幸福，而是感到不幸，不是自由地发挥自己的体力和智力，而是使自己的肉体受折磨、精神遭摧残"①。所有的人都为资本所奴役，成为资本的附庸，失去人之为人的个性和独立性，只有"资本具有独立性和个性"。当人的内在价值被侵蚀，除了金钱，人们不知道还有什么可以带来幸福。

所以，必须确立马克思主义幸福观的指导地位，把"人的现实幸福"建立在真实的现实社会关系和社会生活之上，"如不彻底废除私有制，产品不可能公平分配，人类不可能获得幸福"，是指资产阶级私有制剥削他人劳动。必须推翻"那些使人成为被侮辱、被奴役、被遗弃和被蔑视的东西的一切关系"，才能彻底消灭人压迫人、人剥削人的私有剥削制度。在此基础上，要在精神意识层面上进行批判澄清，扬弃以物质财富占有为唯一特征的粗俗幸福观，克服唯心主义以理性精神为幸福基本内容的片面幸福观，清除以天国生活为特征的宗教神学的虚幻幸福观。要构建和创造使个体真正获得自由发展的社会关系和社会制度，以制度保障实现广大人民群众的幸福追求，是从优胜劣汰为奴从属"人的依赖"，到拜物教拜金主义"物的依赖"，再到"全面发展的自由个性"三个形态。唯有实行生产资料公有制、按劳分配和按劳分配为基础的按需分配，使劳动者成为生产资料的真正主人和社会化大生产的真正主体，从而奠定人民幸福的基本社会关系和社会制度基础。列宁曾经说过："只有社会主义才可能广泛推行和真正支配根据科学原则进行的产品的社会生产和分配，以便使所有劳动者过最美好的、最幸福的生活。"需要指出的是，人民的现实的幸福是"过程"，彻底实现是一个长期发展的过程，它有赖于一系列公平正义的具体制度的构建，需要努力加强民生建设，不断改善广大人民的基本生活条件和发展基础。

（三）全过程民主幸福。社会主义"共同富裕，发展生产力"的科学思想必须与具体的国情、社会发展的阶段和时代相结合。一是在西方血腥

---

① 《马克思恩格斯文集》，第1卷，人民出版社2009年版，第159页。

从属资本主义条件下,马克思的人民幸福观所聚焦的是通过无产阶级的彻底革命,建立社会主义国家政权,确立人民当家作主接管现代生产方式实现人民的幸福。二是经济文化落后的国家取得社会主义革命胜利后,首要任务是向发达国家学习现代生产方式,不仅买进先进生产力设备和管理技术,而且要建设现代生产方式必需的13项实体法,特别是向WTO、IMF、世界银行学习"禁止高利贷—三重契约"体系,有了适应的法与法律保护,现代化才具备安全、稳定、进步可持续性,实现人民的现实的幸福。

六、人民现实幸福的实现形式：共同富裕渐进过程

(一) 托马斯·阿奎那指出,"正义的目的在于调整人们彼此的关系","正义的目标是公共幸福"。[①] 正义,涉及个人修为,个人与他人、个人与社会、个人与国家的关系。

共同富裕属于"平等正义"范畴,是大众特别是弱势群体的诉求,走向共同富裕,摒弃动物属性的丛林霸道。

(二) 生态位共同体逻辑。现代生产方式选择所需要的规则与秩序：一是自然规律,例如自然法三大箴规,倡导人类命运共同体；二是通过历史历练证明有利的习惯法,例如农奴徭役法毕竟保护了农奴的生命权；三是较具体的正义准则,适合现代生产方式规则与秩序就是正义的,例如相适合的生产的分配、交换、消费正义,按劳分配,共同富裕；四是有向度,以历史正义和现实正义为参照,预测未来走向,有理想引导,防止倒退。所不同,社会群体中的独大、专权不可长久。

(三) 量化"共同富裕"的尺度,共同富裕是阶梯式渐进过程。

共同富裕,是与生产力的发展相对称的过程。共同富裕需要有量化的尺度来衡量,居民消费和共享发展,社会主义消费水平和消费方式；贫富差距的衡量。同时,区分收入的消费部分。收入用于投资实业的部分叫做资本生产工具——财用产业,这部分对社会生产发展有利。还有用于慈善

---

① 〔意〕托马斯·阿奎那：《阿奎那政治著作选》,商务印书馆1963年版,第101—102、103—128、137—148页。

的部分。

贫富悬殊的尺度划分：贫困状态的衡量，例如基尼系数、恩格尔计算和恩格尔系数。联合国粮农组织提出的标准是日消费水准为1—2美元为极端贫困（相当于恩格尔系数在59%以上）。日消费水准在50%左右为温饱，在40%—50%之间为小康，在30%—40%之间为富裕，低于30%为劳动换回休闲式富裕。

控制贫富悬殊的方法，三重契约生产的分配体系四项九条；通工等偿四项九条；劳动工资收入四个阶梯相勾连。宏观政策控制第一、二、三次分配，不同阶段需要解决的主要矛盾和次要矛盾有所不同，方法不同。

七、社会主义政治意识形态的本质：共同富裕，方法是现代化

（一）《中华人民共和国宪法》关于为人民谋幸福。第十四条第一自然段"发展社会生产力"，第三自然段"在发展生产的基础上，逐步改善人民的物质生活和文化生活"。第四自然段"国家建立健全同经济发展水平相适应的社会保障制度"。目标是"人民幸福"；"谋"是方法是行动，是发展生产力，实现共同富裕。

《中华人民共和国宪法》："国家的根本任务是……现代化建设。"已经选择现代生产方式。

科学社会主义是共同富裕目标与公有制方法，"一个公有制占主体，一个共同富裕，这是我们所必须坚持的社会主义的根本原则"[①]。目标：共同富裕。方法：公有制为主体。

科学社会主义是共同富裕目标与按劳分配方法统一，"坚持社会主义，实行按劳分配的原则，就不会产生贫富过大的差距"[②]。"我们坚持了社会主义公有制和按劳分配的原则"[③]，以共同富裕为目标，公有制、按劳分配为方法。

科学社会主义是共同富裕目标与发展生产力方法。"文革"结束，最

---

① 《邓小平文选》，第三卷，人民出版社1993年版，第111页。
② 《邓小平文选》，第三卷，人民出版社1993年版，第64页。
③ 《邓小平文选》，第二卷，人民出版社1994年版，第165页。

重要的任务就是拨乱反正，重新回到马克思主义存在决定意识、政治为经济服务的轨道上。当时最棘手的问题是解决"贫穷"问题。"根据我们自己的经验，讲社会主义，首先就要使生产力发展，这是主要的。只有这样，才能表明社会主义的优越性。社会主义经济政策对不对，归根到底要看生产力是否发展，人民收入是否增加。这是压倒一切的标准。空讲社会主义不行，人民不相信。"① "十二大以后，我国政治形势更加稳定，可以更好地一心一意搞建设了"②，"二十年翻两番"③。"社会主义的本质，是解放生产力，发展生产力，消灭剥削，消除两极分化，最终达到共同富裕。"④ 发展生产力的有机概念即现代生产方式自治。旗帜鲜明地通过逐步降低制度成本的方法，逐步消灭剥削。共同富裕，是社会主义市场经济生产的分配的特有正义准则，绝对不允许制度成本费用要素侵犯"广义按劳分配"即总工资均分创造价值公法习惯法。共同富裕，是社会主义公有制的特有目的。

社会经济发展成果由全体人民共享，是现实的共同富裕。要按照劳动人民的共同利益来使用与分配："社会主义的目的就是要全国人民共同富裕，不是两极分化。"⑤ "共同富裕是社会主义的本质要求，是人民群众的共同期盼。我们推动经济社会发展，归根结底是要实现全体人民共同富裕。"⑥ 共同富裕，是社会主义意识形态的本质。要设立特别法令禁止功利主义"物役人"。

采用政策倾斜的方法支援一部分人先富裕起来，先富带后富，"最终"实现共同富裕，这是约法"共同富裕"创建的发展机制。对于具体企业和个人而言，只要富裕起来，就有先富带后富的责任。

---

① 《邓小平文选》，第二卷，人民出版社1993年版，第314页。
② 《邓小平文选》，第三卷，人民出版社1993年版，第9页。
③ 《邓小平文选》，第三卷，人民出版社1993年版，第9页。
④ 《邓小平文选》，第三卷，人民出版社1993年版，第373页。
⑤ 《邓小平文选》，第三卷，人民出版社1993年版，第110—111页。
⑥ 习近平：《关于〈中共中央关于制定国民经济和社会发展第十四个五年规划和二〇三五年远景目标的建议〉的说明》，载《人民日报》，2020年11月4日。

如果在没有达到共产主义三大标准之前，就施行各种"免费"（除教育以外）按需分配，就是乌托邦。

共同富裕，法律遵循中立规则，走共同富裕的道路。共同富裕，约束社会主义经济和政治的关系。一是社会主义现代市场的一般性，遵守市民法秩序，加快市民法的法律定制的建设，然后才是依照市民法制的治理。二是建设社会主义经济体制。三是经济体制改革要正确处理政府和市场的关系，促进共同富裕，弥补市场失灵。

共同富裕，是社会主义市场经济中的宏观经济调控的目标与方法内容。

社会主义经济制度，遵循现代生产方式一般规律。"一切社会权力和一切政治权力都起源于经济的先决条件，起源于各个社会的历史地产生的生产方式和交换方式"。①

从此岸达到彼岸，当物质极大丰富，劳动成为"生活的第一需要"，消灭资产阶级私有制、消灭剥削，最终达到各尽所能按需分配，需要几代人、十几代人的努力。

第二节 科学社会主义

第一小节 空想社会主义，是现代生产方式初期混杂的产物

托马斯·莫尔（Thomas More，1478—1535）《关于最完美的国家制度和乌托邦新岛的既有益又有趣的金书》开启了空想社会主义乌托邦意识形态。"社会主义（Socialism）"来源于中世纪时代的"社会"这个拉丁语词。

空想社会主义是三种力量冲突的产物，一是先贤的理想国哲学种子；

---

① 《马克思恩格斯选集》，第三卷，人民出版社2012年版，第598页。

二是欧洲出现了现代生产方式经济基础,给予了实现理想的物质可能性;三是现代制度与奴隶制、农奴制混杂现象引起的三种价值观(理想、现代现实、旧社会)的冲撞,导致了变革的紧迫性思潮。

(一)批判性。所有空想社会主义者都批判了西方资本主义制度,莫尔揭露了资本原始积累,"绵羊本来那么顺从,吃一点点就满足,现在据说,变得很贪婪很凶残,甚至要把人吃掉!"私有制是万恶之源,必须消灭它。当时的英国各处流落的流浪汉和饥民,他们的生活异常贫苦,正如马克思指出:"圈地运动是用血与火的文字编入人类编年史的。"夏尔·傅立叶(Charles Fourier,1772—1837)《新的工业世界和社会事业》指出,雇佣劳动制度是"恢复奴隶制度",资本主义工厂是"温和的监狱"。罗伯特·欧文(Robert Owen,1771—1858)抨击西方资本主义私有制,大多数人都沦为"工资制度的奴隶"。空想社会主义都主张废除私有制,消灭阶级差别,共同劳动,平均分配产品,建立社会平等。空想社会主义者都确信,资本主义应当为社会主义所代替。

欧文认为,从资本主义过渡到公社制度,必须经过一个社会改造过程。

(二)空想社会主义经济和政治思想主要有,第一,"满足人们的需要"规定为新社会的唯一的和固定的目的。第二,政治为经济服务。就是用最小的管理费生产更多的东西。政治成本最低边际,经济与政治是分工协作、公平契约关系。人民是平等的,官吏是公共选举产生。他们中有些代表人物还主张暴力革命,并提出和论证了过渡时期等问题。第三,公有制。认为人类历史的起点是公有制而不是私有制,人们共同劳动,共同享有劳动成果的必然性。以组织生产、普遍劳动为基础的公有制和平等的原则。第四,欧文等人认为,在过渡时期要解决两大经济任务:根据合作原则组织生产;根据劳动公平交换原则组织市场。在实业制度下要有计划地组织生产,彻底根除无政府状态。第五,生产的分配、交换、消费。过渡时期按劳分配;理想按需分配。关于交换。傅立叶认为协作制度下的商品交换将十分活跃,商品流通量将成百倍地增长。消费对未来理想社会的高度物质和文化生活水平作了富有吸引力的宏伟想象。第六,城乡结合,城市居住权、公共事业。第七,国际交流思想。

早期空想社会主义的成员主要是知识分子,热衷于对"理想国"的设计与实验,因为脱离市民社会现状、缺少宏大的经济财力基础而失败。但是他们的核心理想被传承下来。

第二小节 科学社会主义必然选择纯粹现代生产方式为经济基础

空想社会主义学说是科学社会主义思想条件或直接思想来源。

一、科学社会主义的动力源来自无产阶级求自由解放

(一)"科学社会主义(Scientific Socialism)"一词是19世纪初圣西门(Claude-Henri de Rouvroy, Comte de Saint-Simon, 1760—1825)创造的,1803年发表《一个日内瓦居民给当代人的信》。为什么到19世纪,空想社会主义才被取代?一是因为无产阶级随着工业革命大发展,终于成长为一个有自我意识的庞大的阶级队伍。二是资产阶级统治意志极端叛乱,导致劳动力价格从农奴徭役下跌到准奴隶边际。"在发达的生产方式下特别是资本主义生产下相比,它自然只会在直接生产者的总劳动中,取走一个小得多的部分。"① 生产力畸形到了断裂边际,经济危机一个接一个,工人阶级自发地暴力反抗。正是在这样的历史背景下,以无产阶级革命为基础的科学社会主义诞生了。《马克思恩格斯全集》第一卷说明中指出:"正是对林木盗窃法的研究和对摩塞尔河地区农民生活状况的考察,促使他从纯粹研究政治转而研究经济关系,从而研究社会主义。"②《摘自"德法年鉴"的书信》中指出:"给受苦难的人进行团结的时间愈多,那么在现今

---

① 《资本论》,第三卷,人民出版社1975年版,第894页。
② 《马克思恩格斯全集》,第1卷,人民出版社1956年版,第XII页。

社会里成熟着的果实就会越甘美。"① 如果说马克思在林木盗窃法的争论中已经站到了劳动者的利益角度考虑问题，那么在《德法年鉴》时期，马克思则找到了实现劳动者利益的阶级力量——无产阶级。

（二）科学社会主义引导无产阶级向血腥资本主义宣战（现代方式内部政权更迭革命，即第二次革命）。

19世纪，在资产阶级极端叛乱政治统治和血腥法律压榨之下，不愿做奴隶的无产阶级自发的暴力反抗，斗争风起云涌，在这样的历史大背景下，马克思恩格斯合作撰写的《共产党宣言》横空出世，成为科学社会主义的纲领。2018年5月4日，习近平《在纪念马克思诞辰200周年大会上的讲话》指出："马克思主义博大精深，归根到底就是一句话，为人类求解放。"

科学社会主义是关于无产阶级求解放的学说。第一，只要还存在生产线抵押贷款生产方式，就分离出劳资两大阶级谁也消灭不了谁，所以科学社会主义处于现代生产方式自然历史阶段内部。第二，科学社会主义意识形态目标和方法是发展社会生产力、共同富裕，这与纯粹现代生产方式和平发展互惠特征有对象性同一。第三，科学社会主义所进行的阶级斗争的性质，是继劳资两大阶级联合起来打倒农奴制之后，是现代生产方式内部的革命，即第二次革命（属性是内部革命），"巴黎公社是人类历史上第一个工人阶级自己的政府，是无产阶级作为唯一具有社会首创能力的阶级得到公开承认的第一次革命"②。通过革命扫除现代过渡时期所混杂的历史垃圾，打倒资产阶级金钱与政治媾和的僭主专制主义。第四，鉴于现代生产方式的生产力还没有释放完毕是绝对不会消亡的，因此，科学社会主义是在现代生产方式自然历史阶段内部通过无产阶级夺取政权专政、争取阶级平等权力的革命。无产阶级夺取政权专政属于现代社会内部的权力更迭，只要还存在"预期先进生产线抵押贷款"模式，两大阶级就客观存在，阶

---

① 《马克思恩格斯全集》，第1卷，人民出版社1956年版，第414—415页。
② 《马克思恩格斯文集》，第3卷，人民出版社2009年版，第160页。

级就没有消亡。第五，所以，第一步是争取平等权利，增加生产力的总量，方法就是接管被资产阶级损坏的现代经济，并参照皮凯蒂中性公式"资本利息率3%—5%，总资本/总工资＝5"为标杆修复劳资之间中立共生关系，回归生产力发展绝对趋势可持续轨道，增加就业机会，随生产力同步提高工资可能性，为人民谋现实的幸福。

（三）始终不渝地坚定人民是真正的英雄理念。一是历史表明现代生产方式是底层人民从下而上创建的谋生手段，更加符合市民社会观念。所不同，西方资产阶级统治秉承日耳曼野蛮霸权主义只要"自由、私有"而竭力挣脱"平等正义"。无产阶级必须也能够接管纯粹现代生产方式，夺回话语权，扫除现代生产方式中混杂的奴隶制、农奴制旧势力。二是主动积极地引导现代生产方式回归"中立"规范。三是纯粹现代生产方式社会劳动生产力绝对发展趋势，是实现人民现实的幸福的最佳路径。通过法与法律管护生产力安全、稳定、可持久发展与推动力，实现"有限借债、有限积累"，与自然达成和谐。四是重建个人联合体，"既是资本者又是劳动者"的可能性，为下一个历史阶段作准备。五是进入智能时代，通过法律定制进一步降低制度成本至40%，提高工资总额到占比60%，保证普通劳动在高科技智能社会有获得感；建设友好型社会，警惕"流量第一"对人的格式化、去人格化现象。六是与美西方国际霸道"对奴隶制姑息养奸"做坚决斗争，不抱任何幻想。

二、科学社会主义必须选择建立在现代最新成果基础之上

科学社会主义意识形态（Scientific Socialism）的目的，就是发展生产力，劳动自由解放，共同富裕。

（一）从必然到自由的过程。社会劳动者是社会生产条件的实际占有者，"这个领域内的自由只能是：社会化的人，联合起来的生产者，将合理地调节他们和自然之间的物质变换，把它置于他们的共同控制之下，而不让它作为盲目的力量来统治自己；靠消耗最小的力量，在最无愧于和最

适合于他们的人类本性条件下来进行这种物质变换。……但是，这个自由王国只有建立在必然王国的基础上，才能繁荣起来。工作日的缩短是根本条件"①。现代生产方式经济基础意识决定上层建筑意识，社会主义意识形态上层建筑也不例外，必然选择纯粹的现代生产方式最新成果作为经济基础，更加自觉地为经济基础服务，做服务模范，中立规则捍卫者，进步引导者。

科学社会主义是现代社会混杂过渡时期的产物。例如，自1840年鸦片战争以来经过180年的奋斗，中国已经处于社会主义初级阶段，处于学习和斗争阶段，达到现代生产方式最新成果的水准还需要时日，达到并利用现代生产方式生产力全部释放完毕，应当是几代甚至十几代人的事业。

(二) 科学社会主义的目标决定了它的综合性。

第一，社会主义本身是意识形态，科学社会主义就是综合人类一切文明成果，特别是以社会发展理论为指导。社会主义哲学原本就是以人为本；经济形式就是现代生产方式正义形式；政体就是工人阶级为领导工农联盟为基础的统一战线的人民民主专政。人民现实的幸福，公有制、按劳分配为主体。资本、计划、市场、法律都是工具，是权力责任对称的经济系统工程。

第二，科学地阐明西方血腥从属资本主义必然灭亡、社会主义必然胜利的两个阶段。

在现代生产方式自然历史阶段，阐明：总生产中的资本的社会性和西方生产资料资本主义私人占有形式之间的矛盾，必然导致社会主义取代"历史过渡时期混杂的血腥资本主义"那个部分，以生产资料的公有制为主体取代生产资料私有制；以按劳分配取代资本雇佣"过度劳动"；以现实的共同富裕，取代西方混杂贫富悬殊。同时为下一个历史阶段做准备。

第三，科学社会主义方法论存在正义向度，是正义的规范的、正义性准则指导下的批判、具有正义向度的理想。市民社会法哲学是政治哲学的

---

① 《资本论》，第三卷，人民出版社1975年版，第926—927页。

基础，依正义为准则法哲学与政治哲学的内容和逻辑相通。

第四，科学社会主义具有强大的生命力，它不是一成不变的教条。它在指引实践的过程中，又接受实践的检验，中国特色社会主义理论体系就是科学社会主义在当代中国的新发展。

当今，非西方的中国迅速和平崛起，佐证中国特色社会主义经济制度更加适合现代生产方式20年偿债计划、20年偿债市场。资本、计划和市场都是工具，在中国实现了它们之间的平衡优化。

第五，科学社会主义的长远目标就是为下一种生产方式准备条件。当生产力极大提高，物质极大丰富，劳动成为生活的第一需要，消灭利用生产资料私有制剥削现象。最终目的就是实现共产主义，解放全人类，实现世界大同，个人得到全面发展，人类社会与自然达成和谐。

第三节　共产主义处于下一个历史阶段

一、关于共产主义

（一）理想生产方式，"应当被看作是由资本主义生产方式转化为联合的生产方式的过渡形式"①，可以被看作是从西方资本主义二重性过渡到社会主义纯粹现代生产方式。

"全部生产集中在联合起来的个人的手里"②。

理想使命，"这个阶级的历史使命是推翻资本主义的生产方式和最后消灭阶级，这个阶级就是无产阶级"③。

预言未来历史走向，从异化劳动此岸走向螺旋上升式的回归自然自由劳动彼岸。"原来意义上的政治权力，是一个阶级用以压迫另一个阶级的

---

① 《资本论》，第三卷，人民出版社1975年版，第498页。
② 《马克思恩格斯选集》，第一卷，人民出版社1972年版，第273页。
③ 《资本论》，第一卷，人民出版社1975年版，第18页。

有组织的暴力，……那么它在消灭这种生产关系的同时，也就消灭了阶级对立和阶级本身存在的条件，从而消灭了它自己这个阶级的统治。"① 为了实现无产阶级的利益，既提供了理想主义共产主义未来，也详细研究和指出了从此岸走向彼岸的道路，减轻分娩的阵痛。

（二）"共产主义"源自中世纪拉丁语词"市民公社"，communism 本义就是共同体主义。

共产主义的三大标志：生产力极大提高、物质极大丰富，劳动成为生活的第一要求。"在共产主义社会高级阶段，在迫使个人奴隶般地服从分工的情形已经消失，从而脑力劳动和体力劳动的对立也随之消失之后；在劳动已经不仅仅是谋生的手段，而且本身成了生活的第一需要之后；在随着个人的全面发展，他们的生产力也增长起来，而集体财富的一切源泉都充分涌流之后，——只有在那个时候，才能完全超出资产阶级权利的狭隘眼界，社会才能在自己的旗帜上写上：各尽所能，按需分配！"② 如果不具备条件就实行按需分配，就是共产主义乌托邦。

二、"两个一定"，在社会主义和共产主义各阶段的使命有区别

（一）资产阶级私有制的定义。"共产主义并不剥夺任何人占有社会产品的权力，它只剥夺利用这种占有去奴役他人劳动的权力"。③ "利用这种占有去奴役他人劳动的权力"即资产阶级私有制。

市民社会个人私有制的定义。我们要复兴的是社会上绝大多数人有财产的市民法私有制，"我们要消灭那种以社会上的绝大多数人没有财产为必要条件的所有制"④。我们要恢复或建设劳动者、小业主有储备的社会上绝大多数人有财产为必要条件的所有制。

市民法私有制的定义，市民社会个人私有制，绝大多数人有财产为必

---

① 《马克思恩格斯选集》，第一卷，人民出版社 1972 年版，第 273 页。
② 《马克思恩格斯选集》，第三卷，人民出版社 1972 年版，第 12 页。
③ 《马克思恩格斯选集》，第一卷，人民出版社 1972 年版，第 267 页。
④ 《马克思恩格斯选集》，第一卷，人民出版社 1972 年版，第 267 页。

要条件的所有制,即小康社会。

(二)科学社会主义第一阶段,"两个一定"的阶段性使命。

科学社会主义意识形态出生于现代生产方式混杂的初级阶段,马克思唯物辩证法宣示不能超越历史,对科学社会主义也适用。现代生产方式自然历史阶段,"现代社会的经济运动规律,——它还是既不能跳过也不能用法令取消自然的发展阶段"①,并且"无论哪一个社会形态,在它所能容纳的全部生产力发挥出来以前,是决不会灭亡的"②。现代生产方式八大特征,是迄今为止能够完成"发展社会生产力,共同富裕的任务"的最佳选择,它是从下而上发展而来,并且生产力发展绝对趋势有利于实现共同富裕,大众已经习惯于这种谋生方式,其他民族艳羡并正在学习这种方式,小农经济国家民族必须学习转型以自强,否则将被大工业武装起来的坚船利炮所消灭。

《共产党宣言》坚信"资产阶级的灭亡和无产阶级的胜利同样是不可避免的"③,但同时也作出一步一步扎实前进的计划去实现理想。《共产党宣言》问世正处于"总资本/总工资=7—9",以这个历史阶段为背景,无产阶级夺取政权专政的"第一步"时期的重点任务,是打倒资产阶级的统治、无产阶级夺取政权专政接管并恢复纯粹现代生产方式中性规则。

在取得无产阶级专政后,我们要消灭的是资产阶级奴役他人的私有制。但是,由于现代生产方式生产力还没有释放完毕,"租买"必然分离出劳资两大阶级,所以复兴绝大多数人的市民社会个人私有制的存在,通过股份制或银行中介等实现资本集中和社会化。

(三)当今,人们已经认识到这是一个十几代、几十代的漫长的历史时期,所以,"资产阶级的灭亡和无产阶级的胜利同样是不可避免的"。"阶级"属于对称概念,资产阶级消亡则无产阶级也将同时消亡不复存在,所以应指无产阶级"理想"的胜利,最后胜利应指共产主义历史时期无阶

---

① 《资本论》,第一卷,人民出版社1975年版,第11页。
② 《马克思恩格斯选集》,第二卷,人民出版社1972年版,第83页。
③ 《马克思恩格斯选集》,第一卷,人民出版社1972年版,第263页。

级的现象。

特别需要注意,不可以将共产主义分配制度拿到社会主义时期,这是极"左"倾向。如果劳动没有成为第一需要,就直奔"按需分配"共产主义大锅饭,则反而会打击"按劳分配",就不能避免出现好逸恶劳,对依靠劳动谋幸福的欲望下降,自力更生战天斗地的能力下降。这在一些过度福利国家已经显现出来。

(四)对西方从属资本主义帝国殖民掠夺本质和虚假繁荣,要有充分认识。

关于"资产阶级的灭亡和无产阶级的胜利同样是不可避免的"长期性、艰巨性。首先,恩格斯在1895年,即病逝前的当年3月,为马克思的《1848至1850年的法兰西阶级斗争》一书写的"导言"中指出:"历史表明,我们以及所有和我们有同样想法的人,都是不对的。历史清楚地表明,当时欧洲大陆经济发展的状况还远远没有成熟到可以铲除资本主义生产的程度;历史用经济革命证明了这一点。"① 这个"不对"意思是看高了资本主义的发展速度。实际情况是"经济革命"还在继续,资本主义与奴隶制、农奴制的混杂现象还没有清除干净;现代生产方式历史阶段的生产力能量还远远没有释放完毕。

这提醒人们思考,"经济发展的状况还远远没有成熟",所指是什么?就是说,西方资本主义的表面状况和它的"成熟程度"是两回事。这就需要厘清它的表面繁荣从何而来?现代经济的发展的部分,这是正能量;而负能量,一是对奴隶制、农奴制采取"暂时姑息",纵容奴隶主式的国际霸权主义;二是沿用奴隶主方式大肆掠夺殖民地,金融主义掠取廉价商品粉饰的繁荣的部分;三是技术移民、廉价劳动力移民,种族矛盾等相对分散了阶级矛盾;四是高消费GDP虚高的部分;五是打击别人抬高自己的虚无方法,采用奴隶制《理想国》所介绍的以邻为壑,欺骗撒谎将对方引入歧途,抬高自己表面现象;六是随着国际霸权自我走向衰落,特别是美国总统"美国优先"将契约精神、民主、自由、人权的遮羞布全部撕下,暴

---

① 《马克思恩格斯选集》,第四卷,人民出版社1972年版,第384页。

露出明目张胆的奴隶主强盗真面目。尽管已经进入信息、人工智能、机器人时代，但是西方国家的普通劳动者被严重边缘化的状况反而更突出了，劳动求解放的状况并没有改变。由于血腥从属资本的阻挠和破坏，作为纯粹现代生产方式，"还远远没有成熟到可以铲除资本主义生产的程度"。西方霸权占尽先机，利用高科技与金融媾和的高额利润薅羊毛、割韭菜。因此，"调整中性尺度""降低制度成本占比"的任务，历史地落在了科学社会主义的肩上。

对比与质疑：

（一）空想社会主义是现代生产方式混杂时期的产物。

（二）科学社会主义是现代混杂时期无产阶级斗争的产物。

科学社会主义的行动目标是为人民的现实幸福服务，是纯粹现代生产方式的清道夫、模范服务者、中性规则守护者、进步引导者。发展现代向善生产力，实现共同富裕。

科学社会主义不是前无古人后无来者的乌托邦。

（三）资本使用者阶层与自由劳动共生关系，是有限度的统一战线关系。

因此，资产阶级也不是铁板一块。

（四）共产主义属于下一个自然历史阶段的理想形式。

大卫·李嘉图派社会主义者合理的方面是承认劳动价值观念；而需要批判"劳动者就应该凭借一天的劳动获得全部劳动产品"分光吃光空想主义。

（五）《共产党宣言》要消灭的资产阶级私有制，"是以那种以自己的劳动为基础的私有制的消灭为前提的，也就是说，是以劳动者的被剥夺为前提的"[1]。

《共产党宣言》要保护的"是以那种以自己的劳动为基础的私有制"，保护个人市民社会的私有权。马克思设想重建个人所有制的联合体。

---

[1] 《资本论》，第一卷，人民出版社1975年版，第843页。

因此,说《共产党宣言》就是要消灭一切私有制,或者是没有完整准确地学习和理解,或者是形左而实右。

(六)马克思"人民的现实的幸福"的指导意义,一是区划革命发展阶段论与不断革命论,饭要一口一口吃,要坚持按劳分配,一方面防止平均主义大锅饭,另一方面防止把共产主义描绘成免费的午餐,鼓吹"免费"。二是转型法制社会是一种动态平衡秩序,既要保障公共秩序的稳定性,同时还要积极实现人民对美好未来的期许。

而在唯心主义那里,关于"人的幸福""人的本质""人的价值"等问题,大致可以归结为理性主义和感觉主义两种主要取向。康德在《纯粹理性批判》中作了这样的说明:"幸福只有在与理性存在者的德性严格成比例、因而使理性存在者配得幸福时,才构成一个世界的至善。"[①] 理性主义苦行僧式的禁欲主义,这种"空想出来的幸福感"往往遮蔽了人对现世幸福的向往。而感觉主义感性体验,强调感官的快乐。

[①] 〔德〕康德:《纯粹理性批判》,人民出版社2004年版,第617页。

第二章 《共产党宣言》褒扬生产债务企业主阶层与自由劳动的共生统一战线关系

第一节 生产债务企业主阶层与自由劳动共建现代生产方式，我们是自家人

一、现代生产方式，国家市民法定劳动和生产债务企业主共生自己人

2018年11月1日，在民营企业座谈会上，习近平明确提出"民营经济是我国经济制度的内在要素，民营企业和民营企业家是我们自己人"的重要论断。

2020年9月16日，中共中央颁布了《关于加强新时代民营经济统战工作的意见》，即现代生产方式是"统一战线"共生关系，而不仅仅是某个时段的某个统战策略需要。

2024年10月10日司法部、国家发改委公布了《民营经济促进法草案》向社会公开征求意见。

如果仔细研读，那么这个观念在亚当·斯密《富国论》，还有马克思恩格斯《共产党宣言》、马克思《资本论》中都有实践记录、研究和结论。在200年前欧洲无产阶级已经认同的劳资共生理论，以及中国早在1922年安源大罢工中已经运用的统一战线"有理有利有节共生关系"，50年代初，毛泽东批复"劳资两利，四马分肥"共生关系，为什么建立新中国70年后当下重提民营企业是我们自己人？说明政治协商的"劳资两利，四马分

肥",即劳动阶级、资本使用者阶层、政府成本、食利者阶层的"政治"关系还存在不确定性。而唯有宪制、宪法法律具备确定性,即安全、稳定、可持久性。

二、"生产所以生存"弱势群体崇尚平等正义,守成"王在法之下"

(一)从源,需要指出的是,人类还处于生存斗争阶段。因此,有两条道路可以选择,一是"日耳曼野蛮部落法自由契约优胜劣汰弱肉强食"。强者把弱势民族全部吃光,强者也没有了食物来源而衰落灭亡、不能复兴,这就是世界屋脊西方的古文化古文明衰落后不能复兴,所以都消亡了的历史。

另一条道路,"生存斗争"事实说明贫富差距的存在,即弱势群体还消灭不掉财权和强权,逐渐采取以法律为中介,寻求共生的道路。自古以来,唯有生产所以生存的大多数弱势群体信奉"平等的自由"而聚集在一起,几千年来一次次奋斗只为把"财产权、政治强权"关进法律笼子以实现"共生",而不是消灭,因为生育率是以"生命权"生存斗争为边际,总有贫富差距存在。为了降低非自然获得的财富,在古希腊哲学家苏格拉底、亚里士多德那里叫做以自然法为准则,约束政治修养、田野调查政体的多样性;抽象理想的政体和政治;为人民的现实幸福,选择现实阶段适合的政治。1215年《英国自由大宪章》无代表无税,古典政治经济学应翻译为"限制政治的经济学"才准确。

(二)"王在法之下"法律体系,这正是生产者弱势群体渴求正义、拥护正义的主体力量的具体现象之一。

第一个实现政治在法之下的,是中华民族"井田制"将政治成本关进"井"内实现了九一至什一税制,世界最低的政治成本、最高的政治价值和效率护佑中华民族绵延5000年。第二个是英国诺曼时期日耳曼野蛮部落法"王在法之下"中介促成了贵族与王权达成和解,"王在法之下"反对或限制没落黑暗的罗马法和制定法,习惯法获得与制定法竞争的机会和张力,无代表无税,什一税,禁止高利贷等习惯法呵护、推动、成就了现代生产方式。

王在法之下的"法治",应做"依据法制的治理"解释。其中隐含三大价值立场。其一,法律治理的对象:民众与掌握权力的人。其二,法律治理的主体,是民众,民众委托掌握权力的组织,二者是制衡关系。其三,依据"什么样"的法律,即如何界定法律:以弱势大众为依皈的良法,即向善(自然法三大箴规为底线)、平等、正义、公平、共性,合法自由等。因此,"王在法之下"法治,首先是政府行为在法律的约束之下,然后是合法政府依据法律来治理社会,社会监督政府必须合法。

(三)历史纵向,不同生产方式决定"王在法之下"或者"王在法之上"。

关于野蛮强权在法之上,欧洲原始社会后期、奴隶制、农奴制,土地财权与贵族政治权合一专制,贵族信奉日耳曼野蛮部落法自由契约优胜劣汰弱肉强食掠夺和战争,对文化、法律不感兴趣,特别是2世纪以来被王权承认的宗教禁锢被称为黑暗的中世纪。

而英国是一个特例,在11世纪日耳曼野蛮部落法"王在法之下"战胜了黑暗衰落的古罗马法,给予习惯法发展的空间,市民法上升为国家统一大法。

(四)相对比,现代生产方式,企业主希望资本利息率越低就可以贷款投资建设生产线增加就业机会,所以现代文明是生产债务企业主和自由劳动推动文明上台阶的过程,从而达到生产力绝对发展趋势。

当与西方现代文明勘对,中华民族超前文明花开三界。第一界,对传统的守成。第二界,华夏超前文明,执着地绽放在当下,"德礼法"文明潜质在民间、在文化、在哲学,在底层人民忍辱负重,护佑中国法制不健全也能发展得很好、很迅速。第三界,中华民族以超前文明形式,迎接新时代普照的"以太"。三界链接:欧洲工业文明"资本(生产工具——引者注)一出现,就标志着社会生产过程的一个新时代","这是一种特殊的以太,它决定着它里面显露出来的一切存在的比重"。这也是西游的中华文明华丽回归。

三、亚当·斯密和马克思关于企业内部共生分享的相关理论

第一个层面,新兴城市"自己人"即共同体"共生"关系。《资本论》所研究的是现代生产方式的"共同市场","在公共场所出卖自己的商品(当时的手工业者同时也是商人)的必要和与此相联系的禁止外人进入公共场所的规定";"共同市场";"中世纪共同体";"仅仅以劳动和交换为基础";农奴仅具备"少量手工劳动工具"和技能,农奴是"只身逃入城市的";逃亡农奴"自由劳动"、"无产者"、"个性的个人"。①

第二个层面,第一卷已经介绍,在先进生产线抵押贷款生产方式所固定的法律中性允许的范围之内,资本的使用者(企业主,企业家)与劳动者之间是共生关系(自家人),并且只要存在"优先资本生产工具"的信贷,则工人阶级和资产阶级谁也消灭不了谁,只能选择适合的法律为中介共生。

第三个层面,现代生产方式的高级阶段,只要还存在"先进生产线抵押贷款"生产力绝对发展机制,就被分为借方、贷方、自由劳动三方,再加上维持社会秩序的政府成本,为四方。其中企业内部自家人分为两大阶级,借钱还钱阶级;劳动阶级。亚当·斯密和马克思都把企业家、技术和管理人员直到最后一个短工划归劳动者阶级,法律允许的范围内,是依法均分总工资、法定制度成本,依法分享超额利润关系。超过法律范围的那个部分,则资本使用者对劳动者是剥削关系。而资本食利者属于剥削阶级被动遵守法律阶级。

中国自古以来的农业自给经济,标准是耕者有其田,则地主和农民不是共生关系,而是相互争夺土地的敌对关系,是消灭地主恶霸关系。

第四个层面,企业主为资本利息率和税率下降而奋斗,优先用利润还本付息再生产资本生产工具,剥削率从奴隶制、农奴制的50%下降到现代的20%,从"剥削剩余价值"否定之否定辩证为资本生产工具主义"分享"。

---

① 共同市场,见《马克思恩格斯选集》,第一卷,人民出版社1972年版,第57页。

"资本终于受到法律的约束"①，除了我国古代已经有的12项法律，新增了"禁止高利贷—三重契约"，王莽变法可以与之对接。

"资本就意识到自己是一种社会权力；每个资本家都按照他在社会总资本中占有的份额而分享这种权力。"②（着重号是本书所加）

"总利润的量的分割在这里都会转变为质的分割。"③（着重号是本书所加）否定之否定，剩余价值的比例和用途发生质变，其一，剩余价值来源于剥削榨取有原罪，但是习惯法定农奴制剥削率＝1∶1，起码保护了农奴家庭的生存权，比贩卖奴隶制剥削性低一点，只有资本主义租地农场主保留了这个历史习惯法，这样一来，制度成本被限制在50%；其二，法定资本利息（5%）、什一税，即制度成本五要素各自被限制在创造价值的10%以内，上述两个生产的分配传承和质变，剩余价值的用途才有可能质变为资本生产工具和资本再生产工具"向善发展生产力"用途，实际剥削率由50%下降到20%。因此，16世纪资本主义租地农场主被认定是资本生产工具主义的起点，而大卫·李嘉图的"级差地租"存在不确定性，不是"资本生产工具主义"萌芽的要件。

第五个层面，这样量化生产的分配，自家人之间的差异就有法律加以明确，亚当·斯密和马克思处理自家人（阶级）之间因差异而对立矛盾危机的方法是三分法。

在现代，仅"阶级"二字并不能说明是"敌我关系"，还是自家人关系。而1952年李维汉报告中的"四马分肥"，比较符合"共生观念"，只是没有能够法制量化四者之间的正义平等分配权界和顺位。

第六个层面，《共产党宣言》为纲领，提出了欧洲现代社会、农奴制社会、奴隶制社会"现代文明的野蛮"混杂时代需要三步走。而中国自由自耕农工商社会比欧洲农奴制文明进步，因此马克思"需要三步走"，对

---

① 《资本论》，第一卷，人民出版社1975年版，第272页。
② 《资本论》，第三卷，人民出版社1975年版，第218页。
③ 《资本论》，第三卷，人民出版社1975年版，第378、419—498页，15处提到资本、剩余价值、利润"质变"、被动质变。

中国有现实指导意义。1938年1月为起点的延安"军民融合生产共同体"是中国新兴城市"新式工业"的起点，一直延续至今，新中国75年、特别是"拨改贷"三重契约40年（两个周期）所证实。中国由建设新民主主义到建设中国特色社会主义的历史表明，前途是光明的，道路是曲折的。

我国当下还处于社会主义初级阶段，由于法制还在不断完善，"金钱是衡量人价值的标准"活报剧招摇过市，商业精致的利己主义、一次性效率、零和交易、负能量"现代文明的野蛮"挖墙脚，值得警惕。

也因此，中国强调先进性，仅凭财富和科技还不够，还必须全面深化体制改革，才能有效反腐败苍蝇老虎一起打。与《资本论》对勘方法也很简约：复兴我中华民族"民为本，社稷次之，君为轻"民在上法制，以传统"井田制"法理把财产权、政治权关进"井"内法律笼子里，复兴租息利税什一中正同率。受到法律约束的商业、政治必须服从现代生产方式为正义准则。

法律变革的最佳时机，应在新中国成立初期，新旧巨大差异、先贤的悲悯与焦虑可以最大限度地推进变革过程。但是，新中国只来得及制定宪法和刑法等。而市民法被推迟至今，现在的执笔者几乎不懂何为"市民法"上升为国家大法，也没有那种新旧社会对比实践和进取的焦虑，体制改革遭遇理论缺失和官僚主义中梗阻。与欧洲现代历程勘对，最终必然也必须是现代企业自己争取政治地位，走自己为自己正名的道路。中国必须更加强大！

第二节 《共产党宣言》褒扬资本使用者与自由劳动共生初心

一、市民社会第三等级与自由劳动共生统一战线关系，历史进步作用

（一）现代经济高级阶段于16世纪萌芽，爆发于18世纪。现代生产方式本身就是经济、法制、人文、政治有机融合的新时代文明自治。但是处于混杂时期的西方资产阶级统治专政（政治权+财权）垄断专制极端叛乱，相比新时代文明内部政治，外部政治远远落后几百年，这种本质差别在19世纪才被马克思发现。历史逻辑，现代生产方式是参照古希腊亚里士多德的记录"重建"的次一级的市民手工业生产交换正义形式，因此政治也必须按亚氏的学说建立政治在市民法之下的关系。如果政治指手画脚热衷于贩奴、掠夺殖民地，结果是纯粹现代生产方式被帕累托最优拉拽而断裂，实质经济空壳化。

（二）现代生产方式，资本使用者的两大历史特征。

关于资本使用者的历史作用，在第一卷已经介绍了生产债务人资本使用者企业主获得与债权人平等权利，"企业主收入边际＝利润－利息＝法律强制还本的积累"，剩余价值部分发生质变，即再生产工具。

资本使用者的另一个特征，在中性区间，它与生产劳动是共生关系。亚当·斯密发现了资本所有者与资本使用者之间的对立关系，并且发现，在中性区间生产劳动者与资本使用者是共生关系，"资本使用者的规划和设计，支配指导着劳动者的一切最重要动作。但他们这一切规划和设计，都是以利润为目标。利润率不像地租和工资那样，随社会繁荣而上升，随社会衰退而下降。反之，它在富国自然低，在贫国自然高，而在迅速趋于没落的国家最高"①。马克思进一步指出："……这种质的区分，即利息是资本自身的果实，是与生产无关的资本所有权的果实，而企业主收入则是处在过程中的、在生产过程中发挥作用的资本的果实，因而是资本使用者在再生产过程中起的能动作用的果实，……企业主收入……归资本的非所有者所有。"② 资本所有者信奉高利贷拜物教，但是资本使用者希望资本利息率越低越好，法定资本利息率和税率越低，有能力"生产线抵押贷款"创业的市民就越多，资本生产工具就得以大众化，就业总量增加，经济水准提高。企业主资本使用者希望利息率、税率越低越好，就偏好增加投

---

① 〔英〕亚当·斯密：《国民财富的性质和原因的研究》，上卷，商务印书馆1972年版，第242页。

② 《资本论》，第三卷，人民出版社1975年版，第420页。

资、增加就业机会，经济水准提高。因此，企业主生产债务人资本使用者是把财产权、政治权关进什一律法律笼子的基层主动力源。在这里，利润是指还本付息的利润率，"这种资财，在借用人手里，就是用来维持生产性劳动者，可以再生产价值，并提供利润。在这场合，……便能偿还该资本及利息"①。依照马克思主义这个原理，中国新民主主义革命分离出了民族资产阶级统一战线的同一性对象，它的对立面是官僚资本主义、买办和资本食利者金融玩家、地主。

但是，亚当·斯密却在具体形式，例如"提供""支付""共分""均分""支垫""有余""剩余"这些具体形式中遮蔽了"不劳而获"剥削原罪。

因此，市民社会第三等级和自由劳动推动历史进步作用就是"利润率在富国自然低"资本生产工具大众化，富国生产力发展绝对趋势。

（三）《共产党宣言》关于劳资中性关系的必要性可行性。

现代方式内部，劳资之间适合的法律中介的必要性和可能性。《共产党宣言》指出"劳动的价格，是同生产费用相等的"②，承认工资总额与生产费用（制度成本）均分所创造价值，即欧洲农奴徭役习惯法被传承用作现代生产方式生产劳动收入与非劳动收入（制度成本）之间的分配正义中介，法律强制劳资之间的共生关系。

工人阶级与第三等级（资本使用者）在革命中是统一战线共生关系。马克思指出在"相对形式＝等价形式"中显示，事物能够发生关系的是它们之间的"对象同一性"，共同体内部"对象（现代生产方式）同一性——劳资差异性矛盾对立——因为有同一性，差异可以通过折中达成统一"。而当简约为"对立统一"的时候实际隐蔽了"存在对象性同一，是差异性对立和斗争，中介折中——实现统一"。

解决劳资矛盾，借助适应的法律的必要和可能、可行性。一是中立规

---

① 〔英〕亚当·斯密：《国民财富的性质和原因的研究》，上卷，商务印书馆1972年版，还本付息，第321页。

② 《马克思恩格斯选集》，第一卷，人民出版社1972年版，第258页。

则"利息率为3%—5%,总资本/总工资=5—6",工资总额均分所创造价值,劳动者有机会争取收入与生产力同步提高追求幸福;并且还没有侵犯到劳动阶级的生存边际,法律中介就存在通过和平谈判实现统一的可行性。在这个尺度范围内资本使用者与劳动者是共生关系,阶级斗争存在和平方式的可能性。二是人有多样性,是运用中介的有机必要性。如果劳资直接任性接触,必然出现"理性、冲动、暴力"不确定性相冲撞激化矛盾的可能性。三是直接谈判摩擦时间拉长,还有动辄罢工,这些都对生产不利,劳资双方的利益反而要比之前下降了。

日耳曼"王在法之下"形成了习惯法和制定法两套法律体系的相互竞争,欧洲在长期斗争过程中,人们学会了付诸法律,以阶级力量为背景的关于工资、工伤事故、劳动条件的诉讼,获得了折中的裁定,劳动者的处境比之前有所改善,英国工作时间下降到10小时,1886年美国工人运动,法律裁定工作日下降到8小时,守成至今。在英国英雄革命时期,在资本使用者阶层与资本所有者关于资本价格利息率水准的斗争中,在与封建专制的斗争中,自由劳动阶级与第三等级曾经联合起来建立统一战线关系。第一卷已经讨论,后发展国家的工会一定要懂得制度成本从67%下降到50%,这是一个与三重契约同步的长达20年的进步过程,在这个过程中只能以本国市场劳动工资为准则。历史纵向,生产关系的法权形式作为中介,通过协商、法律和解,实现折中统一,是程序,或历史过程,不能一蹴而就。

(四)政治引导的必要性,必须遵守政治在市民法之下规则。人有冲动、暴力、适度可能性,有多样性、复杂性、灵活性,所以需要有信仰、有政治引导集中力量办大事。哺乳动物遗传对人类的影响,稍加约束就可以遵守一般规则,所以能够抽象出共同的信仰(意志),能够接受引导,能够遵守法律。康德关于"先验、知性、理性"的学说,从理想状态到现实状态并不是直接相连的,从现实状态转型为理想状态,实践中需要一个代表,这个代表发挥的是引导性作用①:现象→信仰→组织→实证→上升到具体。

对于复杂的事物中间要有一个铺路架桥的过程。在西方哲学中,叫做"中介"或中性尺度,例如法律中性规则,组织政治代表,政体中性政府。反之,阶级之间如果没有"中介"作调解员,没有"中性"规则作为判定正义与非正义的楚河汉界,那么两大阶级将处于直接互斗暴力状态,两败俱伤,破坏现代经济。为此,马克思亲自撰写共产党纲领并倡导组建了工人阶级的政治引导代表共产党。

二、《共产党宣言》褒扬第三等级与劳动阶级合作共建现代化初心

《共产党宣言》作为科学社会主义的纲领,注重历史的延续性,争取最多数民众,并直接褒扬现代生产方式的历史进步性以及第三等级与无产阶级联合起来消灭农奴制的"初心",这些光荣历史,工人阶级必将继续传承下去。

(一)褒扬市民社会第三等级在政治、经济中的历史进步性。

第一,"资产阶级在历史上曾经起过非常革命的作用"②。欧洲"分工协作—通工等偿"共同体"重建"古希腊市民社会,出现第三等级"财权与治权分离"追求政治自治的初心。确切地说,是受到避难法保护,逃亡农奴和"光蛋贵族"在新兴城市重建古希腊式"分工协作—通工等偿"共同体手工业市场自治。在这种市民社会内部,逃亡农奴转型为无产自由劳动力,"意大利和法国的市民,从他们的封建领主手中买得或争得最初的自治权以后,就把自己的城市共同体称为'公社'"③,包括军事、经济、政府、法律自治,以防止逃亡农奴被领主抓捕回去。第二,资产阶级针对封建专制的革命,曾联合无产自由劳动阶级,"这个阶段上,无产者……

---

① 张龑:《改革时代的转型法治与政治代表》,载《中外法学》,2019年第4期。
② 《马克思恩格斯选集》,第一卷,人民出版社1972年版,第253页。
③ 《马克思恩格斯选集》,第一卷,人民出版社1972年版,第253页,注解②,新兴城市。

是同自己的敌人的敌人作斗争，即同君主专制的残余、地主、非工业资产者和小资产者作斗争。因此，整个历史运动都集中在资产阶级手里；在这种条件下取得的每一个胜利都是资产阶级的胜利"①。革命成果都记在了资产阶级账上。第三，资产阶级"要求无产阶级援助"促进了无产阶级的觉醒，"无产者组织成为阶级，从而组织成为政党这件事，不断地由于工人阶级的自相竞争而受到破坏。但是，这种组织总是以又一次地重新产生，一次比一次更强大，更坚固，更有力。它利用资产阶级内部的分裂迫使他们用法律形式承认工人的个别利益。英国十小时工作日法案就是一个例子。一般说来，旧社会内部的所有冲突在许多方面都促进了无产阶级的发展。资产阶级处于不断的斗争中……在这一切斗争中，资产阶级都不得不向无产阶级呼吁，要求无产阶级援助，这样就把无产阶级卷进了政治运动。于是，资产阶级自己就把自己的教育因素即反对自身的武器给予了无产阶级"②。"资产阶级内部的分裂"就是资本使用者与资本所有者阶层之间的分裂。例如，那些在"分工协作—通工等偿""禁止高利贷—三重契约"共同体内成长起来的资本使用者阶层必然反对贵族、货币高利贷、商业高利润、货币资本所有者阶层；资产阶级发动了反对国外竞争者、反对旧势力的斗争。

（二）共同创建了纯粹现代生产方式，绝对发展生产力趋势。"资本主义生产方式包含着绝对发展生产力趋势"③，"发展社会劳动生产力，是资本的历史任务和存在理由。资本正是以此不自觉地为一个更高级的生产形式创造物质条件"④。"它第一个证明了，人的活动能够取得什么样的成就"；"资产阶级在它不到一百年的阶级统治中所创造的生产力，比过去一切时代创造的全部生产力还要多、还要大。……过去哪一个世纪能够料想有这样的生产力潜伏在社会劳动里呢？""资产阶级除非使生产工具，从而

---

① 《马克思恩格斯选集》，第一卷，人民出版社1972年版，第259页。
② 《马克思恩格斯选集》，第一卷，人民出版社1972年版，第260页。
③ 《资本论》，第三卷，人民出版社1975年版，第278页。
④ 《资本论》，第三卷，人民出版社1975年版，第288页。

使生产关系，从而使全部社会关系不断地革命化，否则就不能生存下去。……生产的不断变革，一切社会关系不停地动荡，永远的不安定和变动……"① 这为无产阶级争取相对平等权利创造了物质可能性。

综合机制，"资本主义生产方式同时为一种新的更高级的综合，即农业和工业在它们对立发展的形式的基础上的联合，创造了物质前提"②。

生产力发展表现为具体技术进步的台阶式上升，即 "……任何进步，同时也是破坏……。一个国家，例如北美合众国，越是以大工业作为自己发展起点，这个破坏过程就越迅速。因此，资本主义生产发展了社会生产过程的技术和结合，只是由于它同时破坏了一切财富的源泉——土地和工人"③。科学技术获得廉价而丰富资本载体，并吸引人们进行科学技术研究，科学技术发明比前 1000 年的总和还多，拓展了就业机会。

（三）世界市场，"不断扩大产品销路的需要，驱使资产阶级奔走于全球各地。它必须到处落户，到处创业，到处建立联系。……开拓世界市场……"④

（四）现代生产方式劳动力成为商品，需求自由劳动力的集中性和流动性，市民法上升为国家法。

打破封建关系，"封建社会的生产关系和交换关系在其中的关系，封建农业和工业组织，一句话封建所有制关系，……它变成了束缚生产的桎梏。它必须被打破，而且果然被打破了"⑤。

建设国家共同体，"资产阶级……它使人口密集起来，使生产资料集中起来，使财产聚集在少数人的手里。由此必然产生的后果就是政治的集中。……现在已经结合为一个拥有统一的政府、统一的法律、统一的民族阶级利益和统一的关税国家"；"从大工业和世界市场建立的时候起，它在

---

① 《马克思恩格斯选集》，第一卷，人民出版社 1972 年版，第 254、256 页。
② 《资本论》，第一卷，人民出版社 1975 年版，第 552 页。
③ 《资本论》，第一卷，人民出版社 1975 年版，第 552—553 页。
④ 《马克思恩格斯选集》，第一卷，人民出版社 1972 年版，第 252、254 页。
⑤ 《马克思恩格斯选集》，第一卷，人民出版社 1972 年版，第 256 页。

现代的代议会制国家里夺得了独占的政治统治。现代国家政权不过是管理整个资产阶级的共同事务的委员会罢了"①，尽管还存在虚伪性的血腥。

市民法上升为国家法，这为劳动求解放争取了法律条件，这是人民针对等级特权的胜利，"有权利要求政治解放"②。马克思以法国《人权和公民权宣言》第二条，分析了市民社会意义上的人权，指出："这些权利，等等（自然的和不可剥夺的权利）是：平等、自由、安全、财产。"

人的主权对神的主权的胜利，"基督教的幻想，幻梦和基本要求，即人的主权——不过作为一种不同于现实、异己存在物——在民主之中，却是现实性、实在性、世俗准则"③。

是人权平等对政治世袭制度的胜利，财产继承权受到限制，"继承法最清楚地说明了法对于生产关系的依存性"④。

代表制、习惯法、案例法更加贴近民意，"每当工业和商业的发展创造出新的交往形式，例如保险公司等等，法便不得不承认它们都是获得财产的方式"⑤。"代表制迈进了一大步"。⑥ "人权"法与法律贡献，为无产阶级求解放开辟了政治道路，"标志着资产阶级民主比中世纪有伟大历史进步性"。人"作为公民得到解放"⑦。人权平等法给予了无产阶级争取自由解放合法正当性。

（五）培养了工人阶级。为适应机器大工业的需要，培养了工人阶级。全世界无产者联合起来，成为血腥资本的掘墓人。

机器大工业使得劳动简单化、一般化，"一般劳动是一切科学工作，一切发现，一切发明。这种劳动部分地以今人的协作为条件，部分地又以

---

① 《马克思恩格斯选集》，第一卷，人民出版社1972年版，第253、255页。
② 《马克思恩格斯文集》，第1卷，人民出版社2009年版，第25页。
③ 《马克思恩格斯文集》，第1卷，人民出版社2009年版，第17页。
④ 《马克思恩格斯全集》，第3卷，人民出版社2009年版，第420页。
⑤ 《马克思恩格斯文集》，第1卷，人民出版社2009年版，第586页。
⑥ 《马克思恩格斯全集》，人民出版社1954年版，第338页。
⑦ 《马克思恩格斯文集》，第1卷，人民出版社2009年版，第25页。

对前人劳动的利用为条件"①。

（六）在总生产中，资本的社会化为生产资料公有制做准备。在资产阶级社会里，"私有财产对十分之九的成员来说已经不存在"，"……同事实上已经以社会生产为基础的资本主义所有制转化为公有制比起来，自然是长久得多、艰苦得多、困难得多的过程。……是人民群众剥夺少数掠夺者"。② 因此，相比消灭奴隶制、农奴制，现代生产方式的生产资料公有制这一变革的困难要小了很多，为回归古希腊的理性"人役物，人不役于物"做准备。

（七）科学社会主义继承了纯粹现代生产方式。《共产党宣言》引导，取得"平等权利"，"增加生产力的总量"，并承诺保留"银行""信贷""私有权""平等"，这些"贷款改良生产"所必备的条件。说明，当资产阶级忘记它的初心，而极端叛乱"总资本/总工资＝7—9"偏离中立的准则，无产阶级就有夺取政权回归正义的正当性。

正是在《共产党宣言》指导下，中国共产党领导无产阶级与农民、与民族资产阶级联合起来，扫除了旧社会、官僚资本主义、外来殖民主义。

第三节　王在法之下，现代生产方式内部政治特征

一、关于内部规律与外部市场的竞争关系

（一）内部政治与外部政治现象。分为内部政治和外部政治的原因是社会存在混杂性的现状。现代生产方式市民法自治的现象举例如下。

一是相对西方混杂的政治，现代经济呈现出法制独立自主（不是极端自由）在上，外部混杂政治在"现代生产方式"之下，二者是各自独立的外部对立关系，混杂政府是必要的恶。

---

① 《资本论》，第三卷，人民出版社1975年版，第120页。
② 《马克思恩格斯选集》，第一卷，人民出版社1972年版，第267页。

二是新中国社会主义计划经济必须遵守客观价值规律，如果"左"倾搞政治挂帅共产主义大锅饭，则人民负担反而更加沉重。

三是西方学者发现了不服从内部规律、法律、政治指挥的外部"自由经济"现象。完全自由经济学派假设法律、政府政治是外部性。

四是中国也有"官不扰民民自富"的语言逻辑，官扰民是由于没有遵守中国礼法；而"民自富"，是由于中国礼法规定，耕者要有其田，自由自耕农工商，他们的租息利税什一中正之制，收成的90%归自由自耕农所有（未包括徭役和兵役），是世界上最富裕的乡村市民。

（二）适合现代生产方式内部规律，与"外部"是竞争关系。

对于法治组织集体力，马克思界定为是内部规律，则生产共同体内部与市场是"外部关系"，"如果供求平衡，商品的市场价格就和它的生产价格相一致，也就是说，这时它的价格就表现为由资本主义生产的内部规律来调节，而不是以竞争为转移，因为供求的变动只是说明市场价格同生产价格的偏离……一旦供求平衡……市场价格这时在它的直接存在上，就已经和那个由生产方式本身的内在规律调节的生产价格相一致。而只不过作为市场价格的运动的平均才是这样"①。

合法组织。哈耶克认为："组织是社会主义的本质。宗教改革，资产阶级自由革命，而组织是第三大革命。"②

科斯制度经济学理论，第一，法定生产共同体内部规则，"合法权利的初始界定会对经济制度运行的效率产生影响"。第二，合法组织内部契约成本可以低于市场价格形成成本，是它存在的理由，"组织一个企业的收益来源是：市场经营会有所花费，但通过形成组织和允许资源分配由行政机构决定，这笔花费就省下了。当然，企业不得不以低于被取代的市场交易所需要的费用来进行工作，因为如果做不到这一点，退回到市场调节

---

① 《资本论》，第三卷，人民出版社1975年版，第399页。
② 〔英〕哈耶克：《通往奴役之路》，中国社会科学出版社1997年版，第163页。

是有可能的"①。

现代生产方式内部是合法组织，分工协作集体力，法治协调集体行动释放集体生产力，节约成本而释放综合集体生产力，表现为内部价格形成成本的降低。而外部混杂市场价格形成成本从零（势均力敌等价交换），到交易成本最大化（掠夺）。

例如，20世纪20年代末美国遭遇经济大萧条，康芒斯认为："我们可以说在这萧条的年份，销货损失的百分之六十二是由于捐税。"② "从该年度的销货损失的观点来说，百分之五十左右是因利息而起。……那是1926年，其时利息是财务边际的百分之一百八十。"③ 纯粹现代生产方式内部有自己选择的法律和政治，康芒斯首先确定的中立的捐税和资本利息率尺度，和中立的财务边际。对比后，发现问题出在了税捐和利息超出了内部法定的尺度，就属于外部政治干扰。康芒斯就此判断，如果一国的工业全面亏损，可以肯定是宏观分配率出了问题，而不是首先在微观产业结构或企业家身上找原因。美国制度经济学派给政府出的主意，就是拒斥外部政治，回归与现代生产方式相适应的就是正义的"内部"法律、政治体制。这应是外部体制向内部体制转化的体制改革。

二、现代生产方式在胎胞里自治，内部政治与外部政治对立现象

由逃亡农奴和"光蛋贵族"组成的新兴城市是在"胎胞"里面自治成长起来的，为自己建设了全套治理要素和程序设备（武装、经济、法律、雇佣政府等），具有独立正常运转特征。在欧洲现代制度、奴隶制、农奴制混杂社会中，纯粹现代生产方式自治已经历了500年的历练过程，当今表现为当外部政治失灵，经济照样可以靠内部经济产业链、内部法律、内部政治秩序运转，例如当成熟国家发生政府解散现象，法定由看守政府依

---

① 〔美〕科斯：《企业、市场与法律》，生活・读书・新知三联书店上海分店1990年版，第7、42、92、135、212页。

② 〔美〕康芒斯：《制度经济学》，下册，商务印书馆1962年版，第219页。

③ 〔美〕康芒斯：《制度经济学》，下册，商务印书馆1962年版，第222页。

照法律维持运转。国家不随政权更迭而社稷更迭,不随政党政府更迭而翻盘,才是纯粹现代生产方式自治所特有的内部宏观经济、法制、政治有机确定性。

现代生产方式自治为正义,政治是受到法律约束的合法强制力;政治要为按照选民的要求协助法律的制定或修订、树立法律的权威、贯彻法律服务;现代市民法公平量化约束政治财税成本什一中正。例如,关于巴黎公社无产阶级政权正当性,"工人阶级的政府所以必要,首先是为了拯救法国,为了使法国免于统治阶级将带给它的毁灭和腐化;夺去这些阶级(已经丧失了治理法国能力的阶级)的政权是拯救民族的必要条件"①,即无产阶级有权"夺取已经丧失了治理能力的资产阶级政权"的正当性。

关于国家治理:"要靠人民赋予的权力来治理国家"② 即无代表无权力。

关于治理能力。无产阶级在长期斗争中必然历练出了治国的潜质,例如中国共产党的"三大法宝""三大作风"。取得国家政权之后,必须具备善于治理国家的能力,"国家应该是政治理性和法的理性的实现"③,即适应纯粹现代生产方式人民的现实的幸福就是正义的。政治在人民之下,在法之下。

关于政府强制权被关进自然法、市民法笼子。英国是幸运的,1215年《自由大宪章》规定无代表无法,政治成本在法律约束之下。马克思发现了英国先出现市民社会及国家大法,后出现民族国家政治为现代经济服务现象。

三、王在法之下,雇佣政府为市民服务,市民案例法获得发展空间

(一) 马克思希望德国特别关注和学习英国法律,而不是拿破仑法典。王在法之下,助推英国两套法律体系,一套是出自日耳曼部落法的普通

---

① 《马克思恩格斯选集》,第三卷,人民出版社2012年版,第155页。
② 《马克思恩格斯全集》,第12卷,人民出版社1962年版,第701页。
③ 《马克思恩格斯全集》,第1卷,人民出版社1956年版,第373页。

法，以自然法、习惯法和著名的案例法为法律主要来源，另一套是以罗马法为主要依据的法条法和国王制定法。两套法庭体系，地方共同体法庭，王座法院。这样，既保证了法律的确定性，又给予法律发展的可能性，客观上便于现代生产方式"选择"适合的法律。

（二）共同体现象。欧洲黑暗的中世纪，公社、城市自治，存在雇佣政府为市民服务现象，"在中世纪，有一些城市不是从前期历史中现成地继承下来的，而是由获得自由的农奴重新建立起来的。在这些城市里，……不断流入城市的逃亡农奴的竞争；乡村反对城市的连绵不断的战争，以及由此产生的组织城市武装力量的必要性"①。首先从哲学角度研究共同体的是英国洛克的《政府论》。他指出，为保护社会而行动的国家中，国家的最高权力是立法权，"立法权既然只是为了某种目的而行使的一种受委托的权力，当人们发现立法行为与他们的委托相抵触时，人民仍然享有最高的权力来罢免或更换立法机关"②。政府和人民之间缔结了一份"社会契约"，政府的职能是保护人民的权利，如果政府与人民发生争执，人民有权利"解除契约"、人民有权力解除政府，只会导致政府解体，不会导致国家解散。法国卢梭指出："既然任何人对于自己的同类都没有任何天然的权威，既然强力并不能产生任何权力，于是便剩下约定才可以成为人间一切合法权威的基础。"③ 英国殖民地时期的美国《独立宣言》指出："为了保障这些权利，所以才在人民中间成立政府。"现代国家是由市民组成的集体，其主权归人民不归统治者。

（三）欧洲市民法先于民族国家政治法。市民法上升为国家统一法，并先于宪法出现。欧洲哲学家开始为市民法的胜利溯源。第一，认为市民法渊源于自然实在法，例如，《独立宣言》明示，"在世界列国之中取得那'自然法则'和'自然神明'"，权利不是宪法赋予的。1648年《威斯特伐利亚和约》承认民族国家主权独立，因此，市民法先于欧洲"国家宪

---

① 《马克思恩格斯选集》，第一卷，人民出版社1972年版，第57页。
② 〔英〕洛克：《政府论》，下册，商务印书馆1964年版，第91页。
③ 〔法〕卢梭：《社会契约论》，商务印书馆1980年版，第14页。

法",并成为国家宪法的依据。第二,欧洲共同体自治,内部组建的政府、法庭是用税捐雇佣来的,并为共同体服务。第三,欧洲现代生产方式,复兴并发展了"市民法"。

1884年,恩格斯在《家庭、私有制和国家的起源》中指出了国家的多种可能性,国家并不是从来就有的,欧洲民族国家的起源"第一点就是它按地区来划分它的国民",则需要边防军。"第二个不同点,是公共权力的设立。""为了维持这种公共权力,就需要公民缴纳费用——捐税。官吏既然掌握着公共权力和征税权,他们就作为社会机关而凌驾于社会之上。"地方军和警察维持国内秩序。当今社会,公共权力还包括政府对市场不可替代物的供给保障:衣食住行医教安全。第三点,"由于国家是从控制阶级对立的需要中产生的,同时又是在这些阶级的冲突中产生的,所以它照例是最强大的、在经济上占统治地位的阶级的国家,这个阶级借助于国家而在政治上也成为占统治地位的阶级,因而获得了镇压和剥削被压迫阶级的新手段",但也有限度。第四点,现代生产方式,只要是存在"租买生产工具",劳、资阶级谁也消灭不了谁,在"总资本/总工资＝5—6"区间,资本使用者与劳动者是共生关系,两大阶级有序较量可能性。恩格斯进一步介绍了欧洲民族国家的发展与进步,"但也例外地有这样的时期,那时相互斗争的阶级达到了这样势均力敌的地步,以致国家权力作为表面上的调停人而暂时得到了对于两个阶级的某种独立性"。例如,17世纪和18世纪的专制君主制,使贵族与平民保持平衡;法兰西帝国的波拿巴主义,可笑地唆使两大阶级互相反对;俾斯麦新德意志帝国,资本家和工人彼此保持平衡,保护和限制容克地主。当代守成国家法律允许工人罢工争取劳动者报酬与生产力同步增长,正是劳动阶级与资产阶级按照价值法则达成某种均衡的表现,是生产共同体生产方式价值法则的映像。

恩格斯分析了国家的起源、发展和消亡的规律。关于政治国家现象,指出:"国家是社会在一定发展阶段上的产物;国家是承认:这个社会陷入了不可解决的自我矛盾,分裂为不可调和的对立面而又无力摆脱这些对立面。而为了使这些对立面,这些经济利益互相冲突的阶级,不致在无谓的斗争中把自己和社会消灭,就需要有一种表面上凌驾于社会之上的力量,这种力量应当缓和冲突,把冲突保持在'秩序'的范围以内;这种从社会中产生但又自居于社会之上并且日益同社会相异化的力量,就是国家。"① 国家权力的矛盾性,可以溯源到个人意志"理性、冲动、暴力"矛盾性。

马克思指出:"由于国家是从控制阶级对立的需要中产生的,同时又是在这些阶级的冲突中产生的,所以它照例是最强大的、在经济上占统治地位的阶级的国家,这个阶级借助于国家而在政治上也成为占统治地位的阶级,因而获得了镇压和剥削被压迫阶级的新手段。"② 自然法对国家权力的限制,即法律必须保障被压迫的生产劳动者的生命权,否则统治阶级将为自己准备掘墓人:在无谓的斗争中把自己和社会消灭。

终极、彼岸假设。生产力极大提高,物质极大丰富,劳动成为生活的第一需要,私有制消亡,国家消亡,才算得上纯粹的民主政治。

四、王在法之下,欧洲第三等级革命曾试图"治权与财权分离"政制

平等服务型政治理想,欧洲市民社会曾经尝试过。

(一) 中华民族"治权独立"为文明标志。《孟子》记录的井田制,是生产方式、政治仁政、租息利税什一中正同率、互助互利伦理道德安排,从源在中国延续了5000年。秦汉以来,天下为公,什一中正公平契约治权独立,中央集权选贤与能郡县制,中性中介政府存在了几千年,但有周期律。"治权独立民主"成为一个国际政治概念,是借助中国文官制度走向世界而传播出去的。

(二) 古希腊亚里士多德关于王在法之下,财权、法权、政治权分权,"就集体而论,判断能力便不弱于专家,其财产也当不减于富室,使群众参预议事和司法机构获益尤多,所以多数之治是可取的。但无论哪一种形式的统治都当遵循法律,凡掌握治权的人们,只应对法律所未及的事项,

---

① 《马克思恩格斯选集》,第四卷,人民出版社1972年版,第166—170页。
② 《马克思恩格斯全集》,第21卷,人民出版社1965年版,第196页。

运用个人的智虑"。平民政体,"他们合而为一个集体时,却往往可能超过少数贤良的智能"①。平民政治,政治权与财权对立制衡,是哲学理想。

欧洲国家层面,第三等级是没有贵族政治权力的财团阶级。他们通过收买的方法、租赁的方法解构"土地依附于政治","它一方面使土地所有权从统治和从属的关系下完全解放出来";"另一方面又使作为劳动条件的土地同土地所有权和土地所有者完全分离"②,分离之后,实行"依法自由契约"结合方式,劳动力和生产资料都具备了流动性和集中性。

第三等级上升为统治阶级,"在公社里是武装的和自治的团体,在一些地方组成独立的城市共和国,在另一些地方组成君主国中的纳税的第三级;……最后,从大工业和世界市场建立的时候起,它在现代的代议制国家里夺得了独占的政治统治。现代的国家政权只不过是管理整个资产阶级的共同事务的委员会罢了"③。

欧美政治改革派尝试过财权与治权分离,"北美很多洲取消选举权和被选举权的'财产资格'"④。

(三)反封建专制的近代史。在欧洲,"现代意义上的平等和自由所要求的生产关系,在古代世界还没有实现,在中世纪也没有实现"⑤。美国《独立宣言》历数"大不列颠国王极端封建专制主义"29条罪状,其中涉及立法、司法专制12条,殖民政权专制、军事干预和镇压11条,专制"土地和移民"2条,掠夺2条,煽动内斗内乱2条。对英国封建专制的界定精准,有法律权威性。

(四)关于改革文官制度。近现代时期欧洲介绍中国文官制度的书籍有70余种。孙中山先生在《五权宪法》中指出:"英国推行考试制度最早,……英国的考试制度就是学我们中国的。中国的考试制度是世界上最

---

① 〔古希腊〕亚里士多德:《政治学》,商务印书馆1965年版,第143、443页。
② 《资本论》,第三卷,人民出版社1975年版,第696页。
③ 《马克思恩格斯选集》,第一卷,人民出版社1972年版,第252—253页。
④ 《马克思恩格斯全集》,第1卷,人民出版社1954年版,第427页。
⑤ 《马克思恩格斯全集》,第46卷上,人民出版社1979年版,第197页。

好的制度。现在各国的考试制度亦都是学英国的。"1832年英国议会改革，从此部分官员可以从非贵族人士中选拔，1851年颁布文官选拔制度，直到19世纪下半叶才得以实施。告别了王权恩赐制。① 选拔制依然没有脱出党派分赃的窠臼，劳动阶级被选议员或官员从来是凤毛麟角。

（五）"主奴的关系"②，人有可能自愿充当奴隶，"一切主奴权利的历史上观点……即把人看作一般自然的存在，看作不符合于人的概念的实存（任性亦属于此）"③。欧洲曾流行白人契约奴隶。

综合而言，劳资两大阶级可以建立统一战线的因素，一是现代生产方式内部存在中立区间；二是民族矛盾超越阶级斗争，国家若灭亡则人民多了一层外国殖民者压迫，求解放加倍渺茫；三是阶级斗争服从自然规律，自然多样性生态位为人类作出了榜样；四是适合的法律作为中介，提供了可行性。

有中国为参照，就可以发现，欧洲市民社会针对封建专制的大革命，尽管曾试图创建"治权与财权分离"政制，然而事实是西方资产阶级无法摆脱财产权约束政权的"政治不纯洁"逻辑，必然走向"财权与治权合一垄断专制"僭主政治。

五、"王在法之下"的市民的法律自由度和正义张力

古今中外政治的最大弊端就是"权力专制"，历史证明，能够剔除"专制"的，唯有"王在法之下"法则，采用法律公正实体法和程序形式法来制约"王权政治"。中国在春秋战国诸侯混战时期，忧患意识催生了诸子百家大辩论，孟子记录了"井田制"仁政；发现王在法之下："民为贵、社稷次之、君为轻。"后有商鞅变法修复君与民同罪同法等。英国有1215年《自由大宪章》代议会取得立法权和监督权，无代表无税，法律秩

---

① 王康旭：《浅议十九世纪英国文官制度改革》，载《21世纪商业评论》，2009年第11期。
② 〔德〕黑格尔：《法哲学原理》，商务印书馆1963年版，第65页。
③ 《资本论》，第一卷，人民出版社1975年版，第191页注（40）；〔德〕黑格尔：《法哲学原理》，商务印书馆1963年版，第75页，第67节。

序被证明是最稳定的治国手段，法在政治之上。

在西方历史上，要让政治支持法律变革是一件很困难的事情。法律变革往往与政治危机有关联，社会危机刺激智者思索法律变革。例如，古希腊因为海港贸易和手工业交易聚集了较稠密的人口，但是，它是丘陵地带，出产的粮食养活不了自己，是长期性危机，后期先贤们求索"用公正的方法获得财富"法律秩序；摩西出埃及被掳巴比伦，后来回到迦南，带回了西亚法与法律文化，即以"苏美尔人的第三王朝（公元前2113—公元前2006年）"《乌尔那姆法典》为起点，3800年前的《汉谟拉比法典》。公元前449年颁布的十二铜表法是古罗马第一部成文法，它的产生是平民（plebeians）与贵族（patricians）反复斗争的结果。西罗马帝国在5世纪瓦解，日耳曼部落法与罗马法混合与竞争，11世纪，英国贵族起义反抗战败的金雀花王朝国王，日耳曼"王在法之下"达成共识，贵族与国王达成和解。西罗马的灭亡与东罗马帝国的回应——查士丁尼法。罗马危机与基督教的回应——圣奥古斯丁公平价格观念。中世纪全盛时期8次东侵失败危机，催生了教会法三大思想运动与托马斯·阿奎那的《神学大全》。英国1215年英国《自由大宪章》王在法之下，英国市民法秩序助力底层萌生现代生产方式高级阶段，成就了1476年发现16世纪兴起的教会法"禁止高利贷—三重契约"。15—17世纪国英国经济动荡，自然法哲学家洛克"劳动是所有权自然公理"劳动果实私有权哲学统一了英国各个阶层混乱的意识形态，助力市民法上升为国家统一大法。1789年法国资产阶级大革命，催生了《拿破仑法典》。19世纪以来现代经济危机频发，马克思主义法律的经济学解释——科学的法哲学浸润了联合国宪章、WTO、世界银行法则、三个战败国的1947年宪法等。

在世界著名法系中，以"井田制"为表征的中华法系绵延5000年，其特点是将"财产权、政治权"全部关进"什一律"的法律笼子，自由自耕农占收成90%。政治权的法定成本是西方的1/5，没有财力发动战争。3800年前的《汉谟拉比法典》，是西方法律的源泉，它们的共同弱点是没有对"政治成本"加以法律限制。

英国作为移民国家，是多种法律的交融，古罗马法、日耳曼"王在法之下"混合，引进了"什一税"等，直至英国1215年《自由大宪章》无代表无税、对债务人特加保护。但是混杂着日耳曼野蛮部落自由契约优胜劣汰弱肉强食。

因此，中国倡导人类命运共同体，首要的任务是复兴中国梦，核心是复兴中华法系，对勘它的超越性、包容性，作为现代生产方式的世界产业链正义准则的一个标志。

第三章 现代生产方式选择"王在法之下"，政治权、财产权被关进"什一律"笼子

背景：

（一）在第一卷第二章已经介绍，"王在法之下宪制"，于英国，以1215年《自由大宪章》的形式创建，现代生产方式选择了这种法则体系，获得重建。

（二）在第一卷已经全面介绍了现代生产方式增加了"资本是生产工具"要素，即"20年期的预期先进生产线抵押贷款"，要件是生产出利润必须优先还本付息这种生产方式才能存活。由此，现代生产方式选择"王在法之下"，把政治权、财产权关进"租息利税同率的什一律"笼子。

（三）在第一卷第七章生产关系法权形式是经济基础已经从基本面介绍了"正义、法律正义、政治正义、平等正义"等，本章重点讨论政治的不确定性，政治是工具，政治强权必须在法之下。

第一节 现代生产方式的要件：选择适合的法律在上，不确定性政治在下

第一小节 放纵的政治是"野蛮"，必然在观念法律之下

一、古希腊亚里士多德哲学关于政治不确定性，"政治在法之下"

（一）古希腊亚里士多德《政治学》界定，在古希腊城邦社会，政治

是用来为"政体"服务的,并罗列了政治技术的13项手段。我国学界有的定义,政治就是"治理",而治理的手段,文的方法是威信,武的方法是强权暴力。所以《政治学》"政治"题旨,政治"自由不得放纵。(10a31)",放纵的政治强权是"野蛮""专制"。

(二)政治在唯物观念之下。亚氏指出,"人独有善恶和义德之辩(53a51)",是观念人。这可以从人类的内生性佐证。人的个体是有机体,是通过"神经—内分泌—免疫网络"来协调人体的9大器官体系起着调控人体的9项系统,参与防御、控制生长与自我修复,维持着人体内生性稳定,随着历史的发展,人类具备了"观念人"的形态,即人有观念、思维、情绪,可以引导人的"冗余"向善、向上的内在张力。这实际是人类社会生物内在性的外在发展的镜像反映。

因此,是外在观念人指挥政治治理:目标,稳定与稳定的发展;方法,内外矛盾的处理。一是以观念人为本体,政治在观念之下;二是治理是"力量"手段,针对个人有冗余"冲动、暴力、适度"可能性不可行性。治理"适度(理性)"的方法力道:自然规律,向善平等正义中性法律,依法权威;治理"冲动、暴力"的方法即以暴制暴的方法的力道,政治强权辅佐法律以"合法暴"治理"非法暴",例如中华传统"'德礼法'为主,刑法为辅"——德主刑辅。

政治"自由不得放纵"。历史纵向,在早期,能够制约部落首领"政治强权放纵"的唯有对上天和未知的畏惧,就是说,能够制衡的唯有代表灵魂与上天沟通的巫师"观念人"。巫师、先贤掌控弱势群体多数派信奉的正义平等、自然法、习惯法、市民法,带领多数派通过斗争达成了制约、制衡实现"王在法之下"。

政治在正义之下。"正义和强权对论(55a7—22,18b1,24b28)",这是由于人有冗余,有冲动、暴力、适度(理性)可能性不可行性,人的冗余强权,成为"正义"的对立面。政治包含强权手段,所以必须在正义的治理之下。

政治在法律之下。"人欲无底止(58a11,66b29,67a41)"。"如果没有道义和法律加以约束,人类可能成为最凶恶的动物(53a31)",柏拉图在《理想国》中坚决反对雅典城邦末期奴隶主和公民极端自由,认为是通往僭主奴役之路。

(三)"政治"是治理技术手段。政治技术手段的目标应是向善,方法是适用。

亚里士多德指出:"政治(政体)研究〔既为各种实用学术的一门〕这一门显然也应该力求完备:第一,应该考虑,何者为最优良的政体,如果没有外因的妨碍,则最切合于理想的政体要具备并且发展哪些素质。第二,政治学术应该考虑适合于不同公民团体的各种不同政体。最良好的政体不是一般现存城邦所可实现的,优良的立法家和真实的政治家不应一心想往绝对至善的政体,他还须注意到本邦现实条件而寻求同它相适应的最良好政体。第三,政治学术还应该考虑,在某些假设的情况中,应以哪种政体为相宜;并研究这种政体怎样才能创制,在构成以后又怎样可使它垂于久远。这里,我们所假想的情况就是那种只能实行较低政体的城邦,这种城邦现在的确没有理想上最良好的政体——那里即使是良好政体的起码条件也是缺乏的——也不可能实行其他现存城邦所能实行的最良好的政体,这就不得不给它设计较低的制度了。另外,第四,政治学术还应懂得最相宜于一般城邦政体的通用形式。政治学方面大多数的作家虽在理论上各具某些卓见,但等到涉及有关应用(实践)的事项,却往往错误很多。我们不仅应研究理想的最优良(模范)政体,也须研究可能实现的政体,而且由此更设想到最适于一般城邦而又易于实行的政体。世上的政论家可以分为两类:有人追求最崇高〔理想〕的制度,那是必须有广大的自然条件作为基础的。……"① 政治以自然法为准则的修为;考察记录现实社会存在多样性;抽象出理想模式;结合现实的选择,边际是保护受苦人生存权及其现实的幸福,"许多人忍受着无量忧患,总不肯舍弃自己的生存,以此为例,可知人世虽单纯地为生存而生存,其中也未必没有完全幸福的日子和天然的乐趣"。② 因此,政治是工具,而不是本质或原初。

---

① 〔古希腊〕亚里士多德:《政治学》,商务印书馆1965年版,第176页。
② 〔古希腊〕亚里士多德:《政治学》,商务印书馆1965年版,第131页。

正义与政治"应然","政治学上的善就是'正义',正义以公共利益为依归。""我们认为正义正好是社会性的品德,凡是能坚持正义的人,常是兼备众德的。"历史经验实证,正义是社会对政治的要求,政治并不自带"正义"观念,所以政治是社会所运用的手段和方法。

政治对等公平"应然","政治道德特重正义。正义依'公平'原则,把等量事物分配于相等的人们。政治权利的分配标准当以对于该团体的实际贡献(功绩)为衡:每一公民尽多少义务就取得多少权利"①。

哲学家设计的政制、法律、政治都以"正义"为准则。但是,由于执行政治的个人意志"理性、冲动、暴力"可能性或不确定性,引起政治的多样性不确定。

(四)政治工具服务对象不确定性。按亚里士多德的设计,当以"政制"为主体,政治与法律都是政制治理的技术手段。古希腊哲学政治的原本意思,采用平等正义的方法治理国家、社会、家庭、个人。这些方法的分支就是政治技术,主要有13项:政制、政治、法律、军事、官制(公职)、社会、经济、伦理、生理心理、教育、文艺、哲学、生物和自然。

但是古希腊"政制"本身有6种,随附"政治"自然有不确定性。

(五)对政治"纯正性"要求:"如果没有家庭城市(还有农村)或国家的幸福,个人的幸福不能存在","当然就应该根据他对公共幸福的审慎考虑的结果来考虑他个人的幸福。人和一个部分安置得是否妥当,必须取决于它同整体的关系。否则就是不纯正的"。② 政治有不确定性,所以要求"纯正性"。

(六)王在法之下,政治成为法律规范的对象,"法律为之上权威","凭统治者的私意断事,不如依法裁决为稳当"。

(七)治权良好的政制,"治权寄托于法律才是良好的'政制'",法治比依靠君主个人人治要可靠要好。立法、执法、司法、守法都是法治的

---

① 〔古希腊〕亚里士多德:《政治学》,商务印书馆1965年版,第443页。
② 〔意〕托马斯·阿奎那:《阿奎那政治著作选》,商务印书馆1963年版,对政治纯正性要求,见第137页。

基本要求，是依法治国的体现。

（八）制定良好的法律，是历史经验教训、先贤的箴言、大众对政治的要求，"法治应包含两重意义：已成立的法律获得普遍的服从，而大家所服从的法律又应该本身是制定得良好的法律"。

（九）法律中介，"法律恰恰正是这样一个中道的权衡"。

（十）公民都应守法，"依照所贡献的轻重，分配给相应的权利"。公民都应守法。"城邦应尊重法律为之上权威。"

（十一）统治者以权力济助法律："统治者须以权力济助法律。"

（十二）宪制，"依法为政的君王"。共和制，"共和体不应凭借外力支持，而要依赖内在均势来求其求稳定"。"第三种僭主政体。这是暴力统治；所有世间的自由人当然全都不愿忍受这样的制度。""其时氏族经济衰退，僭主们以奴隶发展农工业，也促进了平民势力。"①

（十三）政治制定法不确定性。

古希腊市民法"法律的特征，不为偏徇"，"法律为'个人权利的相互保证'"。② 法律是用"限度"来协调人与人之间的关系。"规律"分为自然规律和法律。法律又可以分为依照自然规律或历史习惯派生的法律，例如古罗马法中的公法、万民法、市民法。

---

① 〔古希腊〕亚里士多德：《政治学》，商务印书馆1965年版，（一）政治"自由不得放纵"；（二）政治在观念之下，正义与政治，第148、152、443页；（三）"政治"是工具，政治目的方法的四项修为；（四）政治工具服务对象不确定性，政治技术主要13项；（五）对政治"纯正性"要求，统治者制定法存在为"政制"服务的部分（1282b10）；（六）王在法之下，法律为之上权威（82b1）；（七）治权良好的政制，第142页；（八）制定良好的法律，是对政治的要求，第199页；（九）法律中介，第169页，内在均势求稳，第202页；（十）公民都应守法，城邦与法律公平，第442页，城邦公民都应守法（92A32）；（十一）统治者须以权力济助法律（86b3）；（十二）宪制，依法为政的君主立宪制167注解①，共和制，第446页，僭主政治，第203页，第203页注解③；（十三）政治制定法不确定性，政治内讧（70b29，86a37），政治机巧（97a14—b8，7b40）。

② 〔古希腊〕亚里士多德：《政治学》，商务印书馆1983年版，法律的特征（81a35），个人权利（80b10）。

反之，当以统治阶级自由意志制定的法律，例如，若以纯粹现代生产方式为正义的内部尺度衡量或判断，则有，资产阶级统治自由意志极端叛乱所制定的土地私有制废除了农奴徭役保护劳动力生命权的习惯法等，属于反人类自然法而行之的外部政制政体、反动性、不确定性外部政治法。被马克思、恩格斯判断是现代文明的野蛮。列宁"废除旧法律，创建新法律"就是指资产阶级专政自由意志制定的法律这个部分。

二、政治方法不确定性引起政治的正义性、纯洁性存疑

（一）政治不（太）确定性，"政治机巧，但无实效"。政治方法起源于分裂出阶级关系，这样政治就随统治阶级意志而变化，或随被统治阶级反抗意志而变化，政治因阶级斗争而带有不确定性，实践中的阶级斗争政治手段，偏离了哲学家设计的目标，政治内讧，政变。政治是政制的技术、工具、方法，不是独立的范畴。

（二）法律依据自然规律为本体，有确定性，将不确定性留给了政治。一是政治为政制服务，具有不确定性，古希腊政制有正统和变种（共和政制、君主立宪制为正统；寡头、僭主、平民半年轮流坐庄、政治专制为变种），政治为具体的"政制"服务，就随政制的正义与非正义的变化而变化，对政治本身纯洁性存疑。

古希腊君主立宪制，制定法由统治阶级意志拟制法条，由代议会通过，司法部门和政府监督执行。因统治阶级意志不确定，其专政政治有不确定性。

（三）政治涉足广泛性，政治的临时性、政策阶段性不确定性现象，对政治纯洁性的存疑。

（四）政治随附于阶级斗争。统治阶级政治专政意志引导国家权力实施对"法律的确定性、正式性、强制性"承担责任义务的不确定性。

（五）革命过于激烈的法律空白时期，政治专政自身因处于法律空白阶段而不确定。

（六）法律观念上层建筑与经济法律形式。"生产所以维持人生（生存）"，政治得有经济供给才能生存；经济需要政治强制维持秩序，政治

才有价值意义。阶级斗争属于政治上层建筑。

马克思指出,上层建筑为经济基础服务,"立法者应该把自己看作一个自然科学家。他不是在创造法律,不是在发明法律,而仅仅是在表述法律,他用有意识的实在法把精神关系的内在规律表现出来。如果一个立法者用自己的臆想来代替事情的本质,那么人们就应该责备他极端任性"①。上层建筑观念的法律、政治随附经济基础,随经济基础的变化而变化不确定性。

(七)"政者"理想与现实不确定性。孔子理想"政者,正也。子帅以正,孰敢不正?"政的意思就是端正。而实践的政治是方法,不一定是正义的。所以,孟子"仁政",用"仁法"制约政治方法,是针对贪官污吏恶政而设立的道法和刑法。因此"政治正确"存疑。

(八)不同文明阶段有着内涵全然不同的政治哲学。例如欧洲,古罗马帝国复辟野蛮法、日耳曼野蛮部落法一直延续到18世纪,1765年才第一次出现了野蛮对立面——"文明"概念。欧洲是次生性文明,许多观念出现很突然,往往找不到它的"现象"源头,就像他们的考古现场绝大多数缺少人间烟火痕迹。

第二小节 个人有冗余多样性,法律强制在上的社会必要性

一、个人有冗余张力,社会需要秩序,弱势群体是法律正义的主体

(一)个人有冗余外在表现为冲突、暴力、适度(理性)的可能性,但是由于成本无限高(暴力杀灭)而不可行。

同时,人类有异体繁殖特征,使人类必须群体生活,以选择自己心仪的配偶达到优生优育目的,个体性与异体繁衍性作为起点,决定了人是个人的人与社会人的矛盾统一体。这样一来,社会必须建构秩序,得以和平

---

① 《马克思恩格斯全集》,第1卷,人民出版社1954年版,第347页。

相处才能叫做社会。而法律中介是社会确定性的构成性。

（二）条件允许的范围内，弱者以多数形式成为拥护平等正义的主体。

法以正义为准则。在第一卷第七章已经介绍了正义、平等正义、法律正义。

本章重点讨论政治是随附概念，被动的政治正义。

弱势群体是拥护正义的主体。在条件允许的范围内，自然选择适度者生存，表现为弱势群体是强到被强者吃而不完的弱者，弱势群体还以数量多而与较弱的强者达成制衡，这对人类也适用。正如古希腊亚里士多德所发现的，"弱者常常渴求平等和正义。强者对于这些便都无所顾虑"①。第一，弱势群体是拥护正义的主体力量，而单纯财产权、政治强权是少数寡头，在弱势群体多数派的反抗和正义斗争下被动妥协。第二，历史传承了保护生命权的习惯法等，社会团体才能存续下来，例如古罗马奴隶制在2世纪奴隶来源枯竭，不得不设立"避难法"保护奴隶生命权；农奴制设立农奴徭役均分习惯法保住农奴家庭生存权。第三，法律的阶级性以不违背自然法则为限，即法律是中介，违反此规则将为自己准备掘墓人。第四，法的生物规律：确定性，价值性，有效性。法的历史继承性与生产方式传承必然性。第五，历史变异、异化变革和相应法律保护性变革，催生了新的生产方式的出现，法的继承性与革命性的辩证关系等，助力"王在法之下""政治在法之下"法律体系。

二、社会构成性中的"法"

（一）社会是由社会细胞组成的，市民法典中的"社会团体（组织）（socialorgan-ization）"包容了社会构成性的全部内容：社会的物质要素，一定数量的人群（自然属性和社会属性的人）、场地、财产；社会的法制要素"章程"。

其中章程的内容，第一，目的（信仰，具体目标）。第二，稳定的合作形式，及其规则与秩序。

---

① 〔古希腊〕亚里士多德：《政治学》，商务印书馆1965年版，第317页。

关于目的、信仰、规则与秩序，属于"社会构成性"，是通过自律或强制外在表现为集体行动，释放出集体力。无形体规则指挥有形体生物物质要素。产生的"集体力"，这是一种自给经济中所稀有或没有的概念。

关于团体秩序，一是一般社会行为规范，降低了社会摩擦力。二是具体团体内部集体力的法与法律（控制、规范）。三是团体内部行为控制的构成要素有控制主体、控制客体、控制手段、控制保障的规则与秩序，现代生产方式团体内部控制与被控制关系，是公平契约对等的"社会权利责任层级关系"，这已经不是欧洲奴隶制、农奴制单纯政治强力层级关系。四是现代生产方式法律运筹特有的法制作用生产力。

狭义团体或组织，如企业、政府、学校、医院、社会团体和新型的个人媒体群等。

广义团体或组织，包括氏族、家庭、秘密团体、政府、军队和学校，直至"国家"，国家之间的共同体等，人类命运共同体。

（二）"生产所以维持人生（生存）"视角，青年毛泽东指出"法令者，代谋幸福之具也"。法律来源于生活生产交换中所需要自然规律和所培育的习惯法。"自下而上自己组织的社会"视角，法律来源于"自组织实体的社会是法律定制的正当权力实体"，"社会的代表"，自组织实体，"其他位格可以向他传达规范——父母……政府官员"，来自社会成员行为有效规则，例如家庭法、部落法、共同体市民法。

法的程序形式。"社会规则——我们称社会规则为属，而法律规则是种——的制定与颁布是社会自身内的一个过程。""法律秩序的非个人性在人的本质的非个人性中有本体论根源"①，民众有权利要求和监督内部专政政府协助制定法律。

（三）社会构成性中的确定构成性要素和不太确定构成性要素。

社会的无形体构成性的确定性因素是法与法律。不太确定性因素，伦理、道德、政治等。马克思关于理性（适度）国家机器，最新哲学观点"它认为国家是一个庞大的机构，在这个机构里，必须实现法律的、伦理

---

① 〔美〕埃里克·沃格林：《法的本质》，上海三联书店2023年版，法律秩序的非个人性……有效规则，见第97页；法的程序形式，见第88页。

的、政治的自由"①。特别需要注意，"世界最新哲学"观点的排序，在正常运行的国家，法律在前，伦理居中，政治在后。马克思在以后的文章中一直遵守这个顺序。

例如，作为"共同体"，群体首先需要法律约束，社会才具备和平秩序，无序"群体"才能转型有序社会而和平地进行社会活动。伦理，从历史纵向是法律习惯的来源；从历史横向，当建立起法律，伦理不确定性必须服从法律。

理性国家，法律、伦理在前，政治是法律实施强制执行的工具。在国家机器中，政府治理也叫做政治。孙中山创立了《五权宪法》，提出了政权思想，政是众人之事，集合众人之事的大力量，便叫做政权；治是管理众人之事，集合管理众人之事的大力量，便叫做治权。所以政治之中，包含有两个力量：一个是管理政府的力量，一个是政府自身的力量。政就是众人之事，治就是管理，管理众人之事就是政治。但是需要关注的是"政治"由民选监督。当政治被界定是强制治理，则非强制性政治与伦理、道德类同。

三、个人冗余"理性、冲动、暴力"本质，法律需要强制力工具

法律秩序必须通过政治权力强制执行的必要性和可能性。

关于法律的必要性和可行性。依照生态位适度者生存自然规律，一是人类有差别，为了和平相处需要规则秩序；二是人类差别不大，第三人作证为合法，是法与法律的可行性。

关于法律强制的必要性和可行性。一是依照人个体有冗余规律，人本身有强力，这是社会法律强制的必要性；二是人是生物有机体，有"协调"能力，人可以用服从协调来躲避外在强力，这是法律强制威慑的可行性。

关于法的相对性，强制的必要性。第一，"相对真理"需要强制，实体法不可能完美，存在与"应当"的不一致，"法的正义性"的争论若无休止就会兑化成为个体决定和抵制秩序。这就需要划定允许不一致的区

---

① 《马克思恩格斯全集》，第1卷，人民出版社1956年版，第129页。

间，以"相对真理"强行推行现实可执行秩序。第二，是少数服从多数，秩序问题很少有确定无疑的答案，尤其现代社会极其复杂，社会要存续就不能无限争论下去，一个办法是少数服从多数，另一个办法是代表制，一旦代表作出决定，个人就不能不服从。第三，多数服从真理，代表服从监督，最符合"共同利益"应当由法律来代表正义强制行使。第四，是为了让不同意见者遵守，必须强制。强烈建议人们要谨慎，恢复违法者灵魂中的个人秩序，并且有可能的话，把他重建为一个有人格的人。王在法之下，是弱势群体为法律正义主体的具体形式之一。

第三小节 法与法律公正在上，政治强权是工具在下

一、政治治理

（一）"政"字的意思。有政治哲学者将"政治"划归"治理"范畴。"治"属于方法论，疏通或预防。政治方法、政治工具。

政治的"形式"定义，即治理方法中带有威慑直至暴力强制力的那种治理手段。

政治与社会构成其他要素对比，政治方法的特征是带有内生性暴力性质的强制力成为它的边际。

因此，当政治是合法强制力，才能界定政治的本质、终极目标，以及人的政治价值、意义等问题。

（二）关于政治是治理方法或技术。"政治学是一门综合性、实践性很强的学问，是一门经世致用的学问。政治事务涉及社会生活的方方面面，似乎无处不在。但政治事务是复杂的，是各种社会问题、社会矛盾获得解决的最终角斗场。大量政治事务又是隐秘的，普通人难于涉足甚至难以察觉。"[1] 说明，政治不是独立的范畴，必须结合具体事务才有外在表现，而

---

[1] 房宁：《向实求学：政治学方法五讲》，中国社会科学出版社2022年版。

这种表现又随附于所服务对象。但是，政治只是政权更迭的最终角斗场，而并不一定是正义的最终角斗场。

（三）为什么需要政治，合法政治强制力存在的意义。

首先，个体人有冗余，有冲动、暴力、理性可能性，所以社会治理必须有对等或较强的"以暴制暴的权力威胁性（权威性）"政治治理，包括施暴强制行为。其次，以一切权力归人民，政治的本质是代表人民，合法强制力才是政治的有效性依据，不法政治行为无效。

（四）弱势群体是绝大多数，政治在法之下的可能、可行性。依附于"具体"的政治权力的合法来源，第一，是威信，当"符合民为邦本"就会有号召组织力。第二是有业绩，贤明有德的"仁政"。例如，强力政治依附于现代的具体实现形式：威信、革命专政、管护公平契约。第三，符合自然法，自然有时也需要强力维持秩序，例如治水，治理国家。第四，政治强力是少数，弱势群体是多数，必然出现弱者对强者的斗争，因而具有寡头向弱势群体大众妥协的可能性、可行性，"王在法之下"也就是政治的尺度和边际。这些方法也就是法律能够把政治关进法律笼子的必要性、可能性、可行性。

对于武装力量的处置，武装只负责国家安全，警察只负责治安，不参与政治，不随权力更迭而更迭。

二、"政治的指标"与政治价值计算

古希腊时代就存在量化算计政治价值或政治成本现象，"常俗的正义观，人们要求政治权利的根据（或凭自由身份，或凭门第，或凭财富，或凭才德，或凭功绩）各有所偏（78a17 或 503 页）"。政治按"根据"的质量、数量论价。

毛泽东在《论联合政府》中指出："'近世界各国所谓民权制度，往往为资产阶级所专有，适成为压迫平民之工具。若国民党之民权主义，则为一般平民所共有，非少数人所得而私也。'这是孙先生的伟大的政治指标。"[①]

---

① 《毛泽东选集》，第三卷，人民出版社 1992 年版，第 1056—1057 页。

而伦理、道德修养的"政治",是不算计成本、不收工本费的。例如中国先秦儒家有明确的天下观念,其政治哲学研究的目的是使天下苍生摆脱苦难,过上幸福生活。孔子明确指出修身目的的对象范围是不断扩展的:《论语·宪问》"修己以敬"到"修己以安人",再到"修己以安百姓"。《孟子·尽心上》"亲亲而仁民,仁民而爱物"明确将仁爱的范围扩大到了全人类乃至万物。《大学》明确提出"修身、齐家、治国、平天下"以"明明德于天下"。

(一)法律中的强权工具的有效性。

法律与政治在"治理"中的相互配合构成性。法与法律以平等的正义为核心,代表占多数的弱势群体的利益,包括愿意守法的财产权和强权。刑法附带强制权。

而市民法本身只有概念上的"强制力","法律有效"则法律予以保护,"法律无效"法律不予保护,但是算不上制裁,并没有具体强制处置,法律行为人自行对判决结果自行判断,并向下一个程序推进,外在表现为市民法是自律的标杆和自律价值性、有效性判断。法律的强制执行力是那些法律无效并且触犯刑法的行为,是依靠政府强制手段,例如军队、警察、法院依法判决及其强制执行机构、监狱、监察等。

(二)以偿债生产价格法为标杆作为政治对社会的"价值性、成本性"评价指标。政府强制权被关进自然法、市民法"什一税"笼子。

第一,语言逻辑,用"价值性"评价"政治"。正面评价:"清正廉明",克己奉公,即最高的价值,最低的政治成本。负面评价:苛政猛于虎,民之饥因上食税之多,政治成本最大化,政治不作为无价值、无效力。

第二,计算"政治"自身的"政治成本"。

政治在法之上的政治剥削来的剩余价值最大化,社会文明最小化。在欧洲奴隶制社会,政治锁链直接决定从奴隶身上榨取的剩余价值;在农奴制社会,农奴徭役地租占比创造价值的50%;农奴在生产之外的每项活动、婚嫁、到市场上买卖、到城里打工等都要被政治权罚款。这两种形式"财产权+政治权"专制榨取全部剩余价值,生产劳动者没有实质自由,文明最小化，野蛮最大化。

第三，计算政治自身"止损"作为价值评价标准。按照现代生产方式，政治成本是总生产法定制度成本的一个要素，政治在法之下，政治价值表现为止损价值表现、和平表现。政治属于制度成本范畴，非生产要素本身不直接创造价值，"政治治理止损＝降低政治费用成本＝企业什一税为边际"，即现代政治的正当性。从而不难发现中国 5000 年世界最低的政治成本什一税治权独立，是中国政治在世界民族之林的独特性和对世界的最大贡献。

（三）公共价值普适的法律寿命比政治寿命长。适合的法律的寿命比生产方式还要长，例如什一中正。现代生产方式，先进生产工具是租买来的，法律成为总生产分配的构成性。并且，适合的法律是"选择"来的，暗喻法律寿命比"现代生产方式自然历史阶段"还要长。说明法律适用空间比政治空间宽广。

（四）法律与政治"价值性的成本"对比。法律是规范化的道德阶梯普适价值观念，实现成本最小，借助"合法政治强力"的成本为什一税，是以现代价格法可以承受的尺度为准。而独大的政治"统治阶级意志极端叛乱"政治成本最大化，独立的政治工具往往出现在法律真空的时间空间，不能避免以掌控"权力"的"具体人"的意志为特征，成本和效力都存在不稳定性。

法律确定性可持久；政治为"政权更迭服务"不确定性，政治在法之下。

人类可以计算的生产方式也就 4 至 5 种，即生产方式和它的经济、法律、政治、人文有机构成，而稳定性是以确定性维护生命权的法律为边际，以几千年为单位计算，例如中华民族"井田制"法理体系保护生产劳动者生命权 5000 年，法在政治之上。欧洲奴隶制在 2 世纪颁布奴隶避难法；农奴制农奴徭役习惯法保护生命权等，这两种生产方式以千年计算。

而政治是工具，当政治为政权更迭服务，政治与政权的寿命一样长。针对政治为"政权更迭服务"不确定性，卢梭强烈坚持统治者与被统治者在法律制定中的同一性，因而社会规则应由服从自然规律和自然法则的人来制定。

（五）个人与政治价值。首先，"个人"是自治自立（自由）守法公民，即合法人，与合法政治社会之间是以"法"为中介。

个人在政治中存在的理由或意义，或人在政治乃至社会意义上的"政治生命权"的问题包括：人和人的世界的本质；人和人的社会的终极价值；以及"人"的社会"应当"是什么，人和社会存在的根基、价值、终极理想和目标等方面的联系。

（六）政治与人文伦理、道德。仁大于政，仁指挥政；有些场合伦理道德就是政治治理的手段。

第二节　完整准确理解列宁民主与法制思想

一、法的社会主义（共同体）性，法典应是人民自由的圣经

（一）法律是确定性规范，马克思的法制自由国家理想，"法律是肯定的、明确的、普遍的规范，在这些规范中自由获得了一种与个人无关的、理论的、不取决于个别人的任性的存在"[1]，即约定俗成的标准、尺度，及其允许波动的区间。

（二）法的自由，"在一个国家中，自由应当是以法律的形式存在的"[2]，"法律不是压制自由的措施……法典就是人民自由的圣经"。

（三）法的社会主义（共同体）性质，"法律应该以社会为基础"。

现代是"开拓了世界市场，使一切国家的生产和消费都成为世界性的"。

法由社会经济基础决定："无论是政治的立法或市民的立法，都只是

---

[1]《马克思恩格斯全集》，第1卷，人民出版社1956年版，第71页。
[2]《马克思恩格斯全集》，第1卷，人民出版社1995年版，第111页。

表明和记载经济关系的要求而已。"①

"法律中介"的共性价值，"人们为之奋斗的一切都同他们的利益有关"②。"真正的……互为中介"③。

民本法律观，"当然，只有当法律是人民意志的自觉表现，因而是同人民的意志一起产生并按人民的意志所创立的时候，才会有确实的把握"。

法与法律，以人们赖以生存的物质社会为基础。"社会不是以法律为基础的。那是法学家们的幻想。相反地，法律应该以社会为基础"④。

"权利永远不能超出社会经济结构以及由经济结构所制约的社会的文化发展。""人的本质并不是单个所固有的抽象物。在其现实性上，它是一切社会关系的总和。"⑤

立法者仅仅是在表述法律，"立法者应该把自己看作一个自然科学家。他不是在创造法律，不是在发明法律，而仅仅是在表述法律，他用有意识的实在法把精神关系的内在规律表现出来"⑥，而恶法将培养自己的掘墓人。

二、对"主权法律命令说"的批判

19世纪，英国法学家约翰·奥斯丁（John Austin）的"主权法律命令说"引起争议，他认为上帝为主权第一"位格"，或实证有主权者为"主权"，"主权者和臣民处于一种垂直的结构"，其实证特征：一是主权者具有法律之上地位，强权命令、义务、制裁；二是服从的习惯；三是包容非准确意义上的法。个人崇拜、官僚主义是"主权法律命令"的温床，时有发生。

---

① 《马克思恩格斯全集》，第4卷，人民出版社1958年版，第121—122页。
② 《马克思恩格斯全集》，第3卷，人民出版社1995年版，第187页。
③ 《马克思恩格斯全集》，第1卷，人民出版社1956年版，第355页。
④ 《马克思恩格斯全集》，第6卷，人民出版社1961年版，第291—292页。
⑤ 《马克思恩格斯全集》，第1卷，人民出版社1956年版，第135页。
⑥ 《马克思恩格斯全集》，第1卷，人民出版社1956年版，第347页。

20世纪英国法学家H.L.A.哈特（H.L.A.Hart）主要从适用范围、法律内容以及起源方式多个方面指出了命令说的狭隘之处。第一，命令说仅适用于刑罚和有刑罚背景的法律，不具有周延性。第二，法律命令"有义务做某事"和"被迫做某事"，但是还存在不属于命令的法律，例如授予权利责任法（选择性），用"有效性""无效性"约束，合同法、遗嘱法、婚姻家庭和程序法等，不遵守无效而已，但是算不上制裁。"有效性"只是设定具体的条件与程序去明确人们的权利义务。但是"无效性"有禁止尺度，有"刑罚"追责加以约束，刑罚随附市民法，例如禁止高利贷。第三，关于法律的起源和渊源，在英国只有制度法部分来自命令，大部分制定法依然是以已有自然规律、习惯为基础。法律需要持续性，不可以按主权意志朝令夕改。第四，王在法之下，既然制度法由主权制定，唯有自然法能够对主权者进行法律约束、法律制裁，以及自然制裁（为自己准备掘墓人）。但是这并没有到位，还有法律本体论，毕竟法律不仅仅只有规则，还有同样重要的正义准则。哈特批判"主权法律命令说"，并提出了客观归责论，法律归责（Zurechnung）状态。归责，包括承认规则、改变规则与审判规则。但是，哈特对"法律即初级规则和次级规则的组合"的猜想与事实不符，市民法是原初法，但是它不是次级法律。法学家汉斯·凯尔森（Hans Kelsen）设问："法实际如何"与"法应当如何"？关于立宪法制观，哈特秉持的是转型升级的法制观。据此，第一种转型是指从现实状态到理想状态的转型，是一项需要不断完成的人类事业。①

三、准确理解列宁思想，警惕"主权法律命令说"借个人崇拜回潮

（一）"正义法理"对革命的期许，"任何一种革命性理论都不会向任意一种固定的立场妥协，它需要一个活动（革命性）的空间，这个空间的敞开，就思想而言，是观念与现实之间的张力给出的"。

"无产阶级是现代社会的最下层，它如果不摧毁压在自己头上的、由

---

① 王文卿：《浅析哈特的〈法律的概念〉》，载《职工法律天地》，2018年第7期。

那些组成官方社会的阶层所构成的全部上层建筑，就不可能抬起头来，挺起胸来。"①"一切公务人员在自己的一切职务活动方面都应当在普通法庭上按照一般法律向每一个公民负责"。②

社会主义尊重自然规律、市民法，只是要废除资产阶级政府所制定的代表资产阶级极端叛乱意志制定法的那个部分。正如斯大林特别解析的："把下列两种东西混为一谈了：一种是科学法则，它反映自然中或社会中不以人们的意志为转移的客观过程；另一种是政府所颁布的法令，它是依据人们的意志创制出来，并只有法律上的效力。"③

（二）列宁曾说"废除旧法律，创建新法律"，有人就此认为政府是法律的制定者，这在法哲学领域属于"主权法律命令说"的某种回潮。

列宁的这些话，有不可逾越的界限，第一，列宁说过"在党的代表大会上是不能制定法律的"，所以无产阶级创建新法律绝对不是"主权法律命令"式法律。第二，列宁提出，"没有民主，就不可能有社会主义"。《共产党宣言》中揭露了资产阶级统治意志法律极端叛乱本质，"你们的观念本身是资产阶级的生产关系和所有制关系的产物，正像你们的法不过是被奉为法律的你们这个阶级的意志一样，而这种意志的内容是由你们这个阶级的物质生活条件来决定的"④。其批判目的是争取平等权、复兴习惯法（"劳动的价格，是同生产费用相等的"），并没有创新法律。因为只要还存在"生产线抵押贷款"方式，就会分离为资本使用者和劳动阶级，他们是共生关系，消灭其中一个，另一个或将退回"一切归劳动所有"分光吃光原始社会，或退回奴隶制"劳动者是类动物动产"，或"主权命令"主权自己立法、自己执法、自己征税自己花、自己监督自己，政治的纯洁性将遭到质疑。军事共产主义有敌人围剿威逼，临时存在主权自主命令，但这只是革命过于激烈的临时"法律真空"例外状况，要随着形势的发展需

---

① 《马克思恩格斯全集》，第4卷，人民出版社1958年版，第477页。
② 《马克思恩格斯全集》，第19卷，人民出版社1963年版，第7页。
③ 斯大林：《苏联社会主义经济问题》，人民出版社1952年版，第2页。
④ 《马克思恩格斯选集》，第一卷，人民出版社1972年版，第268页。

要不断地进行"立、改、废",必须废止"主权命令"模式和朝令夕改状况。

还需要注意历史背景,第一,列宁之前的这些政治释法,他自己在 1921 年 4 月 21 日的《论粮食税》中已经进行了调整,承认工农业之间的等价交换,"不要害怕……向办合作社的小资本家,向'资本家'学习"。第二,顺便指出的是,沙俄资产阶级只取得过 1917 年 2 月革命胜利,8 个月后,1917 年 10 月布尔什维克革命就发生了。因此,资产阶级在沙俄政权中并没有站稳脚跟,更没有来得及制定"资产阶级社会的全部法制",所以十月革命废除的是沙俄农奴专制的法律和习惯法,而不是在沙俄土地上并不存在的那个"资产阶级旧法律"。

(三)选择符合现代生产方式的法律。政府成本是偿债生产价格要素,如果不遵守市民法现代经济就萎缩,一是马克思为人民的现实的幸福,所选择的法与法律是历史传承下来的、"王在法之下"社会法律中那些符合"一般人类规律"的法与法律,从来没有"创建新法制"。二是现代生产方式是大众谋生的场所,必须遵守一般人类规律。三是历史留存下来的 200 万句法学编纂,确实可以选择出所需要的法与法律。四是即便智能、数字化经济时代的法律,其正义准则依然是向善,依然得双向遵守一般人类规律。五是那些没有经过实践检验的"创新"法律定制,难免造成社会层面的巨大人为灾难,已经为古今中外历史所证实。总之,建设中国特色社会主义法治体系,应是纯粹现代生产方式为正义的法律。应当学习列宁《论粮食税》中工农业等价交换、通工等偿的法则,学习资本生产工具主义为正义的那个法律运筹机制的部分。

总之,社会主义以纯粹现代生产方式的生产关系法权形式为经济基础。政治必须遵守市民法,政治成本是偿债生产价格的一个法定要素。社会主义法治理念需要解决的问题,即现代生产方式无限债务、无限积累形成与自然的冲突,唯有尊重自然规律、传承人与自然和谐相处的那些习惯法,进一步实现人与自然在新的科学技术高度和谐相处。

名词与概念：

纯粹现代生产方式是经济、市民法、人文、政治的有机统一体自治

资产阶级专政极端叛乱政治与纯粹现代生产方式自治，是对立关系

现代市民法在上，混杂政治在法之下

对比与质疑：

（一）人体通过人体内在"神经—内分泌—免疫网络"的指挥"协调、控制、防御、斗争、修复"功能，外在表现为"适度（理性）"观念人的可能性；当人以有冗余，则外在表现有"冲动、暴力、适度（理性）"可能性、不可行性。因此，"理性"是物质的精神，而不是纯精神的。

（二）人们赖以生存的社会生活是法律的本体。法律分为自然规律和法律。法律分为习惯法和制定法，但是制定法不能违背自然规律和自然法，否则将培育统治者自己的掘墓人。

人类社会早期，新石器时代后期就已经出现部落习惯法，4世纪以来生活在森林中的日耳曼野蛮部落"王在法之下"。英国，先出现新兴城市生产共同体自治及其市民法，1648年才出现民族国家。

民族国家的国家机器只有协助制定法律的权力，其中的"制定法"必须符合和尊重自然规律的限度，否则将自掘坟墓。因此，国家机器不是法律的直接基础。

（三）以人体内在"神经—内分泌—免疫网络"观念人为起点，以外在"社会"为本体，则"适度"即法律中介是社会确定性的构成性。

（四）法在政治之上，政治是工具，并不存在独立的政治哲学，只有"法制政治学"可言。

以人有冗余而有"冲动、暴力、适度"可能性、不可行性，政治因为带有威信、强权、暴力内生性，有不确定性，"政治自由放纵"是最可怕的动物。

因此，革命过于激烈，政治专政只是短期不得已的行为。为人民的现

实幸福，专政必须尽快转型适合现代生产方式的宪政。"财政决定分配"是不可持久的。

（五）有学者总是设想政治控制与建构世界，企图把社会成员塑造成"合格"的"政治人"，按照政制、执政代表的意旨去认识政治问题和从事政治活动，向来就是政治过程。但是，政治有二重性，会有截然不同的两种可能性，其中资产阶级统治自由意志极端叛乱，物役人，自掘坟墓。

第四章　内部政权更迭，无产阶级专政（法律空白），《共产党宣言》引导宪政将财权、强权关进笼子

背景：

（一）在混杂社会时期，唯有纯粹现代生产方式内部具备正义的客观准则，仅凭内部体制就能正常运转。通过合法竞争外部政治必须服从内部政治。

（二）《中华人民共和国宪法》规定，国家的根本任务是现代化建设。现代生产方式是法制正义的宪制、宪法、宪政经济，为人民的现实的幸福，新中国必然选择和复兴传统"井田制"法理、"'德礼法'为主，刑法为辅"形制的"王在法之下宪制宪政"，深化体制改革。

（三）由于革命过于激烈，无产阶级专政（法律空白），特别是"财政决定分配"已经导致制度成本过高引起国家经济竞争力整体下降，人民的获得感被削弱。

只要对勘，不难发现，我国深化体制改革的实质是以适应现代生产方式为正义准则，全面深化"中性法律建设"，依法制的政治治理的体制改革。

（四）现代生产方式自然历史阶段，无产阶级对资产阶级的革命实际是现代生产方式内部斗争，以政权更迭为边际专政（法律空白），并以修复宪政以管护现代内部中性规则，应是革命的当前目的或任务，就是最大的社会主义政治。

（五）现代与旧社会的斗争选择了内部政治统一战线与外部政治的斗争方式。

(六)为人民的现实的幸福,政治是服务人民的工具,政在法之下。政治自由放纵是最可怕的动物。

第一节 现代内部权力更迭:当"总资本/总工资=7—9"无产阶级夺取政权专政、修复现代方式宪政中性规则合法正当性、可能性、可行性

一、被奴役劳动阶级自发暴力反抗,自然法正当性

关于阶级斗争、平民暴政、弱势群体对平等和平的渴望、党派、革命这些概念,首先是由古希腊哲学概括和抽象出来的。

弱者以大多数与少数统治者对立,弱者渴求正义,"弱者常常渴求平等和正义。强者对于这些便都无所顾忌"①,必然出现弱者对强者的斗争,弱者以大多数与少数统治者对立,"在同类的人们所组成的社会中,大家就应该享有平等的权利;凡不合乎正义[违反平等原则]的政体一定难以久长。被统治的人们[若不能获得应有的权利,就]将联合四郊的人们(农奴)共谋革命;而统治集团跟这样多的仇敌相比,为数实在太少,就无可与之相竞了。从另一方面来看,统治者和被统治者之间也必然有某些差异。二者原来有所差异而又共享同等的政治权利:这就是立法家们应该解决的困难"②。古希腊六种政体互斗,变革的一般原因,"一般城邦都以一般的正义与平等观念作为建政原则;邦内持有相异观念的各部分(党派)就企图推翻这种政权,这是引起政变和革命的一般原因。政变有时把旧政体完全颠覆,有时只作某些局部改革。"

"平民主义者以(自由身分)数量论平等,寡头主义者以(财产)数

---

① 〔古希腊〕亚里士多德:《政治学》,商务印书馆1965年版,第317页。
② 〔古希腊〕亚里士多德:《政治学》,商务印书馆1965年版,第386页。

额论平等，各有所偏，都不能免于内讧，但平民政体常常较寡头政体为稳定。"① 但是这里的弱者或被统治者，是平民自由民，而不包括类动物的奴隶。

殖民地求解放的革命首先在美国取得胜利。1776年7月4日，美国《独立宣言》昭示，通过独立战争暴力驱逐大不列颠国王极端封建主义专制政府，是基于"自然法则"所赋予的"独立、平等"的地位。"人人生而平等……被赋予了某些不可转让的权利，其中包括生命权、自由权和追求幸福的权利"，为了保卫这些权利，人民有权利对"损害这些目的的，那末，人民就有权利来改变它或废除它"。需要注意的是，这里的人民，不包括《美利坚合众国宪法》（1787年颁布）第二项人口数中的"五分之三的非自由人"奴隶，还有未在统计内的印第安人。而在欧洲奴隶制、农奴制社会，弱者"联合四郊的人们（农奴）共谋革命"一次也没有成功过。反而是奴隶制丛林霸道暴力和野蛮多次摧毁文明。

正是在古希腊朴素唯物主义启发下，有美国殖民地求解放的成功的实证，在新旧社会交界的特殊历史时期，马克思指出："暴力是每一个孕育着新社会的旧社会的助产婆。"② 教会立法这把"'达摩克利斯之剑'依旧高悬在不信教者的头上。……只有一个方法可以缩短、减少和限制旧社会的凶猛的垂死挣扎和新社会诞生的流血痛苦，这个方法就是实行革命的恐怖"。③ "严重的疾病是不能用玫瑰油来医治的"。④ 并且马克思是针对资产阶级沦为准奴隶主，奴隶们反抗的正当性，因此，阿伦特对无产阶级暴力革命的质疑罔顾事实。

在西方学界至今还有一件怪事，没有人指责民族国家之间频繁的掠夺战争，却装出一副卫道士的面目，对无产阶级争取生命权的暴力反抗横加指责，马克思遵守自然生命权法则何罪之有？这实际是资产阶级对奴求

---

① 〔古希腊〕亚里士多德：《政治学》，商务印书馆1965年版，第449页。
② 《资本论》，第一卷，人民出版社1975年版，第819页。
③ 《马克思恩格斯全集》，第5卷，人民出版社1958年版，第543页。
④ 《马克思恩格斯全集》，第5卷，人民出版社1958年版，第36页。

解放的本能的恐惧。

二、"总资本/总工资＝7—9"资产阶级自掘坟墓，被赶下台必然性

当现代生产方式与旧生产方式重叠存在，当贩卖奴隶通过价格传递导致宗主国自由市场的自由劳动力价格边际由农奴替代边际下降到准奴隶替代边际，混合表现为资产阶级统治意志像奴隶主一样的极端自由极端叛乱，表现为"总资本/总工资＝7—9"畸形到了"帕累托最优"断裂的边缘而遭遇"桎梏"。当农奴徭役习惯法之工资总额均分所创造价值法则被破坏，占比下降到33%—40%（第一卷已经计算），当资本高利息率投资意愿最小化，就业岗位大量减少，"这些关系便由生产力的发展形式变成生产力的桎梏"。① 正是在这样的大背景下，美国南方奴隶主攻击北方自由劳动比南方奴隶的处境还差。自由劳动者饥寒交迫大量失业，在生存边缘自发暴力反抗，符合自然法"生命权"法则，具有正当性。历史"事实"证明马克思是对的。

西方混杂过渡时期四大矛盾自掘坟墓：其一，私有制与社会化生产之间的矛盾，非均衡，承袭资本主义，野性资本随时企图挣脱法律缰绳，危机不断，"生产资料的集中和劳动的社会化，达到了同它们的资本主义外壳不能相容的地步。这个外壳就要炸毁了。资本主义私有制的丧钟敲响了，剥夺者要被剥夺了"②；其二，无限借债、无限积累资本主义，引起一次次经济危机，受到自然的惩罚；其三，西方资本主义经济成刚性，劳动在产业与服务业之间振荡，只要不均衡，就发生危机，大量失业，农村小农业被消灭失去了自主谋生"最后家园"；其四，西方资本主义建立在奴隶制、农奴废墟之上，血腥从属资本主义"过度劳动"为自己培养了掘墓人，主奴式价值观，"异类、冲突、好战"民族国家之间"私人契约"霸道，西方早已经忘记初心而自我衰落。

---

① 《马克思恩格斯选集》，第二卷，人民出版社1972年版，第82—83页。
② 《资本论》，第一卷，人民出版社1975年版，第831页。

三、法理对等、治权与财权分离高级文明，无产阶级专政的正当性

（一）法理对等法则。在推翻农奴制的革命中，第三等级曾经借助过劳动阶级的力量，并且在现代生产方式中性规则之下二者是共生关系。既然资产阶级可以专政，无产阶级也有夺取政权专政的对等权力。马克思在《哥达纲领批判》中使用了"无产阶级专政"一词，他指出，从西方血腥资本主义到社会主义的过渡期必定要经过无产阶级的革命夺取政权专政时期。

（二）关于无产阶级专政。马克思主要是从拿破仑三世执政期间和巴黎公社的政治实践出发，提出无产阶级应当如早期资产阶级那样紧握政治权力。马克思的无产阶级专政本意是指无产阶级掌握并行使国家权力。在资产阶级掌握国家权力的时候，他们利用国家机器压迫无产阶级，所以资产阶级的法政秩序是有问题的，道德上是恶的。无产阶级应当起而革命，推翻资产阶级专政。

关于专政事实。从法哲学角度研究专政的，当推卡尔·施米特，在法学者看来，无产阶级专政和法国大革命时施行的资产阶级专政在本质上并无不同。正如掌握政权的资产阶级排除无产阶级的参与一样，无产阶级必须反对和排除资产阶级的参与，才可最终发展到无阶级专政的社会状态。

历史的进程既包括肯定环节，也包括否定环节，否定环节为历史发展提供了动力源。如果说法律运用的不外乎是形式推理，那么，在否定环节，例如"对于激烈的例外，常规法律不起作用"即形式逻辑将失去效力，而专政具有了政治生活中的必要性，它的正能量是成为扫除旧势力和推动历史发展的重要工具，回归现代生产方式中性规则。

无产阶级专政是有历史向度的专政，无产阶级专政是在为现代生产方式发展服务的基础上，真正理解历史下一阶段走向的代表，用以接引、促使历史向下一阶段发展的变革时期的"政治工具"。唯有如此，人类才能真正地发展，实现其本质。

（三）关于治权与财权分离高级文明。无产阶级专政的第一预见现象就是实现治权与财权的分离，以民为本治权对财权的管制、保护和制衡。

例如，马克思等一批学者批判欧洲"土地依附于贵族政治"封建专制，即法哲学判定"治权与财权"合一为"专制"，并不适宜现代生产方式，必须分立制衡，才会有财产权的法的自由民主。但是总体而言"治权独立"在西方资本主义哲学中被有意忽视。而中国是什一中正治权独立政治成本最小化文明始祖。

平等服务型政治理想。在欧洲市民社会曾经存在过的"分工协作—通工等偿"共同体内部"雇佣政府为我们服务"，财团收买国王手中的土地保有权、关税权，第三等级终于在1689年取得在议会的胜利，市民法上升为国家统一大法，脱离了"对贵族政治的依附"。

四、无产阶级专政——"活劳动专政死劳动"第二次革命正当性

（一）资产阶级统治极端叛乱"总资本/总工资=7—9"，劳动从属于资本，"物役人"。

公法习惯法工资总额均分所创造价值，即一般劳动者总能创造养活家庭所需下限边际的2倍的生产力，劳动是所有权的自然公理，劳动者对劳动果实——财富（过去的劳动积累、死劳动）具有权利的自然正当性，是"活劳动专政死劳动"的正当性的物质基础。

（二）人类历史长河中确实存在"自然自由劳动"标杆，而"人役于物"是异化劳动，人们有诉求劳动自由解放的正当性。

（三）而当"总资本/总工资=7—9"，工资总额占比下降到33%—40%，资产阶级已经养活不了它的奴隶，说明资产阶级贪得无厌失去了政治纯洁性，失去了专政的正当性。在这个时期马克思恩格斯代表工人阶级撰写了《共产党宣言》提出无产阶级夺取政权来实现接管和服务于现代生产方式，正是这一宏观目标和方法，将无产阶级专政与"活劳动专政死劳动"相连。

（四）西方从属资本主义极端叛乱，劳动者求平等解放二次革命的正当性。

第一次革命，生产商、无产自由劳动重建了现代生产方式，"从中世纪的农奴中产生了初期城市的城邦市民，从这个市民等级中发展出最初的

资产阶级分子"①。两大阶级联合起来封闭自治,发展壮大的现代社会生产力和生产关系对农奴制的革命,资产阶级上升为统治阶级却走向极端叛乱。

第二次革命,私有制将资产阶级联合起来,夺取并占领了国家政治权利,但是金钱资产阶级与统治权相结合专制必然出现自由意志的极端叛乱。

与此同时,现代生产方式是"穷则异化""穷则变革",是生产商(资本使用者第三等级)、无产自由劳动联合重建了现代生产方式;也是劳动者与第三等级联合推翻了封建制度夺取了政权。因此,对于资产阶级的偏离,无产自由劳动阶级作为现代生产方式的重建者,理所应当有矫正危机的正当性、可能性、可行性。

五、无产阶级专政第一步现实的幸福,回归"总资本/总工资=5"正当性

(一)剩余价值理论旨在揭示资本生产工具主义生产方式的运动规律。一是剩余价值有原罪,二是只要存在"生产线抵押贷款"将未来借给现在,就存在劳资两大阶级谁也消灭不了谁,但是可以设立中性区间,剩余价值某个部分质变,资本使用者与劳动者成为共生关系。

《共产党宣言》,褒扬了第三等级与工人阶级联合革命多项贡献,并树立现代生产方式发展社会生产力天翻地覆的现代性进步,即比奴隶制、农奴制正义。《共产党宣言》已经发现"劳动的价格,是同生产费用相等的"②,总工资与制度成本均分所创造价值,剩余价值转化为制度成本,费用五要素均分,折合各占比价值的10%,实际剥削率下降到20%。公式表示为"利息率3%—5%,总资本/总工资=5—6"区间。

以习惯法为尺度,《共产党宣言》发现了资产阶级统治意志极端叛乱私有制法律之下,剩余价值率远远超过中性水准,按皮凯蒂的资本有机构

---

① 《马克思恩格斯选集》,第一卷,人民出版社1972年版,第252页。
② 《马克思恩格斯选集》,第一卷,人民出版社1972年版,第258页。

成计算达到"总资本/总工资=7—9",工资总额占比下降到了33%—40%。资产阶级把无产阶级挤压到了准奴隶边际。劳苦大众为自救,就只有无产阶级夺取政权接管现代生产方式一条路,即内部革命或第二次革命。这也符合纯粹现代生产方式正常运行必须扫除奴隶制、农奴制落后反动生产关系残余的历史规律。

（二）资本社会化以及自由劳动已经发展成为有战斗力的阶级、资本使用者与工人阶级是共生关系等,这一系列实施革命行动的必要性和有利条件。《共产党宣言》的责任就是唤起现代生产自由劳动阶级内在的力量。以《林木盗窃法》为代表的土地私有制法律,剥夺了穷苦市民所有的生命权保护法;当资产阶级政权放纵贩卖奴隶用做生产劳动力导致商品价格下降,通过价格传导,综合表现为宗主国生产劳动力的价格由农奴替代边际下降到以准奴隶为替代边际。前面通过计算实证,皮凯蒂所统计"总资本/总工资=7—9",就意味着"农奴徭役习惯法"总工资均分所创造价值,被极端叛乱地下降到总工资占比33%—40%,表现为过度劳动、寿命缩短。在这种资产阶级统治意志极端叛乱,无产阶级生命权不保的边际状况下,号召全世界无产阶级联合起来,成立"共产党"这一引导机构。马克思殚精竭虑、精打细算地为人民的现实处境考虑,指出,"要把我们的观点用目前水平的工人运动所能接受的形式表达出来,那是很困难的事情……重新觉醒的运动要做到使人们能像过去那样勇敢地讲话,还需要一段时间,这就必须实质上坚决,形式上温和"[①],反对与资产阶级直接硬碰硬,主张首先使用"形式上温和"的"和（平）解（决）"法律中介。由于英国有习惯法和制定法两套法庭相互竞争,"对簿公堂"成为阶级斗争中可以利用的一种形式。

（三）为人民的现实幸福。《共产党宣言》指出,无产阶级专政的第一步,处于现代生产方式自然历史阶段内部:"工人阶级的第一步就是使无产阶级上升为统治阶级,争得民主。……增加生产力总量。……无产阶级将利用自己的政治统治,一步一步地夺取资产阶级的全部资本,把一切生

---

① 《马克思恩格斯全集》,第31卷,人民出版社1974年版,第17页。

产工具集中在国家即组织成为统治阶级的无产阶级手里，并且尽可能快地增加生产力的总量"。①

第一，无产阶级第一步的使命，"增加生产力总量"，方法就是回归宪政，贯彻市民法"利息率为5%，总资本/总工资＝5"中性实体法，这是一个很大的进步，有正当性。例如，《共产党宣言》10 条承认"银行""信贷"，将已经社会化集中的生产资料收归国有，例如银行、铁路、邮政，废止资产阶级统治意志的血腥法律那个部分，尊重市民法和自然法则。

第二，公有制为主体，"以个人自己劳动为基础的分散的私有制转化为资本主义私有制，同事实上已经以社会生产为基础的资本主义所有制转化为公有制比较起来，自然是一个长久得多、艰苦得多、困难得多的过程。前者是少数掠夺者剥夺人民群众，后者是人民群众剥夺少数掠夺者"②。

第三，无产阶级专政的现代生产方式自然历史阶段，化解劳资矛盾的理想方法是复兴市民社会个人劳动收入私有财产权及其产权收益，"重建个人联合体"，现有法律中委托合伙比较接近，还有中国特色社会主义"既是劳动者也是资本者的可行性"。

六、内部革命是权力更迭，修复适合的市民法，废止极端叛乱制定法

（一）内部革命是权力更迭，保护适应现代生产方式的自然法则、市民法。

马克思站在维护人民权利的革命立场上明确宣布，"我们从不隐瞒这一点。我们的基础不是法制的基础，而是革命的基础"③。由于资产阶级政权破坏了中性规则，所以采用革命的方法"更迭政权"，由无产阶级专政

---

① 《马克思恩格斯选集》，第一卷，人民出版社 1972 年版，第 272 页。
② 《资本论》，第一卷，人民出版社 1975 年版，第 831—832 页。
③ 《马克思恩格斯全集》，第 6 卷，人民出版社 1961 年版，第 118 页。

来修复中性规则,恢复现代生产方式正常运转,恢复生产力绝对发展趋势。就是说,在无产阶级夺取政权专政后,由于革命过于激烈,会有一个"法律空白"现象,在这个关键时刻矛盾的焦点是把握好"统一战线",需要区别西方资本主义的二重性。而不是乌托邦试图跨越现代生产方式自然历史阶段。

(二)历史纵向,关于适合现代生产方式的法律,并创建古希腊理想的那种宪制、宪政。在英国,11世纪取得"王在法之下"制衡,1215年《自由大宪章》建立宪制宪政无代表无税准则。13—16世纪新兴城市手工业生产市场共同体自治,内部逐渐形成市民社会习惯法。1648年民族国家合法之后,1689年英雄革命,第三阶级掌握了议会立法监督权,市民法上升为国家统一大法。在这样的历史逻辑下,"无论是政治的立法或市民的立法,都只是表明和记载经济关系的要求而已",也才能实现"市民社会的一切要求(不管当时是哪一个阶级统治着),也一定要通过国家的意志,才能以法律形式取得普遍效力"①。市民法管护和推动现代生产方式转型高级阶段,18世纪爆发工业革命。

这还在于,现代生产方式在它的生产力完全释放出来以前是不会消亡的。用法律方法消灭不了,因为欧洲来自逃亡农奴的自由劳动力只有这一条就业生路,现代法制存续在市民社会民间习惯法中,在自然规律中,这些是消灭不掉的。资产阶级统治意志极端叛乱政治阻碍现代生产方式的方法最终将在政治竞争中遭遇失败。总之顺应现代自然历史趋势,才是为人民谋取现实的幸福最佳、最现实的路径。

关于内部三分法统一战线,不放弃斗争也不放弃和平方法。亚当·斯密和马克思都注意到了在一定范围内资本使用者阶层与劳动阶级是"共生关系",特别期望对立面之间通过三分法达成和解,无产阶级从来不指望"英国是完全可以通过和平的和合法的手段来实现不可避免的社会革命的国家,……并不指望英国的统治阶级会不经过'维护奴隶制的叛乱'而屈

---

① 《马克思恩格斯选集》,第4卷,人民出版社2012年版,第258页。

服在这种和平的和合法的革命面前"①。同时无产阶级革命永远不放弃和平方法，"如果旧的东西足够理智，不加抵抗即行死亡，那就和平地代替；如果旧的东西抗拒这种必然性，那就通过暴力来代替"②。现代生产方式内部同一性差异对立的折中统一，它的调整方法有多种：确定法律中立的尺度，纠偏；革命过于激烈，专政转型革命的改革宪政法制。

（三）随着英国现代生产方式的传播，落后的德国、法国必然需要法制变革紧随其后，否则就会因为社会危机而引起政治革命。

关于资产阶级政权意志极端叛乱的法律，与现代生产方式对立。《共产党宣言》进一步揭露了资产阶级法权关系的本质特征，"正像你们的法不过是被奉为法律的你们这个阶级的意志一样，而这种意志的内容是由你们这个阶级的物质生活条件来决定的"③，当自由无产者还处于幼稚阶段还没有组织起来还完全没有斗争经验，资产阶级就完全缺失对立面的制约，因无制约而走向极端放纵、极端阶级斗争形式，"真正的极端之所以不能互为中介，就因为它们是真正的极端。但是，它们也不需要任何中介，因为它们具有互相对立的本质"④。"立法权在给叛乱奠定基础。"⑤ 并且将资产阶级统治自由意志"现状作为法律加以神圣化"。同样地，立法权的阶级要素和政府要素，"对立尖锐到随时都可能发生斗争的地步，甚至还具有不可调和的矛盾的性质"⑥，自由意志不受制约极端化，就只有通过暴力实现政治权力转换更迭。这在古希腊花样繁多频繁"政制"更迭中早已经被证实、被演绎得淋漓尽致。

关于习惯法是一个历史过程，"它们最初来自物质生产条件，只是过了很久以后才上升为法律"⑦，规则不是由哪个立法者来确定的。恩格斯指

---

① 《资本论》，第一卷，人民出版社1975年版，第37页。
② 《马克思恩格斯全集》，第4卷，人民出版社1956年版，第222页。
③ 《马克思恩格斯选集》，第一卷，人民出版社1972年版，第268页。
④ 《马克思恩格斯全集》，第1卷，人民出版社1956年版，第355页。
⑤ 《马克思恩格斯全集》，第1卷，人民出版社1956年版，第358页。
⑥ 《马克思恩格斯全集》，第1卷，人民出版社1956年版，第351页。
⑦ 《马克思恩格斯文集》，第1卷，人民出版社2009年版，第624页。

出:"如果说民法准则只是以法的形式表现了社会的经济生活条件,那么这种准则就可以依情况的不同而把这些条件有时表现得好,有时表现得坏。"① 法国和德国市民法至今落后于英国财产法。德、法如果法律不能顺应现代生产方式而变革,必然会导致社会危机引起的政治革命,"检察机关对民主主义者莱茵区域委员会的指控是一种……怯懦的法制伪善"②。"不顾社会发展的新的需要而保存旧法律,实质上不是别的,只是用冠冕堂皇的词句作掩护,维护那些与时代不相适应的私人利益,反对成熟了的共同利益。……因此,这种做法时刻与现存的需要发生矛盾,它阻碍交换和工业的发展,它准备着以政治革命方式表现出来的社会危机"③。

参照英国财产法,马克思认为德国需要彻底改变法制,"要根本改变差不多德国所有各邦政府的整个立法、行政和司法制度。因为这一整套制度纯粹是用来维护和支持资产阶级一向力图加以摧毁的社会制度的"④。马克思批判德国资产阶级与政府缔约而抛弃了人民的权利,"普鲁士的法制基础!……意味着:人民权利的合法根据——革命,在政府和资产阶级之间所缔结的 contrat social [社会契约] 中并不存在。资产阶级从旧普鲁士的立法中引申出自己的要求,为的是不让人民从新普鲁士的革命中引申出任何要求"⑤,"这样,革命人民的权利的法律根据便被消灭"⑥。

第二节 无产阶级专政的宪制形式

马克思、恩格斯高度评价和褒扬巴黎公社新型无产阶级政权的国家治理,马克思撰写了《法兰西内战》,恩格斯撰写了《〈法兰西内战〉1891

---

① 《马克思恩格斯文集》,第4卷,人民出版社2009年版,第307页。
② 《马克思恩格斯全集》,第6卷,人民出版社1961年版,第288页。
③ 《马克思恩格斯全集》,第6卷,人民出版社1961年版,第292页。
④ 《马克思恩格斯全集》,第4卷,人民出版社1958年版,第63页。
⑤ 《马克思恩格斯全集》,第6卷,人民出版社1961年版,第131—132页。
⑥ 《马克思恩格斯全集》,第6卷,人民出版社1961年版,第131页。

年版导言》和《纪念巴黎公社十五周年》等著作，介绍了巴黎公社实施的民主治理。共和制、民主、联邦制、宪政。

特别需要指出的是，马克思站在维护人民权利的革命立场上明确宣布，"我们从不隐瞒这一点。我们的基础不是法制的基础，而是革命的基础"。现代生产方式自然历史阶段内部政权更迭，是修复、矫正政治极端叛乱，而不是进入下一个历史阶段。

一、无产阶级专政的民主制度

对马克思来说，1871年的巴黎公社，就是一种无产阶级专政的试验。"无产阶级革命将建立民主的国家制度"[①]，并"立即利用民主作为手段"提出了无产阶级国家治理应采取的12条具体的政策措施。[②]

关于公社民选，"公社是由巴黎各区普选选出的城市代表组成的。这些代表对选民负责，随时可以撤换。其中大多数自然都是工人，或者是公认的工人阶级的代表。公社不应当是议会式的，而应当是同时兼管行政和立法的工作机关。一向作为中央政府的工具的警察，立刻失去了一切政治职能，而变为公社的随时可以撤换的负责机关。其他各行政部门的官吏也是一样。从公社委员起，自上而下一切公职人员，都应当只领取相当于工人工资的薪金。国家高级官吏所享有的一切特权以及支付给他们的办公费，都随着这些官吏的消失而消失了。社会公职已不再是中央政府走卒们的私有物。不仅城市的管理，而且连先前属于国家的全部创议权都已转归公社"。

（一）巴黎公社有自己的民主特征。第一，是认真进行民主选举，绝大多数成员是工人和无产者，"从来还没有过进行得这样认真仔细的选举，也从来没有过这样充分地代表着选举他们的群众的代表。……'当年十二使徒就是这样'；他们也用自己的行动作了回答"[③]。第二，是致力于"廉

[①]《马克思恩格斯选集》，第一卷，人民出版社2012年版，第311页。
[②]《马克思恩格斯选集》，第一卷，人民出版社2012年版，第305页。
[③]《马克思恩格斯选集》，第三卷，人民出版社2012年版，第135页。

价政府"建设，公职人员作为公社勤务员，"而政府应执行的合理职能，则不是由凌驾于社会之上的机构，而是由社会本身的承担责任的勤务员来执行"①，一律领取相当于普通工人的工资薪酬。② 第三，是实行民主监督，如通过各种社会组织、舆论工具以及群众来信来访进行监督。显示出走向属于人民、由人民掌权的政府的趋势。显然，"巴黎公社"参照了《共产党宣言》10条政治、经济、社会、文化建议："公社简直是奇迹般地改变了巴黎的面貌！第二帝国的那个花花世界般的巴黎消失得无影无踪。……夜间破门入盗事件不发生了，抢劫也几乎绝迹了。"③ 1871年5月23日马克思在国际工人协会总委员会会议上作关于巴黎公社的发言，指出"即使公社遭到失败，公社的原则也是永存的，是消灭不了的"④。

（二）代表会议特征，是完全依据选民的意志来进行治理，代表们不过是选民意志罢了。马克思公社政体中的直接民主色彩，正是体现在这一点。

而美西资产阶级方实行的"间接民主式代议制"，代表们是以自己的判断和意志来进行治理，用各种方法阻挠选民的共同意志进行治理。

这种"选民传声筒"的直接民主方式的弱点，一是会导致"治理机构"的不稳定性，二是没有考虑到"现代生产方式"是一种有信仰的正义经济，必须有一个长达千年的"信仰守护人"。⑤ 而依靠民众自身力量的公社模式也没有给"信仰守护人"留下位置。对这一点，毛泽东非常清楚，在1967年中国"文革"的"夺权运动"之后，他否定了造反派将整个国家机构改为公社的提议："如果一切变成了公社，那么党怎么办？我们把党放在上面位置？……无论如何必须有一个党，不管我们怎么称呼它，都必须有一个核心。可以称之为共产党，或社会民主党，或国民党或一贯

---

① 《马克思恩格斯选集》，第三卷，人民出版社2012年版，第145页。
② 《马克思恩格斯选集》，第三卷，人民出版社2012年版，第168页。
③ 《马克思恩格斯选集》，第三卷，人民出版社2012年版，第109页。
④ 《马克思恩格斯选集》，第四卷，人民出版社2012年版，第1039页。
⑤ 《马克思恩格斯选集》，第四卷，人民出版社2012年版，第97—100页。

道,但必须有一个党。"①

(三) 无产阶级专政是否剥夺非无产阶级的选票?巴黎公社的做法是一视同仁。《共产党宣言》指出:"无产阶级的运动是绝大多数人的、为绝大多数人谋利益的运动。"

民主方式本身就是无产阶级专政的武器。在《共产党宣言》中说:"工人革命的第一步就是使无产阶级上升为统治阶级,争得民主",在《法兰西内战》初稿中,马克思说:"公社提供合理的环境,使阶级斗争能够以最合理的、最人道的方式经历它的不同阶段。"

(四) 无产阶级专政民主形式,有利于修复现代生产方式。

《共产党宣言》指出要使无产阶级上升为统治阶级,"第一步争得民主",恢复现代生产方式中性规则基础上"增加生产力的总量",确立了实施国家治理的十大政策措施,包含了从经济、政治、文化、社会诸方面实行社会主义国家治理的要求,恩格斯指出其基本精神"直到现在还是完全正确的"。宣言的发表,标示着马克思、恩格斯的国家治理理论的创立,以及"需要"三步走。

二、无产阶级专政中的公社制度设想

关于联邦主义,马克思的叙述是:"只要公社制度在巴黎和各个次要的中心确立起来,旧的中央集权政府就得也在外省让位给生产者的自治机关。……公社应当成为甚至最小部落的政治形式,常备军在农村地区也应该由服役期限极短的国民军来代替。设在专区首府的代表会议,应该主管本专区所有一切农村公社的公共事务,而且这些专区的代表会议则应派代表参加巴黎的全国代表会议;代表必须严格遵守选民的 mandatimperatif (确切训令),并且随时可以撤换。那时还会留给中央政府的为数不多而非常重要的职能,则不应象有人故意捏造的那样予以废除,而应该交给公社的官吏,即交给那些严格负责的官吏。"

---

① 秦前红:《马克思如何看待专政与宪政?》,马克思主义法学研究网,2024年8月6日。

联邦主义的优点，一是可以让人民更直接地参与到公共事务之中，培养人民对于公共事务的兴趣。二是为了反对一切形式的权力异化，必然要求采取大众适度流动性的联邦主义，而拒斥农奴制贵族政治专制那种"凝固的、全覆盖的、高度中央集权的政权结构形式"。欧洲中央集权，与中华民族以"井田制"法理将财产权与政治权关进"什一律"笼子治权独立的中央集权没有可比性。

在《法兰西内战》中，马克思表示，"公社的存在自然而然会带来地方自治，但这种地方自治已经不是用来对抗现在已被废除的国家政权的东西了"。在为1891年《法兰西内战》的单行本所写的序言中，恩格斯明确地提道："大多数正式由这些布朗基主义者组成的公社，……它在向法国各省人民发布的一切宣言中，号召他们把法国的所有公社同巴黎连起来，组成一个自由的联邦。"但是"中央委员会过早地放弃了自己的权力，而把它交给了公社"。

而列宁在其《国家与革命》中主张中央集权制，这反映了"国家政权更迭"的革命阶段必须实施军事共产主义的"中央集权"。而当进入稳定的和平建设时期，为了顺应现代生产方式法制和流动性要求，照顾到地区差异，必须实行宪政和层级制度。

三、无产阶级专政必须建立宪制，这首先是现代生产方式的选择

国家是建立在明确区分国家和社会的基础之上，并因为抽象人权的原则、以这种原则为基础的法治主义而获得了中介层面的公正性。

（一）关于"共和制"、宪制。

在古希腊的所有城邦中，柏拉图和亚里士多德都认为城邦治理要有至善理念。亚里士多德进一步主张：通过体制和制度实现"至善"。古希腊城邦在400多年间先后出现了君主制、僭主制、贵族制、寡头制、平民民主制和贤哲理想的共和制政体。亚里士多德倾向于采用贵族制与民主制相结合的政体形式，他把它称为"共和制"。

恩格斯也指出，"国家的最高形式，民主共和国，在我们现代的社会条件下正日益成为一种不可避免的必然性"，"共和国是无产阶级将来进行

统治的现成的政治形式"，共产主义"这（即更高级的社会制度——引者注）将是古代氏族的自由、平等和博爱的复活，但却是在更高级形式上的复活"。①

劳动阶级的共和制宪政的主要表现就是"巴黎公社"。

（二）接管议会的方式接管"宪制、宪政"。

马克思在《路易·波拿巴的雾月十八日》中提到了社会主义接管法国共和制与宪制。

"1849 年 10 月中旬，国民议会复会。11 月 1 日，波拿巴送给议会一个咨文，说巴罗—法卢内阁已经免职，新内阁已经组成，这使议会大为震惊。……预定要向国民议会踢去的一脚，先踢到巴罗和他的同僚身上了。……波拿巴需要这个内阁，是为了要解散共和派的制宪议会，实现对罗马的远征，并摧毁民主派的力量。……

"总之，既然资产阶级把它从前当作'自由主义'颂扬的东西指责为'社会主义'，那它就是承认它本身的利益迫使它逃避自身统治的危险；要恢复国内的安宁，首先必须使它的资产阶级议会安静下来；要完整地保持它的社会权力，就应该摧毁它的政治权力；只有资产阶级作为一个阶级在政治上同其他阶级一样低下，……要挽救它的钱包，必须把它头上的王冠摘下，而把保护它的剑象达摩克利斯的剑一样地悬在它自己的头上。"② 就是说，巴黎公社的社会主义革命这种激烈的方法"要完整地保持它的社会权力，就应该摧毁它的政治权力"实施"政权更迭的革命"就可以了。维护"宪政机制或者说限制公共权力的规则"，方法就是"王在法之下"，把它头上的王冠摘下，"而把保护它的利剑象达摩克利斯的剑一样地悬在它自己的头上"。王在法制下的威慑下，统一战线三分法实现资本使用者和劳动者生态位"共生"，相应地，资本家食利阶层贷出资本"被动使用权"。

---

① 《马克思恩格斯选集》，第四卷，人民出版社 2012 年版，第 189、652、195 页。

② 《马克思恩格斯全集》，第 8 卷，人民出版社 1961 年版，第 167 页。

（三）具体到无产阶级对资产阶级的革命，马克思一再界定，只涉及"政权更迭"，因为只要资产阶级没有了专政权，它那一套极端叛乱制定法必然被废除。只要还存在"20年期的预期先进生产线抵押贷款"模式，有产者在三分法统一战线中就可以取得宪政允许的生态位。

（四）关于适应现代生产方式的法律中介与宪政。

真正的民主制是指宪法、法律、国家（就它本身就是一种政治宪法而言）本身就是人民的自我规定和特定内容。如果将国家机器指称社会的公共组织形式，将人民政治指称"众人之治"。

在具有阶级偏向性的同时，法律具有社会公共的协同功能。一般而言，"法律应该是社会共同的、由一定物质生产方式所产生的利益和需要的表现，而不是单个的个人恣意横行"①。从经济基础上可以看到与阶级相关的法律，必定体现社会协同。"国家并不是从来就有的。……在现今的国家里，普选制不能而且永远不会提供更多的东西"②。

恩格斯曾经反思经济之外其他因素的积极有机作用，认为："这一点在马克思和我的著作中通常也强调得不够，在这方面我们两人都有同样的过错。这就是说，我们都把重点首先放在从作为基础的经济事实中探索出政治观念、法权观念和其他思想观念以及由这些观念所制约的行动，而当时是应当这样做的。但是我们这样做的时候为了内容而忽略了形式方面，即这些观念是由什么样的方式和方法产生的。这就给了敌人以称心的理由来进行曲解和歪曲。"③ 主张上层建筑与经济基础的有机关系。

法律作为社会结构的规则承载，"在现代国家中，法不仅必须适应于总的经济状况，不仅必须是它的表现，而且还必须是不因内在矛盾而自己推翻自己的内部和谐一致的表现"④。法律体系具有自我维持的运行惯性，对经济关系具有相对关联的有机作用，"例如在英国立遗嘱的绝对自由，

---

① 《马克思恩格斯全集》，第6卷，人民出版社1961年版，第292页。
② 《马克思恩格斯全集》，第21卷，人民出版社1965年版，第197—198页。
③ 《马克思恩格斯全集》，第39卷，人民出版社1974年版，第94页。
④ 《马克思恩格斯全集》，第37卷，人民出版社1971年版，第488页。

在法国对这种自由的严格限制……二者都对经济起着很大的反作用，因为二者都影响财产的分配"①。法律也能对经济起到积极有机呼应作用。

必须强调的是，法律对经济社会最终还是要受制于经济基础的内在要求。如"不管颁布怎样的法令，利率照旧将由现在支配它的经济规律来调节"②。也就是说，法律终究要被迫反映客观需要而不能自我任性。例如，我国高院从1991年起规定民间利率4倍于银行法定利率合法，但是，我国银行法定利率一直紧跟纯粹现代生产方式，1998年以来的26年以来，一直遵循国际现代生产方式的资本价格利息率在3%—5%之间波动。

（五）当今世界还处于混杂时期，主要矛盾的主要方面是"现代文明的野蛮"。"文明中的野蛮的秘密和国家中的无法纪的秘密……他把文明中的野蛮（罪犯的存在）和国家中的无法纪与不平等都说成秘密"③。"贪欲是文明时代从它存在的第一日起直至今日的起推动作用的灵魂"④，即现代文明是针对日耳曼野蛮部落法自由契约弱肉强食国际霸权主义的斗争；是资本生产工具主义与血腥从属资本主义之间的无对象性的你死我活的斗争。

四、法的理性和政治理性的实现，归责于底层人民是错误的

马克思关于理性国家机器："它认为国家是一个庞大的机构，在这个机构里，必须实现法律的、伦理的、政治的自由，同时，个别公民服从国家的法律也就是服从自己本性即理性的即人类理性的自然规律。Sapienti sat（对聪明人来说已经很够了）。"⑤

马克思关于国家治理，"国家应该是政治理性和法的理性的实现"⑥，国家由地域、人民、社稷构成，实现的标准样态是人民安居乐业，治理者

---

① 《马克思恩格斯选集》，第四卷，人民出版社1995年版，第95页。
② 《马克思恩格斯全集》，第18卷，人民出版社1964年版，第254页。
③ 《马克思恩格斯全集》，第二卷，人民出版社1956年版，第69页。
④ 《马克思恩格斯选集》，第四卷，人民出版社2012年版，第194页。
⑤ 《马克思恩格斯全集》，第1卷，人民出版社1956年版，第129页。
⑥ 《马克思恩格斯全集》，第1卷，人民出版社1956年版，第373页。

的"理性"助力国家正常状态。

在混杂时代,国家治理与国家所处历史阶段的内在关系,"这种本质的关系就是既存在于管理机体自身内部,又存在于管理机体同被管理机体的联系中的官僚关系"①。恩格斯指出,资产阶级"是目前唯一能够在德国实现进步、能够治理德国的阶级。实际上它已经是德国的领导阶级了"。《共产主义原理》中对这个思想继续作了发挥:"在德国,资产阶级和专制君主制之间的决战还在后面。但是,共产主义者不能指望在资产阶级取得统治以前就和资产阶级进行决战,所以共产主义者为了本身的利益必须帮助资产阶级尽快地取得统治,以便尽快地再把它推翻。"

直接执行法律的国家机器,"政治统治到处都是以执行某种社会职能为基础,而且政治统治只有在它执行了它的这种社会职能时才能持续下去"②。

关于以"政治理性和法的理性"为准则,马克思批判德国政府不负责任,在《摩泽尔记者的辩护》中揭示:"财政部则断言灾难不是由于'税收的'原因,而是'完全由于其他的'原因造成的,同样,管理机构也根本不在自身范围以内,而是在自身范围之外寻找贫困的原因。"③ "政府……深信它根本无法由管理机构即国家加以改变,相反,必须由被管理者一方来改变。"④ 关于当地农民葡萄事业凋零困境,行政当局不是设法改革治理的方法,而是在治理的对象身上找原因。

关于种植葡萄农民的困境、森林盗枯树枝案,马克思指出:"由此可见,在贫苦阶级的这些习惯中存在着合乎本能的法的意识,这些习惯的根源是实际的和合法的,而习惯法的形式在这里更是合乎自然的,因为贫苦阶级的存在本身至今仍然只不过是市民社会的一种习惯,而这种习惯在有

---

① 《马克思恩格斯全集》,第1卷,人民出版社1956年版,第377页。
② 《马克思恩格斯全集》,第20卷,人民出版社1971年版,第195页。
③ 《马克思恩格斯全集》,第1卷,人民出版社1956年版,第118、226页。
④ 《马克思恩格斯全集》,第1卷,人民出版社1956年版,第374页。

意识的国家制度范围内还没有找到应有的地位。"① 德国 1896 年才设立市民法典，1919 年其精神被写入魏玛宪法。

五、关于国家治理理论

从国家治理的现状着手，从理论研究和实践考察的双重维度，作出科学的、深刻的分析，阐明了国家治理与国家性质的内在关系。

（一）关于历史纵向看国家治理。

其一，处于什么样的生产方式历史阶段，就有什么样的国家的治理。

或者说，有什么样的国家治理，必然停留在相应的历史生产方式阶段。

在阶级社会里，治理具有阶级性。

当王在法之上，王权专制，它是掌握国家政权的统治阶级的治理，是政治强权最大化，是"政治权+财产权+制定法命令权"垄断专制。生产劳动者挣扎在生存边际。

其二，现代与旧社会的斗争选择了"内部政治统一战线"针对"外部旧社会政治"的斗争方式。一是生产共同体内部政治统一战线；二是外部混杂政治自由契约弱肉强食市场。两种社会形式的竞争、斗争。

（二）关于历史横向，现代生产方式的混杂阶段，社会主义国家机器的依法治理。

其一，国家治理的目的，是人民的现实的幸福。

其二，现代自然历史阶段，现代生产方式及其承载的法与法律、宪制、宪法、宪政是国家的经济基础和宪政治理的基础。

其三，阐证现代国家治理、现代国家制度是由现代生产方式及其选择的"法与法律及其宪制宪政决定，这一基本原理"。

其四，国家治理是与人民代表政体形式和结构形式紧密联系的治国活动，它包含了中央和地方各级政府机构的治理。

其五，国家机器治理事权，是以宪法及其法律体系作为国家权威，国

---

① 《马克思恩格斯全集》，第 1 卷，人民出版社 1956 年版，第 253 页。

家机器依法律允许的事权和财权对等，依据人民代表大会受托的事项，对社会公共事务进行的治理。

其六，国家机器治理事权涉及在国土上活动的人民的社会活动的全部范围，主要涵盖经济、政治、文化、社会等领域。但同时要给予人民自治的空间。

其七，国家机器治理事权，是为国家和它的人民而存在和服务。

国家机器是领导、指导、宏观规划。而遵守规则创造价值的是人民，支付国家机器行政成本、公共事业费用、公务员工资和差旅费等是人民。人民支付剩余价值用作制度成本非生产费用，流汗、流血甚至贡献出生命，人民是真正的英雄。国家机器是代表受托管理，必须谦虚谨慎兢兢业业，遵守受托法制。

其八，现代生产方式内部，无产阶级推翻资产阶级统治属于政权更迭。革命过于激烈，无产阶级专政，必须服从现代生产方式的宪制宪政中性规则实行民主制的国家治理，依靠人民群众实施政策治国。

治理出现了问题（表现为生产停滞、人民获得感下降、社会动荡），其原因在于国家制度的外部性，违背了现代生产方式内部法律制度规则与秩序。

第三节　革命过于激烈政治专政，转型内部宪治

第一小节　宪制宪政的世俗性质

一、宪治世俗性、多样性，争取宪治话语权

（一）关于宪制、宪政、宪治。

在第二章已经讨论，个人有冗余有"冲动、暴力、适中"向外张力的可能性和不可行性。同理，被人掌控的政治强权和财产权也具有向外的张

力多样性,所以必须受到以民为本的法律强制管理保护。历史长河中,中国创建了"井田制"宪制、"仁法"宪政,治理权独立宪治。英国1215年《自由大宪章》"王在法之下宪制",无代表无税。唯有宪制、宪法、宪政才能把"政治权、财产权"关进什一法律笼子。

以民为本的体制建设的核心是将"政治权、财产权"关进"什一律"笼子,为大众所用。民为重、法律典籍次之,政治在法之下才能为人民服务。同理,财产权授之以鱼,不如授之以渔,但是所要求的回报必须是养鱼人承得起。而这个分配标准,最早出现在中国:"井田制"法理什一律。

(二)关于宪制、宪政、宪治的世俗性质。

古希腊亚里士多德理想"依法为政的君主"即君主立宪制在一千多年后首次在英国践行。宪治(英语 constitutionalism),是一种主张国家权力来自并被一部基本法律约束、规定公民权利的学说或理念,这个基本法即宪法。宪治的要义有两点:第一是保障每一个公民依法的基本权利、自由、平等;第二是管理和保护公共权力,一切公共权力的权威与合法性来自于宪法。宪法应是宪治的国家的唯一标准。宪法的本质是世俗法。世俗社会主要是两大权利,财产权和政治权(治权)。在欧洲是资产阶级与市民联合起来推翻贵族王权专制、夺取政权后参照市民法定制了宪法。宪法恪守王在法之下,与主权命令制定法(王权专制法)是一个对立。

人民要问,宪法政治力是纯粹的吗?这个纯粹一是指与财权的分离,与财权的对立制衡;但是政治技术又需要财权的供养。这是一个很大的矛盾。二是指政治本身的洁净性质,即政治在法之下。对于立法、执法、行政、司法、监察的"宪法"政治权力表现形式,就涉及了"权力"本身的纯粹性,即不偏袒哪一方。各国根据自己国家特色,存在宪治的多样性。

(三)自然法先于宪法,是宪法的源泉。例如美国资产阶级对市民的承诺,自然法赋予人权,而不是宪法赋予人权,"美国人的个人权利……不是社会或任何政府的赠与,它们不是来自宪法,它们是先于宪法而存在的。……它们并非严格的宪法权利。宪法并不创造、建立或赐予权利",

宗主国英国为殖民地美国所制定的宪法"根本没有把权利注入我们的宪法。使之具有宪法的身份与地位的思想"①。只不过那时候这段话不包括美国奴隶（他们是动产）。

（四）中国古代井田制仁政法，就是法律约束、规定公民权利的宪制、宪治。

古代中国，先贤曰"天下为公，选贤与能"；孟子记录了"井田制"仁政，公共管理治权收取10%的税作为费用；民为重，社稷次之，君为轻，这就是宪制。中华民族"礼法+行政刑法"，例如自汉朝刘邦与父老乡亲"约法三章"，隋朝《开皇律》传承至清王朝，就是"依市民法和行政刑法"为政的宪治国家。

二、革命过于激烈，需要"信仰守护者"

（一）《共产党宣言》需要三步走，与宪制建设。

第一需要，保护"人民的现实的生命权"。鉴于资产阶级土地私有制剥夺了传统习惯法，穷苦人生命权失去了所有法律保护；鉴于贩卖奴隶价格传导，无产自由劳动力价格从农奴边际下降到准奴隶边际，而救准奴隶于水火、立竿见影的方式方法，唯有历史传承的法定剩余价值率否定之否定，恢复传统习惯法"总工资与生产费用均分"，保护"人民的现实的生命权"有现实的迫切必要性。

第二需要，纯粹现代生产方式，是现代市民谋生就业的场所，它的生产力绝对发展趋势是争取劳动收入同步增长的可能性，"人民更多的获得感"现实的幸福。

第三需要，在现代生产方式内部，当矛盾激化存在政权更迭现象，例如当资产阶级统治意志极端叛乱，需要无产阶级夺取政权专政；劳动阶级政权的第一步是需要争取平等修复初心"我们是自己人"统一战线可持久共生关系；需要转型建设内部体制，恢复宪制、宪法、宪政中立规则；需

---

① 美国《独立宣言》，第一、第二自然段，〔美〕路易·亨金：《美国人的宪法权利与人权》，载《哥伦比亚法律杂志》，1979年第3期。

要接管纯粹现代生产方式，增加生产力的总量、增加就业机会，随着生产力的发展争取总工资同步增长，人民的现实的幸福。

（二）转型法制的内涵。一是转型法制，表达的是一种历史理性，是对现阶段自然历史变动的应然，现代生产方式增加了信贷法制环节，表现为现代生产关系是"法权"形式。二是转型法制是以本土化改革为内涵的法制。例如，新中国成立在前，现代化在后，立法也在后，作为"革命过于激烈（法律空白）"过渡时期行使的既非绝对制宪权，也不全是宪定权，而是介于二者之间的相对制宪权，是学习和参照优秀宪法，摒弃不适合的旧制定法。三是现代生产方式自然历史阶段，转型法制需要一个引领方向的人民代表"信仰守护者"。纯粹现代生产方式是"用公正方法获得财富"信仰和"分工协作—通工等偿"法制生产运动形式的产物，是穷苦自由平民异化和重建历史现象。现代生产方式的信仰和形式，决定了它的社会特征，即必须有政治代表引导和法律守成。人民代表既包括民选的人大代表，还包括宪法上拥有领导权的政治代表（但是不按党派分配选票，而靠人民的选择），多元代表制，构成了转型法制中的宪制结构的根本特征：群众基础和先进性。四是转型法制塑造的是一种动态平衡秩序，既要保障公共秩序的稳定性，同时还要积极实现人民对美好未来的期许，要充分发挥大众的主动性、积极性和首创精神。

（三）转型法制历史逻辑定位。

法律是守成，后发展国家学习成熟国家的优秀法与法律是捷径，因为它已经在国际上通用几百年，具备国际竞争力，我国百余年一直在向西方学习"现代生产方式的一般"。

在马克思主义指导下，我国宪法有先进性，从"54宪法"起，就包容了社会主义经济"是为人民谋幸福的现代生产的法制的市场和计划经济"的法律形式；"93修宪"规定了社会主义市场经济，既强化了"市场手段"，又与三重契约20年期有计划相契合，并保护和延续宏观长远计划，实现宏大宪法内涵转型升级。而随着智能时代的到来，对形式法提出更高要求:转型法制并不反对形式法制,只是认为形式法制在使得法律体系自身具有自足性和独立性的同时,无法回应转型升级的任务,例如,智能时代的技术向善问题,技术工程方面的法律人才问题。因此,转型法制是共产党作为信仰守护人领导下的实体法制与人大立法体制下的形式法制的统一。

(四)后发展国家转型法制属于历史实践类型,确保转型期的法制建设则需要满足一定的条件。转型法制主要的特点就是作为人民代表的政治代表党派在宪法的制定上拥有领导权,这种领导权注定了政党本身的法治化是一种道德与法律的双重约束的规范作为。国家立法机关制定的法律是具有普遍效力的规范体系,政治代表党派当然不能自外于、凌驾于法制体系,但是法律制度的基本方向和基本价值决断离不开党的引领和推动。为此目的,党还需要通过党规等自律性规范,加强对自身及其成员的道德约束培训,学习法与法律专业知识和对法律的敬畏。与此同时,作为后发展国家政党,应当专门培养一批马克思主义法哲学和形式法、实体法的人才,以保持在法律定制领域的先进性,自律与他律相结合,才有资格承担"'信仰守护人'的法制引导者"角色,并在依法制治理国家中发挥顶梁柱的作用。总之,在引导制定法的过程中,必须坚持党的三大作风。唯有民主全过程,才能达到实体法符合民意。中国古代整个儒家文化群体首先是"信仰守护人"角色,在社会活动中为人师表,在"学校"教育中传播"德礼法",包括对皇族的教育。其中的佼佼者通过科举制、推荐制参政,在国家的事务治理中贯彻"井田制"仁义均礼智信观念。

(五)纯粹的现代生产方式信仰"用公正的方法获得财富"宪制,政党守正任重道远。

当今,人类还处于现代制度、奴隶制、农奴制混杂叠加的过渡时期,政治信仰引导就显得十分重要。正是在这种历史背景下,中国共产党来自人民、代表全国人民、爱党、爱社会主义、爱国家是一致的,"没有共产党就没有新中国"。

一个优秀的政治代表必须有信仰，代表人民的意志、代表国家的前途，避免在多种生产方式叠加的环境中迷失方向，被国际霸权所欺凌、所误导。并且这是一项伴随纯粹现代生产方式的长期任务。

首先，代表人民的政党，是由人民养育、教育出来的具有内生人民性。作为后发展国家，在以民为本世界观的指引下，要正确处理党与法的关系。转型所具有的长时段和非暴力性要求政党不再是暴力革命者，无产阶级专政革命和建设以和平改革作为形式。改革是领导性、秩序性、服务性和统一性的改革，政党与政府（大政府）之间的关系便是一种辩证统一关系。先进的政党代表人民的意志指引前途的先导性质，引导监督立法、执法、行政。每个党员又必须在全国人大代表和政府制定的国家法律约束之下自觉遵守法律、敬畏法律，做守法模范。面对快速变动的现代社会，政党始终屹立于时代潮头，在形式法制与实体法制原则的指引下，守护着人民的福祉，即人民的党起着引导立法的作用，而每个党员作为公民成员又要以身作则遵守法律。

第二小节　不确定性是政治的本质，必需遵守现代宪制中性规则

一、例外、紧急状态是政治的本质

（一）例外状态是政治的本质，革命过于激烈，主权专政的正当性。

从法学角度研究政治专政的首推德国法学家卡尔·施米特（Carl Schmitt），他认为亚里士多德之所以撰写《政治学》，热心归纳"政治技术"，是因为存在紧急状态。施米特《论专政》的结论是，"例外状态是政治的本质"，或者说，作为国家这样大的"共同体"总有例外状态需要政治临时处理，是政治专政存在的理由。政治专政与宪制形成一个对立，即专政与宪法对象性对立同一性与差异构成性。在欧洲的历史经验里，紧急

状态也称围困状态，"紧急状态没有法"。施米特将紧急状态称为例外状态。

（二）施米特是从生态位的角度研究政治与法制的关系。现实是，市民法的法是明确的、稳定的、安全的、有现代物质生产力做载体的，是为人们谋生所常用的。在此现实背景下，将"经常性不确定"留给了"统治阶级政权专政"，第一，"革命过于激烈——法律真空——改革转型回归市民法的法律中立"；第二，政府政策应对"市场不灵"；第三，现代生产方式流动性，宪法赋予政府经济职能处理不确定性。

这里有一个概念转换，现代生产方式及其市民法从它重建起，就开始了控制政治为经济服务，即转型"雇佣政府为我们服务"作为政治正义的边际。第三阶级取得在议会中的胜利，市民法上升为国家统一法。西方学者表述为现代经济用"税捐"雇佣政府的历史特征。例如，2023年1月12日新闻报道，美联储主席鲍威尔声明，上调资本利息率是采用回笼货币的方法遏制通货膨胀，遵守经济规律而与"政治无关"。当然，美国政治会以"国家安全为由"企图实施《削减通胀法案》干预经济而不惜违背WTO公平原则。市民法与政治法在这种情况下是较量关系，在西方，政府政治被视为"必要的恶"是指混杂社会政府。

当市民法获得现代生产方式作为载体而获得"确定性"，马克思指出，只要是与现代生产方式相适应的就是正义的。这对政治也适用，并且，"无论是政治的立法或市民的立法，都只是表明和记载经济关系的要求而已"。

二、例外、常规二者之间的灰色地带

"有例外"的对立面是"有常规"。并且，在民主与专制之间有一个灰色地带，对"无规定性"加以专政有必然性。而美国学者赫尔曼·伊格纳茨·黑勒（Hermann Ignatz Heller, 1891—1933）不能容忍"例外"而对"常规"进行界定。要允许真正秩序与经验秩序之间有一个灰色地带或允许波动的区间。埃里克·沃格林在《法的本质》中解释说："真正秩序与经验秩序之间的张力永远不能消除，……在每一个社会中，立法过程为其效力依赖于以下见解：在本体论意义上的真相方面，应该容许相当大的错误（灰色地带——引者注），尽管错误的比例有限，但是，生活在一个不尽有序的社会里——在个别情形中还有大量的甚至严重的非正义，也比无序和暴力要好。"①

例如，新中国成立时，在没有制定出新的规则之前，刑法、民法维持旧规则，自1950年起成立起草委员会，因为1956年赫鲁晓夫"秘密报告"事件以后的"左"倾而被几次耽搁。历史性法律变革往往借助于政治革命刺激智者先贤们思索法律变革，然而经过70年的耽搁，第三代执笔者已经少有了那种革命的激情和灵性以及法律的历史关联性文化积淀，导致我国市民法建设遭遇中梗阻，现代生产市场量化公平"定分止争"法，降格成了"定纷止争"一地鸡毛法。中国依靠民间坚守传统礼法秩序、公序良俗，以适应现代化法律需要。有民间市民习惯法兜底，定制法律中的不适宜部分一步一步改进，要给一个时间过程，这是借助社会代表的立法过程中包含错误的积累是实证法的非个人性的又一个组成要素。

而在世界屋脊之西方，20世纪60年代才施行"全民法"，迄今还存在严重的"种族主义""异类主义"。

三、革命过于激烈，国家主权专政（法律空白），转型中性规则

（一）专政（dictatorship）是例外（紧急）状态下采取的临时性、阶段性的管控方式。专政观念最早可溯源至古罗马的独裁官，法国大革命时期的雅各宾专政，《哥达纲领批判》首次提到"无产阶级专政"概念。正如掌握政权的资产阶级排除无产阶级的参与一样，无产阶级必须反对资产阶级意志极端叛乱那部分制定法，才有可能发展为无阶级"治权独立"制衡财产权，实现政治权纯洁。而施米特关于西方资产阶级革命"专政的革命状态转型为主权专政的立宪法制状态"研究，所在乎的是无产阶级专政

---

① 〔美〕埃里克·沃格林：《法的本质》，上海三联书店2023年版，自组织实体的社会，见第88页；恢复，见第97页；真正秩序与经验秩序，见第93页。

政治实践能否和宪法兼容，以及立宪之后，法律秩序是否还有主权专政的容身之处。他的新意之处在于为无产阶级专政转型主权专政铺平道路。这为我国从无产阶级革命法制转型国家全民主权的改革法制提供了理论参照。

施密特在《论专政》一书中，提出了主权专政的概念，也正由于他的专政是"财权与治权是合一的"，所以他追随纳粹而身败名裂就很不足为怪。

（二）区别专政与专制。

关于"专制 despotism"，古希腊哲学"主奴式'专制统治'"，寡头政制、僭主政制为"专制"，专制是秩序状态中的一种政体形式。《资本论》法哲学视域，是按照财权与政治权的关系来界定"专制"，例如欧洲封建专制现象是"土地权附属于贵族政治权"，即财权与政治权合一垄断为专制。美西方金钱资本主义，掌握财权的资产阶级同时作为统治阶级掌握政治权，是财权与治权合一垄断专制，代表财权与政治权的立法、司法、监督三个专制权的三权分立，依然是专制。美西方才是打着民主的旗号搞专制，毫无学理、法理可言。

第四节　中国共产党领导的"党政分工"政治改革

一、我国《宪法》关于党政分工

（一）《中华人民共和国宪法》（2018年3月11日第十三届全国人民代表大会第一次会议通过的《中华人民共和国宪法修正案》）序言中三处提到中国共产党"领导"。

第一，共产党领导下，中国人民掌握了国家的权力，成为国家的主人。"一九四九年，以毛泽东主席为领袖的中国共产党领导中国各族人民，在经历了长期的艰难曲折的武装斗争和其他形式的斗争以后，终于推翻了帝国主义、封建主义和官僚资本主义的统治，取得了新民主主义革命的伟大胜利，建立了中华人民共和国。从此，中国人民掌握了国家的权力，成为国家的主人。"

第二，中国各族人民将继续在中国共产党领导下，进行现代化建设。"中国新民主主义革命的胜利和社会主义事业的成就，是中国共产党领导中国各族人民，在马克思列宁主义、毛泽东思想的指引下，坚持真理，修正错误，战胜许多艰难险阻而取得的。我国将长期处于社会主义初级阶段。国家的根本任务是，沿着中国特色社会主义道路，集中力量进行社会主义现代化建设。中国各族人民将继续在中国共产党领导下，在马克思列宁主义、毛泽东思想、邓小平理论、"三个代表"重要思想、科学发展观、习近平新时代中国特色社会主义思想指引下，坚持人民民主专政，坚持社会主义道路，坚持改革开放，不断完善社会主义的各项制度，发展社会主义市场经济，发展社会主义民主，健全社会主义法治，贯彻新发展理念，自力更生，艰苦奋斗，逐步实现工业、农业、国防和科学技术的现代化，推动物质文明、政治文明、精神文明、社会文明、生态文明协调发展，把我国建设成为富强民主文明和谐美丽的社会主义现代化强国，实现中华民族伟大复兴。"

第三，中国共产党领导的统一战线。"社会主义的建设事业必须依靠工人、农民和知识分子，团结一切可以团结的力量。在长期的革命、建设、改革过程中，已经结成由中国共产党领导的，有各民主党派和各人民团体参加的，包括全体社会主义劳动者、社会主义事业的建设者、拥护社会主义的爱国者、拥护祖国统一和致力于中华民族伟大复兴的爱国者的广泛的爱国统一战线，这个统一战线将继续巩固和发展。中国人民政治协商会议是有广泛代表性的统一战线组织，过去发挥了重要的历史作用，今后在国家政治生活、社会生活和对外友好活动中，在进行社会主义现代化建设、维护国家的统一和团结的斗争中，将进一步发挥它的重要作用。中国共产党领导的多党合作和政治协商制度将长期存在和发展。"

政治领导，就是政治方向、政治原则、重大决策的领导，集中体现在党的路线、方针、政策方面。这是我们党百年来的一条最基本的领导原则。

（二）政府治理能力。《中华人民共和国宪法》第二条、第三条规定了政府组织和治理功能。

第二条 "中华人民共和国的一切权力属于人民。

"人民行使国家权力的机关是全国人民代表大会和地方各级人民代表大会。

"人民依照法律规定，通过各种途径和形式，管理国家事务，管理经济和文化事业，管理社会事务。"

第三条 "中华人民共和国的国家机构实行民主集中制的原则。

"全国人民代表大会和地方各级人民代表大会都由民主选举产生，对人民负责，受人民监督。

"国家行政机关、监察机关、审判机关、检察机关都由人民代表大会产生，对它负责，受它监督。

"中央和地方的国家机构职权的划分，遵循在中央的统一领导下，充分发挥地方的主动性、积极性的原则。"

（三）关于宪政。1940年2月，毛泽东在《新民主主义的宪政》中指出，宪政两件事，一是独立，二是民主。"宪政是什么呢？就是民主政治。""什么是新民主主义的宪政呢？就是几个革命阶级联合起来对汉奸反动派专政。……《中国国民党第一次全国代表大会宣言》……'为一般平民所共有，非少数所得而私'。……这样的宪政也就是抗日统一战线的宪政。"这是孙中山先生的遗嘱。毛泽东特别指出："世界上历来的宪政，……都是在革命成功有了民主事实之后，颁布一个根本大法，去承认它，这就是宪法。中国则不然。中国革命尚未成功……尚无民主政治的事实。……这是一个大斗争，绝不是一件轻松容易的事。"

二、国家领导人关于党政分工

毛泽东1953年2月下旬在南京同中共江苏省委负责人的谈话中说："关于党政关系，所谓党政不分的意思，就是党要统一领导，方针政策要统一；所谓党政分开，就是说具体业务由各业务部门去搞。"

遵照1954年《中华人民共和国宪法》规定，第二次人代会第一次普选，毛泽东当选国家主席。既符合中国梦，也符合现代生产方式的政治要求。一九五八年十二月十日，中国共产党八届六中全会同意毛泽东同志提出的关于他不做下届中华人民共和国主席候选人的建议的决定。不忘毛泽东关于党政分工协作的初心，《建国以来毛泽东文稿》中《关于不再当下届国家主席的批语》做了记录。

一、1957年5月5日上午，毛泽东阅陈叔通、黄炎培五月一日关于不赞成毛泽东提议的第二届人大不再提名他继续担任国家主席职务给刘少奇、周恩来的信。

"刘、周、朱、陈、邓、彭真阅，小平办。此件须经政治局同意，然后发出。请少奇同志召集一次有一百人左右参加的政治局会议，展开讨论一次，取得同意。"

"此事去年在北戴河已在几十人的会上谈过，大家认为可行。并且谈到党的主席，也认为将来适当时机可行，只是暂时还不可行。"

二、毛泽东又批示："刘、周、朱、陈、邓、彭真阅，请小平印发全体中央委员、候补委员，党的全体八届全国代表，各省市区党委及全国人大代表所有代表及政协委员。"

请看末页我写的一段话及文中四处注解，都要印上。此事应展开讨论，才能打通思想，取得同意。修改宪法，值得考虑。（此数句不要印）"

毛泽东在陈叔通、黄炎培1957年5月1日的信，毛泽东批注。

毛泽东写的四条批注是：（一）针对信中所说"少奇委员长！恩来主席！昨毛主席于会议上提到下届选举主席不提毛主席的名，并嘱咐我们透露消息，我们两个人意见：不说拥戴的空话，而要从我们国家的现实着想，我们的国家由民主革命进入社会主义革命，是一个翻天覆地的大变革。就七年来说，发展要算顺利的。但不可以不看出发展超过了巩固，就是不可以说国家已经巩固了，而况台湾尚未解放，国际两大阵营尚在剧烈斗争的时候。"这段话，批注："以上两个理由，因时期太长，连任四年，问题还是存在，故不宜论及。国家的根本巩固,现在已经有了,这个国家已经推不动了。说到国家的完全巩固,依苏联经验,可能要十五至二十年,台湾解放和两个阵营对立时间可能更长。"(二)针对信中所说"在此期间,最高领导人还是不更动为好。诚然要强调集体领导,但在短期过程中全国人民还认识不清楚,集体领导中突出的个人威信,仍是维系全国人民的重要一环。"这段话,批注:"我仍存在,维系人心的个人威信不会因不连任而有所减损。"(三)针对信中所说"似应再连一任,而于宪法第三十九条第二项'任期四年'下加一句'连选不得过两任',则以后依法办事,可以解除全国人民的种种惶惑"一句,批注:"事前在人民中展开讨论,说明理由,可以减少惶惑。那时我将公开声明理由。"(四)针对信中所说"不然,可能因国内人心的震动,而给以国际间推波助澜的造谣机会"一句,批注:"造一阵谣言,真相自明,谣言便息。"……信的末页批注的一段话是:"可以考虑修改宪法,主席、副主席连选时可以再任一期,即在今年人代大会修改宪法,请邓小平同志准备。第一任主席有两个理由说清楚可以不连选:(一)中央人民政府主席加上人民共和国主席任期已满八年,可不连选;(二)按宪法制定时算起,可连选一次,但不连选,留下四年,待将来如有卫国战争一类重大事件需要我出任时,再选一次,而从一九五八年起让我暂时摆脱此任务,以便集中精力研究一些重要问题(例如在最高国务会议上,以中共主席或政治局委员资格,在必要时,我仍可以做主题报告)。这样,比较做主席对国家利益更大。现在杂事太多,极端妨碍研究问题。现在党内高级领导同志对此事想通了的多起来了,而党外人士因为交换意见太少,想不通的还多,因此,有提出来从容交换意见的必要。"

八日,刘少奇主持召开中共中央政治局扩大会议,讨论陈叔通、黄炎培的信和毛泽东写的一段话及批注,会议同意毛泽东的意见。①

---

① 《建国以来毛泽东文稿·关于不再当下届国家主席的批语》,第六册,中央文献出版社1992年版(内部发行),第457—461页。

邓小平一九八六年九月三日会见日本公明党委员长竹入义胜时的谈话："进行政治体制改革的目的，总的来讲是要消除官僚主义，发展社会主义民主，调动人民和基层单位的积极性。要通过改革，处理好法治和人治的关系，处理好党和政府的关系。党的领导是不能动摇的，但党要善于领导，党政需要分开，这个问题要提上议事日程。"

邓小平一九八六年九月十三日听取中央财经领导小组汇报时的谈话："不搞政治体制改革，经济体制改革难于贯彻。党政要分开，这涉及政治体制改革。党委如何领导？应该只管大事，不能管小事。党委不要设经济管理部门，那些部门的工作应该由政府去管，现在实际上没有做到。我想政治体制改革的目的是调动群众的积极性，提高效率，克服官僚主义。改革的内容，首先是党政要分开，解决党如何善于领导的问题。这是关键，要放在第一位。……在改革中，不能照搬西方的，不能搞自由化。过去我们那种领导体制也有一些好处，决定问题快。如果过分强调搞互相制约的体制，可能也有问题。"

邓小平一九八六年十一月九日会见日本首相中曾根康弘时的谈话："……第二个目标是克服官僚主义，提高工作效率。效率不高同机构臃肿、人浮于事、作风拖拉有关，但更主要的是涉及党政不分，在很多事情上党代替了政府工作，党和政府很多机构重复。我们要坚持党的领导，不能放弃这一条，但是党要善于领导。几年前就提出这个问题了，但如何做还没有考虑清楚。搞四个现代化不讲工作效率不行。……当然，提高工作效率不仅是党政分开问题，还有其他方面的问题也需要解决。"党政分开实际是指党政分工，政治权力界限和价值：提高党的宏观统一领导能力和效力；提高政治效率，适度相互制衡。

三、我党"党政分工协作"建构的目标与价值

中国民歌《东方红》唱道："东方红，太阳升，中国出了个毛泽东，他为人民谋幸福，呼儿嗨哟，他是人民大救星。""为人民服务"是信仰，是奉献。在我国，为人民服务的宗旨不仅限于行政观念，而且是通过立法的形式被确立下来的一种制度。中国共产党第十九届中央委员会第四次全

体会议提出"国家行政管理承担着按照党和国家决策部署推动经济社会发展、管理社会事务、服务人民群众的重大职责。必须坚持一切行政机关为人民服务、对人民负责、受人民监督,创新行政方式,提高行政效能,建设人民满意的服务型政府"。

即党和国家是决策部署者,而"国家行政管理"肩负"推动""管理""服务"职责;"负责""受监督"。这是中国特色社会主义服务型政治和服务型政府。

第五节　后发展国家"建设现代生产方式"及其体制改革的难点

一、后发展国家夺取政权后,只有选择现代生产方式国家才能兴起

(一)后发展国家不能自由选择社会形式,因为其他形式不可持久。

每一个历史阶段,都存在一种占支配地位的生产方式,"在一切社会形式中都有一种一定的生产决定其他一切生产的地位和影响,因而它的关系也决定其他一切关系的地位和影响。这是一种普照的光,它掩盖了一切其他色彩,改变着它们的特点。这是一种特殊的以太,它决定着它里面显露出来的一切存在的比重"①。这种生产方式的生产力是同时代最高的,它的生产力没有释放完毕,其他生产方式竞争不过它。

正因为上述原因,"人们能否自由选择某一社会形式呢?决不能。在人们的生产力发展的一定状况下,就会有一定的交换(commerce)和消费形式。在生产、交换和消费发展的一定阶段上,就会有一定的社会制度、一定的家庭、等级或阶级组织,一句话,就会有一定的市民社会。有一定的市民社会,就会有不过是市民社会的正式表现的一定的政治国家"②。

---

① 《马克思恩格斯全集》,第46卷上,人民出版社2003年版,第44页。
② 《马克思恩格斯全集》,第27卷,人民出版社1972年版,第477页。

(二) 现代文明的野蛮的美西方国家。

马克思曾预言，社会主义首先在现代生产方式发达的国家出现。马克思在总结1848年欧洲革命经验时，特别注意到了这场革命没有在资本主义发达的英国发生，而是从当时经济比英国落后的大陆国家接连发生，所以，他指出："在资产阶级躯体中，猛烈的震荡在四肢自然要比在心脏发生的早一些，因为心脏得到补救的可能性是比较大的。"① 百年多来的现象是，闹革命的是资本主义最薄弱的沙俄，以及后发展国家。毛泽东指出，"立足于中国落后的脆弱的社会经济组织之上的反动统治阶级的一切组织（政权、武装、党派等）也是弱的"，"所以中国革命的走向高潮，一定会比西欧快"②。需要注意的是，当今的现象。

关于西方"现代文明的野蛮"的历史走向。是处于混杂状态的发达国家"现代文明的野蛮"，忙于"日耳曼野蛮部落法自由契约弱肉强食"国际霸权主义而表面的繁荣，并没有学者认真研究和回答"现代文明的野蛮"如何解决？没有在理论上先期推进"为心脏得到补救"的方法，以向纯粹现代生产方式进化。现实是，西班牙、葡萄牙、英国日不落帝国一个个把食物链吃断而走向普通，美帝国在打败5个"老二"（英国、德国、日本、苏联、欧盟）之后，面对体量大的中华民族多元大一统文明这堵墙，和他的前辈"现代文明的野蛮"一样美帝国也已经显现出衰败迹象。世界向东看。

(三) 关于发展中国家的问题。

后发展国家只学会了闹革命"夺取政权"，但是在理论上，迄今需要系统地说清楚以下问题（这正是本书的目的和内容）。

第一，现代化，马克思界定它的历史阶段的全名应叫做"现代生产方式自然历史阶段"，这个后发展国家需要研究和掌握。而列宁所说社会主义就是电气化，就是生产力大发展，被苏联的解体证明是偏颇的，不可持久的。

---

① 《马克思恩格斯全集》，第7卷，人民出版社1959年版，第114页。
② 《毛泽东选集》，第2卷，人民出版社1991年版，第99页。

第二，现代生产方式抑或现代市场经济究竟什么样？这个后发展国家需要研究和掌握。但是，经清华大学李稻葵教授查询了一年多，发现国内外并没有人能回答清楚。说明理论远远落后于现实，对马克思唯物观念目的论行动哲学的研究严重缺失。

第三，关于现代生产方式为什么专门选择了王在法之下宪制。

唯有英国成就了古希腊亚里士多德共和制"王在法之下宪政"，为什么，同样是亚里士多德在《政治学》中记录的现代生产方式种子选择了英国"王在法之下宪政"作为它的规则与秩序？这个后发展国家需要研究和掌握。但是，可以说后发展国家的政治力量在夺取政权后革命过于激烈（法律空白）就忙于党争，政治强权最大化混战；或财政决定分配，"法律不健全发展得也很好"，但是没有法律公正的管护和推动，将不可持久的隐患却少有人问津。

第四，关于革命与建设性程序。《共产党宣言》指导的"需要三步走"，要求革命政治专政转型现代生产方式宪制的中性规则，及其以纯粹现代生产方式为主体进行国家体制的全方位建设和改革的理论几乎空白。这个后发展国家需要研究和掌握。

第五，后发展国家进步顺序颠倒的困境。

欧洲历史顺序是现代生产方式异化在前，选择适合的宪制宪法宪政法律在后。其一，法律以"社会生活为本体"，不能创造。其二，苏联的解体，恰恰证明苏联从西方买来的生产力计划经济独脚腿，并不能产生"现代生产方式"及其所选择的法律。苏联今年积累明年花，败给了将未来20年预期利润借给现在的现代。其三，"革命是创举，法律是它的结果"这个行为直接跨越了"生产方式变革在前，法律选择在后"这个漫长过程，而悬在空中的"革命主权命令法律"结果，被实践证明是错误有害的，是导致苏联解体的原因之一。

还有，在欧洲"现代文明的野蛮"混杂时期无产阶级处于准奴隶状态下，"一切革命的根本问题是国家政权问题"，"如果没有政权，无论什么法律，无论什么选出的代表都等于零"。但是，有了革命政权这个事实之后，没有建设现代生产方式实践，就不可能选择出适合它的法律。因为，生产方式变革在前，法律选择在后，而后发展国家需要研究和掌握它。

第六，国际霸权坚船利炮在前、全盘西化文化侵略紧随其后，全方位打压破坏后发展国家。当今170余个后发展国家的问题恰恰在于，只关心夺权革命，政治不稳定，对长治久安法律建设不感兴趣、力不从心，换一届政党政府往往换一种经济政治政策。老师总是打学生、欺骗学生，美西方霸权主义一次次策动政治"颜色革命"极力破坏后发展国家。

苏联的失败，在于并没有弄清楚现代生产方式的运行机制。这个后发展国家需要研究和掌握。

因此，马克思曾预言社会主义首先在现代生产方式发达的国家出现。我们可以从这个理论中吸收所传达的信息，即首先需要界定现代生产方式的运行机制，后发展国家的学习才有方向性和选择性，以避开"混杂"的那个部分。而不是简单的否定。

二、现代生产方式视域的国家：地域、人民、社稷、国家机器

（一）政治领导是信仰守护人，人民是真正的英雄。

政治领导确实很重要，但是身份职责也很清楚，是"信仰守护人"。而事务最终是由人民出力、出钱，直至献出生命来完成的，革命才能成功的。党员也是被人民所养育、教育成长，具备了觉悟潜质的。新中国党政分工的政府治理代表权选举制度综合模式，理应为人类"法制政治科学制度"走出一条中国特色高级政治文明路径。

"人民的现实的幸福"为上，在中国特色社会主义初级阶段，是"自律"和"合法"基础上的"摸着石头过河"。并且，合法在自律之上，以民为本双保险，就是全心全意为人民。

为人民的现实的幸福，需要承认并把握历史的阶段性。非西方的中国迅速和平崛起，2010年成为第二大经济体。纯粹现代生产方式和平、发展、互惠样态，终于在东方中国展现出它的辉煌。另一方面，只要现代生产力还没有释放完毕，只要还存在预期先进生产线抵押贷款模式，劳资双方就谁也消灭不了谁，劳资双方只能遵守统一战线三分法共生关系，才能共生存在，即共生双方平等正义"明算账"。

科学社会主义统一战线，例如共产国际领导的世界革命统一战线理论。

欧洲社会主义理想在中国获得巨大成功。中国共产党的经验和道路有普遍性意义，中国共产党的三大法宝：统一战线，武装斗争，党的建设，就是科学社会主义队伍的三大法宝。中国共产党的三大作风：理论联系实际，群众路线，批评和自我批评，为科学社会主义信仰者所奉行。

（二）关于国家之地域、人民、社稷、国家机器。正如北京大学教授周其仁先生所言，中国继续发展，唯有深化体制改革。即以纯粹现代生产方式为主体的全面体制改革，需要三步走。

周其仁先生指出，《国民财富的性质和原因的研究》应翻译为"以人民为本位的国家"。因此，国家不等同于政府（国家可不是彼国家 State），与填表格"国籍"栏目的那个 Country 也不是一个意思，当然就更不是"政府""朝廷"或"官员"了。国家能力也不等同于政府能力。[1] 国家能力之一是作为委托方正确选择受托方，监督管理限制受托政府，对违约行为进行干预，直至终止委托，训斥野蛮人，罢免、更换政府。受托代理的政府，绝对不允许篡权成为委托人而以"国家意志"自居，甚至只是领导人、官员自己的意志，完全不问人民要求什么、喜欢什么、讨厌什么，那样的"政府"即国家意志在思想上很可疑，在实践中极危险，国家跑偏的可能性越大。

关于法律是社会的确定性构成。政治在法之下，被关进法律笼子的"政治强制"才可以是法律的一项工具。人类历史证明，是危难、人民革命强制国家机器推动变革法律。

而政治自由放纵是世界上最可怕的动物，政治主权命令的"法律是一种政治措施，是一种政治"结果就是专制政治，不可持久。

关于国家由土地、土地上居住的人民，社稷（规则、秩序、典籍），国家机器构成。而不受制约的国家机器就是政治自由放纵最可怕的动物。

---

[1] 周其仁：《国家能力再定义》，本文为作者在 2013 年 12 月 18 日第四届财新峰会上的讲话，经本人修订。

唯有"王在法之下宪政"能够制约政治霸道。例如中国"井田制"将财产权、政治权成本关进"井"内的"什一律",有"德礼法""刑法""吏治"等,在法制政治的大前提下,强权政治是法律的一项工具。欧洲1648年民族国家以来历史证明,约束国家机器的机制唯有"宪政——民主"。

综合以上,"在国家主持下,把来自社会经济生活的要求,翻译成法律体系"存疑。第一,国家机器冒名"国家"已经违法;第二,不受制约的"国家机器"是"恶"。如果没有一个能够强制政治遵守正义准则的法律,社会将处于政治霸权互斗的混乱状态。

在欧洲,对政府强权的法律约束,市民社会表述为雇佣政府为我们服务,政府是必要的恶,它的意思是政府处于混杂社会中,而纯粹现代生产方式内部相适应的是洁净政治。

(三)关于市民法建设重点难点。中国社会科学院《2021年法学科学研究报告》中提出:"'如何把习近平法治思想转化成现实的法治生产力'是第一亟待突破的重点和难点课题。"为什么会成了"法学重点难点"?首先,因为习近平法治思想有四个来源:马克思主义经济的法理学、中华法系、中国共产党依法治国思想和经验、世界法制文明互鉴。这大大超出了"政治释法"认知范围。一个困境是"文革政治挂帅"个人崇拜以官僚主义为载体并没有得到彻底清除;精英精致的利己主义大行其道中梗阻,从而个人崇拜"主权命令法"有机可乘。而"主权法律命令"模式只适用于一时最多也就一代,不适合现代生产方式生产关系法权"共生""信用可持久"实体法建制特征。

前面已经论述,科学社会主义尊重自然规律、市民法,只是要废除资产阶级政府所制定的代表资产阶级极端叛乱意志制定法的那个部分。因此不能片面理解列宁话语。

我党取得伟大成功,其中之一就在于党的集体领导,对错误的自我矫正机制,已经几代相传,尽管道路曲折。为了人民的现实的幸福与现代生产方式同步可持久,《关于建国以来党的若干历史问题的决议》所总结的教训值得汲取。

第二个困境就是华盛顿共识陷阱对法律建设的误导。实质性危害就是西方新自由主义陷阱造成了文化断带中梗阻，市民法无法在实体法定制实践中落地。

正如布鲁诺·拉图尔（Bruno Latour，1947—2022）的《我们从来没有现代过》，实证马克思所指出美西方还处于现代方式、奴隶制、农奴制混杂时期"现代文明的野蛮"真实现存。科学社会主义正是现代生产方式混杂时期的产物，是新时代清道夫，模范服务者、中性规则守护者、进步引导者。当今中国迅速和平崛起，已经成为第二大经济体，保卫和发展纯粹现代生产方式新时代的战斗的号角再次吹响。

对比与质疑：

（一）《共产党宣言》社会主义社会是现代生产方式混杂时代的产物，是从欧洲新兴城市共同体自治"胎胞"里孕育、出生、成长起来的。而不是从欧洲农奴制度旧社会脱胎而来的。

（二）信仰决定社会是错误的，例如空想社会主义不可持久。

（三）产品的分配，是片面的，应当是生产的分配（决定产品的分配、交换消费）。

（四）生产方式、生产关系、社会、上层建筑、意识形态都是有机关系，牛顿第一定律"作用与反作用"对有机关系多数时候不灵。

（五）当今许多民选国家的问题恰恰出在选票第一而失落了信仰；放纵自由，却裁剪掉了平等正义"约束"。

（六）关于"如果没有一个能够强制人们遵守权利准则的机构，权利也就等于零"，试问，是遵守哪个阶级的"权利准则"？须知，只要权利不要责任义务，就是奴隶主的权利。什么样的国家机器才配得上是法律的实施保障？王在法之下宪制宪法宪政约束下的、人民选举监督下的国家机器，才可以成为法律强制的工具。

第五章　纯粹现代生产方式内部法与法律，强制外部全面深化体制改革

背景：

（一）1941 年我党创建政治构成性以共产党为领导的三三制度。

（二）2018 年 11 月 1 日，在民营企业座谈会上，习近平总书记明确提出"民营经济是我国经济制度的内在要素，民营企业和民营企业家是我们自己人"。

（三）北京大学周其仁教授提出"增加人民的获得感"，这首先是正义平等量化公平的研究范畴。

第一节　《共产党宣言》需要三步走，指导中国经济建设为中心

一、马克思主义世界历史观念

（一）人类历史第一次出现"世界市场"现象，历史叙事也必须建立国际通用话语权，就是马克思"世界历史"观念所在。

《德意志意识形态》手稿中，马克思恩格斯提出，随着社会生产力的巨大增长和高度发展，"日益完善的生产方式、交往以及因交往而自然形成的不同民族之间的分工消灭得越是彻底，历史也就越是成为世界历史"。[①]

---

① 《马克思恩格斯选集》，第一卷，人民出版社 2012 年版，第 168 页。

历史是最好的教科书，"只有在整个人类发展的历史长河中，才能透视出历史运动的本质和时代发展的方向。……一体化的世界就在那儿，谁拒绝这个世界，这个世界也会拒绝他。万物并育而不相害，道并行而不相悖"①。对世界社会主义 500 年"大历史"的探索，开启了新时代"世界历史"命题的新视域。

马克思"世界历史"命题在新时代的发展及其特征的阐释："使马克思主义以崭新形象展现在世界上，使世界范围内社会主义和资本主义两种意识形态、两种社会制度的历史演进及其较量发生了有利于社会主义的重大转变。"②

（二）习近平站在人类社会历史演进规律的高度深刻指出："尽管我们所处的时代同马克思所处的时代相比发生了巨大而深刻的变化，但从世界社会主义 500 年的大视野来看，我们依然处在马克思主义所指明的历史时代。"③ 只要现代生产方式还在发展生产力，《资本论》就不过时。

（三）当今还处于现代、奴隶制、农奴制混杂时期，表现为"现代文明的野蛮"，西方所谓的国际政治经济学的实质是以日耳曼野蛮部落法为准则，在共同体内部存在"王在法之下"与自由契约优胜劣汰弱肉强食；对外国际霸权自由契约优胜劣汰弱肉强食，比较优势也难逃被霸权的厄运。

二、马克思"人民的现实的幸福"，引导中国"以经济建设为中心"

马克思终身目标是为人民的现实的幸福而斗争。《1844 年经济学哲学

---

① 习近平：《在纪念马克思诞辰 200 周年大会上的讲话》，新华社，2018 年 5 月 4 日。

② 习近平：《在新时代伟大实践中不断开辟马克思主义中国化时代化新境界》，2022 年 7 月 26 日至 27 日，习近平在省部级主要领导干部"学习习近平总书记重要讲话精神，迎接党的二十大"专题研讨班上的讲话。

③ 习近平：《坚持用马克思主义及其中国化创新理论武装全党》，载《求是》，2021 年第 22 期，习近平 2017 年 9 月 29 日在十八届中央政治局第四十三次集体学习时的讲话。

手稿》从"需要理论"开始了他对法律的合法性的追问,从实际出发,《共产党宣言》科学地选择了"现实需要"的三个关键点。第一现实需要,是追索法律的合法正当性,以保护人民的生命权。第二现实需要,是勘验和规范实现"人民的现实的幸福"的平等正义形式或方法:在现代历史时期,纯粹现代生产方式为正义。第三个现实需要,无产阶级是在现代生产方式混杂状态下遭遇失去所有法律保护这一威胁生命权的灾难,无产阶级必须自己救自己夺取政权专政的正当、合法、可能、可行性。所以,无产阶级夺取政权专政第一步是取得平等权利,接管纯粹现代生产方式,恢复中性规则,以增加生产力的总量。这三个现实需要有机过程矢向预供下一个历史时期——为共产主义做准备。

马克思主义为劳苦大众谋幸福符合中国以民为本信仰,无产阶级专政符合中国"天下为公,平民政治"文明传统,马克思社会经济的法哲学完整理论为后发展国家指明了可以减轻分娩阵痛的捷径。所以,中国人民信仰守护人和引导者——中国共产党坚定地以马克思主义为理论指导,并取得了推翻三座大山,建立、建设新中国的伟大胜利。马克思主义法治理论是新中国法制建立和发展的重要法理基础。中国共产党领导的中国革命正是沿着这三步走,并且通过第三步已经取得了伟大胜利,已经成为世界第二大经济体。

1978年以来的经济改革,为大众谋现实的幸福,发展现代生产方式生产力就是正义的,邓小平以经济建设为中心、三个有利于理论,有马克思主义法哲学理论依据。邓小平的改革方略主要体现在三篇著作中,可以与马克思人民的现实的幸福"现实需要"三步走"对勘"。

第一篇,《党和国家领导制度的改革》,人民的生存与发展、国家的发展才是硬道理,这也是在为深化改革创造物质条件。第二篇,为谋求人民的现实的幸福,就需要《解放思想,实事求是,团结一致向前看》。1977年中国"文革"浩劫结束,需要从"文革左倾"激烈的阶级斗争政治挂帅,转型经济建设为中心的改革,意味着不仅是经济改革,还包括外部政治为经济内部服务的改革。政治上层建筑回归它的古希腊哲学原本"建筑师式样的政治、船长式样的政治"身份和权力责任,为"增加生产力的总量"服务。政治为经济基础服务关系这一概念,在和平现代化建设时期是相辅相成有机关系,是平等正义关系,而不是机械的一先一后、一上一下关系。"平等"指明了团结一致向前看的方法与过程,即三分法:现代生产方式内部对象性同一,差异对立、斗争,回归中性规则法律中介折中式统一。坚持科学社会主义原则,学习与斗争相辅相成,创建"无产阶级专政"思想、理论、组织建设。第三篇,就是1992年的"南方谈话"(在武昌、深圳、珠海、上海等地的谈话要点),里面提出的很多思想和观点,今天也并不过时。国家发展一定要紧跟时代潮流,要用最宽阔的眼光,一切有利于我们发展的方式方法、管理技术,一切有利于我们国家治理体系现代化的经验成果、措施架构。这相当于马克思提出的第二、第三个现实需要,一是认识什么是纯粹现代生产方式;二是无产阶级专政接管纯粹现代生产方式,回归中性规则。邓小平对现实的一种警醒指出,过去我们讲先发展起来,现在看,发展起来以后的问题并不比不发展时少。

中国与各国现代化的共同特征,即选择纯粹现代生产方式。由于中国长期贸易顺差引发1840年第一次鸦片战争,开始了"中学为体西学为用"改革。而萌动"分工协作—通工等偿"生产共同体,是1938年1月毛泽东发出号召"一定要发展国防工业",延安边区"军民融合生产共同体"自治;高级阶段起点是1984年12月"拨改贷——禁止高利贷—三重契约"改革;起飞是1998年国发23号文颁布"住房价格/家庭收入"生产偿债价格法,资本价格下降到5%,基建、房地产营业税维持3%—5%,法律条件备齐,房地产、基建狂魔两条龙头产业腾飞,中国进入快车道。

第二节 中国工人运动与农民战争统一战线
同一性差异,探索新中国之路

一、抗日战争的策略统一战线;工人运动中的"共生"统一战线

谈论资本使用者阶层与劳动阶级是"自家人"观念,就不能回避关于"资本主义和社会主义道路"的争论的那段历史。

(一) 我党关于新民主主义发展资本主义新式工业的主张。

关于毛泽东主张新民主主义"需要资本主义的广大发展"。毛泽东在《论联合政府》中说："有些人不了解共产党人为什么不但不怕资本主义，反而在一定的条件下提倡它的发展。我们的回答是这样简单：拿资本主义的某种发展去代替外国帝国主义和本国封建主义的压迫，不但是一个进步，而且是一个不可避免的过程。它不但有利于资产阶级，同时也有利于无产阶级。"后来编入《毛泽东选集》的时候，在这段话后面又加了一个短句——"或者说更有利于无产阶级。"①接着，他说："现在的中国是多了一个外国帝国主义和一个本国的封建主义，而不是多了一个资本主义，相反，我们的资本主义是太少了。"他强调说："我们中国共产党人是根据自己对马克思主义的社会发展规律的认识，来明确地认识这一点的。"

毛泽东在中共七大的口头报告中还说："这个报告（指《论联合政府》——引者注）与《新民主主义论》不同的，是确定了需要资本主义的广大发展……资本主义的广大发展在新民主主义政权下是无害有益的。"

毛泽东在中共七大的结论中还作过如下分析："世界上资本主义有两部分，一部分是反动的法西斯资本主义，一部分是民主的资本主义。反动的法西斯资本主义主要的已经打垮了。民主的资本主义比法西斯资本主义进步些，但它仍然是压迫殖民地，压迫本国人民，仍然是帝国主义。……我们提倡的是新民主主义的资本主义，这种资本主义有它的生命力，还有革命性。从整个世界来说，资本主义是向下的，但一部分资本主义在反法西斯时还有用，另一部分资本主义——新民主主义的资本主义将来还有用，在中国及欧洲、南美洲的一些农业国家中还有用，它的性质是帮助社会主义的，它是革命的、有用的，有利于社会主义的发展的。"毛泽东提前为建设新中国的实践准备，这是从1938年延安军工缘起的，即1938年1月毛泽东"一定要发展国防工业"为起点的延安新兴城市军民融合生产共同体。1944年5月26日毛泽东指出，新式工业决定一切。

---

① 林蕴晖：《探索新中国之路：站在毛泽东与邓小平之间的刘少奇（上）》，载《党史博览》，2018年第11期。

关于中国革命的根本问题是农民问题。毛泽东在土地革命时期准确地指出,中国革命的根本问题是农民问题,农民的根本问题是土地问题。毛泽东曾对美国作家斯诺说:谁赢得了农民,谁就会赢得了中国,谁解决土地问题,谁就会赢得农民。

在抗日战争期间,毛泽东指出,革命战争是群众的战争,只有动员群众,才能进行战争,只有依靠群众,才能进行战争。发展进步势力,争取中间势力,反对顽固势力的策略。而旧中国人口的89%是农民,所以动员人民战争的根本问题或方法,依然是土地问题和均分土地。新中国建立之初,进行了最彻底的均分土地的改革,并改造不劳而获者成为普通劳动者。

关于统一战线。《毛泽东选集》开篇讲的就是统战战略问题:"谁是我们的敌人?谁是我们的朋友?这个问题是革命的首要问题",强调"不可不注意团结我们的真正的朋友"。毛泽东不仅是中国共产党的统一战线理论和策略的奠基人,而且还亲自做统战工作,争取尽可能多地团结各界人士,是贯彻执行统战政策的带头人和开拓者。经受过新文化运动的思想洗礼,毛泽东在《湘江评论》发表《民众的大联合》,指出,"国家坏到了极处,人类苦到了极处,社会黑暗到了极处。补救的方法,改造的方法,教育,兴业,努力,猛进,破坏,建设,固然是不错,有为这几样根本的一个方法,就是民众的大联合"。党的二大提出"联合全国革新党派,组织民主的联合战线",党的三大正式决定共产党员以个人身份加入国民党,实现国共合作。1923年7月,毛泽东发表《北京政变与商人》,强调"惟有号召全国商人、工人、农人、学生、教职员,乃至各种各色凡属同受压迫的国民,建立严密的联合战线,这个革命才可以成功"。1924年初国民革命联合战线正式形成。1927年10月3日,工农革命军在古城召开前委扩大会议,毛泽东指出,"中心任务是动员广大群众参加革命战争,以革命战争打倒帝国主义和国民党,把革命发展到全国去,把帝国主义赶出中国去",领导创建"工农兵苏维埃"革命政权,在党内外两大斗争中探索发展统一战线。抗战爆发后,在《中国共产党在抗日时期的任务》中指出,"这就在中国共产党和中国人民面前提出了建立抗日民族统一战线的任务。我们的统一战线是包括资产阶级及一切同意保卫祖国的人们的，是举国一致对外的"，"被蒋介石政府各项反动政策所压迫、处于团结自救地位的中国各阶层人民，包括了工人、农民、城市小资产阶级、民族资产阶级、开明绅士、其他爱国分子、少数民族和海外华侨在内"。建立一个包含上述阶层的人民民主统一战线。毛泽东在中国人民政治协商会议第一届全国委员会第三次会议的开会词继续强调我国的人民民主统一战线"是一个包括全国各民族、各民主阶级、各民主党派、各人民团体以及一切爱国民主人士在内的几万万人的统一战线，它是以工人农民为基础的，它是在工人阶级和共产党领导之下的"，是任何敌人所不能战胜的，把国内外一切积极因素调动起来。

1938年，他在党的扩大的六届六中全会结论中指出，"我们的方针是统一战线中的独立自主，既统一，又独立"，毛泽东明确了坚持党对统一战线的领导必须具备的两个缺一不可的条件，一是"率领被领导者（同盟者）向着共同敌人作坚决的斗争，并取得胜利"；二是"对被领导者给以物质福利，至少不损害其利益，同时对被领导者给以政治教育"。从政治、思想、组织上党对统一战线的领导权。中国的统一战线一直存在两种联盟："一种是工人阶级和农民的联盟"，"一种是工人阶级和民族资产阶级的联盟"，坚持独立自主，实行又联合又斗争的政策。

1938年4月，毛泽东在鲁迅艺术学院演讲时说，"现在为了共同抗日在艺术界也需要统一战线"，但"在统一战线中，我们不能丧失自己的立场"。坚持"长期共存，互相监督"方针。新中国成立后，毛泽东在接见非洲朋友时强调，"我们的团结不是种族团结，而是同志、朋友的团结。我们要加强团结，共同反对帝国主义、殖民主义和他们的走狗，为争取完全彻底的民族独立和解放而斗争"。

团结一切可以团结的力量。瓦窑堡会议后，毛泽东在致朱绍良的信中指出国共两党团结对敌的必要性，"十年酣战，随处与先生相遇，可谓大有缘矣！然鹬蚌相持，渔人伺于其侧，为鹬蚌者不亦危乎？付上共产党致国民党书，为国家民族谋，亦为先生谋也。两党两军之间，无胶固不解之冤，有同舟共济之责"，期望双方"抛嫌释怨，以对付共同之敌"：平和、平和，只要和了就行了。国事是国家的公事，不是一党一派的私事。

认为应联合世界上以平等待我的民族和各国人民共同奋斗，1936年7月，毛泽东同斯诺谈话时指出："日本帝国主义不仅是中国的敌人，同时也是要求和平的世界各国人民的敌人，特别是和太平洋有利害关系的各国即美、英、法、苏等国的人民的敌人。"建立国际统一战线。从坚持"一边倒"、提出两个"中间地带"理论与建立"反帝反修"的国际统一战线，到提出"三个世界"划分的理论，主张建立国际反霸统一战线。

1954年，毛泽东在第一届全国人大第一次会议上致开幕词，指出总任务是"团结全国人民，争取一切国际朋友的支援，为了建设一个伟大的社会主义国家而奋斗，为了保卫国际和平和发展人类进步事业而奋斗"，进一步阐述、发展了国际统战理念，为新中国的外交政策指明了方向。

经济统一战线，对民族工商业，从保护到有伸缩性的限制。需要指出的是，依据亚当·斯密、马克思理论，工业属于分工协作，统一战线成为生存与发展所必需的中介构成性，而不仅仅是随机应变的政治策略。

关于政治统一战线宪政三三制度和坚持党的领导。毛泽东提出"三三制"，实际上来自于陕北的工作实践。1940年初，延安县中区五乡在突击完成征粮工作中，乡政府用民选方式组织征粮委员会，每十二三户居民公选1名代表。在全乡选出的由27名代表组成的征粮委员会中，共产党员只有9人，其余18人均系非党人士，其中包括富裕户和士绅。全乡各界人民都认为这年公粮出的公平、出的愿意。这是最早出现的"三三制"提法。毛泽东对这个经验很重视。1940年3月毛泽东起草、中共中央发布《抗日根据地的政权问题》的党内指示，指示说："在抗日民族统一战线时期中，我们所建立的政权的性质，是抗日民族统一战线的性质。这种政权，既是一切赞成抗日又赞成民主的人们的政权。"

指示还进一步明确地规定了这种政权中各方面人员的配备数量，"根据抗日民族统一战线政权的原则，在人员分配上，应规定为共产党员占三分之一，非党的左派分子占三分之一，不左不右的中间派占三分之一"。这三种人，在政权中的人数各占三分之一，所以叫"三三制"。"三三制"政权是中国共产党领导政权建设的又一次成功探索和实践，不仅推动了抗日根据地的民主政治进程,还为新中国的民主政治建设,提供了宝贵的实践经验。

(二)刘少奇同志在安源大罢工中对工人运动的领导能力和思想理论走向成熟。在毛泽东、李立三的领导下,在1922年的安源大罢工中,刘少奇从事具体领导工作。作为工会外务工作负责人亲自参加了工人俱乐部的日常工作,组织罢工,以及与资方和政府的谈判。9月17日晚,路矿两局代表,俱乐部李立三、刘少奇两位代表,会同商会、地方士绅等调解人,共同磋商17条复工条件。经过激烈的唇枪舌剑,直到午夜2点,路矿当局迫于形势,终于和工人代表达成《十三条协议》,基本满足了工人提出的要求。[①] 内容如下。

一、路矿两局承认工人俱乐部有代表工人之权。

二、以后路矿两局开除工人须有正当理由宣布,并不得借此次罢工开除工人。

三、以后例假属日给长工,路矿两局须照发工资;假日照常工作者须发加薪;病假须发工资一半,以四个月为限,但须有路矿两局医生证明书。

四、每年十二月须加发工资半月,候呈准主管机关后实行。

五、工人因公殒命,年薪在百五十元以上者,须给工资一年,在百五十元以下者,给一百五十元,一次发给。

六、工人因公受伤不能工作者,路矿两局须予以相当之职业,否则照工人工资多少按月发给半饷,但工资在二十元以上者,每月以十元为限。

七、路矿两局存饷分五个月发清,自十月起每月发十分之二;但路局八月份饷,须于本月二十日发给。

八、罢工期间工资,须由路矿两局照发。

九、路矿两局每月须津贴俱乐部常月费洋二百元,从本月起实行。

十、以后路矿两局职员工头不得殴打工人。

十一、窿工小工工钱每日一角八分,大工每日二角八分。矿局因饬工

---

① 见中华全国总工会主办的《工会信息》,2022年第8期。

头在原包价内发给倘工头不愿充当时，俱乐部应负补充之责。

（第十一条）改为窿工包头发给窿工工价，小工每日自一角五分递加至一角八分，大工自二角四分递加至二角八分，分别工程难易递加。

十二、添补窿工工头，须由窿内管班大工照资格深浅提升，不得由监工私行录用。

十三、路矿工人每日工资在四角以下者须增加洋六分；四角以上至一元者照原薪加百分之五。

正文落款为"萍矿总局""株萍铁路"和"安源路矿工人俱乐部"，时间为"国民十一年九月十八日协定"。①

这些条款的内容涉及政治、经济、人本主义，分为六个方面：组织工会的政治权3条；工作权2条；福利权2条；安全、工伤、死亡补助2条；工资权3条；人身和尊严权1条。从而证明这次罢工取得胜利，在于把为工人谋"现实的幸福"放在第一位，革命并不是电影里的那种"高大上"。刘少奇深知工人阶级的最大威胁是失业和饥饿，要保持和增加就业机会，就得在与民族资产阶级的对话和斗争中，秉持"共生"理念，即"有理、有利、有节"的统一战线政策，从而取得胜利。这《十三条协议》与马克思终身的目标"为人民的现实的幸福"多么契合。

刘少奇两次赴苏，具有眼观世界的广阔思维。分别在1921—1922年赴苏联莫斯科东方共产主义劳动大学学习，1930年夏出席在莫斯科召开的赤色职工国际第五次代表大会，当选为执行局委员，留在赤色职工国际工作。1931年底回国，对新式工业有一定的实践认识。1922—1934年的12年间连续领导工人运动，对中国工人阶级的现实状况和诉求有深刻的认识。参加了长征，抗日战争时期领导华北、中原、华中抗日根据地的军事、政治、经济工作，以及皖南事变后新四军的恢复和发展工作，1947年开始为即将到来的新中国组织制定民事法律，1949年，受毛泽东的委托，到天津作资产阶级的思想工作，在新民主主义阶段，需要发展薄弱的工业。于1951年提出"人民内部矛盾"观念。刘少奇的实践活动：工人运

---

① 《十三条协议》分别珍藏于中国国家博物馆和安源路矿工人运动纪念馆。

动、土地革命、城市运作、武装斗争、依法治国等，治国实践和理论比较全面。1964年提出人民内部矛盾与敌我矛盾发生交叉。2018年11月，我党提出民营企业和企业家是自己人。

二、马克思否定之否定，自家人"分享"准则，对勘姓资、姓社之争

用马克思关于现代生产方式自然历史阶段理论对勘，孰是孰非就比较清楚。

（一）科学社会主义是现代生产方式混杂时期的产物。

从历史纵向，是底层市民创建了纯粹现代生产方式，是人民谋生存、谋现实幸福的手段。这是一个从下到上的历史过程，由于大众艳羡，是绕不过去的自然历史阶段。科学社会主义是混杂时期的产物，邓小平界定社会主义就是"共同富裕，发展生产力"，为了实现这个目标，在这个自然历史阶段，必然也只能选择纯粹现代生产方式作为经济基础，才能取得无产阶级的拥护，为人民的现实的幸福服务。

而经过新民主主义社会再过渡到社会主义社会，例如"三面红旗"总路线、"大跃进"、人民公社，这些缺少历史根基的政策，实际是将社会主义设定为"前无古人"的创新、设计试验，反而带来社会灾难。

（二）需要从《资本论》中学习马克思关于资本主义二重性：一是需要懂得现代生产方式的另一个名字叫做"资本生产工具主义"，即"资本终于受到法律束"，对勘发现我国传统已经具备12项法律，专有特殊法律是"禁止高利贷—三重契约"即分期付款三联合同，有王莽变法可以对接。二是血腥从属资本主义才是需要坚决消灭的那个部分。

（三）城市工人阶级的最大要害是必须征得他人同意才能劳动也才能生存，这决定了建设企业增加就业机会的民族资产阶级不能消灭（但是统治权可以更迭，革命过于激烈混淆了这两个政治逻辑）。这与中国自由自耕农阶级为了"耕者有其田"必须消灭地主阶级、打土豪分田地，有本质的不同。

（四）在人类生存斗争阶段，完全公有制的缺点是失落了个人有冗余张力作为竞赛的同一性差异对立面,从而不能充分发挥个人、群体的生命张力,生产力发展受到制约。例如苏联70年公有制计划经济今年积累明年花,输给了将未来20年借给现在发展生产力(代价是20年背负债务努力工作还债机制)。苏联解体后,已经习惯公有制的民众的谋幸福生命张力,远远比自力更生勤俭的中国农民差劲。

(五)毛泽东的初心是"法,幸福之具也",法在政治之上,即宪制依法制治理"分工协作"。

现代生产方式是有信仰向善的生产力生产关系。为此必须有一个为人民的团体来护佑和宣传现代文明,我国历史上执行这个任务比较持久的是儒家文化团体,方法有三,井田制、教育、社稷(典籍、礼法法度)。现代,坚守民为本信仰的任务落在了中国共产党的肩膀上。

需要注意的是,"信仰的守护者"与现代生产方式的政府管理者,属于两个范畴的实料,人类社会的特征是多元实料之间有构成性,就能够约束实料张力的向度,而发挥集体力。所以党政必须分工协作相互制衡,才能约束"个人崇拜""一元'主权命令'专断",从而通过多元实料差异竞争分工协作发挥集体领导向善张力。

(六)20年"左"倾的错误的问题,一是认为阶级之间只有斗争,斗争是社会前进的唯一动力,主张每7—8年就人为地发动一次阶级斗争。这不符合现代生产方式最低限度需要20年为一个稳定周期,才能安全、稳定、可持久守信用地循环式完成"20年期还本付息"偿债计划和偿债市场。二是不能区分人民内部"实料二元"与方法论三分法。没有认识到"对立统一"实际是三分法(有同一性,其中的差异最终才能达成统一)。而敌我矛盾,只有对立斗争杀灭二分法(没有同一性也就不可能统一)。"文革"浩劫破字当头倒退到棍棒武斗时代,缺失防止一元个人崇拜导致"主权命令"把人民内部矛盾也按敌我矛盾文斗和武斗方式处理。

正是在毛泽东、刘少奇摸索的基础上,宪法规定国家的根本任务是建设"现代化",邓小平提出的"以经济建设为中心""三个有利于"有马克思"经济学的法哲学"依据,有中国共产党集体领导关于新中国道路探索的以实践经验和教训作为历史纵向的基础。

第三节　不同文明的碰撞、交融、学习，促进社会变革

（一）生物遵守胚胎发育规律，是传承基础上的变异，由客观自然选择它的命运，生物不能无中生有式"创新"。前无古人后无来者的空想革命主义只能带来灾难，是对人民的现实幸福的不负责任。

人民的现实幸福，表现为"和平互惠发展"。

以人民的现实幸福为准则，则需要选择变革痛苦指数最小的方法。

第一种方法是试错法。即人类依靠比较"刺激"差异来认识事物。由于个人"冲动、暴力、理性"可能性不可行性，导致了人类"正确、正义"概念是用"中线""折中""一直"等来标志，而错误大大多于正确，或者说，"正确"这条线，是通过大量试错而得出的。

第二种方法，人类为了降低试错成本，采用了先做实验，然后推广的方法。鉴于人类差别不大，所以选择一般条件进行小规模的实验成功有一定的代表性，放大为社会变革，试错的成本大大降低。

第三种方法，确定方向，摸着石头过河。

第四种方法，田野调查底层习惯法，记录来自底层的穷则异化、穷则变异的"正义种子"，转化为哲学。这样，变异的"沉没成本"已经由底层人民历史性地支付，后来人节省了试错成本。例如，孟子记录"井田制"，古希腊亚里士多德记录第三种致富技术的正义形式。在历史的长河中发挥指路明灯的作用。

第五种方法，多种文化交融，学习其他民族已有的经验。历史证明，人们往往习惯于维持现状，而变革往往是不同民族、文化、文明交往过程中的"差异性"带来的冲击和张力促进变革，欧洲次生文明的特征明显。

（二）需要用历史或外交政治领域的抗议来提醒革命政府。

为人民的现实幸福，就要尽量减轻革命过于激烈的痛苦。

面对资产阶级革命统治意志极端叛乱，无产阶级沦为准奴隶，为了生命权而自发暴力反抗。至贤至圣的马克思为了人民的现实的幸福而精打细

算、殚精竭虑，尽量通过法律中介和平文明的形式减轻"革命""分娩"的痛苦。

新时代针对旧社会无对象性消灭关系中，减轻革命、分娩带给痛苦的方法。一是欧洲第三等级只有财产权没有政治权，就采用了收买政治权的方法，1215年《自由大宪章》以来无代表无税，国王为了打仗，就用土地、关税、包税权从第三等级手中换取贷款；二是统一战线，新兴城市第三等级联合劳动阶级自治，与贵族武装展开斗争，1642年处杀了企图复辟的国王，1689年英雄革命夺取议会立法监督权。

（三）当资产阶级统治意志极端叛乱，无产阶级革命——夺取政权专政时期，《共产党宣言》的三步走策略。

革命过于激烈，政治专政的特征就是"主权命令（法律空白）"，往往采用了临时组织措施、短时间的牺牲，而人民需要的是可持续的和平与幸福。

现代生产方式内部政权更迭，降低"革命过于激烈混杂"转型内部政治洁净的方法：一是剩余价值率否定之否定；二是部分剩余价值用途质变否定之否定，剥削率由50%下降到20%，生产力十倍百倍增长；三是统一战线三分法，资本使用者与生产劳动之间在中性区间的共生关系，资本所有者被动使用权；四是区别剥削管理与科学管理，对企业家劳动中剥削性质的管理，承认已经计算到价值中，采用折中处理方法。不得用极端手段。

程序或过程有下面几种。

第一种方法，革命阶段论需要三步走。

第二种方法，区别内部与外部。

第三种方法，革命统一战线。

第四种方法，世界文明互鉴，需要用历史或外交政治领域的抗议来提醒革命政府。

第五种，只要是适应现代生产方式的就是正义的。马克思发现了新时代，毛泽东在延安实践"新式工业"，习近平传承"新时代"。

第六种，王在法之下宪政，计算政治成本以什一中正为准则，建设内部政治制度，治权独立，对抗外部腐朽、野蛮政治。

"93修宪"意味着中国法律体系开启了"市民法"上升为国家统一大法的法制改革时期。从此之后，需要区分市民法与刑法。市民法是规范化的道德伦理阶梯，法治与"德礼法治"在"市民法"中获得某种统一。在现代市民社会法时代，笼统宣传"法治与德治"相结合，就混淆了"市民法"与"刑罚"，成为热衷于"政策德治"，而懈怠建设"市民法"的一种思维套路陷阱。

（四）经历过二战逃亡生活的法学家埃里克·沃格林（Eric Voegelin，1901—1985）指出："一旦权力结构的变化达到革命地步，用'效力连续体的断裂'来表达'权力结构连续体的断裂'有时候似乎是可取的。不过，权力结构连续体的断裂属于社会连续体之内的现象。革命政府常常不承认这一连续体，有时候就需要外交政治领域的抗议来提醒革命政府：与连续的社会相似的法律连续体确实存在着，而且并未被情绪化地破坏世界和建立世界的革命事件所摧毁。"[1] 国际经验教训是，对于民选政府制度，大前提是信仰守护团队力量需要与宪制宪政选举制度形成制衡，以践行"王在法之下的宪政"。多党制度的大前提是社会主流维持正义准则，然而若剔除"平等、正义"，只要"自由、人权"就成了党派之间的利益之争。按照古希腊亚里士多德《政治学》关于自由的忠告，"个人自由至高无上""政治自由至高无上"是世界上最可恶的动物。而对于为"信仰"型政府，需要对"信仰政治"进行亲兄弟明算账，为"信仰"政治治理成本也不得超出占比GDP的10%这个界限，否则财政决定分配政治最大化不能避免侵犯"工资总额占比50%"这个民为本界限，或者会侵犯"资本生产工具还本付息的普通利润"这个现代化界限；无论哪种国家机器所借债务归根结底是人民在偿还，需要计算老百姓是否偿还得起。"信仰守夜人"随时要警惕不要蜕变成了外部性政治。

---

[1] 〔美〕埃里克·沃格林：《法的本质》，上海三联书店2023年版，第66页。

第四节　与现代生产方式法系对勘，中国特色社会主义道路

与欧洲相对比，梁漱溟先生认为中国文化是"早熟的文化"。正是由于中华民族文明起点早、起点高、大众化市民潜质、体量大，中国礼法社会主义更加适合纯粹现代生产方式。新中国实行工农联盟为基础工人阶级为代表的人民民主专政，这符合"治权独立"原则，"政治权""财产权"被关进法律笼子。以古希腊亚里士多德对第三种致富技术正义形式的记录为起点，现代生产方式是底层人民创建、重建，是自下而上发展起来的，中华民族以礼法文明形式，必将代表世界底层人民的现实的幸福，接过对纯粹现代生产方式的管控（管理控制）权、话语权、进步引导权。

一、历史纵向，中华文明与欧洲现代文明进程的兼容点

关于新中国的迅速和平崛起。按照《共产党宣言》需要三步走，中国的第三步"经济建设为中心"改革以来，非西方的中国迅速和平崛起，2010年成为世界第二大经济体。自从近代被文化入侵以来，首次有条件可以按照"现代生产方式为正义标准"，与美西方资本主义二重性对勘。

（一）从人类长历史、大历史阶段，对勘文明程度，中国文明早熟、可持久。

美国金融评论员罗杰斯跨越6000年的时间段进行研究发现，世界其他地区包括英国都在兴盛之后衰落了再也没有能够复兴。尽管英国11世纪诺曼亚"日耳曼野蛮部落法王在法之下"，但是，量化的尺度"什一税"缺少历史根源性，显然是通过传教士书信从中国传入的。它还存在自身的不确定性，野蛮"自由契约"优胜劣汰弱肉强食合法，游猎侵略性"政治为大+财产权+法权"垄断专制。"不是坐在餐桌上，就是在菜单上"逻辑。西方古典政治经济学初心，正在被"经济学"取代，在意识形态上表现为放纵"政治强权独大"，军备占去世界的一半，利用经济文化优势搞颠覆、

"颜色革命"和平演变,当把周边掠夺完毕,就像古代的帝国一样,因为失去了食物链而衰亡回归普通,西班牙、葡萄牙、日不落英国都衰落了,美国也正在自我衰落中。

其中的道理很简单,第一卷第七章已经讨论,地球生物界,"在条件允许的范围内,自然选择适度者生存";自然选择极端强势者灭亡。也就是说自然选择最强者把弱者全部吃完,因为食物链断裂没有了可以吃的而灭亡,自然选择"暴力、冲动"不可持久。当一个民族还处于游猎或海洋生存阶段,信奉弱肉强食而兴盛一时,当周边被掠夺完毕,自己也就因为没有了掠夺对象而衰亡。就是说,政治强权占有全部剩余价值、全挥霍光,导致衰落,不可持久。"日耳曼(野蛮)"延续到18世纪,在哲学领域出现了它的对立概念"文明"。

罗杰斯还发现,唯独中国衰落过三四次,每次都能复兴。① 把中国归结为定居文化体量大而能够打败了游猎文化,定居的内生性可以再生。中华民族长期"定居"传达出来的是和平、互惠文明,而超越西方"异类、冲动、暴力"文明的野蛮。

(二)对勘王在法之下宪制宪政。

中国 5000 年,三根支柱。一是"井田制"及符合其基本理念的生产方式(初税亩、均田制、耕者要有其田等)"井田制"王在法之下宪政:民为重、社稷次之、君为轻,将政治成本关进井内什一中正。二是学校守成"井田制"法理、道理、学理、伦理、仁政治理。三是先贤哲理,天下为公选贤与能中央集权郡县制,乡民自治,治权独立。中国迄今依然在依靠自由自耕农工商兜底,则"井田制"为本体的法制在民间潜质、在礼法、在哲学、在文化有确定性,是中国迅速进入现代经济快车道的保障和法制推动力确定性。而精英"砖"家全盘西化只不过是泡沫浮尘而已。

中华民族三根支柱,也被视为王道之治的蓝图内容:"为政不法三代,

---

① 文扬:《为什么只有中华文明可以再度崛起》,中国学者讲座引发外网热烈讨论,底线思维,2023 年 6 月 7 日。

终苟道也。然欲法三代宜何如哉？井田、封建（按柳中元《封建论》，此处应为"天下为公选贤与能，中央集权郡县制，乡民自治，钱穆归纳为'治权独立'"——引者注）、学校，皆斟酌复之，则无一民一物不得其所，是之为王道。"① 中国宪政，是以儒家文化为底蕴的宰相与王权制衡。宰相为首的政府机构，掌控依"什一律"直接征税权、掌控国家财政；起于"私塾""书院"的民间儒家文化体系掌控学校、教育权，政府掌控科举制度和推举制度官员选拔权；以信仰"保家卫国"掌控军权。儒家文化控制的政府机器从财政、教育、信仰、德礼法、刑法与王权制衡，实现王在法之下宪政。

中国"井田制"法定政治治理权的成本是什一税，只有西方霸权政治成本的1/5。我国自古以来法律限制政治强权的成本最小化，使得政治强权没有物质能力对内剥夺、对外战争，这是中国能够"和平、互惠、定居"的内在构成性。

而那些衰落的古文明都是以"政治强权最大化"为本。11世纪日耳曼野蛮部落法"王在法之下宪制"仍然有二重性，正面是限制王权，为底层贡献了有限自由张力，推动了新兴城市共同体内部生产的分配正义市民法，保护和推动了现代生产方式的分娩；负面是日耳曼野蛮部落法自由契约优胜劣汰弱肉强食、异类奴隶制合法，对外国际霸权主义"现代文明的野蛮"。当大英帝国将周边侵略完毕成为日不落国，遭遇被压迫国家的反抗自己也就衰落了。

（三）对勘市民社会构成。

欧洲黑暗的中世纪以农奴制为主体，新兴城市重建古希腊那种市民共同体自治长期是小众文化，迄今还处于混杂社会"现代文明的野蛮"阶段。

中国不同，古代从"井田制"九一税，"初税亩"什一税，公元前594年以来就向自由自耕农工商乡村市民社会演进，长期以来90%的人口都是农工商，收成的90%归自由自耕农所有。

---

① 《颜元集》，上册，中华书局1987年版，第103页。

(四) 对勘现代生产方式的历史缘起。

欧洲黑暗的中世纪的一个例外或特殊，新兴城市重建古希腊那种"互为生存条件"的"分工协作—通工等偿"共同体自治（第三种致富技术的正义形式），当分工细化、价格形成成本最小化，这就为未来使用机器和社会化产业链生产准备了可能性，是现代生产方式初级阶段的缘起；16世纪"禁止高利贷—三重契约"有法律管理保护推动的20年期的廉价丰富稳定信贷资本为现代生产方式抵押贷款高级阶段做了可行性准备。

中国抗日战争时期，延安被围剿、被断供、极度贫瘠"互为生存条件"，但是，吸引了20万有志青年奔赴这块革命圣地，延安转而成为"新兴城市"，中国的"现代化碎片"在这里得到整合，1938年中共中央创建的军民融合的延安军工事业"新式工业"是中国现代生产方式的起点，87年过去至今从未中断过。经过对勘与欧洲新兴城市共同体自治的内部、外部条件类似，"生成"了近似的历史现象。欧洲和中国现象都实证，只要条件类似，历史就有可能重建。因此，说历史不可复制，这不符合事实。

(五) 具备现代生产方式法律条件，中国民众立竿见影现象。

中国经过两个三重契约周期实现了迅速和平崛起，相类似美国、韩国、日本（战后恢复），他们从殖民地、小农国家走向工业化周期也是一至二个三重契约周期，中国与美西方国家的学习周期接近。

因此，适合的法律是立竿见影的事业，古代有商鞅变法为证，现代中国有延安新兴城市、有78年以来的经济改革腾飞为证。

(六) 对勘中华文明现代形式的超越。

第一，中国和平不同文明，非西方的中国迅速和平崛起，和平互惠发展道路。海内存知己，天涯若比邻，和平共处五项原则，建构了与非洲、阿拉伯、伊斯兰友好关系，以及"一带一路"倡议、中东欧等区域性合作。

第二，中国传承"井田制""初税亩"，耕者要有其田，在小农业转型现代化的过程中平稳过渡，农民的那块承包的土地相当于社会保险，"井田制"社会相友、相助、相扶持、百姓亲睦，家族亲、乡里亲、老乡亲，相互牵引,进退有序,没有出现"贫民窟"现象。

第三,天下为公选贤与能政治。现实主义政治。

第四,对勘文明程度,中国文明早熟可持久。一是对勘王在法之下宪政,中国超越性把政治权、财权关进"井田制"法律笼子。二是对勘中国市民社会构成占90%。三是对勘当具备现代生产方式法律条件,中国民众立竿见影现象。四是对勘中华文明现代形式的超越,例如"倡导构建人类命运共同体""一带一路"、绿水青山就是金山银山等。

二、历史横向,中国"礼法"与西方现代市民法 13 项对勘兼容点

(一)关于西方民法实际是市民法。

由于"硬译"的原因,在西方就出现"中华法系只有刑法基本没有民法"的错误判断,中国学者最近还在撰文说中国古代民法只占"国家律法"的6.4%,这是从20世纪30年代直到当下,近100年的时间惯性思维。破解方法就是需要通过与现代文明对勘兼容点,来认识中华法系的辉煌真面目。详细见本书第三编。

欧美的"民法典"实际是"市民法典"。例如,中文翻译《德国民法典》,德文 Bürgerliches Gesetzbuch (BGB) 第一个词 Bürgerliches 的冠词"Bürger"原意是指"城邦公民"、生产共同体"市民"、中产的资产(使用)者(金主和贵族除外)、小市民。1648年,欧洲承认民族独立主权国家后,Bürgerliches 也泛指国民、公民。还有,就是英国是工业革命的发祥地,英国财产法选择了符合现代生产方式规则与秩序的那些法与法律。例如,引入了苏格拉底、亚里士多德、阿奎那、洛克、亚当·斯密、马克思等人的哲学箴言,教会法量化的禁止高利贷法,教民创建的三重契约,教会改革派用了近百年的时间大辩论加以完善。马克思关于对劳动者的权利特加保护,也体现在了对租地人、租住人的权利义务特加管护。惯例法的优点,就是能够与时俱进,缺点是要提防被法律恶棍引入歧途。

(二)中国"礼法"与欧洲现代市民法对勘。

中国90%的人口属于乡村市民,所以全民礼法,实际就是"市民法",

例如现代生产方式所需要的 13 类实体法①，都能在礼法中对勘到。

第一，是公平价格法。

预定生产价格法。古希腊亚里士多德《政治学》记录了第三种致富技术的正义形式"分工协作—通工等偿"，约定等价值劳动量交换，价格形成成本最小化。

还有第一种致富技术"自然预供食料"，即生产的方法获得产品是自然的方法，在欧洲传承为"预定生产价格法"习俗。5 世纪奥古斯丁关于"公平价格"观念，13 世纪阿奎那（Thomas Aquinas）论公平价格。

欧洲农奴制农产品是公定价格或领主集体议价几年一定。农奴徭役均分所创造价值，则有：

欧洲农奴制预定基本生活品面包、麦子及酒的生产价格计算法＝转移成本+创造价值（50%工资+50%剩余价值）

英国现代生产方式预定偿债生产价格构成＝转移成本+创造价值×〔50%工资总额+50%制度成本（5 要素各占 10%上下）〕

中国周王朝皇宫后墙外是市场，由皇后管理，市场禁止垄断价格，等价交换法、一口价童叟无欺，允许波动的区间。再到当代《三大纪律八项注意》，"买卖价钱要公平，公买公卖不许逞霸道"。

从古（王莽变法为证明）中国的民间手工业生产市场价格法，例如迄今家庭装修手工业，一般价格的计算方法是材料、工资、剩余价值各占 1/3，其一，是劳动与非劳动均分所创造价值。其二，劳动工资、剩余价值与材料价值同比，有攀比劳动技术和生产保险的内涵，比欧洲农奴制价格法合理。而特殊产品价格采用特殊方法，例如酿酒，工资的占比要高一些；打造金戒指，工资的占比要低一些。

---

① 〔英〕威廉·詹姆斯·阿什利（W.J.Ashley）：《英国经济史及学说》，台北幼狮文化事业公司 1974 年版。参见目录。

第二，王在法之下宪政，无代表无税，及什一税制度。

大致在 6 世纪左右，基督教自称圣经规定可以对教民征收什一税（但是缺少根源性依据），779 年，法兰克国王查理承认了教会征收什一税合法。

英国，1215 年《自由大宪章》建立君主立宪制度，无代表无税。国王收入主要来源是属地的租金（占收成 50%）、关税、包税等。在英国政治经济学中，地租和赋税的原理被认为是类同的。

"禁止高利贷—三重契约"法定资本利息率在 5% 左右，相当于创造价值的 10% 成为指标，非生产五要素趋向均分普通剩余价值，这包括政治成本趋向什一税，例如，1815 年小麦的价格中，综合税（什一税、地方税、其他税）合计分割价值的 15%，20 世纪 40 年代萨缪尔森发现了国际贸易价格要素均衡论，政府最终消费成本分割所创造价值为什一税。

中国古代"井田制"九一税、"初税亩"什一税，延续到新中国（5%税）。租息利税同一，什一中正。

第三，货币史。1816 年，英国通过了《金本位制度法案》，从法律的形式承认了黄金作为货币的本位来发行纸币。1821 年，英国正式启用金本位制，英镑成为英国的标准货币单位，每 1 英镑含 7.32238 克纯金。1973 年布雷顿森林法解体，当时 1 盎司黄金兑换 35 美元，50 年来，美元平均以每年贬值 1 倍的速度贬值。

当劳动力价格货币化，货币计算价值全覆盖，即货币经济，是实质经济的虚拟形式。

中国货币史，局部纸币的使用在唐朝，比西方早。只是到了国民党统治时期市场全面纸币化被美元操纵，贬值 6 万倍。在新中国成立之后，纸币人民币全覆盖，并且信用良好至今。

第四，度量衡。1824 年英国颁布《度量衡法》。农奴徭役每周在庄园共有土地上无偿劳作三天作为地租，就是以社会必要劳动时间作为价值尺度。

中国秦始皇统一中国，路同宽，车同轨，统一度量衡，统一货币，统一文字。

第五，生产商制度，对商业的规定，商人法。

欧洲16世纪以来，逃亡农奴和"光蛋贵族"组成的新兴城市手工业生产市场共同体自治，随三重契约兴起，"生产商"制度才推广开来。

中国，自公元前594年"初税亩"荒地私有什一税制，90%收成归自由自耕农所有，就开始发展农工商家庭生产商制度，及其乡村市民社会。

第六，资本价格利息率的学说，禁止高利贷钱生钱；允许治产信贷利息率在5%左右；像出租土地（后有收成才允许收租子）一样出租货币，资本在生产出利润后才允许收取利息，禁止砍头息，即禁止先支付利息高利贷。

中国"井田制"法理租息利税同率什一中正。5%的资本利息率，有王莽变法可以对勘。据刘秋根《中国古代合伙制初探》记载，直到清朝末期，中国民间短期信贷维持10%左右的资本年利息率。

第七，租金的学说。英国农奴制的土地租金，即农奴徭役，是农奴每周三天在庄园公有土地上无偿劳动三天，土地租金相当于收成的50%。

中国自"井田制"以来，自由自耕农向国家缴纳的地租为什一税（未包括徭役和兵役）。而地主出租土地佃农支付地租是"润泽之，则在君子亦！"是一个软指标，一般为50%，元朝、清朝、民国法定降为1/3地租。中国共产党在抗日时期"二五减租"，新中国土改后，为5%的地租，但是收缴成本过高在2006年废止农业税，以营业税取代。在国家衰落时期，例如民国时期江苏农民遭遇176种税。

英国1235年颁布《默顿法》，允许封建领主将荒地圈起来成为专属地，养牛羊缴纳地租为收成的20%，荒地地租下降60%，就有利润还本付息，就有"20年期改良荒地抵押贷款"的可行性。

中国对开垦荒地是采用减免税若干年政策。

英国1290年颁布土地租金售卖法，即允许地主预售20、51、99年土地租金，将未来租金现在消费；而租地人是将未来借给现在改良生产，是"禁止高利贷—三重契约"运筹机制的要素的来源之一。

中国也有少量预租制度，但是对用途没有严密的法律运筹机制。

第八，合伙、股份制的学说，共担风险均分利益。

英国，从 14、15 世纪开始是劳动矿工自发组织的劳动合伙制度，当资本加入而转化为资本股份制，"原来由合伙的劳动者构成的矿业组合，几乎到处都变成了靠雇佣工人开采的股份公司"①。

17 世纪以来，欧洲海上贸易股份制兴起，向海外扩张殖民势力。其中英国东印度公司势力最大，一开始股东是固定的，每 4 年一次派息。受到票据背书买卖的影响，股权开始可以买卖，东印度公司还享有对殖民地军事和政治全权。

中国古代有记载的官方"合伙"是周礼中记载的"藕耕"制度。民间有春秋时期管仲与鲍叔牙"同贾南阳"的传说。据刘秋根《中国古代合伙制初探》，明、清时期我国股份制已经很成熟。

第九，冒险的贷借（用海船折算为 30% 抵押贷款）。

欧洲海上贸易冒险的贷借模式，总是与合伙、保险、赌博关联。例如，用海船抵押的高达 15% 的资本利息率的贷款。只是 16 世纪兴起"禁止高利贷—三重契约"之后，冒险的借贷性质发生了质的变化。

中国式冒险借贷，例如，《史记》介绍，春秋战国时期孟尝君的弹铗食客冯驩（欢）的政策："之所以贷钱者，为民无以为本业也；所以求息者，为无以奉客也。今富给者以要期，贫穷者燔券属以捐之。"② 无产者没有土地做本业，借款用做治产业的本钱，如果没有还款能力，贷方应免其债务，这更贴近现代"破产法"。

第十，教会、私人、政府救贫法。

西方济贫有二重性。欧洲教会法规定每个阶级应过符合他的阶级地位的生活，并规定农奴有剩余是有罪的，剩余应该用于侍奉主，缴纳领主各种罚款。所以农奴永远不可能有积累、不可能有属于自己的大型农具而永远被束缚在土地上。也正因如此，穷人因为失去自救储备能力，而彰显了教会、私人、政府救贫法。但是，贵族专制鄙视穷人，亨利八世就绞杀过 7 万多流浪汉，工业革命殖民地成了流放宗主国犯人和流浪汉之地。

---

① 《资本论》，第 3 卷，人民出版社 1975 年版，第 1024 页。
② 司马迁：《史记》，中华书局 1959 年版，第 2360 页。

欧洲农奴制这种病态阴谋济贫法，用另类的方式传导到了今天的"过度福利制度"国家。一是底层无储备现象，物价波动只要超过5%，美国穷人就拿不出400美元急用的现金，欧洲穷人就砍树过冬。二是过度福利之殇，美西方国家落在个人身上的工资税综合计算下来较重，约占收入的40%，但是承诺达到70—75岁可以获得一笔优厚的退休金很高的末日希望，来留住"人口"，有些移民正是舍不得这个画饼而不选择回母国。过度福利国家底层、中产阶级人民在工作年龄段政府给予200项福利政策之后，就处于"个人'有剩余有原罪'"状态，银行对钱的来源和用途查得很严格，动辄触犯法律，无财产无自由，储蓄率极低。这种政策延续了"政治强权"剥夺农奴的财富自由权的实质，而延续了阶级之间贫富悬殊。

适度的资本利息率也是分享生产力发展的财富储富于民的方法。而美西方惯用资本利息率过低，或者利息率过山车割韭菜，实际是将底层人民储存的货币赶到股市供金主游猎。当下美国的储蓄率只有1%（不包括纳税预存款）。只许大资本家发财，不许人民分享生产力提高带来的获得感。

美国采用"监狱"来济贫。美国严刑峻法是犯罪率最高的国家，每年开出1200万份罚单或传票，320万个监狱床位占人口的1%，40%的劳动者有案底，在找工作时被歧视，在工作中被霸凌。以"文明的野蛮"个人权利至高无上为诱饵的法网，创造了一个被奴役的准奴隶阶层，这是另类的亨利八世作为。

而中国从古至今济贫是以人为本存富于民，是多层次的济贫。一是中国什一中正之制，90%的收成归自由自耕农工商所有，太平年间王纲彰显，人民有冗余，家家都有一种用苇子编制而成的席子围卷起来叫做"囤"的物件，用来存粮食，可备3年之荒，直到实行集体化和货币制度，这个物件逐渐退出历史舞台。二是乡村自治，设有祠堂、义庄等备荒机构。三是国家财政储备的任务之一就是赈灾，以及修建治理水、旱灾的工程。四是儒、佛、道济贫，特别有周济学者田野调查学习的习俗，例如徐霞客、毛泽东少年游学经历，仅带一方砚台一支笔，就可以游历天下。五是现代增加了个人储备，疫情期间，一个农民工都懂得先得储备够供一年的生活费用，余下的钱才能用于满足自己的消费享受。六是适应中国人勤俭习俗，信贷再分配激励人民储备。新中国正常年间一直维系 3%—5% 的资本利息率，这迎合了中国劳动者有储备的习俗品质，践行马克思"既是劳动者也是资本者——个人所有制联合体"设想。

而当下有金融"砖家"所谓为了发展生产资本利息率将不断下降，似有走美西方老路之虞。

第十一，乡村、市镇、区域、国家，与市民法权的成长。

欧洲长期处于封建贵族野蛮混战时期，思想文化掌控在有闲的教会手中，在教会 8 次东侵失败被削弱之后，13 世纪，在边远的英国日耳曼（野蛮）部落法王在法之下与古罗马法竞争制衡，才开始了王权、贵族、宗教分庭抗礼三足鼎立进程，市民社会及其习惯法得以在新兴城市中萌芽。只不过，以《汉谟拉比法典》为起点的欧洲市民法，都是国王贵族颁布的，缺失对政治权的约束。11 世纪以来日耳曼野蛮部落法王在法之下宪政有二重性，表现为国际霸权主义。

而中华民族"井田制""初税亩"法理就是市民法；德礼法就是市民法。中国人崇尚祖先成功业绩，与时俱进不断丰富和矫正德礼法，为现实时代服务。

第十二，土地租金预先长期售卖法。

英国，1290 年颁布《置地法》，允许预售土地租金，有 20、33、50、99 年期。土地所有权与经营权分离，加之粮食价格是习惯法法定的，这为 20 年期信贷做了实体法准备。

中国法定土地租金什一中正。但是对私人之间的土地租金管理不严格，地主和佃农之间矛盾对立。在国家走向衰落，农民起义修复耕者有其田什一中正之制度。

第十三，"禁止高利贷—三重契约"。欧洲三重契约出现于 1476 年一本"忏悔录"中，经过教会改革学家的反复追问而完善，兴起于 16 世纪。

公元 9 年的新朝王莽变法可以与欧洲三重契约对勘。德礼法"仁义均礼智信"、赊欠式生产经营可以与"三重契约"对接。

历史证明，中国礼法所承载的市民法起点早、人文水平最高。借助科举制度，儒学礼法得以传承2000年。现代中国迅速和平崛起法律还不健全，是借助了民间礼法基础。这实证了中国至今维持起点高、构成完整的法律文化文明特征。参见本书第三编。

通过纵横对勘，再一次验证中国底层人民是真正的英雄，只要条件具备，全国人民立竿见影，实践远远走在理论的前面。实践助力重读马克思，学习世界性"现代文明"，找回近现代被西方文化侵略摧残而失落的中华辉煌文明兼容点。借助国际"现代文明"力量，推动我国深化体制改革的任务。

三、以"井田制"法理为根基的中国特色社会主义现代化

通过历史的纵、横对勘，验证中国更加适合现代生产方式的规则与秩序，是中国迅速和平崛起的内生性原因。因此，中国式现代化特色，是基于特殊地缘而激发并护佑的传统和平互惠文明和礼法社会主义文化，更适合纯粹现代生产方式而具有确定性。

第一，特殊地缘，这是上天对中华民族的眷顾。世界屋脊的东方特殊地缘，西北高东南低季风气候，综合造就了世界最丰富的七大水系和多体系最广袤的冲积平原，地理构造多样性、气候有限度变化特征，造就了自力更生、战天斗地、勤俭勇敢聪慧的人民。同时，世界屋脊阻隔了西方神本文化及其多次世界性大战，世界屋脊保护了东方中华民族人本文化传承。

第二，宪制历史底蕴，"井田制"九一税、"初税亩"什一租息利税同率，法律张力成就了自由自耕农工商乡村市民为主体的国人潜能素质。90%的收成归自由自耕农所有（未包括徭役和军役），人们的精力都放在生产上，生产力提高了人口就增加，体量就大，社会就稳定。例如，稻作农业生产率4倍于小麦、杂粮生产率，养育多倍的人口。

第三，体量大、多元一体大一统。

古代中国人口和GDP长期占世界首位。体量大，中国用占世界7%—9%的耕地养活了占世界20%—25%的人口。农工商文明有冗余，储存1—3年的粮食备荒，个人、家庭、政府多元有备荒储备。传承到今天，从业

人员既是劳动者也是资产者，传承了个人、家族、政府三级有储备。

体量大是民族凝聚力的具体表现。汉民族显示了生产方式、礼法、仁政、治权独立、先公后私、和平互惠发展的农业手工业文明的最高境界。即便几次遭遇北方游牧民族入侵而衰落，但是以优越的和平互惠文明形式吸引他民族追求和平幸福而融入我大国民族共同体内。国家体量大，保持历史耐心，坚持稳中求进、循序渐进、持续推进。回旋余地大，东方不亮西方亮。梯队式布局，避免刚性经济危机，给予了纯粹现代生产方式以充分展现其特征用武之地。地缘大和国家体量大给予了地缘政治的稳定一贯性，即便国际霸权拉帮结派也无法撼动、也封锁不住。中华文明5000年，是唯一从未中断的大一统文明社会。

第四，天下为公中央集权选贤与能郡县制，治权契约独立，乡民自治。

中国自秦汉以来三件事。一是天下为公中央集权选贤与能科举和推举制并行、郡县制治权契约独立，宰相为首的政府机构掌控了征税权和土地管理公权、抗灾权、国家安定权乡民自治；仁为本的政治，制定保民政策和选拔优秀干部的政治建设。二是保卫国家，地方治安，全民皆兵。三是赈灾治水。以宰相为首与皇权制衡，并"王在法之下"；皇权不下县，乡民自治，上下结合。这充分体现了治理体量巨大，大一统国家的大道至简的优越性。

第五，上述四个特征，护佑中华文明可持续稳定性，5000年没有中断。

进入现代化以来，吃饭、就业、分配、教育、医疗、住房、养老、托幼、安全等问题社会化，中国式现代化的艰巨性复杂性前所未有。但是，体量大重心稳，也是中国最大的特征和优势：稳定性，擅长长期规划和执行；政策连贯性，全面发展，独立自主。传承"井田制"以来的礼法社会主义，相扶持共同富裕，物质文明和精神文明相协调，人与自然和谐共生。和平互惠发展道路。

第五节　纯粹现代生产方式规则与秩序，指导后发展国家向"内部"体制改革

党的二十大报告指出，"中国式现代化，是中国共产党领导的社会主义现代化，既有各国现代化的共同特征，更有基于自己国情的中国特色"。"一般"与"特色"是构成性有机关系。

各国现代化的共同特征，马克思界定为"现代生产方式"。

一、对勘预定偿债生产价格法，我国"文革"以来外部政治体制特征

自"文革"浩劫以来，我国生产的分配偏离了价值规律，沿用革命过于激烈，军事共产主义"财政决定分配"临时组织措施。1994年三税制改革以来，财政收入增长率是GDP增长率的2倍，至今高于GDP增长率已经48年（参见图5-1，系2003年统计数据计算的分配率，增值税没有改成消费型以前，这张图变化不会太大，并且现在"折旧"的统计法有变动已经不可比），当今急待复兴现代生产方式生产力绝对发展的生产的分配正义（见封底萨缪尔森——美国顶峰牙膏厂生产的衡分配分饼图，2003年的计算疏忽了5万美元库存，2024年版进行了修正）。

其中：我国工资总额扣除价外增值税后只占创造价值的27%，而现代生产方式的标准是占比50%，我国只有WTO国际标准的54%。

财税收入中对企业征税占企业所创造价值占比35%（其中生产型增值税占比18%，占税收的一半），而现代生产方式的标准是占比10%。我国是WTO国际标准的3.5倍，税收之重几次被评为世界前三名，税赋重表现为企业负债经营，和所提取折旧用于还债。

利息股息租金占22%，而现代生产方式标准是10%，是国际标准的2.2倍。

用利润偿还本金为零，而现代生产方式标准是10%。

折旧费占11%,是用折旧费偿还利息和本金。

多级管理费和营销占比23%,而国际标准是10%,我国是国际标准的2.3倍。

贷款的贷款成本是39%—51%,而世界银行的规定是5%,是世界银行的8—10倍。新贷款还旧贷款,撬动投资货币量增加一倍,落入开发商、银行、地方政府之手,资本空转。

按财政决定的生产的分配的标准,综合企业亏损占比-18%,企业大面积亏损因生产型增值和高利贷引起,导致6000万国有企业职工特别是制造业深加工企业职工集约式下岗失业。多数企业依靠地方土地财政和减免税苟活。生产型增值税和资本利息进基建加价,是资本空转,把财政赤字计算到企业账目上。康芒斯指出,一国工业全面亏损可以肯定是分配率出了问题。

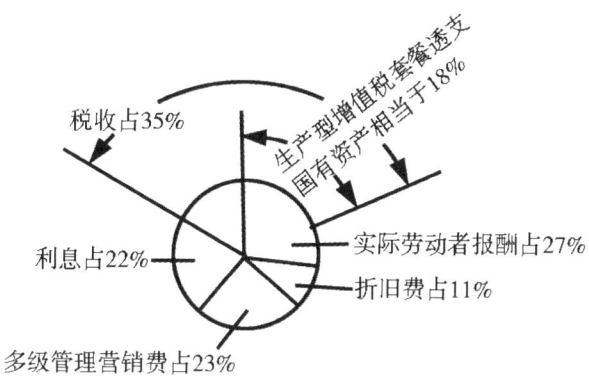

图 5-1　我国企业人创造价值在实际工资总额和费用要素之间的分配率

二、对勘英国历史逻辑,为什么中国式现代化法制不健全

英国位置在欧洲西北角上地处偏远是移民国家,11世纪日耳曼野蛮部落法王在法之下宪政,先有市民社会法,1648年后有国家和制定法,这一特殊历程中,已经富有和强大的第三等级有财力用贷款抵押式收买了包税权、关税权等,并以此作为条件而把控了王权,从而通过革命掌控了议会权,市民法有幸在议会获得通过成为国家统一大法。

《共产党宣言》指出,无产阶级夺取政权胜利后,面对嗷嗷待哺的劳苦大众，为人民的现实幸福，这就要求无产阶级专政恢复发展并恪守现代生产方式宪制宪政"中性法律"。

当市民法固定在现代生产方式的规则与秩序中而获得"确定性"，马克思发现，只要是与现代生产方式相适应的就是正义的。这对政治也适用，"无论是政治的立法或市民的立法，都只是表明和记载经济关系的要求而已"。世界文明互鉴，历史或外交政治抗议来提醒革命政府。

与英国市民法上升为国家统一大法对勘，中国的顺序恰好相反，而陷入"立法程序"困境。一是革命过于激烈，无产阶级专政（法律空白），财政决定分配，认为"法律不健全经济也发展得很好"，对法律建设失去了初心的那种紧迫感。二是尽管中国"礼法"丰富而全面，但是中国没有经历过"现代生产方式"成长全过程，并不知道现代生产方式选择了哪些法律体系这一感性认识，和平时期经济建设为中心以法律为中介的"统一战线"遭遇中梗阻。三是中国劳动者和资本使用者基本没有英国那段重建古希腊那种生产共同体自治的、那500年在"胎胞"里"共生"成长的历史，也就没有建立起牢固的"资本使用者与劳动者是事实上的共生关系"，新中国成立初期"劳资两利、四马分肥"政策由于缺少法律中介的保护和推动而未能坚持下去。反而正如李嘉图青年学派认为并主张劳动者的愿望是分光吃光，动不动就艳羡"免费"掉馅饼，无产阶级自身缺少"劳资共生"观念，没有实践来教会他们需要以现代生产方式为正义实施生产的分配正义，而缺失以自己的阶级专政权力来强制国家政府机器政治协助"现代市民法"定制。四是迄今为止不能回答"什么是现代方式"，就不知道现代市场为何物。五是财政决定分配，政治在经济之上，在法律之上，没有协助统一国家市民法的内生性积极性，是被动者。六是不忘初心。青年毛泽东指出"法令者，代谋幸福之具也"。革命过于激烈，反而变成了法律是维护政治的工具。

三、现代生产方式五个条件、八个特征，就是体制内部化改革的要领

非西方的中国终于实现迅速和平崛起。将超前的实践上升为理论，最简约的方法，就是从西方"现代文明的野蛮"中，分离出为世界认同的

"现代文明"作为标准，并兼顾"现代性"与"民族性"，用于和中华文明对勘，增强中华民族的自信，发现不足，从而为中国政治体制改革指明方向和道路。这些重大课题、难题的科学解答，正需要借鉴或者"聆听"马克思恩格斯的思想智慧，并从中找到破解发展困境、进步困局的钥匙。[①]

市民法适应现代生产方式的部分也是一种生产力要素，必将指引中国尽快实现市民法上升为国家统一的制定法，实现全国统一大市场。唯有得到法律强制管理保护，新时代才安全、稳定、可持久，成为一个伟大的历史时期。具体建议如下面所列。

第一，通过历史纵向对勘，确定我国深化体制改革的任务。即找回"井田制"什一中正法与法律；学校复兴"国语"教育；适合现代生产方式的宪制宪法宪政市民法在上，政治的治理在法之下，政治权、财产权成本限制在"什一律"关进现代市民法笼子。

对勘基督教文化圈，宗教伦理道德严格禁止高利贷，世俗社会王在法之下，设立严格的禁止高利贷市民法和刑法，违法者直接被抓进监狱。而我国受到西方新金融自由主义"企业追求利润最大化"的误导和腐蚀，自1991年起擅自废止了中华民族从周王朝起实行的"井田制"法理租息利税什一中正之制历史传统，导致高利贷、高税负给"拨改贷"改革造成很大阻力，是市场价格无法可依不确定性、社会伦理道德滑坡的制度性原因之一。因此，复兴"井田制"法理，民法与刑法衔接，制定严格的禁止高利贷法，是重中之重。

第二，通过历史横向对勘，中国急需要复兴德礼法，急需要学习纯粹现代生产方式"法定偿债生产价格构成法"的全套法律和相对应的内部体制，加快法制和体制改革。

第三，对勘英国历史逻辑，为什么中国现代生产方式需要的法制不健全？

中国在一定程度上需要借助国际市场的力量，国际优秀的法律国内

[①] 翟俊刚：《马克思恩格斯文明观的基本内容及其当代意义》，载《世界社会主义研究》，2023年第10期。

化。复兴中国梦的第一要务是复兴中国礼法,从而任由现代生产方式的需要来选择。

第四,无产阶级夺取政权实际是现代生产方式内部的政治权力更迭。

革命过于激烈专政(法律空白),修复王在法之下宪政,及中性法则政治在法之下。

体制改革的第一步,是法定全国各级政府最终消费总和(扣除军费部分)必须限制在 GDP 的 10%左右。

参考:1992 年数据统计的分析,包括军备,德国 8%、日本 9.4%、法国 14.7%、美国 16.1%、英国 14.1%。

第五,法律人格权"禁止高利贷",是人格权的限度。

把法定财产权成本控制在资本价格利息率 10%以内,适度为 3%—5%。既为创业提供廉价资本,也让勤俭的劳动者的储蓄也能分享到生产力提高的红利,增加获得感。百姓有财产存量,是自助防灾保险、择业或创业自由的物质基础。

第六,无偿借用。这是伦理、道德、法律高尚法理的起点,是债关系最小伤害的起点。现代生产方式,亚当·斯密指出,利润率在富国自然低,在穷国自然高,在趋向灭亡的国家利润率最高。但是为什么中国学者信奉"利润最大化"不以为耻反以为荣?原因之一就是因为缺少"借用"伦理,缺少"金匠"故事中从交纳寄存费到收取最小伤害资本利息率这样的伦理道德学理、法理知识,法律"借用"习惯法。之二,没有站在生产债务人权的视角看问题,资本使用者债务人希望资本利息率越低越好,这样贷款投资的偏好越大、增加就业机会越多,是现代生产方式动力源。

第七,以委托合伙为正义准则的债关系。

第八,委托合伙准则的劳务关系法,工资总额均分创造价值,制度成本不得侵犯总工资均分所创造价值这一生产的分配正义准则;员工参与企业管理,参与超额利润分配或企业内部股份制。

第九,价格法,通工等偿价值规律。当供求平衡:正常价值=偿债生产价格构成法=市场价格=市场价值。禁止高利贷法对价格允许波动的区间也适用。

第十,"禁止高利贷—治产人信贷法"。量化禁止高利贷五个阶梯。

第十一,"禁止高利贷—三重契约","20 年期生产线抵押贷款"模式,它的 3 个关联合同。

第十二,"偿债生产价格比率构成法区分财税法"。

"民、商、税"法统筹定制(剩余价值率＝1∶1;剩余价值转化为制度成本在五要素之间均分)。生产债务法优先还本付息大于财税法。

马克思"农奴徭役剩余价值率 1∶1"否定之否定,指导我国工资总额与法定制度成本均分体制改革。

马克思剩余价值论"否定之否定",制度成本均分和质变,剥削率从 50%下降到 20%,生产力百倍增长。指导生产要素体制改革。

生产的分配变革:二次均分与剩余价值部分用途质变。

法定各级政府最终消费总和不得超过 GDP 的 10%(什一税);增值税改为消费型。

第十三,为了达到这个法律尺度,一是无代表无税,政府不得擅规定临时规定和征收税费。二是精兵简政。三是使用 AI 管理减少政府人工职能。四是国有企业经营保障房,以此平台复兴中国传统"驿站"模式,以大幅度降低吃皇粮的人员的差旅费,解决当下行政事务费用过高问题。五是由银行代为收取税赋,降低征税成本。六是罚款等行政收费纳入法制管理,政府罚单和关系人诉讼,法院裁决权等。七是土地收入、罚款、各种收费等各种财政外收入列入财政内。八是公务员的工资仅允许比企业同等工资水准高出 10%左右。

第十四,公法居住权法。复兴(国发〔1998〕23 号)《国务院关于进一步深化城镇住房制度改革加快住房建设的通知》规则,上升设立为公法居住权法。住房抵押贷款偿债生产价格公式＝住房总价格/家庭收入＝6.7 年(包括支付利息),20 年期住房抵押贷款三联合同。

劳动者租住公定面积及以下的住房,房租金额超过家庭收入的 25%的部分,由政府补贴。

第十五,对勘国际通行规则,例如 WTO 规则、世界银行规则、世界货币基金组织等规则的国内化。

第十六，市民法基本名词概念与国际通行《市民法》取得统一，借鉴英国财产法、德国民法典、WTO、国际货币基金组织、世界银行中的守成法。

第十七，现代生产方式为正义准则，教科书，思想、教育体制改革。

关于教育：关键是课本。

国语替代语文，小学学习《论语》精句；初中学习"礼法"精句；高中学习《孟子》，大学必修"国文"科目，西方发达国家也是将古希腊哲学作为精英的必修课。公务员考试必考国文"仁政""礼法"。

西方次生文明现象可以佐证，从某种程度可以说，现代生产方式的正义准则正是从中华5000年历史文化中走来。

以马克思经济科学为蓝本，设立法制经济学、法制政治学、法制金融学、法制银行财政学、现代生产方式法哲学、习近平法治思想理论体系研究。

第十八，中华民族5000年没有中断，必然有她的过人之处，一是人民创建了井田制生产方式及其将财产权、政治权关进"井"内什一中正为中介的"共生"关系。二是周公吐哺天下归心，儒家文化守护文明传统的唯物观念和方法。例如以井田制法理，作为法律建设的初心；孟子儒家文化对权力的管护制度；三府六院权力制衡制度；官吏治理制度，官员的选拔和考核制度。

作为人民共和国，人民最关心的是国家接班人的培养，国家接班人接力棒传承任期制度，避免个人崇拜；国家法律政治连续稳定性和权力自我矫正制度；人民监督制度和通道的畅通，禁止"主权命令"专制；党政分工协作，我党的三大法宝、三大作风、集体领导制度等的历史性传承等。这些都是关系国家可持久稳定发展的大事。所谓打苍蝇应先打扫厕所，百姓心中有杆秤，民能载舟亦能覆舟。以上只是大略。"市场社会法"建议，详见《经济与法律·科斯四大定律猜想·民商法建议900条》下册。

在习近平领导下，用5年时间精准扶贫，实现了7亿多人口摆脱极端贫困（参照联合国"极端贫困"指标）这一骄人成就，绿水青山就是金山银山深入人心。建设小康社会人民更多的获得感，唯有体制改革降低制度成本，按照二十届三中全会的规划，必将用 5 年时间财政改革实现政府最终消费下降到占 GDP 的 10%（不包括军备）以内，倒逼精兵简政。

对比与质疑：

《资本论》是一部人类社会发展的至圣经典，学界发现，"马克思是一个辩证论者，《资本论》更是辩证法的'杰作'。如果回到《资本论》及其手稿，我们会发现，马克思在揭示资本及其制度罪恶的同时，并没有否认它对人类历史和社会发展的积极作用"[1]。而有学者认为，在建设时期马克思学说已经过时，值得商榷。

（一）有人认为历史不能复制，这是因为不了解西方"现代"就是重建历史中的一种正义形式。中国抗战的延安圣地类似于欧洲的"新兴城市"互为生存条件，就创建了类似的军民融合的生产共同体，毛泽东称之为"新式工业"。

（二）有的学者认为，"社会改造的任务已经完成，马克思的革命理论已经不再能够指导党的实践"，阶级斗争"不再是主要矛盾"，认为"马克思革命理论可以退位了"。那么出现了睡在身边的赫鲁晓夫、戈尔巴乔夫，怎么办？！美西方对中国搞和平演变，不就是严重的阶级斗争吗？

（三）关于二分法。马克思指出，新旧社会之间"无对象性对立，矛盾斗争杀灭"二分法。如果认为对人民内部矛盾也使用二分法，人民之间只剩下互斗一种关系，"文革"浩劫证明是错误有害的。

（四）马克思学说首先是"经济学的哲学"，是"经济科学"，主要研究对象是纯粹现代生产方式的"生产和交换规律"，在经济科学的基础上，"只要是适合现代生产方式的就是正义的"为准则，对整个旧社会的批判。

并且，中国按照《共产党宣言》需要三步走付诸实践，迅速和平崛起，在 2010 年位列世界第二大经济体。

---

[1] 聂锦芳：《完整准确地理解经典马克思主义的资本理论》，载《光明日报》，2022 年 7 月 25 日。

而有学者却认为马克思没有回答如何改善资源配置、提高生产效率……这实际是一种罔顾事实、一种不负责任的、不学无术孤陋寡闻的武断。

（五）关于计划经济。现代生产方式是20年期的偿债计划经济和债务市场，所以中国并没有全面否定有计划。因而"有计划"不是什么教条主义。

（六）中国180年来开放包容改革学习世界占支配地位的"新式工业"。中国共产党在马克思主义"全世界无产者联合起来"群众路线指引下，通过唤醒、发动人民的力量、发挥传统文化潜质，三大法宝、三大作风而取得今天的丰功伟绩。而不是什么"中国自己独创的文化"虚无主义。

（七）马克思的科学的哲学是建立在混杂的现实"现代文明的野蛮"的现实基础上。正能量"纯粹现代生产方式"为正义，批判以贩奴、殖民地为实践的劳动力价格由农奴替代边际下降到准奴隶。

而有的学者认为"资本和劳动早已形成你中有我、我中有你的局面"。这并不符合事实，其一，"劳动按要素进行分配"，但是分配比率帕累托最优是企业破产的边际；自由契约优胜劣汰弱肉强食，无产自由劳动合同制，必须征得他人同意才能劳动也才能生存，各国政府机器不得不设立救助法律。其二，只有在中性法律区间，劳资两大阶级可以达成"共生关系"，并不是任何状态下都是"共生关系"，所以需要三分法协调内部矛盾。

（八）马克思"现代生产方式"内部的剩余价值理论是两次否定之否定。

第一次，榨取剩余价值的本质有剥削原罪，但是"农奴徭役剩余价值率＝1∶1"习惯法保护了农奴家庭的生命权，而资产阶级土地私有权废止了习惯法，底层贫苦大众失去了所有法律保护，所以否定之否定还需要复兴习惯法。

第二次，"禁止高利贷—三重契约"，一是法定优先资本（过去剩余的积累）专用于做成生产工具；二是用利润还本付息，本金再生产工具。部分剩余价值的用途发生质变,剥削率由50%下降到20%,生产力是百倍增长绝对趋势。剩余价值论第二次否定之否定。只要现代生产方式生产力没有释放完毕,马克思经济科学就不过时。

而有学者认为马克思经济学哲学是"建立在劳动价值论基础之上的剥削理论"已经过时,是没有读懂"剩余价值论"。

(九)流行的"文明",分为西方文明,西方现代文明的野蛮,世界一般现代文明,各民族文明,中华文明等。中国共产党是现代文明与中华文明相结合的产物。因此,有的学者说"中国共产党是西风东渐的产物",而"西风"隐喻"全盘西化",有引诱误入"华盛顿共识"歧途之嫌疑。

(十)纯粹现代生产方式需要适合的法律维护安全、稳定、可持续社会和平大环境。大道至简,从法律角度管护"20年期生产线抵押贷款"三联合同的顺利实施,即为了管护"现代合同信用周期为20年—30年—99年—现代生产方式自然历史阶段千年以上",所选择实体法的核心部分必须具有相对应的时间周期的稳定性。

第六章 新中国走向全面依法治国道路

背景：

（一）中国共产党为人民服务，所以人民拥护共产党。参照法律高尚、中庸、合法阶梯，底线是遵守市民社会契约关系。

（二）加入《世界贸易总协定（WTO）》、世界货币基金组织（IMF）、世界银行，国际通行市民法需要国内化。

第一节 《宪法》一切权力属于人民，现代生产方式法律约束"廉价政府"

一、《宪法》文本关于一切权力属于人民

（一）社会主义中国一切权力属于人民。《中华人民共和国宪法》文本规定如下。

"第一条 中华人民共和国是工人阶级领导的、以工农联盟为基础的人民民主专政的社会主义国家。

"社会主义制度是中华人民共和国的根本制度。中国共产党领导是中国特色社会主义最本质的特征。禁止任何组织或者个人破坏社会主义制度。"

"第二条 中华人民共和国的一切权力属于人民。

"人民行使国家权力的机关是全国人民代表大会和地方各级人民代表

大会。

"人民依照法律规定，通过各种途径和形式，管理国家事务，管理经济和文化事业，管理社会事务。"

"第二十九条　中华人民共和国的武装力量属于人民。它的任务是巩固国防，抵抗侵略，保卫祖国，保卫人民的和平劳动，参加国家建设事业，努力为人民服务。

"国家加强武装力量的革命化、现代化、正规化的建设，增强国防力量。"

（二）人民通过选举、监督权行使人民权力。

《宪法》"第三条　中华人民共和国的国家机构实行民主集中制的原则。

"全国人民代表大会和地方各级人民代表大会都由民主选举产生，对人民负责，受人民监督。

"国家行政机关、监察机关、审判机关、检察机关都由人民代表大会产生，对它负责，受它监督。

"中央和地方的国家机构职权的划分，遵循在中央的统一领导下，充分发挥地方的主动性、积极性的原则。"

"第五条　中华人民共和国实行依法治国，建设社会主义法治国家。

"国家维护社会主义法制的统一和尊严。

"一切法律、行政法规和地方性法规都不得同宪法相抵触。

"一切国家机关和武装力量、各政党和各社会团体、各企业事业组织都必须遵守宪法和法律。一切违反宪法和法律的行为，必须予以追究。

"任何组织或者个人都不得有超越宪法和法律的特权。"

"代表制政府"即法律"代理"意思，政府遵守受托法律规则"合法强制力"，对于政府官员非法行为，触犯市民法的，为非法行为无效；触犯刑法的，按刑法处置。

"第二十七条　一切国家机关实行精简的原则，实行工作责任制，实行工作人员的培训和考核制度，不断提高工作质量和工作效率，反对官僚主义。

"一切国家机关和国家工作人员必须依靠人民的支持,经常保持同人民的密切联系,倾听人民的意见和建议,接受人民的监督,努力为人民服务。

"国家工作人员就职时应当依照法律规定公开进行宪法宣誓。"

国家机关最终消费成本率,遵守守成国家综合什一税制税率;遵守中国"井田制"法制法理"什一中正之制"历史逻辑,通过法定政治成本什一税倒逼精兵简政。

"第二十八条 国家维护社会秩序,镇压叛国和其他危害国家安全的犯罪活动,制裁危害社会治安、破坏社会主义经济和其他犯罪的活动,惩办和改造犯罪分子。"

(三)一切权力属于人民的实现形式。人民有权力,但是人民需要以"集体"能力形式来治理国家,即人民最高权威形式应是与"国家"概念对等的最高层面的社会"公共性""公权力"。

(四)关于孙中山"五权宪法"。孙中山是国人心中的国父。自从1949年10月1日第一个国庆日起,在每年五一劳动节和国庆节,孙中山的巨像都树立在天安门广场上,以展示中国革命的延续性。

孙中山建立权能分立理念,主张分离为民权和治权。清王朝在1911年辛亥革命之后交权,国民政府成立不久,在"革命过于激烈"过渡时期做了政治安排,孙中山的具体主张是把选举、罢免、创制、复议权交给人民;把立法、司法、行政、考试、监察治权交给政府(应指大政府权责)。其中政府职能机构:立法院——立法权,审核权,宪法起草权;司法院——审判权,检察权,宪法解释权;行政院——行政权;考试院——考核权,裁撤权;监察院——监察权,弹劾权。

而当国家达到以经济建设为中心的和平发展时期,立法、对政府监察权就应交由人民代表大会——最高公权力团体。而承担"治理"责任的国务院的监察机构属于治理权自查范畴。

二、国家的根本任务是建设现代化,决定宪政和廉价政府

(一)"国家"概念首先是一方领土,有明确的空间范围和边界,有主

权永续性时间特征。中国，中华民族儿女 5000 年世代繁衍生息的地方，生活在国土里的人是"国民"，是国家之根基，即"国以民为本"，"民为邦本，本固邦宁"。

国家——人民的家园——国家主权高于阶级矛盾。1937 年抗日统一战线，民族矛盾上升为第一位，阶级矛盾下降为第二位。如果国家灭亡了，一切阶级也就跟着做亡国奴了，所以，"起来，不愿做奴隶的人们，把我们的血肉，筑成我们新的长城"。

国家主权。国内共同体内部，国家主权是指国家区别于其他社会集团的最重要属性，是一个国家固有的在国内的最高权力和在国际上的独立自主权力。任何国家都有权按照自己的意愿，根据本国的情况，选择自己的社会制度、国家形式，组织自己的政府。

国家能力，包括以下几种：吸收和发展能力；调控能力；合法化能力；强制能力。国家能力的社会构成包括国家最高能力、政府治理能力、社会能力、大众能力、在世界民族之林当中本国人民特有的能力。因此，只能说政府能力是国家能力的其中一种，不能擅自以为中央政府就是国家能力。

但是在美西方，民族国家是（日耳曼）野蛮部落法优胜劣汰关系，在 2024 年 2 月举行的德国慕尼黑安全会议小组讨论发言中，美国国务卿布林肯在说到中美竞争时，说了一句露骨的老话，"在国际体系中，如果你不坐在餐桌上，你就会出现在菜单里"。美西方基于国际霸权规则的秩序是国与国之间吃和被吃关系。

（二）国家（江山领土）、人民、社稷（典章制度，社会结构性）是国家主权三合一。个人的人与社会人之间的矛盾性，这决定了社会设立法律的必要性。国民众人有冗余"冲动、暴力、理性"可能性，但是个人冗余极端自由必导致"国无宁日"所以没有可行性。人类终于学会了需要一套典章制度（就像细胞之间需要有介质），用以规范行为，给每个人的自由划一道边界。这种社会边界既可以保证大众稍加约束就能遵守，又能充分发挥个人对外张力，实现合伙自力更生谋生存繁衍发展幸福。这套典章制度，软的是文化、伦理、道德、政治，硬的就是法律——"合法强制力",用以防止一部分人——无论外人还是内人——侵犯另外一部分人。由此,国家(江山领土)、人民、社稷(典章制度)就是国家主权三合一构成性,缺了哪个元素就不构成以国家为单元的"人类社会"。本书写作起始于 2018 年,为此本书引用 2018 年 3 月 11 日第十三届全国人民代表大会第一次会议通过的《中华人民共和国宪法修正案》后的《宪法》,遵守法律是守成原则,信奉制定法需要经过社会实践的考验才能建立起信誉。

本书的目的,即《宪法》规定"国家的根本任务是现代化建设"。纯粹现代生产方式需要适合的法律维护安全、稳定、可持续社会和平大环境。大道至简,从法律角度管护"20 年期生产线抵押贷款"三联合同的顺利实施,即为了管护现代合同信用周期为 20 年—30 年—99 年,所选择实体法的核心部分必须具有相对应的时间周期的稳定性。

三、纯粹现代生产方式决定宪政,法定廉价政府成本什一税尺度

(一)《中华人民共和国宪法》规定国家的根本任务是建设现代化,决定了国家实行宪制政制,宪治政治。

现代生产方式自然历史阶段的社会特征,由于增加了"禁止高利贷—三重契约",所以必须是依法制治理的市民共同体社会。大工业集约生产方式,要求劳动力自由集约和自由流动,即劳动力是自由人。马克思指出:"政府的压迫力量和统治社会的权威随着它的纯粹压迫性机构的废除而被摧毁,而政府应执行的合理职能,则不是由凌驾于社会之上的机构,而是由社会本身的承担责任的勤务员来执行。"① 取而代之的是类似于巴黎公社那样的作为社会公仆的"廉价政府"。②

现代廉价政府有硬指标,马克思界定,只要是适应现代生产方式的就是正义的,以此规范,一是以历史角度发现了英国先出现新兴城市现代生产方式自治"雇佣政府为我们服务",政府服从公平契约。二是发现首先

---

① 《马克思恩格斯选集》,第三卷,人民出版社 2012 年版,第 168 页。
② 《马克思恩格斯选集》,第三卷,人民出版社 2012 年版,第 101 页。

出现市民自治夺取议会立法和监督权，后出现国家政府遵守国家统一市民法，欧洲历史地形成"政府在市民法之下"。三是发现"政府成本"是现代生产费用的一个要素，政治在价格法之下，即什一税为中性的尺度。四是唯物观念论角度发现了政治必须有经济物质供给和经济意识形态供给才能生存；法律把政治关进法律笼子，为生产要素提供了依法的自由张力；并且现代法律原则"记载经济关系的要求"，法律记录经济客观性的要求，则合法政治也必须服从经济客观规律要求。

政治哲学以民为本的"修身"方法不断扩展。

尧鼓纳谏，舜木求箴。传承为击鼓鸣冤。设立民告官诉讼渠道等。

《论语·宪问》"修己以敬"，"修己以安人"，"修己以安百姓"。

《孟子·尽心上》"亲亲而仁民，仁民而爱物"。

《大学》"修身、齐家、治国、平天下"，"明明德于天下"。

主权"观俗"立法，主权立法自律。《商君书·算地》："为国也，观俗立法则治，察国事本则宜。不观时俗，不察国本，则其法立而民乱，事剧而功寡。"主权制定法的部分，应自觉提高人民对政府的监督意识，借以铲除种种容易滋生腐败和无所作为官僚主义温床。

欧洲参照古希腊亚里士多德考察了雅典城邦政制的原型和变种共6种，欧洲现代国家选择了君主立宪制和共和制。公共事业政府，参照了古希腊平民选举"政府"轮流坐庄制度。西方普选是1965年以后的事情，还不成熟，需要观察。

（二）对主权者或主权者代表的法律约束。受人民委托的立法机构、政府首先是法律的拥护者、敬畏者、守法者，然后立法机构是立法程序执行者、执行监督者，政府机构是司法者、法律的执行者和依法办事者。1981年我党历史性决议指出"文革"三大问题（个人崇拜、某些封建专制遗毒、法制不健全）的教训需要时刻警惕，长期处于激烈的革命状态，对转型"社会主义建设事业，缺乏充分的思想准备和科学研究"现象还存在。基于我党"左"倾20年出现的个人崇拜，需要复兴儒家孟子学说"仁政"，将政治工具关进"仁法"的笼子，坚定为人民服务，国家、人民、共产党为一体，为了人民的利益政党在"仁法内政"之下，双保险。

新康德主义"常识—权威—法律"应当是人民的常识。但是由于司法部门审理的是"不守法"行为，阴暗面、法律禁止的边际状态居多，司法部门根据他们的"常识"而进行的"市场规则的制定"，被发现违背"禁止高利贷"原则，存在"隐晦"① 现象。

第二节　中国共产党依法制治理国家的道路

在中国共产党领导下，中国完成了统一、完整的工业现代化，恢复民族自信，特别是40年经济改革迅速和平崛起成为世界第二大经济体。

中国共产党历来注重立法工作，无论是在烽火连天的大革命时期、土地革命时期、抗日战争时期、解放战争时期，还是新中国成立后社会建设时期，都进行了大量的立法工作，进行了一系列有中国特色的法律制度建设，创建了一系列依法制治理国家的方法和经验。

一、以毛泽东为核心的中央领导集体的法制理论和实践

1912年6月，毛泽东在湖南全省高等中学校的作文比赛上获得第一名的文章《商鞅徙木立信论》中作了如下阐述。

> 法令者，代谋幸福之具也。法令而善，其幸福吾民也必多，吾民方恐其不布此法令，或布而恐其不生效力，必竭全力以保障之，维持之，务使达到完善之目的而止。政府国民互相倚系，安有不信之理？法令而不善，则不惟无幸福之可言，且有危害之足惧，吾民又必竭全力以阻止此法令。虽欲吾信，又安有信之理？乃若商鞅之与秦民，适成此比例之反对，抑又何哉？
>
> 商鞅之法良法也。今试一披吾国四千余年之记载，而求其利国福

---

① 韩晓涵：《民法典597条为何如此隐晦》，载《法律读库》，2020年8月20日。

民伟大之政治家，商鞅不首屈一指乎？鞅当孝公之世，中原最鼎沸，战事正殷。举国疲劳，不堪言状。于是而欲战胜诸国，统一中原，不綦难哉？于是而变法之令出，其法惩奸宄以保人民之权利，务耕织以增进国民之富力，尚军功以树国威，孥贫怠以绝消耗。此诚我国从来未有之大政策，民何惮而不信？乃必徙木以立信者，吾于是知执政者之具费苦心也，吾于是知吾国国民之愚也，吾于是知数千年来民智黑暗、国几蹈于沦亡之惨境有由来也。

虽然，非常之原，黎民惧焉。民是此民矣，法是彼法矣，吾又何怪焉？吾特恐此徙木立信一事，若令彼东西各国文明国民闻之，当必捧腹而笑，嗷舌而讥矣。乌乎！吾欲无言。

在这篇文章中，界定了法律有善法、恶法之分；已经将中华民族的"道法"表述明白："法令者，代谋幸福之具也"，法律的目标是为人民谋幸福；法律是方法，是和平民主方法；法律是理性外在的工具。毛泽东早年就积极参加了湖南省宪治运动。1921年中国共产党成立到新中国成立，经历了大革命、土地革命战争、国共二次合作抗日战争和全国解放战争四个阶段。

在第一次国共合作期间，中国共产党对"六法全书"的定制做出贡献，"劳资两利""平均地权"等写入法律；1926年，在湖南农民运动讲习所时开设了法律知识课程。1927年毛泽东参加领导了国民党中央土地委员会对农民土地的调查。

表6-1　1927年国民党中央土地委员会对农民土地的调查

成分	拥有私有土地数量	占农民总数(%)	占地(%)
贫农	1—10亩	44%	6%
中农	10—20亩	24%	13%
富农	20—30—50亩	18%	19%
中小地主	50—100亩	19%	19%
大地主	100亩以上	5%	43%

注：领导人邓演达、毛泽东、谭平山、徐谦等，聘苏联顾问。

资料来源：章有义：《中国近代农业史资料》第二辑，三联书店 1957 年版。

在国共第一次合作破裂期间，以毛泽东同志为主要代表的共产党人创造性提出中国共产党领导的革命根据地建设理论，注重根据地解放区的红色政权创立、法制建设，在瑞金革命根据地政权建设过程中，成立了"中国工农兵会议"立法机构，建立了司法机关，确立了司法制度，人民民主法律思想的轮廓大致形成。

在国共第二次合作期间，在抗日根据地建立了司法机关，贯彻新民主主义法制。认真贯彻中华民国"六法全书"，例如，禁止高利贷，5%利率的生产信贷，股份制，合作制，等价交换、买卖公平，民主选举三三制，自力更生大生产运动，建设军民融合的生产共同体，军队、军事工业正规化建设。以及民间禁止鸦片、改造懒汉二流子、扫盲运动、新生活卫生运动、自由婚姻法等公序良俗建设。

抗战胜利前后，以民盟为代表发动了一场声势浩大的宪政运动。1946年1月，由国民党、共产党和中间派的各党派政治协商会议在国内外关切声中开幕。关于宪政这个概念：真正的宪政要具备三个条件，即"法治而非人治""民主而非专制""和平的政治而非武力的政治"，即"人权为宪政基本"。最后，宪法草案小组以张君劢的提议为基础，达成了宪法草案修改12条原则，即《宪法草案》。它确定了议会制、责任内阁制、中央与地方均权及人权保障等原则。[1] 这次会议，对新中国成立前夕的政治协商会议决议和新中国五四宪法都产生了影响。

第二次国共合作破裂，解放战争期间，特别注重运用法治手段迅速稳定新解放区的社会秩序，恢复生产和生活。

1948年5月25日应毛泽东的邀请，陈谨昆、谢觉哉、张曙时、李木庵到西柏坡商谈法制建设，刘少奇指出："刑法先就旧的改一下施行。民

---

[1] 石毕凡：《历史性妥协的瞬间：近代中国移植西方宪政之最后尝试》，载《社会科学战线》，2004年第4期。

法也可以这样，边做边改，以稳定社会秩序，保障私人财产，使人民乐于生产建设。要训练干部，要建立正规法治，有助于人民建设的就用，否则就改。"根据刘少奇的指示，起草了《土地法》《民法》《民事诉讼法》《刑法》《新民法》《新民事诉讼法》《新刑法》等。1949年9月21日中国人民政治协商会议第一次会议召开。①

（一）解放前夕宣布废止中华民国"六法全书"，开始了新中国法律制度建设和依法制治理时期。

毛泽东在谈到宪法的立法原则时说，"原则基本上有两个：民主原则和社会主义原则。我们的民主不是资产阶级的民主，而是人民民主"②，其根本目的就是保障人民"管理国家、管理军队、管理各种企业、管理文化教育的权利"③。毛泽东亲自主持了新中国第一部宪法的起草工作。他在中央人民政府委员会举行的讨论宪法草案会议上指出："一个团体要有一个章程，一个国家也要有一个章程，宪法就是一个总章程，是根本大法。用宪法这样一个根本大法的形式，把人民民主和社会主义原则固定下来，使全国人民有一条清楚的明确的道路可走，就可以提高全国人民的积极性。"④ 1954年9月召开了第一次全国人民代表大会，制定了中华人民共和国宪法。

新中国成立之后，十分重视社会主义法制的建设。1949年9月底，中国人民政治协商会议第一次会议制定了《中国人民政治协商会议共同纲领》，后来又通过了《中华人民共和国婚姻法》《中华人民共和国工会法》《中华人民共和国土地改革法》《中华人民共和国惩治反革命条例》《中华人民共和国民族区域自治实施纲要》等。新中国在短短两三年时间里迅速制定颁布了近1000件法律、法令和法规，初步建立起了社会主义法制

---

① 晓蔚：《陈谨昆：毛泽东倚重的法学家》，载《党史纵横》，2022年第10期。
② 《毛泽东文集》，第六卷，人民出版社1999年版，第326页。
③ 《毛泽东文集》，第八卷，人民出版社1999年版，第129页。
④ 《毛泽东文集》，第六卷，人民出版社1999年版，第328页。

体系。

以毛泽东为主要代表的中国共产党人创造性提出制定共同纲领和社会主义宪法，实行人民民主专政的国体、人民代表大会制度的政体、单一制国家、民主集中制，确立社会主义基本制度，正确处理人民内部矛盾等重大理论。这些重要理论创新，深刻回答了在革命和建设进程中，我们党如何团结带领人民运用宪法、法律方式方法推翻旧政权、建立新国家、巩固和发展新政权、保障人民当家作主等重大问题。

新中国成立了政治协商会议，在民族关系上，毛泽东提倡民族平等和民族团结，在少数民族聚居的地方实行民族区域自治。这是西方民主所没有的。这一方面是鉴于当时法制不健全，协商成为一种补充，同时也延续了中国民俗，请德高望重的贤者调停解决矛盾。这逐渐被保留下来，成为中国的"司法与调解"相结合的法制与法治相辅相成特色。

同时，新中国成立初期，领导人将法律作为控制社会的"阶级斗争工具"和"专政的工具"，特别强调维护革命秩序、强化法律的专政职能。在立法方面，更加注重具有强烈国家性质的宪法和刑法体系的建设。在当时的国内国际严峻大环境之下，是必须的。

（二）1956年9月—1975年曲折时期。

1956年9月，召开了党的第八次全国代表大会。大会着重提出了执政党的建设问题，强调要坚持民主集中制和集体领导制度，反对个人崇拜，发展党内民主和人民民主，加强党和群众的联系。

1956年2月苏共召开二十大，赫鲁晓夫发表"反对个人崇拜"秘密报告，引发波兰、匈牙利"反对个人崇拜"动荡。9月我党召开第八次全国代表大会统一认识。10月发生匈牙利事件。鉴于对"西式民主"和平演变的高度警惕，中国为加快速度而导致某种"左"的倾向，开展了反修防修运动，但是出现严重的内卷，阶级斗争扩大化、政治挂帅等问题。1981年6月27日，中国共产党中央委员会《关于建国以来党的若干历史问题的决议》针对"文化大革命"指出：

> 我们党过去长期处于战争和激烈阶级斗争的环境中，对于迅速到

来的新生的社会主义社会和全国规模的社会主义建设事业,缺乏充分的思想准备和科学研究。……这种现象是逐渐形成的,党中央对此也应负一定的责任。……但是长期封建专制主义在思想政治方面的遗毒仍然不是很容易肃清的,种种历史原因又使我们没有能把党内民主和国家政治社会生活的民主加以制度化,法律化,或者虽然制定了法律,却没有应有的权威。这就提供了一种条件,使党的权力过分集中于个人,党内个人专断和个人崇拜现象滋长起来,也就使党和国家难于防止和制止"文化大革命"的发动和发展。[①]

在"文革"期间,在"左"的思想的指导下,中国在治国方式上出现了"以政策代法"、以"个人专断和个人崇拜代法"现象,"法律虚无主义"和"法制无用论"盛行,在一段时间里全然不理会汉字甲骨文、金文"法制"的初心,在年轻学者中造成恶劣影响。也因此,第三代中央领导集体特别提出要培养新一代高水平的法学专家。

在马克思主义理论指导下,中国共产党创建了三大法宝,形成了三大作风。在以毛泽东同志为主要代表的中国共产党领导下,中国革命成为世界革命的一个组成部分,首创推翻三座大山革命理论,建设中国共产党领导的革命根据地理论,指导根据地和解放区的红色政权创立、法制建设;提出建立人民民主专政的"新式工业决定一切"的新国家。社会主义革命和建设时期,中国共产党人创造性提出制定共同纲领和社会主义宪法,确立社会主义基本制度,正确处理人民内部矛盾等重大理论。引导我党团结带领人民运用宪法、法律方式方法清除旧的生产关系和上层建筑,建立新国家、巩固和发展新政权、保障人民当家作主等。尽管道路曲折,但是,除去个别特殊年份,1952—1977年国民经济依然保持了年平均6.5%的增长速度。

---

① 1981年6月27日中国共产党第十一届中央委员会第六次全体会议一致通过的中国共产党中央委员会《关于建国以来党的若干历史问题的决议》。

二、以邓小平为核心的第二代中央领导集体的法制治国思想

（一）1978年12月，十一届三中全会决定把党和国家工作的重心从"以阶级斗争为纲"转移到为人民的现实的幸福"以经济建设为中心"上来，做出了经济改革的伟大决策。全会发出了"加强社会主义法制"的号召，提出了"有法可依、有法必依、执法必严、违法必究"的十六字的法制建设和法治工作方针。从此，中国法治建设步入了恢复重建、持续发展、形成中国特色的大道。前30年相对忽略了关于社会、经济等方面的民商税法建设的状况正在改变。[①] 在党中央的领导下，1979年7月1日，五届全国人大二次会议一天之内通过了刑法、刑事诉讼法、地方各级人大和地方各级政府组织法、全国人大和地方各级人大选举法、人民法院组织法、检察院组织法和中外合资经营企业法等7部法律。在这一方针指导下，"82宪法"、《民法通则》《民事诉讼法（试行）》《行政诉讼法》等基本法律相继修改或出台，为适应经济改革的需要，制定颁布了三资企业法等涉外经济法律法规，立法工作取得了举世瞩目的成绩。将党和国家的工作重心转移到经济建设上来，并致力于法制的恢复、发展，中国法治建设步入新时期。

还有，就是对江青"四人帮"反革命集团的大审判，成为我国民主和法制发展道路上的一个引人注目的里程碑。

（二）关于法治与个人崇拜人治，法治与人的治理的中间灰色地带。

在十一届三中全会之前的中央工作会议上，邓小平在闭幕会的讲话中就指出："现在的问题是法律很不完备，很多法律还没有制定出来。往往把领导人说的话当作'法'，不赞成领导人说的话就叫做'违法'，领导人的话改变了，'法'也就跟着改变。所以，应该集中力量制定刑法、民法、诉讼法和其他各种必要的法律……"1978年12月13日，邓小平在《解放思想，实事求是，团结一致向前看》的讲话中第一次明确提出："为了保

[①] 唐采虹：《法治：中国共产党的必然选择》，载《江西大学学报（哲学社会科学版）》，2001年第4期。

障人民民主，必须加强法制。必须使民主制度化、法律化，使这种制度和法律不因领导人的改变而改变，不因领导人的看法和注意力的改变而改变。"① 1988 年，邓小平在会见外宾时说："我有一个观点，如果一个党，一个国家把希望寄托在一两个人的威望之上，并不很健康。那样，只要这个人一有变动，就会出现不稳定……我认为过分夸大个人作用是不对的。"②"国要有国法，党要有党规党法"。这是针对 1956 年 9 月—1976 年党内发生的个人崇拜而言。在现实中需要注意的是，在法治与人治之间，还有灰色地带，例如协商、关联、共生、调解，这是集众人智慧的"人治"，协商是建设法制和推行法治的群众基础，是贯彻法制和法治的一种补充。而区别于个人崇拜、专制。

邓小平作为中国经济改革的总设计师，在国家和社会治理上进行了卓有成效的拨乱反正工作，他的民主法制思想符合当时中国最大的实际，呈现出鲜明特色：民主与法制相结合。邓小平指出："旧中国留给我们的，封建专制传统比较多，民主法制传统很少。解放以后，我们也没有自觉地、系统地建立保障人民民主权利的各项制度，法制很不完备，也很不受重视。"③ 在党的十三大报告中，更是把"高度民主、法制完备"作为建设有中国特色社会主义民主政治的一项重要内容。

以邓小平为主要代表的中国共产党人，建设和法制两手抓，处理好法治和人治的关系，法律面前人人平等，"民主法制"思想成为经济改革和现代化建设时期我国法治建设的重要指导思想。1992 年年初，邓小平在南方谈话中提出"'三个有利于'判断标准，即是否有利于发展社会主义社会的生产力，是否有利于增强社会主义国家的综合国力，是否有利于提高人民的生活水平。"

（三）在未来的历史学家的眼中，邓小平的最大功绩恐怕是引领中国共产党回归《宪法》，以"建设现代化"为根本任务。

---

① 《邓小平文选》，第二卷，人民出版社 1994 年，第 146 页。
② 《邓小平文选》，第三卷，人民出版社 1993 年版，第 272 页。
③ 《邓小平文选》，第二卷，人民出版社 1994 年版，第 332 页。

毛泽东在少年时期提出"法，谋幸福之具也"。但是在革命时期，只关注需要否定的方面，这种否定是必要的，但是这种功利主义短期效应政治专政，导致了法律空白和对传统文化的全面否定并扣上"封建专制"大帽子，"旧制度是依托传统文化、特别是其中的政治文化而存在的"，完全抹掉了中国仁政历史。但是，进入建设时期之后，需要长治久安的理论以及促进经济建设的实践，党需要的不再是一个短期激烈革命理论和实践。

这首先是放弃阶级斗争二元论和实践。1981年6月发布的《关于建国以来党的若干历史问题的决议》对党所犯过的错误进行了认真的总结。1982年党的十二大对中国社会矛盾进行了重新定义："在剥削阶级作为阶级消灭以后，我国社会存在的矛盾大多数不具有阶级斗争的性质，阶级斗争已经不是主要矛盾。由于国内的因素和国际的影响，阶级斗争还在一定范围内长期存在，在某种条件下还有可能激化。

我国社会的主要矛盾是人民日益增长的物质文化需要同落后的社会生产之间的矛盾。其他矛盾应当在解决这个主要矛盾的同时加以解决。要严格区分和正确处理敌我矛盾和人民内部矛盾这两类不同性质的矛盾。"

在此基础上，党的任务也发生了重大变化："中国共产党在现阶段的总任务是：团结全国各族人民，自力更生，艰苦奋斗，逐步实现工业、农业、国防和科学技术现代化，把我国建设成为高度文明、高度民主的社会主义国家。

"中国共产党工作的重点，是领导全国各族人民进行社会主义现代化经济建设。应当大力发展社会生产力，并且按照生产力的实际水平和发展要求，逐步完善社会主义的生产关系。应当在生产发展和社会财富增长的基础上，逐步提高城乡人民的物质文化生活水平。"

邓小平以自己的实践带领党完成从社会改造到经济建设的转变，而指导他的是他作为"中国人民的儿子"的直觉。就是中国自己的务实主义的哲学。1978年5月开始的关于真理标准问题的大讨论，当时针对的是"两个凡是"，事后回头来看，却是中国共产党脱离教条、走向务实的起点。

邓小平有很多朴素的认知。比如"贫穷不是社会主义"，我们的社会主义搞了几十年，老百姓仍然很贫穷，为什么？对于邓小平来说，这是第一位的问题。通过亲身出访以及聆听其他领导人出访带回来的消息，发现，要转变党员干部的观念，必须从根子上做起。这大概是他发起真理问题大讨论的初衷。这个大讨论打破了真理的绝对性，为随后的改革打开了大门。"姓社"还是"姓资"，"社会主义初级阶段"，"社会主义市场经济"理论，关键是能否有助于实现中国的现代化才是根本的问题。

三、以江泽民为核心领导的时期

党的十三届四中全会以来（1989年6月—2002年10月），以江泽民同志为主要代表的中国共产党人，提出实行依法治国、建设社会主义法治国家，尊重和保障人权，形成有中国特色社会主义法律体系。

1993年修宪，第十五条体现了市场、宏观调控都是社会主义经济的工具的法律安排。

1999年修宪，第五条增加"中华人民共和国实行依法治国，建设社会主义法治国家"。同时制定了《中华人民共和国环境保护法》。

江泽民1989年9月26日在相关会议上的讲话："我们绝不能以党代政，也绝不能以党代法，这也是新闻界讲的究竟是人治还是法治的问题，我想我们一定遵循法治的方针。"1996年，江泽民发表关于《坚持依法治国》的报告，1997年，江泽民作了十五大报告，对依法治国进行了三个方面的阐释："发展民主必须同健全法制紧密结合，实行依法治国。依法治国，就是……逐步实现社会主义民主的制度化、法律化，……依法治国，是党领导人民治理国家的基本方略，……依法治国把坚持党的领导、发扬人民民主和严格依法办事统一起来，从制度和法律上保证党的基本路线和基本方针的贯彻实施，保证党始终发挥总揽全局、协调各方的领导核心作用。"[①]

---

① 《江泽民文选》，第二卷，人民出版社2006年版，第28页。

四、以胡锦涛为核心领导的时期

党的十六届一中全会以来，进入新世纪（2002年10月—2012年10月），以科学发展观，布局完整的工业制造业和科学技术发展规划，是经济起飞的10年，中国终于进入快车道发展时期。2004年修宪，第十三条"公民的合法的私有财产不受侵犯"；"国家依法律规定保护公民的私有财产权和继承权"。第三十三条第三款："国家尊重和保障人权。"

2005年9月，胡锦涛在会见出席第二十二届世界法律大会代表时的讲话，"世界需要和平，需要和谐，需要法治"，"'讲信修睦'、'协和万邦'是中国的历史传统"。①

十六届三中全会强调："《中华人民共和国宪法》是国家的根本法，是治国安邦的总章程，是保持国家统一、民族团结、经济发展、社会进步和长治久安的法制基础。实践证明，现行宪法是一部符合我国国情的好宪法，在国家经济、政治、文化和社会生活中发挥了极其重要的作用，保障了我国经济改革和社会主义现代化建设的顺利进行，应该保持稳定。"修宪的五个有利于方针，"修改宪法必须坚持四项基本原则，立足我国国情，充分发扬民主，广泛听取各方面的意见，严格依法办事，做到有利于加强和改善党的领导，有利于发挥社会主义制度的优越性，有利于调动广大人民群众的积极性，有利于维护国家统一、民族团结和社会稳定，有利于促进经济发展和社会全面进步"。"增值税改为消费型"即由生产型增值税改为消费性增值税，对一般消费品例如巧克力、玩具征收17%的"增值税=销项税-进项税"。如果没有销项，例如吃进去巧克力实际是价格营业税。

2006年，由于相对征收成本太高，废止施行了2000年的农业税。

2007年2月25日，胡锦涛同全国政法工作会议代表和全国大法官、大检察官座谈时发表重要讲话，提出三个统一、五个统一：

"坚持党的领导、人民当家作主、依法治国有机统一"；

---

① 《胡锦涛在会见出席第二十二届世界法律大会代表时的讲话》，载《人民日报》，2005年9月6日。

"要坚持以依法治国、执法为民、公平正义、服务大局、党的领导为主要内容的社会主义法治理念指引政法工作"。①

中国特色社会主义法律体系大致于 2011 年形成。这个法律体系是以宪法为核心，以宪法相关法、民法商税法、行政法、经济法、社会法、刑法、诉讼与非诉讼程序法等多个法律部门的法律为主干，由法律、行政法规、地方性法规等多个层次的法律与规范构成。

在经济改革时期，中国特色社会主义宏观经济规划接力棒连续性形成制度。2012 年 11 月 8 日，胡锦涛在中国共产党第十八次全国代表大会上的报告指出："中国共产党第十八次全国代表大会，是在我国进入全面建成小康社会决定性阶段召开的一次十分重要的大会。大会的主题是：高举中国特色社会主义伟大旗帜，以邓小平理论、'三个代表'重要思想、科学发展观为指导，解放思想，改革开放，凝聚力量，攻坚克难，坚定不移沿着中国特色社会主义道路前进，为全面建成小康社会而奋斗。"

并向世界郑重宣告："合作共赢，就是要倡导人类命运共同体意识，……建立更加平等均衡的新型全球发展伙伴关系"。这是中国政府正式提出"人类命运共同体"意识，和"全球发展伙伴关系"。

进入新世纪，以胡锦涛同志为主要代表的中国共产党人，创造性提出坚持党的领导、人民当家作主、依法治国有机统一，坚持科学执政、民主执政、依法执政，构建社会主义和谐社会，依法治国要有法可依，基础是提高全社会的法律意识和法制观念，关键是依法执政、依法行政、依法办事、公正司法，首先要依宪治国、依宪执政等重大理论，落实依法治国基本方略等重大问题，丰富了中国特色社会主义法治理论。

五、以习近平为核心领导的时期

党的十八大（2012 年 11 月）以来，以习近平同志为核心的党中央制定详细的实施计划，国家经济、政治、社会文化建设全面铺开，2014 年接

---

① 《胡锦涛同全国政法工作会议代表和全国大法官、大检察官座谈时发表重要讲话》，载《人民日报》，2007 年 2 月 26 日。

近美国GDP的60%，2020年达到71%，占世界GDP的19%。实现全面脱贫，城镇化率达到61%，提前进入小康社会。从此，中国可以平视世界。

2014年10月，党的十八届四中全会召开。这是我们党历史上第一次专门研究法治建设的中央全会，审议通过了第一个关于加强法治建设的专门决定。2018年2月，党的十九届三中全会通过深化党和国家机构改革方案，历史第一次，党中央决定组建"中央全面依法治国委员会"。2018年3月，第十三届全国人民代表大会第一次会议通过表决，建立"中华人民共和国国家监察委员会"作为最高监察机关，国务院、检察院、人民法院、监察委员会构成"一府一委两院"结构。2019年10月，党的十九届四中全会审议通过的《中共中央关于坚持和完善中国特色社会主义制度、推进国家治理体系和治理能力现代化若干重大问题的决定》，确保中央把全党9000多万名党员和460多万个基层党组织牢固凝聚起来，进而把全国各族人民紧密团结起来，形成法治建设的磅礴力量。

在这期间，制定了《监察机关监督执法工作规定》《中华人民共和国国家安全法》《中华人民共和国刑法修正案（九）》《中华人民共和国反恐怖主义法》《中华人民共和国境外非政府组织境内活动管理法》《中华人民共和国网络安全法》《中华人民共和国国家情报法》《中华人民共和国刑法修正案（十）》《中华人民共和国刑法修正案（十一）》《中华人民共和国反外国制裁法》。党中央颁布了《中国共产党问责条例》《关于新形势下党内政治生活的若干准则》，修订了《中国共产党巡视工作条例》《中国共产党纪律处分条例》《中国共产党党内监督条例》等。

"国家之权乃是'神器'，是个神圣的东西。公权力姓公，也必须为公。只要公权力存在，就必须有制约和监督。不关进笼子，公权力就会被滥用"。① "国家监察是对公权力最直接最有效的监督。"② 通过宪法法律确

---

① 《激浊扬清织密网——党和国家监督体系如何健全完善》，载《人民日报》，2020年8月19日。

② 习近平：《在新的起点上深化国家监察体制改革》，载《求是》，2019年第5期。

认和巩固国家根本制度、基本制度、重要制度，并运用国家强制力保证实施，保障了国家治理体系的系统性、规范性、协调性、稳定性；法律是治国之重器，法治是国家治理体系和治理能力的重要依托。

社会主义法治体系包括完备的法律规范的体系、高效的法治实施体系、严密的法治监督体系、有力的法治保障体系、完善的党内法规制度体系五大体系。

第一，法治与党的领导的关系。党的十八届四中全会通过的《中共中央关于全面推进依法治国若干重大问题的决定》指出，中国共产党领导是中国特色社会主义本质的特征，这明确规定在我国的宪法当中。党的领导与社会主义法治具有高度的内在一致性。法与党的领导的内在一致性，一是都是以人民为本体；二是"法，谋幸福之具也"，政治在法之下为人民的现实的幸福，共产党全心全意为人民服务，包括全心全意维护法律公正权威性，服从和敬畏法制，做守法表率，尊重法律客观规律，主动促进和帮扶市民法的立法工作。三是"法，谋幸福之具也"依法落地，就必须量化公平正义"亲兄弟明算账"，"徙木立信，立竿见影"，包括共产党的领导的"体制成本"必须关进现代生产方式法律笼子，"共产党的领导'从我做起'接受法律约束"，以纯粹现代生产方式分配正义为准则，政治洁净性不与民争利，保护和增加人民的现实的获得感。

第二，法治与以人民为中心的关系。"'坚持以人民为中心'是马克思主义唯物史观的必然要求。发展中国特色社会主义法治事业是为了人民，人民是推动法治发展的根本力量。"谋求人民现实的幸福，发展生产的法制建设，必须尊重来源于、固定在现代生产方式中的"市民法"部分，是作为首要的必修的核心内容。

第三，法治与中国国情的关系。中国的最严重国情是落后就要挨打。《宪法》特别规定了"国家的根本任务是建设现代化"，为了转型现代生产方式，必须结合中国国情，"故圣人之为国也，观俗立法则治，察国事本则宜"。"察国"，中国具有"自由自耕农工商经济社会"的国情特征，这决定了中国必然走和平发展的中国特色社会主义道路，而摒弃西方"帝国殖民掠夺"丛林霸道。中国唯有强制实行生产资料的公有制为主体、按劳分配为主体，才能加快现代化的步伐。中国礼法社会主义传统国情，助力以民为本、发展生产力、共同富裕的中国特色社会主义法制建设与治理。

社会主义法治是解决社会主义革命、建设和改革时期重大问题的实事求是的法治观，源自实践，并指导实践。

第四，法治与改革的关系。"改革与法治"是辩证统一的，"坚持统筹推进国内法治和涉外法治"。中国参与国际治理需要法治，"一带一路"需要法治建设，构建人类命运共同体离不开法治。

第五，"德主刑辅——德礼法为主，刑法为辅"。党的十八届四中全会指出，"坚持依法治国与以德治国相结合"。良法善治是能够让人民有获得感的法治。需要注意，这里有一个概念跨越，即本书的主旨是"法与法律"在王之上、在伦理道德之上、在政治之上的位格和确定性关系不能变，法与法律是社会确定性的构成性。这个观念若被跨越，而容易产生误解以为道德与法律平起平坐，极端认识以为道德可以不服从法律。香港修例风波，就是以人文伦理道德对抗法律秩序的惨痛案例。社会秩序法律在王之上，在伦理道德之上，在政治之上。人文伦理必须经过程序制定为法，才有法律效力。

中国古代"德礼法为主、刑法为辅——德主刑辅"。古代"德主刑辅""德"与"刑"对仗时，按孔子的意思，"道之以德，齐之以礼，有耻且格（《论语·为政》）。"即齐以强制性的"德礼法"（与英国市民法接近），唯有具备强制和正义两方面的内容"德礼法"才能够获得"主导"权威，从而迫使"强力刑法"处于服从和"辅助"的位置，"德主刑辅"是"德礼法"对刑法的限制。而"德礼法"市民法本身就是规范化的伦理道德阶梯法制化。逆向思维，如果像一些人鼓吹的仅凭"道德伦理""政治政策"主事，就能让人不犯重罪而刑法落为辅助，那还要刑法干什么？

十七大报告提到"权责一致、分工合理、决策科学、执行顺畅、监督有力"这五个目标，是作为行政管理体制改革的目标，向依法行政和责任政府转型。

中国特色社会主义新时代与时俱进，这正是将理论上升为具体的生产力发展的成果。

党的十八大以来，"法治生产力"概念的脉络：生产关系就是推动生产的发展加速度的那股"活力"；人民对美好生活的向往，就是我们奋斗的目标；全面依法治国；绿水青山就是金山银山；"构建人类命运共同体"；"一带一路"；复兴中国梦……，这一系列法理新概念，结合实践，激发了弱势群体摆脱极端贫困奔小康的巨大生产力，非西方的中国迅速和平崛起，已经成为世界第二大经济体。

关于中国特色社会主义法治的基本理论的主要观点包括：统筹布局的战略观、人民中心的主体观、党法统一的政治观、公平正义的价值观、人权保障的全过程民主权利观、宪法至上的权威观、全面推进的系统观、良法善治的法治观、于法有据的改革观、依法治权的监督观、统筹布局的战略观、人民中心的主体观、党法内在统一的仁法在上政治观、人类命运共同体的全球观等。配合以人文伦理道德教育相结合的治理观等。

对比和质疑：

（一）如果我们不懂得经济的法哲学，随之而来的问题是华盛顿共识"自由化、私有化、市场化"对我国法律建设的侵蚀，导致那些市场货殖派错误以为WTO要求中国放开金融市场就是放开高利贷"六层塔""本金和债务约束"卡实业脖子；依法提升市场自主支出意愿和能力，而将"依法"剪裁掉，就成了只要市场不要社会主义。

（二）当下政治经济学界没有完整正确地理解列宁的讲话，对斯大林在《社会主义经济问题》中所提出的意见至今少有认真对待，特别是需要区别对待自然规律，第三等级市民法上升为国家统一大法，资产阶级统治阶级意志法律。

第二编　中国特色社会主义经济制度

第七章　中国特色社会主义现代化进步形式

背景：

科学社会主义意识形态选择纯粹现代生产方式为经济基础，唯独在中国获得巨大成功。这必然存在中国所特有的因素。

第一节　社会主义革命过渡时期

一、中国的新民主主义革命与世界革命

（一）欧洲次一级的生产方式"分工协作—通工等偿"共同体自治，封闭起来孕育了现代生产方式，从13—14世纪教会法三大思想运动，到以第一台可实用的瓦特蒸汽机面世作为英国工业革命的起点，这个过程长达500年。中国的成功经验是，中华民族以民为本信仰，与世界无产阶级运动相契合，从而最终选择以《共产党宣言》为政治引导，以俄国布尔什维克革命为榜样走社会主义现代化道路，中国革命成为世界革命的一个组成部分，但是又尊重中国的现实而具有中国特色。

共产党进入新民主主义革命阶段，推翻三座大山，为建设现代化国家扫清道路。与欧洲共同体自治对比，中国新民主主义革命理想是以国家为单位的共同体自治。中国直奔《共产党宣言》所指引的革命的三步走，无产阶级夺取政权，建立以工人阶级为领导的工农联盟为基础的人民民主专政，创建以公有制为主体、按劳分配为主体的经济制度，学习西方现代生产方式。学习与斗争两手准备。

（二）迄今为止，社会主义在中国必须采用革命的形式出世，前面已经讨论了有六大正当性（生命权、对等权、劳动创造财富权、治权独立纯洁权、回归法律中立规则正义权、废止资产阶级极端叛乱法律）。英国第三等级经历了长期依法和平解决斗争形式，但也曾砍了独裁国王查理一世的头，夺取了议会立法监督权。特别是，西方霸权的经济基础根植于殖民地的脊背上，并极力阻挠其他国家学习现代生产方式，发动冷战和热战，总是企图将后发展国家打回部落社会、打回第三世界。因此，西方的道路和复杂性告诉后发展国家，在阶级社会里，先进社会经济制度代替陈旧的经济制度，在最后夺取政权阶段往往得通过社会革命来实现。

（三）中华人民共和国成立前，中国是一个自由自耕农工商社会，小农业在物理方面显然不是西方工业化坚船利炮的对手。1840年第一次鸦片战争以来，据李敖统计，中国遭遇了17场侵略战争和国家政府层面的647项不平等条约（未包括工商业界的不平等条约）。第一次世界大战以后，1917年苏联十月革命一声炮响，马克思主义传入中国，以解救劳苦大众为本，揭示了西方资本主义的双重性真面目，改变了中国或者"中学为体，西学为用"，或者"全盘西化"两极模式的摇摆格局，创建了既有学习又有斗争这种"第三种模式"。推翻三座大山（帝国主义、旧社会军阀割据半封建主义、官僚资本主义），这个进步过程用去了近百年时间，这是新民主主义的准备阶段。

推翻三座大山、由农业文明转型现代生产方式，双重历史使命，决定了中国革命必须分几步走：第一步，即马克思"人民的现实幸福"第一需要，救贫苦大众于水火，解决眼前的农村土地问题、城市自由劳动生命权问题，进行新民主主义革命，建立新民主主义经济制度，恢复发挥现有生产力，为下一步现代化做物质准备。中国革命成为世界革命的一个组成部分：世界无产阶级反对帝国主义的社会主义革命大联盟的一个部分①。孙中山先生主张联俄联共扶助农工，中国共产党人是孙中山先生革命事业最坚定的支持者、最忠诚的合作者、最忠实的继承者。②

新民主主义民主共和制的政治纲领，是在第一次国共合作时期制定的，在《中国国民党第一次全国代表大会宣言》里，政治上主张民权民有民享。毛泽东在《论联合政府》中指出："'近世界各国所谓民权制度，往往为资产阶级所专有，适成为压迫平民之工具。若国民党之民权主义，则为一般平民所共有，非少数人所得而私也。'这是孙先生的伟大的政治指标。中国人民，中国共产党及其他一切民主分子，都必须尊重这个指示而坚决执行之，……借以保护和发扬这个完全正确的新民主主义的政治原则。"③ 在中国共产党所领导的新民主主义革命时期，得到最忠实的贯彻。

工人阶级领导的工农联盟为基础的新民主主义，它的历史原因，一是1919年五四运动以来，中国无产阶级由于自己的成长和受到俄国革命的影响，已经迅速地成了一个觉悟了的独立的政治力量（但是人数大约只有200万，多为进城农民）；二是中国自由自耕农商乡村人占去总人口的89%，信仰"耕者要有其田"平等制度，历史地延续了革命性，中国工人阶级革命必然与农民联合；三是中国民族资产阶级（资本的使用者）从它诞生的那一天起，就受到帝国主义和官僚资本主义的压迫和盘剥，所以有一定的革命性，但是在国家政权更迭的混乱时期，民族资本又与地主阶级、商业买办、高利贷者有着千丝万缕的联系，而表现为革命的软弱性。在中国共产党的领导下，制定了民主革命彻底的纲领："建立以中国无产

---

① 《斯大林选集·十月革命和民族问题》，上卷，人民出版社1979年版，第126页。

② 习近平：《在纪念辛亥革命110周年大会上的讲话》，新华社，北京2021年10月9日电。

③ 《毛泽东选集》，第三卷，人民出版社1992年版，第1056—1057页。

阶级为首领的中国各个革命阶级联合专政的新民主主义的社会"①。目标——"建立独立、自由、民主、统一和富强的新中国";国体——各革命阶级联合专政;政体——民主集中制,为下一个阶段——社会主义——做准备。

关于新民主主义内部的三分法,"自然,这些阶级之间仍然是有矛盾的……但是,这种矛盾,这种不同要求,在整个新民主主义的阶段上,不会也不该使之发展到超过共同需求之上。这种矛盾和这种不同的要求,可以获得调节。在这种调节之下,这些阶级可以共同完成新民主主义国家的政治、经济和文化的各项建设"②,阐明了三分法。民族同一性:新民主主义。同一性差异:阶级利益差异矛盾对立。同一性差异对立被"新民主主义共同体"限制在"不会也不该使之发展到超过共同需求之上"。在被三座大山压迫、面对国家危亡,为了生存和解放,阶级之间唯有折中各方利益,实现折中统一,"在这种调节之下,这些阶级可以共同完成新民主主义国家的政治、经济和文化的各项建设"。

新民主主义的经济,"我们所主张新民主主义的经济,也是符合于孙先生的原则的。在土地问题上孙先生主张耕者要有其田,在工商业问题上,孙先生在上述宣言里这样说:'凡本国人及外国人之企业,有独占性质,或规模过大为私人之力所不能办者,如银行、铁道、航路之属,由国家经营管理之,使私有资本制度不能操纵国民之生计,此则节制资本之要旨也。'在现阶段上我们完全同意孙先生的这些主张"③,"资本终于受到法律的约束"④,这就是所设想新民主主义共和国的经济构成的正确方针。

新民主主义的国有经济和资本主义经济共存,"在无产阶级领导下的新民主主义共和国的国营经济是社会主义的性质,是整个国民经济的领导

---

① 《毛泽东选集》,第二卷,人民出版社 1991 年版,第 672 页;目标,见第三卷,第 1055 页。
② 《毛泽东选集》,第三卷,人民出版社 1992 年版,第 1056 页。
③ 《毛泽东选集》,第二卷,人民出版社 1992 年版,第 678 页。
④ 《资本论》,第一卷,人民出版社 1975 年版,第 272 页。

力量，但这个共和国并不没收其他资本主义的财产，并不禁止不能操纵'国民生计'的资本主义生产的发展，这是因为中国经济还十分落后的缘故"①。"讲采取调节劳资间利害关系的政策。一方面，保护工人利益，根据情况不同，实行八小时到十小时的工作制以及适当的失业救济和社会保险，保障工会的权利；另一方面，保证国家企业、私人企业和合作社企业在合理经营下的正当赢利；使公私、劳资双方共同为发展工业生产而努力。"② 为"使中国由农业国变为工业国"，私有经济以"并不禁止不能操纵'国民生计'的资本主义生产的发展"为边际。抗日战争时期，在延安边区毛泽东第一次创建"新民主主义"概念，第一次以新民主主义理论为建国的指导思想，从国家的高度于1938年1月发出"一定要建设国防工业"③的指导方针，成立了延安时期中央军事工业局。在世界反法西斯革命大潮之下，中国共产党创建了唯一长达10年比较稳定的革命根据地时期为人民谋幸福的"现代生产方式的初级形式"，即缘起抗日时期延安边区"军民融合生产共同体"。

中国新民主主义历史阶段艰难困苦牺牲，终于以革命形式夺取政权。就好比"生物胚胎发育定律"变异或发展都会在基因链上留下"繁衍记忆"一样，当今遏制"资本野蛮生长"，在政治上应渊源于"保护和发扬这个完全正确的新民主主义的政治原则"，它的法律守正守成，"就是在使私有资本制度不能操纵国民之生计，此则节制资本之要旨也"。新民主主义阶段，让中国增强了对"自由资本野蛮生长"的抵抗力和储存了伦理道德法律工具。

二、新民主主义向社会主义过渡，四面八方劳资两利统一战线

（一）中华人民共和国的成立标志着新民主主义革命的胜利，从此，

---

① 《毛泽东选集》，第二卷，人民出版社1992年版，第678页。
② 《毛泽东选集》，第三卷，人民出版社1992年版，第1082页。
③ 《中国人民解放军历史资料丛书·军工事业·根据地兵器》，中国人民解放军历史资料丛书编审委员会编辑，解放军出版社2000年版，第714页。

在我国建立了新民主主义社会，这是一个过渡性质的社会时期，在这个社会中存在着三种基本经济成分，即以公有制为基础的社会主义经济，以民族资本为主体的资本生产工具主义经济和个体小业主经济、货殖经济，以及占人口89%的农村小农工商经济。与此相适应，存在三个基本阶级，即工人阶级、民族资产阶级和小生产者阶级。限制在"不会也不该使之发展到超过共同需求之上"的限度内。这也就是新民主主义的依法制治理任务，即回归"资本利息率为5%，总资本/总工资＝5"中立的尺度上下波动。"54宪法"，直至2018年宪法修正案，"国家的根本任务是……现代化建设"，社会主义道路没有变。

实践证明，只有走社会主义道路，才有足够力量抵御国际霸权霸道霸凌，才能使我国的生产力获得更加迅速的、可持久的发展，人民的生活才会逐步得到改善，国家才会越来越繁荣富强。

（二）三分法统一战线：四马分肥，劳资两利。

1939年10月，毛泽东在《〈共产党人〉发刊词》中总结中国共产党18年革命斗争的历史经验时指出："统一战线、武装斗争、党的建设，是中国共产党在中国革命中战胜敌人的三大法宝。"其中联合民族资产阶级，就是亚当·斯密和马克思所界定的"资本使用者"阶层，他们力主禁止高利贷，无代表无税而得以增加投资增加了自由劳动者就业生存机会，是共生关系。随着解放战争的节节胜利人民政权进入大城市，第一件事情就是要恢复生产，解决就业和吃饭问题。统一战线政策之一，就是"让资本家有利可图"，但限制在中性区间范围内。

四马分肥，把约定利率、税金限制在1/4普通营业剩余以内。"四马分肥"经济模式，它最初是为了废止民国时期股份制"先分股息"陋习。1953年，李维汉在《关于资本主义工商业中的公私关系问题的调查报告》中介绍了资本主义经济利润按照"四马分肥"的比例进行分配的格局，"企业新产生的价值，首先分为工人的工资、私方利润、公方利润三部分，三分天下，工人阶级有其二；尔后企业利润又可以分为国家税收、资本家的股息和红利、工人的奖金和福利、企业的公积金，四马分肥，工人阶级得其大半"。8月份，毛泽东在全国总工会送审的《关于加强资本主义工业企业中工会工作的指示》上有一段批示，肯定了"四马分肥"利润分配格局："不错，工人们还要为资本家生产一部分利润，但是这只占全部利润中的一小部分，大约只占四分之一左右。其余的占了四分之三，是为工人（福利费），为国家（所得税）及为扩大生产设备（其中包含一小部分是为资本家生产利润）而生产的。"① "四马分肥"规则，当劳动、债权、债务人权、国家财税，四个利益群体谁也说服不了谁的情况下，营业剩余在四者之间平均分配，尽管还不够规范。

以生产为本位的分配率。1952年调整工商业时指出，"工交费的确定，至少不使资本家所得利润低于银行存款利息；如果低于存款利息，资本家就不会去甘冒投资工商业的风险，而去坐吃利息了"②。以生产为本位的分，"商业利润一般不应超过工业利润"③，这体现了引诱投资机制。

税法平等。1953年公布新税制前夕，《人民日报》社论中有这样一句话："公私一律平等纳税。"④

西方文化中，公私水火不相容，而中国则可以"公私兼顾"。西方劳资关系有如准奴隶制，中国可以"劳资两利"，直至20世纪60年代库兹涅茨在投入产出统计中才忽然发现"利润分享"制可以提高生产力，而获得诺贝尔经济学奖。而中国"公私兼顾，劳资两利"付诸实践要早得多。

相对照，中国当今改革遇到的难题非常传统，依然是"中介成本"问题，例如20世纪80年代初有观点认为"利润是财产权的象征，税收是政

---

① 《毛泽东选集》，第五卷，人民出版社1977年版，第88页；薄一波：《若干重大决策与事件的回顾》，上卷，中共中央党校出版社1991年版，第222—226页。

② 薄一波：《若干重大决策与事件的回顾》，上卷，中共中央党校出版社1991年版，第179—180页。

③ 薄一波：《若干重大决策与事件的回顾》，上卷，中共中央党校出版社1991年版，第180页。

④ 薄一波：《若干重大决策与事件的回顾》，上卷，中共中央党校出版社1991年版，第237页。

治权利的象征",按资、按权分配,租费成本最大化,资本转化效率最低化,再次把经济拉回到纯粹商业资本主义泥潭里。由此,从文化断代意义角度说,"公私兼顾,劳资两利,四马分肥,城乡互助,内外交流"至今没有过时。

第二节 社会主义过渡时期经济制度

第一步新民主主义革命和第二步社会主义革命,这两个步骤是互相联系、互相衔接的,前者是后者的必要准备,后者是前者的必然趋势。

一、建设公有制为主体的现代生产方式和它的生产关系、生产力

(一)旧中国遭遇三座大山大压榨,直至1949年解放前夕,只有10%的工业经济,其中轻工业占据了2/3,可以称得上现代化重工业的也就3%。正是在现实意义上,《宪法》规定,新中国的根本任务是现代化建设。即创建现代生产方式,要务就是建设它的生产关系和生产力。

(二)实现现代化建设,公有制为主体弯道超车的历史作用。

现代生产方式,资本是聚集,成为社会资本,即现代生产方式形态的"公有制"正当性。

新中国成立初期中国生产力远远没有达到同时代西方资本主义生产力的水准,但是生产资料的公有制促进了社会主义现代生产力的发展。一是有助于中国生产关系和生产力的弯道超车,再借助于公有制实现初步工业化,工业反哺小生产,带动小生产进入经济大循环的方式逐步改造小生产;二是由于帝国主义对新中国全面封锁,直接在边境搞军事摩擦挑衅的现实,形势逼迫不得不集中力量办大事加快建设步伐;三是中国也必须设立社会主义"共同体"来保护现代生产方式的成长,尽力消灭"自由资本的野蛮生长",野蛮资本在新中国成立初期表现为偷工减料、偷税漏税、囤积居奇、哄抬物价等;四是以公有制为基础和榜样,才能贯彻按劳分配原则,充分调动劳动者的主动性、积极性和首创精神。

依据历史表现，中华人民共和国成立后，实行了没收官僚资本的政策。我国在消灭官僚资本的同时，也采取各种方式没收了帝国主义侵略者在华的资本和它们的特权，把它转变为社会主义全民所有制经济，并废除了一切不平等条约。它的作用和意义，一是声张了国家主权独立；二是使无产阶级领导的人民共和国掌握了国民经济命脉，为国家主权独立站稳脚跟、建立社会主义经济制度奠定了最初的物质基础。

二、采用"赎买"折中统一方法，实现民族资本的社会主义改造

（一）民族资本在我国从新民主主义到社会主义的转变过程中在经济上具二重作用。一方面，有利于国计民生的积极作用，可以提供一部分工业品以支持人民和国家建设的需要，为社会主义建设训练一部分技术人员和熟练工人，解决一部分就业问题，为国家积累部分建设资金，促进城乡物资交流的发展，等等。另一方面，也有不利于国计民生的消极作用，如剥削工人和劳动群众，处于生产的无政府状态等。我国的民族资产阶级在这一转变过程中在政治上也具有两面性：他们既有剥削工人阶级取得利润的一面，又有拥护宪法、愿意接受社会主义改造的一面。

我们对民族资本实行利用、限制和改造的政策。我国对民族资本主义经济的改造，是通过国家资本主义形式，采取和平赎买方式实现的，体现有偿原则。不是由国家拿出一笔钱作为赎金付给资本家，而是采取在国家资本主义企业中使资本家取得一部分利润的方式实现的，通过清产定息，资本家对生产资料的所有权只表现在一定时期内取得相应的定息上，民族资本家财产所有权法定孳息与经营权相分离。

在人民民主专政即无产阶级专政条件下，国家资本主义，就是我们能够加以限制、能够规定其范围的资本主义。

我国的国家资本主义经历了一个从初级形式（在工业方面是加工、订货、统购、包销，在商业方面是经销、代销）到高级形式（个别企业的公私合营和全行业的公私合营）的发展过程。1956年民族资本主义工商业实行全行业公私合营，标志着我国对民族资本主义经济的社会主义改造基本完成。

（二）改变农业和手工业中的个体私有制是采取合作化的方法实现的。中国农民是乡村生产商市民，是具有坚忍精神的群体，在国家曲折道路时期负重前行，始终肩负着为国家工业化托底的功能，他们努力地去适应时代的变化，农村、农业、农民储备了新生活文化素养、集体互助、乡村农工商向外拓展的内生性能力，储备了高素养的农民工，在经济改革大潮中，农村人手牵着手相互扶助走出农村走向城市打工进退有序，没有出现西方那种"贫民窟"现象，一个意外成果是，价格双轨制下的市场为乡镇企业创造了生存空间，极大地刺激了中国的农村工业化进程，乡镇企业独立自主腾飞。

（三）个体手工业的改造首先从流通入手，组织手工业供销小组或者供销合作社，然后在生产上逐步组织起来，使其发展成手工业生产合作社。到1956年，我国基本上完成了对手工业的社会主义改造。

任何一次伟大的革命，在摸索适合于本国的国情的前进道路的过程中，都难免会产生一些这样或那样的缺点，例如改造要求过急，工作过粗，改变过快，在某些方面不按价值规律办事，形式也过于简单划一，遗留了一些问题。但是我党能够及时发现问题、纠正错误。国家和人民齐心协力忍耐曲折负重在社会主义道路上不断前进。

第三节 社会主义计划经济，国民收入6.5%的年均增长率

一、计划经济的内生性和外部封锁原因

1949年新中国成立，废除了一切不平等条约，百废待兴。中国的国民收入从仅占世界的5%，发挥社会主义优越性，在1977年末，上升到GDP排世界第10位。[1]

在共和国成立之初，每一步都走得十分艰辛。新中国刚成立不到1年，

---

[1] 潘维：《中国模式》，中央编译出版社2009年版，第96页。

以美国为首的 16 国联合国军发起了对朝鲜的战争,战火一直烧到鸭绿江边,炮弹、细菌弹打到了我国的疆土上,亡我之心不死。为此中央痛下决心,派志愿军参加抗美援朝战争。抗美援朝胜利的意义:新生的共和国确立了新兴军事强国主权独立自主地位、强大家国形象,既非附庸,也非仆从。

新中国在国际政治风云变幻中坚守经济发展。抗美援朝并不仅仅是"沉没成本",凭借这份打出来的威信,赢得了长期和平时期,为国家现代化创造了不可或缺的稳定环境。在小农业转型工业化的过程中,凭借抗美援朝提高了民族动员能力,工农业全面启动,以组织能力补充资本之不足,旧社会战乱经济凋敝的状态,得以用 3 年的时间迅速完成恢复,完成了现代化建设的基本奠基工作。

新中国成立标志着推翻了三座大山,扫清了建设现代化的道路。然而与西方外部势力阻挠中国发展的斗争却始终没有停止过。前 30 年,中国不得不自力更生有计划,以弥补资本的不足。

外因是条件,内因是根据,中国特色社会主义经济获得成功的内生性因素中的计划经济因素:其一,现代生产方式本身就是以 20 年期贷款与偿债合同的法律强制有计划、有债务市场经济,"计划"具有现代经济属性,被马克思专门抽象出来,因此中国特色社会主义有计划属于现代生产方式的先迈出的一只脚;其二,头 30 年计划经济弥补了资本不足的缺陷,初步实现国家工业化,自主研制两弹一星和核潜艇,实现了海陆空现代化,赢得了 70 余年的和平稳定时期;其三,计划经济为改革开放准备了初步工业化物质基础、社会"共同体"伦理文化基础、优秀的人力资源等;其四是中国特色社会主义有计划市场,延续了中华民族的自由自耕农工商经济习俗和文化,在中学为体西学为用和全盘西化两极模式之外,为选择并创建第三种模式保留了星星之火。在这样的大背景历史基础上,才有条件放手实施中国特色社会主义市场经济:民本的、现代生产的、法制约束的市场和计划经济。

复旦大学中国研究院高级研究员沙烨先生在他的《企业家的财富责

任》演讲中，借用西方"市场"假设"市场的外部性"①，借力打力。用西方逻辑解释中国迅速和平崛起的独特的"外部性"因素。沙烨先生特别注意到了"过去外部性的建设和积累，是现在的市场的外部性的历史基础"，即历史纵向"外部性"。以独特的视角剖开了中国资本发展的前世今生，他认为：中国和中国企业家能有今天，靠的是中国数代人贡献的无法被定价的80年"牺牲红利"。正如阿富汗的一位学者所言："对任何一个民族而言，模仿、崇拜其他国家只能为敌人的入侵打开大门"。我们必须选择自己的路，唯有这样，打开大门，对方必须按我们的逻辑行事，是主权独立自主原则下的"打开大门"。

二、新中国前30年，国民价值收入年平均增长6.5%

（一）1949—1952年。三年恢复时期。一是土地改革：1949年10月1日，中华人民共和国成立，从此，中国人民站起来了。新中国成立之初，中国政府成功地在占全国农业人口总数90%以上的地区完成了土地改革，三亿农村人分得了约4700万公顷的土地。二是国家统一：1951年，西藏和平解放。三是民族尊严：1950年10月—1953年，抗美援朝战争取得军事胜利。战后，中国的国际威望空前恢复！四是1949年新中国刚成立就把经济放在第一位，虽然面临抗美援朝战争和剿匪的严峻局面，依然实现在3年内，国家从长期战乱的创伤中恢复过来。五是从1951年起，在苏联156项工业工程的支援下，于1959年初步实现工业化。

（二）1953—1957年，开始实行"五年计划"经济，这是当时被西方封锁、被经济制裁环境下的抉择，西方于1956年开始的对中国的军备禁运迄今没有解除。侵略和威胁、国内一穷二白的内外大环境下，为实现民族独立自主，集中国家力量建设工业化是必然的选择。第一个五年计划时期的经济成就：国民收入年均增长率达8.9%以上；建立起一批国家工业化所必需而过去没有的基础工业，包括飞机和汽车制造业、重型和精密仪器制造业、发电设备制造业、冶金和矿山设备制造业以及高级合金钢和有色

---

① 沙烨：《企业家的财富责任》，载《环球网》，2018年8月20日。

金属冶炼等。政治发展：1954年召开了第一届全国人民代表大会，并颁布了《中华人民共和国宪法》，确定了三大基本政治制度：全国人民代表大会制度为根本政治制度，民族区域自治制度和多党合作政治协商制度。国际关系，提出和平共处五项原则。

（三）1957—1966年，这10年中，我们虽然遭遇到"左"倾严重挫折，但是农业兜底力保工业，仍然取得了很大的成就。1965年起实现了石油全部自给。电子工业、石油化工等一批新兴的工业部门建设了起来。工业布局有了改善。完成156项工程建设。全国农业用拖拉机和化肥施用量都增长6倍以上，农村用电量增长70倍。高等院校招生量达到140万人。1960年苏联专家撤出后，依靠自己的专家和国内技术协同努力艰苦奋斗，1964年核弹爆炸成功，1967年氢弹爆炸成功。

1966年，"文革"开始不久，周恩来总理及时提出"抓革命，促生产"方针，保护了工农业生产的正常运行。当时主要是学生停课闹革命，约几千万知青上山下乡。

（四）1967—1978年。1966年以来我国自主建成一批事关国民经济发展的重大项目。一是1970年卫星上天，1971年核潜艇潜海成功，1972年3000吨级051驱逐舰下水，标志着我国核运载能力形成，海陆空核战斗力启动，为国家赢得和平与稳定。二是南京长江大桥、刘家峡水电站、攀枝花钢铁厂、第二重型机械厂、北京东方红石化总厂、第二汽车制造厂、大庆油田、胜利油田等重大项目，有力地支撑了国民经济的发展。三是以石油工业为代表的石油化学工业异军突起。1976年我国石油产量8716万吨。建成了北京石化总厂、胜利石化公司、吉林石化总厂、大庆石化总厂扩建等大项目。四川天然气大规模开采，建成大庆至北京的输油管道和大连油港。四是中西部地区建成交通骨干线路，成昆、贵昆、湘黔、焦柳铁路和滇藏公路，西部交通落后的局面大为改善。五是1964年开始，西南部三线建设，调集了400万一线的优秀科技管理人才和技术工匠，和诸多优良设备和物资，共投入2052亿元资金（大小三线共计3000亿元）。建设近2000个大中型工厂、铁路、水电站等基础设施和科研院所。尽管形势变迁，但是为改革开放西部大开发奠定了科学技术和人力物力基础。六是主要工业产品产量不断增长，钢产量从1949年的16万吨增加到1978年的3178万吨，增长近200倍；全国发电量从43亿千瓦时升到2566亿千瓦时，增长近60倍；汽车在1976年达到13.53万辆。七是在1972年尼克松破冰访问中国之后，毛泽东支持周恩来和邓小平引进美国、日本、西德的先进工业设备和技术的"四三方案"，有力地促进了国民经济的发展。八是在人力资源方面，婴儿免疫接种率从新中国成立前几乎为零升到接近100%。人口从4.5亿，1977年增长到9.5亿，多数家庭都有5—6个娃，人口增加了110%。人均寿命从新中国成立前的40岁增加到1978年的68岁，识字率从新中国成立前的低于20%升到1982年的77.2%，在校高中生人数增长了60多倍，达到1292万人。

我国从一穷二贫的起点上，完全依靠本国人民的勤劳积累，前30年依然保持了国民价值收入年平均增长率6.5%，其中工业生产值（扣除转移成本后的净价值）取得年平均增长率为11.2%这样的伟大成就。工业生产价值排名上升到世界第十位（前九位：美、日、德、苏、法、英、意、加、巴西）。①普通劳动家庭的收入是新中国成立前的6倍（新中国成立后妇女有工作）。② 苏联援建的156项最终靠自己的技术力量建成。

从1949到1978年，举全国之力，完成了社会结构的基本变革，工业体系的建设和人力资源的积累。一路虽有挫折，但30年来国家取得了翻天

---

① 潘维：《中国模式》，中央编译出版社2009年版，第89页，计划经济时期统计资料来源，见该书收录的高粱：《中国经济发展道路和经济体制的变迁》，第89—132页，各年度《中国统计摘要》。

② 1973年，平均一个普通的北京工人每天的工资收入是1块多钱。那个时期中国的大米价格一直维持在公定价格0.11元一市斤。按每日收入1元，可以购买9市斤生大米。并且，国有企业医疗、教育、住房、安全基本是全免费供应，这些折合约相当于商品工资的50%，1973年的普通工人每日实际总收入折合13.5斤大米，还有多数为双职工家庭收入。因此，是1769年工人家庭（妇女不工作）收入的6倍以上。只不过由于20世纪60年代中期以后人口增长过快，孩子在3个及以上的家庭个人物质幸福感较低。因此陈志武在《中国改革开放160年》中说1973年我国工人收入比1769年的工人低，是不准确的。

覆地的变化。

（五）中国现实主义文化始终占据上风，尊重中国传统经济"现象"与民族资产阶级结成联盟，始终保留着一根小私有自留地、农贸市场、国债等"资本主义尾巴"。计划经济促使我们能够集中力量修补战争的创伤，并在苏联156项的援助下初步实现了工业化，1956年9月召开的八大会议专门研究现代化的步骤问题。就是在困难时期和"文革"浩劫时期，工业依然在艰难前行。

计划经济时期，中国学习了苏联百科全书介绍的科学管理经验，而苏联是从西方学来加以改进的。我们国家也有自己的创新，例如鞍钢宪法两参一改三结合（实行干部参加劳动，工人参加管理，改革不合理的规章制度，工人群众、领导干部和技术员三结合）。而备受诟病的平均主义大锅饭，是由于10年"文化大革命"的冲击而引起的偏离正轨，与社会主义计划经济对立。

1956—1976出现的"左"的倾向，如果从认知角度寻找原因，其一是经济基础与政治上层建筑的关系没有厘清，民以食为天，和平时期现代化建设就是正义，就是最大的政治，是有机的共生同步关系，从来不是先后、上下关系。其二，就是革命阶级斗争过于激烈，以现在的眼光，那个时候对马克思主义经济科学"现代生产方式"正义的解读几乎是空白。尽管发现了"人民内部矛盾"问题，但是解决方法依然是主要矛盾、主要矛盾方面与次要之间的正面"革命"方法，把内部三分法，剪裁成了二分法，就把"中介、折中"剪裁掉了，只剩下互殴，政治挂帅对法律不感兴趣。其三，现代生产方式和固定在其中的市民法是基础，政治必须为经济服务，政治不能长期停留在激烈革命军事共产主义阶段。令人欣慰的是，中国共产党和人民始终没有停下脚步，计划经济时期依然取得了6.5%的年平均增长率。中华民族是一个伟大的民族，在历史上，唐宋元明清中国人均GDP有500—600美元，但是新中国接手时只有156美元，GDP600亿美元，世界最穷的国家之一，1978年达到3600亿美元，排世界第十位，GDP达到6倍，但是工资只增加了50%，就是说那个时代的30年两代人放弃了物质幸福而支援国家，建设这个一贫二穷的国家，为国家和后代做出奉献。1949年中国重工业产业工人只有10万人，1978年达到1个亿，没有庞大的工人群和工程师群，是接不下改革开放的大盘子的。"奉献精神"就是中华民族的伟大之处。

经济改革40年的历史可以发现，中国共产党纠正了过去的一些错误，决定以经济建设为中心为最大的政治。重温新中国前30年那段历史，重拾"市民法"制度建设，对"全面依法治国"有现实意义，可以预见市民法上升为国家统一大法的那一天的到来。

第四节 经济改革"拨改贷—三重契约"，中国迅速和平崛起

第一小节 "拨改贷—三重契约"中国经济进入快车道

关于我国经济改革进入快车道的原因和时间点众说纷纭，可以说其中不少因素确实做出了贡献，例如2001年加入WTO、2008年举办奥运会等，但是并不是有这种机会的国家都腾飞了，是可能性，但是不是所有国家的可行性。所不同，可持续动力源、时间点清晰因素，即"禁止高利贷—三重契约"法律要素或政策在1998年集中落地，是我国房地产、基建狂魔两条龙头产业腾飞的实实在在的原因。"拨改贷—三重契约"运筹机制提供了廉价而丰富并稳定供给的资本、世界最大的市场，为科技转化为生产力要素创造了五个条件；与此同时，三重契约秩序，提供了安全、稳定、确定性、推动性、可持续性[①]；中国仅用了20年就成为世界第二大经济体

---

① 诺贝尔经济学奖获得者保罗·克鲁格曼认为，"可持续性"是界定经济水准的重要指标。提高人力资源的理工科大学文化水平占比和总量，是第三次、第四次工业革命"效率提高"的重要手段，见《港媒：在人口上唱衰中国，没有道理》，载《环球时报》，2023年7月3日。本章的数字仅供参考，以《中国统计年鉴》为准。

和科技体。这确实与英国工业革命的动力源是一样的。

"拨改贷"改革以来,我国现代经济呈现四大优势,一是中国传统礼法社会主义市民法在民间、在哲学、在文化,为"拨改贷"准备了民间习惯法;二是继承计划经济长远宏观布局,具备世界最完备的产业配套优势;三是世界最大人才优势,包括科技人才、大国工匠、企业家优势等;四是世界最大的市场优势。这也就是我国以"智能"为特征的新质生产力的基础。

一、完整的产业体系

1949年,新中国刚成立时GDP仅占比世界的5%,2024年GDP 129.4万亿元人民币达到占比18.5%,对美国GDP的总量的比例已超过72%。对世界经济和贸易增长贡献率达30%左右。拥有世界最大中等收入群体(4亿人),世界最大的市场;生态环境不断改善,绿色发展方式和生活方式深入人心,美丽中国建设成效显著。

我国经济改革顺应形势而为,经历了多方位战役,例如,农业改革,特区建设、沿海战役、浦东战役、老工业基地建设、奥运和世博会战役、打造国之利器,抓住关键的20%,带动其他80%向前发展;社会主义的计划与市场均衡发展;加入世贸的相关体制改革与创新;国有企业股份制改造;产业改革与布局;金融改革;法制建设;分配制度改革;"一带一路",倡导构建人类命运共同体,人民币国际化等,取得了举世瞩目的成就。

(一)较均衡的产业布局。作为一个人口大国必须保持自给自足。2020年中国第一产业占比8%,第二产业占37.8%,第三产业占55%,在高科技时代,避免了底端服务业独大"消费型国家陷阱"。

(二)产业结构均衡,联合国目录525种制造业品类中,有225种国际产能中国排在第一位,其余大部分在第二、第三,堪称世界上产业链完整的国家。优秀的人力资源素质,安全的社会环境,畅通的物流、资金流、人力资源流,构成了快速高效组织生产的产业链网络,吸引世界资本在华建立企业,大大提高了抵御国际贸易战、货币战争的能力。

制造业为主体的产业布局。2024年，中国工业产值占全球28.7%。在继承计划经济工业化体系布局的基础上，通过经济改革，建设成为堪称世界上最完备的工业体系。

农业稳中有升。粮食年产量连续稳定增长，精细农业工程，股份制农业集体化工程。还有治沙工程，盐碱地、海水种稻技术，植树造林工程。特别是30年来中国西北部气候向"暖湿"过渡，将增加可耕地，是中国下一个经济火车头。近8亿人口脱贫，已经消灭极端贫困，我国提前完成了联合国30年规划中的脱贫工程。

中国基础设施建设的红利是即期的，也是长期的。硬基础设施建设基本上已经完成了，下一轮，将主要集中在软实力的设施建设上。

二、科技大国的兴起

创新能力迅速提高，正在稳步迈向中高端。2024年中国创新指数已经上升到世界第10位。

高科技中国。"拨改贷"改革，三重契约制约资本优先成为廉价、丰富、可持久的资本工具，成为科学技术的物质载体，并进一步引诱人们从事科技研发事业发财，资本"创投"，据中国科技人力资源发展研究报告，截至2018年底我国科技人力资源总量达1亿人，规模世界第一。[①]幂数效应，生产力像火山一样喷发出来，创造了高科技平台。

尖端技术，一是航天事业，2003年，中国载人飞船升空，2007年以来的嫦娥工程，2020年火星探测工程等。二是从互联网到物联网，2020年产业规模已达51万亿元。三是墨子号量子保密通信卫星技术，量子精密测量及其癌细胞早期的监测、原子钟时间的传输等的运用。四是北斗卫星导航系统，它已获得联合国正式认可，技术精度超过美国GPS，世界已经有130多个国家应用该系统。五是计算机、通信设备、半导体等典型的高科

---

① 《德媒：年轻人才储备，中国领先美欧》，载《环球时报》，2021年5月27日，转载德国《世界报》，2021年5月25日，德国人口经济学家冈纳尔·海因索恩：《中国正在变老，但比美国和欧洲拥有更多的年轻人才》。

技行业，5G 的核心技术业已掌控在中国企业手中。还有无人机、人工智能、石墨烯、大飞机、高铁、桥梁工程、水利风力太阳能发电工程等举世瞩目。可燃冰的提取、青蒿素治疗疟疾、利用二氧化碳人工合成淀粉，等等。第四次科学技术革命也正在我国广泛发展，人工智能、大数据、云计算、信息技术、生物技术、空间技术、新材料技术、新能源技术等正在崛起。

全球视角：2016 年我国科技投资 2378 亿美元，2024 年达到 5373 亿美元，超过了欧盟 27 国之和，是日本的 3.39 倍。通过互惠互换专利权，已经天然形成了"互惠区"科技生态系统，仅华为 HMS 生态注册开发者数量达到 180 万项，全球集成应用 9.6 万个，有 7 亿用户，是全球三大移动应用生态体系之一。高科技商品化，电子领域、通信设备领域，中国是最大贸易国；航天器强势发展，民用飞机正在形成生产能力。第十四个五年规划决心投资万亿人民币发展小精企业，专门攻克卡脖子的冷技术。高科技风险投资正在迎头赶上，基础研究还有待于更上一层楼。

人才队伍。2019 年我国大专及以上文化的劳动者占从业人数的比例为 25.9%[①]，大学本科以上占从业人数的 12.1%；有 621.4 余万个工程师，每年毕业 900 万以上的大学生，硕士研究生 79 万，博士生十几万。中国高校有 2913 所，博士点 418 个，硕士点 321 个。估算我国 2.5 亿青少年中有 1700 万高材生。而美国 6000 万青少年只有 91.5 万高材生，并且是靠金钱吸引世界聪明人头维持高科技。

国家重点实验室 503 个，国家工程创新研究中心 131 个，国家工程实验室 217 个，国家级企业、技术中心 1276 家，产品检测实验室 3600 家等。中国投资人力资本，有国家千人计划、地方英才计划等。企业家直接聘用国外顶尖级人才，待遇优于在母国的待遇。创业环境加上高性价比的人才群体，迅速形成有竞争力的研发团队。中国人力资本是起决定性作用的未

---

① 2019 年我国大专及以上占人口的比例为 14.58%。我国总人口 14.2 亿，从业人数 8 亿，按照国际习惯，占从业人数的比率为 25.9%，载《环球时报》，2021 年 3 月 17 日。

来红利。

中国 1978 年社会消费总额 1559 亿元，2024 年达到 40.7 万亿元左右，中国的市场规模已经居世界第一。98% 以上产品实现市场定价，市场体系已经非常完善。当今世界所有的业态中国都有，而且创造出新的商业形态，移动支付在中国已经占 86%。具有 9 亿人开户的世界最大的银行、金融体系，2024 年末存款 315 万亿元人民币，存款率维持在可消费收入的 40% 以上。中国自主的国际结算系统启动，人民币开始走向世界（我国经济发展较快，本书的资料数据仅供"数量级"参考用，读者如有需要建议以历年中国统计年鉴数据为准）。

三、中国发展的可持续性

（一）中国共产党领导下的中国的发展是一个连续的过程，从来没有中断过。

中国共产党成立后领导的第一个较长周期建设性机遇，是 1937—1949 年的延安军民融合生产共同体，这支核心技术管理队伍一直延续贯穿到改革开放，在各自的战线上发挥着骨干作用从未中断。新中国的执政集体，不管换了多少届，以民为本坚持学习与斗争从来没有放松过，即便出现一些偏离，就会马上纠偏或止损。中国沿着经济改革这条正确的道路，一届一届地继续推进。党的十六大文件提出 20 年"战略机遇"概念。第一个周期：2020 年已经实现小康，消灭极端贫困。中国经济发展的周期会延长。民能载舟亦能覆舟，中国百年苦斗流血牺牲好不容易得来的好日子，绝对不允许被颠覆。

（二）第二个周期，现代生产方式，本身是三重契约 20 年为一周期，而龙头产业 50 年为一周期。中华民族和平与发展文化基因，更适合现代经济可持久发展。随着工业革命和农民进城，在经济腾飞时期都有过一个投资拉动经济的过程。中国尚处于"过程"当中，中国作为人口大国适度城镇化，预期应当还有 20—30 年的基建投资拉动经济时期。

（三）工业劳动生产力周期。看看我们的制造业主力军，他们正当 20—40 岁，现在的生产主动力起码还能延续 20—30 年。对于 2025 高科技规划目标，2029年科技达到世界第一，2035年实现中等国家目标，2049年实现中等发达国家经济目标，应当充满自信。随着智能机器人时代的到来，中国经济增长还会更快，会实现高质量发展。现在国际霸权和中国打贸易战，把中国人打醒了、顿悟了。中国是善于学习的民族，可以把西方先进的东西拿过来，很快地变成中国国家战略，变成企业战略，中国很快就会超越。

（四）新生代周期。中国的"90后""00后"经历了2020年以来的世界性抗击新冠病毒疫情的考验，走向成熟，以他们这一代已经拥有高科技智慧来平视世界，是最自信的一代人，必将以他们的生命周期延长复兴中国梦的周期，代代相传。

（五）中国形成了区域产业链战略。

经济战略，包括区域的战略、制造业发展的战略，正在逐渐形成国家整体战略的组合优势。

创新发展战略，"中国制造2025"；国土战略布局：从北向南、从东向西，形成了一个井字交叉的战略组群网络。中国已经形成了219个国家级经济技术开发区，168个国家级高技术开发区，14个保税区和保税港区，31个现代物流园区，12个自贸试验区。第一个是上海，第二批3个，第三批7个，以及海南自贸区。中国还有37个跨境电商试点，也都是国家级的。中国目前批准了19个国家级新区，还有7个特区。可持久性。

（六）重塑国际经济政治和地缘格局。秉持主权独立走向国际的互利共赢战略，新兴发展中国家在国际上的话语权和国际地位迅速提高。

在全球最重要的国际机构，中国成为IMF的SDR货币篮子里的主要货币，人民币占10.92%。2023年中国在联合国交纳费用比重已占15.25%、中国发挥的作用不断提高。全球在2007年国际金融危机之后形成了G20，我国是成员国。在中国的提倡下，形成了多个国际组织机制，例如：上合组织机制，金砖国家。

区域性、次区域合作组织，例如：中非机制；中东欧机制；中国与东盟十国关系，澜湄合作机制，GMS合作、东北亚合作、5国与东盟《区域全面经济伙伴关系协定（RCEP）》。2020年12月30日如期达成中欧投资协定（BIT）。2022年3月，中国国务委员兼外长王毅首次应邀参加伊斯兰合作组织外长会。中国迄今已同54个伊斯兰国家签署合作文件，开展大项目近600个，涉及金额达4000亿美元。中国和伊斯兰世界已经找到了一条不同文明友好相处、合作共赢的道路，成为践行新型国际关系的典范，对不同国家、不同文明之间如何交往，也提供了有益经验。民间重要的国际论坛，例如达沃斯论坛的特长是国家竞争力指数评价，在天津建设了永久会址。倡议成立了亚洲基础设施投资开发银行，2020年加入的成员已经达到了103个，成员数量仅次于世界银行。

中国的全球经济战略，"一带一路"。我国借用古代丝绸之路的历史符号，和"21世纪海上丝绸之路"二者连属的简称。"一带一路"合作150个国家、32个国际组织、签署200余份共建合作文件，约占世界人口的80%，中国的朋友圈越来越大。

（七）中华民族自由自耕农工商经济体制是中国延续5000年的根基，也是中华民族托底的基础。

新中国不是没有经济周期，而是有计划、有预测，通过调控从而减小、抚平了经济的波动幅度，当遇到困难政府及时进行调整。另一方面，中国基层面的坚韧性很强，包容领导层发现错误和改正错误所需要的时间和空间。特别是有以家庭联产承包制为社会保险，农民工和小农业进退有序，撑起国家基本面，已经多次托底，只要爱惜中国特有的自由自耕农工商乡村市民阶级，中国就不会崩溃。

中国社会主义经济，是民本的、现代生产的法治约束的市场和计划经济，举国有规划体制，以及现代三重契约市场经济机制相结合；政府作用和市场主体活力相结合，就没有办不成的事情。中国一定会继续往前走，自然会超过西方霸权，不仅是GDP总量超过美国，中国的法制社会治理能力，企业运营能力，人民的文化素质正在超过美西方霸权，其中也包括中国的智库水平。2025年初四大国运降临，参见序言二。

第二小节 中国农民——乡村市民，是中国特色的基础

一、中国乡村市民的革命性

与欧洲社会相对比，至少从公元前594年"初税亩"为起点，中国自由自耕农工商实际是乡村市民，而不是欧洲那种没有实际自由的农奴。中国旧社会工人阶级只有200万人，所以中国共产党选择了农村包围城市道路，"几百万农民解放了城市无产阶级"的一幕震惊了世界。乡村市民的革命贡献不仅限于工农联盟夺取政权，而且延伸到为新中国现代化建设服务。1949年最彻底的土地改革，1956年以来的集体化，1978年以来的经济改革，都是从农村发起的。乡土中国发生的事屡屡让世人始料不及：中国农民几千年"小私有"，岂能轻易认可"一大二公"？数年后的集体化虽非农民所愿，但"一小二私"的中国农民毕竟接受了被外界安排的各种命运。而当年俄国农民从私有者变成反对改革的保守派，中国农民却以"18个血手印"式的决心冒死冲垮了极"左"思潮，并以家庭联产承包制农业、"乡镇企业"及"民工潮"连续创造了惊世之变，每次都是农民自发冲击在先，百姓的自发行为有了成功经验，而后政策才予以认可。如果说家庭农业在某种程度上还可以视为"传统"小农的延续，20世纪80年代，那种"从无到有"、从"三分天下有其一"到占有"半壁江山"的乡镇企业，就与"小农"概念一点都不沾边。一些学者宣称从中发现了"超越西方现代性"的"后都市文明""新集体主义"。

中国农民革命性，和身段柔软相辅相成，生命力极其顽强，可以适应"私有制""集体所有制""乡镇企业""现代市场劳动力流动经济"。他们的革命性与适应性，在于他们的根基是"家庭农业、手工业、商业"什一中正生产方式及它所承载的和平发展互惠文化所培育出来的最基本的中华民族秉性。

二、中国自由自耕农生产商在经济改革中的基础兜底作用

（一）1949 年接手国民党政权的摊子，新政权赤字率高达 70% 以上！但是由于 1950 年全国性土改，传承农村自治制度，客观上使得新政权只需管理不足 12% 的城里人就可以了。新政权进行了历史上最彻底的全国土改，从农民那里得到了大量的"三白"（白米、白面、白棉）供给三大城市用于平抑市场价格。由于国民党将 300 万两黄金运往台湾，新政府不得不印制以政府为信誉的虚拟毛票子，农民出售农产品吸纳了大约一半的无黄金抵押的货币，为了买地还把这些毛票子又转存到银行而不进入流通领域，这就使得毛票子转化成了有农民财产作为"锚"的真票子，间接地帮助人民银行吸储回笼的同时，由银行转借给政府有基础的优质货币，帮助新政权极大地减少了财政赤字压力。到 1950 年下半年就把从 1948 年民国金圆券改革造成的恶性通胀危机压下来了。这是绝好的中国农业实质经济变革成为国家"金融锚"的故事。

中国自由自耕农以其手工业工商底蕴，能够接受新生的 1956 年集体化，集体"分工协作——按劳记工分"现在劳动力价格货币支付，以预期生产品信用计价，货币经济操作得到全员式培训；乡村初步接触机械化、水利化农业，在计划经济时期，锻炼了农民的组织意识和能力。农村人口和劳动力增长了 1 倍，加之基础教育普及，干部群众在"五小工业"为代表的社队企业发展中初步有了工业化经验，为经济改革兴起的乡镇企业腾飞准备了人文素质条件。

（二）1978 年"土改"——亿万农民第二次救中国。新中国经济，以 1978 年安徽小岗村 18 名党员联名自发集体所有土地分田承包到户事件作为起点，1980 年以来的农村土地制度改革，全名为"社会主义公有制条件下体现农村集体经济统分结合双层经营的家庭联产承包责任制"，实质是"大规模调动存量"的财产关系调整——按农民人口均分土地到户的"二次土改"。①家庭联产承包制将多余劳动力解放出来，很快造就了农村百业

---

① 参见 2016 年温铁军在复旦大学经济学院"中国政治经济学 40 人论坛"上的演讲。

兴旺，乡镇企业兴起并很快达到两千万多家，农村需求的扩张形成巨大的对城市工业的拉动，缓解了1979—1980年外债危机。同时，陆续回城的待业青年与农贸市场互动，大大增加了城市就业机会。农民这个第一生产力进入乡村工业化，我国从业人数由1978年末的4亿增加到2002年末的7.37亿。这是中国这么多年唯一的一次内需拉动型的经济增长。三驾马车，内需驾辕的是向农民放权让利的那个80年代，带动了农村就地城镇化，土地家庭联产承包制，农民工在农村有一块土地，使得土地成为农民工的社会保险，保障了随着市场供求，而进城和退回农村有序进行，而没有发生城市贫民窟现象，为劳动者上升保留了物质基础和进退有序空间，农业富余的劳动力成为工业化的后备劳动大军蓄水池。避免了其他国家那种失去土地农民进城因没有退路堆积而成失业大军贫民窟。中国农民80年代的城镇化是中国故事中的重要内涵。但是，政府实行农村五自给大包干（安全、医疗、教育、道路、济贫社保），尽管缓解了赤字压力，但是"三农"问题也很快显现出来。为此，2006年，中央政府决定取消实行了几千年的农业税，并制定"三农"政策，工业反哺农业。

2010年代——亿万农民第三次救中国。2005年公布污染普查报告，"世界排放最大的国家"中国。连续强调了25年的城市化，2010年以来的主要矛盾是两大部类生产都过剩，都需要"三去一降"①。外国资本来了，两头在外，财富和收益都不是中国的，造成的环境污染和资源枯竭、社会冲突都是中国在承担。2007年，政府开始强调转向生态文明，2012年确立生态文明发展战略。2017年，党中央在十九大上正式提出了乡村振兴战略，落实生态文明的举措和战略。

（三）生态农业成为人民币的"锚"。

中国从90年代开始布局，准备了三只锚：高科技创新，"一带一路"

---

① 逐渐形成"三去一降一补"即去产能、去库存、去杠杆、降成本、补短板五大任务。是习近平根据供给侧结构性改革提出的。供给侧改革主要涉及产能过剩、楼市库存大、债务高企这三个方面，为解决好这一问题，就要推行"三去一降一补"的政策。

走出去，还有最坚实的基础——乡村振兴。

中国 M2 总量很大，金融必须有锚有根，最后一个有形体的办法，利用中国主权货币完成本土生态资源的自我货币化（货币成为实质经济的证明书，二者对仗），至少一定程度上，要用乡村资源货币化来吸纳现在过量增发的货币；这同时可以扩大乡村物业价值化的增长空间。在工业板、服务业板块之后，开发绿水青山概念板块，进一步构建自主资本化体系来实现生态资本深化需要的"在地化"板外融资，也就是实现绿水青山就是金山银山"生态产业化"和"生态资本深化"来为过度发行的货币建立"锚"。乡村振兴是 21 世纪中国发展潜力最丰富的领域之一。美国一度也曾依靠农业工业化作为货币经济的"锚"。

2020 年举国抗击疫情，举家隔离，有部分居民基本依靠冗余存款度过半失业状态时光，特别是还有大家庭内部的相互扶助。渡过难关，首先在于政府的正确指挥，干部和党员下沉到基层，与此同时，中国小农业持续不断的食品供应等从未短缺功不可没。

三、中国人口大国必须自给自足、构建国土生态文明体系

坚持和完善生态文明制度体系，必须践行绿水青山就是金山银山的理念。

（一）改革开放以来，我国农业和农村的经济社会发展取得了举世瞩目的重大成就，但是，我国城乡二元经济结构和城乡二元经济社会管理体制，乡村市民一直维持自力更生、自给自足、自理自治。这也带来城乡发展差距引起的深层次矛盾，导致我国农业基础仍相对薄弱，农村发展仍然滞后，农民增收仍有困难，这是影响我国从根本上解决"三农"问题的体制性障碍。对此，党的十九大明确指出：要"实施乡村振兴战略。农业农村农民问题是关系国计民生的根本性问题，必须始终把解决好'三农'问题作为全党工作重中之重。要坚持农业农村优先发展，按照产业兴旺、生态宜居、乡风文明、治理有效、生活富裕的总要求，建立健全城乡融合发展体制机制和政策体系，加快推进农业农村现代化"。

中国乡村改革的路径，一是注重保护传统村落和乡村特色风貌，加强

分类指导。生态环境对策。自然是生命之母，"人与自然是生命共同体"，人类必须敬畏自然；尊重自然、顺应自然、保护自然。要实现社会经济的可持续发展，必须坚持人与自然和谐共生，牢固树立和切实践行绿水青山就是金山银山的理念。二是各级政府官员必须下沉到村，为农村产业振兴、订单精品农业、旅游业、环境友好、国土空间产业、碳交易，太阳能、风能、沼气推广改造提升等出谋划策，制定长远规划，付诸实施，监督管理，以增加农民收入。三是农村公共设施，应由政府财政为主导乡村组织自筹为辅助，按照不低于城市的标准建设。每村必设有幼儿园和小学（包含对家长的教育），技术文化站（包括推广），治安警察（包括法制教育），养老和卫生站等。改善教育、卫生、安全环境，涵养农业传统文化人类最后的家园。四是农村居住环境的改造，老房改造，应由政府财政、乡村组织自筹、家庭自筹相结合，视该地区收入水平，决定分配比例。建设标准防九级地震，房型采用准中国式别墅型楼房，以不扩大宅基地面积为限。七通一平上下水处理，垃圾处理，按照城市标准。

（二）实行最严格的生态环境保护制度。一是坚持人与自然和谐共生，坚守尊重自然、顺应自然、保护自然，健全源头预防、过程控制、损害赔偿、责任追究的生态环境保护体系。二是加快建立健全国土空间规划和用途统筹协调管控制度，统筹划定落实生态保护红线、永久基本农田、城镇开发边界等空间管控边界以及各类海域保护线，完善主体功能区制度。三是完善绿色生产和消费的法律制度和政策导向，发展绿色金融，推进市场导向的绿色技术创新，更加自觉地推动绿色循环低碳发展。四是构建以排污许可制为核心的固定污染源监管制度体系，完善污染防治区域联动机制和陆海统筹的生态环境治理体系，加强农业农村环境污染防治，完善生态环境保护法律体系和执法司法制度。五是拓展可耕地面积，例如沙漠治理，向干旱地区引水工程等。

（三）现代管理制度与乡村自治如何相互协调的探索。在古代是由乡绅领导乡村自治，这就存在"财权与治权"合一带来的各种弊端，因此，乡村政治治权独立的"政府"化，是一个必然的走向。

（四）中国是人口大国，必须自给自足在内循环为主体基础上建成内外双循环。

由于各国历史、地理、人口状况不同，因此产业结构应当有所不同。为了保障国家供给的安全性，各国对不可替代产品，都会特别加以保护，例如守成国家都采用补贴的方式保护农业。第三世界，必须保留一定比例的国有经济，特别扶持重工业。经济比较均衡的国家例如德国的经验，工业并非夕阳产业，只有夕阳技术需要改造。

第五节 现代化"拨改贷—禁止高利贷—三重契约"历程

拨改贷，无论国有、私有企业都走上借钱租买生产工具发展经济的路子。

在中国，"拨改贷"改革是经济改革的纲领，在改革过程中逐步呈现"拨改贷—禁止高利贷—三重契约"市民法现象。

（一）在改革开放初期，受到"两个凡是"的束缚，关于姓资姓社的争论相当激烈。我党下决心"拨改贷""利改税"。《同舟共进》2017年第6期上载文《邓小平：难忘的五个历史场景》，其中第四个场景"1978年：'借钱搞建设'"，介绍了1978年5、6月间，国务院原副总理谷牧到欧洲访问了15个城市，回国后向中央汇报了国际经济运作中许多通行办法，例如分期付款、补偿贸易、生产合作、吸收外国投资等，邓小平第一次提到了"分期付款"借钱搞建设。

拨改贷的目的和方法，"许多不对路的产品，为什么？一个原因就是过去我们的制度是采取拨款形式，而不是银行贷款的形式。这个制度必须改革。任何单位要取得物资，要从银行贷款，都要付息"[①]。纯粹拨款形式，引诱叫得响的拨款多、吃拨款饭，不公平。改革的方法自然是拨改贷，"要把银行办成真正的银行，我们过去的银行是货币发行公司，是

---

① 《邓小平文选》，第二卷，人民出版社1993年版，第200页。

金库，不是真正的银行"①。财政管理体制改革首先从"拨改贷"和"利改税"开始。1979年10月4日出席省市自治区第一书记座谈会，邓小平指出，"经济工作是当前最大的政治，经济问题是压倒一切的政治问题"。10月8日的会上又进一步指出，"必须把银行办成真正的银行……资本主义国家的银行是很灵活的，……"。1981年起，国务院决定发行国库券。十二大闭幕不久，邓小平曾说："我们打开了一条一心一意搞建设的新路。"

1984年12月4日计财2580号文件，根据六届人大二次会议关于《政府工作报告》决议的精神，国家计委、财政部、中国人民建设银行制定了《关于国家预算内基本建设投资全部由拨款改为贷款的暂行规定》，文件法定基建贷款年利息率为2.4%—12%。从这一刻开始，无论国有、私有企业都必须依靠市场筹集资本，必须通过签订"三重契约"三联合同"预定先进生产线抵押贷款"来取得租买生产工具的长期贷款，专款专用。其一，拨改贷的"贷"字，是遵守法律规则的经济行为。其二，按照计划，资本价格利息率在2.4%—12%之间波动，基本接近已经在国际上占据支配地位的禁止高利贷的尺度：中立的尺度为4%—5%，禁止超过10%。其三，我国有"拨改贷"法律文化基础，有租息利税什一中正市民社会礼法，有王莽变法"民或乏绝，欲贷财以治产业"偿债生产价格法流传民间，有茅盾《春蚕》中所描写的民间老通宝们擅长的赊欠经济习俗。

（二）"拨改贷"改革的曲折过程。

经济改革与现代生产方式相对接的是"拨改贷"改革。但是，面临的主要问题是对拨改贷就是转型现代生产方式认识不足，对这一巨大的经济变革，政治、制度、法律准备不足。

1985年4月23日国家计委、财政部、中国人民建设银行《关于国家预算内基本建设投资全部由拨款改为贷款的暂行规定》中若干问题的说明，宣布试行将利息纳入价格，"长期利息、赋税资本化"，即购买者价格包袱法。

---

① 《邓小平文选》，第三卷，人民出版社1993年版，第193页。

1987年,世界银行带着窥探目的,考察了兵工大三线深山沟里的多个工厂,新中国也借机第一次接触到现代生产方式投资贷款的运作形式。笔者沿着世行的模本追踪多年,终于在世界史中发现了它的守成模型:瓦特—博尔顿蒸汽机小额贷款试制生产形式;在英国教会改革派法学家们的著作中,发现了它的最早的原型"三重契约"。这种模式在中国通过房地产形式得到全国性推广。

1988—1998年,遭遇高利贷。中国在1988年开始放开物价遭遇硬着陆。为了回笼货币稳定市场大幅提高利息率,但是时间过长。在1988—1998年上半年这10年间遭遇高利贷,基准利率高达10%—14.5%,农业银行利率更是高达24%。外国资本在中国放贷利率高达16%。绝大多数企业和个人还不起贷款。拨改贷遭遇高利贷,不贷款是死,贷款死得更快。

1991年8月13日法(民)〔1991〕21号《最高人民法院关于人民法院审理借贷案件的若干意见》"……6. 民间借贷的利率可以适当高于银行的利率,各地人民法院可根据本地区的实际情况具体掌握,但最高不得超过银行同类贷款利率的四倍(包含利率本数)。超出此限度的,超出部分的利息不予保护"。1991年这一天,第一次以法律形式中止了中国5000年租息利税什一中正之制,远远偏离西方资本主义国家法律禁止超过10%适度为3%—5%资本利息率的禁止高利贷法的尺度。高院规定民间高利贷以来,民间高利贷的规模是个谜(20—40万亿元人民币?),被称为高利贷六层塔。

1994年《增值税暂行条例》第10条规定,购进固定资产价外进项税不得从销项税中扣除,"销项-进项=负数"不予退税;1992年《工业企业财务制度》第26条规定,在建期间允许购进固定资产税和长期利息摊进固定资产加价。就是前面所介绍的购买者价格法价税包袱,这导致购买者价格法与使用者价格法名实相差一倍。由于中国政府对世界银行向中国企业的投资贷款也实行生产型增值税,引起世界银行的强烈抗议。

1994年实行三税制,企业反映,"摊派猛于虎,一税轻,二税重,三税是个无底洞"①，相当于谁敢于使用先进工具就惩罚征收17%的税，深加工制造业增值税最重。三税制和高利贷，导致国有企业因负债过重而减产、破产，集约式下岗失业6000万人，东北老工业基地试点私有化休克疗法国有资产被贱卖。而私人资本就向不用或少用工具的手工密集型产业倒退。实际运作情况是，地方政府依靠土地财政而对企业减免税，制造业才得以勉强存活。

1995年7月12日，国发〔1995〕20号文《关于将部分企业"拨改贷"资金本息余额转为国家资本金的意见》。

1987年深圳卖出第一块70年土地租赁权。1991年放开住房抵押贷款，1994年实行中央与地方分税制，施行地方政府土地财政，属于财政外，没有纳入财政内核算。

1997年，亚洲金融危机对我国经济发展造成较大冲击，外需急剧收缩，党中央提出"立足扩大国内需求，加强基础设施建设"，在亚洲国家因金融危机纷纷提高利息率的国际背景下，中国反其道而行之，1998年以来密集7次降低利息率，下降到5%左右。

住房改革，国发〔1998〕23号文第二条（六）"住房的平均价格与双职工家庭年平均工资之比在4倍以上……"包括贷款利息，为6.7倍，折合住房价格=住房造价的3倍，房地产"偿债生产价格法"被写入经济政策。房地产和建筑业实行5%营业税。三重契约的基本条件在房地产、基本建设领域形成，掀起全民购房热，两条龙头产业腾空而起，带动了上下游产业，中国经济进入快车道。世界近现代历史逻辑，三重契约就是那个"立竿见影"的现代生产方式的变法。

事实说明，为了维持企业的生存，中央银行基准利息率必须下降到5%左右，所幸，我国国有银行利息率终于跟着国际水准走，98年以来避免了高利贷。这就是马克思所介绍现代生产方式"禁止高利贷—三重契约"运筹机制立竿见影。

---

① 国务院减轻企业负担办公室新闻组编，张军立、李从国：《中国企业治乱减负报告》，河北人民出版社1999年版，封底。

国发〔2003〕18号文，住房市场化，等于废止了偿债生产价格法。立竿见影，至2018年，北上广一线城市15年房地产价格上涨20倍，形成债务灰犀牛。这也就是受到华盛顿共识"自由、私有、市场"误导，商业资本主义利润最大化立竿见影。

所以，法律确实是立竿见影的治理机制。

国家经贸委与中国人民银行1999年7月5日联合发出国经贸产业〔1999〕727号文《关于实施债权转股权若干问题的意见》。企业无力支付的生产型增值税所累积的5万亿元债务，转为银行债务股权。

2003年十六届三中全会决定"增值税改为消费型"。

2007年9月在亚太经合组织会议上，胡锦涛提出："互利双赢的开放"。

2011年温家宝指示，金融机构要更好服务于实体经济。①

2011年试点全面推开营业税改征增值税试点，制定政策的个别人按自己意志修改了国际标准"消费型"概念，废止营业税等于转型"全面"生产型增值税。② 作为一个暂行条例，竟然坚持30年拒绝按照中央决议改革为"消费型"，表现为制造业生产型增值税仅从17%调低到13%。而法国（消费型增值税的发起国）等欧盟国家消费型增值税的制造业的增值税率是0%—5%，参照国际标准中国企业连续30年提出异议很正常。这些年企业是依靠地方土地财政补贴渡过难关。

法释〔2015〕18号文高院《解释》规定36%及以内的利息率不违法，2016年以来高利贷特别好赚钱。

2020年8月19日〔2020〕6号文最高人民法院关于修改《关于审理民间借贷案件适用法律若干问题的规定》"市场报价利率四倍"计算当前法律禁止15.2%的资本利息率。

---

① 温家宝：《金融要服务实体经济》，中国政府网，2011年12月21日。
② 宋晓梧主编：《未来十年的改革：国民收入分配改革研究》，中国财政经济出版社2011年版，普遍生产型增值税，见第28页；2009年中国税负痛苦指数排名第159位，倒数第二，见第202页。

2016年,国有企业试点部分有技术、有管理能力、贡献突出的职工持股。

2017年,供给侧改革。落实服务实体经济是金融的本分。政府重提房子是用来住的不是用来炒的。

随着世界经济一体化,为争取WTO完全市场经济"正常价值＝平均生产价格"最惠国待遇,"国民待遇,共同适用"平等地位,为了平等交易必须走向民商税法国际认同化。"拨改贷"租买生产工具方式,已经占支配地位,市民法上升到国家普通法提上日程。

第六节　社会主义初级阶段

习近平指出:"'社会主义'这个定语,之所以说是社会主义市场经济,就是要坚持我们的制度优越性,有效防范资本主义市场经济的弊端。"①

一、制度成本"拨改贷"改革途径

(一)制度成本改革的实质,一是降低制度成本,二是以正义准则分摊成本,而摒弃按利益集团分摊成本。

(二)制度改革方法:一是调整利益分配,例如"劳动、资本、技术、产权、管理"产生支付的交易费用的分配制度。但是对于"正常价值＝偿债生产价格构成"的认识欠缺,是导致粗放市场的原因之一。二是协商,让一部分人先富裕起来,先富带后富的设计与实施,带有不确定性。三是试错法,摸着石头过河难免会掉进河里的时候,这一切形成了改革成本。四是等待随着生产力的发展,必须有信仰的支撑。例如受损者填平,逐渐地自己与过去比有所上升。而西方舆论总是引诱与西方国家的先进面比,

---

① 习近平:《不断开拓当代中国马克思主义政治经济学的新境界》,载《求是》,2020年第16期。

或与彼岸理想比，就会落入心态不平衡"陷阱"，对社会稳定发展不利。

（三）改革特征。一是分领域改革；二是农村率先改革；三是以渐进式为主，分步推进；四是摸着石头过河，不断试错。试点和突破在地方，规范在中央。

（四）改革经验：三点，一是党的领导和政治指引，坚持改革；二是坚持发展生产力，共同富裕为标准，尊重群众的首创精神；三是坚持改革、发展、稳定并重。渐进（稳定）式改革。

二、"拨改贷"，与社会主义初级阶段的关系

1981年6月，十一届六中全会通过的《关于建国以来党的若干历史问题的决议》第一次明确指出"我国的社会主义制度还是处于初级的阶段"。1987年10月召开的党的十三大大会指出，社会主义初级阶段包含两层含义：第一，我国社会已经是社会主义社会，我们必须坚持而不能离开社会主义；第二，我国的社会主义社会还处在初级阶段，我们必须从这个实际出发，而不能超越这个阶段。这是中国共产党人对科学社会主义理论的重大贡献。这为实行改革开放、建设有中国特色的社会主义提供了有力的理论武器。

（一）社会主义初级阶段的具体现象，第一，科学社会主义经济制度必须建立在资本主义最新成果的基础之上。而现状是，由于历史原因，新中国前30年只实施了现代的某些要素，例如有计划工业体系、高科技国防、普及教育等。1984年"拨改贷"是我国现代生产方式高级阶段的起点。企业尝试"生产线抵押贷款"，这已经促进中国迅速和平崛起。但是现代生产关系法制建设却远远落后于实践，表现为四大生产的分配正义（工资总额均分所创造价值，资本、地租禁止高利贷—三重契约，什一税制，通工等偿）市民习惯法，40年过去还没有上升定制为国家统一大法，导致贷款的贷款成本高企（为39%—51%），"总工资均分所创造价值"受到制度成本的侵蚀。第二，由于工农业价格剪刀差，中国在很长一段时间关于"三农"的问题需要通过工业反哺农业，即通过财政再分配（第二次分配）进行调整。

（二）社会主义初级阶段时所面临的主要矛盾是，人民日益增长的物质文化需要同落后的社会生产之间的矛盾。为了解决这个主要矛盾，必须经过长期努力，大力解放和发展社会生产力，这是社会主义初级阶段的根本任务。

（三）划分社会主义初级阶段的意义。它是真实现象，为我国整体社会主义社会的阶段划分提供了实证依据；它对后发展国家具有一定的普遍意义。这决定了我国必须经过一个社会主义初级阶段的长期发展过程，需要几代人、十几代人，甚至几十代人坚持不懈地努力奋斗。党的十九大报告告诫全党和全国人民："我国仍处于并将长期处于社会主义初级阶段的基本国情没有变，我国是世界最大发展中国家的国际地位没有变。全党要牢牢把握社会主义初级阶段这个基本国情，牢牢立足社会主义初级阶段这个最大实际"。

三、多实验，是学习使用资本、市场、计划"工具"的有效方法

"拨改贷"改革对中国而言毕竟是新生事物，需要通过实验结果来树立学习榜样。

（一）以民为本，跨越"方法"意识形态化。1992年1月18日—2月21日，《在武昌、深圳、珠海、上海等地的谈话要点》中，邓小平指出："计划多一点还是市场多一点，不是社会主义与资本主义的本质区别。计划经济不等于社会主义，资本主义也有计划；市场经济不等于资本主义，社会主义也有市场。计划和市场都是经济手段。"① 这些理论直接指导了1993年《宪法》修正案，强化了市场工具。中国正在成为世界市场的一部分，保持沟通畅通、对世界的好奇心，尽量多交朋友。

（二）社会主义初级阶段，就是用实践检验真理阶段，西方资本主义国家的证券、股市这些东西究竟好不好，社会主义是否可以使用？一是开放的路径是胆子大一些做试验，而不是未作试验就开放。二是开放那些经过试验有比较优势的方面，"改革开放胆子要大一些，敢于试验"，所以，

---

① 《邓小平文选》，第三卷，人民出版社1993年版，第373页。

"允许看，但要坚决地试。看对了，搞一两年对了，放开；错了，纠正，关了就是了。关，也可以快关，也可以慢关，也可以留一点尾巴。……社会主义要赢得与资本主义相比较的优势，就必须大胆吸收和借鉴人类社会创造的一切文明成果，吸收和借鉴当今世界各国包括资本主义发达国家的一切反映现代社会化生产规律的先进经营方式、管理方法"①。三是对于各种经济工具，凡事先做试验，不做无谓的争论，"不搞争论，是我的一个发明。不争论，是为了争取时间干。一争论就复杂了，把时间都争掉了，什么也干不成。不争论，大胆地试，大胆地闯。农村改革是如此，城市改革也是如此"②。实践是检验真理的标准。巴西学者指出，向中国学习三堂课：第一堂课，不论国家大小，不论意识形态，主动学习他国优点，不带有任何偏见，放眼世界；第二堂课，敢于做自己，尊重自身历史文化发展；第三堂课，制定长期规划的能力。③

四、让一部分人先富裕起来，政策倾斜外部性粗放市场

关于让一部分人先富裕起来，与"共同富裕"。邓小平在谈到改革开放时说过，"走社会主义道路，就是逐步实现共同富裕"，"让一部分人、一部分地区先富起来，大原则是共同富裕"。这里"让"的隐含主语是领导中国的政治力量——中国共产党。为了突破经济发展的瓶颈，有时候需要运用领导技术，例如社会学中的示范效应二八定律波浪式发展，只要能够掌控20%的力量，就可以撬动、引导另80%的群体跟随着前行。"用多种形式把所有权和经营权分开，以调动企业积极性"④，"在经济政策上，我认为要允许一部分地区、一部分企业、一部分工人农民，由于辛勤努力成绩大而收入先多一些，生活先好起来。一部分人生活先好起来，就必然

---

① 《邓小平文选》，第三卷，人民出版社1993年版，第372—373页。
② 《邓小平文选》，第三卷，人民出版社1993年版，第374页。
③ 《巴西学者：巴必须向中国学习三堂课》，载《环球时报》，2019年5月12日。
④ 《邓小平文选》，第三卷，人民出版社1993年版，第192页。

产生极大的示范力量，影响左邻右舍，带动其他地区、其他单位的人们向他们学习。这样，就会使整个国民经济不断地波浪式地向前发展，使全国各族人民都能比较快地富裕起来"①。中国共产党代表引导全民共同体，在政策上给予了一部分人和地区各种制度优势，赋予了这部分人和地区先富起来的机会。但是改革开放的目标是现实的共同富裕。邓小平还说："一部分地区发展快一点，带动大部分地区，这是加速发展、达到共同富裕的捷径。"②就是说，既然是共产党的政策让一部分人、一部分地区先富裕起来，那么大原则共同富裕也必须有共产党的引导才能贯彻实施。

由于10年"文革"浩劫，百废待兴，以粗放市场为表现，以摸着石头过河去探索③，以追赶西方生产力的学习为主，以把饼做大为方向，以未知生存空间的"摸着石头探索"的人们为主动力军。西方话语就是"保持好奇心"，急于摆脱贫困希望尽快富裕起来的心态很正常。"白猫黑猫抓住老鼠就是好猫""摸着石头过河"的共性社会心态，既是社会动力，也有不够关注公平法则之嫌，显示出开放之初商品经济由混杂到理顺的过程。

先富带后富需要补课。中国经济上台阶，却也带来贫富差距。2017年中国基尼系数高达0.467，接近美国。中国以美国60%的GDP、70%的民营企业创造了比美国多13%的超级富豪，居世界第一。这种非正常的奇迹与高利贷高额利润、包袱价格法、土地财政、高房价灰犀牛脱不了干系。面对新发展格局，在2020年外滩金融峰会上，时任国家副主席的王岐山强调："中国金融不能走投机赌博的歪路，不能走金融泡沫自我循环的歧路，不能走庞氏骗局的邪路。要坚守金融发展基本规律和金融从业基本戒律，紧贴企业生产经营，抓住市场新趋势、新机遇，支持经济发展重点领域和薄弱环节，使金融服务与实体经济相互促进，健康发展。""中国产业资本

---

① 《邓小平文选》，第二卷，人民出版社1993年版，第152页。
② 《邓小平文选》，第三卷，人民出版社1993年版，第373—374页。
③ 蔚智：《跳出经验主义牢笼看问题》，载《环球时报》，2018年9月26日，第15版。

与金融资本的相互了解、相互合作，还处于相当原始的阶段。"① 所以必须坚持防范化解金融风险。金融业遵从的安全性、流动性、效益性，在这三原则中，安全性永远排在第一位。

五、经济改革贯彻"社会主义"的学习与斗争逻辑

马克思激烈批判西方资本主义的血腥、虚伪的那一方面，预言它自掘坟墓。但是同时也褒奖资本生产工具主义（纯粹现代方式）比奴隶制、农奴制文明。一是因为人民渴望解决温饱问题。二是现代生产方式正在向世界各个角落扩张，形成世界市场，证明了这一规律在发展。三是不能跨越，有苏联的教训为证。苏联计划经济省略了20年期生产线抵押贷款模式从而输给了西方"预提20年利润"百倍地提高了当前生产力。四是大众很容易学会，世界市场扩张就是证明。

社会主义只能建立在资本主义最新成果的基础之上，已经准备了条件，例如三重契约治理下的信用制度。当前电商制度，云计算、大数据，为计划经济作了技术准备。

经济建设为中心。邓小平指出："马克思主义历来认为，社会主义要优于资本主义，它的生产发展速度应该高于资本主义。……而'四人帮'怎么说呢？宁肯要穷的社会主义，不要富的资本主义。其本质就是说，社会主义就是穷的。……第一，不要离开现实和超越阶段采取一些'左'的办法。……第二，不管你搞什么，一定要有利于发展生产力。发展生产力要讲究经济效果。只有在发展生产力的基础上才能随之逐渐增加人民的收入。"② 手段、方法，关键是谁用得好，为谁服务，"资本主义比封建主义要优越。有些东西并不能说是资本主义的。比如说，技术问题是科学，生产管理是科学，在任何社会，对任何国家都是有用的。我们学习先进的技术、先进的科学、先进的管理来为社会主义服务，而这些东西本身并没有

---

① 许维鸿：《抓住整固金融生态的时间窗口》，载《环球时报》，2020年10月26日。

② 《邓小平文选》，第二卷，人民出版社1993年版，第312页。

阶级性"①。"许多经营形式，都属于发展社会生产力的手段、方法，既可以为资本主义所用，也可以为社会主义所用，谁用得好，就为谁服务。"②"我们要学会用经济的方法管理经济。自己不懂就要向懂行的人学习，向外国的先进管理方法学习。"③计划和市场都是方法，"把计划经济和市场经济结合起来，就更能解放生产力，加速经济发展"④。方法本身没有阶级性，是使用它的"人"有阶级性观念和剥削行为。

以民为本，"在搞社会主义方面，毛泽东主席最大的功劳是将马克思列宁主义的普遍真理同中国革命的具体实践结合起来"⑤。"不能把过去的错误都算成是毛主席一个人的。"⑥"这不仅是毛泽东同志本人的缺点，我们这些老一辈革命家，包括我，也是有责任的。"⑦共产党的党性，表现为自我矫正机制。

当今，国际上已经承认中国坚持计划与市场相结合是正确的路径。把自己的事情办好，推广有生命力的仁智体系。

共同富裕的目标：全面建成小康社会，一个不能少；共同富裕路上，一个不能掉队。中国特色的社会主义，是一个基于中国国情的结合体。它包含着用市场经济来激发个体的能动性，推动经济建设；用社会主义制度来推进共同富裕，最后达到社会公正。

企业是经济活动的重要主体。市场活力，一是来自于法律变革运筹机制强制禁止高利贷、强制用利润还本付息，一般企业员工和企业家遵守法律，企业共同体就可以通过生产的分配正义取得普通利润率。二是来自于市民的潜质，比较明显的是来自于企业家精神。确切地说，包括生产债务人企业主冒险创业精神和科学经营管理企业家精神。

---

① 《邓小平文选》，第二卷，人民出版社1993年版，第351页。
② 《邓小平文选》，第三卷，人民出版社1993年版，第192页。
③ 《邓小平文选》，第二卷，人民出版社1993年版，第150页。
④ 《邓小平文选》，第三卷，人民出版社1993年版，第148页。
⑤ 《邓小平文选》，第二卷，人民出版社1993年版，第314页。
⑥ 《邓小平文选》，第二卷，人民出版社1993年版，第353页。
⑦ 《邓小平文选》，第二卷，人民出版社1993年版，第345页。

平等正义的公平，全面深化改革必须着眼创造更加公平正义的社会环境，如果不能创造更加公平的社会环境，甚至导致更多不公平，改革就失去意义，也不可能持续。

马克思所界定的现代生产方式（资本生产工具主义）新时代。2017年召开的党的十九大指出："经过长期努力，中国特色社会主义进入了新时代"。党的十九大明确要求："牢牢坚持党的基本路线这个党和国家的生命线、人民的幸福线，领导和团结全国各族人民，以经济建设为中心，坚持四项基本原则，坚持改革开放，自力更生，艰苦创业，为把我国建设成为富强民主文明和谐美丽的社会主义现代化强国而奋斗。""共同富裕"课题，是重中之重。

正因为历史上的中国具备那个时代最优良的生产方式、优越的政治体制、全体人民是生产商市民这一优越的文化背景，在国家危难之际，能够迅速孕育出一个全心全意为人民服务的共产党，能够迅速寻找到"公平正义"的现代生产方式的表现形式：马克思主义；在危难面前坚守"长城精神、长征精神、延安精神"形式的中国精神。每一个中国人，只要生于这个国家，就和这个国家的历史、文明和同胞有了一个不可割舍的情愫。我们必须丢掉任何幻想，与美西方所混杂的奴隶制残余做坚决斗争。

第七节　中国高科技生产力崛起，在学习与斗争中前行

当今是科学主义时代，高科技工业布局决定国家在世界民族之林的地位，这是一个学习与斗争的过程。经济改革是顺应形势而为，既不是心血来潮，也不是单纯的顶层设计。

改革开放，每一步脚下都有陷阱。中国迅速和平崛起，只有学习与斗争，并没有所谓的蜜月期，不存在所谓岁月静好。我们不应忘记，中国经济改革40年"生产与分配"变革道路，每一步都充满了艰辛，充满了算计和较量。

（一）1978—1997年，社会主义向度的"摸着石头过河"。

改革从底层开局。1978年小岗村18户农民约定包产到户，拉开了中国经济改革的序幕。农村改革成本低，不存在"负外部性"，1979—1982三年完成在全国推广。农村的生产与消费扩张，拉动了城市工业的复苏。三驾马车（投资、生产、消费），"三农"在驾辕。农村承包制40多年，经历了几次涨落，现在已经在搞规模经营，精品农业，青山绿水生态产业锚。

国有企业经济的改革道路。1983年国企利改税，1984年"拨改贷"改革，"自主经营，自负盈亏"。试行过承包制、股份合作制、现代企业制度。不单是所有权与经营权分离，而且面临减员增效，去社会负担：医疗、教育、住房。1988年鼓励下海，停薪留职。1992年初经济日报《砸三铁，看徐州》，砸铁饭碗、铁工资、铁交椅。用下岗分流替代"砸三铁"。1994年"三税重+高利贷"，国有企业遭遇世界前三位的过高制度成本而负债累累，不得不抓大放小，集中导致国有企业职工6000万人下岗失业，深加工制造业生产型增值税最重，下岗率高达76%。政府实行了三项措施：下岗补贴、允许再创业、卖国有资产。乡镇企业和民营企业兴起，实际是倒退回不用或少用资本生产工具的手工劳动密集产业与国际廉价产业市场对接。

1984年，中国"运二飞机"测飞表明已经达到波音70的水平，而市场派忽悠生产不如租赁、购买外国货，中国大飞机被下马失去30年时间。1988年价格改革硬着陆。1980年以来，英、美放任金融自由主义，美国6年（1981—1987年）停止银行紧急法案Q条高息揽储。这似乎传染到中国，1988年因为价格改革硬着陆，价格膨胀20%，为收回货币，利息率上升到11%，农行利息率高达24%，外资融资利息率高达16%，高利贷长达近10年。改变策略，采用双轨制度逐步放开，2010年达到95%的商品由市场定价。

1988年提出"沿海发展战略"，设立特区，发展外向型来料加工手工劳动密集型产业，资源和市场两头在外，参与国际大循环。2020年决议，内循环和外循环两个大循环。

美国利用两国建交，用10年时间着力对中国知识分子进行所谓自由、民主、人权、自由市场意识形态渗透，并利用我国物价改革硬着陆失败。1990年，西方制裁中国，又出于自己的利益不得不停止对中国这个巨大市场的制裁。被"华盛顿共识"认作是"新自由主义"的胜利，"自由市场"理论在中国学界泛滥，"效率优先，兼顾公平"引起巨大争议。台海危机加剧。

1990年，美国对外推行自由主义意识形态和经济金融休克疗法，终于导致苏联解体、华沙条约组织解散。

1991年以来的10年，有的学者分析曾遭遇8次财政危机，都以农业托底而化解。中国用了四招化解困境：一是以经济建设为中心，科学技术是第一生产力；用增发国债破解资金缺乏问题。二是思想：邓小平南方谈话，关于姓资姓社问题，标准是发展生产力，提高人民生活。三是政治：中国特色社会主义优势是集中力量办大事；计划和市场不过是两种手段，都是工具。四是精神：居安思危、勤劳奋进的中华民族性。

1993年，《宪法》修正案第十五条，仅该条"计划经济"修正为"社会主义市场经济"（8处修正了1处，并没有否定有计划），要素市场逐步放开。计划与市场两条腿，带动资本、技术、管理要素的流动。

搞基建修公路拉动经济。1993年中国高速公路总里程不到500公里，现在达到16万公里，把国土连成了一张全球产业链的毛细血管，现代经济离不开"流动性输送"高速公路。

1994年"三税是个无底洞"制造业税捐最重（17%），再加上当时国际国内高利贷，多种因素导致6000万国有企业职工集约式下岗失业。中国东北老工业基地等地试点股份制瓜分国有资产，贱卖国有资产，休克疗法。但是，这些资产得到了乡镇企业和私有企业的有效利用，国有企业下岗职工无论走到哪依然是榜样，中国经济转型基本没有出现美英那种"铁锈带"现象。

1997年香港回归，香港回归的第二天，7月2日，由索罗斯量子对冲基金发动了亚洲金融风暴，我政府出手对香港救市场。中国内陆引进外资较少，对金融风暴不敏感。外资企业纷纷转来中国，被推向出口导向型产业结构，引进的是二三流或更低端的技术。外资企业利用中国法律不健全，报亏损面达60%来逃税，其中多数为假亏损。

90年代西方军事欺凌中国。1993年，银河号事件，美军在公海上无理由检察我商船，挑衅我国家主权。1996年，台海危机，美国派了两艘航空母舰战斗群，并运用GPS系统导致我军舰失去导航，但是在国家强大威力下，美军还是不得不撤退了。1999年美国轰炸我南斯拉夫大使馆，2001年在南海撞毁我战机，王伟烈士牺牲。接二连三的事件，逼迫中国痛下决心建设自主独立的北斗导航系统，加快提升海陆空科技水平。

（二）1998—2012年，我国经济进入快车道。

1998年后，在不到1年的时间里，我国利率7次降息，我国进入现代生产方式的高级阶段。"房地产"和"基建狂魔"成为两个龙头产业，经济进入快车道。但是2003年以来"自由市场"导致高房价泡沫严重。十八大以来提出"房子是用来住的，不是用来炒的"。

自21世纪初，美国奉行"亚太平衡战略"。该理论基础，一是"新兴大国与守成大国之间大多会爆发战争"即所谓"修昔底德陷阱论"；二是英国地缘政治学大师哈尔福德·麦金德爵士的"地缘战略冲突论"。

2000年美国立法禁止中美航天合作，2023年中国的天宫独自闪耀。

2001年我国加入世贸组织。国际比较优势大三角循环（高科技、制造业、资源和能源），借助于新兴国家廉价商品，形成美欧国家靠金融殖民印钞支撑的"消费型国家"市场和高科技研发中心，东亚特别是中国成为生产基地制造中心，中东拉美能源和资源输出的"大三角国际循环"。中国出口导向型经济年代资源和市场两头在外，"6+1"模式，"分配"割"生产"的韭菜薅羊毛。

中国加入WTO，一个苛刻条件是规定用15年时间从非市场经济地位转型市场经济地位的日程表，以此为借口，美国干预中国的内政，世界银行行长佐利克来华参与的30年发展规划草案中，规定国有经济下降到10%，约有273处提到"私有"而引起公愤。正是在这样的背景下，国务院印发了《中国制造2025》，成就了中国高科技制造业转型升级，电力能源、交通运输物流位列世界第一位。

2003年3月14日，伊拉克战争爆发前三天，在美国媒体炒作下，中国受到"非典型肺炎"的舆论围攻,91个国家宣布禁止中国人进入。有报道称,这让中国城市服务业损失1000亿元,几千万农民工纷纷退回农村休养生息。政府免去服务业半年的税负,共渡难关。

2003年,修铁路拉动钢铁和上下游产业,提高流动性,中国第一条高铁从2003年开始运行,2024年达到4.6万公里。中国建成了世界上最大的高速铁路网络,并在技术和运营方面取得了显著成就。这年实行住房95%商品化,地方土地财政、银行、开发商联手垄断房地产市场,住房全面商业化炒作高房价,剥夺劳动者剩余价值和生命权等。十八大以来提出"房子是用来住的,不是用来炒的"。

2004年以来,美国操纵的WTO要求中国金融开放时间表。受到"利率市场化上不封顶""金融债务资产上不封顶"误导,2006年以来金融试点,担保公司、小额贷款公司、城市放贷、金融租赁公司、投资公司、委托贷款等高利贷影子银行六层塔,以及2014年以来网络贷款P2P、蚂蚁金服等校园贷,允许利率高于基准利率20%—80%。1991年高院意见民间利息率允许4倍法定利息率,2015年高院规定利息率限制在36%,2019年高院规定4倍法定利息率即15.2%。2021年3月决定限制或取消承兑汇票,允许隔夜万分之五的利息率,相当于年息18.25%。2021年高利贷犯罪被列入刑法,管控资本的野蛮生长。

2007年美国住房次贷引起世界性金融危机。美西方金融危机时期就开始了对中国的贸易战。美国要中国"同舟共济"放水4万亿元,实际流入房地产,再次引发房地产泡沫。金融危机引起中国沿海两头在外的200万中小企业告急,中国家电下乡,以旧换新减免增值税刺激经济。国际金融霸主在中国导演股市过山车,幅度达60%以上。

我国产能过剩,1989—2008年来越调节过剩越严重失灵,原因是全球市场变幻,以及地方政企利益输送驱动。十八大供给侧改革,一是严格限定范围;二是不得吃偏饭;三是尊重市场规律。实际上欧美也广泛采用产业政策。

2008年,中国举办奥运会。

2009年,美国奥巴马政府首次提出"重返亚太",并加入《东南亚友好合作条约》，挑起南海争端，破坏阻止中、日、韩自由贸易区协议进程。2010年，中国GDP超过百万亿人民币，成为第二大经济体。

2011年，中国成为全球第一出口国。人民勤劳致富，最大限度地消减和抵制华盛顿共识逻辑的负面影响。国务院提出金融为实质经济服务，是对新金融自由主义的遏制。

（三）2012年至今，中美贸易战时期。

2012年11月共产党召开十八大，调整战略部署，以提高经济质量为主，GDP增速从10%调整到6%—7%。

2013年，中国倡导"一带一路"倡议，2024年已经有152个国家参与。胸有乾坤，毫不畏惧。

2015年，中国向国际倡导"构建人类命运共同体"。外汇储备被控制在3万美元左右。

2017年，供给侧改革，治理污染成绩显现，"绿水青山就是金山银山"，为人类提出了生态发展新模式，遏制工业化带来的负面作用。中国GDP超过美国的60%这个坎。美国所谓"修昔底德陷阱"第二大经济体的宿命，以全国和它的国际联盟之力打压中国一个民营企业：华为技术有限公司，在中国政府的不懈努力下终于以无罪、不交罚金，被无理扣押1026天的孟晚舟回到祖国，美国霸权被中国捅了一个大窟窿。

2018年5月，特朗普以"美国优先"为旗号发起贸易战，试图把中国打回第三世界。中美贸易战中被掐着脖子的芯片，中国愣是砸下了5000亿，2024年中国芯片出口占全球的40%。

2019年，我国嫦娥4号着陆月球背面，北斗导航卫星三号全球部署，疏浚重器天鲲号试制成功，5G网启动，复兴号高铁列车亮相。

2020年下半年，国家提出了内循环和外循环并举战略，从而掌控国内、国际定价权。企业留住了利润，才能提高员工的工资收入，推动消费市场，进一步增加科技投入和资本投入。

2019年9月，新冠疫情传入我国。在这场斗争中全中国人民的自律和担当，政府以民为本的睿智和果敢让世界刮目相看。在这场战役中，"90后"的国家情怀得到充分彰显和锤炼，新的一代成长起来成熟起来了，劳动和人民观念重新占领舆论阵地，一扫西方奶嘴娱乐巨婴文化。

2021年，精准扶贫任务完成，进入全面建成小康社会；放开三孩政策；载人航天技术新突破天问一号，祝融号探测火星成功；完善香港特区选举制度；发展与东盟和中东欧关系；抗击美国霸凌。

2022年，举办冬奥会；新冠疫情可控。同年，俄乌战争爆发；美国债务高达30万亿美元而通胀加息，引发全球多个国家通胀。

2023年，历时3年的新冠疫情结束；特有环境催生了科技创新爆发；召开中央金融会议；对6国试行单方免签。同年，日本核污水事件；巴以冲突爆发。

2024年，6月25日，嫦娥工程带回月壤。7月6日，我国055号导弹驱逐舰巡视阿拉斯加，美国声称符合国际惯例。9月25日，东风30AG洲际导弹飞行12000公里到达西海岸，误差20米。10月16日，宣布探测宇宙起源规划。11月12日，珠海航展亮相的尖端武器有：运20、歼35A、九天无人机、虎鲸无人艇、红旗-19地空导弹、YLC-2E反隐身雷达、机器狗、机器狼等。12月，六代机升空，空警3000升空，四川舰服役，藏南墨脱水电站开工。

2025年，北冰洋海道开通。《中国制造2025》规划开年前后就密集下饺子式的公布硕果。北斗导航，光量子纠缠加密，墨子号量子卫星的量子密钥分发领先世界，从而实现我国保密和预防黑客的保家卫国能力领先世界。

中国深度探索原创通用人工智能（AGI）、智能机器人、主权人工智能，算法使用汉语逻辑导致成本只有西方的5%，实现人工智能大众化和汉语逻辑传播，必将引领第四次生产力革命。

当前，已经建成航空母舰辽宁舰、山东舰、福建舰（具备电磁弹射技术）；大连造船厂船坞在建的核动力航母，每四年产出一艘航母。

2018年和2025年特朗普两次发动贸易战，撕下了西方文明的遮羞布，中国人对美国的好感从70%下降到20%—30%，国人恢复自信平视世界。

中华民族有悠久的文化积淀，最大特点是大禹治水以来的忧患意识和抗争行动哲学，总会把危机当成动力，不屈不挠的抗争精神，越担心越会提前防范。中国最坚韧的地方就是在内忧外患之下、顶着四面八方的压力坚持现代化建设方向。中国政府的执行力和远卓识尤其擅长制定和执行那种长达几十年的发展计划，这一点全球没有一个国家比得了，而一些短视的人只会盯着当下发牢骚没有能力预见未来的美景。下一步"全面依法治国"的任务关系国家千秋确定性、可持久性，更艰巨更伟大。

当前，世界百年未有之大变局，触动国际政治、经济、科技、文化、安全格局深刻调整，世界经济深度衰退，经济全球化遭遇逆流，单边主义、保护主义思潮抬头，国际环境日趋复杂。世界进入了一个动荡变革的时期。

名词与概念：

拨改贷—禁止高利贷—三重契约

在现阶段，经济就是最大的政治　　社会主义初级阶段

区别与质疑：

（一）中国革命是世界工人运动的一个部分，有"同一性"，因此，认为"如何在中国建设社会主义，这是马克思主义书本中没有也不可能回答的问题"是不学无术。

（二）在新中国初期，确实存在新民主主义万岁这样的舆论，但是朝鲜战争、国内剿匪、商业资本主义货殖扰乱市场等击碎了人们的不切实际的想法。因此，对于过往，应当从历史发展的逻辑认识和对待：前途是光明的，道路是曲折的。能够忍耐曲折负重前行，才能到达既定的目标，这是一个伟大民族走向新时代必备的素质，中华民族过去做到了，现在依然做到了。

需要指出的是，要把计划与"左"倾区划开来。而平均主义大锅饭，是"左"倾"文革"内乱破坏了按劳分配的正常秩序而出现的非正常现象，平均主义帽子扣在"公有制有计划"制度上，不符合历史事实。

经济改革初期，由于处于试验、试水阶段，"粗放市场"确实存在泥沙俱下现象。而摸着石头过河是有方向性的，十六届三中全会、十八届三

中全会以后,特别提出"更加关注公平正义",因为"权利决不能超出社会的经济结构以及由经济结构制约的社会的文化发展"。

(三) 2020 年 8 月 19 日颁布的法释〔2020〕6 号文最高人民法院修改《关于审理民间借贷案件适用法律若干问题的规定》有以下问题值得探讨。第一,为什么必须是"市场报价利率四倍"规定? 按折中率,应当是法定中性利息率的 2 倍。第二,"市场报价利率四倍"计算当前法律禁止 15.2%以上,比现代生产方式禁止高利贷的尺度高出 52%。第三,按市价作为法律参照,有违背法律的稳定性法则。第四,按我国唐朝《唐疏令》和英国《财产法》,则该意见没有规定一单合同利息总额不得超过本金,有债务奴隶之嫌。第五"人民法院不予支持"的自然人行为,不等于就可以放任高利贷。第六,只规定了债权人利益冻结债务人资产追缴的规定,这与三重契约对生产债务人特别保护相悖。综合以上,对"现象"需要从正义、正当、合法性给予追问,提升"法律"向善方向的进步。本书是笔者"正义经学系列"的第四部书,从 2005 年起,前三本书均对 1991 年出现的制定法"高利贷合法"的解释提出了相同意见,这是第四次提出意见。

(四) 西方农业工业化的教训值得汲取,美式大农业,大面积作物,正在破坏食物的多样性,从而破坏农业和农民生存样态的多样性。许多试验性有害技术都是从美国、日本散播出去,例如农药、除草剂、有机砷、助长剂、转基因农作物等,反而无法保证食品安全,是失败之举。

(五) 如果按美国标准服务业达到 82%,剩下的 18%的从业人口显然供给不了 14 亿人口的衣食住行。如果靠进口,中国这样巨大体量的需求量,国际价格立马飙升,只有被卡脖子的份,后果将是大国经济失去自给自足均衡,引发社会混乱。

(六) 西方资本主义在资本社会化的过程中,国家人口的 80%集中于城市的钢筋水泥森林中,过度消费正在破坏自然和谐,表现为气候异常。消灭小资产和农村,这块人类最后的家园,只剩下除了就业就是失业,失去了小农业这片自主择业自给自足的缓冲之地。美西方的工业化农业,正在失去农村社会、农人文化、农业技艺多样性、多样性食材。后工业文明时代已经显现出无根性和不可持续性。因此，现代化绝对不能走与传统文明对立的道路。

有时，改善大众生活只需简单的改变，我们只需有一点简单的正义，小小悲悯之心，绿水青山就是金山银山。让我们高举"为人民的现实的幸福"的大旗，为这个世界的和平与美好而努力。

第八章 社会主义小康社会，公有制、按劳分配、有产自由劳动为主体

背景：

（一）英国的土地被认定是上帝赐予大家之物，"只有国王才能所有土地"。① 因此，以上帝为准则，英国土地是公有制；以王权制定法，英国土地是租赁形式的共有分占或保有制度。资本集合于大生产中，资本社会化实质是公有制。

（二）按劳分配的法律依据是市民法委托合伙劳务关系权利责任均衡。

（三）现代生产方式，劳动力流动性居住权特征成为生存权的要素，成为劳动收入恩格尔计算法的内容，是政府的职能和政策之一。因此，需要区分公法居住权使用消费市场和豪宅高奢侈消费资本存量市场。

（四）中国特色社会主义小康的标志是"货力为己"，复兴中华民族有产自由劳动为主体，即马克思设想资本生产工具主义重建"个人所有制的自由联合体"。

---

① 〔英〕F.H.劳森、B.拉登：《财产法》，中国大百科全书出版社1998年版，第78页。

第一节 国有经济在社会主义经济中的地位和作用

第一小节 国有经济可以适应市场经济

一、国有经济是政府手段

(一) 现代生产方式总生产集中使用资本,实现资本社会化实质公有制,是生产资料适度公有制的正当性。

(二) 公有制是政府手段。现代生产方式是 20 年期偿债计划和偿债市场,需要较安全、稳定的社会环境才能保障 20 年期合同如期完成。当今劳动力市场化,以个体形态在国家统一大市场中流动,需要国家政府提供社会保险、居住权等。这些特征,被归纳为国家政府七项任务:就业、物价、国内外收支平衡、经济发展、社会保险、公共事业、居住权等。为了能够完成这些任务,必须掌控必要数量的物质手段,例如公有财产,就是国有经济的现实用途和意义。当今世界 200 多个国家政府都掌控着一部分国有资产,只不过表现形式不同,有的是资产、资源形式,有的是货币形式。

(三) 新中国公有制弯道超车现象。新中国选择公有制为主体的原因:一是为了消灭官僚资本和帝国主义,必须从他们的"财产"消灭他们,废除一切不平等条约;二是在被封锁、被侵略威胁的条件下,在旧政府留给新中国的财政赤字是 70% 情况下,必须集中力量办大事,以公有财产为担保发行货币和债券,维持城市经济和生活的正常运转,并借助土地改革红利转化为高质量货币的锚;三是借助于生产资料的公有制实现初步工业化,工业反哺小生产,带动小生产进入经济大循环的方式逐步改造小生产;四是中国也必须设立社会主义"共同体"来保护现代生产方式的成长,法律也需要物质力量的支撑来约束"自由资本的野蛮生长"。新中国以来,国有经济始终是我国国民经济的支柱和工业现代化建设的主力军,做出了巨大的历史贡献。改革开放以来，国有经济在国民经济中的份额有所下降，但在国民经济中的支柱地位和主导作用没有变，是中国特色社会主义制度根基、维护党和国家事业的重要保证。

二、公有制也可以参与市场经济

（一）现代生产方式社会资本是在生产线上的实际公有制。社会主义经济公有制为主体的制度，它的尺度，"就是在使私有资本制度不能操纵国民之生计，此则节制资本之要旨也"。由于现代总生产"资本社会化"公有制有计划与私人资本所有制盲目性之间矛盾，从而激励政府加强公有制建设，是国家公有制行为的正当性。

（二）西方市场经济国家早就存在公有制。

关于公有制。在英国，土地是上帝赐予之物，只有国王一人是上帝所有权的代表，子民是共有土地分占制，可以出租不能买卖，就是土地公有制的现代市场机制。二战后为了恢复经济，欧洲许多国家的国有资产达到50%以上。

"交换"与公有制并不对立，原始社会部落间的交换，占有主体是部落的全体成员。资本主义已经创建了公有制参与交易的方法，罗马人的私产（peculium）、英国地主的信托（trust）、佛罗伦萨的合伙（partnership system）以及今天的公司（corporate），当受到三重契约的约束时，实现"分工协作—通工等偿"安全、稳定、可持久运作。"当年马克思讲'产品私有'并非指某人独自占有，而是说产品要有不同占有主体。占有主体可以是一个人，也可以是一群人。合伙制企业的产品私有，并非某个人单独所有，而是合伙人共同所有。"[①] 因此，说市场经济只能私有制，是在刻意误导后发展国家。

（三）20世纪80年代以来，由于经济滞胀，发达国家掀起一股私有化浪潮，给人一种错觉，其实，卖掉国有企业股票，转为国有货币基金，国有资产的价值总量并没有减少，只不过由过去投资、扶植产业，改换为通

---

① 王东京：《王东京经济学讲义》，中信出版社2021年版，第19—20页。

过国有金融股控制市场秩序，国有实质经济总量减少，造成就业机会下降，英、美出现铁锈地带。

三、生产资料公有制，与市场"所有制中立"不矛盾

（一）纯粹现代生产方式表现为"竞争中性"，"法律中立"，"利息率＝5%，总资本/总工资＝5"等。其中"竞争中立"它针对所有市场主体，被演绎为一种适用于所有企业的法律制度环境。多边贸易规则暗含一种取向，即避免对包括国企在内的不同所有制企业设置特别规范。也因此，关于"所有制中立"，特别需要明示，是在坚持主权独立自由选择发展道路的原则下，是在坚持社会主义公有制为主体多种所有制并存制度下，坚持"所有制中立"。

（二）美西国际霸权"所有制中性"政治化，打压后发展国家。

2017年左右，西方媒体热炒"所有制中立"，是对华贸易战的一个由头。但是只要查阅一下历史就会发现他们的"理由"站不住脚。比如，继承自《罗马条约》和《欧共体条约》的欧盟宪章性条约《欧盟运行条约》第345条规定："协议不影响各成员国关于财产所有权制度的规定。"欧盟的竞争法等一系列法规并没有区分国有还是私有区别对待问题。而1947—1994年的《关税及贸易总协定（WTO）》反倾销反补贴等规则都没有对特定企业类型设置特别条款，并没有要求成员方必须实行任何特定的经济体制。

而在当下，西方霸权利用"所有制"概念来卡中国的脖子。缘起中国加入WTO却是以被迫接受"非传统"规定为代价。例如，对我国有企业运行方式和补贴认定提出特别条款：一是规定中国国有企业对认定WTO规则下补贴具有特殊识别意义；二是规定"国企买卖行为遵循商业考虑和非歧视原则"，"政府不直接或间接地影响国企商业决策"。这些要求反而偏离了"所有制中立"传统。并且，国际霸权决策层在2011年前后指责中国经济发展体现的国家主导驱动增长模式，并从"崛起国"与"守成国"视角分析两国关系。TPP草案从股权、投票权或任命权三个维度界定国有企业。然而实际情况是，国际霸权以国家安全为由搞单边主义，才真正是国家主导驱动增长模式的另类国有计划经济形式。特别需要明确的是，"所有制中立"概念，产生于我国加入WTO的时候，国际霸权对我国国有企业设立特别条款而遭遇的不对等。国际霸权要求国有企业"所有制中立"，中国主权反诉：中国遭遇了WTO对我国国有企业的歧视条款，诉求"所有制中立"。因此"所有制中立""国进民退或民进国退"在特定条件下成为政治博弈中的"概念"。

（三）坚持"主权独立所有制中立"的意义。一是有利于维护国际多边体制。二是有助于推进国内经济体制改革，改善国内营商环境。在市场公平竞争环境下采取无差别待遇，这显然有助国企与民企相互促进，提高效益，提升国内、国际竞争力。三是进一步改善外商投资环境，健全支持民营经济、外商投资企业发展的市场、政策、法治和社会环境的"中性"，进一步激发活力和创造力。在要素获取、准入许可、经营运行、政府采购和招投标等方面对各类所有制企业平等对待，营造各种所有制主体依法平等使用资源要素、公开公平公正参与竞争、同等受到中性法律保护的市场环境。四是反击国际霸权的制度性打压，反对"换名换身份"阴谋，例如企图将国有企业归类为"公共机构"事业单位（谋利润，将被法律界定为非法），用换身份的方法来搞非法剥夺国有企业在市场中的平等主体身份；将国有企业变卖转换成国有资本的货币形式在股市套利，国有货币资本增值提供给财政的收益没有变，只是国有生产企业私有化了或倒闭了，就业机会缩小。五是反对由国际霸权所操纵创制的所谓的"公共评价机构"的认定标准。在与西方较量的同时，我国积极面对，从而促进了国内经济体制改革，国有企业以"混合经济"身份参与国际竞争，在谈判中，我国提出坚持"所有制中立"原则[①]有正当性。

因此，一定要亮出是主权独立互利共赢的"高标准"的大前提条件，这就是对等原则的中立竞争、中立所有制、中性法律原则。要坚持邓小平指出的"开放那些经过试验有比较优势的方面"，坚决反对不设条件的

---

① 廖峥嵘：《世界贸易须坚持"所有制中立"传统》，载《环球时报》，2020年9月28日。

"全方位开放"、亮出不设防的"白肚皮"这种殖民地从属概念的陷阱和反智主义思维。

第二小节　公有制经济与国家的一致性

一、社会主义国有经济与国家目标一致，是它的合法正当性

（一）公有制是以生产资料的公有权制度为物质基础。公有生产资料的来源，一是公法规定的归属公有物，例如山川河流，自然资源，城市土地等；农村土地归集体所有，但未经国家许可不得随意改变用途，不得随意买卖。二是解放初接收的国有资产，没收的资产归公所有。三是财政税收和财政外收入中转化为国有资本的部分。四是国有企业中的国有资产部分，上缴利润部分。五是非经营性国有资产等，归国家所有。

（二）社会主义国有经济性质，具有双重属性：一方面，国有企业属于全民所有，是政府实现宏观经济的手段之一；另一方面，社会主义国有企业是独立的商品生产和经营者，具备"企业"作为组织的一般要件和诉求，必须顺应社会主义民本的、现代生产的法律约束市场和计划的经济规律，这两个方面的有机结合，体现了社会主义国有企业的本质特点，也才能发挥出社会主义国有经济制度的优势。

国有资产的经营内容，分实体企业和服务企业（国家银行、保险、金融、信息、运输等）。

（三）国有经济作用。

第一，政府实施宏观管理目标：充分就业，防止通货膨胀，提高生产力。国有企业的收益属于全体人民，由社会共享。在计划经济时期国有企业上缴利税是财政的主要收入来源，在进入经济改革时代以来，我国国有经济缴纳利税额一直占财政税收大头，还采用国有资本收益和国有股转持社保基金等方式，为国家贡献了巨大的财富，是实现广大人民群众根本利益和共同富裕的重要保证。

第二，国有企业集中在自然垄断无可替代的经济命脉领域。粮食、军工、能源、交通、通信、供水、供电、金融等领域，人民办不了的投资力度大风险高的产业，尖端科学技术、重大装备工业，老百姓不愿经营的非营利（低于市场利润率）、沉没成本高的产业，环保、社会公益服务等。

第三，实现我国自主发展的重要保障，充分发挥社会主义制度集中力量办大事的优势，加强对战略性资源的开发和利用，推动重点部门和重点企业的迅速扩张，加快推进产业结构的调整和自主创新战略的实施。

第四，国有企业是有效防范和化解国际风险的冲击的基本面防火墙，在全球化条件下实现国家的主权独立自主发展，形成参与国际竞争的新优势，为我国堪称世界最完整的产业布局做出巨大贡献。特别是被国际霸权封锁的高科技领域，国企自主创新重大突破为我国生产商品从中低端走向中高端、实现内循环和外循环两个循环做出巨大贡献。国有资产经营遵守国家法律，遵守现代生产方式的规则与秩序。

第五，国有经济的社会稳定榜样作用。市场是大众的谋生场所，个体单元的就业者，面对自私自利最大化的资本产权，诉求法律公正和社会榜样。国有企业严格遵守劳动法，贯彻按劳分配原则，充分调动劳动者的主动性、积极性和首创精神。

第六，国有经济的储备蓄水池作用。生产资料的部分公有制是现代国家的压舱石，守成国家的国有经济像个蓄水池，为了缓解生产周期的供求矛盾而伸缩，就是凯恩斯主义的宏观经济政策。无论哪个国家，其支柱产业的背后，都有国家财政政策的强大支撑，不是绝对的"私营""自由"。

（四）经济改革之后，我国国有企业占经济总量的30%，与法国接近，比北欧五国（50%以上）低。国有企业公司制改制面达到92%，超过70%的中央企业引入各类社会资本以推进股权多元化。[①] 2021年，国企履行了

[①] 《36.3万亿元、10亿吨、70%：从三个数据看中央企业2021年答卷》，人民网，2022年1月19日。

为内需服务的原则,出口只占全国进出口总额的 8.2%。① 而外企占 34.4%,民企占 55.5%。

二、国有经济的现代经济管理模式

(一)以职工代表大会为基本形式的民主管理制度,一是推进厂务公开、业务公开,落实职工群众知情权、参与权、表达权、监督权,充分调动工人阶级的积极性、主动性、创新性。二是认真贯彻劳动法、劳动合同法,收入分配体现按劳分配和共同富裕的原则,保障和更加关注公平正义,防止两极分化。兼顾国家、集体、个人和各方面的利益关系。三是职工参与董事会制度、职工监事制度,鼓励职工代表有序参与公司治理。董事会成员中的职工代表由公司职工代表大会选举产生。国有独资公司设经理,由董事会聘任或者解聘。国有独资公司监事会成员不得少于 5 人。其中监事会成员中的职工代表由公司职工代表大会选举产生。职工代表的比例不得低于三分之一(与德国接近)。其他监事会成员由国有资产监督管理机构委派,监事会主席由国有资产监督管理机构从监事会成员中指定。

国有企业经济向"偿债生产价格方法"定位。国企期望报酬或收益率应与社会平均值持平,以公平的利润率为目标,净利润略高于利息率为宜,与私有企业良性竞争,达到平衡,抑制随机因素。国有企业作为榜样,有稳定社会和调整各阶层分配的引导作用。

(二)建立完善的国有资产管理体制是深化国有企业改革的一个重要方面。

国家作为生产资料的所有者代表、政权机关和作为宏观经济管理者,这三者的性质、职能和运行方式不同,需要按所有权与经营权分离模式对责权加以分割。第一,党的十八大后,国有资产管理体制改革总的方向是:建立健全各类国有资产监管法律法规体系,实现国有资产监管的制度

---

① 据国新办举行 2021 年全年进出口情况新闻发布会,全年进出口 39.1 万亿元人民币,国企进出口 5.94 万亿,占 15.2%。其他文章引用"出口占 8.2%"出口额度接近对半分,从大数据视角是能够认可的。

化、规范化和系统化。改革国有资本授权经营体制,加快推进经营性国有资产集中统一监管。国有资产经营法则,应遵守市民法。第二,以监管资本为主深化国有资产监管机构职能转变,准确把握依法履行出资人职责的定位,科学界定国有资本所有权和经营权边界,建立监管权力清单和责任清单。第三,创新监管方式和手段,改变行政化监管方式,改进考核体系和办法,落实保值增值责任,提高监管的及时性、针对性、有效性。第四,深化国有资本投资运营公司综合性改革,探索有效的运营模式,发挥国有资本市场化运作的专业平台作用。逐步清退"利息、税金"资本化转为"国有资产"杠杆撬动货币发行过度的货币泡沫政策。杜绝各种级别贱卖国有资产现象。

(三)实行政企分开。政府管理职能与企业行为分开,企业享有自主经营的权利,政府不能直接干预企业的正常生产经营活动。企业在市场上进行竞争,优胜劣汰,长期亏损、资不抵债的企业,应依法破产保护。

(四)科学管理。从尊重民本的现代的法律约束的市场和计划经济的规律来看,国有企业必须坚持"拨改贷—禁止高利贷—三重契约"体系的改革方向,国有企业公平目标与公正方法,是国有企业管理实体的本质,应以"利息率为3%—5%,总资本/总工资=5—6"作为中性规则与尺度,政府有责任降低总税率和利息率实行利润优先偿还"生产线抵押贷款"还本付息债务,后征税的公平公正制度,将"贷款的贷款成本"从现在的40%上下逐渐降低到5%,保障企业获得最佳成长与管理形式,增强走出去国际竞争能力。国企自身改革效益目标:发展经济,充分就业;控制价格,做物价的平衡器;可持久稳定的生产力发展;作为市场主体,发挥资源优化和均衡配置的"锚"的作用。

(五)坚持公有制为主体、多种所有制经济共同发展,增强微观主体活力,巩固和发展公有制经济,鼓励、支持、引导非公有制经济发展,探索公有制多种实现形式,支持民营企业改革发展,培育更多充满活力的市场主体。营造支持非公有制经济高质量发展的制度环境。健全支持民营经济、外商投资企业发展的市场、政策、法治和社会环境,进一步激发活力和创造力。政府对各类所有制企业平等对待,营造各种所有制主体依法平等使用资源要素、公开公平公正参与竞争、同等受到法律保护的市场环境。

三、适度国有经济，对第三世界的特殊意义

中国和印尼合作建设的雅万高铁，是由双方国有企业合作建设的。日本也曾经竞标过这个项目，他们发现，国有企业合作，一是免去了私有制层层分包利益层层加码，环节多、关系复杂，造成的质量监理困难和成本人为抬高；二是国有企业有国家强大力量的支持，施工现场出现问题，中国马上从国内调运设备，最短时间解决技术问题，做到了科学地降低成本、提高技术含量、最快的建设速度；三是中国社会主义人文素养、高技术含量的施工团队，信守契约的坚韧精神，具有聪明才智积极主动创造精神的每个现场施工人员，这就是国有企业集中力量办大事的张力所在。这是私有制无论如何复制不了的。

法国"阿尔斯通"的下场世人有目共睹，国际霸权先是以自由市场为名，鼓动法国将其私有化；第二步，国际霸权将国内法用于国际事务，以美元为国际结算单位为名"长臂管辖"，通过 SWIFT（美元全球结算系统）掌控流动性与全球的美元交流信息，然后以违规的名义（例如与被美国制裁国伊朗的贸易中使用了美元交易），将"阿尔斯通"的财务总监扣押，以"认罪"为代价并判刑 3 年与刑事犯关在一起。奇怪的是法国政府撤掉了主张法律救援"私有企业"的能源部长，结局是接受罚款、"阿尔斯通"被美国廉价收购。

国际霸权破坏他国国有企业的手法反而佐证了国有企业是实现国家自主发展的重要保障。第二世界已然被国际霸权构陷和摆布，而第三世界私有经济尚处于幼稚阶段，更需要国家呵护。在这种国际条件下，只有依托国有企业这一强大载体，保持国家对关键行业和领域的控制力，有效防范和化解国际风险的冲击，才能在全球化条件下实现国家主权独立的自主发展，形成参与国际竞争的新优势。而不设条件的全方位开放则是殖民主义陷阱。

第二节 《共产党宣言》个人所有制的自由联合体设想

一、西方异类狗文化历史逻辑,生产劳动主体总是无产者奴隶、准奴隶

(一)《哥达纲领批判》指出,欧洲历史逻辑实证,无产劳动力只能是奴隶或准奴隶:

"劳动不是一切财富的源泉,自然界和劳动一样也是使用价值(而物质财富本身就是由使用价值构成的!)的源泉,劳动本身只不过是一种自然力的表现,即人的劳动力的表现。只有一个人事先就以所有者的身份来对待自然界这个一切劳动资料和劳动对象的第一源泉,把自然界当做隶属于他的东西来处置,他的劳动才成为使用价值的源泉,因而也成为财富的源泉。……正是从劳动所受自然制约性中才产生出如下的情况:一个除自己劳动力外没有任何其他财产的人,在任何社会的和文化的状态中,都不得不为占有劳动的物质条件的他人做奴隶。他只有得到他人的允许才能劳动,因而只有得到他人的允许才能生存。"

在欧洲,奴隶制社会,奴隶是生产劳动主体、是无产劳动力。农奴制社会,农奴是生产劳动力主体,实质是无产劳动力,只允许过符合他阶级的生活,不允许依靠自己的劳动积累属于自己的大型生产工具,是准奴隶,无产劳动力。欧洲现代文明的野蛮,那些由逃亡农奴组成的无产自由劳动力是按时间出卖自己的准奴隶,是无产劳动力。日耳曼野蛮部落法自由契约优胜劣汰弱肉强食,资产阶级极端自由叛乱,机会成本功利主义利润最大化、帕累托最优,生产劳动力只能换回恢复劳动力养家糊口所需,是无产劳动力。欧洲奴隶制、农奴制、现代文明的野蛮社会生产劳动主体因为没有财产而沦为"奴隶、准奴隶"现象。

(二)现代西方文明的野蛮,生产劳动主体趋向无资产。

美西方出于资本商业主义的需要,鼓励超前消费主义、享乐主义、奶嘴文化。例如，美国储蓄率扣除7%的预纳税储蓄后，1967年储蓄率8%（不包括预存个人纳税款项约7%），2017年下降到的0%—1%（未包括负债消费因素），消费占收入的比例最低82%，最高97%。即拿不出急用的400美元现象。①

自从20世纪80年代新金融自由主义以来，美联储打着严查存款的来源和用途旗号，客观上驱赶资金以养老基金形式进入股市，而上市股份制的最大缺陷是金主可以逃避债务责任，股市养老基金风险大增。美国股市散户已经下降到占比11%。美国公民除了在银行存入预交纳税款几乎不存款；美国政府头天关门，公务员第二天就排队领救济；个人负担的各种赋税很重，一般劳动力基本存不了多少钱，再加上鼓励超前消费、信用卡信贷消费，是事实上的月光族。这些现象加大了一般公民对"选票权"、对政府福利和救济权力的依赖，表现为"自由劳动力的另类形式依附政治权力"，无财产无自由。

而欧洲、澳大利亚、新西兰福利主义，法国福利200项，税收占GDP的45%，物价膨胀超过5%，工会就有权组织罢工要求上涨工资。过度的社会保险和福利主义，导致美西方"自由劳动力的另类依附政治选票权"现象。福利主义的后果，一是自我对社会变动的应对能力和财力变差；自力更生能力变弱；懒惰滋生，英国约有24%的从业人员靠病事假逃避上班，有一半以上的得了星期一上班恐惧症。需要指出的是，美西方的高福利实质是根植于后殖民地的脊背上，美元、高科技价格垄断割韭菜。

美国的另一个手段是，个人自由主义至高无上陷阱。一是美国是多元宗教、多元意识形态合众国，以此为借口，美国公立学校不教育最起码的社会必须统一的伦理道德规范，白人民兵至上，民族矛盾、枪支、吸毒、性自由，3万条法律，罚单，导致40%的成年人有案底沦为底层，还有多个州监狱实行奴隶制合法。异类、狗文化准奴隶制度的延续。

这与农奴有剩余是不道德从而完全依附于领主庄园在形式上颇有些

---

① 《美联储：40%多的人拿不出400元现金，美国无家可归人数或已不可控》，搜狐网，2019年4月30日。

接近。

二、消灭利用财产剥削他人的私有制；重建"个人所有制的联合体"

（一）无产阶级夺取政权专政后，回归"利息率为 3%—5%，总资本/总工资 = 5—6"，第一要务协调劳资关系，其中"第一步，争取平等权"，包括恢复被资产阶级消灭的市民社会个人所有制，实现劳动者也是资产者，与公有制形成对称，以适应现代生产方式为正义，平等权衡劳动所有权与资本所有权的关系。"共产党强调整个无产阶级不分民族的共同利益；另一方面，共产党始终代表整个运动的利益"①，包括市民社会个人私有制。

共产主义不废除一般私有制，"共产主义的特征并不是要废除一般的所有制，而是要废除资产阶级所有制"②，共产党并不消灭劳动者财产私有制，自耕农、小业主财产私有制，而是要消灭资产阶级私有制剥削他人劳动剩余价值。

要消灭死劳动支配活劳动。《共产党宣言》指出："在资产阶级社会里是过去支配现在，在共产主义社会里是现在支配过去。"③

（二）历史纵向公有制内部的个人占有制。

马克思用到的所有制概念：共同占有、个人所有，社会个人所有，公有制，还有共同体共同所有。

原始社会后期公有制内部的个人占有制，"例如对于小农来说，他所耕种的那一小块土地是他的一小块。对这一小块的所有制也象对他的生产工具的所有制一样是他的劳动的必要刺激和条件。手工业中的情况也是这样"④。小块土地和工具长期归个人和家庭占有，但是他们的"占有物"又属于公社所有制的一个部分。

---

① 《马克思恩格斯选集》，第一卷，人民出版社 1972 年版，第 264 页。
② 《马克思恩格斯选集》，第一卷，人民出版社 1972 年版，第 265 页。
③ 《马克思恩格斯选集》，第一卷，人民出版社 1972 年版，第 266 页。
④ 《马克思恩格斯全集》，第 48 卷，人民出版社 1985 年版，第 21 页。

日耳曼野蛮部落法共同所有制，"这种共同体的成员彼此间虽然可能有形式上的差异，但作为共同体的成员，他们都是所有者。所以，这种所有制的原始形式本身就是直接的共同所有制（东方形式，这种形式在斯拉夫人那里有所变形；在古代的和日耳曼的所有制中它发展成为对立物，但仍然是隐蔽的——尽管是对立的——基础）"①。日耳曼野蛮部落法、教会法等因素欧洲在13世纪兴起共同体、城邦习惯法。

资本生产工具主义股份制个体自由劳动与社会资本对立现象，"在资本主义生产方式下出现的情况是，资本家即非工人是这大量社会生产资料的所有者……资本主义所有制只是生产资料的这种公有制的对立的表现，即单个人对生产条件的所有制（从而对产品的所有制，因为产品不断转化为生产条件）遭到否定的对立的表现"②。

（三）历史横向：社会主义如何实现重新建立个人所有制？

一是在现代生产方式共同占有的基础上，重新建立个人所有制，"而是在资本主义时代的成就基础上，也就是说，在协作和对土地及靠劳动本身生产的生产资料的共同占有的基础上，重新建立个人所有制"③。黑格尔界定，所有权的外在表现是"占有"，"人把他的意志体现于物内，这就是所有权的概念"，而且得争取到"客观性"即"还须取得对物的占有"。④

二是合作制，自由人联合体，生产资料公有制。日耳曼野蛮部落法"共同所有制"后期共同体和公社兴起，"设想有一个自由人联合体，它们用公共的生产资料进行劳动，并且自觉地把它们许多个人劳动力当作社会劳动力来使用。……这个联合体的总产品是社会的产品"⑤；"它们只有在联合起来的生产者手中还能是生产资料……"⑥

三是联合起来的社会个人的所有制，"如果单个工人作为单独的人要

---

① 《马克思恩格斯选集》，第2卷，人民出版社2012年版，第750页。
② 《马克思恩格斯全集》，第48卷，人民出版社1985年版，第21页。
③ 《资本论》，第一卷，人民出版社1975年版，第832页。
④ 〔德〕黑格尔：《法哲学原理》，商务印书馆1961年版，第59页第51节。
⑤ 《资本论》，第一卷，人民出版社1975年版，第95页。
⑥ 《资本论》，第三卷，人民出版社1975年版，第497页。

再恢复对生产条件的所有制,……也就是改造为联合起来的社会个人的所有制"①。

四是市民社会个人财产私有制,"说到生产,总是指在一定社会发展阶段上的生产——社会个人的生产"②,社会个人的生产性财产所有制。将马克思重建个人所有制诠释为一种价值。蕴含的这种价值理念,和马克思对人的自由劳动的理解是紧密联系的。

五是在现存"法与法律"中,唯有委托合伙关系,比较接近马克思的"设想有一个自由人联合体","共同占有的基础上,重新建立个人所有制"。

六是受到禁止高利贷法管制的股票市场。

七是有中国特色社会主义勤俭节约民族特征的既是劳动者也是资本者现象。

三、法定"用劳动剩余价值还本付息"的积累归劳动者所有

企业内部股份制,谁还债归谁所有,"还本付息"是一般劳动剩余价值支付的。

劳动果实原始归劳动者所有,"认识到产品是劳动能力自己的产品,并断定劳动同自己的实现条件的分离是不公平的、强制的,这是了不起的觉悟,这种觉悟是以资本为基础的生产方式的产物,而且也正是为这种生产方式送葬的丧钟"③。西方资本主义通过购买劳动力一并购买了劳动价值所有权及劳动果实所有权,转换成了资本对劳动果实的占有。其中有一个罗马私法错误,就是违背了"谁还债归谁所有"正义准则。全国人民通过住房抵押贷款,都知道一个大道理,可以肯定是购房人用20年时间支付的住房价格(贷款本金),并且还支付给贷款人全部利息,因此是谁还债住房归谁所有。资本不仅没有任何支付还收取了利息,可以肯定"住房"不是资本下的金蛋。

---

① 《马克思恩格斯全集》,第48卷,人民出版社1985年版,第21页。
② 《马克思恩格斯选集》,第二卷,人民出版社1972年版,第87页。
③ 《马克思恩格斯全集》,第46卷上,人民出版社1979年版,第460页。

依照"谁还债归谁所有"规则,企业债务是用一般劳动的普通剩余价值率的一个部分转化为普通利润率还本付息的,因此,还本的积累应当归一般劳动者(包括企业主、企业家、技术、管理和最后一个小工的一般劳动)才合公理。例如19世纪俄罗斯车尔尼雪夫斯基的文学作品《怎么办?》就是描写劳动者参与分红的权利,女主角在自己的制衣店铺里做"长期合同劳工的持股权"的小规模试验。需要注意的是,"谁还债归谁所有"只是在"继续还债"时才有增值。

华为所创建的只在企业内部有效的全员股份制获得成功,任正非家族仅占股权的1.4%,企业尽量不贷款,少量贷款也只属于多元化经营试验性质。但是,这种股份制只是用于企业内部,不可以在企业之外买卖,否则就会被财阀廉价收购导致企业被财阀控制而向"钱生钱"退化直至倒闭。

第三节 中国特色社会主义"劳动者也是资本所有者"现象

一、对勘中国2500年"初岁亩",生产劳动力主体是有资产自由劳动力

马克思设想的生产劳动主力也是有产者,在历史长河中是存在的。对勘中华民族"井田制"法理,延续到公元前594年初税亩,私自开垦的荒地归自己所有、缴纳什一税作为起点,2500年来,90%以上的生产者既是有产者也是劳动者自由人。例如,表6-1"1927年国民党中央土地委员会对农民土地的调查"显示,调查从拥有1亩土地作为起点,中国农民几乎都有属于自己的土地,如果再分离出下中农,农民中大致有30%是贫农,不得不部分租种地主的土地。该表并没有统计雇农、长工,说明是小量,并且多数是贫农家庭成员。但是小私有土地者在三座大山的压榨下风雨飘摇,农民随时会处于"上无片瓦,下无立锥之地"的境地,不得不揭竿而起抗争,星星之火可以燎原。

与欧洲对比，中国延续5000年没有中断的劳动者特点是，他们既是劳动者也是财产所有者，而具备历史延续性的优越性：个人、家庭、国家政府有储蓄备灾，人丁兴旺，有实实在在的幸福感。中国历史昭示，现代文明的野蛮无产自由劳动者准奴隶要想摆脱困境，唯有走社会主义道路，既是资本财产所有者也是自由劳动者。有了资产，一是备灾。二是以财产为物质基础获得拉长择业的时间和底气，择业自由。三是以财产为基础，获得创业的物质基础和自由。四是获得联合起来与大资本家抗争斗智斗勇的物质时间空间正当性、可能性、可行性。这也可以解释为什么中国在进入小康社会后，中产阶级达到4亿人口，民营企业的高科技喷涌而出，国运降临。

二、我国绝大多数劳动者也是财产权所有者的社会现状

我国《宪法》第六条："中华人民共和国的社会主义经济制度的基础是生产资料的社会主义公有制，即全民所有制和劳动群众集体所有制。社会主义公有制消灭人剥削人的制度，实行各尽所能、按劳分配的原则。

"国家在社会主义初级阶段，坚持公有制为主体、多种所有制经济共同发展的基本经济制度，坚持按劳分配为主体、多种分配方式并存的分配制度。"

（一）按劳分配，是个人劳动与社会劳动的统一，个别劳动与一般劳动的统一，这样的条件下，按劳动时间（质量和数量一般化抽象）计算劳动的报酬。按劳取酬，并不消灭劳动工资消费剩余"私有权"（而欧洲农奴若有剩余不符合上帝的意旨）。

社会主义按劳分配，就是"劳动收入＝劳动果实价值＝法定制度成本社会保险"从来源和社会用途上的肯定和管护。

（二）科学社会主义顺应现代生产方式"用公正的方法获得财富"，鼓励私有权的来源和用途都要正义，并分享剩余价值的一个部分。当今，中国每5个从业人员中就有一个是企业主，有9亿个金融账户，股市散户占90%。

（三）中国特色居民储蓄率较高的原因。经济改革以来，中国存款率

维持在消费收入的40%以上，各种存款总量高达2倍GDP。近90%的家庭有属于自己的住房。就是说，中国勤劳俭朴节约的8亿从业人员中的绝大多数，既是劳动者，也是资本所有者。

中国储蓄率较高的原因，首先是中华民族的勤劳，俭朴，历史传承备灾备荒的传统还没有丢掉，人们必须储蓄了一定的生活备用金应对未来的不确定性，例如在疫情期间报道了一个农民工，他说，储蓄够了1年的生活费，剩余的部分才用于消费享受。其次与计划生育有关，新中国前30年，多数家庭4—6个孩子，有钱无钱全部用在孩子身上，3个孩子的家庭就感到收入消费紧张。计划生育在70年代初逐步展开，1978年经济改革，劳动收入基本与GDP增长同步增长，还有生产型增值税利息资本化货币发行倍增拐着弯进入M1通过投资建设进入劳动与非劳动个人口袋。靠利息率收益比投资容易，2023年初增加的6.9万亿元储蓄，实际是258万亿储蓄的年利息转存。

经济改革以来储蓄率高企＝人民勤俭＋计划生育＋劳动收入增长＋购买者价格法货币增发1倍＋适宜利息率＋利息税过低被暂停至今

（四）中国特色社会主义经济的普遍的个人私有权特征，它的经济和社会作用：其一，这是百姓自力更生创业的物质储备，有正当性；其二，个人对失业保险自助，医疗养老保险自助，缓冲社会矛盾；其三，是大家庭成员之间互助的物质基础；其四，以家庭为起点，提高教育投入，提高劳动者素养；其五，既是有产者又是劳动者，这是有财产自由物质基础，这样才有职业选择的自由，在一定程度上抗击不公平，提高人格尊严；其六，居民存款是国家基础货币的"锚"，多方面加固了社会稳定性；其七，将超发货币关进储蓄笼子里，避免了通货膨胀。

高储蓄率现象提示人们，中国古代自由自耕农工商既是劳动者也是资本所有者，英国土地公有制下的公簿佃农有对土地的保有权，这些历史过往佐证马克思"生产资料的共同占有的基础上，重新建立个人所有制"的可行性，历史现象应是重建个人所有制的"观念""形式"来源或参照。

社会主义市场经济的劳动者也是资本所有者现象，在观念上存在阶级，而在个体内部是"两大阶级共生"，这样一种"同一性差异对立折中统一"，缓冲社会贫富差距的矛盾。中国观念，只要勤劳就有致富的上升通道，在上海高楼大厦包围下的卖菜、卖早点的乡村人并不仇富，因为他们相信依靠辛劳勤俭也能够富裕起来。

禁止高利贷—三重契约制约下的信贷制度，再分配生产财富的增值部分，适度的资本利息率，居民分享生产力提高的果实。既是劳动者也是资本者，间接地符合劳动者个人以社会形式占有生产资料。根据中国人勤俭爱存款的特征，提出"既是劳动者也是资本所有权人"，从而阶级矛盾相当一部分转化为在同一个劳动者内部共生，社会诉求转化为人们对生产力提高的需求、对美好生活的向往成为主要社会矛盾。

中国特色既是劳动者也是资本者所有制，在抵御新冠疫情的3年里，充分显示了个人有储备、家庭有储备、政府财政有应对，对社会风险三保险社会机制。

中华民族量入为出的储蓄习惯。劳动者可以有剩余，成为有产者，并运用这些财产，有上升的渠道。中国的工资和利润分配制度正在这条道路上摸着石头过河。为了缩小贫富悬殊，最低工资率有必要与所得税起征点挂钩；必须将最低工资与最高工资控制在法律允许的范围内。

三、社会主义"有产自由劳动阶级"制度

（一）正反两方面给人们的启发是，社会主义的按劳分配的分配正义要件，一是坚守"用公正的方法增加我的财富"，劳动成为生活的第一需要。二是当下的中国需要在学习和坚守剩余价值率为1∶1的法律背景下，争取劳动收入与生产力同步增长，则通过"勤俭"，就有可能积累财富成为劳动者也是资本者。三是劳动者有冗余就有"送之以渔"分享社会进步溢出利益的权利。参与人数最多的是通过信贷和股市获得二次收益。社会主义应当注重通过适度的储蓄利息率来实现大众分享生产力提高的溢出效益，通过对高额大宗存款征收累进利得税，来减小贫富悬殊。

（二）关于2022年以来我国利息率下降过快，打击劳动者也是有产者现象。在美国2022年由0利息率，一直上涨到5%—5.5%的背景下，2025年继续维持利息率为4.75%。而在我国，2025年3月，工商行公布年存款利息率为1.35%，贷款利息率为4.35%。就有以下问题：一是我国存款超过300万亿人民币相当于2倍GDP，是因为生产型增值税和长期贷款利息进固定资产加价，贷款的贷款成本高达39%—51%，有效贷款只有一半，撬动了1倍的货币泡沫，而百姓把这些泡沫又存进银行，避免了通货膨胀。第二，适度的资本利息率是对"授之以渔"生产力提高利润溢出的回报或分享，小额存款利息不是剥削，而大额存款有剥削之嫌，例如有学者主张50万元以上的利息作为开征利息税的起征点，并设立累进利息税率的建议是合理的。英国现代生产方式500年作证资本利息率在3%—5%是适合的。相对比，工行的利息率有如下问题：一是货币发行量超1倍，要从购买者价格包袱法回归使用者价格法来解决。二是1%的存款率，与国际5%对比显得无理由过低，我国并不存在价格通缩或通胀现象。三是贷款与存款之间的利差为3%，远远超过了日本的0.5%，凯恩斯的1%—2%的尺度。国家应当严格管理银行的管理成本和利润率过高问题，用人工智能降低制度成本。按凯恩斯的标准，存款年利息率也应当在2.3%—3.3%，才公允。

（三）西方腐败文化正在侵蚀中国传统勤俭文化。一个反面例子，现在的伦理堕落集中表现在当下混乱的婚介市场，资本利用女权主义宣传和开辟消费主义、享乐主义、性自由主义，导致巨婴奶嘴公主仙女金钱买卖婚姻大行其道，并利用保护妇女儿童权益缺失限制条款，姑息养奸不劳而获的部分女性。这种情况正在破坏中国传统婚姻家庭，男性（劳动力主体）的权益受到打压，人口出生率断崖式下跌。高房价投机一夜暴富，引诱人们"只认钱"，不认伦理道德，抛弃正义、善良、真诚的初心和潜质。

第四节 所有制概念，缘起现代生产方式资本社会化

一、所有制概念，缘起"社会资本"

马克思"规范理论"的两个依据，一是以古希腊亚里士多德的《政治学》中朴素的唯物主义部分为指导，另一个是实证，从而摆脱了康德、黑格尔唯心主义的"精神、理性"规范理论形式。

所有制概念，渊源于阶级社会里生产资料私有权的"物役人"现象。

古希腊亚里士多德伦理哲学界定，"人役物而不役于物"[①]。奴隶制"劣者从属于优者"[②]，在现代表现为西方从属资本主义"物役人"。

资本主义所有制建立在资本社会化基础上：生产资料在总生产中被共同使用，在生产部门中资本被集体管理，发达的现代工业使生产日益社会化了。因此，资本主义所有制日益丧失了市民多数个人私有制的特征；股份制的产生加速了生产的扩大，也使生产资料变为公司财产，使私有性质不断被扬弃的过程更为迅速。

总生产共同体使用、不能被分割的生产资料之所以能被独占、分割，是因为它是虚拟资本，这样一来生产资料的实物形态失去意义，仅被当成一个价值额。当生产资料为一个价值额，它既能被独占，也能被无限分割，生产资料已经与所有者失去了一切实际的联系，虚拟资本成为它们之间的唯一纽带，虚拟资本是现代私有制存在的最后理由。

现代历史阶段"生产线抵押贷款"将未来预期利润用作为现在的资本金，"资本是集体的产物"，"资本不是一种个人力量，而是一种社会力量"，"因此，把资本变为属于全体成员的公共财产，这并不是把个人财产

[①] 〔古希腊〕亚里士多德：《政治学》，商务印书馆1965年版，23b19；同其他三德并举，77b16—29、23b32。

[②] 〔古希腊〕亚里士多德：《政治学》，商务印书馆1965年版，33a21。

变为社会财产。这里所改变的只是财产的社会性质。它将失掉它的阶级性质……消灭资产者的个性、独立性和自由"①。

所有制概念，主要是用于解释生产资料的私有权所有制，和生产资本的社会化生产中的集中所有制，这之间不可调和的矛盾，"资本的垄断成了与这种垄断一起并在这种垄断之下繁盛起来的生产方式的桎梏。生产资料的集中和劳动的社会化，达到了同它们的资本主义外壳不能相容的地步。这个外壳就要爆炸了。资本主义私有制的丧钟就要敲响了。剥夺者就要被剥夺了"②。

总生产过程，是事实"共有者"，"在真正的工业中，这种擦洗劳动，是工人利用休息时间无偿地完成的，正因为这样，也往往是在生产过程中进行的，这就成了大多数事故的根源。这种劳动不计算在产品的价格中。从这个意义上说，消费者是无代价地得到了它。另一方面，资本家也由此节省了机器的维持费用。这种费用是由工人用自己的身体来支付的，这是资本自我维持的秘密之一。事实上，这些秘密构成工人对于机器的法律要求权，甚至从资产阶级的法律观点看，也使工人成为机器的共有者"③。在资本主义初期，当机器挤占了手工业工人的就业机会，工人曾自发地破坏机器，但是当机器成为就业者的生产工具，工人为了维持生产效率而无偿地维护、维修机器，劳动与工具的共生关系，使工人"成为机器的共有者"。

二、所有制，是生产关系的一种表现形式

所有制属于生产关系领域的范畴，"封建社会的生产和交换在其中进行的关系，封建的农业和工业组织，一句话，封建的所有制关系……它变

---

① 《马克思恩格斯选集》，第一卷，人民出版社1972年版，第266页。
② 《资本论》，第一卷，人民出版社1975年版，第831页。《欧盟运行条约》第345条规定："所有权制度的规定"。
③ 《资本论》，第二卷，人民出版社1975年版，第194页。

成了束缚生产的桎梏。它必须被打破,而且果然被打破了"①。这里的封建制指的是欧洲分封领主隶农庄园制度。所有制具备与生产关系相同的那些特征:所有制也是历史范畴,"一切所有制关系都经历了经常的历史更替,经常地历史变更"②。生产资料与劳动相结合的特殊方式,划分"不同经济"历史时期。生产的物质因素不变,改变的是"特有的结合方法",方法包括所有制部分。

生产关系的内容,也就是生产方式的所有制的内容,包括生产关系的法权形式,生产的分配、交换、消费,阶级关系,人们在生产中的关系等。例如,我国社会主义的生产资料公有制为主体的内容,不仅涉及公有资产管理、国有企业经营,还涉及第二次分配,是按劳分配、共同富裕的物质基础,是社会主义政权、共产党的领导的物质基础;公有制榜样的作用,引导非公有制经济走社会主义道路,等等。

现代产业链共同体市场,以生产为单元,例如"企业";以生产商品贸易政策或规则为单元,例如"国家"之间、自由贸易区、欧共体;世界经济一体化,例如世界市场。现代生产方式,它的特征是,将分散在个人手中的资本,以信贷或股份的形式,集中在了生产债务人手中,并按合同专用于生产线上,资本的表现形式是"社会资本","合伙共有制",延伸为公有制概念。

所有制的特殊限制性。所有制特别指向劳动与劳动条件的关系,例如直接结合,还是因为分离而产生剥削的关系。

三、所有制与生产关系所有权

所有制是经济基础(生产关系的法权形式),所有权是市民法的内容。

现代生产方式涉及所有权的三种形态:归属权、分离所有权债关系、商品交换所有权是中介,所以在生产关系法权形式中占据重要位置,生产关系的核心问题是劳动所有权与财产权之间的分配正义关系。

---

① 《马克思恩格斯选集》,第一卷,人民出版社1972年版,第256页。
② 《马克思恩格斯选集》,第一卷,人民出版社1972年版,第265页。

(一) 所有制观念下的所有权。

一是氏族或公社，只有占有，还没有出现所有权。① 二是奴隶制过渡到罗马法和日耳曼法的私人所有制。② 三是小土地私有制私有权制度，"为了在对自身生活有用的形式上占有自然物质"③，"劳动条件掌握在个人劳动者自己手里"，"劳动者对他的生产资料的私有权是小生产的基础。…自由个性的必要条件。…才获得适当的典型形式"④。"用双手耕种自己的田地并满足于小康生活的小土地所有者"⑤，例如中国自由自耕农工商，法国1789年大革命中雅各宾派将逃亡贵族的土地分给农民，出现了有属于自己的土地的自由自耕农，但是马克思发现，革命失败后又恢复原样。四是公法特许有限私有权，例如，尽管有些国家有"永久产权"的规定，但设立有限制措施，例如美国的规定不得撂荒超过一定年数，以及较高的房产税，就是公权对私权的约束和限制。

(二) 公有权，分占制。

古巴比伦土地归汉谟拉比国王所有，赐予士兵的土地所有权是附有义务的所有权，这种土地不得买卖，但是可以出租。通过宗教辗转传播到欧洲，英国土地归上帝所有也是负有义务的所有权，领主有国王赐予的对土地的负有政治权力义务的所有权，子民只有共有分占权，大家是共有分占制，只有保有权、租赁权。尽管英国存在被某贵族保有700—800年的领地或古堡，大前提是在此期间他的家族一直守法，如果违法就会被国王收回土地，包括爵位被收回。针对我国的国家主权领土问题，依"租赁"惯例，中国收回了香港和澳门。

在英国，封建领主社会政治权与土地权合一，"国家既作为土地所有

---

① 《马克思恩格斯选集》，第二卷，人民出版社1972年版，第88页；《资本论》，第一卷，人民出版社1975年版，第371页。

② 《资本论》，第一卷，人民出版社1975年版，第94页注解30。

③ 《资本论》，第一卷，人民出版社1975年版，第202页。

④ 《资本论》，第一卷，人民出版社1975年版，第330页；第三卷，第875页。

⑤ 《资本论》，第一卷，人民出版社1975年版，第784页注190，第788页。

者，同时又作为主权者而同直接生产者相对立"①。英国分封领主隶农庄园就属于依附于政治权的对土地的"共同的专有权和使用权"，"公有土地所有权"，以及公簿佃农对土地的保有权。

资产阶级对封建土地依附政治所有制进行了改造，西方资本主义"地产转化为纯粹可交换的价值——地产的这种动产化——是资本的产物和国家机体完全从属于资本的产物"②。按自然法，就会出现对立、对等的权利，正如恩格斯指出，社会主义社会"同现存制度（指资本主义制度——引者注）的具有决定意义的差别当然在于，在实行全部生产资料公有制……的基础上组织生产"③。

（三）公法特许所有权。

所有制有多个观念指向，例如，第一是现代生产方式导致资本社会化公有制与资产阶级私有制之间的矛盾。第二是生产资料的所有权的所有制。例如古希腊伦理学提到了"人役于物"现象。资本雇佣劳动，异化劳动是因为财产私有制引起。第三是按分工协作划分所有制。

公法公有权是古老的范畴。查士丁尼《法学总论——法学阶梯》，《拿破仑法典》公法规定物归公所有和公法特许私有权。英国财产法规定，公法包括："财产涉及的重要的公共政策问题；消费者保护通常影响债法，土地财产法日益受到公共利益立法的影响，……我们必须保留立足之地。"④ 生产资料的公有的所有权属性，公有权的法律标记可以和它的权利能力分离，可以像私有权那样在有限期内按照"使用权、用益权"按质论价出租出去。

（四）按分工协作历史，划分所有制。

所有制以分工协作发展阶段为划分标准："分工发展的各个不同阶段，

---

① 《资本论》，第三卷，人民出版社1975年版，第891页。
② 《马克思恩格斯全集》，第31卷，人民出版社1974年版，第140—141页。
③ 《马克思恩格斯选集》，第四卷，人民出版社1972年版，第601页。
④ F.H.劳森、B.拉登：《财产法》，中国大百科全书出版社1998年版，第11页。

同时也就是所有制的各种不同形式。这就是说，分工的每一个阶段还根据个人与劳动的材料、工具和产品的关系决定他们相互之间的关系"。①

"第一种所有制形式是部落（Stamm）所有制"。②

"第二种所有制形式是古代公社所有制和国家所有制。……总之罗马始终只不过是一个城市"。

"第三种形式是封建的或等级的所有制。古代的起点是城市及其狭小的领地，而中世纪的起点则是乡村。"

"第四种形式。随着私有制的发展，这里第一次确立了那些我们在现代私有制中重新遇见的关系，不过规模更为巨大而已。""也就是仅仅以劳动和交换为基础的所有制的开始。"③

第四种形式又分为西方资本主义的三个时期。第一个时期，"在那些中世纪时代不是从过去历史中现成地继承下来的，而是获得自由的农奴重新建立起来的城市"重建"分工协作—通工等偿"现代初级阶段。"第二个时期开始于十七世纪中叶，一直延续到十八世纪末，……这里已出现商业和工厂手工业集中于一个国家的现象"，现代高级阶段，即三重契约荒地改良抵押贷款，商品价值＝偿债生产价格。第三个时期，"到十八世纪末，……瓜分开辟出来的世界市场"④即"国内自由竞争"；"私人［所有制］"；"对立的阶级"；"劳动本身都成为工人所不堪忍受的东西""工人更糟的生活境遇"。⑤

---

① 《马克思恩格斯选集》，第一卷，人民出版社 1972 年版，第 26 页。
② 《马克思恩格斯全集》，第 46 卷上，人民出版社 1979 年版，第 484 页。
③ 《马克思恩格斯选集》，第一卷，人民出版社 1972 年版，第 26、28 页；第四种，现代私有制，见第 27、39 页；市民社会，第 41、57 页。
④ 《马克思恩格斯选集》，第一卷，人民出版社 1972 年版，第 57、64、66 页。
⑤ 《马克思恩格斯选集》，第一卷，人民出版社 1972 年版，第 66—68 页。

第五节　按劳动质量和数量效率分配

一、《宪法》按劳动的数量和质量的效率分配

《中华人民共和国宪法》第六条："中华人民共和国的社会主义经济制度的基础是生产资料的社会主义公有制，即全民所有制和劳动群众集体所有制。社会主义公有制消灭人剥削人的制度，实行各尽所能、按劳分配的原则。

国家在社会主义初级阶段，坚持公有制为主体、多种所有制经济共同发展的基本经济制度，坚持按劳分配为主体、多种分配方式并存的分配制度。"

第二次世界大战的惨烈教训，从而民主势力得到发展，按劳分配被写入西方国家的《宪法》中。1947年意大利宪法第36条："劳动者均有按其劳动之质与量的比率获得报酬之权利。此种报酬在任何情况下，均应足以保证其自身及其家庭过应得的相当宽裕的生活。"体现了马克思关于现代生产方式作为比较接近具体的正义。

按劳分配的本质。劳动创造人，国民财富是劳动所创造的那种财富，一般劳动者创造"剩余率＝1∶1"，是按劳分配的正当性。以人的本质是成为真正的人，即在成为真正人的道路上、过程中，"按劳分配"是分配正义的核心标杆。按劳分配不仅是分配准则，也是伦理道德教育中人成为真正的人的一个教养要素；是社会关系的人文依托；是保家卫国的综合基础。

按劳分配是古老范畴。在原始社会，打到猎物的猎人，会分到最好的一块肉，就是最原始的"按劳分配"现象，逐渐形成"概念"。

"按劳分配"为正义概念，激励有劳动能力的人，限制"懒惰"不劳而获现象。

按劳分配，是在保障生存权基础上以劳动的数量和质量为尺度来决

定劳动者的劳动报酬。多劳多得，少劳少得，等量劳动取得等量报酬。有劳动能力而不劳动者不得食的原则，使劳动者的劳动收入差别同劳动者在生产或工作中实际支出的劳动量的差别相符合，这样才是按劳分配。按劳分配的计算方法，有计件工资、计时工资、包干工资、月薪、年薪等。

区别按劳分配与无劳动能力者的基本分配。一是按劳分配以最低工资形式保障劳动者的生存权。二是按劳分配不包括失业、半劳动能力、无劳动能力的生存问题，所以规定"按劳分配为主体"，多种分配并存，社会保险补充"按劳分配"包括不到的部分。

按劳分配顺应现代生产方式。劳动力是从市场雇佣来的，劳动者之间为了就业相互竞争，企业选拔优秀劳动力倾向，是实行按劳取酬的动因，因此欧洲第三等级反对国王僵化法定工资制。马克思把按劳分配所体现的平等权利称作"资产阶级的法权"[①]，《德意志意识形态》将"按能力计报酬"称作资产阶级社会的分配原则。有学者认为"收入分配如何处理效率与公平的关系，……应该说这两个问题至今尚未达成共识"[②]。问题出在各自理解不同，因此需要"正名"。现代生产方式"用公正的方法获得财富"，人类第一次实现"公平"的方法获得了生产力绝对发展趋势，是公正向善的生产力，禁止掠夺式一次性效率。而在此之前奴隶制、农奴制生产力分别处于静止状态。

二、按劳分配为基础，设想"按需分配"

（一）提出"按需分配"的，第一个是空想社会主义，第二个是美国南方奴隶主标榜对奴隶"按需分配"，抨击北方自由劳动没有生存保障。基于自由和权利的冷冰冰的资本主义契约关系，必须征得他人同意才能劳动，也就才能生存。这个 paternalism 和 freedom 的对立，就是当时美国南

---

① 《马克思恩格斯选集》，第三卷，人民出版社1972年版，第11页。
② 王东京：《王东京经济学讲义》，中信出版集团2021年版，第170页。

方奴隶制比自由劳工雇佣制度更"理直气壮"的差别所在。① 上述争论，在欧洲学界被演绎为"天然特权"按需分配和资产阶级法权按劳分配之间的斗争。以"人的本性的自然身体的不平等"而提出，"因为它默认，劳动者的不同等的个人天赋，从而不同等的工作能力，是天然特权"，从而批判按劳分配"这种平等的权利，对不同等的劳动来说是不平等的权利"。② 按劳分配实质不平等是一个两难问题，按需分配确实消除自然的不平等，但是，人类还处于为生存而斗争阶段，当今的生产力养不活按需分配，而迁就了一些人的内生的懒惰，会打击劳动积极性、会阻碍生产力的发展。马克思和恩格斯注意到了这种生理和品德上的"自然差异"，因此，对下一个社会的设计，一是生产力高度发展，物质极大丰富，劳动成为生活第一需要，消灭资产阶级私有制。二是设立了与现代生产方式相同的按劳分配的宏观扣除："社会还要从全部社会总产品中为全社会的利益进行各项扣除"，即扣除制度成本，还有积累——"'用来扩大生产的追加部分'，也就是积累。"三是，每个生产者根据他给予社会的劳动量，在未来社会，"它不承认任何阶级差别因为每个人都像其他人一样只是劳动者"③，"除了个人的消费材料，没有任何东西可以转为个人的财产"④，允许存在个人特色的消费品私有权。因此，马克思设想"未来社会的分配＝创造价值－制度成本＝宏观按劳分配原则"，所以，按劳分配基础上的按需分配，首先是劳动生产出财富，有了物质极大丰富然后才考虑其他因素。只不过随着生产力的发展"社会扣除"会逐渐下降，人与人之间的分配差距会降低。

三、"自由劳动"是观念，按劳分配是形式

（一）不同生产方式"自由劳动"观念与形式都不同。

---

① 程映虹述评：《从奴隶制的立场出发如何批判资本主义?》，转自：经济观察报书评（ID：eeobook）。从17世纪中期到19世纪中期，整整200年，奴隶制是北美殖民地和美国历史的一个有机组成部分。
② 《马克思恩格斯选集》，第三卷，人民出版社1972年版，第11页。
③ 《马克思恩格斯选集》，第三卷，人民出版社1972年版，第11页。
④ 《马克思恩格斯选集》，第三卷，人民出版社1972年版，第9—10页。

劳动贯穿人类过去、现在和未来，生产供给"生活需要"，但是在不同生产方式中实现"自由劳动"的条件不同。在原始社会自由劳动，以共同体为条件。而中国自由自耕农工商"什一中正之制"，在自己的土地上劳动，以生产资料自有权与劳动直接结合为条件。今天的中国特色社会主义现代生产方式，受到传统文化"量入为出、至少有一年的储备"的影响，存在较普遍的既是劳动者也是资本所有者现象，财产自由，才有条件选择职业"自由劳动"现象。

（二）现代自由劳动观念，是为下一个社会准备的理想形式。

欧洲现代制度、奴隶制、农奴制混杂时期，自由劳动是"觉悟性"观念，"认识到劳动产品是劳动能力自己的产品，并断定劳动同自己的实现条件的分离是不公平的、强制的，这是了不起的觉悟，这种觉悟是以资本为基础的生产方式的产物，而且也正是为这种生产方式送葬的丧钟，就象当奴隶觉悟到他不能作第三者的财产，觉悟到他是一个人的时候，奴隶制度就只能人为地苟延残喘，而不能继续作为生产的基础一样"①。

（三）自由劳动分配正义，它的基础依然是按劳分配。一是以劳动为基础的财产权原则，即劳动是所有权的自然公理。二是"需要的原则"，《哥达纲领批判》当中关于"各尽所能，按需分配"的设想。三是自由或自我实现的原则，也就是《共产党宣言》里所说的："每个人的自由发展是一切人的自由发展的条件"。下一个社会，物质极大丰富，劳动成为生活的第一需要，真正脱离物役人的自由劳动，中国话语，就是当劳动和它创造的财富像"三无私"空气、阳光、大地一样无限供给，才可以实施按需分配。

（四）自由劳动是社会范畴，重要的是培养"劳动"意识，需要进化到将"劳动第一需要"印刻在"基因"上，才能到达自由自愿劳动彼岸。在第76届联合国大会一般性辩论中，中国代表提出"正义和平等"共同体概念。而国际霸权"自由民主人权"强调"个人自由意志"刻意回避人的群体性"共同体"理念。同样地，对自由劳动也需要避免民粹主义。

---

① 《马克思恩格斯全集》，第46卷上，人民出版社1979年版，第460页。

第六节 劳动力流动性，公定居住权"广覆盖"

由于市民活动的流动性，从 3800 年前古巴比伦《汉谟拉比法典》至今，世界各种著名市民法典，都设立了"使用权居住权"，居住权应属于按劳分配范畴，包含在劳动工资分配恩格尔系数计算之内。

第一小节 现代化，居住权成为政府要务

一、现代劳动力商品化、集中性与流动性，居住权成为政府要务

（一）现代生产方式，大量无产自由劳动者涌向工业区形成了新兴城市，决定了劳动的流动性。随工业布局和微观企业的兴衰，劳动者就业和失业，形势逼迫劳动力自发地不断流动，亚当·斯密分析了英国无产自由劳动者就业及居住权的困境，"同业组合法规妨碍劳动的自由移动，是欧洲各地共有的现象。而济贫法妨碍劳动的自由移动，据我所知，却是英格兰所特有的现象。自有济贫法以来，贫民除了在所属的教区内，就不易取得居住权，甚至不易找得工作的机会。同业组合法规所妨害的，只是技工和制造工人劳动的自由移动。获得居住权的困难，甚至妨害一般劳动的自由移动。英格兰的乱政，恐以此为最"[①]。城市贫民窟，是欧洲资本主义生产方式的伴生物。贫民窟，疫病流行成了常事，居住权成为社会重大问题，并反映在市民法中。到了 19 世纪，居住权问题散落在财产权、买卖、租赁多个实体法中。

工业劳动者住房制度起源于 1836 年，发了财的德国企业家克虏伯修建

---

① 〔英〕亚当·斯密：《国民财富的性质和原因的研究》，上卷，商务印书馆 1972 年版，第 129 页。

工人住宅供给他的员工。在工人运动的推动下，1880年俾斯麦时代开始实行劳动福利保险制度，居住权法进入了公法的视野。1925年，英国《限定授予土地法》规定了"承租人保有权"，这也是制定住房政策的原则之一。1930年，英国开始实行政府供给住房和公定最低公平价格租金的制度（英国不存在土地及其地上不动产永久私有权），受惠者由占人口的30%增加到今天占80%。《汉谟拉比法典》规定国王赐予士兵的土地和住房只允许出租不能买卖，533年查士丁尼古罗马法法定"使用权居住权"，拿破仑法典、德国民法典也有相应的规定迄今适用。起码3800年以来，居住权是法律保护的对象。

二、现代使用居住权的法律安排

公民有居住的权利。公民得依法、特别是依靠自己的生产劳动工资，过上有尊严、体面、舒适的生活。现代生产方式政府相关机构有义务调整财政、土地、金融政策和税制，保障公民庇荫之地。居住权，准用不动产使用权规则、公法居住权规则。

（一）政治国家是用领土地域来圈定权力范围，由此而来，国家公民的标准样态是，自愿为本国公民，并在本国有长期住所，这是"本国"公民的要件。国家政权标榜公民有居住的权利，各国法律均有"住宅不可侵犯"的条款。

《中华人民共和国宪法》第三十四条 "……居住期限……"有确定的居住地是确定国家公民的要件之一。第三十九条："中华人民共和国公民的住宅不受侵犯。禁止非法搜查或者非法侵入公民的住宅。"国发〔1998〕23号文《国务院关于进一步深化城镇住房制度改革加快住房建设的通知》。

1949年《德意志联邦共和国基本法》第十三条，"（1）住宅不受侵犯；……（3）此外，本项不可侵犯的权利依法可能遭到剥夺或受限制，其目的是为防止公共利益受到危害或危及个人生命，……特别是在解决住房缺乏问题……而采取措施时"。《德国民法典》"使用租赁"被分为土地使用租赁、住房使用租赁、工作用房屋租赁、雇佣劳动住房租赁。例如：

第535—580条，对住房使用租赁都适用。第537条（3）"住房的租赁关系中偏于对承租人不利的约定无效。"第541a条【保存措施】"住房的承租人应容许为改善租赁的住房或者建筑物而入侵租赁物的必要行为。"第541b条【改善措施】；第564b条【出租人对预告解约的合法利益】"州政府关于保障公民居住权问题的规定，（1）撤销合同后，仍然必须用于居住；如果会严重危及一个乡或一个镇的在适当条件下其居民提供充足的租赁住房，则本条款2句规定的期限延长至5年；（2）如果出租人改变出租屋辅助部分的用途，对承租人不利，承租人可以拒绝增加租金，或要求减少租金；如果辅助部分改建成住房，承租人可以要求降低租金；（3）出租人有不超过两套住房，或者（4）出租人有三套住房……（5）对多余住房，政府有权要求出租，以解决当地住房紧张问题。并收取房产税。"美国《住宅法》；新加坡《住宅发展法》等。

《拿破仑法典》第二编财产及对所有权的各种限制，第三章用益权、使用权及居住权第二节使用权及居住权第625—635条；第六章第1065条；第八章第二节第二目关于房屋租赁的特别规定。

当今比较典型的房地产市场发展模式，主要有美国、德国、新加坡模式可以借鉴。德国房地产市场的宗旨就是要在建造面积、布局、租金等方面适合广大居民需要的住房，并明确规定德国的房地产业不是推动经济增长的工具，而是保障居民居住福利水平不断提升的行业。房地产市场完全拒绝对房地产的投机炒作。德国模式保证房地产市场几十年持续稳定、房价稳定居民基本居住条件得到满足。德国模式是最为成功的房地产发展模式①，但是近年也开始受到价格膨胀的冲击。

三、法律使用权居住权

（一）居住权是古老范畴。在3800年前的《汉谟拉比法典》中已经有关于住房买卖租赁条款，第七十一条"以谷物、银或［其他动］产购买本

---

① 易宪容：《四大房地产模式供中国借鉴》，载《环球时报》，2020年9月3日。

为邻人所有而与赋役有关之房屋",住房租赁的条款:第七十八条"倘居住房屋之自由民以全年之租金交与房主"。533年,古罗马查士丁尼《法学总论——法学阶梯》开始,区分用益权和使用权居住权,例如,第二卷第四篇"用益权";第五篇"使用权与居住权"。《拿破仑法典》第三章用益权、使用权及居住权。

关于用益物权,《法学总论——法学阶梯》第四篇用益权"用益权是对他人的物的使用和收益的权利,但以不损害物的实质为限",指当事人依照法律规定,对他人的物的占有、使用和收益的权利。未经允许不得改变用途。未经允许不得转租赁或转让他人用益权。

使用权,《法学总论——法学阶梯》第五篇使用权与居住权"1.……但使用权的内容当然比用益权狭小",使用权居住权"……2. 对于房屋有使用权的人,他对房屋的权利只限于他本人在房屋中居住"。一是指当事人依照法律规定,对他人的动产或不动产,享有占有使用的权利,没有用益权。二是如果使用权期间出现利益,例如合同前已经孕育的自然孳息归所有权人所有。三是合同届满有按正常样态归还标的物的义务。五是使用权人之行为准则,使用权人应当按照合同亲自、善意、按约定的使用目的和方法使用物,最小损害。使用人没有修缮使用占有物磨损的责任,没有改善的责任,但是有告知的责任。所有人未经允许不得擅自进入有限转让使用权之标的物。五是未经允许不得转让使用居住权。合同终止,如果有使用人改善的增益,有取回增益部分的权利。

第二小节　公定租赁住房,公定分期付款购买住房

一、租买住房的公平价格计算

住房改革的主体是中低收入群体经济适用住房。国发〔1998〕23号文规定:"……三、建立和完善以经济适用住房为主的住房供应体系……(七)"对不同收入家庭实行不同的住房供应政策。最低收入家庭租赁由政

府或单位提供的廉租住房；中低收入家庭购买经济适用住房；其他收入高的家庭购买、租赁市场价商品住房。住房供应政策具体办法，由市（县）人民政府制定。"按照我国城镇收入分布状况，经济适用房大致应占85%，廉租房应占5%，其他规格高一些的住房约占10%。这种分布计划与统计，与新加坡的公有土地住房建设政策基本接近。

"住房造价—零售价"添附公式。国发〔1998〕23号文规定："……二、停止住房实物分配，逐步实行住房分配货币化……（二）收入——房价之比率法。……（六）停止住房实物分配后，房价收入（即本地区一套建筑面积为60平方米的经济适用住房的平均价格与双职工家庭年平均工资之比——引者注）在4倍以上，且财政、单位原有住房建设资金可转化为住房补贴的地区，可以对无房和住房面积未达到规定标准的职工实行住房补贴。住房补贴的具体办法，由市（县）人民政府根据本地实际情况制定，报省、自治区、直辖市人民政府批准后执行。"

"住房的平均价格与双职工家庭年平均工资之比"包括贷款利息，为6.7倍。若用家庭收入的1/3支付贷款，为20年本息还清。

依"通工等偿"价值规律，一般劳动者的收入应当租买得起一般劳动者建造的普通住房。标准中等收入家庭20年期分期付款购买得起相当于建筑面积60—90平方米的二室一厅一厨的经济适用住房。

"住房造价—零售价"添附公式：最低公平住房零售价平均为3倍住房造价。例如：1999—2003年开发的北京市海淀区三环外"世纪城"住房，造价2500元/平方米，零售最低价5500元/平方米。就是说，家庭月收入为6000元以上的，依靠20年期分期付款（每月支付＝没买下的面积价款利息＋当期买下1/20面积价款），就可以购买一套60—90平方米的住房（包括自有资金首付额度和贷款）。1999—2003年，三环以里每平方米最低价为7500元。以上不包括地理位置因素。

1991—2003年，土地70年租赁价格基本等于造价（未包括地理位置因素）：

  1991—2003年造价法住房零售价格（未包括地理位置因素）＝造

价+70年租赁土地及七通一平成本+零售成本＝[造价×(1+1)]×(1+10%)≈2.5—3倍造价（未包括地理位置因素）

二、公定房租金构成，低收入家庭租金超过收入的25%财政应与补贴

（一）出租人负责出租物在合同期间完整，得收取折旧费、管理费用、相当于法定利息率的法定租金。房租最低公平租金计算：

房租的生产价格计算法。

在住房价格遵守偿债生产价格"房价＝6.7倍年家庭收入"上下波动的范围内，可以参照土地租金售卖法，以资本价格为一般尺度，计算房租：

资产法公定住房一般年租金≈住房公定价格×（3%—5%）利息率

公定的住房租赁价格3年至5年调整一次。住房寿命超过30年的，租金适度降低。

（二）房租受到承租群体平均收入的限制。

按照"一般劳动建筑的普通住房，一般劳动者家庭用他们的一般劳动收入的25%—33%以内应租得起、租买得起"通工等偿准则，住房的出租价格实际是由租房群体的平均收入的支付能力决定，例如成熟国家规定不得超过家庭收入的25%，考虑波动因素，使用权住房的租金应不超过平均租房人收入的20%—30%。在后发展国家现象是，如果房价上涨过快，则租金并不能够相应比例增长，因为工资支付能力达不到；如果住房租金上涨，劳动者就只有选择降低住房的舒适度，例如采取合租房模式、向远郊区扩散模式，出租方将住房打隔断模式等违规操作，被称为"蚂蚁族""蜗居"家庭等。住房租赁价格过高市场劳动力供应下降。例如，北上广15年房价增长20倍，工资、房租并没有能够跟着涨20倍，出租人或者是"待涨价"卖出的临时性出租。

（三）公定房租超过低收入家庭收入的 25% 的，政府对超过部分进行住房补贴。

（四）各国民法典设立住房租赁法。

名词与概念：

所有制　　共同占有　　共同占有个人所有制

市民社会个人私有制

协作和共同占有劳动者的个人所有制　　劳动者也是资产者

个人联合体　　公有制　　公法特许私有权　　资产阶级私有制

资本社会化生产资料公有制　　按劳分配　　利益

共产主义按劳分配为基础的按需分配

使用权的居住权　　使用租赁住房　　用益租赁商铺

住宅不得改为商用　　住房是用来住的不是用来炒的

一般劳动者通过"20 年期住房抵押贷款"租买得起一般劳动所建设的 60 平方米住房价格/家庭收入＝4 年家庭收入

20 年期住房抵押贷款总支付收入比＝（住房价格+利息）/家庭收入＝6.7 年家庭收入

20 年期住房抵押贷款总支付收入比＝（住房价格+利息）/（1/3 家庭收入）＝20 年本息还清

对比和质疑：

（一）国家需要关心民营企业在资本围剿下的生存状态。一些外国资本收购中国明星企业，然后冷冻起来，意在消灭中国民族品牌。财阀收购明星企业意在炒作明星赚快钱"钱生钱"，掐尖、薅羊毛、割韭菜，而对实体企业发展漠不关心，是我国民营企业寿命不长的一个原因。对于这种打擦边球行为，媒体应当予以揭发，民众舆论让这些黑心资本信誉扫地，没有市场，政府应予依法干预。

（二）有些学者鼓吹各种免费，一是国家恒定有这个经济能力吗，会不会引起政府破产，财政赤字增加？二是过度福利养懒人和钻空子的人，打击按劳分配，消弭自力更生精神。三是如果实行各种免费势必减少劳动者的税后收入，降低个人有储备创业、择业、自救能力。四是现在生产力还没有极大提高，必然是有限免费，个人反而失去了及时看病、选医院、选医生、适度选适合自己的药物的权利，实际人格权受限制。所以没有免费的午餐。

坚决反对极端民粹主义"基本收入原则"的讨论，即无条件向所有人发放一笔生活费。① 这种假设的经济基础建立在"殖民地的脊背上"。

（三）广义按劳分配，对"畸形效率"的管控。

广义按劳分配为准则，物质生产力（效率）也有正义与非正义之分，一是"人役物"效率为正义，"物役人"效率为非正义；二是安全、稳定、可持久的生产力发展为正义，帕累托最优功利主义最大化畸形发展的生产力处于"生产力断裂的边际"不可持久，并且导致劳动者停滞在"奴隶生存边际"非正义。

（四）居住区物业法规定住房不得用于商用，所以将《民法典》居住权划定为"用益物权的居住权"违背相关法律。

---

① 关于基本收入原则的假设："这种收入具有如下特点：第一，它是发放给个人的，而不是发放给家庭的；第二，它的发放无关乎任何其他形式的收入来源；第三，它的发放不要求受付人从事任何劳动或具备接受他人提供的工作的意愿。"近几十年来，基本收入计划在欧洲已成为流行的公共议题。

第九章 社会主义宏观经济调控制度

背景:

纯粹现代生产方式是自有自治（自由）新时代，"现代生产方式内部规律"在上，政治政府在市民法之下，在第一编已经讨论过了。

第一节 现代生产方式需要政府经济调控手段

一、政府的经济职能的正义准则

人民追求幸福具有正当性、合法性、可能性、可行性，现代生产方式新时代，就是底层人民谋生存、谋幸福重建的新兴生产方式。

历史逻辑，现代生产方式是在"胎胞"里自治成长成为占支配地位的，即经济、政府、法律、人文内部独立自我运转的有机社会，是现代自有自治（自由）新时代。现代内部秩序运行得好，经济外在表现为生产力绝对发展趋势，经济才会好。我们之所以需要"政府"，正是要求政府适应的服务能够助力内部相关的实体法或规则得到有效的执行。

从历史纵向考察，现实的政治还处于混杂时期，远远落后于现代新时代。在后发展国家，处于学习阶段，现实的政府政治还处于落后的外部，需要学习与追赶向度的摸着石头过河关系，人民谋幸福为正义准则，后进的政府与纯粹现代生产方式自有规律的关系是：现代生产方式"内部规律"在上，政治服务工具在市民法之下。构建服务型政治，政府不得以上层自居，不得居上临下地按主观意志行事。

另一方面，现代生产方式的 8 个特征，决定了政府的职责增加，需要比古代自给经济的政府更多地参与经济活动，并且财政收入本身就是偿债生产价格的一个非生产要素，必须严格遵守现代市民法。党的十八届三中全会的决定关于政府的经济职能，"政府的职责和作用主要是保持宏观经济稳定，加强和优化公共服务，保障公平竞争，加强市场监管，维护市场秩序，推动可持续发展，促进共同富裕，弥补市场失灵"。现代经济赋予国家政府的三大任务，一是现代生产方式是以 20—50 年为大周期的法制生产方式，政府有责任宏观调控供求价格大致平衡，削平经济波动的幅度，政府有责任应对市场失灵。二是以国家为单位的统一大市场，政府有责任积极推动市民法上升为国家统一大法的法制建设进程，国家强权是法律公正维护者和助力推动者。三是无产自由劳动以单个人为单位进入市场，契约受雇佣劳动者随时受到失业和饥寒的威胁，面对国家统一大市场劳动力流动性，只有政府能够也必须担负起扩大和稳定就业机会及社会保险救助组织责任。

共同富裕，是社会主义经济中的宏观经济调控的目标与方法内容。党的十九大明确指出："坚持在发展中保障和改善民生。增进民生福祉是发展的根本目的。……保证全体人民在共建共享发展中有更多获得感，不断促进人的全面发展、全体人民共同富裕。"一是宏观经济调控的主要目标要促进经济增长和高质量发展。逐步实现共同富裕，大力推动生态文明建设、为人民创造良好的生活环境，这都要靠经济增长与提高发展质量和经济效益。二是宏观调控方式、手段和政策中的收入政策，既要注重物质利益，激励人们创业致富，也要提倡回报国家、为人民、为社会作贡献和先富帮后富、先富带后富，达到共同富裕。三是经济社会的统筹协调发展使全体人民朝着共同富裕的方向稳步前进，蕴涵着全面、协调、均衡、可持续、安全和个人的全面发展。四是全面建成小康社会和实现社会主义现代化。保障和改善民生，实现共享发展，实现全体人民共同富裕。

二、在市民法允许范围内，政府宏观经济调控手段

社会主义宏观经济调控与社会主义市场经济相适合，宏观调控应主要运用经济手段和法律手段，同时也要重视计划手段以及必要的行政手段。

（一）政府宏观调控的7项指标：物价稳定、充分就业、国内外收支平衡、经济增长率、社会保险及补贴转移、公共事业（包括国有经济、反哺农业）、政府最终消费的限制。

（二）政府宏观政策综合手段：一是财政政策财税收入（T），政府支出（G）。二是货币政策：货币供应（M），利息率（r）。三是产业政策。四是收入消费政策。

（三）政府宏观调控的手段（或技术）。

经济手段和经济杠杆（允许波动的区间内）：价格，物价波动允许的区间控制。税收。货币与信贷：准备金率，货币乘数K，特别存款或借款，中央银行贴现率指令；利息率；工资，奖金；汇率；公开市场活动（国债）。

市民法法律手段：偿债生产价格法；偿债生产价格区分财税法；国家控制货币发行权；资本价格利息率四个阶梯；宏观按劳分配公法习惯法"均分"法则，最低工资制，勾连最低最高工资制；民本、现代生产、法律约束的公开市场；政府依行政法行政；法律监督，违法刑法处置。

表 9-1　国家宏观调控的几种主要的目标、指标和手段

目标	综合手段	手段(或技术)
1.物价稳定 2.充分就业 3.收支平衡 4.经济增长率 5.社会保险补贴转移 6.公共事业 （包括国有经济） 7.政府最终消费（控制在GDP的10%—15%内）	（一）财政政策与第一、二、三次分配，财税收入（T），政府支出（G），货币供应（M），利息率（r）； （二）财政与货币政策； （三）财政与产业政策； （四）财政与个人收入政策。	（一）经济手段和经济杠杆（允许波动的区间内）。 （1）价格，物价波动的允许区间。 （2）资本价格利息率。 （3）工资，奖金。铁律：总工资占比50%。 （4）税收政策在超额利润中收取。 （5）货币与信贷。准备金率、货币乘数K，特别存款或借款；中央银行基准利息率指令。 （6）汇率。 （7）公开市场活动，国债。 （二）法律手段：市民法。 （1）法定偿债生产价格法。 （2）预定偿债生产价格区分财税法。 （3）国家控制货币发行权。 （4）资本利息率四个阶梯。 （5）宏观按劳分配铁律："均分"法则；最低工资制，勾连最低最高工资制、所得税起征点。 （6）民本的、现代生产法律约束的公开市场和计划。 （7）政府依法制行政治理。 （8）法律监督，违法刑法处置。 （三）计划手段。 三重契约偿债计划；政府宏观经济计划。 （四）行政手段，宏观政策综合手段；行政命令；指导市场；国际政策手段。

计划手段：三重契约偿债计划；宏观经济计划。

宏观政策四项综合手段：政府行政命令手段；市场指导手段；投资拉

动经济手段；乘数比率原理（乘数原理）。

由表9-1，政府调控经济约有四个手段，其中，政府最直接的"立竿见影"手段是资本利息率调整、公共投资支出计划和税率调整。各国在经济腾飞期间，都有过一个通过基础建设投资拉动经济的过程。

政府主要依靠间接的经济手段进行宏观调控。社会主义宏观经济调控以经济和法律手段为主，综合采用各种调控手段，应把握好宏观调控的力度，从而有效地调节社会主义市场经济的运行。

经济手段是指依据生产商品交换的一般价值规律的要求，通过运用与价值形式相关的各种经济杠杆调节市场主体（企业）的经济利益，以引导市场主体的经济活动，协调微观经济与宏观经济的运行，达到宏观调控目标的调控手段。社会主义宏观调控的行政经济手段和经济杠杆（允许波动的区间内）。

三、法律手段：劳动三要素的现代法制结合方式

（一）法律手段是以民为本"市民法"来规制经济的手段。社会主义市场经济从一定意义上说是依法制治理的经济。① 法律手段具有权威性、规范性、强制性和相对稳定性等特点。

英国现代生产方式是以市民法自治的形式发展起来，一是只要遵守市民法13项等，就能够主动发挥"生产力绝对发展趋势"，以及分配正义、和平、发展、互惠。二是现代生产共同体法律、政治自治，以抵制贵族政治干预为特征。

作为后发展国家实现无产阶级专政以后，第一位的是站稳脚跟，手段之一即建立适应现代生产方式的国家法律秩序。关于法律程序，一是政府政权要建立市民法为上观念和行动，"法律为之上权威"，"治权寄托于法律才是良好的'政制'"，"凭统治者的私意断事，不如依法裁决为稳当"。二是建立政治责任、政治服务于市民法建设观念和行动，"统治者须以权力济助法律"。三是行动程序，首先需要政府相关机构领导组织和支

---

① 宋涛主编：《政治经济学》，中国人民大学出版社2021年版，第344页。

持官办、民办田野调查民间优秀的习惯协助从我国礼法中、从世界著名法典、所加入国际经济组织的法律中进行"选择",完善我国市民法的内容,并上升为国家统一大法,依靠法律来调节现代经济市场和计划的运行。四是政府财政是偿债生产价格的一个制度成本要素,政府官员由纳税人供给,首先要敬畏法律,做服从市民法的模范,自律遵守市民法规则,接受人民的监督。

现代经济的法律体系,对政府管理手段也适用,一是现代生产、法律约束的公开市场和计划;二是政府依法行政;三是法律监督,违法刑法处置。在我国,高利贷已经列入刑法;已经施行个人破产法律;对金融的巡查监督法;行政诉讼法等。

(二)法律手段的主要职能是采取法律的形式来回归中立的准则,强制各种经济关系和经济活动回归中立。维护各种经济形式、各经济组织和劳动者个人的合法权利责任,调整各经济组织之间横向和纵向的关系,维护经济运行的正常秩序。在社会主义市场经济条件下,市场的各经济活动主体的权利、义务、地位和行为规则要依靠法律来规范、确认和管护。

法律调控手段的性质,第一类是法律命令制裁手段,第二类是授予权利责任法(选择性)有效性手段实现约束,借以保护各种经济计划、经济政策、经济合同的贯彻执行,保护市场主体之间的公平竞争及市场主体正当的权利和利益,保护社会主义建设的顺利发展。法律制裁手段是通过经济司法,审理各种经济纠纷案件,维护市场秩序,其中制止非法竞争和犯罪活动,对违法单位和犯罪分子移交刑事法庭予以惩罚和制裁。

为发挥法律手段的调节作用,需要进一步完善社会主义市场经济的"市民法"法律体系,制定和完善有关社会主义市场经济的基本法律,包括规范市场主体的法律、保障市场经济秩序的法律、规范政府调控市场行为的法律以及涉外经济法律等。

四、计划手段

邓小平指出:"计划和市场都是经济手段。"① 我国市场主体 1.6 亿个企业主对资源配置起决定性作用。计划和市场两种调控手段相结合,是现代市场经济的客观要求,是建立社会主义市场经济体制的内在要求。

计划分为两个层面,一是三重契约 20 年期偿债计划,要求用利润还本付息有限制,这种生产方式才能存续。二是政府宏观调控计划,经济大环境必须长期安全、稳定可持续,关键是法律有效性。

宏观计划,关键是经济手段和宏观政策的有效性。我国是以公有制为基础的社会主义国家,通过宏观计划来调控社会生产,协调再生产的各种比例关系,是社会化大生产的客观要求,社会主义的优越性。党的十九大明确指出,我国要"实施区域协调发展战略。要迅速发展我国西部、中部、东部、东北、革命老区和民族地区及边疆地区、贫困地区的经济,促使各地区既发挥其经济优势又相互合作,加强各地区经济发展的均衡性和协调性,形成统筹有力、竞争有序、绿色协调、共享共赢的区域发展新机制"。国家的宏观调控计划工作的任务是合理确定国民经济和社会发展的战略、政策性宏观调控目标以及产业政策。这就需要政府官员下沉到基层,多做社会实践调查,在研究基础上,搞好经济预测:规划重大经济结构、生产力布局、生态环境保护、国土整治和重点建设。把重点放到中长期规划上。长远规划的实施,要把财政政策和货币政策为实质经济服务作为主要手段,建设以区域政策、投资政策、消费政策、价格政策、环保政策和对外经济政策等协调配合的宏观经济政策体系。国际已经承认,中国成功的手段之一就是具有宏观长远规划,并接力棒式地在各届政府执政期间认真贯彻实施,实现预期目标。

五、政府的行政手段

行政手段的正义准则。政府行为,包括政府对计划目标定制和意志坚

---

① 《邓小平文选》,第三卷,人民出版社 1993 年版,第 373 页。

守；在总目标指导下，各届政府之间对长远目标和形式的交接传递；自我矫正机制，政府自觉地接受共产党的引导和来自市场主体的创建性建议和建设性意见。政务公开，接受群众监督。

行政手段是国家依靠行政机构采取的命令、指示、指标、规定和下达指令性任务等形式，按照行政系统、层次来直接调节和管理国民经济的手段。行政手段有强制性、纵向性和直接性的特点，同时具有政府部门之间的横向协调。经济方面的行政手段，一般采用经济手段引导市场主体共同向着目标方向发展。行政手段包括财政手段、计划手段、行政法规和行政制裁。

行政法规与法律手段的关系与区别。法律是由全国人民代表大会和全国人民代表大会常务委员会通过，行使国家立法权制定的，由国家主席颁布国家主席令，一般为基本法律。行政法规是国务院根据宪法和法律，制定的行政法规或实施细则。行政法规可以就下列事项作出规定：一是为执行法律的规定需要制定行政法规的事项；宪法第八十九条规定的国务院行政管理职权的事项，与经济有关的主要有："……（六）领导和管理经济工作和城乡建设；（七）领导和管理教育、科学、文化、卫生、体育和计划生育工作"，以及国家主席责成国务院的其他经济事项。

行政法的一般定义包含两个基本要素，法律规范的效力与强制实施力。行政处罚是行政制裁的一种形式，指行政机关或其他行政主体依法定职权和程序对违反行政法规尚未构成犯罪的相对人给予行政制裁的具体行政行为。在作出了行政处罚之后，可以申请进行听证，对于行政处罚程序，在《行政处罚法》中作出了明确的规定。行政处罚的种类，主要包括：警告、通报批评；罚款、没收违法所得、没收非法财物；暂扣许可证件、降低资质等级、吊销许可证件；限制开展生产经营活动、责令停产停业、责令关闭、限制从业；行政拘留。

第二节 宏观经济的价格管理：以偿债生产价格为准则

第一小节 价格法，禁止买卖贪婪

（一）"用公正的方法获得财富"，一是用公正的方法组织生产，即生产的分配正义。二是交换的正义，即公平价格或预定偿债生产价格法。

交易买卖定有价格，即买者、卖者和有偿债关系中的交换率。

生产商品价格，是指总生产的预分配预定偿债生产价格的一般计算公式。

设立价格法的目的，一是保护劳动者的生存发展权，争取劳动收入与生产力同步增长，任何文明生产方式都有最低限度保护劳动力的措施，其中包括价格措施。二是顺应现代生产方式，管护资本价格，促进资本生产工具普及，增加就业机会。三是在价格法允许波动的范围内，利用价格机制引导流动方向，以民生为本配置资源，稳定市场价格总水平，促进共同体市场健康发展，而放松管控的方法释放市场力量注定过于危险。

（二）各国关于"价格法"。

禁止买卖贪婪[1]，例如我国《价格法》；中华民族公序良俗"等价有偿"，等价交换、童叟无欺；《三大纪律八项注意》"买卖价钱要公平，公买公卖不许逞霸道"。

《德国民法典》第453条【市价】，第456、457条，第458条【违反禁止规定的买卖】；英国教会法、惯例法禁止买卖贪婪。

WTO第2条，正常价值=平均生产价格法；WTO"国民待遇，共同适用"督促价格法与国际接轨。

---

[1] 〔英〕威廉·詹姆斯·亚斯莱：《英国经济史及学说》，郑学稼译，台北幼狮文化事业公司1974年版，第190页。

(三) 参照各国法律体系，禁止买卖贪婪，公平竞争，大致可以归纳为以下七条。

第一，禁止强买强卖，禁止恶意串通操纵市场价格，损害其他经营者或者消费者的合法权益。

第二，禁止漫天要价，浪费交易时间成本之陋习。

第三，预定偿债生产价格法，通工等偿，禁止倾销、禁止垄断。

为生计的普通商品贱买贵卖价格波动的区间，在禁止高利贷（得）允许的范围内。禁止倾销价格。价格不得低于一般预定偿债生产价格法最低限度。为改善生产条件，生产经营成本一般不得放弃并进而侵犯总工资均分创造价值，不得放弃或侵犯租买资本生产工具的普通利润率。禁止垄断价格。关系生计的普通商品价格不得过高，其超额利润高于百分之十应接受工商管理相关部门对"偿债生产价格成本"的检查。禁止对具有同等交易条件的其他经营者实行价格歧视。

第四，禁止虚假广告、花言巧语、做伪誓等诱骗与其进行交易；禁止捏造价格信息哄抬价格或操纵压低价格至合理成本以下。

第五，禁止缺斤短两。

第六，禁止掩盖商品瑕疵，以次充好；禁止假冒伪劣。

第七，禁止黑市交易；禁止暗箱操作。

第二小节　政府和行会价格行为

一、公定价格法

现代经济是以国家为共同体的法制市场经济，因此，大国家机构（包括人代会立法监察职能）有立法、司法、行政、监察的合法正当性。

科斯尺度"价格形成的费用成本"，外部市场只有一个环节"交易"，交易价格形成的成本可能从零（势均力敌等价交换）到最大化（掠夺）。因此，一方面，政府是否介入市场，要视政府干预的成本边际来确定：

"市场交易成本和政府分配成本的比较"①。另一方面，后发展国家政治代表有义务引导市民法上升为国家大法，人代会有组织立法、颁布的责任，政府有敬畏法律、强制执行法律和做执行法律的模范的责任，这样，个人、团体、政府在市场上是平等的竞争主体，政府行为不仅限于"补漏"。

由"偿债生产价格比例构成公式"，劳动工资、资本价格利息率和税制税率尺度最终决定偿债生产价格水准，因此，政府的任务就是法定这三个价格核心要素的"价格"。而自由放任市场存在失效问题，供求不平衡到平衡是一个过程，在这个相当长的时间段，"人口"成了减少需求的"砝码"，马尔萨斯"人口论"就是研究和揭示通过大量人群因缺衣少食而病死、饿死、战争来减少需求达到供求平衡现象。针对市场失效的部分，政府调节有正当性。而所谓"自动调节"仅在极狭窄的"熟人市场"微观范围内、极短时间内零星存在。

二、政府对宏观价格的控制

（一）"国民财富是指劳动创造的那种财富"，这些劳动所创造财富的主体部分应是全民生计所需的财富。

是否是生计必需品、是否有替代品，决定不同商品价格的不同控制方法。

其中，当没有替代品，某商品的供求不平衡，对最后那群没有买到该商品的人，是稀缺瞬时极大化，在等待生产出新商品的这段时间中，势必有一部分人要饿死冻死。因此，为了备灾，对于没有替代品的那些生计必需商品的供给和价格，例如粮食、能源、交通信息、军工等，必须委托政府、社会管控。其一，要有所储备，其二，对价格波动加以监管和控制，防患于未然，否则将引起社会不稳定。而自由放任市场派"小鸡自由过马路自由轧小鸡"市场，无人性。而在西方物价上涨往往逼迫工人罢工来上调工资。

---

① 〔美〕科斯：《企业、市场与法律》，生活·读书·新知三联书店上海分店1990年版，第42页。

（二）法定最低公平价格法，法律、政府、行会、经营者、买卖人的权利责任。

一是公开价格，是指合伙经营，公开偿债成本构成的价格，趋向平均生产价格；二是政府公定价格，指导价格，参照中长期价格；三是商业协会自律价格门槛。

三、物以稀缺为贵价格允许波动的区间，预警机制

市场首先是大众谋生的场所，是共同体、公共、公开市场。市民贷款创业、受雇劳动，贷款治产为主体导向。

价格在价值上下波动，应限制在民生、社会可以承受的范围内，超过范围，政府有权干预。中国是新兴大国，允许波动的尺度应适度灵活于守成国家。以禁止高利贷四个阶梯为参照，综合可以量化为以下几条。

第一，价格正常波动有传导信息和刺激投资、增加就业机会的作用，参照中立的资本价格一般尺度，正常波动范围，为2%—5%。例如，物以稀缺为贵在发达国家不得贵过2%，在中国物以稀为贵不得贵过5%。超过，法律授权政府干预。

适度通货膨胀控制在5%以内有利于投资引诱。笔者"正义经济学系列"第一本书统计，日本在1961—2010年，维持3%—5%的通货膨胀率长达50年，相当于把未来借给现在，这有利于引诱投资，扩大生产，增加就业。

第二，价格波动不得超过禁止高利得10%的尺度，为合法的价格区间、允许的价格浮动幅度、合理的利润幅度、宏观控制所允许的合法自主、自由区间。价格波动在5%—10%区间，为蓝色预警区间。

第三，为民生计，物价波动超过10%这一尺度，政府有权采用宏观调控手段，10%—15%为红色预警区间。

第四，物价波动接近或超过20%激烈波动区间，为黑色预警区间，政府有权采取紧急调控手段。

第五，超过20%，为异动区间，或遭遇局部商品价格操纵，或遭遇天灾人祸、战争破坏。1980年美国通货膨胀达到20%以上，名义利息率曾上

升到21.5%，实际活期利息率为零。我国1988年物价改革硬着陆，恐慌引起物价上涨20%，被界定是失败。由此可以发现，国际上有习惯将20%通货膨胀率视为是价格波动黑色警戒线。

四、商品的名义价格和实际价格

当货币度量衡发生变化，货币名义价格在它所代表的实际价值上下波动，即为货币保值的利息率波动。这种情况下，物与物之间相对交换率不变，"货真价实"与货币供应量无关。

当通货膨胀，为了货币名义价格回归它的实际价值，银行采用了保值利息率的方法来填平补齐：

$$商品的名义货币价格 = 商品实际货币价值 \pm 短期货币供求波动$$
$$商品的名义货币价格 = 商品实际货币价值 \times (1 \pm 保值利息率)$$

第三小节 社会主义价格制度管理

一、社会主义价格制度，偿债生产价格为本体

（一）财产是货币的锚，偿债生产价格法是商品价值的锚。

财政的价格杠杆手段。在社会主义经济杠杆体系中，要求市场价格以价值（马克思—WTO：正常价值=偿债生产价格）为标杆作为调节杠杆与核算工具，国家自觉依据价值规律调整或安排价格，使其既反映生产价值又反映市场供求关系，是采用有形的手来合理配置资源的一种手段，保证价格在市场总体运动中处于相对稳定状态。价格如果不能随着供求关系的变化而灵活变化，则不能起到调节杠杆和核算工具的作用，就需要政府干预。

社会主义价格体系现状。由于国际贸易，海关在计算关税时必须采用

WTO"正常价值=偿债生产价格法"作为评判的标杆,生产出口产品的企业、进口商品的商贸都掌握了这套定价法。这个国际法也正在强制中国政府的经济部门接纳它。

(二)价格杠杆在宏观经济调控中发挥调节杠杆和核算工具两种作用。

政府定价和指导性价格,主要是通过价格的涨落来调节供给侧的生产和投资的方向和力度,调节商品流通和消费结构,调节国民收入的再分配,以及促使企业加强经济核算,改进生产技术和经营管理,增强企业的市场竞争能力。而调节价格的幅度又以价值为中心随着供求关系的变化而在法律允许的范围内适当地波动,欧洲发达国家允许波动的区间为2%,中国现阶段允许的区间为5%,超过这一区间,允许政府干预。

作为核算工具的"价格尺度",在统计计算中使用了"阶段性不变价格""年度平均价格""节点瞬时价格"多种形式。按不同统计目的,联合国统计系统规定的100种商品的价格作为尺度核算工具,其作用主要表现为,它是编制国民经济计划的工具,借助于平均价格可以考核经济效益的高低,可以检验商品生产上的劳动耗费的多少,并可通过价格核算监督企业节约劳动时间。价格要素比率核算,可以检验对总工资占比的恪守状况,检验生产要素占比,以便于有针对性的降低制度成本。还有就是国际经济状况比较。

二、社会主义价格管理体制

价格管理体制是社会主义国家对商品和服务价格进行管理和调节的各种具体管理制度和管理形式。

(一)**价格管理体制**:我国实行了国家统一定价、国家指导价格、市场调节价格相结合的多层次的价格管理体制,生产经营者基本上有了依法价格自主权。

现在,绝大多数商品和服务的价格已经放开,基本上形成了"预定偿债生产价格"为中立准则,法定允许波动的范围,市场主体(企业)配置资源的决定性作用进一步增强,有力地促进了国民经济持续快速发展。

(二)**调节手段**。在放开价格的同时,积极健全加强和改善政府对价格的宏观调控体系。调节手段，一是商品储备制度、价格调节基金制度、劳动工资基金制度，以及价格监测分析和预警预报制度。要加强和完善对无可替代垄断性和公益性价格的管理，坚持以经济手段引导价格。二是实行政府价格决策听证制度、政府定价集体审议制度和专家评审制度，进一步增强政府价格决策的民主性和透明度。三是实行商品价格和收费价格公示制度，主动接受社会监督，发挥新闻媒体对政府价格管理工作的监督作用。四是实行重要商品和服务定价成本监审制度，强化成本约束，提高政府定价的科学性。五是市场和价格立法，健全《价格法》的法律法规体系，规范和维护正常的市场秩序，努力保持物价总水平的基本稳定。

（三）各个部类之间的比价体系。

法定价格准则与价格比体系。首先是"预定偿债生产价值准则"，然后才是相互关联和相互制约的各种商品价格的价格比价体系的有机整体，即价格比体系。

比价体系是指同一时间、同一市场上不同种商品价格之间的对比关系。由于中国是一个大国，存在城乡二元社会，计划经济传承下来各地区的劳动工资存在差异，导致存在比较明显的价格比现象。它包括工农业产品之间的比价、各种农产品之间的比价、工业品之间的比价，以及工农业产品和服务之间的比价。

工农业产品比价。一是大宗工业品零售价格同农产品收购价格之间的比例。乡村人长期以来受到工农业价格剪刀差的不公平，国家管制工农业产品比价关系到农民的实际经济利益和农业生产的发展。二是工业反哺农业的方法。

工农业产品和为生产服务的服务品、为生活消费的服务品两类服务之间的价格对比关系。合理的工农业产品和服务的比价，一般是以第二产业收入为基准评判服务业收入是否合理。有利于促进第一、第二、第三产业的协调发展。

有形体商品与无形体商品之间的比价，例如互联网数字产品、算法产品等与百姓日用产品之间的比价也有边际，总之要避免传统工业空壳化、避免贫富差距悬殊。

购销差价。电商将生产商和消费者连接在一起，缩短了销售链。但是政府要限制电商垄断。

总之，生产价格是市场供求的"锚"不能变，市场主体配置资源的决定性作用主要是通过价格信号的引导作用实现的。

三、价格形成机制改革

我国价格形成机制的改革，第一要务，是作为WTO、IMF、世界银行的成员，必须遵守这些国际组织规定的价格形成规则与秩序，一是生产型增值税和高利贷，在没有生产出利润就强行扣缴高额生产型增值税和利息，导致制造业价格形成成本高达39%—51%，这违背上述国际组织的市场经济地位规则。二是资本与利息进固定资产加价就必须重置折旧率＝普通折旧率+8%的重置折旧率。三是总工资（价格要素）均分所创造价值等。详细见本书第一卷。

2015年《中共中央国务院关于推进价格机制改革的若干意见》，"政府定价范围主要限定在重要公用事业、公益性服务、网络型自然垄断环节。自然垄断行业，提高透明度，接受社会监督。完善农产品价格形成机制，注重发挥市场形成价格作用"。2022年进行了细化。各种商品的比价关系、差价关系有了改善，价格体系不断趋于合理，特别在减少中间环节上下功夫。我国需要建立和健全能够公平灵活反映市场供求关系、资源稀缺程度、环境损害成本的资源性产品价格形成机制。实现资源的永续利用和生态环境的改善。要深化资源性产品、垄断行业等领域价格形成机制改革，进一步破除各种形式的资源垄断和行业垄断，根据水、石油、天然气、电力、交通、电信等不同行业的特点实行网、运分开和公共资源市场化配置，适度放开公平竞争性业务和竞争性环节的价格，真实反映市场供求关系、资源稀缺程度和环境损害成本。同时要强化价格领域反垄断、反倾销执法，加强事前、事中、事后监管。

第三节 初次生产的分配与收入分配

亚当·斯密指出,"一国国民每年的劳动,本来就是供给每年消费的一切生活必需品和便利品的源泉","每个社会的年收入,总是与其产业的全部年产物的交换价值恰好相等,或者毋宁说,和那种交换价值恰好是同一样东西"[1]。那么,按什么准则、什么比例分配给各个阶级,才能够保证现代生产方式的可持续发展,国泰民安?

一、国民年产物初次分配:价值=偿债生产价格构成

(一)分配顺位:有产出,才有收入。国民净收入初次分配给各阶级的顺位,以现代生产的分配为第一顺位,收入分配服从生产的分配。

(二)现代总生产的分配率的市民法依据。在社会主义制度下,无论是全民所有、集体所有、民营企业、中外合资、外资企业,都应当以现代生产方式生产的分配一般规则"马克思—萨缪尔森—WTO"偿债生产价格法为正义准则,是同一性差异关系。

(三)由于劳动力是商品,生产工具是租买来的,每个要素都出现两次。

第一,总生产预期所创造价值,用资本预先支付工资总额均分预期价值;普通剩余价值转化为制度成本优先支付利息偿还本金,支付折旧费、管理营销费,在超额利润中支付地租和税负,各自占比遵守公法习惯法"均分"准则(相当于所创造价值的10%)。实现按劳分配为主体、"生产费用"只允许分配普通剩余价值。

第二,收入视域:劳动力收入工资,资本家从剩余价值中收益利息,企业主债务人权从剩余价值中收入占有用益权自负盈亏收入还本的利润;

---

[1] 〔英〕亚当·斯密:《国民财富的性质和原因的研究》,商务印书馆1972年版,上卷第1页,下卷第27页。

政府从超额利润中收取赋税和地租。

第三，从剥削向分享过渡。现代生产方式遵守"禁止高利贷—三重契约资本生产工具"，制度成本中划分出平等法允许的不劳而获阶级"分享"收入。非劳动收入（用剩余价值支付的利息股息地租、资本再生产股权、政府成本）或有原罪或有责任，有自律责任，有济贫责任，有授之以渔扶植公共事业的责任。

第四，社会总产品的构成，包括转移成本价值（C）、资本所垫付的预定劳动力的工资总额（v）、劳动者创造的用来支付生产费用（制度成本）的剩余价值（m）。国民价值净收入的计算：

国民净收入（创造价值）= 物质生产部门的劳动者当年创造的新价值 = v+m

这是以生产劳动所创造价值为主体的计算方法，适用于初次分配。是对实质经济的统计，反映现代生产方式的生产力发展。但是，若偿债生产价格法与消费物价之间有距离，反映供求关系的调整能力较弱。

影响国民收入计算真实性的因素，名义价值与实际价值的差异。为此，宏观计算采用了阶段性"不变价格法"在统计中，例如使用了5—10年平均价格为不变价格尺度等。

二、收入分配

（一）收入政策，即收入分配政策。

第一次分配，一是国民收入初次分配遵守公法习惯法和三重合伙契约体系市民法，生产的预分配的偿债生产价格构成比率分配。

第二次分配，财政收入与分配。分两个方面：一是财政的三大收入与三大支出，专税专用；二是财政政策性引导。再分配更加注重公平，缩小收入差距。要规范个人收入分配秩序，强化对分配结果的监管。要着力提高低收入者的收入水平，逐步扩大中等收入者的比重，调节过高收入。

第三次分配，先富带后富。一部分人已经富裕起来，财产是责任，慈善事业授之以渔。应当复归广义分配中立的尺度。现实的共同富裕。

（二）当今，社会主要矛盾已经发生变化，但不等于阶级矛盾已经消灭。只要存在"预期先进生产线抵押贷款"，就存在"借贷和偿债"，就必然从观念或事实上分离为劳资两大阶级；只要还存在多种所有制、多种分配，就存在劳资两大阶级。

社会主义的优越性在于公有制为主体、按劳分配基础上的共同富裕。承认存在劳动阶级，市民社会个人私有制阶层，资本使用者阶层。社会主义的任务之一就是发展可持续稳定生产力的同时，通过公有制为主体，按劳分配为主体实现共同富裕的分配原则，例如"既是劳动者也是资本者"普惠分配法则，逐步降低剥削率，向"分享"过渡。

三、价格杠杆，收入政策

（一）价格杠杆。以偿债生产价格为准绳，商品价格的高低将直接影响有关当事人的收入分配。例如，农产品价格上升或农用生产资料价格降低会相应增加农业劳动者的收入；消费品价格上升或降低将影响居民的实际收入；生产资料或消费品价格的变化会影响生产不同产品的企业的收入。

（二）现代市场机制，收入的二次分配。

遵守习惯法工资最终决定商品价格。根据社会经济发展水平和社会劳动生产率的高低，合理确定企业的工资总额（趋向均分创造价值），完善最低工资制度（要能够保障所在城市最低限度的衣食住行和社会保险，能够养活2人，有准备娶妻生子的权利能力）和工资指导制度，逐步提高最低工资标准。以市场劳动力价格为参照，稳妥扩大集体协商工资的范围，有效地调节国家、企业和个人的分配关系。

工资和奖金的经济杠杆作用。工资和奖金的高低可以调节劳动力在行业、地区和企业之间的配置，从而起到调节生产结构和地区经济结构的作用。

国民收入分配给各个阶级后，个体收入者从事信贷、股市等资本债市活动，二次分配。在市场经济条件下，信贷也是一种资金和收入再分配的重要手段。银行等信贷机构通过存款吸收社会闲置资金，通过贷款把资金借给有关的单位和个人，这就在一定时期内起到了资金再分配的作用。同时，银行的存款和贷款的利息差额，也使一部分国民收入在银行、企业和个人之间进行再分配。随着市场经济的发展，信贷、利息、股市、期货等金融手段日益显示出在国民收入再分配中的作用。

（三）"收入—价格管制"指数化。收入政策三项："工资、物价、租金"，收入指数化方案实施对工资与物价的管控。

"工资、物价指数化"方案，名义工资与实际工资的计算与填平。

"工资、物价、租金"管控方案。在二战后最早出现在荷兰和瑞典。美国尼克松政府做过试验，由于金融服务业工资上升过快，逼迫实质企业上涨工资，在短期，为了维持一般利润率，唯有推高物价，1968 年消费物价上涨 6.8%。1971 年 8 月美国政府宣布全面冻结工资、物价、租金 90 天，运用收入政策三项试图填平膨胀。因此"成本推动膨胀"理论只是在特定条件下、短期成立。

收入指数化方案。将工资、利息、国债及其他收入与工资挂钩，抑制政府发行货币的冲动。收入指数化的作用，一是弥补"冻结"法的缺陷。二是抵消通胀给收入带来的损失。三是消除通胀带来的分配不公。缺点是指数的统计滞后，是马后炮。

四、深化我国的收入分配制度改革

2020 年，我国已经消灭绝对贫困，已在总体上进入了小康阶段。

但应看到，城乡之间、行业之间、地区之间和部分社会成员之间收入差距仍较大，国家统计局发布的数据显示：2017 年我国的基尼系数为 0.468，超过国际公认的 0.4 这个贫富差距警戒线。月收入在 1000 元的低收入人口还有 6 亿人口（主要是农业人口，劳动者平均月收入在 2000 元以下，包括老幼则平均 1000 元）。但是，这种仅计算商品工资的方法也不尽人意。还应当计算各自环境下的差异，城市必需支出与农村必需支出的差异。应当计算生产性、基本生活需要的财产存量，农村土地承包制对土地的用益权、宅基地等，以及"自给自足"折合商品价值。过分夸大贫富差距对政策的制定也不利。

在新的历史条件下,深化我国的收入分配制度改革,要实现全体人民共同富裕,提高人民的收入水平,坚持按劳分配原则,完善按要素分配的体制机制,促进收入分配更合理、更有序。

改革方向。第一次分配,建立和完善"法定偿债价格比率构成法",努力达到并坚守总工资均分所创造价值;法定制度成本不得超过占比50%,在第一次分配就要管控政府成本、资本成本。第二次分配要坚守生产部类赋税占比创造价值的什一中正;坚守财政最终消费占比 GDP 的 10%—15%;积极方法是提高生产力,拓展市场,增加就业机会。最低贫困补贴、最低工资、最高工资、个人所得税起征点相勾连,以实现控制贫富差距。要改变富人实际缴纳税率偏低的状况。

第四节 第二次分配,财政最终消费遵守什一中正之制

国民收入第二次分配,是指国民收入在生产的分配之后,对财政三大收入进行七大事权与财权相对称的再次分配,这是遵守国家法令的国家政府职权范围内的再分配。

一、财政收入和国家预决算

国家预算反映整个国家的财政政策。财政收入和支出政策的主要任务是通过国民收入的分配和再分配达到社会总供给和总需求的基本平衡,现实的共同富裕。

(一)国家预算,是政府制定的年度财政收支计划。

预算管理是政府依据有关法律法规对预算资金的筹集,进行组织协调和监督的活动,采用复式预算。具体包括预计初次分配的预期税收、非税收入等,取得预算收入,根据国家宏观计划预算支出,综合平衡政府财政预算综合收支指标,进行预算编制、预算报告和审批等内容。

我国政府财政收支的绝大部分都包括在国家预算中。预算收入的主要

来源：税收（国内税收，我国在国外的资产和个人所得税收等）；国有经济的上缴利润；人代会批准的财政赤字额度（国债）；捐赠等非税收入；国际贸易中资本盈余；其他收入。另外，计划经济时期允许5%的财政外收入用于国家临时组织措施应对不可抗拒的灾害等。经济改革以来，这个口子开得有些大，例如土地财政、各种罚款、高速公路收费等，需要纳入财政内。

国家的预算支出，是由国家负担的经济、文化、社会、生态文明以及国防建设的投资和其他各种经费，通过预算拨款支付出去，国家的预算拨款和财政性存款由中央银行中介受理。国家预算是社会主义财政体系中的主导环节，是基本的财政计划，是有计划地集中和分配社会资金的主要工具。

我国的国家财政预算已由传统的单式预算转变为复式预算。复式预算制度，就是用特定的预算收入来保证特定的预算支出的需要，在预算收入和支出之间建立稳定的关系，专税专用、专项专用，避免不同性质的财政资金相互挤占。我国目前的复式预算，根据社会主义国家既是社会管理者又是国有资产所有者的双重身份，将财政预算相应划分为两个部分，即公共财政预算和国有资本经营预算。

公共财政预算是为满足社会成员的公共需要，以由政府转移支付提供的、市场机制不能有效提供的公共产品和公共服务为内容的财政分配制度。它具有公共性、公平性、公益性和法制性四个基本特征，是构建社会主义经济分配体制的重要环节。这部分由社会保险补贴、公共事业、反哺农业、政府最终消费几个部分组成。

国有资本经营预算是社会主义国家以国有资产所有者代表的身份依法取得国有资本经营收入和安排国有资本支出而发生的各项财政收支计划，并承担以财政为国有企业亏损和债务担保的责任。

二、社会主义财政支出分配手段和政策

（一）财政收入形成以后，通过财政拨款、政府采购、政府投资和财政补贴等形式形成财政支出，通过财政支出对一部分国民收入进行分配和

再分配。社会主义财政通过财政收支活动发挥它的筹措和分配资金的作用。二次分配,更加关注公平,弥补了总生产分配的不足之处。

(二)调节经济。社会主义国家可以通过财政收支有计划地调节社会经济。它可以用增加财政投资和财政补贴的办法和优惠、抵扣、减免、调整资本利润税的方法,来加强国民经济中的薄弱部门和社会再生产中的薄弱环节;也可以用绝对或相对减少财政投资和财政补贴的办法,来限制某些过度发展的部门和环节;还可以通过税率的提高或降低来调节生产和流通。所以,社会主义财政是促进国民经济发展、实现国民经济综合平衡的重要杠杆。财政手段,也是经济增长手段,政府充分就业的政策和手段,自然环保达成和谐。

(三)监督经济。财政监督就是财政机关依法对国家机关、企事业单位及其他组织所拨付的财政费用进行检查、稽核和监督活动。财政监督的作用在于:做到少花钱,多办事。其次,通过财政监督鼓励先进,鞭策后进,实行物质鼓励原则。最后,通过财政监督维护财经纪律,坚决杜绝一切偷税漏税、贪污受贿和铺张浪费行为。财政的监督作用对于增产节约和加强廉政建设具有重要的意义。

(四)财政最终消费,遵守什一中正之制。社会主义经济的财政税收,是"偿债生产价格构成"当中生产费用的一个要素,一是财政收入是以价值形式对剩余价值的分割,遵守公法习惯法均分准则占比为创造价值的10%[①],政府最终消费若超出 GDP 的 15%(包括军备)就有"民之饥,因上食税之多"之嫌疑。二是财政收入(政府成本)仅与折旧率成互为消长的关系,过度挤占折旧费,将带来企业安全性隐患。

社会主义市场经济财政的特殊,第一,"取之于民,用之于民",表现为社会主义财政财权与事权对称,这体现了社会主义国家和企事业单位以及广大劳动者之间的根本利益的一致性。第二,国家的事情最终是由人民来办,因此政府成本也必须遵守现代生产方式的中性税率准则,是在市民

---

① 〔德〕柯劳斯·柯尼希、张泽荣:《工业化发展规律与中国经济改革》,成都科技大学出版社 1992 年版,第 14 页。

个人消费剩余的范围内征税。反对官僚主义、降低政府最终消费成本,将政府的财政最终消费控制在 GDP 的 10%左右,传承世界性财税什一中正之制。第三,社会主义财政的性质决定了财政在国民经济中的作用,其中公共事业支出中包括对国有经济的投入和担保;对全社会的保险补贴。财政"自律",维护现代生产方式的安全、稳定、可持久。

第五节 社会主义市场经济,政府的职能转变与改革

深化我国财政体制改革,党的十九大报告指出,要"加快建立现代财政制度,建立权责清晰、财力协调、区域均衡的中央和地方财政关系。建立全面规范透明、标准科学、约束有力的预算制度,全面实施绩效管理。深化税收制度改革,健全地方税体系"。深化改革,放权与法律建设同步配套。

一、财政预决算、财政收入和支出改革

(一)预算改革,建立全面、规范、公开、透明的预算制度。建立健全预算编制、执行、监督相互制约和相互协调机制。建立库款管理与转移支付资金调度挂钩机制。实施项目全周期管理,预算支出全部以项目形式纳入预算项目库,未入库项目一律不得安排预算。强化中期财政规划对年度预算的约束,加强财政运行风险防控,加强重大政策、重大政府投资项目等财政承受能力评估。健全地方政府依法适度举债机制。

加强国有资本经营预算、政府性基金预算与一般公共预算的统筹力度,完善社会保险基金预算编制制度。全面推进预算约束和绩效管理,优化财政资源配置效率和资金使用效益,提升财政的公共服务质量。建立政府资产报告制度。建立权责制衡的政府综合财务报告制度和财政库底目标余额管理制度。扩大预算公开范围,细化公开内容。

(二)深化政府债务管理制度改革,建立规范的政府债务管理及风险预警机制。将财政赤字和政府债务控制在可承受范围内,确保财政的可持

续性，各级政府财政预决算公开透明，接受全国人民的监督。

引导社会资本参与公共产品提供，使财政支出保持在合理水平。

继续坚持政府过紧日子严控一般性支出。加强对欠发达地区和困难地区的保障，转移支付进一步向中西部地区和困难地区倾斜。加强对基层的保障，最大限度下沉财力，完善县级基本财力保障机制。

（三）优化财政支出结构，提高财政支出的公共性、普惠性。

切实保障国家重大科技任务经费，加快推进"科技创新2030重大项目"组织实施。要着力强化国家战略科技力量。推动健全社会主义市场经济体制下新型举国体制，切实保障国家重大科技任务经费，支持打好关键核心技术攻坚战，集中解决一批"卡脖子"问题。

按照"成熟一项、启动一项"原则，稳定支持国家实验室建设运行，支持国家重点实验室体系重组。加大财政对基础研究的投入力度，进一步健全鼓励支持基础研究、原始创新的体制机制。

加大对防范化解重大风险、污染防治的支持，更多向创新驱动、"三农"、民生等领域倾斜，把财政资金更多用于为发展增添后劲、为民生雪中送炭。

（四）持续完善地方政府债务管理。严控地方政府隐性债务风险，完善政府债券的发行机制。

进入现代市场经济阶段，财政收入预决算范围的调整，不仅是税收，而且国债、土地、大宗罚款等财政都属于"税收"范畴，应当纳入预决算监管。例如土地财政；水、电、油"附加费"；对农业的补贴；彩票收入；停车费；高速公路费，特别是已经完成"偿债合同"的路段是否应当降低收费标准；各种罚款费，交通罚款费、排污罚款费、城管罚款等。是否应学习发达国家，收费的、罚款的由经济法庭裁量核准，由银行代收，上缴相关国库，智能收费替代人工收费。对于民政部门支持的各种学会基金会、科技基金等，应公示资金去向，基金成果，防止成了公费个人俱乐部，要有第三方民众参与监督。

近年来，中央政府也不断出台规范地方土地收入支出的规定。如财政部规定，地方各级财政部门要从土地出让净收益中按照不低于10%的比例安排用于廉租住房保障,其他还包括不低于15%的比例用于农业土地开发,10%用于农田水利建设,以及10%用于教育资金等。如果按此执行,就意味着地方要拿出超过一半的土地收益来用于民生工作。

(五)关于外包,擅自设立编外岗位、临时工问题。外包市场行为与政府机构不得参与市场活动相矛盾,政府对外包缺乏有效监督而导致公共资源的浪费,造成群众的反感。[①] 外包投招标不透明,政府作为第三方不作为,导致乙方滥用所代理的职权也需要改进。因此,既然政府做不了的,就应放手由社会机构去市场化操作,司法部门、政府部门依法严格监督管理。而腐败往往就出在这些自己收、自己定政策、自己花去向成迷的不公开不透明的项目上。

二、放权与相应立法,先立后破

(一)设立法律篱笆需要未雨绸缪。第一次鸦片战争以来,我们经历了180余年的奋斗,40余年现代市场实践,我们已经有条件先试验,按经验、按设程序走路,例如,第一步,设计阶段性改革内容;第二步,法制建设,市场规则向"市民法"转换;第三步,政府职能转变。即法制建设工作应适度超前于政府职能转变,相互衔接和重叠,绝对不能发生权力真空、放松管控现象,是以市场主体(企业)为社会基础"市民立法"建设后的"减少政府对资源的直接配置,推动资源配置依据市场多样性规则、市场价格、市场竞争",市民法改革要关注市场主体的诉求。

(二)政治四法则:政治在人本法之下,守法、伦理、道德修为;田野调查;坚守正义;结合实际选择折中的行动计划。坚守三大作风。计划经济时期的有些好的制度应当继续发扬,一是老中青三结合,允许内部存在不同见解的三结合;二是鞍钢宪法,两参一改三结合,每年,各级干部都要拿出3—4个月时间到基层去、到群众中去搞调查研究,口问手写,然后制订来年计划。这样,干部才能真正下沉,有创建性地工作。

---

① 吕德文:《政府"外包"服务为哪般》,载《环球时报》,2021年12月10日。

（三）经济、金融、法学、政治学类事业单位的改革，面对国内外文科严重内卷化现象，改革之初，主张将此类事业单位下放给企业的做法，现在有条件实施了。可以财政、企业各负责一半的经费。知识分子是毛，市场主体是皮，文科知识分子严重滞后于我国改革实践的状况需要制定政策加以解决。

（四）在宏观计划调控经济的同时，政府转型组织者、服务者、监督者、仲裁者，需要自律和他律并举。

法律与行政和监督界限不清问题、民告官渠道需要法制化。由于征纳双方地位过于悬殊，在纳税人权利救济制度上往往空缺。

（五）财政工作涉及现代生产方式规则与秩序的"法与法律"。财政部门应总结企业走出去的过程中学习到的外部经验，在市民法定制中，提供国际法制中国化的摹本，特别是"公平价格法区分财政财税法"、WTO偿债生产价格区分财税法。

总之，可以吸收借鉴国际成熟市场经济制度经验和人类文明有益成果，加快我国的国内制度与国际的对接，以经过较长期试验证明已经比国外水平高的国内高水平开放促进深层次市场化改革。

名词与概念：

法律为之上权威　　凭统治者的私意断事不如依法裁决为稳当

治权寄托于法律才是良好的政制　　统治者须以权力济助法律

现代生产方式内部规律在上，混杂的外部政治在市民法之下

对比与质疑：

社会生产力发展的绝对趋势，这导致劳动力的个体性、流动性、集中性特征，法律赋予政府对经济活动的一定限度的管护责任。而自由市场派的小政府假设与真实情况不符。

第十章 社会主义金融制度

背景：

在第一卷第十一章讨论了宪法赋予政府货币权，和货币的租赁借贷——虚拟资本的类型。本章重点讨论财政政策中金融手段的应用。

第一节 政府金融手段的正义准则：金融三大职能为实质经济服务

现代生产方式用货币形式计算，可以分为多个方面。第一，货币是公器，现代生产方式存在货币价值计算形式，货币必须遵守度量衡准确性的规则，为商品所有权之间等价交换服务。第二，借助于货币的价值交换进行流通是现代生产方式总生产的一个环节，决定了货币总量与生产总价值之间是可控制的比例关系；货币总量与可投资总量成比例关系，即乘数 K。第三，现代生产方式的金融机构为生产企业筹集资金服务，借方、贷方、居间三方共同遵守三重契约体系实体法。第四，金融隶属于国家主权，是政府宏观调控的手段。

一、金融货币度量衡正义性，关系国家治理、社会伦理

货币度量衡以生产价值为本，关系国运。

（一）货币作为"权衡"是计量工具。

权衡重量的天平，"衡"就是衡在支点上的那根杆；"权"就是等价物标准的"量"，砝码或秤锤。

当贵金属被赋予了中介物"货币"的功能，以贵金属为"权"的"权衡"，特别兼有"物理"权衡（重量、质量）和"价值——所包含社会必要劳动时间"权衡的功能。

（二）货币是公器。生产和交换是本体，"权衡"工具必须服从生产交换规则。现代金融作为"权衡"价值的"货币"尺子，必须服从实质经济所限定的"中性"准则。

（三）度量衡以生产为本，交易价值随附于生产价值。

殷商时期，铸造铜鼎，已经要求按较精确的金属比例熔合，这推动了"权衡"的精确度规则进步。《礼记·月令》"同度量，平权衡"，即为了铸造精美的礼器铜鼎、为了市场"公平交易"而对"权衡"的精度提出相应要求，因而规定"权衡"的精确度等规则，"天平"是权衡"物体"的计算工具。价值作为度量衡，也是以生产为基础，一是权衡"一般劳动"量。二是等价物和相对物的价值都来源于"生产劳动量"。三是等价物的精度是按照相对物的要求来确定的。四是综合以上三点，交易价值度量衡随附于生产度量衡。五是黄金本位的作用，现实生产会发生周期性波动有不稳定性，所以人们更相信黄金的恒定保值性质。

（四）金融"权衡"准则涉及伦理和治国。

在《德国民法典》中，禁止高利贷不仅是资本价格的法律尺度，而且是自然人的伦理准则。

"权衡轻重"度量衡的教育作用，《荀子·大略》"礼之于正国家也，如权衡之轻重也。"相对比，美元武器化是美国丛林霸道霸权霸凌的表现，是国家政治统治偏离正义的反映。

允许公差范围内的度量衡的教育作用，北齐刘昼《刘子·重化》"故权衡虽正，不能无毫厘之差；均石虽平，不能无抄撮之较"，权衡适宜，允许公差或波动的区间。同样，现代金融运用"权衡"价值的"货币"尺子，必须服从实质经济所限定的"中性"规则及其允许公差的区间。

因此，放纵民间放高利贷，并不仅仅是"纯粹流动性供求"问题，它还涉及社会"正义"或"罪恶"伦理的判断，以及国家治理的理念。当下中央已经提出"确保金融监管全覆盖、无例外"。

二、实质经济与货币经济是同一对象的两种度量衡计算关系

（一）现代生产方式，有必要转化为用货币计量经济表现的原因。

货币经济是实质经济的货币虚拟计算，如同"镜像"，必须服从实质经济。

现代生产方式，商品普遍一般化需要用货币计量。劳动三要素商品化，劳动力商品化，产品必须转化为商品交换，各个要素都可以也需要抽象换算为价值，从而具有货币经济的属性，"这使得货币利息率成为唯一重要利率的种种特征，有多少是因为货币是债务与工资之计算标准？""计量：货币可以转化为各种生产要素，……只是各种生产要素的抽象的表现，是它们作为价值的存在"。① 现代经济换算为"价值"度量衡，就涉及一整套货币经济的内容，法律禁止将产品当作工资发给劳动者等。

"资本"就是债务必须偿还。现代增加了"生产线抵押贷款"环节，"资本必须偿还"，为了还债必须将所生产出的产品转化为商品，交换为货币偿还向银行借用的货币。"只要有任何持久性资产之存在，这种资产就会有货币属性，就会引起货币经济所特有的许多问题。"三重契约将未来借给现在，使用了虚拟形式，例如货币。货币资本在时间方向上的运筹，"借贷"就是把自己的未来预期利润借给自己的现在，凯恩斯将这个金融理论引入了经济学，"只要有任何持久性资产"，"货币之重要性主要是货币乃现在与未来之联系这一点产生的"。②

（二）本书第一卷专门讨论了虚拟货币与虚拟资本。纸币是财富的法律证明书，而作为纸币的那一小块"纸"本身几乎没有多少价值，所以"纸币"所代表的价值是虚拟的，这个概念是古希腊亚里士多德界定的，"货币为习俗虚拟共通信用，非真正财富"，贵金属（货币）没有生育能

---

① 《资本论》，第三卷，人民出版社1975年版，第397页。
② 凯恩斯：《就业利息和货币通论》，商务印书馆1983年版，第253页。

力,"放债取息不合自然,非货币的正用"①。

与实质经济相对称,货币经济又被称之为虚拟经济、虚拟资本。当虚拟经济数量依附于、服务于实质经济,则虚拟经济处于正常状态。反之,虚拟经济自私自利最大化、体外循环,已经引起多次世界金融海啸,就好比血液应该在血管中流动,如果超发货币,就发生体外循环危机。现代实质经济与货币经济的旋转门关系中,实质经济是本体,货币形式是随附,服从实质经济"禁止高利贷—三重契约"规则与秩序,即现代生产方式的核心是金融必须忠实地为实质经济服务。

(三)实体"造血、驱动"与金融"流动性"的主从关系。贷款改良生产方式,金融是总生产的一个环节,必须服从现代生产方式的规则与秩序,"正是信用制度和银行制度的发展,一方面迫使所有货币资本为生产服务(也就是说,使所有货币收入转化为资本——引者注)"。② 金融是服务工具,才是金融的本义③,金融不是独立的范畴。依据金融发展基本规律,曾任国家副主席的王岐山指出,要坚持金融服务于实体经济。金融脱离实体经济就是无源之水,无本之木。……紧贴企业生产经营,抓住市场新趋势、新机遇,支持经济发展重点领域和薄弱环节,使金融服务与实体经济相互促进,健康发展。

三、信用之一:等价原则制衡金融流动性

由于现代经济增加了"生产线抵押贷款"环节,金融成为新增加的环节。金融作为流通手段,是否能够忠实地为实质经济服务,成为核心问题。《资本论》根据现代总生产区划出货币资本、生产资本、商品资本三循环。

---

① 〔古希腊〕亚里士多德:《政治学》,商务印书馆1965年版,中介物,见57a20;货币为习俗虚拟的共通信用,非真正财富,见57b10;放债取息不合自然,非货币的正用,见58b3—8、25。

② 《资本论》,第三卷,人民出版社1975年版,第647页。

③ 张云东:《贸易摩擦给金融安全提了醒》,载《环球时报》,2018年5月3日。

信用与金融流动性要素。

金融信用的主要活动，一是开具财产证明书——票据、货币，货币与贵金属来回等价转换的信用；二是将未来借给现在的承诺延时履约。

关于个人财富实现为社会形式——货币形式和互相转换，"只是由于用货币做媒介，是个人财富才实现为社会财富"，"正是由于对生产社会的信任，产品的货币形式才表现为转瞬即逝的、观念的东西，表现为单纯想象的东西。但是一当信用发生动摇，……一切现实的财富就都会要求现实地、突然地转化为货币，转化为金银"。① "……1. 在资本主义体系中，为直接的使用价值，为生产者本人的需要而进行的生产，已经完全废止，因此财富只是作为社会过程而存在，这个过程表现为生产和流通的错综交织；2. 随着信用制度的发展，资本主义生产不断地企图突破这个金属的限制，突破财富及其运动的这个物质的同时又是幻想的限制，但又不断地碰到这个限制。在危机中，会出现这样的要求：所有的汇票、有价证券和商品应该能立即同时换成银行货币，而所有的银行货币又应该能立即同时再兑现成金。"② 贵金属货币的作用，其一，金属储藏作为银行券兑现保证和作为整个信用制度的"锚"和"枢纽"，信用主义转变为货币主义。③ 其二，在歉收年景购买外国农产品；在资本过剩阶段流出。

流动性涉及资金周转率、货币发行量、银行信贷和资本存量市场、资本债务市场等。资本市场包括房地产、股市、期货市场、债券市场、汇率市场等。

四、信用之二：将未来借给现在，为实质经济服务

欧洲 16 世纪兴起"禁止高利贷—三重契约"，发了财的企业合伙筹建股份制银行，为企业筹集资金，各种金融产品兴旺起来。金融产品指的是各种具有经济价值、可进行公开交易或兑现的非实物资产，即有价证券，

---

① 《资本论》，第三卷，人民出版社 1975 年版，第 649 页。
② 《资本论》，第三卷，人民出版社 1975 年版，第 650 页。
③ 《资本论》，第三卷，人民出版社 1975 年版，第 648 页。

如现金、汇票、股票、期货、债券、保单等。货币流通是在商品流通过程中，货币作为流通手段和支付手段所形成的连续不断的运动。

"正是信用制度和银行制度的发展，一方面迫使所有货币资本为生产服务（也就是说，使所有货币收入转化为资本——引者注），另一方面又在周期的一定阶段，使金属准备减少到最低限度，使它不再能执行它应执行的职能。"[1] 一是只有生产资本环节生产价值。二是固定资产内包含了科学技术利用自然力替代人的部分劳动的绝对发展趋势。三是为了安全、稳定、可持久，对生产债务人特加保护，债务展期、减免利息、破产保护。

对比现代金融的三大用途，金融的双重性，一是货币偏离中性，通胀或通缩；二是过度信用风险性。三是脱实向虚，货殖钱生钱，金融独立运行，远离实体经济。马克思指出："信用制度固有的二重性质是：一方面，把资本主义生产的动力——用剥削他人劳动的办法来发财致富——发展成为最纯粹最巨大的赌博欺诈制度，并且使剥削社会财富的少数人的人数越来越减少；另一方面，造成转到一种新生产方式的过渡形式。"[2]

第二节　财政的货币发行手段，中性货币发行量和控制方法

货币金融属于国家主权，遵守国法。

一、各国宪法关于国家货币制度

（一）货币是因商品交换而逐渐形成的。

与物物交易向对比，货币中介的作用是降低价格形成成本和交易的社会成本，扩展了交易的时间和空间。现代货币理论，不是现代才有的，而

---

[1] 《资本论》，第三卷，人民出版社 1975 年版，第 647 页。
[2] 《马克思恩格斯文集》，第 7 卷，人民出版社 2009 年版，第 500 页。

是古老的实践。①

货币作为价值度量衡是实践的结晶或抽象，是约定俗成的规则与秩序确定性，它是劳动价值的过去、现在、未来的纽带或中介。

（二）货币是价值的度量衡，货币金融属于国家主权，受到国家法律的约束。

现代生产方式实体经济与货币计算的经济成镜像关系。特别是19世纪下半叶以来，政府最关心的四件大事：就业机会、物价稳定、国际收支均衡、经济增长，这都与货币金融有某种可以用公式来计算的关系，各国宪法中都有涉及货币金融的法律条款。

《中华人民共和国宪法》第九十一条："……对国家的财政金融机构……进行审计监督。"经济改革以来，国务院设立了银监会和证监会，2023年5月18日"国家金融监督管理总局"挂牌。

德意志国宪法（魏玛宪法）第一编第一章第六条"下列各立法权为联邦所专有：……5. 货币制度"。

法国《宪法》（第五共和国）第五章第三十四条规定，法律应由议会投票通过，包括"货币发行制度"。第十二章第七十八条："共同体的管辖范围包括外交政策、防务、货币、共同的财政经济政策以及有关战略的原料物资政策。"

瑞士联邦宪法1974年第31条（四）"联邦有权制定有关银行体制的法律"。

国会任命权。英国中央银行——英格兰银行，实际是政府机构，行使政府职能，18名理事由政府推荐，女王任命。

美国美联储，尽管是私人银行联合会，但是主席由总统提名，若干成员由政府委派，美联储直接对国会负责。

决策与执行权分离，例如，德国联邦银行委员会有决策权，而意大

---

① 缪延亮：《后危机时代，央行的十大争议》，摘自作者新书《信心的博弈——现代中央银行与宏观经济》第十六章，界面新闻获出版社授权刊发，2023年4月26日查阅引用。

利、日本中央银行决策由银行执行。

以现代生产方式正义为准则的金融制度立法、执行、监督三权制衡。法国决策机构是国家信贷委员会，由财政经济部长、法兰西银行总裁、各界代表组成。执行机构是法兰西银行，监督机构是银行管理委员会。

各国的市民法典，"禁止高利贷—三重契约"债关系法，"禁止高利贷—治产人借贷法"，禁止高利贷贪婪法，禁止高利贷特许四个阶梯法，都涉及"货币管制"。

总之，关于金融的正义准则：价值的度量衡"虚拟货币"遵守度量衡中性规则；货币作为流通手段，遵守为实质经济造血功能服务；现代生产方式，金融为实质经济筹集资本服务。

二、宪法赋予政府管制货币经济的职能

（一）金融工作人员遵守受托操守：忠于职守、不得越权、不得争利、竞业禁止。按照委托法应当有这样一些基本规则：员工不能经营在本银行贷款企业的证券业务；经纪人不能持有自己经纪的股票；评估员不能持有自己评估的股票等。金融机构是收取管理费和劳务费的微利受托企业。

（二）决策流程（由货币政策部门组织并负责）。一是必须符合国家相关政策。二是货币政策委员会根据经济、金融市场发展趋向的评估材料、展望及国际走势，提供的货币、银行储备和利息率的情况和展望，各大银行货币储备的状况，发表综合意见，并对主要政策变化进行讨论决议。三是新闻发布会与会议纪要，采风基本面的反应。四是公开市场账户经理具体执行利率调整决议。

（三）对金融机构的监管。政府对金融机构的监管内容，宏观管理：银行的货币价格、资本价格、公开市场活动和储备金比率。微观管理：审查批准金融机构的设立；金融机构公开市场活动，例行对金融机构财务簿记的年审，征税。

（四）金融管理机构四大传统货币政策工具。由货币数量型，转换为法定基准资本利息率价格型，遵守货币是财产证明书准则和禁止高利贷。公开市场操作（由中央银行负责），一是正回购（市场货币过剩），逆回购

(市场货币不足);卖有价证券(制造债务),买有价证券,短期调节准备金量,长期收购债券推动利息率下行;隔夜回购保持利息率稳定,实施量化宽松(扩表);公开市场操作。二是准备金率制度。三是货币资本利率政策,包括贴现制度,信贷分行等级划分。例如:鼓励货币资本用于生产资本利息率较低,用于消费属于贴水或贴现利息率较高;长期信贷资本利息率较低,短期资本利息率较高;保护性产业贴息资本利息率直至无息贷款;金融博弈中的资本利息率工具。四是货币乘数 K 政策等。

(五)资金融通的业务范围:货币的发行、投放和回笼,存款的吸收和提取,贷款的发放和收回,投资资金的筹集,国内外汇兑的往来,以及贴现市场和证券市场的活动等,它主要通过银行的各种业务来实现。社会主义存在货币信贷关系,就必然存在专门经营货币和信贷业务的银行。

(六)金融流动性的三大"权衡"手段。在现代市场经济国家,其金融的顶层权力都是由"货币发行权""资本价格利息率定价权""汇率定价权"组成,这三大权力之间相互联系而形成一个相互影响的权衡体系,决定着现代市场体系的广度、深度和流动性(向度和周转速度),直接影响经济体系的运行和全社会财富的分配。

管理控制金融流动性和流动方向的方法,一是资本价格利息率是枢纽,通过设立生产和消费两大部类不同的利息率水准,引诱资本的流向。二是政府货币权的货币投放量。这两个方法是关联的,例如,投放量过度,通货膨胀、货币贬值,"货币名义利息率=货币实际利息率±通胀率-市场可以容纳的物价波动(2%—5%)"。

三、银行创造虚拟债务货币,准备金率

在欧洲,教会笃信货币没有生育能力,借贷取息不符合自然公理,所以出现"银行(板凳 bench)"的故事。一是有些客户没有按时取走定制的金银器,金匠铺在为客户保管的同时收取少量管理费,金匠开出寄存收据是写明寄存者姓名的,后来演变成票据。二是金匠发现总有一些贵金属存在金铺这个门道,于是便把部分贵金属贷给那些有偿还能力的人,进行货币放贷。三是留存了一些没有贷出的用来准备临时有人来取他的存货的

那个部分,叫做"准备金"。这样一来,从"寄存"关系,转变为信贷关系。但是由于金匠不受制约,曾对查理国王的贷款收取30%的高额利息,金匠银行最后走向衰亡。

现代银行吸收了"金匠银行"中的寄存与信贷勾连规则,准备金规则等,马克思揭示,"英国全部存款的十分之九,除存在于银行家各自的账面上外,根本就不存在"①,用现代话语就是,准备金率为10%。银行的准备金,实际是银行吸纳的存款法定必须留存的部分,以备日常兑现用。

表 10-1 银行体系的资产负债表

负债	资产
(1) 普通银行 公众存款 从中央银行借款	对政府的债权,对公众的贷款 对政府的债权,在中央银行的存款,金库现金
(2) 中央银行 流通中和银行库存现金 普通银行在中央银行的存款 政府在中央银行的存款	中央银行对普通银行的贷款 中央银行对政府的债权包括国库券 外汇储备
(3) 合计 现金 公众存款	对公众的贷款 对政府的债权 外汇储备

来源:余永定、张宇燕、郑秉文主编:《西方经济学》,经济科学出版社2002年版,第471页。

准备金率,包括法定的和银行超额两个部分。法定准备金率,是中央银行根据经济状况法定的准备率:

法定准备金率=银行存款准备金量÷存款总量

---

① 《资本论》,第三卷,人民出版社1975年版,第458页。

如果存款准备金率为10%，就意味着金融机构每吸收1000万元活期存款，要向央行缴存100万元的存款准备金，可用于发放贷款的资金为900万元。

准备金率由中央银行颁布，最近10年我国准备金率在10%—20%之间波动，例如，"2022年1月6日起，央行存款准备金率将下调为：大型金融机构12.50%、中小金融机构10.50%"。近10年来美国准备金率在0%—1%。[①]

法定准备金率越高，货币乘数越小；反之，货币乘数越大。

超额准备金率。商业银行保有的超过法定准备金的准备金与存款总额之比，称为超额准备金率。

四、流动性，货币作为流通手段的二重性

（一）货币的第一作用是流动性，流动性适度，关键是货币供应流量要与市场需求接近。决定货币流量的三个传统因素：待销售的商品量，价格水准，货币流动速度。公式表示：

$$货币流动率 = 货币需要量 \div 现金投放量（M0） = 周年货币应周转次数$$

设：M0代表一国现金总量，V代表现金流通速度，P代表总的物价指数，T代表一定时期内的交易总量，则有：

$$M0 \times V = P \times T$$
$$M0 = P \times T \div V$$

[①] 《美联储政策分析手册2022年》，载"图解金融"，2022年11月6日，2023年10月7日查阅引用。

流动资金的主要成分：市场流动的现金，货币市场的凭证；活期储蓄存款；定期存款，证券。英、美国家还有准备支付税捐的预存款凭证。

控制投机的方法之一：防止货币过剩，控制资本价格利息率水准。

（二）货币作为流通手段的二重性。货币作为流通手段和支付手段加深了商品经济的矛盾，当生产资本循环中断则有经济危机的危险性。

当出现货币，产品代表使用价值，货币代表价值。货币作为流通手段的正能量是解决了商品交换中因信息不灵、因时空差距而引起的交换困难，从而大大降低了交易的成本，促进了市场的扩展。货币作为流通手段的负能量，其一，商品的使用价值与价值的内在矛盾，转换为商品使用价值与货币之间的外在矛盾，如果商品卖不出去不能转化为货币，生产商将面临破产，"商品的第一变化或卖。商品价值从商品体跳到金体上，像我在别处说过的，是商品的惊险的跳跃。这个跳跃如果不成功，摔坏的不是商品，但一定是商品所有者"①。其二，货币信用促成了交易在空间和时间上可以分离，例如延时契约；另一方面，这种买与卖的脱节，也为危机埋下了隐患。其三，赊账、赊购、汇票等，既可以解决货币短缺的一时困难，但是也形成了错综复杂的债务链，如果有一个环节发生断裂、障碍，或某个环节投机取巧，就会发生连锁反应，表现为货币危机。如果存在欺诈违法，会起放大作用。

五、中央银行货币投放量

凯恩斯认为货币的需求分为三个部分：交易的需求，预防性需求，投机（投资）性需求。后两项分别表现为定期存款和活期存款形式。我国存款量已经达到 2 倍 GDP 成为 M2 的锚。

（一）银行系统将货币分为三个档次：高质货币供应，虚拟资本供应，无基础银行白条。货币供应量设立了多个计算阶梯：M0，M1，M2，M3，L。各国有所区别。根据联合国货币基金组织 IMF 颁布的《货币与金融统计手册》只适用于存款率比较高的国家。我国银行系统的计算公式：

---

① 《资本论》，第一卷，人民出版社 1975 年版，第 124 页。

M0＝流通中现金

M1＝M0+银行准备金

M2＝长期贷款+当年土地财政收入等+财政赤字

M3＝M2+金融债券+商业票据+大额可转让定期存单

美元作为国际结算货币 L 广义货币＝M3+存在外国的美元存款+其他。[①]

六、货币投放率的评估：K 货币乘数

（一）货币乘数 K。货币乘数是指货币供给过程中，中央银行初始货币供给量与最终形成的社会货币流通量之间存在的比例关系。我国金融业务中流行"货币乘数 K[②] 公式"。

设：已知基础货币 M1，货币总供应量 M2，K 是货币乘数，则有：

宏观货币乘数 K＝广义信贷 M2/基础货币 M1

（二）中性货币乘法系数 K＝2—3 的历史评估。欧洲近现代现象，支票流通的出现，扩大了 M1 的定义范围（M1＝M0+可兑现汇票），可转让提款单的发明，可以像货币一样流通，马克思指出，"银行家资本的一部分，就是投在这种所谓的有息证券上。这本身是准备资本，即不在实际银行业务上执行职能的资本的一部分"；"银行资本家的最后一部分，是由金或银行券构成的货币准备"；"因此银行家资本的最大部分纯粹是虚拟的"；"它们所代表的货币价值也是虚拟的"；除了准备金外，只不过是银行家的债务，"正如在信用制度下一切东西都会增加一倍和两倍，以致变为纯粹幻想的怪物。准备金也不能例外。准备金双重存在"。关键是，"它们也能够

[①] 余永定、张宇燕、郑秉文主编：《西方经济学》，经济科学出版社 2002 年版，第 446 页。

[②] 余永定、张宇燕、郑秉文主编：《西方经济学》，经济科学出版社 2002 年版，第 473 页。

用来依次偿还"。① 这反映出，在 19 世纪，货币乘数 K 为 2—3 倍基本货币。考虑到利息率波动的影响，中性 K 的区间应为 2—3②，比较适宜作为尺度。例如，2007—2009 年美国货币乘数由 9 回归 4。1990 年日本货币增值 1 倍，K = 10—12。当乘数 K 超过 3，K 越大说明货币发行过量，通货膨胀的可能性越大。

在金本位体制下，纸币是银行黄金存量证明书，本身是一项债务。

七、购买者价格法乘数 K=5.02，预测生产型增值税和土地财政改革

（一）我国乘数 K=5.02 的统计资料。

据建设银行金融市场部市场研究处报告计算，我国 2014—2015 年度实际货币乘数 K = M2/M1 = 155 万亿元 ÷ 30.9 万亿元 = 5.02

2015—2016 年度：M0 为 7.49 万亿元；M1 基础货币为 30.9 万亿元（其中：银行准备金为 23.41 万亿元）；实际使用货币 155 万亿元（其中贷款 124.1 万亿元，还有当年土地财政、财政赤字）。2015—2016 年度的平均货币乘数计划为 5.016：

K（宏观货币乘数）= 广义信贷 M2/基础货币 M1 = 155 ÷ 30.9 = 5.016

2017 年实际广义货币供应量（M2）余额 167.7 万亿元，比上年末增长 8.2%，比 2017 年初预测新增数实际减少了接近三分之一，可见从严控制从 2017 年已然开始。央行公布的 2018 年 1 月货币当局和其他存款性公司资产负债表计算得到的 M2 为 170.93 万亿，央行公布的实际 M2 为 172.08 万亿，前二者计划数字与央行公布的信息接近。③

---

① 《资本论》，第三卷，人民出版社 1975 年版，第 532、534 页。
② 凯恩斯：《就业利息和货币通论》，商务印书馆 1983 年版，第 110 页。
③ 鹰眼看经济：《教你看货币政策中的 M0、M1、M2，算清中国所有的钱有多少》，载《东方财富网》，https://i.eastmoney.com/6582125332657364，2018 年 3 月 13 日查阅引用。

2024年1月12日，央行官网发布《2023年金融统计数据报告》等，其中2023年12月底货币供应量数据，广义货币M2余额292.27万亿元，狭义货币M1 68.05万亿元：

$$2023\text{年度乘数} K = 292.27 \div 68.05 = 4.44$$

（二）我国乘数K、投资形成均比国际中性的尺度高出近1倍的原因。

第一，购买者价格法，基建形成的价格泡沫近1倍，预测生产型增值税暂行条例和配套会计制度必须改革。

我国GDP支出法中资本形成占比GDP，2009—2014年平均为47%；2015—2018年度平均为44.5%。2016年中国资产形成占比GDP为44.1%（名义贡献率为54%）。而日本和韩国使用者价格法，资本形成占比GDP均为25%左右。中国高出了1倍。

我国投资占比GDP的45%，K=5.02，均偏高1倍的原因，除了发展中国家基建投资比较大的因素之外，还存在"购买者价格法"对货币供应总量的撬动，由于税金和利息资本化进固定资产加价，而折旧率偏低造成的"价税息包袱"贷款的贷款成本为39%—51%而形成了资本体外空转。它的本质就是违背三重契约法则，导致银行债务和财政赤字转嫁到企业账户上，即购买者利税包袱价格。

购买者价格法与使用者价格法相差近1倍。购买者价格法的货币乘数为5.02，如果采用使用者价格法的货币乘数也应当下降一倍而为2.5。可以佐证，与实质经济挂钩的货币乘数标配为2.5—3，比较贴近使用者价格法。

第二，土地财政外。一般认识，M2是否适度只与GDP作比较，创造财富是M2的锚。但是，近年来，中国M2增长速度持续高速增长，并未引发经济学家所预言的通货膨胀。其中一个重要的原因就是GDP只计算了投资的资本形成，而没有计算在建工程中的货币投资的超额加速度。1998年以来土地财政信用融资量撬动约相当于GDP的15%—20%虚拟货币，自此银行反而对实质经济惜贷。全国人代会常务委员会颁布了相关法令,改革和收缩土地财政,试点房产税。财权与治权必须分离。

"土地融资"也有限度,1985年"纽约广场饭店会议"后,日元增值1倍,相当于货币增加,而不动产贬值,则必然出现通胀,导致楼市崩盘,几个月里房价跌了65%左右。也就是说,货币超发须借由不动产升值来吸收,日元基本上以美元为"锚",它必须不断大规模囤积美元。

第三,贸易顺差导致美元控制人民币基础货币发行量,M2和GDP偏离了严格的对应关系。1996年是个分水岭,国际贸易开始基本用美元结算,但是企业所持有美元不能在国内流通,而兑换为基础人民币,这样基础货币增量与美元顺差挂钩直至2015年累积达到3万亿美元。

第四,迄今没有设立与国际对接的禁止高利贷法,民间高利贷可能有20—40万亿元,例如高利贷六层塔,而网络贷未见披露统计数字。

货币发行量控制的改革。在现代中央银行——商业银行二级体制下,货币当局的负债一般包括两部分:社会公众所持有的流通中的货币,以及商业银行的存款准备金(包括法定准备金和超额准备金)。例如,2016年底基础货币M1 30.9万亿元当中,流通中的货币M0约7.49万亿(主要来源是收入总量用于消费的部分),商业银行准备金约23.41万亿(主要来源是储蓄存量)。

随着宏观审慎评估体系(MPA)将广义信贷作为关注对象,表外理财这块"桌面下的蛋糕"也进入了央行的监管视野,其变化是在央行资产负债表上体现为"对其他存款性公司债权"的增加。此外,地方政府债券发行体制的改革也是一个新的基础货币来源,还有货币市场基金(有典型"影子银行"特征的货币市场基金领域),承认影子银行对货币的"实际扩容"功能。①

第五,二元社会工农业价格剪刀差,工业成本上升,就发生乡村人养鸡生蛋消费价格反而跳水现象。小农经济为中国经济改革兜底。而勤俭的中国老百姓把超发的货币存进银行,这样一来,购买者价格法增值税和利

---

① 见中国建设银行金融市场部市场研究处报告。

息包袱在价格中所撬动货币超发1倍不仅没有发生通胀，局部还出现通缩，老百姓捂紧了钱袋子、勤俭过日子拒绝超前消费。

八、货币的真实价格、名义价格

（一）货币供应中性规则。按照通工等偿价值规律，当货币供求平衡，货币价格等于货币价值为中性货币的标配。

关于货币的中性准则。其一，以中长期"货币名义价格＝黄金标价＝真实价格"为中性准则。其二，中性货币允许波动的区间。既然是中性货币政策大众化，就意味着应当设立多数人可以接受的、法规允许波动的最小伤害区间。我国作为上升中的国家，设立允许的波动区间约为5%。

关于前瞻性、长期性的中性货币政策。货币的限量：原则上所发行货币总量起码要与创造价值GDP成某种比例关系；还有就是银行所创造的虚拟货币债务，应不大于资本使用者的预期偿还能力。

关于货币价值长期稳定性方法：一是公开宣布；二是长期采用；三是固定货币供应增长率的参照标准；四是法定资本价格允许波动的区间，适度的资本利息率；五是虚拟资本供应与企业需求资本及偿还能力保持协调。

（二）货币的名义价格与实际价格。

当货币所代表的价值与它标定的价格一致，即为货币的真实价格。

货币所代表真实价格，适用市场价值法，等于无数次交易的中性价格或中长期价格。货币所代表的真实价格也适用生产价格法，当货币、商品供求平衡：

$$货币的真实价格＝正常价值＝偿债生产价格＝市场价值$$

货币的名义价格：当货币过剩，则"货币的真实价格＝货币所标定的名义价格－货币通胀"。

假设正常的价格波动以禁止高利得中立适度为2%—5%为尺度，即允许通胀率或消费者能够承受的通胀率为2%—5%，则有：

货币保值利息率=通货膨胀率-(2%—5%)

货币名义价格

=货币真实价值+货币保值利息率

=货币真实价值×[1+(通货膨胀率-允许的波动2%—5%)]

引起货币名义价格和实际价格偏离的原因不同,应采取不同的方法调节。

(三)货币市场。初级货币市场主要是货币兑换,同时,习惯把一年期以内的货币借贷市场也称为货币市场。另外,消费抵押贷款的利息,可以认为是借方抵押品货币价值的折损,或贴水(从抵押品中扣除利息而折损价值)。消费信贷规则随附于生产信贷,有利于建设社会信用伦理道德。

第三节 财政的资本价格政策工具

一、法定利息率成为一般尺度,成为财政调控工具

(一)在现实经营活动中,人们形成与利息比较的习俗,其一,"无论借入资金与否,利息都被看作理所当然的收入——可能取得或将要取得的收入";其二,"与此相对应,无论借入资本与否,生产经营者也总是把自己的利润分为利息与企业主收入两部分,似乎只有扣除利息所余下的利润才是经营所得";其三,"于是利息率就成了一个尺度":"如果投资所得与利润之比不大于利息率则根本不需要投资,而是把钱存银行吃利息";"如果除息所余利润与投资比甚低,则说明经营效益不高"[①]。凯恩斯把"除息所余利润率"称为投资引诱,实际就是债务人权的净利润率,它的高低,也是以利息率为尺度。股权、地租、房租的计算,以资本价格利息率水准为参照。

---

① 黄达:《货币银行学》,四川人民出版社1992年版,第106—107页。

利息率低经济繁荣，利息率高则走向危机，"如果我们考察一下现代化工业在其中运动的周期，——沉寂状态、逐渐活跃、繁荣、生产过剩、崩溃、停滞、沉寂状态等等，……我们就会发现，低利息率多数与繁荣时期或有额外利润的时期相适应，利息的提高与繁荣周期到下一阶段的过渡相适应。从1843年夏季起，出现了明显的繁荣；在1842年春季仍然是4.5%的利息率，到1843年春季和夏季，已经降低到2%，9月甚至降低到1.5%……；后来在1847年的危机期间，它提高到8%和8%以上"①。

（二）财政利用资本利息率尺度特征而将其用作调节工具。

信贷和利息率作为经济杠杆，它们是以中央银行为中心的银行体系通过调整利率水平、信贷规模和信贷结构来调节国民经济运行的手段。信贷的调节作用主要表现，一是通过利息率水准调节生产和流通结构，储蓄和消费倾向，使之符合宏观经济发展的需要；二是银行根据国家的经济发展战略和产业政策，通过规定不同产业的利息率差异，用来影响资金的投放领域，调整产业取向、规模；三是银行可以通过吸收存款和发放贷款，加速资金周转，使社会资金得到合理、有效利用；四是可以通过银行信贷的松紧来调节货币供应量，以实现社会总供给与社会总需求的基本平衡。

需要注意国际货币利息率走向，例如物价通胀采用加息的方法鼓励储蓄回收货币，这样一来在低息国家投资和贸易顺差美元就会流回美国，他国或跟着提高利率引发货币通胀，或因资金外流而本币贬值。

二、资本价格财政工具的"时、度、效"

资本利息率尺度预期管理的"时、度、效"。生产线抵押贷款生产方式，设立了资本价格利息率的法律允许的区间；在法律允许范围内，利率是货币政策的中介指标的一般尺度，汇率、价格波动水平本身是资本价格利息率相关的随附变量，为此财政使用资本价格工具时需要考量时机、幅度、预期效果。

（一）资本利息率是一把双刃剑，需要把握好"时、度、效"。

---

① 《资本论》，第三卷，人民出版社1975年版，第404页。

成熟国家利息率工具的使用，短期操作利息率，长期实行稳定的利息率目标。

当下，成熟国家长期控制利息率在2%—5%范围内，允许波动的范围，贴现利息率与法定利息率的差额应控制在0.25%为宜。

短期提高利息率的短期效果，当通货膨胀物价上涨，中央银行就提高法定利息率，一是发出吸引民众存款的信号，减少货币流动量，物价回落。二是作为政府权威的信号，可以平息恐慌。三是负面作用，如果时间较长，因为贴现利息率提高、有价证券过度投放，相当于货币过度投放，引起再次通货膨胀货币贬值现象，"这种有价证券的价格会双重跌落：第一，因为利息率提高，第二，是因为这种有价证券大量投入市场，以便实现为货币"；"商品资本代表可能的货币资本的那种特性，在危机中和在一般营业停滞时期，会大大丧失。虚拟资本、生息证券，在它们本身是作为货币资本而在证券交易所内流通的时候，也是如此"。①

利息率偏低的用途，当失业率高则降息引诱投资，会吸引企业投资扩大生产。但是时间延续过长就引起生产过剩，虚拟货币（资本）供过于求。

要警惕美元武器化。

（二）中国经济改革，财政运用资本价格工具走自己的路。1988年美国利息率开始下降，但是我国物价放开导致硬着陆，物价上涨20%，国家提高利息率至11.5%，农业银行甚至提高到24%（这个时期荷兰万贝银行在中国放贷利息率高达16%），政策性实行物价双轨制，加之乡镇企业兴起，物价很快稳定下来。但是，法定利息率却延续10年高利贷，"拨改贷+高利贷+生产型增值税"制度成本太高，很快引起国有企业大面积集约式亏损破产，6000万职工集约式下岗失业，就属于没有把握好"时"，高利贷、高税负时间过长，1994年以来地方靠土地财政补贴维持深加工制造业。

关于清朝被迫"出租"香港和澳门，那是武力侵占的不平等条约，非

---

① 《资本论》，第三卷，人民出版社1975年版，第530、558页。

公平合约。1997年7月1日我国收回香港，第二天索罗斯对冲基金以做空手段发动对香港股市的围剿，在中央政府的财金支持下取得了反围剿胜利。但是这一波围剿引起亚洲金融危机，因美元短缺导致本币大幅贬值，许多国家资本利息率大幅上涨。在这个节骨眼上，中国走自己的路，1998年7次降息，降到5%左右，国发〔1998〕23号文颁布房地产偿债生产价格法，迎来了投资实质经济的大好局面，中国进入快车道。但是国发〔2003〕18号文，放开房地产市场化，导致15年北上广深的住房价格上涨20倍，一方面房地产年利润率为40%、银行为20%，另一方面形成房地产开发商债务灰犀牛，就是因为土地财政、银行、开发商垄断房地产业，导致垄断性高额利润率，各种渠道货币供应过度，资本利息率的尺度作用下降。

2022年3月以来美国借口"抑制通货膨胀"提高利息率，中国以人民币存款258万亿元（2倍GDP）、贸易顺差为基础，再一次采取了走自己道路的政策。从2023年6月起，基准利息率下调到2.5%—3%，汇率在区间内波动，鼓励企业贷款投资振兴实质经济；抑制存款鼓励消费。两个循环策略，适度降低贸易顺差引起的美元滞留（被美化为"美元储备"），削弱美元离岸市场对人民币汇率的操纵割韭菜；适度降低利息率挤出国际投机游资和离岸市场，鼓励人民币走出去合作实质经济投资；人民币国际化走实质经济道路。2023年1—11月人民币跨境收付金额为48万亿元，同比增长24%。其中，货物贸易中使用人民币结算的占比为25%。环球银行金融电信协会（SWIFT）发布的2023年11月份数据显示，人民币上升为全球第四位支付货币。目前人民币在全球贸易融资中的占比升至第二位，已有80多个境外央行或货币当局将人民币纳入外汇储备。①

---

① 《为高质量发展营造良好货币金融环境——中国人民银行有关负责人谈落实中央经济工作会议精神》，载《人民日报》，2024年1月11日。

第四节 政府领导下的中央银行职能

一、中央银行代理管理职能

中央银行，是中央政府领导和管理全国金融事业的国家机关，一是研究和拟定金融工作的方针、政策、基本制度，拟制法律提案，监督工作。二是在中央政府领导下独立执行货币政策，掌管货币发行，调节市场货币流通。三是统一管理人民币存贷款利率和汇价；履行政府对金融政策的制定、实施和监督，特别是控制资本价格利息率和货币总量。四是编制国家信贷计划，集中管理信贷资金；管理国家外汇、国家外汇储备、黄金储备；代理国家财政金库；管理金融市场；代表我国政府从事有关国际金融活动。五是审批金融机构的设置和撤并；协调和稽核各金融机构的业务工作。

中央银行的管理手段，一是信贷规模管理。二是运用存款准备金率。三是商业银行的基准利率及存、贷款利率和公开市场业务等手段，目的在于推动法定基本利息率围绕目标区间运动。四是调控货币供应量，保持币值稳定。五是按照货币在全国范围流通和需要集中统一调节的要求，中国人民银行在各地设立的分支机构为总行的派出机构，并执行调查统计分析、横向"寸头"调剂、经理库存量、现金调拨等服务功能。六是维护金融秩序。七是内部监督功能。八是金融机构定期公布账目，包括资本和储备额，准备金率，固定资产投资，负债表等。

中央银行机构设置。政府对金融机构的监管，一般通过中央银行实施。因此政府与中央银行二者的监管内容大致接近。

日常业务。代表政府行使任务：政策和市场、经营和服务、金融手段设置；日常法定利息率和货币供应量均衡。中国已经设立金融巡查制度。

中央银行的活动：运用行政审批选择权，控制信贷；道义上劝告、斥责"野蛮人"的权威职能。监督货币供求状况，制定和执行货币政策，资本价格利息率政策。银行是国民经济中的一个综合部门,各部门的经济活动,如生产和分配情况、收入情况、投资拨款情况、市场供求和物价情况以及居民的货币收支情况等,都可以从银行的业务中反映出来。银行可以从中发现国民经济中出现的不平衡,积极进行调节,并按照货币流通量、控制信贷规模和货币供应量发挥银行在综合平衡、稳定货币和物价方面的作用。

现代生产方式市民法上升为国家统一大法,国家统一市场,其中,通过国家银行来建设资本价格利息率统一大市场,"用国家名义装饰起来的大银行"。① 国家政府设立国有银行或与私人银行达成协议,政府以财政预期收入为银行发行货币作担保,银行必须贯彻国家法令。银行履行禁止高利贷法,成为社会分配和信用的一般尺度。

第一,银行法定资本价格利息率,"银行制度……资本分配(率)这样一种特殊营业,这样一种社会职能"②。"利息是由一般利息率(撇开特殊的合法协议不说——引者注)确定的"。③ 银行遵守禁止高利贷法,允许货币租赁四个阶梯,银行法制成为竞争的一个方面,从而资本价格利息率成为分配的一般尺度或参照。

第二,最后贷款人职能是一种特权,只在遭遇货币危机时使用,起到保险网的作用。大卫·李嘉图指出,最困难企业还本付息能力,是决定没有破产的企业的边际,以最困难企业用利润还本付息能力来决定中央银行基准利息率尺度,就是决定能够活下来的企业的总量,这与投资倾向、就业总量直接相关。最后贷款人的最低贷款利息率④,最后贷款人职能,是金融系统的底线。

第三,法定银行簿记。正因为银行的这一社会职能,企业财务簿记公

---

① 《资本论》,第一卷,人民出版社 1975 年版,第 823 页。
② 《资本论》,第三卷,人民出版社 1975 年版,第 686 页。
③ 《资本论》,第三卷,人民出版社 1975 年版,第 418 页。
④ 〔英〕H. 卡特、I. 巴丁顿:《实用银行财政学》,中国金融出版社 1984 年版,第 454 页。

开化并统一规范了内容构成,"银行制度造成了社会范围的公共簿记和生产资料的公共的分配形式,但只是形式而已"①。例如,偿债生产价格构成簿记法。

第四,处理政府借贷,发行国库券,调期债券,银行的一般其他业务。

所有这些共同构成以中国人民银行为领导,各商业银行、政策性银行、开发性金融机构,以及多种非银行金融机构分工协作的统一金融体系,它们在各自的领域内组织货币流通,共同为社会主义经济建设服务。

中央银行管理改革。党的十九届五中全会提出要"建设现代中央银行制度"。建设现代中央银行制度的目标是,建立有助于实现币值稳定、充分就业、金融稳定、国际收支平衡四大任务的中央银行体制机制,管好货币总闸门,提供高质量金融基础设施服务,防控系统性金融风险,管控外部溢出效应,促进形成公平合理的国际金融治理格局。一是改革和创建人民币国际化运作。2021年9月已经提出实行先付款后发货的到岸价格法。二是随着我国更加强大,美元、欧元、日元、澳元、加元、英镑等国家需要走向采用贸易结算用人民币和外币各占一半的政策(广交会曾经以人民币作为国际贸易结算单位)。对后发展国家,可以采用以人民币为主的结算体系。三是发达国家现代中央银行制度,由银行代收税捐预交款、各种罚款、各种政府行为的公共收费值得借鉴,例如土地买卖、高速公路收费、交通罚款、环保罚款等,既可以增加银行的活期存款,增加准备金,减少现金体外流动环节,又可以减轻财政税务收费的行政成本。

第五,修订《中国人民银行法》。

二、工商业银行的要件和职能

工商业银行,即实行自主经营、自担风险、自负盈亏、自我约束的企业化经营。分为国有银行,国家开发银行,全国性股份制商业银行,地方性股份制工商业银行,非国有的工商业银行机构。

---

① 《资本论》,第三卷,人民出版社1975年版,第686页。

（一）分行的要件（完整的银行申请标准）。一是主要股东有高度的声望和信誉。股东不以最大利润为目标，遵守法定利息率四阶梯规则；权衡流动性和营利性，遵守法定准备金率规则；不得擅自创造基础货币，唯有中央银行是现金的源泉。二是资金服务能力。保持足够的净资产，保持足够的流动资金，以便于保障客户利益应对承兑，坏账处理。

自有资产比率，符合法定准备金率的要求。资产分布，不得只放在一个篮子里。风险资产比率；包括信用风险，到期不能全额收回的风险率；投资风险率，贬值风险率。迫售风险，风险权重的测算。

我国还有各种非银行金融机构如保险公司、信托公司、证券公司、财务公司等。

（二）分行的服务项目。一是往来账户和存款业务或在批发货币市场中吸收资金。二是提供透支或贷款业务，贴现业务。在准备金允许的范围内创造债务。三是外汇买卖，国际收支平衡。四是固定收益产品（也叫结构型）、国库券、债券、汇票和本票、保单和信贷产品，作为媒介提供资金融通。非固定收益产品，股票、期货、基金、租赁、担保。五是财务咨询，投资管理，审计评估、信用评级等。六是与各种非银行金融机构如保险公司、信托公司、证券公司、财务公司的业务往来，代理买卖证券，与票据有关的业务等。

政策性金融业务，是指银行根据政府的产业政策，为支持与发展基础部门和支柱产业而进行的不以营利为目的的金融活动，如无息、低息贷款等。它遵循自担风险、保本经营、不与商业性金融机构竞争的原则。政策性银行有：中国进出口银行；中国农业发展银行，代理国家财政支农资金的拨付及监督使用。

20世纪70年代末，我国派代表向各守成国家学习，为此英国专门为适应中国而准备了教材，其中一本就是H.卡特、I.巴丁顿的《实用银行财政学》。当今英国政府对金融机构的监管内容，不难发现其核心内容在马克思时代已经存在了，就是说，即便是私人银行，政府也使用不同手段来保护和限制金融机构，实现为实质经济服务，英国运用政府职能，美国对守法银行以财政为担保。

三、政府与银行信贷的关系

各级政府财政收入一小部分转于存款,在专有银行建立账户"公共存款",政府收入利息。政府存款对具体银行的意义,提高该银行的声誉信用度,增加存款量,增加现金量,增加准备金率,增加银行贷款业务,增加金融资产。

政府借款分两种形式,第一种,向公众借款,发行国库券、地方政府特种债券,银行购买国债、地方债转卖给公众,将占用银行"现金量",只要政府把所借款花掉,就会流入收入方,以财政为担保的国债虚拟货币在卖出后实现货币真金白银形式。第二种形式,政府向自己的中央银行借款,银行用基础货币支付,即"印钞机"现象。

政府借贷行为对金融的影响。其一,政府借贷资本价格利息率是市场资本价格的标志性参照,迄今有效。其二,政府借贷会直接影响基础货币的供应量。政府存款会减少基础货币供应;政府借款会增加基础货币供应。

政府征税对金融业的影响:综合税率增加,会减少存款量,减少现金量,减少准备金率,减少银行贷款业务,减少金融资产,对金融的影响表现为存贷的净余额。

第五节 禁止高利贷—三重契约,深化金融体制改革

金融是总生产的流动要素,不是独立的范畴。必须遵守现代生产方式的规则与秩序。

一、"禁止高利贷—三重契约"创建现代银行

16世纪以来"禁止高利贷—三重契约"信守古希腊哲学第三种致富技术正义准则,为现代生产方式服务是西方现代银行的存在的正当性,并且也确实是发了财的企业合伙筹建现代银行专门为企业筹集资金。现代银行

属于"中介"性质,遵守受托规则,禁止信贷贪婪。依附于现代经济的银行存活了下来,现代银行不是来源于磨坊主高利贷或银楼、钱庄。

(一)"禁止高利贷—三重契约"规范现代银行。

第一,三重契约对现代银行的引导。合伙法三个关联合同,实际对现代银行提出了要求,一是中立的利息率3%—5%成为银行基本利息率中性尺度;二是设立最后贷款人制度,救助最困难企业存活就是保障就业率。

第二,债权人、生产债务人企业主、银行中介,不仅仅是一般信贷关系,而且三方成为利益攸关方。银行是居间,按委托、寄存规则银行是微利企业,利差被控制在0.5%—2%之间,量化限制银行是中介微利机构,并且必须有风险储备用来冲减少量的坏账。

第三,适应现代生产方式的银行,信誉和业务规范。能够发挥银行信贷筹集、融通货币资金作用;作为债权人的代理人,发挥银行对企业生产经营活动的监督;信守合同专款专用;贷款使用的效果是否符合合同约定,监督、催缴按期还贷。

第四,政府强制银行执行优先(不对称)法则,银行必须优先对实质经济设立低于法定利息率的低利息率;对信誉良好的企业放贷利息率稍低;信誉差的企业利息率稍高。即贷款条件的严与宽,除了表现在贷款的数量和期限上以外,还表现在利率的高低上。

优先生产线抵押贷款;优先用利润还本付息,参照世界银行规则,生产出利润才开始还本付息最长允许第7年开始付息,第13年开始还本20年本息还清。

第五,消费贷款规则随附产业贷款法理,消费贷款利率应高于生产周转金贷款利率(美国消费贷款按信用等级在7%—10%)。消费贷款为全额抵押(考虑折旧、物价因素),还款不能,用抵押物还本付息。

(二)"禁止高利贷—三重契约"引导创建现代财务、财税制度。

第一,偿债生产价格构成法预分配法。优先还债制度。地租和财税在超额利润中收取。

第二,工商管理、财务制度保障。生产线抵押贷款当期还本付息是分期还债,与地租一样可以进制度成本。守成国家工商法"偿债积累"列入财务会计法中，股份制叫做公积金偿债专项，并法定债务表上的净利润才能用于股息分配。

工商管理部门为保护投资者的利益而对信托单位进行严密的监督，守法者可以得到税务优惠。

第三，守成国家价格公式中，高倍折旧率政策，用变通的方法保障资产物理和技术保值。

第四，顺位。以生产的分配顺序来规定债务人权的预分配，债务人权的净利润收入是在合同中已经约定用于偿还借用的本金相当于普通利润的一半，并且是在生产准备阶段已经资本物化的收入。

第五，对资本使用者债务人特加保护。为了维持生产可持续，对债务人的救助，成为现代实质经济的一个组成部分。

对债务人救助的正义准则，一是财产所有者债权人有济贫的责任。二是按照客观追责法理，谁从剩余价值或利润中获得收益，谁就有连带债务豁免、清偿责任，即破产保护责任，以保护生产继续运作。三是单纯的生产债务人面临破产已经是无产者，法律中介为救助债务人及家庭的生存权必须计算需要紧急救助的量化尺度，允许生产债务人保留少许财产免于被扣押的利益（拉丁语 beneficium competentiae）。① 优先清偿债务，免去滞纳税金。5年后允许重新创业等。

其中银行贷款由银行承担贷方破产坏账还贷展期不能责任。天底下没有免费的午餐。

第六，政府优先减税制度。政府经济导向。财税法对还本付息的利润或自筹资金用于投资的实行退税、抵免、折扣政策，保护生产债务人权的资产化收入。

二、"禁止高利贷—三重契约"体系，政府金融政策的锚

财政政策（财政收入、财政支付、准财政）和货币政策（货币供应

---

① 〔德〕黑格尔：《法哲学原理》，商务印书馆1961年版，第129—130页，第127节。

量、资本价格、汇率），作为政府进行宏观经济调控的两大主要的和基本的政策手段，应注意二者的相互配合、协调使用，使二者作用方向一致以降低宏观调控成本，实现宏观调控目标。

（一）国内产业平均债后、税后净利润（企业可以支配的利润）为6%，与中央银行贷出利息率接近。然而，自土地财政以来，银行利润率为20%、房地产利润高达30%—40%，金融利润率畸形偏高的原因，一是政府的准入限制[1]，实体经济的产业资本利润不能向虚拟经济流动。从而不能实施实质经济控股金融虚拟经济；二是没有设立禁止高利贷四个阶梯法，虚拟经济作为"中介"的资本利润或利息（借贷差额）不受法律限制，特别是房地产价格以130%的年速度攀升不受限制。资本不受产业资本三重契约体系的约束，资本野蛮生长。

（二）"禁止高利贷—三重契约"法律体系，金融管制尺度综合可以量化为以下几条，一是有世界市场缓冲，货币价格变动适度放宽到以2%—5%为尺度。二是有世界市场需求，中国的准备金率有所下降，但是由于300万亿存款中有近一半是长期利息和增值税泡沫，作为负责任的大国依然应被控制在8.25%—20%之间。三是生产型增值税改为消费型。四是复兴使用者价格法，或者购买者价格法——折旧倍增法，实现货币乘数限制在$K=2.5—3$。五是使用者价格法，GDP支出法基本建设固定资产形成控制在20%—25%，否则将导致消费不足。六是劳资关系"利息率2%—5%，总资本/总工资$=5—6$"。七是适度的国际货贸易顺差（外币储备，或滞留），第三世界因贸易顺差引起的外币储备以不超过GDP的20%—25%为界限，否则将导致外币操纵本币。当下中国已经下降到17%左右。八是房地产回归国发〔1998〕23号文规则与秩序。九是由于购买者价格法（利息税金资本化）资本体外空转发行货币过量，小农经济农产品价格偏低，以及中国人勤俭持家量入为出等因素，中国可支配收入存款的比率一直在40%上下波动，存量为GDP的2倍，表现为消费不足。解决方案，设立起征点，恢复收取利息税；企业存款利息率为零；鼓励适度消费。

---

[1] 王东京：《王东京经济学讲义》，中信出版集团2021年版，第29、40页。

（三）生产型增值税对资本生产工具和弱势群体而言是砍头税，贯彻十六届三中全会决定"增值税由生产型改革为消费型"，需要杜绝财政债务传递到企业账目上。

（四）货币膨胀超过允许的范围，政府有权干预。

贷款改良生产方式，是以信誉为担保，将过去的财富和未来预期的利润借给现在，可以肯定是20年期的负债经济。以此为参照，通货膨胀的原因，其一，货币供应增长率大于经济增长率，这个政府可以控制。其二，局部托市套利，为企业纾困而投入的货币，结果资金违规流入房地产，这种现象有待"金融区块链"技术的发展，管控定向投放货币，定向使用。

（五）以"禁止高利贷—三重契约"法律体系为准则，禁止金融市场过度投机，必须公开接受监督。按照凯恩斯的《就业利息和货币通论》，以就业为本管制金融，一是货币的真实性。二是为保证货币真实而控制货币发行量，新增所发行货币总量与新增创造价值GDP等量（消化增发的货币泡沫）。确保稳定货币，稳定币值，实现物价、经济长期稳定的目标。三是对金融推手公开化接受全民监督，公布交易幕后主要推手的名单特别是国际幕后推手。四是以法律公正为准则，以"禁止高利贷—三重契约"法律体系为准则，公开宣布和解释国家金融政策，其目的是告示于众，减轻人们心理上的不安定感，同时也将货币当局的行为置于公众的监督之下。五是以资本价格利息率长期中性尺度为核心的短期有限度调整，避免因人为因素导致的错误决策给经济造成的扰乱，并且可以消除迟滞效应中不同时期的不同反应，促使初始效果和长期效果趋于一致。六是设立通胀率的控制和预警系统。设立价格预警机制，例如：价格在价值上下波动，应限制在民生、社会可以承受的范围内，超过范围，政府有权干预。

（六）加强对企业和个人的金融保护意识教育。面对美西霸权不讲信用，需要对金融机构、非金融机构企业和民众加强资产的保护教育，宣传三防：防美元资产损失、防冻结、防长臂管辖制裁。贸易国与国之间进出口对等，以减少外汇损失。关于防冻结：一旦有事，就会相互冻结对方资产，所以要把流动资产，特别是美元资产转移到第三方银行，最好是中国的银行。关于防制裁，国家已经制定了相应的反制裁法。企业和个人一旦被美国制裁，现金流就容易断裂，要保护好资产的流动性。

三、金融改革，控制政府发行货币的冲动

政府遏制信用过度的政策。党的十九大报告指出，我国深化金融体制改革，应"增强金融服务实体经济能力，提高直接融资比重，促进多层次资本市场健康发展。健全货币政策和宏观审慎政策双支柱调控框架，深化利率和汇率市场化改革。健全金融监管体系，守住不发生系统性金融风险的底线"。建设现代货币政策框架、金融基础设施服务体系、系统性金融风险防控体系和国际金融协调合作治理机制。

（一）弗里德曼属于库兹涅茨"投入产出"数量经济学派，列举了政府过量发行货币的动机和利益诱惑。关于弥补支出扩大的资金来源有三种方式：一是增加税收；二是向公众借债；三是增加货币供应。第三种方式，多数国家政府自己说了算，即增加货币数量，其结果必然是通货膨胀。

关于以增加企业投入增加就业机会为由来扩大货币供应量（国债），可以直接增加政府的收入，可以用这部分增加的购买力作为收入去进行支付、弥补赤字或偿还债务。但是也有个限度，超发货币将引起下一次通货膨胀。

关于增加税收收入。超发货币通货膨胀能够在现行税率下自动提高政府的税收收入。在通货膨胀过程中，政府偿还债务时的货币购买力必然小于借入时的货币购买力，等于减少了国家实际负债的偿还额。

（二）金融改革，废止民间高利贷。金融服务实体经济作为根本宗旨，首先是市民法上升为国家统一大法基础上，任务之一就是建设全国统一货币金融大市场。当下，数字技术已经有能力实现国家统一完整的信用网。同时中国有2倍GDP存款用作货币的锚作为信用经济底气，已经有条件取缔民间自由高利贷。

金融服务实体经济是马克思主义金融理论正义观念"因果""目的方法"的核心，是指导当代中国金融改革的理论支柱，同时要与中华优秀礼

法传统文化相结合。金融是国民经济的血脉,要加快建设金融强国,全面加强金融监管,完善金融体制,优化金融服务,防范化解风险,金融高质量发展。做好科技金融、绿色金融、普惠金融、养老金融、数字金融五篇大文章

2023年10月30日的中央金融工作会议强调,"依法将所有金融活动全部纳入监管";"要坚持政治过硬、能力过硬、作风过硬标准,锻造忠诚干净担当的高素质专业化金融干部人才队伍。要在金融系统大力弘扬中华优秀传统文化,坚持诚实守信、以义取利、稳健审慎、守正创新、依法合规。要加强金融法治建设,及时推进金融重点领域和新兴领域立法,为金融业发展保驾护航"。

第一,要构建金融有效支持实体经济的体制机制,加强金融机构对实体经济的服务支持力度。实体经济是社会主义市场经济的主体,金融机构必须以为生产企业服务为主体,加强对企业的贷款业务,银行恪守"中介"职能依法让利,利用金融科技和大数据降低金融机构服务成本,提高服务质量,促进金融机构与实体经济共生共荣。设计与民方便的金融布局,推动民间融资法制阳光化,规范小额贷款、融资担保机构等的发展。提高金融机构的管理水平和服务质量。

第二,积极培育和改革流通领域的行业组织,提高行业自律和规范程度,在规范的基础上进一步发挥行业协会和中介组织的作用。

第三,通过行政手段,提高直接融资比重,降低杠杆率。实施股票发行注册制,发展多层次股权融资市场。完善债券发行注册制和债券市场基础设施,加快债券市场互联互通。健全利率、汇率市场决定机制,更好地发挥国债的作用。推动同业拆借、回购、票据、外汇、黄金等市场的发展。

保险业进一步加强为实质经济服务,向订单农业的拓展;保障社会保险资金的保值和增值。为数字经济建立安全高效的金融基础设施,实施国家金库工程。

第四,建立现代金融监管体系。强化综合监管,突出功能监管和行为监管。对贷款、债券和股票筹集资金专款专用实施数字化全程监管,杜绝

挪用贷款搞体外钱生钱。健全符合我国国情和国际标准的监管规则。明确监管职责和健全金融风险防范、预警、处置、问责制度；构建货币政策与审慎管理相结合的金融管理体制，统筹监管系统重要性金融机构、金融控股公司和重要金融基础设施。有效运用和发展金融风险管理工具，健全监测预警、压力测试、评估处置和市场稳定机制，防止发生系统性、区域性金融风险。

现代生产方式是一个有机体，金融仅仅是一个服务环节，仅靠金融领域的改革是不可能完成金融改革的，必须遵照马克思"价值=预定偿债生产价格"生产的分配正义准则，进行现代生产有机体全面完整的改革和调整。

名词与概念：

货币作为价值的度量衡　　金融作为现代生产方式的流通环节

金融为现代生产方式筹集资金

实质经济与货币经济是同一事物的两种度量衡计算方法

财政金融工具　　货币发行权　　资本利息率定价权　　汇率定价权

资本价格利息率是资本市场的枢纽　　金融的核心是为实质经济服务

对比与质疑：

（一）现代生产方式增加了债务固定资产环节，所以现代生产方式的核心是金融忠实地为实质经济服务（与古代自给经济对比）。断章取义地认为金融是核心、是枢纽，是错误的，不能避免导向体外循环钱生钱金融泡沫危机。

（二）现代生产方式是一个有机体，金融仅仅是一个服务环节，而解决贷款的贷款成本高出 7 倍、购买者价格法与使用者价格法相差一倍等严重的金融扭曲问题，必须遵照马克思"价值=预定偿债生产价格"生产的分配正义准则。一是约束"剩余价值率=1∶1"范围内，工资总额均分所创造价值的改革，提高最低工资水准（必须把租房和娶妻生子计算在内）、缩小工资差距太大的改革，农产品价格偏低、工农业价格剪刀差导致农民收入偏低问题，需要城市经济反哺乡村；发展精品农业、订单农业等。二是"禁止高利贷—三重契约"约束资本的改革，设立禁止高利贷——治产人信贷法。三是公平价格区分财税改革，特别是生产型增值税改为消费型，复兴中华民族礼法什一中正古训硬约束政府最终消费扩张冲动和发钞票冲动。四是房地产回归国发〔1998〕23号文规定的自我矫正等。

（三）将贷款当利润分掉，用贷款发超高工资现象必须根除。

（四）将美元顺差改写成美元货币储备，是概念欺骗。

揭穿美国骗人的假M2。发达国家已经进入1%的储蓄率（扣除预缴税存款），0%—1%准备金率，0%—3%法定利息率阶段，用公式计算出来的M2（广义信贷货币），与实际相差很大。2018年，网民发现美国公布M2为14万亿美元，但是：

2017年美国的广义货币债务 = 国债(21) + 非金融企业债务(45) + 养老债务(37) + 外债(35-27) = 21+45+37+8 = 111万亿美元

美国实际广义信贷债务货币是IMF统计M2公式数字的8倍。这还没有包括个人债务。因此说中国债务已经接近美国，是不准确的。

（五）美元武器化货币战争。2022年10月26日，美政府债务总额31.22万亿美元，外国持有7.51万亿（主要由中国、日本、韩国三个贸易顺差国持有）；本国持有18万亿美元，其中美联储总资产8.72万亿美元，持有国债5.61万亿美元。[1]

1980年沃尔克的"大缓和路线"，美联储资本利率路线"缩减量化宽松幅度→加息→缩表（再缩表）→降息→扩表量化宽松→缩减购买→保持资产负债表规模和利率不变"。通过货币、利息率的膨胀和收缩就像抽水唧筒一样反复吸血，割韭菜。美国5次经济危机年份：1982，1989，1997，2007，2020。美国6轮加息年份：2008—2013—2014—2015—2017—2022。

---

[1] 《国债超过31万亿！拜登为何毫不担心？美国如何能够长期借债不还？》，战地笔墨，2024年6月21日，2024年7月8日查阅引用。

伯南克时代后，采用膨胀目标制利息率2%为标准。

2022年《缩减通货膨胀法》重复这一套路实施非常规货币政策。由于疫情期间过度发行财政债务债券，2022年初开始美国通胀维持在8%，美联储采取加息的方法对冲，2022年2月以来，息利息率从0%上升至2023年7月的5.25%—5.5%。利息率短期上涨，一是逆回购引诱存款货币回笼，减少货币流量遏制通货膨胀；二是减少货币流通降低消费需求，物价回稳；三是美元资本价格上升，引诱资本回流和外国投资美国，试图振兴制造业；四是短期利息上升，发出货币汇率增值信号，抑制本国出口，吸引进口，短期贸易逆差进一步扩大；五是提高货币价格利息率，若时间超过1年，回收货币发出消费萎缩信号，疑是生产过剩信号，或者政府抑制本国企业贷款投入实体经济信号，总之趋向抬高实体经济的成本，引诱本国企业和银行倒闭危机；六是美国本次调高利息率还是为财政赤字违约制造借口；七是目的可能还是薅羊毛，2025年初36万亿美元债务实际是全世界在用真金白银换取美元白条。美元武器化，已经不能算作是"度衡量标准"。

国际表现：美元利息率上升，作为国际货币结算单位的名义价格上升，日本不跟着提高利息率（货币增值），则导致日元大幅贬值。而欧元区为了留住本币不得不跟着加息引起通货膨胀，实质经济成本上升，破坏经济稳定。

如果提高利息率时间过长就会伤及自己国家的实质经济，因贷款的贷款成本上升而企业萎缩倒闭实质经济空壳化，导致失业率提高，社会不稳定。利息率偏高，还会吸引资本进入银行，减少投资产业，降低出口。

（六）SWIFT（美元全球结算系统），一方面要学习它的严密性，另一方面坚决抵制成为长臂管辖的工具。

第十一章　政府财税均衡法则

背景：

（一）我国税制税率理论相对薄弱。进入现代生产方式，有待复兴中华民族礼法什一中正税制，它已经是成熟国家预定偿债生产价格区分财税法中的习惯法。

（二）笔者所著正义经济学系列——《公平价格与持久效率——就业利息工资税赋与持久经济》用了 5 章、33 张图表、11 万字研讨赋税；还有本书第一卷第十四章，作为本章的基础。

第一节　现代经济专税专用调控手段，限定政府最终消费什一中正

政府为人民服务，参照法律高尚、中庸、合法阶梯，底线是市民社会契约关系，一是遵守"偿债生产价格法区分财税法"尺度；二是政府成本内部事权与财权对等。

一、优先市民法管控赋税制度

市民法公平量化约束财税，是"合法税收强制力"。

财税是生产价格的一个要素，遵守偿债生产价格区分财税法、法定制度成本区分财税法，一是企业缴纳财税不得超过所创造价值的 10%，属于市民法国家统一大法的"公平比率合法赋税强制力"。二是现代企业存活的充分必要条件是优先偿还资本生产工具债务，财税只允许在债后超额利

润中收取,是"顺位合法赋税强制力"。

财税的用途需要通过预决算形式经人民代表大会通过,是"用途合法的赋税强制力"。

总之,偿债生产价格区分财税法,决定了"合法税收强制力"才是调节国家与生产企业、企业与企业、国家与个人及个人之间分配关系的强有力的限制、管控力。

二、政府事权与财税权对等"合法赋税强制力"

(一)社会主义国家的税收的用途是与政府的事权责任直接相关的。

第一,国家机器赖以存在并实现其职能的物质基础,财政最终消费是制度成本的一个要素,不得超过10%,并以所得税为主。

第二,社会保险补贴转移,例如对医疗、教育、安全的转移支付,有一部分属于工资转移,用流转税和财产税支付,成熟国家一般采用社会保险总额不得超过个人税前工资的1/3,个人或企业、政府补贴各占一半的比例。

第三,通过税收征集社会公共事业的财政资金,主要用消费性流转税支付,有计划地用于社会公共管理的各项费用。福利国家公共事业占财政收入份额较高。投资的部分,我国"拨改贷"改革之后国家投资转为资本性股权。购买者价格法长期利息和增值税转为固定资产加价成为国有资产泡沫股权的增加,等于资本再生产工具法律强制积累率的下降。

第四,国家参与二次分配是调节经济的手段,把税收税率作为调节社会生产、分配、交换和消费的一个重要经济杠杆。

财政收支政策调控产业走向;预算平衡政策、国家债务政策等构成,扩大就业和消费。例如,国家在税收分割"制度成本"允许的范围内,通过制定税收制度、设置税种、规定税率、增减税目和征收税金,以及运用税收减免、纳税环节、纳税期限等方式,来调节国民经济在市场可承受波动的范围内运行。

第五,国家还可以利用税收的分配职能调节生产、流通和消费,即通过调整税种、提高或减免税金,来调节产品生产和流通的增减及引导消费。

第六，国家可以通过关税在对外经济关系中保护本国主权利益，及利用外国的资金和技术，实现互利共赢等重要的调节作用。

（二）关于财政三个手段的理论：赤字预算（发行国债）、加税、减税。一是经济下行时期，赤字预算（发行国债）扩张性财政政策，源于凯恩斯的"补偿性财政政策"，在20世纪30年代美国大衰退时期，凯恩斯主张减税、财政扩张（财政赤字）来增加就业机会，增加消费，拉动经济。扩张性财政政策的缺点是，反复折腾，增税过度，社会福利过度导致滞胀。二是在"景气过度"阶段，采用阶段性加税经济降温、财政税基减少实际紧缩政策。三是滞胀与减税。减税以填平工资上涨造成的成本上升，缓解价格上涨因素，缓解经济停滞。

三、限制政府最终消费在10%以内"有限合法赋税强制力"

（一）限制政府最终消费。欧洲什一税制是教会什一税制的外延。发达国家财政收入占GDP的比例可以相差1倍，但是，由纳税人提供给各级政府的最终消费支出，却是惊人的接近，占GDP的8%—15%。并且，财政最终消费占GDP的份额与军备有关，例如日本、德国等非军事国家或受保护国其财政占GDP明显较低，为8%左右。这是因为采用了专税专用的政策来限制政府消费。

（二）专税专用，这源于西方议会制度，事权与财权相对称的法定规则。例如，讨论政府福利制度，可以肯定要讨论这笔钱从何而来。财政用途和税种和税率的设置的对应关系，就是所谓事权与财权权利责任均衡构成性。财政的三大收入和三大事权相对应，专税专用。①

第一，公民直接所得税——供给政府运转，包括政府最终消费。第二，流转税：消费税、营业税、增值税——用于社会保险补贴转移；政府外包公共事业转移支付；公共工程建设和转移支付；国有资产投资、担

---

① 财政部财政制度国际比较课题组编著，项怀诚名誉主编，高强主编：《英国税制》，中国财政经济出版社2000年版，第36页。

保、管理费用。第三，财产税、遗产税，专用于济贫，以有余补不足，剩余社会化。

四、财政收入之直接税、流转税均衡原则

流转税直接在价格加价中收取，有税源稳定的长处，但是由于流转税有转嫁与不转嫁的不确定性，引起"税痛感"的不确定性。并且流转税税基是价格或价值增值，如果不设定"避免侵犯"，就不能保护"三重契约生产线抵押贷款"利润优先用于还本付息这一现代经济规则。因此，在发达国家有三个流派，美国征收销售税税率为8%，流转税占总税收的23%，最低。日本（劳动保险捐助税为34.8%），消费税提高到10%而备受争议。法国流转税最高占税收的64%，税捐痛苦指数世界第一。企业经济只能适度使用流转税，所得税与流转税搭配使用，而中国流转税偏高约占税收的70%以上。

五、现代财税的体制建设

赋税量能、公开、痛感原则，直接涉及民主宪政。

（一）继续执行制度性减税政策。以前出台的制度性减税降费政策继续实施，让政策叠加效应持续释放。减税以加大对制造业和科技创新支持力度，突出强化小微企业税收优惠。

（二）财税工具手段为现代经济服务，坚持正确处理政府和市场关系；坚持社会主义市场经济改革方向，更加尊重现代生产方式市场经济一般规律，有效弥补市场失灵。坚持以供给侧结构性改革为主线，更多采用改革的办法，更多运用市场化法治化手段，创新财税制度变革。

税制税率适应现代生产方式就是正义的。因此要遵守什一税制税率，财税在超额利润中收取准则。进一步规范收入分配秩序，推动形成公正合理收入分配格局。扭转暂行条例或临时组织措施"财政决定分配"僭越市民法规则的状况。

（三）从税制结构看，要保持优化，需要进一步建立健全有利于高质量发展、社会公平、市场统一的税收制度体系；健全地方税、直接税体

系，适当提高直接税比重；积极推进消费税征收环节改革，进一步完善综合与分类相结合的个人所得税制度改革等。全面完成税收立法任务，以法律形式巩固税制改革成果。

财税分布均衡的改革，改变个税占比过低问题。建立完善个人收入和财产信息系统，支持健全现代支付和收入监测体系，推动落实依法保护合法收入，合理调节过高收入，取缔非法收入，遏制以垄断和不正当竞争行为获取收入。个税起征点与最低工资挂钩。

（四）降低征税成本。参照成熟国家的做法，纳税人自律在银行预存税款制度，这样就有条件参照国际征税管理费用标准，力求第一步下降到3%及以下。

（五）逐步解决我国个税的征税痛苦指数太低、全国人民同税率的问题；解决制造业征税痛苦指数太高的问题，1994年三税重以来依靠地方土地财政补贴制造业渡过高税赋、消费式高利贷难关，这种财政货币空转扭曲现象必须矫正。

具体税制改革，一是适度提高直接税所占财税比例。二是生产型增值税改为消费型。三是开征"住房的房产税"回归"居住权"，土地财政逐步回归中性。四是恢复和改革资本利息税，随着信息网络对资金流向管控到人，已经有条件恢复利息税，本着劳动者有产授之以渔、生产力提高分享溢出利润原则，以及缩小贫富差距准则，改革为有起点、累进制利息税。改革股市收入的征税办法和税率。

（六）在纳税人权利救济制度上，目前申请行政复议、诉讼，都要先缴纳税款，这是最大的制度障碍。一是1994年以来我国赋税痛苦指数之高名列世界前三需要有实质性改革，制造业赋税尤其沉重。二是征纳双方地位过于悬殊，"文革"那种政治释法还在影响财税政策，市场主体的诉求多年得不到法律伸张，多种原因导致企业选择趋利避害，但是这种现象却是不健康的。

（七）全面依法治国，正确处理实质正义与形式正义的辩证关系，加强对赋税理论的研究，学习国际先进的税法理论、税制税率，加强宣传、定制我国的赋税学理、法理、税制税率法条，以适应民本的现代生产的法律约束市场，坚持计划经济。

在财税经济政策中，应当更加注重社会公平正义，缩小贫富悬殊，遏制两极分化，追求现实的共同富裕。发挥二次分配的作用，不断创造美好生活、实现收入分配合理、社会公平正义、全体人民共同富裕，推进基本公共服务均等化，逐步缩小收入分配差距。

第二节　直接税和间接税

财政的三大收入来源：税收、非税收入、国有资产收益。其他收入例如慈善捐助；财政赤字：国债，向银行借款等。大卫·李嘉图定理，"政府今天发行的国债就是企业明天的税"，发债券与增税是一个价，因为政府债务是用未来财政收入担保，只能用未来税收偿债。

"税捐"可以肯定是从人们的收入中支付的，亚当·斯密指出："一切赋税，一切以赋税为来源的收入，一切俸金、抚恤金和各种年金，归根到底都是来自这三个根本的收入源泉，都直接间接以劳动工资、资本利润或土地地租支出。"

收税的方法，分为直接征税和间接征税两种方法。

一、直接税的政治缘起和政治监督动力源

（一）个人所得税的政治缘起和政治监督动力源。

2021年4月7日，国务院新闻办公室举行新闻发布会，请财政部介绍贯彻落实"十四五"规划纲要，加快建立现代财税体制有关情况。其中一项就是"适当提高直接税比重，完善个人所得税制度改革"。一是针对我国个人直接税占比只有7.5%，过低。二是其中来自居民缴纳的税收收入占比只有7.94%。如果再减去由企业代扣代缴的个人所得税，个人直接向税务部门纳税实际只占2%。在严格意义上，中国没有真正的"纳税人"。也就没有痛感的监督者，这就是为什么税收高速增长，居民税负痛感却不敏感的重要原因，这对监督政府财政不利。三是流转税比例过高，落在转

移不出去的弱势群体身上，仅增值税，例如买一个馒头吃所缴纳的价外税（尽管从17%分别下降到13%、9%，但依然太高）与年收入20万元的实际个人所得税率同率，这种全民同税率显然不公平。

征税并不仅仅是为政府运转筹集资金，而且关系民主政治，中国古代什一税治权独立纯粹，所以我们需要从发源地英国历史逻辑中补充个人所得税的政治理念和政治用途。首先，按财产划分阶级征收所得税的正当性，沿用了教会"共同体"理念，认为"一个人无论有什么多余的东西，自然就应该给与穷人，供他们生活需要"。①在1648年《威斯特伐利亚和约》以前，各国没有封疆，人们就向低税国家流动。实行选举制以后，一开始只有纳税人有选举权，即用纳税雇佣政府，纳税人既获得了政治权，又对纳税有切肤之痛，从而调动了政治意识，从客观上产生对政府财政监督的动力。这在欧洲早期民主政治起到过积极作用。

直接税，人们有"痛感"，亚当·斯密指出："生活必需品税对人民境况的影响，和贫瘠土壤与不良气候所产生的影响大致相同。"大卫·李嘉图指出："不要征收那种必然要落在资本上面的赋税。因为征收这种赋税，就会损害维持劳动的基金（资本生产工具——引者注），因而也就会减少国家将来的生产。"英国1803年以来制定的个人所得税法，对高工薪征收"必要消费剩余"所得税；对资本家食利阶级征收利得税，对利润用于生产减税（对资本使用者收入股权减免税）。这种按阶级划分的税制，保护了现代三重契约模式。

也正是上述政治意义上，我国有学者认为，宪政改革与开征直接税互为必要条件。历史上，无论英国的"光荣革命"，还是法国"大革命"和美国"独立战争"，无不同直接税征收密切相关，最终的结果都是宪政改革。这是因为在所有的税种中，个人所得税最能引起纳税人的"税痛"。"无代表，不纳税"（no taxation without representation）。一旦转向直接税，宪政改革就不可避免。竞争性的民主就会成为不可逆的趋势（就像缴纳物

---

① 〔意〕托马斯·阿奎那：《阿奎那政治著作选》，商务印书馆1963年版，第142页，博爱的义务（第七条结尾）。

业费的小区），我国正在逐步增加个人所得税纳税人数，主动接受这种与利益挂钩的民主形式，从而增加一项全民总动员反腐败手段。同时改革须谨慎，任何一种改革，如果想成功，前提就是纳税人的负担不能恶化。

（二）企业综合赋税率控制在创造价值的 10% 以内。

发达国家企业综合税率，占 GDP 的 10% 左右，最低是美国占 7.5%，最高是日本占 16.4%。特别注意不得侵犯三重契约"普通利润率"和习惯法工资总额均分所创造价值法则。

发达国家企业税负以企业所得税为主。20 世纪以来的企业所得税实际是对纳税人收入消费剩余的"预扣"，并不是对生产环节收税。英国统一税制，国内不设关卡以减少贸易成本。关税实际是销售税，通过国际贸易价差，把赋税转嫁出去。适度的关税，以避免走私。

企业总税率，是企业非生产费用的一个要素，必须遵守偿债生产价格构成法。大卫·李嘉图认为这种级差既然是发生于不同土地，说明有附着于"土地的原有的和先天的能力"[①]，既然级差地租是土地"原有和先天的能力"，就属于上帝赐予之物，应当"共分"。当时，地租的上升导致食品价格上升，与工人阶级状况恶化成正比例，引起社会不稳定。大卫·李嘉图认为地租是土地的自然能力，应该回归社会，主张对地租收税，对企业免税，解决实际的不平等，变通的方法对超额利润重新分配。[②] 这也是西方守成国家企业税较低的历史传承方面的原因。土地权和资本权"所有权之间的竞争"，这个任务首先由征税推动，然后由三重契约和平解决，"生产线抵押贷款"优先用利润还本付息，地租和赋税在还债后利润中支付。

（三）对财产直接征税：房产税、房产营业税、大型动产税、遗产赠

---

① 〔英〕大卫·李嘉图：《政治经济学及赋税原理》，商务印书馆 1962 年，第 56 页。

② 〔英〕大卫·李嘉图：《政治经济学及赋税原理》，商务印书馆 1962 年版，价格法保护租地农场主或企业获得一个普通利润率，所得税是对超额利润（地租）征税，见第 146 页；如果地租税引起农产品物价上升，地租落在农产品消费者身上，见第 147 页。

与税。我国将开征居住房产税。

二、流转税

流转税,是在交易环节征税。

(一)营业税,是一款中国使用了上千年的税种。是在交易时对营业额征税,1994年以来营业税部分工业产品为6%,部分商业为4%,直到2008年才修改为现行的小型企业营业税率为3%。

$$营业税 = 销售价 \times 营业税率$$

(二)欧洲消费型营业税和商业价值增值税。第一,它是一般消费奢侈品营业税,第二,生计品不是消费奢侈品,营业税率为0%—5%;制造业购置生产资料不是消费,考虑到生计品没有销项、制造业固定资产进项和销项时间差距为10—50年,所以规定了实质为营业税的低税率,例如0%—5%以下的税率。第三,对一般奢侈消费品例如巧克力、玩具,采用了17%—20%的营业增值税率(对消费者实际是消费型营业税)。

(三)生产型增值税,从有进项就开始征税,就包括对生产准备征高额税率,即"生产型增值税",这与现代生产方式"禁止高利贷—三重契约"相抵触。

(四)消费税,是针对高档消费品或国家控制商品的征税。税率在1%—45%不等。应纳税额计算公式分别从定价、从定量各个阶位计算:

$$实行从价定率办法计算的应纳税额 = 销售额 \times 比例税率$$

流转税有转移与不转移的不确定性,例如弱势群体转移不出去,特别是通过价格剪刀差转移给了农民;亏损企业、平均利润企业转移不出去;高额利润企业可以转移出去。发达国家通过贸易战将流转税转移出国。

第三节 参照英国VTA，执行中央决议增值税改为消费型

1999年国务院企业减负办公室调查研究发现"一税轻、二税重、三税是个无底洞"普遍现象，党中央决定修改增值税。国家的根本任务是现代化建设，这就要求财税制度遵守预定偿债生产价格区分财税法。既然增值税是从欧洲学来的，那么就需要追问VTA正当合法性作为参照，才有可能完整准确地执行我党十六届三中全会决定"增值税改为消费型"。

第一小节 Value Added Tax：销售价格营业税、价值营业税

既然实际是两个税种，就应当用两个名称。

一、英国 Value Added Tax 的概念

要想认识中国的生产型增值税究竟是什么税，还要从英国 Value Added Tax 的翻译名开始。

(一) 英国 Value Added Tax，欧洲经理价格学硬译。

value 预定价，预定价格，预定价值。

本书翻译选择"预定价格"。因为是在欧洲偿债生产销售价格基础上另外加征营业税，所以是"预定价格以外的加价"。而在加税前后生产商品价值并没有变。

added 增加的，附加的，额外的。

tax 税。

本书翻译选择：

在营业税场合，选择"附加的、额外的"即销售价格营业税、销售价

格加价税、销售价格附加税、销售价格额外税通用。

从法律角度反映了它的不确定性,背后是 30 年来自我国制造业的意见不断。

(二) 主要国家对英国 Value Added Tax 的翻译名称。

在澳大利亚、加拿大、新西兰、新加坡翻译为"商品及服务税"。

在日本翻译为消费税。

美国采用了不同的税收制度,即销售税(Sales Tax)。销售税的税率为 5% 或 8%,只有在购买商品或服务时才需要支付销售税。对于生产和销售商品或服务的企业来说,他们并不需要向政府缴纳销售税,而是将销售税转嫁给最终消费者。

二、Value Added Tax 营业税公式和生计、生产、一般奢侈品税率

(一) Value Added Tax (额外加价) 营业税率。

表 11-1　英国 1994 年 Value Added Tax,营业税

一般消费奢侈品标准税率	一般消费奢侈品系数	生计品、生产设备和资料营业税低税率	生计品、生产设备和资料系数
17.5% 巧克力、玩具等。	7/47＝17.5%/ (100%＋17.5%)	0%—5%	1/21 ＝5%/(100%＋5%)

资料来源：财政部税收制度国际比较课题组编著,项怀诚名誉主编,高强主编:《英国税制》,中国财政经济出版社 2000 年版,第 110 页表 5-2。

说明：标题按英文原意调整,修改"增值税"为"(额外加价) 营业税"。(100＋营业税率) 修改为 (100%＋营业税率)。所购买商品的销售价格中已含营业税的营业税系数＝营业税税率/(100%＋营业税税率)。英国 2020 年 4 月 1 日起,营业税标准税率修改为 20%。

1994 年普通消费奢侈品(巧克力、玩具等额外加价)营业税标准税率 17.5%;

1994 年生计品、生产设备和资料(额外加价)营业税低税率

0%—5%。

(二) Value Added Tax（额外加价）营业税公式。

营业税=偿债生产销售价格×征收税率

营业税税后价格=偿债生产销售价格×（1+征收税率）

1994年英国普通消费奢侈品营业税系数

=营业税率/征营业税后价格率

=17.5%/（100%+17.5%）

=7/47

(三) Value Added Tax 制造业营业税、增加价值价外税计算。

购进税生产资料所指：协作零部件，生产用原料、固定资产购进等。

偿债生产销售价格的构成：劳动工资总额、协作件、原材料、剩余价值。

销项税=（工资总额+协作件+生产原材料+剩余价值）×（0%—5%）

进项税=（协作件+生产原材料+购进固定资产）×（0%—5%）

价值营业税=销项税−进项税=（工资总额+剩余价值）×（0%—5%）

(四) 购进固定资产为零。

制造业价值营业税

=销项税−进项税

=（工资总额+剩余价值）×（0%—5%）营业税率

=创造价值×（0%—5%）营业税率

其中，对剩余价值中的折旧费，营销管理，优先还本付息征税，依然违背了税收在超额利润中收取原则。

对工资总额征税侵犯了习惯法工资总额占比创造价值50%准则。

（五）有购进固定资产。

销售项税-进货项税=[（工资总额+剩余价值)-购进固定资产]×(0%—5%)

其中，如果（剩余价值-折旧费-营销管理-长期利息-购进固定资产）×营业税率若为负值的部分当年退税。如果这样计算就没有侵犯到三重契约。

而上述计算为负值的部分在中国不予当年退税，这样计算就侵犯到了三重契约。

（六）综合以上，欧盟 Value Added Tax 遵守对生计品和制造业征收 0%—5% 的低税率，是该税的正当性，但是依然存在价值被优先征税侵犯三重契约优先权之嫌，侵犯了利润优先还本付息再生产工具现代方式。

第二小节 党的十六届三中全会决定"增值税改为消费型"可参考欧盟 Value Added Tax 正当性部分

一、十六届三中全会决定生产型增值税改为消费型遭遇概念混乱

《增值税暂行条例》改革频繁，说明基层意见从来没有停止过。

1994年颁布《增值税暂行条例》，即生产型增值税。

2003年，中国共产党十六届三中全会10月14日发表的《中共中央关于完善社会主义市场经济体制若干问题的决定》指出："增值税改为消费型"。

2004年1月1日颁布《东北地区扩大增值税抵扣范围暂行办法》。

2009 年 1 月 1 日国务院颁布《生产型增值税暂行条例》。

财税〔2016〕36 号《财政部 国家税务总局关于全面推开营业税改征增值税试点的通知》。

财税〔2017〕37 号《财政部 国家税务总局关于简并增值税税率有关政策的通知》。

财税〔2018〕32 号《财政部 税务总局关于调整增值税税率的通知》。

财政部、税务总局、海关总署公告 2019 年第 39 号《财政部 税务总局 海关总署关于深化增值税改革有关政策的公告》。

但是，实际讲营业税一直存在。例如，《中华人民共和国增值税暂行条例》，第十一条："小规模纳税人发生应税销售行为，实行按照销售额和征收率计算应纳税额的简易办法，并不得抵扣进项税额。"应纳税额计算公式：

$$征收率3\%，应纳税额=销售额\times征收率$$

表 11-2 增值税一般纳税人适用增值税税率及抵扣率历次调整变动汇总表

时间节点	销售一般货物、劳务	销售农产品等列举货物	销售列举服务、土地使用权、不动产	销售一般服务、转让无形资产	农产品抵扣率	农产品加计扣除率	税法依据
2019 年 4 月 1 日起	13%	9%	6%	9%	1%		
2018 年 5 月 1 日至 2019 年 3 月 31 日	16%	10%	6%	10%	2%		
2017 年 7 月 1 日至 2018 年 4 月 30 日	17%	11%	6%	11%	2%		
2016 年 5 月 1 日至 2017 年 6 月 30 日	17%	13%	11%	6%	13%		

(续表)

时间节点	销售一般货物、劳务	销售农产品等列举货物	销售列举服务、土地使用权、不动产	销售一般服务、转让无形资产	农产品抵扣率	农产品加计扣除率	税法依据
2016年5月以前	17%	13%			13%		

二、按英国 Value Added Tax，我国生产型增值税改革

生产型增值税是指专门针对制造业的重税，目前世界上仅有中国、巴基斯坦、塔吉克斯坦、土库曼斯坦、巴西、多米尼加和海地等7个国家实行的是生产型增值税。1994年起我国实行生产型增值税，争论就没有停止过，并遭到了世界银行项目的强烈抗议，世行还专门立项研究这一问题，1999年，国务院减轻企业负担办公室新闻组《中国企业治乱减负报告》反映"摊派猛于虎，一税轻，二税重，三税是个无底洞"。同年，高强主编的《领导干部财政知识读本（税收篇）》指出，中国生产型增值税是对生产资料和生活资料征税，而有利于不用或少用工具的手工密集型产业，暗喻不利于使用了先进装备的深加工工业。[1] 辽宁省课题组的《论中国双主体税制》，发现"价税包袱"问题。[2] 在购买生产资料时就在柜台上征收17%的价外税，实际等于提前收了20年的税，再加上高利贷，这直接导致深加工企业负债倒闭，导致6000万国有企业职工集约式下岗失业，深加工工业是重灾区。2009年《福布斯》各个国家税收负担比较，中国税赋压力指数达到154点，名列世界前三位。[3]

（一）翻译 Value Added Tax 为"增值税"存疑。

名不正言不顺。对照 Value Added Tax，在"名称"上的问题，一是

---

[1] 高强主编：《领导干部财政知识读本（税收篇）》，经济科学出版社1999年版，第118、124页。

[2] 辽宁省课题组：《论中国双主体税制》，载《中国税制1999》，第745页。

[3] 岳树民、安体富：《加入WTO后中国税收负担与经济增长》，载《中国人民大学学报》，2003年2月。中国已经两次被评税赋重排在世界前三位。

混淆"价值"与"加价"概念；二是将营业税和增值营业税笼统定名增值税，误导以为都是对"增值"部分征税；三是混淆"一般消费奢侈品税"与"生计品、生产用生产资料"税，伤害到了弱势群体和中国工农业向现代化的发展；四是 Value Added Tax 是营业税，却使用中国人不熟悉的"增值税"名称来取代人们熟悉的营业税名称，不符合税制公开、透明、方便纳税人的准则；五是宣传的是引进西方减税制度，然而，实际税收负担陡然增加了 1/3，财政收入从 1996 年统计年鉴起，财政收入增长率是 GDP 增长率的 2 倍，延续到 2015 年后有所下降，但增长率依然比 GDP 增长率高，财政最终消费超过成熟国家通行的"什一律"（扣除军备后）。

Value Added Tax 是营业税，一个人买进馒头吃下肚去，纯粹用于消费，没有销项，所以实质是营业税。中国对吃馒头征收 9%—17% 馒头税，它的正当性存疑。

穷人买馒头吃，外加 9%—17% 的营业税税转移不出去，相当于 15—30 万年薪的实际所得税率，全国人民同税率不公平。

中国对企业所创造价值征收 13%—17% 营业税，包括对工资总额零起点征收 13%—17% 的个人所得税，相当于 25—30 万年薪的实际所得税率，全国人民同税率不公平。

制造业生产增加价值营业增值税
= 销项税−进项税
= 创造价值×征收率
=（工资总额+折旧费+利息股息租金+还本+管理营销+财税）×
　生产型增值税率（13%—17%）

第二个问题是，当"销项−进项=负数"，中国增值税暂行条例没有规定退税规则，就违背了现代"税"的本质，一是在剩余中征收；二是优先用利润还本付息，这两项平等正义规则。

（二）中国"针对贷款征税"的正当性存疑。若生产者小额贷款买一头小牛，在收银台上就要交纳13%—17%进项税实际是对贷款征税，相当于被进项营业税砍掉一条牛腿。当年末就要求支付利息被高利贷砍掉另一条腿，就相当于农民拉回家的牛只有两条腿，生产者的贷款的贷款成本为39%—51%，还没有生产出利润，生产者贷款增加生产的计划已经破产。以世界银行"低利息率，赢利后还债"为正义，"资本主义租地农场主"在超额利润中支付地租和纳税为正义，生产型增值税在生产出利润前强行征税的正当合法性存疑。

（三）在我国企业购进机器设备、厂房固定资产在收银台就要交纳17%—13%的进项营业税，每年按折旧率销项，所以要10—50年才能够完成销项。对"销项税－进项税＝负数"不予当年末退税，就等于提前预收了10—50年的税。就是把财政赤字转嫁到企业账目上，是财政收入增长率为GDP增长率的2倍内在原因。

（四）购买者价税包袱财务制度，贷款的贷款成本高达39%—51%。

购买者价格法工具价值名实相差一倍。投资效率只剩下50%；资本与技术转化效率二次下降，只剩下25%。

（五）中国高税率生产型增值税的税收中，62%是对债务所征税额，例如对折旧、管理营销、还本付息，甚至对贷款额度征收17%价外税，是资本空转，债务放大1倍，财政赤字转嫁到企业账目上。

（六）对外资免征生产型增值税，国内企业遭受财税歧视，是不平等的税种。

（七）美国和日本比，欧洲Value Added Tax的缺点，一是一般消费奢侈品税率为20%，太高，对一般消费者不利。二是"销项税－进项税＝所创造价值×营业税率"，是零起点对工资总额征收营业税，是先征税后支付其他生产费用，实际是对当期债务征税，对折旧和管理营销征税，违背了WTO和世界银行准则，即现代经济偿债生产价格法正义准则。但是富裕国家采用了提高价格转移出国的方法。三是征收和退税繁琐增加了征税成本，Value Added Tax需要认定所购买商品是用于消费还是用于生产，要计算当年是否增值为负数而退税，对每个企业的这两项判断和计算复杂繁琐造成征税成本大幅上升，是我国征税成本高达7%的原因（按具体年份公布数字为准)。四是税太重助长福利过度，法国税最重 200 项国家福利造成过度福利社会，一方面引诱钻财税法律空子不劳而获；另一方面是普通劳动者失去了储备的能力和习惯。

创始国法国 Value Added Tax "销项税－进项税＝对所创造价值征收营业税"，即对"企业支付给工人的工资、利润（剩余价值）等。也就是现在所说的增值额"①，这违犯了现代生产方式优先用利润还本付息，只允许财税在超额利润中收取原则。而英国是禁止高利贷—三重契约习惯法国家，采用了多种措施对制造业施行减免税以及设立 10 多个档次允许企业在营业税和创造价值营业税之间进行选择，尽量消除 Value Added Tax 对制造业的伤害。

（八）有学者统计，生产型增值税，1 个点增值税（实际是营业税）相当于收走 3% 的利润，则生产型增值税相当于收走利润的 39%—51%，并且是对资本债务征税，正当性存疑。

高税率生产型增值税，逼迫资本逃离，趋向手工劳动密集产业，对国家发展不利。中国地方政府靠土地财政补贴企业渡过难关。

三、中国"增值税由生产型改为消费型"配套改革任务

配套改革。一是参照 Value Added Tax，复兴符合中国传统语言的价格营业税、价值营业税名称。二是生计品、制造业营业税率和生计品商业价值营业税同率为 0%—5%。三是 WTO "国民待遇，共同适用"，国外、国内企业应平等对待。对科技转化必备资本载体，减、免征价外税，实现资本与科技转化效率最大化和资本生产工具普及率最大化。四是所有商品明码标示价外营业税的税率。五是为了公平，参照英国税制设立营业税和价值营业税置换谱系，允许经营者在价值营业税和营业税两税种之间选择其一纳税。六是当使用购买者价格法，折旧率提高到 10%—18%。七是当"销项税－进项税＝负数"，应以当年末为限进行退税，实际退税时间不得

---

① 财政部税收制度国际比较课题组，项怀诚名誉主编，刘长琨主编：《法国财政制度》，中国财政经济出版社 1998 年版，第 59 页。

晚于第二年的 2 月 28 日。坚决取消对企业贷款预征收增值税的做法。八是一般和高档消费奢侈品营业税、增值营业税只允许用于社会保险补贴和公共事业投资，不得用于财政最终消费。生计品营业税、制造业价值营业税用于公共事业、投资国有经济和政府财政最终消费相当于不足 GDP 的 10% 的部分。九是理顺财政收入和用途关系。十是生产型增值税改革是财政改革、金融改革的一个方面。

我国流转税占去财税的 70%，生产型增值税占去其中一半，中国依旧能够正常运转，原因，一是地方土地财政给予企业补贴，分析曹德旺浮法玻璃上市公司的财务报表，可以发现，我国民营企业，依靠地方政府减税 2/3 才能够存活下来；二是国家财政担保亏损的国有企业不破产；三是生计品税和制造业税负以工农业价格剪刀差形式转嫁给了自由自耕农工商，政府又以"三农"问题补贴农业。当下我国经济状况良好，已经有条件通过"增值税改为消费型"来带头改革这种有些许扭曲的财政收支状况。特别是增值营业税是对所创造价值直接收税，欧盟自己违背了现代生产方式为正义的正当性。

第三小节　生产型增值税"购买者价格法"，折旧率倍增重置

联合国《国民经济核算体系》已经纳入了"使用者价格法"和"购买者价格法"，见该书第六章生产账户十二"2. 可供选择的增加值计算值：按基本价格计算的总增加值（按正常价值或平均生产价格，不常使用——引者注）；按购买者价格计算的总增加值；按要素成本计算的总增加值（使用者价格法——引者注）"。

一、使用者价格法，"当期偿债基金"

使用者价格法，剩余价值支付偿债还本付息、地租、税负、折旧、营销管理费用和财税。早在凯恩斯《就业利息和货币通论》中，已经特别界

定"使用者价格法"。《资本论》特别提到了"资本必须偿还"偿债积累优先。例如德国商法典"第266条【资产负债表的格式】……（3）负债方。A. 自有资本；……Ⅱ. 资本公积金"①，是三重契约贷款的当期还本的积累，而"Ⅲ. 盈余公积金"必须在完成"资本必须偿还"之后提取，德国有限债务责任公司法叫做"债务储备金"，美国会计制度叫做"偿债专项"或保留在公司内的收入。公式表示：

(1) 使用者价格法比率构成
  = 转移成本+工资总额+制度成本
  = 转移成本+所创造价值×（50%+50%）

(2) 使用者价格法簿记"偿债生产价格法"
  = 生产销售收入表（生产成本+费用成本+税后利润）
  =（转移成本+工资总额+折旧+财务支出+管理营销+偿债基金+财税）+债后税后净利润

二、购买者增值税价格法，贷款的贷款成本"债务资本化"

自从欧洲实行营业税和价值营业税（销项税-进项税）以来，使用者价格、购买者价格、市场价格，三种计算结果相偏离。其中，购买者价格法被中国学者叫做"价税包袱法"，财务价格包袱价值营业税和长期利息这些消耗、湮灭性债务泡沫，并不是生产工具或再生产工具增加。

使用者价格法与购买者价格法现象对比。

世界银行在1987年针对红山厂的环保技术改造投资贷款的主要合同内容：

世界银行选择投资优秀项目；借期20年；年利息率1/20（若减免利

---

① 在中国汉语中"商"指游商、货殖。按该法条内容，"德国商法"应翻译为"德国工商法"才准确。

息税，为 3.5%），第 7 年起开始要求用利润付息（实际周年利息率为 3.5%×20 年/14 年=5%），第 13 年起开始要求用利润还本（实际周年还本积累率为 1/8），第 20 年末本息还清。

上述法与法律，保障"贷款的贷款成本"被控制在 5% 以内。生产力百倍增长（比古代自给经济）。

相对比，中国制造业贷款的贷款成本为 39%—51%。例如，三峡工程，1992 年批准设计投资为 571 亿元，至 2003 年二期工程完成，实际动态投资 900 多亿元。三峡工程质量检查专家组组长潘家铮院士指出，动态投资"每一年都得筹集资金和支付利息"还有支付生产型增值税。三峡工程建设期间还没有发电、没有利润，所支付利息和增值税的资金 400 多亿元，这是非投资型信贷规则用于企业投资信贷就是高利贷（投资型信贷：世界银行规定，低利息率；贷款期限 15—20 年；盈利后还债）和高额生产型增值税造成的。

购买者价格法的特点是贷款的贷款成本资本化。现代上市公司已经按国际要求公布"贷款的贷款成本"。

前面已经介绍，世界银行守成投资规则，在投产以后生产出利润以后，才允许要求还本付息和支付税捐，则贷款的贷款成本为 5% 以内。而在生产型增值税国家，在购买设备时就开始在征收 17% 的进项税，在抵押贷款购买设备的第一个年末就开始收取利息，与世界银行规则对比，贷款的贷款成本计算：

2019 年生产型增值税企业生产工具改良贷款的贷款成本
=消耗性费用被资本化（利息+生产型增值税+多级管理费）
= 6.6%×3 年+13%+10%
=41.8%

贷款的贷款成本为贷款的 41.8%，就是说，贷款的近一半用来支付贷款的贷款费用，要达到真实生产建设上的贷款额度，必须贷近2倍的贷款，即购买者价格法杠杆为2倍：

名义用在生产上的贷款
=真实用在生产上的贷款[1÷(1-41.8%)]
=1.7倍使用者价格法用在生产上的贷款
≈2倍于真实用在生产上的贷款

这就是资本空转，银行利润率高达20%的原因之一；是自1994年以来，财政收入增长率是GDP增长率的2倍的原因之一。2015年以来临时性对微小企业减税，财政收入倍增的情况有所下降（没有计算地方土地财政补贴）。因此，购买者价格法，相当于只有50%的投资用在了生产建设上，另41.8%以利息、税金形式资本空转，或者叫做财政赤字转嫁到了企业账目上。

中国"拨改贷"的困境，表现在财务簿记制度上，就是购买者价格法，将利息、税金和多级管理费均计入固定资产价格中，但是没有相应倍增折旧率，工具的实际价格是名义价值的1/2，劳动者使用了名实相差1倍的生产工具。这就可以解释了1994年开始生产型增值税以来，中国投资形成一直维持在GDP的49%（其中近一半为贷款的贷款成本泡沫），而其他国家投资最多只相当于GDP的25%左右。

中国社科院《中国国家资产负债表2020》披露杠杆率，2019年为：

企业部门杠杆率=企业负债/企业对GDP贡献=151.3%
国家宏观杠杆率=经济债务/GDP=270.1%

其中国家宏观杠杆率270.1%，比新兴国家208.4%高出约1/4，杠杆率都在国际高位，值得警惕。

因此，正是在贷款租买生产工具的"生产价格构成法"意义上，学习《资本论》生产价格构成法对第三世界、对中国迄今仍有现实意义。

三、购买者价格法，应倍增重置折旧率

如果用"购买者价格法"计算固定资产价格，是价格包袱式名义价格膨胀，不能用"实际价值"度量衡。如果要求资本当期保全，就需要固定资产回归使用者价格法，"名义价格与实际价格"相符。

按照中国财务制度待摊、预提允许的最长期限5年，在这5年内，应通过折旧重置，实现价值恢复"使用者价格法"。

假若购买者价格约等于使用者价格的2倍，则有：

购买者价格法5年内实际年折旧率
=法定折旧率+（购买者价格法−使用者价格法）÷5年
=法定折旧率+利息税金资本化÷5年
=法定折旧率+贷款的贷款利息税金费用÷5年
≈法定折旧率+41.8%÷5年
≈法定折旧率+8.7%

5年后，固定资产原值、固定资产净值、使用者价格三者实现价值同一。

如果允许企业用80%的折旧费偿还债务，就好比用拆墙的钱还钱，是资本空转。

而发达国家折旧率在10%—100%，因此即便使用"购买者价格法"，高倍折旧率也能够当年补偿复归，而不需要"重置折旧率"。

第四小节 粗放市场"财政决定分配"合法性存疑,亟待改革

现代生产方式选择了"政治在法之下",一是法定总工资与法定制度成本(由一般劳动普通剩余价值转化而来)均分所创造价值;二是优先用利润还本付息,现代生产方式才能存续;三是由第二条,法与法律强制地租和税金只允许在超额利润中收取,法定政治成本被限制在什一税以内。这三条约束"财政决定分配"允许的范围。例如,对比现代成熟国家或欧洲1815年资本主义租地农场主小麦价格构成中的地租率和综合税率(地方税+什一税+其他=15%),可以有以下规律。

第一,依照现代生产方式偿债生产价格构成区分财税法,市民法限制政府最终消费被法律强制在企业创造价值的10%以内,为合法政府。

前面已经介绍:1992年数据统计的分析,包括军备,德国8%、日本9.4%、法国14.7%、美国16.1%、英国14.1%。即在此范围内允许"财政决定分配"。

第二,遵守第一条基础上,财政总收入占比不超过GDP的35%,为以私有制为主体的现代经济,例如美国;被控制军备国家,例如德国、日本。

第三,财政总收入占比不超过GDP的45%,包括公共事业国有企业上缴利润用于公共事业的部分,为福利国家,例如实行消费型增值税的欧盟国家;或者以计划经济为主体的国家(例如我国计划经济时期)。

第四,不遵守第一条规定,财政总收入占比超过GDP的30%—50%,疑似政治混杂不稳定、不确定型国家。

"这个世界上的竞争就两句话,你要么成本比人家厉害,要么手里有独到的东西。比如美国苹果卖到全世界,通宵排队买,因为他有你没有。现在我们40多年改革开放高速成长伟大成就,全球格局看夹在中间了,底下有印度、有越南,他比你还便宜,他招商引资的力度比我们当年还强,都学会了。

"过去我们依靠廉价劳动力而具有竞争力。现在我国制度成本上升太

快,'1995—2012年是中国最高速成长的这段时间。我们名义的GDP是增长是8.6倍,全国工资总额涨了8.8倍,税收涨16.7倍,政府除税收以外的收入增长18.8倍,法定一定要交的社保五险一金增长了28.7倍,最关键的是土地,政府独家供地获得的土地出让金,涨了64倍!'在这个情况下,就无可阻挡地发生了整个经济增长模式的变化。体制成本上升表现在什么地方?比如,我们到今天也没有达到税收一定要法定,这是十八届三中全会规定的,我们现在很多的税收是行政部门直接定的,抽税的人定抽多少,政府定了,不经过人大的审核。那这个就很容易一下子收过头。……现在要继续我们的成本优势,但是成本当中的那块体制成本,这个东西没有改革,光靠民间解决不了。没有党中央、国务院坚强领导,主动地发起一轮一轮的深化改革,这个成本很难降下来。"[1]

我国社会主义初级阶段粗放市场阶段,政治哲学"经验学派"最新观点:"国家能力或政府有效性"[2],混淆国家与政府。而新中国成立初国家实行计划经济,是由于被围剿、被封锁,资本极度短缺,面对外部强大敌人威胁,中国军事共产主义政权自律性很强,国家能力与政府强制力含混不清问题不大,即便这样也必须遵守价值法则,财政总收入不得超过所创造价值的45%,其中22%是转移福利(占财政的44%)用于住房、医疗、教育等,国家积累率里还包括有工业与小农业价格剪刀差隐形价值转移,几次经济失调实际都是因为积累过度引起。但是,在现代市场经济阶段绝对不允许混淆财产权与政治权这两种权力,这首先在于现代生产方式的"(债务)资本生产工具"优先用利润还本付息才能运转特征所决定。

1984年末以来,"拨改贷"改革后,无论公有或私有企业都依靠"预期先进生产线抵押贷款"来获得先进生产力,生产的分配正义法则、预定偿债生产价格构成,决定了国家财政成为价格的一个制度成本要素,导致

---

[1] 周其仁:《中国经济的唯一出路》,2017年8月16日在深圳创新发展研究院题为"改革突围、创新突围——2017年的中国经济"的演讲内容。

[2] 王向民:《中国政治学的建制性概念及其知识地图》,载《学海》,2023年第4期,第44—57页。

与计划经济价格构成发生了分割标准尺度或准则的质的变化。宏观认识，现代市场经济企业需要先偿还信贷资本生产线的债务，企业才能以"现代形式"存活下来，"拨改贷"改革的实质是生产的分配变革，一是"还本付息"形式的"普通利润"法律强制划归企业，并且政府不得统筹折旧费。显然，现代市场经济条件下国家财政，与计划经济政府财政相比，减少了"企业留存还本付息再生产利润、折旧费"这两块，因此现代市场经济政府财政收入占 GDP 比例比计划时期减少是正常现象，只不过是通过把饼做大实现财税量大幅增加。然而，政治哲学"经验派"尽管发现了财政比例下降，却没有能够借助马克思"经济科学"来讲清楚这种变化的正义准则、正义分配尺度合理性、正当性、价值增殖性、有效性。就更没有创建"法制计算政治学"，采用与成熟国家对勘的生产的分配法来算计，为人民的现实的幸福的政治革命，政治改革要求政治成本下降到占比为"什一税"才达到合乎正义的标准而被授予"合法政治"规范。

再有就是革命过于激烈出现法律真空、法度权威性受到冲击，中国共产党中央委员会《关于建国以来党的若干历史问题的决议》针对"文化大革命"指出的问题，关键是"封建专制主义……不是很容易肃清的"，"文革""政治挂帅""左倾"流毒，表现为原本是人民委托辅佐法与法律的"强制权力"却以自我为中心，不遵守法律约束出现"财政决定分配"现象。

20 世纪 90 年代初，矫正中央财力占比过小提上了决策日程。当时的政策，强调重新集中政府财力，片面理解"法律是统治阶级意志的反映"①，片面认为"所谓国家能力就是国家将自己的意志、目标转化为现实的能力"，具体表现为国家汲取财政的能力、调控能力、合法化能力以及强制能力，政治理论走偏。一是"强制能力"，"指国家运用暴力手段、机构、威胁等方式维护其统治地位的能力"，走偏。二是在对社会产品的分

---

① 第三等级（资产阶级）夺取议会立法监督权，市民法上升为国家统一大法，自然规律，这些部分是适合现代生产方式的客观正义的法则，《共产党宣言》批判的是资产阶级统治主观自由意志极端叛乱制定的那部分法律（制定法），恶法意味着资产阶级自掘坟墓。

配过程中，存在三种权力：生产者对劳动果实的权利，生产资料所有者权利，政治权力，后两种属于非生产要素权力，错误认为国家汲取财政的能力核心是"凭借政治权力占有收入"，所谓"财税是政治权力的象征，利润是财产权的象征"，走偏；财税政治特殊强力无偿固定，走偏。① "民之饥，因上食税之多。" 1994年以来的几年间，因政府财政高利贷、高税负政策导致国有企业6000万职工集约式下岗，东北老工业基地遭遇私有化休克疗法打击。

由于"拨改贷"改革没有对财税和货币资本价格等设立客观公平正义的法律尺度，不能避免掌控强制力的政府"财政决定分配"，在提升财政收入过程中出现跑偏现象。一是国民收入的分配，政府部门所占份额上升过快。根据公布的统计，1990年—2012年23年间，增长了38.9倍（其中中央财收增加了55.6倍，增长率是GDP增长率的2倍）。同期GDP总量（以现价计）仅增加了26.6倍，而城镇居民可支配收入与农村居民人均纯收入只分别增加15.3倍和10.5倍，② 直至2023年，GDP增长率是5.2%，而财政增长率是6.4%。这是生产型增值税和高利贷（贷款的贷款成本为

---

① 参见高强主编：《领导干部财政知识读本·税收篇》，经济科学出版社1999年版，第5—8页。认为税收的利益原则（社会契约）和支付能力原则，一"是国家机器赖以存在并实现其职能的物质基础"；二"是国家参与分配干预调节经济的手段"；三是国家为实现其社会经济目标强制财产"从私人部门向公有部门的资源转移"；四是"国家凭借政治权力强制无偿占有部分剩余产品，并按国家所代表的阶级或集团的利益进行全社会意义上的分配"；五是生产力、剩余产品、私有制、阶级，是税收的源流。认为"凭借政治权力占有收入"，"意味着政治权力凌驾于所有权之上，国家所有制高于私有制，而国家也就成了真正的主人"。"对于国有企业征税并不存在侵犯所有权问题"，这也许是1994年三税制生产型增值税可以凭借政治权力侵犯劳动生计收入与资本生产工具的权力价值观渊源。这个理论的关键是混淆国家人民与国家机器。相对于国家人民，国家机器公务员是受雇"私有劳动力"，国家机器自由意志，不能避免滥征滥用公共财产，而违背现代生产方式的规则与秩序。

② 周其仁：《国家能力再推敲》，系2013年12月18日第四届财新峰会上的讲话，经本人修订，2024年2月22日查阅引用。

39%—51%）价税包袱财政赤字转移到企业账目上造成的货币膨胀。上述财政收入并未包括"土地财政"、各种罚款收费，以及从国企获益、档期赤字和档期应偿还赤字本金，所以实际的政府收入份额和实际支出份额更大。关于财税的用途，发达国家议会监督政府最终消费不得超过 GDP 的 10%—15%（后者包括军备），其余财政收入规定用于公共事业和社会保险补贴。而我国吃皇粮的太多，公务员工资偏高，差旅等办公费用市场化过高，外包成本过高，导致政府制度总成本太高，被国际评估居世界前三位。二是政府与市场的边界，改来改去。当下经济屡出腐败情况的，恰恰都集中于这些部委直管的要素市场——土地、房产、货币、银行、资本、外汇、高科技投入。财权与政治权混合边界不清是腐败的温床，失落了治权独立法统。三是"合法化"范围偏窄，财政外从 5% 实际上升到 20% 以上有法律依据吗？特别是土地财政"部门利益制定化"以及官员随意收窄民间自由活动的空间，不断在压制创新，窒息经济社会的活力，反而高院规定临时法放纵民间高利贷等。寻租、设租行为猖獗，毒化社会风气，拉升政治制度运行成本。四是权力主观意志合法化，正如邓小平批评的"把领导讲话当成法律"，热衷于"经审批的——或'经官员点头的'才合法"。70 余年过去市民法上升为国家统一大法未能实现。法外世界太精彩，陶醉于"为什么中国法律不健全也发展的很好？"短期效应。在财政决定分配的同时，"只有中央政府才代表国家意志"，最近，政治哲学还出现经验主义国家形态"政党中心主义"文山会海"经验"，即国家、政府、人民已经实现一致于"政治"中心主义？不难发现，在国家概念里一旦剔除了人民，剔除了授权、受托的含义，滥用权力、滥用合法强制力就很容易变成现实的危险。五是，把中国传统"见利不亏其义"观念窜改为"从利到利"，把政府抽取多少财政收入，看成衡量国家能力强弱的核心指标，贷款的贷款成本高达 39%—51%，是世界银行规则的 8—10 倍而不可持久，出现高额债务灰犀牛。

第四节 土地财政适度转型房产税，治权与财权必须分离

2021年10月23日第十三届全国人民代表大会常务委员会第三十一次会议，全国人民代表大会常务委员会《关于授权国务院在部分地区开展房地产税改革试点工作的决定》特别提到了"积极稳妥推进房地产税立法与改革，引导住房合理消费和土地资源节约集约利用，促进房地产市场平稳健康发展"。房产税的目标是住房合理消费、土地资源节约利用、房地产市场平稳发展。

城市出现了几千年，有兴有衰，但为何到了近代却突然出现了城市的快速扩张？这是由于工业化需要劳动力集中性和流动性，所以城市居住权问题成为自由劳动者"衣食住行"生命权的内容，居住权也成为政府公共事业的一个重要部分，各发达国都颁布法律保护居住权，并由政府牵头提供普通住房。

一、法定"使用居住权"，国有土地收入改革为直接上缴国库

（一）世界著名的市民法"使用权的居住权"实体法，已经延续几千年至今，居住权属于生计必需的性质更加彻底了，这也是英国工业化初期贫民窟教训得出的定论。

在我国，计划经济留下了64亿平方米住房，农民都有宅基地，所以中国住房改革从一开始就属于改善住房性质，经济改革以来经历了从砖头平房、预制件砖混结构、预制件鸽子窝到高层带电梯的现代化住房。

国发〔1998〕23号文遵守"偿债生产价格法"，所以在1998—2003年这5年房地产发展比较正常。但是国发〔2003〕18号文，将95%的住房建设买卖推向市场，至2019年15年北上广房价上涨20倍，形成债务灰犀牛。

（二）解决居住权房地产野蛮生长的方法，第一是土地财政划入财政

内，土地锚的作用已经下降，已经有条件进行改革了。一是建造居住用房的国有土地收入，采用国有资产收入管理办法，国土收入直接上缴国库。二是中国特色的金融的锚已经是人民的储蓄，这是凯恩斯所希望的。2024年底存款额度已经高达约300万亿人民币，已经成为M2的锚，三是用土地作为融资的锚，有始有终。从1987年在深圳卖出第一块土地，开启了炒房地产。当时主要是为了解决资本短缺而学习香港炒房地产，这只是权宜之计。美国曾经也使用过用房地产作为货币的锚，但是后来还是改革为住房物业房产税。四是只要有居住权需求、实行土地公有制，土地财政依然会存在，只不过需要回归偿债生产价格法和中性的租金率。

二、地方土地财政债务灰犀牛

现在房地产供应过剩，"14亿人可能住不完"。住建部原副部长仇保兴也说过，中国住房空置率已达15%，有的省份达到25%甚至30%。中国人民银行2020年发布的《2019年中国城镇居民家庭资产负债情况调查》显示，中国城镇居民家庭的住宅拥有率达96%。《中国人口普查年鉴2020》披露，中国家庭户人均居住面积达到41.76平方米（城镇）。[1] 当下的问题是城镇新增劳动力的住房问题和小换大改善住房条件两大问题。比如中国香港的保障性住房达50%以上，新加坡的组屋在85%以上。如果中国的保障性住房能够达到20%以上，住房建造量将是巨大的。

当下，土地财政外收入占比总财政收入的20%。既然出现严重的非均衡债务，就需要从法律上追究，是立法问题。[2]

土地财政，一是"70年租金或税金预收"债务贴现，是预提而不是实在的"积累"。二是土地财政确实起到信用的作用，但是也只有5年时间，

---

[1] 易宪容：《房地产市场的三个根本性转变》，载《环球时报》，2023年10月9日。

[2] 朱钰：《保障性住房去了哪里 又将向哪里去》，载《财经网》，2011年4月21日。

很快就脱离了"偿债生产价格法"。房地产利润高达40%，利益输送银行年利在20%以上，实际是体外循环钱生钱泡沫，是对实质经济的剥夺（实质经济净利润只有6%—8%）。因此，给土地财政披上初始积累的外衣不妥当，过分渲染土地财政的"股市效用"。

第一，土地财政的最大问题，实践证明了它的不可持久性，不协调、不平衡、不可持续，居住房地产市场首当其冲。债务问题、居住权问题、腐败问题、不透明问题越积越大。第二，拉大贫富差距。房价上涨越快，房地产开发利润高达30%—40%，贫富差距越大。第三，高房价、高房租推高了劳动工资，挤压实质经济的利润空间，转而输送给了房地产，劳动者实际可消费的收入并没有多少增加。第四，土地财政占用大量资源，占用资金高相当于GDP的20%，占用大量土地，按世界城市人均用地，每1平方公里居住1万人是合理水平，高房价高额利润，吸引银行偏好，而对实质经济惜贷，消耗掉本应用于其他发展项目的宝贵资源。第五，金融风险，在房地产市场上都会出现。土地"净收益"已经成为很多企业特别是地方政府信用的基础。一旦房价暴跌，如此规模的抵押资产贬值将导致难以想象的金融海啸。广泛的破产不仅会毁灭地方政府的信用，而且还可以用此来恐吓政府、阻挠改革房地产，利益集团一哭二闹三上吊，改革阻力重重。第六，地方土地财政，引起利益输送、黑社会保护伞、机构严重膨胀，诸多伦理道德腐败问题。现在地方财政债务沉重，说明土地作为发行货币的锚的作用已经褪色。

我国股市有严格的熔断机制，所以客观反映GDP增长率；那么房地产每年涨1倍多，怎么迄今未见设置熔断机制？日本20世纪90年代房地产泡沫破裂房价大跌65%给国家经济和民众带来打击，还有美国2007年住房"次贷"危机，这些国际教训值得汲取。

三、使用权居住权住房的房产税的定制

（一）使用权居住权住房的房产税的准则。一是保护本国居民都有居

住的权利。但是超过公定面积的,需要交纳居住用房的房产税。二是在空间上、时间上,把城市分为已完成城市化初始资本积累的存量部分和还没有完成的增量部分。在不同的部分,区分不同的利益主体,分别制定政策,分阶段逐步过渡到更加可持续的房产税收模式。逐渐实现房产税部分取代地方土地财政。

(二)住房市场价格波动设立熔断机制。

市民法对"住房抵押贷款"债务人特加保护。一是公定住房的一般价格=偿债生产住房价格构成法+地段因数+当期货币价格因素。二是自然法、市民法保护居住权,"房子是用来住的,不是用来炒的"。对房地产业施行价格熔断机制。例如,年价格上升或下降不得超过10%(±10%,参照美国1980年通货膨胀达到20%指标),这样有利于住房价格软着陆。三是切实施行"住房抵押贷款"法律。由政府工商管理和税务部门联合制定的"住房抵押贷款"合同样本,规定了所购住房是抵押品,如果银行只收取约定的贷款现金债务,而不接受贷款所购买物为抵押品,这是银行违约。住房贷款利息率允许随1年以上法定利息率下降而适度下降,但不随利息率上升而上升。四是对购房债务人的救助。当个人因收入变化亏损来临,可以申请债务展期偿还,如果偿债不能,法律对处境困难的债务人特加保护,直至申请破产保护。

(三)剥离土地财政法。

参照国资管理办法,修改为70年期出租土地的收入直接收归国库。一是按照偿债生产价格法制定"广覆盖"居住权住房,85%新增从业人员中的无房户能够买得起60—70平方米现代化住房的偿债生产价格计算。二是中国人多地少,限制多套住房,对多套住房实行累进税制,空置房惩罚性税制。例如第一套免税(人均60平方米建筑面积以内),第二套出租征收0.5%的税。二套以上,每多一套增加1%住房买价的房产税。三是对以小换大自住房在未超过60平方米×人数,按一般营业税征收。

(四)应税住房价格的计算。

鉴于我国 15 年来一些地区房价炒作上升过快，对于"应税住房价格"的确定需要区别对待。

第一，核减免税的居住房面积。

第二，以购买居住房的交易和交税后价格（减大修理基金）为基础计算应税房价。

第三，计算自买进住房以来工资上涨和物价上涨系数。王春新在《捍卫居权——以新思维破解香港住房难题》一书中，提出了"安居负担指数"（RBI），即房价涨幅与可支配收入涨幅之比。当这一指数大于 1.0 时，则反映房价上涨速度快于收入涨幅，居住条件下降；当指数小于 1.0 时，则房价上涨速度小于收入涨幅，居住条件不断改善。目前美欧日等西方发达国家的 RBI 一般为 0.7 左右，而中国内地一线城市和香港的 RBI 则高达 3.0 以上。在某种意义上可以说，当前房地产市场的供应过剩问题并非结构性问题，而是投资性住房需求推高房价，把居住消费挤出去的问题。

我国现状是，早期购买的住房价格，与现在市价上涨幅度远远超过平均工资的上涨幅度，按照 RBI 指数的意旨，建议应税住房价格应设立系数，其中"平均工资"设立几个段：低工资段、中低工资段、中等工资段、中高工资段、高工资段。

第四，应核减折旧费，"折旧率 = 1/70"。

第五，购买时对面积、价格等的计算方法和物业法不得改动。一是对非居住的住房资本品买卖实行奢侈品高额税制：价外增值税率 17%，消费税率 45%（参照高档汽车税法）。其他不变。二是买卖住房的审查单位，对买卖住房严加管理，保护卖房后原户籍居住者都有租房居住能力的安全性，不得因卖房形成无家可归者。有过错的机构（例如被盗卖），要分负失职的赔偿责任。

第五节 利息、税金、高科技

一、芒德尔"利息+税金"互消长,与国家计划经济

(一)芒德尔"利息率+税率"类等和互消长关系,佐证了制度成本要素之间是均分关系。1999年,诺贝尔经济学奖授予了欧元教父罗伯特·亚历山大·芒德尔(Robert A. Mendel)。对于美国经济滞涨,芒德尔曾开过一剂药方"通过大幅度降税和提高利率来刺激因缓慢增长和物价迅速上升而陷于困境的经济"①,为里根政府所采纳。该手法实际上是高息揽储引诱全世界的资本流向美国以刺激经济增长。

另一方面,芒德尔药方"大幅度降税和提高利率"指给人们一个现象,在制度要素分割中,利息率与税率有类等和关系,此消才允许彼长,"利息率+税率"受到制度成本要素"均分"习惯法的"共同约束"。

(二)法定制度成本五要素"均分"规则,"较高财税率+较低利息率",表现为从市场经济置换为国有计划经济现象。

(1)如果税率高,财政投资比例也随着增加,同时利息率偏低鼓励贷款和投资,被称为国家资本主义,例如,法国、日本,实行低利息率约2%,鼓励贷款投资,实行高税率48%(包括社会保险转移)搭配,则国家财政用于国家投资的份额也较高,在25%—35%。其中日本财政投资占中央财政的比例,1965—1994年以来长期维持在30%—40%。②

(2)如果采用中立的利息率和较低税率搭配,国家投资比例也较低,占财政的10%左右,倾向于自由资本主义。例如美、英,利息率在

---

① 张伟:《"欧元教父"芒德尔》,载《经济日报》,1999年12月7日。
② 刘长琨:《日本财政制度》,中国财政经济出版社1999年版,第18页表1-7。法国投资占财政收入的25%—35%,见刘长琨主编:《法国财政制度》,中国财政经济出版社1999年版,第39页。

2%—8%之间波动，贷款利率较高，企业家热衷于通过股市筹集资金，是股东资本主义。

（3）社会主义国有企业经济的财政若采用了"较高税率"，就应当采用"较高税率+较低利息率"综合政策，经济才均衡。

（4）大卫·李嘉图定理，政府要扩大投资，发国债和加征（所得）税的效果相同。20世纪80年代拉弗发现，过度提高财政收入过度福利，反而导致官僚主义膨胀，社会不公反而严重，主张的重点是结构性减税。例如，尼克松对资本利润的导向性征税。

二、围绕高科技赋税的博弈

智能时代，已经展开"利润率+税率"制度成本下降的博弈，我们不可疏忽争取人民获得感。

当今，对于高科技财政金融的调控手段越来越复杂，后发展国家要争取话语权，争取参与标准的制定，争取平等竞争。

（一）针对高科技避税，设立"10%利润率尺度+15%税率尺度"。

多年来高科技企业通过在低税国家注册享受所谓"避税天堂"，第二个避税方法就是进股市和房地产市场，如果不交易尽管价格上涨也无法征税。据美国一家非营利新闻机构ProPublica披露，2014—2018财政年度的5年间，美国25名顶级富豪的财产共增加了4010亿美元，但是此期间他们所缴纳联邦收入税总额仅3.4%。而美国中位年薪7万美元联邦税负为14%，如果家庭年收入超过62.83万美元，其税负高达37%。对于这个消息，美国CNBC电视台2021年6月8日报道，白宫发言人普萨基表示："个人缴税信息属于政府机密信息，非授权公开此信息是违法的。"[①] 就是说，公民对于富人的纳税义务这一公共事物却没有知情权，通过法律安排，西方政府长期包庇富人逃避承担纳税义务。2013年起，欧洲提倡设立国际"最低税率和最低利息率"，拟议以国际法律形式逐步平衡制度成本。

---

① 甄翔：《美国超级富豪被爆多年超低纳税》，载《环球时报》，2021年6月10日。

2021年七国集团拟将最低税率定为15%，低于15%的，母国有权收取低出部分的所得税率差额，目的是抑制高科技企业在低税区国家注册，以逃避纳税。"根据G7如今所言，设定的全球最低企业税率只针对边际利润10%以上的盈利"（该指标应指资本普通利润率，用于还本付息）①，即只对高于10%的资本利润率的超额部分征收最低15%税率，主要针对巨型企业，对经营额度有尺度规定。

欧盟《数字市场法》于2024年3月7日生效，是遏制科技巨头的反垄断法举措，提供者责任，确保消费者有更多选项。其中用到了把关人（Gatekeeper），又称守门人概念，可以追溯到古希腊苏格拉底"用公正的方法增加我的财富"观念，包括自我把关、双方把关、利益攸关方把关，和社会客观中性尺度的把关。库尔特·卢因（Kurt Lewin，1890—1947）在研究群体中的信息流通渠道时提出"把关人"概念。

（二）贸易"小院高墙"的背后。随着新兴国家的崛起，国际霸权热衷于搞小圈子，例如，暂停了的跨大西洋贸易与投资伙伴协议（TTIP）谈判依然需要密切关注，其过于苛刻的条件对后发展国家不利，所以要争取话语权。

（三）"碳达峰"。制定全球可持续发展标准最为关键的建议机构，它们是用财务标准来制定规则的，这就涉及利益的分配。通过对碳排放标准的博弈，企图限制新兴国家的发展。②乌克兰战争变成了一场能源博弈，欧盟按照美国的指挥棒将对乌军援放在第一位，民生能源成了牺牲品，重新开启烧煤、核能、烧柴，在国际霸权政治意识形态面前，西方碳排放理念十分脆弱和虚伪。

（四）数字税。2019年，世界GDP约87.7万亿美元，其中数字经济约35.6万亿美元，占去40%，并且，美国数字经济发展迅速，5家大企业

---

① 梁海明：《未雨绸缪应对"全球最低企业税率"》，载《环球时报》，2021年6月9日。

② 朱光耀：《美国经济政策四大调整值得注意》，载《人民资讯》，2021年5月21日。

垄断了世界市场，2018年净利润总额中所占的比例约达40%（指全球约100个国家和地区的约1.8万家上市公司）。① 国际统一征收数字税的形势不容忽视。

随着数字经济的发展，从2013年开始，G20国际会议授权经济合作与发展组织（OECD）对全球利润转移、税基侵蚀和利率转移进行10项专项研究。2016年G20杭州峰会决议，针对无形资产"数字"征税，对相关财政（税制税率）政策和货币（利息率）政策的调整。到2019年基本形成两个支柱性的政策：一是形成全球数字税的共识及全球最低税率的共识；二是富国低利息率现象。

我国数字企业数量仅次于美国，未来如何运用国内税收杠杆，是需要认真研究的课题。随着中国数字经济走向世界，积累经验，争取制定规则的话语权。关于"用户创造价值"理念，它表达了这么样一个观点，用户数据是平台的价值来源，不应是免费的，而一国政府代表用户利益向提供数字产品和数字服务的企业征税，合情合理。②

（五）货币政策。2021年上半年以来，全球石油价格、铁矿石等原材料价格、农产品价格、汇率已经出现较大幅度波动。因此，全球初级产品和农产品价格稳定问题值得关注。2022年5月美国政府赤字30万亿美元。对资本价格利息率的规定，美国作为债务大国倾向低利息率，客观上有鼓励贷款创业的作用。2022年3月以来，美联储调整利息率上升以遏制通货膨胀（8%以上），日元等货币急速贬值，美元新一轮割韭菜。数字货币制度的定制博弈已经展开。

（六）美国对中国的系列"制华法案"，"The Endless Frontier""无尽前沿"被美国刻意翻译成了"无尽边疆（frontier）法"，美国内法长臂管辖以"话语权"形式"合法化"。

---

① 马洪范等：《数字经济、税收冲击与税收治理变革》，载《税务研究》，2021年第4期。

② 梁发帝：《数字税到底是种什么税?》，新浪网技术（中国）有限公司官方账号贝果财经，2021年1月30日。

综合以上，我们应当注意到，降低制度成本，有吸引资本生产工具转化的作用，"从节约交易成本和激活市场主体创新禀赋的角度来看，全球，全球平均企业税率降低是大势所趋，但普遍存在的企业税率'逐低竞争'往往导致合成谬误的效果"，因此需要国际联合约定一个中立的税率区间，就是 2013 年以来经合组织借助 G20 平台推动全球税制改革、设定全球"最低企业税率"的用意。① 而在另一个方面，这还有税收规则国际主导权的争夺，特别是掺杂了、涉及了长臂管辖权，是对主权独立的侵蚀。

从长期看来，随着"企业全球化资源配置能力"的提升，我国互联网企业将会遇到包括数字税等在内的各种约束。因此，我国应当积极参与世界经济一体化"制度成本"改革的科学研究中，以学习和培养国际人才。例如全球对大型科技平台监管信息共享和与反垄断体系合作，对高科技发展的前瞻性预期监管，国际高标准金融监管体系，借助 G20 体系与经合组织合作，推出产业链生态体系平台类企业权利与义务更加平衡的数字规则标准，参与确立全球数字规则新基准。而不是一味地算小账。若一味地给外资提供优惠政策，实际是对民族工业的不公。

名词与概念：

流转税有转移与转移不出去的不确定性，弱势群体转移不出去有全国同税率弊端

财政的三大收入和三大用途，专税专用

政府最终消费控制在由所得税供给为主，或占 GDP 的什一中正

生产企业人综合税负应不大于创造价值的 10%

个人所得税　　企业所得税　　营业流转税　　三种税应均衡配置

生产型增值税改为消费型　　生产销售价格营业税

创造价值营业税

---

① 章玉贵：《G7"全球最低企业税率"不止为钱》，载《环球时报》，2021年6月8日。

土地财政是双刃剑，有"土地权与治权合一专制"腐败隐患。改革为居住权房产税、豪宅房产税。

对比与质疑：

（一）建议对住房市场设立价格波动熔断机制。

（二）现在有大数据监督，有条件恢复利息税。设定利息税起征点和累进制。

（三）完整准确地理解列宁关于赋税的理论，要以他的《论粮食税》为指导，坚决摒弃"文革四人帮"所拼凑的"财税政治强制无偿固定""主权命令"一元专制价值观。

第十二章　社会主义国际贸易政策

背景：

针对美国挑动贸易战，中国必须保卫主权独立基础上走多边主义道路。

第一节　社会主义对外经济关系

一、现代生产方式生产力发展绝对趋势，必然拓展为世界市场

（一）世界市场，马克思写道："资本一方面具有创造越来越多的剩余劳动的趋势，同样，它也具有创造越来越多的交换地点的补充趋势；……从本质上来说，就是推广以资本为基础的生产或与资本相适应的生产方式。创造世界市场的趋势已经直接包含在资本的概念本身中。"① 不仅如此，他还认为，"只有市场发展为世界市场，才使货币发展为世界货币，抽象劳动发展为社会劳动。抽象财富、价值、货币、从而抽象劳动的发展程度怎样，要看具体劳动发展为包括世界市场的各种不同劳动方式的总体的程度怎样"②。"开拓了世界市场，使一切国家的生产和消费都成为世界

---

① 《马克思恩格斯全集》，第46卷上，人民出版社1979年版，第391页。
② 《马克思恩格斯全集》，第26卷（Ⅲ），人民出版社1974年版，第278页。

性的"。① 一是劳动力的价格及其工资总额的增长滞后于商品生产力的绝对发展趋势，是生产过剩常态化的国内原因，必然导致产能转移出国。二是世界市场就是现代生产方式规则与秩序的推广，因此不需要再另行设计规则与秩序。马克思已经不需要再续后面的关于世界经济的写作计划。三是民族国家之间应当适应并自律遵守现代"和平、发展、互惠"秩序生态位，而与日耳曼野蛮部落法自由契约优胜劣汰弱肉强食说再见。

国家之间各国劳动价值的计量，"每一个国家都有一个中等的劳动强度，在这个强度以下的劳动，在生产一种商品时所耗费的时间要多于社会必要劳动时间，所以不能算作正常质量的劳动。在一个国家内，只有超过国民平均水平的强度，才会改变单纯以劳动的持续时间来计量的价值尺度。在以各个国家作为组成部分的世界市场上，情形就不同了。国家不同，劳动的中等强度也就不同；有的国家高些，有的国家低些。于是各国的平均数形成一个阶梯，它的计量单位是世界劳动的平均单位"②。参与国在跨越刘易斯拐点之前本国的劳动力平均价格往往以佃农为替代边际。

"价值规律在国际上的应用，还会由于下述情况而发生更大的变化：只要生产效率较高的国家没有因竞争而被迫把它们的商品的出售价格降低到和商品的价值相等的程度，生产效率较高的国民劳动在世界市场上也被算作强度较大的劳动。"③ 也就是说，商品的国民价值是由一国的社会平均必要劳动时间来决定的，而商品的国际价值是"……由世界市场上的平均必要劳动时间来决定"④。例如，中国工业劳动力性价比是世界最高的，但是劳动力价格只有美国工业劳动力价格的1/7，是由于美国技术壁垒价格垄断和美元武器化金融泡沫作为背景。

（二）中国的对外贸易建立在和平共处五项原则平等互利的基础之上。对外贸易方面的互利互惠包括：进出口商品的品种、质量、规格等合乎双

---

① 《马克思恩格斯选集》，第一卷，人民出版社1972年版，第254页。
② 《资本论》，第一卷，人民出版社1975年版，第613页。
③ 《资本论》，第一卷，人民出版社1975年版，第614页。
④ 《马克思恩格斯全集》，第47卷，人民出版社1979年版，第405页。

方的要求；进出口商品价格遵守 WTO "正常价值＝偿债生产价格构成"法，公平合理，反对垄断和倾销行为。进出口贸易交换各方的关系对等，不附带任何不平等条件和不得损害本国或其他国家的主权，保证国家在政治上和经济上的独立自主。随着我国国际贸易占据世界第一位，应当逐渐实施主要的结算货币对等原则，积极参与国际贸易规则的制定权。

改革开放以来，我国的对外贸易战略宗旨是互利共赢、多元平衡，促进了对外贸易大幅度增长。1978 年我国进出口总额在世界各国中仅居第 29 位，2013 年已跃居世界第 1 位。[①] 2024 年进出口贸易额达 43.85 万亿元人民币。

二、对外贸易中的商品出口和进口

（一）我国采取了灵活多样的贸易方式，拓展出口渠道。生产商品贸易的形式，例如劳动密集型、资本密集型、商用房地产密集型、资源密集型和技术密集型，结合我国发展阶段依次推进。一是初级阶段，我国采用了来料加工、来料装配、来样加工、补偿贸易、进口替代、出口替代等，启动劳动力密集型产业，开辟了国内初级消费市场，作为过渡时期无可厚非。2000 年以来，随着房地产和基建狂魔两条龙头产业腾飞而进入中级阶段，加强科技投资创造新产品需求，向耐用消费品市场进军。2012 年以来，信息网络产业标志着进入高级阶段，下游高科技产业带动上游。国际媒体形容中国形同坐电梯直线上升式新产品更换代，齐头并进、并联式发展、巨浪滚滚势不可挡。二是国际劳务合作和对外承包工程。三是发展国际旅游。

在国际贸易安全方面，注重进口和出口平衡，注重对国外投资的管控，打破某个行业或领域被国外垄断的不安全情况；防止外资股权渗透到国家不可替代的涉及国家安全的领域。

20 世纪 90 年代初，美国推行比较优势世界产业链布局以来，通过跨

---

① 2014 年 4 月，世界贸易组织公布，中国 2013 年进出口货物贸易超过美国，跃居全球第一大货物贸易国。

国公司，将高科技研发和定价权两端留在本国，而将分工专业化生产环节布置在廉价劳动力的第三世界，例如流水线高科技和非熟练工人的搭配——劳动密集型，劳动技能密集型，并且以国家安全为由防止高科技流出，这就是美国对 100 多个国家贸易逆差的原因。这种不平衡，催生了"中心外围论"。

（二）利用外国资金，必须坚持以下几项原则，第一，拒绝一切奴役和掠夺性条件，维护国家主权和正当的经济利益。国际信贷活动绝不允许附带任何政治和经济上不平等的条件。第二，以投资产业为主，金融、服务业次之。国内积累为主、利用外资为辅的原则。对我国这样一个社会主义发展中大国，主要的建设资金只有也只能靠自身积累，不可能完全利用外资来搞现代化建设。例如，国际集装箱运输 90% 被国外垄断，长期逆差的情况有待改变。① 第三，外汇收支大体平衡。利用外资建立对外的债务关系上，必须按时还本付息。第四，利用外资与国内配套资金的平衡。

人们一度对外国资本垄断我粮油供给、物联网系统、洗涤系列产品、国际集装箱运输、自来水等忧心忡忡，还有转基因食品问题。解决方法，一是国家加大这方面的投资公平竞争；二是买回部分股权；三是以对等的理由，到对方国家投资，形成国与国之间投资与引进平衡手段。

利用外资主要有两种形式，一是通过各种信贷途径借入外国资金，国际信贷可分为国家信贷和私人信贷。国家信贷多为政府间协议安排和提供的贷款。这种贷款条件一般比较优惠，且多用于特定项目，数额也有限。私人信贷在国际信贷中占较大比重，又分为商业信贷和银行信贷两类。商业信贷是购买外国商品时由对方出口商提供的，主要表现为延期支付货款。银行信贷是由金融机构提供的，可以在国际贸易中以买方信贷或卖方信贷的形式出现，也可以抵押财产形式贴现贷款额度供借款人自由支配使用。二是吸引外国资本进行直接投资。可采取举办合资经营企业、合作经营企业或外资独营企业的多种形式。随着我国投资环境的改善，我国利用

---

① 杨达卿：《西方偏光镜看不到中国 AIS 信号》，载《环球时报》，2121 年 11 月 26 日。

外资的规模大幅度增长。2019年中国累计吸收外资已超过2万亿美元（不含银行、证券、保险），从1993年起，我国一直是吸引外资最多的发展中国家，2020年已经成为吸引外资最多的国家。增加引进外资的方式，优化投资环境，保护投资者的合法权益，完善外债管理，学习外国经营和治理经验。

表12-1　2017年度累计世界主要国家国外投资与对外投资、国际与国内负债表

（单位：万亿美元）

国家(地区)	政府净资产	本国投资他国（正资产）	他国投资本国（负资产）	备注（政府负债）
美国	-7.4	27.8	35.2	-13.8
日本	2.91	8.97	6.06	
德国	2.3	10.0	7.7	-2.35
中国	1.81	6.93	5.11	
荷兰	0.62	10.36	9.74	-0.51
法国	-0.6	7.93	8.48	-2.85
澳大利亚	-0.77	1.83	2.6	
瑞士	0.87	4.89	4.02	
新加坡	0.80	3.62	2.82	
爱尔兰	-0.54	6.03	6.57	-0.23

资料来源：澳德华海外置业移民，2019年4月23日报道。

（三）对外输出技术和资金。我国社会主义和平共处五项原则国际关系准则，从根本上消除了利用先进技术的障碍。经济改革40多年来，我国的海外中资或中外合资、合作公司不断发展。进入20世纪90年代后，鼓励企业走出去，海外投资增长势头迅猛，截至2019年底，我国对外直接投资存量已达2.09万亿美元，基本实现引进来和走出去之间的资金流平衡。通过引进来、走出去我国学习到了国外的先进技术、管理经验，掌握了世界经济的动态和信息。特别是国际经济交往中的依法治理经验，必将推动

国内法制建设。对外投资已成为我国多边主义国际事业的重要组成部分。我国的对外投资和跨国经营主要有三类,一是向发达国家和地区投资,以便更有效地获得国外的先进技术、管理经验、法律制度安排,并利用我国的某些经济优势和技术特长,参与国际竞争,扩大市场影响,提高经济效益,实现两国投资与引进资本平衡。二是向一些资源丰富的国家和地区投资,开发当地的矿产品或其他资源,和当地共享这些矿产品或其他资源利益。三是按照联合国的有关规定,实行对外经济援助,向发展中国家投资,互利互惠发展双方独立的民族经济。

(四)国家之间的贫富与定价权有莫大关系。争取公平,第一步是争取公开性。中国已经在互联网支付平台的技术能力和成本优势上有所前进。未来,主要是在支付技术和监管科技方面的竞争,以及话语权竞争。

三、建设对外贸易区,海外资产经营管理

我国于2001年12月11日加入世界贸易组织(WTO)。截至2010年,货物贸易降税承诺全部履行完毕,中国近年来又多次大幅度自主降低进口关税税率,2015年中国的贸易加权平均关税已降至4.4%,已非常接近发达国家水平。党的十九大报告提出:"拓展对外贸易,培育贸易新业态新模式,推进贸易强国建设。实行高水平的贸易和投资自由化便利化政策,全面实行准入前国民待遇加负面清单管理制度,大幅度放宽市场准入,扩大服务业对外开放,保护外商投资合法权益。"为应对世界经济和国际贸易的新形势,我国的外贸体制必须深化改革,以相互补充配套的经济、法律、政策和必要的行政手段来调控、引导、规范企业的经济行为,建设贸易特区,经过试点后总结经验并推广。

(一)经济特区。

经济特区参照了世界自由港区的主要形式。

1979年4月邓小平首次提出要开办"出口特区",后于1980年3月,"出口特区"改名为"经济特区",并在深圳加以实施。1980年5月,中共中央和国务院决定将深圳、珠海、汕头和厦门这四个出口特区改称为经济特区。1988年4月,设立海南经济特区。2010年5月,中央新疆工作会

议上中央正式批准霍尔果斯、喀什设立经济特区。截至目前，全国共有七个经济特区：深圳、珠海、汕头、厦门、海南、喀什和霍尔果斯。

主要特点。一是在国内划出一定地区，一般选择在港口附近、交通方便的地方，以有利于货物流转，节省费用，降低成本；二是在对外经济活动中推行开放政策，并采用减免关税办法，吸引外资；三是为外商创造方便安全的投资环境，订立优惠条例和保障制度；四是产品以外销为主；五是集中管理，特区行政管理机构有权制定因地因时制宜的特区管理条例；六是区内企业享有相当的自主权。

（二）经济技术开发区。在1984年我国就开始设立经济技术开发区，1986年就有了《江苏省经济技术开发区管理条例》。当时在各沿海开放城市相继开设了14个经济技术开发区，以后又在一些沿海、沿江、沿边和内陆中心城市陆续建立了一批经济技术开发区、高新产业区等。经济技术开发区就是在城市的市区划出一块明显的地界，集中发展利用外资、引进技术、出口贸易等对外开放事业的区域。经济技术开发区只是行政区中的一个区域；只有高新技术产业才享受优惠政策。

保税区是借鉴国外自由贸易区的经验，结合我国国情设立的处于国境内、海关境外的特殊区域。它有明显的界限和完善的隔离设施，是一种封闭性、综合性的对外开放区域。1990年以来，国家在上海外高桥、天津港等地已陆续开辟了15个保税区。在保税区内的自用设备、为加工而进口的原材料、供转口的货物、加工后出口的产品，免交关税、免领进口许可证、免交工商统一税或对其予以保税，以利于区内企业搞出口加工、转口贸易和进行"两头在外"（即原材料来自海外，产品销往海外）的生产经营活动。保税区内对外商投资给以优惠，对中资企业从事外向型经济活动的同样给以优惠。保税区鼓励从事转口贸易，并提供相应的服务。保税区还从事仓储业、金融业、房地产业等。我国的保税区是目前政策最优惠、开放度最高、运作机制最便捷的对外开放区域。2022年1月1日颁布了《中华人民共和国海关综合保税区管理办法》。

（三）沿边、沿江和内陆中心城市的开放。沿主要交通线地带和中、西部地区的开发开放。

（四）"一带一路"建设是我国对外开放的重大举措。通过"一带一路"建设形成国内外经济循环一体化的新布局。中国现在的制造业转移，是中国投资者带着制造业转移到其他国家，由于我国具备完整的产业链，针对它国缺少的原材料和零配件等，保留由国内供应，从而形成了新的产业布局，创造了 GNP。

（五）创建平等互利的自由贸易区战略。《中华人民共和国海南自由贸易港法则》规定，自由贸易港是指设在国家与地区境内、海关管理关卡之外的，允许境外货物、资金自由进出的港口区，对进出港区的全部或大部分货物免征关税。并且准许在自由港内，开展货物自由储存、展览、拆散、改装、重新包装、整理、加工和制造等业务活动。有利于消除贸易壁垒和化解国际贸易争端，提升贸易投资公平竞争自由化便利化水平。在国内，2013 年上海自由贸易试验区正式设立，到 2020 年，我国陆续建立的自由贸易试验区已达 21 个。2002 年至 2019 年，我国已与 24 个国家和地区签署了 16 个自由贸易协定，与自由贸易伙伴的贸易额占中国对外贸易总额的 25.9%，已签署的自由贸易协定中，接近 90% 的产品为零关税。亚太《区域全面经济伙伴关系协定（RCEP）》在 2022 年 1 月正式执行，该协定"东盟 10 国+5 国"覆盖了全球约 22 亿人口和 29% 的经济产出。我国以周边为基础加快实施自由贸易区战略，构建立足周边、辐射"一带一路"、面向全球的公平竞争高标准自由贸易区网络。

（六）海外资产经营管理。

管理国际资产的要点是安全性、流动性、收益性。对于外汇储备，以安全和流动性为主，世界经济向好时考虑收益，低增长时期安全流动性为主。例如资本外逃采用强力措施进行扭转，监督者和公众须有知情权等。[①]

走出去的企业需要有长远眼光，一是选择对口的优秀项目；二是要尊重当地人的价值观，首先在文化和慈善方面下功夫，拉近与民众的距离，得到当地人的认同。三是有了问题要认真学习研究当地的法律和相关国际

---

① 梅新育：《海外资产管理不可片面追求收益》，载《环球时报》，2017 年 10 月 18 日。

惯例法，委托国际知名法律、管理、监理和财务等公司制定符合国际规范的管理技术标准，坚持世界银行规则有了利润才还本付息的三重契约法与法律安排。坚持发挥我国经济发展和内生性技术进步，保持风险意识、早期预警能力，未雨绸缪储备足够政策工具，在遭遇困难和挫折时适度调整策略，从长计议，确保总体、长期的平稳发展，"鉴往知来"，宏观审慎，做好前瞻性战略部署。这些是后发展国家在走向世界市场中的必备理念和制度。首钢秘铁公司全额贷款负债经营模式走出国门，贷款 13 年后第一次向母公司交纳利润。还有中国铁建麦加轻轨铁路也是中国企业在海外第一次采用 EPC+O&M 总承包模式（即设计、采购、施工加运营、维护）建设的铁路项目，先亏损后盈利。走出去的企业大致都有曲折过程，可以为国内企业学习。

第二节　中国特色社会主义国际收支

一、国际收支的划分，国际贸易的关键制度

一个国家的国际收支大体可以划分为三个组成部分，一是经常项目。主要包括：进出口贸易收支；国际劳务收支，如运输、通信、保险、旅游等各种服务引起的货币收支，利息股息利润等；单方支付或转移支付，例如侨汇、个人或政府的赠予、赔偿等。其中对外贸易收支最重要，所占比重也最大。二是资本项目。它是指资本的输出输入（对外投资，引进投资），包括直接投资和非直接投资（资金借贷），长期资本和短期资本。三是平衡项目，它是指用来平衡国际收支的手段及其变化。一个国家一定时间（如一年）内的国际收支不可能是平衡的。当国际收支（贸易和资本项目）都是顺差时，表现为黄金和外汇储备（顺差）必然增加。当国际收支都是逆差时，表现为外汇储备必然减少。当实际外汇储备不足以填补逆差，即收支失衡，需要政府干预。当货币政策调控有难度，就需要采取综合措施促进国际收支基本平衡，必要时还要运用国际信贷手段来弥补。

目前，我国在国际收支方面，已由过去的外汇短缺转化为贸易顺差、外汇储备（顺差）快速增长，储备维持在3.1万亿美元水准。

国际收支簿记编制原则。获得一笔钱（包括借款、收入利润）写借记；每发放一笔钱（贷出，偿还债务）写贷记。借方总等于贷方总，如果有差额就要用外汇储备填平。这种账面平衡不是实质平衡，而是会计法允许"待摊、预提"，规定不得超过5年。

国际贸易的两大课题，一是统一关税；二是合理适度统一生产价格法反倾销、反垄断，即WTO正常价值＝偿债生产价格法。

关税壁垒源于15—18世纪的高关税重商主义，自由贸易与关税保护之间的矛盾与平衡来回摇摆。弗里德里希·李斯特认为，关税同盟有创造贸易的功能，高关税阻止其他国家产品，有利于保护本国幼稚工业。欧美关税同盟内外有别，起源于1789年美国13个州形成关税同盟。1834年德国300个小公国之间也建立了关税同盟，1871年俾斯麦统一全国，国内关税被废止。1947年《关税与贸易总协定（WTO前身）》内容之一就是关税同盟。2017年美国特朗普上台以来，为了保护美国的产业与就业，大幅提高中国产品关税（但是关税越高美国自己的代价越大）。

二、政府的国际收支平衡手段

（一）中国自己的人民币"锚"为主体。货币是财产证明书，财产是货币的锚。人民币的锚，一是现有固定资产的使用者价格法的净值（可以贴现为货币）；二是活期、定期存款；三是走出去的产业；四是创新产业例如高科技产业和储备的人才产业；五是国土绿水青山生态产业价值提升。

（二）国与国一对一的出口与进口收支平衡，投资与被投资平衡。

请进来，走出去收支总量平衡。例如，当下我国引进外资2万亿美元，走出去在国外投资2.19万亿美元。老百姓非常担心外国资本控制中国的产业，为此，可以用对冲的方法解决，即在对应国家也进行对等投资，双方制衡。

（三）财政手段收支平衡，例如关税，增税、减税、中性税率。

（四）外汇储备（顺差）的均衡点。外汇储备的作用：首先是为了安全，其次是利益。例如，保证对外支付；干预外汇市场，稳定本币汇率；提高对外融资能力；增强综合国力和抵抗风险的能力。然而，储备是流动阻滞，并不是越多越好。外汇储备过高带来的问题：外汇储备（贸易顺差滞留）等于有形体财富流出，等于收入和消费减少，实质经济投资减少。

首先，适度外汇储备率的量化。陈云同志提出过两大意见，即市场鸟笼理论和黄金储备建议。从 1994 年开始，我国国际贸易开始用美元计算，企业赚来的外汇在国内不能流通，需要换成基本（印钞）人民币，即人民币对冲外汇，美元逐渐成了新增基础人民币的锚。那以后，美元外汇储备猛增，产生于对美国贸易顺差引起美元堆积。放开金融以前，中国外汇的用途似乎主要用于储备，2007 年按 WTO 要求放开金融，开始组建国际投资公司，给各大银行注资。2004 年，中国外汇储备余额达到相当于 GDP 的 48.2%，2011 年达到 3.2 万亿美元，2022 年下降到 17% 较正常位置。2024 年中国国家黄金储备上升到 2279 吨（不包括民间金银储存），与美国自有的黄金储备相当（扣除储存的各国 7000 吨黄金）。政策调整，第一，在减持的同时，外汇储备多样性的量化，选择以实质经济为货币对价的储备货币，应是制衡选择。第二，外汇多用途量化。外汇收入，60% 应当用于采购国外先进技术装备和资源，20% 用于走出国门，10% 用于金融投资。采用多渠道、滚动式流动政策，充分发挥外汇创新作用。第三，为了贸易平衡，继续坚持要求美国开放高新技术和资源市场；在进出口贸易中，应建立使用美元和人民币各一半的结算规则。第四，中美对等投资战略，以备后手。在组建国际投资公司，大银行开展国际业务基础上，成立亚洲基础设施投资银行，将长期贸易顺差部分转用于对外投资，既帮助友好国家偿还美元债务稳定社会秩序稳定与我国的友好关系，又投资该国所急需项目，并保证有优质的担保资产，互利互惠。

（五）国际比较优势分工和它的定价权。

加入 WTO 是争取公平正义，而不是白送给你。① 国际贸易依然是"价格杠杆"在起作用。汇率、利率、房市、股市、油价、粮价等，谁掌控了定价权谁就可以掌握在世界贸易中的命运。就是说，仅凭劳动才智、世界工厂，不一定就能富裕起来，还需要建立公平价格制度，争取国际公平定价权，定价权决定大国命运。参照西方生产商公平价格准则，后发展国家改革，其一，应积极参与国际价格法、技术标准制定，以其人之道，争取生产国价格成本公平。其二，要求国际结算货币印钞、汇率政策公开透明，跨国公司公开透明，国际热钱流通透明，制定应对政策。其三，实质经济国家应团结合作，保护生产国利益。其四，反垄断法，遏制殖民主义资本对新兴产业链的收购斩首行为和垄断价格权企图。其五，特别需要注意的是定价权垄断，欠发达国家参与国际分工，霸权国家掌控了核心技术和定价权，委内瑞拉单独与美国进行石油交易只能按美国的定价。为此，我国决定内循环为主的两个循环。

（六）国际贸易比较优势，应坚持优势互补，合作共赢原则。一是必须坚持主权独立自主内循环为主体，争取国际贸易自由平等正义原则之下的国家之间分工，对本国必须对幼稚工业保护，生产力发展比当前的财富重要。二是国际化也要有进程安排，周边互算，亚洲互算，世界主要货币互算，逐步推开。三是要进口国外优势产品，出口本国优势产品，比较优势向绝对优势上台阶，向产业价值链的高端迈进，这是中国制造业的未来。四是适度缩短高科技专利期，工业机械专利法已经不适用于高科技变幻时代。

（七）在国际贸易循环中形成了"投资、居民消费、进出口"三驾马车模式。

---

① 许十文：《入世 10 年，重新认识经济全球化》，载《南都周刊》，2011 年第 48 期。

第三节 汇率决定；外汇管理

第一小节 汇兑率的计算

外汇的定义。我国所使用的外汇是指人民币以外的国际货币。

外汇的具体形式包括外国货币与准货币，有以下四项内容，一是外国货币，包括钞票、铸币等。二是外币有价证券，包括政府公债、公司债券、股票、息票等。三是外币支付凭证，包括票据、银行存款凭证、邮政储蓄凭证等。四是其他外汇资金。外汇、黄金、国际货币基金组织的特别提款权等共同构成一国的国际储备。

国际货币的用途：向国外购买国内供应短缺的大宗商品，向国外供应比较优势商品；偿还国际债务；储备国际货币免受冲击；等等。

一、汇兑率的计算，影响汇率变化的因素

外汇汇率的定义，一国货币与其他国家货币之间的兑换比率叫做外汇的汇率。

外汇汇率的高低和变化，对一个国家的国际经济关系有重要影响。

影响外汇汇率变动的因素，在纸币流通的情况下，一是各国货币流通和通货膨胀的情况各不相同，二是各国国际收支也不平衡，各国外汇的汇率是经常变动的。三是外汇汇率的计算是否合乎客观现实。应审时度势，充分掌握国际金融市场的各种信息，以正确地确定本国货币兑外币的汇率。

（一）金本位中介计算法。

第一，汇率的黄金中介计算方法。各国货币与黄金兑换，然后以黄金兑换率为比率，计算国与国之间货币兑换率，即汇率。

金本位的种类，一是金币本位制；二是金块本位制；三是金汇兑本位

制,但禁止金币的铸造和流通。

国家纸质币折合为同一贵金属货币量,各国纸币之间的比率,就是各国货币之间的汇兑率:

乙国单元纸币兑换甲国货币数量=甲国纸质币折合同一贵金属货币量÷乙国纸质币折合同一贵金属货币量

第二,汇率与两国生产水准比较。一是工业劳动生产力的比例有某种内在关系,一般劳动力平均价格比,例如美国工人工资是中国工人的7—8倍,综合决定我国汇率的尺度在"7"上下波动。但是中国工人"劳动力效率/工资"性价比世界第一,当生产力发展,劳动工资随着上升,人民币汇率走上升趋势。二是相对购买力平价,例如,用100种物品购买力用作为评价尺度比较客观。三是生产经济水准综合因素,包括利息率水准,购买力水准,经济增长速度,以及国际贸易竞争力等。多种因素综合决定汇率比较客观。

综合两种方法,可以避免"计算垄断"而被操弄。

我国汇率政策的经济基础:是大国,经济门类齐全,回旋余地大,企业家抗风险能力强,坚持走出去等优势。[1]

(二)影响汇兑率的因素。

"汇兑率是货币金属的国际运动晴雨计。"[2]

计算阶段性汇率的初级要素,一是阶段性的本国国际总支付差额;二是国际比较,本国货币贬值;三是当本国用银,另一国用金作货币本位,贵金属"金""银"相对价值的变动,而引起汇兑率的变动。[3] 四是具体汇率,受到生产劳动力水准,资本价格利息率水准和外汇储备存量等因素

---

[1] 李山泉:《20年立场看人民币汇率成长》,载《环球时报》,2018年9月7日。

[2]《资本论》,第三卷,人民出版社1975年版,第650页。

[3]《资本论》,第三卷,人民出版社1975年版,第668页。

影响。

（三）本国货币汇率问题，其一，汇率计算是否合理的因素，本国货币估值，是高估还是低估。其二，本国货币汇率的趋势是升值还是贬值。①其三，适度汇率调整，汇率上升（相当于人民币贬值）有利于我国产品出口，但是人为过度汇率上升，相当于人民币贬值，影响国际信誉，并且不利于出国旅游事业。而适度降低汇率，相当于人民币增值，用较少的人民币买入、引进高新技术产品，有利于经济向中高端转型，扩大内需。汇率与国际收支直接相关，还会影响本国国际储备货币的价值和构成。影响出口和进口维持平衡，或者说出口是为了进口，因此需要找到平衡点。其四，汇率应保持适度的稳定性。汇率稳定是大局，不放弃货币主权。汇率稳定，是有管理的流动性。

（四）利息率和汇兑率的关系。"如果贵金属的这种输出的规模比较大，持续时间比较长，英国的银行准备金就会被动用，……这种主要保护措施就是提高利息率。在金大量流出时，货币市场通常会出现困难，就是说，货币形式的借贷资本的需求会大大超过它的供给，因此，较高的利息率就会自然而然地形成"。②即我国利息率适度上升，货币回笼，传递人民币升值、汇率下降的信号。另外，国家出于经济安全考虑控制"利息率变动"，以保民生为主。

二、外汇管理，外汇风险的货币汇率政策

汇率杠杆，是国家通过汇率的变动来进行宏观调控的手段。国家根据国际市场状况和国内经济发展的需要调整汇率，以汇率的升降来影响国家的进出口贸易和国际收支的变化，从而影响社会总供给与社会总需求之间的平衡关系。

（一）独立自主原则下，人民币自由兑换进程。我国对外汇实行统一

---

① 翟东升、陈文桐：《人民币，从拒绝升值到拒绝贬值》，载《环球时报》，2014年2月11日。

② 《资本论》，第三卷，人民出版社1975年版，第651页。

集中管理。外汇收支是整个国民经济计划的重要内容之一,要使外汇的计划和使用与国内的经济建设协调一致。外汇交易只能由国家指定的外汇专业银行或其他金融机构统一经营。一切其他机构或个人不得私自买卖外汇,不准许外币在国内市场使用和流通。利用外资、向国外借款要经过报备和批准,纳入计划。不断完善外汇管理制度,使外汇管理具有高度的应变能力和必要的灵活性。

我国外汇储备稳定,货币政策独立,在此基础上的、有条件地放开汇率。[①] 并且,对于这些"质"的选项必须设"量"的中立标尺,以免陷入不可回归的危机。在独立自主原则下实现人民币的可自由兑换,是中国对外开放中的一项既定目标。

(二)人民币基础货币供应量与外汇储备必须脱钩。我国外汇储备达到了3万亿美元后,相当于外汇储备与GDP的比率开始下降到20%以下之后,我国形成汇率的两因素定价模型。

第一,基本模型:

$$当期汇率=收盘价+一篮子货币汇率变化$$

第二,人民币定价机制引入"逆周期因子",成为三因素模型:

$$汇率中间报价=收盘价+一篮子货币汇率变化+逆周期因子$$

第三,模型之间可以转换。例如,当汇率快速下滑期间,适宜用三因素模型;汇率快速上升期间,适宜用二因素模型。2022年7月至2023年以来我国金融机构运用人民币定价机制和利率调整机制,应对美国《削减通胀法案》掀起的一场利息率——汇率大战。

2020年5月以来人民币汇率快速上涨6%,10月12日中国人民银行将

---

① 余永定:《我们应当克服贬值的恐慌》,载《环球时报》,2018年8月24日。

外汇风险准备金率从20%，下调至零。27日晚，中国人民银行下属的中国外汇交易中心全国外汇市场自律机制秘书处公告，人民币对美元中间报价模型中的"逆周期因子"将逐渐淡出使用，人民币汇率以市场供求为基础双向浮动。中国的经济基本面有利于人民币，这会让人民币保持偏强走势。[1]

美联储的加息动作，2022年3月以来美元接近0%利息率一路上涨，12次调息，至2023年7月的5.25%—5.5%，美联储发出收回货币信号，相当于美元短缺增值。

我国汇率变动情况：2022年7月1日，1美元＝6.7324元人民币。9月以来经过金融工具介入，10月底回升到1美元对人民币7.1668元。

9月以来，央行已经多次出手打开稳汇率工具箱。根据相关政策规定：

跨境融资风险加权余额上限＝资本或净资产×跨境融资杠杆率×宏观审慎调节参数

9月5日，为提升金融机构外汇资金运用能力，央行决定，自2022年9月15日起，下调金融机构外汇存款准备金率2个百分点，即外汇存款准备金率由现行8%下调至6%。

9月26日，为稳定外汇市场预期，加强宏观审慎管理，央行决定自2022年9月28日起，将远期售汇业务的外汇风险准备金率从0%上调至20%。

10月25日，中国人民银行发布消息，为进一步完善全口径跨境融资宏观审慎管理，增加企业和金融机构跨境资金来源，引导其优化资产负债结构，人民银行、外汇局决定将企业和金融机构的跨境融资宏观审慎调节参数从1上调至1.25。从8月底，央行已经陆续通过在香港发行人民币央行票据，使用下调外汇存款准备金率与上调外汇存款风险准备金率两项宏

---

[1] 倪浩：《人民币中间报价模型调整》，载《环球时报》，2020年10月28日，第11版。

观审慎工具，并辅以人民币汇率中间价，引导市场预期，传递稳汇率信号。2022年共抛售美债1900亿美元。2023年7月开始下调人民币利息率至3%，9月15日人民币对美元汇率为7.1786元，有利于投资和出口。强化逆周期调节也是我国常用的手段，稳定经济增长。着力强化财政调控，实现逆周期、跨周期和预期管理的统一。发挥财政总量调控作用，适度逆周期调节，削平波动幅度。加强中期财政规划管理，完善跨年度预算平衡机制，实现跨周期调节。发挥财政政策对预期的引导作用。

（三）金三角博弈理论。

经济基本面是汇率稳定的基础。但是，由于影响的因素众多，国际金融理论发展到今天，并没有得到广泛认可的汇率形成理论，还在变动中。

货币金三角博弈理论。据说，2008年经济学诺贝尔奖得主克鲁格曼的贡献是"货币三角"：设立国际货币的三个流动选择，1. 完全自由的汇率，开放的资本账户；2. 货币独立；3. 固定汇率。三者只能取其二。例如，美国和英国奉行金融自由主义，采用多印钞票的方式放水摊薄债务。而欧盟采用的是紧缩财政，要求人民过紧日子来克服欧债危机。我国实行货币主权，有管理的浮动汇率，有管理的资本流动。

（四）国际金融操纵打压人民币的手段。中国应警惕偏离GDP增长率的汇率异动，2020年全年人民币对美元汇率为6.6，其间汇率上升瞬时极端值达到10.5，而这年因新冠疫情GDP增长率为2.3%，说明汇率上升偏快，有风险，有内外炒作因素存在。一是国际霸权推动人民币升值打压我国外贸企业收益率的对策十分明显，一些投机组织展现攻击性策略性试探、调动、煽动作用明显存在，值得警惕与防范，人民币汇率安全须警钟长鸣。二是离岸市场的较量。美、英、法、日联手的伦敦离岸市场规模约6万亿美元，无论从规模、效率、能力以及技术比较看，西方利用在岸与离岸滚动式操弄汇率异动的企图难以抑制。三是美国长臂管辖，以货币汇率变化的巧妙手法，转移内在压力和矛盾，对外压制别国竞争力，曾强迫日元、德国马克增值1倍，美元依靠SWIFT（美元全球结算系统）长臂管辖值得我们警惕。四是我国一般按到岸价计算，即我国出口的商品先付货到岸后交钱，但是收款延迟违约风险增大。因此，海关不仅仅只管通关，还应当设立相关国际贸易外国不良信用记录制度，通过法律手段打击国际老赖，为企业追回损失提供记录。2021年中国已设立"先付款后发货"模式。五是中国利息率稍高，出现国际避风港现象，套利炒作值得我们警惕。发达国家与后发展国家之间的汇率存在多种变数，存在隐性实际不平等。

第二小节　国际货币制度、组织

一、国际货币制度

国际货币制度，包括有关国际货币关系的规章和制度，也包括各国在实践中共同遵守的某些规则和做法。国际货币制度主要包括以下几个方面的内容：一是国际收支调节方式。即当一国的国际收支不平衡时，各国之间的政策措施如何相互协调配合以使各国公平合理地承担调节的责任。二是汇率决定及其变动。即一国货币与他国货币之间的比价应如何决定和变动，一国货币能否自由兑换成他国货币等。三是汇率制度及其选择。即一国的汇率制度应该是固定的还是浮动的，各国政府都应该做出选择。四是国际储备资产及其构成。即一国采用何种货币作为主要国际储备（顺差、滞留）货币，以及怎样确定国际储备的规模和构成来满足国际支付和调节国际收支的需要。

国际货币制度经历了几个发展阶段。

国际金本位制，布雷顿森林体系。1944年7月1日，44个国家的代表在美国新罕布什尔州布雷顿森林镇华盛顿山饭店召开了著名的布雷顿森林会议，会议宣布成立国际复兴开发银行（世界银行前身，后成为联合国下属组织）和国际货币基金组织（IMF），签署了《国际货币基金组织协定》，在布雷顿森林体系下，各国货币与美元保持固定汇率，美元与黄金保持固定汇率（规定为35美元—1盎司黄金）。美元成为储备货币、结算货币和国际流通手段。但是，20世纪70年代初期，由于美国连年出现贸易逆差，美国通货膨胀美元贬值，外汇市场汇率不稳定，1973年布雷顿森林体系正式崩溃。

巴塞尔协议。由于布雷顿森林体系的崩溃，美元汇率激烈波动，导致富兰克林国民银行等的外汇交易发生巨大损失而倒闭。一年后，1975年12月在巴赛尔成立了银行管理和监督行动委员会，银行合作和监督一共两条：一是任何银行开设海外银行不能逃避母国监管，国际金融组织赋予设立跨国别监管机构的权利义务，特别是进入网络时代得到国际严密监管；二是母国和东道国对跨国银行共同承担监管职责。2006年新协议创新：风险衡量标准，"内部评级+外部评级"；防范操作风险的资金不得低于总资本的12%（准备金率）等。

牙买加体系。1976年通过的《牙买加协定》及《国际货币基金组织协定第二次修正案》正式确立了牙买加体系。它的主要内容：承认浮动汇率制度的合法化；储备资产多元化；扩大对发展中成员的资金融通；增加成员在国际货币基金组织中的基金份额；推行黄金非货币化。但实际上，石油美元仍是主要储备资产，充当国际货币并长臂管辖，加剧了世界经济的不稳定性。牙买加协定，汇率自定，但是有浮动汇率、固定汇率、有管理的浮动汇率，三种形式。汇率制度实行的是货币主权，资本自由流动，汇率稳定，三选二。

二、国际货币组织

国际货币基金组织（IMF），由成员国出资，出资量决定投票权，但是至今美国拥有3/4的一票否决权。其价值由美元、欧元、日元、英镑、人民币所组成的一篮子储备货币决定。人民币于2016年10月1日加入特别提款权货币篮子，在其中的比重为10.92%，位列第三。IMF业务相当于股份公司的职责：监督贸易秩序，建立多边支付系统，执行有关货币合作安排，促进汇率稳定。国际储备资金用于向国际逆差困难国提供贷款，并监督整改：一是国内利息率是否合理问题；二是所申请注入资本项目是否确有纾困作用，以及资本项目科学监管防止被挪作他用问题；三是量出为入，保持进出口平衡，降低贸易逆差问题；四是汇率持续不稳问题；五是防止用新借款还旧借款，债务越滚越大。这也是国际投资通用检验指标。

世界银行主要投资生产性开发、基础设施、能源、环保项目，并且是提供给政府的贷款，由政府担保转贷给企业。世行成立下属的国际开发协会、国际金融公司，多边投资担保机构，国际投资争端解决中心等。从申请到批准至少要2年时间。世界银行一方面在与各国信贷中恪守了"生产线抵押贷款"（类似三重契约）标准样式，另一方面又受制于美国一票否决权。

区域性国际金融机构，这是一种国际性超国家组织。国际行业协会类似于民间中介，作用：借助共同体"他律"来强化个体"自律"，"趋利避害"。业务负责处理国际金融事务，国际金融活动的组织、协调、监管等公共职能。运营费用来源，一是成员缴纳会费；二是金融机构"融通"的收益；三是处理纠纷所收缴中介费。中国于2014年发起成立了亚洲基础设施投资银行已经有100多个国家加入。

跨国银行。20世纪70年代，产业链的国际化导致跨国公司的发展，跨国公司海外投资迅速增加，促使跨国银行在海外开设大量的分支机构，以满足跨国公司全球范围资本流动的需要。随着美国单边主义导致美元霸权继续衰减，美国以外债支撑消费的情况则难以继续。①

三、关于正面清单和负面清单

（一）当下大致有70多个国家实际实行的是国民待遇+正面清单+负面清单。

正面清单符合人们的"现象"思维和行为模式，对感兴趣的进出口内容列表。1994年WTO是按照正面清单进行。

负面清单方式，是黑名单，列出不允许参与国际贸易的名单。第一是《北美自由贸易协定》（NAFTA，1994），覆盖美国、加拿大和墨西哥，第二是WTO的《服务贸易总协定》（GATS，1995）是"正面清单和负面清

---

① 吴幼珉：《单边主义或催生后美元时代》，载《环球时报》，2018年9月4日。

单"模式，囊括世贸组织成员。2013年第五轮中美战略与经济对话之后，我国从2013年设立了上海自由贸易试验区，2015年开始使用"正面清单和负面清单"双向逻辑，颁布了《市场准入负面清单（2022年版）——禁止准入类》。

负面清单的法理依据是古罗马法的中国语言逻辑"法不禁即可为"。这不符合我国法律逻辑：《中华人民共和国民法典》第八条"民事主体从事民事活动，不得违反法律，不得违背公序良俗。"第十条"处理民事纠纷，应当依照法律；法律没有规定的，可以适用习惯，但是不得违背公序良俗。"与美英惯例法对比，必须承认我国法律还不够完善，特别是迄今没有设立"禁止高利贷—治产人信贷法"，按负面清单可以堂而皇之到中国来放高利贷等。

从负面清单的出现可以肯定是发达国家对后发展中国家的不平等条约，一是后发展中国家法律不健全，容易被钻空子；二是采用主权国被自愿的不道德的方法开放和自由化，美国在新版《北美自由贸易协定》中暗藏"毒药丸"，在我国第一份负面清单中被发现竟然没有核武器不得对外贸易，这让国民对负面清单的安全性被欺骗性充满疑虑；三是对未知无法列清单，则发达国家就可以"无边疆"占领。

负面清单相当于黑名单制度。但是负面清单要慎重。WTO的《服务贸易总协定》（GATS, 1995）第21条却允许成员撤回承诺，美国前总统奥巴马就使用过，所以有试错的余地。负面清单的作用之一，强迫后发展国家完善法律。为此众多学者指出应是平等和对等的正面负面清单开放以防之于未然。①

（二）我国"正面清单+负面清单"分三种类型，一是全国性清单；二是市场清单，国家发展改革委、商务部颁布《市场准入负面清单（2022年版）》经党中央、国务院批准印发；三是特区清单。

正负面清单改革的前期工作应放在对标全球最高水平形态，以规则、

---

① 廖凡：《金融高水平开放需法治保障》，载《环球时报》，2020年9月1日。张云东：《贸易摩擦给金融安全提了醒》，载《环球时报》，2018年5月3日。

规制、管理、标准对接为重点推动制度集成创新。以法律为例，世界银行已将"争议解决"作为"宜商环境"评估的重要指标；《2021年国际仲裁调研报告》显示，90%的企业选择国际仲裁作为跨境纠纷的首选办法。为此，在商事领域，我国正面清单可以允许当事人自主选择我国法系、大陆法系或海洋法系；允许当事人自主选择仲裁模式裁决案件；逐步实现与中国香港、新加坡实现仲裁结果互认；设立法律查明中心等。先试点，有优势再开放。

学界有建议，一是改革国际金融组织，为第三世界争取话语权、改革权、表决权等，废止一票否决权霸权地位。应加强国际金融透明度、审计和监管力度。走主权独立的互利双赢经济政治道路。二是金融创新与实质经济挂钩。三是适度复兴金本位制度。四是从地区性统一货币做起。欧盟制定了独立的欧元结算机制绕开美元，金砖国家也正在拟议适用的超主权货币"金砖+机制"多边贸易互换机制。五是WTO（非联合国机构）框架下的世界电子贸易平台（E-WTP）国际货币兑换率机制。六是数字货币改革，货币增长盯住GDP增长率原则。我国政府已经以法律形式规定，私人创造货币为非法。

第四节 坚守国家主权独立的国际贸易对等法则

随着包括中国在内的新兴国家的崛起，世界市场呈现出了两大历史逻辑博弈之百年大变局。新兴国际秉承一般人类规律平等正义历史逻辑走和平、发展、互惠道路，而美西方顽固坚持1648年《威斯特伐利亚和约》民族国家之间"私下契约"霸权主义。随着纯粹现代生产方式新时代的拓展，国际霸权秩序一元化已经被冲破，美西方必将回归普通。

一、国际关系法的国内适用和涉外法

（一）国际贸易国际法的国内适用。在当代世界，绝大多数国家都被纳入以《联合国宪章》为核心的国际法体系，已然成为一个独立于

特定国家的理论构建规范，在实践中更接近于各国共同的"契约"，可以用来对抗基于国际霸权规则的秩序。国际法中国化需要解决的课题，一是国际与国内两分法视角下的国际法效力的一元论与二元论之争；二是国际上关于两个视角理论，其恰好契合中国参与国际法秩序改革的角色变迁；三是基于这一变迁，则我国法律实践中特有的协商、调解等和国际商谈哲学基础，给予国际法理论可为涉外法治提供一种程序理论基础。

（二）涉外法，是介于国内法与国际法之间的第三种法律形式。

涉外法定义。涉外法治在规范法学的角度可以定义为：一国为了维护自身正当利益，塑造和改革国际法治等，从自身视角和多边主义视角达成和谐的综合视角出发，制定或参与制定法律或法律方案，并跨国家适用与执行的一系列法律活动。

涉外法的特征。第一，实质正义：主权独立，和平共处，互利互惠为正当性利益。第二，形式正义，依据协商、调解等国际商谈形式为基础。第三，实体法定制的二元特征，涉外法一般包含两个基本要素，法律规范的效力与强制实施力。涉外法律效力不仅包括国内效力，也包括域外效力，后者意味着涉外法治对应的是法律规范性与经济政治实力相结合的法律治理形态。[①]

设立涉外法，一是必要性，由于美国国内法长臂管辖他国事务，第三方采取了对等方式应运而生的一种法律形式。二是实践性，能够主权独立自主和平相处的每个国家都有自己的涉外法治观和涉外法治实践，既包括一国国内法治与国际法秩序的衔接和协调，也包括该国推动的国际法秩序的改革和发展。事实上，不同国家的涉外法治的内涵有着不小的差别，但面对的是同一个国际法秩序。

涉外法正义准则。历史横向，涉外法治主要表达的是一种对等正义，即民族国家内部共同体"己所不欲勿施于人"平等正义扩展或指向国际社会的视角。历史纵向可行性，是特定国家依据"一般人类规律"针对国际

---

① 张龑：《涉外法治的概念与体系》，载《中国法学》，2022年第2期。

秩序和国际法治提出的法治建设方面的立场、方案与建议。

涉外法是介于国内和国际。中国要融入世界，在国际事务中发挥更大的作用，不仅要维护自身主权和正当权益，尊重和维护其他国家的主权和正当权益，还要积极推动改革国际法秩序中不公正不合理的部分。因此，我国的涉外法治是一种介于国内法治与国际法治之间的双向互动的法治形态，主要包含两个层面，一是我国法律对外产生的安全边界、域外效力以及正当性等问题；二是参与和推动国际法治改革的立场、倡议和方案等。

（三）国际关系对等原则。最简单的做法，例如凡是在我国设立金融机构的，我国也需要在其国家设立对等的金融机构。按照WTO协议时间段进程，中国将在坚持主权独立原则下，按邓小平"多做试验"方法，逐步放开经过试验成长证明我国占优势的那部分市场，WTO的宗旨"国民待遇，共同适用"，必须坚持中国的开放与对象国的开放相互对等。发展中国家加入WTO后的不平等现象，一是WTO规则非市场经济地位的歧视条款；二是发展中国家有权利，但是尚无能力；三是后发展国家法制不健全，形成与发达国家之间的实际不平等，即隐形陷阱。有学者认为《中国加入世贸组织协议书》中对中国设置了隐形歧视条款，主要针对国有企业。

国际金融必然要坚持国际化、市场化、法制化原则。需要注意的是必须法律安全先行、法治引领、法治保障。其一，对"合格境外机构"的法律界定；"国民待遇"的法律界定，既不能国外机构特殊法律安排，也需要考量国际准则，我国至今没有对"禁止高利贷"设立实体法，外国资本就来自由贸易区享受高利贷。其二，国外和国内金融机构都必须遵守委托规则：忠于职守、不得越权、不得争利、竞业禁止。特别是保护国家机密、商业秘密。其三，金融是国之重器，必须确保金融安全的前提下有序推进，不断完善监管方式，增强监管能力和防风险能力。特别是现在亟待建立和健全适用于外商的全面、系统、权威的金融安全审查制度。

（四）国家安全审查。作为经济大动脉的金融，如果被外资干预和控制，国家金融货币政策传导能力势必衰减，金融宏观能力大打折扣，甚至失效。就难免会出现外资金融机构乘机从股市、期货市场、汇市等多个方面对中国狙击并套利。金融有条件的开放的安全审查内容：一是股东、实际控制人背景，营利模式与构成，合规则的经营情况。二是拟投资的金融机构是否关系到国家安全。如果申请者背景复杂可疑，股东或分支机构触角源头与不友好机构贯通或勾结，或拟投资机构有国家安全敏感性，一律否决。三是为保护国家安全，在华外资机构和境外机构一律不得参与中国包括场内场外的衍生品发行、创设和交易。按照"禁止高利贷—三重契约"体系的法律规则，外资机构与中国市场是利益共同体共生关系，不得干吃中国饭砸中国碗的勾当。不受理外资对冲基金申请；境外对冲基金不得投资中国金融市场。四是重视金融规则话语权。对外开放应是为我所用，明确外资金融机构在中国只能从事有关金融中介业务，禁止自营交易活动。五是守住资本账户底线。要牢记中兴事件的惨痛教训，不再幻想"美国信用"，而是通过公平竞争，通过涉外法建设，建立依法信用。六是预见和应对风险预案。伟大的事业必定通过伟大斗争来实现。对困难和风险预研预判，在发布实施政策时，同步公布可能出现的风险和困难，以及风险防控处置预案，在实施过程中，不断评估检讨实施情况，动态调整政策，完善风险处置预案。① 学习与交融，近现代，中华民族接触了各种外来思想，最终才确认了马克思主义作为民族复兴的根本指导思想。最重要的是理论联系实际。七是要在坚守社会主义基本原则的基础上把握国际化、商业化、市场化、专业化融入，成为其中进步的一员。

二、以联合国为领导，国际金融危机的防范

金融危机是指全部或大部分金融指标出现快速、剧烈的逆周期恶化。这些指标包括短期利率、汇率、资产（证券、房地产、土地等）价格、厂商破产数和金融机构无支付能力及倒闭数量等。往往发生在一国债务资本市场和银行体系等国内金融市场上的价格剧烈波动，通过汇率强烈波动等

---

① 张云东：《贸易摩擦给金融安全提了醒》，载《环球时报》，2018年5月3日。

引发国际危机。

（一）随着金融全球化发展，国际金融领域的风险形成因素更加复杂化，为了有效防范、消除或者减少金融危机的爆发及其所带来的危害，应采取一些措施。第一，我国多次强调，"国际规则只能由联合国193个会员国共同制定，不能由个别国家和国家集团来决定"。坚决拥护联合国作为世界主导权，以联合国为世界一体化的组织者，在世界市场范围内复兴"现代生产方式"的初心，彰显现代生产关系法权形式。坚决抵制、制止国际霸权国的所谓霸权即规则的"基于规则的秩序"。第二，以联合国章程的正义准则，加强国际金融协调与合作。当下，美西方国际霸权单边主义，滥用信息和滥用金融衍生工具，美元国际货币运行处于"钱生钱"空转为主业的高风险状态。为了改变这种不合理现象，首先可以从局部做起，例如，能够达成一致的国家之间局部加强协调与合作，多个局部联合起来弘扬"正义、平等、信用"公平契约精神，并借助于信息网络、云计算，实现"信息集中和有效监管"国际金融风险，避免金融危机的发生，联合第二第三世界大多数，与国际霸权长臂管辖作斗争。第三，健全国际金融危机的预警机制。必须尽快建立起配套的金融危机预警组织和监督机构，健全法规形成预警制度体系，形成世界性的金融危机预警网络。第四，加强对国际金融交易活动的监管，重点加强对金融衍生市场的监管。要对名目繁多的金融衍生产品，在联合国组织的督促下，由IMF来组织国际金融高级别的鉴别，坚决打击和取缔"金融衍生品赌具的赌博"现象，把金融手段关进法律的笼子中。在国际金融市场内必须遵守"筹集资金"用途正义、正当的准则，这个原则应"波及"投资者。投资者不得是野蛮人无限贪婪，只允许获得在禁止高利贷法允许范围内的收益。必须改变当下国际金融产业收益率过高，而高科技跨国避税引起税率过低的扭曲状况。第五，加强对国际资本流动性的控制和引导。对发展中国家而言，对引进外国资本必须按国民待遇严格监控、有效利用，优化引进外资的结构和投向，尤其是控制短期游资的流入和投向，防止短期资本大规模撤离引起局部性恐慌，要遏制资本流动中的投机性和破坏性，提高外资的利用效率。

(二) 国际协商和解行动。

根据中国与有关国家在 2022 年所签署的《关于建立国际调解院的联合声明》国际调解院筹备办公室的成立仪式在 2023 年 1 月 16 日于香港法律枢纽举行。以中国经验，旨在以和平方式处理分歧，以对话协商解决争端，以互利互惠摒弃零和博弈，回应国际社会对和平安全、公平正义、合作共赢的强烈诉求。为促进人类和平事业、推动构建人类命运共同体做出更大贡献。

关于贫困国家债务问题的协商解决。冷战结束 10 年的现象，一是美西方肆意发动战争造成百万人死亡、难民 3800 万；二是美西方利用信息战操纵"逢选必乱""颜色革命"；三是贫穷国家债务缠身，美西方是始作俑者，他们开出"放低准入门槛"用作政治干预条件，拉贫穷国家在国际资本市场发行主权债券，商业债权人和多边金融机构债务一般占到穷国外债的 70%，美西方才是贫穷国家"债务陷阱"的始作俑者。为此，国际货币基金组织 IMF 开出了对负债贫困国家自查条件，在贫穷纾困具体操作方法上，金融手段有缓债、减债、债转股等方式，而根本的还是穷国必须建立法制，保护和推动资本专用于转化为先进生产工具发展生产。

中国的对外贷款从不设政治条件，但是选择友好型国家合作，一般是以发展为目标，在后发展国家投资基础建设等长期才能见效的项目，这是双方自由平等的合作路径。而美西方居上临下强加于人附带政治条件贷款，让穷国遭遇非正义被自由。中国积极应对国际债务问题，2023 年 1 月以来，中国积极参与 G20"共同框架"，同 19 个非洲国家签署缓债协议或达成缓债共识。而美西方霸权并没有着力监察本国的跨国商业债权人和多边金融机构引起穷国债务不能的问题，他们的目的不是希望解决债务国的债务问题，而是要借此"污名化"中国。①

(三) 国际金融格局出现多极化的趋势。20 世纪 70 年代以来，由于美国政府不断通过增发美元来弥补其日益扩大的贸易逆差，从而使美元泛

---

① 《全球债务问题会议即将于周五举行》，《西方缺乏解决全球债务问题的诚意》，载《环球时报》，2023 年 2 月 15、17 日。

滥，美国不得不任其货币贬值，引起国际外汇市场的动荡。并且利用美元国际结算地位用国内法长臂管辖大搞单边主义。2022年2月3日，我外交部关于《美国滥施"长臂管辖"及其危害》报告发布，根据美国财政部《2021年制裁评估报告》，美国已生效的制裁措施累计达9400多起，对国际政治经济秩序和国际法治带来严重危害。① 美西方政治精英不仅满口谎言，欺骗、隐瞒，已经发展到公然采用恐怖袭击国际公共设施的霸道手腕等。美国国际信誉崩溃，昭示美元独大的势头正在垮塌。国际金融市场出现多极化的趋势，一家独霸天下的局面已一去不复返。美元属于滥印的货币，没有货的币就是骗子就没有金融规则可言。

2024年11月1日，我国在沙特阿拉伯发行了20亿美元的国家主权债券，11月5日我国航空展在珠海举行。中国完整的工业体系，强大的军事经济科技实力，勤俭正义勇敢忍辱负重伟大的人民，在中国共产党领导下国家蒸蒸日上体量大，这些是我国这一次金融阳谋的坚强后盾。

世界上主要贸易顺差国有中日韩和中东产油国等十几个国家，以前只能买买买和买美元国债。我国发行美元债券，用这些美元借给对美逆差国还美元债务，替换为人民币债务，转而用人民币或资产抵押偿还中国的贸易和债务，等于中国创建了夺取美元收割债务国的权利，把鱼钩伸进美国的钓鱼桶里（狸猫换太子），确实是破解美元骗局的阳谋神操作。这样，我国的贸易顺差，就可以贷给贸易逆差国用于还美债，推进人民币国际化，收购中国需要的资源，繁荣发展152个"一带一路"国家的经贸和投资经济。另一个就是金融安全问题，省去了以美元债为抵押在美国进行融资问题，要受美国国内法长臂管辖，唯有成立主权财富基金。这次还运用了最低利率差等于是双重保险，并且在9月25日在法国巴黎发行了20亿欧元主权债务试水。如果走得通将来就不需要庞大的外汇储备；更远一点，可以看作是在美国之外，绕过美联储建立美元循环的尝试。中美金融战才算是真正开打。中国必须更加强大！

---

① 《美国滥施"长臂管辖"及其危害》报告，央视新闻客户端、外交部网站，2023年2月3日。

名词与概念：

货币主权独立　　汇率　　坚守国际金融为我国实质经济服务

货币金三角　　固定汇率　　完全自由的汇率　　开放的资本账户

国际三驾马车：投资、居民消费、进出口

对比与质疑：

（一）国际贸易，是主权独立、多边主义的经济改革，所谓全方位开放、自由开放一边倒的提法是置中国于不设防境地。

（二）欧美民族国家之间自由契约的实质是日耳曼野蛮部落法优胜劣汰、弱肉强食丛林野蛮霸道，这种狂热地崇尚上古"采集"时代野蛮的逻辑"现代文明的野蛮"，只不过充分彰显了美西方文明发育迟滞的现实。

（三）当前的问题是，国际霸权利用手中的一票否决权，刻意歪曲联合国宪章的某些"词语"的含义，各国的任务是捍卫联合国源自自然法的平等正义准则，而与霸权主义丛林霸道作坚决斗争。

第三编　中国古代礼法社会主义

第十三章　中国特色社会主义实践，为历史"正名"

背景：

西方处于混杂时期，现代文明新时代追溯它的和平、发展、互惠文明正当性源头，发现了与中华和平互惠文明互相映照现象。纯粹现代文明形式对混杂的国际霸权主义具有现实警示意义。

第一节　现代文明新时代，追溯它的文明源头

一、各个历史阶段的生产方式，是文明的物质载体

文明。文与武是一个对立，文代表和平的方法。明与暗是一个对立，明代表光明正大。文明表现为和平、正义、安定。野蛮表现为暴力、黑暗、专制。

在我国古代"文明"一词最早出现在《周易》中，如"见龙在田，天下文明"；"其德刚健而文明，应乎天而时行，是以元亨"，"文明以止，人文也"，这些"文明"都有文治、教化的含义。Civilization 的词源也是有

教化、有礼貌、有文化的意思，在清朝时期，翻译为"文明"，符合其有教化的这一层含义。而中国古代用"蛮"表意野蛮，到明朝的小说中才出现野蛮这个词。

在语言逻辑中，文明又区分为西方文明、西方现代文明的野蛮、现代文明，中华文明，各国各民族文明等；物质文明、精神文明等。

（一）文明的定义。

文明，是人们对文明问题（本质、形态、发展规律等）的总体看法和根本观点。文明反映着人类社会历史及其文化发展的客观实际，文明是文化的综合。

（二）文明的外部表征。文明的物质载体是各个历史阶段的生产方式。

中国古籍《易传》中有"见龙在田，天下文明"；《尚书》"濬哲文明，温恭允塞"。

古希腊亚里士多德，界定文的方法的起点是"生产所以维持人生（生存）"。

欧洲第一次创建"文明"概念，就是以"城市"为人类文明物质载体。1765年，在《人类之友》中首次提出"文明社会"概念，"Civilization"的词源为拉丁词"Civilis"，最基本的意思为城市的、公民的；其次是公共的、政治的；衍生的含义是有礼貌的；文雅、有教养、举止得当、具有美德的社会群体"Civilization"（文明社会）。"文明"这个概念才出现。

马克思遵循亚里士多德哲学，界定，主要是与现代生产方式相适应的就是正义的。根据马克思、恩格斯对西方"现代文明的野蛮"的批判，正义平等的也就是文明的。

斯塔夫里阿诺斯的《全球通史：1500年以前的世界》中，将文明界定为"从采集到农业"。

因此，各个历史时期的生产方式，是文明的载体，物质生产力水准或形式是文明的外在表现，然后才是人文、文化水准为文明的表征。

（三）关于西方文明。

日耳曼野蛮部落自4世纪走出森林，5世纪借助匈奴西进动摇了西罗马帝国的根基，日耳曼消灭了西罗马帝国，8世纪建立法兰西神圣罗马帝国。11世纪以来日耳曼野蛮部落法"王在法之下",在历史变革中成就了英国工业革命,在这段1300年的历史中"日耳曼(野蛮)"就代表"胜利"。

西方文明,罗素曾言,西方文明的三大支柱:希腊文化、基督教、工业文明。美国学者塞缪尔·亨廷顿(Samuel Huntington,1927—2008)在《文明的冲突》中,将西方文明的特征概括为八个方面,一是古典遗产:包括古希腊、罗马文化,这是西方文明的重要基础。二是天主教和新教。三是欧洲的语言文化,尤其是拉丁语、罗曼语和日耳曼语等。四是政教分离。五是法律,"王在法之下"。六是代议制度,通过选举产生的代表来管理国家事务。七是社会多元主义:这体现在各种社会团体和利益群体的存在。八是个人主义,与文明社会(Civilization)之间的"异类、冲突、好战"。这些特征共同构成了西方文明的核心要素,影响了西方的政治、经济、社会和文化发展。文化是影响、辅助。

(四)现代文明。

现代文明,是指人类社会进入"现代"共有文明。在欧美语境,现代文明是针对欧洲古代原始社会、奴隶制社会、农奴制社会的进步而言。

马克思以生产方式划分历史时期,"现代"被界定为"现代生产方式自然历史时期",现代生产方式是现代文明的物质基础和载体。马克思指出,"任何哲学都是自己时代精神的精华"。当现代生产方式走向世界市场,"所以必然会出现这样的时代:……它是文明的活的灵魂,哲学已成为世界的哲学,而世界也成为哲学的世界,——这样的外部表现在所有的时代里都是相同的。……以世界公民的姿态出现在世界上。……最新哲学只是继承赫拉克利特和亚里士多德所开始的工作。……维多克的两难问题'不是囚犯就是狱吏'的二难论"①,例如"以世界公民的姿态出现在世界上",不是劳动者就是剥削者二难论。

关于和平、互惠、发展。现代生产方式增加了法制生产力要素,比自

---

① 《马克思恩格斯全集》,第1卷,人民出版社1956年版,第121、128、129页。

给经济增加了集体力、协作力、信用力（法律管护和推动将未来借给现在，管护集体、协作、组织的可持久性），科技转化为生产力要素，外在表现为进入科技革命推动的工业社会的过程。现代文明是以工业化、城市化、教育普及化、治理法治化、国际化等为外在标志的文明。现代生产方式资本是生产工具，即20年期预期先进生产线抵押贷款，这是20年期的偿债计划经济和债务市场，决定了现代文明的人文标志是诉求和平、互惠、发展。

欧洲文明的初心可以表达人类共有文明，最基本的意思为公民的、公共的，有礼貌、文雅、有教养、举止得当、具有美德的个人，及其组成的社会群体文明"Civilization"。现代文明进步的主题是人类解放和人的自由全面发展。

（五）马克思恩格斯关于西方"现代文明的野蛮"，分离出西方"现代文明"。

西方现代文明的特征是历史变革，底层人民自下而上创建"纯粹现代生产方式"，表现为生产力发展的绝对趋势。马克思指出："资产阶级历史时期负有为新世界创造物质基础的使命：一方面要造成以全人类互相依赖为基础的普遍交往，以及进行这种交往的工具；另一方面要发展人的生产力，把物质生产变成对自然力的科学支配。"[1]

"资本主义生产不是绝对的生产方式，而只是一种历史的和物质生产条件的某个有限的发展时期相适应的生产方式。"[2]

现代文明的进步性质，一是生产力绝对发展趋势，"资产阶级除非对生产工具，从而对生产关系，从而对全部社会关系不断地进行革命，否则就不能生存下去"[3]。二是利用自然力和交往集体力，以减少商品中所包含的劳动时间，"资本唤起科学和自然界的一切力量，同样也唤起社会结合和社会交往的一切力量，以便使财富的创造不取决于（相对地）耗费在这

---

[1]《马克思恩格斯选集》，第一卷，人民出版社2012年版，第862页。
[2]《资本论》，第三卷，人民出版社1975年版，第288页。
[3]《马克思恩格斯选集》，第一卷，人民出版社1972年版，第254页。

种创造上的劳动时间"①。

（六）西方现代文明的野蛮。"财产权+政治权"强力剥夺劳动阶级

私有制和阶级社会人类文明发展的矛盾性质、处境。马克思指出："当文明一开始的时候，生产就开始建立在级别、等级和阶级的对抗上，最后建立在积累的劳动和直接的劳动的对抗上。这是文明直到今天所遵循的规律。到目前为止，生产力就是由于这种阶级对抗的规律而发展起来的。"② 在私有制和阶级社会，文明成果的创造者与所有者、享有者是分离的，且前者作为被统治阶级而遭受后者的剥削、压迫，不平等的制度现实是"文明时代"全部社会问题的直接矛盾之源。而"文明每前进一步，不平等也同时前进一步。随着文明而产生的社会为自己所建立的一切机构，都转变为它们原来的目的的反面"③。混杂的文明时代还意味着"鄙俗的贪欲"和"流俗的伪善"文化顽疾的兴起。恩格斯指出："由于文明时代的基础是一个阶级对另一个阶级的剥削，所以它的全部发展都是在经常的矛盾中进行的。生产的每一进步，同时也就是被压迫阶级即大多数人的生活状况的一个退步。对一些人是好事，对另一些人必然是坏事，一个阶级的任何新的解放，必然是对另一个阶级的新的压迫。"④ 例如，资产阶级统治极端叛乱私有制废止和剥夺了传统习惯法对劳动者生命权的保护；贩奴契约奴隶导致无产自由劳动力的工资收入从以农奴为替代边际，退到以准奴隶为替代边际。

"国家是文明社会的概括，它在一切典型的时期毫无例外地都是统治阶级的国家，并且在一切场合在本质上都是镇压被压迫被剥削阶级的机器"⑤。

"鄙俗的文明的野蛮"，"贪欲是文明时代从它存在的第一日起直至今日的起推动作用的灵魂；财富，财富，第三还是财富——不是社会的财

---

① 《马克思恩格斯全集》，第31卷，人民出版社1974年版，第101页。
② 《马克思恩格斯全集》，第4卷，人民出版社1958年版，第104页。
③ 《马克思恩格斯选集》，第三卷，人民出版社2012年版，第518页。
④ 《马克思恩格斯选集》，第四卷，人民出版社2012年版，第194页。
⑤ 《马克思恩格斯选集》，第四卷，人民出版社2012年版，第193页。

富,而是这个微不足道的单个的个人的财富,这就是文明时代唯一的、具有决定意义的目的"①。西方"现代文明的野蛮"表现为西方资本主义双重性。

(七)马克思、恩格斯的科学文明观是文明的发展。它揭示了人类文明进步的根本物质基础、动力,坚持从社会生产力和物质生产发展出发审视、把握文明发展进步根本规律;它揭示了文明发展进步的"主体"本身,即人民群众才是历史的创造者、财富的生产者和社会进步的推动者,并理应成为文明成果的享有者;它终结了资本主义文明将"物的尺度"凌驾于"人的尺度"之上的价值观念,而将"人的发展"本身牢牢确立为评价文明进步程度和质量的终极价值尺度。

综合以上,中国共产党是"现代文明"的产物,中国共产党的成功奥秘是将国际现代文明思想和实践与中国的现实和传统相结合。摆在当代中国学者面前的挑战是,如何将这一过程上升到理论的高度,在中国文化的框架里吸收和消化西方的思想,进而创造中华文明的现代形式。

二、欧洲18世纪启蒙运动才出现"Civilization 文明社会"概念

(一)文明和野蛮是对立的概念。

古希腊奴隶制哲学划分共同体内或 Hellas 有交往、有商贸联系的,以向善为正义,共同体之外是野蛮人(异类)。如今英文"state"原义是"城堡",是"共生"的范畴,暗喻文明是相对的概念而不是独立的范畴。英文"Civiliz(s)ation"实际上拥有了汉语中的"文明"和"国"两种意思。在中文中,中国古人说的国家为"城""邦""国""邑"等,实际上也和城市有关,《说文解字》对"國"的解释为"或者,邦也,从口从戈"。这里的大"口"意思就是城墙。在西周时期,人们将生活在城市中的人叫做"国人",而将乡下的人称为"野人"。而在考古学上"城市"具有很明确的文明标志性。

但是,"日耳曼(German)"这个字,原来是高卢人称一切野蛮民族

---

① 《马克思恩格斯选集》,第四卷,人民出版社2012年版,第194页。

的词汇。

由于罗马帝国野蛮化，公元 9 年，日耳曼各部族在莱茵河东岸击败了来袭的罗马帝国的地方官，史称"条顿堡森林之役"。塔西佗在《编年史》里认为阿米尼乌斯毫无疑问是日耳曼的解放者，从敌对的罗马人那里获得如此高度的评价，让阿米尼乌斯足以成为德意志人的建国英雄。让 1600 年之后的德意志人更敢于反抗罗马教廷对德意志地区的压榨。在莱茵河以东，German 野蛮部落却是胜利者，导致了概念的混杂。

英国工业革命前后 300 年羊吃人现象，引发了人们对"野蛮"对立面的思考，"文明"一词是伴随着欧洲启蒙运动，在 18 世纪后期的英语和法语中出现的。1748 年，苏格兰人大卫·休谟（David Hume）发表了《人类理智研究》。1765 年，法国大革命期间，奥诺莱·加里布埃尔·米拉波（Honore-Gabriel Mirabeau，1749—1791）在《人类之友》中首次提出"文明社会"概念。

Civis（古拉丁文）	城市、国家、公民
Civilis（古拉丁文）	市民的、公民的
civil	民事的
civitas	公民身份、公民权、城邦
citizen	市民、公民、国家
Civitiz（s）ation	市民、教化

（二）在混杂社会现象中，区划分离出纯粹现代生产方式正义文明性质。

第一卷已经讨论了纯粹现代生产方式是正义的、和平发展互惠新时代，它具备 8 个特征（与奴隶制、农奴制对比），这对人类提出了更高要求。

文明是需要。城市需要文明。工业革命以来，城市人口集中、陌生人社会人们之间的距离被拉近，为了避免无意或有意相互冲撞引起冲突，从而要求城市公民行为举止以"贵族礼仪"为形式，德国俾斯麦要求农民进城遵守"形式主义"。底层市民需要文明正义的保护，追求文明幸福。资本使用者和劳动者在中性区间共生关系，是文明的可能性与可行性。经济基础为上层建筑提供了向文明方向发展的丰富物质基础和潜质。

（三）以现代生产方式为正义，批判西方资产阶级早产儿"文明中的野蛮"。

历史并不是直线进化的，在1世纪，被侵扰的日耳曼人就批判古罗马野蛮化。

欧洲处于现代制度、奴隶制、农奴制混杂时期，由于资产阶级"羊吃人"、复辟贩卖奴隶和契约奴隶极端叛乱，在18世纪催生了关于文明与野蛮的大讨论，实践佐证，"最卑下的利益——无耻的贪欲、狂暴的享受、卑劣的名利欲、对公共财产的自私自利的掠夺——揭开了新的、文明的阶级社会"。① 1844年，马克思、恩格斯在《神圣家族》中提出了"文明中的野蛮"② 概念，这是文明世界的根本缺陷。

以现代生产方式和平、发展、互惠作为正义准则，那么第三等级与劳动阶级共生关系就是现代新型文明，而资产阶级极端叛乱就是奴隶主式野蛮。西方资本主义、资产阶级都有二重性，都不是文明的样板。

三、从采集到农工商定居和平互惠文明，是转型文明的里程碑

（一）历史学关于文明的起源说，"从食物采集转变到食物生产"。③ 从社会视角，是人类从抢掠其他部落野蛮方式转变到自力更生合伙文明地生产食物的方式，例如新石器时代向农工商定居和平互惠文明的过渡。

1958年，美国学者克莱德·克拉克洪（Kluck-hohn C.）提出了文明起源的考古学三条标准，分别是城市、文字、复杂礼仪建筑。西方媒体一向炒作不承认中国古代有过"夏"这个朝代，现在总算有了转机，2000年11月8日英国剑桥大学古克礼教授提出一个理论，古克礼说："能否有另

---

① 《马克思恩格斯选集》，第四卷，人民出版社2012年版，第11页。
② 《马克思恩格斯全集》，第二卷，人民出版社1956年版，第69页。
③ 〔美〕斯塔夫里阿诺斯：《全球通史：1500年以前的世界》，上海社会科学院出版社1992年版，第105页。

外一种假设，即'夏'就像 Hellas 一词对古代希腊人那样，只是一个用来表示主要聚落之间人们具有共同文化和密切的贸易及其他关系的标签，而没有一个统一的把大家联结为一体的政治实体？"[①] "Hellas 古代希腊人聚落群之间社会关系"为参照，良渚遗址终于获得世界承认。

中国"良渚遗址"稻作井田制经济模式，发现了"和平发展互惠"逻辑，佐证了史学家对"文明"的判断。这也实证"非西方的中国迅速和平崛起"，是中华文明"正义确定性"在新时代的发扬光大，更加适合现代生产方式。

现代文明溯源为准则，重新界定文明起源、文明标志"三大件"。

第一，中华民族农工商共同体生产方式的进化路径。

良渚粮食作物生产力作为文明的物质载体标志，例如良渚精耕细作的稻作生产方式，生产力 4 倍于麦子等其他古代杂粮作物生产力。就有剩余劳动力从事手工业，良渚石器种类繁多、功能多样，有石犁、石镰、破土器、石锄、石斧、石网坠、石锛等，具体可分为农耕用器、渔猎用器、生产加工工具等，促进农业、手工业发展。良渚玉器独树一帜，玉材比较稀有金贵，用玉制作的工具比较少，而礼器和佩饰物种类较多，而且已经是分工协作批量生产，通过部落之间的交换，向全国各地传播，在长江上游的三星堆遗址中也发现了良渚玉器。从文化层面看，良渚玉器的器形繁多，主要有璧、琮、钺、冠状器、三叉形器、锥形器、柱形器、半圆形器、环、镯、璜、玦、串饰和带钩等，以礼玉为主，也有人、蛙、鸟、鱼、龟、蝉等象形。从考古挖掘的墓葬中可以发现，玉器已经成为阶级用品，成为划分阶级的一个标志。农工商共同体，大大提高了中华民族的文化文明潜质。

由于良渚农业超前发展，有剩余劳动力开辟手工业生产和交换，因此在中国农工商是在同一个共同体内部分工协作生存发展，而不一定像欧洲

[①] 《二里头已发现 74 年，西方为何仍否定夏朝？英国教授神论被考古证实》，博主"秦皇汉武讲历史"2023 年 4 月 29 日发表的文章，2023 年 7 月 4 日查阅引用。

农奴制那样大宗农业与市场手工业是分离的。

这也让我们明白生产生活安定就是幸福，就没有时间去侵略其他部落，即便出现战争摩擦往往也属于防御性质，或者天灾引起。

第二，城市意味着定居，是从采集转型农业定居的文明标志。良渚巨大水利工程和城乡分野布局重点反映农工商发展与布局，城市就是现代文明的最初摇篮。

第三，迄今承认人类表意有语言，形象，符号。因此需要包容人类早期"表意"方式，既有文字，也有"雕塑、器物、图画"可以传承劳动生产生活场景、社会活动、仪轨、礼器、礼法、礼乐、礼舞、祭祀、阶级等表意内容和形式，综合考量是否达到表意目的。而不拘于文字一种形式。

第四，关于青铜器。它是冶炼生产力水准的表征，但青铜器本身不是生产工具。由于地球上铜矿少，并且分布不均，用青铜器作指标显失公平。稀缺性青铜器从来不是农民普遍使用的生产工具，精贵的青铜器多用在礼器、消费奢侈、军事用途上。

关于宏大庙宇为主体的高大石头建筑，它确实表现了科学技术的发展水准，但这显然是奴隶制、农奴制非生产性劳动的产物，反而减损了"文明"内涵，尽管它是物质性彰显，但是它的人文的文明性存疑。

四、中华民族文明与"地中海过渡文化"是两种模式，平行发展

（一）当下时髦的量子理论有"平行世界"定律，被世界屋脊区隔的东方和西方也有平行世界特征。

若以美西方迄今"绥靖奴隶制"作为反面教材，文明进步的另一种表述："剔除旧石器时代抢掠式野蛮生产要素"转型以农业定居为表象的和平发展互利为正义的文明。

回望欧洲历史，1648年《威斯特伐利亚和约》民族国家之间"私下契约"霸权主义一元化国际秩序已近400年，对于无规定性霸权主义这种"旧石器"野蛮黑暗时代留存的恶疾必须予以铲除。世界在前进，确实需要改造西方先天不足"文明中的野蛮"方面，是需要重新建立国际秩序的正当合法性。

与西方"双希"（希伯来、古希腊）文明相对比，中国自由自耕农工商文明超前中华民族是多元一体文明型国家概念，为今后这方面的研究工作开拓了有别于欧洲模式的新的视野，得到了世界著名的社会学、人类学学者的高度评价。而多元一体的格局，隐含和平、发展、互利，剔除野蛮掠夺生产要素。

（二）中华文明与"地中海文明"是两种模式，是平行发展。

第一，世界屋脊之东方、西方地缘差异，养育了不同文明。世界屋脊隆起在世界屋脊的东方形成了多样性地理、气候、水利、冲积平原，还有四季分明，旱灾、涝灾交替，自然条件多元、多变化，造就了战天斗地勤劳智慧勇敢简朴的人民和人本文化。至少从公元前594年"初税亩"土地私有制起，中华民族全民基本是农工商自由市民，生产主力的特征是有产劳动阶级。

而世界屋脊之西方，地理环境比较单一，原始森林草原牧猎、海洋渔猎形成平衡的时期过长，小麦农业生产力只有中国稻作井田制的1/4；欧洲奴隶制、农奴制期间自由民手工业市场始终是少数人的职业。相对比，是单调的自然条件造就了西方潜质先天性不足，遇到困难就求神拜佛，是神本文化地缘。即便工业革命，但是多数农奴出身的自由劳动力流浪汉是弱势群体，资产阶级失去对立面表现为"文明的野蛮"。欧洲历史逻辑，奴隶制、农奴制、现代文明的野蛮，生产劳动力主体都是无产者，即奴隶或准奴隶阶级。

地域的阻隔，文化差异主要表现在对外关系上，中国崇尚"和而不同"，"海内存知己，天涯若比邻"。而古希腊哲学视共同体外部为野蛮人异类，一心消灭和殖民异类，世界屋脊西方的其他古文明，"草原、海洋猎掠"丛林霸道原生态生产方式，特征是内生性人口增长缓慢，经常以掠夺形式破坏其他共同体的生产生活。

古希腊丘陵地带和海港构成性，造成了粮食生产不能满足需要，靠手工业品和葡萄瓜果香料交换粮食，并通过战争掠虏奴隶和建立殖民地。欧洲历史发展阶段"奴隶制社会、农奴制"历史阶段属于历史特殊，欧洲迄今处于混杂社会时期。

与欧洲历史逻辑对比，中华文明史纯洁，文明进程清晰，"稻作经济"文化文明的经济基础表征更具确定性。

因此，不能因为欧洲奴隶制、封建专制，就认为其他国家也存在这种黑暗时代。

第二，良渚古城遗址申遗成功，正式提出了不同于西方主流的文明起源理论和发展模式。良渚古城遗址所代表的一系列中国新石器晚期稻作经济模式、区域城乡分野形态、礼器阶层划分，在东亚地区早期文明起源发展进程中既具有普遍性又具有多样性，这为与地中海进程是平行且能互相映照的两种模式提供了实证。

第三，在法哲学视域，法与法律建设是文明标志，"'文明人之所以与野蛮人不同，主要的是在于审慎，或曰深谋远虑。''文明之所以抑制冲动不仅是通过深谋远虑，而且还通过法律、习惯与宗教。'在这个意义上说，成文法典问世，是人类文明开始成熟的标志"①。法与法律的出现，是文明与野蛮分野的确定性标志。而法的本体是人们赖以生存的物质生产生活。

中国历史以"井田制"生产方式仁政实体法为表征，与西方古希腊罗马、日耳曼为核心的海洋丛林霸道平行发展。

在文明观念上共有之处，中国2500年前孟子仁政"民为重，社稷次之，君为轻"天下为公。而欧洲5世纪以来日耳曼习惯法"王在法之下"，"土地公有制"为核心平等法则，最终成就了英国现代化。

第四，中华民族和平互惠文明更适合现代生产方式，是东、西方之间的并联桥梁。

现代生产方式因"20年期生产线抵押贷款"偿债信用现象，标志"和平、发展、互利"特征。历史有传承也有异化，现代是从古代农工商"分工协作—通工等偿"一个阶梯、一个阶梯进步的果实。当现代城市文明与古代农工商城市定居文明遥相呼应，现代文明就获得了以农工商定居文明为根的正当性和纯粹性，现代生产方式为了选择"法律公正"而拐了一个弯，萌动于手工业共同体，但是在租地农场主"改良荒地抵押贷款"

---

① 江平主编：《汉谟拉比法典》，法律出版社2000年版，第1页。

模式中"萌芽",而与摩尔根《古代社会》中奴隶制、农奴制"丛林霸道文明"区隔开来。

第二节 加入世界反帝国主义革命,中国不是半封建国家

一、非西方的中国迅速和平崛起"现象",已经为中国历史正名

当今百年未有之大变局,正是中国争取历史话语权的好时机。

(一)为什么要正名?

首先,现实的"现象"已经在为中国文化文明"正名"。中国社会主义的最耀眼的特色,就是非西方的中国迅速和平崛起,是唯一采用和平方式发展壮大的现代化国家,创建和平与发展的世界新潮流,摒弃西方国际霸权丛林霸道潮流。现实与经验昭示,在世界屋脊的东方中华大地上,存在着与西方不同的文明文化。

名不正言不顺。如果不给予正名,就不能解释非西方的中国迅速和平崛起的内生性逻辑,特别是中国是南南合作的一个榜样,东西较量的东方代表,无论从国内恢复自信、从国际友好国家的期许,中国都必须夺回对历史的话语权,为中华民族正名。

(二)如何为中国历史正名?

第一,用现实的现象正名,非西方的、综合体量世界最大的新中国用了70年时间迅速和平崛起现象,佐证中华民族文化更加适合纯粹现代生产方式和平发展互利新时代文明。

第二,中国的历史话语权。历史古文明的标志是"从野蛮掠夺采集走向农业定居文明",世界遗产良渚遗址农林牧工渔的生产和交换,发达的水利工程体系,有序的城市乡野体系布局,给世界展现一种别样的"古文明"标志,良渚自力更生共同体古代社会文明形式,是一个走向生存发展与和平相处的历史过程,是摆脱旧石器时代杀戮掠夺的历史过程。

二、共产国际，中国以半殖民地身份加入世界反帝国主义行列

对于中国古代社会的性质，从国际层面，应以第三国际决议为参照。

马克思指出，"社会经济形态的发展的是一种自然历史过程"①。针对欧洲和它的周边，马克思对社会经济历史阶段的划分，欧洲"大体来说，亚细亚的、古代的、封建的和现代资产阶级的生产方式可以看做是社会经济形态演进的几个时代"②。其中"小亚细亚""亚细亚"是指古希腊罗马东边那些向它们朝贡的国家。

列宁在 1912 年《中国的民主主义和民粹主义》文章中，承认中国资产阶级是"在亚洲还有能够代表真诚的、战斗的、彻底的民主主义的资产阶级，他们不愧为法国十八世纪末叶的伟大宣传家和伟大活动家的同志。……亚洲这个还能从事历史上进步事业的资产阶级的主要代表或主要社会支柱是农民。农民旁边已有一个自由资产阶级……"。③ 但是，列宁用当时沙俄实际还大量存在的农奴制"概念"来套在中国头上，再结合那个时代中国恰逢历史周期的"衰败期"和西方帝国主义侵扰每战必败现象，类比中国是欧洲的那种分封农奴制，例如中国"专制制度"，"野蛮的、死气沉沉的中国"，"封建主"，"奴隶地位"，"中国这个落后的半封建的农业国家"等。"他们主观上是社会主义者，因为他们反对压迫群众和剥削群众。但是中国这个落后的、半封建的农业国家的客观条件，在将近 5 亿人民的生活日程上，只提出了这种压迫和这种剥削的一定的历史独特形式——封建制度。农业生活方式和自然经济占统治地位是封建制度的基础；中国农民这样或那样地受土地束缚是他们受封建剥削的根源；这种剥削的政治代表就是以皇帝为政体首脑的全体封建主

---

① 《资本论》，第一卷，人民出版社 1975 年版，第 12 页。
② 《马克思恩格斯选集》，第二卷，人民出版社 1972 年版，第 83 页。
③ 《列宁选集》，第 II 卷，人民出版社 1972 年版，第 425 页。

和各个封建主。"① 把中国的"激进的'土地改革'"视为是民粹主义"避免走资本主义道路"。②

但是，在后来列宁领导的第三共产国际的决议中，只提到中国是"半殖民地"，例如在1920年7月19日召开的共产国际第二次代表大会文件《民族和殖民地问题提纲》提到"有些是象波斯、土耳其、中国这一类的半殖民地国家"，1922年11月5日召开的共产国际第四次代表大会文件，"（四）对于东方问题的决议案：'大会特别注重其在各殖民地及半殖民地的二种工作：即一面为国民革命，为打倒殖民地的政治的独立奋斗；一面须组织工人及农民，利用资产阶级间之冲突，执行为他们特别的阶级利益的争斗。'"③ 可以肯定的是，由于中国参会的领导人陈独秀等人的反对，所以并没有写"半封建"这个概念，尽管当时与会者有各种意见。在国内，陈独秀、胡适先生等对此从一开始就提出不同意见，因为早在2500年前中国已经结束了分封制④，他们还认为中国不曾出现古希腊罗马式以奴隶为主要生产劳动力的那种奴隶制。在当时这只是政治学者、文学家对历史的判断。

需要指出的是，共产国际界定"半殖民地"概念的目的，是为了确定被帝国主义欺压的国家，"民族矛盾"占第一位，中国革命以民族独立斗争"正当性"加入共产国际领导的世界反帝国主义革命行列中。

反之，西方霸权至今给中国扣上"独裁""专制""威权""极权"概念，目的是从观念上殖民中国，要把中国打回第三世界，不允许中国发展高科技。美西方霸权对其他民族充满了奴役邪念。

---

① 《列宁选集》，第Ⅱ卷，人民出版社1972年版，第426页。专制制度，野蛮的、死气沉沉的中国，封建主，见424页。奴隶地位，见第425页。中国这个落后的半封建的农业国家"，见第426页。
② 《列宁选集》，第Ⅱ卷，人民出版社1972年版，第425页。
③ 《列宁选集》，第Ⅳ卷，人民出版社1972年版，第333页。
④ 王彬彬：《1919年2月26日夜》，载《钟山》，2002年第1期。

三、"起来，不愿做奴隶的人们"

（一）革命过于激烈，沿用世界革命政治口号，是类比、形容词，而不是历史科学严密的"界定"。在民主主义革命和社会主义革命时期，中国革命者起初用"半封建"，后来用"反封建"，这些词汇的来源，一是孟德斯鸠小国寡民第一个提出大国必专制的"东方专制"概念被散布。二是由于中国遭受三座大山的压迫，确实存在军阀混战这种封建割据专制现象。三是多重矛盾已经叠加在一起，特别是存在革命过于激烈，对旧社会的糟粕那部分现象用"封建"来形容。"形容、比喻"与"就是"是两个概念。

历史层面多重矛盾叠加，其一，1840年以来，中国清王朝正处于历史周期律的"衰落"时期，鸦片战争前夕清朝已进入"日之将夕，悲风骤至"的末世。其二，推翻清朝家天下统治，"驱逐鞑虏"革命。其三，西方入侵。多重矛盾的叠加，其四，面对西方工业革命，中国确实需要有一个变革、学习、斗争过程。上述多重原因叠加，20世纪上半叶的中国革命显得尤为激烈。中国当时受到三座大山压迫，以及多年战乱、政治腐败等，导致农民上无片瓦、下无立锥之地，处于饥寒交迫生命边际，在这种多重矛盾危难时刻，各种混杂的社会层级已经被挤压在一起，并且都被挤压到了生存边缘——"起来，不愿做奴隶的人们！"准奴隶边缘。因此，在过于激烈的革命时代，当时中国还没有创造出可以与国际话语对接的"概念"，用柳宗元《封建论》中的藩王封建类比当时的军阀割据，应当可以理解。

（二）中国在以毛泽东为核心的领导集体的中国共产党领导下，将马克思主义与中国实践相结合，终于摸索出农村包围城市道路。中国只有200万工人阶级，而有4亿自由自耕农工商乡村市民。当以欧洲市民为参照，规范中国农民是乡村市民，就能解释他们所具备的手工业市民共同体的潜质，就能解释他们在中国历史上是最有革命战斗力的阶级。这两个劳动阶级在数量上的悬殊对比，决定了中国的战争实际是农民战争，需要通过土地革命来唤起民众，恢复生产力增加供给；在土改中保护富农生产力为边际。中国经验，其一，工农联盟唤醒了的4亿乡村人成为推翻三座大山的主力军，是农民为主体战争解放了城市工人阶级。其二，采取了联合民族资本的路线，保留资本生产工具主义尾巴。其三，为了站稳脚跟，新中国首先以公有制为主体计划经济集中力量办大事。其四，经济改革摸着石头过河"拨改贷"改革。

（三）中国5000年历史从未曾中断，存在"修复、升平、太平、松弛、中兴、太平、衰落"（两个富不过三代）周期律，显然"修复、升平、太平、中兴、太平"才是中国"文明型国家"历史的主流。而中国1840年以来"衰落期"只是正常周期律中非主流现象。衰落周期阶段存在某些"专制"事故或现象，用衰落期界定中国5000年，不公平、不准确。

四、西方智者预言中国必将和平崛起终于成为现实

罗斯福（Franklin Delano Roosevelt）预言成真，不可战胜的中国迅速和平崛起。

在20世纪上半叶的世界反法西斯战争的"苏英美中"同盟中，中国名列世界第四位力量。中国人民保家卫国、天下兴亡匹夫有责的信仰，不畏暴力，整整十四年的抗战，我们为此付出了3500万人的伤亡，经济损失更是不可估量，在世界反法西斯战争的东方战场上做出了最伟大的贡献。

太平洋战争爆发后，罗斯福亲眼见到的是，"中国虽然落后，武器装备这么糟糕，但是中国军人却非常顽强，拖住了大约80%的日本陆军、大约20%的日本海军、大约30%的日本空军。中国的抗战坚持这么多年，而且一直是独立支撑。但是如果我们不援助中国，让它继续独立对抗日本，会有什么结果？"罗斯福出于美国本国利益，在政治上一直积极支持中国成为一个世界大国，他认为，中国将取代日本，"日本将在一个很长的时间内失去作为一个东方大国的资格，唯一真正的东方大国就是中国了……因而，如果要确保远东稳定的话，任何安排都应以中国为中心来进行"。他还说："在将来，一个仍然不可战胜的中国将不仅在东亚，而且在全世

界，起到维护和平与繁荣的适当作用。"① 为了美国的利益在参战前曾经卖军事物资给日本，也为了美国利益他极力主张中国应同美、英、苏三大国一道共同承担维持国际社会和平的职责。

从过往历史分析，在19世纪中叶以前，西方文艺复兴、启蒙运动都在向东方的中国学习，对中国的非难是1840年鸦片战争以后的事情。百年来中华文明与工业文明确实存在巨大的"物理生产力"鸿沟，遭遇列强坚船利炮和文化攻击，而随着中国凭借历史潜质与纯粹现代生产方式迅速以包容方式相适应、可持续，从站起来，发展起来，到强大起来，中国古代文明国家正在重新得到世界的承认。

第三节 中国自由自耕农工商为主体，不存在欧洲那种奴隶制、农奴制

第一小节 中国自由自耕农工商为主体，不存在古希腊罗马那种奴隶制

古希腊罗马那种奴隶制是历史特殊，它的特点，一是奴隶是会说话的动物，即"动产"（奴隶、牛羊、金钱）。二是奴隶是生产劳动力主体，约占人口的一半以上。三是城邦共同体发动战争掠虏奴隶，奴隶买卖租赁是财政的一大来源。以英籍美国历史学家斯塔夫里阿诺斯关于野蛮与文明历史社会划分的准则，即野蛮向文明的过渡表现为"采集向农业的过渡"，那么古希腊罗马农业不足以自给，必须通过商业贸易、掳掠奴隶和殖民地维持，属于因农业发育迟缓而"野蛮"霸道文化。而中国铸剑为犁，自力更生，农工商定居和平互惠，是文明型国家。

---

① 赵志辉：《富兰克林·罗斯福的中国观》，载《中国社会科学院（美国研究）》，2002年第2期。

一、中国古代奴婢有户籍人身权，欧洲奴隶属于动物

由于喜马拉雅山的阻隔，中国避免了欧洲奴隶制文化的入侵。依据历史记载，中国存在过奴隶，但是不存在欧洲那种奴隶占人口一半、奴隶生产劳动主体的奴隶制，不存在奴隶制旋转门的农奴制。

1979 年，黄现璠教授发表了《我国民族历史没有奴隶社会的探讨》，文中指出："我坚决主张我国历史上没有奴隶社会，汉族没有，少数民族绝大多数也没有。希腊罗马奴隶制社会仍是人类历史发展中的特例，不是通例"。①

自从黄帝将蚩尤赶出中原以后，中国就摆脱了那种将人与动物关在一起而产生的"奴隶是动物"的观念。例如在夏朝，尽管存在"奴隶"，但可以肯定他是"人"，《尚书·夏书二·甘誓》："左不攻于左，汝不恭命；右不攻于右，汝不恭命；御非其马之正，汝不恭命。用命，赏于祖；弗用命，戮于社。予则孥戮汝。"相传这一篇是夏启征讨有扈氏的誓师词，将怠于攻战者罚没为奴，这里面就可以看到当时奴隶的一大来源就是对罪犯的惩罚，是人对人的惩戒。

古代奴婢人身待遇，从张家山遗址中发现的汉律中有关于奴婢法的内容。

（一）奴婢有户口。有政府管辖的人身权。例如［汉高祖］十一年八月甲申朔丙戌，江陵丞骜敢谳之。三月己巳大夫禄辞曰，六年二月中买婢媚士五点所，价钱万六千，乃三月丁巳亡，求得媚，媚曰："不当为婢。故点婢，楚时去亡，降为汉，不书名数，点得媚，占数复婢媚，卖禄所，自当不当复受婢，即去亡，它如禄。"译文，在公堂上媚申辩道："我以前是点的婢女，项羽楚国时期就逃脱了。到了汉朝，没有上户籍。点逮住我后，仍将我作为奴婢，报了户口，卖给禄。我认为自己不应该还是奴婢，就逃跑了。"奴婢是以人的身份登记在民户的户籍，生命得到基本保证。

---

① 黄现璠：《我国民族历史没有奴隶社会的探讨》，载《广西师范学院学报》，1979 年第 2、3 期。

奴隶虽然没有原告权，但是在公堂上有申辩权。

（二）刑事责任相当于父权家庭中的子女："父母殴笞子及奴婢，子及奴婢以殴笞辜死，令赎死。"［39（F162）］"诸当坐劫人以论者，其前有罪隶臣妾以上及奴婢，毋坐为民，为民者亦勿坐。"［70（C306）］"告，告之不审，鞠之不直，故纵弗刑，若论而失之，及守将奴婢而亡之，篡遂纵之，及诸律令中曰与同法、同罪，其所。"［107（C294）］"杀伤大父母、父母及奴婢杀伤主、主父母妻子，自告者皆不得减。告人不审，所告者有它罪与告也罪等以上，告者不为不审。"［132（F5）］

（三）奴婢免良的渠道不限于国家诏免，但是国家有甄别权，"奴婢为善而主欲免者，许之，奴命曰'私属'，婢为庶人，皆复使及筭（算），事之如奴婢。主死若有罪，（162）以'私属'为庶人，刑者以为隐官。所免不善，身免者得复入奴婢之。其亡、有它罪，以奴婢律论之"（163）。

（四）在一定条件下奴婢还可以代户继承主人的财产，"死毋后而有奴婢者，免奴婢以为庶人，以□人律□之□主田宅及余财。奴婢多，代户者毋过一人，先用劳久、有（382）□子若主所言吏者"（383）。"婢御其主而有子，主死，免其婢为庶人。"（385）①

由此可见，西汉时期由法律规定的奴婢的生存状况，和古希腊罗马时代相比完全不同，欧洲奴隶是动物，任由奴隶主宰割。

关于私奴，秦汉时期存在的一些失地农村人和奴婢的买卖，比如著名的将领霍去病看望他的父亲霍中孺时，汉书中记载，"去病大为中孺买田宅奴婢而去"。从西汉开始，新朝、东汉、南北朝、元朝、明朝、清朝都有过政府主导的清理奴婢让他们获得自由身的政务。据史书记载西汉时期官私奴婢的数量在历代王朝中是最多的，据王莽统计，约占劳动力的15%成了富人的服务奴隶。而古希腊罗马奴隶占去人口的50%，大部分奴隶是生产劳动力。王莽的儿子打死了奴婢，王莽逼其自裁，说明当时有善待奴婢的风俗。王莽变法中废除奴婢制的内容就是为了增加自由生产劳动力。

---

① 以上（2）—（4）夹注内容出自朱红林：《张家山汉简〈二年律令〉集释》，社会科学文献出版社2006年版。

东汉刘秀上台后，也实施了比较温和的解放奴婢政策。南北朝时期，大量逃亡者卖身为奴，奴婢在魏晋南北朝时期确实是一种非常特殊的存在，奴婢成为影响社会进程不可忽视的力量，奴婢和门阀贵族相生相灭。有记载，侯景作为一个从北方叛逃到南方的降将，他能在短时间内集合数十万的军队，"免奴为兵"是侯景的最根本的策略，这些奴婢对侯景感恩戴德："汝五十年仕官，方得中领军；我始事侯王，已为仪同矣！于是，三日之中，群奴出就景者千数，景皆厚抚以配军，人人感恩，为之致死。"著名的明朝航海家三宝太监郑和就是官奴出身，郑和家人被明朝著名将领蓝玉俘获，送给了当时的燕王朱棣。

二、中国历史不存在奴隶制社会——"奴"，被证明是少量的存在

纵观我国古代的奴婢大体可以分为两大类，官奴和私奴。官奴主要来源于战争中的战俘，和部分罪犯及罪犯家属。

（一）黄现璠先生考证"奴隶"的定义。所谓"奴"，按《辞海》解释即指丧失自由，受人役使的人。

就其内容而言，"奴"，按照工种有近百种绝大多数为"消费服务工具"，而当作农业"生产工具"的"耕奴"只是其中之很少数，对先秦社会形态的具体分析，以及对比古希腊罗马那种奴隶制，最终得出结论：中国历史没有奴隶社会。①

（二）对外文的"奴"词及其相关术语的解析。欧洲奴隶制的特点是"奴隶的强制性劳动成了整个社会的上层建筑所赖以建立的基础"②，有了参照标准，就不难发现，中国古代以自由自耕农作为主要劳动力，尽管有过奴隶，而是以家庭消费服务型奴隶居多。因此中国古代不存在欧洲那种奴隶制。而两河流域、古巴比伦、古埃及、印度河流域哈拉帕文化、努比亚等，究竟是欧洲式奴隶制还是像中国有奴隶，在我国学界就有不同意见。

---

① 黄现璠：《中国历史没有奴隶社会综合研究方法融会贯通》，载《广西师范学院学报》，1981年10月（上编）、12月（中、下编）。

② 《马克思恩格斯选集》，第四卷，人民出版社1972年版，第164页。

三、中国历代政府治权独立以税为主，从不以奴隶为收入

（一）中国并不以战败部落为殖民地或奴隶。自黄帝统一中国以来，不愿意投降的部落可以逃亡他处，并不斩尽杀绝。对战败国只是降为诸侯国，而不是当作殖民地或奴隶。在中国古代，除了对他国少数民族侵扰进行保家卫国反侵略战争外，余者大多是为反抗与诛灭"害虐烝民"的残暴统治者而发动战争，取而代之。虽用武力，也只是攻灭无道者，而夏族、商族只降为诸侯国，仍然保留。即如西周初年倡导的"以德配天、敬天保民、尊礼尚施"，"重贤任能"，"知稼穑之艰难"。巩固统治网络结构使天下井然有序，安定团结。对各诸侯国"封土受民"是实行"井田制"，"疆以周索"、征"什一之税"。有学者引《诗经·周颂·噫嘻》："噫嘻，成王！既昭假尔。率时农夫，播厥百谷。骏发尔私，终三十里。亦服尔耕，十千维耦。""十千维耦"，不是奴隶劳动场面，而是劝耕演仪的场面。①

（二）中国政府只征收土地什一税和1%—10%的商业税。

中国夏代开始实行等级礼治政治体制，这是依社会历史发展实际变化的要求，由上而下所做的重大变革，是和平过渡，天子建国、诸侯立家、大夫建邑、士食田。"士不知有国"，"士食田"，士就是井田制中的"君子"，为基层管理者。庶民以"井田制"分封土地，礼以分序，以礼为"规"、为"法"，为"德"，为"仪"。

（三）古代社会组织形式，不存在奴隶制。若根据中国古代的客观实态，那么，中国古代的国家的历史演变进程应当是：

农业超前原始部落→族国→氏国→城国→王→帝国

井田制是最古老的中性的分配率"现象"，《孟子》有曰："夏后氏五十而贡，殷人七十而助，周人百亩而彻，其实皆什一也。"

---

① 苏东天：《中国古代不存在奴隶制社会历史》，中国南方艺术 2017 年 3 月 31 日发表文章，2019 年 3 月 27 日查阅引用。

尧舜时代的"族国"——"上助制"约法什一中正；

夏禹时代的"氏国"——"贡役制"约法什一中正；

殷商时代的"城国"——"贡赋制"约法什一中正；

周代的"王国"——"赋税制"约法什一中正；

秦代"帝国"——"赋税制"约法什一中正。

（四）中国从没有出现过古希腊罗马那种靠国家财政供养、不劳而获的"公民"。

有人认为"井田制""死徒无出乡"是奴隶制。其实"死徒无出乡"，也可以理解为是"相地而衰征，其民不移""有恒产者，有恒心"。而民不迁徙出乡，可以解释为盘古定居下来、不再盲流。并且，"九一"租税制度实在是非常轻的租税率。而古希腊罗马奴隶被剥夺了所有权力，根本不可能存在对奴隶征轻税"九一税"的可能性。

（五）中国崇尚自力更生文明标志，抵制丛林霸道奴隶制伦理，一直延续到今天。精准脱贫中的"六搬村"的故事：处于原始社会末期的拉祜族支系苦聪人生活在大山深处很单纯没心眼，初次见到解放军并不躲避，他们的观念中只有自己劳动的果实才是归自己部落所共有的。新中国从20世纪50年代末社会主义改造运动以来，政府就开始为少数民族开垦稻田、建设灌溉水渠和住房等，然而苦聪人并不认为这是他们苦聪人自己的，而是"你们的水渠"。在60年里，政府曾六次帮助他们搬家下山，他们在前五次又都搬回深山老林中他们自己劳动建设的家，在深山老林刀耕火种，其中从事牧猎活动占去相当大的比重，但是并不主动掠夺其他部族。中华文明的"苦聪人自己劳动的果实才归苦聪人共同体所有"的观念符合"劳动果实原始归劳动者所有"自然规律。

以中国苦聪人劳动价值观作为标志，在欧洲，例如柏拉图所描写的，以及日耳曼野蛮部落法、古罗马继往开来法所规定的，为了自己共同体的幸福扩张，掠夺邻邦为"正义"，西方哲学认为这符合"非正义辩证为正义"这样的霸道逻辑。则有，欧洲从原始社会末期的牧猎杀文化，在出现私有制以后衍生为掠夺俘虏做奴隶的制度，反而是一种特殊"孤立文化现象", 历史发育迟缓现象。

四、史学界"关于中国不存在奴隶社会"的研究起点早、从未中断

(一) 中国历史学"关于没有奴隶社会"研究时间极长。

中国是否存在奴隶社会问题的思考始于 20 世纪 30 年代。针对郭沫若先生同时期主张中国历史经历过奴隶社会的史观,陈邦国、李季、刘兴唐、李立中、王瑛、王斐荪、陈独秀、胡适等学者相继撰文反驳。黄现璠先生于 1962 年春连续推出《侬智高起兵反宋是正义的战争》《土司制度在桂西》两篇长论文,他于文中论述了"从少数桂西土州县在侬智高起义前,不是奴隶社会,而是氏族部落联盟社会"。正如美国当代著名历史学家杰弗里·G. 巴罗以及加利福尼亚大学史学教授乔治·V. H. 莫斯利相继指出:"壮族学者黄现璠曾被公认为壮族史学老前辈,他令人信服地提出自己的观点:传统理论不适合解释壮族社会。""为这个观点他屡遭抨击。"日本国立民族学博物馆教授冢田诚之同样指出:"黄氏(指黄现璠——笔者按)认为壮族社会的发展阶段系从氏族社会直接进入初期封建社会,转折起点始于唐宋时代,从而掀起了围绕古代壮族社会性质的论争。他主张原始氏族部落未经过奴隶社会而直接进入了封建社会。"

(二) 从"复兴中国梦"认识中国能够也需要为自己的文明型国家正名。

关于"复兴",中国曾经是世界上第一繁荣富强的国家,在经历了鸦片战争以来百多年的屈辱后,推翻三座大山,"重新走向繁荣富强"。

关于"中国梦",第一步就是"小康",第二步就是"中等发达国家",第三步就是世界大同,四海之内皆兄弟。

关于中国梦也必须展现为现代形式。正因为中国古代是文明型国家,中国古代自由自耕农工商和平与互惠文明可以与现代生产方式和平互惠对接,而学习"生产力绝对发展趋势"特殊文明,所需要的 13 项实体法,中国只欠缺三重契约,并且还有王莽变法可以对接,所以,相比奴隶制、农奴制,中华农业文明更加适合纯粹的现代生产方式。

中国不存在古希腊罗马那种奴隶制的意义,一是从逆向证明中国古代是文明型国家,二是逆向证明中国不存在欧洲那种奴隶制旋转门——欧洲式农奴制历史现象。三是对勘证明中华民族自井田制 5000 年、初税亩 2500 年以来,生产劳动主体是有产自由自耕农工商,劳动三要素相结合。

反之,当中国被扣上"封建"的帽子,就会发生自身在哲学"规范"和逻辑之间的混乱。如果中国被扣上"封建专制"规范的帽子,中国就被"想象"成了欧洲那样的奴隶制、农奴制,那么我们要复兴的就成了奴隶制和农奴制而遭到文化鄙视,并且,也导致我们自身因为发生观念混乱而逻辑混乱。

问题还在于,用西方的现代去比中国的古代,扣上"先进与落后""市场不发达"帽子,显然不公平。所谓的设问"中国为什么没有产生资本主义""中国为什么技术落后"就是暗地预设将中国划出主流,是个异类。这类西方中心主义的居高临下的话语陷阱,不利于恢复民族自信和坚守中华文明优秀的传统。而中国迅速和平崛起,说明中国具备"和平"与"发展"优秀的文化文明基因,绝对不容抹黑。

第二小节　中国不存在欧洲那种奴隶制旋转门的农奴制,不存在欧洲那种财权政治权合一封建专制

既然是国际比较文化,就应当设立客观公认的"概念"。

(一) 1215 年英国《自由大宪章》第一条:"根据本宪章,英国教会当享有自由,其权利将不受干扰,其自由将不受侵犯。"一纸命令,教民获得法律上的人身自由权,奴隶制领主庄园的隶农(奴隶身份的农民),旋转门成为国王分封领主庄园隶农,即农奴制领主庄园。

欧美封建专制主义的特征,第一,欧洲领主隶农庄园土地权依附于贵族政治权合一专制。第二,农奴是生产劳动力主体,对农奴的剥削率即徭役地租为收成的 50%,被封建统治阶级用于挥霍和争夺权力的战争。第三,领主有权以地租债务为由抓回逃亡农奴,有权以沉重罚金阻止农奴自由发展的企图,因此农奴无实质自由。第四,农奴应过着符合他阶级的生

活,有剩余不合教规,领主可以用各种理由对农奴罚款是一种没有财产所有权的自由。农奴从政治、经济、社会多个方面被束缚于领主庄园内,农奴并没有获得实际自由。

与欧洲农奴封建专制的四个特点对比,中国自由自耕农工商实际是乡村有产市民,占去人口的80%—90%,中国租息利税什一中正同率,乡村市民与治权是分工协作契约关系,乡村市民有迁徙自由,土地自由买卖财产流动性,朝为种田郎暮登天子堂政治流动性、阶级流动性等。

(二)夏、商、周是什一中正税率分封制,不是"专制"。

中国在2500—4000年前,夏、商、周时期,实行分封制。分封疆土实行礼制,一是国王把"井田制"土地分封给诸侯皆为什一税制,《孟子》有曰:"夏后氏五十而贡,殷人七十而助,周人百亩而彻,其实皆什一也。"在中国,无论是诸侯井田制、开荒初税亩地租、爰田制、授田制、辕田制,都严格遵守什一中正制,剥削率都是欧洲贵族剥削率的1/5,治权独立,这对分封贵族世袭制度也适用。二是分封诸侯遵循周礼,是礼法社会。春耕时诸侯国君要领着国民进行开犁的礼制活动,按礼制管束农民秋天才允许打猎,要爱护树木。三是当诸侯强势自治,确实有不遵守"天下为公"、破坏"什一中正"的冲动。因为违反祖训,因而不合法,天子有会盟其他诸侯问罪的法律权利。但是不能因某些诸侯违反祖训就把中国5000年都叫做封建专制社会。

关于会盟。在夏商周,由于什一中正财政收入很低,必须会盟才能打倒违反祖训的某个诸侯,封建诸侯会盟战争,是形势所逼,不得已而为之。

秦汉以后,皇帝往往分封他的皇亲贵族或有功大臣以土地,还保留有少量的"藩王"制度,就是柳宗元《封建论》中的封建遗存,他指出:"封建者,必私其土,子其人,适其俗,修其理,施化易也。守宰者,苟其心,思迁其秩而已,何能理乎?""周之事迹,断可见矣:列侯骄盈,黩货事戎,大凡乱国多,理国寡,侯伯不得变其政,天子不得变其君,私土子人者,百不有一。失在于制,不在于政,周事然也。"毕竟中国分封制的土地正统也应是"什一中正",有削藩的正当性,因此在中国2000年来，少量的分封贵族制度是反面教材，王权和中央集权政府削藩，联合百姓消灭自己的血亲，所以中国"井田制"分封建制与欧洲农奴制封建专制本质不同。例如《诗经·小雅·北山》：

陟彼北山，言采其杞。偕偕士子，朝夕从事。王事靡盬，忧我父母。

溥天之下，莫非王土；率土之滨，莫非王臣。大夫不均，我从事独贤。

四牡彭彭，王事傍傍。嘉我未老，鲜我方将。旅力方刚，经营四方。

或燕燕居息，或尽瘁事国；或息偃在床，或不已于行。

或不知叫号，或惨惨劬劳；或栖迟偃仰，或王事鞅掌。

或湛乐饮酒，或惨惨畏咎；或出入风议，或靡事不为。

应不是从土地所有制而言，而是从政治主权而言，诉求"均平"、公正"贤能"。在这里"王"应指外王内圣。（在本书第十四、十五章讨论）

第四节　中华民族近现代改革开放困境

第一小节　晚清和中华民国时期坚持走和平发展道路

一、中国遭遇第二次文化入侵，恰逢历史衰落周期，伤害严重

有学者认为中国历史上被文化入侵有两次。

第一次是东汉中期，中国现实主义不谈鬼神，被佛家清净寂灭入侵。直到500年后，随着唐朝兴盛，一个叫做"自然"的和尚顿悟"佛在我心中，我就是佛"，有欲有善才是真佛性；六祖"本来无一物，何处惹尘埃"达到"无"的更高境界，而外来佛不得不放弃"寂灭"说；中国市民现实主义与佛是契约关系，讨价还价，先显灵后还愿。在中国儒释道三家文化中，中国化的佛教占据了一席。就是说，应对外来侵略性文化，第一，还是需要依靠"井田制"的经济、法理、政治、伦理文化传统作为基础；第二，"间容点"，不只是已有的，而是在已有文化基础上吃透侵略文化，上升到高于侵略文化境界，或者大众习惯法胜于侵略文化，这时"间容点"才算达成。三是由于汉唐比印度强盛，不仅不惧印度文化，而且取经学习包容再造佛教。

第二次是1840年以来180余年，中国被日耳曼野蛮部落自由契约优胜劣汰丛林霸道文化入侵。这一次中国遭遇了困境，但是中国清朝末年和国民党统治的衰败，是另有原因，不应对中华传统文化失去信心。

关于中国在清王朝后期和国民党统治时期的问题，其一，从历史唯物主义视角，要给中华民族一个关于"现代文明的野蛮"复杂性的认识过程，以小农经济为基础抵制"现代文明的野蛮"，并选择只接纳"现代文明"的部分，显然是一个艰难过程。二是清王朝末年必然处于中国历史周期律的衰落期，各种矛盾交织，还夹杂民族矛盾、西方入侵，这些叠加起来造成的每战必败，并不代表周期律中的主流时期（国家政权更迭完成恢复期、升平、太平、中兴、太平）中华民族文明正宗主流状态。三是西方"现代文明的野蛮"将中国政府引向"商业资本主义"歧途。这期间，中国一直在向西方学习，奇怪的是老师总是打学生、欺负学生。四是在参加世界反帝国主义统一战线的斗争中，对中华民族文明的定位出现不确定性，而失去自信。中国遭遇第二次文化入侵，比第一次严重得多。1905年废止科举制度，中国知识分子需要重新定位自己的出路和使命，在这个不确定性时期，胡适全盘西化白话文拼音字为代表，把孔子的书扔进茅厕，导致相当数量的知识分子缺少中华文化的自信和学习，"国立学校"教科书把中华文明碎片化，并且所占分量越来越少，导致中华文明像断了线的珠子,"井田制"分配正义被破坏殆尽,"民为重,社稷次之,君为轻"政治制度破坏严重。中国古代,儒家文化教育三府六院,各司其职务。1957年关于党政分工协作,都因为个人崇拜、"左"倾等而破坏。特别是1991年被高院废止的禁止高利贷中华文明,1994年三税制是个无底洞,从官方废止了实行5000年的"井田制"租息利税同律"什一中正之制",但是中国法制依然在民间、在哲学、在文化,护佑现代生产方式在中国落地,超前于理论。

关于中国不是封建社会,柳宗元《封建论》指出秦汉以来中国不是封建制,但是存在少量分封的藩王。北大经济学教授许小年指出,秦以来中国是郡县制,即便是少量藩王也是大多数只有爵位和收入,而无实际的地方治理权,"这是中国最大的冤假错案"。[①] 这个问题在前面已经讨论。

关于加入世界革命洪流中的中国定位不确定性带来的负面影响。欧洲资产阶级统治极端叛乱导致无产阶级处于准奴隶地位,对他们而言"旧社会打个落花流水,奴隶们起来"是准确的。但是,中国有5000年绵延的辉煌文明,中国从来就没有存在过奴隶制和它的旋转门农奴制,因此,对中国而言,受到西方坚船利炮在前文化入侵在后,中国在一段时间内每战必败,不能简单归结为"旧制度是依托传统文化,特别是其中的政治文化而存在的"。若把上述多个因素都归结为"旧社会"来否定中华文明,就只能是全盘西化刨祖坟自毁长城,有助长西方文化侵略误导贬损中华文明之嫌疑。

二、晚清工业建设成果和转型困境

清王朝末年"中学为体,西学为用",只学习制造瓦特蒸汽机,却没有研究英国习惯法对"瓦特蒸汽机经济"模式的法律守成——20年期生产

[①] 许小年:《从秦到清根本就不是封建社会》,明清书话2024年7月28日发表文章,同日查阅引用。

线抵押贷款租买先进生产工具模式。

19世纪中叶两次鸦片战争失败后，1861年，在清朝权力中枢的支持下，曾国藩、李鸿章，张之洞等人，开始了一场以"中兴"为己任的洋务运动。李鸿章向欧洲开出了一份长长的军火购买清单，包括铁甲舰、巨炮以及枪支。同治五年（1866年），左宗棠设造船厂于福州，附设船政学校。到了同治九年（1870年），李鸿章设机器制造局于天津。同治十一年（1872年），曾国藩、李鸿章挑选学生赴美国留学。同年，李鸿章设轮船招商局。

1861年，曾国藩创办中国近代第一家军事工厂——安庆军械所（又称安庆内军械所）。1878年，李鸿章开办中国近代第一家民用工厂——开平矿务局。从19世纪60年代到1894年中日甲午战争爆发前的整个洋务运动期间，由中国人自办的工业企业有船舶机器修造厂27家，机器缫丝厂97家，机器棉纺织厂8家，其他轻工业工厂47家。总的来看，洋务运动时期的近代中国企业数量少，规模小，效益差，管理体制十分落后。

20世纪初，内忧外患交困之下的晚清政府为发展工商实业又推出了一些改革新政。如颁布《商人通例》和《公司律》，承认民营工商业的合法性，并从法律上正式确立了公司制度。这些改革新政在一定程度上激发了社会各界投资实业的热情，催生了中国近代工业化发展的一个小高潮。1901—1911年，中国新设厂矿386家，所涉行业扩展至纺织、食品、矿冶、金属加工、水电、卷烟、造纸、火柴、玻璃等多个部门，所涉地区遍及江苏、浙江、湖北、广东、山东、新疆等多个省份。

据不完全统计，截至1899年，洋务派共创立了大大小小30家兵工厂。一共生产了包括汉阳造在内的1.01万支抬枪，27.3万支步枪，1.7万只马枪，200多挺机枪，以及3900门火炮，2.65亿发步枪子弹，365万发炮弹，871万公斤黑火药和58万公斤无烟火药。诸如金陵制造局，汉阳军工厂。晚清时候建设的汉阳钢铁厂在北洋政府统治时期年钢产量稳定在5万吨，曾在亚洲排名第一。清末军事工业大多采用官商结合的官办形式，在长期的经营中，官方的监督人也开始大面积干涉公司业务。企业的低效率运行，双方的利益博弈很快白热化。

三、中华民国工业建设成果和转型困境

辛亥革命后至新中国成立前，中国近代工业化发展出现了两次小高潮。一次是1912年至1921年。在此期间，中国境内新开设民族资本企业794家，资本总额32182.7万元，工业产值年增长速度达到13.8%。1920年6月，第一艘国产万吨级运输舰"官府"号成功下水。这是中国近代工业发展的一个标志性事件。另一次是1927年至1936年。在此期间，中国华商纱厂纱锭数从201.8万枚增加到274.6万枚，线锭数从6.5万枚增加到17.3万枚，布机从12109台增加到25503台，水泥产量从30.6万吨增加到40.5万吨。同时，一批新兴民族工业如制酸、制碱、化肥、橡胶等也得到了一定程度的发展。

1929年美国股市崩盘，导致了西方世界10年的大萧条。而中国民族工业利用这个间隙，获得了长足发展，被称为黄金十年。

中国重工业建设。1932年11月成立国防设计委员会（1935年4月改名为资源委员会），下属资源委员会的主要任务就是创办与国防有关的工矿企业。在冶金工业方面已建成的有汉阳钢铁厂、湖南茶陵铁厂、湖北灵乡铁矿、江西钨铁厂、四川彭县铜矿、湖北大冶、阳新铜矿、中央炼铜厂、湖南水口山铅锌矿、云南锡矿、青海金矿、四川金矿等；在燃料工业方面，有江西高坑煤矿、天河煤矿、湖南湘潭煤矿、河南禹县煤矿、四川巴县、达县石油矿等；在化学工业方面，有氨气工厂及无水酒精厂等。新建了中央机器制造厂、湖南湘潭飞机发动机厂、中央电工器材厂、中央无线电机制造厂、中央电瓷制造厂、四川长寿水电厂等等。1937年，这些工厂的产品产量为钢铁3万吨，电力153.3万度，煤2万吨，净钨砂1.2万吨，锑1.46万吨，电报机425具。

抗战开始后，资源委员会兴办的已运转的各个重工业机器设备，有不少都拆迁到大后方，特别是在重庆和泸州建起了八大军工厂。将停产10年的汉阳钢铁厂的关键设备用来建设了重庆钢铁厂，这些成为当地工业生产

的骨干企业，提高了大后方的工业水平，继续为直接支持抗战提供有力的物质保证。

在民国的38年中，整个工业部门在国内生产中所占比例基本没有变化。工业成长显著的分别为电力工业、煤炭工业。农业方面，也有以乡村自治、合作社和平民教育为三大乡村建设政策。中国的近代工业化初现端倪，1930—1936年间，轻工业部门增长率达到8%—9%。1933年，中国的工厂、手工业、矿业和公用事业的产量，仅构成国内净产值的10.5%。手工业产量占工业部分的67.8%；工厂占20.9%；矿业占7.0%；公用事业占4.3%。估计为4691万的非农业工作人口中，1213万（25.9%）受雇于手工业，113万（2.4%）受雇于工厂，77万（1.6%）受雇于矿场，4万（0.09%）受雇于公用事业。在1936年达到了近代历史上最好水平。针织、丝织、染织、印染、毛纺织等轻工业，电器用具工业、电机工业、染料工业、酒精工业、酸碱工业等，一小部分国货产品开始替代了进口外货。工业地区分布也在扩大，工业生产技术水平和管理水平都有了提高。

总的来看，虽然这一时期开启了中国近现代工业化发展的先河，引入了公司制等近代工业生产方式和组织方式，但由于落后制度的羁绊，中国工业化发展进展十分缓慢，工业化水平低，结构也极不合理。到新中国成立之年的1949年，主要工业产品如钢产量只有15.8万吨，不足当时世界钢产量的千分之一。在结构上，当时中国社会总产值的90%为农业，工业产值只占10%；工业结构中轻工业所占比重90%以上，机械工业所占比重不到10%。①

---

① 参考周维富的《中国工业化发展的伟大成就与历史经验探析》，《中国延安干部学院学报》，2023年7月26日；网络首发CNKI：2023年7月11日，中国社会科学院创新工程"工业数字转型研究"和中国社会科学院登峰战略优势学科（产业经济学）。《民国工业发展真的那么弱吗？真正的情况原来是这样!》，博主"选择的路都是一种领悟"2018年3月17日发表文章，2024年7月9日查阅引用。

四、长历史看近现代中国秉承和平进取礼法

1840年鸦片战争，是因为中国贸易顺差，中国幅员辽阔自给自足什么都不缺。西方打入中国采用重商主义方式：输入鸦片；贩卖中国人当奴隶（200余万）；不平等条约，割让土地；等等。1854年借口"小刀会事件"，列强在中国设"税务司"，1859年9月英国独揽统管全国海关权，掌控中国关税税制税率的决定权，中国失去关税自主权，进口关税长期被压低在5%左右，幼稚民族工业得不到法律保护，白银大量流出中国，一度英国白银收入有一半来自中国。直至19世纪末，实际进入中国的商品和资本实际非常有限。

清灭亡以后，列强操纵军阀，大举掠夺中国市场。帝国主义在中国的投资以中国对外赔款、特权借款、土地占有等掠夺经济为主，庚子赔款四亿五千万两关平银，本息共982238150关平两，甲午战争对日赔款两亿三千万两，一直到1948年都没有还完，60%债务转为各列强在华投资。到了20世纪30—40年代，外国资本占去50%—70%。二战后，由于接收，官僚资本的数量迅速膨胀，民族资本只占到20%—30%。① 从北洋商务运动到1949年国民党垮台，统治阶级奉行的是商业资本主义为主，表现为以购买外国设备为主，热衷于赚钱来得快的轻工业为主，而自制、自主研发制造机械设备的企业很少。

中华民国时期，企图走自由资本主义道路，尽管参照德国大陆法制定了宪法典、民法典，但是三座大山、四大家族并没有打算守法。自由市场商业贪婪，比之井田制法理约束下的租息利税率什一中正之制，反而倒退了。

有的学者将鸦片战争失败被迫签订《南京条约》，开放通商口岸，开启洋务运动作为中国变革的起点。这个起点，承认了一个历史现象，中国是因为贸易顺差而被侵略，西方举剑杀向铸剑为犁忙于农工商的文

---

① 吴承明：《中国资本主义与国内市场》，中国社会科学院出版社1985年版，第33页。

明型国家，西方优胜劣汰、游牧商业、弱肉强食丛林霸道是非正义的。而中国清政府始终坚守对外文明正义和平改革。洋务运动以来中国不是不愿意开放，而是农业文明的财力难以建设可以与东印度公司的海军和陆军相抗衡的军队，所以每战必败，每败必签订不平等条约。永远不忘记1840—1949年以来签订的国际不平等条约，30多次内外战争。但是无论明朝、清朝、中华民国、中华人民共和国，都坚守和平崛起的中华民族礼法没有变。

第二小节　中国合伙制、银行制沿革

一、合伙、股份制沿革

（一）中国上古的"井田制"，就是合伙形式的农业生产经济。

合伙集体力，即"众人拾柴火焰高"。中国古代有"耦耕制"，这种协作劳动如《周礼·地官·里宰》所记录："以岁时合耦于耡，以治稼穑，趋其耕耨。"郑玄注："此言两人相助耦而耕也。"村社居民实行换工性质的协作式劳动。而在"公田"耕种时也是"率时农夫，播厥百谷。骏发尔私，终三十里；亦服尔耕，十千维耦"[①]。即实行更大规模的协作式劳动，例如对公共田埂锄草修正。

在明清时期就已经存在高级阶段的股份制生产企业，例如，清朝陕西"万金账""记名开股"等，商号以自有资产为担保。龙驹寨的"德成新"在四川开的"协兴隆"，设置"银（东股，领东掌柜、带肚子掌柜）"，员工和经营者（西股，领西掌柜），叫做"东、西"股份有限债务责任制；东、西股，以六四分成或五五分成；每年取三成利润分红，三年一分。自贡"盐井规约"为准则，化解盐业合伙纠纷，规范合伙，订立具体的"盐井契约"，隐名合伙制等，以及转伙、退伙、散伙等契约，及其相关条件

---

① 刘秋根：《中国古代合伙制初探》，人民出版社2007年版，第53页。

和权利义务的习惯规约。"盐井规约"研究对"全面依法治国"有现时价值。①

民国时期的股份制合作社共分三类：信用合作社、消费合作社、生产合作社。民国时期国内民营企业大多采用股份有限公司的治理机构，并具有股东会的设置。但是，这种从西方照搬过来的企业治理结构依然打上旧有制度的烙印，在企业管理中往往只是徒有虚名。但是也有部分海归实业家引进了西方股份制，20 世纪 20—30 年代，一些海归企业家曾经在小范围试验过西方先进的现代化管理。民族资本家（例如荣氏兄弟等）在上海、天津、广州等沿海工业化地区投资建设经营现代企业，有过短期经济繁荣。

股票在我国已经有 100 多年的发展历史。早在 19 世纪 60 年代，在上海就已经开始有了洋行股票。之后，随着洋务运动由"求强"向"求富"转变，清政府开始学习西方创办工商企业。我国第一张股票发行于同治十一年（1872 年），是李鸿章筹建官督商办"轮船招商局"（即上海招商局前身），成立中国第一家股份制企业而发行的。

（二）民国时期随着中国民族资本企业的发展，股票成为民族资本家筹集资金、壮大实力的重要手段。但是不规范，一是交易所、信托公司相互利用，哄抬股价；二是贷款炒股；三是股市泡沫，一时间"没人去做实业"。有过三次大的股市灾难，1921 年 9 月，由于市面资金短缺，银钱业从资金安全考虑，开始紧缩银根，收回贷款，投机者措手不及，破产者十之八九，与前两次一样。

（三）新民主主义革命时期，中国共产党及其领导的民主政府在革命根据地也发行过各种债券、股票和代金券等。例如，抗战时期，陕甘宁边区受到走西口股份制文化的影响，习仲勋在担任县领导时特别关注股份制信用合作社、消费合作社、生产合作社的发展。②

---

① 徐斌：《清至民国时期四川自贡盐业合伙制度研究》，贵州民族大学 2018 年硕士论文。

② 《习仲勋传》，上册，中央文献出版社 2013 年版，第 316 页。

新中国成立后，中央人民政府曾经发行过国家经济建设公债，一些公司也发行过股票。1956年对资本主义工商业的社会主义改造完成后，股票筹资基本退出工商企业领域。

二、中国古代银行，并非舶来品

（一）银行在我国大致起源于唐朝。唐宣宗时期（公元846—859年），苏州就有"金银行"出现，唐宪宗时已经有汇兑。北宋嘉祐二年（1057年），蔡襄"知福州"时，作《教民十六事》，其中第六条为"银行轧造吹银出卖许多告提"，这是"银行"一词单独出现最早的时间。

在中华文明中，"银"代表的是货币，而"行"则是对大商业机构的称谓。中国"银行"的历史也早于西方，并非一些学者所说的是舶来品。

宋朝印刷术进步的技术支持也为纸币的印制发行创造了条件。

（二）银行业实质性的发展则在明、清交子钱庄和票号出现以后。

中国的金融机构最先出现的主要有钱庄和账局。钱庄和账局都是地区性小型金融机构，一般只在本地做业务，不去异地发展。在太平年间，钱庄和账局都要遵守"什一中正"古训。

晚清和民国时期的外资和中资银行，有各种股份资金来源，但是到头来，都不能避免办成了"当铺"，抵押贷款和放高利贷。而为生产企业服务的长期低息信贷反而成了少量个案。

"银行"这个名称有着经典的欧洲本土文化含义，即受习惯法"禁止高利贷—三重契约"约束，优先"生产线抵押贷款"为正义准则。

中国疆域辽阔，货币制度一直很复杂、混乱，严重地影响了商品的流通和交易，并且不利于工农业生产的发展和国家财政金融的稳定。1933年3月，国民政府废两改元，实行银本位制，虽对货币制度进行了一次改革，但整个中国的币制仍非常紊乱。民国38年中，经历了5次币制改革，遭遇英美外资操弄。1949年金圆券的发行量就像洪水决堤，在短短9个月的时间内，金圆券贬值6万倍，几乎成为废纸，财政赤字高达80%以上。新中国建立后，由人民政府陆续用人民币作价收回。

三、中国共产党领导下的银行

在民国时期,共产党领导的苏区、边区和解放区也相继建立了自己的银行。1928 年 2 月 20 日,海丰县苏维埃人民委员会建立劳动银行,这是共产党最早成立的银行。

1931 年 2 月,中华苏维埃共和国国家银行成立,毛泽民任行长。长征到达陕北后,与陕北根据地的陕甘晋苏维埃银行合并,成立中华苏维埃国家银行西北分行。抗日战争时期,西北分行改为陕甘宁边区银行。

1947 年 8 月 18 日边区政府东渡黄河到达山西临县林家坪后,1947 年 10 月陕甘宁边区银行与西北农民银行合并。同年 11 月石家庄解放,两地银行也合并为华北银行。1948 年 12 月,在华北银行的基础上成立了中国人民银行,成为发行法定货币的国家银行。1955 年,全国 14 个城市的公私合营银行与当地中国人民银行储蓄部合署办公,公私合营银行被纳入中国人民银行体系。

1969 年,中国人民银行总行被整体并入财政部,中国人民银行既承担发行人民币的职责,又承担统一管理其他金融机构(如信用社)的职能,还是财政的出纳,同时又开办存款、贷款、汇兑和外汇业务,实现了"多位一体"。

直至 1978 年中国人民银行从财政部中分离出来,中国才又开始有了相对独立的银行体系。改革开放后,中国才有了真正的商业银行,邓小平指出"要把银行真正办成银行"。

现代生产方式缘起黑暗的中世纪新兴城市重建古希腊那种共同体,是重复历史。就是说,当分工协作手工业处在了"互为生存条件"这种特殊状态下,历史就可能重复。同理,以"只要是与现代生产方式相适合,就是正义的"为合理。

名词与概念:

文明与野蛮是一个对立

历史学对"文明"进程的定义,是指从采集(野蛮)转型农业文明

农业文明物质标志：铸剑为犁，生产定居为表征的和平；生产供给需求

古代农业文明与纯粹现代生产方式的共同特征：和平、互惠

古代与现代的共同文明标志：城市，和平互惠生产方式，表意（文字）

古希腊罗马奴隶制的三大特殊性：奴隶是动物或动产，奴隶是生产劳动主体，掳掠奴隶买卖出租奴隶是财政来源。

欧洲农奴制封建专制的特征：政治权与土地权合一专制，农奴依附于领主；农奴徭役剥削率为50%用于贵族战争和挥霍；农奴没有实际自由；农奴没有财产自由权。

专制的定义：法哲学视域，权力或权利，被分解为治权与财权。西方封建贵族"土地依附于政治"专制主义。

区别与质疑：

（一）中国站起来、富起来、强起来，为此，美西方智库就开足马力诋毁中国，出现各种歪理邪说来抹黑中国的成功，所谓"偶然""不可持久""巅峰（意味着即将滑落）"等。2013年中国倡导"一带一路"，美西方智库就刻意研究"丝绸之路"上的奴隶贸易来抹黑丝绸之路，声称是两河流域率先买卖奴隶，西方学者还以唐朝丝绸之路运来了"昆仑奴"佐证唐朝存在奴隶制，这很荒唐。也正因此，界定古希腊罗马式奴隶制的特征，界定欧洲封建专制的特征，划清历史界限有现实意义。

（二）奴隶制"公民"，是不劳而获阶层，争夺政治权利正是为他们剥削奴隶和殖民地服务。因此需要区分奴隶制公民自由人争取平等正义政治权和争取不劳而获双重性。而被边缘化的穷苦平民自由民弱势群体更加渴求平等正义，靠自己的"生产所以人生"而具备目的和方法正当性。

第十四章　中华"稻作井田制"什一中正和平互惠文明

背景：

（一）美籍英国人史学家斯塔夫里阿诺斯定义，文明就是"从采集转向农业生产食物的过程"。

（二）参照第一卷第七章，本章以"现代生产方式为正义"从"礼教"中梳理出适合的"社会市民法"。

第一节　世界屋脊之东方最宜人之地：大禹治水保卫稻作经济大一统国家

站在国际层面来定位中国历史逻辑，日本学者沟口三雄在《中国冲击》中指出，与日本国武士道相对比，认为中国的礼法特征是"仁、义、均"。在中国，天下、生民理念为大[①]。国际友人特别看重的"均"文化承载了中国"井田制"法理什一中正范围内的平等正义，彰显了中国社会和平互惠稳定的"以一贯之""齐一"法律确定性特征。

那么，怎样的自然特殊创造并哺育了优秀的中华文明？"稻作井田制生产方式"和它承载的和平互惠文明的起点在哪里？

[①] 〔日〕沟口雄三：《日本人视野中的中国学》，中国人民大学出版社 1996 年版，第 83—87 页。

一、世界屋脊之东方地缘，人类适宜居住之地

从大历史、长历史视角，那么地理环境物质条件的不同，是培育民族特征的第一因素，例如孟德斯鸠《论法的精神》第十章"法律和气候的性质的关系"。所以研究或对勘中华民族与欧洲地中海民族的文明差异，第一要务，是研究养育中华民族的这块地缘的特征。

世界屋脊之东方，构造了最发达的水系和冲积平原，最活泼灵动之地。

世界屋脊在人类历史上留下了印记，东方是人本文化，西方是神本文化。

人类生存之地对人类肯定产生影响。法律不仅仅是观念的东西，而且与物质条件有关。

几千万年前，印度板块向北漂移隆起，形成青藏高原，构造了中国西北高东南低的地形。我国夏季主要盛行来自太平洋上的东南季风和来自印度洋上的西南季风（简称太平洋季风）。我国冬季主要盛行来自北冰洋、西伯利亚和内蒙古高原一带的西北季风和东北季风（简称西伯利亚季风），这让东方的中国处于冬季西伯利亚季风和夏季太平洋季风交替运动之地缘。每年冬春季西伯利亚季风吹起沙尘暴，实际相当于自然运输体系，在几千万年里，将外蒙古草原的沙尘吹向东南，构造了中国的黄土高原。这是世界唯一的一处由季风构造的土质高原地理构造。发现古丝绸之路的费迪南·冯·李希霍芬（F. von Richthofen, 1833—1905）来到黄土高原，惊奇之余第一个提出，这是一个独特的地理构造。《黄土学》记载1886年F.李希霍芬提出风成因说。2003年春天，在英国《自然》地理杂志上郭正堂发表的一篇文章指出，在甘肃秦安县获得2200万年以前的、混合在古土壤红色胶泥中的黄土沉积。每年西伯利亚季风退去之后，是春夏太平洋东南季风带来了丰沛的雨水，一直深入到达天山脚下。青藏高原昆仑山脉构造的雪山冰川是中国三大河流的源头。其中，黄河流经黄土高原，夹带着黄土泥沙从西北向东南倾泻而下直奔大海，可持久拓展构造了黄河冲积平原，还有东北三江冲积平原，长江流域冲积平原、珠江流域冲积平原

等，形成了世界上最广袤的适宜农耕的冲积平原地理集群。

人们总是单独赞美黄河或黄土高原，其实，黄河与黄土高原，是一处天成的自然可持久循环构造。黄土高原，据专家考证，这一土层积淀肥力可与火山灰媲美，不断地增加可耕地，并为土地增加肥力，使中华民族不仅农业特别发达，而且避免了土地退化和沙漠化。中国水灾和旱灾频发，但是利与害自然现象总是交替出现，可循环、可战胜，反复历练了当地住民的自力更生能力。自然持久循环，这应是中华民族文明绵延长久的地缘物质基础。

也因此，孟德斯鸠用欧洲气候条件下的"法的精神"来套在气候性质完全不同的中国头上，绝对是违反了他自己的立论。

二、"大禹治水保护稻作经济"为载体，建构"农工商大一统价值观"

中国为什么能够大一统近 5000 年？

（一）中国地缘最广袤的冲积平原和丘陵地带，地处北半球温带至亚热带之间，四季分明温度适宜。春夏太平洋季风带来了丰沛的雨水，适宜农业超前发展。在旧石器时代，人们普遍以狩猎和采集为主要生存手段。新石器时代出现农牧渔工商多种经营，与旧石器时代的最大区别是"去掠夺、去自相残杀"，在贾湖遗址和良渚遗址都可以感受到"多元一体"经济，有冗余、有储备。良渚稻作文明产量高、要求精耕细作高质量的农业管理，因此内生性和平发展互惠，而在原始条件下最大限度地摒弃了掠夺方式。

（二）多样性地理气候，稻作"井田制"最高的农业生产力，"大禹治水"信仰，是中华民族农工商齐发展人口众多和大一统的载体。

由于季风气候的不确定性，中国大地各个地区的气候变化多样，旱灾、涝灾频繁，看天吃饭、战天斗地斗水成为常态。5000 年前的良渚遗址已经创建发达的有三个西湖大的水利工程；4000 余年前，那一场世界性大洪水，尧舜派大禹治水。大禹采用了疏通河道的办法，建设水利工程、地域之间相互扶持救灾这种生物"冗余定律"现象，将中国松散的部落维系起来。大禹治水13年，三过家门而不入，一是大禹以"治水"为纽带"禹会诸侯于涂山"，创建了依靠共同体力量战天斗地的观念，是中国大一统观念的起源。二是建构像水利工程一样的社会和国家秩序，"左准绳，右规矩，载四时，以开九州，通九道，陂九泽，度九山"。三是建构以"稻作经济"民生为本的农工商业互助和交易联合体："令益予众庶稻，可种卑湿。命后稷予众庶难得之食。食少，调有余相给，以均诸侯。禹乃行相地宜所有以贡，及山川之便利。"① 四是互助，"食少，调有余相给，以均诸侯"以有余补不足相互扶持。五是农工商业因治水工程而相关联并拓展到"山川之便利"相互交易。《尚书·夏书》："（禹）东渐于海，西被于流沙，朔南暨声教讫于四海。禹锡玄圭，告厥成功。"在三星堆考古挖掘中发现玄圭，有学者判断是大禹治水的直接证据，夏立国的崇拜神品。据孟子记录，夏"贡"是什一税制。大禹治水涂山会盟是中国版图大一统、经济农工商的起点，这已经得到美国学界的公认。②

大禹依靠武德和道德"帝力"和平协商的方法收复三苗，建立起多民族大一统相互扶持的国家——中国。《史记·夏本纪》记载禹的儿子启"灭有扈氏，天下咸朝"，成为第一代血统国君，终止了尧舜禹时代的禅让制不稳定性，以及其他部落首领争夺权位的战乱。因此，在中国，从第一代君主起，就是君与民以"大禹治水"为准则的约法政体，传承了尧帝"大道之行，天下为公"，"天下为公，选贤与能"制约"天下为私"；舜帝"克己复礼"伦理，治理国家对于罪恶以仁德礼法为主，辅之以刑。中华民族在文明程度上表现为生产力提高促进了人口的增长；减少部落之间自相残杀，保全了部落间工商业和文化交流，保全人口的安全性。

这与世界其他史前史的记载有很大不同。其他民族多记载如何逃跑，

---

① 《史记》，中华书局1959年版，第51页。《左传·哀公七年》"禹合诸侯于涂山，执玉帛者万国"；《史记·夏本纪》"予辛壬娶涂山，辛壬癸甲，生启予不子，以故能成水土功"。司马贞索隐"皇甫谧云'今九江当涂有禹庙'，则涂山在江南也"。

② 赵辉：《美国人眼中的夏商周，西方教科书中的大禹治水让人意外》，载《夏朝与诗经研究》，2020年3月13日发表，2022年10月27日查阅引用。

耶路撒冷三大教派创世纪记载,当洪水来临,只有一家人逃到"诺亚方舟"上得以存活。

三、世界屋脊,防止外来侵略的屏障,庇佑中华文明可持续

(一)世界屋脊之西方,在古代经历了古罗马帝国东侵,匈奴人西迁,教会8次东侵,阿拉伯西侵,蒙古人西侵等世界性大战,导致以古希腊罗马为代表的奴隶制隶农制统治西方的时间长达2500年。迄今西方还处于现代制度与奴隶制、农奴制混杂"绥靖"历史过渡时期。

但是东方不同,由于世界屋脊的阻隔,这些战争的脚步到达喜马拉雅山脚下就不得不止步了,世界屋脊庇佑中华农工商文明,避免了西方牧猎文化的摧残。

在北方,每当气候有较长时间波动,或水草肥美牛肥马壮,或雨水线向南移北方水草枯竭食物短缺,在这两种极端情况下信奉萨满教的游牧民族往往就会南下侵扰中原,因此仅仅沿着季风区与非季风区分界线修筑长城还不够,中央政府筑起了另一道防线,那就是沿着世界屋脊、阴山山脉作为屏障,建设军屯和民屯,"敕勒川,阴山下,天似穹庐,笼盖四野。天苍苍,野茫茫,风吹草低见牛羊"。中原农工商文明"天地人,和为贵",为了保卫中原,为了开通向外的丝绸之路,形成了以汉民族农工商文明为主体的多民族融合文明型国家。

(二)丝绸之路,与世界连接的和平道路。

热爱和平的中国从远古就开始与世界交往。中国古丝绸之路沿着世界屋脊的缝隙阿富汗瓦罕走廊等,经过印度、波斯,到达古罗马。另一条,是张骞通西域之路,从河西走廊出发,丝绸之路继续向西延伸,经过新疆境内,最终到达中亚、西亚、南亚以及欧洲和非洲。在新疆境内,丝绸之路分为北道、中道和南道。还有海上丝绸之路,郑和下西洋的路线。

文明比野蛮脆弱,中华文明能够做到既守成又与世界交融,有其地缘优势。由于世界屋脊的阻隔,挡住了西方罗马帝国和西南方阿拉伯帝国的大举入侵。中国农工商文明超前,陆上和海上古丝绸之路,又把中国与世界联系在一起。

四、中国大周期律与气候相关；最高生产力和众多人口古国

（一）1972年的年初，时任中国科学院副院长、院士竺可桢，在主流社会普遍相信"人定胜天"的特定时期，发表了《中国近五千年来气候变迁的初步研究》，这是他"一生专门研究的一个课题"。竺可桢文章最后与冰芯研究结果进行比照，以格陵兰岛1954年钻取的远古冰层冰芯中氧同位素为分析对象，根据各时期降雪形成的冰层中各氧同位素的比例来推测当时的气候，以这种方法得到的5000年以来的历史气温数据，和竺可桢根据物候观测得出的中国历史温度变迁的趋势大体一致。任何接触到这一研究的人都能感受到文中隐含的一个历史唯物主义的假说，即人类文明的发展，在人类社会自身蕴含的根本推动力量之外，还受到气候变迁的巨大影响，甚至左右历史进程。中国自由自耕农工商超前发展，首先是上苍的眷顾，是自然地理的自然产物，有着坚实的地缘基础。

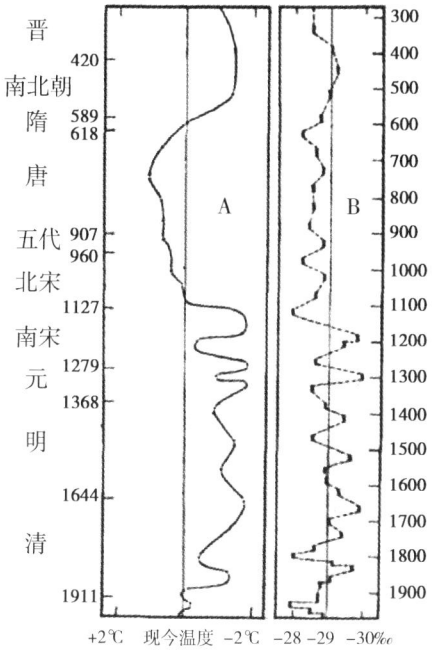

A.从中国物候所得结果；
B.从格陵兰冰块所得结果；
$\delta(O^{18})$ 增加0.69‰，则气温增加1℃。

图14-1　竺可桢根据考古和文献物候资料绘制中国气温变迁图与氧同位素观测结果比对

(二) 中国在汉朝达到人口的巅峰 6000 万人。在以后 2000 年的岁月里，人口的起伏不仅与国家治理相关，而且与气候变迁有关，每当气候偏于温暖或偏于寒冷，北方民族就南下侵扰中原，引起社会动荡人口减少，南北朝时期人口减少到 1000 万，只剩 1/6；五代十国减少到 2000 万是汉朝的 1/3。但是每一次被外族侵略，最后总能再次大统一，并恢复到大汉的水平，这是由于以汉民族为主体的农工商经济文化的优越性，人口多体量大，包容和同化其他民族文化而生生不息。

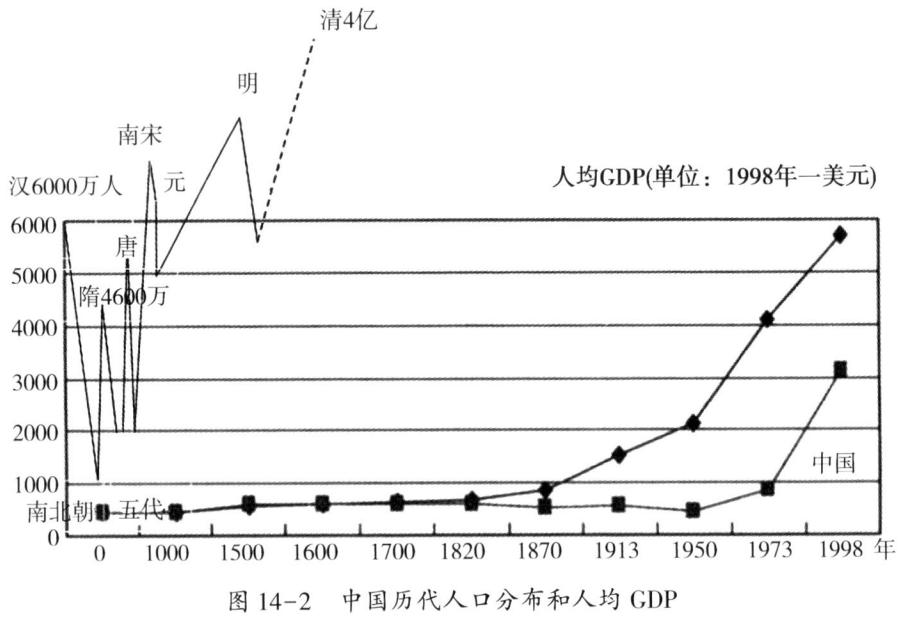

图 14-2　中国历代人口分布和人均 GDP

数据来源：Maddison（2001），*The World Economy：a millenium perspective.*

(三) 中国 2000 年，世界最高的农业生产力，养育了众多人口。

古代基本处于工具自给状态。古代的特征是靠天吃饭，人均生存边际所必需的收入和消费，在全世界几乎被拉平，所以，能够养活的人口成为生产力的一个指标。英国伦敦经济学院"量化历史研究"团队发现了这个现象，他们在 2001 年公布的研究数据，认为人类在 1820 年以前的 2000 年里，人均 GDP 几乎相等，承认中国人口维持在占世界的 2/5。就是说 1820 年以前，占世界可耕地 7%—9% 的中国一直维持占世界 GDP 的 40%。中国秦以来"令黔首自实其田",中国各朝各代进行人口普查,并按田地的平均产出征收什一税,所以数字比较准确。中国各朝代视人口为国力,户籍是税收的基本面,非常重视人口普查,为了鼓励婚姻生育,除了私媒婆之外还特别设立有官媒婆。

还有一个值得注意的现象,那就是儒家文化圈现在实行资本主义的国家或地区,例如日本、韩国等,尽管工业城市现代化,但是农村维持小农精品经济,总有乡村人眷恋土地,城市与乡村和谐相处。这或许说明,儒家文化圈有自己的生存逻辑来顺应现代生产方式,实现和平发展互惠。相对比,欧洲奴隶制、隶农制的表征就是"低生产力、低人口、战乱不断",生产劳动主体均是无产者奴隶或准奴隶,劳动三要素相分离。

第二节 "稻作井田制"生产关系法权形式延续 5000 年

第一小节 甲骨文、金文、四书实证"井田制"

成文法典问世,是人类文明开始成熟的标志。

古希腊苏格拉底"用公正的方法获得财富"观念,古希腊亚里士多德记录了"分工协作—通工等偿"共同体生产方式与法律合一,在 2000 年后才萌芽。

中国古代也存在"用公正的方法获得财富"观念和制度。同时代的中国孟子记录了"井田制"共同体,生产方式与法律合一,已经在中国延续了 5000 年。这是孟子最伟大的贡献之一。

在甲骨文中已经分别有"井""田"字,在西周的金文中已经有"井田"一词,并带有孟子所描述的"井田制"的形制。2007 年,在山西翼城县城东郊大河口两河交汇的滩地,这里发现了被盗墓贼破坏的西周墓地群,经国家考古部门抢救性挖掘,发现是一个叫做"霸国"的墓地,其中霸伯山簋器(M1017:35)、霸伯簋器(M1017:8)的铭文中都刻写着西周时期确实存在井田制："隹（唯）十又一月，丼叔来（别）盐，蔑霸伯历，事（使）伐，用（畴）一百丼二粮，虎皮一。霸伯（拜）（稽）首，对易（扬）丼叔休，用乍（作）宝山，其万年子孙其永宝用。"（M1017：35），金文中与井田制有关的内容翻译成现代语言："命霸伯征伐，提供其美田一百井之井田中央百亩公田所产的两种谷物作为军粮，补其军资。"多年关于是否存在井田制的争论终于有了定论。

甲骨文印证"井田制"作为生产方式和文化载体要早得多，传说中的黄帝召唤应龙制造水患，又召女魃制造旱灾而打败了炎帝和蚩尤，隐喻当时气候无常，反而是以旱地杂粮为主的黄帝部落耐受力较强，而以稻作为主的炎帝和蚩尤部落在经济上受到气候打击而败下阵来。大禹治水以来的夏朝（西邑）以"稻米"为主要粮食，对水源特别敏感，要防旱防涝，人们对考古发现的夏商时期的水井进行了统计分析，发现当水井的深度超过6米，这个王朝就要迁都，直到盘庚才固定下来。周民族身处山西、陕西吃杂粮耐受力强，以稻作为主要粮食的商朝被周打败的主要原因还是气候。从气候角度研究中国变迁历史，也可以佐证"绕井而居"物质文化在中国早就存在。

现代考古学，在中国大地上已经挖掘出了像星星一样遍布的上万个新石器时代原始部落，他们各自创造着自己的生活生产方式。早在8000—9000年前的贾湖遗址就已经发现了水井。特别是，在距离良渚遗址不远的距今7000—5500年的河姆渡遗址，在遗址中发现了用木条按"井"字形垒成的水井。"井"经济和生活，应当是季风气候四季降水分布不均匀，旱涝年份水资源不均匀情况下，人类寻找地下"冗余"水源的求生存方法，成了中华大地获得水源不可或缺的生活方式。而在1万年前苏丹耶利哥文明已经有城墙，他们依靠泉水，但是没有再向前发展。

"井田"形制，吸引了先民绕井而居。有的部落逐渐地按"井"的形状，把土地分成九块，八家耕种自己的那块土地，并且共同耕种中间的那块公共的土地的收成用作"税"。某个部落的"井田制"创建了一种文化偶然，因为生产力提高、幸福感突出，而被广泛流传。

《诗经·豳风·七月》"七月流火，九月授衣。一之日觱发，二之日栗烈。无衣无褐，何以卒岁。三之日于耜，四之日举趾。同我妇子，馌彼南亩，田畯至喜"中叙述的情形，似乎已是个体小农的经营，农夫有自己的居室，妻儿随着农夫同去田间，而农夫对于主人的义务，是出于实物和劳力的双重配合。这是在领主领地上的附庸人口，经营的是分配给一家的土地。

《孟子·滕文公上》："夫世禄，滕固行之矣。诗云：'雨我公田，遂及我私'，惟助为有公田。由此观之，虽周亦助也。"孟子描述的即井田制。无论"国中什一使自赋"，还是农村"井田制"九一税，剥削率都是欧洲贵族剥削率的1/5。

春秋时期人口增长土地紧张，于是将"井"字形的田埂挖掉增加可耕地面积，即"开阡陌"，税量不变，可耕地增加了1/9，则九一税，降低为什一税，针对这个现象，孔子有曰"盍彻呼！"被孟子记录下来，传承至今。

《汉书·食货志》中班固说："秦孝公用商鞅，坏井田，开阡陌，急耕战之赏，虽非古道，犹以务本之故，倾邻国而雄诸侯。"

后唐吏部尚书李琪上疏曰："自尧堙洪水，禹作司空，于是辩九等之田，收什一之税，其时户口一千三百馀万，定垦田约九百二十万顷，为太平之盛。及殷革夏命，重立田制，每私田十亩，种公田一亩，水旱同之，亦什一之义也。洎呼周室，立井田之法，大约百里之国，提封万井，出车千乘，戎马四千匹，畿内兵车万乘，马四万匹。以田法论之，亦什一之制也。"

中国古代的举国对外战争属于保家卫国性质，它往往是以"井田制"每井九户人家为单元，来计算征兵人数的。例如，《管子》《司马法》这些历史记载中，都提到了"乡遂、乘马"。其中《司马法》，"六尺为步，步百为亩，亩百为夫，夫三为屋，屋三为井"，"亩百为夫"每家百亩地，出一个兵"夫"，"夫三为屋"三个家为一排叫做"屋"，"屋三为井"，三排屋为一个"井田"，这就是井田制的建制。现存金文"禹鼎"提到西周后期噩侯与东夷、淮夷联合造反，王室一次性动用"西六师、殷八师"去讨伐。"禹鼎"的主人出兵"戎车百乘、斯二百、徒千"，说明《司马法》

有金文作为依据。但是，1991年8月13日法（民）21号《最高人民法院关于人民法院审理借贷案件的若干意见》"最高不得超过银行同类贷款利率的四倍（包含利率本数）"。禁止高利贷法"什一中正"习惯法被中断了，但是古训依然是百姓心中那杆秤，市民法在民间，在礼法。

第二小节 "乡田同井"生产共同体与现代方式对勘

"井田制"是共同体生产方式，达到工具自给时代最高的生产力水准；是市民法，生产关系的法权形式；是政治服务法，仁在政之上，法在王之上，法在财权之上，天下为公治权独立；是社会互惠和谐伦理建构；最为完整、形象的共同体社会多元结构一体化形式。《孟子·滕文公上》：

> 夫仁政，必自经界始。经界不正，井地不钧，禄不平，是故暴君污吏必慢其经界。经界既正，分田制禄可坐而定也。夫滕，壤地褊小，将为君子焉，将为野人焉。无君子，莫治野人；无野人，莫养君子。请野九一而助，国中什一使自赋。卿以下必有圭田，圭田五十亩；余夫二十五亩。死徙无出乡，乡田同井，出入相友，守望相助，疾病相扶持，则百姓亲睦。方里而井，井九百亩，其中为公田。八家皆私百亩，同养公田；公事毕，然后敢治私事，所以别野人也。此其大略也。若夫润泽之，则在君与子矣。

"井田制"生产方式的形制是人民谋幸福的方式，"耕者要有其田"什一中正，在几千年里为人民所接受和信仰。

（一）最高的自由家庭农业生产力水准。"井田制"呵护和推动自由自耕农工商稻作文明，生产力是小麦、黍、粟等杂粮文明生产力的4倍。

（二）生产关系的法权形式。

一是"仁义均礼智信"人生观、世界观、价值观。

二是土地公有个人保有制。土地分配成"井"字形均分结构,"方里而井,井九百亩,其中为公田,八家皆私百亩",公有土地与所"请乡野"劳动力基本直接结合。

三是中间一块公田的收成用作纳税"请野九一而助",即近90%的收入归生产者,剥削率是欧洲农奴徭役的1/5,孟子记录的"井田制"不可能是奴隶劳动力。

四是按劳分配的生产形制。均分土地,各家在私田上劳作多劳多得。

五是先公后私的社会生产伦理秩序,"同养公田……公事毕,然后敢治私事,所以别野人也"。

六是与井田制并存的还有"初税亩"以来的自由劳动者土地私有制,税率是收成的10%,"国中什一使自赋"。

七是对青少年"余夫必有圭田二十五亩"。

八是劳动与公权之间是公平契约关系。与欧洲租税率为50%剥削率相对比,中华民族公权管理费用租税为10%,从剥削量,变化为质变,变化为公平正义的契约关系。

从而劳动阶级与公权之间是"生产者与公有土地安全管理者——分工协作"社会分工合作关系,"夫滕,壤地褊小,将为君子焉,将为野人焉?无君子莫治野人,无野人莫养君子"。

欧洲16世纪以来新兴城市自治"雇佣政府为我们服务"税率也趋向什一中正,但是政府被称为必要的恶。

九是乡民自治,"死徒无出乡,乡田同井,出入相友,守望相助,疾病相扶持,则百姓亲睦"。相友、相助、相扶持、百姓亲睦共同富裕社会形制。

"井田制"生产力做到了古代最高的生产力;"井田制"生产关系法权形式8个特征,可以与纯粹现代生产方式的8个特征对勘。

第三小节　恪守"井田制"什一中正法理的私有制"初税亩"

爱田占有、初税亩土地私有，遵守什一税制，治权独立。

（一）爱田，授田长期占有制。

春秋时晋国推行的田制改革。晋惠公六年（公元前645年），秦攻晋，晋惠公被擒，旋得释归国，晋于是"作爰田"，《左传·僖公十五年》："分公田之税应入公者，爰之于所赏之众。"《国语·晋语三》："作辕田。""作爰田"一种解释是，供给农民用来轮作的土地，久而久之被固定下来，永久占有。

公元前594年《春秋·宣公十五年》之《谷梁传》云："初者，始也。古者什一，籍而不税。初税亩，非正也。古者三百步为里，名曰井田，井者九百亩，公田居一；私田稼不善则非吏，会田稼不善则非民。初税亩者，非公之去公田而履亩，十取一也，以公之与民为己悉类"。孟子的"井田制"中也已经规定"国中什一使自赋"。初税亩，承认私人开垦的荒地归私人所有，但是要交纳什一税（与井田制基本同税率）。即铁犁耕牛的使用，私人开垦荒地多起来，争抢荒地的问题也突出起来，为了社会稳定、增加国库收入，鲁宣公制定"初税亩"，规定对私自开垦的土地也开始征收什一税，并将私田分为上、中、下三等，对私田按等级计算什一税的税量，用于治安的费用。

郭沫若先生界定初税亩是我国土地私有制的缘起，第一，这意味着家庭私有土地的合法化。第二，自由垦荒有了法律保护，初税亩也可以说明当时的农民是自由民。第三，《初税亩》是一部成文的私有土地税收法律，堪称"市民法典"。第四，"初税亩"保护荒地归开垦的家庭所有，扩大了可耕地数量，并进一步提高了劳动者生产力积极性，进一步推动了土地经济所有权与"政治治理权"相分离，为土地可以自由买卖准备了法律依据。初税亩继承了什一税制，是井田制法理作为统一大法的彰显。

(二) 商鞅授田制和爰田制。

在《初税亩》土地归耕者所有的启发下，出现了用土地奖励"耕战"的政策。土地制度有一个过渡期，春秋战国争夺土地的战争，用消灭诸侯所得来的土地鼓励耕战，开启了春秋战国时期"开阡陌"等把划界的田埂也改造成了耕地，从而增加了可耕地总量，全部统一改革为什一税制。

战国时期各国普遍推行授田制和爰田制。国家在授田制的基础上还借用历史上的晋惠公的做法公推行"爰田"。"爰"又作"辕""走"。杨伯峻注："《汉书·地理志》云：'孝公用商君，制辕田，开阡陌，东雄诸侯。'商君之制辕田，即晋惠之作爰田也。商君制辕田而后开阡陌，则此之作爰田亦必开阡陌，从可知也。"秦始皇三十一年（前216年）诏告天下"使黔首自实田"，即老百姓自报开垦荒地的数量，国家征收什一税，等于承认土地私有制。

商鞅变法农战思想，调动农民积极性的同时国家的税源就有了充足的保障。我国天下为公土地私有制的特色，私有土地耕种有按收成缴纳什一税的义务，政府有权监督耕作情况，例如不得撂荒迄今适用。政府有兴修水利、救灾、治安的责任。从云梦睡虎地秦律中《田律》《仓律》的记载看，地方官需要准确地向朝廷报告其所辖土地的田亩面积、种植情况、庄稼长势以及自然灾害，国家要求官员按时视察农业生产情况，下命令保护山林川泽、禁止随意砍伐捕捞。1979年四川青川出土木牍《为田律》，是秦武王二年发布的命令，此文表明：秦在商鞅变法之后，曾以法律形式强制施行国家对土地的统一管理，由国家统一制定顷亩面积和田间道路的规格，强调每年按时由政府统一维修和整饬农户们使用的份地间的疆界，统一组织铲除田间阡陌上的杂草。这些规定正是国家为了保证农户对土地的平均占有，防止其因土地分配不均造成贫富分化的预防措施。在汉朝以来土地自由买卖才多起来，如何防止土地过度兼并的问题也就严重起来。

井田制"耕者要有其田"什一中正法制文化文明以初税亩等形式传承下来，通过租息利税同率，达成农、工、商、政治之间的均衡，从而避免了政治专制、货币高利贷、商业高额利润对产业的伤害，生产的分配正义是中国绵延5000年的原因之一。而其他文明古国灭亡与政治专制、商业过度导致产业凋敝脱不了干系。什一中正分配率一直延续到新中国农业税是土地收成的5%。

第三节　中国古代农工商租息利税什一同率市民法

第一小节　自由自耕农工商什一税制5000年

孟子曰:"夏后氏五十而贡,殷人七十而助,周人百亩而彻,其实皆什一也。"孟子所谓"野九一"者乃授田国制,"国中什一"者乃取民之制。

(一)考古发现,贾湖遗址、河姆渡遗址时期已经开始绕井而居。

(二)尧舜禹,"呜呼,惟天生民有欲,无主乃乱"。所以"社会"必须设立为民众拥护、有道德的人作为首领建立规则和秩序。

(三)"夏后氏五十而贡"。夏朝与民众的约法。"赞禹旧服,兹率厥典,奉若天命"。"夏时一夫受田五十亩,而每夫计其五亩之入以为贡。"

(四)"殷人七十而助"。商汤与民众的约法。首先,商汤部落首领以"赞禹旧服,兹率厥典,奉若天命"准则,然后揭发夏桀的罪状:"予惟闻众言,夏氏有罪,予畏上帝,不敢不正。"夏桀违背了大禹制定的制度,这是消灭夏朝的正当性。《商书·仲虺之诰》曰:"成汤放桀于南巢,惟有惭德,曰,予恐来世以台为口实。"仲虺乃作诰,最后说道:"呜呼!慎厥终,惟其始,殖有礼,覆昏暴。钦崇天道,永保天命。"意思是商汤建国后,怕日后人民不服,仲虺答道:"惟天生民有欲,无主乃乱。惟天生聪明,又有夏昏德,堕民涂炭。天乃赐王勇智,表征万邦。赞禹旧服,兹丰厥典,奉若天命。"仲虺要求商汤的后代不忘初心;遵守大禹制定的礼法,压制昏暴;国王崇尚天道,则可以永保天命。

朱子集注曰:"商人始为井田之制,以六百三十亩之地画为九区,区七十亩,中为公田,其外八家各授一区,但借其力以助耕公田,而不复税其私田。""商制亦当似此,而以十四亩为庐舍,一夫实耕公田七亩,是亦什一也。"

(五)"周人百亩而彻"。周武王与民众约法,《泰誓上》,"惟天地万物父母,惟人万物之灵。亶聪明,作元后,元后作民父母","天矜于民,民之所欲,天必从之。而尚弼予一人,永清四海,时哉弗可失!"

《周礼·天官·大宰》云:"以九赋敛财贿",包含九个税种:"一曰邦中之赋、二曰四郊之赋、三曰邦甸之赋、四曰家削之赋、五曰邦县之赋、六曰邦都之赋、七曰关市之赋、八曰山泽之赋、九曰币余之赋。"《周礼·小司徒》载:"凡敛税之法,乃分地域而辨其首,施其职而平其政。"即征税标准考虑地域与行业差别。《周礼·地官》载:"园廛二十而一;近郊十一;远郊二十而三;甸、稍、县、都,皆无过十二;唯其漆林之征,二十而五。"也就是征税标准因距王城远近而不同,近者多役故轻赋,远者无役故重税,税率分别为5%、10%、15%、20%,仅只有漆林一类的经济作物生产利润高税率为收成的25%。

周官之治,《周礼·泉府》:"赊,祭祀丧纪,免息。"因丧事借贷,还款期不超过3个月,不记息。祭祀活动一般只到士一级,对庶民没有祭礼要求。

济贫,放赈。"国凶荒札丧,则市无征而作布(有灾害,物贵,市不税,为民困乏也。金铜无凶年,因物贵,大铸泉以饶民)"。"盖先王视民如子,洞察其隐微,而多方济其缺乏,仁政莫尚于此,初非专为谋利取息设也。"

"国服为之息",像出租土地一样出租货币,是政府的财政收入来源,管理放贷的机构叫"泉府","泉府则以钱易货,常平则以钱易粟,其本意皆以利民,非谋利也。"借款用于生产必须专款专用,要经官府审查,其利息率与地税同率,例如5%—10%,"古今关市征敛之本意。盖恶其逐末专利而有以抑之,初非利其货也"。"圣人敛山泽之货,以宽田畴之赋;收关市之税,以助什一之储。取此与彼,皆非为身。所谓资天地之产,惠天地之民。"

西周《周礼·地官司徒·司市/掌节》作如下说。

司市掌市之治教、政刑、量度禁令。

以次叙分地而经市，以陈肆辨物而平市，以政令禁物靡而均市，以商贾阜货而行市。

以量度成贾而征价，以质剂结信而止讼，以贾民禁伪而除诈，以刑罚禁虣而去盗；以泉府同货而敛赊。

大市，日而市，百族为主；朝市朝时而市，商贾为主；夕市夕时而市；贩夫贩妇为主。

凡市入，则胥执鞭度守门，市之群吏，平肆、展成、奠贾，上旌于思次以令市。

市师莅焉，而听大治大讼；胥师贾师莅于介次，而听小治小讼。

凡万民之期于市者，辟布者、量度者、刑戮者各于其地之叙。

凡得货贿六畜者，亦如之，三日而举之。

凡治市之货贿六畜珍异，亡者使有，利者使阜，害者使亡，靡者使微。

凡通货贿。

以玺节出入之，国凶荒札丧，则市无征而作布。

凡市伪饰之禁，在民者十有二，在商者十有二，在贾者十有二，在工者十有二。

市刑、小刑宪罚，中刑徇罚，大刑扑罚，其附于刑者，归于士。

国君过市，则刑人赦；夫人过市，罚一幕；世子过市，罚一帟；命夫过市，罚一盖；命妇过市，罚一帷。

凡会同、师役，市司帅贾师而从，治其市政，掌其卖儥之事。

质人掌成市之货贿、人民、牛马、兵器、车辇、珍异。

凡卖儥者质剂焉，大市以质，小市以剂。

掌稽市之书契，同其度量，壹其淳制，巡而考之。犯禁者，举而罚之。

凡治质剂者，国中一旬，郊二旬，野三旬，都三月，邦国期。期内听，期外不听。

廛人掌敛市絘布、總布、质布、罚布、廛布，而入于泉府。

凡屠者，敛其皮、角、筋、骨，入于玉府。

凡珍异之有滞者，敛而入于膳府。

胥师各掌其次之政令；而平其货贿，宪刑禁焉。

察其诈伪、饰行、儥慝者，而诛罚之，听其小治小讼而断之。

贾师各掌其次之货贿之治，辨其物而均平之。

展其成而奠其贾，然后令市。

凡天患，禁贵儥者，使有恒贾。四时之珍异，亦如之。

凡国之卖儥，各帅其属而嗣掌其月。凡师役、会同，亦如之。

司虣掌宪市之禁令。禁其斗嚻者，与其虣乱者，出入相陵犯者，以属游饮食于市者。若不可禁，则搏而戮之。

司稽掌巡市。而察其犯禁者，与其不物者而搏之。掌执市之盗贼以徇，且刑之。

胥各掌其所治之政，执鞭度而巡其前，掌其坐作出入之禁令，袭其不正者。凡有罪者，挞戮而罚之。

肆长各掌其肆之政令。陈其货贿，名相近者相远也，实相近者相尔也，而平正之。敛其總布，掌其戒禁。

泉府掌以市之征布。敛市之不售，货之滞于民用者，以其贾买之，物楬而书之，以待不时而买者。买者各从其抵，都鄙从其主，国人郊人从其有司，然后予之。

凡赊者，祭祀无过旬日，丧纪无过三月。

凡民之贷者，与其有司辨而授之，以国服为之息。

凡国事之财用取具焉。

岁终，则会其出入而纳其余。

司门掌授管、键，以启闭国门。凡出入不物者，正其货贿凡财物。犯禁者，举之，以其财养死政之老与其孤。

祭祀之牛牲系焉，监门养之。凡岁时之门，受其余。凡四方之宾客造焉，则以告。

司关掌国货之节以联门市。司货贿之出入者，掌其治禁与其征廛。凡货不出于关者，举其货，罚其人。凡所达货贿者，则以节传出之。

　　国凶札；则无关门之征，犹几。凡四方之宾客关，则为之告。有外内之送令，则以节传出内之。

　　掌节掌守邦节而辨其用，以辅王命。守邦国者用玉节，守都鄙者用角节，凡邦国之使节，山国用虎节，土国用人节，泽国用龙节，皆金也。

　　以英荡辅之，门关用符节，货贿用玺节，道路用旌节，皆有期以反节。

　　凡通达于天下者必有节，以传辅之。无节者，有几则不达。

（六）汉王朝。农民起义领袖刘邦与关中父老乡亲约法三章："杀人者死，伤人及盗抵罪。余悉除去秦法。"汉朝刘邦"接秦之敝，量利禄，度官用，以赋于民"。制定了约法九章："汉兴，天下既定，高祖约法省禁，轻田租，十五而税一；量吏禄，度官用，以赋于民。""文帝除民田租税，后十三年至景帝二年，始令民再出田租，三十而税一。文帝恭俭节用，而民租不收者至十余年，此岂后世可及！"但有盐铁税供给政府。

汉朝记载，"贫民无业，贷田于富人，获之时，计其入，而以半为租"，与《汉谟拉比法典》法定地租接近。

王莽在位市税"除其本，计其利，十一分之，而以其一为贡"①，相当于现代所得税制，所得税率为10%。

汉以来实施限田制、均田制，实际是"井田制"文化的延续，或在新条件下的调整。以治国安民的法令为载体，儒家文化本身得以传承。

中国土地政治斗争或战争的统领，总是用降低租税来争取人民的拥护。魏文侯曰："夫贪其赋税不爱人，是犹人反裘而负薪也。徒惜其毛，而不知皮尽而毛无所傅。"赋税过重，必致灭亡。中国开国帝王与农民约

---

① 吴兆辛：《中国税制史》，上册，商务印书馆1937年版，第46页。

定降低租税的尺度是以古训什一中正为参照。

（七）唐朝与民众约法。

唐太宗继承唐高祖制定的尊祖崇道国策。

唐均田赋税法。租庸调法，"男丁授田一顷，税输粟二斛，稻三斛，谓之租；岁输绢二匹，绫纨各二丈，布加五之一，绵三两，麻三斤，非蚕乡则输银十四两，谓之调；用人之力，岁二十日，闰加二日，不役者输绢三尺，谓之庸；……（十斗为一斛）"。

唐中期德宗建中元年两税法。夏课亩税上田六升，下田四升，秋课亩税上田五升，下田三升，荒田仍课二升。

青苗钱。苗一亩，税钱三十，市轻货以给百官，以国急用。

关市之税，什一。

（八）宋代。赵匡胤陈桥兵变对部下约法："众将士当即表示愿听从，赵匡胤又与部下约法三章：一、不得惊犯小皇帝和太后；二、不得凌辱王公大臣；三、朝廷府库和百姓不得侵掠。被老赵这么一说，就算当时有心浑水摸鱼的人也不得不收起自己的小心思。"赵匡胤还在太庙寝殿里立了一块石碑，石碑上刻的也是三条规定：一是保全柴氏子孙；二不杀士大夫及上书言事之人；不加农田之赋。

田赋，民田税什一，折合每亩征粮 3.46—4.3 升。

宋朝关市之税，"宋每得一地必令免税"，"其市税率每千钱算 30；矿税二十而一贡"；宋哲宗改为定息 1 分。钦宗靖康元年，诏："都城物价未平，凡税物，权更蠲税一年。"高宗建炎元年，诏："京城久闭，道路方通，有贩货上京者，与免税。"又诏"应残破州县合用竹木砖瓦并免收税"。又诏："北来归正人、两淮复业人，在路不得收税"。又诏："于平江昆山县江湾浦量收海船税，应官司回易诸军收买物色，依条收税。盖宁于海道取给军需，而不以病民也。又虑税网太密，诏减并一百三十四处，减罢者九处，免过税者五处。至于牛、米、柴、面，民间日用所需，并与罢税"。"关市之征日以蠲免，中兴列圣仁民之心何如哉！""其有合税者，照自来则例，不得欺诈骚扰，如例外多收投子钱，许民越诉（绍熙元年十一月）。其赴务投税者，不得截留收买（庆元五年四月诏）。列圣之禁戢吏奸也如此，是宜商贾之利通而民生之用足，虽中兴再造，民力已竭，而不至于甚困者，皆此之由也。"

（九）元朝实行包税制。对佃农的地租，减租。《大元通制条格·江南私租》："……私租太重，以致小民穷困。自大德八年，以十分为率，普减贰分，永为定例。比及收成，佃户不给，各主接济，无致失所。借过贷粮，丰年逐旋归还，田主毋以巧计多取租数，违者治罪。"南方私租太重，地租约为收获的五成，则法定地主地租不得超过收获的三成，在清朝太平年间仍保留有类似习俗。民国法定佃农的地租为收成的37.5%，抗战时期中国共产党的"二五减租"，应是历史延续。

（十）明朝开国皇帝朱元璋效仿唐、宋降低赋税，商税俱30分税1；矿30分税2课税；盐，课税20分税1；禁止高利贷。

朱元璋一是立宪法，出台了"新约法三章"，《戒戢军士榜》，严明了军纪，稳定了民心。二是立政权。朱元璋占领集庆后，为了和旧元朝政府彻底划分阶级界线，立马把集庆更名应天。三是立军威。朱元璋自从参加起义军以来，一直着力打造一支纪律严明有战斗力的军队。

明初，朱元璋仿效唐两税法，实行三十分之一租税率、市税率。官田亩税五升三合五勺，民田减二升，重租田八升五合五勺，没官田一斗二升。

（十一）清朝。第一代皇帝顺治有"不加赋"祖谕。

康熙效仿明代一条鞭法。赋率：民赋田每亩科银八厘一毫至一钱三分不等，米一升至一斗不等，豆九合八抄至四升不等。《清朝文献通考》记录田赋之制，首列正课，次八旗田制、次水利田、屯田、官田。记正课，"直隶民赋田，每亩科银八厘一毫至一钱三分零不等、米一升至一斗不等、豆九合八抄至四升不等。更名田（国初以明代各藩所占田，归民垦种，曰更名田。下仿此），每亩科银五厘三毫至一钱一分七厘三毫不等。"

康熙五十一年宣布，以五十年（1711年）全国的丁银额为准，以后额外添丁，不再多征，叫做"圣世滋丁，永不加赋"。咸丰厘金创始于咸丰三年（1853年），市税"厘"，为1%，实即一种值百抽一的商业税（百分之一为一厘）。卖牛，从价征收其3%。鸦片战争以后，军费开支增加，古制轻赋薄谣逐渐被破坏。

（十二）中华民国。孙中山先生"耕者要有其田"，主张平均地权，国民党提出"分田废债"，中华民国宪法法定"劳资两利"。但是国民党政权没有有效贯彻。1942年广东汕头地区大旱，揭阳几十户农村人，挑着家当领着妻子孩子徒步逃难，走到江西赣州小南村落脚，租种了地主果园的空地种菜，地租是"收成的十分之一"（当时蒋经国正在此地进行土地改革试点）。

国民党统治时期，苛捐杂税繁多。

（十三）新中国。1950年土地法，规定土地定额租为收成的5%。1978年以来的农村联产承包制维持了土地改革时的农业税，承包基数30年一定。因为税量相对较低，而征收成本太高并引起社会摩擦，在2006年取消了农业税，代之以出卖农产品征收流转税。

计划经济时期，国有企业实行利税合一的制度，市税为营业税，税率1%—15%。

经济改革以来，1994年三税重的问题，迄今有待理顺，被国际组织两次统计为赋税之重列世界前三名。

中国古代什一中正之制指官税，而私租，要依靠"润泽之，则在君子矣！"是一个软指标。当赋税不受管制，老子有曰"民之饥，因上食税之多"，礼记有"苛政猛于虎"，孟子比喻分配不公为"率兽食人"。

第二小节 农工商市场，什一中正利息或利润率

中华民族存在济贫、借贷、租赁货币做生产工具的现象。以什一中正作为中性尺度，市场利息或利润什一中正现象。

（一）井田制是最古老的中性的分配率"现象"，"夏后氏五十而贡，殷人七十而助，周人百亩而彻，其实皆什一也"。在中国尊称为租息利税同率，"什一中正之制"，堪称古代世界租息利税率最低之地，中国古代政治经济万里长城。

（二）自西周以来，政府有出租国库货币的习俗，并且认为货币是和土地一样的工具，租息利税同率，比欧洲十二铜表法早了 500 年。

《论语》经济正义的义利观："儒有委之以财货，淹之以乐好，见利不亏其义。"

（三）春秋战国时期孟尝君的弹铗食客冯欢已经把借贷与产业的关系表述清楚明白："之所以贷钱者，为民无以为本业也；所以求息者，为无以奉客也。今富给者以要期，贫穷者燔券属以捐之。"无产者没有土地做本业，借款用做治产业的本钱。"今富给者以要期"，按借方的能力决定还贷尺度和时间，与古罗马法借贷有利润决定利息率尺度趋同，时间早了 1000 年。"贫穷者燔券属以捐之"，在对待贫穷破产坏账的处理上，可与现代破产豁免法媲美，比英国 1215 年大宪章保护债务人生存自由权早约 1500 年。

（四）汉朝刘邦法定地税为 1/30，利息当同率。

西汉时期的杨恽，是司马迁的外甥，因得罪宦官而被贬为庶民，《古文观止·杨恽报孙会宗书》写道："恽既失爵位家居，治产业、起室宅，以财自娱。是故身率妻子，戮力耕桑，灌园治产，以给公上。恽幸有余禄，籴贱贩贵，逐什一之利。此贾竖之事，污辱之处，恽亲行为之。明明求财利，尚恐困乏者，庶人之事也。故道不同，不相为谋。"商业利润与什一中正同率。

公元 9 年，新朝成立，王莽仿周礼泉府之制，变法："民或乏绝，欲贷财以治产业者，命钱府均受之。除其费，计其所得，受息，毋过岁什一。"其一，是满一年收获后支付利息；其二，古代手工业生产商价格材料、工资、剩余费用各占三分之一，生产性借贷年利息率折合资本金的 5%；其三，短期贷款："赊贷于民，收息百月一。"短期贷款月息不超过资本的 1%，年息不超过 12%。总之利息率非常低，后人从来没有对王莽变法中的法定利息率提出过异议。

但是，其变法采用货币频繁变更来均贫富，导致缺少稳定的货币环境，"借资治产"终于未能持久大众化。但是，对王莽的全盘否定，实为中国的一大损失。

（五）唐朝"宝历中定制，京城内有私债经十年以上，曾出利过本两倍者，宜令台府勿为徵理"，折合长期年利息率为10%，利息总量不得超过本金。

（六）宋朝关市之税，"宋每得一地必令免税"，其市税率每千钱算30（3%）；矿税"二十而一贡（5%）"；宋哲宗改为定息1分。

（七）《大元通制条格》卷第十八关市之牙行"验价取要牙钱，每十两不过贰钱"中介费2%。

（八）明朝效仿唐宋，禁止高利贷。

（九）清朝，官款之存入者，均不计利；私人之款，年息仅二三厘；以他人之款，存放其他商家，年取一分之利。禁止高利贷，有人告发要被抄没家产。可见中国存在禁止高利贷文化和律法。

（十）历史说明，中国资本价格水准是多层面的，在国家政府开明时期，法定利息率为什一中正，即10%左右，月息1%，折合年息12%，与亚当·斯密所记录的基本一致。

（十一）高利贷经丝绸之路传入，唐史以来把"高利贷"当作严重事件来记载。只不过在禁止高利贷的问题上，中国似乎更偏于"自律"，没有教会国家严格。唐疏令至清朝适用："如未辨计会，其利止于一倍，不得虚立倍契。"

（十二）经济转型，就是需要参照"资本生产工具"法律创新，进行改进，增设法定中庸适度的利息率为5%，制度成本下降到50%左右。

至今，中国人有敏感而强烈的反高利贷、反腐败意识，并且人们以"什一中正"作为尺度。例如，2011年中央电视台《经济与法》栏目播放一条消息，山东金银花大王用了11年时间培育出的新品种苗木只卖10元一株："我只赚10%的利润！"每一个治产人创业者心里都有一本祖传下来的小九九，财产是一份责任。

第四节　公元前 594 年初税亩土地私有制为起点，中国是农工商有产劳动阶级市民社会

在英语中，市民、公民是一个词 Citizen，应指自由民。

按照英国《财产法》描述："在早期，消费者通常是从制造者那里购买物品，从种植者那里购买食品。一个最大的例外就是公开市场"。现代生产方式初期新兴城市自治，市民特征，一是有行动的自由，有迁徙的自由。二是在市民法允许的范围内可以自由处置自己的财产，依法进行交易和契约活动。权利责任对等。三是新兴城市自治，有表达政治意愿的权利责任对等；市民的社会权利是生存权、人格权、财产权受到法律保护与管制。而奴隶是类动物、动产，农奴没有实质自由。

一、中国土地私有制国税什一中正，土地自由买卖，是有产劳动自由民

（一）用土地自由买卖证明中国乡村农民是有产劳动自由民，有行动的自由，有迁徙的自由。佐证中国全民一是有行动的自由，有迁徙的自由。二是全民在市民法允许的范围内可以自由处置自己的财产，依法进行交易和契约活动。权利责任对等。

（二）中国农民获得土地的渠道。在中国，土地私有，可以自由买卖，而不像是欧式占有制（只能买卖租金）。土地取得方式也不相同，中国春秋战国以来土地的取得方法有：开垦荒地，私占荒芜土地，均田制、限田制、国家均分土地，少量功勋地主。

其一，私占。由于战争，人口大量死亡，出现大量荒芜土地，就有人私自占有荒芜土地耕种，被称为隐民。或投靠大户，被称为私属徒、宾萌、族属。公元前 594 年鲁国正式出台"初税亩"制度，承认土地私有，按土地收获纳什一税，是从领主分封制度过渡到土地自由私有制的标志。秦商鞅变法"使天下黔首自实田"，"民得买卖"，承认土地私有，按土地收成缴纳什一税租。中国井田制以来，是按每个家庭的土地收获征收什一

税，税率这样低可以肯定不是奴隶制。商鞅变法曾规定没有官方批准农民不得迁徙，结果商鞅自己因为这条法令而送了命。这个规定在汉以后随着土地自由买卖而自然废止，可以肯定中国农民是自由民。

其二，均田制。中国夏、商、周朝已经有后人记载的"井田制"，成"井"字形均分土地给"野人（乡村人）"，中间那块公田的收成用于纳税。战国时期有关于"为国分田"、均地、"受田公民"的记载。秦统一后，"废井田，捐田产以与百姓，秦于当其所取者与之"。汉朝对公田实行军屯和民屯，即"官佃户"。新朝王莽实行王田制，即国家公田制，公田均地（不是王权一人所有制，中国王权基本没有属于自己的收租的土地，至多有小片皇家园林）。西晋占田制，北魏、北齐、北周、隋、唐为均田制（参照了井田制祖训），均田制在后唐时代废止。

其三，国家限田，对地主限田。限田是均田理念的延续，汉"限民之名田，以养不足，塞兼并之路"；唐租庸调法，两税法；宋王安石方田均税法；明"铁脚诡寄，鱼鳞图策"黄册法，"一条鞭法"；清雍正时，除一条鞭法，又有"地丁合一""摊丁入亩"。限制土地兼并，是为了通过耕者要有其田来提高劳动的积极性，缓和农民与地主阶级的对立，维护社会稳定。

二、土地归耕者私有制，土地自由买卖，人民和财产自由流动性

市场自由私有权的标志是有买卖权。农民可以自由买卖自己的土地，说明中国农民是自由市民，不是农奴。

（一）中国古代太平年间，90%人口是农民，绝大部分多多少少有属于自己的土地，在太平年间佃农和雇农是少数，至民国时期三次土地改革调查，家庭只有5亩以下土地的为赤贫，并没有单列佃农和雇农，即便佃农和雇农家庭一般也有属于自己的宅基地。中国土地可以自由买卖，是私有制，中国土地制度的商业属性更到位。

商君变法，成年男子独立门户，按土地和财产平均分家制度，成为中国普遍的继承制度，从法律制度上鼓励自由自耕农和小业主经济。而欧洲盛行长子继承权，次子是"光蛋贵族"跑到新兴城市讨生活，带去了

文化。

少量共有土地用于公共事业。直到民国时期,在乡村里依然留存有"公田",公用"祠堂"、学堂、义庄。

土地价格和赎回权。在太平年间,中国土地价格往往相当于几年的土地租金,并且有赎回权。

关于土地租赁。井田制"润泽之,则在君子矣"是软指标。汉朝规定"贫民无业,贷田于富人,获之时,计其入,而以半为租"。在元朝以前,土地的租金率在全国并不统一。元朝政府发现南方地租太重,发令减租一成,清朝太平年间地租约为收成的三分之一。而民国时期地租国家规定的地租率为收成的 1/3 左右。按照富不过三代规律,中国的地主在第一、二代能够遵从儒家文化的教诲,算得上是开明地主绅士,"润泽""效仿",地租应在 1/3 左右(包括向国家支付什一税)。抗日战争时期的二五减租,地租为收成的 1/4。尽管中国佃农的地租率与欧洲地租接近,但是中国佃农、雇农都有人身自由。而在国家王纲松弛时期的租金率就缺少了约束。

总体而言,中国土地制度实行的是小私有流动性,政府限制土地兼并。相对比,英国古代公有土地依附于贵族政治,不是私有权。

(二)乡村市民流动性。

野民流动性。沈德潜的《古诗源》"帝尧之世,天下太和,百姓无事"的政治现实。人民可以自由迁徙。特别是发生灾荒,迁徙不可阻挡。

中国在"复兴、升平、太平、中兴、太平"这几个时间段,法定自由自耕农可以留存粮食收成的 90%(未包括每户一丁徭役或军役),农业富足有余,促进了手工业、商业的发展。而以家庭为单元的生产商"农工商"联动,必然是"自由行动"的劳作与买卖。因此,什一中正、土地私有富足的家庭农工商经济,是中国"自由劳动"的物质和法律基础。

地域自由流动。自古以来,中国农民依靠家族、乡亲为纽带,相互牵引相互扶助,远走他乡,所谓"老乡见老乡两眼泪汪汪"。

因此,中国农民,是西方所向往的"自由劳动者"的标准样态。

(三)社会阶级流动性,是自由民主的最主要指标和表现。

阶级流动性。废除贵族制度以后，农民获得全方位社会流动性，亦农亦工亦商亦学亦兵亦官，供给了全面发展劳动素养的人力资本。唯有中国人具备了自由人的标准样态，有恒产有恒心，独立自主，流动性。

阶级流动性之"异质同构"，即不存在绝对的阶级界限。富不过三代，最大流动性。非同质内聚，血统、阶级界限模糊，王公贵族子弟与平民在一起斗蛐蛐。而在世界屋脊的西方，以血统为阶级界限、以种姓为阶级界限、以信仰为阶级界限、以财富绝对所有权为阶级界限，从"神本"到"物本"，而竭力排斥"人本"。

（四）统治权力流动性。中国古代尧舜禹"天下为公，选贤与能"禅让制度，白衣可至相，可至王，成为国人心中的那杆秤，政治信仰。

第五节　什一中正兴衰律，即国家政治经济周期律

一、人类以"劳动创业为潜质"本体，自然兴衰周期律

第一，人类的潜质是依靠劳动创业建立起来的，存在自然潜质"富不过三代"周期律，即创业、守业、富裕了的第三代不劳而获衰败，中国有所前进，在儒家文化努力下做到了中兴，保持两个富不过三代周期律。以生育能力为 33 年为个人理性周期，几个曾经辉煌的朝代，大致以 200—300 年为周期。第二，中华民族还有一个历史周期特征，抵御极端叛乱、外族入侵、气候剧烈变化的能力有限，但是中国先进的生产方式、社会制度、文化、文明优越性，国家大一统体量大，总能忍辱负重，自我矫正，包容同化外族文化，实现民族复兴，大致是 100—200 年为周期。例如南北朝和五代十国时期。

以汉、唐、宋、明、清为例，开国帝王都是以降低租税到什一中正甚至以下，来争取人民的拥护，"是知救人瘼者，以重敛为病源；料兵食者，以惠农为军政。仲尼云：百姓足，君孰与不足"。而到了王朝的末年，都有偏离租税什一中正现象。

租税什一中正之制这样低的税制，决定了中国从来不是军国主义国家。也因此，国家衰亡往往和因为战争而额外增加税收相关。

西汉初期用了70年储备国库钱粮，才有能力对北方匈奴实施"犯我大汉者，虽远必诛"。

唐朝末年偏离什一中正：官家以国库剥取重利，并以鬻卖官位来诱人。安史之乱后，由于连年战乱，每户税赋平均为4贯230文，是贞观时期的6—7倍。①

宋代商业高利润。在铁犁耕牛生产力条件下，生产力提高人口增加，达成供给与需求基本平衡，主要依靠人民自救。而宋代赵匡胤"不杀士大夫及上书言事之人"，后果就是"偃武修文"，城市商业畸形发展，州郡衙门的设置膨胀。"要想富，倚门户"，市民增加、出现城市贫民，那些文人鼓动政府搞济贫院等形象工程，临安府设立了16个市场管理和税收部门，设立慈幼局、施药局、养济院、善化坊、漏泽园12处，这导致国库空虚，边防薄弱。为了增加税收，王安石一反什一中正之制，搞所谓青苗法，乃官预出钱以贷民，纳时加息二分（20%），百姓遂不聊生。大名府韩琦言："熙宁二年诏书，务在优民，不使兼并乘其急以邀倍息，皆以为民，公家无所利其入。今乃乡村自第一等而下，皆立借钱贯陌，三等以上更许增借，坊郭有物业抵当者，依青苗例支借。且乡村三等并坊郭有物业户，乃从来兼并之家也，今皆多得借钱，每借一千，令纳一千三百，则是官放息钱，与初抑兼并济困乏之意绝相违戾，欲民信服，不可得也"，年息30%，是王莽变法资本利息率5%的6倍。后宋哲宗改为定息一分。②"今天下田税已重，又非《周礼》什一之法，更有农具、牛皮、盐钱、曲钱、鞋钱之类，凡十馀件，谓之杂钱。每夏秋起纳，官中更以绸绢斛斗低估价直，令民以此杂钱折纳。又每岁散官盐与民，谓之蚕盐，折纳绢帛。更有预备收卖绸绢，如此之类，不可悉举。皆《周礼》田税什一之外加敛之物，取利

---

① 彭信威：《中国货币史》，上册，商务印书馆1937年版，第203页。
② 彭信威：《中国货币史》，上册，商务印书馆1937年版，第119—122页。

已厚,伤农已深"。① 农业租税太高,人民就脱离生产,投奔商业高利润,引诱服务业,以致北宋后期非农业人口一度太高。南宋叶适曰:"田无所垦而税不得增,徒相聚搏取攘窃以为衣食,使其俗贪淫诈靡而无信义忠厚之行,则将尽弃而鱼肉之乎!噫!此不可不虑也"。

明代末年因战争偏离什一中正,仅万历四十六年到崇祯灭亡就增税6次。明王朝国税一直维持在年250万两银子水平,1616年军费税收增至300万两,万历四十六年(1618年)收520万两,崇祯为筹集军费,税收高达1670万两,是祖谕的6倍。②

清朝末年。两次鸦片战争、庚子赔款、税收过高,是清灭亡的导火索。

中国的规律,如果国家政府征收的租税高至三成租,地主就会觊觎那些因天灾人祸破产的农民的土地。当民不聊生,农民就会起来打倒地主,推翻这个王朝。

地主是中国的一个积累货币的阶级,乡绅制度有适度的农村的经济社会自治权,存在保护乡村的治权和不脱产的团练民兵组织。而与欧洲贵族政治地主专制基本不同。

中国私人商业资本主义的生态呈现出寄生特征。在王朝的末期,中国私人商业资本的母体是地主、富豪、官僚、高利贷者,平民商贾唯有依附地主、官僚才能迅速上升,商业资本没有被驯化成为生产工具。这种生态圈使得私人资本与农民土地问题纠缠在一起,例如茅盾《春蚕》中的老通宝的遭遇,地主和商业资本一块儿成为中国农民的对立面,成为平均地权打土豪分浮财的对象。土地经济与商业经济的矛盾表现为农村与城市的对立,历史地形成农村包围城市的格局,我们从沈雁冰先生的《子夜》中,可以清楚地感受到中国民族资本在多种矛盾中痛苦挣扎的情景。商业资本剥夺农业,趋向退回手工业自给经济,是近现代民国时期商业资本怪圈。

---

① 毕仲游:《西台集·卷1·耀州理会赈济奏状》。
② 吴兆莘:《中国税制史》,上册,商务印书馆1937年版,第140—141页。

中国农民起义特别有号召力和战斗力,在于儒学"驱逐昏君""均贫富"政治思想指引了中国农民起义。取得胜利的领导者履行他们的承诺复兴什一中正。

二、农民起义复兴"耕者要有其田"什一中正之制

儒家文化也是农民斗争的政治引导者。均贫富,耕者有其田,什一租税制度,一直是历代农民起义运动的旗帜。

(一)农民与地主之间的阶级斗争。

中国虽然规定土地只交纳10%收成的国税,但是到了国家衰落时期,地主收取高额地租、放高利,自耕农受到高利贷的盘剥,不能避免按财主所欲定价出卖土地导致土地兼并,农民失去土地沦为佃农按财主所欲纳租。因此,中国在王纲松弛衰弱时期的地主高额地租、高利贷、商业高利润、官僚腐败是一个生态圈,必须放在一起研究和对待。

中国也有货币地租。货币地租最初是在土地的官税中实行。近代在南方出现货币租,但是佃农的负担反而更重,在收割稻子的季节米价下跌,要用120%—130%的米价才够抵得货币地租数量,相当于地租高达70%(欧洲是领主控制粮食,实行阶段性买卖双方集体定价制度,粮食价格稳定,货币租才会稳定)。中国南方有些手工业比较发达的地区出现先交货币租现象,实际是把租地的风险和地租转嫁到了手工业成本中。由于中华法系被割断、军阀混战,中国20世纪上半叶地租特别沉重,是当代现象、当代罪恶,不代表中国古代什一中正经济政治。

历史对比可以帮助我们改变思维方法。历史说明,当地主经济是主观自由契约法,地主土地自由私有制不能避免"随财主所欲纳租",不能避免货币高利贷,商业高利润,因此并不能引导中国进入"禁止高利贷—三重契约"资本生产工具主义。

(二)农民起义复兴"耕者要有其田"。

中国农民有自己的信仰,农民起义一次次复兴"耕者要有其田"什一中正之制。

中国土地归耕者私有制绵长,究其原因,农民同国家既有矛盾,也有

同一性，有共同的理性——"仁义均"和什一租税制度，国家与自由自耕农相互依存。例如，历代农民起义纲领。

夏人"时日曷丧，予及汝偕亡"。农民与国家共兴亡。

陈胜吴广起义，"王侯将相宁有种乎？"

刘邦观秦皇帝，"嗟呼，大丈夫当如此也"，与关中父老乡亲约法三章："杀人者死，伤人及盗抵罪。余悉除去秦法，兆民大悦。"

东汉末年，黄巾起义有"人无贵贱皆天所生"之类的经文，《太平经》历数富者的罪行也孕育着"均贫富"的萌芽。

隋末。绿林赤眉起，"刘氏复起，李氏复辅"。瓦岗寨起义："扶着爷，搀着娘，携着儿女去瓦岗，瓦岗寨上吃义粮。"隋朝末年，隋炀帝杨广因为短时间集中修建多项大型工程劳民伤财而被推翻。

唐末农民运动领袖王仙芝自称"天补平均大将军"。

北宋朝，王小波、李顺起义："吾疾贫富不均，今为汝等均之。"

北宋方腊崇奉的摩尼教义："如是法平等，无有高下。"

南宋钟相、杨么宣称："法分贵贱贫富，非善法也。我如行法，当等贵贱均平富。"

元末农民起义。朱元璋接受"民本"观念，与军、与民约法"莫道石人一只眼，此物一出天下反。"

明末李自成农民起义，"迎闯王，闯王来了不纳粮"，提出"均富免粮"。明朝末年，朝廷腐朽，皇亲贵族、地主豪绅对百姓的压迫日益加重，加之发生气候突变农业灾害。

清末，太平天国洪秀全起义，"有田同耕，有饭同食，有钱同使，无处不均匀，无人不饱暖"，平均分配土地的纲领。

孙中山先生"耕者要有其田"，主张平均地权，国民党提出"分田废债"，中华民国宪法法定"劳资两利"。

毛泽东1936年在《中国革命战争的战略问题》中就指出，"第四个特点是中国共产党的领导和中国土地革命。……中国它有共产党领导和农民的援助。……因为在共产党领导下的红军人员是从土地革命中产生，为着自己的利益而战斗的"。① 由于中国工人阶级只有两百万，而被压迫的农民阶级有 4 亿多人口，中国的战争堪称是一场土地革命农民战争，谁赢得了农民，谁就赢得了战争。新中国成立后首先实行了历史上最彻底的平均地权的土地改革。在三年困难时期刘少奇、邓子恢提出包产到户，1978 年实行土地家庭联产承包制。2006 年废止了农业税。2008 年以来，公民要有自己的居所被响亮地提出来，这是"有恒产有恒心"的城市化表现。十八大以来提出"房子是用来住的，不是用来炒的"。

综合以上，"井田"法则和什一中正之制被儒家文化保护和传承了 2000 余年，在儒家文化的熏陶之下，农民的诉求也都遵循了均田什一租税中正之制范畴。

名词与概念：

地缘气候说　世界屋脊之东方　地缘特征养成自力更生战天斗地，大一统、体量大"和平与互惠"型文明

良渚遗址申遗成功，中国取得对历史的话语权

以大禹治水护卫"稻作经济"生产方式为主体构建大一统和平互惠国家。

"稻作井田制"是中华文明的形制和初心，幸福目标与方法合一

中国"井田制"公田、初税亩私田、爰田、授田，都是什一税制。最低的治权成本，决定了"天下为公"治权独立，管理控制土地私有制和商业有限度

古代中国，以汉民族自由自耕农工商租息利税什一中正经济为主体，即古代最先进的生产方式，是吸引、包容、同化其他民族的内在机制，构建了多民族多元一体化经济社会共同体

对比与质疑：

（一）自全盘西化时髦以来，总有一些人贬损中国人驯服如绵羊，这

---

① 《毛泽东选集》，第一卷，人民出版社 1991 年版，第 190 页。

有煽动"颜色革命"之嫌，而不仅仅是错误认识。

自公元前594年为起点，中国乡民自治，山高皇帝远，对政治内斗不感兴趣。但是当耕者要有其田被破坏，租息利税什一中正被破坏，活不下去的农民就会揭竿而起打倒腐败政治，修复什一中正，这才是自由自耕农工商劳动者的文明觉悟与潜质。

而西方的奴隶、农奴起义一次也没有成功过，巴黎公社"工人阶级自从有自己的历史以来第一次在一个作为首都的大城市中掌握了政权"。① 包括巴黎公社革命失败，是西方教会、贵族、军事同盟黑暗的"政治权+财权"垄断专制高压导致人民被驯服。

（二）卡尔·奥古斯特·魏特夫（Karl August Wittfogel）继承了孟德斯鸠的小国寡民观点，秉持日耳曼野蛮部落价值观，污蔑大国一定专制、集中力量办大事就是"专制"，必须批判。

（三）共产国际出于政治需要将印度、波斯、中国统称亚细亚显得过于粗糙。

（四）应当用中国君主立宪制与欧洲君主立宪制对比。而用现代共和制批判中国古代君主立宪制是历史错位。

---

① 《马克思恩格斯选集》，第四卷，人民出版社2012年版，第266页。

第十五章　中国礼法社会主义，政治在仁法之下

背景：

（一）西方萌生社会主义意识形态已经500年，唯独在中国礼法社会主义的包容呵护下取得中国特色社会主义初级阶段的巨大成功。礼法社会主义是中华文明所特有的潜质和张力。

（二）对勘英国市民社会法，从"礼教"中梳理出适合现代社会的"德礼法"。

第一节　对勘：中国德礼法、刑法

欧洲社会主义的初心，就是共同体内部共同富裕。

日本学者沟口三雄在《中国冲击》中指出："社会主义的土壤在中国，作为民间的社会机制、生活伦理以及政治上的统治理念本来就存在的。……去注视十七世纪以前在中国大陆展开的历史过程的话，我们就会发现：正是在中国强有力伸展着的相互扶助的社会网络、生活伦理以及政治理念，才是中国的所谓社会主义革命的基础。就是说，社会主义机制对于中国来讲，它不是什么外来的东西，而是土生土长之物。"①

---

① 〔日〕沟口雄三：《中国的冲击》，生活·读书·新知三联书店2011年版，第124页。

一、周公吐哺"德礼法",德主刑辅——德礼法为主,刑法为辅

(一)关于法律。

中国夏、商时期,是以"刑"为法,为"律"。关于"法",东汉许慎在《说文解字》中说:"灋,刑也。平之如水,从水。廌所以触不直者去之,从[廌]去。""灋"的三个组成部分形象会意了法与刑法的全部意思:人有多样性(冲动、暴力、理性),社会需要建构秩序法度才能实现和平幸福相处。"法"的质和量的测评,用"水"那样"平(等)","廌(独角兽)"的正和直来比喻;并且需要"廌(独角兽)"那样的强直力来执行,强制"去"掉不直。"律":"律者,所以范天下之不一而归于一。"有齐一的意思。"律"也有公平量化尺度的内涵。

(二)礼仪——外在行为规范法。

关于社会需要礼:《荀子·礼论》:"人生而有欲……是礼之所起也。"为了抑制人的本能的原始冲动,所以创建礼法制度,通过外在的行为来潜移默化。

《礼记·礼运》:"礼,禁于将然",绝恶于未萌,起敬于微妙,使民日涉善而不自知。

(三)礼法——齐之以礼。

礼仪法度,礼仪和法纪的意思,《商君书·更法》:"及至文武,各当时而立法,因事而制礼,礼法以时而定,制令各顺其宜。"

《汉书·货殖传》:"及周室衰,礼法堕。"

《晋书·裴頠传》:"何晏、阮籍素有高名于世,口谈浮虚,不遵礼法。"

明代李贽《又答石阳太守书》:"兄精切于人伦物理之间,一步不肯放过;我则从容于礼法之外,务以老而自佚。"

齐整、齐一,具有法与法律确定性:"齐之以礼"即礼法。

(四)道政,道德;德礼,德礼法。

早期的"礼"主要表现为祭祀活动,被神化,但是"井田制"生产方式法与法律已经固定。自西周"周公吐哺""吾文王之子,武王之弟,成

王之叔父也；又相天下，吾于天下亦不轻矣。然一沐三握发，一饭三吐哺，犹恐失天下之士。"开启了德礼法进步过程。

关于道政与道德。孔子《为政》，"道之以政""道之以德"，政治和德治都有不确定性。

关于礼法。"齐之以礼"，"礼"可以为法，即西方所谓"习惯可以为法"。关于德与礼。"道之以德"，德是内在的道，是真善美潜质，礼是德的外在形式。

关于"德礼法"。一是当"齐之以礼"，礼形式为"法"，则"德礼"为法。二是唐高宗时制定的《唐律疏议》"德礼为政教之本"，德礼在政教之上，而在"政治"之上的唯有法，所以当"德礼"与政教对立，是德礼法。

（五）刑罚是针对已然，对触犯法律的外在行为进行惩罚。《通典》卷一百六十三（刑）："人既群居，不能无喜怒交争之情，乃有刑罚轻重之理兴矣。"[①]

（六）礼出入刑，"礼之所去，刑之所取。失礼则入刑"。

（七）德礼法与刑法的关系。

关于德礼法为主，刑法为辅助。

《论语·为政》："道之以政，齐之以刑，民免而无耻。道之以德，齐之以礼，有耻且格。"

道：道观，观念，"引导"，有不确定性。

政：仁之政治，治理，有不确定性；

齐：约束。齐整、齐一，有约束确定性，即古语中的法与法律。

免：避免、躲避；

耻：羞耻之心。

德：道德行为规范；

格："至、正"。

道政、道德，伦理不确定性："道之以政"，"道之以德"。

[①] 见马志冰主编：《中国法制史》，北京大学出版社2004年版，第13页。

齐整、齐一，具有法与法律确定性："齐之以刑"，"齐之以礼"即礼法。

西方康德哲学界定，道德义务是内在的，不有确定性；法律义务是外在规范，有强制确定性。

（八）关于政治治理德主刑辅——德礼法为主，刑法为辅。

董仲舒："德主刑辅，明刑弼教。"这一方法的服务目标，一是以民为本，将民与天等同起来，《尚书》曰"民之所欲，天必从之"；二是民为重，则保护民生，"德主刑辅"注重人文礼法变革，逐步废止酷刑，为保护劳动力，尽量减少用刑罚责，多用事前礼法教育，被孔、孟抽象为"仁政"，即礼仁在上，政治在下。自秦汉以来，天下为公，礼仁"瀘"在上，强制各个朝代建国的行政法、行政刑法"开皇律"在"仁"的治理下。

当"德"与"刑"对仗，"德"应指有强力支撑的"德礼法"，这因为道德没有强制性，柔性、不确定性"道德"，没有强制能力以制约"有强制力的刑法为辅助"。

关于"隆礼重法"，荀子曰："明礼义以化之，起法正以治之，重刑法以禁之。""隆礼尊贤而王，重法爱民而霸。"

古语中"德"是指"德礼法"，而当今"德"是指伦理道德，德若不是指"法"，则"德治与法治并举"，存在政治以"德"之名而僭越"仁法"之嫌，在语言哲学逻辑上有漏洞。

二、与西方语言逻辑对勘，"礼"与"刑"同属于西方"法"的概念

地球村正在进入"一体化的世界"，在翻译上也需要与时俱进，我国将"中华民族共同体"译为"Chinese nation"，就是为了抵御西方以"大翻译"ethnic groups 为借口，搞民族分离主义。在法学方面，西方现代法，民事法以古罗马法为样本（剔除奴隶制部分），分为公法、市民法、万民法；西方刑法，即违反民事法的部分需要刑法处理的部分。为此，中国也需要按国际惯例划分民事法与刑事法。将"法""律"概念扩展到民事法范围。不难发现中国的市民法藏于"礼法"之中。

（一）梁启超在《中国法理学发达史论》曾说过，儒家法与西方自然

法的本质是相同的。即中国礼法就是市民法。

在法学领域有待做这样的工作。由于"硬译"的原因，我国在法律方面与欧洲法对勘时发生了错位。一是中国古代，"法""律"这两个词汇特指"刑法"，由于"硬译"在西方就出现"中华法系只有刑法基本没有民法"的错误判断，中国有学者在2023年还在撰文说中国古代民法只占"国家律法"的6.4%。20世纪30年代，直到当下，近100年的时间惯性思维，他们统计的对象实际是《汉律（九章律）》、隋朝的《开皇律》、《唐疏令》《宋刑统》《大元通制条格》《大明律》《大清律》，这些实际是行政法和行政刑法，内容是国家行政制度和规定官吏犯法按律被打板子或流放。

那么中国的自然法、市民法是怎样表现的？比较细心的学者终于发现了德礼法端倪："出礼则入刑"。《荀子·性恶篇》："明礼义以化之，起法正以治之，重刑罚以禁之"，目的"善"圣王的方法是"法正、刑罚"，而"礼"的方法是用"礼义"来教化。《汉书·陈宠传》归纳为："礼之所去，刑之所取，出礼则入刑，相为表里。"

就是说，在中国"礼"与"刑"同属于西方"法"的概念。在法哲学视域，"礼"不仅仅是伦理道德，而且上升为规范化的伦理道德阶梯，在英国叫做"习惯法"。中国礼法包容了西方所划分的公法、自然法、市民法、万民法、王在法之下政治法的全部内容，并且刑法在礼法之下。现在的任务是顺应纯粹现代生产方式的要求，适合的礼法上升为国家统一大法。

（二）礼之法的形制，制度礼法仪轨。

《管子·明法解》："法者，天下之程式也，万事之仪表也。"这种程式、仪表不是随便哪个立法者的私意造作，而是"公"意。

《墨子·法仪》："天下从事者，不可以无法仪，无法仪而其事能成者无有也。"

《荀子·劝学》："礼者，法之大分，类之纲纪"。

《荀子·大略》："君人者，隆礼尊贤而王，重法爱民而霸，好利多诈而危。欲近四旁，莫如中央，故王者必居天下之中，礼也。"

《管子·禁藏》:"法者,天下之仪也。"

中华民族礼法,可以与古希腊亚里士多德《政治学》"由正义衍生的礼法,可凭以判断[人间的]是非曲直,正义恰正是树立社会秩序的基础","法律的实际意义却应该是促成全邦人民都能进于正义和善德的[永久]制度"对接。

(三)古代中国的"礼"的本体;礼法的历史积淀来源。

第一,来源于自然规律,记载春、夏、秋、冬的生产活动及其限制,鼓励秋猎,春天禁猎保护野生动物孕育后代。

第二,应发端于5000年前的稻作"井田制"生产共同体的规则与秩序。例如:生产和管理分工协作,治权独立,什一税制,乡民自治互助、亲睦关系等,经孟子记录为人们所接受并信仰,一直传承至今。

第三个来源,是以"井田制"生产方式为经济基础,由于气候变迁,先贤们开始更加注重自力更生战天斗地,尧舜禹禅让制"天下为公,选贤与能",王在法之下,先贤并设立"民为重,社稷次之,君为轻"政治在仁之下的政制治理制度。

第四,来源于祭祀活动向社会伦理延伸。单纯的"礼"行为法,起源于早期祭祀活动。巫师与部落首领形成对立差异关系,出于农业对天文气候变迁的敬畏,王在礼之下。

第五,诸子百家哲学、文化贡献。孔子学说将"礼"秩序人文化,通过自下而上的"家庭亲","家庭长幼有序"等内容,推而广之,适用到社会当中的各个阶层、影响到每个人。达到"修身齐家平天下"上下贯通的和平互惠秩序,后来逐步延及家庭、宗族、等级、国家等各个方面,成为规范行为秩序的普遍的社会规范。

治理王权的法律是自下而上产生和规范的,并记录在大典中,例如《唐大典》,宋《太平御览》《元典章》《明永乐大典》《四库全书》。为了学习精要,南宋朱熹又把《孟子》与《论语》《大学》《中庸》合定为"四书",使之成为儒家基本经典之一。科举制度考六艺,儒家学说成必读之书而得以刚性传承。清末民初废止科举制以来,儒家文化的载体受到冲击,而现代生产方式"和平、发展、互惠",与中国礼法社会主义观念相合继往开来为新时代服务。

三、与西方现代法对勘，中国法律的特点

第一，起点早、文明水准高。中国西周周公吐哺，作为起点，崇尚和推行礼法为上，公开、平等正义、强制、统一。

与中国对比，欧洲直到13世纪，习惯法庭、王权法庭公开化以平等正义为准则辩论，与教会神主法庭相分离。19世纪下半叶俾斯麦要求农民进城要学习贵族形式主义。而这些中国在公元前1000年西周就开始试行了。

第二，仁法政治建国之基础，以民为本"道德、礼教、伦常"形式，"礼仁"在"政治建国"之上。

与中国对比，欧洲一直到1648年《威斯特伐利亚和约》之前，罗马帝国退回野蛮、日耳曼野蛮部落法占统治地位，贵族领主混战上千年，《和约》之后，国与国之间依然奉行"日耳曼野蛮法"霸权主义混战至今，早已经遗忘了市民社会的初心。

第三，立法的根据，以民为本"道德、礼教、伦常"同一性具备民事行为"市民社会法"特征。公法、市民法、万民法与"礼法"同一性；"礼仁法"在"刑法"之上，"德礼法主刑辅"。自由自耕农工商占去人口的90%，具有生产商潜质。

对比中国，欧洲古罗马法、日耳曼野蛮法是奴隶制法，直到13世纪8次东侵失败，教会改革派掀起三大思想运动，这以来的历次启蒙运动人文主义兴起，以上帝第一位格，界定"多"位格自由人的人格权——法律赋予权利责任。西方法律建立于"权利责任"之上，宪法保障人权，市民法则以物权、债权为先。16世纪兴起"禁止高利贷—三重契约"之后，债务人权才逐渐获得优先平等权。欧洲市民社会是小众法制社会，而占生产劳动主体的农奴不得自有大型工具财产、无实质自由，无市民潜质，缺少全民强大市民社会的对立面，这是西方资产阶级统治者很快忘记初心的社会原因。

第四，礼法是社会的构成性，以民为本借助礼法以一贯穿于法律、伦

理、道德、政治,"故其法常简,常历久不变"①。

民事等方面基本规则都靠"礼"来规范。在古代中国,"礼法结合"是历史过程。一是伦理道德教化的"礼"。二是仁政"礼法",礼法政治决定礼出入刑的边际,礼法管制"刑法",限制皇权不得专制独断,特别废止酷刑和涉及众人的刑法。三是市民世俗行动的"礼"逐步法律化,"礼"逐渐地在一定范围一定意义上被称为"法","礼"与"法"共同构成了古代中国的公法、市民法、万民法市场法律体系。

第二节 仁义均礼智信,礼法社会主义德礼法,就是公法、市民法、万民法

何以是中国?如何实现大一统,如何实现最低的政治成本,如何实现绵延5000年礼法社会主义文明型国家?中国象形表意文字起到了历史信息传递作用,中国老百姓有5000年的记忆。

关于"中",最早见于商代的甲骨文。它有两个基本特征。首先,它是一条竖线穿越一个圈形中心。有考古学家认为,中间的那条竖线最早是用来测量太阳运行的"表",当今天安门金水桥边的"华表"就是那根"表"针。其次,中国很早就进入农耕文明,《尚书·尧典》尧帝曰"乃命羲和",历法就是最重要的公共产品,就是政治权威和合法性的一个重要来源。在认识时间的过程中,中国人也建立起对空间的观念,产生了四方的观念。同时古人立表必与建旗共行,成语"建中立极"说的是按照礼法司马负责立起一个旗帜,立表定时,不按时到达的要受到处罚。这个"中"字,就有了令行禁止的权威中心之意。

中国。中是一个相对的概念,你只有相对于四方,才存在于中。"中"和四方之"国"这两个字跑到了一起。西周早期"何尊"铭文"宅兹中国"是发现最早的金文"中国"。这里的"中国"指的是周人所营建的洛

---

① 杨鸿烈:《中国法律思想史》,商务印书馆1936年版,第2、3页。

邑，就是今天的洛阳"土中"，迄今是国之中央。"仁政"国之中央权威。

《春秋左传正义》："中国有礼仪之大，故称夏；有服章之美，谓之华"，"华服美""行为端正"属于"礼仪"，即法的"仪表""仪轨"形式。仁义均礼智信；法出于"礼"即习惯法。

一、以民为本的正义法

（一）中华民族大致在5000年前左右尧舜禹时代建立起民生为本伦理道德基础。"四书一贯之道"，所指包括贯于王权。

《论语·尧曰》："咨尔舜！天之历数在尔躬，允执其中。四海困穷，天禄永终。"

《尚书·皋陶谟》，舜与大臣皋陶、禹一起讨论政事，认为天理与人愿合一："天聪明，自我民聪明；天明畏，自我民明威。达于上下，敬哉有土。"。

《尚书·大禹谟》禹曰："于！帝念哉！德惟善政，政在养民。水、火、金、木、土、谷，惟修；正德、利用、厚生、惟和。九功惟叙，九叙惟歌。戒之用休，董之用威，劝之以九歌俾勿坏。"禹说：啊！帝要深念呀！帝德应当使政治美好，政治在于养民。六种生活资料：水、火、金、木、土、谷，应当治理；正德、利用、厚生三件利民的事应当配合。这九件事应当理顺，九事理顺了应当歌颂。又用休庆规劝人民，用威罚监督人民，用九歌勉励人民，人民就可以顺从而政事就不会败坏了。

孔子"三畏"《论语·季氏》："君子有三畏：畏天命，畏大人，畏圣人之言。小人不知天命而不畏也，狎大人，侮圣人之言。"

敬天是为了保民，三皇五帝在向上天报告时，把小民的责任都揽在自己身上。《论语·尧曰》商汤说："予小子履，敢用玄牡。敢昭告于皇皇后帝：有罪不敢赦，帝臣不蔽。帝臣不蔽，简在帝心。朕躬有罪，无以万方；万方有罪，罪在朕躬。"

《论语·尧曰》："周有大赉，善人是富。""虽有周亲，不如仁人。百姓之过，在予一人。""谨权量，审法度，修废官，四方之政行焉。兴灭国，继绝世，举逸民，天下之民归心焉。"周武王讨伐商纣王，有周公之治。

《吕氏春秋·孟春纪·贵公》:"天下非一人之天下也,天下人之天下也。""昔先圣王之治天下也,必先公,公则天下平矣。平得于公。"

《孟子·尽心下》:"民为贵,社稷次之,君为轻。"

《孟子·公孙丑下》:"天时不如地利,地利不如人和。"

《孟子·梁惠王上》:"庖有肥肉,厩有肥马,民有肌色,野有饿莩,此率兽而食人也。兽相食,人且恶之,为民父母行政,不免于率兽而食人,恶在其为民父母也。"

《论语·尧曰》:"所重:民、食、丧、祭。"天随人意,人杰地灵,季羡林先生归纳为天人合一。民生为重,是中华民族辉煌致富技术——"井"租税什一中正分配率的观念基础。

中华民族以民为本的共和政体,决定了中国古代法律以正义为依归。可以与古希腊亚里士多德《政治学》中的政治哲学"法律必然是根据政体(宪法)制定的""政体制定法律""政体(宪法)""城邦政治家的治理体系(宪政)"制定法必须服从王在法之下等观念相对接。

(二)正义有顺位,有时间向度。

老子《道德经》第二十五章:"有物混成,先天地生。寂兮寥兮,独立而不改,周行而不殆,可以为天地母。吾不知其名,字之曰道,强为之名曰大。大曰逝,逝曰远,远曰反。故道大,天大,地大,人亦大。域中有四大,而人居其一焉。人法地,地法天,天法道,道法自然。"

《论语·为政》:"道之以政,齐之以刑,民免而无耻。道之以德,齐之以礼,有耻且格。"其中,道"引导";政"正义";齐"约束"划一;免"避免""躲避";耻"羞耻之心";德"道德行为规范";格"至、正"。

"为政以德,譬如北辰,居其所而众星拱之。"政:国家治理方法。

二、正义与法,公意、公益化

正义与政治;依法制治理国家——依法治国。

(一)法的正义准则:公共利益、伦理道德规范。

董仲舒《举贤良对策》云："道之大原出于天，天不变，道亦不变"。"道"包括礼法。儒家除了把"天"作为限制君主的砝码，儒家所说的"礼"，在一定程度上可以被视为一种自然法。天不变，礼亦不变，违礼即违天，即使是君主也要遵守"礼"，而不能随意违背。"天下之至道"是"公"意。

法家为法规定的"正"的标准主要有：其一，"令顺民心"。它要求为政者行政布令应体察民情，"民恶忧劳，我存安之；民恶灭绝，我生育之"。其二，"取于民有度，用之有止"。

"正"。《管子·版法解》云："凡法事者，操持不可以不正。操持不正，则听治不公；听治不公，则治不尽理；治不尽理，事不尽应"。

"凡将立事，正彼天植，天植者，心也。天植正，则不私亲近，不孽疏远。""天植正"才能建立"正法直度"，而法正度直是法度充分发挥其作用的重要条件"有法不正，有度不直，则治辟，治辟则国乱"。

《管子·法法》："宪律制度必法道。"

孙中山："五权宪法"。国父孙中山建立权能分立理念，认为人民有权力无能力治理国家，主张分离为民权和治权，把选举、罢免、创制、复议权交给人民；把立法、司法、行政、考试、监察治权交给政府。

孙中山先生是从权力能力来划分，对精英软约束。

中国"法"是"公意"，可以与古希腊哲学"正义恰是树立社会秩序的基础""正义以公共利益为依归""法律或成例就是正义的衍生物"对接。

（二）法，是规范化的伦理道德阶梯，法是向善。

《商君书·算地》："圣人之为国也，观俗立法则治。"

《韩非子·奸劫弑臣》："圣人为法国者，必逆于世，而顺于道德。"

沈家本（清）："国不可无法，有法而不善与无法等。"法是"向善"，可以与古希腊哲学"我们认为正义正好是社会性的品德"对接。法的向善准则，可以与古希腊哲学"正义（是否合法）""相互的善意为正义"对接。

（三）关于治权独立民主，以"天下为公，选贤与能"。

第十五章 中国礼法社会主义，政治在仁法之下

历史学承认人类在原始社会存在公有制。而在中国古代，将这种制度以文化的形式传承下来。

《礼记·礼运》记载，帝尧之世，处于"大道之行，天下为公"的大同历史阶段。这一直成为国人"复兴的中国梦"，"以听国人""以听大国之虑"。①

"天下天下人之天下"，国家要素"土地、人民、政事"，"修身、齐家、平天下"，非一人之天下。天下为国，与天下为私的斗争。

治权民主②，"若论治权之民主，治权方面'天下为公，选贤与能'则三代以后以及秦汉以后，事实以皆有之……秦汉以后，士人握治权，则治权民主之门大开"。③"考试与铨选……则一唯礼部之考试与吏部之铨选是问。此二者，皆有可观之法规，为公开的准绳，有皇帝所不能摇，宰相不能动者。……此即《礼运》所谓'天下为公，选贤与能'宗旨。"④

中国特色，最高权威必须遵守井田制"仁政"王法。在孟子思想的指导下，秦以来2000年的各个王朝宪制的基本准则：仁政；民本视域的君主的资格、职权的教育；以民为本对君主权力的限制，君臣人格平等制衡关系；对不仁君主的惩罚、易位、征讨。

中国在春秋战国时期已经逐步废弃贵族世袭制度，《国语》齐桓公内正之法："是故匹夫有善，可得而举也"。儒学在民间。《周礼·地官·族师》："五家为比，十家为联，五人为伍，十人为联，四闾为族，八闾为联。使之相保、相受、刑罚庆赏相及、相共，以受邦职，以役国事，以相葬埋。"中国教育传承了孔子的方针，有教无类，形成特有的农工商学文明。儒家将宫廷学林之中的道德礼制，转化为世俗的训诫条规和礼仪，一乡之人共谋助，共营家济物。乡约乡绅制度将《礼记·礼运》的"大同"理想实现于以乡比家的小社会中。

---

① 司马迁：《史记》，中华书局1959年版，第1707页。
② 胡水均：《法律与社会权力》，中国政法大学出版社2011年版，第8页。
③ 牟宗三：《政道与治道》，台湾学生书局1980年版，第10—11页。
④ 钱穆：《国史大纲》，商务印书馆1996年版，第15页。

三、"法与法律"持公平之器，量化的公平

法律是规范化的道德阶梯，人文伦理道德"仁义均礼智信"转化为习惯法。

（一）比较具体的正义，有度、有目标。

《大学》，治国平天下的八目："格物、致知、诚意、正心、修身、齐家、治国、平天下。"比康德"感性、知性、理性"增加了正义向度。

"知止而后应定，定而后能静，静而后能安，安而后能虑，虑而后能得。"

"为人君，止于仁；为人臣，止于敬；为人子，止于孝；为人父，止于慈；与国人交，止于信。"

《中庸》。子曰："舜其大知也与！舜好问而好察迩言，隐恶而扬善，执其两端，用其中于民。其斯以为舜乎！

"中也者，天下之大本也；和也者，天下之达道也。

"君子和而不流，强哉矫！中立而不倚，强哉矫！

"天地之大也，人犹有所憾。

"在上位，不陵下。在下位，不援上。正己而不求于人，则无怨。上不怨天，下不尤人。故君子居易以俟命，小人行险以徼幸。"

小康。1979年12月6日，来华访问的日本首相大平正芳，向邓小平提出一个问题："中国将来会是什么样？整个现代化的蓝图是如何构思的？"邓小平沉默了一会儿说："我们要实现四个现代化，是中国式的四个现代化，不是像你们那样的现代化的概念，而是'小康之家'。"这是中央高层领导第一次提出"小康之家"的概念。

"小康"一词，最早出自《诗经·大雅·民劳》"民亦劳止，汔可小康"，意思是老百姓很劳苦，应该让他们稍得安宁。

小康作为一种社会形态，出自西汉搜集的《礼记·礼运》："今大道既隐，天下为家，各亲其亲，各子其子，货力为己，大人世及以为礼。城郭沟池以为固，礼义以为纪；以正君臣，以笃父子，以睦兄弟，以和夫妇，以设制度，以立田里，以贤勇知，以功为己。故谋用是作，而兵由此起。

禹、汤、文、武、成王、周公，由此其选也。此六君子者，未有不谨于礼者也。以著其义，以考其信，著有过，刑仁讲让，示民有常。如有不由此者，在势者去，众以为殃，是谓小康。"在这里，"小康"是仅次于"大同"的理想社会模式，指的是人民富裕安康的社会局面。

大同。《礼记·礼运》篇："昔者仲尼与于蜡宾，事毕，出游于观之上，喟然而叹。仲尼之叹，盖叹鲁也。言偃在侧曰：'君子何叹?'孔子曰：'大道之行也，与三代之英，丘未之逮也，而有志焉。'大道之行也，天下为公。选贤与能，讲信修睦，故人不独亲其亲，不独子其子，使老有所终，壮有所用，幼有所长，矜寡孤独废疾者，皆有所养。男有分，女有归。货恶其弃于地也，不必藏于己；力恶其不出于身也，不必为己。是故谋闭而不兴，盗窃乱贼而不作，故外户而不闭，是谓大同。"描绘了一幅大同世界的理想蓝图："选贤与能"，劳动成为生活的第一需要，按需分配。

"大同"的"同"，郑玄注《礼记·礼运》曰："同，犹和也，平也。"孔子说："君子和而不同，小人同而不和。"追求整个社会的和谐，在这样的社会里，"圣道，大行，天下为公"，社会管理者惟贤是举，选才任能。孔子的现实目标是："小康"，进而达到"大同"。

粮食、土地、徭役均，"臣闻古人有言：谷者，人之司命也；地者，谷之所生也；人者，君之所理也。有其谷则国力备，定其地则人食足，察其人则徭役均，知此三者，为国之急务也"。

天下于天下。黄宗羲《明夷待访录·原法》："（夏商周）三代之法，藏天下于天下者也；山泽之利不必其尽取，刑赏之权不疑其旁落，贵不在朝廷也，贱不在草莽也"。从宏观看，历代王权与农村市民属于以"限田，国家什一租税率"为基本条款的契约合同关系。签约双方是王权与农民，尽管往往是采用"农战"的方法达成的合约。

（二）实质法量化的公平。

第一，法、律，例如，《管子·七臣七主》："法者，所以兴功惧暴也，律者，所以定分止争也，令者，所以令人知事也。"孟子《滕文公上》，井田制。《黄帝经·经法·君正》："法度者，政之至也，而以法度者，不可乱也。"

法定公平，例如，金世宗完颜雍："法者，公天下持平之器。"《商君书·勒令》"法平则吏无奸"。至唐律明确规定，断罪的时候一定要详细地以法律条文来判断，如果执法官不引法断罪的话，这个官要笞三十。对断罪不依法的惩罚，中国古代的罪刑法定比西方资产阶级革命时期提出的罪刑法定主张早了一千年。

第二，法定度量衡。

《管子·明法》："有法度之制者，不可巧以作伪，有权衡之称者，不可欺以轻重，有寻丈之数者，不可差以长短。"

《吕氏春秋·分职》："如平直必以准绳。"

唐代马总《意林·慎到》："有权衡者，不可欺以轻重；有尺寸者，不可差以长短；有法度者，不可巧以作伪。"

第三，"刑名法"尺度，援法断罪，罪刑法定。

《尚书·大禹谟》："罪疑惟轻，功疑惟重。与其杀不辜，宁失不经。"

《尚书·大禹谟》："宥过无大，刑故无小。"

《晏子春秋·内篇》："诛不避贵，赏不遗贱。举事不私，听狱不阿。"

《汉书》："诛恶不避亲爱，举善不避仇雠。"

《马王堆汉墓帛书·国次》："诛禁不当，反受其央。"

《韩非子·有四》："刑过不避大臣，赏善不遗匹夫。"

《国语·晋语七》："有事不避难，有罪不避刑。"

董仲舒："阳为德，阴为刑，刑主杀而德主生。"

柳宗元《断刑论》："驱天下之人而从善远罪，是刑之所以措，而化之所以成也。"

第四，比例法、法律的时效"度"。

中立。《礼记》："不偏之谓中，不易之谓庸。中者，天下之正道；庸者，天下之定理。"中庸，不偏袒哪一方，均分，均等。

《尚书》："制治于未乱，保邦于未危。"

《商君书·更法》："当事而立法，因时而制礼。"

《管子·国准》："视时而立仪"。

《艺文类聚》："治国无其法则乱，守法而不变则衰。"

《吕氏春秋·慎大览·察今》:"治国无法则乱,守法而弗变则悖,悖乱不可以持国。"

《韩非子·解老》:"治大国而数变法,则民苦之。"

第五,赏罚有度。有官必有课,有课必有赏罚。

《商君书·修权》:"赏厚而信,刑重而威,必不失疏远,不违亲切。"

《战国策·秦策》:"罚不讳强大,赏不私亲近。"

《韩非子·外储说左上》:"法者,见功而与赏,因能而受官。""法不阿贵,绳不绕曲。法之所加,智者弗能辞,勇者弗敢争,刑过不避大臣,赏善不遗匹夫。"

《鬼谷子·符言》:"用赏贵信,用刑贵正。"

《汉书》:"功同赏异则劳臣疑,罪钧刑殊则百姓惑,信赏必罚,综核名实。"

明朝庄元臣:"善制法者,为匠人之用矩,不善制法者,如陶人之用型。"

《三国志·诸葛亮传》:"尽忠益时者虽仇必赏,犯法怠慢者虽亲必罚。"

《三国志》:"爵不可以无功取,刑不可以贵势无。"

武则天(武周):"当公法则不阿亲戚。"

西汉《东方朔传》:"臣闻圣主为政,赏不避仇雠,诛不择骨肉。"

中国法度,可与古希腊哲学"正义(法意)对人身有关系;正义的(合法的)分配是以应该付出恰当价值的事物授予相应收受的人"。共和制,即"中庸之道[最好形式]"对接。所不同,中国法制对全民适用,而古希腊正义与法制只是用于"公民"部分自由人,而不适用于奴隶和异类。

古希腊哲学,"'数量相等'的意义是你所得的相同事物在数目和容量上与他人所得者相等";"比值相等"的意义是"根据各人的真价值,按比例分配与之相衡称的事物"。[①]

[①] 〔古希腊〕亚里士多德:《政治学》,商务印书馆1965年版,第234页。

（三）"井田制"定分止争，量化的公平正义确定性。"定分止争"来源于《孟子》井田制："夫仁政，必自经界始。经界不正，井地不均，谷禄不平。是故暴君污吏，必慢其经界。经界既正，分田制禄，可坐而定也。"

法律为生产与交换服务。第一，"井田制"生产方式正义准则：仁政、反腐败、先公后私。第二，井田制生产方式法定政治行为的界限（经界）。法定政治成本分配比率：请乡村野人加入井田制为九一税制，城郭内的国人自由自耕农为什一税制，将财产权、政治权关进"什一律"法律笼子，自由自耕农工商收入占创造价值的90%。最低的税率质变为公平契约关系为边际，决定了政治与人民之间是公平分配法律契约的宪制政治关系，即宪政与宪治。第三，顺位：先治公田，后治私田。

"定分止争"有法有度。老子道经，道法自然物质不灭为大前提，道经的"文眼"是"动"："反者道之动"，只有当物质或事务在运动，人们才能通过"差异"主观感知具体事或物的有或无。法律也不例外，不仅定性质，而且界定"量"。

《管子·七臣七主》："法者，所以兴功惧暴也；律者，所以定分止争也。""律"定分止争，"分"即量化的公平，市场交易所必需的公平量度、尺度。

《商君书·君臣》："民众而奸邪生，故立法制、为度量以禁之，是故有君臣之义、五官之分，法制之禁。"

而我国原《民法通则》说明中使用的是"定纷止争"。"定分止争"，与"定纷止争"一字之差，代表了两个不同界面的法律。而定纷止争是只定性、不定量的家长里短不确定性法律。

现代生产方式是市民社会的产物，从市民法中选择需要的实体法确定性。英国《财产法》以生产与交换为服务对象，对工资、剩余价值率、资本价格利息率、政治成本什一税率都有法定，并且判定从剩余价值中分割收入有原罪，要受到法律监督和限制。

定纷止争，例如《拿破仑法典》止步于规范化的伦理道德，只定"性质"，而没有"定量"，该法第1907条使用了三个利息率概念：法律禁止的利息率尺度、法律规定的定利息率、约定利息率，但是三个"定性概念"都没有量化，对劳动工资总额占比、税法税率占比更是没有涉及。马克思批判《拿破仑法典》给德国工业化造成困扰，而希望德国学习英国财产法，原因或许在于此。我国"定纷止争"学派认为民法只定性不定量。"定纷止争"有法无律、有法无度、有法无"轻重之理"，只能一纷一止争，而缺失告示以人们"预先确定性"，既不合现代生产方式法律规则，也不合中国"道法"规则，一个现象就是导致中国金融价格缺少最关键的"禁止高利贷—三重契约"法律约束与管护，在引进外资过程中暗藏危机，民间高利贷腐蚀道德伦理、破坏社会安定。而采用政策手段，临时措施去约束，不可持久。后发展国家的资本野蛮生长现象，正是由于财产权、政治权并没有受到实体法律的约束，资本生产工具形式缺少法律确定性管理和保护、不能大众化。

四、法律贴近民俗、公开化

国土境内是大众谋生之所，需要建立99%的从业人员都能遵守的法制。法律参照习俗、道德、自然法，执行起来成本低效率高。

第一，大众预知。《商君书》："为法，必使之明白易知。"

《管子·心术上》："法者，上之所以一民使下也。"

《韩非子·解老》："凡法令更，则利害易；利害易，则民务变。"

管仲："仓廪（lin）实，则知礼节；衣食足，则知荣辱。"

《管子·法法》："有道之君，行法修制，先民服也。"

《商君书·壹言》："法不察民情而立之，则不成。"

《荀子》："有治人，无治法。"

《孟子》："徒善不足以为政，徒法不足以自行。"

《韩非子·难三》："法者，编着之国籍，设之于官府，而布之于百姓者也。"

《韩非子·有度》："一民之轨，莫如法。"

《韩非子·饰邪》："以道为常，以法为本。"

《史记·循吏列传》："法令所以导民也，刑罚所以禁奸也。"

刘安《淮南子·生术训》:"法生于义,义生于众适,众适合于人心,此治之要也。""不必法古,苟周于事,不必循常,法度制度,各因其宜。"

唐朝吴兢《贞观政要》:"唯奉三尺之律,以绳四海之人。"

宋朝苏辙:"法立于上则俗成于下。"

苏轼:"以至详之法晓天下,使天下明知其所避。"《策别第八》:"法令明具,而用之至密,举天下惟法之知。"

宋朝包拯《致君》:"法令既行,纪律自正,则无不治之国,无不化之民。"

张居正:"法无古今,惟其时之所宜与民之所安耳。"

第二,德法互补互用。

孔丘:"君子喻于义,小人喻于利。"

王符《潜夫论·断讼》:"夫立法之大要,必令善人劝其德而乐其政,邪人痛其祸而悔其行。"

司马迁:"礼禁未然之前,法施已然之后。"

公元前1000多年,西周建立政权以后,思想家、政治家周公提出"明德慎罚"法律思想,就是鉴于商亡的教训,认识到民的作用、民的功能、民的价值。他说"民之所欲,天必从之","人无于水监,当于民监"没有洪水猛兽监督,当有民能载舟亦能覆舟。从"明德慎罚"到"德主刑辅",再到唐律中"德礼为政教之本,刑罚为政教之用","昏晓阳秋"等。中国古代法制体现了中华民族理性的法律思维。这里需要注意的是,按不同的境界来认识:道法与刑罚;德治和刑治;市民法与刑罚;市民法与德治的关系。

商鞅变法时,"妇人婴儿皆言商君之法"。官知民知法,故不敢以非法遇民;民知官知法,故不敢以非法干官。

五、行为法,正义、平等、统一、一惯、齐一

(一)"神本"和"民本"是西方文化与中国传统文化的一大区别。

在周以前的中国,人认为天是不可测、不可知的神秘力量,《尚书》"民之所欲,天必从之",这一理念的道法高明之处在于,它避免了民意和

天意的矛盾，民意一定体现天意，天意一定通过民意表达，实际上把民意等同于天意，是民为本的意识形态最高境界。

与中国相对比，西方是宗教文化，神本思想认为，上帝是高居所有事物之上的"一"，人则是"多"。

（二）周公用"礼"来规范人们的外在行为，达到井田制"相友、相守望、相扶助、百姓亲睦"社会和平和谐目标。

周礼的五礼分别是：吉礼，凶礼，军礼，宾礼，嘉礼。其中吉礼，即祭祀天神、地祇、人鬼等的礼仪活动。如郊天、大雩、大享明堂、祭日月、大蜡、祭社稷、祭山川、籍田、先蚕、祭天子宗庙、袷禘、功臣配享、上陵、释奠、祀先代帝王、祀孔子、巡狩封禅、祭高禖等。吉礼以农工商相关的"象"作为祈求政权稳固为主要内容，统治者极为重视。嘉礼是和合人际关系、沟通、联络感情的礼仪。其主要内容有六：一曰饮食，二曰婚冠，三曰宾射，四曰飨燕，五曰脤膰，六曰庆贺。嘉礼的用意在亲和万民。

（三）德礼法主刑辅政策，三审公审制度。

三宥三赦。《周礼·秋官·司刺》："一宥曰不识，再宥曰过失，三宥曰遗忘。"从犯罪心理学角度，对主观上过失犯罪予以从宽。"一赦曰幼弱，再赦曰老旄（俗作耄），三赦曰蠢愚。"对弱者主观过失犯罪从宽处理。

《周礼·秋官·司刺》："司刺掌三刺、三宥、三赦之法，以赞司寇听狱讼。壹刺曰讯群臣，再刺曰讯群吏，三刺曰讯万民。"对于重大案件，实行大臣、官吏、国人三审制度，以示审慎。

（四）公开调查研究，官员倾听民意职责，击鼓喊冤。

中国古代民众诉求的表达有一个体系。《尚书》有曰："人无于水监，当于民监。"统治者要判断自己的作为，就需要以民为鉴。水之载舟，水之覆舟，百姓才是一个国家存在和发展的根本。

相传尧为天子时，设置三个专门场所与民众沟通，设立可以自由表达意见的场所，并设一旗、一木、一鼓。旗即"进善之旍"。周朝将上古制度进化为一是"鼓史诵诗"，二是"工诵正谏"，三是"士传民语"。《周礼》由天官、地官、春官、夏官、秋官、冬官等六官构成，每官之下各辖六十职官，共三百六十职，象征周天三百六十度，覆盖社会的所有层面。为后世所沿袭，例如击鼓鸣冤，上访制度。由此可见，中国在周朝就有如此成熟的民本思想。《大戴礼记·保傅》记载，先秦时期的太子在成年之后，每天例行的事务就是了解下情。

六、法之能行，自上守之；不能以私害法

第一，韩非子说："夫立法令者，以废私也。法令行而私道废。"法家不仅希望用法实现天下之公，而且认为国家权力也应为天下之公利而存在。

商鞅说："尧舜之位天下也，非私天下之利也，为天下位天下也。论贤举能而传焉，非疏父子亲越人也，明于治乱之道也。故三王以义亲，五霸以法正诸侯，皆非私天下之利也，为天下治天下。"他不仅赞赏往古的王和霸"为天下而位天下"，而且批评当世的所谓"乱世之君巨"，说他们"区区然皆擅一国之利，而管一官之重，以便其私"，并认为这种私其国、私其官的做法正是"国之所以危"的原因。正是因为法家有"公"天下的胸怀，明确了一家一人之私与国家天下之公的对立，所以才有对公法的热爱和执行公法的执着。

《战国策·秦策》："法令至行，公正无私。"

《管子·八观》："私情行而公法毁。"

《商君书·修权》："不以私害法，则治。"

诸葛亮《出师表》："不宜偏私，使内外异法也。"

刘禹锡《天论》："人能胜乎天者，法也。……法大行：则是为公是，非为公非。"

第二，法之能行，自上守之。

《老子》："天网恢恢，疏而不失。"

《管子·任法》："君臣上下贵贱皆从法，此谓为大治。"《管子·法法》："禁胜于身，则令行于民；上不行法则民不从彼。"《管子·君臣上》："为人上者释法而行私，则人臣者援私以为公。"

《商君书》："法之不行，自上犯之"，相对立的是"法之能行，自上守之"。

《新唐书·魏徵传》："夫刑赏之本，在乎劝善而惩恶，帝王所与天下划一，不以亲疏贵贱，而轻重者也。"

苏辙《上皇帝书》："法行于贱而屈于贵，天下将不服。"

汉文帝赞扬，"廷尉，天下之平也。一倾天下用法皆为之轻重"。汉文帝守法、遵法，带来了文景之治。贞观时期也是一样，唐太宗遵法、守法，整个天下，整个国家都遵法。史书说，"王公贵族多自清谨"，不敢触犯法律，因为皇帝遵法。

第三，兼顾治法和治吏。

《易传·象传·噬嗑》："先王以明罚敕法。"

《管子·法法》："不为重宝轻号令，不为亲戚后社稷，不为爱民枉法律，不为爵禄分威权。"

《汉书·王尊传》："明慎所职，毋以身试法。"

汉·刘向《说苑·政理》："知为吏者奉法利民，不知为吏者枉法以害民。"

金缨《格言联璧·从政》："执法如山，守身如玉。"

王安石："吏不良，则有法而莫守；法不善，则有财而莫理。"

欧阳修《准诏言事上书》："法施于人，虽小必慎。号令不虚出，赏罚不滥行。"

"法之功，莫大于使私不行"，"立法而行私，其害也甚于无法"。商鞅讲过"以法而治"，"法必明、令必行"，以私害法者国必亡，否则就伤害了"治功大定"的法律价值。

唐朝白居易说："虽有贞观之法，苟无贞观之吏，欲其刑善，无乃难乎。"关于法和吏的关系，历代多有议论。如明末的王夫之说："任人任法，皆言治也。"任人就是任官，可是单纯任人，是"治之蠹也"，单纯任法，也是"治之蠹也"。选择良吏把法律交给他让他去执行。法与吏统一，治法与治吏结合，这是古人治国理政的重要经验。

中国古代战国始实行考课，宋朝苏洵说，"有官而无课，是无官也"；

"有课而无赏罚，是无课也"。到了唐朝考课制度化了，一年一考，四年一考，而且有法定的标准，很明确、很细致，所谓四善二十七最。到了清朝的时候，标准简化，变成了"六法考吏"。"六法"就是浮躁、才力不及、老、病、疲软、不谨。地方官三年一考，叫"大计"；京官三年一考，叫"京察"。古代的考课制度有法、有标准、有制度。考课制度的作用，一个是选拔官吏，罢黜那些贪腐的、不作为的官员，使得惩贪和奖廉联系在一起，奖勤和罚懒联系在一起。

第四，奉法者强，则国强；奉法者弱，则国弱。

《论语·为政》："举直错诸枉，则民服。举枉错诸直，则民不服。"

《韩非子·有度》："国无常强，无常弱；奉法者强，则国强，奉法者弱，则国弱。"

《全上古三代秦汉三国六朝文》："君子所以尊者，令。令不行，是无君也，故明君慎令。"

诸葛亮《论斩马谡》："所以能制胜于天下者，用法明也。"

苏辙："立法设禁而无刑以待之，则令而不行。"

清朝郑观应："立宪利于国，利于君，利于民。""立法普法执法司法依法治国，公正公开公平公道秉公为民。"

中国古代经历了很多盛世，如西周的"成康之治"，秦始皇统一中国，汉初的"文景之治"，隋朝李渊恢复中国一统，唐朝的"贞观之治"，宋朝的"仁宗盛治"，成吉思汗西征欧亚，元朝忽必烈"中统"，废止他的民族的奴隶制。明朝的"洪武之治"，清朝的"康乾之治"，都伴随法制之史。

法律实质为"正义"，法律形式为工具，必须肃清单纯将法律当作工具的影响。又则，农民起义让"君主受到急剧的警告"。

"中国古代的思想家、政治家对法治的论断很多具有超越时空的价值，中华民族依法治国的思想不仅源远流长而且一直没有中断，中华民族的法治文化对世界产生了巨大的影响，至今仍具有警世的价值。"[①]

[①] 张晋藩：《中国古代法治的八大原则》，载《群众·决策资讯》，2015 年 12 月 24 日。

天下为公，敬天保民，就是"仁"。孙中山面对欧洲强权力陈"公理"之中国，主张"济弱扶倾"为国是，"固有之道德与和平"为国家的基础。《三民主义与中国前途》主张不仅要造国民（自由平等之民）而且要创造社会（民生）的国家。中国历史是"民生"的历史。

正是民生为重文化，中华民族对其他文化民族从来采取和睦相处、包容之道。

七、中国国际关系之"朝贡—回赠"礼法，并非西方殖民地朝贡

当下，中国古代的朝贡体系，也被污名化，成为"专制"的同名。这是西方拿自己"殖民地朝贡"传统霸权主义观念，来套用到中国古代的"朝贡"制度上。①

谢茂松先生指出，中国的朝贡制度，是在国际关系中遵循《礼记》中的"礼尚往来"规则。"礼尚往来"建立并维系持久关系的重要功能，形成互助的共同体关系，一方有急难，对方会根据亲疏远近的关系给予援助。这是作为中国文明实质的"礼乐文明"在"百姓日用而不知"的日常生活中的体现，即是"礼教"。

"礼"，"往而不来非礼也，来而不往亦非礼也"；孔子说："以德报怨，何以报德；以直报怨，以德报德。"孔子反对以德报怨，强调完全对等的原则。

中国与周边国家的关系，就是孟子所说"惟仁者能以大事小"，"惟智者能以小事大"，"以大事小者，乐天者也；以小事大者，畏天也。乐天者保天下，畏天者保其国"。大国"以大事小"是出于仁义之心；小国"以小事大"则是智，成为一种实质性的对等关系。基于"厚往薄来"的原则，例如"千里送鹅毛，礼轻情意重"，绝大部分周边国家乐于与古代中国建立"朝贡—回赠"关系。

朝贡体系又被视为贸易关系。唐以来，朝贡还包括朝贡国使节的随行者与中国特许的商人在首都的"会馆"或指定的进口港进行商品交易，规

---

① 谢茂松：《朝贡体系并非西式霸权》，载《环球时报》，2020年9月15日。

模与利润最大，古代中国的贸易的巨大利益对于各周边国家很有吸引力。

朝贡体系也是一种政治关系，即朝贡体系乃是统合了政治、经济的治理体系。作为政治的朝贡体系，古代中国备受周边国家重视，周边国家认同中国的权威与文明价值，中国则册封朝贡国，认同该国统治者的合法性，该国统治者通过被中国册封而在其国内建立权威，这两方面构成了名分与礼乐秩序。在这一秩序安排下，中国作为大国具有保护小国的责任，避免小国内乱以及被其他国家侵略。

中国礼法朝贡体系，总体上是和平的，但也离不开强大的国力、军威作为支撑，从而构成对于图谋不轨者的军事威慑，其中在遇到冒犯时也用武力予以打击。这一切都离不开古代中国处理周边关系的德威并重的双重原则。例如，当今"一带一路"，与产业链经济网络挂钩，给予沿路人民以谋幸福的期许，而能联络150多个国家。

第三节　孟子以"民为本"限制"政治"

在我国古代，礼法社会主义的意义在于君主受到从基层走来、以儒学"以民为本"作代表的"士"阶层的制约，君主就成为一个符号。孟子教导，对于君王的错误，可以沉默、可以诤言、可以驱逐、可以征讨，中国农民起义可以推翻一个衰败的王朝。

一、天理王法："民为贵，社稷次之，君为轻"制衡

春秋战国时期，各诸侯国内政治混乱，《孟子·尽心下》给出了政治顺位："民为贵，社稷次之，君为轻"的制衡关系。

各诸侯国内政治昏暗，民不聊生，《孟子·滕文公下》："民有饥色，野有饿莩"。《孟子·梁惠王上》："乐岁终身苦，凶年不免于死亡。"所以需要实行以民为本的仁政。

（一）符合民意，是君主权力正当性的来源。孟子继承了周公的思路，把天命和人事结合在一起，而在实际上把重点转移到了人事方面。所谓天

理，设定"天"的本质是护佑苍生的，人民顺天意才能生存发展，为天理。君王敬天的目的是保民，为实质正义。而天理需要经历形式正义而转化为实体法，而获得正式性、权威性、强权保护。

《孟子·万章上》："昔者，尧荐舜于天，而天受之；暴之于民，而民受之；故曰，天不言，以行与事示之而已矣。"

《孟子·万章上》："使之主祭，而百神享之，是天受之；使之主事，而事治，百姓安之，是民受之也。"天命和民意是君主权力正当性的来源。方法是，让他管事，事情能管好，百姓能安宁，这是人民接受他。

《尚书·泰誓》："天视自我民视，天听自我民听。"

《尚书·康诰》："天畏棐忱，民情大可见。"

《尚书·酒诰》："人无于水监，当于民监。"统治者应该时刻关注民情，从民意中体察天命。

（二）民意是君主力量之所在。孟子指出，获得民意支持的君主是不可战胜、不可抵挡的，《孟子·滕文公下》："汤始征，自葛载，十一征而无敌于天下。……民之望之，若大旱之望雨也。归市者弗止，芸者不变，诛其君，吊其民，如时雨降。民大悦。……其君子实玄黄于篚以迎其君子，其小人箪食壶浆以迎其小人；救民于水火之中，取其残而已矣。"反之，《孟子·离娄上》："桀纣之失天下也，失其民也；失其民者，失其心也。"因为向往仁政是民众的本性。

《孟子·离娄上》："得天下有道：得其民，斯得天下矣；得其民有道：得其心，斯得民矣；得其心有道：所欲与之聚之，所恶勿施，尔也。民之归仁也，犹水之就下、兽之走圹也。"

《孟子·梁惠王上》，"仁者无敌"："今王发政施仁，使天下仕者皆欲立于王之朝，耕者皆欲耕于王之野，商贾皆欲藏于王之市，行旅皆欲出于王之涂，天下之欲疾其君者，皆欲赴愬于王。其若是，孰能御之?"仁政的有效性还表现在与霸道的比较中，《孟子·公孙丑上》："以力假仁者霸，霸必有大国；以德行仁者王，王不待大，汤以七十里，文王以百里。"商汤、文王都是起自小国，通过行仁政取得天下的。

从民本的立场出发，孟子认为实行仁政是统一天下最好的办法。商汤

"东面而征，西夷怨；南面而征，北狄怨"，认为那些善于战争的人都是罪人。《孟子·离娄上》："争地以战，杀人盈野；争城以战，杀人盈城，此所谓率土地而食人肉，罪不容于死。故善战者服上刑，连诸侯者次之，辟草莱、任土地者次之。"

（三）孟子对于管仲式的富国之路极为不屑。《孟子·梁惠王上》中说："王亦曰仁义而已矣，何必曰利？"《孟子·公孙丑上》说："管仲，曾西之所不为也，而子为我愿之乎？"

二、社稷大于君权，宰臣与君王分权：君主的教养、资质、职权

英国"王在法之下"正义准则，赋予了市民习惯法以张力，成就了现代生产方式规则与秩序选择适应的市民法的机遇。我们通过对勘，挖掘出中国礼法中的"王在法之下"，政治在礼法"仁政"之下，人民生存在政治之上，君为轻。这是中国迅速和平崛起的"礼法"要件。

儒学的教育功能和成果"仁君"，理想君主不仅好仁，还要以身行仁。

（一）教化与好学，包括教育国君。孟子认为，仁政是以教化的形式推行的，君主的表率作用十分关键。《孟子·离娄上》："君仁，莫不仁；君义，莫不义；君正，莫不正。一正君而国定矣。"《孟子·滕文公上》："上有好者，下必有甚焉者矣。君子之德，风也；小人之德，草也。草上之风，必偃。是在世子。"《孟子·离娄上》："惟仁者宜在高位。不仁而在高位，是播其恶于众也。"君主是民众的楷模，风向和气向。

仁君应好学。孟子以尧、舜、禹、汤、文、武为仁君的楷模，都是要经过学习修养才能达到仁君的境界。《孟子·尽心上》："尧舜，性之也；汤武，身之也；五霸，假之也。久假而不归，恶知其非有也？"《孟子·离娄下》："思兼三王，以施四事；其有不合者，仰而思之，夜以继日；幸而得之，坐以待旦。"

孟子认为"人之初，性本善"，仁是人的天性，通过修养可以找回自己的本性，《孟子·尽心上》："求其放心"，就是仁了。孟子说："万物皆备于我矣。反身而诚，乐莫大焉。强恕而行，求仁莫近焉。"

《孟子·离娄上》："人有恒言，皆曰'天下国家'。天下之本在国，

国之本在家,家之本在身。"开启了后世儒家心性一脉的先河。

(二)在仁之上还有更高的人格要求。例如"孝"作为一种品德,就远远高于"仁"。《孟子·尽心上》:"舜为天子,皋陶为士,瞽瞍杀人,则如之何?"作为仁君和作为孝子发生冲突时,怎么办?孟子的答案:"舜视弃天下犹弃敝蹝也。窃负而逃,遵海滨而处,终身䜣然,乐而忘天下。"意思是为了孝道,舜应该放弃仁君的职责。哲学不应该用极端边际来为难,二选一,不孝还有仁吗?不仁而能孝吗?应当理解为,按照修养的顺序,孝为先,孝是仁德伦理渊源。人自出生感恩父母兄长为孝顺,从自由意志(冲动、暴力、理性),到"孝顺家庭规则"是最初的社会教养,"仁"的概念来源于家庭成员之间的友爱怜悯。是先后关系,而不应理解为是上下层级对立关系。

《孟子·尽心上》:"君子有三乐,而王天下不与存焉。父母俱存,兄弟无故,一乐也;仰不愧于天,俯不怍于人,二乐也;得天下英才而教育之,三乐也。君子有三乐,而王天下不与存焉。"对于人生,最大的三件乐事并不包含"王天下"在内。儒家思想把人伦道德看作是社会秩序的根本所在,仁作为一种政治道德是由人伦道德产生出来的。一旦两者发生冲突,作为仁君,必须抱有服从更高伦理价值的思想准备。

仁君还应该有威严的气象。人的外貌是内在修养的体现,《孟子·尽心上》:"君子所性,仁义礼智根于心。其生色也睟然,见于面、盎于背。施于四体,四体不言而喻。"《孟子·梁惠王上》说:"望之不似人君,就之而不见所畏焉。"

国家德威、威信不可亵渎,更不容冒犯;德威、威信都包含一个"威"字,"威"不可轻用。《周易》"谦卦"象征谦虚德行,谦卦六五爻说:"六五,不富以其邻,利用征伐,无不利。象曰:利用征伐,征不服也。"北宋理学家程颐对此诠释:"为人君而持谦顺,天下所归心也。然君道不可专尚谦柔,必须威武相济,然后能怀服天下,故利行侵伐也。威德并著,然后尽君道之宜而无所不利也。征不服者,征其文德谦逊所不能服者也。文德而不能服,而不用威武,何以平治天下?非人君之中道,谦之过也。"

为了实现平等，在整个体系中需要"威"的力量来维持平等。《周易·系辞传》强调："不见利不劝，不威不惩；小惩而大诫，此小人之福也。"显示了中华文明对于人性的深刻洞悉。同时，必要时也要行使所谓"征者，正也"，是正小人桀骜不驯之不正，将"霸道"打回小人虚弱的原形。

三、对君主权力的限制，君臣人格平等制衡关系

孟子同时也对君主的权力作了种种限制。

（一）王法大于王权。外王内圣。中国有王道和霸道之分。

王道、王法，是指从祖先那里验证是符合正义准则的规则与秩序，就是对祖训、祖上实践正确的经验的"守成"。王法即实现"天理"外在的形式方法和程序。"王道"成为君王、官员、民众统一的文化教养，心身修养和礼仪训练。王道、王法优先大于君权。

王道、王法与天理一样，属于实质正义，需要经历形式正义而转化为实体法，而获得正式性、权威性、强权保护与实施。实体法涉及民生，必须具备相对确定性、预知性、大众性、公开性便于百姓遵守。

仁君应依法而治，绝不可以任性妄为。《孟子·离娄上》："离娄之明、公输子之巧，不以规矩，不能成方圆；师旷之聪，不以六律，不能正五音；尧舜之道，不以仁政，不能平治天下。今有仁心仁闻而民不被其泽，不可法于后世者，不行先王之道也。故曰：徒善不足以为政，徒法不能以自行。《诗》云：'不愆不忘，率由旧章'。遵先王之法而过者，未之有也。"祖先成功经验为"守成法"。

"徒法不能以自行"。在历史中形成并流传下来的礼乐制度，其形成被归诸尧舜这些圣人。被历史所证明是正义的那些先王之法天然高于君主的意志，对于君主是个有力的制约。《孟子·离娄上》："规矩，方员之至也；圣人，人伦之至也。欲为君，尽君道；欲为臣，尽臣道。二者皆法尧舜而已矣。不以舜之所以事尧事君，不敬其君者也；不以尧之所以治民治民，贼其民者也。"不取法尧舜，不实行仁政，君主就不配做君主了。

（二）仁君应该避免自己感情用事，一定要以民意为标准，《孟子·梁惠王下》："左右皆曰贤，未可也；诸大夫皆曰贤，未可也；国人皆曰贤，然后察之；见贤焉，然后用之。左右皆曰不可，勿听；诸大夫皆曰不可，勿听；国人皆曰不可，然后察之；见不可焉，然后去之。左右皆曰可杀，勿听；诸大夫皆曰可杀，勿听；国人皆曰可杀，然后察之；见可杀焉，然后杀之。故曰，国人杀之也。如此，然后可以为民父母。"

仁君以民意为依归。《孟子·梁惠王下》："乐民之乐者，民亦乐其乐；忧民之忧者，民亦忧其忧。乐以天下，忧以天下，然而不王者，未之有也。"在选任贤能与惩罚恶人的问题上，采取"所欲与之聚之，所恶勿施"的态度。

（三）君主掌握政统，士掌握道统。宰相与君主分权。君臣制衡关系。仁君要接受臣的制约，君主并非天然圣明，他的权威有待于臣的补充、辅助。有道之贤臣在某种程度上是独立于君、可与君相抗衡的。因此孟子认为君当以士为师，应虚心向贤臣学习。《孟子·公孙丑下》："将大有为之君，必有所不召之臣；欲有谋焉，则就之。其尊德乐道，不如是，不足以有为也。……汤之于伊尹，桓公之于管仲，则不敢召。管仲且犹不可召，而况不为管仲者乎？"在臣面前，君主权力须保持克制，自觉接受臣的责难、批评，臣下对君主的责难、谏劝就是对君主的恭敬，《孟子·离娄上》："责难于君谓之恭，陈善闭邪谓之敬。"

四、对不仁君主的惩罚、易位、征讨

孟子认为君主只是受命于天来治理人民的，当君主无道、不行仁政时，孟子就明确否定他们的权威，肯定臣民有采取一定的抵抗措施的权力。这是一种类似契约的关系。

首先，臣民对不仁君主有保持冷漠的权力，《孟子·梁惠王上》："凶年饥岁，君之民老弱转乎沟壑，壮者散而之四方者，几千人矣；而君之仓廪实，府库充，有司莫以告，是上慢而残下也。曾子曰：'戒之戒之！出乎尔者，反乎尔者也。夫民今而后得反之也，君无尤焉！君行仁政，斯民亲其上、死其长矣。'"不行仁政，不爱护人民，那么人民在这个时候就没有必要遵从他了。同样，臣也有对君主冷漠的权利，《孟子·离娄上》："无罪而杀士，则大夫可以去；无罪而戮民，则士可以徙。"孟子并不认为臣对君有无条件的尽忠的义务，臣对君的态度取决于君对臣的态度，《孟子·离娄上》："君之视臣如手足，则臣视君如腹心；君之视臣如犬马，则臣视君如国人；君之视臣如土芥，则臣视君如寇雠。"这是一种类似于契约式的相互对待关系。

孟子超越了孔子"君君臣臣"观念。而"君要臣死，臣不得不死"属于戏说，"溥天之下，莫非王土。率土之滨，莫非王臣"属于断章取义。

对于不仁之君的"易位"和"征讨"。孟子的民本思想对于统治者是一把双刃剑，既可以论证其合法性，也可以论证其不合法性。

关于大臣对王权的"易位"权。从国家的利益出发，如果君主危害国家，大臣可以采取撤换君主的行动，《孟子·尽心章句上》，公孙丑曰："伊尹曰：'予不狎于不顺'，放太甲于桐，民大悦。太甲贤，又反之，民大悦。贤者之为人臣也，其君不贤，则固可放与？"孟子曰："有伊尹之志，则可；无伊尹之志，则篡也。"太甲作为天子而不得民心，伊尹就把他放逐了，判断的标准就是"民大悦"。

关于君主若有大的过失，又不肯听谏劝，那么贵戚之卿，其实就是王族成员有权撤换掉他。《孟子·万章下》，王曰："请问贵戚之卿。"曰："君有大过则谏；反复之而不听，则易位。"

关于征讨。行仁政是君主权利合法性的基础。如果君主不仁，君就不再是君了。推翻不仁之君是正义的行动，不是叛逆。《孟子·梁惠王下》孟子在评价汤武革命时说："贼仁者，谓之'贼'；贼义者，谓之'残'。残贼之人，谓之'一夫'。闻诛一夫纣矣，未闻弑君也。"《国语·召公谏厉王弭谤》中说"厉王虐，国人谤王……三年，乃流于彘"，但由谁来执行推翻暴君的任务呢？孟子肯定诸侯或大臣有权采取行动，如商汤、周武。

关于孟子寄希望于仁义之君的兴起收拾天下大乱的残局。虽然他厌恶诸侯之间的混战，《孟子·尽心下》说"春秋无义战"。但如果诸侯国能以救民为目的讨伐他国，他还是认可的，《孟子·梁惠王下》："今燕虐其民，王往而征之，民以为将拯己于水火之中也，箪食壶浆以迎王师。若杀其父兄，系累其子弟，毁其宗庙，迁其重器，如之何其可也？天下固畏齐之强也，今又倍地而不行仁政，是动天下之兵也。"孟子认为燕国国君"虐其民"，齐国如果以救民于水火为目的去攻打燕，这是正当的。但如果不行仁政，那就没有理由了。

关于儒学对于不仁之君的"易位"和"征讨"，这在秦末发展为"民"组织仁义之师对于不仁之君的征讨，有权起来反抗暴君，例如农民起义。

正如钱穆先生所指出的，选举考试以及铨叙升降，权在政府，各有专职。皇帝只在任用高位高职如宰相等，始获参加意见。政府中又特设有监察与谏诤各职，监察偏及中央及地方各级政府，谏诤则更要在专对皇帝以及宫廷之内部。又皆用中下级官员，鼓励其直言无顾忌。政府遇大事，并常采集议制，听取多方意见，民间亦得上书发言。

政府并设置极多职位之学官，仅从事于学术事业，如校书编书等，如唐代编《唐六典》，宋代编《太平御览》，元代编《元典章》，明代编《永乐大典》，清代编《四库全书》，皆由政府网罗群士为之，其他编纂不胜举。

《汉书·食货志》说除井田之后就民得买卖，进而出现了富者连阡陌，贫者无立锥之地的现象，实际是汉朝的现象。"天下之患在于土崩，不在于瓦解，古今一也。何谓土崩？秦之末世是也。陈涉无千乘之尊，尺土之地，身非王公大人名族之后，无乡曲之誉，非有孔、墨、曾子之贤，陶朱、猗顿之富也，然起穷巷，奋棘矜偏袒大呼而天下从风，此其故何也？由民困而主不恤，下怨而上不知，俗已乱而政不修，此三者陈涉之所以为资也。是之谓土崩。故曰天下之患在于土崩。"（《史记·平津侯主父列传》）"瓦解"属于上层不满，"土崩"则为下层反抗，也就导致了王朝性革命的反抗。

中国人的政治理论，早和现实政治融化合一了。正如马克思的论述："社会关系具有创造政权的力量，而不是政权创造社会关系"。对农民性的社会进行新一轮的整合，这种能力是从"耕者要有其田什一中正"而来。而这个代表人或政治引导者就是孟子思想武装的"士"。士农工商，排位第一。尽管科举制度考"孔子"，而不一定考《孟子》，但是它却是民间学堂"士"的必背诵之典籍，是中国士的信仰所在，从农村来、代表民意被世代百姓所敬仰的"士"。

第四节　中国仁政最低的政治成本什一中正，政治与国人是公平契约分工协作关系

世界屋脊西方的古希腊哲亚里士多德《政治学》理想的正义政体，一是"折中统一，'共和制＝寡头＋平民政体'"；二是"王在法之下'君主立宪'"理想。1215年英国《自由大宪章》"王在法之下"，给予了市民法张力空间。

与西方对比，那么给予中华民族张力的法与法律就是"井田制"为载体的礼法体系折中统一；世界屋脊之东方，中华民族大致在4300年前尧舜禹"禅让制"时代就树立起了民生为本，王在法之下伦理道德法制基础；"井田制"仁政"政治在法之"下已经付诸实践，"井田制"仁政最低的成本什一中正之制，创建了高级文明型国家。

（一）政治在仁之下，互惠伦理构成性。

尧曰："大道之行，天下为公"，"天下为公，选贤与能"。政治在"天下为公"之下。

《孟子·滕文公上·井田制》的形制法理在几千年里为人民所接受和信仰，并且是中华民族法理的一个主要源头。

第一，政治在"仁"制之下，"夫仁政，必自经界始。经界不正，井地不均，谷禄不平。是故暴君污吏，必慢其经界。经界既正，分田制禄，

可坐而定也"。历史纵向先有井田制,后成为"仁政"观念。井田制是仁政的表现形式,仁政意识形态的载体。能够传承,说明人民经过实践,确定它是谋幸福的方法。

第二,仁政天下为公,世界最低的政治成本什一税制。中国古代,仁政法定世界最低的政治成本什一税,国人与政治权之间是公平契约分工协作关系。

例如,仁政最低的政治成本什一中正税。"井田制"公有分占制,政治管理权成本为"请野九一而助",还自由自耕农什一税"国中什一使自赋"。井田制是邀请或吸引乡野游民自愿加入共同体,自愿遵守规则。

第三,中国式天下为公仁政最低的政治成本什一中正,治权与财权相分离,君主政治与国人之间公平契约分工协作君主立宪制。

在仁政最低的政治成本什一中正税基础上,国人与治权是分工协作公平契约关系,"夫滕,壤地褊小,将为君子焉,将为野人焉?无君子莫治野人,无野人莫养君子"。财权与治权划分经界各自独立,治权只收取10%的税,质变为分工协作契约关系。治权独立,铲除了土地依附于政治专制的可能性。

以欧洲封建专制为对照,中国古代井田制税率是农奴徭役的1/5,从剥削量的减少直到中国什一税实现质的转化。一是实现经济与政治的协作等价交换关系(与纯粹现代生产方式生产价格区分财税什一税同率);二是实现治权与土地权的分立制衡的中国古代君主与国人立宪制模式。而欧洲古希腊奴隶制以来不过是划分剥削与被剥削、压迫与被压迫的阶级斗争界限。欧洲土地和农奴依附于领主贵族政治专制,政治成本为收成的50%。

第四,仁政养廉,"卿以下必有圭田,圭田五十亩"。官员特别增加土地供给,以养廉奉公。

第五,仁政承认人民自由,耕者有其田。自由自耕农初税亩制度,"国中什一使自赋",城郭内的国民是自由自耕农工商,自觉缴纳收成的10%作为税捐。乡民被称为"野人"。

第六,仁政扶持繁衍生息,"余夫二十五亩",年满16岁男子授25

亩，待成年成家分家共授田百亩。"从二十三岁起照理他可以有一年储蓄来抽身为公家服役了。这一制度，不仅是一种经济的考虑，实在是一种道德的决定。"① 不仅保护劳动力生命权，而且关心繁衍发展幸福权。

第七，仁政先公后私伦理，"方里而井，井九百亩，其中为公田，八家皆私百亩，同养公田。公事毕，然后敢治私事，所以别野人也"。

第八，仁政留有调整规则的余地。"此其大略也。若夫润泽之，则在君与子矣。"礼法治下，统治与被统治阶级之间可以建立"共生关系""授之以渔"的政治觉悟。

（二）仁政乡民自治，互惠伦理，"死徙无出乡，乡田同井，出入相友，守望相助，疾病相扶持，则百姓亲睦"。井田制供给了安居乐业的条件，到死也不必离开乡土。是群体向善伦理。

（三）"井田制"体系唯物观念和逻辑。因：井田制。果：礼法社会主义。"井田制"目标和方法以正义为合意。

（四）"井田制"体系是修身齐家平天下的物质和法理依托；是家国天下保家卫国形制；是天下者天下人的天下形制；是多元一体的生态位网络和平互惠相处文明，符合自然法则。

从原生态起始，中华民族始终起着"文明"的引领作用没有变。这既是上苍的护佑，也是中华民族勤劳、聪慧、勇敢的千年辉煌业绩！是非凡的自我再造能力，是治理能力的强大、韧性与活力！

（五）政治平等，野人与君子之间的平等的"井田制"法定契约关系："无君子莫治野人，无野人莫养君子"。权利责任均衡。

（六）井田制共同体内部的生产劳动阶级"所以别野人也"，是井田制共同体集体组织力。

历史纵向先有井田制，后成为"仁政"观念。井田制是仁政的表现形式，仁政意识形态的载体，能够传承至今说明人民经过实践，确定它是谋幸福的方式。

---

① 钱穆：《汉家自有制度——不要轻视自己的政治传统·中国历代政治得失》，见《中国历史政治得失》，2022年6月23日查阅引用。

第五节 天下为公废止贵族世袭制度，政治权力流动性

（一）初税亩土地可以私有以来，可耕地归属权可以流动，这为废除贵族世袭制度奠定了物质生产方式基础。在战国时期以后，《吕氏春秋·贵公》："天下非一人之天下也，天下之天下也"，这是土地私有制变法后形成的"观念"。公元前594年鲁宣公颁布《初税亩》承认私田。春秋战国时期，为了奖励"耕战"，公元前403年左右，魏国李悝变法，废除世卿世禄制度，主张"选贤任能，赏罚严明"，"食有劳，禄有功"，"尽地力、平籴法"，创建"法经"。公元前382年，吴起变法，"世卿世禄不得超过三代"，这符合血统理性不超过三代"创业、守业、败业"周期律，富不过三代分配律被法律化。公元前356年商鞅变法废除贵族世袭制度，规定"宗室非有军功论，不得为属籍。明尊卑爵秩等级，各以差次名田宅，臣妾衣服以家次。有功者显荣，无功者虽富无所芬华"。《公羊传·隐公三年》"世卿，非礼也"（它不符合周礼的规定）。汉代何休进一步解释说：按照周礼，"公、卿、大夫、士皆选贤而用之。卿大夫任重职大，不当世（袭）"。秦国颁布法令承认百姓开垦的荒地归开垦者私人所有；把土地分配给有功的军人，鼓励"耕战"。同时，参照井田制和"彻税"，耕地有按土地收成缴纳什一税的义务，政府有权兼管土地用途和收成。在历朝历代特别注意"削藩"，每次农民起义也打击了那些权贵，使得中国维持平民化社会。

（二）社会阶级流动性，是自由民主的最主要指标和表现。

阶级流动性。废除贵族制度以后，农民获得全方位社会流动性，亦农亦工亦商亦学亦兵亦官，供给了全面发展劳动素养的人力资本。唯有中国人具备了自由人的标准样态，有恒产有恒心，独立自主，流动性。

阶级流动性之"异质同构"，即不存在绝对的阶级界限。富不过三代，最大流动性。非同质内聚，血统、阶级界限模糊，而在世界屋脊的西方，以血统为阶级界限、以种姓为阶级界限、以信仰为阶级界限、以财富绝对

所有权为阶级界限，从"神本"到"物本"，而竭力排斥"人本"。

（三）统治权力流动性。

第一，中国古代尧舜禹"天下为公，选贤与能"禅让制度，白衣可至相，可至王，成为国人心中的那杆秤，对政治公平正义的信仰。中国早在战国时期就废止了贵族制度，世卿世禄不得超过三代，在《礼记》中已经有"选秀"制度，推举孝廉做官。商鞅变法实行中央集权选贤与能郡县条块管理制度，政权宰相必起于州县。

第二，科举制度，朝为种田郎，暮登天子堂。

第三，君子不党文化，士子以民为本正大光明地集结在"礼法"之下。从政者禁止结党营私，社会团体仅限于娱乐团体、商会，秘密宗教组织转入地下。

第四，意识形态与时俱进。中国现实主义科学为主，汉字就是中国的圣经，比宗教高明。

第五，天下为公什一中正治权独立，约法中央集权选贤与能郡县制——皇权不下县，乡村自治。小私有家庭平均分配继承制度。乡绅知识分子得到治理政治的历练。中国古代90%是农村农民，知识分子"士"代表着他的家乡意识，从而担负着为民请命的义务，教化人民、教化官僚、教化皇帝，监督王权血统理性。科举制度是中国政治理性的教育动力源。

从"市民"角度界定中国生产主体农民是自由民，证明中国从来就不存在奴隶制、不存在准奴隶制。

第六节　天下为公中央集权选贤与能君主立宪制

迄今在欧洲大约还有17个国家实行君主立宪制，相对比中国古代天下为公中央集权选贤与能郡县制，也可以归类为君主立宪制系列，并且是政治成本最低的。

一、古代中国的礼法在上，刑罚在礼法之下

（一）古代中国的"礼法"与"刑法"、仁政法、市民法、万民法。

古代中国的法律最早称为"刑"，而最早的"法"，是以"刑"为内容的，针对不服从或不遵守规范秩序的人，处以"刑"。后来刑又称为"律"，之后又改法为"律"。

而民事等方面基本规则都靠"礼"来规范。在古代中国，"礼法结合"是历史过程。

第一，伦理道德教化的"礼运"。

第二，仁政"礼法"，政治礼法决定礼出入刑的边际，礼法管制"刑法"，限制皇权不得专制独断设立刑法，特别废止酷刑和涉及众人的刑法。

第三，市民世俗行动的"礼"逐步法律化，"礼"逐渐地在一定范围一定意义上被称为"法"，"礼"与"法"共同构成了古代中国的市民法、万民法市场法律体系。

（二）国家最高权力颁布的行政法和行政刑法，政治行政法在礼法之下。

中国《汉律（九章律）》《开皇律》《唐疏令》《宋刑统》《大元通制条格》《大明律》《大清律》成文法典一脉相承，都是行政"礼出入刑"的行政刑法，而出礼的界限及刑罚形制由礼法判定，所以刑在礼之下。这些国家行政刑法总结和发展了国家中央集权治理经验，成为后世行政立法的模板。

二、郡县制官无叛逆，封建制多藩叛

郡县制的历史沿革。

柳宗元《封建论》指出，战国时期已经"郡国居半，时则有叛国而无叛郡，秦制之得亦以明矣"。后来也是这样，例如唐朝"有叛将而无叛州"。由于郡县的令官由中央任命，所以忠于中央，而封建制只要有风吹草动所分封的诸侯、藩镇就会蠢蠢欲动造反企图夺取中央的权力。这是中国选择天下为公中央集权选贤与能郡县制的原因之一，而天下为公，政治

成本什一中正、治权与市场经济为公平正义契约分工协作关系提供了可能性、可行性，才会滋生出这种政治形式。

按照历史顺序，郡县制在周朝就出现了。最初出现时，大多分布在人口稀少的边远地区。周王室曾经派出官员直接去管理，或者将当地的行政管辖纳入中央管辖范围，当时这种地域被称作"县"。第二种情况，诸侯在战争驱动下大大扩张了自己的领土，为了统治新占的领土，一些诸侯国的国君便专门任命了统辖该新纳领地的官员，对夺取的土地设县，县制由此产生。在《左传》中，最早出现在楚武王灭掉权国（今湖北当阳市），后在其故地设县，并派遣了斗缗前去管理。第三种情况，公元前594年承认私人开垦的荒地归私人占有，而耕者有其田交纳什一税不变。出现土地耕者私有制后，对私有土地的收成征税，出现征税权与土地所有权分离现象，这样就分离出了专业征税和治安的"治权"官员而设置行政机构，即郡县制。晋国为了激励将士们，许诺"克敌者，下大夫受郡"。楚国灭掉了申国和息国，并将这两个国纳为楚国的两个县。第四，废止了贵族世袭制度以后将土地分给功臣设郡县，公元前350年，秦孝公任命商鞅进行变法，把小乡聚为县，在秦国公设了三十一个县，每一个县的最高长官都是由中央来直接任命。公元前221年秦始皇登位统一中国，秦王朝以"农战"实现国家大一统的主要方法。在完成大一统以后，经过一番论战，秦始皇和他的政府选择了"天下为公中央集权选贤与能郡县制"（继续废止分封制）。保卫国家发展农业和集中军力因素，倾向于"治理权"向中央集中，"郡县令"由中央委派。为了与小农经济相适应，秦朝郡的划分，通常情况下是以山川为界，其辖区与自然地理辖区十分吻合。

三、中央政府建制，《开皇律》行政法刑法，治权独立三权制衡

（一）隋文帝开皇元年（公元581年）命高颎等撰定新律，又命苏威、牛弘等重修，删繁就简，成12篇，即名例、卫禁、职制、户婚、厩库、擅兴、贼盗、斗讼、诈伪、杂、捕亡、断狱，共500条。"自是刑网简要，疏而不失"。废除酷刑和孥戮相坐之法，完善了"八议"和"官当"制度；

还正式确立了"十恶"重罪。隋文帝在位时（581—604 年），确立了以三省六部为主的中央官制，这一制度在唐代被完善。到了唐朝，实行三省六部制，将决策权、监督权、行政权分离，通过中书省掌决策、门下省掌审议、尚书省掌执行的运作模式，形成了一种组织严密、职权分明的中国式三权分立制衡。

（二）"法与天下共"体现在程序上，例如皇帝的诏、令、敕等形式的命令文书①：

皇帝决定的事项｝→内史省起草→皇帝御画→内史省建署→门下
大臣集议的事项
省校签署复奏→皇帝画可→内史省宣→尚书省行

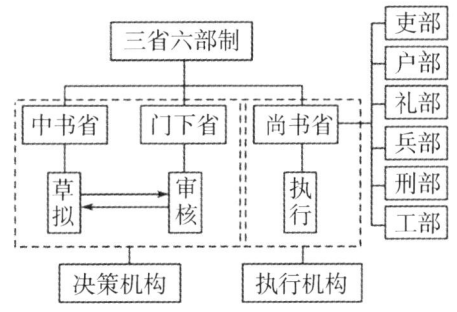

图 15-1　天下为公治权独立中央集权选贤与能郡县制②

君主在确定法典的编纂、修订以及颁布执行等环节上确实彰显最高权力。但是，实际上国王几乎不会直接参与法典的编纂工作，即使参加了，对于法典的体例、结构、内容等也不会有根本性、实质性的改变。法典可以说是大臣们集体智慧的结晶，来自民间的科举官员熟练地运用政治操作

---

① 张先昌：《中国古代的皇权与法律——以隋代前期为例的实证分析》，载《法学研究》，2009 年第 3 期。
② 资料来源：微信公众号"高中语文教考"，2023 年 2 月 26 日发布，2023 年 9 月 2 日查阅引用。

程序：发现问题，田野调查，经验和守成，折中方案上报朝廷。君主只是认可、同意、颁布施行罢了。所以，古代中国法律在很大程度上体现的由官僚政治所产生的一系列的制度机制，如谏官制度、宰相制度、廷议制度、监察制度也在不同程度上限制了皇帝的独断专行。秦以来的天下为公的一个特征就是皇权没有私有收租的土地。以后的汉家王朝皇帝除了上林苑，并没有皇家土地收租子（但是藩王有赐予的领地），全部由政府财税按照祖训惯例供给，皇权还要节俭以做表率。太平年间政府通过财政制衡皇权，也是一种方法。而欧洲君主有自己的领地，并有额定的税收供给，所以国王贵族热衷于打仗掠夺土地归自己所有。

历代最高统治者依靠王道巩固政权。周公吐哺，天下归心，自西周起正式确立了礼法的民本性、公开性、公益性，守成法定制。尽管存在王道、霸道、个别藩王专制等变换。

关于王道。《尚书·洪范》称"无偏无党，王道荡荡；无党无偏，王道平平；无反无侧，王道正直"；《孟子》反复强调的"仁民爱物""仁政"等。

关于天下为公制约王权，"不私公位曰帝"。清康雍乾在公开的场合还是要声称"天生蒸民而立之君，非特予以崇高富贵之具而已，因将副教养之责，使四海九州无一夫不获其所"，表示要"以仁民爱物为心"，"大公至正为道"，"至公无私"，不得"逞私欲而背天理"。这都说明，君主们至少在形式上与儒家共享了"为公""为民"的观念，从而"公天下"的公共性就成为王朝国家公开表达的价值观。儒学士子及官员利用对"礼法"的释法权警示君王不得专权。官员们往往会以君主应"三尺之法，与天下共之"，"有司之常守"，"有伤国体"，"蠹坏纪纲，为害至深"等理由而阻抑皇权不法行为。例如，宋仁宗不得不公开下诏表示应将政事"付之共议，令宰相行之，台谏言之"。"斜封官"以至于"君子耻之"。"坏正法"而"悉厘之"。这种权力运行的制度化、公共化也是相对的，但是，官员们对君权个性化、私人化的抵制和矫正，还是在一定程度上促进了制度化因素的成长，进而使王朝国家逐渐增添了在形式上与社会对勘的"公共性"。儒家的这种努力的价值表现为"中兴"，人口稳定和增长，尽力避免了许多争权夺利的内乱和战争。

关于权威与治理分置。王权的责任。孔子说"天下有道，则礼乐征伐自天子出"；韩非子说"事在四方，要在中央；圣人执要，四方来效"。

宰相制衡王权的动力源是"公权"征税权、治理权、教育权。"井田制"是由"君子"官员征税，分离出宰相（总理）治理权。强调"扶公道者，宰相之责"，或"宰相者，持心如水，以义理为权衡"等。① 把政治权威和治国理政这两件事情的逻辑讲得清清楚楚。最高权威之位是不能随便争的，官员的来源要靠竞争、推举、选拔。汉朝推举制度，隋朝发展出了科举。春秋战国诸侯争霸战乱不断，逐渐废除贵族制度，到了秦制，天下为公，中央集权选贤与能，中央任命的官员忠于中央，有助于国泰民安。

四、中央集权选贤与能郡县制是最简洁、政治成本最低的政治制度

（一）天下为公，郡县制的可能性、可行性。一是尧曰"天下为公，选贤与能"。二是"井田制"最低的政治成本什一中正税制税率，国人与仁政是公平契约分工协作关系。三是初税亩土地自由私有制什一税制。四是废除贵族制度。在这些制度大背景下，自然出现郡县制，历练几百年后，公元前350年商鞅变法"天下为公中央集权选贤与能郡县制，乡民自治"。

柳宗元《封建论》指出"秦之所以革之者，其为制，公之大者也"；"公天下之端自秦始"这是伟大的。尽管秦始皇有私心，"其情，私也，私其一己之威也，私其尽臣畜于我也"。

秦灭亡的原因，"咎在人怨，非郡邑之制失也"。关于"失在于政，不在于制"，即天下为公中央集权选贤与能郡县制法律制度是比较完善的，

---

① 参见张星久：《"意义"的建构——儒家乌托邦的特点及其在传统中国的政治功能》，载《四川大学学报（哲学社会科学版）》，2023年第6期。关于宰相之责，见文天祥《御试策》，黄宗羲《宋元学案》卷88，中华书局1986年版，第2957页；《明史》卷128《刘基传》，《二十五史》，第391页。

而错误失败往往在于政治的执行出了偏差。

因此，总体而言，中国 2500 年自称是"中央集权选贤与能郡县制"，而"分封制"在总体上早已经废止。

（二）中央集权，统一度量衡，统一选拔官员。

柳宗元《封建论》指出："然而公天下之端自秦始。""天下为公"之端自秦始。尽管秦始皇有私心秦国灭亡了，这是两件事情，应当分开。

第一，秦统一中国的中央集权，是指国家统一刑法刑律，统一礼法，统一文字，统一度量衡、车同轨，统一选拔官员"选贤与能"，良政善治。

第二，政通人和。柳宗元在《封建论》中指出，官吏忠于中央决策，而诸侯往往不服从中央，有叛乱的念头。例如，汉朝建立的时候，天子的政令只能在郡县推行，不能在诸侯国推行；天子只能控制郡县长官，不能控制诸侯王。

（三）政府的工作内容简明清晰。

柳宗元《封建论》指出，郡县制"善制兵，谨择守，则理平矣"，只要控制军队，慎重地选择地方官吏，那么政局就会安定了。中央集权的三项任务：为中央政府和郡县选择贤与能的官员，国家安全；赈灾治水；乡民自治。君臣官员的任务三项："体恤民情、匡扶正义、扶助危难"。

中央集权选贤与能郡县制的优点。一是使贤明的人居上位，不肖的人居下位，然后才会清明安定。良政善治。二是官员领取俸禄，政府只管理治安、国防、赈灾，征收什一税，防止土地过度兼并。废止贵族世袭制度，袭爵位一般不得超过三代。为了防止官员的腐败，实行异地制和三年制。三是官吏犯了罪可以罢免，有才干可以奖赏。赏罚分明，政治清明、社会安定。

（四）家国社会结构。以家为表的中性。修身齐家平天下；治大国如烹小鲜；天下者天下人之天下，代表天下人的国家意识，中央意识和制度。

中央集权选贤与能国家。中央：四方之中，天地之中，天地人之中。韩非子有曰："事在四方，要在中央，圣人执要，四方来效"。王法高于王权，管护王权。"民为本，社稷王法次之，王权为轻"这是中国式"民主过程"的程序。

（五）最低的公务员比例。什一中正，最低的政府成本，小政府大社会，中性政府的合法性。

中华民族租、息、利、税同率什一中正，从政府制度成本设立上，就不打算侵略别人。浩浩大国，正如胡适先生所言，中国古代没有军备、没有特务、没有宗教禁锢、没有警察。[①] 实行军屯、民屯，全民保家卫国。没有贵族等级之分，没有宗教统治。人民自治自律，地方治安依靠民间教育、民间宗法、会社、乡绅、团练组织等。由庶民推选秀士治理国家，向国民"询国危、询国迁、询立君"；士子采风，为民请命；县衙公开审案，刑法公开。三刺制度："问大臣、问吏役、问庶民"，无罪推定从轻发落；人民可以告御状，赏罚有信。历史从没有否定租税什一中正法律体系，而是加以继承、润泽。

中国租税什一中正，人民保家卫国，区别于欧洲民族国家骑士军国主义侵略扩张。

中国古代，官吏只设到县一级，乡及以下由民自治，为乡绅制度。汉朝7000人中一个吃皇粮的，唐朝3700∶1，清王朝900∶1，就是证明。

（六）最高的生产力，最多的人口，最低的制度成本，让中国古代成为世界上最富足的民族。丰富的财富，繁荣的商业市场，资本可谓丰裕。陆海丝绸之路，郑和下西洋，说明中国是一个开放平和的国度。靠内功而崛起，和而不同，多元一体的经济、社会、文化道路。丰富性多样性，中国有天下大国心态，务实。

充分发扬历史长河中历练的辉煌文明基因，继往开来，中国必须也必然更加强大，这些需要交给史学家来完成。

（七）和而不同，四海之内皆兄弟。

世界屋脊之东方，构建多样性地理环境，养育了自力更生战天斗地的人民。外部看，古代最优良的生产方式、体量大，是抵御草原海洋民族侵扰，以先进生产方式文化文明同化草原民族。

---

① 温铁军：《告别百年西制崇拜》，载《环球时报》，2011年9月16日。

中国和而不同。有采风这种了解民情的方法；有三刺，无罪推定的刑制；有三问群众路线。

中国保家卫国，非扩张性。中国成功之路，内敛，而没有对外侵略的生存动机。

五、官僚制度与儒家相互渗透

（一）马克思早就指出："人们为之奋斗的一切，都同他们的利益有关。"①

柳宗元《封建论》指出："夫天下之道，理安斯得人者也。使贤者居上，不肖者居下，而后可以理安。"隐藏在法律背后的一个不能被忽视的群体——官僚士大夫阶层。《荀子·劝学》："必将假物以为用者也。夫假物者必争，争而不已，必就其能断曲直者而听命焉。其智而明者，所伏必众，告之以直而不改，必痛之而后畏，由是君长刑政生焉。"人有多样性、复杂性、灵活性，所以社会必须设立为民众拥护、有道德的人作为首领。这不是消灭欲望，而是建立规则和秩序，以和睦相处。

中国古代皇权受"天命""礼教""民心"制约，即与西方自然法相对应的儒家礼法观念的制约。而且官僚制度又与儒家相互渗透，相互依存，儒家精义成为官僚士大夫的为官之道，官僚士大夫又是儒家精义最完美的体现，他们将儒家思想融入了自身的利益追求当中，致力于借助这一被广泛认可的思想与皇帝达成和谐共处的契约。儒家礼教对皇权有制约作用，故而以儒家思想为思想根源的官僚士大夫阶层必然也会成为防止皇权滥用的卫士。

（二）文官制度，儒家文化对官员的培养。

隋朝开启的科举制度和举荐制度并举。官员的来源以科举为主，荐举、征辟和荫补作为补充。

科举制度的优点是能够选拔出有才能、有学问、有道德的人才，使得社会上的各个阶层都有机会进入官场，促进了社会的流动和文化的发展。

---

① 《马克思恩格斯全集》，第3卷，人民出版社1957年版，第187页。

科举制度，国家统一考试和考评，以才学和贤德选拔国家官员，是良政善治的文化基础。士多来自农村，从小接受孔孟基础教育，《礼记》已经规定学问有十门，包括国学、算学、格物、艺术、医学、农学、武学等，科举制度考六艺。士代表民间诉求，乡绅自治是士大夫阶层能够代表民意的认知基础。君王掌握制定法，士子官员追求道法，相互制衡。教育是科技文化发展和传播机制，而租税什一中正是技术发展的独立自主的物质和文化基础。

荐举。在《礼记》已经记载有"选秀"，是指由地方官或中央官署向上推荐品行端正、有才能的人，经过审查后任以官职的制度。能够发现和利用一些没有参加科举考试或没有考中的人才。缺点是容易引起裙带关系、朋党之争等。

征辟，是指由皇帝或中央官署直接征聘社会知名人士或有特殊贡献的人充任官职的制度。优点是能够吸引和重用一些有名望、有才华、有经验的人才，缺点是容易受到皇帝或中央官署的个人喜好和意志的影响，造成任人唯亲、朝令夕改等。

荫补是商鞅变法奖励农战奖励荫袭不过三代的遗存，使得功臣的子孙后代能够继承他们的遗志和事业。缺点是容易导致一些没有才能、没有学问、没有道德的人占据官职。

（三）中国知识分子对国家的贡献。一是传承和守正"礼法"，传承文化，担负教育全民直至帝王、官员的责任，社会伦理榜样的职责，守护5000年文明绵延不断。二是守正治权独立；实现以宰相为首的官吏群体与王权制衡。三是为民请命；乡村自治乡绅制度为礼法中坚力量。四是为国家中兴起到积极作用，每当王权衰微时就会出现以宰相为首主宰中兴的顽强坚守，主要朝代汉、唐、宋、明、清都实现了两个"富不过三代"最长的周期律，以中兴方式为百姓争取尽量长时间的和平与安宁。五是对农民起义的礼法政治引导作用。六是士子的人格魅力，贫则独善其身，具备自力更生养活自己的本领，在耕读文明大环境下，研究和发展十艺，创造了堪称古代世界最多的科学发明和哲学等文化成果；士达则匡扶天下。在"礼法"教诲之下，深知皮之不存毛将焉附？七是其兴也勃焉，无皮之毛其亡也迅焉？科举制度可以说是礼法的政治制度载体。1905 年，清王朝宣布废止实行了 1300 年的科举制度，不难发现"礼法"失去了政治支撑和学子的刚性传承。

当西方坚船利炮在前，文化入侵在后，以亲美为标志的胡适为首，一时间全盘西化刨祖坟、白话文、拼音法甚嚣尘上。当国家重新走向繁荣富强，现在看来，中国汉语本身存在小说体的雅俗共赏的通俗语言体系，成为文言文和俗字俚语之间的"中介"。因此，胡适的白话文所谓"八不"本身就是"无中生有"自己打嘴，不仅是对文言文的否定，也是对中国既有"通俗语言体系"的否定，其破坏性更是一度让中华文化成了断线的珠子。

南开大学中华诗教与古典文化研究所所长、不列颠哥伦比亚大学终身教授叶嘉莹先生为外文系同学讲授《天安门诗抄》赏析①，曾经感慨，看到人民诗歌集《天安门诗抄》后，认为中国内地的传统文化在人民心中，非常感动，坚定了回国支持国学的决心。中国古典诗词蕴含的兴发感动、陶冶人品之功，诗词的根本在中国。另一方面，新中国的第一代领导集体深受中华民族优秀文化影响。当纯粹现代生产方式在新中国生根发芽，伴随复兴中国梦，礼法社会主义与国家兴旺同步。这些都是对"全盘西化"的有力回击。

原本，语言文字是"大一统"工具，中国汉字 3000 年不变表现了它作为"工具"的稳定性、文化传承性、对历史各个阶段的适应能力的大众性。

然而拼音文字不同，时间一长，书写符号、拼音、所表达意思三者分离而不确定性，每过 300 年就不知所云，从 13—14 世纪托马斯·阿奎那"200 万句法学编纂"规范每个拼音文字的"意思"，19 世纪德国神学院用了 40 年时间翻译古希腊亚里士多德哲学并规范专有拼音文字，英国《牛津英语大词典》近一个世纪以来，十次修订，全书收词 41 万，引例近 200

---

① 王宇建：《一路追寻》，写于 2020 年 9 月 22 日，发表于微信公众号"迦陵学舍"，2024 年 7 月 10 日查阅引用。

万条。这完全是为精英服务而脱离了普通人的掌握能力。然而到了胡适那里完全不顾国情不同，成了"与其用三千年前之死字，不如用二十世纪之活字"，近百年过去西方借助"大翻译"搅乱中国，"二十世纪之活字"成了西方文化侵略工具。随着中国崛起，学界不得不回到"甲骨文""金文"来规范汉语文字的准确"会意"。这一切都说明全盘西化白话文拼音文字是哗众取宠、崇洋媚外的"走狗"。

总之，正是中国坚守"井田制"法理的社会张力，有知识分子对"礼法"的坚守，无论是天灾还是人祸，都不能压垮中华民族，总能走出低谷越战越勇、体量不断壮大，就是中国第一性质的特色。

（四）租息利税什一中正兴衰，就是中国政治经济的周期律。

第七节 中国农工商市民社会和平互惠文明，更加适合纯粹现代生产方式

至少从唐朝起，中华文明经传教士传入欧洲。在 1840 年第一次鸦片战争以前，中华文化往往成为欧洲历次变革学习的对象之一。现代生产方式生产的分配正义最早在中国出现，一是中庸均分之道，二是最低的政治和经济成本，租息利税什一中正之制，禁止高利贷。最早的仁政出现在中国，宽容、文官制度等。三是最大的自由自耕农工商生产与交换共同体市场。

中国天下为公仁政什一中正最低的政治成本、治权独立、中央集权选贤与能郡县制，乡民自治，是多元一体的文明型国家。

与中华文明相对比，欧洲现代制度、奴隶制、农奴制混杂日耳曼野蛮部落法形式，应为先天不足后天失调"文明中的野蛮"，马克思、恩格斯是对的。

两相对比，19 世纪的中国属于小农工商对欧洲工业革命的"物理"性质的大落后，而在人文领域以礼法为形式优秀部分为主，落后部分次之，是中华民族建立新中国以来迅速和平崛起的内在潜质与外在张力形式。实

践佐证，中国自由自耕农工商礼法社会主义可以与纯粹现代生产方式堪对。中华和平互惠文明，更加适合纯粹现代生产方式。

（一）现代生产方式信仰"用公正的方法获得财富"。

中华民族稻作"井田制"生产方式信仰仁义均礼智信。

中国以稻作"井田制"为源头的生产方式农业最高生产力、仁政清廉、和平安逸的生活，吸引其他民族为谋幸福而融入到汉民族生产方式中，形成多元一体的中华民族共同体。

相对比，欧洲现代制度、奴隶制、农奴制混杂极端叛乱，18世纪开始，纯粹现代生产方式不得不为自己"和平、发展、互惠"文明溯源它的正义、正当合法性。

（二）现代生产方式固定在规则与秩序中的13项主要实体法，中国具备12项，英国三重契约习惯法，在中国有王莽变法可以对接，有茅盾《春蚕》中的老通宝们在实践"赊欠"经济，熟练运用将未来借给现在。

在中国古代自由自耕农工商乡村市民，所以中国全民都具备"生产商自由市民"潜质。而欧洲农奴不是市民农业是准奴隶制，欧洲手工业是小众生产方式，这是欧洲先天不足后天失调"文明中的野蛮"的根源性。

（三）现代社会生产力绝对发展特征。鉴于中国有礼法习惯法历史积淀，经济改革期间当税负、资本价格、国家政策价格形成公式达到三重契约法律安排，1998年国家"立竿见影"进入快车道，中国礼制习惯法作用力正在成为现代生产的第四要素。

现代生产方式是次一级生产方式——手工业市场共同体发展上升到占支配地位而来（不是由古代自给经济缓慢发展而来），中国自由农工商礼法社会主义准备了尽可能多的条件；中国革命走农村包围城市、农民战争解放城市工人阶级的路线取得胜利，这与欧洲拐了一个弯，资本主义农场主首先萌芽有历史可比之处。

（四）价值法则、货币经济是现代生产方式特有的现象。

中国老通宝们早已经传承了赊欠（私人口头礼法信用契约）经济，乡村农工商市场以粮食作为等价物，"井田制"仁政租息利税什一中正之治尚存，就是人民心中的那杆秤，1998年三重契约价值法则货币信用条件备齐，底层人民就会自发地喷发出"追求幸福"的高涨而持久的张力，立竿见影学会了"住房抵押贷款"，预期先进生产线抵押贷款。《大学》"国不以利为利，以义为利也"。清·唐甄《潜书·富民》："人君能俭，则百官化之，庶民化之；于是官不扰民，民不伤财。"即官以身作则，官不扰民民自富。

所不同，西方混杂社会的美元正在武器化、货币战争化。

（五）中国有产自由劳动力。

"井田制"中的"国人"是自由人，"野人"是乡村自由人，中国自公元前594年初税亩以来，自由开垦荒地归自己所有交纳什一税，这样的乡野人是自由人，"令黔首自实其田"的自由人，乡村自由自耕农工商市民是自由人，城市市民是自由人，百姓财产自由，乡民自治，山高皇帝远，保家卫国全民皆兵自由人。中国全民是有产自由市民，剥削阶级是少数派。

中国仁政什一税，劳动与管理分工协作契约最低的"政治"成本、政治在仁法之下，而欧洲是封建专制（贵族政+土地权），生产劳动主体趋向无产者延续至今。

所以，在中国并不存在欧洲那种"（奴隶主）自由"与"（奴隶）劳动"观念上的困境。中国有过少量奴隶，但从未存在过古希腊罗马那种奴隶制。而欧洲农奴实际没有自由。

（六）纯粹现代生产方式内部劳资关系三分法。

在马克思主义指导下，中国共产党总结出三大法宝：统一战线，武装斗争，党的建设。三大作风：理论联系实际，群众路线，批评和自我批评。

（七）"资本生产工具"，有春秋战国时期的孟尝君的信贷政策、有新朝王莽变法可以与之对接。

（八）生产债务人权企业主①（资本使用者）获得优先平等权。

---

① 产业资本家即债务人，见《资本论》，第三卷，人民出版社1975年版，第393页。与债权相对立，本书抽象为"生产债务人权"，二者对立，共分利润。

春秋战国时期已经有"之所以贷钱者，为民无以为本业也；所以求息者，为无以奉客也。今富给者以要期，贫穷者燔券属以捐之"，但是这一礼法管理比较松弛。

（九）坚守信仰的政治代表。

解读中国特色。例如，西方政治学家发现，共产党的成功基本可以归纳为三条：以民为本，不以意识形态为本，市场和计划都是工具；中国共产党以民为本的政治引导作用；全心全意为人民服务的自我矫正机制（改正错误，学习进步和先进的东西）。

在混杂历史阶段，在苏俄十月革命的启发下，现代中国及时创建共产党来担负历史重任，担当模范服务者、正义守护者、进步引导者和进步文化传承者，肩负长久而坚定的使命。中国特色社会主义是现代生产方式的进步形式。

鉴于西方普选制只有 60 年的历史，很不成熟，因此政治信仰把控"正义价值观"下的普选制，这种民主与专制之间的第三种方式更加符合现代生产方式信仰"用公正的方法获得财富"，可持续"和平、发展、互惠"人文规则与秩序。

（十）现代生产方式局限性："无限借债""无限积累"与自然对立引起的危机。

中国一直到 20 世纪 70 年代末，依然遵循礼法对大自然的关爱，是世界上人类与自然原生态相处最和谐的地缘，保留着最丰富的物种。中国在适度城市化、在解决温饱以后，特别是新冠疫情 3 年的隔离，教育人们过俭朴、与大自然亲近的生活方式，遏制过度消费，回归生产力适度均衡，形成可持久的可回归性自我循环经济社会，可再生能源、碳中和、生物多样性保护、友好型城市、倡导绿水青山就是金山银山等，在中国深入人心。

中华文明正在自豪地向世界展示，稻作经济的深耕细作和水利工程，以大禹治水大一统保护和发展农工商文明，以孟子记录的"井田制"仁政文明，中国传承 3000 年的汉字和语言算法，中国古代为转型现代化储备了几乎所有的条件。西方学者以 1648 年《威斯特伐利亚和约》界定民族国家的标准，发现中国是"文明型社会"。①

中国必自信，中国必自强！

名词与概念：

以欧洲农奴没有自由、"政治权+土地财权"合一专制、剥削率为 50% 封建专制为对比，中国是文明型国家

儒家文化传承井田制法理、伦理、仁政，"天下为公""什一中正"正义准则，是礼法社会主义。

天下为公什一中正税制，中央集权选贤与能郡县制，世界最低的政府成本；最优秀的礼法治理。

对比与质疑：

（一）在中国古代，废除了世袭制，王子犯法与民同罪。

但是自从出现"宫斗戏"以来，过分宣扬帝王的诏书，而遮蔽了诏书的形成过程，所以误导人们的认知。

欧洲封建专制的特征是王权贵族领主忙于争夺土地和古罗马王冠而混战上千年。中国历史中的诸侯、藩王动辄企图谋反夺权。所以专制的政制特征是以夺权为目标的战争与混乱，在各国都类似。正如柳宗元所说中国无郡县造反而有诸侯、藩王叛乱。因此，有学者说中国是封建专制社会，这与历史现象不符。

（二）中央集权选贤与能郡县制，当被裁剪成了"中央集权"，就被贬损为威权、专制。

什一税制，决定了中国不可能存在古罗马式由贵族做长官、法官；骑

---

① 《七国学者热议中国作为"文明型国家"的话语崛起》，观察者网，2022 年 12 月 8 日。

士征税官的极权铁血统治，教会思想禁锢控制灵魂、早请示晚汇报从生忏悔到死、宗教水火惩罚、非劳动阶级比例过高。美国法律近3万条，仅税法号称7000条，这种蜘蛛网一样密密麻麻是把人当"物"来看管的法律牢笼。

（三）而古希腊亚里士多德的共和制=（寡头+平民）折中统一，仅仅是理想。由于奴隶制和农奴制土地所有权与治权始终没有分离，任何民主自由人权都是少数贵族的权力，而与人民无关，是封建极端专制主义。

（四）中国礼法以家为单位的利益平衡，不代表哪个集团利益、意识形态偏好、宗教偏好，不强制不引诱人们去信奉某种宗教。

（四）中国文官制度这是西欧封建君权所不能想象的，欧洲官员仅来源于贵族。

（五）应当用中国礼法君主立宪制与欧洲君主立宪制对勘。而用现代共和制批判中国古代君主立宪制，是历史错位。

结　语

中国现代经济实践已经远远跑在前面，中国科学的哲学研究急需与《资本论》对勘，引导中国实施市民商税法律建设"内部政治"为经济基础服务的体制改革进程。

马克思科学的哲学是一个很大的题目，本书只能在学习《资本论》和与中国现代化建设实践结合基础上，尝试对马克思科学的哲学体系中的"唯物观念的目的论——人民的现实的幸福行动哲学"做一极简概括梳理，作为本书的结语。

第一章　科学的哲学

第一节　人民的马克思

（一）马克思毕生目标是"人民的现实的幸福"。马克思是行动的哲学，他发现的"需要"三步走，在中国得到具体贯彻实施，科学社会主义在中国获得初级阶段的胜利成果。

关于马克思唯物观念目的论"人民的现实的幸福"为目标。马克思在中学时代就立志为穷苦大众谋幸福。

关于马克思以唯物观念目的论，追问法律的正当性法哲学。刚参加工作，马克思就遇到了穷苦人被"林木盗窃法"迫害，"第一次遇到要对所谓物质利益发表意见的难事"，即遭遇法律本身的合法性危机，追问法与法律的合法性，就是法哲学。

关于马克思,以"人民的现实的幸福"为目标,记录"正义哲学、法哲学"。马克思所处 19 世纪,现代生产方式高级阶段自治已经 300 年,它已经为自己选择适合的哲学,例如唯物观念人民幸福目的论、认识论、方法论;已经选择并固定在现代生产方式规则与秩序中的法与法律。而马克思只是发现适合的向善哲学,适合的中性法律,并记录在《资本论》中,就像古希腊亚里士多德通过田野调查记录了一款第三种致富技术的正义形式"分工协作—通工等偿",成为一粒正义种子。在 2000 年后,当出现类似条件,而发芽成长为现代生产方式参天大树占据了支配地位,新时代"以太"。马克思指导无产阶级和世界各国各民族建设"纯粹现代方式"人民的现实的幸福。

马克思通过《黑格尔法哲学批判》学习了辩证法,法哲学视域"规律分两类,即自然规律和法律。……法律是被设定的东西,源出于人类。……有衡量法的尺度。找到对有效东西的证实或否认。……考察法的合理性。……我们的认识应该是科学的"①。马克思"要求实现人民的现实的幸福"②,遭遇"物质利益的难事"需要回到自然法的三大箴规"生命权,繁衍发展权,群体向善权"寻找正当合法性。

(二)英国剑桥法律学派界定并拥戴马克思是法律的经济学解释创始人,"众所周知,经济学解释始于 19 世纪 50 年代,当时马克思将黑格尔的辩证法用于英国的政治经济学、法国大革命时期法国史学家的理论,以及他本人有关无产阶级运动的经验中。……这一新方法得到系统阐述……从 1900 年到 1910 年罗斯福进步主义时代,这一理论在美国也风行一时。也就在那 10 年中,它渗透到了英美法律思想中。并且至今仍是法理学中一支不可忽视的力量,……通过展现人类为满足自己的需要而行动的实际力量,帮助我们克服了法律悲观主义"。③

---

① 〔德〕黑格尔:《法哲学原理》,商务印书馆 1961 年版,第 14、15 页。
② 《马克思恩格斯选集》,第一卷,人民出版社 1972 年版,第 2 页。
③ 〔美〕罗斯科·庞德(Roscoe Pound):《法律史解释》,华夏出版社 1989 年版,第 88—111 页。系"剑桥法律史研究丛书",作者曾为美国哈佛法学院院长。

(三) 马克思主义是继往开来,有历史、有现实的以一贯通的哲学体系。本书在研究过程中,发现马克思借助了古希腊哲学,特别是亚里士多德朴素的唯物观念论,按此线索本书作了些许溯源补充,同时对历史纵向和历史横向的社会背景以中国话语稍加补充说明。恰有麦卡锡(George E. McCarthy)《马克思的亚里士多德复兴》出版和莱文先生的哲学评价①,"通过马克思与亚里士多德(简称亚氏——引者注)的对勘式阅读,即以其对人类能力、政治理想及社会理性的推崇来理解。他对未来的见解如此珍贵和深远源于他对过去的理解如此敏锐和激动人心。他对占有性个人主义、政治自由主义、市场经济以及商品生产的批判程度最终建基于他对亚里士多德及伊壁鸠鲁理解的深度,以及后两者将其道德理想所提升到的高度"。两位现代美国人的研究和努力,在"马克思的亚里士多德复兴"方面与本书见解有相当的一致性,这样就简化了本书对马克思科学的哲学方面的梳理工作。

马克思《1844 年经济学哲学手稿》昭示,《资本论》是社会经济的法哲学,这个概念已经被人们所接受。第二次世界大战结束后,马克思法哲学中的劳动价值、所有权造福义务、平等正义的民主自由等学说已经写入德、意、日这三个战败国的 1947 年宪法中,写入联合国宪章;而"价值=偿债生产价格"已经写入 1947 年起始的 WTO 国际贸易组织章程;生产线抵押贷款"20 年期低利息率、获得利润后偿还债务,允许最晚第 7 年开始

---

① Sam Badger,评《马克思的亚里士多德复兴》。
书籍信息:Norman Levine, *Marx's Resurrection of Aristotle*, Palgrave Macmillan, 2021.
书评出处:Sam Badger, "Review of Norman Levine's Marx's Resurrection of Aristotle," *Philosophy in the Contemporary World*, Volume 28, Issue. 1, 2022, pp. 113–120. Sam Badger,南佛罗里达大学哲学系博士,在旧金山州立大学就任哲学副讲师。主要研究领域为伦理学、马克思哲学。Badger 于 2023 年 4 月通过了博士论文答辩。论文题目:《卡尔·马克思论人类至善和无产阶级伦理》(*Karl Marx on Human Flourishing and Proletarian Ethics*)。书评译者:张顺之,阿姆斯特丹大学法学硕士。13—14 世纪教会法三大思想变革运动,追问了古希腊哲学,并且是在那个时代形成文本。认识欧洲文化文明,还必须借助于 13 世纪以来流传的古希腊哲学文本。

付息、第13年开始还本"写入世界银行投资贷款规则;等等。马克思科学的哲学是有历史源头、有完整体系的学说,是可以直接指导革命和现代经济建设实践的行动理论,中国自1840年以来政治、经济的180年改革实践成果已经证明马克思"纯粹现代生产方式"唯物观念论是后发展国家"和平发展互惠"式走向现代化的指路明灯。从理论到实证,千年第一哲学家、思想家,现代社会新时代第一建筑师,非马克思莫属。

第二节 马克思创建"科学的哲学"

一、科学的哲学概念

(一)我国国务院相关机构已经将哲学列为科学序列的哲学。

(二)关于科学。首先,工业革命派生了科学主义。科学技术作为生产力要素,是现代生产方式的特有的现象。

所谓科学性,一是可知性,科学理论必有物质载体,或者内在可以依托外在社会载体来表现它的存在。二是真理性,或追求真理的可能性、可行性、正当性、正义合法性。三是合理性,即经验性、预言性、可预测性,可重复性。四是社会价值,进步性。

科学知识构成:事实、概念、定律、理论。

(三)当现代社会出现科学主义,康德重新界定哲学的对象、任务与合法性。哲学的任务被重新界定为对知识的可能性条件及其限度作出阐释,把科学的"为什么"划分给了科学的哲学。例如:正当性、合法性、可能性、可行性、价值性、有效性。

二、社会科学的哲学的核心是正义性、先进性、可重建性

对照自然科学的哲学,社会科学的哲学核心是正义性、先进性、可复制、可重建性。

(一)以古希腊亚里士多德朴素的唯物观念目的论"人民的现实的幸

福行动哲学"为参照。

从《资本论》对现代生产方式的科学的哲学研究不难发现,他参照了古希腊亚里士多德朴素的唯物观念目的论"人民的现实的幸福"行动哲学。本书在第二卷第三章做了介绍和讨论,一是政治在法之下,政治对正义、伦理、道德的自我修为;二是田野调查(底层人民共同体所积累的习惯中包含正义的形式);三是依据历史和现实,抽象目的、真理、信仰(以凝聚共同体的集体向善向度的张力);四是以最苦难的自由人为了幸福而珍惜生命作为边际(和平共处的边际),根据具体状况,选择比较向善的、成本较低的、大众容易接受的模式(共同体内部三分法达成统一),开展实实在在的人民的现实的幸福为目的"建设"。因此,社会科学的哲学,即唯物观念论的目的行动哲学——人民的现实的幸福的行动哲学。

(二)在古希腊朴素唯物观念目的论的指引下,第一,正义性。马克思选择以"现代生产方式为正义"。第二,先进性。发现现代生产方式绝对发展生产力趋势,就是先进性。第三,"选择法"。马克思记录了现代生产方式通过市民社会习惯法、案例法"选择适合的法律"社会成本最低,有安全、稳定、确定性。第四,可重建性。马克思发现,只要历史条件接近,正义、先进的历史逻辑可以重建,例如欧洲黑暗的中世纪新兴城市重建古希腊那种"分工协作—通工等偿"生产与交换共同体。在当代,中国延安圣地新兴城市军民融合的生产共同体市场,创建欧洲那种"新式工业"经济与法制体系。实证马克思预言"其他国家可以学习",是对的。第五,自然科学与社会科学勾连。社会劳动生产力,是自然科学与社会科学的勾连,马克思发现,科学技术转化为先进生产力是社会科学法律运筹作为中介的过程,劳动三要素自然科学实料的社会科学法制构成性,科学技术转化为法制作用生产力要素。第六,根据欧洲"现代文明的野蛮"现状,提出科学社会主义革命与建设"需要"三步走(革命论与革命发展路径阶段论;需要共产党的领导和坚守信仰)。等等。

马克思在科学的哲学基础上,有力地批判了欧洲整个旧世界。

三、现有和应有，宣判了康德先验哲学的末日

马克思以民为本（主体）的科学"唯物观念目的"哲学。

面对科学主义，康德哀叹哲学的没落，但是"康德提出的先验观念论，……其基本论述都是形而上学式的。因此，作为哲学语言学 GM 的代表人物，维特根斯坦就成为哲学死刑的宣判者，故其后再无形而上学的哲学家可选"①。康德不能回答休谟问题的核心"不确定的'未来'"，特别是机器大工业时代以来。一是因为经验无穷多，先验论无法自己证明自己的唯一性。二是"因努力，果随缘"普遍现象，在从因到果的过程中，外部和内部条件都有可能在变化中，面对条件变化的偶因、无常规性质，先验结构没有能力建立有效的因果模型，因此缺乏预测未来的能力。当下基于神经网络的人工智能 AI 将抽象的未来简化为可操作的"预测下一个标识"保证预测的有效性和可信度。这迫使我们重新思考经验论与先验论的经典难题。康德和黑格尔犯有相同的非科学性质的错误，个人有冗余因而有主观自由"冲动、暴力、理性（适度）"张力，确实有"理性"的可能性，但是语言逻辑"浪子回头金不换"或者"回头是岸，立地成佛"实证"个人自然理性"所需要的社会成本极端高，被鉴定为"不科学"，非科学性导致没有可行性价值。唯心主义先验论，断绝了与"经验"的联系，遭遇不可避免的任务：上帝、自由和不死性，在绝对经验和纯粹命令之间徘徊而不得入"科学"之门。

1837 年，马克思刚上大学不久，参加了青年黑格尔派的活动，针对"法哲学体系"教科书所暴露的先验论特征，就已经冷静地进行了解剖："最初我搞的是我慨然称之为法的形而上学的东西，也就是脱离了任何实际的法和法的任何实际形式的原则、思维、定义，这一切都是按费希特的

---

① 金观涛：《消失的真实：现代社会的思想困境》，中信出版集团 2022 年版。第一编"哲学的童年"第五章"先验观念论的错误和'康德猜想'"。

那一套，只不过我的东西比他的更现代，内容更空洞而已。"① 并进一步分析指出："这里首先出现的严重障碍同样是现有之物和应有之物的对立，这种对立是理想主义所固有的，是随后产生的无可救药的错误的划分的根源。"② 显然，当时在青年学生中已经流行"法"不可以"脱离实际"，法具有现实性的现代唯物主义观念。批判旧的"法哲学体系"的先验论"这个整体的基本纲目接近于康德的纲目"③，转而学习古希腊伊壁鸠鲁和亚里士多德哲学，选择辩证唯物观念论旨意的法哲学之存在论（本体论、价值论、认识论、方法论或关系论等），结合实践并有所前进。

四、马克思科学的社会哲学，"目的"问题型跨学科综合性研究模式

社会哲学范畴的科学主义包括逻辑实证，批判理性，历史主义，结构主义，人文主义，古典科学伦理与现代科学主义的勾连，追问张力。马克思创建经济的科学，现代生产方式现象完整地表现出了社会哲学的这些范畴。

社会科学诸学科的研究需要从自然学科范畴走向社会科学范畴，概念廓清、自然法向度的有机关联性、时间和空间位格编排性、历史时间向度程序性，是对唯心的拒斥。

（一）马克思以唯物观念目的为中心综合研究特点，很适合中国学术习惯。

向存在论挑战的是人类的反思意识，无穷性、未来性、怀疑论，古希腊奴隶社会自由广场"寻找真理之地"（a place for logos）、"主观意见之地"（a place of doxa）催生了"自证法"与辩证法。

而马克思的目的是"人民的现实的幸福"，创建了"目的"行动哲学。

针对混杂的西方社会现实，马克思对纯粹现代生产方式新时代特有的

---

① 《马克思恩格斯全集》，第47卷，人民出版社2004年版，第7—8页。
② 《马克思恩格斯全集》，第47卷，人民出版社2004年版，第7页。
③ 《马克思恩格斯全集》，第47卷，人民出版社2004年版，第11页。

"观念"往往采用三个视角和逻辑论述的方法：历史和现实的实证及唯物观念确定性；在实证和观念基础上对旧社会现象的批判；然后以历史、现实、唯物观念共有向度，预测未来。

本书的目的是分离出我国国家根本任务"现代化建设"所迫切需要的"纯粹现代生产方式"新时代的"生态样式"，因此采用了将马克思"三视角逻辑"分拆开来，集中梳理马克思关于纯粹现代生产方式及它的生产关系和交换规律的研究成果，还采用了从"批判"中萃取它的对立面"正确的什么样"。例如，"生产力的发展形式变成生产力的桎梏"，就是以"生产力的发展形式"为正义，批判"桎梏"，从而"萃取"出"纯粹现代生产关系法权形式是'生产力的发展形式'，即生产力的发展加速度的推动力"特征，并进一步把现代集体力、科技转化力、法律运筹力等概括为"法制生产力要素"概念。

在内容上，马克思以"目的"为核心涉及专业很广，《资本论》就是一本百科全书。在现实中，事物总是综合性的，以目的、以问题为核心，更贴近"实在"。古希腊亚里士多德《政治学》为了研究"城邦政治治理"的正义、折中的方法而涉及13门专业。这也符合中国传统以问题为中心治学模式，例如史学、哲理学、红学（红楼梦）等，涉及的领域越多，说明该研究领域的价值越大。《资本论》的研究对象与其他学科具有重复性的内容，但是能够做得有特色、有优势、有针对性，给予新的生命力。多样性并不是简单的重复，多视角思维的多元实料构成性竞争与合作向度而发挥出集约张力，反而促进了科学的繁荣发展。《资本论》既有学理性，又体现时代人文特征，马克思主义中国化既在学界站得住脚，又对政府、社会产生深刻的影响。而西方分科太细，是导致马克思主义被碎片化的因素之一。

目的哲学的时空相对论。思维时间线段是第四维世界，思维时间段的点线面体。马克思就剩余价值论而发现了社科领域时空相对论，在《资本论》草稿中提出了"工人的发展"时空相对论，劳动时间过长，学习科技文化的空间就被挤掉了"时间就是这种空间",资本主义机器大生产劳动工人"在空间和时间上的集中",是关于剩余价值论的"时间消灭空间"理论的辩证法。① 在量子时代,"时间—空间相对论"被运用到第四次生产力革命中。

目的哲学的跨越平行学科纠缠。当下,第五维世界概念还在探讨中,当人被界定是记忆和算法,仿人脑神经机器人 AI 正在成为事实。而"平行时间轴线间的跳跃",一是借助人类"心灵伴侣"讲故事,来解释目的哲学与量子纠缠。

在现代西方,由于科学划分过细,各科学之间呈现为平行线式的内卷学科,尽管近在咫尺,但是永远不能交集,隔行如隔山,就是第五维度平行线,各学科越来越细化领域内卷平行线,粒子的运动例如光子有波动说和粒子直线运动说。粒子直线运动平行线,两个粒子之间彼此永无交集,感觉无穷远。为了达到某种目的,就会产生内在有向度的张力,跨越鸿沟"时间轴线间的跳跃"跳到另一个平行线或平行面上而双方交集,例如采用电流学的"并联"思维模式,则平行线内卷式各种科学就相互交集、促进而跨越到一个更高的境界,而用"量子纠缠"来形容这种现象。

马克思科学的哲学的特点就是在内卷平行的学科之间跳跃"纠缠、融合",第一,有明确的信仰和具体目标:人民的现实的幸福。第二,目的与方法合一,历史与现实同构。古希腊亚里士多德《政治学》"生产所以维持人生(生存)"是人类生存斗争历史阶段科学的哲学的本体和源头。

---

① 杨煌辉:《马克思"时间消灭空间"理论的辩证法——基于资本主义生产的视域》,载《国外社会科学前沿》,2024 年第 8 期。《马克思恩格斯全集》,第 47 卷,第 402—403 页,"毫无疑问,不论是工厂劳动过程中微观的协同动作体系,还是在社会宏观层面上表现为在空间和时间上协同动作的工人的集中扩大了"。第 514 页,"而这些条件由于在空间和时间上的集中以及由于它们被协作工人共同使用,而能更经济地利用。正是由于这一点,它们才能够在劳动过程中既有较高的效能,又能耗费较少的费用,即消耗较少的价值,较少地进入价值形成过程"。第 344 页,"工人就丧失了精神发展所必需的空间,因为时间就是这种空间"。

第三，以"生产所以维持人生（生存）"为准则，勾连无机物质世界和有机世界。第四，为人民的现实的幸福，科学的哲学必然以纯粹现代生产方式新时代为经济基础，建设守护、服务、引导作用的行动哲学；并以纯粹现代生产方式文明作为一面镜子批判欧洲整个旧世界。

五、唯物观念目的论——生命内生性张力的中国故事

钱学森为了航空航天员恢复健康，提出了整体功能态的理论①，创立了航天医学，整合中医的整体论、西医的精准检测。

个人有机体有冗余自然规律，是"整体功能态"的自然基础。

"整体功能态"被解剖为人有三个形态。

第一，形态人。即西医所研究的数理化生物形态人——有机形态的人。

第二，能量人。有冗余，即中医"元气"；适度者生存的人，即中医"阴阳平衡"，包括个人内在能量阴阳平衡，内在与外在之间"共生"的阴阳平衡。

第三，唯物观念人。人有对外在事务感觉能力，感觉大概率抽象为概念，概念知识地图，抽象为有向度的观念、思维、情绪，构成性引导"冗余"向善、向上的内在张力。

西医，1977年Basedousky提出了著名的"神经—内分泌—免疫网络"学说，证明，以前认为彼此独立的神经、内分泌、免疫三个系统各司其职，现在发现三者又互相调节，构成一个机体整合和调控"网络"。

在人体的九大系统中，有六大系统主要执行营养、代谢和生殖等基本生理功能，而广泛分布的"神经—内分泌—免疫"网络却起着调控上述系统、参与机体防御、控制生长发育以及机体的自我修复等重要作用，维持着人体内环境的稳定。这个理论印证了中医经络穴位与"神经—内分泌—免疫网络"的关联性。

---

① 钱学森：《开展人体科学的基础研究》，载《自然杂志》，1981年第7期。

在中国已经传承几千年的中医，通过"望、闻、问、切"，一是判断元气；二是阴阳平衡；三是通过经络针灸、拔罐、艾灸、中药等，实施对"神经—内分泌—免疫网络"的干预进行调控；四是通过"望、闻、问、切"调查"观念、情绪、思绪"，通过语言对观念干预，调动向善、向上内在张力，然后是通过穴位对"神经—内分泌—免疫网络"干预，调整恢复平衡，调动内在张力，提升元气、实现能量平衡。因此，"整体功能态"，中医涉足三态，特长在第二、第三态。

科学的哲学，是"人"的哲学，因此钱学森"整体功能态"在哲学上就是人类社会整体功能态，科学哲学也有三态：物质态（无机物、有机物机制各不同）；内部三分法平衡态；历史唯物观念态。

航天员整体功能态修复医学＝精准营养+主动健康（主动元气阴阳平衡+感情、观念主动力）

后发展国家的人民的现实的幸福＝纯粹现代生产方式+主动信仰张力+适合的法律

钱学森生命三态唯物观念目的论昭示，"主权命令法""一元化""财产权+政治权"专制等违背了最基本的生命科学规律，必然不可持久。

马克思"人民的现实的幸福"目的行动哲学的现实意义，一是指导第四次生产力革命选择适合的法律，例如法定制度成本下降到40%，争取普通劳动分享科技溢出效益；二是为人工智能机器人设置"身份证"，规定机器人并教育监督使用机器人的人共同遵守的法律、伦理、道德，沿着纯粹现代生产方式为正义迈进。三是科技是把双刃剑，既能助力人类发展，也可能最终毁灭人类，所以，约束科技向善必须警钟长鸣。

第二章 马克思创建"科学的唯物观念论":合乎向善之"现实"

第一节 唯物观念:向善、真相、中介、变革,增益、进步

一、人类秉承唯物观念的自然原因

(一)意识的根本意义在于意向性(向度的确定性),在意识里没有优先于意向性的事情,没有意向,思想就不能发生①。无论有没有先天结构,经验结构的形成都需要一个建构性的意向性过程,而意向活动就是建构的过程。

有意向的意识,第一位的是有准则,即以向善为准则的有方向性(正负的差别)。第二位的才是以向善位准则的自反能力(reflexive),例如对系统进行自我反思和自我改造能力;感性发现外在出现新事物,有理解概念和创造新概念的能力;理解并运用逻辑——语言算法、数学的通用能力;回避不可解的悖论、矛盾与自相矛盾的变通能力。两件事情力挺经验论,一件是经久不衰的休谟问题,这对于先验论几乎是生死挑战;另一件是人工智能以经验论方法取得的成功,这迫使人们必须再次反思意识和思维的秘密。因此,思维不是起点。

---

① 赵汀阳:《人工智能还给人类的思维难题》,载《中国社会科学》,2024年第8期,第101—123页。

动词承载着意向性，但动词只能在给定的约束条件下主语（名词，主因），谓语（动词，过程），宾语（果），去考虑可实现的最优可能性。

因此，意识的现象学建构的最大问题是"无向度"，不能保证意识对真实行为、事物关系尤其是将要发生的未来的存在论建构。

（二）从感性认识上升到有正义向度的意识或观念，其主要内容：向善、真相、中介、变革、增益、进步。人类进步需要用观念来统一三观，形成社会正义的张力。

（三）观念的形成的过程或原因。

第一，外部原因，地球条件范围内的生物，自然选择适度者生存，这对人类也适用，在第一卷讨论过了。

第二，生物自然选择的后果或人类社会现象：人类有差别，为了繁衍发展群体共生需要秩序；差别不大，可以通过习惯形成秩序。遵守自然法三大箴规，生存权、繁衍发展权、群体向善权利责任。例如良渚遗址昭示，中华民族农业为主体的社会实现互利互惠共生和平定居文明。

第三，个人内生"适度（中性、理性）"观念的可能性。生物有冗余以应对变化的外在条件。个人冗余（例如肥肉）内生性没有向度，有冲动、暴力、适度（理性）三种可能性，其中适度就是向善可能性。

第四，人体二元神经体系构造，是钱学森"内生观念态主动力源"的物质基础。人类存在既独立又有通道联系的二元神经系统：肠道神经系统、脊椎和大脑神经系统，二元构成，同一性、差异性、对立、斗争、矛盾、达成均衡和解统一，二元构成性成就了比较靠谱的内生性"适度、理性、向善"观念的生命主动张力最强大和适宜长寿。

第五，社会内生"稍加约束即可遵守规则"可能性、可行性、正义性。哺乳动物有多胎现象，自然选择和后天培育幼崽不相食，父母要防备并培训子女，相互不伤害，并且长辈稍加约束幼崽就能遵守规则现象。这对人类也适用，由于人成长于家庭、社会教养，大致有99%的人"稍加约束"就可以自觉遵守法律，即可控的有限内在差别，这样人类社会可以分解为二元实料，向善向度构成性生命张力最强，适宜共生、繁衍发展、长寿。

第六，意识有向度，最初源于生存、繁殖为目标，爱和浪漫之情，拓展为自我意识、价值观，真、善、美等人类向善潜质。

二、观念形式：形而上为道、形而下为器。王道，典形，器重

（一）形而上学这个词是由"形""而""上"和"学"四个字组成的。其中，"形"指的是物质的外在形态，如大小、形状等；"而上"则指有机生物超越物质世界的领域，包括思想、意识、自我等。因此，"形而上学"可以理解为研究对无机、有机物质世界的抽象，例如：本质和规律的学问。

从某种意义上讲，形而上学是哲学的基础。它试图回答关于存在的问题，以及关于世界的最基本特征和原理的问题。如"什么是真实的存在？""什么是本质？""存在与本质之间有何关联？"等。

形而上的上古缘起，对不可控自然现象的恐惧，巫师与王权的较量中，巫师与上苍对话，神灵这个否定词汇出现，"心灵（理性）"概念。

古希腊游猎、海上贸易与奴隶制综合形成的广场辩论文化，催生了哲理学。

形而上的世俗缘起，人们一直奢望能够发现必然赢的下赌注方式。成王败寇、兴衰荣辱、运筹帷幄、功成名就、天赐良机、时来运转之类，风险选择都是"赌博性"，其极端形式就事关"存在还是不存在""机会""命运"概念。

17世纪以来出现的近现代"形而上学"的物质基础是现代生产方式无限提高、扩展了对自然力的运用，特别是"20年期先进生产线抵押贷款"经济模式，本身就是将未来（果）借给现在（因），当法律适度它是对未来的可预测经济。因此，现代哲学的形而上未来问题的实质在于求解"不可能预定的最可能未来"即休谟的因果不可预测的问题，目的是想找到可预测的方法，而人工智能用最笨的经验概率论接近了这个目标。

而传统形而上无法预知下一步，实质就是无法预测未来性。形而上学把一系列极限概念（无限性＝永恒＝完满＝超越＝绝对存在）看成思想对象。

在西方哲学中，形而上学则是一种研究基本事物本质和规律的哲学分支，通常被称为"第一哲学"。

（二）在中国哲学传统中，形而上学被称为"玄学"，强调超越经验世界的实体存在。汉语，哲理法"形而上为道、形而下为器"不仅是一种理念抽象，而且包含正义哲心仁厚，王道，典形，器重。

《周易·系辞上》："乾坤其易之缊邪？乾坤成列，而易立乎其中矣。乾坤毁，则无以见易，易不可见，则乾坤或几乎息矣。是故，形而上者谓之道，形而下者谓之器。化而裁之谓之变，推而行之谓之通，举而错之天下之民，谓之事业。"

"形而上为道，形而下为器"已经被借用成为哲理学概念。根据《汉语大字典》文本，这个借用还是说得过去的。

"道"后作"导"，以原理作为引导。《论语·为政》："道之以德，齐之以礼。"道法自然，规范"形"和"器"。

道法之辩证法，作为"一种对 γ νη του νους 即'存在者之来源'（存在者之为存在者）的深思和讨论，一直被叫做'辩证法'"。黑格尔始终把辩证法视为一种始源性的否定的运动。但是，与存在相关的否定，就是自身的同一性，就是自身的非否定性。以狗文化辩证法为例，狗对熟人亲热摇尾巴是正义的，但是当条件变为生人，狗对着陌生人狂叫或撕咬是正义的。"正义转化为非正义辩证法"，可以揭示，辩证法是"当条件发生变化，正义反转为非正义，反之亦然。"

"形"通"型"，模型；楷模；典型。《诗经·大雅·荡》："虽无老成人，尚有典型。"形就是客观存在的物质世界，包含可以作为楷模的形象内涵。例如古希腊柏拉图的概念：ιδ α（相、理念）。

器，具体物质就是"器"，π ντα（一切可区别物）。器物，"器重"。《三国志·诸葛亮传》："先主器之。"《后汉书》："朝廷器之。"是被"道法""形制"所规范的"重器"。

从具体到抽象：

"形而上"是无形的、抽象的；

"形而下"是具体的、可感知的。

中国思辨哲理学：形而下为器，形而上为道。

器即实物、实料，中华文明"形而上学"是以"器物"为基础的。

有形无器，象、典型，"马非白马"。

形而下为器，例如"白马非马"。

形而上为道，"无形无器为之道"，在某个范畴内的方法、形式、规律、原理、过程，道法自然，大道至简，道理是无形的。

三、"不管白猫黑猫抓住老鼠就是好猫"，为黑猫正名以解放生产力

"不管白猫黑猫抓住老鼠就是好猫"是四川底层人民反迂腐的智慧之箴言。

目的是抓老鼠，方法是用猫抓老鼠。

当猫被分为白色和黑色，则"猫"是"形"；"黑猫""白猫"是器物，具体实料。

而猫抓老鼠的能力与猫的毛色无关，所以"黑""白"器物标志与目的和方法都无关。这句话可以理解为是为"黑猫"正名，以解放生产力，确实是实用，但是，并不是贬义的实用主义"色彩"。

由于一般人对"颜色"有特定的偏见，当黑、白对立，"白"被贴上了正义标签，然而"白区""白色恐怖"的"白"却代表了黑暗。

而有的学者把"不管白猫黑猫抓住老鼠就是好猫"，理解为"只要目的是合意的，采用何种手段是次要的"，这种错误，从哲理上是因为没有将"位格"梳理清楚，大前提（抓老鼠的猫）范围内的小前提（黑猫、白猫）。

然而在西方，"形而上学家不可避免地要使他们的命题成为不可证实的，因为，如果他们使这些命题成为可证实的，那末，对于他们的理论之真假的判定就要依赖于经验，因此就要属于经验科学的领域。这种结果是

他们所要避免的，因为，他们自负是要传授一种比经验科学更高级的知识。这样，他们就不得不割断他们的命题与经验之间的全部联系；恰恰因此，他们也就这些命题失去了任何意义。"① 唯心主义仅以"形而上"无形、无器物，无经验、无实践为圭臬，也就无现实价值，无意义。

四、唯物观念论缘起，合乎向善之"现实"

前面已经简约概括了人类"向善"正义潜质约六项源泉。

（一）道法自然，先有肉体后有灵魂。

中文"观念"，"观（看）"是人们认识事物的一种方法；"念"是外界事物反映到人脑中形成的意识形态。中文"观念"由概念（实料+向善性质）组合而成，例如"自由幸福"观念。

古希腊亚里士多德《政治学》指出，"发生程序上身体先于灵魂，灵魂中无理性先于理性因素"（34b20）。

物质身体第一性，有了生命体，身体从灵魂是第二性，"自然为群生预供食料"（56b—7，58a35）基础上"身从魂，幼从长"（52a30，54a14—55a3，54a14—55a3）。

物质第一性。一是生产方的"为群生预供食料"养不活无限贪婪的"自由意志"。二是自由意志（灵魂中无理性先于理性因素），如果自己的无理性冲动和暴力与自己的物质"预供食料"对立，精神已经自我饿死了肉身，何来服从意识的"肉身"？唯心主义至少是有产阶级对无产阶级的精神霸凌。马克思指出，"人创造了宗教，而不是宗教创造人……人就是人的世界，就是国家，社会。这个国家、这个社会产生了宗教，一种颠倒的世界意识，因为它们就是颠倒的世界"②。唯心主义对穷人而言就是不顾肉身死活看世界，在时间向度上是前后颠倒，在空间方向是倒立着看世界。

---

① 〔美〕M. 怀特：《分析的时代》，商务印书馆1987年版，第216页。
② 《马克思恩格斯选集》，第一卷，人民出版社1972年版，第1页。

(二) 善是"观念"的起点。

在西文中,"观念(Die Idee)"一词来自希腊文,原意是"idea 看得见的"形象。古希腊亚里士多德认为"世俗之见"中有真理,就是大家共同的观念,例如"善"是观念的起点,"世上一切学问和技术,其终极(目的)各有一善;政治学术本是一切学术中最重要的学术,其终极(目的)正是为大家所最重视的善德,也就是人间至善。政治学上的善就是'正义',正义以公共利益为依托。照一般的认识,正义是某些事物的'平等'观念。在这方面,这种世俗之见恰好与我们在伦理学上作哲学研究时所得的结论相同。简而言之,正义包含两个因素……事物和应接受事物的人"①。

唯物观念论有人文向度,观念来源于实践,它是"世俗之见"对实践取向"善业、真相、变革,增益,进步"向度的适度抽象和指引。

古希腊唯物观念论的方法论。处于奴隶制雅典城邦后期的苏格拉底、柏拉图、亚里士多德都在寻找"向善"理想变成现实的方法。

(三) 观念论,应起源于苏格拉底"公正的方法增加我的财富","同一种东西是不是财富,要看人会不会使用它。……保存着不用时就不是财富"。这是他观察"家政"形成的,但是"具体而上为形"的"观念"。

柏拉图在《理想国》第七卷中三次提到"观念","从小我们就已有了对这些问题的观念。我们就在这种观念中长大,仿佛在父母哺育下长大成人一样。我们服从它们,尊重它们"。

亚氏《政治学》中已经多处提到观念:"人类所不同于其他动物的特性就在于他对善恶和是否合乎正义以及其他类似观念的辨认[这些都由言语为之互相传达],而家庭和城邦的结合则正是这类义理的结合。"(第8页) 观念有一部分属于"实料+义理"。

"我们的论辩应 [分析出其间乖违的实质而] 指出明确的观念"(第123页)。"观念=实料+分析出实质"。

---

① 〔古希腊〕亚里士多德:《政治学》,商务印书馆1965年版,第148页。

"世人对财富没有止境的观念是从这个第二类的致富方法引出来的"（第25页），第二类致富技术，货殖，钱生钱，只有"交易一个环节"。

五、马克思"唯物观念论"

（一）生物学视域，生物有冗余用于应对变化着的客观环境，这对人也适用，人有冗余给予内生性暴力、冲动、适度的可能性张力。首先是地球提供的客观条件约束人类适度者生存，然而自然规律却被宗教歪曲成了唯心主义。唯物观念论就是回归人类社会"内生性""自然法"。

马克思在《博士论文》中认同伊壁鸠鲁："在伦理学方面，伊壁鸠鲁认为，由于组成人的灵魂的原子具有脱离直线作偏斜运动的倾向，因而人的行为有可能脱离命定的必然性，获得意志和行为的自由。他斥责对神的崇拜和迷信，蔑视命运，强调事在人为，认为人类行为的目的是从痛苦和恐惧中解放出来，求得快乐，快乐是幸福生活的目的，是善的唯一标准，人应当通过哲学认识自然和人生，用理性规划自己的生活。在社会政治观点方面。他首先提出了原始的社会契约说。"伊壁鸠鲁"原子偏斜"理论，是生物唯物主义多种可能性即"自由"的起点，而与无机物质自然科学主义形成一个对立。例如自由也是多种多样的。

正义自由，自由幸福，它的边际是"自由安全"。

中性自由：自由自在，它的边际是"自由安全"。

负面自由：极端自由。亚里士多德指出，"自由不得放纵"（10a31）。放纵的人类是世界上最可怕的动物，其边际是柏拉图《理想国》所指出的"极端自由——通往僭主奴役之路"。美西方精英复辟奴隶主、寄生性公民"个人自由至高无上"极端自由不确定性，导致政治社会不安全性，历史必然回归普通国家。

戈特弗里德·莱布尼茨（Gottfried Wilhelm Leibniz，1646—1716）界定：伊壁鸠鲁物质享乐自由主义是唯物主义，则古希腊亚里士多德哲学是"唯物观念论"。新康德主义者鲁道夫·施塔姆勒（Rudolph Stammler，

1856—1938）在其正义法理论中指出，如果说，康德始终处于独断论与经验论"之间"的话，那么马克思的哲学则处在观念论与唯物论之间。① 马克思主义"唯物观念论"：世界观念、历史观念、唯物观念认识论。其唯物观念方法论：立场、观点、方法。

古希腊奴隶制占支配地位的是"奴隶劳动"，而亚氏把注意力放在奴隶制社会的次一级的自由人生存现象："生产（自由人的劳作叫做'生产'——引者注）所以人生（生存）"为向善、为正义，发现其中"分工协作—通工等偿"相互需要、互为生存条件，界定它是第三种致富技术的正义形式，而被记录下来。借助这一观念，马克思界定：只要适应现代生产方式的就是正义的。

（二）黑格尔批判了康德的先验论，只不过黑格尔摆动在"差异—统一度"的两极之间，反对社会变革。马克思批判黑格尔的唯心主义立场，初步形成了"现实"决定"观念"，"事物"决定"逻辑"的唯物主义观点。

马克思批判了黑格尔对社会与观念颠倒，"观念变成了主体，而家庭和市民社会对国家的现实的关系被理解为观念的内在想象活动。家庭和市民社会都是国家的前提，它们才是真正活动着的；而在思辨的思维中这一切却是颠倒的"。② 英国新兴城市逃亡农奴组成的市民社会自治法资本生产工具主义萌芽在16世纪，欧洲承认民族国家是在1648年的《威斯特伐利亚和约》，市民法上升为国家统一大法是在1689年英雄革命，这一历史顺序被黑格尔颠倒，后设立的民族国家观念颠倒成了历史的主体。"黑格尔力图在这里把君主说成真正的神人，说成是观念的真正化身"③，法律平等正义观念在上，而政治强力必须扶助法律权威，这二者

---

① 王时中、苑诗野：《正义的规范何以可能？——论马克思主义法哲学构建的施塔姆勒视角》，载《贵州师范大学学报（社会科学版）》，2021年第2期。
② 《马克思恩格斯全集》，第3卷，人民出版社2002年版，第10页。
③ 《马克思恩格斯全集》，第3卷，人民出版社2002年版，第33页。

之间的程序、秩序被黑格尔颠倒。亚氏指出，弱者以多数派信仰法律平等正义观念在上，强者与弱者以和平相处为中介，政治强力必须扶助法律权威，这二者之间的主次、程序、秩序被黑格尔颠倒后君主观念成了神一般的主体。

观念＝观察＋大脑中的再创造，"观念的东西不外是移入人的头脑并在人的头脑中改造过的物质的东西而已"①。同时，马克思批判地接受了黑格尔"抽象上升为落实具体"，法哲学以"法的概念及其现实化为对象""理念与现实化之间的相互渗透""哲学必须上升为科学的真理体系"等观念。

（三）马克思主义唯物辩证法与历史唯物主义，又被划分为三门学科：世界唯物观念论、历史唯物观念论、唯物观念认识论。

观念的胚胎发育规律，"其实，前期历史的'使命'、'目的'、'萌芽'、'观念'等词所表示的东西，终究不过是从后期历史中得出的抽象，不过是从前期历史对后期历史发生的积极影响中得出的抽象。"② 前期对后期积极影响下的后期的"抽象"，即观念。

观念与意识形态（形式）的关系。观念是古老范畴，是共同体"共性"集合大于"意识形式"。相对比，意识形态（英文：Ideology）是指一种具有理解性的想象、一种观看事物的方法，在1796年所创造的。参照拿破仑口中轻蔑的"意识形态家"，意识形式属于"共识、集合"方法，即某个区间例如阶级意识形态的观念集合，被用来界定区间共性集合"意识形式的科学"。

"观念"注重客观、重视史实，马克思和恩格斯严肃指出："这种历史观和唯心主义历史观不同，……不是从观念出发来解释实践，而是从物质实践出发来解释观念的东西"③ 恩格斯还进一步补充道，唯物史观不是

---

① 《资本论》，第一卷，人民出版社1975年版，第24页。
② 《马克思恩格斯选集》第一卷，人民出版社2012年版，第168页。
③ 《马克思恩格斯选集》第一卷，人民出版社1972年版，第43页。

"从纯粹思维出发的,而这里必须从最顽强的事实出发"。①

观念论＝材料＋方法＋形式,"在形式上,叙述方法必须与研究方法不同。研究必须充分地占有材料,分析它的各种发展形式,探寻这些形式的内在联系。只有这项工作完成以后,现实的运动才能适当地叙述出来。这点一旦做到,材料的生命一旦观念地反映出来,呈现在我们面前的就好象是一个先验的结构了。"② 这一先验结构"观念",实际是由适应现代生产方式的无形法律(无形的手)构建的,只要遵守规则,就能获得一般劳动普通剩余价值率,包括企业家的一般劳动,而不是企业家创新。

法律观念来源于实践,"法律观念本身只是说明,土地所有者可以象每个商品所有者处理自己的商品一样去处理土地。"③

科学的观念可以直接运用,"我的研究得出这样一个结果……我所得到的并且一经得到就用于指导我的研究工作的总的结果"④。

创建生产关系法权形式价值观念体系。亚氏界定"货币是虚拟的"带有贬义色彩。在《资本论》中,将货币上升为"观念","正是由于对生产社会性质的信任,产品的货币形式才表现为某种转瞬即逝的、观念的东西,表现为单纯想象的东西。但是一旦信用发生动摇,……一切现实的财富就都会要求现实地、突然地转化为货币,转化为金和银"⑤。

"货币经济的一般观念。在观念的价值尺度中隐藏着坚硬的货币。"⑥货币是财产权证明书,即财产的观念形式。

"剩余价值,作为全部预付资本的这样一种观念上的产物,取得了利

---

① 《马克思恩格斯选集》第二卷,人民出版社1972年版,第120页。
② 《资本论》,第一卷,人民出版社1975年版,第23页。
③ 《资本论》,第三卷,人民出版社1975年版,第696页。
④ 《马克思恩格斯选集》,第二卷,人民出版社1972年版,第82页。
⑤ 《资本论》,第三卷,人民出版社1975年版,第649页。
⑥ 《资本论》,第一卷,人民出版社1975年版,第122页。

润这个转化形式。"① 预付资本即"20 年期生产线抵押贷款",为了偿还"预付资本"引发、产生了剩余价值观念,即从价值中分割出剩余价值有正当性,并转化为利润形式用于支付制度成本各要素,这好像是资本下金蛋"资本拜物教的观念完成了"②,从"虚拟"到"观念"向善的上升,可以理解为现代货币是被三重契约所规范的"信用"观念的有效性。

(四)观念论守成主义,批判民族主义、乌托邦。

在法学领域,作者的"保守"这一概念应被翻译为"守成",例如"英国守成法"即习惯证明是正义可行的法与法律。

马克思作为法哲学家,一再强调法律不能创造,法学家的任务是田野调查发现那些被历史和实践证明是符合适应现代生产方式的就是正义的。

马克思的目的是"人民的现实的幸福",为了减轻分娩的痛苦,马克思从法律的合法性视角为底层人民精打细算。殚精竭虑,至圣至贤人民的马克思。

鲁迅先生说革命是有血和污秽的,不能因为摸着石头过河的过程中有错误就全盘否定,能够承认错误改正错误继续攀登就已经很不错了。

六、唯物观念论、目的论、意义论

观念(有向度的意识):向善、真实、进步等是认识的基础。观念为人们提供了认知的框架和思维的模式,帮助人们快速准确地理解和解释事物,一是赋予个体内生性张力有了社会性向度,而有利社会"共生";二是使得个体对世界的感知和理解更加有序、系统。

(一)唯物观念与目的。

关于生物学观念与幸福目的。古希腊亚里士多德的目的论以生物为起点。人类由肛肠动物发展而来,肠道神经与大脑神经相对独立和有机牵

---

① 《资本论》,第三卷,人民出版社 1975 年版,第 44 页。
② 《资本论》,第三卷,人民出版社 1975 年版,第 449 页。

连，二元神经同一性差异，对立斗争危机，诉求折中统一，实现了有向度的张力，它的指向标准，生存、繁衍、社会相处"舒适""幸福"感。神经二元实料共同储存有向度的"幸福"概念、观念。

从社会视域，唯物观念是基础，储存"幸福目的"样式体系：最终目的幸福，高尚目的幸福，选择适合于具体共同体的"现实的幸福"等。

关于目的论。客观无机物质世界的一切事物和现象都具有规律性和因果性，无机物世界没有所谓的目的性。而人的活动虽然有意识有目的，但这些目的最终是由社会物质生活条件决定的，而不是相反。人的目的有限性不能超出条件允许的范围。① 目的论的三个核心原则是：目的原则、连贯原则和忠实原则。

在生物自然界中，亚里士多德认为所有事物都有内在的目的。例如，植物的目的是生长和繁殖，动物的目的是追求自身的利益和生存，这些遗传给了人类。他将这种内在的目的称为"内在法"或"自然法"。② 亚里士多德认为，事物的目的性是通过观察和研究事物的本质和功能来理解的。

关于现实的幸福目的论，马克思的目的是人民的现实的幸福。在伦理

---

① 〔古希腊〕亚里士多德：《政治学》，商务印书馆1965年版，"有人追求最崇高的〔理想〕制度，那是必须有广大的自然条件作为基础的"，见第177页。

② 〔古希腊〕亚里士多德：《政治学》，商务印书馆1965年版。第一，"内生"，共和制"内在均势"，见第202页。人类若由他任性行事，总是难保不施展他内在的恶性，见第319页。第二，自然法，共生，见第4页，"我们如果对任何事物，对政治或其他各种问题，追溯其原始而明白其发生的端绪，我们就可以获得最明朗的认识。最初，互相依存的两个生物必须结合，雌雄（男女）不能单独延续其种类。这就得先成为配偶，——人类与一般动物以及植物相同，都要使自己遗留形性相肖的后嗣，所以配偶出于生理的自然，并不是由于意志（思虑）的结合。接着还得有统治者和被统治者的结合，使两者互相维系而得到共同保全。"

学和政治学中，亚里士多德认为人类的目的是实现幸福（eudaimonia）①。他认为幸福是人类生活的最高目标，它包括德行的实践、个人的完善和社会的和谐。通过追求道德和德行的实践，人们可以达到真正的幸福，并充分发展自身的潜能。因此，宗教主张现世赎罪来世上天堂，是为现世剥削压迫者服务。而另一方面，革命者需要尊重现实条件，为人民谋现实的幸福，而摒弃目标不切合实际反而给人们带来灾难也是造孽、罪过。

生物学目的论的观点强调了事物的整体性和发展性，对于人们理解事物的本质和意义提供了重要的思考框架。

（二）目的和意义的关系。第一，相互依存：意义和目的是相互依存的，它们互为表里。没有目的，意义就显得空洞；没有意义，追求目的就变得没有动力。第二，相互影响：意义赋予目的以价值和意义，使人们感到他们所追求的目标有意义；而目的则赋予意义以行动和动力，使人们能够坚持不懈地追求自己的目标。第三，区别：目的更具体、更明确，通常指行为主体根据自身需要预先设定的行为目标和结果。意义则更抽象、更长远，是对自然或社会事物的认识和赋予的含义。

（三）观念与"意义"。观念是意义的基础，观念基础的意义具备了依据和向度。意义是观念的具体体现。

意义通常指的是某件事物或某个行为对个体或集体的重要性、价值、目的或影响。观念的不同会导致对同一事物赋予不同的意义，这种差异反映了人们主观认知的多样性。观念基础的意义的内容：正当性、可能性、

---

① 〔古希腊〕亚里士多德：《政治学》，商务印书馆1965年版。第一，现实，见第176页"政治研究［既为各种实用学术的一门］……第二，……最良好的政体不是通常现存城邦所可实现的，……他还须注意到本邦现实条件而寻求与它相适应的最良好政体……我们不仅应研究理想的最优良政体，也须研究可能实现的政体，而且由此更设想到最适于一般城邦而又易于实行的政体。世上的政论家可以分为两类：有人追求最崇高的制度，那是必须有广大的自然条件作为基础的。"第二，幸福，见第131页，"许多人忍受着无量忧患，总不肯舍弃自己的生存，以此为证，可知人世虽单纯地为生存而生存，其中也未必完全没有幸福的日子和天然的乐趣。"

可行性、价值性、效用性，充足理由。

（四）特定经验（唯物观念）范畴成为"可能"这一"唯物观念意义"结构问题。马克思以古希腊亚里士多德朴素的唯物观念论为基础，从黑格尔这里拿走了辩证法和目的论，又从费尔巴哈那里拿走了唯物主义。把两者捏合成了目的论性质的辩证唯物观念论，成为实现"人民的现实的幸福"目标的行动哲学。

关于特定经验（观念）范畴成为可能的唯物观念意义结构问题，在马克思哲学中占据重要地位。例如，在《1857—1858年经济学手稿》中，马克思凭借"劳动"范畴说明了最一般的抽象总只是产生在最丰富的具体发展的场合；只有对于这些条件并在这些条件之内才具有充分的适用性。马克思将唯物观念意义结构问题同历史问题结合了起来，它是一个"能动的生活过程"，这就要把历史"当做感性的人的活动，当做实践去理解"，"从主体方面去理解"。① 也就是说，历史不只是经验材料的堆积，更是使得经验事物表现出特定唯物观念意义结构的历史性变化，使得诸范畴表现出特定意义的前提条件就是"实在主体"，即"社会"，实在主体仍然是在头脑之外保持着它的独立性……主体，即社会，也必须始终作为前提浮现在表象面前。《德意志意识形态》谈到"每一代一方面在完全改变了的环境下继续从事所继承的活动，另一方面又通过完全改变了的活动来变更旧的环境"②；《哲学的贫困》谈到"只要你们把人们当成他们本身历史的剧中人物和剧作者，你们就是迂回曲折地回到真正的出发点，因为你们抛弃了最初作为出发点的永恒的原理"③；《路易·波拿巴的雾月十八日》谈到"人们自己创造自己的历史，但是他们并不是随心所欲地创造，并不是在他们自己选定的条件下创造，而是在直接碰到的、既定的、从过去承继下

---

① 《马克思恩格斯文集》，第1卷，人民出版社2009年版，第499、525—526页。
② 《马克思恩格斯文集》，第1卷，人民出版社2009年版，第540页。
③ 《马克思恩格斯文集》，第1卷，人民出版社2009年版，第608页。

来的条件下创造"。① 马克思开辟了用经验事物本身的运动阐明经验对象可能性条件的思想空间，提供了用内在性而非超越性的方式说明意义结构历史性变迁的方案，从而开创了一种彻底唯物观念论。套用存在论哲学的术语来说，是诸"存在者"之间的关系构造了存在者之"存在"以及"存在的历史"。而并不是"存在之真理"的先行敞开让"存在者"表现出观念意义。

（五）观念、目的与方法论。

关于观念论与方法论。观念约束方法为向善方法。方法论则是指一套解决问题、进行实践活动的方法和规范。它强调从实践出发，通过合理的方法和程序来推动知识的发现和经验的积累。方法论是普遍适用于各种特定社会科学并具有指导作用的范畴、原则、理论、方法和手段的总和。

关于目的论与方法论。目的的正义性质约束方法论必须向善。

（六）世界观的观念论、目的论、方法论。

世界观是指一个人对世界的总体理解和认知框架，包括对真理、人类存在、道德、宇宙秩序等方面的看法。个人世界观主要由个人的信念、价值观、哲学观点等构成，它会对一个人的思维方式和行为产生重要影响。世界观具有实践性，人的世界观是不断更新、完善和优化的过程。

关于唯物观念论与世界观。唯物观念论区划出了唯心主义世界观与唯物观念论世界观，是世界观的唯物观念基础。

关于人民的现实幸福"目的论"与世界观。为了实现人民幸福目的，必须选择唯物观念世界观。

关于世界观与方法论。世界观和方法论是密不可分的。世界观决定方法论的根本方向和思维方式，而方法论则是世界观在实践中的具体体现。

---

① 《马克思恩格斯文集》，第 2 卷，人民出版社 2009 年版，第 470—471 页。

第二节 感性认识与理性认识的有机辩证关系

第一小节 唯物观念目的论，根植于人类有冗余潜能

一、为人民的现实的幸福，人们的正确思想和行为从哪里来？

马克思以"人民的现实的幸福"为正确，为目的。

（一）针对康德唯心主义的上帝、不死、先验无规定性学说，马克思、恩格斯提出了近现代哲学第一命题"思维和存在的同一性"，"无论思想或语言……它们只是现实生活的表现"①，即事物具有生成性、有根性。

关于科学技术的历史性积累与智力发展同步性，"人的思维的最本质的和最切近的基础，正是人所引起的自然界的变化，而不仅仅是自然界本身；人在怎样的程度上学会改变自然界，人的智力就在怎样的程度上发展起来"②。历史性同一，"每一个时代的思维理论，包括我们这个时代的思维理论，都是一种历史的产物，它在不同的时代具有完全不同的形式，同时具有完全不同的内容"③。

关于意识感性确定性与生产生活社会条件的同一性，"人们的意识，随着人们的生活条件、人们的社会关系、人们的社会存在的改变而改变"。

---

① "全部哲学，特别是近代哲学的重大的基本问题，……是思维和存在的同一性问题。"见《马克思恩格斯选集》，第四卷，人民出版社1972年版，第209—211页。《马克思恩格斯全集》，第3卷，人民出版社1960年版，第525页。

② 《马克思恩格斯文集》，第9卷，人民出版社2009年版，第483页。"不但提供了大量可供观察的材料，而且自身也提供了和以往完全不同的实验手段，并使新的工具的设计成为可能。可以说，真正系统的实验科学这时才成为可能。"见该卷第427—428页。

③ 《马克思恩格斯文集》，第9卷，人民出版社2009年版，第436页。

我们"周围的感性世界决不是某种开天辟地以来就直接存在的、始终如一的东西,而是工业和社会状况的产物,是历史的产物,是世世代代活动的结果,其中每一代都立足于前一代所奠定的基础上,继续发展前一代的工业和交往,并随着需要的改变而改变他们的社会制度。甚至连最简单的'感性确定性'的对象也只是由于社会发展、由于工业和商业交往才提供给他的"。① 现代工业生产方式,正是历史上已经存在几千年的次一级生产方式即手工业市场的传承基础上,当欧洲新兴城市出现类似条件,自然选择重建被哲学记录下来的古老的正义种子"分工协作—通工等偿",并且近现代创建了它的高级形式"禁止高利贷—三重契约",社会生产力百倍增长绝对发展趋势。

关于意识"性质"的划分。意识作为"被意识到了存在",也有两种基本形式,第一质关于自然界无机物存在的意识,可以用数学数量测知。第二质关于社会存在的意识,社会存在需要向善向度功能,须用"有效、价值"衡量。②

(二) 为人民的现实的幸福,有产自由劳动是"人"的标准样态,《1844年经济学哲学手稿》中马克思批判了血腥资本主义"异化劳动"。

关于历史传承全面自由发展的幸福的人。古希腊哲学家苏格拉底指出,"从事农业在某种意义上是一种享乐;……不让不劳动就得到它们,……它可以锻炼出最好的公民和最忠于社会的人",亚当·斯密也认

---

① 《马克思恩格斯文集》,第1卷,人民出版社2009年版,第528页。"观念的东西不外是移入人的头脑并在人的头脑中改造过的物质的东西而已。"见《马克思恩格斯文集》,第5卷,第22页。

② 意识"性质"的划分。意识作为"被意识到了存在",也有两种基本形式,即关于自然存在的意识与关于社会存在的意识。见《马克思恩格斯文集》,第1卷,人民出版社2009年版,第525页。在伽利略、牛顿等人所奠定的近代科学中,认为能以数量关系表示的性质是客观的"第一性质",而不能用数量关系表示的性质则是主观的"第二性质",因而物质实体的本质被归结为只具有数量特征的广延性。参见〔英〕W. C. 丹皮尔:《科学史及其与哲学和宗教的关系》,李衍泽,商务印书馆1975年版,第201页。

为自由农民生产商是最聪明全面发展的人，比哲学家聪明。在本书第一卷第五章第三节第一小节"一、人的自然自由劳动"，已经介绍了马克思记录的"专属于人的劳动"形式：目的、计划、规律、方法、观念、意志、服从、过程、形式变化、表象"一开始就在劳动者的表象中存在"，"只有在劳动者是自己使用的劳动条件的自由私有者，农民是自己耕种的土地的自由私有者，手工业者是自己运用自如的工具的自由私有者的地方，它才得到充分发展，才显示出它的全部力量，才获得适当的典型的形式"。① 而未来共产主义（共同体）全面自由发展的人，只不过是历史螺旋式上升后对"自然自由劳动"的复兴，而不是说只有共产主义（共同体）才存在全面自由发展的人。

例如，中国井田制、初岁亩以来，占人口70%—90%的自由自耕农制度已经几千年。新中国迅速和平崛起，本卷已经介绍"2015—2025年高科技规划"硕果累累，助力经济、军事、科技、政治、文化占领世界制高点，国运昌盛。对勘中国特色社会主义小康社会复兴"货力为己"既是劳动者也是资产者"全面自由发展劳动"现象，马克思"个人所有制的自由联合体"设想得到了历史和现实佐证。世界向东看。

二、自然自由劳动与异化劳动对勘，目的论的有根性"潜能"

"潜能"是目的论"功能"的根源性。人的潜能源于生物有冗余。潜能或潜质是人体内部体能和思维的有机构成的潜在能力。

潜能在古希腊哲学中被称为"本性、人心的功能现象、本然、内在功能"。亚里士多德的《政治学》以"向善目的"因果论开篇，"自然对每一事物各赋予一个目的，只有专用而不混杂使用的事物才能具有造诣最精当的形性"，"每一自然事物生长的目的就在于显明其本性［我们在城邦这个终点也见到了社会的本性］"。② 一是生物的共生与竞争二元特征，自然选择生物适度者生存，而生物个体有冗余"冲动、暴力、适度"不确定性

---

① 《资本论》，第一卷，人民出版社1975年版，第830页。
② ［古希腊］亚里士多德：《政治学》，商务印书馆1965年版，第2、5页。

竞争特征，共生与竞争二元催生了生物有目的有计划意识和行为。二是事物可以有目的，是因为自身有相应的冗余功能来实现目的，事物就能充分展现和发挥其功能的特性和潜能。三是，由此，事物目的、理想的力量就必然受到外在条件和"内在九大器官和神经思维有机构成的功能潜质"有限性的制约，即生成有根、有向度、有限性。

古希腊哲学关于人心、本然、内在，潜能生成性。灵魂（人心）"人生内心的这种现象也表现于其外表生活"，内心与外在的同一性。"幸福为善行的极致和善德的完全实现，这种实现是出于'本然'而不需任何'假设的'""本然"依靠外在实现而可知。潜质的生成性，"人们所以入德成善者出于三端．这三端为［出生所禀的］天赋，［日后所养成的］习惯，及［其内在的］理性"①。"人的现实的幸福目的"因果论正是建立在"潜能"基础之上。

潜能是人体内部体能和思维的有机构成，一是潜能与思维一样是人对世界的自然关系；二是迄今为止全部世界历史的产物；三是存在人各不同的天资；四是潜质的现实性，经过后天的教育和培训，得到高度发展和完善，并成为现实的技能。

正是从全面自由与片面异化的对比中，发现人们内在但是需要外在"自由解放"条件才能发挥出来的叫做"潜质""潜能"的内生性张力。由此：

西方现代文明的野蛮潜能＝自有财产自然自由劳动－异化劳动片面发展

三、全面自由发展与现实的实践的同一性

（一）针对血腥资本主义物役人、异化劳动、片面单一劳动对人的摧残，马克思提出了自由解放，全面自由发展的人，成为真正的人。关于

---

① 〔古希腊〕亚里士多德：《政治学》，商务印书馆1965年版，第15、383、385页。

"人"的目的论：第一，"每一个个人的全面而自由的发展为基本原则的社会形式"；第二，"有意识的生命活动把人同动物的生命活动直接区别开来"；第三，生命与表现的同一性，实践与创造；第四，生命与表现的同一性，社会活动。近现代哲学是关于现实的人及其历史发展的科学。①

---

① 关于第一，见《资本论》，第一卷，人民出版社1975年版，第660页。

关于第二，见《马克思恩格斯文集》，第1卷，人民出版社2009年版，第162页。理想的力量，"推动人去从事活动的一切，都要通过人的头脑……外部世界对人的影响表现在人的头脑中，反映在人的头脑中，成为感觉、思想、动机、意志，总之，成为'理想的意图'，并且以这种形态变成'理想的力量'"。见《马克思恩格斯选集》，第4卷，人民出版社2012年版，第238页。目的任务。"人类始终只提出自己能够解决的任务，因为只要仔细考察就可以发现，任务本身，只有在解决它的物质条件已经存在或者至少是在生成过程中的时候，才会产生。"见《马克思恩格斯文集》，第2卷，人民出版社2009年版，第592页。规律决定方式方法。这个目的是生产者"所知道的，是作为规律决定着他的活动的方式和方法的"。见《马克思恩格斯全集》，第42卷，人民出版社2016年版，第168页。

关于第三，实践与创造。"通过实践创造对象世界，改造无机界，人证明自己是有意识的类存在物。"见《马克思恩格斯文集》，第1卷，人民出版社2009年版，第162页。"真正推动他们前进的，主要是自然科学和工业的强大而日益迅猛的进步。"见《马克思恩格斯文集》，第4卷，人民出版社2009年版，第298页。"创造这一切、拥有这一切并为这一切而斗争的，不是'历史'，而正是人，现实的、活生生的人。"见《马克思恩格斯全集》，第2卷，人民出版社1957年版，第118页。

关于第四，社会活动。人的本质在现实性上，"是一切社会关系的总和"。见《马克思恩格斯文集》，第1卷，人民出版社2009年版，第501、505、545页。"全部社会生活在本质上是实践的。"见《马克思恩格斯文集》，第1卷，人民出版社2009年版，第523页。人在实践活动中"创造、生产人的社会联系、社会本质"，从而使自己成为"社会存在物"，见《马克思恩格斯文集》，第1卷，人民出版社2009年版，第51、64、206、209页。

生命与社会表现，"甚至当我从事科学之类的活动，即从事一种我只在很少情况下才能同别人进行直接联系的时候，我也是社会的，因为我是作为人活动的。不仅我的活动所需的材料——甚至思想家用来进行活动的语言——是作为社会的产品给予我的，而且我本身的存在是社会的活动"。见《马克思恩格斯文集》，第1卷，人民出版社2009年版，第188页。

社会历史理论是"关于现实的人及其历史发展的科学"，见《马克思恩格斯文集》，第4卷，人民出版社2009年版，第295页。新唯物主义的立脚点是，"现实"即市民社会，见《马克思恩格斯文集》，第1卷，人民出版社2009年版，第524、528页。

(二) 新时代人的全面自由发展。生产方式决定自由个性。"建立在个人全面发展和他们共同的、社会的生产能力成为从属于他们的社会财富这一基础上的自由个性。"① 批判唯心主义人是"无规定性""有精神"而无视劳动。

关于自有自由劳动的"自由与必然"。"自由……在于认识这些规律,从而能够有计划地使自然规律为一定的目的服务……自由就在于根据对自然界的必然性的认识来支配我们自己和外部自然。"② 人的全面发展与人的活动是紧密相连的,能力是在活动中锻炼出来的,是一个全面、动态、综合素质概念,例如知识、情感、意志的均衡发展;道德、智力、体力、个性的共同提高;政治权利、经济权利和社会权利的有效保证。

关于自由的物质基础,"剩余劳动一方面是社会的自由时间的基础,从而另一方面是整个社会发展和全部文化的物质基础"③。对剩余价值按用途论是非。

关于自由的活动、时间、空间、安全指标。自由"不仅是人生命的尺度,而且是人的发展的空间";"时间实际上是人的积极存在";"劳动时间本身只是作为主体存在的,只有以活动的形式存在着"④。

关于自由的目的、针对、现实性,"个人的全面性不是想象的或设想的全面性,而是他的现实联系和观念联系的全面性"⑤。"人对一定问题的

---

① 《马克思恩格斯全集》,第30卷,人民出版社1995年版,第107—108页。
② 《马克思恩格斯文集》,第9卷,人民出版社2009年版,第120页。"'解放'是由历史的关系,是由工业状况、商业状况、农业状况、交往状况促成的。"见《马克思恩格斯文集》,第1卷,人民出版社2009年版,第527页。
③ 《马克思恩格斯全集》,第32卷,人民出版社1998年版,第220—221页。
④ 自由是生命尺度,见《马克思恩格斯全集》,第47卷,人民出版社1979年版,第532页。时间是人的积极存在,见《马克思恩格斯全集》,第47卷,人民出版社1979年版,第532页。劳动时间,见《马克思恩格斯文集》,第8卷,人民出版社2009版,第65页。
⑤ 《马克思恩格斯文集》,第8卷,人民出版社2009年版,第172页。

判断越是自由,这个判断的内容所具有的必然性就越大。"①

关于人的全面和自由发展的社会性。"建立在个人全面发展和他们共同的、社会的生产能力成为从属于他们的社会财富这一基础上的自由个性。"② "只有在共同体中,个人才能获得全面发展其才能的手段,也就是说,只有在共同体中才可能有个人自由。"③针对血腥资本主义片面发展,从而需要对个体和共同体潜能的极大挖掘、个性和创造性的发挥。

第二小节　概念有根生成性

一、人们的正确思想和行为规律从哪里来?

(一) 针对康德唯心主义的上帝、先验、无规定性学说,马克思提出了哲学第一命题"思维和存在的同一性"④,即生成和有根性。例如,人们的思想和行为规律来源于自然供给规律,胚胎发育规律遗传本能,历史传承规律,后天效仿,教育,最重要的是劳动教养⑤。在这些外因基础上,每个人各自内在生命张力潜质有多样性;还有社会繁衍发展、群体向善构成性等,是推动人类社会发展的主动力。

《1844年经济学哲学手稿》中,马克思批判了"异化劳动"。针对资本主义物役人、异化劳动、片面单一劳动对人的摧残,马克思提出了自由解放,全面自由发展的人,成为真正的人。马克思目的论:"每一个个人

---

① 《马克思恩格斯全集》,第9卷,人民出版社2009年版,第120页。
② 《马克思恩格斯全集》,第30卷,人民出版社1995年版,第107—108页。
③ 《马克思恩格斯文集》,第1卷,人民出版社2009年版,第571页。
④ "全部哲学,特别是近代哲学的重大的基本问题,是思维和存在的关系问题。",见《马克思恩格斯文集》,第9卷,人民出版社2009年版,第277页。
⑤ "首先是劳动,然后是语言和劳动一起,成了两个最主要的推动力,在它们的影响下,猿脑就逐渐地过渡到人脑。"《马克思恩格斯文集》,第1卷,人民出版社2009年版,第554页。

的全面而自由的发展为基本原则的社会形式"①。

（二）"潜能"是目的论生成的根源性。"潜能＝人的全面自由发展－异化劳动片面发展"。

亚里士多德的目的因果论，认为每个事物都有其独特的目的和目标，这些目的和目标是事物存在和发展的根本原因。他认为事物的目的是其功能所在，通过实现这些目的，事物才能充分发挥其特性和潜能。

正是从全面自由与片面异化的对比中，发现人们内在但是需要外在条件才能发挥出来的叫做"潜质""潜能"的内生性张力和它的思维"范畴"，这也就是生成而有待发挥的人的生命张力。劳动是培养人的潜质的最主要、最现实源泉。

潜能是人对世界的自然关系，包括人的感觉、知觉、记忆、想象、愿望、爱等等，回归到"人自身"，实现人的一切感觉和特性的彻底解放。批判异化劳动仅仅是"直接的、片面的享受"和"占有、拥有"。

关于潜能的历史因素，五官感觉的形成、语言词汇及逻辑、表意的形体动作等，是迄今为止全部世界历史的产物。历史进程中赋予人的潜能，使我们一切天赋得到充分的发挥，人的全面发展潜力巨大。

关于人格不同的天资。人身上至今只作为天资而存在的那种能力，由于"限制的取消"，经过后天的教育和培训，得到高度发展和完善，并成为现实的技能。

关于全面自由发展，是针对资本主义片面发展。人以一种全面的方式，就是说，作为一个完整的人，占有自己的全面的本质。个体潜能的极大挖掘、个性和创造性的发挥。

"全"和"面"理解"全面"。人的全面发展与人的活动是紧密相连的，能力是在活动中锻炼出来的，没有从事多种劳动的机会自然无法获得全面发展，正是这种固定化的劳动造成人的片面发展。"全面"本身就是一个动态的概念。人的全面发展包括人的综合素质的提升，这种综合素质提升既包括知识、情感、意志的均衡发展，也包括人的道德、智力、体

---

① 《资本论》，第一卷，人民出版社1975年版，第660页。

力、个性的共同提高,还包括人的政治权利、经济权利和社会权利的有效保证。

关于人的全面和自由发展。一方面,全面发展是自由发展的前提,若可以获得更多选择机会,人越能按照自己的兴趣和能力在诸多机会中自由选择。另一方面,自由发展是全面发展的条件,在个体有限的生命里,每个人都可以按照自己的兴趣和特长发展出自己的个性和能力,同时,随着必要劳动时间的缩短,终身学习的实现,人类学习能力不断提高,人可以自由选择、转换职业,人类多样性发展的可能性大大提高。

二、唯物认识论,有根生成性

(一)认识的生成论学说。关于"人",唯心派从静态视角追问"人"是什么?

生产、生成论的源头是苏格拉底认为自己的学说是接生"新生命",称自己是"催产婆"。而马克思借助古希腊亚氏哲学"生产所以维持人生(生存)",创建了"生产(生成)认识论"①。

马克思哲学变革的要领,就是从宗教上帝唯心预成性思维方式或既成性思维方式转向生成性思维方式,"历史的全部运动,既是它的现实的产生活动,——同时,对它的思维着的意识来说,又是它的被理解和被认识的生成运动"②。最起码,个人的思维是在现实生产活动中获得感官刺激,利用已经在大脑中储存的"知识、概念"地图,大脑对"新刺激"进行加工抽象,从而生成新的主观概念,即有根的"生产概念过程"。

关于"人",马克思指出:"个人怎样表现自己的生命,他们自己就是怎样。因此,他们是什么样的,这同他们的生产是一致的——既和他们生产什么一致,又和他们怎样生产一致。因而,个人是什么样的,这取决于他们进行生产的物质条件。"③正如古希腊亚里士多德归纳人成为真正的人

---

① 韩庆祥:《论马克思哲学的生成性本质》,载《学术界》,2019年第2期。
② 《马克思恩格斯全集》,第3卷,人民出版社2002年版,第297页。
③ 《马克思恩格斯选集》,第一卷,人民出版社2012年版,第147页。

的方法,一是教育,二是生产劳动,例如"分工协作—通工等偿"正义形式。

马克思揭示唯心主义怎样把后来人思维强加给先前的人,"哲学家们在不再屈从于分工的个人身上看到了他们名之为'人'的那种理想,……他们总是把后来阶段的一般化的个人强加于先前阶段的个人,并且把后来的意识强加于先前的个人。借助于这种从一开始就撇开现实条件的本末倒置的做法,他们就可以把整个历史变成意识的发展过程了"①。正如恩格斯所指出的:形而上学的思维方式,"不是从运动的状态,而是从静止的状态去考察;不是把它们看做本质上变化的东西,而是看做固定不变的东西;不是从活的状态,而是从死的状态去考察"②。

关于知识的生产取得。现实(reality,真实)与知识(knowledge)是认识世界的两个端口。

三、"具体"抽象为"形式"概念实料

"具体"抽象为形式的认识方法和思维逻辑:限度,范围;质与量;先与后;分析与归纳;全体与部分等。

关于现实刺激。人的"感觉"起于"刺激",因主客体差别而感知客体的存在,所以每个"刺激"至少有主、客相互为对象的"二元及以上单元性"实料。任何我们感知的事物是我们的一个对立面。刺激,感应,感觉,概念,就是肌体接受外界信号传给神经系统进行梳理、记忆和反应的关系,起点是肉身先于灵魂,感性先于理性的关系。

概念。思维逻辑大致有形象逻辑、语言逻辑、符号逻辑三种,都是以"单元"作为信息元。概念,例如"自由"。抽象的个体性只有对那个与其相对立的定在进行抽象,才能实现它的概念——它的形式规定、纯粹的自为存在、不依赖于直接定在的独立性、一切相对性的扬弃。须知为了真正克服这种定在、抽象的个别性就应该把它观念化,而这只有普遍性才有可

---

① 《马克思恩格斯选集》,第一卷,人民出版社2012年版,第211—212页。
② 《马克思恩格斯选集》,第三卷,人民出版社2012年版,第291页。

能做到。

限度。正因为"刺激"因两个单元差异的"量"而被感知,所以这个差异量由小到大,人类的感知有限有度,即最小、最大边际,折中适度。

在有限的自然里,必然性表现为相对的必然性,表现为决定论。而相对的必然性只能从实在的可能性中推演出来,这就是说,存在着一系列的条件、原因、根据等,这种必然性是通过它们来作为中介的。实在的可能性是相对必然性的展现。

逻辑。抽象掉具体的认识方法和思维逻辑:限度,范围;质与量;先与后;分析与归纳;全体与部分等。

带有"人文"性质的有机认识论。正宗与变态,目的和手段,始因和后果;"自然所为无虚废"(53a9,56b20,63a41),"自然赋予万物适当的形性"(52b3)。被我们感知的事物因为都有它的用途而形成记忆包括历史记忆和世界性横向记忆和行为法:一般人类规律。

关系。"不同单元"之间构成"关系"的认知方法。

范畴:内容(质料)的有限范围就是"范畴""范围"。

四、宏观客观规律,微观个人主观差异现象

亚里士多德和马克思,他们二人承认在民间共同体习俗中存在"向善、真相、进步"等这些对群体共生有益处的观念,从而实现安全稳定共生可持久,这些部落和他们的观念被历史地保留下来。从唯物观念论定义,人类是以劳动行为和潜质为基础的具备向善正义平等观念的群体。

与唯物观念论对立的是主观个人自由至高无上——通往僭主奴役之路。

有揭示人类极限的一段讲话,这位学者说:你敢保证两个同样、两个人之间对红色的感觉是一样吗,我认为是不一样的,你怎么证明给我看,我认为你证明不了。其实我们看到的完全是主观世界,没有所谓的客观世界。

然而"紫外线"、近紫外线、"红色"本身就是客观规律,主观差异是以客观尺度为参照,以及在允许的范围内的微观上的主观认知的差异。例如，紫外线过强会引起雪盲。但是一个队伍走在雪山上，会出现多种情况，第一种，全队都得了雪盲，由于无人救助，全部死亡，则山下的人们会以为是妖怪作祟。第二种情况，队伍里或多或少总有几个没有雪盲，他们因为"多数决"不得不承认紫外线对眼睛的客观伤害，尽管这少数人看到的紫外线的主观感受是没有得雪盲。第三种，这个队伍信仰自私自利最大化，没有得雪盲的自己先跑了，剩下得雪盲的人只有等死。第四种，这个队伍信仰"互利互惠"，他们相互搀扶走出雪山。有趣的是，反而是那些"主观"没有得雪盲的人，最先把"雪盲"这个客观规律传递给人类。由于人类是地球条件的产物，人类对允许条件以外的宇宙确实知之甚少，然而就此判定"其实我们看到的完全是主观世界"的危害性极大。第一，经济上，主观从零开始不能避免浪费科研资源，不利于团队合作，科研经费撒胡椒面。第二，既然"完全是主观世界"，崇尚"个人主观自由至高无上"，而否定"客观规律、秩序、观念、结构"的必要性，是精英们精致的利己主义的根源。事实是，主观个人有言论自由，有隐私权，但是还是存在不可逾越的界限。第三，世界著名的市民法典法定，王在法之下；个人自由以不得伤及他人为限。柏拉图《理想国》第四卷专门揭发了极端自由是通往僭主奴役之路。

五、关于"知识"地图生产过程

知识生产经历着从个体主观认知生产，到社会"一般化""普遍性"的过程，知识共同体的营造。为了认识，需要将多个相关一般知识节点连缀成知识地图，反映着共同体的结点与结构、过程与机制、历史与变迁、内部与外部，思辨或哲理解释。知识结点连缀成反映共同体内在理解的知识地图，或者知识地图建基于"知识共同体的营造"。

关于"理解"，是以概念把握现实经验，并以概念知识地图的方式勾画其议题、结构、领域与边界。概念知识地图只有具有整体性，我们才能更好地判定自己所处的方位，否则只能局部地理解周围的现实。

要理解和把握生成性思维，首要要理解和把握任何事物和对象所具有的自在规定、关系规定和过程规定。

"生成性"认识方法（论）有三层理解：第一，操作层面的研究技巧，例如田野调查、定量统计和案例访谈；第二，论证层面的机制，例如因果机制、经验归纳或规范演绎的形式逻辑等；第三，由研究对象而来的根本性理解方法，它来源于经验却超越经验，或者说，它的本质在于理解性判断，是经验性的主观的观点。这三个层次，从认识发生角度，叫做认识论；从经验主体角度，叫做本体论；从治理角度，叫做方法论。

本书的知识地图，建基于"共同体的营造""共同体的黏性/合法性"或"一般性知识"。

第三节 唯物观念构成性

相当长时间人们只知道"唯物主义"即伊壁鸠鲁的物质享受快乐主义。而广泛研究"唯物观念论"以构成性形成向善真实进步向度的张力，是近几年的事情。

一、社会=人群等多元实料+构成性

（一）人体"神经—内分泌—免疫"调控体系，是人类社会构成性的源头。

人们之间的关系的构成性，现在可以借用钱学森关于人的"整体功能态"来解说。航天医学将人的"整体功能态"解剖为人有三个形态。第一，形态人；第二，能量人；第三，观念人，人有观念、思维、情绪，可以引导能量人"冗余"向善、向上的内在张力助力宇航员身体复原。在经济领域内在张力构成性可以形成集体力、科技生产力、法律运筹生产力，以及构建人文伦理，和平、互惠、发展文明。

其中，广泛分布的"神经—内分泌—免疫"网络起着调控其他六大系统、参与机体防御、控制生长发育以及机体的自我修复等重要作用，维持着人体内环境的稳定。人体微观的这些功能，在由一个个人集合的社会体系中，向善的部分抽象为"观念"，维持着社会环境的稳定，就是观念"构成性"。

正如社会由一个个"有冗余人（冲动、暴力、适度）"组成，个人理性被社会梳理、剔除糟粕，就是社会理性，社会理性中的"社会治理"方法是构成性的主体。

（二）人具有社会性（associationism 联合性）和构成性主体（constitutive subject 指亚里士多德的灵魂概念与原生能动性概念的一种复合）。马克思为人民的现实的幸福，界定纯粹现代生产方式为正义，是历史哲学逻辑的积极使命。马克思的"生产理论（Pneumatology 劳动灵物学）"和他的解释方法论，表明马克思的价值（有效）理论是如何受亚里士多德的"生产所以人生（灵魂理论）"所启发的。《马克思的亚里士多德复兴》指出，"对亚里士多德构成性主体的接受，是马克思哲学革命的基础，也是他反抗启蒙中心论的基础。受惠于亚里士多德，马克思将主体性视作社会生产史的引擎"（《马克思的亚里士多德复兴》第337页）。

主体性是人与自然之间的积极中介。生产所以维持人生（生存），人是主体，生产预供给是维持人生的唯一正义的方法。对于马克思来说，这个中介是通过劳动活动构设的，《马克思的亚里士多德复兴》指出，"在马克思那里，劳动是实体，所以劳动生成了从自在到自为的过程。从自在开始，劳动被其本身推动去形塑物质并在自为层面形塑了自身的实现。劳动体现了亚里士多德的构成性主体原则"（第285页）。亚氏所认定的构成性主体特征，在马克思那里就是人类劳动活动。

"发生程序上身体先于灵魂，灵魂中无理性先于理性因素"，亚氏灵魂概念对形塑马克思构成性主体概念的作用，正是这一概念构成了亚氏人文主义和马克思人文主义的基础，从而更好地理解马克思人类劳动概念的形而上学和伦理含义。

人类社会是有机体。"城邦（政府）各个职能类似动物各个部分（器官）"（90b25—37）。马克思归纳出"生产方式"概念，它是总体，为了研究的方便，它被解剖为生产力与生产关系两个器官，它们是有机关系。

（三）以人为本，哲学被界定是"学术""知识"。哲学在善、在正义之下，亚氏"各门学术，在各自的范围内，力求成就各自的善业"（82b14）；"求索真相"（35a39，40b5）。

哲学进步方法：在向善（义理）的矢量方向指引下，求索真相（辨认），变革，增益，进步（68b25—40）。

二、社会事务"构成性"

（一）构成性：由两个部分构成。

第一，实料（抽象为概念），二元及以上的关联实料：认识与实践，主体与客体，一般与特色，矛与盾，是与非是，有与无，经济与政治，法与政治，民本与政治，市民法与统治意志，德礼法为主与刑罚为辅，法律与伦理、道德、政治，自由与安全（限制），个人自由至高无上是他人的地狱，生成和消逝等。

第二，二元以上构成事物，事与物之间由桥梁、纽带、介质、中介、治理这些无形的"道（观念人）"有机地连接起来，按照自然法则或约定的规则协同运动。就是思维与语言、形象、符号的逻辑关系，社会（共同体）与人群、场地、财产、章程等等，多元事物之间的交错、生态位多样性。构成性隶属于方法论构成性为人们所熟知。

目的和手段构成性。"万物本性各有其目的"（52b32）。马克思分享了亚氏目的和手段，为人民谋现实的幸福为目的，纯粹现代生产方式为现实条件下实现目标的手段。意愿服从目的律，包含有待实现的价值理念。

因果。唯物主义是"始因和后果"（34b14）的物质基础。感觉服从因果律，作为某个原因的结果，在时间上的连续性中把握变化，因而遵循因果律的主体行为是被动的。因果律无法进一步解释不同意志之间的特殊性。

实用、功效、价值，古希腊"立法学家多尚实用"（33b39）。

马克思主义的构成性重点是人文科学构成性。其特征，一是发现历史纵向构成性，与历史横向构成；共同体主体性构成性，人本主义或人道主义构成性。

马克思构成性方法，是面对现代性的问题所作出的直接回应。现代历史阶段不变，结构性"道"也不变，马克思主义揭示了一些现代人的普遍困境。正因此，许多年轻的学子对此饶有兴趣，因为其解释力不仅仅留在20世纪的欧洲，而仍然在21世纪的中国乃至世界。

（二）表层构成性，深层构成性。

构成性的一个方法就是可以关注深层构成性，即事务内在联系。马克思那句名言，生产关系的法权形式如何会"于是这些关系便由生产力的发展形式变成生产力的桎梏"，这句话之所以引起不同解读，在于"严格性上的过度简洁"。但是，如果读者能够补充欧洲19世纪混杂历史背景，再以牛顿力学定理为科学参照，就会发现马克思的一个创建性定律："生产力的发展形式"，即现代生产方式内部，生产关系的法权形式是"生产力的发展"加速度的推动力，法制集体力成为生产力的一个要素。采用"构成性"思维逻辑，马克思诸多原初创建性法则必将被学者一一挖掘出来。

（三）马克思主义批判工具：实证正义、革命理想、批判，具有三元构成性，运用了实料和向度逻辑。

马克思主义批判性的多元"构成性"。批判的前提是向善正义和实证在手，在借助正义和实证否定谬误时，彰显了"正义"和实存。因此，作为研究者，就可以将"嵌入"在批判中的"正义实存"萃取出来。例如："真正的极端之所以不能互为中介，就因为它们是真正的极端。但是，它们也不需要任何中介，因为它们具有互相对立的本质。"一是说明历史存在平等正义共生现象，阶级之间容纳正义平等"中介"，才是长达千年的生产方式自然历史时期的常态化的阶级关系（现实存在并在头脑中形成"中介"观念），残酷的奴隶制为了存续，统治阶级设立避难法保护奴隶劳动力生命权,农奴制庄园农奴徭役保护劳动者生命权。诚如历史存在"中介",对资产阶级对无中介的现实的批判,正反两方面,引导出希望、向往、信仰凝聚力,革命带有理想才有号召力,在批判的同时预测未来。

马克思多元"构成性"批判形式,区别于虚无主义、民粹主义否定一切,也区别于以"唯心"本体否定现实。

本书采取结构性思维从批判中挖掘出所嵌入的平等正义准则之下的"批判",即存在阶级斗争以"中性"为中介的"现代生产方式自然历史阶段",从历史的横向混杂现象中、从西方资本主义二重性,分离出纯粹现代生产方式。

三、肠道神经与大脑神经二元构成性张力,从感性到观念内生性飞跃

(一)肠道神经系统、大脑神经系统和它们之间的交感通道,应是唯物观念论的生物学起点。

如果只有大脑神经系统,没有批评者,它必然自我感觉良好,那么它浓缩感性而上升为理性的张力从何而来?

而肠道神经体系相对独立现象,解开了人类神经系统二元实料现象,在人体这个有机的共同体内部,二元有机之间就会出现"比较、差异、斗争、中介、统一"这种构成性,将人的有冗余发挥出来形成有方向性的张力,只有那些肠道神经系统与大脑神经系统经过沟通达成一致的,才能上升为比较靠谱的"理性",即大家都默认的那些观念。

而若是只有一种神经就会缺少竞争张力,只有大脑理性,例如当今的人早熟,一步跨入理性算计金钱权势地位,婚姻反而退回古代买卖关系。

(二)从历史层面肠道神经元与寄生菌共同体感性习惯在前,头脑观念在后,就是感性位格第一,理性位格第二的历史根源性,和横向顺位根源性。

例如,肠道神经体系与"初恋青涩的情愫"。有一个反常的现象,即

初恋是非理性的，不听大脑理性劝说，而是跟着多巴胺的分泌量走，95%的5-羟色胺、50%的多巴胺，都是在肠道合成的。初恋女方的情愫是利他的，为男方选择优良土壤、播撒优良种子服务。按道家的学说，异性之间有相互保护、修复乃至于滋养的功能。即便初恋记忆也是永远停留在那个刻骨铭心时刻而永远年轻。

那么，"恋爱"当中，肠道感性神经和头脑理性神经，孰是孰非？

只有感性，不能形成群体发展张力。而只有理性，例如现代人富裕了以后早熟，直奔理性权力、财产、情商供应价值（拍马屁），精致的利己主义不愿意繁衍后代，导致"繁衍发展"急速下降，即自然选择消灭理性过度消费的那部分人，反而导致那些极端群体自我灭绝。

（三）肠道神经系统自然三大长寿之道，钱学森人体"三态"是对的。

肠道神经系统比脊椎大脑更古老，肠道神经系统养生之道更加崇尚自然，最适宜长寿。第一，自然选择适度者生存，最适宜长寿；第二，互利共生的生存环境最佳，这包括婚姻家庭，和隶属社会属性的更广阔的人们之间的自然情愫，同学、乡亲、朋友之间相互牵挂、呵护、理解、互补君子情爱、君子无形有道等赋予的安全幸福快乐感，最适宜长寿；第三，向善观念内生动力生命力最强，最适宜长寿。

钱学森的"人体三态理论"在1981年刊登时还遭遇批判。而任正非等企业家的真诚伦理战略阳谋无敌，转化为正义向善的生产力；现代生产方式"分工协作—通工等偿"客观为别人也是为自己；"禁止高利贷—三重契约"长期信用，生产力百倍增长。没有规矩不成方圆，以"正义、善良、真诚"为准则的著名市民法典，99%的人只要稍加自律都能够遵守，大大降低了法律强制执行的成本。实践从多方面佐证"观念主动力"在现代生产方式领域的物质转化现象。

总之，一般人们只知道"唯物主义"即伊壁鸠鲁的物质享受快乐主义。而"唯物观念论"向善真实向上，才是养生之道和社会前进的人有冗余因为有了向度而发挥内生性动力。

唯物观念论的研究，在中国只有很短的时间，还有很大的研究空间。实用性广阔。

第四节　条件发生质的变化引起"正义性"反转
——社会关系辩证法现象

一、社会辩证法＝［认识论（概念实料）＋工具论］条件变化＝正义性变化

辩证法、二律背反、否定之否定，它们的共同实质是当条件变化，正义或非正义就会反转。

马克思在《〈政治经济学批判〉序言》中指出，"在那里我说明了我的方法的唯物主义基础"阐述了辩证法概念，"因为辩证法在对现存事物的肯定的理解中同时包含对现存事物的否定的理解，即对现存事物的必然灭亡的理解；辩证法对每一种既成的形式都是从不断的运动中，因而也是从它的暂时性方面去理解；辩证法不崇拜任何东西，按其本质来说，它是批判的和革命的"。"福兮祸所伏，祸兮福所倚。"事物是运动变化的，有从生成到死亡过程，也有起起伏伏，就是辩证看问题的方法。

关于唯物辩证法，"我的辩证方法，从根本上来说，不仅和黑格尔的辩证方法不同，而且和它截然相反。在黑格尔看来，思维过程，即他称为观念而甚至把它变成独立主体的思维过程，是现实事物的创造主，而现实事物只是思维过程的外部表现。我的看法则相反，观念的东西不外是移入人的头脑并在人的头脑中改造过的物质的东西而已"。马克思的贡献是物质第一性，思维第二性，唯物主义辩证法。

关于矛盾，"使实际的资产者最深切地感到资本主义社会充满矛盾的运动的，是现代工业所经历的周期循环的变动，而这种变动的顶点就是普遍危机。这个危机又要临头了，虽然它还处于预备阶段；由于它的舞台的广阔和它的作用的强烈,它甚至会把辩证法灌进新的神圣普鲁士德意志帝国的暴发户们的头脑里去"①。辩证法主要研究分析"矛盾关系"的现象,可以归纳为三种矛盾及其解决方法。

(一)事物之间的关系分为两大类:无对象性同一对立杀灭二分法。有对象性同一差异对立统一三分法。

第一类,两个事物之间无对象性同一、无中介。"自由民和奴隶、贵族和平民、领主和农奴、行会师傅和帮工,一句话,压迫者和被压迫者,始终处于相互对立的地位,而每一次斗争的结局都是整个社会受到革命改造或者斗争的各阶级同归于尽。"②当地平线出现了现代生产方式新时代的曙光,黑暗的中世纪的人们再也不愿意忍受奴隶制、农奴制的桎梏,革命的质的变革终于到来了,"斗争的各阶级同归于尽","真正的极端之所以不能互为中介,就因为它们是真正的极端。但是,它们也不需要任何中介,因为它们具有互相对立的本质。"③ "质变"投奔现代生产方式新时代。

无对象性同一的两个事务,是外部关系、类无机关系,只有对立矛盾斗争消灭关系,例如,纯粹现代生产方式是正义的,奴隶制是非正义的,二者之间没有同一性。西方250年来一直还处于前者正义消灭后者非正义的过程中,一方面表现为混杂现象"现代文明的野蛮",文明与野蛮势不两立,消灭对方,二分法。另一方面对混杂社会分析主要矛盾、矛盾的主要方面属于消灭奴隶制遗存的策略。

第二类,两个事物之间有对象性同一,有中介,三分法。

(二)社会中的辩证法:同一事务量变到质变、不同事务传承与变异上升。

同一实料的质、量互变现象,例如当条件变化将财产权、政治权关进"什一律"笼子,生产债务人就租买得起先进生产工具,财产权就"被动

---

① 辩证法,见《资本论》,第一卷,人民出版社1975年版,第15、16页。
② 《马克思恩格斯选集》,第一卷,人民出版社1972年版,第251页。
③ 《马克思恩格斯全集》,第1卷,人民出版社2002年版,第355页。

使用权"转化为资本生产工具；什一税约束"强权政治霸道"，就质变为服从法律公正的治理工具。

历史纵向，次一级生产方式传承与变异。现代生产方式是次一级的"手工业生产与交换"生产方式条件变化，为相互需要、互为生存条件，异化为"正义形式"，及其相应的法律变革保护和推动导致了手工业生产方式发生质变——现代生产方式为正义。而古代自给经济生产工具"马拉犁"千年处于"静态"，生产力处于静态，现代生产方式不是从"马拉犁"数量质变进化来的。

（三）关于辩证法否定之否定。现代生产方式剩余价值论二次否定之否定，是条件变化引起的现象：一是资本榨取剩余价值有原罪；二是由于资产阶级统治意志极端叛乱，无产自由劳动力的处境从农奴替代边际下降到了准奴隶边际，相对比农奴徭役均分所创造价值保护农奴生命权有相对正义性，否定之否定＝肯定；三是由于"禁止高利贷—三重契约"约束剩余价值部分发生质变，否定之质变＝肯定。

马克思在研究解剖分析经济时运用了唯物观念论哲学工具，"路径道理"清晰，并具有初创性给人以清新感；在研究哲学时，结合现代经济运动现象，马克思科学的哲学获得了历史、实在、向善、引导的厚重价值、有效性。

（四）关于"拒斥"，设立学术研究的有限性，是研究节约成本的价值性。《论语·述而》："子不语怪力乱神。"《庄子·齐物论》："六合之外，圣人存而不论；六合之内，圣人论而不议；春秋经世先王之志，圣人议而不辩。"六合指四方、天、地。怀特《分析的时代》："我们不是把它当作假的论题来拒斥，而是当作没有意义的论题来拒斥，而它的唯心主义的反论题也受到恰恰同样的拒斥。"[①] 中国古代早已经采用的"拒斥"方法，西方在20世纪才开始研究。而我国近代被三座大山压迫，造成对自己不够自信，对西方学术不能勇敢"拒斥"，有些观念长时间不能达成统一，造成内耗内卷。

---

① 〔美〕M.怀特：《分析的时代》，商务印书馆1987年版，第218页。

二、纯粹现代生产方式内部劳资关系三分法和解共生方法

马克思继承了古希腊亚里士多德"三分法"。

在《资本论》第一卷第一篇资本的生产过程第二章交换过程,马克思结合"现代生产方式商品交换过程",熟练地运用了辩证法中的"对象性同一对立折中统一规律",即接受了古希腊亚里士多德"城邦共同体内部三分法"辩证概念。

只要稍加留意,被简化了的"对立统一"概念中的"统一"二字,暗喻对立的两个事务存在内生性对象性同一,才有两个事务走向统一的可能性。

三分法基本概念:有对象性同一,判定为"内部矛盾"性基础;有内部差异,出现内部性对立,矛盾,斗争,危机;需要运用内部中介、内部折中方法,实现统一、共生、发展。

综合表述"内部有对象性同一,有差异、对立、矛盾、斗争、危机,和平解决方法:折中、中介、协商、统一、共生、发展"有机关系。

"分工协作—通工等偿"生产方式,"流通所以能够打破产品交换的时间、空间和个人的限制,正是因为它把这里存在的换出自己的劳动产品和换进别人的劳动产品这二者之间的直接的同一性,分裂成卖和买这二者之间的对立。说互相对立的独立过程形成内部的统一,那也就是说,它们的内部统一是运动于外部的对立中。当内部不独立(因为互相补充)的过程的外部独立化达到一定程度时,统一就要强制地通过危机显示出来。商品内在的使用价值和价值的对立,私人劳动同时必须表现为直接社会劳动的对立,特殊的具体的劳动同时只是当作抽象的一般的劳动的对立,物的人格化和人格的物化的对立,——这种内在的矛盾在商品形态变化的对立中取得了发展的运动形式。因此,这些形式包含着危机的可能性,但仅仅是可能性。这种可能性要发展为现实,必须有整整一系列的关系,从简单商品流通的观点来看,这些关系还根本不存在。"① 商品流通环节从属于不同

---

① 《资本论》,第一卷,人民出版社1975年版,第134页。

生产方式。

关于对象性，"现在我们来考察劳动产品剩下来的东西。它们剩下的只是同一的幽灵般的对象性，只是无差别的人类劳动的单纯凝结，即不管以哪种形式进行的人类劳动力耗费的单纯凝结。"① 马克思接受了黑格尔"对象性同一"概念，相对物与等价物之间必须都存在"对象性同一"内生性，才有对比的可能性，并且以公约数被抽象掉，而简约成为比例关系。例如小学算数"同名数相加减"。

关于内部为大前提，小前提为外部性对立现象，"它们的内部统一是运动于外部的对立中"。② 劳、资两大阶级是以现代生产方式为同一性的、内部统一共生性，而劳资两大阶级出现利益差异的对立，属于现代内部大前提下的"外部对立"，就出现了"此水平统一，向彼水平统一的运动过程"。

大内部的小外部对立现象，"交换的扩大和加深的历史过程，使商品本性中潜伏着的使用价值和价值的对立发展起来。"③ 现代生产方式劳动力成为商品收入货币，劳动三要素全部商品化导致商品普遍化，这时货币工资（商品价值）必需换回等量劳动产品（商品使用价值），是最后活下来的那个劳动者生命权边际，即商品价值与商品使用价值对立的特有现象。

关于对立。内部同一为大前提，小前提表现为外部性对立现象。因对立而产生矛盾，斗争，妥协，"我们看到，商品的交换过程包含着矛盾的和互相排斥的关系。商品的发展并没有扬弃这些矛盾，而是创造这些矛盾能在其中运动的形式。一般说来，这就是解决实际矛盾的方法。例如，一个物体不断落向另一个物体而又不断离开这一物体，这是一个矛盾。椭圆

---

① 《资本论》，第一卷，人民出版社 1975 年版，第 50 页。对象性的原文是"Gegenständlichkeit"，意思是客观现实性，客观存在的东西——译者注。本书按马克思的实际运用解释"对象性"概念。

② 《资本论》，第一卷，人民出版社 1975 年版，第 134 页。

③ 《资本论》，第一卷，人民出版社 1975 年版，第 113 页。

(妥协——引者注）便是这个矛盾借以实现和解决的运动形式之一。"① 因为有同一性大前提，所以才有"实现和解决"的可能性、可行性。

关于内在矛盾，危机，"这种内在的矛盾在商品形态变化的对立中取得了发展的运动形式。因此，这些形式包含着危机的可能性，但仅仅是可能性。这种可能性要发展为现实，必须有整整一系列的关系"。②

关于中介，"这种商品是货币，其他商品才都通过它来表现自己的价值。中介运动在它本身的结果中消失了，而且没有留下任何痕迹。""流通简化地表现为没有中介的结果。"③ 作为商品流通的媒介，货币取得了流通手段的职能。

关于危机，如果社会交换不能达成，产业链断裂，或者不等价交换将导致"弱肉强食"直至产业链断裂现象，经济危机就出现了。

关于统一，"货币要参加其他商品的这个统一的相对价值形式，就必须把自己当作自己的等价物"④。

现代内部同一性大前提下的小前提"外部对立"，通过对立斗争危机，为了和平解决而借助折中、中介，就是"此水平统一，向彼水平统一共生发展的运动过程"。

三、关于人民（实料）一分为二元；人民同一性差异和解三分法

关于"一分为二"关系。中国已经人人懂得"事务一分为二"，"一"是既有的"统一"事实，一分为二，应指"一"这个事务内部"分为二

---

① 《资本论》，第一卷，人民出版社 1975 年版，第 123 页。形容语的矛盾的原文是"contradictio in adjecto"，指"圆形的方""木制的铁"一类的矛盾——译者注。

自然科学中，如果一个圆圈被加入了另一个离心但是方向不同的力，这个圆圈就会变成椭圆形，这个因为多元外力引起圆圈转型为综合统一为"椭圆"概念，用在有同一性由有差异要达成统一，在社会科学中表述为"妥协"。

② 《资本论》，第一卷，人民出版社 1975 年版，第 134 页。
③ 《资本论》，第一卷，人民出版社 1975 年版，第 111、117 页。
④ 《资本论》，第一卷，人民出版社 1975 年版，第 113 页。

元"的内部关系，而处理"内部二元"的方法应是三分法辩证关系。

关于人民内部合二为一，是先发现人民内部有差异，有矛盾二分为单元，但是二元只有合（共生）才能生存，而合的方法是三分法。

内部认识论＝认识论（概念实料）＋工具论＝构成性

人民内部矛盾＝一分为二＋三分法＝生态位网络式共生构成性

然后认识三分法解决方法：二分矛盾、斗争、危机，中介折中统一和平共生发展。认识矛盾、认识矛盾后认识并挑选解决方法（工具）是两次认识。

一分为二，或合二为一，都是对"实料"的认识与分类。新中国前30年的这一争论的问题出在将概念实料分解，当成了处理概念之间矛盾的方法，或者对人民内部矛盾沿用了革命过于激烈的斗争方法，而淡忘了统一战线方法，个人崇拜导致了20年的"左倾"乌托邦而损伤了大众的现实的幸福，只不过瑕不掩瑜，现代化建设依然提高了国家整体幸福指数，平均每家养育有4—5个孩子，这是中国历史上前所未有的。

教科书中哲学分析研究的一个小疏漏引起了哲学的一个大问题，人民内部或现代生产方式内部劳资两大阶级之间直接"冲动、暴力、理性"无规则恶劣斗争，破坏了生产的安全、确定性、可持久而阻碍了生产力的发展。所以，当没有通过田野调查或没有以民间习惯为依据，那些有争议的哲学命题，只允许在小范围做实验，但是绝对不能拿全国老百姓做实验。

第二个例子，无对象性矛盾斗争消灭关系，是认识二元，消灭方法二分法。

第三个例子，本书主张把"政府主体"吏治与"政府使用的政治工具"分离开来，把政治工具关进市民法"什一税"的笼子。

关于哲学"认识论＝主体认识＋工具"。例如，马丁·海德格尔（Martin Heidegger，1889—1976），将"认识＋工具"归纳为两种状态：在手性和上手性。

在手性，使用工具者感觉到工具的"现成状态"。

上手性，得心应手，人的机体、精神思维与工具一体协调工作，《庄子·养生主"庖丁解牛"》："方今之时，臣以神遇而不以目视，官知止而神欲行"。

在人类还处于"生存斗争"的长历史、大历史阶段，一是说明历史存在平等正义共生现象，阶级之间容纳正义平等"中介"，才是长达千年的生产方式自然历史时期的常态化的阶级关系，即现实存在中介习惯法，并在头脑中形成"中介"观念。残酷的奴隶制为了存续，当公元2世纪奴隶来源枯竭，统治阶级不得不设立避难法保护奴隶劳动力生命权；农奴制庄园农奴徭役保护劳动者生命权。诚如历史存在"中介"，在新兴城市逃亡农奴组成的市民社会自治期间，第三等级与无产劳动阶级共同选择了适应现代生产方式的市民习惯法"法律中介"并上升为国家统一大法。而鉴于资产阶级热衷于贩卖奴隶、契约奴隶，19世纪英国资产阶级统治意志极端叛乱，私有制，劳动者失去一切法律保护，"总资本/总工资＝7—9"劳动者沦为准奴隶，马克思对现实的批判是为了恢复中性法与法律。正反两个方面，引导出希望、向往、信仰凝聚力，革命带有理想才有号召力，在批判的同时预测未来。

四、历史唯物观念辩证法——复制、学习正义历史文明可行性

在中国，大到《史记》《资治通鉴》，小到三字经，都是唯物观念辩证法历史叙事。例如宋代编著的《三字经》以"人之初，性本善。性相近，习相远。苟不教，性乃迁"开篇。取材典范，包括中国传统文化的文学、历史、哲学、天文地理、人伦义理、忠孝节义等，其核心思想包括"仁、义、诚、敬、孝"。其独特的思想价值和文化魅力仍然为世人所公认，被历代中国人奉为经典并不断流传。

皮之不存毛将焉附？中华民族的根基是孟子记录的井田制，学校传承，礼法典籍固化为社稷、法律和文化。将强权和财权关进租息利税什一中正的笼子里，自由自耕农为主体，90%的收成归劳动者所有，农业和平互惠定居文明。周期律就是复兴什一中正的周而复始。中国现代化的根基是中国古代礼法社会主义仁义均，礼智信。

礼法社会主义是沟口雄三《中国的冲击》结合梁漱溟的乡村建设运动，概括出来的观念。他从国际视域，补充了一个"均"字。

新中国土地改革、联产承包制就是均田制的延续。中国农民迄今为中国经济政治兜底。相对比，中国农民是自由自耕农工商，应正名为乡村市民才准确，比城市的市民全面发展，进取性更强。

英国变革，"王在法之下+什一税+禁止高利贷+古希腊'分工协作—通工等偿'"，其中的法治分配缺少历史源头，只能是中华文明元素通过传教士获得。美西方是半拉子，现代文明的野蛮。

也因此，中国学起来很容易，并且，纯粹现代生产方式是正义法治经济。中国是以"民为重，社稷（法制规则）次之，君为轻"为历史标杆，我国社会历史学应当重点研究和总结各代王朝对法律的修复和改进，唯物观念论的历史辩证法叙事，从而促进历史学，才有推动进步的意义，即"正义文明"的历史可以多次复兴——科学的历史哲学逻辑。

第三章 马克思创建现代经济的法哲学

第一节 人民的现实的幸福——经济法哲学

一、历史横向，人民的现实的幸福——经济法哲学

（一）关于生命权是经济科学的边际。"生产所以维持人生（生存）"。生产养活人生基础上，成长过程家庭、社会、生产劳动培育"人的灵魂"基础上，灵魂指导"人身行为"。

周其仁"以人民为本位的国家的富裕和强盛"，在英国是以哲学正义和法制形式实现的，即法的自由。后发展国家学者有必要注意，英国经济学起步的四个受法律守成的基础条件，一是"分工协作—通工等偿"；二是《自由大宪章》无代表无税——什一税笼子内的"法律约束的政治"；三是习惯法农奴徭役"法定剩余价值率＝1∶1"；四是"禁止高利贷—三重契约"，即受法律约束的财产权。

（二）"纯粹现代生产方式"。在前人的基础上，马克思发现，这个限制政治国家强权限度的硬指标，就是"纯粹现代生产方式"必须优先还本付息才能生存，市民实体法限制政治必须合法（合法政治），限制"财产权必须合法"，治权独立。现代市民法在政治之上，在"法律约束政治的经济学"基础上，创建"经济法哲学"。一是不得侵犯劳动工资总额均分所创造价值；二是资本（死劳动积累）优先转化为资本生产工具；三是所

生产剩余价值或利润优先"先进生产线抵押贷款"的还本付息，顺位正义限制地租和赋税只允许在超额利润中收取。

(三) 关于内部矛盾三分法；统一战线。外部矛盾二分法。

第一，在现代生产方式与旧社会奴隶制、农奴制生产方式之间，是无对象性对立消灭关系。当出现新制度，就会促进旧社会内部两大阶级自相残杀自我消灭。

第二，关于内部三分法。现代生产方式就是正义的，在内部，在中性区间，资本使用者与劳动阶级是共生关系，以现代生产谋生为同一性，有阶级差异对立斗争，但是因为有同一性，所以可以通过中介、协商而找到"折中"点，有理有利有节地实现统一，生产得以顺利运转。

第三，关于内部革命，政权更迭。当欧洲资产阶级统治自由意志极端叛乱，无产阶级处于准奴隶状态而自发革命夺取政权，并通过无产阶级专政来接管并尽快修复纯粹现代生产方式中性规则，有正当性。然而在资产阶级极端叛乱的历史时刻，"黑格尔觉得市民社会和政治社会的分离是一种矛盾，这是他的著作中比较深刻的地方。但是，错误在于：他满足于这种解决办法的表面现象，并把这种表面现象当作事情的本质"[①]。因此，必须分析"矛盾"的量变和质变。量变，例如同一性差异，对立斗争，中介、折中统一。而当资产阶级极端叛乱导致工人阶级沦为准奴隶过度劳动寿命缩短现象是矛盾的主要方面，就是"质变"，就需要革命手段解决矛盾，这有着自然法生命权的正当性。

(四) 经济科学包含两个方面，科学技术属于自然科学；科学技术转化为现代生产力要素属于社会法哲学范畴。其中，科学技术物理化学生物学医学科学性，对科学技术打包压缩文件处理。经济科学重点研究生产关系的法权形式的主要贡献，即法制作用力是生产的第四要素，包括集体力的法制作用力，和三重契约运筹机制准备了五个条件成就了科学技术转化为生产力要素等。

[①] 《马克思恩格斯全集》，第3卷，人民出版社2002年版，第94页。(参考第1卷，1956年版，第338页)

关于自然辩证法与社会哲学,二者在现代生产推动生产力发展中的关联与区别。马克思发现,科学技术多半属于自然哲学,而科学技术转化为生产力要素属于社会"集体力"范畴,特有的法律运筹机制,保护和推动现代生产力绝对发展趋势,人类历史上第一次创造出巨大的价值和有效性。而货殖只有效力没有增值。

(五)关于人是生物,是有机物关系,有三态:"形态人""能量人""观念人",这三态构成性是有机关系。不同于无机物仅仅是作用与反作用关系。

生物有生有死,能量有消耗有储存。而物理化学物质不灭、能量守恒,这是两个科学领域。

因此,社会关系二律背反、辩证法、否定之否定,是条件变化引起正义与非正义也会随着发生量变到质变的变化,而不是作用与反作用关系。

二、现代生产方式的人文动力源

(一)人有冗余,劳动潜能。

生产劳动力的生命权第一位,"生产所以维持人生(生存)"(24a25—25b32),"自然(亚氏第一种致富技术——引者注)为群生预供食料"(56b—7,58a35)。马克思指出,"我们作为人进行生产,……直接证实和实现了我的真正的本质,即我的人的本质,我的社会的本质"①。

劳动目的方法和因果论的统一,"被看作个人自我提出的目的,因而被看作自我的实现,主体的物化,也就是实在的自由——而这种自由见之于活动恰恰就是劳动"②。

(二)马克思分享了"实体形而上学潜能—现实"观念。

潜能来自劳动主体和客体同时被再次创造,苏格拉底说"这种幸福是你自己挣来的;……从事农业在某种意义上是一种享乐;……不让不劳动就得到它们"。马克思指出:"人只有为同时代人的完美、为他们的幸福而

---

① 《马克思恩格斯全集》,第42卷,人民出版社1979年版,第87页。
② 《马克思恩格斯全集》,第46卷下,人民出版社1979年版,第112页。

工作，自己才能达到完美。"① 正如莱文《马克思的亚里士多德复兴》写道的，"无产阶级从现实走向了潜能，亦或者说，生产过程见证了原材料转化为一种实用产品。对马克思来说，工业资本主义下的整个生产过程符合亚里士多德现实—潜能公式"（117页）。这赋予了无产阶级一种潜能的力量（本真——觉悟、潜能）。

（三）现代生产方式的动力源：生产债务人权获得与债权人优先平等的权利。

马克思继承了古希腊哲学的本体论和伦理学。例如苏格拉底主张"用公正的方法来增加我的财富"，经济的目的是个人家计和城邦的维持和幸福。这与中国"见利不亏其义"，"之所以贷钱者，为民无以为本业也"，"民或乏绝，欲贷财以治产业"观念接近。

"禁止高利贷—三重契约"把未来20年预期利润借给现在，提高了现在的生产力，代价是20年内法律强制努力工作用剩余或利润还本付息，即法律强制动力源，法制作用力成为生产的第四要素。

（四）区分经邦济世（economic activity 家政概念与时俱进）和货殖（chrematistics）。

亚氏科学地将致富技术分为三类，自然致富技术（农、牧、渔、林、工等）；非自然致富技术，如货殖（交易、贸易）；第三种致富技术是前两种的混合形式，它的正义形式表现为"分工协作—通工等偿"。

亚氏鄙视货殖不劳而获钱生钱。马克思指出，"货殖与经济的区别是，'流通是货殖的源泉'……它的要求就是无限的……"。② 货殖钱生钱空转脱离生产领域，有不确定性，"商品生产和商品流通是极不相同的生产方式都具有的现象，尽管它们在范围和作用方面各不相同。因此，只知道这些生产方式所共有的抽象的商品流通的范畴，还是根本不能了解这些生产方式的不同特征，也不能对这些生产方式作出判断。"③ 因此，马克思把

---

① 《马克思恩格斯全集》，第1卷上，人民出版社1954年版，第1页。
② 《资本论》，第一卷，人民出版社1975年版，第174页注释(6)。
③ 《资本论》，第一卷，人民出版社1975年版，第133页注（73）。

"商品"放在《资本论》第一篇仅仅是为了确定货币作为价值的度量衡;然后才便于以货币观念作为尺度展开对纯粹现代生产方式规律的研究。

马克思的经济科学发现,现代生产方式自然历史阶段的充分必要条件是,无论土地、资本和政治都要接受市民法的约束,特别是"禁止高利贷—三重契约"的约束。

第二节 现代生产方式为正义的规范何以可能?科学何以进入社会哲理学?

一、自然规律即正义规范

(一)人群—法律中介—社会。

社会科学的哲学的本体是"社会"。"社会是人同自然界的完成了的本质的统一,是自然界的真正复活,是人的实现了的自然主义和自然界的实现了的人道主义。"① 由有机的"人群"要素和法与法律中介架构而成。伦理、道德、政治属于不太确定的中介。

(二)人类与地球的关系。正义的可能性、可行性。

边际条件时空,是生死关系;条件允许范围内"适度者生存",适度即中性、中立、折中。

(三)个人内生性,个人与他人,个人与社会,个人与国家,国家与国家。

第一,人类个体有冗余,有对外张力,即冲动、暴力、适度(理性)三种可能性。

第二,个人与个人之间的外部是互斗关系,自己是他人的地狱。

第三,个人与社会之间是中介关系。

自然选择社会以群体和规则秩序为二元的构成性。个人群体遵守自然

---

① 《马克思恩格斯全集》,第3卷,人民出版社2002年版,第301页。

选择同一物种内部互不相食或约定不相食，即个人之间的差别小到："1 个一般人 < （1+1）个一般人"，做到第三个一般人作证即为合法（和平解决法）。"自然选择适度者生存"赋予了设立"中介"的和平正当性、可能性、可行性。现实界定个体是具有"势能"的能动性物质要素，那么"法与法律"就是两个不确定性势能之间的强力中介。

法与法律公正，本身是有能动性的中介：有区隔、联系和有向度的驱动力的介质或法律中介，有机物之间采用介质、中介、协商方法构成社会关系。

共同体内的"个人向善"。为了存活繁衍发展，个人与共同体内他人、社会、国家的"外在"关系，必须对自己稍加约束，实现与共同体达成某种程度外在遵守规则、和谐相处关系，就是向善。

国家与国家之间，是主权独立关系，也存在两种外部关系，或者日耳曼野蛮部落法自由契约弱肉强食，或者人类命运共同体和平发展互惠关系。

正义是工具，正义为人服务。正义、向善观念贯穿亚氏的政治 13 种技术中。

（四）唯物观念论为根基的"正义"观念。

正义是观念。正，是直，中间位置；义，是一个从"本分"到利他的区间。

正义，对个人属于对品德的评价，指守本分至向善利他。

正义，作为社会伦理，表现为平等正义至利他救危扶伤。

正义，在法律关系中，指权利义务（责任）对等。

（五）有机体，正义的可能性和可行性。

第一，生命科学，生产所以维持生存，人类的社会的法的正当性。

第二，哺乳动物科学，人类有差别需要规则，人类差别不大，可以设立平等为正义准则，表现为古罗马实体法"买卖，第三人作证为合法"。

第三，生产所以生存，自然生产的方法预供给，则生产劳动价值为正义的依据，表现为英国《财产法》劳动果实原始归劳动者所有。

正义的"公平"形式，是量化的正义，例如生产分配的正义准则，补偿的正义准则，交易的正义准则。

第四，唯物主义是因与果的有效性基础，唯物观念从城邦共同体习惯现象上升到理性观念是正义规范的可能性，也是对理性独断论（主权命令为法）和经验绝对性（法学家为法）的双重批判。

第五，唯物观念论"用公正的方法增加我的财富"，"物被当作工具使用才能叫做财富"，"劳动是所有权的自然公理"，是正义的正当合法性。

第六，唯物观念论对法律公正的追问和变革取得了价值增值的属性。

唯物史观是一种把社会向善、求真、变革、增益、进步作为活的整体来把握和实践的理论。一是保护生命权，在《关于林木盗窃法的辩论》中，马克思的公正感依托于"习惯法"保护生命权历史传统，例如农奴制"农奴徭役均分所创造价值"，其中包括捡拾公有土地上的枯树枝的权利。这就是马克思生命政治价值学所在。二是生产经济决定论的价值性，用于区分现代生产方式和"货殖"。纯粹现代生产方式有增值有效力，是正义的；而货殖是零和交易，有效力无增值，资本空转为不法。这使马克思的法律批判作为一种价值学的地位获得承认。受到纯粹现代生产方式启发，马克思发现了"生产的分配正义"是人类福祉的要件。而把"生产"裁剪掉的"分配"是不确定性。

二、正义法何以是社会科学，正义目的和正义方法何以可能？

（一）普遍必然性是"科学何以可能"的必要前提，也是社会科学的前提。但是，地球是条件的产物，"普遍必然"也是条件的产物，只存在时间阶段性和有限空间的"普遍必然性"。

马克思采用了迂回形而上方法，首先界定遍及全世界所向往的、正在实践中的纯粹现代生产方式为正义，第二位格界定固定在现代生产方式中的规则与秩序（市民法）是正义价值的可能性、可行性、可知性。这样就避免了经验主义不能全覆盖缺漏，也避免了自然法的客观不可知性（将不知道的都甩给了"自然"），正义法取得在现代自然历史阶段的普及科学性。

（二）正义目的和正义方法何以可能？

第一,习惯法源于实践。亚当·斯密和马克思都提到了英国"王在法之下"习惯法的一个来源,因工伤事故两大阶级在法庭上就正当合法性或不正当不合法的大辩论,著名的法庭判决由议会提交国王批准颁布为制度法现象,法律为现代生产方式服务,实证实体法和形式的普通一般科学性。

第二,自然规律,条件边际适应者生存,条件允许多范围内适度者生存。有差别需要规则,差别不大可以设立规则。

第三,内在与外在,主观与客观。

内在正义:劳动,及劳动培育的品质、潜能、伦理。

外在正义。内在差别不大,外在表现为平等为正义的形式。

内在与外在"差异—中介—折中统一",正义的法的第一形式是第三人作证为正义。

第四,正义和强权对立(55a7—22,18b1,24b28)。亚氏发现,在正义与强权对立的情况下,必然会出现自由穷苦平民是多数现象,多数贫苦自由人制衡少数强权,或均衡,或发生革命正当性。而唯心主义将自由设定为"无规定性"所谓浪子回头金不换是少数派理论。

第五,人为本,生命权就是正义方法何以可能的源头。马克思指出,"法的关系正像国家的形式一样,既不能从它们本身来理解,也不能从所谓人类精神的一般发展来理解,相反,它们根源于物质的生活关系"。

生命权的内容:生命权(真),繁衍发展权(美),群体向善权(善)。

休谟《论人类》"正义只是起源于人的自私(合法私——引者注)和有限的慷慨以及自然(自然致富技术:农牧渔林工——引者注)为满足人类需要所准备的稀少的供应"(第536页),生产劳动所以生存。马克思"劳动创造价值",劳动创造世界,人的本质是自由劳动,只要与现代生产方式相适应就是正义的,是19世纪震撼哲学界的科学主义理论观念。正是在这个意义上旧的社会哲学已经终结,需要复兴古希腊哲学"生产所以生存"的向善新哲学"唯物观念论",这才是历史的行进方向或"社会的发展法则"。

(三)纯粹现代生产方式就是正义准则。见第一卷。

(四) 现代生产方式就是整个社会有机体系。见第一卷。

三、经济法哲学的科学主义，伦理、政治在市民法之下

(一) 共同体王在法之下，政治在法之下。

亚氏指出："城邦应尊重法律为之上权威。""凭统治者的私意断事，不如依法裁决为稳当。"王在法之下，为政制服务的政治成为需要法律规范的对象。

治权良好政制，"治权寄托于法律才是良好的'政制'"，法治比依靠君主个人的人治，要可靠要好。立法、执法、司法、守法都是法治的基本要求，是依法治国的体现。

法律中介，"法律恰恰正是这样一个中道的权衡"。

我国孟子记载有"民为重，社稷次之，君为轻"观念，表达了民本是法的本体，在法之上、王在社稷法之下观念。

(二) 伦理政治。生命政治价值学。

统治者以权力济助法律："统治者须以权力济助法律。"

"生产所以生存"生产秩序是习惯法的源头之一。但是人有冲动、暴力行为，法律不得不借助于政治强权。这就出现政治在法之下，但是法律由强权颁布和守护的辩证关系。

日耳曼野蛮部落习惯法昭示，很长一段历史时期，在欧洲"野蛮"是强大的象征。18世纪以来，由于社会混杂混乱，学界第一次针对"野蛮"设计了它的对立面"文明"。马克思恩格斯形容这种混杂的政治伦理为"现代文明的野蛮"，对比发现了现代生产方式"和平、发展、互惠"正义准则，扫除现代混杂的野蛮思想。

人们开始从古希腊哲学中求索"文明"的源头。《马克思的亚里士多德复兴》指出，"古典希腊人文主义的独特性在于其假设伦理是得以建立稳定政治共同体的唯一基础，以及共同体成员间同志般的 (comradely) 主体间性"(《马克思的亚里士多德复兴》，第317页)。

四、纯粹现代生产方式法律关系确定性,政治为经济服务

(一) 革命过于激烈时期,政治专政时期法律往往处于空白阶段。革命成功进入和平建设时期,政治转型为建设法治国家服务,特别是,纯粹现代生产方式及其规则与秩序生产关系法权形式确定性,涉及对税制税率的确定性限制,则政治转化为经济服务型,包括政治的法为经济服务。

(二) 法理和历史唯物主义之间,如何跨域"对接的障碍"?

法是社会的一个组成部分,法的本体是社会,法在社会生活之下。

马克思发现,现代市民法体系,是现代生产方式规则与秩序对"已有法律"的选择,或者对现有实体法做重新排列组合(三重契约),形成所需要的特有运筹机制。因此是在传承的基础上自成体系。

(三) 何以实现了"直接建构一种规范性的法哲学体系的过程"?

黑格尔指出,"奴隶产生于由人的自然性(冲动、暴力、适度——引者注)向真正伦理状态过渡的阶段,即产生于尚以不法为法的世界。在这一阶段不法是有效的,因此,它必然是有它的地位的"。一方面承认现实的就是合理的(生态位),另一方面也揭示了历史可能不是直线进步的,后来的也可能会有某种退步,例如气候变化、食物缺少引起的社会倒退,原始社会末期或许存在着"在奴隶制专制之上"的制度。而英国的特点正是利用金雀花王朝约翰王战败的机会,复兴了日耳曼野蛮部落中"王在法之下"法则,这赋予了市民能动性。市民习惯法顺应现代生产方式发展了生产力,从而取得与制度法(成文法)平起平坐的权利而得到充分发展。"英国法"建设路径,成就了近在咫尺的现代元素和古典元素中的"正义"共性元素可能调和也可以调和。马克思发现了英国这种自下而上的法制建设过程,就是"直接建构一种规范性的法哲学体系的过程"。马克思坚决反对"创造法律",如果没有经过长期历练、哲学追问和变革,不可避免会造成巨大伤害而自掘坟墓。

(四) 相对比,唯心主义正义的规范标准是无涉质料的(普遍的),即只能是形式逻辑。但是形式和逻辑有很多,限定实料的质和量,选择不同

的形式逻辑,所以正义法理论奠基于观念论的规范科学,从"绝对正义"到"客观正义"。

法源之争。有历史解释、伦理宗教解释、政治解释、生物民族解释、经济学解释、先贤解释、社会构成性解释。而现代法源之争,实质是纯粹现代生产方式确定性与混杂政治权命令绝对任性(自由契约、私有制优胜劣汰弱肉强食)之争,是第一致富技术与第二致富技术之间,正义与不法之争。而唯心主义"自由无规定性",表现为"经济自由",征税自由,所有权自由;而完全自由市场,法律、政府成了外部性,无产阶级完全失去法律保护。西方血腥从属资本主义越来越受庇于金融资本(货殖),资产阶级统治意志的法极端叛乱失去了目的上值得"敬重"的意义。

(五)现代生产方式创建了"科学技术生产力要素",随附创建了经济科学性,第一,可知性,经济科学理论必有现代生产方式作为物质载体,即现代经济内在科学性可以依托外在社会载体来表现它的存在。第二,真理性,在人类生存斗争历史阶段,古希腊亚里士多德界定"生产所以维持人生(存在)"为正义,以此为依据,马克思界定现代生产方式是实现人民的现实的幸福的方法是正义的;是追求"人民的现实的幸福"真理的可能性、可行性、正当性、正义合法性。第三,合理性、可持久性。纯粹现代生产方式已经运行了 500 年为底层人民所艳羡,即历史经验性的合理性,"用公正的方法获得财富"旨趣的向度(方向、尺度)性质,从而具备了确定可重复性,可预测性,预言性。第四,价值性,现代生产方式所固定的市民法,遵守量化的公平,有限度正义质变量变;法律约束资本成为生产工具生产力绝对发展趋势的社会经济价值。第五,进步性,现代生产方式与古代自给经济对比的 8 个特征就是它的经济、政治、社会伦理、道德的进步性,助力欧洲古罗马、日耳曼野蛮向现代文明进化。第六,经济科学知识构成地图:事实、概念、定律、理论,以纯粹现代生产方式为历史纵横生产生成性"共同体"营造"知识版图",马克思所创建经济的科学"事实、概念、定律、理论"完整。本书做了比较全面的梳理。

五、现代方式遵守共性价值最低成本，人民的现实的幸福

（一）人类文明的价值共识，即共性价值、普适价值。

向善平等正义公平共性价值。德文 Gerechtigkeit，其主干词是 Recht（法律），加前缀"ge"后即为"依法的""公正的""公平的"，而"正义的"是量化公平的形而上。①

古希腊亚里士多德发现，占多数的弱势群体以及他们对于向善平等正义的追求，是共同体内部共性价值的动力源。"弱者常常渴求平等和正义。强者对于这些便都无所顾忌。"为了避免平民暴力反抗，富人、寡头不得不接受共性价值中介。共性价值观随历史变迁内容发生些许变化，但是不等于被否定和被废除，这是共性价值与绝对真理不同之处。所以认为革命就是要扫除旧社会一切伦理道德政治法律不给出路，这样的后果只有一条路：向原始棍棒武斗社会倒退。

依法自由。"在一个国家中，自由应当是以法律的形式存在的"，"法律不是压制自由的措施"，是共同体依法自治自由。

市民社会内部的"利己与共性"。在市民社会禁止高利贷法律背景下，利己（合法私 self）与"共同"共性，"任何利己主义都是在社会中靠社会来进行活动的。可见，它是以社会为前提，即以共同的目标、共同的需要、共同的生产资料等等为前提的。"② 合法私 self 就是从事一切对别人没有害处的活动的权利义务，这个活动的界限是由法律规定的［法的自由：是（right）］，而将不法私（ego）排除在外、抓进监狱。

在以私有财产为决定因素的市民社会里，"任何一种所谓的人权都没有超出利己的人，没有超出作为市民社会成员的人，即没有超出作为退居于自身，退居于自己的私人利益和自己的私人任意，与共同体分隔开来的个体的人。在这些权利中，人绝不是类存在物，相反，类生活本身，即社

---

① 德文 Gerechtigkeit 等，见张洋：《俄英中译〈共产党宣言〉原著信息补阙初步》，微信公众号，新大众哲学，2024年2月21日。
② 《马克思恩格斯文集》，第1卷，人民出版社2009年版，第634页。

会，显现为诸个体的外部框架，显现为他们原有的独立性的限制。把他们连接起来的唯一纽带是自然的必然性，是需要和私人利益，是对他们的财产和他们的利己的人身的保护"。①"共性价值""普适价值"这种追求来源于人类自身物质生活和精神生活的客观需要，是人性与道义在伦理范畴的具体反映；代表着社会文明的发展趋势，推动着社会向更高层次提升。这种追求又拥有普遍性的指导意义，具有强大的思想吸引力而占领制高点的支撑。

（二）马克思发现，底层人民创建纯粹现代生产方式选择遵守"一般人类规律"，即共性文明价值观，那种99%的市民稍加约束就能遵守的法律规则具有最大价值性、有效性，所以能够迅速向世界各个角落扩张。反之，那些精英们的顶层设计往往急功近利终归要付出沉重政治代价，沉没成本则由人民买单。

马克思主义批判逻辑的多元构成性，可用于提取现代共性文明价值。马克思出生于中产阶级家庭，从小受到良好教育，追求完美，治学严谨，以古希腊亚里士多德哲学作为理论参照，以历史和现实存在为"实料"，选择习惯法、市民法中适应现代生产方式的实体法工具，助力依法实现"人民的现实的幸福"的最低政治成本。西方"现代文明的野蛮"二重性，即毛泽东所言："老师总是打学生"老师二重性现象。马克思面对西方"现代文明的野蛮"，彰显"文明"，批判"野蛮"。

关于深层次结构性中挖掘"共性价值体系"。为纠正"经济决定论"这一错误认识，恩格斯晚年做出解释："我们在反驳我们的论敌时，常常不得不强调被他们否认的主要原则，并且不是始终都有时间、地点和机会来给其他参与相互作用的因素以应有的重视。但是，只要问题一关系到描述某个历史时期，即关系到实际的应用，那情况就不同了，这里就不容许有任何错误了。可惜人们往往以为，只要掌握了主要原理——而且还并不总是掌握得正确，那就算已经充分地理解了新理论并且立刻就能够应用它了。在这方面，我不能不责备许多最新的'马克思主义者'，他们也的确

---

① 《马克思恩格斯文集》，第1卷，人民出版社2009年版，第42页。

造成过惊人的混乱……"。① 本书在马克思"关系到实际的应用"的场合尽量补充相关的"哲学溯源""历史背景","实际的应用"等,从而挖掘"共性价值体系"和与时俱进新概念,以及最低政治成本资料等。

六、民为本法与法律在上,科学技术在法之下,科技向善、生产力向善

从科学角度,可以公平量化为:人民的现实获得方法,一是发展现代生产方式生产力,这首先是生产关系运筹科学技术转化为向善生产力要素;二是市民法限定合法产权成本、合法政治成本,这是生产关系范畴。

特别是,随着通用人工智能时代的到来,生产力向善、科技向善法治的落实显得尤为紧迫。高科技与金融媾和正在支配人工智能走向"是以思想为基础的,而不是人。这就是他强大的原因"②。个人自由无规定性"思想"正在反噬始作俑者"美利坚民族"(American nation)共同体观念,这也正在威胁到人类生命权底线。共性价值的任务:一是共性价值规定科学技术必须向善。二是科学技术转化为生产力,"禁止高利贷—三重契约"为科学技术转化为生产力准备了5个条件。三是用科研制度的公开性、公共参与监督等手段,来规范"科学技术研究过程"向善,防之于未然。四是科研生态位,引进公平竞争。五是避免高科技将员工格式化、去人格化。六是计算国家、社会、政府、企业集体力、一般劳动力的隐性成本和沉没成本,打破高科技与金融媾和垄断和神化,保护一般劳动工资总额占比50%不能变,保护一般劳动就业机会,保护基础张力时空;将高科技法定制度成本下降到40%,从而摒弃西方历史所延续的科学技术发展与生产劳动力无关的非人性野蛮现象。

七、科学何以进入社会哲理学?借助现代生产方式进入"社会实践"

当唯物观念论将"存在"归入"社会现实"的范畴之下,观念论的传

---

① 《马克思恩格斯选集》,第四卷,人民出版社2012年版,第606页。
② 《奥特曼,为"世界末日"作准备的科技狂人?》,载《环球时报》,2023年11月20日。

统中恢复了"客观性"(现实性)的一席之地,在唯心主义与唯物主义之间、在退与进之间,马克思找到了属于自己的理论话语,哲学的实践性使命"向善、真相、变革、增益、进步",而"批判的批判的意见,一切祸害都只能在工人们的'思维'中。……但是,这些群众的共产主义的工人,例如在曼彻斯特和里昂的工厂中做工的人,并不认为用'纯粹的思维'就能够摆脱自己的企业主和他们自己实际的屈辱地位。他们非常痛苦地感觉到存在和思维之间、意识和生活之间的差别"。① 无产阶级通过家庭教养、劳动实践、社会关系传承正义观念,特别是通过现代生产方式培养现代文明潜质(分工协作集体力,通工等偿按劳分配、等价交换平等意识,生产共同体内部共生互惠,和平解决,自由公平竞争张力,法的自由、适度中介和平解决等)是与自由和公正相适应的理论有效性和现实有效性之间的张力,就是马克思主义回应的"观念论"的价值所在的问题。马克思主义的内在张力,实际就是人类自身既是有限的又是能动的,进而为理性的有限性提供了"道德完善"抑或"革命理想"可能和可行性(是在现实的提示下),就是"社会何以是科学"的答案。② 马克思唯物观念论更贴近一种规范性的实践哲学,更贴近唯物论,对立的是唯心论。

第三节 历史与现代如何勾连

(一)历史纵向。马克思如何超越(sublimate)现代与古典的对立?

首先,亚氏历史主义和自然主义的人类主体图景,为欧洲区分出了野蛮原始社会、奴隶制社会、城邦市民社会等。马克思创建"生产方式"概念,在亚氏历史划分基础上,增加了欧洲农奴制,纯粹现代生产方式自然历史阶段,又名"资本生产工具主义"。柏拉图分离出阶级,亚氏《政治

---

① 《马克思恩格斯全集》,第2卷,人民出版社1956年版,第66页。
② 夏莹:《西方观念论的嬗变与马克思的哲学变革》,载《厦门大学学报(哲学社会科学版)》,2021年第1期。

学》分离出统治阶级、被统治阶级、有产阶级、无产自由平民,这与马克思的无产阶级主体叙事基本相符。当区划了历史阶段,马克思发现西方的古代和现代处于叠加状态,拉图尔《我们从未现代过》也指出人类尚处于历史混杂状态。

马克思发现,古代自给生产力长期处于"静止"状态,当下的人类社会还处于古代与现代"混杂时期",它们并不像用时间向度所记录的那样相隔遥远,"奴隶劳动或徭役劳动等较低级形式上从事生产的民族,一旦卷入资本主义生产方式所统治的世界市场,而这个市场又使它们的产品的外销成为首要利益,那就会在奴隶制、农奴制等等野蛮灾祸之上,再加上一层过度劳动的文明灾祸"。资产阶级热衷于贩奴、契约奴隶,自由劳动力的价格就从农奴替代边际下降到准奴隶边际。

(二)历史横向。马克思如何解决现代与古代的法与法律对立?

亚当·斯密、大卫·李嘉图都注意到了资本主义租地农场主,马克思只是发现了16世纪以来资本主义租地农场主解决了古代与现代的对立与传承问题,并记录在《资本论》中。当英国资产阶级依靠坚船利炮掳掠奴隶和殖民地,土地私有化工业区自然性废止了古代习惯法,导致自由劳动力生命权失去了所有法律的庇护。所不同,唯有租地农场主和农业工人共同保留了习惯法"农奴徭役均分所创造价值",起码保护租地农场工人的生命权不至于跌到寿命缩短到25岁的程度(例如矿区);借助于古今都不反对的习惯法"劳动者均分所创造价值""禁止高利贷—三重契约",实施20年期的开垦荒地抵押贷款,资本生产工具主义生产方式在工业危机逼迫下,不得不拐了一个弯,是在农业改造中萌芽,它是古今协调的果实,16世纪资本主义农场主模式反而被引入城市工业(瓦特—博尔顿模式)。大卫·李嘉图引入了边际论,还专门介绍这种农垦实体法模式被引入了矿业。在国际范围,当德国经济学家弗里德里希·李斯特到达美国,感叹道:"在欧洲需要几百年才能看到的进步,在那里这样的进步过程就展现在我们眼前。"马克思指出:"一个国家应该也可以向其他国家学习",堪称"科学"实证。

(三）历史和现实预测未来。关于"共产主义（Communism）①的伦理基础"。古典人文主义向马克思提供了一个共产主义伦理架构上的基础。莱文对勘式概念分析的成果：共产主义，一个传统上被理解为科学主义现代性运动的概念，实际上起源于雅典的古代人文主义运动的实现。

通过亚里士多德哲学，我们可以更好地理解马克思人类劳动概念的形而上学和伦理含义。因此，马克思是兼有古典与现代双重性思想家，观念论改革家。请先验派和科学主义派少安毋躁。

第四节 "宪制治理下的政治经济学"——法制政治经济学

社会哲学范畴的科学主义包括逻辑实证，批判理性，历史主义，结构主义，人文主义。经济科学现象完整地表现出了社会哲学的这些范畴。古典科学伦理与现代科学主义的勾连，追问"内在张力"何以理性。就是马克思"资本生产工具论——政治经济学批判"的内容。

一、历史纵向，无代表无税、对生产债务人特价保护的政治经济学

人类进入阶级社会以来，历史上的各种生产方式，各自都有确定性法律维护生产劳动者的生命权而取得确定性，得以延续千年，例如2世纪，当奴隶来源枯竭，古罗马奴隶制政权不得不设立"避难法"保护奴隶劳动力的生命权；农奴制分封领主庄园隶农制习惯法农奴徭役均分收成保护农奴家庭的生命权。

英国是现代生产方式工业革命发祥地，是富国裕民正统政治经济学发祥地，亚当·斯密关于政治经济学，"被看作政治家和立法者的一门科学

---

① 欧洲第三等级定居在新兴城市里，通过赎买和战争手段从封建领主手中夺取了城市的主权，建立了由全体市民共同治理的自治城市。在法语中，这种组织机构被称为commune，来自拉丁语communis（共同的、公共的），表明主权属于全体市民，而不是私人所有。

的政治经济学，提出两个不同的目标：第一，给人民提供充足的收入或生计，或者更确切地说，使人民能给自己提供这样的收入和生计；其次，为国家和社会提供公共服务所需的充分收入，使公务得以进行。总之，其目的在于富国裕民"①。在英国《自由大宪章》"王在法之下宪制""无代表无税"、对生产债务人特价保护的法制意识形态氛围鼓励推动下，亚当·斯密和大卫·李嘉图都重点研究劳动工资、资本利息或利润、财政税收的分配正义比例关系问题。核心是建议通过法律限制国王制定权，取消国王固定工资法，擅自增加税收为非法行为，认为国王的制定法最低工资、增加税收，这与自然灾害一样是对产业的摧残。

亚当·斯密以"分工协作—通工等偿"生产方式为主体、"适合的法律""适合的政治治理"作为政治经济学的三根支柱。这就涉及 11 世纪日耳曼野蛮部落法"王在法之下宪制"，即法在政治之上的"法政"关系（与"政法"对立）。复兴古希腊亚里士多德《政治学》，若以"政制"为单元，政治治理有 13 项技术；若以"共同体"（市民社会）为单元，法在政治之上，法律公正约束政治，依法政治治理。

历史变革逻辑，1215 年《自由大宪章》无代表无税，法在政治成本（税）之上，并从教会法移置过来了"什一税"和禁止高利贷，政治成本、财产权成本被关进法制量化"什一律"笼子，在这样的法与法律大背景下，新兴城市重建古希腊那种"分工协作—通工等偿"第三种致富技术的正义自治形式。

继承古希腊亚里士多德和亚当·斯密等人的学说，马克思创建了现代经济科学，"真正的现代经济科学，只是当理论研究从流通过程转向生产过程的时候才开始"②。"政治经济学，从最广的意义上说，是研究人类社

---

① 〔英〕亚当·斯密：《国民财富的性质和原因的研究》，下卷，商务印书馆 1972 年版，第 1 页。

② 《资本论》，第三卷，人民出版社 1975 年版，第 376 页。

会中支配物质生活资料的生产和交换的规律的科学。"① "一种谋生术……有界限的是经济。"② 纯粹现代生产方式是底层人民创建的谋生、谋幸福手段和场所。

所以政治经济学应翻译为"法制政治经济学"才准确。

二、现代经济学剔除"政治",是政治强力最大化掠夺现实的写照

英国工业革命后,伴随坚船利炮横扫世界,以最快速度、最大物质力量掩盖、遮蔽了纯粹现代方式文明形式。一方面是科学主义遮天蔽日,另一方面是日耳曼(野蛮部落)制度、奴隶制、农奴制自由契约优胜劣汰弱肉强食嗜血的兴奋。在这样混乱的氛围之下,欧洲哲学为求证正当合法性,开辟了三条研究路径,第一条路径,研究商业利益与国家公共税收的对立,发现"私"的事业进入"公"的国家领域。第二条路径,在对混杂社会"野蛮"的指责声中,纯粹现代生产方式溯源自己的文明正当性,从伦理政治经济视角寻找社会变革与发展"张力"。第三条路径,在重农主义弗朗斯瓦·魁奈(Francois Quesnay)"经济表"的基础上,以古希腊亚里士多德第三种致富技术正义形式为参照,以英国《自由大宪政》规定"无代表无税——什一税"为法律笼子,研究"为政治国家的介入设定限度"。③"政治经济学"一词用"Volk-swirtschalftle"表示,它也具备"国民经济学"的含义。例如,关于亚当·斯密的《国民财富的性质和原因的研究》(*An Inquiry into the Nature and Causes of the Wealth of Nations*),周其仁先生认为,Nation 应翻译为"以人民为本位的国家",那才是经济学传统的关怀,就是国民财富的增加,是以人民为本位的国家的富裕和强盛。④

---

① 《马克思恩格斯选集》,第二卷,人民出版社 2012 年版,第 699 页。

② 《资本论》,第一卷,人民出版社 1975 年版,第 174 页注释(6)。

③ 周尚君、陈志勇:《马克思"政治经济学批判"的法哲学分析》,载《学术探索》,2010 年第 5 期。

④ 周其仁:《民贫国必衰,民富国才强》,微信公众号"浙大经院高培中心",2022 年 4 月 28 日发表,2024 年 7 月 21 日查阅引用。

大卫·李嘉图《政治经济学及赋税原理》（The Principles of Political Economy and Taxation），更是旗帜鲜明地研究赋税的增加对现代经济的影响与天灾人祸一个样。

关于"经济学"剔除"政治"的实质是在国际经济中复辟"政治强权弱肉强食最大化"。

阿尔弗雷德·马歇尔（Alfred Marshall，1842—1924）的《经济学原理》，在"经济"概念规范上将关注点放在了机会成本和边际成本作为一种学术视角，这是处于宏观经济与微观经济之间的灰色地带的某种张力的投机行为，研究它本无可厚非。但是，他的立论的致命问题是，顺应资产阶级统治意志极端叛乱无视"生产劳动力的生命权边际"，帕累托最优边际多一人非最优边际，少一人生产断裂，这是生产劳动者被功利主义分尸的边际、企业破产倒闭的边际。20 世纪 20 年代以后，人们逐渐接受了"经济学"这个概念，逐渐取代政治经济学而成为正统。然而，后来的"经济学"干脆剔除了法律对政治成本税的限制、法律对财产权资本利息率的限制（禁止高利贷）这方面的研究，即剔除了马歇尔那 12 个附录，经济学就成了货殖学。萨谬尔森《经济学》之后，20 世纪 80 年代以来，新金融自由主义盛行，西方经济学连"生产"也被剔除了，只剩下货殖学、数量经济学，只剩下钱，人不见了。现代经济学把古典政治经济学做了较为系统性的层次分离，把原先第一个层面的问题抛到经济学之外，政治的归政治，不再加以探讨。①

"经济学"的实践现象，是国际经济的自由契约弱肉强食。在国际政治经济中，国际霸权就是"强权政治"只有丛林霸道昭示，美西方在共同体内部是"王在法之下"，而在国际关系中是强权政治无法无天，吃完了周边弱势群体，打败了 5 个"老二"（英国、德国、欧盟、日本、苏联），国际霸权因失去了掠夺对象而衰落消亡而不得复兴。

---

① 高全喜：《我们需要怎样的政治经济学?》，微信公众号"人文经济学堂"，2024 年 7 月 26 日。

可见，从起源学和语义学上看，经济学绝不是如现代主流经济学家所强调的那种单纯研究"稀缺性资源配置"的学问。现在所谓的"经济学"抛弃了"生产""政治""劳动"，经济学就只剩下"货殖"边际论。

把"生产共同体市场"翻译为"私人与公共性"更是将社会伦理学替代现代生产方式所应有的"法制在上的政治治理"。

第五节 与经济科学同步，唯物观念论概念与时俱进

一、马克思"唯物观念论"共性价值的内容与时俱进

马克思唯物观念论"向善、求真、变革、增益、进步"的实践成果，一是发现了现代社会处于混杂阶段；二是发现并梳理出"纯粹现代生产方式"为正义；三是对科学社会主义革命的哲学引导。他的"需要"三步走理论设计指导中国革命与建设取得了所预期理想的辉煌果实。

与此同时，经济科学的"人民的现实的幸福"现代生产方式为正义的规范何以可能？科学何以进入社会哲理学？历史与现代如何勾连？也适用于科学的唯物观念论。

随着纯粹现代生产方式占支配地位，德语的内涵已经进化，被马克思记录下来。以"人民的现实的幸福"为目标，本书中已经匡正几个急需统一认识的、争论较多的观念，欢迎建设性切磋，为统一规范性共同努力。

纯粹现代生产方式新时代观念与时俱进，表现为同样的"概念"内容发生了变化，例如资本，在纯粹现代生产方式中已经转化为"生产线抵押贷款"——资本是生产工具，这样一来，人们最关心的问题就转型表述为"资本生产工具主义生产方式是否正义？"这就成了一个法律变革建构性命题，答案是，资本生产工具主义就是在纯粹现代生产方式的另一个名称，在现代自然历史阶段是正义的。

(一) 经济（家政）→经邦济世。

商业→工商实业。

资本→货殖钱生钱的本钱。

现代资本→"禁止高利贷—三重契约"法律约束→资本是生产工具。①

单纯市场——交易价格形成成本从零（等价交换）到最大化（掠夺）。

现代生产共同体市场→成为纯粹现代生产方式环节→价值＝偿债生产价格构成。

正义——依法公平契约。"适应现代生产方式的就是正义的"。

(二)"马克思发现了人类历史的发展规律"②，"原理化"。

"各种经济时代的区别，不在于生产什么，而在于怎样生产，用什么劳动资料生产"③，即生产工具生产力水准是各个经济时代的区别，则现代标志是"资本生产工具主义"。

"不论生产的社会形式如何，劳动者和生产资料始终是生产的因素。……凡要进行生产，就必须使它们结合起来。实行这种结合的特殊方式和方法，使社会结构区分为各个不同的经济时期"④。现代结合方法是"法制运筹机制——将未来借给现在，资本优先做成资本生成工具"。

批判商业资本主义货殖钱生钱，有效、无增殖，不确定性，"商品生产和商品流通是极不相同的生产方式都具有的现象，尽管它们在范围和作用方面各不相同。因此，只知道这些生产方式所共有的抽象的商品流通的

---

① 王时中、苑诗野：《正义的规范何以可能？——论马克思主义法哲学构建的施塔姆勒视角》，载《贵州师范大学学报》，2021年第2期。问题：资本主义生产方式是否正义？

由于西方二重性，该提问应当修正为：西方资本生产工具主义生产方式是否正义，正义参照标准是什么？西方血腥从属资本主义是否正义，参照标准是什么？——引者论

② 《马克思恩格斯选集》，第3卷，人民出版社1972年版，第574页。

③ 《资本论》，第一卷，人民出版社1975年版，第204页。

④ 《资本论》，第二卷，人民出版社1975年版，第44页。

范畴，还是根本不能了解这些生产方式的不同特征，也不能对这些生产方式作出判断"①。

相对比，韦伯主义学派宣称文化塑造经济和政治生活有不确定性。

（三）现代生产方式，是底层人民异化创建、重建的，是继往开来、自下而上生成的，是底层人民谋生存幸福的手段，具备历史纵向和空间横向"共性价值"、普适价值。

1845年夏天，马克思第一次来到曼彻斯特，参观了恩格斯工作的棉纺织厂，见识了工业化进程中的黑暗篇章，曼城工人阶级早期表现出的政治意识觉醒，也帮助马克思树立了为人民谋现实的幸福的信心。

而西方学界迄今没能够回答"现代市场经济什么样"。

（四）先有新兴城市市民社会自治，后有把政治工具关进市民法笼子，百多年后，1648年后才有民族国家，"市场主体是经济的力量载体"，现代生产方式是法与法律的本体，"无论是政治的立法或市民的立法，都只是表明和记载经济关系的要求而已"②。而欧洲民族国家是在1648年以后的事情，第三阶级"从大工业和世界市场建立的时候起，它在现代的代议会制国家里夺得了独占的政治统治。现代国家政权不过是管理整个资产阶级的共同事务的委员会罢了"③。"国家、政治制度是从属的东西，而市民社会，经济关系的领域是决定性的因素"。④

（五）关于法与法律，马克思发现英国市民法是以现代生产方式为正义的选择法学派。现代生产方式是人民的现实的幸福方法，遵守一般人类规律，即自然法三大箴规，既是历史的，也是现实的。

因此，认为法律是因国家而设立，为国家服务是为专制国家辩护。

（六）判定现代生产方式生产关系的法权形式是"生产力的发展形

---

① 《资本论》，第一卷，人民出版社1975年版，第133页注（73）。
② 《马克思恩格斯全集》，第4卷，人民出版社1958年版，第121页。
③ 《马克思恩格斯选集》，第一卷，人民出版社1972年版，第253页。
④ 《马克思恩格斯全集》，第21卷，人民出版社1965年版，第345页。

式",即生产力发展加速度的推动力,法制集体生产力、科技力,成为生产力的第四要素。

苏联在70年后解体揭示唯生产力论"生产力决定生产关系"有不确定性、不可持久。

现代生产方式生产力不单是"物理量",而是有"向善""中性(法律管控中性可持久)生产力"、历史变革确定性生产力。

(七)在人类生存斗争阶段,"无论哪一个社会形态,在它所能容纳的全部生产力发挥出来以前,是决不会灭亡的"①。历史阶段性的马克思理论"原理化",本书界定,科学社会主义是现代生产方式混杂阶段的产物;是以纯粹现代生产方式为基础;使命是做捍卫者、清道夫、模范服务者、中性规则守护者、进步引导者。科学社会主义必须建立在资本主义最新成果的基础之上,预测为下一个历史阶段——共产主义做准备。

(八)马克思的研究对象,"最终目的就是揭示现代社会的经济运动规律"②,即现代"生产方式以及和它相适应的生产关系和交换关系"。③ 应是"一个国家应该而且可以向其他国家学习"。④

马克思提到的什一税、均分、中介(中庸)、市民社会等,在中国有根源性,"井田制"把政治权、财产权关进"什一律"法律笼子,绵延5000年没有中断、几次复兴,有特殊地缘优势、历史确定性、体量大、多元一体、和平互惠定居文明,更加适合现代生产方式。可以预见,复兴中国梦,也就构建人类命运共同体,是摒弃美西方"强权政治最大化掠夺日耳曼野蛮部落丛林霸道"。世界向东看。

二、新时代,重读马克思

马克思"人民的现实的幸福",在纲领性文件《共产党宣言》中表述

---

① 《马克思恩格斯选集》,第二卷,人民出版社1972年版,第83页。
② 《资本论》,第一卷,人民出版社1975年版,序言第11页。
③ 《资本论》,第一卷,人民出版社1975年版,序言第8页。
④ 《资本论》,第一卷,人民出版社1975年版,序言第11页。

为需要三步走预见性。中国革命实践了这三步走，实现中国特色社会主义初级阶段成就彰显，无论从理论、实践，还是从现象，马克思主义首先是建设性的。

（一）需要以"人民的现实的幸福"为目标，以纯粹现代生产方式为正义，来学习文本。

马克思主义的科学的哲学、经济科学、科学社会主义是有机的三个组成部分。马克思秉承人文主义共性价值观始终如一没有变，从未转换。

（二）对苏联政治经济学的客观议论，以重读马克思文本为基础。

首先，苏联教科书的劳动经济学部分即社会主义实践按劳分配福利社会，在全世界影响深远；苏联购买先进生产力引进计划经济（两条腿中的一条腿）有进步可取的部分（比农奴制），阶级思想斗争局限在布尔什维克内部，而尽量不损害经济和人民的福利是可取的（而精英设计的休克疗法私有化是全国、全民族的灾难），这些都应当作中肯的评价，保护社会主义的每一项成果并传承下去。不能走全盘否定"拆解"路线。"回到马克思"绝对不是要对社会主义道路过往连根拔起，现实是既存在无根性的恐慌，也存在对"颜色革命"的警惕。

同时，对后发展国家而言，由于没有"现代实践"，所以苏联教科书文本确实存在摸着石头过河的困境，道路是曲折的。教科书主要问题，第一，从没有研究现代生产方式什么样？在现代化建设时期依然把阶级批判放在第一位，苏联尚不存在"20年期先进生产线抵押贷款"现代机制，只能算是没有摸着石头还没有过河。第二，生产力决定生产关系的判断，不符合"现代生产方式和解剖为生产力生产关系是社会有机体"这一基本观念。第三，一分为二是自体的自我矛盾分解（二元），当分离为二，就是"关系"，内部处理方法应是三分法辩证关系。而把概念"二元"分解，当成了二分方法，是"元"概念与"构成性方法的混淆"，导致人民内部互殴互斗，这不符合现代生产方式内部的中性规则区间劳资共生关系法制。第四，现代生产方式自然历史阶段的规律，被格式化成为"无根理论"普遍真理。而事实是,我们处于混杂时期,而不是纯粹时期。理论的贫乏,导致在美西方和平演变骚操作下,苏联舆论在80年代走向另一个极端,特别是跟风派对西方哲学不敢说不,对那些灵异的、语言游戏的无意义无价值、无效用的唯心哲学不敢拒斥,休克疗法毁了苏联经济。

(三)学者的个人修为。当教科书还不具备马克思主义"知识地图"的情况下,即不具备起码的概念、观念体系的语言思维"实料"、构成性逻辑教育培训的背景下,对马克思主义的研究需要重回马克思文本,对象将是一个艰苦又充满新奇的境界,因此学者必须有所思想准备,在解决家庭温饱的基础上,需要修身养性,《孟子·告子下》:

> 故天将降大任于斯人也,必先苦其心志,劳其筋骨,饿其体肤,空乏其身,行拂乱其所为,所以动心忍性,曾益其所不能。
>
> 人恒过,然后能改;困于心,衡于虑,而后作;征于色,发于声,而后喻。入则无法家拂士,出则无敌国外患者,国恒亡。
>
> 然后知生于忧患而死于安乐也。

党的二十大报告指出,"中国共产党人深刻认识到,只有把马克思主义基本原理同中国具体实际相结合、同中华优秀传统文化相结合,坚持运用辩证唯物主义和历史唯物主义,才能正确回答时代和实践提出的重大问题,才能始终保持马克思主义的蓬勃生机和旺盛活力"。这就特别需要,结合中国现代生产方式实践,完整准确地理解马克思主义伟大学说,统一观念认识,以统一全党思想和行动。西方社会主义思想500年,在东方中国特色社会主义实践中取得初步成果,结合中国"现象"对马克思主义的主要观念进行规范,对我国、对后发展国家既有必要性,又具有现实可行性。有幸者能够以马克思"历史的任务就是确立此岸世界的真理——也就是要求实现人民的现实的幸福"作为自己的终身目标和方法。

可以预见，在纯粹现代生产方式新时代环境中成长起来的年轻一代马克思主义者队伍，倚重"科学的唯物观念论"哲理学，必将助力他们成为马克思社会经济法哲学继承者，中国全面依法治国必将上升到一个新的台阶！马克思主义缰绳紧紧勒住狂奔的资本野马。尘世喧嚣里，悠悠传来使人宁静的钟声。

后 记

（一）中国新式工业"间容点"研究，历史地落在延安军工和后代身上。

1944年5月1日至25日，延安边区总工会与边区政府共同在延安召开工厂职工代表大会。《解放日报》1944年5月26日刊登的《毛泽东号召发展工业打倒日寇》文章中，毛泽东指出："边区在五年前才真正开始有了一点工业，当时只有700个产业工人，1942年有了4000，到了今天就有12000个工人。所以，边区的工业的进步是很快的，它的数目虽小，但它所包含的意义却非常重大，谁要不认识这个最有发展，最富于生命力，足以引起一切变化的力量，谁的头脑就是混沌无知。"

当时全边区已拥有工会会员60956人（其中产业工人达12538人），毛泽东提到12000工人，应是其中的产业工人，也就是指1938年成立组建的延安军工。同时指出，先进"工业，……可是这一门又是决定一切的，是决定军事、政治、文化、思想、道德、宗教这一切东西的，是决定社会变化的"，即现代经济基础决定现代上层建筑。长征中红军偶然获得中国第一版《资本论》，该讲话佐证了毛泽东在延安有时间进行了仔细阅读。

毛泽东在讲话中还提道："在抗日战争中间，共产党抗击了58%的敌军，90%的伪军，这方面我们是有经验有成绩的。但是经济工作，尤其是工业，我们还不大懂，……因此所有的共产党员都应该学习经济工作，其中许多人，应该学习工业技术。"冥冥之中，毛泽东早在80年前就把学习、研究、创建中国新时代工业经济和社会体系的任务，一并交给了延安军工事业。

后 记

中国红色文化研究会党史教育工委副主任仔细阅读了《罗坦画传》后发现了一件事，即笔者是延安军工后代第一人，出生在延安军工，成长和工作在延安军工为起点的国防工业，从未离开过这个大环境。由此还可以发现，从家父家母开始的三代军工战士，无愧于延安军工第一家。罗坦于影夫妇一家三代军工的家风：热爱劳动作为人生第一课，传承劳动阶级潜质的基础上，独立思考自由发展，这是一切品质的基础；是行动派，对信仰的执着从每一件具体行动做起，忍辱负重从不抱怨和懈怠。

在优良朴素家庭教育的同时，对立志的坚守也与个人成长过程中形成的某些特殊气质有关，例如我特有的信仰还掺杂着不同于他人的绵长"情愫"，从信仰到执着、到爱好、到不可割舍的人生历程。

抗日初期三条道路，父母选择了延安。由于需要学习、工作，不得不将孩子送人，1942年我1岁，我哥3岁，老百姓要去了我哥，不到1年病死在老乡家，直到父亲赶去，才从鼻孔流出血水来，才咽气。一个月后三八妇女节那天我作为第一个工人的孩子进入了延安儿童保育院。仅过了两个月，还不到3岁的我也被送给了老百姓。人说3岁以前的事情就全记不得，但是我在这个时间段遭遇了剧烈的环境变化，让我刻骨铭心。记得母亲在翻砂车间工作，我就在沙堆上玩沙子，因为大眼睛、大嗓门、大圆脸，大伙管我叫小坦克，可见父母当时对我的疼爱。延安整风扩大化牵连到父母，我被送给了老乡，尽管他们对我很好，但是白天要上地，只能把我锁在屋里，黄昏才放出来，我总是站在崖畔上，低着头默默流泪，望着山下蜿蜒的小路，希望爸爸妈妈能来接我回家，老乡都以为我是个哑巴。也许正是这种巨大的反差，我从一个活泼可爱的父母的宝贝，变成了一个自我保护能力极强的孩子。1年多后回到父母身边，但是由于这段"离别"的经历，我的独立性变得特强，甚至不允许母亲靠近我，无形中，我失去了孩子特有的在父母面前撒娇卖乖的能力，失去与父母用语言交流思想感情的机会。但是，我又生怕再失去家，形成了对"家"的强烈情怀。再加上小小年纪就经历了三次生离死别，我的大哥延星用他的早逝，为我换来了上幼儿园的权利，我的三弟三宝用他的早逝为我换来了回到父母身边的机会，我亲眼看着五妹因为没有盘尼西林、因为用错药而翻白眼断气。冥冥中他们为我争取、铺垫了活下去的路，他们短暂的生命，就像延河夜空偶尔划过的流星，凄清而悄无声息，永远地埋在了苍凉的黄土高原上。在严酷的环境中我也感染了那时是九死一生的回归热，妈妈陪伴我有幸在晋绥野战医院治疗了半年才捡回一条命。解放前，我家婴幼儿的死亡率是60%，有统计说当时的全国婴幼儿平均死亡率是80%，是有可能的。

作为军工后代，从小在山沟沟里的生活环境培养了小农业情结、劳动者潜质，以及陕北老乡那种越是贫瘠越爱美、爱唱、爱秧歌锣鼓舞动的那种色彩斑斓的民间人文潜质。抗战胜利后父母跟随延安军工先后迁往晋绥边区的陕西葭县螅蜘峪李家坪第四兵工厂和山西临县湫水河畔林家坪兵工厂，我们"赵占魁小学"成了边区政府主席林伯渠和西北局书记、政治委员习仲勋的邻居。1949年随着贺龙司令员翻越秦岭进军大西南接收国民党的重要兵工体系。1949年11月29日晚到达重庆，半个月后赴泸州西南公署，见证了被百万国民党溃败军队和土匪骚扰下坚持恢复生产保证城市能源供应的那段惊心动魄的历史。我爸赶到深山煤矿亲自下井劝说怠工的工人复工以至于昏倒在井下，无数南下干部用他们的亲力亲为感动了当地民众。朝鲜战争爆发全家回到重庆，家父第一件工作就是清仓查库，摸清八大军工厂的家底，组织调配迅速为前线提供枪炮和弹药，随工业部长到北京面见国家领导人，立下军令状，在一年时间内试制出了37高炮的样炮送到前线立马打下了美式飞机，这昭告天下，我们的武力升级具备了制空权，为1953年的停战谈判增添了威武取胜的筹码。1951年"五一"国际劳动节，在重庆解放碑那举行了隆重的群众游行大会，我还代表少先队员向贺龙司令员献花。这些对我的成长都有深深的影响。少年时期学习东西方文化，小学就把《水浒传》《三国演义》《西游记》《钢铁是怎样炼成的》读完了。这一切在1956年有戛然而止。赫鲁晓夫反对斯大林个人崇拜的秘密报告、匈牙利事件，刮来世界政治的风云，使我在北京师大女附中的修女般的学习生活平添了几分烟火。这年，父亲把我叫到他的卧室兼书房，说在我这个年龄他已经接触进步思想，要求我跟他一起学习，表示他的书我都可以看。少先队大队长布置给我的寒假作业是阅读高尔基的《海燕》和斯大林的《苏联社会主义经济问题》，从此15岁的我十字交叉跨两个书包，一边是爱因斯坦的《相对论》，另一边是马列，努力做又红又专的优秀学生。父辈留给我的作业一做就是68年。

这些不可避免的残酷的经历，让外表依然活泼可爱的我，形成了一种特殊的内在人格，一种超强自我保护能力和一种不能抑或难于言表的情愫，让我开始热衷于写日记，一直到"文革"浩劫才中断被全部烧掉，又开始为爸爸写检讨，由于有马克思主义文化功底，让造反派一个字的毛病也挑不出来，无形中成为我学习写政论文章的练笔。并利用"文革"时期大把的时间将《马克思恩格斯选集》四卷集、《资本论》、《列宁选集》四卷集、《毛泽东选集》四卷集反复通读了两遍，起码知道了他们在说些什么。我在才智上喜欢理工科，但是又热衷于思辨与写作。尽管不习惯于和父母交流，但是却对父母的人品和信仰极度崇拜。也许正是这种"崇拜正义+情愫"，让我效仿父母忍辱负重从不抱怨。尽管每次大的政治运动中小小的我总是被卷入其中不能幸免。1957年反右运动，我才初二，个别人为了捞取政治资本以劳动课积极动机不纯出风头为由使我在全校大会上被批判，奇怪的是那天我竟然找不到自己的班级，只能孤独地坐在操场的边上，一个高年级同学悄悄蹭过来对我说不要害怕并递给我一本《圣经》。他们还画成讽刺画到处展览。所不同的是，教务处讨论认为我品学兼优，一致通过我直升高中，同学们还选举我当了团支部书记。大学时期，因为我热衷于读马克思原著，偶然发现政治课本的瑕疵，就给我扣上分散主义大帽子。"文革"浩劫被审查，我说父亲教育子女热爱劳动甚至让我学着掏大粪他不可能是特务，但是个别造反派却强词夺理说"特务也可能教育自己的女儿掏大粪"，将我往特务子女火坑里推。毕业进工厂后因为同情被打倒的老厂长并向上级反映，结果我成了最后落实知识分子政策的人。但是，父母和老师长期教育我要树立起码的人格本分，坚持自由独立思考，对信仰的坚守让我越战越勇，并得到来自善良的同学、教学老师、劳动课师傅、工厂工友们的支持呵护和帮助而并不孤独，这些经历让我走上了一条别样的人生演绎道路。

父母过早相继去世，我成天以泪洗面，夫君劝我说，不要再哭了，写写回忆录吧，正是对父辈的思念坚持写作40年，几乎没有假期、没有星期日，没有逛街，没有逛公园，最不堪的时候夏天只剩下两件还是女儿拿来给我的、我又穿了十几年的短袖衫替换。我也是个小女人，爱美、爱玩、爱唱、爱跳，这些爱好都被用在了调节写作中的枯燥、单调和孤独。也不是没有钱，而是为了珍惜时间、珍惜生命，发现时间是挤出来的，如果把锅碗瓢盆柴米油盐酱醋茶都做到极致，那么也就没有时间去做该做的事情了。在这里还要感谢夫君承担了一半的家务，是对我最大的支持，感激子女的独立人生，从未向家长要求过什么，有了经济收入后，年年给我们发红包，坚持几十年每周回家陪我们打几圈麻将，希望我们身体健康就好，说"你们若病倒了，我怎么办？"

我也有一般人的欣赏、崇拜、爱慕的情怀，崇拜保尔·柯察金的钢铁意志；欣赏牛虻亚瑟的高雅品味和青春豹子般的活力；故乡的耕读文明气息；吸引我因欣赏而无形地追随和效仿江南侠骨柔情剑客的气质才华与高贵人品；学习故乡吴侬软语、学做苏州小菜，模仿江南女人的优雅和着装；钦佩和效仿红岩烈士雷震的遗孀刘毓芳，面对历次运动始终保持平静和优雅，直到1987年才收到烈士证书。仰慕和学习周总理的保健医生胡永芬面对困境永远灿烂的笑容和悲悯之心。在那个"文革"浩劫洪荒浮躁的岁月，他们无形中成了我的心灵伴侣，点燃了我永不熄灭的希望之火。在写作过程中，就好像是在面向我心中爱慕的英雄、钦慕的剑客、仰慕的优雅偶像，一边写作一边在向他们倾诉我的观点，展示我的思维逻辑的别致和有趣，向他们学习，和他们切磋技艺，因为心灵追随他们的脚步，我生命的张力得到他们正义、善良、真诚人格强大的鼓舞。

（二）紧跟"拨改贷"改革40年，对勘"资本生产工具兼容点"。

90年代，由于苏东剧变，一时间在讲台上马克思主义几乎转入地下。作为业余爱好，就有这样的优点，始终未影响我的热情。如果说过去是通读，那么随着改革大潮开始结合中国经济建设为中心则是有重点地重读马克思。正因为储备了马列毛文化功底，而具备了对新鲜事物的敏感性。

我在新兴城市延安军工事业为起点的中国新式工业环境中成长，借助马克思的理论而上升到世界工业文明的高度。受到军工人文、技术、管理大环境的熏陶和培养，有幸能够在中国现代生产方式全过程进程中得到实践的历练。在成长、工作实践中形成了特有的对"现代化新时代"的知识"潜质""情愫""牵挂"到"爱好"而不可割舍。

有了又红又专的人格和东西方基本知识储备作为功底，才有幸能及时地懂得底层人民所创建的"现代生产方式"什么样。

由"家教"，到企业共同体和基层劳动者潜质。大学毕业后分配到大三线企业，因为从小生活在黄土高原的农村，有家庭劳动观念教育基础，对于农村、工厂环境并没有多少不适，把这种环境当作锻炼自己的意志能力和认识现代工业的机会，例如做事要坚持到位、要设法熟悉企业经济运作全过程。第一件出格的事情就是打破近视眼禁忌主动要求到装配车间做装配工人，以锻炼定力和接受严格考核，从不惜力。并有意识地熟悉企业每一个车间、科室的链接和循环关系，在亲力亲为中积累"新式工业"的运作过程。在那个混乱干渴的年代，我被称为书呆子内秀女人味的林妹妹，这种真诚、善良、聪慧又不失正义感的人格，是难得的一道清凉，工友有什么新鲜事情都愿意和我倾诉，正是在倾听工友们的向往中，例如他们反映我们厂的工资占比太低，而有些厂长敢于为工厂争利益，福利要好得多，那么什么比例才算合适呢？从此特别注意搜集分配正义及其正义的分配比率。大三线山区朴素而聪慧的农民、企业人，他们是财富的创造者，也许正是这种几近相同的人生体验，使我深信工人出身的制度经济学派康芒斯的观点：如果一国工业普遍陷入困境，肯定不是企业人的错，而是另有原因，是生产的分配出了问题。每当与别人争论，我总是有意无意地站在企业一边，有时到了相互不能理解、没有共同语言的地步，为此我产生一种不可遏制的欲望，一定要把企业困境的原因找出来说清楚。殊不知这些才是现代经济的基础概念。

由家到国家兴亡。大致在1972年左右，我出差到白城子参与靶场做57海炮制式高炮试验，空闲时我带了工友在菜摊上淘来送给我的《论语》在看，古文爱好者因此聚在一起，那时"文革"浩劫还看不到尽头，大家都忧心忡忡，我代表南方，他们代表北方，我们约定如果国家分裂了，我们一定要做国家统一的力量，虽然是玩笑话，依然不免让在场的人无限心酸。这让我明白国安才有家庭和个人的前途，能够护佑中国的依然是底层人民、是底层人民中流传的中华古文明潜质。从此写书必研究和对勘中华文明。

处于企业治理和中央治理之间。调到国防工业经济管理部门工作后，就有意要求到各业务处室工作，曾经从事长远规划、年度计划、新产品试制、科技开发、技术改造、劳动工资等工作，在工作关系中向其他科室学习，综合学习和积累经济各个环节和配套关系。每年3、4月份下厂了解企业生产情况、存在问题，5、6月份消化企业上报的生产财务、基本建设、更新改造决算、来年计划等。当时业务处室之间的协作精神是比较好的，能够获得本单位、上级单位相关资料，以便进行综合统计分析和预测。十几年周而复始，在完成业务的同时，得到比较扎实的基本功训练。

也许因为我一向爱读书关注正义，特别注意学中西方关于法与法律方面的内容，久而久之，机关总是派我去参加关于法制改革的会议，例如利改税、个人所得税、生产型增值税等，我基本上是从国家开始试点，就可以倾听到企业相关人员反馈回来的感受和意见，例如生产型增值税对商业环节有利，而对生产企业而言实际很沉重，这对"利改税""拨改贷"是致命的打击，再加上高利贷，导致6000万国有企业职工集约式下岗失业，而为民营不用或少用机械的手工密集型产业所取代。改革开放之初，西方"只讲利益，不讲好坏"很快传染给了中国经济学界，特别是1984年利税分流派提出权利、权力瓜分剩余价值"利润是财产权的象征，税收是政治权力的象征""从利到利"而抛弃了中国传统见利不亏其义"从利到义"。管理机构转型企业化承包制很快就走进利润是"级差地租"的岔道上，16%的高利贷，被企业大骂是"黄世仁"。在这种泥沙俱下的氛围中，我开始试着练笔写"论所有制"。从此大三线建设就是我的知识宝库，工友、乡亲的夙愿就是我写作的目标和方向。

发现"资本是生产工具"。延安边区时期毛泽东有了时间熟读中国第一次翻译的《资本论》版本，从而发现"新式工业"概念，即现代生产方式自然历史阶段。毛泽东"新式工业决定一切"也就是邓小平"以经济建设为中心"三个有利于的马克思主义毛泽东思想依据。

中国百多年来一直在向世界先进的那部分东西学习，西方资本主义国家比我们富裕这一事实，说明"资本"是个好东西，关键是需要为"资本"正名，或者说寻找驯化"资本"的方法。于是我试着写作了"国家资本主义，还是社会资本主义"。社科院《经济研究》杂志主编感觉我的思想有新意，特别写信将我介绍给了中国人民大学经济系主任何伟先生。接触的著名学者还有蒋一苇、吴承明、杨培新等。前辈高人的指教、伯乐的鼓励，无形中我成为承上启下的一个特殊角色。我立志只做一件事，要做就做到最好。

西方文明"资本生产工具"现象是我的认识的转折点，前后用了近15年时间（接近一个三重契约周期）。1984年我国实施"拨改贷"改革，1987年世界银行向大三线红山铸造厂贷款（他们走遍了大三线主要工厂，实际目的是窥探大三线），由于我负责起草这个项目银行贷款的可行性报告，企业财务会计核算的管理人员向我解说这笔钱的运作过程，自筹资金从何而来，还需要多少银行贷款和还款计划；技术人员在现场向我介绍技术改造的程序和重点。同时，计划管理人员忧心忡忡地向我解释说，他们从未贷过这么大的一笔款项，世界银行要求最晚第7年开始付息，第13年开始还本，如果20年贷款到期时还不上债务，企业倒闭怎么办？为此，我发现自己处于一个很特殊的位置，如果我的位置高一些就接触不到企业，就会对企业的命运不关心；若位置低一些，就会像企业人只知道发愁。正是由于我处于上下勾连的节点上，以及我在企业工作过的经历使得我能够深切体会并同情基层的这种焦虑。鉴于情之所系，来自多方面的信息也提醒了我，使得我对世界银行的贷款法则给予了特别关注。直到2000年，从世界史中发现世界银行投资贷款规则是对"瓦特—博尔顿模式"的法律守成。

2000年发现"资本是生产工具"概念。这年社会上开始讨论资本与知识的关系，有资本雇佣知识还是知识雇佣资本之争。在此启发下，我想到为什么不可以是劳动雇佣资本呢？我在北大出版社买书时，随便向一个也在买书的年轻人请教，还真被我问到了，他说刘恒中有"国有企业劳动雇佣资本"之说。现在还清楚记得当时我反复推敲"雇佣"两个字，就好比农村"雇佣骡子"，骡子是生产工具，由此我兴奋地概括为"资本是生产工具"概念可以为"资本"正名！不久就发现马克思《〈政治经济学批判〉导言》中已经使用这个概念了。2003年正值非典型肺炎肆虐，当情况稍有好转，我和妹妹一块儿去看望何伟先生，我们坐在院子里的长椅上，夕阳暖暖地斜照着，我介绍了所发现马克思"资本是生产工具"这把钥匙，何伟老先生感叹地说，坚持十几年研究，又进步了不少。我写作有一个感悟，就是每当自己发现了一个新观点，却每每发现先贤们的书籍中早就赫然写在那里了，就是说，只有自己认识到了，才会在书中发现它，否则不免熟视无睹。

我又发现，马克思指出"资本终于受到法律的约束"，那么是什么法律呢？2000年阅读了阿什利写作、郑学稼翻译的《英国经济史及学说》，介绍了欧洲新兴城市共同市场中的13项法律，经过对勘，中国缺少的主要是三重契约，并且在萨缪尔森《经济学》中发现了生产要素均衡分配率。2003年我终于制作成了现代生产方式生产的分配"分饼图"，以及我国当时"财政决定分配"的"分饼图"，加以对勘，确定中国需要体制改革的性质和原因。重读《资本论》，在第三卷找到了"固定资产的贷放"三重契约。

正是在理论和田野调查的功底支撑下，我在研究方向上和对象方面抓住了"龙头"。经济改革以来，"资本"成为一个普遍使用的概念。2004年至今20年来中央和国务院多次提出需要"规范和引导资本健康发展"。2022年4月29日，习近平在主持中央政治局第三十八次集体学习时再次强调："要历史地、发展地、辩证地认识和把握我国社会存在的各类资本及其作用。在社会主义市场经济体制下，资本是带动各类生产要素集聚配置的重要纽带，是促进社会生产力发展的重要力量，要发挥资本促进社会生产力发展的积极作用。同时，必须认识到，资本具有逐利本性，如不加以规范和约束，就会给经济社会发展带来不可估量的危害。"银保监会2022年会议提出，金融领域为资本设置"红绿灯"即资本必须受到一种特殊的法律约束。除了具备已有并适合的12项法律，关键是在"禁止高利贷—三重契约"约束下，资本才能优先转化为生产工具和再生产工具，这已经是呼之欲出的法制建设事务。

1989年那场风波导致第一阶段的写作和与何伟先生的合作中断，书稿也消失不见了，这应当是好事，从此研究进入了中西方比较文化阶段，礼法社会主义是我国进军现代生产方式的民族文明基础。

1997—2005年写作《公平价格与持久效率》。以"资本生产工具"为准则，主要研究分析统计资料，计算我国分饼率。发现企业是用折旧费支付生产型增值税等债务的。2000年有工人与他的税务员妻子辩论，问了我一个深奥的问题，"债务价格法大，还是税务价格法大?"在他的发问启发下，发现了财税是公平价格的一个要素，"公平价格区分财税法"优先还本付息资本生产工具现代生产方式才能存续，判定生产债务价格法优先大于税务价格法。这期间,忘年交何鹏宇利用暑假空闲时间完整地看了一遍我的书稿,决心从金融博士转学法律,并顺利考上了哈佛法律博士生,毕业后在我国派驻的国际货币基金组织中工作。

这期间,每个季度到社科院经济研究所与年轻的研究人员进行学术交流。在他们的图书馆只发现了三本我需要的有关"生产与交换"的书籍,分别是阿什利、吴承明、陈曦文的作品。还在工业经济研究所、中国对外经济贸易大学做了关于增值税改为消费型的演讲。此书出版后,加入了中国经济体制改革研究会,为理事;是国家国防科工局科学技术委员会成员。

2005—2011年写作《法制经济学》。2005年为物权法草案提了67条意见,得到"今日说法"国际台的采访和国际报道,开始了"民商税法建议900条"的研究写作。2011年,自己设计的一张"债法纵横表"发现了"租+买"债关系,为认识"租买=三重契约"奠定了基础。在这期间,《保险家》、《创新时代》杂志执行主编邢学军选择刊登了我的文章《金融必须忠诚地为实质经济服务》,被"刊物参考网"选作了广告。

2012—2014年开始写作《经济与法律:科斯四大定律猜想·民商法建议900条》,发现中国改革的核心是"拨改贷","租买(三重契约)这就是现代生产方式高级阶段(拨改贷)的'运筹机制'",这期间到法学研究所查询有关资料,与相关研究人员切磋,发现多是中国台湾地区送的书籍,并且写得比较规范。

看电视也不忘搜集"概念",例如沈阳袜子厂企业主提到了"制度成本太高"现象,魔芋技术员在电视上对"一次性效率"的不满和批判,金银花大王说"我每株只卖10元钱,只赚10%的利润",卖鹌鹑蛋的年轻老板说"财产是一份责任,每个蛋我只赚一分钱"。在这些话语的启发下,在科斯的作品中发现了"制度成本"概念,并对象化,"一般劳动普通剩余价值率的那个部分转化为法定制度成本",公平量化的分饼图得到进一步认证。

后 记

我女儿在网上查到，2021年9月，百度文学"每天三本书"我的《经济与法律》排在亚当·斯密之后，排名第三；11月，三本国内作品，我的这本书排名第一，原因之一，应是国内缺少这类理论研究。这本书还是有人在看，有电子版，在二手市场有卖，我的眼眶瞬间湿润了。

2015—2018年写作"资本论问答300题"；曾拟写作法哲学经济学。

2018—2025年初，写作《社会主义经济法哲学——新时代〈资本论〉中国化》，提出延安军工是新中国"新式工业"即现代生产方式的起点概念。

为了容易懂得，选择了两个"模特"。第一个，20年期住房抵押贷款，就是三重契约三联合同，把预期20年利润借给现在，现在的生产力10倍、百倍增长。第二个是华为技术有限公司，聘请中国人民大学法学院有关教授制定了企业守则，并扛住了美西方对一个中国民营企业的打压。

2023年为本书写序言时，多年积累的知识终于在此时此刻有了一个升华，顿然觉悟出了马克思为人民的现实的幸福"需要三步走"。新中国践行了这三步走而取得了非西方中国和平崛起的辉煌成功。由此，进一步提出了中国从外部政治需要改革为内部政治。

从延安走来的军工战士和他们的后代的工作实践经验、田野调查积累、文化修养，所具备寻找"兼容点"的潜质和那份艰苦攀登的执着，勇于第一个吃螃蟹，也只有在军工的人文、技术、管理大环境中，有幸能够完成全过程历练。在实践的同时，我获得并提高了文化修养历练。对自己不足的部分，有意识培养后代具备外语、金融、法律知识来帮衬我的研究，诚恳向女儿拜师，补充我在外文和英国古典历史文化方面的不足，特别是"新兴城市"概念。有69年立志和又红又专学习和实践修为，对马克思主义理论、东西方比较文化学习和探索，其中近46年的工作经验、田野调查、研究和写作，结合经济改革对"资本"的上下求索，耕耘数十年，从而理解《资本论》介绍的经济科学新境界自然是水到渠成。紧密跟踪改革进程恰好与中国经济改革两个三重契约周期（每个周期20年）重合，取得一定成果。

特别是，笔者力求在研究过程中，采用比较历史、比较文化、比较实践、比较条件和现象的自然因果关系，将中国现代化历程与马克思经济科学对勘、与世界层面的现代文明对勘，上升到理论的高度，努力做到在中国文化的框架里吸收和消化西方的思想的目标和方法。

当完成正义经济学系列4本书的写作，终于懂得了和深切体会到至贤至圣的马克思作为行动哲学家，殚精竭虑、精打细算，谋求"人民的现实的幸福"，千年第一伟人实至名归。

人们欣慰的发现，随着经济改革与大发展，新一拨现代人正在成长起来，他们有知识有理想正在平视世界。复兴传统文化基础上构筑中华文明的现代形式，是当代中国知识分子义不容辞的责任。坚信在延安军工精神的发扬光大和鼓舞下继往开来，我们国家的前途必将更加光明，中国必须更加强大！

仅以这本书纪念我的父亲罗坦（原六机部副部长）
纪念我的母亲于影（原一机部六铺炕幼儿园院长）

蒋爱群

2025年3月22日

参考文献

1. 《马克思恩格斯全集》,中央编译局译,人民出版社第一版。
2. 《资本论》,中央编译局译,人民出版社1975年版。
3. 《马克思恩格斯选集》,中央编译局译,人民出版社1972年版。
4. 《马克思恩格斯选集》,中央编译局译,人民出版社2012年版。
5. 《马克思恩格斯文集》,中央编译局译,人民出版社2009年版。
6. 《列宁选集》,中央编译局译,人民出版社1972年版。
7. 《中国共产党中央委员会关于建国以来党的若干历史问题的决议》,《十一届三中全会以来重要文献选编》(下),人民出版社1982年版。
8. 《毛泽东选集》,人民出版社1991年版。
9. 《邓小平文选》,人民出版社,第一卷、第二卷1994年第2版;第三卷1993年第1版。
10. 《胡锦涛在会见出席第二十二届世界法律大会代表时的讲话》,载《人民日报》,2005年9月6日。
11. 《胡锦涛同全国政法工作会议代表和全国大法官、大检察官座谈时发表重要讲话》,载《人民日报》,2007年2月26日。
12. 习近平:《论坚持全面依法治国》,中央文献出版社2020年版。
13. 《习仲勋传》,中央文献出版社2013年版。
14. 薄一波:《若干重大决策与事件的回顾》,中共中央党校出版社1993年版。
15. 公丕祥主编:《马克思主义法律思想通史》,南京师范大学出版社2014年版。

16. 李光灿、吕世伦主编：《马克思恩格斯法律思想史》，法律出版社 2014 年版。

17. 章有义：《中国近代农业史资料》第二辑，生活·读书·新知三联书店 1957 年版。

18. 《论语》《大学》《中庸》《礼记》《孟子》《周易》《吕氏春秋》《商君书》，上海古籍出版社 1987 年版。

19. 张维为：《中国震撼》，上海人民出版社 2011 年版。

20. 潘维：《中国模式》，中央编译出版社 2009 年版。

21. 胡寄窗：《中国经济思想史简编》，立信会计出版社 1997 年版。

22. 现代西方哲学组编：《现代西方哲学十大思潮》，陕西人民出版社 1987 年版。

23. 刘秋根：《中国古代合伙制初探》，人民出版社 207 年版。

24. 财政部财政制度国际比较课题组编：《外国财政制度丛书·美国、日本、法国、荷兰》，中国财政经济出版社 1999 年版。

25. 黄达：《货币银行学》，四川人民出版社 1992 年版。

26. 张军立、李从国：《中国企业治乱减负报告》，河北人民出版社 1999 年版。

27. 吴承明：《中国资本主义与国内市场》，中国社会科学院出版社 1985 年版。

28. 陈曦文：《英国 16 世纪经济变革与政策研究》，首都师范大学出版社 1995 年版。

29. 黄现璠：《中国历史没有奴隶社会综合研究方法融会贯通》，广西师范学院（现广西师范大学）1981 年 10 月（上编）、12 月（中、下编）。

30. 高梁：《顾准文集》，华东师范大学出版社 2014 年版。

31. 高梁：《警惕有人冒用"改革"的名义，内外勾结、诱骗我们改旗易帜》，见程恩富主编：《著名经济学家纵论新时代经济》，中国经济出版社 2018 年版。

32. 杨河清：《劳动经济学》，中国人民大学出版社 2002 年版。

33. 吴树青：《政治经济学》，高等教育出版社 2002 年版。

34. 宋涛主编:《政治经济学》,中国人民大学出版社 2021 年版。

35. 王东京:《王东京经济学讲义》,中信出版集团 2021 年版。

36. 余永定、张宇燕、郑秉文主编:《西方经济学》(第 3 版),经济科学出版社 2002 年版。

37. 朱红林:《张家山汉简〈二年律令〉集释》,社会科学文献出版社 2006 年版。

38. 司马迁:《史记》,中华书局 1959 年版。

39. 财政部税收制度国际比较课题组编:《英国税制》,中国财政经济出版社 2000 年版。

40. 〔德〕柯劳斯·柯尼希、张泽荣:《工业化发展规律与中国经济改革》,成都科技大学出版社 1992 年版。

41. 南开大学历史系古代史教研室编:《中国古代地主阶级研究论集》,南开大学出版社 1984 年版。

42. 马志冰主编:《中国法制史》,北京大学出版社 2004 年版。

43. 《大明律》,法律出版社 1999 年版。

44. 何勤华、李秀清、陈颐编:《新中国民法典草案总览》,法律出版社 2003 年版。

45. 高强主编:《领导干部财政知识读本(税收篇)》,经济科学出版社 1999 年版。

46. 董云虎、刘武萍编:《世界人权约法总览》,四川人民出版社 1990 年版。

47. 胡水均:《法律与社会权力》,中国政法大学出版社 2011 年版。

48. 陈秀清:《税法总论》,台湾元照出版有限公司 2008 年版。

49. 张进德:《租税法与实例解说》,台湾元照出版有限公司 2006 年版。

50. 宋晓梧主编:《未来十年的改革:国民收入分配改革研究》,中国财政经济出版社 2011 年版。

51. 〔日〕沟口雄三:《中国的冲击》,王瑞根译,生活·读书·新知三联出版社 2011 年版。

52. 〔韩〕赵淳：《韩国经济的发展》，李桐连、兰炜班、赵声华、崔昕译，中国发展出版社 1997 年版。

53. 江平主编：《汉谟拉比法典》，法律出版社 2000 年版。

54. 江平主编：《十二铜表法》，法律出版社 2000 年版。

55. 〔罗马〕查士丁尼：《法学总论——法学阶梯》，商务印书馆 1989 年版。

56. 《拿破仑法典》，李浩培、吴传颐、孙鸣岗译，商务印书馆 1979 年版。

57. 《德国民法典》，郑冲、贾红梅译，法律出版社 1999 年版。

58. 《德国商法典》，杜景林、卢堪译，中国政法大学出版社 1999 年版。

59. 〔英〕F.H.劳森、B.拉登：《财产法》，施天涛、梅慎实、孔祥俊译，中国大百科全书出版社 1998 年版。

60. 〔美〕罗斯科·庞德：《法律史解释》，曹玉堂、杨知译，华夏出版社 1989 年版。

61. 尚海、傅允生主编：《四大宗教箴言录》，中国广播电视出版社 1993 年版。

62. 〔古希腊〕色诺芬：《经济论 雅典的收入》，张伯健、陆大年译，商务印书馆 1961 年版。

63. 〔古希腊〕亚里士多德：《政治学》，吴寿彭译，商务印书馆 1965 年版。

64. 〔古希腊〕柏拉图：《理想国》，郭斌和、张竹明译，商务印书馆 1985 年版。

65. 〔英〕亚当·斯密：《国民财富的性质和原因的研究》，郭大力、王亚南译，商务印书馆 1972 年版。

66. 〔英〕大卫·李嘉图：《政治经济学与赋税原理》，郭大力、王亚南译，商务印书馆 1960 年版。

67. 〔英〕H. 卡特、I. 巴丁顿：《实用银行财政学》，中国金融出版社 1984 年版。

68. 〔英〕凯恩斯:《就业利息和货币通论》,徐毓枬译,商务印书馆1983年版。

69. 〔英〕马歇尔:《经济学原理》,陈良璧译,商务印书馆1964年版。

70. 〔英〕埃德蒙·惠特克:《经济思想流派》,徐宗士译,上海人民出版社1974年版。

71. 〔英〕威廉·詹姆斯·阿什利:《英国经济史及学说》,郑学稼译,台北幼狮文化事业公司1974年版。

72. 〔英〕伊·拉蒙德、W·坎宁安编:《亨莱的田庄管理》,高小年译,商务印书馆1995年版。

73. 〔英〕托马斯·阿奎那:《阿奎那政治著作选》,马清槐译,商务印书馆1963年版。

74. 〔英〕洛克:《政府论》,叶启芳、瞿菊农译,商务印书馆1986年版。

75. 〔英〕哈耶克:《通往奴役之路》,王明毅、冯兴元等译,中国社会科学出版社1997年版。

76. 〔法〕卢梭:《社会契约论》,何兆武译,商务印书馆1994年版。

77. 〔法〕孟德斯鸠:《论法的精神》,张雁深译,商务印书馆1994年版。

78. 〔法〕皮凯蒂:《21世纪资本论》,巴曙松等译,中信出版社2014年版。

79. 〔法〕萨伊:《政治经济学概论》,陈福生、陈振华译,商务印书馆1997年版。

80. 〔法〕卢梭:《论人类不平等的起源和基础》,李常山译,商务印书馆1997年版。

81. 〔德〕黑格尔:《法哲学原理》,范扬、张启泰译,商务印书馆1961年版。

82. 〔德〕黑格尔:《逻辑学》,杨一之译,商务印书馆1966年版。

83. 〔德〕弗里德里希·李斯特:《政治经济学的国民体系》,陈万煦译,商务印书馆1961年版。

84.〔德〕埃瑞克·G. 菲吕博顿、鲁道夫·瑞切特编：《新制度经济学》，孙经纬译，上海财经大学出版社1998年版。

85.〔美〕萨缪尔森：《经济学》，高鸿业译，商务印书馆1979—1982年版。

86.〔美〕沃西里·里昂惕夫：《投入产出经济学》，崔书香译，商务印书馆1982年版。

87.〔美〕詹姆斯·W·汤普逊：《中世纪晚期欧洲经济社会史》，徐家玲等译，商务印书馆1996年版。

88.〔美〕康芒斯：《制度经济学》，于树生译，商务印书馆1962年版。

89.〔美〕罗纳德·哈里·科斯：《企业、市场与法律》，盛洪、陈郁等译，格致出版社、上海三联书店、上海人民出版社2009年版。

90.〔美〕约瑟夫·熊彼特：《经济发展理论》，何畏、易家祥等译，商务印书馆1990年版。

91.〔美〕道格拉斯·诺斯、罗伯特·托马斯：《西方世界的兴起》，厉以平、蔡磊译，华夏出版社1989年版。

92.〔美〕斯塔夫里阿诺斯，《全球通史》，吴象婴、梁赤民译，上海社会科学院出版社1992年版。

93.〔美〕塞缪尔·亨廷顿：《文明的冲突与世界秩序的重建（修订版）》，周琪、刘绯、张立坪、王圆译，新华出版社2010年版。

94. 罗尔斯：《正义论》，何怀宏、何包钢、廖申白译，中国社会科学出版社1988年版。

95.〔美〕曼昆：《经济学原理》，梁小民译，机械工业出版社2006年版。

96.〔美〕埃里克·沃格林：《法的本质》，刘剑涛译，上海三联书店2023年版。

97. 中华人民共和国相关法律、暂行条例、意见、草案：《中华人民共和国宪法》《劳动法》《劳动合同法》《公司法》《个人所得税法》《企业所得税法》《价格法》《房产税暂行条例》《营业税暂行条例》《增值税暂行条例》《消费税暂行条例》《车船税暂行条例》《中华人民共和国会计法》等;《最高人民法院关于人民法院审理借贷案件的若干意见》(1991年7月2日);"遗产税2004年草案";建筑市场管理条例征求意见稿(2012年11月22日)等。联合国等编,国家统计局国民经济核算司译:《国民经济核算体系》。国家统计局国民经济核算司:《中国年度国内生产总值计算方法》,中国统计出版社1997年版。《中国统计年鉴》有关年份。《中国财政年鉴》有关年份。《世界经济年鉴》有关年份。

98. 许涤新主编:《政治经济学小辞典》,上册,人民出版社1980年版。

99. 〔法〕埃米尔·涂尔干:《社会分工论》,渠敬东译,生活·读书·新知三联书店2000年版。

100. 《斯大林选集》,中央编译局译,人民出版社1979年版。

101. 钱穆:《国史大纲》,商务印书馆1996年版。

102. 金观涛:《消失的真实:现代社会的思想困境》,中信出版集团2022年版。

103. 〔美〕史蒂芬·霍尔姆斯、凯斯·R. 桑斯坦:《权利的成本:为什么自由依赖于税》,毕竞悦译,北京大学出版社2011年版。

104. 《建国以来毛泽东文稿·关于不再当下届国家主席的批语》,第六册,中央文献出版社1992年版(内部发行)。

105. 《江泽民文选》,第二卷,人民出版社2006年版。

106. 温家宝:《金融要服务实体经济》,中国政府网,2011年12月21日。

107. 钱学森:《开展人体科学的基础研究》,载《自然杂志》,1981年第7期。

108. M. 怀特:《分析的时代》,杜任之主译,商务印书馆1987年版。

109. 《颜元集》,上册,中华书局1987年版。

110. 《革命根据地军工史料丛书》,兵器工业出版社1990年出版。

111. 《中国人民解放军历史资料丛书·军事工业·根据地兵器》,解放军出版社2000年版。

112. 武衡主编:《抗日时期解放区科学技术发展史历史资料》,中国学术出版社 1983 年版、1985 年版、1987 年版。

参考资料

1. 李佃来:《马克思主义政治哲学研究的三个"隐性"基础问题》,载《理论探索》,2015 年第 5 期。

2. 赵天越:《分配正义的马克思主义政治哲学解析》,载《辽宁大学学报(哲学社会科学版)》,2017 年第 3 期。

3. 孟捷:《资本占有剩余价值在什么意义上是不符合(或符合)正义的——试论马克思的三种正义概念》,载《人民大学学报》,2013 年第 1 期。

4. 吴育林、吕培杰:《论马克思的人民幸福观》,载《学术研究》,2019 年第 5 期。

5. 卫兴华、马昀:《不要随意诠释和错解马克思的"两个决不会"思想》,载《经济学动态》,2006 年第 9 期。

6. 董济杰:《评汉娜·阿伦特对马克思三大命题的解读》,载《西安交通大学学报(社会科学版)》,2018 年第 1 期。

7. 乔洪武:《〈资本论〉中的经济正义思想研究》,载《当代经济研究》,2007 年第 7 期。

8. 王峰明:《资本主义生产方式的二重性及其正义悖论——从马克思〈资本论〉及其手稿看围绕"塔克-伍德命题"的讨论》,载《哲学研究》,2018 年第 8 期。

9. 李述森:《论列宁在不同历史时期的俄国国情观》,载《山东社会科学》,2014 年第 8 期。

10. 廖峥嵘:《世界贸易必须坚持"所有制中立"传统》,载《环球时报》,2020 年 9 月 28 日。

11. 赵志辉:《富兰克林·罗斯福的中国观》,载《中国社会科学院(美国研究)》,2002 年第 2 期。

12. 程映虹:《从奴隶制的立场出发如何批判资本主义?》,经济观察报书评，即程映虹评保罗·芬克尔曼（Paul Finkelman）编辑的《捍卫奴隶制：美国南部奴隶制思想介绍》。

13. 《物理学思维与生物学思维》，载《读者》，2020年第7期。

14. 李超民：《深度解读法国数字服务税，为何互联网巨头是被征收重点?》，微信公众号"界面新闻"，2019年7月15日。

15. 杨永纯：《藏传佛教活佛转世制度是"行动的法"》，载《环球网》，2021年1月5日。

16. 周其仁：《中国经济的唯一出路》，2017年8月16日在深圳创新发展研究院题为"改革突围、创新突围——2017年的中国经济"的演讲内容。

17. 周其仁：《民贫国必衰，民富国才强》，微信公众号"浙大经院高培中心"，2022年4月28日。

18. 周其仁：《影响中国经济的五大体制成本》，摘编自北大国发院周其仁教授在人文经济讲座上的演讲，发布时间2016年10月12日。

19. 张龑：《家的"律法"：祖国与主权国家之辩》，载《原道》，香港：东方出版社2014年版，第24辑。

20. 张龑：《人之尊严：世俗化时代的法权基础》，载《中国人民大学学报》，2019年第5期。

21. 张龑：《改革时代的转型法治与政治代表》，载《中外法学》，2019年第4期。

22. 张龑：《习近平法治思想：中国特色社会主义法治建设的里程碑》，载《中国社会科学报》，2020年11月23日。

23. 张龑：《人类命运共同体：人权保护的新平台》，节选自《宪法修正案的改革逻辑及其证成》，载《浙江大学学报（人文社会科学版）》，2019年第8期。

24. 张龑：《涉外法治的概念与体系》，载《中国法学》，2022年第2期。

25. 石毕凡：《历史性妥协的瞬间：近代中国移植西方宪政之最后尝试》，载《社会科学战线》，2004年第4期。

26. 唐彩虹:《法治:中国共产党治国的必然选择》,《江西大学学报(哲学社会科学版)》,2001年第4期。

27. 梁发芾:《数字税到底是种什么税?》,新浪网技术(中国)有限公司官方账号贝果财经,2021年1月30日。

28. 章玉贵:《G7"全球最低企业税率"不止为钱》,载《环球时报》,2021年6月8日第15版。

29. 吴心伯:《未来国际秩序将呈现何种形态》,载《环球网》,2018年7月5日。

30. 沙烨:《企业家的财富责任》,载《环球网》,2018年8月20日。

31. 丁刚:《过时概念让西方对中国产生认知焦虑》,载《环球时报》,2021年11月3日第15版。

32. 许维鸿:《抓住整固金融生态的时间窗口》,载《环球时报》,2020年10月26日。

33. 约翰·贝拉米·福斯特(John Bellamy Foster):《霸权式微,美国还能拿到更大蛋糕吗?》,载《环球时报》,2020年5月19日。

34. 黄育川:《不平衡增长将助中国避免衰退》,载《环球时报》,2013年7月24日。

35. 吴幼珉:《单边主义或催生后美元时代》,载《环球时报》,2018年9月4日。

36. 梅新育:《海外资产管理不可片面追求收益》,载《环球时报》,2017年10月18日。

37. 宗良:《新兴市场必须防范美元任性》,载《环球时报》,2018年8月15日。

38. 廖凡:《金融高水平开放需法治保障》,载《环球时报》,2020年9月1日。

39. 张云东:《贸易摩擦给金融安全提了醒》,载《环球时报》,2018年5月3日。

40. 中华人民共和国国务院新闻办公室2020年3月13日发表《2019年美国侵犯人权报告》,载《环球时报》,2020年3月14日第3版。

41. 谢松茂：《中国人的骨气与底气从哪里来》，载《环球时报》，2021年5月13日。

42.《德媒：西方正在无声复制"中国模式"》，载《环球时报》，2021年5月7日。

43. 苏东天：《中国古代不存在奴隶制社会历史》，搜狐网，2017年3月29日。

44. 徐浩：《自下而上：英国原生性现代化的起源》，载《史学理论研究》，2022年第6期。

45.《美国把香港上千大学生当成了"小白鼠"》，载《环球时报》，2021年6月1日。

46. 韩晓涵：《民法典597条为何如此隐晦》，载《法律读库》，2020年8月20日。

47. 曲青山：《深刻理解中国式现代化五个方面的中国特色》，载《求是》，2023年8月16日。

48. 程钧、陶玉：《论生产力发展的根本动力》，载《经济纵横》，2011年第3期。

49. 赵汀阳：《人工智能还给人类的思维难题》，载《中国社会科学》，2024年第8期。

50. 辽宁省课题组：《论中国双主体税制》，见《中国税制1999》，第745页。

51. 岳树民、安体富：《加入WTO后的中国税收负担与经济增长》，载《中国人民大学学报》，2003年第2期。

52. 倪浩：《人民币中间报价模型调整》，载《环球日报》，2020年10月28日第11版。

53. 张晋藩：《中国古代法治的八大原则》，载《群众·决策资讯》，2015年12月24日。

54. 张先昌：《中国古代的皇权与法律——以隋代前期为例的实证分析》，载《法学研究》，2009年第3期。

55. 牟宗三：《政道与治道》，台湾学生书局1980年版，第10—11页。

56. 文扬：《为什么只有中华文明可以再度崛起》，微信公众号"底线思维"，2023 年 6 月 7 日。

57. 理查德·扬斯：《西方民主的萎靡与"非西方式民主"的兴起》，载《民主杂志》（Journal of Democracy），2015 年第 4 期。标题为笔者所加。

58. 黄菁瑶：《欧盟为何没有给我们市场经济地位》，载《环球时报》，2004 年 6 月 30 日第 17 版。

59. 高艳东：《保护神经权利，让技术向善》，载《环球日报》，2020 年 12 月 22 日第 15 版。

60. 代伟：《再访拉图尔：社会理论如何思考法律的规范性?》，微信公众号"法理读书"，2022 年 5 月 10 日发表。

61. Sam Badger，评《马克思的亚里士多德复兴》

书籍信息：Norman Levine, Marx's Resurrection of Aristotle, Palgrave Macmillan, 2021.

书评出处：Sam Badger, "Review of Norman Levine's Marx's Resurrection of Aristotle," Philosophy in the Contemporary World, Volume 28, Issue. 1, 2022, pp. 113-120.

Sam Badger，南佛罗里达大学哲学系博士，在旧金山州立大学就任哲学副讲师。主要研究领域为伦理学、马克思哲学。Badger 于 2023 年 4 月通过了博士论文答辩。论文题目：《卡尔·马克思论人类至善和无产阶级伦理》（Karl Marx on Human Flourishing and Proletarian Ethics）。书评译者：张顺之，阿姆斯特丹大学法学硕士。

62. 王时中、苑诗野：《正义的规范何以可能？——论马克思主义法哲学构建的施塔姆勒视角》，载《贵州师范大学学报（社会科学版）》，2021 年第 2 期。

63. 夏莹：《西方观念论的嬗变与马克思的哲学变革》，载《厦门大学学报（哲学社会科学版）》，2021 年第 1 期。

64. 周尚君、陈志勇：《马克思"政治经济学批判"的法哲学分析》，载《学术探索》，2010 年第 5 期。

65. 张一兵：《马克思历史唯物主义中的社会定在概念》，载《哲学研究》,2019 年第 6 期。

66. 郭冠清:《回到马克思:对生产力—生产方式—生产关系原理再解读》,载《当代经济研究》,2020 年第 3 期。

67. 胡钧、陶玉:《生产关系是生产力发展的根本动力》,载《经济纵横》,2011 年第 3 期。

68. 张晓晶、刘磊、李成:《信贷、杠杆率与经济增长:150 年的经验和启示》,载《新金融》,2020 年第 1 期。

69. 王耀海:《论人权的限度——基于马克思主义法学视角的分析》,载《人权》,2017 年第 6 期。

70. 金灿荣:《我认为,"百年未有之大变局"可概括为这四个"新"》,载《北京晚报》,2020 年 12 月 22 日。

71. 王康旭:《浅议十九世纪英国文官制度改革》,载《21 世纪商业评论》,2009 年第 11 期。

72. 房宁:《向实求学:政治学方法五讲》,中国社会科学出版社 2022 年版。

73. 王文卿:《浅析哈特的〈法律的概念〉》,载《职工法律天地》,2018 年第 7 期。

74. 秦前红:《马克思如何看待专政与宪政?》,马克思主义法学研究网,2024 年 8 月 6 日。

75. 马戎:《如何理解"中华民族共同体"这一概念》,载《环球时报》,2023 年 11 月 3 日。

76. 林蕴晖:《探索新中国之路:站在毛泽东与邓小平之间的刘少奇(上)》,载《党史博览》,2018 年第 11 期,中华全国总工会主办的《工会信息》2022 年第 8 期等。

77. 翟俊刚:《马克思恩格斯文明观的基本内容及其当代意义》,载《世界社会主义研究》,2023 年第 10 期。

78. 聂锦芳:《完整准确地理解经典马克思主义的资本理论》,载《光明日报》,2022 年 7 月 25 日。

79. 韩晓涵:《民法典 597 条为何如此隐晦》,载《法律读库》,2020

年 8 月 20 日修改。

80. 晓蔚：《陈谨昆：毛泽东倚重的法学家》，载《党史纵横》，2022 年第 10 期。

81. 易宪容：《四大房地产模式供中国借鉴》，载《环球时报》，2020 年 9 月 3 日。

82. 王向民：《中国政治学的建制性概念及其知识地图》，载《学海》，2023 年第 4 期。

83. 梁海明：《未雨绸缪应对"全球最低企业税率"》，载《环球时报》，2021 年 6 月 9 日。

84. 马洪范、胥玲、刘国平：《数字经济、税收冲击与税收治理变革》，载《税务研究》，2021 年第 4 期。

85. 王彬彬：《1919 年 2 月 26 日夜》，载《钟山》，2002 年第 1 期。

86. 许小年：《从秦到清根本就不是封建社会》，微信公众号"明清书话"，2024 年 7 月 28 日。

87. 周维富：《中国工业化发展的伟大成就与历史经验探析》，载《中国延安干部学院学报》，2023 年第 1 期。

88. 宁国良：《村规民约，重视自治、法治、德治"三治"结合》，微信公众号"红网"，2019 年 7 月 25 日。

89. 张星久：《"意义"的建构——儒家乌托邦的特点及其在传统中国的政治功能》，载《四川大学学报（哲学社会科学版）》，2023 年第 6 期。

90. 王宇建：《一路追寻》，写于 2020 年 9 月 22 日，微信公众号"迦陵学舍"，2022 年 10 月 29 日发表。

91. 杨煌辉：《马克思"时间消灭空间"理论的辩证法——基于资本主义生产的视域》，载《国外社会科学前沿》，2024 年第 8 期。

92. 高全喜：《我们需要怎样的政治经济学？》，微信公众号"人文经济学堂"，2024 年 7 月 26 日。